U0137596

法国大革命思想史

REVOLUTIONARY
IDEAS

An
Intellectual History
of the French Revolution from
The Rights of Man to Robespierre

Jonathan Israel

后浪出版公司

[英] 乔纳森·伊斯雷尔

米兰 译

从《人的权利》
到罗伯斯庇尔
的革命观念

民主与建设出版社

·北京·

目　录

致　谢

一个人撰写任何学术作品，都会欠下相当多人情。我要特别感谢与我就本书主题进行过热烈讨论的彼得·坎贝尔、奥雷利安·克莱优图、大卫·贝尔、杰里米·波普金、乌齐·埃尔亚达、哈维·齐伊克、史蒂文·卢克斯、纳蒂亚·乌尔比纳提、大卫·贝茨、帕斯奎尔·帕斯奎诺、比尔·多伊尔、海伦娜·罗森布拉特、比尔·休厄尔和基思·迈克尔·贝克。感谢玛利亚·图雅、特丽·布拉姆利和萨拉·里奇在参考文献方面一如既往地给我提供了宝贵的帮助，是她们为我搜集了18世纪的文献，并协助我获取插图，校对细节。在最后阶段，我还得到了本书编辑、普林斯顿大学出版社的凯西·斯洛文斯基的鼎力相助。此外，我还要向普林斯顿高等研究院（Institute for Advanced Study, Princeton）的图书管理员以及研究院本身从各方各面给予我的支持，致以特别的谢意：从任何角度看，这都是对历史研究和探讨进行反思的最佳场所，也是最大限度发挥思考与写作潜能的理想空间。

最后要感谢我的妻子安妮特·蒙特，她在编排、校对和最终完成本书写作的过程中给了我巨大的帮助，同时毫无怨言地忍受近年来我在大革命及其特性问题上的喋喋不休。我特别荣幸，在此感谢她；她为我付出甚巨，多至无以言表。

前　言

　　1792 年 11 月 18 日，100 多名身处巴黎的英国人、美国人和爱尔兰人齐聚怀特酒店（又名"英国人俱乐部"），欢庆法国大革命所取得的成就。在英国，主流舆论受伦敦政府和大部分神职人员的煽动，始终对大革命极度仇视，但很多来自不列颠、美国和爱尔兰的知识分子与文化精英依然对大革命的成就怀有巨大的热情，并对其公开表示支持。尽管后来知名的女权主义者玛丽·沃斯通克拉夫特来到怀特酒店的时间稍晚一些；另一位 18 世纪 90 年代新革命思想的热情拥趸柯勒律治缺席了聚会，与会者中依旧不乏俊杰。托马斯·潘恩，《人的权利》（*Rights of Man*，1791）的作者；美国激进分子和诗人乔尔·巴洛；海伦·玛利亚·威廉姆斯、罗伯特·迈瑞，或许还有华兹华斯等几位诗人；[1] 论派教长、民主主义者大卫·威廉姆斯、《政治自由书信》（*Letters on Political Liberty*，1782）的作者；前科尔切斯特选区议员罗伯特·史密斯爵士；苏格兰陆军上校约翰·奥斯瓦尔德；美国陆军上校埃利埃泽·奥斯瓦尔德以及爱尔兰勋爵爱德华·菲茨杰拉德。把仇视大革命的吉本和埃德蒙·伯克暂且搁置不论，与会人员的构成明显是在提醒人们：英、美、爱尔兰的知识分子、诗人以及作家在政治上与同时代的德意志和荷兰同行一样，大部分都支持大革命，并为其喝彩。

　　当时，巴黎"英国人俱乐部"的主席是约翰·赫福德·斯通，他来自萨默塞特郡，此前在伦敦做煤炭生意，是英国民主改革引领者约瑟夫·普里斯特利以及理查德·普莱斯的朋友，此二人均狂热支持法国大革命。赫福德·斯通定居巴黎，他在那里拥有一个化工厂和一家出版社。通过这家出版社，他发行了一批包括潘恩和巴洛作品在内的唯物主义和反神学刊物。斯通是潘恩和巴洛的密友，后者毕业于耶鲁大学，他的美国史诗巨著《哥伦布的幻境》（*The Vision of Columbus*）也曾由斯通在巴黎的出版社发行过几版。潘恩和巴洛坚信美国革命尚未成功，如果美利坚合众国想要获得完全的民主和解放，就必须走得更远。他们和斯通等人一样，当时还未直接投身于法国大革命之中，却已经期盼着英、美、欧洲大陆乃至全世界，都尽可能多地学习并借鉴法国大革命的成果。[2]

1792 年 11 月 18 日的这场宴会持续了一整天，并邀请了许多国家的代表团参加，席间共有 16 次祝酒，将宴会推向了高潮：第 1 次，祝贺法兰西共和国落实了"人的权利"，为此德意志乐团用小号演奏了著名的革命乐章"Ça Ira"；第 2 次，献给法国军队，"愿其他被奴役的民族以法国公民士兵为榜样，直至消灭所有暴政和独裁者"；德意志乐团演奏起新近创作的《马赛曲》，它此后将很快被法兰西共和国用作官方国歌；第 3 次，献给法国国民公会取得的成就；第 4 次，献给即将成立的不列颠与爱尔兰制宪议会。由此可看出该俱乐部具有颠覆意图，它不仅认为爱尔兰被英格兰不公正地"奴役"，而且相信英国本身也需要进行一场与法国类似的民主革命。

第 5 次祝酒献给英、法、美、荷人民的永久联盟："愿他们尽快推动其他被解放的民族加入他们的民主联盟之中"；第 6 次，愿英国尽快废除"所有世袭头衔与封建等级差异"。这是前科尔切斯特选区议员罗伯特·史密斯爵士和爱德华·菲茨杰拉德勋爵提出的建议，后者是位出众的爱尔兰贵族，也是潘恩的朋友，他曾任英国陆军少校，后成为 1796 年至 1798 年间"爱尔兰人联合会"密谋的领导者之一。菲茨杰拉德和史密斯放弃贵族头衔一事很快见报，在英格兰引发了极大愤慨，并导致前者被英国军队除名，后者遭到严厉的放逐。[3] 1798 年爱尔兰起义前夜（起义后被可怕的屠杀镇压），英国警察冲入菲茨杰拉德在都柏林的住所，试图逮捕他，在搏斗的过程中，菲茨杰拉德不幸遇害。

第 7 次祝酒献给"不列颠和爱尔兰的女性"，特别是那些通过写作声援法国大革命的女子，比如夏洛特·史密斯，她是一本新近发行的革命小说《德斯蒙德》(*Desmond*, 1792) 的作者;[4] 还有半苏格兰半威尔士血统的海伦·玛利亚·威廉姆斯，她是赫福德·斯通的情人，与他共同管理巴黎的"英国人俱乐部"，该俱乐部事实上是潘恩、巴洛和埃利埃泽·奥斯瓦尔德等英、美激进分子聚会的沙龙，也是他们与其法国盟友"布里索派"成员会面的场所，他们后来成为大革命中共和派的领袖。自1790年7月起，威廉姆斯就住在巴黎，因其多卷本的诗歌与散文集《法兰西来信》(*Letters from France*, 1790) 而享誉国际。这些作品使她成为可能是继潘恩之后、大革命支持者中最具影响力的英语作家。但正因如此，她在英国遭到了强烈的谴责，被视为违背妇女操守的无耻煽动者和民主分子。

海伦·玛利亚·威廉姆斯与法国女权主义者奥兰普·德·古热类似，致力于民主、黑奴解放和女权运动。她强烈反对罗伯斯庇尔及其前辈马拉——奥兰普·德·古热、玛丽·沃斯通克拉夫特、埃塔·帕尔姆·德·埃尔德斯和大革命期间其他卓越的女权主义者，以及法、德、荷、英所有重要、高尚、知名的女性作家、知识分子和评论家。她与潘恩、巴洛、赫福德·斯通、柯勒律治和华兹华斯的看法一致，认为罗伯斯庇尔并未将大革命推向顶峰，而是破坏并摧毁了大革命。这种态度使得她、潘恩以及帕尔姆在恐怖统治期间身陷囹圄，也把奥兰普·德·古热这位最敢于为争取妇女自由发声，并谴责罗伯斯庇尔是个恶棍的女性送上了断头台。第7次祝酒献给由这些杰出女性所发起的女权运动。第8次祝酒亦是如此:"献给法国妇女"，特别是那些为了捍卫自由而扛起武器的女性，例如安塞尔姆小姐和费尔尼格小姐，她们是驻比利时革命军司令麾下的女性军官，日后曾尝试组建名为"费尔尼格军团"的女性分队。当时几乎没有男人将女性军团的构想当回事，不过苏格兰军官、编辑、素食主义者约翰·奥斯瓦尔德极力提倡组建女性军团，并就如何成立世界上第一支民主军队提出了其他详细的独创性建议。

接下来的祝酒献给人权的先驱和斗士，他们的著作塑造了大革命的先锋，建构并宣传了大革命的基本原则。他们是"孔多塞、布里索、西哀士、卡拉、凯尔桑、卢韦、戈尔萨斯、奥杜安，等等"。[5] 孔多塞是大革命的主要领导者之一，也是最激进的哲学家之一，与布里索和西哀士一样，他也极力倡导人权、共和制宪论、黑奴解放、女权和教育改革。第 9 次祝酒宣布，真正的大革命，即基于民主和人权的革命，在原则上是这些哲学家和激进的报社编辑的工作成果。对"英国人俱乐部"的领导者们来说，真正的大革命本是全人类的珍宝，却因马拉和罗伯斯庇尔领导的雅各宾派（又名"山岳派"）所主张的平民专制主义而陷入困境。大家毫不留情地对雅各宾派予以否定（约翰·奥斯瓦尔德除外）。正因反对山岳派，布里索、戈尔萨斯、凯尔桑、卡拉这些大革命中出色的记者和演说家，都在恐怖统治期间上了断头台，孔多塞则被剥夺公民权并追杀至死；抨击山岳派最为猛烈的人中，只有卢韦勉强逃过一劫。

第 10 次祝酒献给法国革命军将领，第 11 次献给活跃在法国、比利时、英国、爱尔兰以及被法国占领的莱茵兰地区的地方民主社团。第 12 次，由赫福德·斯通提起（他也在恐怖统治期间入狱），献给潘恩，即使有王室禁令和对作家的迫害，他仍"有新颖的方法将好的作品见诸公众"。这暗指英国政府对潘恩作品的高压管控，尤其是他那本享誉国际的《人的权利》。第 13 次祝酒献给所有其他"英格兰的爱国者"：普里斯特利、普莱斯、谢里登、巴洛、托马斯·库珀（曼彻斯特激进社会改革的领导人）、图克和麦金托什，他们通过演讲和写作传播了法国和"整体革命"的原则。第 14 次祝酒表达了对神圣罗马帝国解体的热望，期待它被数个民主共和国取代，使德意志居民能够生活在自由之下。第 15 次祝酒以幽默的口吻，祝愿法兰西共和国的"日耳曼军团"之歌早日成为英军最爱的行军乐。

最后，在格外严肃的氛围下，第 16 次祝酒献给"永久和平"。[6] 纵使在当时和今日的大多数观察家看来，人类"永久和平"的理念是个毫无指望的乌托邦式幻想，相当荒谬——这一观念自 18 世纪 70 年代开始还是成为激进思想的核心议题。狄德罗、雷纳尔、霍尔巴赫、赛利希耶、潘恩等人，以及之后的沃尔内在其相当重要的作品《废墟》（*Les Ruines*，1791）中均认为，一旦大多数人民不再成为精英阶层和既得利益者的牺牲品；一旦政府不再由王公贵族或少数寡头所控制，而是真正追求全社会的整体利益；一旦所有国家都建立起代议制民主制度；一旦"公共意志"（非卢梭主义的）成为普遍现实，那么战争就将不复存在。这是个多么迷人的论证。[7]

第 1 章

导 论

1789 年的法国社会

研究法国大革命的历史学家面临着一个难题：试图对当时的社会团体或阶层，或某些特定社会成员因何躁动起来进行解释，却全都无功而返。一位专家对这个难题的表述恰如其分："真相是，对于法国大革命为什么会发生，以及它究竟是什么，我们还没有达成理论上的共识——而且将来也不会有。"[1]这方面存在空白绝不是因为我们缺少对大革命背景和起源的研究。即便把马克思主义的阶级斗争论弃置不用，将大革命归咎于社会转型的其他研究路径也都被严格地探索过了。诚然，每个历史学家都认可当时的社会正在缓慢地转变，也赞同随着贸易和城市的稳步扩张以及军队和国家机制的建立，有更多更加专业化的律师、工程师、行政人员、军官、医生、建筑师和海军人员进入社会，使社会构成趋于多样化。[2]然而，我们没有发现任何一股能够突然造成戏剧性变化的新兴社会经济力量。到头来，就连最热衷于修正主义的学者也不得不承认，这是个"相当令人痛苦的空白"。[3]

目前大多数历史学家都指出，大革命并非由一个大因素造成，而是源自众多小刺激的推动。一位历史学家曾强调，大革命没有任何可以确定的压倒性起因，他将其起源比作"五颜六色的因果元素相互交织而成的挂毯"。[4]社会史和经济史学家对"新的社会解读"敞开怀抱，他们发现了各种各样的麻烦，这些麻烦可能使 18 世纪的法国社会——至少在某些层面上——比早先的法国社会更加脆弱和充满风险。然而，这些因素单独拿出来看都是微不足道的，几乎没法填满由于宏观解读崩溃而留下的鸿沟。这些解读包括马克思主义的阶级斗争理论，以及一度大有市场的另一种观点，即认为贫困和实际工资的减少，导致了一场严重威胁大多数人物质生活水平的危机。如果后者是对的，就可以提供一个切实可靠、说服力强的理由，来解释为何会发生普遍的反抗，以及随后为何会出现如此多的重大变革。同时，如果后者是对的，那么大革命就是对因生活质量下降而造成的不幸和损失的回应。但证据表明这样的危机从未发生过：随着城镇规模的扩大、工商业的发展、船运和海外贸易的兴旺，在整个 18 世纪，法国的人均收入都在增长，农业也十分繁荣。那么究竟是什么，把通常被认为是大革命主力军的法国富裕市民、城市贫民以及农民动员起来的呢？

目前学术界一致认为，"法国大革命有多重起源"。[5] 在各个向度上痛失关于社会团体和运作机制的有力论述后，社会史和经济史学家近年来着眼于人口膨胀的不平衡特性。从 1700 年到 1800 年，法国人口从 2100 万增加到 2800 万，增长了约三分之一。但随着人口的增长，城市的活力与繁荣远超乡村地区——仍有 80% 的人口居住在那里。因此，农业生产的发展远不能与人口的增长同步，在有的年份里粮食会有少量剩余，但大部分时候则是或多或少的短缺。粮食短缺和间歇性物价飞涨都不是什么新鲜事，但毋庸置疑的是，它们在某些关键时刻与大革命的爆发不无关系。[6]

像欧洲其他地区一样，法国的主要城市在 18 世纪发展迅速，人口大都增加了三分之一到一半，波尔多甚至增长了一倍多，达到 11.1 万。巴黎的人口增加了三分之一，达到 65 万左右。[7] 小城镇的涨幅大都在一半以上。到了 1789 年，手工业繁荣昌盛，专供富人和出口的奢侈品行业尤其如此。整体上看，实际薪资在增加。但是大部分城市居民仍陷于贫困之中，且缺乏谋生的手艺；18 世纪七八十年代，人口压力和不均衡的经济增长还是共同导致了很多工人和手工业者的实际工资波动——总体上呈下降趋势，其中一些人的薪资甚至降低了 10% 至 12%。正如经常发生的那样，人口膨胀引发了新的利益冲突，一些人失去了原有的土地。[8] 对增长缓慢的农业领域增收重税可能引发了民愤，但总体看来，土地税负的增长和粮食产出的增加大致是成比例的。至于对法国经济贡献最多的商业和手工业，税负则有相应的小幅度下降。然而这种差异是微不足道的，同时它改变了先前在财政上对贸易和城镇过于严苛的政策，因此这样的税收变化更多地被认为是一种纠错，而不足以招致明显的不满。[9] 1788 年，农业产出贡献了法国经济总量的三分之二，但土地和农业税只占王室收入的56%。

"新的社会解读"充分表明 18 世纪后期的法国社会不曾为重大危机所累，至少没有一种危机可以招致强烈且持续的不满。诚然，广泛的贫困和不幸始终存在，但这样的状况完全停留在由来已久的传统模式之内。富裕的城市资产阶级逐渐兴起，其规模、财富和野心都在壮大，他们开始参与愈演愈烈的竞争，与占有特权的精英阶层争夺政府职位、权势和荣誉。但这些呈上升趋势的资产阶级与贵族一样，在政治、社会、文化、宗教等方面，总的来看都十分保守。[10] 此外，"新的社会解读"只在特定的社会团体内引发了一些轻微的不安，比如大主教和教区神父之间的经济差距在扩大。随着宏观经济的增长，越来越多人有意愿也有财力购买贵族头衔和高级职位，而这种需求的增长超过了财富增长本身，这使得那些贫穷贵族家庭的财产相对于那些新贵来说显得微不足道，还有可能导致商人阶层和其他专业人士中的佼佼者在一定程度上感到失落和不满，尽管这种情况很难被记录下来。但无论如何，这些因素的影响都没有大到可以引发大革命的地步。[11]

长期以来，广义的贵族由五六个不断争权夺利的精英阶层构成。他们包括：宫廷贵族与高级军官、新近获封的富裕资产阶级、市政寡头、主教、通常情况下相当清贫的乡绅、穿袍贵族或在地区高等法院任职的城市司法贵族阶层。不过这些区分并不是什么新鲜事。强调"法国大革命有多重相互交织的起源"，乍听起来颇有道理，然而当我们发现，个中所有因素全都长期存在，变化迟缓且无关紧要，对于解释真正导致大革命发生的一切政治冲突、危机和争辩就都缺乏特别的说服力。无论如何，经济与其他的物质因素是如何直接造成由大革命带来的戏剧化转折，并将其体现在民主、思想言论与出版自由、人权、世俗主义、性自由、性别与种族解放、个人自由、法律面前人人平等之上的，恐怕没人能够说清。正如一位历史学家指出的："修正主义论点的主要缺陷在于，他们提不出能够替代马克思主义观点的可信方案。"[12]

"新的社会解读"至多允许我们声称"推动大革命向前发展的，是被剥夺选举权的穿袍贵族、被疏远的教区神父以及意图挑战旧秩序的专业人士"。[13] 这种解释虽然在背景的正确性上值得考虑，但也不该被轻易应用于大革命进程的解读，因为上述群体无一成为大革命的主要领导者。我们会看到，总体说来，在1793年6月罗伯斯庇尔发动政变之前，引领大革命中立法、组织及实践方面重大转变的主要组织者、演说家和宣传家都不是穿袍贵族、教区神父或各行业专业人士。当时的社会在形态、价值观和政治方面的转变，不论规模还是速度都是前所未见的。我们唯一能够确定的是，一定有某个因素直接导致了这一巨大的变化，因为来自一手材料的证据表明，某种不满和冲突激发、鼓动、诱导了某些关键群体和个人，因此开启了塑造大革命的机构、法律和文化重构进程。

只有一个显而易见的原因，在物质层面上指明了大革命爆发的背景：1787年至1789年的王室财政危机。在时间点上，政治革命的开端，毫无疑问与18世纪80年代中后期法国王室在财政上的长期困难和接踵而来的财政改革同步。1787年，法国政府面临巨大的财政赤字，当时国际市场上倒卖法国国债的投机热更是使局势雪上加霜，为此路易十六被迫进行政治改革，并最终开启了革命的进程。在国王看来（贵族也很快持同一立场），事态是在精力旺盛的改革派大臣夏尔-亚历山大·德·卡洛纳手中变得一发不可收拾的。他是高级行政官员，也是杜艾（Douai）高等法院的穿袍贵族。由于试图解决赤字问题，他先破坏了君主制，又动摇了国家的稳定。"哦，我亲爱的卡洛纳！"卡米尔·德穆兰如是讥讽，他是1788年至1789年间最为坚定的拥护共和主义的青年革命者之一，后成为丹东的左膀右臂。[14] 然而，即便充分考虑当时的财政危机和卡洛纳所犯错误的严重性，也无法真正解释接下来的政府崩溃以及波澜壮阔的革命进程。

卡洛纳那项流产了的改革计划，旨在引入新税，包括完全适用于现存精英阶层的统一地税，以期重塑旧制度下的君主政体。它是如何以及为何演变为一场基础广泛的反王权运动，并最终推翻整个国家 1789 年前的制度，消灭了贵族、教士和司法贵族阶层的？这个问题从未被合理解释过，也无法从财政因素或更宏观的经济背景解读。学界就此达成了高度共识。即便是强调财政危机的历史学家也都一致认为，国王的财政窘境本身并不能驱散萦绕大革命起源和后续进程的所谓"谜团"。[15]"为什么一场传统意义上的财政危机就能引发整个社会秩序的大变革？"[16]

如今，抛弃了以经济利益——阶级、阶级斗争和以经济地位定义的社会团体——为核心来解决大革命起源难题的学者，通常试图找到更加偏重社会文化形态的解释方法，把他们的解读建立在文化背景的转变上，寻求细化的社会关系网络和人际关系模式的变更，并特别关注"言论领域"及与该领域相关联的仪式和符号。大革命中格外突出的"言论"有好几种形式，在进行背景研究时具有极大的价值。一种有效的研究路径提出，"公共领域内的社交与辩论得到扩大和革新"，这给各行业的"专业人士"创造了愈发广阔的行动舞台。[17]该考察路径建立在我们已知的 1789 年前法国精英阶层扩大的基础上，把律师、医生，以及其余因职业因素而与城市市场和其他社会团体紧密结合的专业人士视为推动大革命发展的主力。不可否认的是，律师在国民议会中所占席位多得惊人，1789 年时超过 300人，其后亦是如此。

然而，无论这样的研究多么有意义，它也不过是加深了大革命的谜团：几乎没有迹象表明在罗伯斯庇尔夺权以前，律师对推动大革命中的民主进程起到过举足轻重的作用。正如有些人想的那样：律师等专业人士宁愿维持既有社会规范，在 1793 年前主导各类委员会及革命立法的演说家、宣传家、编辑和政治领导人中，几乎看不到律师的身影。"专业人士"并非法国大革命的主要参与者，企业主和商人也是一样。在法国首都和波尔多、南特、马赛、圣马洛等大型港口城市，多数商人和银行家都避免卷入大革命，并尽可能在政治上保持中立。因此自 1789 年起，尽管有大量来自不同社会群体的客户订阅了支持大革命的报纸，但订购名单却显示商人在长期订阅客户中占据的比例，与其他群体相比少得惊人，几乎可以忽略不计。[18]

当然，对于秉持流行于 20 世纪八九十年代的"修正主义"立场的历史学家来说，不能找到一个"主要原因"并没有什么大不了的。或许历史上那些伟大的变革都没有"大"的原因。有人举证，17 世纪的英国革命就证实了重大的变化也可以由相对较小或无关紧要的原因造成。或许对法国大革命的真正解释，就是没有压倒性的确凿解释——这一见解对很多历史学家乃至哲学家都颇具吸引力。[19] 可是法国大革命与过去的决裂毕竟太全面、太戏剧化，与旧制度下的社会、文化和政治活动分道扬镳得如此彻底，给 19、20 世纪的西方乃至非西方世界日后发展带来的影响如此深刻——"大革命在社会结构方面找不到主要起因，只有一堆碎片化的次要起因"这种论点不仅非常缺乏说服力，甚至谈不上合理。

大革命对法国社会中法律、宗教、教育、文化和政治根基的重塑，以及对少数族裔的全面解放和对奴隶制度的彻底废除，是一个具有内在联系、同步进行且综合全面的过程。大革命绝对彻底地否定了承自过去的所有观念、习俗、制度或法律的正当性。1788 年至 1793 年间，这种对先前认可的价值观念、道德准则、法律和实践强烈的怀疑和否定，虽然遭到了大多数百姓甚至国民议会议员的不解和反对，然而还是以闪电般惊人的速度发生了。确实，即便缺乏群众支持，诸多重大变革仍然实现了，比如给予新教徒平等权利、允许民事离婚、取消旧时的地方高等法院、解放犹太人、结束奴隶贸易、废除在身份认同上具有分裂主义倾向并享有特权的旧行省（布列塔尼、诺曼底、普罗旺斯、阿尔萨斯和朗格多克）等。

重新评估大革命的实际领导阶层，这看起来是一个建立在新兴社会文化基础上的解决方案，更是对社会史和思想史进行有效整合的途径。本书的研究，试图通过深挖重要一手资料来支持新的发现，特别是这些一手资料中极为翔实的辩论记录——这是始终存在的法国议会在为大革命发声——记录这些声音的卷宗被称为《议会档案》（*Archives Parlementaires*）。把其他决策和辩论的关键记录（例如逐句记载下来的巴黎市政府讨论和"雅各宾俱乐部"会议）与立法机构的辩论记录放在一起对比，就能给重新思考提供坚实的根基。此外，灵感还来自当时格外丰富的报纸，它们涵盖从大革命兴起到 1793 年，再从 1795 年到 1800 年这两个时段。一旦把长期指导研究方向的社会经济学放在一旁，所有上述材料就被赋予了全新的意义，社会文化的研究路径就能和思想史带来的启示结合起来。

将大革命的主要目标和上述全新的指导方针放在一起，不仅能够帮助我们明确大革命的意义，亦能界定其开端和终结。大革命首先是一次解放和民主化的进程，是一场以人权为基础的彻底革新——它在 1793 年至 1794 年间被无情打断，1799 年至 1804 年间则被逐渐废止。1802 年 8 月 3 日，《共和十年宪法》规定由拿破仑任终身执政并赋予其不受约束的独裁权力，至此那些在 1789 年开创了新时代的平等、自由和民主理想就只剩下苟延残喘的份了——至少在即刻可见的可能性、政治和国际关系方面就是这样。这一事件彻底终结了对新准则与范畴的狂乱追寻，这种追寻使法国在过去的十四年里陷入一片混乱。拿破仑与大革命分道扬镳后，首先施行了有条件的大赦，允许流亡海外的贵族重返法国；接着于 1802 年 4 月进行全面大赦，允许除波旁家族成员及最坚定的反革命分子外的所有人回国。

言论与出版自由，即便在 1789 年至 1799 年间不时受到猛烈打压，但直到 1799 年至 1800 年才被彻底剥夺。截至 1799 年，出版自由始终是个充满可能的热门话题，而且在大部分时间里都得以实现。平等的普世原则是公民权和人权的基础，在 1789 年至 1799 年间曾被各个执政派别以相互矛盾的方式分别信奉，但最终在 1799 年的新宪法中被抛弃。该宪法也抛弃了《人权宣言》，而后者在 1789 年至 1799 年间的重要年份中，始终是大革命蓝图的根基所在。与此相似的是，1794 年大革命在原则上废除了黑奴制度，但拿破仑在 1802 年将其重新建立。拿破仑政权的倒退几乎重建了等级制度的社会形态，孕育了由新晋贵族和复权贵族混合而成的新统治精英阶层。此外，从 1802 年开始，大部分大革命期间关于婚姻和家庭的立法都被取消。1804 年颁布的《民法典》重新从法律上确定了女性婚前从属于父权，婚后从属于夫权的原则。在处理通奸诉讼、离婚申请和财产所有权方面，《民法典》还用公然歧视女性的双重标准替代了大革命初期的性别平等原则。[20] 所有这些在基本人权方面开倒车的情形——后革命政权的无情专政、拿破仑自以为是的个人集权、对立法机构高于行政和司法机构的否定——都肇始自 1799 年的新宪法。事实上，该宪法标志了大革命的终结。

大革命的结束与拿破仑个人独裁的建立也体现在宗教事务的发展上。1788 年以前，像所有欧洲国家一样，法国的王权与教权相互交织。大革命期间，这种模式逐步得到了根本性的改变。教会失去了所有政治和立法方面的权威，其土地和收益也被收归国有。全面的宗教宽容大行其道（1793 年至 1794 年的恐怖统治期间除外），天主教会不再是唯一权威的公共教会。国家在本质上成为世俗的，公共教育方面也意图如此。然而1800 年之后，革命和教权之间的艰苦斗争停止了。1802 年复活节，拿破仑以第一执政的身份重设主教职位，承认其有权指派并管理低阶教士，对法国天主教徒进行不受政府干预的精神控制并管理大部分初等教育。这最终消除了法国和罗马教廷之间的嫌隙。

同时代的解读

就这样，"新的社会解读"与社会文化路径都丰富了我们对大革命社会背景的理解，却无法找到突出而戏剧性的单一原因。一揽子渐进性又相对次要的经济、社会和文化因素（比如那些被新的社会经济学和社会文化方法定义的因素），固然提供了有价值的背景，却无法阐释为什么法国社会、政治和制度在方方面面都发生了突如其来而翻天覆地的变化，为什么所有的惯例和传统全被系统性地根除。我们需要举证更多例外和特殊因素，以说明保守思想、实践和旧制度之广厦彻底倾覆的原因。1788 年至1820 年间，法国国内外对大革命最常见的解读出奇地一致：它源自"启蒙哲学"。当时的人承认，在国家机器陷入混乱和不稳定之后，不满和社会性失落确实曾引发动乱，使大革命的爆发成为可能，但同时他们也非常清楚，社会冲突绝不可能主导大革命的性质、任务和成果。人民的愤怒，被曾任路易十六的首相的雅克·内克尔称为"哲学精神"，其用处仅仅在于掌控这种愤怒并使其为自身的目的服务。这是个普遍认知，其文化内涵亟待深入钻研。但问题在于：这一在整个大革命期间占据压倒性地位的假设真的成立吗？[21]

内克尔认为，从根本上来说全新的观念不只是"抓住"了动乱机会，实际上从 1788 年夏天开始，"哲学精神"就日渐扩大其征服范围，利用原有的社会不满，引发了"所有反对普遍认可的观念和真理的暴动"。从前被人们所接受的制度和法律，并非是被法国的百姓或精英挑战、蔑视和推翻——发起者其实是一群不具代表性的边缘人物。尽管鼓吹"道德"并立志建立更加幸福美好的社会，内克尔还是在《论宗教立场的重要性》(*De l'importance des opinions religieuses*, 1788) 一书中攻击了"哲学精神"。他解释道，在大革命前的几十年里，"哲学精神"通过攻击宗教，首先侵蚀了各种意义上的责任意识；接着通过错误地重塑道德和政治原则来打破一切限制；用夸大的自由概念取代节制的智慧，煽动用"平等"来取代贵族领导社会的传统等级观念，这一切都引发并扩大了混乱，摧毁了由"审慎的等级层次"构建而成的社会秩序。[22]

然而事实上几乎没有哲学家或启蒙学者参加 1789 年的三级会议。大多数忠于启蒙运动的候选人都无法在 1789 年的选举中胜出。很快会成为大革命最重要的设计师之一的孔多塞，就没能当选为会议代表。[23] 西哀士不过是勉强当选。皇家科学院的天文学家让-西尔万·巴伊被选为代表，不过他的情况非常特殊。他自认为"从事文艺和学术工作的人都十分不受选举会议待见"。尽管在巴伊看来，更多的"哲学精神"对三级会议有所裨益，然而，大部分选举团成员都是商人和律师，他们对哲学家表现出明显的反感。（对那些律师和商人来说，孔多塞是贵族出身，因此也与哲学家一样可疑。）在里昂也是如此。罗兰夫人是大革命中的重要人物，据她记载，当地的"商业头脑"们对哲学家及大革命的积极分子都表现得格外厌恶。在 1789 年三级会议的 1200 名议员中，只有 10 名可以看作是像西哀士和米拉波那样的启蒙主义哲学家。然而，正是知识分子团体在 1789年三级会议上的严重缺席更加凸显了这个群体令人惊叹的能力，不论是否出席三级会议，他们都能够相当迅速地掌控国民议会的领导权及其指导委员会，（一开始）还主宰了巴黎市政厅，以及所有支持大革命的报刊中最具影响力的那些。[24]

来自洛林的重要革命领袖皮埃尔–路易·勒德雷尔曾断言："在大革命成为法律之前，它首先在人的思想与习俗中成形。"[25] 怎样成形？为什么成形？因为最伟大的革命原则与法令——废除贵族制度并最终取消所有贵族头衔、法律面前人人平等、民主制度、出版自由、信仰平等、政教分离、人的权利、民事离婚、废除君主制和废奴——都已经充分渗透在启蒙运动的话语、辩论和哲学范畴中了。"观念的革命"对于实际的革命来说必不可少，来自法国西南部的革命领袖多米尼克·约瑟夫·加拉如是认为，18 世纪 40 年代至 1789 年发生的一切也证明了这一点。"革命观念"为"革命事件"铺就了道路，是大革命的发动机和原动力。[26]

卡米尔·德穆兰是皮卡第一个地方官员的儿子，也是丹东的心腹顾问。像几乎所有主要的革命参与者一样，他也认为"人民"扮演的角色虽然重要，但也需要被引导。他将"启蒙世纪"——"哲学与爱国主义留给人类最美的纪念碑"定义为大革命真正的灵感来源。他坚信"启蒙哲学"才是大革命的主要推动者。[27] 眼光敏锐的观察家发现，就在大革命爆发前几年，思想界在整体上被一股新的哲学激流彻底改变了。那些在 1788 年革命前夕广泛传播的重要革命观念，当时看起来是如此清晰而深入人心，以至于无须多加解释。布里索 1786 年曾评论说："如今人手一本卢梭、普莱斯和爱尔维修。"既然这样，就无须再向读者解释这些作品的主要观点了。[28]

当然，大部分普通民众没有读过任何启蒙哲学家的作品，也没条件去读。在德穆兰看来，大部分参与了大革命中群众运动的平民，与其说是革命的推动者，不如说是革命的头号绊脚石。在他具有开创性的小册子《自由法兰西》（*La France Libre*，1789）中，德穆兰认为贵族和教士之所以在 1789 年之前的旧制度下占据着社会的主宰地位，并非由于他们通过暴力征服获得了权力并享有特权，而是由于旧制度下的社会秩序长期以来都为大部分普通民众所"认同"。[29] 德穆兰等 1789 年至 1799 年间的民主革命领袖和此前的激进哲学家一致认为，来自民众的普遍默许，是一栋由无知和迷信造就的巨厦和亟待清理的障碍。大革命的反对者，以及几乎所有商人、律师等专业人士，都痛恨德穆兰这种大逆不道的共和主义立场。然而值得注意的是，不论立场如何，当时几乎人人都同意，"启蒙哲学"是摧毁法国社会根基及其宗教与道德合法性、构建新秩序的首要因素。大革命的反对者认为，民众此前原本走在正确的道路上，而今头脑简单的他们，被少数几个像德穆兰这样受到"启蒙哲学"鼓惑的激进共和主义者灾难性地误导了。

事实上，当时所有受过良好教育的观察家都把大革命的主要起因归结为"精神上的大革命"，这是狂热的卢梭主义共和派人士皮埃尔-路易·然格内的说法，此人曾在恐怖统治期间入狱。[30] 在 1793 年被送上断头台前，神父克洛德·福谢曾是最热衷于将革命理念和天主教教义结合起来的人之一，他认为 18 世纪 80 年代的法国社会被两股巨大的文化力量撕裂——一边是顽固的传统和宗教（大多数民众的法兰西），另一边是"启蒙哲学"。在他看来，1789 年的法国实际上由两种国民构成：一种对教权和忏悔室卑躬屈膝，另一种则受《百科全书》的感召。一方赞赏政治经济学和卢梭的《社会契约论》，另一方则尊崇君主制、主教和君权神授——双方一道触发并塑造了大革命。福谢尽最大努力去弥合这一分裂，对两个阵营都进行了谴责。作为虔诚而优秀的天主教徒，他相信宗教能授人以最深刻的真理。在他看来，法国人民在 1788 年迎来自由是上帝决定的。然而基督徒必须接受一点，他进一步补充道，那就是基督教没能提供依照自由、民主和真理来组织社会和政治的正确方法。上帝打好了基础，然而"哲学才是上帝的化身，它给予我们自由的理念、炽热的心灵和鲜活的勇气，让至福降临"。[31]

在那些著名的哲学家反对者中，前耶稣会成员、卢森堡人弗朗索瓦-泽维尔·德·费勒将此世界性阴谋视为"诡辩主义的帝国"。他认为，这种"诡辩主义"是一个强大的体系，始于 18 世纪 40 年代一伙通过耍小聪明和大肆讽刺而吸引所有社会阶层的强势作家，他们设计出一套全新的话语体系和思维方式，狡猾机敏、闪烁其词，使他们那些毁灭性的观念在很多人看来"绝妙非凡"。这一"阴谋"始于狄德罗，他将《百科全书》打造成发动颠覆和不敬神的引擎。所有主要的阴谋家，正如狄德罗和达朗贝尔那样，都是支持无神论的"寄生虫"。他们终日徜徉在咖啡馆中，通过滔滔不绝地暗讽、奉承和讥笑，成功主宰沙龙和学院，并最终攫取巨大的权力。费勒认为，他们的关键武器是对女性的吸引力，尤其针对那些年轻貌美的女子，她们醉心于辞藻华丽、文采斐然的演讲，对俏皮话、遮遮掩掩的调戏乃至明目张胆的淫秽勾搭毫无抗拒之力。[32]

然而说这样的"诡辩主义"引发了大革命还是太含糊，它本身无法成为有用的解释工具。包括反启蒙主义人士在内的大多数作家，均认为那个作为大革命首要起因的"哲学"实际上涵盖了整个启蒙运动。不过他们把大革命归因于一种不加辨别的现代哲学的判断则过于笼统。他们没能把关注点放在体现了主要革命趋势的那个关键哲学流派上。当时的许多观察家也指出了这一点，他们大多是政治家和温和派启蒙哲学家，例如年轻的革命领袖安托万–皮埃尔–约瑟夫–玛丽·巴纳夫和著名的法律改革家让–艾蒂安·波塔利斯。二人都同意"哲学精神"是大革命的主要起因，但只有一种哲学流派应为大革命负责，而不是整个启蒙运动。这个真正的起因就是启蒙运动中的激进派，该派否定洛克和孟德斯鸠，并由德尼·狄德罗（1713—1784）、克洛德–阿德里安·爱尔维修和保尔–亨利·提利·霍尔巴赫男爵发扬光大。[33]

波塔利斯与记者雅克·马莱·杜庞一样，认为欧洲的法律及刑罚的彻底改革原本可以由启蒙运动的温和派、国王和宫廷来完成，不需要任何革命，也不需要接受一个被马勒称为"巴黎哲学"的激进系统。他们全都相信，这个激进系统正是大革命的根基。[34]

另一位 18 世纪末期的著名作家让–弗朗索瓦·德·拉阿尔普同样强调，必须把温和派哲学和唯物主义革命派哲学区分开来。拉阿尔普起初热切支持大革命，在恐怖统治之后，又同样坚决地与大革命划清界限。拉阿尔普生于巴黎，是个父母身份成谜的弃儿，后成为知名哲学家。1797 年，他提出疑问：究竟是哪种哲学引发了大革命？他的观点相当中肯，包括波塔利斯在内，其他否定大革命及其哲学来源的人都对此表示赞同。[35] 拉阿尔普原先是伏尔泰的信徒，与一些主要哲学家私交甚密。他拒斥大革命哲学与原则的主要著作是两卷本的《18 世纪的哲学》（*Philosophie du Dix-Huitième siècle*），其主要部分于大革命仍处于跌宕起伏中的 1797 年写成。他指出，伏尔泰是首位解放人类思想，使哲学理性在读者之间流行起来的哲学家。然而对于引发了大革命的那种哲学来说，伏尔泰却是个边缘人物。在论述狄德罗的长篇章节中，拉阿尔普集中阐发了他对该"哲学流派"的批判。在这一章节中，他试图揭开大革命的思想与心理成因。他曾为大革命与反对派开战，如今却赞同他们的观点，认为这些思想就是一场革命性的灾难。

拉阿尔普认为，对大革命负首要责任的是那些大力宣扬狄德罗学说的人，这其中也包含了卢梭的重要观点。尽管从 1757 年开始，这两位伟大思想家的友谊就因激烈的争执而破裂，卢梭还是通过汲取狄德罗的思想，发展出一套格外具有破坏性的理论，那就是世上所有罪行和邪恶，并不由本性即恶的人性产生（此二人均认为人性本善），而是来自由狄德罗首先看作是"极端邪恶"的一切现存机构、政府体系、道德规范和社会。1794年之后，拉阿尔普认为这实在是个荒唐的理论，正是它一举摧毁了"所有国家的全部社会秩序"。这一理论不光使狄德罗和卢梭都产生了针对当局难以调和的厌恶，而且他们还坚信可以把自己的见解作为在全世界建立新的道德规范和社会秩序的基础。拉阿尔普指出，狄德罗和大革命当中最激烈的社会运动有着直接联系，其中包括巴贝夫及其追随者策动的起义密谋，该密谋 1797 年被督政府挫败。[36]

一方接受现存社会和政治秩序，一方拒绝——这两股启蒙运动中相互矛盾的思潮必将成为对大革命进行任何有效解释的根本出发点。"哲学党"中的政治领袖，例如米拉波、西哀士、布里索、孔多塞、沃尔内、然格内、勒德雷尔和德穆兰都认为，主张革命的哲学倾向汲取了许多不同作家的成果，包括阿尔让松、伏尔泰、孟德斯鸠、马布利、狄德罗、卢梭、爱尔维修、霍尔巴赫和雷纳尔。布里索还极其仰慕诸如培尔和布朗热这类颠覆分子。大革命的领袖们时常会提到这些思想对建构大革命做出的贡献。他们对伏尔泰的看法很能说明问题：他的写作技巧无人能及，他对旧制度和偏见的嘲讽毫不留情，此外他还是各国君主和贵族的朋友。布里索对伏尔泰的评价格外谨慎，他正确判定了伏尔泰并非人民之友。[37] 勒德雷尔评论道，孟德斯鸠为这道思想盛宴添加了"盐分和能量"，然而"十分不幸"，这位伟人是贵族和高等法院法官，因此在社会地位和与旧制度"合作"方面犯下了错误。[38] 卢梭教导读者思考"人的权利"。18 世纪七八十年代的一个关键角色雷纳尔的姓氏后来被广泛而准确地归结为代表了一整个颠覆性群体。与其他人不同，他"以笔铸剑"，直指社会压迫和独裁政权。[39] 马布利的贡献也受到很多革命领袖的热切褒奖。

1797 年时拉阿尔普认为，大部分发生于法国和欧洲的启蒙运动是温和的，因此也是好的。只有一小撮在宗教上和政治上特别具有颠覆性。真正的哲学家如丰特奈尔、孟德斯鸠、布丰、达朗贝尔和孔狄亚克不应为吞噬法国和欧洲的巨大灾难承担责任，需要对此负责的是那些"伪哲学家和诡辩家"，在拉阿尔普看来，他们当中最糟糕的要数狄德罗、雷纳尔、卢梭、伏尔泰和爱尔维修。他们是锻造大革命的"工匠"，是"最早掀起这一骇人大动乱，也是影响最大的推动者"。[40] 拉阿尔普对爱尔维修进行了专门的批判，认为其唯物主义哲学由于种种错误的理由而引起了关注。拉阿尔普和波塔利斯一样，将"现代哲学"看作是一个观念与态度长期积累的复杂综合体，从中逐步提炼出了人类头脑能够达到的最夸张极限："极端哲学造就的大革命滋生了邪恶和罪行，这是个必然结局，以致全人类都得为此负责。"[41]

纵使大革命的支持者认为"现代哲学"是通向普世解放与幸福的康庄大道，1794 年以后，拉阿尔普却把该哲学流派的革命性潜质解读为：在压制下成功发展起来的流行趋势，吸引所有破坏性强、怨毒和充满愤恨的思想来反对现存秩序。他承认，激进启蒙运动不只是大革命思想的炉灶，同样也是一个社会和文化因素，因为最初就是这些相互交织的观念捆在一起，引导、组织、武装、动员了广大群众那猖獗、持久、流传甚广的愠怒、失落、愤懑和野心。[42]

卢梭在这场思想的革命中扮演了什么角色？一方面，他是那个时代的乌托邦主义者。正如一位颇具洞见的作者所说："大革命中的每个党派都多多少少地宣称自己承袭了卢梭的思想。"[43] 当时，大量来自不同派别的人都崇拜卢梭，从著名的宫廷肖像画家伊丽莎白·维杰·勒布伦（她痛恨大革命），到天主教革命者福谢，再到罗伯斯庇尔，乃至摧毁了1788年至1793年大革命的圣茹斯特。卢梭同时是左派和右派的卓越英雄，不曾有第二位思想家获得过这一殊荣。不过，1793年以前的主要革命领袖在评价卢梭公认的杰出贡献时，大致维持着相对谨慎和批判的态度，比如孔多塞就极少提及卢梭。在1789年7月攻占巴士底狱后不久，与大多数激进革命派相同，米拉波在其主办的《普罗旺斯邮报》(*Courrier de Provence*)中诽谤孟德斯鸠，却高度赞扬卢梭在大革命准备过程中的核心地位：只要谈到自由与大革命，就不可能不对这位不朽的"人性复仇者"表示敬意。[44] 在卢梭那些被米拉波认定为真正哲学思想的"真理"当中，"只有人人有产，但人人均无巨产的社会系统才能造福人类"这一理论令福谢和很多革命者深以为然。[45] 然而在卢梭主义者断言的"人首先应该被道德本能和道德感所指引"与激进启蒙思想只为"理性"效忠之间，还是存在着持续不断的矛盾。[46]

此外，发动1789年至1793年间大革命的民主共和人士——那些被罗兰夫人形容为给人民引路、"帮助他们恢复权利"，却被"妖言惑众，促使人民转而反对其真正的捍卫者"的野心家推到一边的"聪明人"——是拒斥卢梭政治思想的主要原则的。民主共和人士绝不会接受卢梭对"代议制"的严厉谴责——卢梭认为"主权不可能被代表"。他们也不大可能接受他诸如"只有小国才能实行共和政体""应该尊重而不是攻击全民信教""必须进行书籍审查"一类的观点。他们当中的很多人，例如布里索，并不喜欢卢梭排斥世界大同、反对追求世界和平的观点；霍尔巴赫则格外蔑视卢梭对斯巴达式战斗精神的推崇，以及可能会由卢梭思想所引发的狭隘沙文主义。[47]

该"哲学党"关于世界大同的理想，之后被诸如戈拉尼、普洛里和克洛茨等哲学家推至极端，并与罗伯斯庇尔、圣茹斯特及其民粹主义集团的狭隘爱国主义和仇外情结发生摩擦。这种摩擦植根于雅各宾派内部永不止歇的争斗中，也贯穿了大革命过程中"理性大革命"和"意志大革命"之间的斗争，这值得历史学家给予较以往更多的重视。那种罗伯斯庇尔式革命中毫不妥协的反自由主义、反智主义和沙文主义，很大一部分正是以卢梭思想中感性的、情绪化的一面为根据的。因此反对罗伯斯庇尔的思想，就意味着要从狄德罗、霍尔巴赫、爱尔维修、奈容和孔多塞的批判观点出发，对卢梭的诸多思想提出质疑。[48] 罗伯斯庇尔统治期间，对哲学派的敌意和对无神论的拒斥愈演愈烈，二者都被认为是不爱国、有悖美德并反常的表现。[49] 1793 年以后，（罗伯斯庇尔式的）雅各宾派那种制度化了的卢梭主义，在政治上其实与激进启蒙主义对卢梭思想的防范相抵触，这种防范来自米拉波、西哀士、布里索、克洛茨、沃尔内、孔多塞，在 1788 年至 1793 年间的革命领导层中也普遍存在。两股在意识形态上敌对的力量互不妥协，在争夺大革命目标和方向的控制权上斗争不断。

罗伯斯庇尔认为，"无神论"同时是民主派和共和派激进意识形态的典型特色，而采用这种意识形态的哲学党已经被他击败。然而无神论问题，为何在"理性大革命"与"意志大革命"的冲突，乃至在大革命与反启蒙主义运动的斗争中扮演了如此关键的角色？毕竟在 1789 年，西方世界的人大都觉得无神论相当"疯狂"，正如德穆兰描述的那样，当时大部分人都认为宇宙毫无疑问是神创造的。德穆兰解释说，把民主主义哲学和大多数人的看法区分开来的关键，并不在于民主主义者对上帝是否存在或上帝是否创造了世界的怀疑，而在于他们对"如果上帝存在，他会如何治理世界"的追问。"神真的是人类诉诸一切问题的权威吗？"——正是这一疑问，把社会上的大多数人（包括罗伯斯庇尔），同造就了 1788 年至 1793 年大革命的"哲学党"区分开来。因为神不示人以神迹，所以神从不展现自身。德穆兰认为，探讨哪种敬神方式最让神喜悦是没有意义的；神的自然力量表现为地震、洪水和其他自然灾害，而这些灾害无差别地摧毁基督教堂、清真寺和犹太会堂。既然对于人类的宗教选择，神完美地展现了同等的无情，神意也未曾偏爱基督徒、穆斯林或其他教徒，德穆兰问道，那为何不抛弃那个法国人崇敬了几个世纪的"阴郁"宗教？为何不把那个纵容了宗教裁判所、国王、僧侣作孽和自身朽坏的信仰，替换为一种包容享乐、女人和自由的快乐宗教？就像古希腊人那样。[50]

从道德和政治上看，法国人都必须尽快进行这样的替换，因为"我们最虔诚的国王往往是最糟糕的"。德穆兰强调，米拉波等哲学家已经完全证明，君主制并非最好的政府形式。虽然有大批阿谀奉承者崇拜着路易十四，但在"理性的眼里"，他就是一个暴君、卑劣的自私鬼、坏长辈、糟糕的朋友和丈夫。这位"耶稣会的国王"残暴又记仇，是个好战分子，利用他手下的龙骑兵进行疯狂迫害，强迫数百万"异教徒"改宗。要打败独裁者，就要同时打败宗教权威及其他所有保守观念。贵族和教士在反抗针对君主制、基督教和世袭特权的批判和攻击，别的社会阶层也是如此。大革命必须同他们所有人战斗。[51]

1789 年，德穆兰基于"公共意志"论证了把革命原则施加于大多数不理解和部分不赞同大革命之人头上，以及推翻现有法律、重塑法国制度和立法的合理性。这一原则，是把人民视为一个整体来行使主权，实施在"理性"看来对大多数人最好的，以及如果没有世俗偏见障人耳目的话，人民真正想要的政策。[52] 这一全新的政治思想原则是由狄德罗及其朋友组成的哲学团体在 18 世纪 40 年代设计的。这些哲学家反对温和主义、相对主义、传统主义，并反对受孟德斯鸠、伏尔泰和休谟影响而产生的对英国模式的热衷。社会并非为悲惨的多数人或幸福的少数人而存在——这一典型宣言出自《哲学和爱国的真相》(*Vérités philosophiques et patriotiques*)，这是来自诺曼底的律师雅克·纪尧姆·托雷于 1788 年后期发表的小册子。反之，如果每个人的意愿都服从于"公共意志"，它就将成为把个体幸福纳入所有人的普遍幸福之中的共同意志。

"公共意志"的概念可回溯至数十年前地下思想的相互交织，最初由狄德罗提出，并由霍尔巴赫、爱尔维修、孔多塞和沃尔内在狄德罗本人的思路上热情继承，但在卢梭那里却变成某种与原本意图大相径庭的东西。[53] 这一概念与 18 世纪最伟大的政治创见"主权在民"学说紧密相连，在大革命早期的辩论中更多以其广义概念呈现——而非以卢梭的定义。这就是为什么托雷（大革命领导层中极少数的律师之一）曾声称，三级会议势必是以"公共意志"为基础的集会，全国人民的需求和愿望以及每一个个体的利益都会得到平等对待。这项指令并非由神授予，亦非教会或先知的法令，更不来自传统。它由"调节宇宙秩序的永恒理性"来担保，而正是这一"永恒理性"预见了随之而来的革命。[54] 西哀士是大革命领导层中最推崇"公共意志"原则的一位，他尤其不赞同卢梭对这一概念的曲解，这在他对代议制和直接民主的意见上体现得尤为明显。[55]

如此说来，1788 年至 1793 年间的民主共和主义宣传家们全是理论总结者，而非理论发明家。德穆兰在《自由法兰西》中指出，他的目的不在于提出什么新鲜的东西。像大多数核心革命领袖一样，年轻的德穆兰曾是卢梭的热情拥趸，但后来也开始批判卢梭。德穆兰的目标是将已经展示在世人面前的有用之物发扬光大，煽动"重新被哲学之光愉悦点燃"的熊熊烈火。而"启蒙哲学"究竟给世人展现了什么？德穆兰认为，它证明贵族制度是害虫当中最甚的一个，每个国家的一切法律都必须重写，君主制不是最好而是最坏的政府形式，僧侣毫无用处，宗教需要彻底变革。[56] 历代国王将法国变成了专制主义的乐土，但即便从最惨遭践踏的人群内部也能产生若干支持共和主义的心灵，对于他们来说，对自由的热爱胜过一切现有制度。即便宗教总是引导人民走向偏见与无知，即便"演说家和诗人总是在撒谎"，即便教士、宣传家和"我们所有的书籍"（1788 年被德穆兰怀着冲向自由的狂热烧毁）都在为国王的统治大唱颂歌。社会需要的不仅仅是"共和"，而且是"民主的共和"："我因此高调表态支持民主。"[57] 坚定的共和主义者布里索 1782 年曾提到，德穆兰的文笔精练、观点独到、逻辑性强，这表明启蒙哲学家能够征服"公众舆论"，而"公众舆论"不久后就能"被证明比国王伟大，并统治整个宇宙"。他还强调，真正的"哲学精神"，"必然同时带来'共和精神'"。[58]

大革命早期中的大部分法国人都没有反对君主制和拥抱大革命的念头。但大革命领导层中那"激进的"一派，与罗伯斯庇尔及其盟友相反，早在 1788 年就已经是毫不妥协的共和主义者了。对德穆兰来说，以哲学为武器同"错误"和"奴役"作战，意味着用开明律法和启蒙道德取代现有法律框架，此二者在他看来是人类未来幸福和繁荣的真正源泉。在另一本革命早期宣扬民主的小册子《一位布列塔尼哲学家的反思》（*Réflexions d'un philosophe Breton*，1788 年 12 月 20 日发行）中，自称"哲学家"的前坎佩尔市市长、低级贵族奥古斯丁·勒·果阿泽·克尔维勒冈呼吁布列塔尼人从始终压制第三等级的贵族和教士手中打碎奴役他们的"耻辱枷锁",恢复"他们的权利"。这些被启蒙哲学抨击为"贪得无厌"的阶层,不但过分享有某些特权,还把"社会的一切好处"都据为己有。[59]

此类看法解释了大革命在文化和政治方面的特有性质——那种毫不动摇扫除一切先例和既有模式的决心。对于革命的领导者来说,重建政治组织乃至更加广泛的社会结构,无须参考,更不用模仿任何先例或现存模式。"我们应当超越这些英国人,"克尔维勒冈说道,"他们对自己的宪政如此自豪以至习惯于不把我们放在眼里。"事实上,法国人应当根除一切世袭贵族,消灭政府中贪赃枉法、卖官鬻爵的现象,取消世袭特权、垄断、任意逮捕、领主司法权和不当法令。黎塞留和凯瑟琳·德·美第奇一类的人物不应再次出现。革命者们将致力于推动贸易自由、信仰自由、出版自由和言论自由。大革命将废除地方高等法院的所有判决、禁令,取缔其凌驾于公众之上的权威。一旦大革命势不可当,法国的司法精英集团注定灰飞烟灭,其影响乃至名号都将消失。如此一来,法国的法律将平等对待每一个人,秘密警察和告密系统都将被废除。[60]巴士底狱会被连根拔起,克尔维勒冈如此预言,在原址上取而代之的将是"国民议会",它是"自由的圣殿",属于全体国民,褪去一切世袭华服,未来它将永不休会,决断一切战争与和平事务。德穆兰应和米拉波的意见,畅想全面革新地方司法、神职、军队和国家财政,使之与国民原则相称,并以国家利益为其唯一导向。[61]德穆兰于 1789 年坚定地认为,即将展开的大革命注定会成功。这将是"启蒙哲学的卓绝功勋",他(错误地)预计,这世上没有任何力量能够阻挡大革命,因为它赢得了渴望领导人民的那些灵魂(比如德穆兰自己)。对他而言,"启蒙哲学"已经完成了自身的使命。革命最至关紧要的那一部分已经成功。即便在一切都尚未步入正轨、正式施行的时候,"法兰西是自由的"[62]这一关键共识就已达成。

早在 1788 年,新兴的第三等级领导人就宣布了"平等"这一重塑道德与立法的原则,并由此确定了人与人之间应有的关系。对于他们来说,君权并非神授,教士僭越篡权,贵族大行违法勾当。他们的宏图并非基于社会阶层或资历,也无关职业或经济利益,而是植根于"启蒙哲学"的全面连锁系统，这种思想在米拉波、西哀士、沃尔内、孔多塞和布里索看来有着十分坚实的经验主义和科学基础。[63] 1788 年，这一共和主义或亲共和主义思想拒绝了将未来的国民议会分为三个部分（贵族、教士和第三等级）的主张，也拒绝了孟德斯鸠曾经提出的一切分权思想，并反对效法英国模式。他们集体蔑视"贵族政体"。[64] 在他们看来，社会将在平等的基础上重建秩序。所有人都应享有相同的"权利"。法律应基于"启蒙哲学"重新制定，因为"理性"和公正是道德与社会合法性的唯一标准。

在他们看来，平等是人权的基础，也是重塑政治、制度、社会关系、婚姻、教育和法律的关键。相反，在数不尽的大革命反对者看来——不论他们是反启蒙主义学者还是"温和的"启蒙运动者——"平等"都是个不正当的人造观念。反对者认为，这一观念源自非宗教、狂热和共济会的谬误思想，或是套用伯克、吉本和波塔利斯中意的说法：因不明智而采纳的"抽象命题"。[65] 勒德雷尔认为，使宣扬"人的权利"、给国家权力套上人权原则之限制势在必行的，是社会财富的分配不均。除非有人愿意接受一个以牺牲弱者为代价来保护既得利益、压制大多数人并使强者更强的政府，否则政府就该通过干预来帮助弱者，照顾全体公民，并保证所有人"充分享有他们的权利"。[66] 只有回到"发生在 1789 年以前的革命"——那个"观念的革命"——才能清晰地看出为什么大革命并非局限于政治方面，而是在"财政、军队、民事、道德和宗教"等领域全面开花。[67]

1789 年 7 月，《巴黎革命》（*Révolutions de Paris*）创刊，这是巴黎图书管理员和装订商路易－玛丽·普吕多姆发行的一份周日画报，旨在推动建立一个基于《人权宣言》并主要由"启蒙哲学"所引导的新社会。[68] 普吕多姆认为，在无处不在的残酷镇压最终引发了革命之前，直到 1788 年早期都从未发生过真正的革命。这样的革命要求通过"理性之光"——"现代哲学"来练就自觉、分析、计划、媒介、知识和条件这些新型革命不可或缺的元素，再由革命派哲学家传播开来——没有这些元素，大革命就不会发生。毫无疑问，某些人（例如荷兰人和英国人）确实通过"启蒙哲学盛行前"的起义恢复了一部分"他们的权利"，但这在普吕多姆看来仅仅是一种犹豫不决、充满复仇感的不完善手段，并非以"启蒙哲学的和平运行"为导向。启蒙思想引导得越多，暴力就越少，革命也就愈加完善。他补充说，自己真心希望"启蒙哲学"能够对已经开始的革命中充斥的狂热、仇恨和怨气起到威慑作用。[69]对此，普吕多姆、德穆兰、克尔维勒冈、拉阿尔普以及诸多持此观点者真该大失所望了。

在他们的设想中，此类"真正的革命"不仅仅需要"闹"，更需要巩固成果。如果哲学本身就能让人充分理解人性并完成真正的革命，那么哲学本身也能够阻止社会立刻倒退至奴隶制。没有启蒙哲学，人类就无法编写穷极要妙而恰当合理的宪法，也无法正确界定"人类的神圣权利"，更无法应对乡村的乱局和"人民的专制"。[70]普吕多姆认为，如若没有哲学的引导，就不能取得反抗轻信与宗教偏执的成功。"噢！我的公民们，"他在日记中疾呼，"别忘了无知是谬误之母；只有驱逐无知，你们的自由才能得到保障。"[71]这一观念毅然要将"启蒙哲学"与其对手之间的冲突转变成一场漫长而艰苦的斗争。

那些被勒德雷尔称为"现代哲学信徒"的人到头来并未守住由他们取得的革命成果，更有甚者，在1793年夏季到1794年这段时间里，他们还遭到"山岳派"的排挤——该民粹主义阵营得名于其在议会中左边最高处的座席。他们认为，人民的意志和平民的感受是大革命的唯一合法指南。他们中断了大革命的进程，推行了持续10个月的恐怖统治（1793年9月到1794年7月），加剧了此后的权力争夺。这次中断完全重塑了大革命的基本价值，事实上它彻底破坏了大革命。在这10个月里，民主、思想与言论自由以及"人的权利"被抛弃，出版自由就此夭折，个人自由不复存在，恐怖统治肆意横行。不过这场践踏人权的灾难并没有持续太久，局面在1795年到1799年之间得到大幅扭转。

纵使持续时间不长，这段血腥的偏航还是给1795年以后的革命进程带来了难题，开辟了一个萦绕至今的思想战场：恐怖统治是否应1789年革命原则而生？如此说来，恐怖统治是否也是"启蒙哲学"的必然产物？所有反启蒙运动哲学家、死硬保王党、君主立宪派以及幻灭的革命者（例如拉阿尔普）对此都坚决予以肯定。他们同样迫不及待地将哲学主义、共和主义、唯物主义和无神论与道德败坏联系起来。然而，将恐怖统治归咎

于"哲学派"真的合适吗？其实有很多证据都能证明这是错误的。很多在
1788 年至 1793 年间推动大革命的哲学家都被罗伯斯庇尔无情地送上断头
台，幸存者则坚决不承认他们的大革命是给杀人犯献了祭品。他们将罗伯
斯庇尔及其同谋的那些学说解读为与启蒙哲学完全不同且敌对的思想。马
克思主义者关于大革命实为阶级斗争产物的说法如今看来尚值得商榷，而
弗朗索瓦·菲雷曾大受欢迎的观点——认为大革命在起源和基本原则上就
先天地包含了极权倾向与潜在的反自由因子，我们也该彻底拒绝。

在如今对法国大革命的众多荒谬解读中，有一个依旧影响力十足的
共识："大革命与基督教的决裂"——尤其与天主教会的决裂——是"非
本质的、偶然的，而且只有在关乎此后大革命自身进程的语境中才值得探
讨"。人们推测，这种决裂与 1789 年的状况并无关联。事实上，所有证
据都指向该推论的反面。以革命名义（非暴力）开展的非基督教化运动从
根本上激励了那些在 1789 年乃至之前就造就了大革命的"启蒙哲学"领
导者。[72] 还有其他毫无根据、令人匪夷所思却认同度极高的谬见。近期有
重要学者重申，"1789 年夏，大革命的领导者当中几乎无人反对君主制原
则"，该学者认为此论断足以赢得学界的普遍认同。[73] 事实上，这一观点
确实为历史学家所公认。可是大革命期间真正深入观察的人却不会这么认
为——他们的意见正好相反。让-路易·卡拉，国民公会的主要成员、雅
各宾派积极分子、巴黎报业编辑之一，在 1793 年 6 月的一份小册子中，
他声明自己是"共和主义者"，在 1789 年甚至更早的时候，他就已经完全
拒斥君主制了——而卡拉身上反映的是当时法国大革命先锋人士中（当然
不包括罗伯斯庇尔及其民粹主义派别）相当普遍的观点。[74] 如此看来，历
史学家当中广为盛行的共识不是别的，只是长久的谬误而已，这一谬误在
于没有给予大革命思想史以足够重视，因此迫切需要修正。

1789 年革命领导者中的左翼人士既反对基督教（无论是从自然神论
还是唯物无神论的角度），同时也构成一个公开反对君主制的阵营：有的
彻底反对，例如卡拉、布里索和德穆兰；有的则有所保留，例如米拉波和
西哀士。我们会发现，1789 年，卡拉和德穆兰的共和主义立场是被大部
分民主革命先锋认可的，他们包括孔多塞、凯尔桑、迪佐、芒达尔、朗

特纳斯、戈尔萨斯、布里索、佩蒂翁、尚福、沃尔内、皮埃尔-弗朗索瓦·罗贝尔、博纳维尔和潘恩（他于 1792 年秋加入法国大革命领导层），以及剧作家玛丽-约瑟夫·谢尼埃。启蒙哲学家作为引领大革命的一个集团（与独裁主义的民粹派马拉、罗伯斯庇尔、圣茹斯特或埃贝尔不同），从一开始就是彻底的共和主义者。简而言之，为世界各地的历史学家和哲学家广泛认同并不断重申的、关于法国大革命的核心假设，从根本上就是错误的，因此我们亟须对现存理论进行扫荡式的彻底修正。

第 2 章

报业革命

1788 年至 1790 年

　　1787 年，法国王室已经濒临崩溃。国家财政被无限膨胀的巨额赤字压垮，君主的威望也随着欧陆征战的失利与殖民地的大面积丧失而日渐式微。法国丢掉了加拿大和绝大部分印度领地。值此关头，法国王室意识到，几个世纪来支撑自己在国际舞台、海上力量和殖民地事务上地位的资本已然丧失。从 1750 年开始，法国不仅在美洲、亚洲和非洲被英国打得一败涂地，还在欧洲大陆的权力角逐中落后于对手，最近的一次是 1787 年的荷兰政治危机，当时普鲁士的新国王腓特烈·威廉二世在英国首相皮特的怂恿下——"凭借强盗的权利"，米兰激进哲学家朱塞佩·戈拉尼如是形容——入侵荷兰联省共和国。普鲁士一举颠覆了荷兰民主革命（其领导者与法国结盟），恢复了英国与普鲁士的忠实盟友——奥兰治家族的统治。欧洲的大多数统治者都因荷兰民主运动的失败而欢欣鼓舞。然而英-普势力在荷兰的胜利对法国来说是国际事务中的一次重大挫折，这无疑意味着国力的衰弱。[1]

　　国家被飙升的债务击垮，陆军、要塞和海军因为缺乏资金而难以为继，面对重重困难，凡尔赛宫廷能想到的唯一解决方案就是整顿和改革财政制度，开源节流。这包括规劝占有大部分财富的特权精英们放弃一些免税权和豁免权，以为国家增收。随之而来的讨论涉及如何对君主制国家的财政、律法和行政体制进行改革，这一进程让旧制度开始崩塌。精英们十分愿意让出部分特权和豁免权，用来交换在君主制下不同于以往的政治地位，使他们既能维持原有特权，也能对王权的行使进行更直接的干预。确实，到了 1788 年，王权已经被削弱到可能使法国变成一个贵族共和国的地步，在这种制度下国王不过是象征性的国家元首。起初，三个主要的精英阶层——贵族、教士和高等法院的法官——似乎在主持大局方面各司其职。法国的国内形势并不稳定。面包价格高涨，民怨沸腾。不过这都不是什么新鲜事。经验表明，大多数时候，民众的不满都能被精英们巧妙引导到任何他们希望的方向上去。表面上看，没有什么能够威胁到法国传统的精英政治；部分精英热切盼望着重新构建的那个复杂、持久但明显有可能改善的制度框架，看起来亦是岿然不可动摇。

1786 年，皇家财政总监卡洛纳公布了他的改革计划，包括重组国家财政，改革行政体制和地方政府，在中央和外省之间建立新的议事机构。反对主要来自巴黎高等法院，这是法国最重要的地方高等法院，有着阻挠王室财政和政治改革的悠久传统。为了绕过高等法院这一障碍，卡洛纳建议国王召开显贵会议征询意见，会议代表一切社会阶层，但由贵族和高级教士把持。但他失算了。即便王室债台高筑，预估债务高达 1.13 亿里弗尔，显贵会议还是否决了卡洛纳的计划。正如过去常见的那样，自大又顽固的贵族、法官和教士与王室作对，总能得到下层民众的广泛支持。

1787 年 4 月，路易十六任命艾蒂安·夏尔·德·洛梅尼·德·布里耶纳接替卡洛纳。此人是图卢兹大主教，也是个经验丰富的政治家。可以想见，这位大主教能做的也就是将其前任的改革计划书在细节上稍做改动，重新呈上御前。然而来自法官和贵族的阻挠还是难以撼动。地方高等法院在诸如此类的冲突中经验十足，动员起同党来易如反掌，他们不仅有贵族和教士撑腰，还能得到地方首府街头巷尾的群众支持，几个世纪以来都是如此。在政治上，王权接连遭受挫败。值此关头，在巴黎高等法院的煽动下，贵族、教士和法官要求召开三级会议（自 1614 年以来从未召开过），以求打破僵局。他们指望三级会议由特权等级主导，并批准特权精英攫取法国的财政和行政大权。[2] 引人深思的是，在那些省议会等级传统最为森严，高等法院和贵族势力最为强大的省份中（例如布列塔尼、贝阿恩、纳瓦拉和多菲内），民众对王权的反抗最为激烈。但不论民怨对精英阶层的诉求有着多大的巩固作用，它始终是反复无常且易于操纵的。过去，报纸和小册子总是遭到王室审查机构的查封，极少有人料到出版物会成为一股强大的制衡力量，为人们开辟了传播行动计划与思想原则的新阵地。

雷恩和格勒诺布尔（布列塔尼和多菲内的首府）爆发了大规模游行，后者更是大张旗鼓地拥护特权阶层、旧有组织和高等法院，反对王权。在多菲内，1787 年至 1788 年间中央政府为财政改革所做的努力，使得特权阶层即贵族和法官，与第三等级联合起来反对王室。1788 年 6 月 7 日，格勒诺布尔爆发特大骚乱，史称"砖瓦之日"。这场骚乱支持现有等级秩序，也支持当地的高等法院和省级议会。在某种程度上，这是附近乡下愤怒的农民干的，他们涌进城来，原本是为了参加平常的集市日贸易，却导致数人横尸街头。贝阿恩发生的骚乱也属于支持贵族和地方法官、反对王室改革的行动，农民再次表现突出。当地人民一听说国王的官员试图强迫地方高等法院法官服从王室命令，就开始自发地叛乱。[3] 四起的怨言一致反映了民众并不赞同新税法和三级会议召开前的准备程序。

对封建税负的反抗也在相当程度上波及法国部分乡村地区，包括多菲内、洛林、纳瓦拉、巴斯克和诺曼底，不过这些地区的矛盾既不是什么新鲜事，也并不严重。[4] 然而，1787 年至 1788 年间，还是存在若干足以令城乡精英都感到不安的早期预警迹象。首先，城市居民有了独立获悉公共事件的新渠道，那就是观点强硬、话题性十足的小册子。这些小册子的影响力在 1787 年就初现端倪——那一年一共发行了 217 种——到 1788 年后期已经形成了一股前所未有的潮流。1788 年一共发行了 819 种，1789 年则至少有 3305 种。[5] 它们成为煽动反抗王室的主力军。更让人感到不安的则是王室在财政改革进程中造成的社会分裂，虽然这种分裂只出现在少数地区。最明显的是在普罗旺斯和布列塔尼，第三等级与国王和特权阶层的对立业已成形。在贝阿恩、纳瓦拉等地区，也出现了贵族与第三等级间矛盾日益尖锐的迹象。[6]

在四处碰壁的情况下，国王除了屈服于召开三级会议的呼声，别无他法。8 月，国王宣布三级会议将于 1789 年 5 月 1 日召开，这时候特权阶层和平民的诉求相同，都希望维护原有法律并尊重高等法院的权力。在接下来的九个月中，巴黎和外省的政治议程都集中于筹备这次大会。一开始，讨论尚且基于先例和章程进行。然而，1788 年夏季期间，王室和特权精英的斗争转变为特权精英和一群政治舞台上的"初来乍到者"之间的斗争：精英们要求维持三级会议的传统形式，即贵族和教士阶级共同保有两倍于第三等级的投票权；"初来乍到者"大部分是文人和知识分子，他们希望抑制特权，要求第三等级获得双倍代表资格，以保证其在投票时与特权等级享有平等的权利（由于只有少数贵族和教士会支持第三等级的主张，因此特权等级总是在投票上占据压倒性优势）。

就这样，一场以颠覆贵族和特权为目标的革命开始孕育。近几年乃至近几十年来兴起的地方俱乐部和读书社团（尽管直到 1788 年它们还严格保持着非政治化的属性），[7] 还有其他借此机会成立的新兴组织全部联合起来，参与争取第三等级双倍代表资格的造势行动。新组织中有在巴黎成立的"三十人社"，成员包括米拉波、西哀士、克拉维埃、埃罗·德·塞舌尔和尚福。尼古拉·尚福是一个杂货商的私生子，但他天资聪颖，是个受过良好教育的知识分子，在促进外省俱乐部和巴黎的联系方面发挥了重大作用。这个惯常徜徉于精美画室和文学海洋的子弟，如今奔走于巴黎的街巷，尤其是皇宫区，在这座城市的中心煽动民意。他也像当时其他公开宣扬共和思想的人那样，并不代表任何利益集团，却在号召第三等级夺取领导权方面贡献卓著。[8] 巴黎皇宫位于塞纳河右岸卢浮宫附近，它将在接下来事态的发展中扮演格外重要的角色，马莱·杜庞将其称为"大革命的前厅"。皇宫由拱廊环绕，周边遍布咖啡馆，例如沙特尔咖啡馆、孔蒂咖啡馆和"弗拉芒之窟"，还有众多书店、餐厅和娱乐设施，因此吸引了形形色色的访客，早已成为巴黎最主要的政治辩论场所。奥尔良公爵的儿子于 1780 年继承了皇宫，将该区域开放给公众，但由于是私人财产，这里基本免于市警的监控搜查。到了 1788 年，它已然因为热烈的咖啡馆辩论、成群的妓女、秘密发售禁书与淫秽读物而变得人尽皆知。就是在这里，德穆兰练就了一身煽动人心的本领，他说这里产生的那些颠覆性小册子"把包括士兵在内的所有人都变成了哲学家"。[9]

不过为第三等级那些胸怀大志的领导者所用的舆论工具中，最主要的当属报刊，其作用甚至超过咖啡馆、俱乐部和读书社团。在过去，贵族、教士和法官很容易掌握权力，资产阶级、农民和手工业者几乎不可能对其形成制衡。然而到了 1788 年后期，三级会议的准备工作进行得如火如荼，等级和传统在控制舆论方面的优势开始受到挑战。确实，对于精英阶层来说，一旦其他人开始领导集会和游行，舆论就会变得极难控制。第三等级争取双倍代表资格的要求迅速传播开来。随着斗争的不断激化，激进分子反贵族和反教士的呼声掀起了一股前所未见的浪潮，他们谴责特权、贵族、教士和高等法院——这股浪潮开始左右事态发展的方向。

1788 年爆发了一场"政治文化革命"，尤其是政治话语方面的革命，这对日后塑造大革命产生了决定性的影响。[10] 特权精英掌握的政治主导权被一群在职业和经济上没有联系的人夺走，这帮人并不具有普遍代表性，而且充满了敌意。导致这一局面的主要原因是王室审查制度的日渐崩溃，以及出版业获得了全新的舆论引领能力。与此同时，社会失序遍及全国，农民暴乱比比皆是，在普罗旺斯的乡村地区尤为剧烈。[11] 与大多数人后来的想法不同，大革命并非爆发于 1789 年的三级会议，而是在筹备会议的那几个月，当"众多作家"开始为第三等级撰写那些影响深远的关键素材，当他们的作品传播开来，并警醒大众捍卫他们的"权利"时，大革命就已经开始了——来自尼姆的新教牧师让-保罗·拉博·圣艾蒂安如是说，他也是大革命之初的领导人之一。[12]

"新的政治文化"首先通过演说和小册子攻占大城市。在马赛，哲学家纪尧姆-托马·雷纳尔直接参与了最初的骚乱和激进演说热潮；他与奥诺雷-加布里埃尔·里凯蒂，即出版自由的拥护者之一米拉波伯爵合作，"为马赛人在此后令人震惊的大革命中迈出的头几步指明了道路"。[13] 针对旧制度的意识形态攻势不断升温，发动攻击的也不仅仅是各行业专业人士或律师，还包括一部分不满现状的贵族、文人、叛教神父和记者，他们组成了一个完全不同质的抗议集团，不管从社会阶层还是教育水平上看都相当迥异。但关键不在于人数，也不在于他们的社会背景，而在于他们那惊人的思想凝聚力和左右听众的本事。他们牢牢吸引了城市公众的注意力，为人们构建起一整套关乎革命、平等、民主和公共意志的话语体系。

最初阶段的知识分子领导层都怀有共和主义倾向，盼望着能够削弱教会，即便在那个时候还很少有人公开讨论共和主义和宗教。最具颠覆性的关键小册子，传达的不是源自经验的政治实用主义，也不是任何基于先例、特许状、律法、高等法院或冉森主义（被所有启蒙哲学家痛恨）的东西，而是条理清晰、阐释精到的意识形态，它有一套全新的术语体系作为支撑——这套术语体系在1750年就已产生，但直到审查制度崩溃之后才大行其道。尽管1788年到1789年间最激进的小册子作者都没有公开宣称自己是共和主义者与民主主义者，可即便是最温和的知识分子，在那时也提出了令人震惊的宏伟目标：彻底改变社会的根基和形态。约瑟夫·切鲁蒂（意大利名朱塞佩）就是个有趣的例子，他在政治立场上比起德穆兰、沃尔内、尚福或米拉波都要温和许多。切鲁蒂出生于都灵，曾在里昂做过耶稣会教士，他仰慕霍尔巴赫，憎恶暴力。虽然是坚定的革命先锋之一，但在1788年，他曾避免公开表达自己的民主共和倾向（而私底下他已经是个共和派了）。尽管如此，他的《告法兰西人民书》（*Mémoire pour le peuple françois*，1788）由于质疑特权秩序和传统的等级制社会结构，还是跻身当时最具颠覆性的小册子之列。虽然他在小册子中恳请第三等级不要发动“一场革命”，不过既然如是说，就证明他已经预见了革命的可能性。“哲学为你们效劳，可别让她失望。”暴力能打碎枷锁，但也会造就更多。人民不该通过暴力摧毁“旧秩序”，而应耐心等待启蒙的曙光普照四方，等待一切依逻辑循序转变，这种改变将由即将形成的采用有限代表制的立法机构领导完成，他认为这一机构很快就会取代三级会议。[14]

完全颠覆现存秩序和官方宗教的愿景，在1788年到1789年间对大多数人来说不仅不现实，甚至完全不可能，除非有人像切鲁蒂这样，完全沉迷于爱尔维修、马布利、普莱斯、雷纳尔、霍尔巴赫、卢梭等当时仅被少数人熟知的启蒙哲学家的著作。除了这部分人，在1788年还有谁会觉得为了彻底改变社会、政治和制度的方方面面，“一场革命”是绝对必要的？还有谁会意识到在不为大部分人所察觉的情况下，这场革命早已悄悄展开？所有坚信"非革命不能解决问题"的人——米拉波、西哀士、布里索、沃尔内、尚福、普吕多姆、梅西耶、德穆兰、佩蒂翁、勒德雷尔和切鲁蒂，其实都属于这类不具普遍代表性的边缘人群。埃马纽埃尔·西哀士（1748—1836），是一个邮局管事（另一个叛教神父）的儿子，堪称不谙世事；实际上，他的全部生活都是在书海中度过的。尽管如此，1788 年11 月到 1789 年 1 月间三级会议召开之前，他还是发表了三部轰动一时的小册子，影响甚广。尤其是第一本《论特权》（ *Essai sur les privilèges* ）和第三本《"第三等级"是什么？》（ *Qu'est-ce que le Tiers-État ?*，1789 年 1月)，两部小册子的内容部分来自巴黎"三十人社"的集体讨论，热烈宣扬了 1788 年的报业为启蒙思想大造声势时运用的那套术语。这些小册子为整个早期革命阶段搭建了语境，与当时其他重要的小册子相同，虽然里面使用了一些卢梭书中的词汇，但并不具备广义上"卢梭主义"的属性。西哀士发表于 1788 年至 1789 年间的小册子，其观念基于一系列近期思想家的论述，大体上来自于他从 18 世纪 70 年代开始就不断完善的唯物主义经验论和形而上学思想，并由他发展为抨击社会等级的工具。早在 1773年西哀士就宣布，他的目标是通过改变普通人的思维方式"将哲学推上王座"。他的唯物主义巩固了其指导思想，那就是"全民自由"最能保障社会中的个体追求幸福，而自由的最大敌人就是那些把"自由"赋予特定人群的特权、特许状以及社会为贵族和教士服务的现状。[15]

1788 年这场震撼人心的出版浪潮蔓延至法国各地。在布列塔尼，七八百名控制省三级会议的贵族与第三等级发言人，就参加三级会议的布列塔尼代表团是否应该同意"平等分摊税收"和削减穿袍贵族特权一事吵了起来，并很快发展成刻薄的对骂。雷恩的地方法院与记者为敌，因此被某份日报形容为"可能是全法十三座地方高等法院中最无知的一座"，并谴责该法院给予了特权阶层过于慷慨的支持。[16] 特权、特许状、地方行政贵族、教士和传统的优势地位岌岌可危，而这种优势地位正是等级社会的重要原则。沃尔内连续发表了五本名为《人民的哨兵》（ *La Sentinelle du peuple* ）的小册子，在煽动雷恩市的反对势力方面贡献突出，其中第一部发表于 1788 年 11 月 10 日，猛烈炮轰贵族们维护自身权益的阴谋。就在雷恩的旧秩序维护者和"年轻爱国者"之间的冲突变得充满暴力并引发激烈的街头斗殴时,沃尔内更是于 1789 年 1 月底公开号召第三等级拒绝特权阶层的一切要求。[17]

康斯坦丁-弗朗索瓦·沃尔内出身贵族,来自马耶讷省(Mayenne)的名流世家。像西哀士和大部分人一样,他也毫无从政经验,完全是个书呆子。他是个活力十足的东方学学者,也是爱尔维修和霍尔巴赫的狂热信徒,唯物主义者和无神论者,属于爱尔维修夫人(她蔑视卢梭)身边知识分子圈子中的一员,他鼓吹的是毫不妥协的激进启蒙思想。通过在报纸上发表文章,他将布列塔尼人的不满转化为一股强大的力量。他最早的一本小册子就炮轰布列塔尼三级会议,称其为"滥用职权的不合法机构",还呼吁将教会的过剩财产收归国家。在那些随后刊印的小册子中,沃尔内公开号召布列塔尼人反抗贵族和教士,拒绝承认三级会议中的按等级投票制。"公共利益"是人民的利益,布列塔尼人必须保证他们不会"在席卷整个法兰西的大革命"中落于人后。[18]当"温和派"在 1788 年的辩论中以援引孟德斯鸠和赞颂英国君主立宪制为风气时,1788 年 12 月的沃尔内已在宣扬激进主义方面更进一步,他公然嘲讽英国试图让一位国王来制衡全体国民。他劝诫自己的同胞无视既有的英国模式,因为"人人生而平等"。他将布列塔尼贵族阶层比作一位年老体衰、病入膏肓的贵妇,需要大量药物和自下而上(教士和法官阶层)的密集护理才能苟延残喘;只有她早日归天,一切才会变好。[19]

另一股赞颂并拥护革命的非卢梭主义呼声出自尚福,他来自米拉波的圈子,思维敏捷,言辞刻薄,与贵族制不共戴天。他既对那些生来就继承头衔和财富的人心怀妒忌——这是他自己未曾拥有的东西,又对人民的"无知"充满蔑视。他毫不避讳地承认,一旦自己及友人们掌权,他们的步子将"迈得比任何民意授权给他们的范围还要远"。有位熟悉他们的文人马蒙泰尔曾口气尖酸地评论,说某些三级会议代表候选人似乎对需要改变些什么有着自私的看法。"那么,"尚福反唇相讥,"人民知道他们自己要什么吗?"人民是终日找寻草场的羊群,需要有人指引,才知道要去吃他们此前连想都没想过的东西。牧羊人和优秀的牧羊犬在任何地方都能让羊群吃饱。"在勾勒未来的蓝图之时,我们完全有理由想要清扫一切。"[20]人民对这一切还一无所知,但是共和主义、消灭贵族制和削弱教权已经完全筑起了大革命的基石,这种思想已经在尚福和他的追随者心中逐步形成。

革命领导层那些不断涌现的言论,愈发显现出他们要与那个遭其质疑的过去一刀两断的决心。早在 1788 年,众多关键发言人就不想向三级会议低头,他们拒绝承认其历史意义上的合法性与合宪性,要求彻底对其进行改革。[21] 他们活动的舞台是各个选区,还有遍布全国的选举会议——它们由王室授权,负责选举三级会议代表。然而这些人并不为人民发声。1788 年的诸多小册子都自称是"人民的",小册子作者也常常以手工业者、小镇居民、"受压迫者"和农民的形象示人。然而严格说来,这一切都是假冒的,因为这些小册子无一例外均出自受教育程度颇高的论战高手。[22] 揭示当时未受教育的平民所思所想的证据几乎没有流传下来。然而这些故意以底层人民立场发声的小册子在城镇和乡间到处流传,在某种程度上成功煽动起一部分手工业者和农民与王室和贵族的对抗,包括发生在多菲内与布列塔尼地区的暴动。[23] 在首都,当年冬季成立了六个选区,它们被赋予择选"选举人会议"成员的资格,这个会议将为巴黎选出参加三级会议的代表。在这些选区集会中,公众舆论据说扮演了关键角色,然而是谁在引导公众舆论?历史学家向来宣称,诸如此类的小册子到头来是为受过教育的富裕资产阶级的需求服务的。[24] 然而像米拉波、西哀士、卡拉、切鲁蒂、佩蒂翁和德穆兰这些重要作者,都没有专门为任何一个群体发声,我们也看不到任何联系他们与一切主要利益集团的关键纽带。

新的选举系统是王室自己在 1788 年 11 月重新召开的显贵会议上提出的,这次会议旨在为三级会议选举进行准备工作。王室提议将第三等级的代表人数增加一倍,而且每人都代表等量选民,以此抵消先前特权阶层决定性的影响力,让第三等级与贵族、教士等级能够在平等的基础上交锋。但是大臣们并不想改变不同等级分开投票的现状,也不想借此削弱特权。他们希望法国社会继续在政治上和社会上维持等级制,让贵族和教士有能力统治第三等级。接下来数月里,王室推行了在大臣们看来是负责任并且公正的策略，意在将冲突最小化：既提高第三等级的地位，同时也继续保持等级森严的社会状态。

在过去，三级会议的代表有权支持或否决具体提案，1788 年到 1789 年间也是如此——会议召开前，一切按照传统程序进行。代表们被视为特定区域和特定等级的代言人，并不代表个人或市民发声。"陈情书"传达了地方选区的要求，它是所有选区为会议代表起草的指导手册。这种做法合乎先例，而且正常情况下只会强化精英们的主导权，因为这些选区集会都是由贵族、名流和律师主持，并由他们进行公证，而且贵族和教士还有单独的集会。这一回，准备程序却进行得与以往不同，因为反对派的呼声开始出现在俱乐部、文学社团和越来越不受控制的出版业之中。1788 年的粮食歉收加剧了民间局势的动荡，为反对声浪的拓展提供了土壤。在很多地方，三级会议代表的选举工作都由博学而雄辩的"爱国者"委员会主导。这些委员会由俱乐部成员、编辑和文人所把持，以确保选出的代表立场强硬地反对等级制度以及贵族和教士专权。激进思想就这样渗透进选举委员会和第三等级代表的选举过程中，从而第一次登上了政治舞台。

大革命的第二阶段始于 1789 年 4 月末，当时第三等级新选出的 600 名代表聚集在凡尔赛，反对王室的改革计划和行政指令。整个三级会议共有 1200 名代表，不过参与此次政治大戏的远不止这些与会者，还包括为数众多未能入选却翘首以盼的评论家、记者和独立观察员，他们当中有很多都是野心勃勃却未被选为代表的候选人，包括尚福、然格内、布里索、数学家吉贝尔·罗默（他曾在俄国的贵族家庭中当了五年的教师），还有即将成名的安托万-约瑟夫·戈尔萨斯（1752—1793），他曾是小学校长。[25] 虽然没能入选，但尚福的参与欲望十分强烈。他行动起来，与其来自布列塔尼的记者朋友然格内一样，都在给米拉波提供密切协助。值此关头，萨巴捷记录道，三级会议和法国宫廷都采取了一套全新而独立的话语体系。这种话语体系在 18 世纪 70 年代曾为瑞士和荷兰所用，如今得到追随米拉波和西哀士的非专业人士团体的倡导。这一团体规模有限且不具代表性，但其成员善于辩论且高度理性，他们将这一话语体系用在了三级会议中两个相互对立的核心阵营身上，将他们称为"贵族派"和"民主派"。[26]

　　历史学家时常提到第三等级的代表中并无农民、手工业者或工人。然而同样令人震惊的是，即使农民和工人确实缺席，1789 年聚集在凡尔赛的第三等级代表中也同样缺少商人、银行家、企业家或其他具备"资产阶级"属性、代表社会中上阶层的主要职业团体代表。埃德蒙·伯克在伦敦深入观察大革命，对第三等级的成分深感愤慨。让他感到恐怖的是有钱人、大地主和高级神职人员在这次会议中惊人地缺席。如果第三等级要仿照英国的方式成立下议院，它必须能够代表对土地、金钱和职位的占有，这一属性在巴黎那个孕育革命的领导层当中如此欠缺，宛如阴谋。伯克确实注意到律师在后来的国民议会中占比颇高，但他像大部分现代历史学家一样，没有注意到在一帮由演说家、小册子作者和革新分子组成的领导集团中，几乎并无各行业专业人士或律师的身影。[27]

　　从背景上看，大革命领导层代表的是尚未划分明晰的社会范畴。它主要由编辑、记者、作家、家庭教师、书商以及转变为"文人"的叛教教士和贵族组成。其中最杰出的当属米拉波、西哀士、巴伊、沃尔内和巴纳夫。巴纳夫在背离旧制度以前曾任多菲内地方高等法院法官，是个蛊惑力十足的演说家，像拉博一样，他既是新教徒，又是知识分子，因此在这两个集团中都不具代表性。[28] 米拉波则是哲学家、历史学家、政治评论家，著作等身，他自己本属贵族阶层，却遭其排挤，因此被选为普罗旺斯地区艾克斯市的第三等级代表。他们被政治对头讥讽为"第三等级的哲学家"，既不代表任何专业人士，也不代表任何社会群体，却牢牢地掌控着领导权。从一开始，他们就是最咄咄逼人的一伙，故意使用挑拨性十足的华丽辞藻，排除一切维持贵族和教士特权的可能性，也不接受"第三等级"这一称谓——尽管这是由宪法正式确立的，却还是被他们污蔑为带有"奴隶""贱民""黑鬼"的气息。事实上，他们从根本上否定了过去的一整套话语体系，在他们的议事厅中进行讨论时，"等级"一词被全面禁止。他们将贵族和教士重新定义为"特权阶层"而不是"更高等级"，以此消除一切社会阶层的先天优越地位。

　　同样，他们拒绝对出版自由进行限制。1788 年至 1789 年早期始终在强调思想自由的"权利"及如下见解："人人都有其神圣不可侵犯的权利"

来自行立法，正如布里索在附和"圣贤马布利"时所说，而且"只有在这种时候，人才有伟大、美德和幸福可言"。[29] 雅克-皮埃尔·布里索将很快成为核心革命领袖之一，他是一位虔诚的餐馆老板之子（这位父亲因儿子的渎神观点而与其断绝了关系）、经验丰富的作家、法律改革家和反体制辩论家，1784 年曾因发表反动作品而在巴士底狱度过了短暂的牢狱生涯。在布里索看来，任何阻止平民出身的人进行自我启蒙、阻止奴隶除去身上枷锁的人，都是人类的敌人。正如"美国革命为我们的革命接生"，他期待着这一新的"革命"可以席卷整个欧洲。西班牙、德意志等地"在目睹自由与幸福的我们时"，也会意识到束缚他们的封建枷锁。就连傲慢的英国，眼看着法国建立起比自己那"缺陷重重的宪法"更加完善的宪法框架，也会在她的老对手面前感到脸红。[30] 要指引人民，就不仅要允许更要积极鼓励政治性报纸的出版。[31]

布里索长期渴望成为哲学家，他了解所有启蒙哲学家，也清楚如何将他们的观点有效应用于宣传造势。起初他格外青睐卢梭和孟德斯鸠，但他对卢梭精神的吸取多少被夸大了。诚然，他十分仰慕卢梭，但对他的很多观点并不赞同，尤其是卢梭关于代议制、爱国主义和审查制度的观点。他将自由视作基本权利之首，因为"自由就是人为了谋求自身幸福而发展自我能力的权利"。写作和出版是发展人类能力最恰当的手段。每个人天生有权独立思考、写作和发表任何他认为有利于自身和他人福祉的东西。任何给言论自由人为设置的障碍，都是"对自然法的侵犯，是犯罪"。任何宪法都不容对言论自由进行限制，"因为一切宪法都应该保障而不是侵犯人的自然权利"。[32]

布里索当时确信，法国人需要一部可以完全"表达公共意志"的宪法。[33] 如何确保这一点？答案是通过出版自由。他从 1780 年早期开始就不断论证说，单单出版自由一项，就能保证读书和辩论俱乐部组织活动并传达公共意志。只有出版业革命能改变法国，将其从落后的君主制带进代议民主制，进而维护公民利益，保障公民权利。[34] 从 1789 年 7 月开始，布里索将他新办的报纸发展成了鼓动革命的主要载体。[35] 1789 年 6 月他评论道，自 1787 年以来，法国人民迈出的步子是何其巨大。在 1787 年，谁又能猜到 1789 年的法国人民会坚决要求"一部自由宪法"？但直到巴士底狱陷落之前，其实也只有他的小圈子——革命宣传家、演说家和代言人组成的哲学先锋队——才在给予法国一部全新宪法方面有所想法，而其他任何人，包括绝大多数三级会议代表都并非如此。

究竟是谁充分"启蒙"法国人民迈出这关键的一步？这位反宗教、反贵族政治的激进启蒙思想代表人物如是问道，他们又是如何做到的？大革命的第一步，毋庸置疑是出版界迈出的——目前主要通过书籍和小册子——而且如果这些"没几个人有能力读懂"的书刊就能产生如此大的效果，布里索据此提出，一旦出版获得真正的自由，"当报纸，尤其是人人都读的报纸获得自由"，又会发生什么呢？托克维尔后来注意到，大革命之前，王室在审查报纸时比审查书籍更加警觉。1789 年早期，在整个皇家审查机制中只有对报纸的审查还在执行。[36] 一旦这一机制寿终正寝，如今只集中于"有闲阶层"的"启蒙之光"就会普照所有人的心灵。[37]《巴黎日报》(*Journal de Paris*) 等保守组织将布里索准确定义为危险分子、煽动作家、教会和世俗统治者的公开宿敌、"共和主义的使徒"。[38] 到了1789 年 6 月，"法兰西已经准备好拥抱基于自然权利的新宪法，并从根本上变革法律"这一信念已根植于布里索集团，该团体成员思想一致，野心勃勃，都是未能当选三级会议代表的"准政治家"，其中包括孔多塞、流放中的日内瓦共和主义者克拉维埃，还有朗特纳斯医生。这一公开了自身革命诉求的派系已经习惯于在"革命"之前冠上一个"大"字，并给1789 年前的法国体制贴上"旧制度"的标签，"而且认为即将到来的大革命具有普世意义"。[39]

布里索和他的集团参与了波及出版界、戏剧界及整个文化界的全面革命运动，该运动由米拉波、西哀士、戈尔萨斯、谢尼埃、尚福、切鲁蒂、梅西耶、博马舍等支持大革命的文人领导。布里索希望成为革命的领导人之一，他知道这可以通过写作来实现。他的报纸尤其注意向所有社会阶层传播"启蒙思想"，通过其早年对英美法律和宪法及其社会效益的研究，使法国从中获益。或许英美两国早就在享受出版自由带来的巨大好处了，不过布里索认为，美国人比英国人的出版自由更胜一筹，因为美国报纸无须像英国报纸那样承担巨额的印花税。[40] 简而言之，1789 年早期，对于刚刚出现的尚未获得许可的报纸来说，拥有王室和高等法院许可的报纸还能成为掣肘，比方说 1789 年 5 月，布里索的报纸刚发行了一期，这些报纸就向王室申请禁止其出版。[41] 然而，6 月 28 日他就重新出版了《法兰西爱国者》(Le Patriote français)，该报很快跻身宣扬革命的重要报刊行列。作为记者，他的努力也获得了一些人的帮助，未来他们将成为他在革命阵营中的政治盟友，尤其是朗特纳斯和克拉维埃。从 1789 年 7 月起，《法兰西爱国者》定期发行，产生了深远的影响——直到 1793 年 6 月被雅各宾派民粹主义者取缔。从 1789 年 7 月开始，它就声明自己的任务是"让全民族为迎接一部自由宪法而做好准备"。[42]

　　1789 年 7 月巴士底狱陷落后，法国王室的审查制度全面崩溃。[43] 尽管宣扬大革命的主要报纸——米拉波的《普罗旺斯邮报》和布里索的《法兰西爱国者》稍早时候便开始发行，大部分革命报刊却是在巴士底狱被攻陷后才开始出现的。这一事件被极力粉饰拔高，7 月 15 日，戈尔萨斯就说它属于"幸福的革命"，如此重要以至于将被人"永远"铭记。[44] 在当时的主要报刊中，7 月 18 日创刊的《巴黎革命》——其主编是路易-玛丽·普吕多姆，有可能是早期革命报纸中最成功的一份，它从 1790 年后期开始就由图书馆员、哲学家西尔万·马雷夏尔定期供稿。[45]《佩莱日报》(Journal de Perlet)——主编是日内瓦人夏尔·佩莱 (1766—1828)，于 1789 年 8 月 1 日创刊，亦是影响甚广的报纸（直至 1797 年果月政变后遭取缔）。紧随其后的，还有露易丝·克拉里奥的《国家与公民日报》(Journal d'état et du citoyen) 和其余很多值得注意的报纸。戈尔萨斯的日报，起先叫作《凡尔赛到巴黎邮报》(Le Courrier de Versailles à Paris)，尽管有可能较早创刊，但直到 7 月才开始定期发行。戈尔萨斯致力于帮助人民从他们自己所属的阶级手中获取完满的幸福，并给所有反对左翼共和主义文化先锋的人贴上"贵族独裁主义"的标签。

　　戈尔萨斯的确憎恶贵族政治，然而他又是这一不具代表性的边缘团体中的典型，因此也蔑视平民的无知和目光短浅。戈尔萨斯曾目睹无数起醌龉的街头事件，他毫无保留地将人民陷入非理性和残忍暴力这一不幸倾向直接记录下来。[46] 7 月中旬至下旬，失序状态开始扩散；8 月上旬，阿尔萨斯和洛林发生反犹骚乱；10 月，他那份对全法混乱局势最为关注的报纸对不理性的"人民的仇恨"表示强烈谴责，对利克桑（Lixheim）、洛林和阿尔萨斯十九个村庄惨遭劫掠的犹太家庭表示同情，对这一事件以及更广泛的动荡给大革命带来的潜在威胁深感担忧。他呼吁议会设法保护人民，因为他们的轻信与无知根深蒂固："洛林和阿尔萨斯危机四伏，犹太人周围尤其如此。"[47]

1789 年秋，大革命第一次触及犹太人解放问题。然而消除社会中对犹太人的歧视、允许犹太人自由定居而不受限的观点——旧制度下的法国律法将犹太人居住区域限制在阿尔萨斯-洛林、阿维尼翁、波尔多和巴约讷（Bayonne）——绝对不是大革命本身首次提出的。其实此类观点早在大革命前夕就已出现，并得到米拉波、布里索和另一位革命派核心记者阿纳卡耳西斯·克洛茨的大力宣传，他们全都在 1789 年之前就谴责过基督教的反犹思想。1787 年，在梅斯（Metz）皇家科学艺术协会举办的一次有奖竞赛中，这一观点也得到了推广，当时竞赛的题目是"是否有可能使法国的犹太人更幸福并做出更大贡献"。三篇荣获"桂冠"的文章都表达了对全面解放犹太人、消除歧视的热切期望。它们的作者分别是波兰犹太学者扎尔金德·赫维茨，他从 1789 年起便受雇于国王图书馆（1792 年更名为国家图书馆）；格雷古瓦教士和南锡（Nancy）高等法院的律师克劳德·蒂埃里。[48]

蒂埃里认为，到了 1789 年，在受过教育的法国人心中，关于犹太人问题的革命已经发生，通过批判所有的反犹神学观点，启蒙思想对此做出了贡献。蒂埃里承认，使受过教育的人对犹太人的态度发生巨大转变的最大功臣当属哲学家米拉波，但他同时强调自己也持相同观点。蒂埃里要求的不仅仅是立刻全面解放犹太人，像克洛茨一样，他坚持要把欧洲自基督教世纪伊始就产生的压迫犹太人的罪责统统算到教会和无知百姓头上。[49] 这种论调充分体现了蒂埃里观点中强烈的革命性，以及对于大多数群众来说是多么难以接受。他持续攻击传统偏见，强调要成功解放犹太人、消除种族偏见，就要结束教权主导下的教育中对犹太人区别对待的现状。他要求国家引入世俗的、普世的教育，让基督教儿童和犹太儿童一起上学，这样一来他们就能并肩战胜持续了许多世纪的偏见，同时平等地学习启蒙精神、道德观念和公民价值。[50]

1789 年 7 月发生在出版界和公共辩论界的革命，不只催生了一大批形形色色的新报纸，也改变了宣传家和记者的角色与地位，使得支持大革命的报纸得以迅猛发展。1789 年 8 月 25 日，革命报刊中编排最好也最有影响力的报纸之一——《巴黎专栏》（La Chronique de Paris）面世，孔多塞、拉博·圣艾蒂安和哲学家让-弗朗索瓦·迪科——他是雷纳尔的朋友，都定期给该报供稿。不久之后，弗朗索瓦-让·博杜安创办了《辩论与决议报》（Journal des débats et des décrets）。1789 年 10 月 3 日，让-路易·卡拉创办了销量甚佳的《爱国文艺年鉴》（Annales patriotiques et littéraires），他是图书馆员、学者，从 18 世纪 70 年代开始就服膺激进哲学，也是个准哲学家。[51] 让-皮埃尔·奥杜安于 11 月 23 日创办《普世日报》（Journal universel），该报将存在五年。[52] 所有报纸都把出版自由奉为基本人权和至高原则。当时也不乏反对派评论家，他们在三级会议召开头几日就发过牢骚，说出版界一下子吸引了过多的关注。米拉波的《普罗旺斯邮报》和戈尔萨斯的《邮报》都受到重点抨击，理由是它们详细的报道造成了过分的影响，歪曲凡尔赛放出的官方消息（部分指控者这样认为），并把这些消息迅速传至巴黎。这些报纸的评论，通过抨击贵族、教士、法官和王室——戈尔萨斯在自己的报纸里如是承认——塑造了巴黎接受和理解政治新闻的方式。

1789 年 4 月三级会议召开之初，一本讽刺性小册子横空出世，攻击那帮自诩为"专家"并就如何管理国家侃侃而谈的小团体。该小册子控诉道，法国人已经被"启蒙哲学"投入悬而未决的巨大不安与恐慌中。"无与伦比的天才们"突然把持了三级会议，全法国一下子被一帮"其实不过是装腔作势、喋喋不休的记者"迷惑了心智。米拉波、戈尔萨斯、博马舍和图书馆员卡拉（被称为"米拉波的小副官"），全都是这本小册子点名嘲讽的"法兰西天才"。（小册子指出）人民必须认识到，这群放肆的跳梁小丑正在利用他们根本不配获得的影响力，不光把出版界变成其得力工具，也使他们自己成为大权在握却难孚众望的政治代理人。事实证明该小册子极富预见性，其准确程度可能就连作者本人都没有想到。[53]

　　尽管有些新兴的报纸在革命之初的几个星期里大获成功，但短命的失败者事实上占据了大多数。据估计，1789 年 5 月至 1791 年 10 月间，仅仅巴黎一地就有 515 份新报出现，而其中 54% 只发行了不到一个月。大量涌现的也不光是支持革命的报纸，右翼的反革命报刊也以同样惊人的势头席卷而来，其影响力一直持续到 1793 年。比如华佑教士的《国王之友》（L'Ami du Roi），巴纳贝·迪罗祖瓦的《巴黎报》（Gazette de Paris），反启蒙哲学人士萨巴捷教士的《1789 大革命和三级会议国民政治日报》（Journal politique national des États-Généraux et de la Révolution de 1789）和马莱·杜庞的《法兰西的墨丘利》（Le Mercure de France）。杜庞是知名的瑞士思想家，后来成为联系巴黎保王党和国外流亡贵族的中间人。[54]

　　上述报纸的编辑当中，有的也深受启蒙运动影响——只是他们并不接受激进启蒙思想。资质平平的诗人迪罗祖瓦，尽管是个强硬的保王党人，却依然为新教徒、犹太人发声，并支持离婚自由，他甚至建议允许神父结婚。自然神论者马莱·杜庞，认识并崇拜伏尔泰，后来还成了伯克的忠实信徒，其报《墨丘利》大受欢迎（1789 年发行了超过 1.1 万份）[55]，但同时遭到自由立宪派和共和派的憎恨。马勒生于一个共和国（日内瓦），却是反民主贵族的后裔，他投身于对平等与民主永不止息的批判，并试图动员群众来抵制大革命。[56] 他尤其否定爱尔维修、雷纳尔和狄德罗的思想，并谴责孔多塞，他对民主的憎恶与他的反哲学主义立场紧密相关。[57] 自由主义的立宪派主张更多地来自《1789 社会日报》（Le Journal de la Société de 1789），由皮埃尔·塞缪尔·都彭·德·内穆尔、大革命中的风云人物克洛德-埃马纽埃尔·德·帕斯托雷和安德烈·谢尼埃主编，后者是个沉醉于启蒙哲学的杰出诗人，在恐怖统治期间被处决。

　　托马-玛丽·华佑是布列塔尼人，大革命前在著名的巴黎路易大帝中学任教，认识狄德罗，却不喜欢他留下的思想。尽管他于 1790 年 5 月创办的报纸《国王之友》只存在了不到两年，却读者甚众，而且大量发往巴黎以外的地区，除了法国北部和布列塔尼，也在普罗旺斯、波尔多、勃艮第广泛传播，在持保守思想的女性、教士和军官当中销量尤其突出。该报销量稳步增加，最终超过 5000 份，成为大革命早期最重要的报纸之一。[58] 华佑被称作法国保王派的"马拉"，但与马拉不同的是，他弃绝暴力，十分担心发生内战。他是个激进分子，但只在原则上反对民主共和及启蒙哲学。在政治上，他更接近于穆尼耶那样的右翼温和君主立宪派，而非极端保王党。他的报纸主要由安–弗朗索瓦丝·弗雷龙赞助，她是华佑的妹妹，埃利·弗雷龙的遗孀。弗雷龙是狄德罗的死敌，他主办的《文艺之年》（*L'Année Littéraire*）几十年来一直在与启蒙哲学家和"百科全书"派进行着艰苦卓绝的斗争。[59] 1790 年秋季，保王党之间的分歧曾使巴黎一度出现三份同样名为《国王之友》的日报，他们还一同引述弗雷龙反启蒙运动的主张。华佑的出版商就此开玩笑说："国王的朋友从未像现在这样众多。"[60]

　　保王党人控诉道，大革命的领袖朝更夕改，是个完全不具备代表性的集团，体现的也不是既有社会阶层的诉求，他们只是些"哲学家"或"半吊子哲学家"。国王、贵族、教士和高等法院的权威和特权遭到这伙人的挑战：他们满嘴浮夸之词玄之又玄，在旧制度下毫无社会地位，被一股含混不清和难以名状的不满之潮暂时推至这个国家的主人之位。必须承认，拒绝哲学的还有另外一股力量，那就是较为温和的革命派，他们呼吁法国学习英美模式。比如君主立宪派的尼古拉·贝尔加斯，在 1789 年 2 月 12 日发表的《贝尔加斯先生论三级会议》（*Lettre de M. Bergasse sur les États-Generaux*）中恳请读者考虑英国议会制度的优越之处，并指出在美国，"人的平等是第一政治要义"，各州的立法机关全都"由两院组成"。贝尔加斯认为两院制对于真正的混合政府来说不可或缺，上院作为中间人可以"独立发声"，调解君主或总统与下院的关系。[61] 然而，恰恰是要求忘掉哲学并学习令一些人仰慕的英国模式这一呼声，没能在三级会议召开之前、期间或之后成为主导。这一切终将演变至一种闻所未闻、极不寻常的境地。这帮力推彻底革新、既格格不入又自命不凡的革命派小集团很快就会发现，他们所推崇的"打碎一切过去的限制"只有在"一个哲学的世界"中才可能实现。这些哲学家无视社会对信任和服从的需求，忘了这世上还有嫉妒、贪欲、虚伪和邪恶存在，萨巴捷告诫说，他们终将发现自己不可能成功。[62]

既然普通民众压根儿没读过他们写的书，就算试着读了也基本上没法读懂，那么 1789 年的革命派哲学家们为何会赢得广大群众的支持，占据压倒性的优势呢？[63] 其实是那些昙花一现的报纸、廉价传单和小册子——而非书本——使哲学取得了第一次重大成功。萨巴捷、穆尼耶等观察家注意到，民众对 1789 年一连串事件的反应，基本都是由小册子、海报和报纸引导的——简短而廉价的文字很容易被大众消费，其引用和概括的观点都来自哲学家的拥趸。人民"完美地消化了"这些摘要。[64] 1789 年 3 月的一个小册子要求雷纳尔提供更为详尽的政治指南，"因为您的确预见了我们正在亲历的伟大事件。您让这个民族知晓他们的权利之正当，并坚信恢复这些权利指日可待，您启发这个民族用勇气、力量和各种手段去成就一场幸福的革命——这场革命已由您的预言准备妥当"。[65] 萨巴捷指出了一条对卢梭《社会契约论》中几句话的"恶心"转述，出自卡拉 1789 年 4 月发行的传单《三级会议演说家》(*L'Orateur des États Généraux*)。萨巴捷注意到，这份传单渗透"广大群众之深，令人难以置信"，它影响了很多根本没有能力阅读《社会契约论》的普通人。[66] 德穆兰在《自由法兰西》中指出，正是通过发行讲稿和传单等印刷品，革命领导层才开始解放法兰西民族。民族解放的首要任务是教育，这意味着抵制那些处于统治地位的"牧羊人们"，他们的权利是从至今都是作为"低贱奴隶群体"的法国人手中夺来的。德穆兰声称，1788 年到 1789 年这场致力于激励人民反对专制的舆论浪潮由"雷纳尔、西哀士、沙普利耶、塔尔热、穆尼耶、拉博、巴纳夫、沃尔内和米拉波"领导，而米拉波"为解放我们所做出的贡献超过了所有人"。[67]

1789 年 4 月底三级会议召开前，一场全面革命就已经蓄势待发。这一事实在大部分人看来并不明显，但对米拉波、戈尔萨斯、布里索、卡拉等为大革命造势的宣传家来讲确实如此。卡拉是布里索和米拉波的盟友，他与二者一样，早在 1788 年之前就到处发表文章，从 1770 年开始就服膺于激进思想。他在《理性或哲学先知》(*La Raison ou le prophète philosophe*）一书中详细阐述自己支持革命的观点，此书于 1773 年遭禁，后在布永重新发行修订版，但于 1782 年再遭查禁。该书的论点是，"理性体系"植根于霍尔巴赫在《自然体系》(*Système de la Nature*) 一书中提出的唯物主义思想之中。[68] 该观点认为，一切生物都由无生命物质构成，而人类的历史就是从残忍的动物性向清晰意识和掌握语言的缓慢进化，该进化过程由"宇宙理性"推动。卡拉由此畅想社会将随着理性的发展不断进步，直到人类最终从"无知和假象"中解放出来。卡拉把理性定义为"由所有人类感官传达到我们脑海中的图像汇聚后产生的和谐状态"，只有粗浅的思维才会认为"理性"是与身体割裂的不朽精神实体（灵魂）。[69] 尽管他和布里索一样，了解英国，会说英语，并仰慕美国革命，但英美因素在卡拉的观点形成过程中始终处于边缘地位。他的政治信念坚定明了：既然现存法律的唯一功能就是以既得利益的名义压迫弱者，人们就应该把国民而不是国王奉为"首要的、真实的主权"，撤销作为"专制统治拥护者"的皇家大臣们的职务。必须抛弃等级原则，恢复国民的"所有权利和功能"。[70] 现存法律只是个维护不公的有序体系，卡拉要求在权利义务平等的基础上建构"简洁、公正、全民"的全新法律，在"宇宙理性的原则"的基础上规划未来的"普世社会"。[71]

卡拉与狄德罗、霍尔巴赫以及雷纳尔的《哲学史》持相同观点，对他们来说，人类普遍悲惨的处境直接源自他们无法理解自身情况；再加上人民维护教权，使得无情贪婪之人有机会自封为国王、贵族和教士，他们剥削他人就像剥削一群牲口那样。暴君要想令沉湎迷信的人服从自己轻而易举，特别是利用"宗教神话"，说什么神是赏罚分明的，天堂就是"地上受苦灵魂死后终得和平与幸福"的地方。[72] 卡拉坚信，每个人都是"普世社会"的组成分子，同样需要被解放。[73] 一旦法律平等地适用于每个人，社会就能维持其成员之间的平衡关系，避免最强大和最聪明的人剥削那些在权力和才智上不如他们的人。人类进步的首要动力就是理性发展，或者"真正的哲学"，它能赋予革命和解放以力量，能确保这些"好处"为人人所享。[74]

"什么引发了大革命？"拉博·圣艾蒂安如是问道。他曾是新教教士，此时则成了三级会议代表。他认为，大革命的起源就埋藏在早已广为流传的思想当中，它们包含着"大革命的一切胚芽"，并在那些哲学家的作品里萌发。他们最为有力地攻击了那个时代的偏见，他们是一帮"高人一等"的学者，他们的作品把"大量有用的真理"传播到方方面面。伏尔泰拉开了争取言论自由的斗争的序幕。他的追随者更进一步，却遭到来自国王、教会和高等法院的迫害。不过他们的努力没有白费，"真理"渗透到王国的每个角落，进入"不同等级的家中"，直到 1788 年，法国对思想进行的"宗教裁判"终于被言论自由的蓬勃生机所压倒，直至终止。他总结得很准确，小册子之所以能够广泛传播，是因为出版自由在 1788 年已是既成事实（除了对新闻报纸依旧存在限制），这是大革命最初的关键一步。[75]这些"思想的英雄"催生了"大量信徒"，他们组成一种新的读者群体，催生了一股新的批判观念，最终扮演起集体裁判的角色，审判国王和大臣，并检视更普遍的政府问题。这一行业如此巨大，消息如此灵通，放在从前是无法想象的，因为那时的人们缺少印刷品。[76]《百科全书》尤其为公众提供了讨论政治、经济和国家财政的基础，因为它将所有科学统一编纂成册。卢梭发挥了巨大作用。雷纳尔抨击了所有"暴政"，打碎一切伪善；他的《哲学史》是启蒙运动后期阅读量最大的读物，使同代人感受到他那"反对暴政的愤慨之情"。[77]最后，1788 年的伟大动乱正式爆发，哲学家的信徒们发表的小册子居功至伟，马布利、卢梭和雷纳尔的思想传遍所有辩论会。拉博声称，1788 年的巴黎成了启蒙运动演说的"火炉"。君主立宪派的穆尼耶也承认，巴黎的确是大革命的熔炉，火势凶猛到迫使一部分像巴纳夫、巴伊，包括拉博自己那样的革命领导人放弃他们最初温和的本能，进而采取更加激进的行动。[78]

狄德罗的门徒奈容同样强调了 1788 年间和在此之前知识分子的骚乱。他对理性革命和"人的权利"充满热情，[79]日后严厉拒绝了马拉和罗伯斯庇尔的民粹主义思想，对他而言，这二人的观点违背了大革命的核心价值。1790 年，奈容认为，旧制度的崩塌，是新的革命思想传播超越某一限度后的结果，因为它最终触动了所有社会阶层。[80] 1790 年，旧制度的"哥特式建筑"已经在思想层面沦为废墟。然而他警告说，大革命尚未完成，因为思想、言论和出版自由还没有完全得到制度保障，而教权也没有被彻底剥夺。必须修改立法，不论是基督徒、犹太人、自然神论者还是偶像崇拜者，在法律面前皆无差别，"真正的信徒"也不过是"好公民"而已。[81] 只有先对王室、教会和贵族的权力进行清算，政府才能在"普遍公正"的基础上重建人类权利，而缺乏这一基础的政权不具有真正的合法性。[82]

这些捍卫出版自由的强硬斗士都提到了基本人权。布里索在他 1789 年 6 月写给三级会议的关于出版自由的报告中说，出版自由是"一项人的自然权利"。[83] 他还提出了戏剧审查中的自由问题。他注意到，就连英国都缺少这项自由，在那里戏剧舞台被严格控制在王室的许可之下。戏剧自由在"恢复自由"方面比人们认为的还重要，因为戏剧能对"公众精神"产生极大影响。他还说，由于一位精力过人和天分卓绝的作者已对此有所阐述，他自己就不多赘言了。在这里，布里索指的是诗人谢尼埃的弟弟，剧作家玛丽-约瑟夫·谢尼埃，大革命期间言论自由和戏剧自由的主要拥护者之一。[84] 到了 1789 年 6 月，问题已经不是法国是否应该允许言论自由和出版自由，而是这种自由是否需要限制。是否应该允许"不受限制的出版自由"，而不追究其诽谤和煽动暴力的法律责任？这一两难困境，抛开其原则本身来看，确实在其现实文化影响方面带来众多令人担心的问题。很多人认为，把哲学带给人民的尝试注定要失败。只有人民的名义才能给出版自由和各种新权利正名，然而，只有不到百分之一的人民读过启蒙哲学家的作品，而仅有千分之一的读者对其拥有充分的认知——老牌共和主义者、后来的国民公会议员路易-塞巴斯蒂安·梅西耶如是告诫——这才是假象背后的现实。无知的平民只通过正直表象和公众声望，而不是才能或知识来评判政治家，这会造成怎样可怕的后果，可想而知。[85]

经验很快揭露了言论完全自由的缺点。有人总结说，放任无限制的自由十分危险。因为心怀不轨的家伙凭借无限制的言论自由，就能将最优秀的人、最有教养的人、最具德行的人诬陷成暗中支持贵族制和君主制的"恶棍"和"叛徒"。德穆兰日后也曾悲叹（他和丹东 1793 年至 1794 年间曾试图压制恐怖统治）；[86] 不受限制的出版自由造就了一类新型的政治骗子——"诬陷式独裁者"。这类人将政治对手全面污名化，在有组织的无知之上，建立起一种新的独裁统治——"贱民专制主义"。德穆兰相信，"下贱流氓的整套艺术"诋毁有原则的人，从而破坏了大革命。这套"艺术"模仿群众的说话腔调和表达习惯，同时散布设计好的欺骗群众的谎言。正是凭借这种几乎不加伪装的谎言和对事实的歪曲，民粹主义最终压倒了大革命，法国首次建立现代民主国家的尝试也因此夭折。

第 3 章

从三级会议到国民议会

1789 年 4 月至 6 月

1789 年 4 月到 5 月初，超过 1000 名三级会议代表由地方议会选举出来——人数最后上升至 1200 人——他们齐聚凡尔赛，肩负他们所属地区赋予的使命。然而只有 800 人及时赶上会议开幕，其中有一半是第三等级的代表。会议开幕前一天，也就是 5 月 4 日举办了大型列队庆典，国王和王后带领亲王们打头，大约 800 名三级会议代表紧随其后，队伍从巴黎圣母院行进至圣路易教堂。5 月 5 日，精心安排的大会开幕仪式顺利举行，但当国王允许贵族们在他出席的情况下免礼重新戴上帽子时，一些第三等级的代表也照做了，由此引发了一小阵混乱、惊诧与喝倒彩。除此之外，整场仪式精彩纷呈，人们的焦点都集中在光彩照人的国王和王后身上。王权从未给人如此深刻的印象。国王郑重发表演说，大致陈述了王国窘迫的财政状况。巴黎原本安排了 39 位代表出席，然而像大部分未能到场的代表那样，他们错过了开幕仪式。首都的"初级议会"（primary assemblies）在市内各个较大的教堂内开会，11706 名投票者选出了 407 位"选举人"。但这些会议有太多议题需要讨论，当时尚未完成最后的代表选举。[1]

三级会议刚一召开，就马上陷入停滞状态。受最近几个月反贵族政治宣传的影响，400 位左右列席的第三等级代表要求三个等级共同审查与会代表资格，拒绝特权等级单独审查的传统做法。这一程序上的抗争是一时兴起，但十分坚决。数日乃至数周过后，第三等级仍拒绝让步。昂热（Angers）代表沃尔内在大会开幕仅仅三天后的 5 月 8 日，已经被自己大部分同事的谨小慎微弄得很不耐烦："靠作孽而活的那两个等级，根本就不会允许真正的改变。"对自身利益的算计解释了他们为何如此坚守传统。特权等级的顽固不化和第三等级的唯唯诺诺令巴黎"充斥着不实的谣言和诽谤"。代表们要求全面改革会议模式。要废除所有过时的规则，要有正规的会议纪要，发言时措辞要更加正式，对打断发言的自由要进行限制。要消除一切关于过去的"形而上"崇拜。没有什么能阻止他们引入在三级会议召开前从未被使用过的政治术语，例如"宪法""议院"和"议员"。[2]

比沃尔内和米拉波对三级会议的呼吁更有力度的，是一份于三级会议开幕不久后公开的详尽的长篇计划，它由一位三级会议外的密切观察者发表，这个人就是布里索。这份计划是起草于 1789 年 4 月的《给三级会议人民议员的行动计划》（*Plan de conduite pour les députés du peuple aux États-Généraux*），这份重要文件坚持平等原则毫不妥协，要求议员坚定立场，反对所有特权等级，不光要反对贵族和高级教士，也要反对高级法官和大资产阶级。布里索在此强调——比以往其他作者都更为强调——法国需要通过一部全新宪法，当中必须包含一份正式的"人权宣言"，作为建立在平等基础上的"自由宪法"之根基。他在计划中甚至列出了自己认为最重要的七项人权，其中一条是这样的：所有法国人生而平等，享有同样的权利，不受任何不经由他们"或他们的三级会议代表"批准的法律约束。[3] 他的文章同时列出他认为可靠的代表名单，在布里索看来这些人有能力带领立法机构走向不受束缚的独立，获得国家财政的控制权，拥有不经过国王允许就自行召开年度会议的权力，并不断反抗国王和特权阶层。布里索于 1789 年 4 月列出的名单包含了大革命实际上的主要领导人，他们是米拉波、沃尔内、西哀士、贝尔加斯、拉博·圣艾蒂安、穆尼耶和拉法耶特。在最积极投身于这项事业的作家中，他列出了孔多塞、切鲁蒂、塔尔热，以及自己的战友克拉维埃。[4] 他盛赞西哀士，但也对其观点保持异议，批评他执着于代议民主制，而不考虑使用直接民主制作为补充。[5]

由于看起来过于谨小慎微，当时的第三等级面临被指控背叛人民信任的危险。公众对实际成果的期待激发了这种危机意识，它在 6 月愈演愈烈，巴黎各处的选举会议也愈发迫不及待。鼓动第三等级内拘谨的多数派已经不只是激进传单的事了。先前在巴黎各选区中富有影响力的那部分人积极行动起来，利用其职权在政治上进行施压，并以首都的名义向三级会议请愿。巴黎选举会议的工作原本只是定夺首都议员的名单，不过当三级会议在凡尔赛开幕后，巴黎"选举人"大会仍继续举行集会。到了 6月，5 月那种犹豫不决的不合作已经演变成公开的反叛。关于审查代表与会资格的争执持续数周之后，一部分贵族和教士倒戈加入了毫不妥协的第三等级。接下来的 6 月 17 日，扩大了的第三等级宣布自己是"国民议会"，这一行为既无先例，也不合法，却吸引了更多低级教士和三分之一的贵族代表前来投奔。后者加入了第三等级中原有的 58 名"贵族"，包括已经被选为第三等级代表的米拉波和沃尔内。[6] 第二天，美国驻巴黎大使杰斐逊向麦迪逊报告："我认为，一两天之内我们就会知道，法国政府究竟是情愿冒破产和内战的风险，还是会按照议员们的要求，取消一切等级差异。"[7]

　　1789 年 6 月 17 日宣布成立国民议会常被看作是一件令旁观者吃惊的事，此举本身就是震撼人心的革命性行动，它不仅意味着对贵族和教士特权的否定，也是对整个法国现存制度框架的否定。大部分贵族和高级教士完全拒绝承认这一新机构。特权等级原本就未从王室那里获得任何主导权，此时只能消极抵抗。1789 年 6 月 20 日，皇家军队还是来了。国民议会的议员们"如同往常一样"来到会议大厅，"却发现大门紧闭并由军队把守"，杰斐逊如是记录，"门口张贴的告示说 22 日将要召开皇家会议，国民议会在此之前必须休会"。[8] 看来国王是要表明自己的立场了。议员们转移到王宫旁的皇家网球厅继续开会，在天文学家巴伊的强烈要求下，大家集体进行了著名的"网球厅宣誓"，发誓不制定出令人满意的宪法，国民议会"绝不解散"。这一场面由大革命中最伟大的艺术家雅克-路易·大卫绘制成震撼人心的画作，永垂不朽。（图 1）

　　6 月 23 日，路易十六在贵族和教士的簇拥下，提出了一项又长又详细、在传统语境下完美合理的妥协方案，并在国民议会面前亲自诵读。国王在很多地方痛快地让步：取消特权阶层的免税权、终结密札制度下的任意逮捕、废除徭役制度下乡村居民负担的修路建桥等强制劳动。[9] 他还同意就别的议题进行协商，比如邀请"各等级"为"如何在尊重宗教、道德和公民名誉的前提下实现出版自由"提供方案。[10] 然而由于显贵们的坚决反对，国王也直接否决了第三等级的数项关键诉求，尤其是拒绝改变"三级会议"按照等级投票的规定和取消名誉特权。各个等级必须保持独立，享有不同的权利，行使不同的职能。也就是说，"所有涉及宗教的方案必须获得教士等级的专门批准"。路易十六同时积极重申了他至高无上的君主地位，以及国王对警察和军队的绝对控制权。[11]

图1　雅克-路易·大卫作品《1789年6月20日凡尔赛网球厅宣誓》。创作于1791年（纸本钢笔画，棕色淡彩，白色提亮），藏于法国凡尔赛宫。

第三等级聆听了米拉波的煽动性演讲，并得到巴纳夫、佩蒂翁、比佐和西哀士的鼓动，因此不愿承认等级独立，坚持召开他们单方面宣布成立的"国民议会"，拒不接受王室做出的妥协。[12] 更多的教士加入了他们，但大部分贵族，以及第一等级的大多数代表（132名神职人员）还在顽固抵抗。6月27日，戏剧性的一幕发生了，眼看就要来临的风暴烟消云散。

最后的让步并非来自第三等级，而是来自王室。正如杰斐逊记载的那样，这一转变至少在一定程度上是因为动荡已经明显在国王的法籍军队中散布开来，有些将士"开始离开军营，组织小规模集会，声明他们会保障国王的生命安全，但不会割断同胞的喉咙"。在旁观者看来，"一旦双方决裂，军队会站在哪一边显而易见"。[13] 路易纵使踌躇，还是选择承认新机构，"邀请"仍在顽抗的贵族以及教士中所剩无几的抵抗派加入他自己如今也称为"国民议会"的组织。[14] 这一新获认可的机构于 6 月 30 日召开首次会议，由巴伊担任"议长"。[15] 主权由此被部分移交给人民。大革命真正起航了。

与此同时，巴黎选区也在酝酿巨大变动。德菲耶圣托马斯修道院的选区会议让布里索当选为"选举人"，并在 4 月 21 日的集会上被他说服，认为需要成立一个委员会，在巴黎选区会议和他们派往凡尔赛的代表团之间进行沟通。委员会必须继续工作，直到经过讨论和规划的"人权宣言"颁布。这一计划马上得到其他选区支持，特别是赤足加尔默罗修道院的选区会议。该选区新选出的主席是尼古拉·博纳维尔，他是托马斯·潘恩的朋友，职业作家和翻译家。博纳维尔积极支持布里索的提议，认为巴黎议会应该重组，成为代表巴黎督促国民议会的喉舌。[16] 巴黎的 407 名选举人在市政厅集会期间，不仅详细审阅了首都为他们的第三等级代表准备的各项请愿书与陈情书，而且在 6 月成立了首都选举人大会，并于 7 月 12 日组建临时市政府，它就是革命派市政机构"巴黎公社"的前身。[17] 正是在这些集会上，制定宪法和颁布"人权宣言"的呼声势头高涨；也是通过这些集会，1788 年小册子论战中数名未能当选三级会议代表的主要宣传家东山再起，掌握了巴黎议会乃至整个大革命的领导权。

通过这种方式，巴黎选举人大会大力推行激进原则，从外部向国民议会施压。它自认为在为公民意志发声，身在凡尔赛的首都代表务必听其指令行事。"人权宣言"是一些巴黎初级议会从 4 月开始就坚定推行的计划，它要求全面实现思想自由、言论自由和出版自由。巴黎选举人大会得到市内各"选区"、俱乐部、读书会和遍布全法的报纸支持。这样一来，它构建起一个金字塔式的舆论平台，有助于巩固身在凡尔赛的激进派的地位，同时给米拉波和西哀士送去了无价的支援，让他们在革命派哲学家少之又少，还受到商人和律师代表排挤的情况下，仍然能够主导国民议会。[18]

7月9日，议会新成立的制宪委员会敞开怀抱接纳了巴黎激进分子的主张，同意法国需要一部新宪法，而且它"必须以宣告人之不可侵犯的自然权利作为开头"，杰斐逊如是告知潘恩。[19] 值此关头，议会的自由派贵族议员、美国革命英雄、杰斐逊的朋友玛丽-约瑟夫-保罗·拉法耶特侯爵（1757—1834）为了达成这项主张，在杰斐逊的帮助下精心撰写出一份包含十三项基本权利的草案。[20] 与此同时，巴黎的氛围十分紧张。议会藐视王室、贵族和教士的行为，在巴黎街头巷尾和各咖啡馆获得了海啸般的支持。通过选举人会议将这种支持传播开来的手段的确相当有效。引领舆论的布里索、博纳维尔、卡拉、德穆兰、戈尔萨斯和孔多塞，用萨巴捷的话说，基本上都是"哲学家"——由文人和知识分子组成的一帮人。他们的支持者则被萨巴捷说成是"半吊子哲学家"，这部分人充当革命领导人的传声筒，把革命言论传遍大街小巷。这些半吊子哲学家也是街头煽动者，他们主宰着巴黎皇宫区域，该区域则掌控着全巴黎的舆情。这些"极端思想"如今毫不留情地朝一切贵族出身的人和神职人员开火，萨巴捷抱怨道，甚至单单"贵族"一词，就足以使他们狂暴到发动一场"哲学的圣巴托罗缪"。[21]

尽管国王并不情愿，制宪议会仍坚持留在凡尔赛。但没人能确定，诸多变革能发展到如今这步田地，究竟是因为国王和王室真的对此睁一只眼闭一只眼，或者他们只是在为筹备一场巨大的反革命政变而拖延时间。即便如同四处散播的谣言所说，一场王室"阴谋"真的存在（杰斐逊认为，国王可能根本没有炮轰巴黎或者用武力镇压议会的意愿）[22]，它也几乎没被执行。但在当时看来，危机显得足够紧急。一些小骚乱过后，凡尔赛的议会在6月8日这天举行了紧急会议。米拉波宣布，有大约3.5万人的皇家炮兵部队部署在凡尔赛和巴黎之间，还有2万人的部队即将抵达。7月10日，议会投票决定，派遣一个由6名贵族、6名教士和12名第三等级人士组成的代表团，去向国王宣读一份由米拉波执笔的声明。他们不失庄重地抗议道，调动这些军事力量，直接违背了路易自己关于保证国内和平的诺言，而且损害了议会的自由和名誉。[23]

路易回答道，人人都清楚巴黎如今天天发生骚乱，动荡就出现在王室和各等级的眼皮底下。他据此判断有必要动用自己手头的可用力量，来维持首都及其周边的秩序。他恳请代表团向议会转达，调兵只是为了防止未来可能出现的动乱："我采取这些预防手段的真正动机其诚可鉴，只有心术不正之人才会借此误导我的人民。"[24] 随着王室军队日趋频繁的调动，一些报纸和口头报告从凡尔赛传到巴黎皇宫区，故意给人造成全面反革命军事行动一触即发的印象。尤其让巴黎人陷入恐慌的是 7 月 11 日国王将受人爱戴的改革派大臣内克尔解职一事，这一举动大大加重了危机。"统治阶级背信弃义、居心不良""地方高等法院意图阻挠我们重建国家的伟大事业"，至此被视为证据确凿。[25] 杰斐逊在报告中说，"暴民立刻关闭了所有戏院，外籍部队开进巴黎，发生了数起军民交火事件"。[26] 身处前所未有的风暴中心，巴黎的选区和选举人大会聚集在一起，就这场危机展开辩论，与此同时，鲁昂（Rouen）出现"危险的骚乱"（那里部署了德意志龙骑兵），凡尔赛亦是如此，街道上被暴民示威以及瑞士与法国卫队之间的摩擦搞得乌烟瘴气。

内克尔被解职一事，加剧了国王和议会之间的矛盾，同时也加深了议会内部君主立宪派和左派之间的分歧。一方面，地下共和主义者与真正的共和主义者的圈子虽小能量却大，他们一心追求在最大程度上削弱王权，要求大臣们对立法机构而不是国王负责；另一方面，右翼集团也逐步开始发声，亲英的君主派人士让-约瑟夫·穆尼耶领导该集团，希望国王在大臣的任命和解职上保有全权。随着第三等级内部的分化，7 月 11 日，鲁昂——法国第六大城市，拥有大约 7 万居民——发生了持续 4 天的暴动。粮食短缺加剧了恐惧和不安，这是激化骚乱的主要原因。民众自发抢劫商铺和粮食市场，造成好几起伤亡。[27] 与此相反的是，巴黎的动乱在表面上处于一种有组织的状态，基本上没有发生抢劫或偷窃。杰斐逊记录道，"人们表现得格外诚实，再没听说有这样的例子"。首都民众的失落与愤怒是被共和主义煽动者和颠覆者挑起的——最著名的人物有博纳维尔、德穆兰和泰奥菲勒·芒达尔，后者精通英式共和思想。德穆兰和芒达尔都是完全服膺启蒙哲学的出众演说家，他们和其他人一起，在巴黎皇宫附近的咖啡馆中慷慨陈词，鼓动下层民众拿起武器，投入战斗。[28]

7 月 12 日夜，当天早些时候去过凡尔赛的德穆兰，在皇宫区域的富瓦咖啡馆内进行了一场特别具有煽动性的演讲，他向民众担保，说王室定然在酝酿一场镇压大革命的阴谋，国王的外籍军团会把持反对意见的人杀得一个不剩。[29] 这时候，德穆兰那本热情拥护共和的小册子《自由法兰西》已经写成，但尚未发表。欢腾的群众将他团团围住，他则完成了著名的"纵身上桌"，站在桌上号召人民为了拯救自己和大革命而诉诸武力。当天晚上，香榭丽舍大街发生了一场危险的冲突，那里是瑞士卫队和德意志龙骑兵的驻地。手持武器的暴动者进行了声势浩大的示威游行，军队则朝天开空枪以示回应。[30] 暴民队伍由芒达尔这样曾经参过军的老兵带领，他们闯入民兵军火库抢得武器。上百名法国皇家卫队的士兵开了小差，跑去加入示威者队伍——对于王室来说，紧急状况演变成了灾难。一连好几天，整座城市都处于极端混乱之中。暴乱的一个直接后果是旧的市议会被废除，权力落入选举人大会设立的指导委员会之手，该委员会由布里索、博纳维尔、卡拉、福谢等巴黎议会的领导人主持。这些代表指控王室密谋对付制宪议会，声称委员会有责任维持秩序，保证粮食供应。攫取巴黎控制权后，该紧急状态委员会在 7 月 11 日和 12 日经过详细商议，决定在巴黎建立新的民兵组织——"国民自卫军"。这支新组建的军队随后受命昼夜巡视巴黎，负责制止犯罪和维护社会秩序。

7 月 13 日，制宪议会在得知有大量持械暴民聚集在巴黎皇宫区的情况下，再度召开紧急会议。据传闻，民众意图攻击驻守在香榭丽舍大街的军队。议会再次派出代表团，包括 20 名平民、10 名贵族和 10 名神职人员（包括 4 名主教），恳请国王撤走军队，并建议制宪议会最好迁至巴黎。两项提议都被国王否决：他会保留何时将部队调往何地的决断权；议会必须留在凡尔赛。[31] 7 月 14 日，大量手工业者、店主和雇工示威抗议王室"阴谋"。他们当中有很多人来自巴黎的圣安托万贫民区，[32] 整个早上他们就那样来回游荡，拿不定主意。很多人想游行到凡尔赛去，那里是他们愤怒的源头，可是突然间人群开始向巴士底狱的方向移动。他们的集体想象被占领这"专制统治的丰碑"并释放犯人的念头所占据，有人说这就好像神意降临一般——人群在博纳维尔和福谢等选举人的带领下，组成一个整体向巴士底狱进发，秩序井然得不可思议。[33] 到了巴士底狱，主要是博纳维尔，试图劝说监狱守卫放弃抵抗投降，这一要求被监狱长洛奈侯爵拒绝。人群向前逼近，150名守卫在王室的白色旗帜下排成一行保护监狱外墙，用大炮和火枪向人群射击。围攻者装备充足，在倒戈的皇家卫队的带领下，用大炮轰击围墙作为回应。5个小时的炮击过后，围攻者取得胜利。暴民席卷整个堡垒，屠杀一切拒不投降者，包括监狱长洛奈——他坚持朝叛乱者开火，直至最后一刻。大约有二三十人遭到杀害。堡垒被攻陷，一顶自由之帽在欢呼雀跃中被人升至监狱上空，狱中囚犯被释放，大炮被转移至市政厅。巴士底狱由新的城市自卫队接管，整个首都的秩序被重新确立起来。

此后，一大群武装市民聚集在市中心，尤其是皇宫区域。人们用战壕和街垒环绕整个街区，以阻止骑兵部队的进犯。巴黎传言四起，说孔代亲王不久会率4万人来袭，旨在尽可能多地屠杀市民（可能要杀10万人），以消灭叛乱。无数马车被用于堵塞所有城市入口，每一处都有大量人员把守。整个首都灯火通明，前所未见，到处都在庆贺。当夜几乎无人入睡，因为人人都觉得袭击将至。[34] 大街上的民众又害怕，又欣喜，把局势搞到眼下这步的革命派哲学家同样如此。之后几天，一直有笃定的传言说王室在策划多重入侵，将从四五个方向同时攻进巴黎，孔代会从圣马丁近郊来，布罗伊元帅会从路易十五广场（今协和广场）来。然而惊恐万状的王室再次彻底认输。国王在其顾问的影响下一意孤行，为维护自己的权威两次公开拒绝撤军，然而驻军最后还是默默撤退，这样的局面史无前例。

王室的退缩让巴黎沸腾了。随着巴士底狱陷落的消息传遍全城，一群革命派知识分子在咖啡馆内展开热烈的讨论。他们中包括杰斐逊、沃尔内和路易–玛丽·德·勒韦利埃–莱波，后者是激进共和主义者、反天主教的植物学家、哲学家。席间爆发出阵阵兴奋的大笑和欢呼声，大家又是跺脚，又是围在桌边起舞。自从6月开始就成为大革命支持者的杰斐逊大胆直言："好啦！是啊，先生们，你们为胜利而兴奋。但你们必须和贵族和教士斗争到底，不打垮他们，你们就永远得不到自由。"[35] 他们意识到，攻陷巴士底狱是个决定性的大事件，使他们在心理层面和潜在的政治层面都占据了上风。这么一来，米拉波接下来的发言，与巴黎选举人议会的指导小组一样，变得"醉醺醺飘飘然"——这既是个比喻，也是当时的实际状况。那天晚些时候，沃尔内参加了另一场知识分子的集会，就在奥特伊–帕西（Auteuil-Passy）附近爱尔维修的别墅内。到场的除了沃尔内、西哀士和爱尔维修夫人（她对王室骚扰自己的哲学家丈夫一事愤恨不已），还有加拉、尚福和皮埃尔–让–乔治·卡巴尼斯，后者是位年轻医生，孔多塞的密友，共和派唯物主义哲学家，最近刚加入了米拉波的研究员和演说作家团队。7 月 14 日早些时候，卡巴尼斯近距离观摩了巴黎人民攻占巴士底狱的行动。他对现代哲学充满热情，不仅与孔多塞和米拉波关系密切，还跟其他"最暴力"的议员走得很近。不只是巴士底狱一事，近期的农民起义和贵族财产遭到袭击的事件，包括下利穆赞（Bas-Limousin）爆发的严重动乱（那是卡巴尼斯本人的家乡）全都令他和他的小团体欣喜若狂。

这些热切的改革者长期以来一直信奉激进哲学，在与他们关系亲密的温和派哲学家莫雷莱看来，这帮人为危险的激情与民主野心所驱使。他认为，他们当中最糟糕的当属西哀士、沃尔内和尚福。[36] 他后来回忆道，卡巴尼斯、加拉和爱尔维修夫人同样对路易和他的宫廷曾密谋用武力迫使巴黎投降一事深信不疑。在这一点上，爱尔维修的沙龙像别的法国知识分子组织那样，产生了无可挽回的分裂——就连法兰西学院（Académie Française）自身都未能幸免。尽管存在分歧，直到 1789 年 7 月，启蒙思想总体说来还维持着统一。自由、宽容、"专制主义和迷信的可怖"以及"得见流弊修正的愿望"毕竟是长久以来启蒙哲学家们共同的思想根基，不论他们属于温和派还是激进派。[37] 但从 7 月 14 日开始，这一切都发生了变化，随着群情高涨，意见分化，社会等级制、君主制和宗教信仰等问题接踵而至，不可避免。狄德罗的门徒德勒尔和奈容（过去曾与莫雷莱有过激烈冲突）是平等与大革命那些"最狂热的信徒"当中的两位。[38] 与之相反，莫雷莱、马蒙泰尔和叙阿尔这类从前就捍卫其贵族政治偏好的保守人士，如今开始反对大革命。然而宣誓放弃大革命就必然要与爱尔维修的

沙龙决裂，与从前的友人们决裂——如今他们大部分都宣称自己是民主派
和共和派——再退守至阴郁的沉默中去。[39] 爱尔维修夫人没有如莫雷莱请
求的那样保持中立，她加入了沃尔内、加拉、卡巴尼斯、尚福、西哀士和
米拉波一方。[40] 攻陷巴士底狱就这样戏剧性地加深了启蒙运动内部激进派
和温和派之间的罅隙，他们在政治和改革方面各持己见。

　　7 月 15 日夜，另一革命团体登台上演了一出精彩绝伦的政治好戏。
乔治·丹东率领一队民众冲向巴士底狱。丹东出身低微，来自香槟省一个
距离巴黎 100 英里的小城，最近刚获得律师资格认证，他纯粹凭借其人格
力量——热情、暴躁和大嗓门——而跻身首都各类支持革命的圈子中最为
活跃的领导人行列。一行人从科德利埃修道院区出发，这是近来德穆兰和
芒达尔活动最为积极的选区之一。出发地是普罗可布咖啡馆，丹东和他的
伙伴们整日都在那里集会痛饮。这支队伍发动游行，是为了证明皇家堡垒
巴士底狱如今已处于人民主权之下。他们叫来刚被拉法耶特任命的国民自
卫军负责人，并以人民的名义将其逮捕。接下来，游行队伍把这位军官押
送至市政厅。在那里，新上任的巴黎市市长巴伊被丹东这一荒唐之举搞得
大蹙眉头。他当场释放了巴士底狱的负责人，并将其送回执勤岗位。[41]

　　科德利埃区位于巴黎左岸心脏地带，是政治动乱的发酵中心。此后
最重要的革命俱乐部之一就得名于此。该区居民成分复杂，有相当一部分
是工人阶级，科德利埃俱乐部的成员也多半是熟练手工业者，他们为俱乐
部注入了相当活跃的社会不满因子。不过将科德利埃区塑造成革命先锋一
事，当地工人和他们的不满所做出的贡献倒不及该区的那些领导人物——
丹东、德穆兰、法布尔·代格朗汀、芒达尔、马雷夏尔、曼努埃尔、普吕
多姆、马拉，以及皮埃尔-弗朗索瓦·罗贝尔，他是重要的革命派记者，
1789 年另一重要小册子《适用于法国的共和主义》（*Le Républicanisme
adapté à la France*）的作者。除了出色的演说家丹东本人不是知识分子，
其余各位都是文采斐然、声名卓著的作家、编辑或出版人。正如德穆兰所
言，给"科德利埃俱乐部"打上共和标记的，正是文人汇集的普罗可布咖
啡馆，不论在 1789 年还是过去数十年间，咖啡馆内热火朝天的哲学辩论
从未间断。[42]

图 2　攻占巴士底狱，1789 年 7 月 14 日于巴黎。

　　1789 年夏季巴士底狱陷落后，三个互相敌对的政治派系开始在巴黎争权夺势。一个派系以天文学家巴伊为首，他与孔多塞竞争皇家科学院首席科学家和选举人理事会秘书职位，后于 7 月 15 日在群众的认可下被巴黎选举人大会任命为巴黎市市长。[43] 巴伊长期坚持批判旧制度，但与德穆兰、卡拉、孔多塞、罗贝尔、博纳维尔、布里索和芒达尔不同，他不是民主共和派，而是君主立宪派，和穆尼耶比起来，则更偏自由主义一些。[44] 巴伊是皇家画廊管理员之子，曾受著名生物学家布丰指导，是自丰特奈尔以来第一位同时跻身三大皇家学术机构——法兰西学院、文学院与科学院的杰出学者（1784 年起）。他因推动皇家科学院将"生物磁力学"裁定为"迷信"而备受梅斯梅尔派狂热分子痛恨。[45] 巴伊生性善良，作为启蒙运动领人，他享有盛誉，至少在叶卡捷琳娜大帝发觉他是名革命分子之前是这样。她原本批准颁给他一枚荣誉奖章，以彰显她自己支持科学事业的光辉伟迹，后得知他投身革命便取消了奖章授予。

　　巴伊有拉法耶特作为后盾，最初戈尔萨斯和若干革命派报纸也支持他。他的反对者有一部分来自巴黎市政当局中最为公开的民主共和派，由布里索、孔多塞和博纳维尔领导。既反对巴伊，又要和布里索一派抗衡的，是身处巴黎内城的第三个阵营，比如科德利埃俱乐部，其成员强烈呼唤"平民主权"。所有人都同意，巴黎需要一部新的市政章程。因此巴伊召开市民会议，巴黎 60 个区各派 3 名代表出席，组成一个 180 人的理事会。1789 年 7 月 25 日，该理事会召开第一次大会，任命一个由 16 人组成的委员会起草巴黎新市政章程的纲要，并要求布里索草拟一份计划供委员会审议，因为他发表过的关于宪法和法律改革的文章确实多于其他人，而且十分了解英国和美国的有关情况。[46]

布里索作为法学理论家和社会改革家，从贝卡里亚、爱尔维修和卢梭的思想中受益良多。除了亲身经历过 1782 年的日内瓦革命（米拉波也是），他在法-英-美废奴运动中也起到了重要作用，他还是另一项特殊事业——犹太人解放的长期代言人——这点也与米拉波类似。他的《市政计划》（*Plan de municipalité*）建议在三个层面重组新市政府：根基广泛的市议会，由每个选区派 5 名代表组成，共 300 人；行政性质的市理事会，由市议会选出 60 名代表组成；最后是行政官本身，包括市长和国民自卫军司令，负责执行市理事会的指令。

布里索、孔多塞和博纳维尔信奉的"代议民主制"，由此与职责明确的行政和决策机制很好地结合起来。为了预防过度的直接民主和煽动群众的行为，布里索在其规划中并没有赋予选区在他们的市议会代表身上强加指令的权力。市内各区在"选举"这一特定时期将成为民主程序的核心，其余时间则不直接参与政治进程。[47]布里索将最高决策权置于那 300 名代表组成的市议会手中。这份计划既确认了代议民主制，同时也包含着直接民主的因素。

一些内城初级议会直接与这一"代议"观念决裂，特别是科德利埃俱乐部，他们既不要市长，也不要市议会，而是要求各选区直接掌权。市长巴伊已经被布里索的委员会制约，一部分内城选区则起来反对布里索即将安排他们接受的代议民主制。[48]然而布里索和他的盟友们并没有彻底否决直接民主制、平民请愿或平民代表。布里索像卡拉一样，愿意接受卢梭的"人民议会"信条，认为只要"人民议会"构成合理，就可以否决任何"代表机构"的权威。[49] 他不接受的是对卢梭主义不加任何批判的狂热，以及人民代表对地方议会意志的过度屈从。简而言之，这种分歧孕育了日后大革命中的三大主要派系：君主立宪主义、大革命核心的民主共和主义和不受约束的卢梭式民粹主义。

没过几天，狂热分子就建议将 7 月 14 日作为国家节日。[50] 7 月 17 日，一败涂地的国王在一小队随行官员的陪同下，垂头丧气地进入巴黎，来参加一场精彩非凡的仪式，很多人认为国王此举是为了表示"忏悔"。该仪式极具象征意义，它在官方层面神化了攻占巴士底狱的意义，将其解读为从"专制统治"下赢得自由的重大事件。[51] 这样的仪式不可避免地给王室的威望带来了巨大的消极影响。国王与巴黎的暴乱公开和解，还同意让新成立的城市自卫队取代皇家部队，并同意由巴伊担任巴黎市市长。后者则对国王表示衷心欢迎，称赞他是"大革命之父"，是人民的自由之源，并将大革命的三色徽章别上国王的帽子。群众欣喜若狂，欢声雷动，然而大部分革命者依旧对国王怀有深深的不信任。

报道巴士底狱陷落的报纸传遍各地。数日之内，大街上都在兜售形象描绘该事件的廉价印刷品。[52] 在波尔多，贴在围墙上的海报吸引了大量民众，他们聚集到大公园举行庆祝活动，聆听演讲并对演讲者表示热烈的支持，很多人都佩戴着三色徽章。波尔多等城市的市政府都急剧膨胀，像巴黎的市政府一样被选举人议会接管，并成立了国民自卫军的分支机构。[53] 然而令人不安的是，一些外省效仿攻占巴士底狱事件，从 7 月 20 日开始，爆发了持续超过两周、混乱不堪的乡间暴动，人们攻击贵族的城堡，有的地方甚至发生了谋杀贵族和抢劫事件。在布列塔尼，超过 40 座城堡被洗劫，两座被烧毁。在阿尔萨斯和弗朗什-孔泰，数十座城堡遭到袭击。8 月初，威尼斯大使记录道，多菲内有大约 50 座贵族城堡被袭击，有几座则被付诸一炬。[54] 国民议会多次对这些无法无天的行径表达愤怒和失望之情。然而正如一位观察家所说：大革命既然自诩为人民之声，就已经没有任何办法反过来控制人民了。[55]

波及甚广的农民暴动带来了乡村贵族的流亡潮（这只是多次流亡潮中

的第一次）。许多显赫的贵族世家逃离巴黎郊区——包括孔代、孔蒂、波利尼亚克和布勒特伊家族，他们发誓将会在国外组织军事力量镇压大革命。[56] 这一系列事件，包括农村的暴力行径、巴黎和鲁昂的七月暴动、皇家部队撤军，以及活跃又自信的革命报刊不断涌现，都使得社会和政治权力发生了根本性的转移，从贵族和法官手中转向第三等级的舆论制造者、巴黎市议会和国民议会中的领导集团。与此同时，城市就业和经济形势总体上看来十分严峻，巴黎的情况尤其糟糕。几个月来上百户贵族和其他富裕家庭纷纷逃离巴黎，结果是大量家仆、厨师、车夫、裁缝和佣人面临失业。为贵族家庭服务的奢侈品行业是巴黎的主要产业，事到如今也一落千丈，近乎停顿。贫困，物资匮乏，食物价格居高不下，进一步渲染了城市内既欣喜又愤懑的奇怪气氛。

在大革命和物资匮乏的双重压力下，大量原先的做法和规则都失去了意义，被弃之不顾。巴士底狱陷落带来的心理影响和余波，正如众所周知的那样，给大革命进程和国民文化生活造成了深远的影响。整个出版界、文艺界和文化生活四分五裂。攻占巴士底狱五天后，巴黎戏剧界就开始编排自己的革命戏剧。出众的年轻剧作家玛丽-约瑟夫·谢尼埃——又一名共和派狂热分子，日后将为罗伯斯庇尔所厌恶——鼓动法兰西喜剧院的演员参与排演他新近完成的反君主专制、反天主教剧作《查理九世》。该剧作旨在激发人们对"偏见、宗教狂热和暴政"的仇恨，它呈现了一种新的政治戏剧模式，讲述的是 1572 年圣巴托罗缪大屠杀这一"民族悲剧"。大革命就这样波及了戏剧界，然而大部分演员对从前的贵族观众和王室审查习以为常，不习惯听命于持不同政见的剧作家，因此拒绝在舞台上把法国君主表现成暴君、罪犯和背信弃义之人。谢尼埃通过公开宣传进行反击，要求以公共利益的名义上演他的《查理九世》。他甚至公然带人闯入法兰西剧院，干扰当晚正在上演的另一出戏剧。

论战愈演愈烈，演员们意识到自己处于劣势，因为共和主义报刊，尤其是普吕多姆的《巴黎革命》和布里索的《法兰西爱国者》都在大张旗鼓地支持谢尼埃。谢尼埃最重要的目的就是摧毁审查制度最后的阵地——戏剧审查，进而全面清算旧制度下的审查制度。[57] 谢尼埃在他最著名的小册

子中说道（此时已经写成，但直到 8 月底才正式出版），是启蒙哲学家们
教会他自己和他这一代人如何思考，并如同手拉手一般引领他们走向真
理："正是他们造就了如今已经展开的大革命。"[58] 他认为启蒙运动的主要
英雄有"伏尔泰、孟德斯鸠、卢梭、狄德罗、达朗贝尔、马布利、雷纳
尔和爱尔维修"。[59] 他们的一生为社会做出了卓绝贡献，如今也"从坟茔
里"继续激励大革命，包括戏剧界的变革。谢尼埃问道，"现代哲学"究
竟是如何从 1789 年以前哲学家的作品演化为重建整个社会秩序的强大力
量？就是通过他们的文字、他们的范例和社会对他们的不断压迫。他特别
强调了主教们在无意中做出的贡献，他们长年奋战在布道台之上，颁布宗
教法令，谴责启蒙哲学，称其为造成一切不幸的根源。主教们的宣传得到
地方高等法院的大力支持，他们用尽一切手段反对启蒙哲学，谢尼埃称之
为"持续不断的暴政"。几十年来启蒙思想席卷了整个法国，影响了王室
顾问，扎根于贵族之家，人们终于在各个方面变得更加理性，大革命和法
国公民要将这一切全部归功于 1788 年前的各种阻碍，包括国王和所有形
式的权威。[60]

　　《查理九世》掀起的轰动是文化革命的重要篇章，它已经远远超出言
论自由的范畴，文化的社会功能才是问题的核心。1789 年夏季，抵制《查
理九世》的人往往也能接受言论自由。[61] 关键在于，人们是否有权将有争
议性的题材搬上舞台，明知该题材会在政治、宗教和社会层面造成决定性
影响。18 世纪的英国可以保证（部分）出版自由，但对剧场的管控却始
终严格，说是沃波尔时代以来最为严厉也不为过。[62] 戏剧自由当时在任何
地方都不存在，也从未存在过，却注定要成为自由内涵的重要延伸，这
对于无数不大识文断字的市民来说，无疑是开启了全新的思想世界。戏剧
文化从出版界中分离出来，因为它提供了一种创造强烈情感氛围的集体体
验，就连半文盲也能够全身心投入其中。谢尼埃断言，只要戏剧还受到传
统思想的限制，就没有真正的言论自由可言。只有从严苛的传统中解放出
来，戏剧才能专注于反映人民的意愿——过去它太过屈从于传统了。因此
谢尼埃、拉阿尔普和 1789 年戏剧之争的中坚分子都认定，比起阅读，舞
台是更有效的改革手段。[63] 同样，谢尼埃那些反对戏剧自由的对手们也在

这一点上大做文章,因为从前备受压抑的群众情感获得全面释放,在他们看来是件非常危险的事。

革新后的市政府在市长巴伊的主持之下不得不出手干预。争论的双方在公共场合都承认社会已经进入自由的新纪元,戏剧则是激励和重新教育群众的重要手段。从言论自由和备受关注却尚未颁布的"人权宣言"的角度看来,谢尼埃的观点似乎很有道理。然而巴伊和反对共和的人士持有的主张或许更富逻辑性。他们指出,法国是君主制国家,而且一直将天主教奉为国教,任何企图把君主制和天主教表现得面目可憎的剧本,皆因此而会对公共秩序和利益构成威胁。不可否认的是,《查理九世》不仅仅夸大了"暴政"和"宗教狂热"造成的不良后果,通过把圣巴托罗缪大屠杀说成是国王和王室犯下的罪行,该剧实际上更进一步将君主制等同于暴政,将天主教等同于宗教狂热。[64] 巴伊不同意《查理九世》上演,像英国大臣们那样,他为思想自由和戏剧自由划出明确的界限,因为在剧院里,人们集体感受着演出,然后——他称之为"互相激化",变成公共秩序和良好道德的潜在破坏者。[65] 一些评论家,如伽特赫梅赫·德·甘西也赞同这一观点,他认为大众行为难以预测,而且很容易被不爱国的作家引入歧途。[66]

获得市长的支持后,演员们在短期内重新掌握了主动权。然而共和派动员巴黎各选区反对巴伊,他们采取的手段之一是大量收购戏票,好让共和派支持者占满剧场。[67] 1789 年 8 月 19 日,示威者打断法兰西喜剧院的演出,在剧场后排大声吆喝,要求演出《查理九世》。演员们表示抗议,说这并没有得到官方许可,示威者则回答道:"不再需要许可了!"随着共和派在巴黎市政权力之争中占了上风,谢尼埃、拉阿尔普等共和主义剧作家也赢得了首都的剧院之战。1789 年 11 月 4 日,随着"法兰西喜剧院"正式更名为"国家剧院",《查理九世》终于违背演员们的意志开演。首演当晚,米拉波和丹东都到场观看,后者还参观过几次彩排——他们的出席表达了对该剧传达的信号的支持。大幕升起之时,丹东不顾自己身形高大,直接跳上舞台指挥喝彩。《查理九世》连演数月,持续了从 1789 年到 1790 年的整个冬季,真正成为戏剧历史上的里程碑,开启了一个以戏剧与启蒙哲学结成紧密联盟为特色的全新纪元(直到罗伯斯庇尔发动政变

为止)。[68]

1789 年夏季的一连串事件因此成就非凡。大革命的领导权落入一个不具代表性的小集团手中。受到哲学启蒙的大革命领导人站稳了脚跟，更重要的是，他们格外自信，认为自己知道该把大革命引向何方，也知道该如何去做。法国在官方层面维持着君主制，天主教依然是其国教。然而在这背后，领导层中持共和立场的左派已经倾向于抹除君主制所剩无几的每一处痕迹，不给新宪法留下任何贵族政治的色彩，并彻底消灭教权。米拉波和西哀士从理论上讲都是君主立宪派，但只是最低限度的君主立宪派。最迟从 1770 年开始，西哀士就已经是唯物主义哲学家了，这位坚定不移的理论家在思想上彻底排斥信仰、神学、形而上学、精神性和奇迹，因此将他和洛克划为一派的那种有趣但顽固的见解，如今看来已经很难理解了。[69]西哀士于 18 世纪 70 年代写成的哲学笔记《形而上学的重要备忘录》（ *Grand Cahier métaphysique* ）钻研了爱尔维修、孔狄亚克和博内关于可知现象和意识过程的思想。书中的观点和很多其他启蒙思想家也有相似之处，包括莱布尼茨和沃尔夫。早在 18 世纪 70 年代，西哀士就非常关注社会的"普遍幸福"，彻底排斥一切社会特权。[70]

西哀士的核心思想使他和爱尔维修、霍尔巴赫和狄德罗紧密联系在一起，那就是人的主要目标和一切行动都是"为了追求自身幸福"。"真正的社会秩序"应使个人利益得到平等对待，对平等权利的保护和维持应成为社会的最高利益和集体幸福之所在。[71]西哀士拒绝霍布斯的"主权可转让"理论，不接受孟德斯鸠的相对主义和对特权的尊重，也反对卢梭对代议制的非难，这些都塑造了他的政治思想。西哀士既厌恶贵族制度和特权，也拒绝为威权主义民粹分子所推崇的集体一致原则和朴素纪律唱赞歌，对马布利和卢梭竭力称颂的古代斯巴达和罗马式原始"美德"也不为所动。对他来说，这些都是与奴隶制相辅相成的模式，不适用于真正的革命事业。人们有时会注意到西哀士的宏观思想与 17 世纪末的"唯一物质性民主思想"惊人地相似，然而只要看看他长期以来都是如何沉浸于激进思想的，这样的相似性也就不那么令人震惊了。[72]

一小群不具代表性的哲学家、记者、图书馆员和小册子作者以米拉波和西哀士为首，激动人心地夺取了革命的领导权。除此之外，正如杰出的威尔士人、启蒙政治思想家理查德·普莱斯在 1789 年 8 月 3 日写给杰斐逊的信中所言：这显然"是世界历史上发生过的最为重要的革命之一。这是一场注定要令欧洲震惊、令专制权力的根基动摇的大革命，它很有可能成为全世界政府改革的开端——这些政府直到如今的所作所为仅仅是践踏人类权利、阻碍社会进步、助长少数显贵对其他人的压迫和奴役"。[73]

第 4 章

"人的权利"

1789 年夏、秋

从攻占巴士底狱到国王移驾巴黎：1789 年 7 至 10 月

国王在政治和心理上均一败涂地。1789 年 7 月以后，他再也没有重新赢得过信任。在他被迫默许大革命发生的时候，就应该掩饰起对发生在自己周围的变化的厌恶。但他不喜欢这个"形而上的哲学政府"，讨厌它的口号、标志、制服，以及影响至广、对国王的声望和权威损害最大的制宪提案——一帮空想家规划了这部提案，而他已经无力对他们进行制衡。[1]三项关键性法令决定了 1789 年夏末的事态发展：8 月 4 日废除封建特权、8 月 26 日颁布《人权宣言》，以及 9 月剥夺国王否决权。

各种全面改革方案在巴士底狱陷落数周后涌现出来，这当然不可能出自暴动农民或饥肠辘辘的失业工人之手。然而即便是商界、财界或律师界，也未被征询过哪怕一丁点儿意见。高等法院是全国最重要的法律智囊团，却遭到所有民主派革命领导人的憎恨，因为其在王室审查制度以及从 1750 年开始的反对百科全书派与启蒙哲学的长期斗争中扮演了重要角色——整个行业就这样被故意排除在革命进程之外。掌握议会主导权的那个小团体促使其余议员接受了他们的观点：高等法院，以及任何过去或现存的组织、机构、特许状、法律和其他曾具有合理性的事物都已成为历史，不再适用于当下——这让外国公使们大为震惊。作为"法国大革命主要政治领袖中最彻底的哲学家",西哀士断言,恶法导致社会堕落,并始终图谋"反对大众"。[2] 米拉波、勒德雷尔和其他革命派报纸对此一致表示同意,认为现存道德和法律充满了不公。然而西哀士、米拉波、布里索、佩蒂翁或沃尔内提出"所有特权在本质上是占人口大多数的'无特权者'的权利的敌人"是一码事,要使议会同意"废除一切特权是理性的要求而且刻不容缓"则是另一码事。[3]

议会中的一小部分"哲学党"暂时取得了优势,他们发表演讲、散发传单、创办委员会还主宰了巴黎和外省重镇的辩论俱乐部和读书协会。[4] 据拉博观察,大部分法国人就在自己家门口目睹了大革命的进程:在初级议会上、在政治集会中、在带有政治色彩的咖啡馆里,以及在读书团体内部,所有这些地方都因为支持或反对新观点而分裂出不同的派别。[5] 巴黎挤满了信奉共和、平等、民主等新观念的"文化人",他们再解释给那些对这一切都十分陌生的人听。通过口口相传,这些观念逐渐在文化水平低下的大众当中普及开来。这是一种前所未有的权力表现形式,它完全通过演讲、小册子、剧院和报纸而得以实现——这一现象,王国政府即便不是完全视而不见,起码也缺乏应对之策。1789 年的革命领导人们不是在咖啡馆和公园里高谈阔论,就是在巴黎市政府(巴黎公社)慷慨陈词,或者伏案编撰革命报纸。

城市和乡村地区的暴乱持续增加。1789 年 8 月 4 日,议会的大多数人,包括许多贵族和教士,都被发生在外省的攻击贵族城堡事件——即被称作"大恐慌"的农民暴动潮(7 月 20 日至 8 月 11 日)彻底击垮,在惊慌之下同意废除农奴制和封建义务,并永久性取缔各种地方特权——一些长期存在于乡村地区、以支付货币为表现形式的"权利"被视为贵族财产的一部分,因此需通过赎买的方式废除。被彻底废除的包括兵役、垄断公共和外交职务、狩猎权及其他年代久远的特殊权利。有史以来第一次,全体公民不论出身都有权担任一切职务。整个维系特殊地位、义务豁免和财政特权(包括教会豁免权)的系统寿终正寝。

西哀士认为最重要的原则(来自狄德罗思想)就是一切特权在本质上都是"不公正的,令人憎恶的,与整个政治社会的最高目的背道而驰",[6]

这一准则渗透到早期大革命的方方面面。接下来几天里，议会又同意整治司法机构的徇私枉法，扫清所有领主裁判权的残余，废除教会征收的什一税。[7] 过去行会及其会长拥有的特权也全部被取消。趁相对保守的代表被暴动吓住，议会中由米拉波领导的哲学派以及巴纳夫的追随者抓紧时机，强行通过了上述重要法令。[8] 巴纳夫是来自多菲内的出色演说家，尽管后来被认为是君主立宪派和中间派，但 1789 年他在议会发言时——用共和派的话说，比任何保王党都更像个"自由的热心朋友"。事已至此，保王党人士特罗菲姆-热拉尔·拉利-托勒达勒仍想要尽可能挽回分崩离析的君主制所剩无几的威严，在他的建议下，议会有些滑稽地颁给路易十六"法兰西自由的复兴者"称号，巴黎大主教也接到要他主持一场特殊感恩赞的命令，让他为神意废除封建制度颂唱圣歌。[9]

巴伊记录道，废除"封建制度"的壮举，就这么轻而易举地实现了。短短几小时内，议会为人民做到了最贤明、最进步的君主几个世纪都没有做到的事。[10] 这是个令人惊叹的变革。那么多世纪以来的法律、传统和神学都宣称，不平等是人类相互依存的前提，是"神亲手设计的，所有人必须服从"，反启蒙哲学家、当时主要的天主教护教者之一肖东如是解释道。从教权的角度看，人只有在精神和信仰层面才是平等的，而在世俗层面则不是。拒绝这一原则并挑战习俗和贵族、教会、法官的"权利"、特权和社会领导权的，仅仅是一小撮启蒙哲学家的信徒。[11] 布里索评论道，没有什么比大革命激动人心的事业更能证明政府从公共舆论中汲取力量的事实。哲学统治着大众，没有人可以阻止它的进程。[12]

然而在西哀士看来，无条件地取消什一税会使事态复杂化。西哀士批判特权比任何人都更为激烈，他把旧制度说成是"贵族统治的帝国"，是"依旧蹂躏大部分灵魂的封建糟粕"。[13] 事实上正如所有主要的革命领导人那样（除了格雷古瓦、拉穆雷特和福谢），西哀士并不信教，也希望彻底消灭教权。他对贵族不留情面但对教会却并非如此，实际上，他反对没有补偿就废除什一税，认为这是对财产不公正的剥夺。他的意见引发了批评，一些议员把他说成是不愿放弃所属群体特殊利益的神父。8 月之后，他虽然依旧身居要职却魅力不再，并遭到人们的厌恶和孤立，再也没能在议会中得到他曾经享有的那种尊重。[14] 米拉波则继续扩大对特权的攻击范围，由此巩固了自己的领导地位。

作为政治领袖，米拉波的行事方式与西哀士完全不同。西哀士几乎都在孤军奋战，而米拉波却领导着一支庞大且富有影响力的队伍，他们构成了 1791 年 4 月以前最彻底的平等主义和共和主义的革命领导核心，同时也是激进启蒙运动观点、意识形态、新闻和宣传的常设大本营。西哀士在大革命之前寂寂无闻，米拉波则早在 1787 年就已声名远扬，此名声有二：其一令人艳羡，其二则不然。后者是指他是位浪荡不羁、无法无天、诡计多端的贵族阶级叛变者，他债台高筑、生活放荡、贪图享乐。好名声则是指他是位经验丰富的改革派宣传家，长期致力于对现存社会和制度进行批判。他发表的很多作品都是与他人合作的成果，而且通常情况下，作品的大部分都由别人完成。这些帮他代笔的人从 1785 年开始就组成了一个完整的团队，布里索和克拉维埃都是该团队的重要人物。[15] 在公开支持 1782 年日内瓦革命流亡者和谴责 1787 年英国和普鲁士镇压荷兰民主运动的人中，米拉波表现得尤为突出。他同时与巴黎、柏林、伦敦、日内瓦、阿姆斯特丹和布鲁塞尔的高层人士保持着密切联系。在几位德意志启蒙运动领导人的协助下，他出版了当时最著名也最具影响力的批判普鲁士君主专制的书籍《论腓特烈大帝的普鲁士君主制》(*De la monarchie prussienne sous Frédéric le Grand*)。他也针对犹太人解放、法国监狱系统、臭名昭著的皇家密札、教育和美国革命——他反对美国渐渐萌生的非正式"贵族政治"倾向并发出警告 [16]——以及大量其他话题发表评论文章。令人印象深刻的不仅仅是其庞大的作品数量，还有他全面并始终如一的反君主制、反贵族制的启蒙主义立场。

总之，18 世纪 80 年代，米拉波不仅在法国，也在全欧洲成了知名作家，他持续攻击专制主义、欧洲王室、贵族统治和贵族特权、财政投机、反犹偏见、普鲁士军国主义、英国帝国主义、英国宪政、英国律法、荷兰总督制以及美国革命中由约翰·亚当斯和乔治·华盛顿（某种程度上）引领的保守"贵族化"倾向。他的抨击比任何人都更为激烈、有效、不留余地。这也是他巧妙地与自己的团队合作的结果，他们通过开发出一个面面俱到且能源充足的政治意识形态机器而扩大了影响力。他周围组建起一个完整的派系，一部分在国民议会内，一部分不在，并一度与八九年俱乐部保持着联系，却明显比这一以拉法耶特为首的团体激进得多。米拉波集团得到颇具影响力的记者布里索和德穆兰的鼎力支持，又雇用了日内瓦革命者艾蒂安·迪蒙和雅克-安托万·杜洛弗瑞作为助手，也与西哀士和塔列朗保持着定期来往，其成员还包括沃尔内、勒德雷尔、卡巴尼斯和尚福等人。[17]

米拉波口才出众，又得到他集团内部的哲学顾问的有力帮助，因此在议会的辩论中夺取了主动权，有效传播了激进观念，这一切使他成为1791 年以前最有资格被称作大革命领导者的人物。这一点再次证明，如果不强调 1791 年以前的革命领导层确信无疑且力量强大的知识分子背景，就不能准确理解该领导集团本身。米拉波在 1789 年 8 月 13 日一次言辞激烈的演讲中总结说，议会已经处理了有关"教会贵族、司法贵族和世袭贵族"的问题，却还没来得及收拾把持城市议会、控制各个市镇的寡头集团。是时候对付"市政贵族"了。米拉波认为，为了消除地方政府中"贵族政治和专制主义的腐败"，市议会必须扩大，通过选举产生并对选民负责，由具有经验和才华的人来运作。地方政府必须进行全面改革，以彻底消灭国内政治和公共生活中其他形式的"贵族政治"。由此产生的新法令要求法国所有城市根据当地人口数量按比例设置市政官员，所有市议会的议员构成必须与选区人口所占比例相当。城市各区被分配给相应的初级议会负责，以便获悉当地群众的意见。[18]

像巴黎那样用由人民选出并代表民意的市长和官员来替代长期把持市议会的世袭寡头绝非易事。即便在巴黎，针对如何实现这一转变的讨论也持续了好几个月。8 月末到 9 月，右派重新着手收复失地，并努力将大革命引入更偏向于君主制和等级制的框架之中。布里索的四十八点计划被巴黎市议会束之高阁。巴伊命令重新选举负责修订城市章程的市议会，期待它即便不能完全排除民主倾向，也应该更具寡头性质。然而布里索和他的同伴成功保证了所有 25 岁以上的纳税男子均享有投票权。接下来就是民主选举，从 1789 年 7 月持续到 9 月，选举结果令巴伊大惊失色——所有最倾向于民主和共和的候选人，布里索、孔多塞、拉阿尔普、博马舍、博纳维尔和福谢纷纷重新当选，这是最为反对巴伊的君主立宪观点的一群人，如今他们完全控制了新的巴黎市议会。[19]

比起消灭城市寡头政治，《人权与公民权宣言》（Declaration of the Rights of Man and the Citizen）的意义更为深远。与 1789 年颁布的其他重要法令相同，《人权宣言》是一个由发言人组成的小的指导团体艰苦辩论的产物，该团体包括但不限于议会中的八人制宪委员会（穆尼耶、西哀士、贝尔加斯、勒沙普利耶、拉利-托勒达勒、克莱蒙-托内尔、塔列朗和波尔多大主教），这些最为激进的人物由普吕多姆的《巴黎革命》、米拉波的《邮报》和布里索的《法兰西爱国者》保驾护航。这些报纸上充斥着宣扬民主和启蒙的革命术语，他们宣布是启蒙哲学，而不是任何人为制定的法律或宪章，或任何宗教确立了"人的权利"，正因如此，这些权利"持久、不可剥夺、永不失效"。[20] 又一次，律师、商人和各行业的专业人士在其中只起到了微不足道的作用。[21] 讨论主要由西哀士、穆尼耶、拉法耶特和米拉波引导——还有布里索，尽管他不是议会议员，却被制宪委员会召作顾问；[22] 拉博、沃尔内和孔多塞也是贡献突出的讨论参与者，后者当时是巴黎市政府派往凡尔赛议会的特派员。[23]

强调基本人权的革命领导层声称他们的原则并非取自格劳秀斯、普芬多夫、巴贝拉克及其信徒的"自然法"理论（与定论不同）。事实上，他们完全看不上 17 世纪末 18 世纪初的自然法理论，甚至所有关于自然法的作品都不能打动他们。自格劳秀斯以降直至巴贝拉克的所有自然法拥趸，都认为自然法来自神意和至高无上的神本身，因此声称君主制、贵族制和奴隶制都是社会"自然"的组成部分。卡拉在 1773 年彻底抛弃了一整套自然法理论传统，因为该传统具有神学偏见，不足以使自然法的根本原则平等地适用。[24] 1789 年，议会中所有具有哲学背景的领袖，也就是大部分参与《人权宣言》讨论的人，都回避了传统的自然法理论。

长期以来，孔多塞一直主张颁布一份人类"不可剥夺的权利的哲学宣言"，并于 1789 年 2 月印制了他自己的第一份草案。[25] 很快，其他版本的草案纷纷涌现，并迅速引发了有关该问题的热烈讨论：宣称人生来平等而自由究竟意味着什么？很多议员反对一切形而上的内容，一部分人非常反感在宪法通过之前就让此类原则生效的主意，更不愿看到这样的文件被放入新宪法的前言之中。[26] 另一些批评家则希望宪法前言能够强调"十诫"、基督教和虔信的重要地位。对此，沃尔内不断强调其激进且毫不妥协的构想，极力宣称"人权宣言"的必要性：出于无知和行政机关的故意压迫，人民的自由、财产、安全和财政贡献在法国国王的统治下一直受到"侵犯"——这种言论震惊了议会中的大多数保守派。[27] 制宪委员会的工作道阻且长，还面临着自身内部产生严重分歧的风险。

就这样，"人权宣言"在分歧严重的温和派与激进派之间的持续辩论中缓慢成形，委员会据此推敲拟定了多个版本。米拉波肯定 1776 年的美国《独立宣言》，认为其是非常重要的范本，但他同时也强调，《独立宣言》中仍存在许多致命的缺陷。无知和"失误"是基本人权被长期践踏的主要原因，人们必须超越美国《独立宣言》的局限性，以确保人权的普世合理性。他要求的是一份"理性宣言"，更加抽象，更加哲学化，诉诸"理性至上"的原则。美国《独立宣言》毕竟不是广泛的公共辩论或立法讨论的产物，而是一个小型委员会闭门造车的结果。在一个开明的时代，法国有理由走得更远、考虑得更多，为人类展示一个普世范本，一本"理性与智慧的法典"，足以令其他民族仰慕并效法。[28] 孔多塞也对美国《独立宣言》表示不满，还明确反对美国七种各不相同的州宪法，并批判 1776 年《弗吉尼亚权利法案》，因为该法案要求公众有义务支持宗教和教会，而他相信任何民主共和国都不该这么做。[29]

起初，西哀士领导了捍卫建立在基本原则之上的人权的运动，他的原始提案收获了一些支持，但反对声也非常尖锐。米拉波公开支持西哀士的政治理论原则，他们都坚持认为一切公权和权力都是"公共意志的反映"。[30] 他们的理论无疑建立在非霍布斯主义的基础上，认为人并不因为建立起社会就必须牺牲自己的自然"权利"和自由，而是要在平等的基础上保全它们，使弱者不屈服于强者，防止一切制度性压迫。[31] 米拉波只是觉得该宣言应该更加言简意赅、易于理解。[32] 他认为，已经被反社会体制定型的人民，即便用尽全力也不可能立刻适应"哲学的原则"。[33] 颁布法律没有别的目的，仅仅是为了"表达公共意志"，它由公民选出的"暂时"代表表达出来。[34] 西哀士的草案在理论上显然也为布里索和普吕多姆的《巴黎革命》所接受，拉博亦大致赞同，尽管他们都认为该草案"太过形而上"，有太多的"哲学思辨"，超出了大部分人民的理解能力。[35] 他们的批评促使西哀士在 8 月初拟定了更为简洁的第二份草案。[36] 西哀士、米拉波、布里索和所有的激进派人士都强调，人民的"无知"是他们至今从未意识到自身权利的主要原因。这一看法其实更多源自激进的启蒙运主义观点——尽管它也来自重农主义传统，这比激进启蒙思想表现得更为明显。[37]

很多议员反对这些原则。令多数情愿回避"抽象"权利的人懊恼的是，占据议会议程整整一个月的辩论，使议员们深陷文字游戏和"形而上"之争不可自拔，正如一位愤怒的观察家所说，简直将议院变成了"索邦的哲学课堂"。义愤填膺的让-保罗·马拉，当时和过后都在他主办的报纸《人民之友》（*L'Ami du peuple*）上谴责这些"形而上学的思辨活动"，要求更多的直接民主，坚持一切都要回到普通人可以理解的层面上来。马卢埃厌恶"形而上学"，而且不想要什么"宣言"[38]；拉利-托勒达勒是伏尔泰的信徒，他也希望尽快抛弃所有"形而上学观念"，并敦促议会在"明智的"1688 年英国《权利法案》的基础上修订"人权宣言"，也就是说以经验和社会等级为指导，而非追求启蒙思想的原则。他和穆尼耶在对平等和民主的追求上做出了些许让步，但他们都坚持认为抽象权利必须受到广泛抵制，贵族政治需要以某种形式得到保留——或者至少是非正式的保留，正如英国和美国所做的那样——他们建立了强大而积极的"自由"体系，这是公民财产和混合政府的保障，而且能够对民主倾向进行限制。[39]

截至 8 月中旬，有超过 20 份宣言草案被提交审议，几周以来，竞争主要在西哀士和穆尼耶的提案间展开。[40] 但对于多数议员来说，接受拉利-托勒达勒、马卢埃和穆尼耶所倡导的建立在"旧宪法"基础上的"三权分立"，就意味着重新引入"旧权利和旧自由"，这一无可救药的弊端被民主派革命人士维莱特指责为"虚幻的平衡"，他认为比起民主制，这更像是君主制和贵族制的复兴。[41] 穆尼耶和拉利-托勒达勒遭到挫败，退

（a）

（b）

(c)

(d)

图 3 （a）米拉波胸像，（b）西哀士，（c）布里索，（d）孔多塞。

（a）让-安托万·乌东作品《奥诺雷-加布里埃尔·里凯蒂，米拉波伯爵》，大理石胸像，1908 年修复，藏于凡尔赛和特里亚农宫博物馆。

（b）雅克-路易·大卫作品《埃马纽埃尔·约瑟夫·西哀士》，创作于 1817 年，布面油画。藏于美国哈佛大学艺术博物馆-福格艺术博物馆，格伦维尔·林达尔·温斯罗普遗赠。

（c）雅克-皮埃尔·布里索画像，据传由华尔维尔（Warville）创作于 1784 年。

（d）玛丽·让·安托万·尼古拉·德·卡里塔作品《孔多塞侯爵》，刻印。

而支持拉法耶特提出的"非启蒙哲学"的美式草案，而罗伯斯庇尔随即将其否决，说它"相当平庸"，完全比不上其他提案。[42] 很快，拉法耶特也败下阵来。8 月中旬开始，讨论进入新阶段。新的五人制宪委员会成立，二十份主要提案的起草者被排除在外。新委员会由米拉波、德穆尼耶、朗格尔（Langres）主教和两名律师组成，筛选并整合各草案中最好的部分以形成定稿。[43] 这一变动使米拉波再次掌握主动权，在布里索和沃尔内的支持下，在他的正式编辑小组成员杜洛弗瑞、克拉维埃和迪蒙的帮助下，8 月 17 日，米拉波提交了他自己修改过的十九条宣言（并非终稿的十七条）。[44]

米拉波的独特之处在于他将无知和"轻视神圣不可侵犯的自然人权"视为人民苦难的根本原因。他在提案的第二条中写道："直接或间接的社会契约是每个政治组织存在的基础。通过社会契约，每一个体将自身及其才干统一置于公共意志的至高领导之下。与此同时，该政治组织将每一个体作为（平等的）一分子对待。"[45] 政府的立法和行政权力只服务于接受管理的人民之利益，不服务于管理者的利益。提案第六条彻底否定一切君主制、贵族制和教权原则，规定这些原则必须让位于公共意志，"法律是公共意志的表现形式"。评论家认为启蒙哲学确实占领了大部分阵地，但不是全部——在关于言论自由和宗教信仰自由的第十条和第十一条上，启蒙哲学败下阵来。这两项条款在议会中引发了愤怒的争论，教士们和被布里索称为"温和与容忍之哲学"的拥护者对此尤为不满。温和派、保守派和教士在议会的"三十处"框架之下重组"第六处"——议会在各场会议的间歇分割为"处"，以便分别进行深入探讨。尽管没有任何大革命的重要领导人、演说家或思想家属于"第六处"，它依然拥有大约 40 名议员，由南锡主教担任主席，出自该处的提案带有格外保守的反启蒙哲学色彩，在讨论的最后阶段发挥了重要作用。

"第六处"阻止哲学党的努力体现在它提供的二十四条宣言草案上。他们极力倡导这份草案，然而个中大部分条款（但不是全部）最终遭到否决。左派强烈反对该草案中最主要的四项保守观点：第一，第六条引入了"财富不均等"原则，认为这种不平等是与生俱来的，可以消解"权利平等"；第二，第八条、第九条和第十条用自然"义务"大范围取代了自然权利；第三，十六条和十七条强调保留宗教的必要性，要求尊重"公共崇拜"；第四，思想自由必须限定在不公开给国教"捣乱"的范围之内。上述四点均未能原封不动地保留在定稿当中。[46]

不过米拉波、西哀士和激进派领导集团最终没能保证言论自由不受限制以及一切宗教信仰自由、平等这两项原则得到认可。[47] 定稿第十一条采纳了米拉波的提案，包括"自由表达观点和意见是人最宝贵的权利之一"，但同时也对该自由做出了限制（第十条也是一样）：个人必须"依法承担滥用该自由的相应责任"。[48] 每个人都明白这意味着什么。米拉波记录下他的"痛心"，因为比起彻底消除不宽容，议会还是保留了重塑教权可能性的"苗头"，日后的发展也确实如此。这种"苗头"竟被写入一份叫作"人权宣言"的文件之中！他指出，这一妥协可耻地违背了宣言的第三条：任何人"不得行使未经国民明确授予的权力"。[49] 哲学党领导层还在出版自由的问题上遭受了一定程度的失败：他们不得不在继续禁止淫秽读物和"坏书"上让步。[50]

布里索在上述争议中大力支持米拉波及其团队，他主办的《法兰西爱国者》也为米拉波的草案摇旗呐喊。[51] 这一讨论终局在即。在8月19日举行的重要投票环节中，620名议员投票支持米拉波的草案，220名投给西哀士的第二份草案；纵使拉利-托勒达勒极力发声反对形而上学，拉法耶特的提案还是只获得了45票。[52] 8月26日，《人权与公民权宣言》定稿，寄希望于在全新的基础上重建社会，而不是像美国《独立宣言》那样，遵循国家旧有的法制传统。[53] 美国《独立宣言》所倡导的自然权利沿袭了英国宪政下的自由思想，而法国的《人权宣言》则是将尚未成形的法律下的理想权利送上神坛。米拉波、孔多塞和沃尔内认为，通过对思想自由和出版自由加以限制，议会在某种程度上"损害了"最终成果。[54] 即便如此，这一成果对于米拉波、西哀士、沃尔内、布里索、孔多塞、德斯蒂·德·特拉西、佩蒂翁、拉博和整个激进阵营来说依旧是场令人惊叹的胜利。历史上第一次，平等、个人自由、受到国家平等保护的权利、言论和思想自由被奉为所有公正理性的社会理应践行的基本原则。民主的现代性根基业已造就。法国人为自己争取的这些权利也被他们宣称为普世权利，为一切民族、一切身份、一切信仰及一切种族的人所平等共有。不可否认，正如卡拉所见，米拉波和不属于议会的布里索在捍卫《人权宣言》这一新的革命信条的事业中贡献显著，远超旁人："国家欠他们每人一项桂冠。"[55] 当然，那时候大部分人还意识不到共和主义、民主主义以及激进启蒙主义在促成这项事业上所起到的激励作用。

10 月的时候卡拉意识到，美国独立"为我们打开了关乎人民真正命运的视野"，使我们看到"自然权利和每个人在权利上的平等"，他坚信全世界都会被基于平等的人权原则改变。在卡拉眼里，"哲学观念"的力量已然隐约可见，无法阻挡："欧洲的君主们，好好看看理性帝国的影响力如何遍及各处。"[56] 如今，"墨西哥的平原和智利的山脉全都回荡着要求自由的激越呼唤"。连小小的列日公国都"效法法国三十二行省"，接踵而至的"布拉邦爱国者"起义亦受其鼓舞。至于英国人对印度的压迫，也必须尽快终止。出于同样的缘由，《人权宣言》马上受到保王派和天主教报纸，以及罗马教廷和全欧洲的攻击，尽管教宗庇护六世直到 1791 年才正式判定该宣言的原则非法。[57] 然而反对法国大革命提出的"基本人权"的，不仅仅是极端保王派和天主教人士，还包括大部分在启蒙运动中秉持自由主义观点的温和派"中间分子"。和大多数律师一样，波塔利斯认为颁布该宣言是个灾难，他坚信宣言违反了法国法律的每一项传统，会煽动起基于"过分夸大自由平等的思想"的独裁主义。[58]

在国外，最先谴责这些革命新原则的包括声名赫赫的德意志温和派启蒙哲学家奥古斯特·路德维西·冯·施勒策和尤斯图斯·默泽，后者在《柏林月刊》(Berlinische Monatsschrift) 上批判《人权宣言》。他们的攻击给德国思想界造成了深刻的分裂。[59] 孟德斯鸠、伏尔泰和休谟的信徒一致拒斥平等和"人的权利"，正如他们否定"现代哲学"和大革命那样。默泽坚称，人只有在基督教语境下才有精神层面的真正平等。基督徒不该在世俗地位或公民权利上寻求平等。若干评论家并不同意这一说法，包括自由派神学家约翰·奥古斯特·埃伯哈德，他在自己主办的《哲学杂志》(Philosophisches Magazin) 上发表了异议。[60]《哲学杂志》还刊登了一篇针对默泽的有力回应——《"人的权利"真的存在吗?》("Gibt es wirklich Rechte der Menschheit?"),撰稿人为斯宾诺莎主义者卡尔·冯·克诺布劳赫。[61] "(人在)力量上的巨大不平等会给弱者带来不安全感",克诺布劳赫如是分析,他重申了斯宾诺莎主义者的核心论点,"这推动人们建立一个国家,该国家的力量来源于诸多个体能力和利益的统一,进而形成一股直接权力",给所有人提供安全和稳定,"保护弱者不受强者侵害"。[62] "平等"不但存在——他这样反击默泽——而且还是一项普世原则,是一切政治和法律教条的最佳指南。不存在的,恰恰是那些统治者、律师或教士们让渡或赠予的所谓"权利"。克诺布劳赫宣布,平等人权存在于任何地方,它是普世的。

修订新宪法

《人权宣言》的一大目标是为即将修订的法国宪法订立指导方针,保证该宪法基于启蒙哲学的原则,而非现存经验、法律或宪章。等级社会的一切都不应体现在新宪法内。作为回应,反抗这些共和主义先锋最为激烈的"英式阵营"(或称"英伦党")在穆尼耶和拉利-托勒达勒的领导下,提倡君主立宪原则下的两院制,国王享有立法上的一票否决权,并拥有选择大臣的实际权力。1789 年 9 月间,这两位领导者还处在强势地位。穆尼耶被爱德华·吉本称为首位"一本正经的政治家",对"抽象命题"无比憎恶。吉本还说,拉利-托勒达勒是"一位和蔼可亲的人",还是"一位诗人"。[63](同年晚些时候,穆尼耶和拉利-托勒达勒逃离大革命席卷下的法国后,吉本曾在洛桑与他们愉悦地共进晚餐。)拉利-托勒达勒时常援引孟德斯鸠的观点,这是西哀士批评最为频繁的思想家。这一集团希望在新宪法中尽可能多地保留君主制和贵族制的色彩。其余"温和派"包括尼古拉·贝尔加斯,他是现代哲学的著名敌人,克洛茨曾蔑称其是信仰梅斯梅尔的卢梭主义狂热分子。[64] 英伦党和"哲学党"之间的斗争(勒德雷尔如是称呼),在王室否决权和两院制问题上愈演愈烈。

穆尼耶、拉利-托勒达勒和贝尔加斯极力推崇两院制,贝尔加斯在三级会议召开之前就大力支持两院制政体，尽管他更倾向于去贵族化的上院，而穆尼耶要的是英式上院，以正式体现贵族在社会上的超群地位。穆尼耶认为，尽管乍看上去，由世袭贵族构成的上院会使"哲学观念"感到震惊，不过法国最好还是效仿英国。[65] 他坚持认为议会太过于服从哲学家们"不现实的观念"，而几乎不去留意曾经广受赞誉的英国模式。在几十年前，每个人都毫无保留地称赞英国：法国必须回到以经验作为基础的政治智慧上来。[66] 与布里索、沃尔内和米拉波不同，穆尼耶还热烈颂扬美国各州的宪法。明智的美国人毕竟还是沿袭了英国人的经验——宾夕法尼亚州除外，它是当时唯一一个正式的民主联邦州，只拥有一个议院作为立法机关。穆尼耶看不上宾州的民主模式，因为它建立在"抽象和形而上"的观念之上。[67]

穆尼耶不断强调英国的优越性、美国人的明智与"经验"，意在建立混合政府，实现行政、立法和司法机关之间的权力平衡。[68] 然而他几乎不可能成功，因为他的观点意味着恢复国王和贵族的地位和权威——而他们早已失去这些东西了。[69] 尽管有国外启蒙运动思想家的支持（当中就包括身在哥廷根的施勒策和身在洛桑的吉本），穆尼耶身边的保守主义君主立宪派还是在议会中彻底败北。[70] 西哀士在其 1788 年就发表的小册子中反复强调，奉承英国的心态粗俗而愚蠢，只会吸引无知的大多数，他们一面胡扯什么"经验"，一面诋毁"哲学"，而这种诋毁在现实中只会使堕落又贪婪的贵族阶层获益。立法机关本身就能够体现民意，而行政机关的任务就是实现民意，而不是阻挠它。[71] 英国宪法是机缘巧合的产物，完全称不上"真正的政治秩序"。另一方面，孔多塞倒是偏向两院制，前提是参议院不应像伦敦上院那样由世袭贵族把持，而应该由才智超群的"开明人士"构成，对众议院的决定只行使有限的否决权。[72] 1789 年 9 月 10 日，议会采纳了西哀士和米拉波的意见，以 849 票对 89 票否决了穆尼耶的提案，设立了一院制的立法机关。[73]

至于君主立宪派倡导的国王在立法上享有的一票否决权，也几乎没有成功通过的可能。他们需要绝对的王室否决权以巩固君主制，然而激进派希望缩小这项权力，甚至完全不想给予国王否决权。拉法耶特、巴纳夫，随后包括米拉波在内的大部分的制宪议会议员，都相信团结议会和"给予国王应有影响力"的唯一方式，就是允许国王行使"有限的许可权"或者"悬置的"——亦即暂时的否决权。米拉波极力强调，王室的暂时否决权不会与公共意志相抵触，只会加强并守护它。比他更倾向于共和主义的那部分人并不赞同，而且他们明显赢得了巴黎的宣传之战。然而在9月15日，国王的"暂时否决权"还是以673票对352票被通过。西哀士和拉博均置身为数可观的少数派行列，这143名议员完全不接受国王拥有否决权。[74] 关于国王否决权的讨论不断拖延，显示了所有革命派哲学家从一开始就或多或少是坚定的共和主义者，他们坚持认为国民议会应该掌握一切权力、权威、责任和对政府的控制。然而米拉波和西哀士实际上并非教条主义的共和分子，两人都希望保持仅有象征意义的君主，而在事实上剥夺其实际权力。[75] 否决权争论是第一次"宪法之争"，巴黎对此进行了十分积极的干预，还试图扭转议会的决议。布里索是巴黎共和派的领导人，也是《法兰西爱国者》报的编辑，西哀士和他密切合作，持续反对国王的暂时否决权。[76] 共和派得到了强有力的支持，尤其在巴黎皇宫一带。普吕多姆的《巴黎革命》叙述道，布里索和他的盟友们指挥公众向支持国王"悬置否决权"的那些人施压，主要针对巴纳夫和他的派系，同时也针对米拉波。[77] 布里索、卡拉、戈尔萨斯、谢尼埃、维莱特等身处议会之外的重要宣传家均认为，要使大革命继续下去，就要以哲学作为攻城冲车，并充分利用思想自由、言论自由、出版自由、戏剧自由、集会自由以及聚众请愿或抗议自由提供的一切可能性。

孔多塞认为，公共理性方面的"认识进步"最终会使人意识到真正的美好社会需要什么，而这样的启蒙会成为"所有人的立法者"。他还认为，塑造了大革命的现代哲学源自许多启蒙主义作家的日积月累和薪火相传，他们的有些作品理应得到更多的认可。比如布朗热的《东方专制主义》（Despotisme oriental）给予世人的启发和创见，就不见得比伏尔泰、卢梭等更为出名的哲学家要少。[78] 在1789年9月22日发行的同一期《巴黎专栏》上，孔多塞还强调，即将修成的宪法"有必要"得到公民批准，并要求各个乡村也像城镇那样，迅速成立相应的代议机构。民主制必须使农村人口获得同样的解放，以保证整个国家的声音都能被听到。法律保护措施必须能够防止拥有土地的人形成新的精英压迫阶层。[79]

"一场日积月累的民主启蒙运动"这一主题同样出现在 10 月的《巴黎专栏》上，那是篇就新近出版的马布利和孔狄亚克两卷本选集发表的书评。"我们有幸见证了"夺取巴士底狱并消除"我们的苦难"，这是许多为推翻压迫而不懈奋斗的思想英雄的功绩。"这些作家之荣光永垂不朽！"他们提出的原则"有必要成为所有人的原则"，他们的观念有必要传播开来，以塑造"公共思想"。这既适用于有待接受教育的法国青年，也适用于"那些过去被允许受苦却无法自我启蒙的社会阶级"。[80] 1789 年至 1790 年，大革命中的民主共和派宣传家不基于先例、经验、利益或宗教，而是根据它是否是"真正哲学的"来判断立法机构的优劣，卡拉如是形容道。每个人都得或多或少地接受这一点。支持大革命的教士开始公开发声，比如福谢神父，他于 1789 年 8 月 31 日在位于圣安托万郊区的圣玛格丽特教堂发表《第二篇有关法国自由的讲稿》（*Second Discours sur la Liberté française*），公开宣布唯一真正的宗教就是与启蒙哲学"相统一"的宗教。[81]

但如果有人说服人民追随别的领袖呢？马拉于 1789 年 9 月创办的《人民之友》具有广泛的影响力，却刊发了一篇持狭隘的极端主义立场的稿件，与迄今为止的革命进程格格不入。马拉谴责"特权阶级罪恶事业"的激烈程度无人能及，他要求彻底清除议会中的"贵族党"。[82] 反对"悬置否决权"的那部分人认为，对于"堕落的"君主立宪派误导议会的企图，马拉的谩骂或许有些道理，但他们同样觉得，马拉不该使用如此暴力而放纵的语言。人们应该"温和地"谴责自由的敌人。对此马拉反驳道，他们的态度就如同将反抗背信弃义的敌人最猛烈的战士送上审判席。[83] 他在 1789 年 9 月 28 日发行的《人民之友》上，将打击范围扩大到银行家和金融家，说他们"通过毁灭他人而累积财富"。[84] 被他指责为"伪装成优秀的爱国者，实际上则向王室索要地位和俸禄"的那些人中，巴伊的名字赫然在列。[85] 通过给当时的革命领导层贴上标签，污蔑他们不忠于自己承诺的平等原则，马拉为民粹主义独裁分子日后抹黑政治对手的做法开了先河。

马拉将自己当成公众审查官，大肆进行言语攻击，把阴谋诡计吹得天花乱坠，不断要求进行严厉的惩治和清洗——这样的举动犯了众怒，人们要求封闭他的报纸。[86]多亏布里索和其余坚定捍卫出版自由的人士的努力，这些要求才没有实现。据斯塔尔夫人所说，1789 年至 1792 年间，法国社会"正式允许不受限制的出版自由"。[87]然而，如何避免四分五裂的新闻界恶意煽动乌合之众的愤怒，刺激妄为之徒攻击政治对手？事实证明这一难题并未得到解决。马拉的观点渐渐获得越来越多的支持，那就是真正构成合法性标准的不是启蒙哲学，而是人民意志，亦即直接的平民主权。"公众的意志本身……就可以立法。"马拉的支持者们、日后"雅各宾俱乐部"的中坚分子们如是坚持。[88]马拉孜孜不倦地强调"道德感""美德"与平民的感受，这造就了一股强大的潜在趋势，最终将大革命拖离理性的轨道。

宣称平民主权至上的马拉，是首位站在民粹主义立场上系统批判代议制原则的人，而这一原则正是"哲学党"所支持的。马拉本人表现出的教条主义、激进倾向和反智主义既受其性格和拥护者的影响，也来源于他长期以来对其同胞"伟大的卢梭"的敬仰。[89]学者们确实不止一次地注意到，在代议制和平民主权的问题上，西哀士和米拉波两人与卢梭的分歧是多么巨大，那么即将成为主要对手的两大革命派系之间针对卢梭对代议民主制的批判而产生的分歧，也应该成为我们关注的焦点。[90]马拉宣称，人民的代表必须服从人民的意志。他用那来自平民主权的强大压力、公众的感受和"美德"来替代"启蒙哲学"的位置，日后丹东和罗伯斯庇尔也如法炮制。随着马拉的《人民之友》继续发行，对异议的零容忍与不和谐的专制倾向首次冒头。[91]1792 年至 1793 年间布里索派主要成员与马拉之间的权力之争，正是暴力的催化剂以及促使平民将立法权掌握在自己手中的动力。

马拉的支持者自诩为更加纯粹的平等主义者，这是相对于目前的领导层而言——这些领袖中的大多数，比如西哀士、米拉波、布里索、沃尔内、巴伊、巴纳夫、勒德雷尔、卡拉、戈尔萨斯和德穆兰，都或多或少地对大众的无知及其对"迷信"的热衷表示过公开的蔑视。正是马拉那种理性必须服从大众意志和平民情感的主张，将他本人及其支持的"意志大革命"同激进启蒙主义的"理性大革命"从根本上区分开来。爱尔维修、狄德罗、霍尔巴赫、孔多塞和西哀士并不赞同马拉倡导的"美德"崇拜和大众意志；他们的哲学首先关注科学、知识和理解力，而马拉则强调平民的天性。对于马拉来说，理智的理解力不如平民意志来得重要；理性应该受到规范，大众的意志则绝对自由。对手的那套唯物主义理论对马拉来说毫无意义，它无法解释激情、对"光荣"的追求和情感的力量。在马拉看来，爱尔维修把激情和理性作为对立原则的做法是完全失败的。[92]

1789 年秋，王室和议会的关系再度紧张起来，因为国王犹豫不决，不愿批准议会提出的八月法令。经济困难加剧，食物价格上涨，政局愈发动荡，人们已经走到了一个至关重要的转折点。更糟的是在 9 月底，著名的佛兰德军团旗下 1050 人从杜艾开至凡尔赛，再次导致流言四起，说"贵族党"计划利用军队发动反革命政变。关于此事的报道四处流传，比如戈尔萨斯的报纸在 10 月 3 日[93] 就描绘了皇家军队在凡尔赛欢呼雀跃，高喊"国王万岁！"的场面，士兵们还将象征革命的三色帽徽扔在脚下大肆踩踏。这在巴黎皇宫区域引发了持续性的愤怒。10 月 5 日，抗议团体先在巴黎各公园和广场聚集起来，随后前往市政厅，最后形成将近 3 万人的队伍，其中大部分是女性公民。她们在菜市场女贩的带领下，挥舞着自制的长矛等临时武器，满腔怒火、浩浩荡荡地开往凡尔赛。这群饥饿的妇女的主要诉求是获得面包，不过也有人受到浮夸的奥尔良公爵路易-菲利普的教唆。他是路易十四胞弟——"殿下"的后代，也是共济会成员，法国最富有的人之一，热衷于英国君主立宪制（以及赛马等消遣）。路易-菲利普希望领导一场自由主义的君主制革命。

跋涉数个钟头之后，队伍到达凡尔赛时已是夜间，整个晚上，难以控制的暴民就露宿在宫门外。拉法耶特率领国民自卫军随人群而动。到达宫殿后，拉法耶特与国王进行了长久的讨论。国王已经下令自己的侍卫无论如何不得向妇女或其他人员开火。拉法耶特对国王保证说，虽然他没法阻止人群开到凡尔赛来，但此刻一定会严格控制局面，对王室成员和宫殿的安全负责。尽管有如是保证，第二天一早人群还是攻击了宫廷侍卫并杀死数人，其中包括维莱特的一位兄弟。暴民进而占领整座宫殿，虽然没有造成什么大的损失，却引发了极度的混乱。极端不受民众待见的王后玛丽·安托瓦奈特幸运地通过密道逃至国王寝宫，并未受伤。人群还占领了议会的议事大厅。[94]

国民自卫军姗姗来迟，重建了秩序。10月6日，国王一家在拉法耶特带兵护送之下来到巴黎，全程历经七小时，沿途不断有人加入，最后形成了一支近6万人的队伍。巴伊在首都迎接被吓得精神恍惚的王室家庭，他发表了一通感人肺腑的演讲，为这一历史性的日子打上了市政当局的烙印：法国王室的凡尔赛生涯就此终结，法国的君主制传统事实上也寿终正寝。不论路易自己到底有没有酝酿过要发动一场军事政变，他周围的一部分人确实动了这样的念头，他们的阴谋也还在继续。不过10月5日和6日发生的事件事实上结束了王室对议会议程的所有直接反抗，迫使国王接受自己丧失特权、仅仅拥有"暂时否决权"的事实。路易和玛丽·安托瓦奈特在卢浮宫落脚，成了真正的"人质"，此后动荡的数月，他们都将在隔离中度过，跟被拘禁起来没什么两样。国王不得不放弃他最喜爱的狩猎活动，和王后一起过上了半隐居的日子，他们活动的范围主要集中在杜伊勒里宫，凡尔赛式的仪式和庆典在此继续举行，但排场却远远不及往日。

不管路易先前是否真的两面三刀，如今几乎权力尽失的他，从1789年10月6日开始倒是真的这么做了。在公开场合，他默认了自己是人民和大革命的仆人，私下里则开始给各国君主写信，比如10月12日他写给西班牙国王，向其保证自己完全反对摧毁"王权"，却被迫接受这一违背自己意愿的现实。[95] 每个人都意识到了事态的严重性。廷臣与显贵恐慌不已，导致了一波新的流亡潮。流亡者中还包括大量落选的右派议员，以及著名的宫廷肖像画家伊丽莎白·维杰·勒布伦，她和她的女儿一起乘马车逃往意大利，在那里待到1792年，然后又逃得更远。[96] 在洛桑观望事态发展的吉本十分愤怒，他认为现状糟糕至极：

> 他们先让国王的侍卫血溅宫墙，再将自己的国王俘虏至巴黎；贵族受到流放，教士惨遭劫掠，这种方式打击的是一切财产的根基；首

都变身为独立共和国；各省联盟全面瓦解；人中败类到处点燃失序的烈火（我说的就是米拉波）；议会中最正直的那部分人，一帮不可救药的梦想家（比如我们的普莱斯博士）还在竭力辩解，梦想建立两千五百万人的民主，纯粹又完美；梦想黄金时代的道德，还有人类的基本权利与平等，认为这就能在公正的基础上对土地和财富进行平等的分配。[97]

他说对了两点：局势确实发生了剧变，而且这样的剧变确实是与普莱斯联合的"那帮不可救药的梦想家"造成的，即便巴黎平民中的各色人等如今都在给他们保驾护航。[98] 两天后，《巴黎专栏》评论道，民众冲向第二"革命入口"凡尔赛一事，无疑会"促进议会的工作"，因为此举粉碎了"大多数议员的阴谋"（即支持国王、贵族和教权的那些议员）。据《巴黎专栏》称，这使得长期支持"崇高少数派"（他们时常获得拉法耶特派和奥尔良派的帮衬），亦即哲学党领导层的"大约 150 名议员感到更加安全"。[99] 王室从凡尔赛转移到巴黎后，议会随即跟上，进驻杜伊勒里区，紧邻国王一家。就这样，巴黎巩固了自己对大革命的控制权，与此同时，愈演愈烈的经济困难持续困扰着穷人并引发众怒。威尼斯大使嘲讽巴黎手工业者，说他们越来越贫困，还在装腔作势地喊着民主的口号："这些所谓哲学家连阅读的本事都没有，他们还没认识到哲学其实一向贫困。"[100]

布里索和孔多塞在巴黎各区联合议会中的地位大大巩固，目前议员人数减少到 48 人。人们请求他们为巴黎市政府起草两份致辞，第一份旨在欢迎国民议会迁至巴黎，第二份则面向法国各省市，要让他们相信路易十六是自愿选择来到首都的。布里索亲自代表议会的巴黎议员们发言，随后两份致辞都被刊印出来并发往全国。布里索和孔多塞恳请同胞们放心，说国王和议会都会受到体面安置，安全无忧。然而，关于导致了这一切的那场群众暴动，布里索和孔多塞则尽可能不去提及。他们二人和巴黎公社都没有明确表示要赦免这次暴动，但强调了国民自卫军以及市政权力机关在重建秩序和组织凡尔赛到巴黎的转移行动中尽职尽责的作为。[101]

然而没有人对到底发生了什么存疑。即便正如拉法耶特的支持者声称的那样，暴动妇女受到奥尔良派分子鼓动一事部分属实，这依旧不能掩盖一个事实，那就是城市底层人民开始正式加入乡下暴动农民的队伍中，成为大革命中的一股主要力量，不仅是男子，还有妇女参与，这着实令人震惊。1789 年秋，不只革命者的平民报开始崭露头角，成为推动大革命发展的一股独特力量，就连直接面向女商贩和洗衣女工的新型大城市"平民报"也是如此，因为未受教育的革命女性遍布首都各大中心市场，也挤满了圣安托万或圣马塞尔这类巴黎贫民郊区。1789 年底，这类直接针对女性读者的平民报开始出现，体现了革命民众既反复无常、充满愤怒，又迟疑不决、难以觉察的呼声。这种呼声不断受到各种势力的影响，进而表现出不同的倾向，这类报纸逐渐分化成针锋相对的两大阵营，分别支持奥尔良派和拉法耶特派，争夺日后自由主义君主立宪派的中间阵地。然而截至1791 年早期，郊外贫民区的拉法耶特派大都与"社会俱乐部"（或"真理之友会"）这样的民主派组织保持着密切的联系。[102] 从 1790 年开始，尤其是在 1791 年，直接面向底层妇女的平民报愈发表现出分裂大革命的三种基本方式，其自身内部也处于不断的分化之中。大量城市平民妇女抛弃了曾在 1789 年 10 月受到广泛支持的温和派自由主义保王党人，像人口结构中其他组成部分那样，分裂成三个分别支持三股主要意识形态的阵营。[103]为左右那些没什么文化却至关重要的街头妇女们的政治倾向，民粹派记者们展开了激烈的竞争。尽管这一群体实际上被无情地分割成三个相互矛盾的部分，她们还被描绘成一个统一的模样——大名鼎鼎的"杜歇讷大妈"。这位贩卖旧帽的市场大妈满嘴脏字，容不得任何不同意见——颇为生动地代表了底层女性眼中的正义。

1790 年末，比埃教士编辑了一系列"杜歇讷大妈"小报，用来朗读给那些不识字、却聚集在街头讨论政治事件的妇女。这份报纸将街头女贩描绘成"聪明"、正直、见多识广的群体，她们站在教士这一边，总是把宗教与信仰放在优先于革命观念的位置，不愿服从那些分外积极支持大革命的"愚蠢"男同胞。这一趋势后来遭到了左派的激进"杜歇讷大妈"小报《杜歇讷大妈热情洋溢的爱国主义来信》（*Lettres bougrement patriotiques de la Mère Duchesne*）的抵制。这份报纸号召妇女与她们的男人并肩战斗，要平等、热切、独立地去捍卫革命观念，时刻为自身处境着想。[104] 诉诸不识字妇女的激进派此后又遭遇了第三组"杜歇讷大妈"小报的反对——它们既反对激进派，也反对中间派，坚称真正意义上人民的女性，也就是真正正直又迷人的普通女性，应该始终接受丈夫的观点，严格扮演好自己作为丈夫附庸的角色，因为在公共和政治事务中，妇女应该事事服从男性。最后一种观点是卢梭主义的强烈反映，它竭力强调两性之间的不平等。这得到了山岳派的支持，从 1791 年末开始，这一思潮为马拉和罗伯斯庇尔发起的反对激进派民主共和主义者的斗争做出了巨大贡献——最初正是这些激进派民主共和主义者领导了大革命，并成为 1789 年 10 月 5 日妇女大游行的最大受益者。[105]

王室和议会双双迁至巴黎的必然结果就是，议会中的部分（大多数）议员对平民愈发感到恐惧，他们包括自由主义贵族、教士、保守主义律师、实用主义者和君主立宪派人士。他们曾竭力反对西哀士、米拉波和指导小组提出的具有普世主义和平等主义倾向的宪法草案，却成果寥寥。而今到了这个地步，穆尼耶、拉利–托勒达勒和巴黎大主教意识到他们已经不可挽回地输掉了战斗，再不可能收获任何保守主义的成果，因此集体退出了议会。[106] 贝尔加斯也从制宪委员会中抽身而退；他是恐怖统治过后极少数幸存下来的君主立宪派人士之一，日后会以极端保守主义者的身份卷土重来。[107] 拉利–托勒达勒离开法国去了瑞士，在那里，他撰写了一部政治回忆录，为自己拯救君主和贵族制的努力正名，而在次年 3 月，这部回忆录遭到了《巴黎专栏》的大肆嘲讽。[108] 美国大使馆秘书威廉·肖特向业已返美的杰斐逊汇报："穆尼耶被视为异议者的领袖，据说他试图在多菲内煽动一场骚乱，结果反而丧失了自己在当地的影响力。"[109] 没过多久，穆尼耶也去了瑞士，并在那里通过写作继续战斗。

在《政府论——主要论及何种政府适用于法国》（*Considérations sur les gouvernements et principalement sur celui qui convient à la France*）中，穆尼耶再次呼吁议会抛弃那些反君主制、反对"明智的孟德斯鸠"的哲学家们提出的原则。他在日内瓦安顿下来，教授关于自然权利的公开课，以此开始新生活。在公开课上，他尖锐批评大革命，反对西哀士和米拉波提出的平民主权原则。日内瓦所有时髦的绅士贵妇都定期出席他的讲座。反贵族制的哲学家们对平民偏见的批评或许还能得到认可，然而他们被无知和谬误蒙蔽了头脑，在本应遵守的界限之外渐行渐远。他们可悲地错使观念优先于经验，犯下了"可耻的错误"，并妄图模仿柏拉图，建立只在他们脑海中才有可能存在的共和国。他们的哲学会带来"民主的暴政"，万分危险。任何有序的社会都应该由上流人士来领导。英国的混合君主制模式就是解决方案，它拥有一个由贵族和主教政治家组成的上院，建立起货真价实的社会等级制度，由真正的君权来制衡。[110] 穆尼耶的对手们则反驳说，英国并没有他说的那样完美。对此穆尼耶回应道，英国人为他们的宪法感到无比骄傲并相信其优越性，这即使会导致他们对自身缺点视而不见，也依旧值得敬仰。正因如此，明智的英国人才会遵循经验和可知概念，而不去迷信哲学。[111] 穆尼耶为等级和贵族制的辩护在日内瓦受到热烈的欢迎，同时也在伯尔尼和"瑞士贵族制各州"中广泛传播。[112] 日内瓦始终是意识形态之争的关键阵地，法国、比利时和瑞士的民主主义革命领导者和温和的亲英派启蒙主义者、大量在附近避难的法国流亡贵族在此展开了激烈的论战。愈演愈烈的意识形态之战也加剧了日内瓦共和国内部的艰苦斗争——自 1782 年以来，"贵族派"和"民主派"就在为夺取城市共和国的控制权而争斗不休。《巴黎专栏》评论道，在日内瓦，你能看到所有伟大辩论的缩影，眼下代表自由的各派力量正斗得不可开交。[113]

君主立宪派意识到他们亟须进行重组。穆尼耶和拉利-托勒达勒离去后，议会中仍存在大量的中间派残余或温和主义党派。诚然，死硬派、极右阵营和保守派组成了议会中坚实的多数派，也有意结成同盟，支持君主、贵族制和教会。然而这几个阵营之间的分歧依旧根深蒂固，严格意义上的立宪派和支持巴纳夫的自由主义君主派之间的矛盾亦是如此。[114] 随着议会内部斗争重新打响，"右派"与"左派"开始成为议事大厅内称呼各个派系的常规标签。共和派和民主派靠左，保王派和大部分教士靠右。就是在这时，从凡尔赛转移过来的议员俱乐部之一"布列塔尼俱乐部"（该俱乐部最初由来自布列塔尼的代表组成，因此得名）在巴黎原是雅各宾修道院的地方落了脚。该修道院成为议会许多次辩论的主场，一开始有包括巴纳夫在内的 200 名左右的议员参加，大部分代表着中间派。[115]

依照杰斐逊 9 月 19 日的描述，议会当时依旧分为四大阵营。首先是贵族派，与以往一样，包括贵族、高级教士和法官，他们希望由君主而不是代议机关掌握行政大权。目前领导他们的人有皮埃尔-维克多·马卢埃，前土伦总督；还有莫里教士，1791 年至 1792 年间立法机关内最坚决的保王党人。这一集团不希望法国由只承认君主象征地位的国民议会来管理（就像巴纳夫提议的那样），而要通过改革建立更加有效的中央集权君主制国家，包含一个权力较弱的代议机关。其次是"希望模仿英国宪政的温和君主立宪派"，它与前者十分不同。对于像普莱斯和普里斯特利这样的英国民主派人士来说，该集团的议员们十分健忘，想不起英国宪法既堕落又不民主。按照普莱斯的说法，他们"被自由的形式所蒙骗。"然后便是浮夸成风的自由主义保王派奥尔良集团。最后，杰斐逊解释道，"还有共和主义者，他们愿意接受世袭的最高行政首脑（即君主），但（要求）行政机关完全服从于一院制立法机关"。[116]

革命左派尽管仍然是议员数量相对较小的少数派，却左右着议会的议程和常务委员会，毫不动摇地追求他们的目标，这都要归功于巴黎的街头意见、奥尔良派与拉法耶特派的自由主义野心和花言巧语，以及削弱右派的深刻内部分裂。[117] 保守派十分憎恶巴黎暴民，因为他们就像唯议会中最激进派系马首是瞻的"看门狗"，指哪咬哪——一帮自命不凡的宣传家、记者和自封的舆论引导者，专同君主、教会、法官和贵族作对。[118]他们最强有力的支持来自咖啡馆和日报。在首都之外，这种现象自然引发了对巴黎的不满，指责其正对政治施以过度影响。这样的抗议被支持革命的报纸贬低为狡猾的密谋，是要煽动外省对巴黎的妒忌。与此同时，迈向天翻地覆变革的步伐则丝毫没有松懈。

10 月底，议会颁布法令，不再允许法国境内存在任何"等级分化"，不管是在市政会议上，还是公共集会中都是如此，因为等级分化完全"与国民议会建立的原则相违背"。[119] 11 月间，议会更进一步，开始制订废除具体特权和程序的计划，还要取消法国各个历史悠久行省的物理边境，例如诺曼底、布列塔尼、多菲内、朗格多克和普罗旺斯。理由是以上行省在大小、传统和等级方面大为不同，因此不再与植根于哲学理性的新秩序相匹配。议会提议用大小相近、地位相等的"省"取而代之，尽管一开始，大家就在以人口还是以面积来平均划分各省的问题上存在争议。与其他革命性的巨变一样，这一计划其实预谋已久，特别是在西哀士和孔多塞那里，他们的灵感一部分来自杜尔哥。米拉波、拉博、托雷和孔多塞，后者敦促道，废止历史行省的身份认同和特权，保障"本质上属于每一个体的作用平等"，这能为新宪法的修订打牢基础。[120]

最后的规划由巴纳夫设计，在人口和面积两个标准之间进行了巧妙权衡，目的是保证选举出可以代表同等人口的议员。从那以后，法国有了地理面积大致相当的80多个省，不过为了确保各省选举的代表数量与人口成一定比例，每个省再细分为三到四个选区。[121] 负责实施这一创新计划的委员会雷厉风行。到了11月12日，拉博就公布了头一批四十个新省的边界。[122] 偏远地区用了更多时间来划分边界，不过这也在几周内全部完成。1790年1月，书商尼古拉·吕奥评论道，"这项伟大而美妙的工程"主要归功于西哀士教士和选择与"爱国者们"统一阵线的孔多塞侯爵。他还补充道，对这样的哲学，贵族们只发出微弱的反对之声，就好像"愤怒的绵羊"。[123]

在哲学的行动计划上，改革过时的法国司法体制同样至关重要。司法权力不应该再由精英世家垄断。1789年12月的《巴黎专栏》断言，对大革命和人民来说，再没有比高等法院还要顽固、还要难以对付的敌人了。[124] 清算现存司法精英的计划于1789年8月被提出，分步骤实施，至1790年3月大功告成。[125] 9月30日，波尔多高等法院被贴条封禁。潘恩的盟友，美国激进分子巴洛后来将1790年前的法国"司法贵族"描绘为"一帮购买特权来充当职业的人民公敌，鬻卖判决给富人、到处进行个人压迫的家伙；严刑峻法正是来源于此，它将虚幻的财产放进染血的神殿供奉起来，并教给现代欧洲一个道理，那就是这类人的性命还不如他脚上的鞋值钱"。[126] 奈容后来总结道，大革命最出色的成就之一，就是彻底消灭地方高等法院，还把所谓的"穿袍贵族"也一并清除干净。[127]

对于国民议会中很多议员来说，捍卫高等法院构成了他们团结一致的理由。随着颠覆法国旧有制度结构的速度越来越快，一部分鲁昂、雷恩、图卢兹和梅斯的高等法院，携同朗格多克、多菲内和冈布雷齐等旧行省强烈质疑摧毁高等法院行动的合法性，引用无数历史上的特许状、宪章和特权为自己正名。11 月，议会做出了回应，宣布无限期暂停高等法院各职能，没过多久又决定彻底废除这些职能。右派抗议道，议会剥夺的是法官的职业地位和专业能力，事实上也剥夺了他们的财产，因为他们升为穿袍贵族的机会是其家庭用钱财购买来的。在过去，每当高等法院否决新法，都会动员百姓支持，经常能够成功违抗王室旨意。然而这一次，当他们艰难抵抗法国现存法律和机构遭连根拔起的命运时，声援之人寥寥无几。[128]发到乡间的新闻传单向百姓保证，唯一支持高等法院的法国人，是那些同样反对废除封建义务、教会什一税、徭役和盐税的官员们，也就是地方行政官、总督和港务督查。[129]

共和主义者毫不留情地评论道，这些高等法院是过时的机构，它们力图"永远维持旧制度的淫威"，而人民终将将其抛弃。邻国比利时的反面案例则令人大为震惊。1789 年至 1790 年整个冬季，比利时革命遭遇了在法国革命者眼里十分费解的转折。布拉邦城市精英和司法精英（相当于法国城市寡头和法官）成功动员百姓反对当地民主派，即反对以他们的领袖命名的"冯克主义者"。让-弗朗索瓦·冯克领导比利时民主革命，与巴黎的左派共和主义领导层结盟。比利时平民则团结在司法精英周围，猛烈攻击民主分子。巴黎的革命报纸据此发问：为何比利时人竟容许自己陷入如此骇人听闻的误导？答案是皇帝约瑟夫二世曾尝试在南尼德兰改革司法系统，并通过帝国法令缩减当地教会财产、收入以及特权。对于孔多塞和《巴黎专栏》的编辑们来说，这完全是本末倒置的想法。他们认为，根本社会现实和法律状况不会因为皇家法令而改变，而应该通过哲学循序渐进转变观念，使人民为迎接伟大的变革做好准备。公共舆论不可以像约瑟夫二世寻求的那样，通过蛮力揠苗助长。法国大革命"在观念中造就"，比起比利时革命要更加牢不可破，而且更少暴力（这成了法国大革命信众甚多的谬论之一），因为与无知的比利时不同，法国拥抱启蒙哲学，否定传统思想。[130]《巴黎专栏》自信满满地设想，法国大革命会是"彬彬有礼的革命"，不像佛兰德，也不像布拉邦，这些地方的革命在 1789 年 11 月和 12 月因为暴力四起而受到破坏。

随着高等法院被清算，整个旧制度的法律和行政系统、密札制度、以权谋私的官府、残存的封建法院，以及地方上由来已久、针对特殊情况的司法程序，被扫荡一空。11 月 14 日，议会废除了皇家监督官一职，这是自路易十四以来的法国王室在地方行政上的核心。[131] 一度权倾朝野的行政精英制度就此废除，被最先由改革派大臣杜尔哥于 1770 年提出的方案取代，新型标准化行政机关建立起来，在全法按照同等标准执行，由省级理事会、市级政府和乡村的区构成。新法院和他们的管辖范围对应着划定好的选区，正如拥有司法权的法官一样，公职人员也由本选区的"积极公民"选举产生。通过规范法国行政机构，可以更加方便地将平等待遇引入选举和代议机制、财政事务和司法系统。

这时候，巴黎议会中的共和主义先锋，正同时与君主立宪派和内城各嘈杂地区的民粹主义者缠斗不休。1789 年 11 月 2 日，孔多塞被选举为获批成立的巴黎众议会首位议长。民粹主义者对布里索集团的反对，目前还局限在一部分地区，主要由控制着科德利埃区的团体发起，如今这片地区已经更名为"国家剧院区"。该左岸选区被巴伊形容为集中不满情绪的"第一大厅"，从索邦大学延伸至卢森堡公园，区域内书店和印刷工坊比比皆是，是启蒙哲学与熟练手工业者勾肩搭背的场所。国家剧院是马拉的根据地，也是丹东手下的政治机器及当地文人记者同党的活动总部。[132] 这一阶段，丹东集团俨然控制着日后以"科德利埃俱乐部"闻名的组织，它很快就会成为巴黎城内仅次于"雅各宾俱乐部"的重要政治社团。1789 年至 1790 年，该俱乐部领导班子的禀性并未发生太大变化，他们始终维持着共和主义革命者引领大革命的壮观方阵。丹东本人亦是如此，这位令人钦佩又鼓舞人心的演说家和独一无二的革命天才，总能做到不断激发将知识分子与普通民众联合起来的热切需求。[133]

丹东的头号宣传家德穆兰是《法兰西与布拉邦革命》(*Révolutions de France et de Brabant*) 的编辑，文风讽刺尖酸，无所忌惮。他也是"社会俱乐部"论坛的成员，热衷拉丁文经典，饱读西塞罗、塔西陀和李维的著作，热情拥护植根于唯物主义和反神学哲学的民主共和主义普世论。在大革命早期，德穆兰总体说来仰慕米拉波，而 1790 年 3 月过后，米拉波从他早先的激进主义开倒车，被王室收买，这实在令民主共和人士难以接受，而德穆兰便是其中最为抗拒的一位。[134] 除德穆兰外，科德利埃俱乐部还拥有不少出色的政治理论家，例如皮埃尔-弗朗索瓦·罗贝尔和俱乐部秘书泰奥菲勒·芒达尔，后者曾于 1788 年撰写过关于解放黑人的传单。1790 年，懂英语的芒达尔翻译出版了马舍蒙特·尼德汉姆的共和主义小册子《自由国家之伟大》(*The Excellence of a Free State*, 1656)，并加之以无数对卢梭、孟德斯鸠、马布利、孔狄亚克和雷纳尔著作的引用作为注释。芒达尔向读者保证，多亏了法国人，他们的"启蒙运动和哲学"的世纪才能确保"人类战胜专制和暴政"，并保障未来社会的自由。[135] 为了达到自己的目的，芒达尔翻译时不惜篡改尼德汉姆的文本，使之比起原文来体现出更多的民主主义。丹东集团的另一位核心成员菲利普·法布尔·代格朗汀是来自卡尔卡松的剧作家，后来参与编定了新的革命日历。凭借喜剧作品《费朗特》(*Philinthe*)，他一度跻身革命时期最著名的剧作家行列。

丹东的圈子之外还有一股不容忽视的地方力量，他为丹东所不齿，却是令初级议会与巴黎总议会之间斗得不可开交的核心——这就是马拉。作为脾气火爆的记者和演说家，马拉在传达巴黎穷人的不满程度上比丹东极端得多，事实上他比任何人都要极端。他的惯用策略就是诋毁巴黎总议会（即布里索设计的三百人议会），说它正在变成一个新型市民贵族机构，充斥着压迫人民的"独裁者"。为了抑制巴黎公社的权力，国家剧院区的初级议会由刚刚选出的丹东作为"议长"，于 1789 年 11 月 11 日和 12 日期间发出提案，要求该区选派至巴黎总议会的五名代表必须坚守来自该区的指令，即便议会的大多数代表支持不同的观点，该区代表也不可妥协。通过采用这种方式，该区领袖想要获得不论何时都可以根据该区初级议会的意愿规制乃至召回自己代表的主动权。[136]

布里索和孔多塞的"代议民主制"系统在这里受到了挑战，这一挑战直击关于革命的争论核心，它涉及民主的真正属性。民粹主义者和布里索都同意主权在民。每个选区都有权评论、批准或否决市议会的决议，亦可向其代表发出请愿。争议的核心其实在于人民主权的界限，以及地方选区是否有权命令自己的代表坚守某项决议或原则，以此阻碍多数派通过议案。如此看来，争论关乎代议制的属性本身。

第 5 章

大革命的民主化

自由君主主义败北

1789 年至 1790 年整个冬季，在西哀士和米拉波的率领下，由令人钦佩的政治及法学理论家组成的议会制宪委员会共同修订了集"人权"激进主义与一连串约束性"节制"于一身的宪法。到了 1790 年中期，制宪委员会出色地完成了使命。法国如今成了设计完善的君主立宪制国家，拥有83 省，理论上主权在民，而国民事实上由立法机关和国王代表。法国曾是，也应该保持君主制这一点并没有什么争议。然而，这一开创性的宪法及其共有 195 项条款的定稿尚未功德圆满，因为国王对正式批准该宪法持保留态度。

人们开始称呼米拉波和西哀士为"宪法之父"（1791 年的宪法），这一荣誉头衔可谓实至名归。[1] 在绝大部分民众看来，他们为法国建立的是经过改革的君主制，然而当时的法国在事实上已经接近于共和国了。根据尚未正式通过但已经开始施行的宪法，只有立法机关有权拟定法令，任命皇家大臣。议会掌管财政大权，国王有限的财政资源由立法机关进行分配。议会是由 745 名议员组成的常设机构，按照计划，该立法机关拥有一切实权，议员由选举产生，任期两年。国王拥有否决权，但仅限于在一届任期内生效，亦即两年。法国议会的议员与英国众议员不同，他们从议会卸任三年之内不能直接担任大臣。议会选举和地方对市长与法官的选举同时进行，以此保持全法在政治上的一致。所有官员如今应由城市"街区"或农村选区选举产生。新制度下的第一次市政选举于 1790 年夏季举行。巴黎从此拥有 48 个街区，里昂和马赛各有 32 个，波尔多 28 个，图卢兹 15 个。各街区议会同时是地方代议机关，也是辩论中心，是选举程序的关键组成部分。

欧洲历史上第一次产生了这样的君主立宪制，它只保留最低限度的君权，却拥有强大的共和主义倾向，要求在"人的权利"的基础上实现平等。然而这难道不是存在于大革命最深处侵蚀其根基的巨大矛盾吗？内克尔据此反对说。议会宣布法国是"君主制"国家，却废除了一切等级、阶级与特权。然而，一个君主制国家究竟该如何实现平等？平等是民主共和国的根本原则。在一部"民主宪法"的控制下，国王又如何能君临天下？大革命否定了所有社会等级，将君主制嫁接于民主制之上，志得意满地无视观念上的逻辑悖论，没有意识到这只有在贵族和等级的统治不可动摇的社会基础上建立英国式的混合政府才会奏效。内克尔认为，消除特权相当于撬动整座大厦，使平民志趣和讨好人民成为通往权力的唯一途径。通过讨好来赢得权力是最下贱的动机，奴性就这样硬生生地混入了大革命的核心原则：平等与公共意志。[2]

内克尔又说，1789 年以后法国陷入动荡的浩劫，正是自"人的权利"而始；1790 年 6 月 19 日废除所有残余地位、头衔和等级差异，使得混乱从此一发不可收拾。人民没有意识到危机，还扬扬得意地接受了君主制宪法与大革命不懈追求并正式公布的平等目标之间的激烈矛盾。他论述说，自己正确预见的这种难以为继、破坏稳定的矛盾，原本并无冒险去触发的必要，因为真正想要废除头衔、取消长子继承权或剥夺教会特殊地位的人其实少之又少。他认为悲剧在于推动大革命的并非平民的感受，而是不具代表性的边缘群体的观点，是他们想要全盘否定并取缔等级与传统。而君主制俱乐部也没少受其对手的秉性刺激，在他们看来，这帮处于边缘地带、不具代表性的共和派一步步通过新宪法进行颠覆活动，看上去还无比正义，使得温和君主立宪派也为自己有能力不断推动平等和"人的权利"成为大革命核心原则而沾沾自喜。

1790 年 6 月 18 日的法令禁止使用任何贵族头衔，不管是亲王、公爵、伯爵、侯爵、男爵等显示身份地位的称号，还是用在公共文件、会议或报告中的纹章和标志等，一律禁止出现在公开场合。义愤填膺的保王派报纸，无论是持极端主义还是立宪主义立场，纷纷起来抗议贵族头衔的使用禁令，因为这与任何一种君主制度都不匹配，从来没有其他民族如此行事。[3] 在 1790 年 6 月法令的反贵族制条款中，还有一则要求拆除所有违背法国人或其他民族"自由"的纪念碑或雕塑。1789 年 8 月 4 日那个夜晚消灭的是"持续了十个世纪的偏见和错误"，而 1790 年 6 月 19 日则为其建立的伟大功勋加冕，在这一革命性成果上打下了烙印。然而在这两项值得纪念的辉煌立法成就之间，有一个很显著的区别。1789 年 8 月 4 日，人们要么气得发狂，要么吓得忘了反抗。与此相反，1790 年 6 月 19 日废止世袭头衔和纹章一事，即便只是继续完成此前就已经开始的使命，却仍然激起了一场著名的激烈论战，到头来，正如某位观察员形容的那样，孟德斯鸠这棵坚固的"老橡树"终于被人"连根拔起"。[4]

1790 年间，保守观点确实遭遇了一次又一次的象征性退败。在一篇 1792 年 1 月发表于列日主教区的文章中，反启蒙哲学家费勒说明了"诡辩主义"是如何越走越远而耗尽自身的。这是个漫长却不间断的过程，它持续蚕食君主制和教会，偷偷摸摸、缓慢却不停地发展，早在 50 多年前就开始了，直到如今终于毫不留情地落在造就它本身的上流社会身上。因为正是通过贵族阶层，尤其是那些贵妇们，"诡辩主义"最初才得以传遍法国，而今贵族阶层却遭其攻击，并被彻底打倒。[5]

1790 年 6 月法令出台几天后，随着贵族制、温和启蒙运动保守派和英国立宪制"中立派"那最重要的思想捍卫者孟德斯鸠从形而上层面讲已然垮台，出自雕塑家让-安托万·乌东之手的著名卢梭胸像得以在议会大厅中安身。在给人以深刻印象的剪彩仪式上，演讲者们使观众确信，卢梭毫无疑问拥有与华盛顿和富兰克林比肩而立的资格。可是富兰克林的雕像已经安置在左派那边了，或者按照共和派的说法，放在议会中"爱国者"那边，这就没有留给"卢梭"足够空间，因为在很多人看来，卢梭是自由的重要拥护者，他的胸像却偏偏放在保守派这边，仿佛就那样静静地怒视

"自由和平等的敌人"——这是共和派对右派的称呼。

大革命同时受到内部和外部挑战的威胁。米拉波和西哀士面临的最大挑战是如何组织政治上的代议制度。两位"宪法之父"都对孟德斯鸠的相对主义怀有敌意，对卢梭也缺乏信心，在对待英美宪法的立场上，两人也十分类似，都对其进行过尖锐而长久的批评。他们反对权力分立，也一并否决了所有君主或类君主（美国总统）与上下议院之间相互制约的观念。他们主张只有一个公共意志，因此只需要一个立法机关，行政和司法机关须从属于立法机关，任其支配。如果立法机关当真代表主权，它就必须保有常设机构，以监督国家财政及更广泛的其他政策，并掌控所有政府部门。选举在这一新式代议系统中承担中心职能。但是，负责选举国民代表的选区究竟应该如何构建呢？

1789 年 10 月，议会多数派通过了有资格投票的"积极公民"定义——纳税额相当于三天非熟练劳作收入的 25 岁以上成年男性——这是西哀士提出的划分方式。然而把成年男性人口划分为"积极"和"消极"公民，相当于在一定程度上把有产者同贫困人口区分开来，这对很多人来说问题重重。既然新宪法存在的理由就是支持平等与人权，把选举权限定在以财产状况划分的"积极公民"身上就难以自圆其说。[6] 出于其反卢梭主义的立场，西哀士试图区分"消极权利"与"积极权利"——前者是社会存在带来的好处，人人享有；后者则是积极政治权利，为选举国民代表的人士专属。西哀士的政治哲学认为，所有人均可享受消极权利承载的自由与安全，但只有一些人才配拥有参与建设公共代议制度权威的权利。[7] 因此被新宪法排除在积极权利之外的，除了妇女、儿童和外国人，还包括没有充足财产，无法为公共机构运作成本买单的成年男性。

西哀士 1789 年 7 月出版的《法国宪法预案》（*Préliminaire de la Constitution française*）一书详细阐释了他的制宪理念，其中心思想是彻底非卢梭主义（和非霍布斯主义）的：人从自然状态过渡到社会状态，"远远不会减少个人自由，反而会扩大这一自由，而且保障它的应用"——这完全是源自激进启蒙哲学家地下传统的论点。因此，人步入社会状态，他们的道德水平和身体素质得到提高，克服了往日必须面对的危险。自由只有在社会状态中才能兴旺发达，但也必须首先具备精心设计的条件。因为即便此时的个体比在自然状态下更少受到来自入侵者和劫掠者的威胁，他也面临着政府与既得利益者滥用权力带来的危险。正确定义人权并通过切实可行的宪法来保障人权势在必行，因为这是预防滥用权力和剥削的唯一方式，它确保政府是为了大多数人的幸福和全民利益而行事。[8]在合理建构的社会秩序下，法律没有别的目的，只为"共同利益"服务。西哀士和米拉波两人都认为，这包含了社会生活的方方面面。西哀士在制宪委员会上解释，除了安全和公正，国家还得承认缺乏财富的公民的各项权利，以满足他们的基本需求，扮演社会经济意义上的救助者角色。如果革命领导层真心想要废除特权，真心认为社会必须建立在平等的基础上，那么它就必须建立累进征税制度，从富人身上征收比过去更多的税款，用来为新的社会福利制度提供资金。

国民议会分裂为君主立宪派和共和派，前者在理论上占据绝对多数，但内部分裂严重；后者在政治上占据主动权，但不牢靠，这种局面造成的罅隙该如何解决，在多数议员看来都该遵循和解精神，少在平等和民主上下功夫。为了团结左右阵营，保持国家稳定，米拉波、西哀士等处于领导地位的议员求助于八九年俱乐部。这是一个由议会内外的重要人物组成的社团，他们全都声援《人权宣言》等1789年实施的伟大法令，与此同时，他们也都支持有限君权和新宪法。八九年俱乐部成立于1790年4月，由米拉波、西哀士、塔列朗、尚福和拉法耶特领导，其明确目标是在自由主义君主立宪派与议会中占比虽小却十分积极的民主共和派之间达成一致，借此确保有一个稳定并占多数的阵营主导议会。除了米拉波和西哀士，俱乐部中还有很多左派人士，包括沃尔内、然格内和玛丽-约瑟夫·谢尼埃。然而即便建立一个强大的中间派以保证大革命稳定性的意图合情合理，该俱乐部融合激进平等主义和政治温和主义的诉求确实是不可持续的，而且遭遇了无法克服的重重困难。

未能解决的分裂状况可以暂时被华丽的辞藻和盛典粉饰起来。1790年6月17日，即取消所有贵族头衔的前一天，为了庆祝三级会议更名"国民议会"一周年，八九年俱乐部举办了奢华的宴会，共有190名成员出席。然而，在 60 名音乐家奏响的胜利号角和进行曲中共进精致的晚餐，并不能解决一些成员想要消灭，另一些则想保留国王、王室、贵族和教会影响力的问题。有些人想就此结束大革命，有些人则想走得更远。很多更加杰出的社团成员意识到中间派和左派并无可能达成真正的妥协，便开始渐渐疏远该社团。这一信号使议会内部派系开始重组，自由主义君主立宪中间派也重新开始追求大革命的主宰地位。到了 1790 年中期，议会里的中间派开始占据压倒性优势，而左派看上去更像一盘散沙，愈发式微。

　　八九年俱乐部如今凝聚力不再，主导其的"温和派"想要控制国民议会，因此很多人加入了更加保守的"君主制俱乐部"，该社团精明地绕开了削弱八九年俱乐部的那些困难，直接否定米拉波和西哀士，而不去理会民主派。[9]领导该俱乐部的是议会中的三位重要议员——莫里教士、马卢埃，还有斯坦尼斯拉斯·克莱蒙–托内尔伯爵——一位受过良好教育的部队军官，1789 年 8 月 4 日支持废除封建权利的贵族之一。君主制俱乐部联合了议会右派，八九年俱乐部的残余和另一个行将就木、更加保守的中间派集团"公正俱乐部"，该社团于 1789 年 10 月在马卢埃领导下由若干议员组成。[10]让–西弗兰·莫里教士是一位尖酸刻薄、聪敏过人的议会演说家，他是为数不多抵制米拉波的议员之一，喜欢羞辱口才不如自己的对手并乐在其中。他身上混合了严格的君主立宪主义、对王室与贵族政治的崇拜以及对将天主教作为法国国教的热切支持。与此同时，米拉波在国内外（大革命支持者当中）无可比拟的地位，自 1790 年春季开始也受到了来自马拉等民粹主义者的挑战，他们指控米拉波与王室串通背叛大革命，并充当中间人坐收渔翁之利（受贿证据比叛变证据充足）。同样，西哀士自己也陷入不利处境，在议会制宪委员会中愈发遭到孤立。

　　不过既然巴纳夫、巴伊、拉法耶特、德·拉梅特兄弟亚历山大和夏尔领导的共和派和自由主义君主立宪派，在 1790 年都没能成功联合并夺取支配地位，莫里的立宪主义右派和自由主义君主立宪派很快也会发现他们无法实现联盟，形成稳定的压倒性优势。议会的右派和中间派在某些议题上还是能够达成共识的。他们都反对共和主义和民主，都想限制民选制度的效力。持共和主义立场的热罗姆·佩蒂翁是议会中最重要的民主派之一，他将英国宪法贬低为"彻头彻尾的邪恶"，认为它亟须全面改革；莫里则像穆尼耶和自由主义君主立宪派那样，对英国、英国议会以及英国人的"明智"充满热情。[11] 不过莫里和马卢埃提出的是比起巴纳夫和拉梅特兄弟来更加偏向君主主义、世袭主义和更加支持教会的君主立宪主义，和米拉波、西哀士的主张更是相去甚远。当初批准成立国民议会的可是国王本人，莫里强调，而且是国民"迫切宣布，没有国王首肯，我们的任何法令都不得生效"。[12] 莫里及其同党都不愿接受议会的至高权力。议会不得单方面修改宪法，在削弱王权和教权方面，也不该比英国议会走得更远。如若不然，议员们"就不再是国民权利的守护者，而是对同胞进行专制的独裁者"。卢梭在"他那过分出名的《社会契约论》中"，——莫里提醒自己的中间派战友，以及所有共和派对手——曾如是申辩："人民的议员不是也不可以成为人民的代表，他们仅仅是委员，无权擅自决定任何事。"莫里辩解说，虽然他的批评不断引用卢梭的观点，但他本人完全不赞同卢梭的政治理论。不过有一点是肯定的，"未经人民批准的法律不可生效，不能被称为法律"。[13]

君主制俱乐部的会员被称为"君主制宪法之友"，加上他们的《君主制日报》（Journal monarchique），看起来都格外高高在上。该社团的很多会员都是贵族和高级教士，他们正式要求严格遵循原文诠释宪法。1790年 8 月，切鲁蒂评论道，该社团的政治策略基于这样一个轴心，那就是希望引导人民追随他们。这并非不切实际的幻想，因为大部分法国人在政治上都十分幼稚，完全乐意颂扬皇家大臣、服从右派领导，即便右派的明确目的不是为了国民的大多数，而是为国王、贵族、教会和旧司法秩序谋求利益。绝大多数民众相信旧制度已经进行过充分改革，发生了足够的转变，并为自由主义君主立宪派的保证拍手叫好，却没有意识到这些新安排事实上也在欺骗他们。要完成大革命的事业，就要发动一场针对偏见的全面战争，这场战争须由"被启蒙运动之光扫除蒙昧的伟大国民"领导。[14]

君主制俱乐部呼吁法国民众严格忠于宪法。在这种情况下，据戈尔萨斯和弗雷龙说，1790 年 12 月，该俱乐部的首要目标正是煽动民众偏见，反对"共和主义"。莫里的保守派和自由主义君主立宪派都说对了，那就是共和主义缺乏民众支持。然而共和派在最能言善道和文化程度最高的群体中保持着极大的优势地位，在发明人权和控制革命报刊与巴黎咖啡馆的边缘知识分子那里，共和派获得的支持尤其多。为了挫败共和主义报纸的民主化目标，君主制俱乐部诉诸人民的传统价值，旨在在首都造成分裂，进而阻滞大革命的势头。[15] 1790 年底，君主制俱乐部发行了两份措辞刁钻的小册子：《反'卡拉–戈尔萨斯集团'人士揭露的内情》（*Les secrets révélés par l'Anti Carra-co-Gorsas*），以及《女士们为何离去？》（*Pourquoi Mesdames sont elles parties?*）（极有可能出自同一作者之手），突出体现了议会中间派和右派阵营与民主共和左派阵营之间越来越大的分歧。这两份小册子申辩道，十来个"共和主义"记者大肆宣扬的那些"令人作呕的谬论"充满罪恶，对颠覆宪法负有主要责任。这些谬论误导公众，导致经济萧条。在这些共和主义记者中，卡拉和戈尔萨斯被宣判为最坏的两个，他们所有人都恬不知耻地败坏着巴黎和整个社会的秩序。

这些小册子据理力争，说最近 4 个月来，年收入超过两万里弗尔的家庭中，已经有超过 200 户逃往国外。[16] 社会中最出类拔萃以及最富有之人，全被由平等主义者捏造的"大逆不道的诬陷"席卷，只好大批出逃，他们当中不乏王室成员，包括国王的两位未婚姑妈——上了年纪的玛丽–阿代拉伊德和维克图瓦–露易丝，她们一位 58 岁，一位 59 岁，于 1791 年 2 月 18 日逃往罗马（正是这一出逃事件首次引起了关于国王自己很快也会逃走的传言）。现代研究表明，事实上截至 1791 年，只有不超过 10% 的法国贵族踏上了流亡之路，但他们当中包括许多最富有的大贵族和大权臣，即便在最保守的统计下，其人数也达 2.5 万至 3 万人，再加上逃到国外的教士，总数还会有所增加。各类流亡者的总数达到 15 万，占法国总人口的 5‰ 左右，这毫无疑问造成了国民资本的毁灭性损失。[17]

到了 1790 年底，制宪议会乃至整个大革命当中的三股主要力量是莫里、卡扎莱斯和马卢埃的保守主义君主立宪派，巴纳夫的自由主义君主立宪中间派，以及民主共和主义哲学派，他们牢牢地相互制约。即便 1790 年过得相对平稳，试图真正实现人权并在平等的基础上革新社会的努力仍无可避免地演变为针锋相对和政治瘫痪，大革命内部的深刻矛盾已经远不再是唯一的分裂性因素了。温和君主制宪法的弱点部分来自大革命内部的罅隙，然而也有相当一部分更加普遍地来自君主主义本身，既有法国内部的因素，也包含越来越多流亡国外的力量，而他们当中更多的不是君主立宪派，而是极端保王派。大部分法国君主派，包括保王派报刊，都决意抵制巴纳夫的中间派，大多数流亡者和很多国内人士也都对莫里的保守派阵营持怀疑态度。极端保王党则瞧不起国民议会，认为国王是大革命的囚徒而非主人。同样，从1789年底至今，教会反抗大革命的行动很大程度上转移到要求建立非立宪的绝对君主制上来。因此，这个国家难以打破的僵局来自各界分别给予国民议会主要敌对派系政治上和社会上的支持，当中还夹杂着游离于宪法规定之外的保守派发起的顽固抵抗。

尽管国王和王室已经正式承认忠于大革命，到了1790年早期，反革命党派——极端保王派和贵族政治派——作为组织井然的一股势力，已然在法国各地和边境内外变得相当活跃。蒙彼利埃市理事会于1790年7月31日提醒议会，无数小城镇眼下正被反革命煽动者和宣传家严重渗透，并要求主要城市帮忙控制混乱局面，维持革命派的主导权。[18] 极端保王派反对君主立宪制的依据是，路易十六同意的一切统统无效，因为他不过是革命者的阶下囚罢了。马卢埃的君主立宪派、巴纳夫的中间派和极端保王派不能在政治上达成妥协，在宗教问题上也相当不和。中间派极力推崇普遍的宗教宽容和宗教自由，立宪主义右派（官方上）对此也表示接受，而极端保王派则完全不予承认。

即便法国当时并未被经济困境笼罩，一部一方面宣扬平等，另一方面又委身于君主制和有限选举权的宪法也会显得毫无意义。共和派大肆鼓吹基于平等的"共同利益"，旨在重构整个社会经济与文化语境，而不仅仅在于政治改革，这愈发加剧了分歧。困难体现在教育上。很多法国人目不识丁，大部分则是半文盲。教育人民完全不是自由主义君主立宪派关心的事，另外两个彼此分歧巨大的保守主义保王派更不会去关心。然而对于布里索、孔多塞、博纳维尔、福谢、德穆兰、韦尼奥、卡拉、戈尔萨斯、沃尔内、曼努埃尔、朗特纳斯（潘恩《人的权利》的法文译者）等主导左派的重要理论家所倡导的民主共和主义来说，教育人民是根本大计，因此在大革命核心价值中占据中心地位。社会需要一个适于造就自由人的教育系统，用孔多塞 1791 年 10 月的提法，就是要"使理性走向进步，使人类趋于完善"，缺少这样的教育，民主和人类幸福就不可能实现。唯有教育，才能消灭平民的愚昧，根除特权和教权带来的有害影响。[19]

这一信条直接来源于狄德罗、霍尔巴赫、爱尔维修、雷纳尔等《哲学史》撰稿人的革命性思想："世上的智者，所有民族的思想家，单凭你们就能订立新法，引导其余公民，启蒙你们的兄弟，告诉他们所需何在。"[20]西哀士也在一定程度上对此推论表示赞同："除了良好的公共教育系统，再没有其他更适合于使人类在从道德和实践两个层面均走向完善的东西了。"[21]然而教育人民本质上是个共和主义观念。这样的计划只会强化大革命的核心困境，因为这些计划与传统和教权相冲突，而且大多数议员对所有这些理念没有任何好感。此外，既然米拉波和西哀士坚持己见，认为"积极公民"（选民）拥有政治权利上的绝对平等是"根本原则"，一切特权也都被废除，可偏偏成年男性又被宪法划分为有资格投票的选民和没有选举资格即没有政治权利的"消极公民"，在那些思想与西哀士相同的人看来，这就意味着政府并不需要把教育支持的范围扩大到消极公民身上。

中间派的君主制宪法难以为继，议会的分歧无法解决，1790 年的法国社会分裂愈演愈烈。关于教权地位和宗教在国民生活中占据的位置一事，人们无法达成一致，则愈发突出了上述问题。毋庸置疑，城镇、乡村，乃至国民议会内部的广大法国人，对接受天主教权威及其在社会与文化中的至高地位毫无异议（尽管国民议会议员多半只是暂时同意）。问题在于很多中间派（以及新教徒）和整个造就了大革命的共和主义派系完全不能接受在传统的基础上行使教会的权力。1789 年 12 月，拯救天主教至高地位的请求在议会上遭到否决；1790 年 4 月 12 日，该请求在一片剑拔弩张的气氛之中再度被提交审议，此次的申辩人是备受敬重的天主教议员，神秘主义的加尔都西隐修会圣师克里斯托夫-安托万·热尔勒，他是 1789 年第一批加入第三等级的教士之一。他的动议得到莫里的支持，却同时遭到巴纳夫、米拉波，以及共和派和所有支持革命的报刊的坚决反对，由此引发了迄今为止发生在右派与哲学革命潮流间最激烈的一场战斗。激情洋溢的辩论持续了两天，以教会未能获得任何特权地位告终，天主教阵营以 400 票比 495 票输掉战斗，很多议员缺席或弃权。[22] 莫里在投票结束后离开议会时，遭到愤怒的人群的谩骂和驱赶。4 月 19 日，少数派发表抗议书，不接受投票结果，坚称天主教依旧是法国唯一合法的宗教。超过 300 名愤愤不平的议员在上面签了名，还有更多议员深表同情，但不愿签名。这份抗议书在全国激起一股强烈的令人不安的声援浪潮，支持该抗议的来信从法国各地不断涌入巴黎。[23]

立宪派和逾矩右派都将各自的政治、宗教不妥协与经济思想结合起来，意在控制广大群众，这也加深了各方之间的分歧。保王党报纸声称失业在急剧增加，巴黎的手工作坊陷入一片萧条。据《巴黎报》估计，在里昂，大革命使 4 万名工人失去基本生计，难以糊口；雷恩人口据说从 1751 年的 7.1 万人骤减至 1791 年的 3.3 万人。[24] 对于手工业者和穷人来说，大革命给他们带来的灾难不亚于贵族的遭遇，这是 1790 年 1 月发行的小册子《法国的现状》（*État actuel de la France*）的观点，其作者安托万-弗朗索瓦·费朗德伯爵是一位前皇家大臣，不久后也加入了流亡者大军，逃往莱茵兰。"没有了作为其生计来源的奢侈品贸易，手工业者就难以维生"，因为他们没有土地或租金，只能通过劳动赚钱。革命者发动百姓反抗社会地位高的消费者，但人民正是靠着这些富人的消费才得以生存。奢侈品贸易使需求翻倍，满足这些需求，劳动者的收入就有了保障。事到如今，所有城镇一片萧条，因为富人大量流亡，奢侈品贸易也就不再繁荣。[25]

费朗德警告说，支持大革命是劳工阶级犯下的悲惨错误，他们砸了自己的饭碗，事情只会越来越糟，因为议会中最具颠覆性也最有野心的人，毫无疑问想把法国变成"共和国"。穆尼耶也曾发出过类似警告。表面上看，尽管眼下大革命领袖把君主制挂在嘴边。然而不管他们都表了些怎样的忠心，从 1789 年 10 月开始，这伙人事实上就成为"弑君者"了。实际上，革命领导层是一伙彻底的"共和派"，他们囚禁国王，遏制国王否决权，驱逐贵族。因此在费朗德看来，法国面临着经济和政治上的双重灾难（关于宗教，他什么也没说），他认为灾难根源来自孟德斯鸠的《论法的精神》，正是该书最先引诱贵族们与王权对抗。[26] 费朗德的论证大致准确，尽管他没有提到教会失去土地、什一税等收入之后的影响，这给某些地方造成的破坏不亚于贵族逃亡。例如下阿尔卑斯省的里耶市（Riez）1790年7月就上诉制宪议会，说当地失去了主教、座堂圣职团、修道院和神学院后，市镇贸易遭到了毁灭性的打击。该市恳求议会至少容许他们开设一个地区法庭，用以缓解"人民的绝望"。[27] 在杜艾，教会和高等法院即便不是唯一产业，也是当地经济的重要支柱，而1791年10月，当地神学院、高等法院、法学院、医学院、修道院等教会机构大量被毁，据说该市已然形同"荒漠"。[28]

眼下有五大敌对阵营正为了争夺法国控制权进行公开冲突：极端保王派、保守主义立宪保王派、自由主义中间派、威权主义民粹派和民主共和派。冲突首先在传统上饱受宗教争端困扰的地方爆发，例如尼姆（Nîmes）、蒙托邦（Montauban）、于泽斯（Uzès）和斯特拉斯堡。1789年，尼姆是4万名天主教徒和1.3万名新教徒（加尔文派）的家乡，新教徒人数虽少，却更加富裕，长期把持商贸及各行业的统治地位。宗教秩序一遭废除，天主教会，尤其是方济嘉布遣会的僧侣（Capuchins），不出意外地煽动宗教仇恨，以此抵抗大革命。市议会要求新教徒代表占比须与其占该市人口的比例相等，尼姆的新教徒对此表示反对，因为按照历史惯例，他们在市议会拥有一半席位，而且有权任命市长。1790年3月28日，新教徒在市政选举中惨败，几乎没有获得任何席位，即便如此，他们依旧试图控制当地国民自卫军，而且一如蒙托邦发生的那样，他们还掌握了当地革命俱乐部和"宪法之友"——新教徒变本加厉地利用这些组织，将其作为自己控制当地政局的工具。

教会特权被摧毁，议会也拒绝承认天主教为国教，这使得文化程度较低的群众很容易相信大革命是由新教徒、犹太人和共济会策划的"阴谋"。1790年4月20日，当热尔勒修士的动议被否决的消息传来，一群愤怒的尼姆人聚集在白色苦修会礼拜堂外撰写陈情书，要求承认天主教的唯一国教地位。他们受到当地神学家和极端保王党的首席发言人弗朗索瓦·弗罗芒律师鼓动，要求停止教会改革，恢复国王的行政大权。据观察家记录，保王主义和宗教在最无知的人群中影响最大。陈情书收集了5000人签名，在当地发表出来。人们开始佩戴白色帽徽。当地革命俱乐部的回应是向巴黎的议会状告尼姆市的"宗教狂热"。1790 年 5 月 2 日和 3 日,人们被要求摘下白色帽徽,这引发了第一场武装冲突,造成 1 人死亡,数人受伤。此后,蒙托邦和于泽斯当月都发生了相似事件。[29]

5 月 4 日,友好的和解庆典在尼姆市中心广场举行,天主教和新教的国民自卫军战士彼此发誓永远尊重对方,一场通宵达旦的市民晚会见证了这一切,战斗热情暂时平复。然而就在第二天,嘉布遣会遭到没收充公的地产上爆发了妇女抗议,她们因为自己的宗教不受尊敬而群情激愤。由于此次矛盾,原定 6 月初进行的市政选举被迫延期。6 月 13 日,街头最终爆发大规模冲突,起初人们向新教骑兵投掷石块,然后演变为纵火,再发展为全面暴动。全城进入戒严状态。6 月 14 日,新教武装部队从周边城市开入尼姆,热切盼望能支援自己的教众。战斗以新教徒猛攻嘉布遣会而告终,5 名僧侣惨遭屠杀,修道院被洗劫,弗罗芒及其追随者所在地被攻陷,若干人被杀害,包括弗罗芒本人。[30]

发生在尼姆、蒙托邦和于泽斯的冲突震惊了全法舆论。关于"新教徒"屠杀天主教徒、洗劫修道院并将"最神圣的物件"掷于脚下踩踏的报道到处传播。革命派报纸报道说,天主教徒中惹是生非之人一心制造骚乱,到处杀人,这使得议会断然不再信任宗教,也激怒了佩戴革命帽徽的人。有人建议取消行凶者的"积极公民"权。议会吵成一团。马卢埃反驳说,尼姆的天主教徒只不过是举行了集会,行使了宪法赋予他们的言论自由和请愿权利。[31] 有一份小册子表现了 4 名可敬的市场女贩的对话,以这种形式报道当前在议会左右两派之间进行的争论,把冲突形容成"善天使"和"恶天使"之间的搏斗。"善天使"是米拉波、巴纳夫、拉法耶特、拉博、佩蒂翁和格雷古瓦,他们为每个人的平等和幸福以及国民的利益而奋斗。"恶天使"则是保王党,他们是"邪恶的压迫者",努力确保"穷人永远处于受压制的地位",这些人包括莫里、马卢埃、卡扎莱斯、杜瓦尔-戴普梅雷尼,以及另一位反民主人士弗朗索瓦-亨利·维里厄-普佩蒂埃侯爵——他是代表多菲内的议员,也是公正俱乐部的创始人。[32]

左派为"每个人的平等和幸福"而奋斗的说法,对于手工业者和乡间农民来说确实有些许意义。1789 年 8 月，议会宣布废除封建制度，此举的确令被贵族统治了几个世纪的欧洲大为震惊。然而即便农民们一时欢欣鼓舞，他们很快就会发现，自己得到的好处其实并没有预想的那样多。纵使革命派报纸将封建权利和特权视作"除了基于暴力的侵犯，一无是处"，但在现实中它们依然是广泛又复杂的法律程序，并持续对乡村生活造成影响。1789 年 8 月 4 日的法令在没有对封建领主进行任何补偿的情况下，废除了一切形式的"人身限制"（即主要残存于勃艮第和弗朗什-孔泰地区的农奴制），在属于领主的道路上通行或放牧牛羊的通行税，出售农产品或牲口的应缴赋税，借用领主磨坊、橄榄榨油机和葡萄榨酒机的应缴费用，"保护权"，在非贵族领土上狩猎的权利，以及过去在每年特定时期贩卖农产品的所有优先权。然而很多"权利"至少在理论上仍然有效，直到有人向"持有人"进行赎买，但很多地区的农民都拒绝为此出钱。1789 年 8 月法令还认可乡下领主对其地产应有的许多既定权利持续生效，这包括沉重得多的收成税和上缴领主的土地转移和交易税。农民要么继续缴纳赋税或向持有人赎买这些权利，要么只好继续抗税。[33]

大多数议员认为，取消上述赋税却不对领主进行补偿，会使"神圣的财产权"受到侵犯。[34] 数个世纪以来，一直是贵族在执行司法权，将他们颁布的包租状列入必须取消的苛捐杂税，这对很多人来说彻底违反了"人的自然权利"。[35] 不过既然这些赋税所依据的"成文证明"原文都已相当不明晰，这就给律师们留下了足够的解读余地，尽可能维护土地所有者的利益。议会的主要律师弗朗索瓦-德尼·特龙谢和菲利普·奥古斯特·梅兰·德·杜埃负责管理执行 8 月 4 日法令的委员会，他们在自己职权范围内有意巩固地产权，只在最低限度上无偿废除特权。有一小段时间，他们将地租期限和实物地租解读为可以自由缔结的协议，因此将其纳入一部分农场所有者的权利范畴。然而 1790 年 2 月 25 日、3 月 9 日和 15 日国王批准土地所有权核准法令后，保护贵族领主的利益很快变得难上加难。[36] 通过在 1789 年 8 月 4 日法令未能解决的问题上做文章，上述措施还是减缓了清算步伐，对贵族有利。更多的（但绝不是全部）"封建制度"的残余和各种形式的农奴制被彻底废除。"所有封建制度下的头衔称号、按照贵贱和强弱进行的等级分化"被全部废除。 此外，尽管议会中尚且有人顽强抵抗，贵族制度的支柱、确保大片地产得以完好无损代代相传的长子继承制度也被正式废除。[37]

左右两派都无情攻击对方背叛宪法、国民和穷人。慎重忠于宪法的保守派和中间派保王党作家们反对布里索、戈尔萨斯、卡拉、佩蒂翁、孔多塞、沃尔内、切鲁蒂这些地下共和派，说他们于言于行都比议会中的保王派更加反宪法，简直罪大恶极。戈尔萨斯在自己的《邮报》第二十期中甚是鲁莽，竟公然讥讽君主制，说国王是个"大笨蛋"。然而，1790 年陷法国于动乱的不仅是意识形态上的文字游戏，也是敌对社会阵营和政治阵营之间的潜在分歧。据"君主派俱乐部"的支持者说，该俱乐部英勇地抵抗了反贵族和反君主言论的狂风暴雨。事情远不像"共和主义分子"宣称的那样，根本没有什么狂热教士和流亡贵族威胁要在法国发动内战，这不过是共和派"蛮横无礼"的又一例证。正是他们自己，一伙反宪法又恶毒的"小册子作者"，以其罪恶的态度和行动毒害这个社会。《女士们为何离去？》的作者写道，唯一的解决方案就是动员人民，彻底粉碎民主、"雅各宾派爱国主义"和"哲学"。[38]

如此看来，左右两派在很大程度上都从理论和实践两方面彻底否定了自由主义君主立宪派的宪法。就其会员的言行来看，就连君主制俱乐部本身也未必真心拥护宪法。毫无疑问，很多会员背地里与贵族主义逾矩分子和反革命右派结为同盟。因此该俱乐部再也无法吸引真正意义上的温和派。到了 1790 年底，该俱乐部卷入巴黎各地区的暴乱与纷争无法自拔，甚至被指控到处发放低于市场价格的面包，以"引诱人民"喝下"贵族主义的毒药"。[39] 一些巴黎街区合法召集了 50 名"积极公民"出席自己的街区议会，继而向议会提交陈情书，指控君主制俱乐部故意掀起动乱，须对包括 1791 年 1 月 24 日发生在巴黎的大规模街头冲突在内的一系列事件负责。[40] 由于上述原因，加之在宗教问题上的不睦，原本与极端保王党作对的中间派君主立宪主义者也转而反对"君主制俱乐部"。巴纳夫对该俱乐部反对教会改革的立场感到尤其愤怒，1791 年 1 月 25 日，他在议会发表了一通演讲，严厉谴责君主制俱乐部，说它完全是个危害公共利益和破坏法律的组织。[41]

取消了等级制度，接着就面临王室俸禄和津贴问题。在一场持续了 1790 年夏季的冗长辩论中，议会意图将王室俸禄和国家发放的年金区分开来，国王保留对王室俸禄的随意取用权，但等级地位、王室恩泽等决定年金分配层级的因素都要取消。年金委员会主席阿尔芒-加斯东·加缪是位持共和主义立场的图书馆和档案管理员，7 月 16 日他提议取消一切现存年金，只保留少量款项，同时不中断每年拨给非军官老兵的 600 里弗尔或更少数额。其余军官的既有年金都要取消，只有在重新申请、重新审核资质、不考虑头衔、取消无效金额、降低过高额度后才重新予以发放。委员会建议，除去重伤和大病个例，从今往后任何公职人员或军人都不再享受由王室发放的年金，只有担任公职或服役期满 30 年或年满 50 岁，才能领取由国家发放的定额年金，每年最高 6000 里弗尔，无人例外。[42] 面对这样的成果，加缪表达了满足之情：对于自己收获了"所有宫廷吸血鬼的恨意"，他感到很高兴，尽管他还是有些记挂那些有功于国的退休军官，他们过去曾享受着较高年金，而今在重审通过之前，他们一分钱都拿不到了。

大量贵族要么被从名单上划掉，要么被大幅度削减年金。议会提议用才干和贡献取代社会地位。另一项年金管理方面的重大立法改革则关乎议会本身，从今往后，它将成为唯一有权划拨公款的机构，即便这些款项依旧以国王的名义发放。与部队年金相比，杰出科学家和学者的年金留有较大余地。在"食饷者"中，不受大规模取消王室年金影响的学者包括卓越的几何学家约瑟夫-路易·拉格朗日，都灵科学院的创始人。此后拉格朗日还曾为腓特烈大帝的柏林皇家科学院担任多年的负责人，参与写作了超过 60 篇数学和天文学论文。腓特烈大帝去世后，他应邀来到巴黎，入住卢浮宫，享受 6000 里弗尔年金。委员会惜才如金，在补贴科学家、作家和艺术家方面基本上出手大方。自然神论启蒙哲学家勒卡利埃-莱波评论道，有人可能要质疑，一个革命的法国是否应该资助科学和艺术，而议会自当确保将这些学者标榜为"人类的恩主，因为他们的奋斗和才华为启蒙运动的成就增辉"。这话让议会很受用。它一心削减王室年金，同时也尽力"以各种方式保护学者、艺术家和文人，以及为科学和艺术进步做出重要贡献的机构"。[43]——这绝非卢梭主义的模式。

有资格领取年金的科学家、艺术家和文人被分成三等，分别领取不同数量的年金，等级按照其工作重要性和任职时间长短划定。与军人和公务员年金不同，学者年金不再每年自动发放，因为这会鼓励他们不必要地延长研究期限，而是按阶段发放，只有当研究或艺术品实际完成时才能领取。[44] 远途旅行的学者，通过研究自然、探索新植物、发明对人类有益的产品或进行艺术创作而达到启蒙人类的目的，他们在健康和财务上都面临很大风险，因此受到特殊关照。一些议员发起牢骚，认为在新规定之下，绝大多数部队高级军官所得"还没艺术家多"，但他们的不同意见遭到压制。至少有一名议员抱怨道，年金改制并不恰当，它体现了"可耻的吝啬"；他还批评说，向各省理事会提交年金申请有辱斯文。"想想看，马布利教士、雷纳尔、孟德斯鸠、潘格雷、普瓦夫尔、拉彼鲁兹、布丰、莫尔沃、巴伊、拉朗德、珀蒂、路易、勒布伦、吉拉尔东、帕茹等人，想想看他们端着账本排队领钱的样子。"[45]

平等的制度化

"无知年代业已过去。"《巴黎专栏》如是承诺，并向读者宣布，应将法国大革命的爆发归功于启蒙哲学，人类能运用比以往"更柔和更富有人性的情感"来认识世界，在很大程度上也是启蒙哲学的功劳。[46] 然而大革命的核心原则与很多议员的偏好有着根本冲突，也与不平等的选举权不符，这一点再明确不过了。对于那些坚持攻击西哀士"积极权利"思想的人——布里索、博纳维尔、卡拉、福谢，以及孔多塞本人——来说，宪法对"积极权利"的规定严重违反自由和"人的权利"，万万不可采纳。孔多塞宣布，"法律面前人人平等"，因此在定义公民权时，完全不该有财产状况的限制。科德利埃俱乐部的成员——德穆兰、罗贝尔、芒达尔，以及来自敦刻尔克的法籍爱尔兰人詹姆斯·拉特利奇亦持如是观点。

即便将选举权限制在经济独立基础上颇有裨益（孔多塞否认这一点），

而且把公职人员资格局限于受过一定教育的人身上相对不容易导致腐败，现存规定还是没有任何用处，因为它的门槛如此之低，根本不能实现上述保障。这是个错误的不公平原则，它剥夺了很多人平等参政和成为公职人员的权利，因此必须推翻。孔多塞不顾巴伊的反对，在民主主义报纸《铁嘴》(La Bouche de fer)上发表公开信，宣布他本人和布里索领导下的巴黎公社，意图在议会面前陈述有力论证，反对这一规定。[47]

这一民主观点在各个激进团体处深得人心，尤其受到共和派记者、巴黎进步沙龙、科德利埃俱乐部、社会俱乐部（或真理之友协会）的推崇。后一个组织成立于1790年初，但从当年10月开始才成为政治俱乐部，其成员热衷于不断在巴黎市议会掀起关于民主的斗争。它由福谢、博纳维尔、孔多塞、朗特纳斯等巴黎公社的共和主义民主人士建立，希望将其作为公众再教育的工具。该俱乐部的创始人们旨在促进巴黎公社与市内各街区的沟通，并特别关注对人民进行启蒙。在创办共和派日报《保民官》(Tribun du peuple)之后，博纳维尔于1789年抛头露面，成为他所代表的巴黎街区的"首脑"。这位诗人、文人、莎士比亚作品的法文译者、研究莱辛及德国戏剧的专家长期沉迷启蒙哲学，最初与西哀士结盟。博纳维尔是个毫不妥协的共和主义坚定分子，即便在三级会议召开之前，他就已经提倡彻底改革法国政治机构和法律了。

该俱乐部为宣传启蒙运动和指导大革命提供了一种从根本上讲全新的民主共和方案，它让议会更贴近人民，让外省更贴近巴黎，让法国更贴近国内外的哲学团体。该组织宣布，启蒙观念与"精彩的作品"相结合，将会"一劳永逸地击败虚伪、骗术和暴政"。[48] 社会俱乐部坚决反对自由主义君主制中间派，反对巴伊和西哀士，反对所有试图将大众排除在政治进程之外的人，大部分议员对此当然不以为然，它也不可能博得王室的欢心。[49] 然而该组织很快在巴黎等地区赢得了广泛支持。在俱乐部办公室里开办的书店宣传的是孔多塞、布里索、博纳维尔、梅西耶、阿塔纳斯·奥热、托马斯·潘恩和弗朗索瓦·朗特纳斯的作品。在上述人员中，俱乐部的海报将朗特纳斯形容为"言行出奇一致的正直之人"，说他通过自己的作品和演讲，成为效忠大革命的典范。[50] 朗特纳斯是罗兰夫人的密友，长期为布里索的《法兰西爱国者》供稿，他还是又一位不屈不挠的民主革命理论家，像孔多塞、布里索和博纳维尔一样，孜孜不倦地把启蒙哲学的原则传达给大众。[51] 他撰文控诉长子继承制度的罪恶，也发表关于人权和"普世道德原则"的一般性论著。他在自己的作品《论不受限制的出版自由》（De la liberté indéfinie de la presse）中，强调了广受法国君主立宪派推崇的英国式有限、受管控的出版自由与如今在法国大获全胜的激进、不受限制的出版自由之间的鸿沟。[52]

通过再教育解放人民，意味着传播激进观念，包括与大众思想和需求几乎毫无关联的社会概念。在共和派领导层看来，一切关于社会起源、政府形式、法律、宗教和道德原则的"特别哲学的"概念，都需要更为人们所熟知。为了保持革命势头，主要革命日报定期提供"首要"启蒙哲学家的作品索引和摘要，在引用卢梭和伏尔泰的观点之余，还推崇马布利、孔狄亚克、雷纳尔、狄德罗、潘恩和霍尔巴赫的作品。[53] 贝桑松市（Besançon）的国民自卫军自费建立阅览室，以便更好地理解作为公民的利益与职责。《巴黎专栏》得知此事后，便呼吁各地广泛效法此例。[54] 许多关键的激进动议——改革婚姻法、从法律和政治上解放妇女、解散宗教社团、废除对"自由黑人"和犹太人的种族隔离、废奴——都超出了能被一般人的思维所接受的界限，因此遭遇了不解与普遍不予同情的回应。解放黑人是布里索、孔多塞和朗特纳斯在 1789 年就已经投身的事业。阿纳卡耳西斯·克洛茨耶热心于黑人解放。[55] 他们都试图动员大众支持"黑人之友"，通过这个废奴主义协会，他们与反对废奴和自由黑人平权的对手进行了不懈的斗争。

世俗婚姻与离婚，以及废除嫁妆系统都是 1789 年夏季开始的公共辩论中常常出现的话题，也是社会俱乐部的又一奋斗领域。《巴黎专栏》宣布，大革命会给妇女的生活带来"伟大的影响"。一些大革命中最杰出的女性，如孔多塞的夫人苏菲·孔多塞、奥兰普·德·古热和流亡荷兰人埃塔·帕尔姆·德·埃尔德斯都是参与社会俱乐部事业的杰出代表。在俱乐部的努力下，世俗婚姻与离婚、夫妻平等、为女孩设立国民教育系统、规定 25 岁为法定成人年龄都成了革命先锋们日常讨论的话题。将来把亚当·斯密的作品翻译成法文的苏菲·孔多塞是个沉鱼落雁的美人，人称"美丽的小格鲁希"，该昵称源自其婚前姓氏"格鲁希"。她凭借自己的能力，成为大革命民主领导层中的重要人物。1786 年 12 月她与孔多塞成婚，拉法耶特出席了婚礼。她成了孔多塞真正的合伙人。他们的公寓位于塞纳河畔孔蒂码头的巴黎造币厂内，他们的沙龙成了大革命中"哲学大军"在巴黎的主要集会场所。尽管她出身贵族，还是在外省修道院受的教育，然而自从 1784 年来到巴黎后，20 个月的时间已经足够将她转变为博览群书的坚定共和派，她浑身都燃烧着追求启蒙哲学和平等革命的熊熊热情。她对美国抱有极大兴趣，不亚于对法国的热爱。她对整个哲学派别产生了巨大影响，也包括对自己的丈夫。虽然这种影响的施加方式与罗兰夫人相比较为低调谦逊，也不像罗兰夫人那样专抢丈夫的风头。与她的亲密男性友人们一样，她是个坚定的无神论者。在某种程度上，她甚至比自己的革命姐妹（罗兰、帕尔姆·德·埃尔德斯、古热等女士）表现出更强的哲学主义倾向。

1789 年以前，亚当·斯密、杰斐逊、莫雷莱、叙阿尔、博马舍、拉法耶特、然格内和大卫·威廉姆斯等人就频繁出入苏菲的沙龙。威廉姆斯信奉一位论派，后来改信自然神论，1789 年到 1792 年期间则暂时变为民主激进派信徒。大革命早期，她的沙龙是大革命共和派领导人定期集会的场所：她的丈夫孔多塞、布里索、加拉、然格内、尚福、沃尔内、谢尼埃、潘恩、克洛茨、唯物主义者卡巴尼斯——他后来娶了苏菲的妹妹夏洛特·德·格鲁希，还有克洛德·福里埃尔——文学教授、批评家、历史学家和哲学家。1794 年后，这位学者成了苏菲的情人。[56] 她常常把孔多塞推向更加彻底的民主主义立场，还和帕尔姆与古热一道，为推动现代女权主义的诞生做出了主要贡献。[57] 苏菲·孔多塞争辩道，既然女性的道德和智力水平与男性相同，那么任何体现男女不平等的事，都从根本上与"人的权利"相悖，都是对女性的歧视。在恐怖统治过去、孔多塞去世之后，她依然坚定忠于丈夫的哲学遗产。她的沙龙重新开放，既在巴黎，也在她位于巴黎郊区的拉维莱特城堡的夏日别墅里。在这些地方，她继续捍卫大革命的核心原则。1800 年爱尔维修夫人去世、拿破仑巩固自身权力后，她的沙龙还一直是哲学批判和静默抵抗的中心。[58]

激进启蒙哲学家致力于改革婚姻法、废除嫁妆制、引入世俗离婚等计划的努力持续了数十年之久。[59] 布里索在他的《关于圣保罗的哲学书信》（*Lettres philosophiques sur Saint Paul*）一书中提到，"启蒙哲学"要求每一个开明的民族实施全面的离婚法，因为一个开明的社会拒绝把令对方不幸的夫妇"不可撤销地"绑在一起。[60] 18 世纪 80 年代以前，只有狄德罗、霍尔巴赫等人敦促上述改革，而到了 1789 年，这种观念已经被人到处宣传，尤其为米拉波、布里索和孔多塞所倡导。[61] 法律把女性贬低到"奴隶的水平上"，强迫遭受虐待的妻子忍受丈夫的残暴（除非她能证明自己的生命受到威胁），这是明显的不公，必须终止这种立法，再建立更加理性的婚姻机制。[62] 然而尽管宗教婚誓和圣礼都已经从法律上被废除，上述事业还是没能获得什么实质进展，社会俱乐部曾提醒读者，新宪法没有一处对此表示明确肯定。[63] 1792 年 1 月 22 日，一位遭受家暴的妇女在给《巴黎专栏》的投稿中写道，米拉波是第一位在议会上提出世俗离婚动议的。她还说，大革命早期，那些被"我们的野蛮法律强迫生活在丈夫的淫威之下"的女性受害者没有得到什么关注。她被自己的父亲虐待，13 岁就嫁给了一名酒鬼赌徒，而他也对她进行了可怕的摧残。这位女士渴求世俗离婚带给她的自由。她哭诉道，如果米拉波没有死，"他想做的一切善事就不会付诸东流"，法定离婚可能早已实现。[64]

从 1790 年 1 月起，孔多塞的团体就向议会提请了好几项动议，旨在改善妇女的命运。[65] 孔多塞认为，婚姻的不可解除性危害社会，是卖淫、私生子、殴打妻子和感情悲剧的首要原因。[66] 社会俱乐部迫切指出，法国的婚姻法必须改革，特别需要制定完善的离婚法，以保障提出离婚的妇女享有与丈夫平等的权利。[67] 1791 年宪法确实承认婚姻是一项世俗契约，却并未确保婚后权利平等，也未对离婚做出规定。1791 年 1 月 6 日，作家卡伊发表了长达 40 页的论文——《离婚的必要性》（*La necessité du divorce*），《巴黎专栏》对此评论道，从哲学上看，离婚是人类自由的应有之义，这一点无可争辩；然而大多数民众和立法者持续反对世俗离婚，反对男女待遇平等。[68] 值得注意的是，对世俗离婚的支持，总是伴随着共和主义理念以及对教权的敌意。[69] 1792 年 2 月 25 日，华佑教士提醒他的读者"基督教禁止离婚"，并为议会否决社会俱乐部领袖和民主主义记者支持的离婚法草案而庆幸。华佑声称，除了那些启蒙哲学家、自然神学家、新教徒和犹太人，在法国没有一个人拥护离婚（这几乎不算是夸口）。[70]

1790 年 7 月，孔多塞在他的文章《论给予女性公民权》（*Sur l'admission des femmes aux droits de la cité*）里首次论及妇女的政治解放。女性可能在身体素质上弱于男性，但在智力水平和道德水准上都与男性不相上下，只有当我们把那些"由法律、制度、习俗和偏见造就的两性不平等"抛在一边，才能把事实看得更加明晰。[71] 夏尔-米歇尔·杜·普莱西·维莱特侯爵说，唯有愚昧和野蛮才会容许"对待妇女像当今社会一样粗鲁的法典存在"。维莱特原先是贵族，就在他通过《巴黎专栏》发表该言论的同一个月，他正式宣布放弃自己先前的贵族地位。他说自己没时间浪费在"愚蠢和无知的人"身上，他还说自己完全清楚，大部分公众对女性权利不感兴趣；而他本人的目标则是规劝那些有洞察力和有理解力的人——启蒙哲学家。理性、道德、科学与艺术的进步，让女性拥有不亚于男性的才智。设想叶卡捷琳娜二世和玛利亚·特蕾莎那样获得欧洲强国认可的统治者，被"我们的政治议会"和政治组织排除在外，还有什么比这更"令人生厌"的反差吗？多少世纪以来，女性被迫成为毫无道理的"封建奴役"的受害者；"我们的立法者"如今应该赋予法国的 1200 万女性以"她们天生应得的权利"。维莱特格外支持妇女拥有参与初级议会及其决策制定的权利。[72]

"女人，成为公民吧！"法国大革命中唯一维持这一号召的只有哲学和共和派的哲学主义。自由主义的君主派不推崇该理念，马拉的民粹主义也不，任何别的革命性政治、文化、社会运动都不曾呼吁妇女平权。在孔多塞、博纳维尔、布里索、维莱特以及大革命的女性领袖古热、帕尔姆和苏菲·孔多塞的倡导下，人类历史上第一次出现了合理、成熟、与政治有条不紊相结合的女权主义，它在公共领域斩获了一席之地，范围不大却切实可见。苏菲·孔多塞作为公众人物的光环，毫无疑问被罗兰夫人、帕尔姆·德·埃尔德斯和咄咄逼人的古热掩盖了。古热 1789 年以前曾是上流社会的交际花，后来成了剧作家。议会拒绝认可女性权利的举动激怒了她，1791 年 9 月，她发表了《女性人权宣言》（*Declaration of the Rights of Women*）。为了达到讽刺目的，她也写了十七条，与《人权宣言》（*Declaration of the Rights of Man*）数目一致。她宣言的头四条如是写道：

> 第一条：女性生而自由，享受与男性平等的权利。男女社会差异只能建立在公共利益的基础上。
>
> 第二条：一切政治团体的目的都在于保护女性和男性自然而不可剥夺的权利，它们是自由、财产、安全不受侵犯以及反抗压迫的权利。
>
> 第三条：主权的原则根本上取决于国民，国民不是别的，而是全体女性和男性的总和；任何组织或个人不得行使未经国民明确授予的权力。
>
> 第四条：自由和公正在于使部分人拥有的为所有人拥有；如此说来，女性行使其自然权利的唯一限制，就是持续的男性暴政。这些限制应由自然和理性的法律来革除。

1791 年 3 月，社会俱乐部旗下的"妇女俱乐部"在前者位于巴黎法兰西剧院区的办公室内举行首次集会，宣告了其自治机构诞生。来自格罗宁根（Groningen）的埃塔·帕尔姆·德·埃尔德斯（布里索和卡拉的密友）从 1774 年起就生活在巴黎，她曾将米拉波和孔多塞的作品翻译为荷兰文。作为首位俱乐部"社长"，她在俱乐部成立演讲上表达了该社团不懈维护妇女具体利益的心愿。早在 1790 年 12 月，她就曾发表一通尖刻的演说，指出法国法律如何歧视女性，该演说后来由社会俱乐部刊印出来。[73] "我们神圣的大革命"，帕尔姆·德·埃尔德斯宣布，"应该归功于启蒙哲学的进步"；而如今启蒙哲学应该在社会实践中锻造第二场革命，使被"真正的哲学"谴责的针对女性的歧视，"让位于温和、公正和自然的秩序"。[74]

帕尔姆·德·埃尔德斯将未来描述得很乐观，盛赞社会俱乐部为"法国首个允许女性参加政治集会的社团"。[75] 1791 年 3 月的会议同意建立一个成熟的女性社团，拥有地方支部、准入凭证以及排除不符合要求者的审查系统，以保证该妇女俱乐部只由"优秀的爱国女性"组成。[76] 巴黎各地区都要开设隶属于该社团的地方性"爱国女公民社团"，每周举行集会，以小额的入会费作为运转资金。这些女性地方社团应该推广启蒙运动、帮助穷人、为未婚女性和流浪女孩生下的孩子开办托儿所，还要保卫社团免受"人民的敌人"，即贵族、保王党和神学家们骚扰。[77] 慈善学校目前被交给无知的人管理，专门"培养各种偏见"，该妇女俱乐部也应该将这些学校纳入监督范围。

妇女们的斗争在巴黎展开，很快蔓延到外省中心城市，比如卡昂和波尔多，在那里，当地爱国社团也成立了相似的女性社团。埃塔·帕尔姆·德·埃尔德斯继续发表演说，捍卫女性权利。很多演说后来都由社会俱乐部刊印发行。要在女性群体中建立合理的道德是非观，社会必须为她们提供与男人平等的教育，而不该把不平等的规训和惩罚强加到她们身上。帕尔姆·德·埃尔德斯迫切指出，法律应该平等地保护女性和男性，并保证婚姻关系中两性平等。她专门研究了议会新颁布的警务法典，其中第八条规定只有丈夫可以对妻子提出通奸指控，被宣判为犯有通奸罪的女性将会下狱，男性则不会。她严厉批判所有涉及通奸行为的极度不平等的法律和所有偏向丈夫一方的婚姻惯例安排，还给议会制宪委员会批准通过的所谓具有革命性的婚姻法贴上"侵犯人权"的标签，说它使女性成为男性的奴隶。[78] "温和的"君主立宪派报纸，例如《普世报》（*Gazette universelle*）就将她丑化为极端民主分子、反革命、妓女以及普鲁士宫廷派来的间谍，"与国家公敌罪恶勾结"。[79] 帕尔姆·德·埃尔德斯在《铁嘴》上发文强硬回击，指控议会用野蛮的法律贬低女性地位，这些法律毫无疑问是由制宪委员会请教"神学家而不是启蒙哲学家"之后制定的。[80]

维莱特注意到，针对俱乐部为妇女进行的斗争，来自男女两性阵营的惯常回应都是蔑视。抗议者声称，帕尔姆·德·埃尔德斯看上去并不认为守贞是必须遵守的妇道。然而此类纷争还因为激进思想和民粹主义者的卢梭主义思想之间的持续斗争而变得更加复杂。包括然格内在内的不少人，都大力吹捧卢梭在《给达朗贝尔的信》(*Lettre à d'Alembert*) 中对玷污女德的一切进行审查的说法，他们认为任何在世俗和哲学方面有损女性特殊魅力的东西都应该被否定。[81] 罗贝尔的妻子露易丝·克拉里奥-罗贝尔是个狂热的卢梭主义者，也是出色的政治记者，她与丈夫合办《民族的墨丘利》(*Mercure national*)，疯狂攻击帕尔姆·德·埃尔德斯和她的女权主义团体：社会俱乐部应该集中精力促进道德进步，而不是搞什么女性政治社团或寻求妇女解放。与其召集"一群无所事事又吹毛求疵的妇女"开会，俱乐部更应该追随卢梭的步伐，劝诫女性守贞、持家，把心思放在养育儿女和服侍丈夫上，而不是教她们参加集会，投身启蒙运动。[82]

最后，婚姻法进一步改革，1792 年 9 月 20 日，在布里索的坚持下，立法机关集齐足够票数，通过法律将世俗离婚制度化，并将性格不合作为终止婚姻的合理理由之一妥善写入法律条文，世俗离婚终于得到了法律保障。[83] 但除此之外，社会俱乐部大部分涉及女性权利的构想都没能落实。反对的声音来自四面八方。费勒警告说，启蒙哲学家之所以获得影响社会的能力，很大程度上归功于他们吸引了年轻漂亮的女子。如果这些人手中推动大革命的"诡辩主义"持续前进，女人就会成为他们"获得权力的工具"，继续为他们的傲慢、宗教宽容主义以及滥用激情背书，整个社会就会土崩瓦解。[84] 来自圣安托万郊区劳工们的反对声浪也不小，这里是马拉民粹威权主义的大本营。男人们抱怨道，结束一天的辛勤劳作回到家中，他们要的是准备好的晚餐，而不是发现妻子因参加政治集会而不在家中。[85] 把女人安置在她们应在的位置上，是卢梭式威权民粹主义的目标，这一点与反启蒙运动、反哲学主义的战争并无不同。威权民粹主义在 1793 年高歌猛进，妇女解放难以抵挡，败下阵来。肖梅特极力倡导把妇女限制在家中，在罗伯斯庇尔镇压期间，他抨击奥兰普·德·古热是革命泼妇的典型、危险的男人婆和性堕落的家伙。[86] 孔多塞和社会俱乐部设想的大部分妇女解放计划依旧是远在天边的理念，罗伯斯庇尔集团的所作所为确保了这一点。[87]

哲学派为解放黑人、犹太人和妇女而奋斗。同样，他们也努力改变"非法"生子的困境，减轻社会给婚外怀孕和非婚生子打上的耻辱痕迹。

维莱特先前是侯爵，因其同性恋倾向而臭名昭著。1790 年 8 月，他在《巴黎专栏》上发表公开信，为"被称为'私生子女'的不幸人群"呼吁公正和人性，认为目前亟须立法把这些被认作私生子女的人从几世纪来神学家强加在他们身上的人格侮辱和贬低中拯救出来。现存法律剥夺他们的继承权，还不公正地禁止他们订立遗嘱。教会的规定也禁止他们出任神职。伟大的法兰西学院院士达朗贝尔就是私生子，他既没法订立遗嘱，也没得到一场体面的葬礼。"偏见几乎不给私生子女留活路。"这是社会俱乐部反复提出的议题。维莱特坚持道，承认私生子女是拥有平等权利的完整"公民"是议会的职责。[88]

俱乐部试着联合启蒙运动与民众观点，它鼓励人民通过《铁嘴》向俱乐部领导层进言（该日报名为"铁嘴"，暗指著名的狮子嘴信箱，它使威尼斯人民可以匿名与统治威尼斯共和国的议会进行沟通）。在创办之初，《铁嘴》只是断续零星出版，1790 年 10 月之后则开始定期发行，立志成为面向"好公民"的主要媒介。但从一开始，它就使自己卷入与贫穷郊区的好战煽动分子（特别是马拉）的纷争而无法自拔。总体说来，社会俱乐部像八九年俱乐部一样，承认人民是议会的"主权"和"灵魂"所在，而人民的代表就是公共意志的先驱。博纳维尔极力主张，俱乐部的目标是"给民意以充分力度，给审查以恰当尺度"。[89]但即便人人有权参与讨论并塑造公共舆论，俱乐部还是认定人民不可以"直接行使立法或行政权"。[90]人民的观点既要自由表达，也要经由主导自由报刊、新型教育和政治氛围的启蒙哲学家指引、疏导并完善。

共和派们甚至捍卫他们最顽固敌人的言论自由。1790 年 1 月，巴伊等人指控马拉犯有煽动罪，谴责其使用暴力口吻，这获得了大多数议员的支持。接连几个月，马拉在他的《人民之友》上不断诋毁当前政权和革命领导层，煽动人民起来反抗，砸开军火库，逮捕皇家大臣及其属下，全面扫荡市政府和国民自卫军。他认为，砍下五六百个脑袋，是阻止"特权等级"重建暴政的正确手段。马卢埃，尤其是莫里，数月来都成了恶意新闻宣传中伤的对象。德穆兰是这些宣传活动的灵感源泉，他无情嘲讽马卢埃，控诉他恶意报复、贪污腐败、热衷奢华，还总是与妓女搅在一起。马卢埃的回击是谴责德穆兰、马拉和其余大肆宣扬诽谤的人，还呼吁制止那些在大街小巷到处兜售革命报刊和小册子的家伙。[91] 1 月 20 日，议会收到制宪委员会（包括西哀士）编写的六七十页"计划"，建议对人们滥用出版自由进行诽谤并鼓动暴力予以限制，同时施以适当的惩处。该计划引发了巨大的分歧[92]，马卢埃力劝议会通过决议反对"煽动人民犯法和屠杀的作家"，他慷慨的演说赢得了右派的掌声与喝彩，却遭到佩蒂翁和左派的肆意嘲笑。一位议员反对说，如果要禁止德穆兰和马拉的报纸，就也得禁止《巴黎报》《使徒行传》（Actes des apôtres）等保王派报纸。[93]

《巴黎专栏》强烈谴责西哀士约束马拉和德穆兰的意图，极力要求无限制的出版自由，并警告说一旦对此做出让步，就会带来"十分严重的后果"。[94] 1790 年 3 月，法官以"妨害治安罪"为由，命令拉法耶特逮捕马拉。社会俱乐部则站出来帮助这些民粹主义者，丹东、德穆兰和科德利埃俱乐部也来救急。他们全都热切维护"人的权利"，尽管马拉也给他们惹了不少麻烦。社会俱乐部与科德利埃俱乐部邀请这些人躲到自己选区内的秘密藏身处，这种行为使丹东也背上了"妨害治安"的罪名。巴黎公社的总议会当时处在布里索和孔多塞的掌控之下，它立即挺身而出为丹东辩护，由此与巴伊发生了直接的冲突。

地下共和主义革命

这就可以理解，为什么巴士底狱陷落一周年纪念日远不像许多历史学家说的那样氛围和谐。尽管当日举行了奢华的庆典活动，并伴有华丽辉煌的灯光和烟火表演。正相反，在其天花乱坠的宣传之下，反映出无法解决的深刻分歧，这些分歧越来越危及君主制和大革命的未来。议会颁布法令，宣布巴士底狱的废墟必须围上铁栏，作为民族纪念碑保护起来，不进行任何装饰，只在该场所中心竖立一座方尖碑，刻上"人的权利"。纪念日到来之前，巴黎歌剧院爆发了空前的动乱。有评论十分尖刻地挖苦说，周年纪念日传达了国王与喜气洋洋的百姓和谐共处的美好信号（事实显然并非如此）。马拉提醒人们，巴伊和他身边的"无赖"之所以筹办如此盛大的庆典，主要目的就在于分散公民的注意力，使他们暂时忘掉紧张的政治现状以及由失业和制造业崩溃引发的"普遍不幸"和一场长达数月的"饥荒"。[95]

　　1790 年 7 月 11 日，巴士底狱陷落一周年前三天，身在巴黎的美国人在约翰·保罗·琼斯的带领下前往议会，向大革命致敬并赞颂了路易十六广受爱戴的爱国心。[96] 7 月 14 日当天，议会为了参加周年庆典，放假一天；主要游行队伍从圣安托万门出发，在大量人群的簇拥下行进整整八小时，穿越整座城市，来到战神广场。巴士底狱广场上还特地搭建起临时露天舞台，由花环和革命徽章点缀。卢梭的巨型胸像头戴橡叶花冠，在国民自卫军和民众宗教仪式般庄严的护送之下，由皇家绘画与雕塑学院的学生们欣欣鼓舞地高举着，绕行巴士底狱废墟数圈；围观人群高唱专门谱写的颂歌，召唤全民铭记"卢梭——神圣之名，伟大之名"。[97] 对孔多塞、米拉波、西哀士、切鲁蒂、沃尔内、布里索等革命先锋们来说，卢梭或许不是他们最重要的灵感来源，但他毫无疑问是平民革命文化最为崇拜的导师和先知，其首要地位无人能及。

　　国王、王室和整个议会出席了最后的庆典，国民自卫军司令拉法耶特在庆典上给自己安排了核心角色。国王、大量群众以及各界重要人士观礼，在礼炮齐鸣中纷纷公开宣誓效忠宪法。接下来是"壮丽非凡的灯光表演"和大型舞会。[98] 德穆兰在自己的报纸上对拉法耶特发表了一通狂轰滥炸的辱骂，因为后者自我炫耀，占据舞台中心，并于此种场合给予国王过分的尊重。包括罗伯斯庇尔在内的其他人也对拉法耶特的装腔作势进行了嘲讽。7 月 14 日的各项庆典一过，马拉和德穆兰就再度被马卢埃和"君主俱乐部"正式指控为"破坏宪法"。德穆兰的意图十分明显，就是要将王室变成羞辱对象，他说路易是个"双手被拴在背后的国王，耻辱地跟在（7 月 14 日的欢庆游行）后面"。[99] 显而易见，这些人完全不想要国王，也不想要君主制政府，他们把君主描绘成人民的敌人。有的报刊不断提醒人们警惕危险的反革命活动。但试图推翻国王、宪法和法律，这难道不是"反革命"吗？马卢埃起草了一份全新的法令，宣布所有"在自己的文章中煽动人民行违法叛乱之事，教唆他们进行杀戮、破坏宪法"的行为都属于刑事犯罪。"作家、出版人和街头兜售煽动叛乱作品的小贩"都必须受到惩处。[100] 而社会俱乐部与科德利埃俱乐部则再次出头为马拉和德穆兰辩护。[101]

这些民主共和派被朗特纳斯称作"自由最真诚的朋友",他们共同组建了一个叫作"不受限制的出版自由之友"的自卫联盟作为回应。他们认为,那些 1789 年争取来的无价自由,根本上是由出版自由赢来的,出版自由也是保障一般性自由的唯一手段。[102] 为限制出版自由而奋斗的"温和派",则用英国的实践来论证他们提出各项限制的必要性。然而共和派反驳说,英国人不明确的出版自由和他们强大的诽谤罪立法,都使英国模式对所有渴望自由的人来说变得"可憎"。[103] 朗特纳斯将不受限制的出版自由吹捧为"公共意志"的守护人和唯一可靠的保障。"公共意志"是为真正的社会利益服务的工具,也是一切自由而明智的"私人意志"的目标,但只有经过以理性作为唯一标准的检验后,"公共意志"才能确切地表达出来。[104]

朗特纳斯的论证完全建立在理性的力量足以克服无知的基础上。只有放弃为诽谤罪立法,人们才能完全无视那些恶意辱骂、污蔑和没有根据的批评。就让马莱·杜庞、华佑、里瓦罗尔等保王派记者继续"口吐狂言、诡辩、秽语,同人民作对",同启蒙哲学作对吧;就让他们的报纸和书店受到尊重吧;就让国家邮政系统全心全意为他们的无耻勾当通风报信吧。让我们尽一切所能,用一场以公共教育为基础的全国性宣传活动,来保证那些支持人类权利和利益的"良好道义"获得胜利吧。[105] 完整而不受限制的出版自由因此不可避免地与教育儿童与再教育人民的任务联系起来,旨在帮助他们拥有自己独立而合理的批判性判断力。当务之急是建立免费的公共教育,教授关于宪法、公民的知识,以及基础科学、地理和历史,并将"普世道德和自然政治"(他此处对霍尔巴赫书名的引用并非出于巧合)植根于教学内容当中。[106] 只有这样的教育才能教人准确判断是非对错。

除了巴黎城内的主要庆典活动,重现巴士底狱陷落过程的小型演出也在巴黎郊区登场,布景是用混凝纸浆糊成的堡垒,主创为"攻陷巴士底狱”的志士中最有名的一位——皮埃尔-弗朗索瓦·帕卢瓦，人称“爱国者”。这一演出成为全国范围内露天重现场景纪念仪式的标准范式：巴士底狱的模型被“冲击”，一位被镣铐锁住的老人“重获自由”，场面特别具有象征意义，围观人群热烈喝彩。[107] 迫不及待想把大革命刻画成世界级大事件的新闻报刊，也报道了在国外大城市举办的周年庆祝宴会。确实，在英国、德意志和荷兰都有一些团体对此事极为热衷，比如在伦敦和阿姆斯特丹，以及斯图加特，席勒的母校卡尔公爵高中的学生们筹备了热闹的庆祝活动；在汉堡，“知名人士分享了 2500 万人重获自由的喜悦”。

在汉堡，格奥尔格·海因里希·西夫金在自己位于哈尔韦斯特场的私人领地接待了 80 位宾客，举办全天候纪念节庆和宴席。出席者包括赖马鲁斯之子约翰·阿尔贝特·海因里希·赖马鲁斯；他著名的未婚妹妹，莱辛和门德尔松的好友埃莉泽·赖马鲁斯；德意志诗人卡罗琳·鲁道菲；新教德意志的前光照派头目阿道夫·克尼格——他是法国以外最重要的大革命支持者之一；以及德意志诗人弗里德里希·戈特利布·克洛卜施托克。宴会现场乐音袅袅，有女声合唱团助兴，有礼炮齐鸣，克洛卜施托克还谱写了两首革命颂歌。庆祝活动持续了一整天，宾客接二连三为“法国的幸福”、光荣的 7 月 14 日、法国国民议会、巴伊、拉法耶特、米拉波和克洛卜施托克干杯。男人戴上三色帽徽，女人则身着白裙配三色束带，头戴配有三色帽徽的礼帽，人们举杯共饮，祝愿大革命在德意志“迅速产生影响”，结束德意志各公国的专制主义统治。[108]

1790 年 7 月，在巴黎各剧院也燃起了意识形态的狂暴烈焰。攻占巴士底狱一周年纪念日临近之际，演员们被各式演出要求重重包围：伏尔泰的《布鲁图斯》和《恺撒之死》；安托万–马兰·勒米尔的《威廉·退尔》，该剧在大革命爆发前也曾重演，获得了巨大的成功；勒米尔的另一部剧作《巴内费尔特》；以及谢尼埃的《查理九世》。数月以来，此类演出要求都被皇家大臣和剧院主管驳回，因为观众会不可避免地将这些剧作解读为带有公开的共和主义倾向。曾经的法兰西喜剧院（1789 年更名为国家剧院）抵制所有此类戏剧，而他们搬上舞台的作品，则被拉阿尔普和另一位剧作家帕利索称作是他们所能找到的“最无意义的剧本”，全都散发着"奴性"和"谄媚"的气息。[109] 尽管剧团已经更名，法兰西喜剧院的演员们还是自称为"法兰西国王的常任演员"，据拉阿尔普记录，他们大多数人都支持"反革命党派"。他说，通过公开选择带有偏见的剧目，这帮人试图在最没头脑的人群当中煽动起对国王和贵族的奉承之情，"没有比这更容易的事了——通过玩弄普通人无法理解的情感来误导他们，将他们的心智引入歧途"。然而，到了 7 月，法国戏剧界掀起的骚乱击溃了演员们的抵抗。

要求上演共和主义剧作的压力到头来确实不可抵挡。国家剧院同意演出从未被它搬上舞台的《巴内费尔特》，此剧讲述了 1618 年奥尔登巴内费尔特倒台的故事。首演于 1790 年 6 月 30 日举行，剧中最直白的共和主义场景引发了台下观众的热情喝彩，场面令人尴尬。一位支持君主制的观众为表达自己的愤怒而大胆发出尖利嘘声，却被逐出剧场。[110] 可以想见，1789 年秋季上演了 34 场的《查理九世》也被强烈要求重演，而且激起了更为猛烈的狂潮。像社会其他阶层一样，演员内部发生了无可挽回的分裂，大部分演员则持续抵抗要求重演该剧的压力。在当时最有名的悲剧演员，激进分子弗朗索瓦-约瑟夫·塔尔马和他的女主角韦斯特里夫人的带领下，一小部分人希望重演。在外省派往巴黎参加 7 月 14 日庆典行军的志愿军人（"联盟军"）当中，呼吁重演的声浪尤其强烈。来自马赛的志愿军热情格外高涨，还拉拢米拉波支持他们，以确保该剧能够重演。7 月 22 日，在塔尔马的公开鼓励之下，一场旨在要求重演该剧的骚乱在剧院爆发。反对者试图要求巴伊禁演该剧，并以"煽动者"的罪名逮捕塔尔马，却无功而返。在科德利埃区，谢尼埃动员起更多该剧的支持者。[111] 看到米拉波加入干预，丹东兴味盎然，联盟军热情似火，巴伊便明智地允许重演，但仍旧小心谨慎，在剧院附近派驻了武装卫队。7 月 23 日，《查理九世》终于上演，丹东到场。麻烦随之发生，已与米拉波、丹东和谢尼埃公开结盟的塔尔马，受到他的演员同事们的集体敌视，他们将他赶出剧院，并对其进行永久性的联合抵制。

法国戏剧界陷入动乱，一方坚持走"温和"路线，另一方则宣布剧院是"自由的现代学堂"。11 月 17 日，伏尔泰的《布鲁图斯》再度上演，观众入戏之深，把台上演出的事件与当下国内事件联系在一起，当场分裂出敌对派别，一边高喊"国王万岁！"，另一边则喊"国王万岁！国民万岁！"。国家剧院上演《夺来的自由》（*La Liberté conquise*）时，当进行到攻占巴士底狱的人群喊出他们的誓言"不成功，毋宁死"那一刻，观众不约而同起立，男人用手杖将帽子高高挑起，在空中甩动，女人高举双手挥舞手绢，一时群情激越。在该剧的另一场演出期间，"勇敢的阿尔内"成了全场焦点——这位掷弹兵制服了巴士底狱的监狱长，而后爬上巴士底狱最高的炮塔，用刺刀挑起自己的帽子挥舞于空中。观众自发要求给阿尔内的演员戴上自由之冠。他接受"加冕"之后，狂热的市场女贩唱起激动人心的大合唱，向这位光荣的英雄致敬。[112]

巴黎歌剧院也发生了同样的两极分化。1790年12月，在格鲁克的《伊菲革涅亚在奥利斯》（*Iphigénie en Aulide*）演出期间，发生了无法无天的闹剧。当时"爱国者"们大规模占据正厅后排位置，保王党则主宰着楼上更加昂贵的座位。当唱起咏叹调"让我们赞美王后"时，包厢内的贵族主义者掌声雷动，楼下大厅则拼命跺脚、起哄，发出嘘声。安托瓦奈特派从楼上用力掷下苹果，此举激怒了"爱国者"——他们挥舞着"小皮鞭"，试图上楼抽打佩戴白色帽徽的贵妇们，直到受命在场的国民自卫军为了维持秩序而将他们击退。[113]

1790年9月27日，在一场国家剧院举办的会议中，演员们表达了对自己被充满敌意的观众称为"顽固派"和"反革命始作俑者"的愤怒。演员们既没法保证王室继续批准《查理九世》上映，也没法说服观众该剧已经被禁。演员们申请获得一项市政指令，规定《查理九世》只在特定日子上演，以此规避有关出演"共和主义剧作"的指控。[114]当《查理九世》于秋天再度上演时，人们发现米拉波坐在观众席上，便激动得热烈鼓掌。[115]1790年12月18日，在议会和教会矛盾升级之际，国家剧院首演了左派共和主义剧作家让-路易·拉亚的《让·卡拉斯》，该剧基于伏尔泰最著名的反宗教偏执公共宣传事件，肆意嘲讽了法官的"宗教狂热"与神职人员的偏狭，获得了"一致的喝彩"。[116]

1789年的革命领导集团已然分裂，在有限选举权、尊重国王否决权和出版自由等问题上分歧尤为激烈，民主共和左派看上去岌岌可危，面临着在政治上被边缘化的处境，因此格外渴望自救。1790 年 8 月的市政选举对他们来说更是一大挫折：巴伊再度当选市长，获得了总计 1.4 万张选票中的 1.2 万张，新的市议会也被选出，温和派在其中占据压倒性优势。[117]布里索、博纳维尔、福谢和加朗-库隆失去了他们在巴黎公社的主宰地位，而且从 1790 年 10 月起，布里索不再参与公社的任何工作。但正如《巴黎专栏》和其他革命报刊指出的那样，造成这种结果的主要原因就是新的"积极公民"财产资质，这对共和派和民主派当选产生了不利影响，使他们被富裕阶层拒绝。因此这样的结果并未反映巴黎或出版业更普遍的情感。对于这样的结果，共和派的应对方式是在巴黎皇宫区域和街头巷尾加倍努力地培养支持者。从 1790 年后期开始，民主主义左派开始在官方政治领域之外动员更广泛的群众支持，用来反对巴黎公社和市长。

1790 年底的革命政治转向也反映在议会的政治派系重组中，西哀士、巴纳夫、拉法耶特和巴伊越来越倾向中间派；米拉波从 1790 年 3 月开始就和王室秘密接触，并且放弃了他早先的激进主义思想，因此遭到孤立；左派则缩减为少数派。原先的盟友分道扬镳。早在 7 月，德穆兰就在其文章中尖酸挖苦并谴责西哀士对国王变得越来越毕恭毕敬，还提醒他仔细想想 1789 年早期，因其著名的小册子《什么是第三等级？》及该小册子在大革命的主要舆论阵地普罗可布咖啡馆产生的轰动，他曾赢得过何等喝彩。1789 年的英雄，和如今提议对在作品中冒犯国王的人进行惩处的，有可能是同一个人吗？[118] 最直言不讳的反对派记者们（不管是民主主义者还是民粹主义者）——德穆兰、马拉和弗雷龙——都越来越频繁地遭遇成捆报纸被抢走的情况，兜售其报纸的街头小贩也愈发经常地受到骚扰。[119]10 月，社会俱乐部将自己的《铁嘴》转变为定期发行的日报，由博纳维尔和切鲁蒂担任编辑，为的是争取更加广泛的读者群体。正是在这个时候，社会俱乐部的领导层（如今有克洛茨和拉穆雷特加入）开始以在巴黎皇宫区域组织群众辩论为宣传手段。就这样，社会俱乐部和科德利埃俱乐部激进派系之间的联盟变得紧密起来。

新社会俱乐部即"真理之友联盟"的首次会议，于 1790 年 10 月 13

日在毗邻巴黎皇宫的马戏团场地举行，有超过 4000 名听众到场。[120] 第二次群众大会于 10 月 22 日举行，与会民众人数甚至超过了第一次。社会俱乐部是巴黎唯一一个需要通过订阅日报（即《铁嘴》）取得会员资格的社团，它稳步招募越来越多的演说家和记者，其中就包括德穆兰、克洛茨和梅西耶。《铁嘴》日报的订阅保证该俱乐部获得大量会员，其在全国范围内的影响力令人艳羡。它的会员数量在 3000 到 6000 之间浮动，从广义上讲，这确实是大革命早期最大的政治俱乐部。从 1790 年秋季开始，俱乐部经历了巨大而广泛的反教条主义调整，因此这一阶段它并未明确攻击君主制或天主教。从表面上看，俱乐部既能容纳最低限度的君主制，也能提供富有活力的宗教维度——尤其是拉穆雷特和克洛德·福谢，他们极力在天主教教义和激进思想之间搭建桥梁，最初也取得了一些成果。他们每次都向听众保证，耶稣热爱自由、平等和人的权利，也是专制主义和特权的大敌。

哲学边缘集团意识到，如今自己实际处于议会中扩大了的中间派和巴黎公社的温和派的反对之下。他们的反击就是武装自己，从底层发力，将大革命推向激进方向。大革命和人民的全部所得，都是启蒙哲学带来的，大部分人却不明白这一点；为了解释清楚，社会俱乐部不放过任何一个机会，大肆宣扬哲学才是大革命的领导精神。本杰明·富兰克林的逝世成为伟人崇拜开始的信号——他身故于 4 月 17 日，1790 年 7 月的巴黎则见证了一场宏大的追思活动，包括在普罗可布咖啡馆举办的著名宴会。一些咖啡馆和俱乐部牺牲献祭，用丧葬胸像和庄严题词纪念这位崇高的美国人。社会俱乐部把富兰克林塑造为国际共和主义的公共符号和终身导师——正直、简朴、心怀公务且英明睿智。富兰克林的形象使革命演说家们得以赞颂启蒙哲学，宣扬其不冒犯任何宗教就能改善世界的能力——正如他们注定要对伏尔泰的形象加以利用。7 月节庆和纪念活动的高潮，则是福谢面向巴黎公社和十二位主要议员的讲话，听众包括米拉波、西哀士和吉约坦医生。[121] 福谢向富兰克林致敬，声称"两个世界都认可他的功绩"，赞颂他是人类的恩人，是近数十年来改变了世界的启蒙人士之一。与此同时，福谢也猛烈抨击了君主制宫廷的"荒唐礼仪"，数世纪来规定只有当逝者是王室成员和重要贵族人物时，才有资格享受公众哀悼。[122] 奢华的公众追思活动纪念的应是真正对人类有恩之人，抛弃一切宫廷式"装腔作势的哀悼"和故作姿态，这样才能开启大革命的全新纪元。大革命将来只会把公众崇拜献给"人性的英雄"，献给像富兰克林这类真正的人类恩主。[123]

但是对富兰克林的崇拜，就像在社会俱乐部和科德利埃俱乐部领导层当中大行其道、更加广泛的哲学信号那样，对于任何反对共和主义原则的人来说，看上去都是种威胁，这加深了大革命的分裂。皮埃尔·肖代洛·德拉克洛是一位仰慕卢梭的小说家、前部队军官、军事工程专家，后成为奥尔良派的领导人，1790 年 12 月，他在当时仍然由"温和派"把持的"雅各宾俱乐部"发表了攻击社会俱乐部的演讲。德穆兰则对此进行大力反驳，声称社会俱乐部和（地道的）雅各宾派共享一致的反贵族和民主主义信条。[124] 德穆兰确实与雅各宾派的另一位卢梭崇拜者，当时还是君主立宪制坚定维护者的罗伯斯庇尔是朋友关系，不过他在思想上始终更接近博纳维尔和布里索那样的共和左派。[125]

国民议会和巴黎公社共同参与到富兰克林的纪念活动中来，这多半要感谢福谢的努力。他对这位"伟人"的判断力大加赞赏，尽管富兰克林本人是彻底的宗教怀疑论者。福谢自己也是共和主义者和激进启蒙运动的代表人物，热心改革，仇视贵族。他是彻底的民主派，是"主教和神父应由全民选举而不由王室指派"这一原则的主要拥护者之一。他也是卢梭的狂热信徒（尽管对其政治观点不全赞同），并认为卢梭的作品是自己不屈不挠促成宗教与启蒙哲学和解的关键所在。他是社会俱乐部的理事会成员，也是其总代理，他曾以俱乐部名义发表一系列公共演讲，把卢梭说成是指引社会的真正智慧之光。他坚信，土地应该以更平等的方式分配给农民，这既是神谕，也是卢梭的要求。但在 1790 年 10 月的一次演讲上，福谢亦公然抨击了"无神论"和启蒙哲学家的"非宗教"立场，并与伏尔泰划清界限，说他结交显贵，中饱私囊，据说还"没什么独创性"，他批评伏尔泰尽管口才、智慧一流，却掀起了广泛的恶意诋毁风气——在福谢此后的演讲中，这些观点也表达得愈发频繁。

福谢认为，基督教是普世自由和人民的真正向导，任何不承认这一点的启蒙哲学家都不是地道的启蒙哲学家，而是像"叛教者尤利安"那样可笑的诡辩者。[126] 上述观点及其坚持"真正的基督教就是自由和公共意志唯一名副其实的源泉"的立场，都让诸如博纳维尔、德穆兰、克洛茨以及反神学社会改革家维莱特感到不快。维莱特是一位贵族地主，曾在 1759 年的明登战役中负伤。他常常做客伏尔泰位于费内的府邸。而 1778 年，正是在维莱特位于巴黎的宅子内，伏尔泰度过了自己最后的日子（他去世后，尸体也在此接受了防腐处理）。维莱特对基督教价值毫无耐心可言。1790 年 10 月，公开的无神论者阿纳卡耳西斯·克洛茨加入社会俱乐部领导层之后，也十分反感该俱乐部一些会议当中渗透着"神秘的"基督教氛围。对他来说，《福音书》和《古兰经》，就像古波斯语的《阿维斯塔》和印度教经书那样，不过是事端、困惑和谬误的来源。1791 年 3 月底，克洛茨和福谢在俱乐部会议上当众争吵起来，核心问题有二：一是福谢对"反宗教"启蒙哲学家的消极宣传；二是据说福谢要求财富和土地要系统化地平均分配给人民，而克洛茨认为这种提议极端又"危险"。

福谢认为拥有财产应该出于"需求，而非享乐"，他觉得自己有必要在俱乐部会议上向同侪们澄清，自己要求的"人人有产"，其目的在于保证人能够存活于世，保证穷人有面包吃，平民大众不依靠富人的施舍而活，而这些都是大家一致同意的事。他说自己从来没有提到有必要通过"均分土地"来保证"所有人充足而自由的存活条件"。确实，均分土地这种计划会变为"促成不和的苹果，带来人类的毁灭"。他极力宣扬的只是卢梭所要求的，也就是说，所有穷人都应该拥有一点财产，而富人则不该拥有太多。[127] 克洛茨不但把伏尔泰列为地位高于卢梭的"理性思想家"，而且根本不想要任何宗教，这在福谢看来十分荒谬，简直是对启蒙哲学的误解。[128] 在大革命中，福谢是基督教激进启蒙运动最重要的代表人物。大部分社会俱乐部的领导人和思想家都表明自己的唯物主义无神论立场，并对有组织的宗教活动充满敌意。不过在某一时期内，有共同的理念作为根基，沟通二者便有了可能。所有领导人都同意他们想要一个基于启蒙哲学的"民主制度"，这也是福谢经常使用的词；他们也都希望全国人民"受到启蒙"，不管这个任务有多么宏大。他们全是地下共和主义分子，无一例外。

为了与目不识丁的农民联合起来，俱乐部特地为农村推出了一份成功的报纸《乡民报》（*La Feuille villageoise*），适合给乡间本堂神父和学校教师在农民集会时当众高声朗读。1791 年间，该报发行量估计上升到了1.5 万份。[129] 1790 年 10 月，《乡民报》创刊号宣布，有关参政议政的教育，目前大都局限于城市中，"在那里好书逐步启蒙人心，为大革命做好了准备"，然而却是农村居民"首先享受了大革命的丰收成果"。正是阅读培养了那些勇敢的人，"而你们委派他们作为代表，替你们捍卫权利；正是通过阅读，你们自己也将知晓自身的权利，并学会如何捍卫它们"。[130] 旧制度建立在"偏见""迷信"和"无知"之上。如果除去无知，就不会有国王、贵族、法官等特权精英来压迫农民。可是如果没有启蒙哲学，无知和偏见也不可能被消灭。有人说无知是农民的天性。但农民自己也应该做出判断，并因此理解政治与宪法，而这只能通过阅读来完成。如果人们不能获得"启蒙"，人的权利、新的革命秩序以及宪法都没法存活下来，毋庸置疑，大革命也会因此走向毁灭。《乡民报》解释说，伟大的富兰克林倾尽全力践行启蒙哲学，"像牛顿、莱布尼茨、伏尔泰等启蒙哲学家那样"，他坚守自己的独特理念直至最后一刻。他的职业生涯始于做印刷匠；而印刷术和哲学——彼此促进，相互推广——"对人类做出的贡献比其他任何技艺都要大"。[131]

法国农民也需要知晓为什么他们的大革命领导层如此分裂，以及它是如何分裂的。所有这些都是"贵族的错"，11 月 11 日的《乡民报》如是解读，"贵族是旧制度的特权阶层，他们如今依旧跃跃欲试，想要重建旧制度，恢复他们失去的特权"。[132] 这份日报还时常刊登有农民参与的对话体文章，不断提醒农民，正是新的哲学观念造就了大革命，使他们从封建制度中解脱出来，获得自由；只有哲学与出版自由携手，才能保护他们新近赢得的权利。当对话中的农民问起，人的权利为何迟至 1789 年才为人所知；他得到的回答是，人的权利这么晚才被提起是因为先前大多数人都不会读书。"人民不可能自己教育自己，因此他们只得任凭他人欺骗。"农民问道："他们给下一代留下什么最好？"日报回答：教他们阅读，教他们在相信别人告知的任何事之前必先检验，因为农民曾长期受到欺骗，并付出了惨重的代价。[133]

　　他们还教给农民基础的国际政治知识。为什么农民必须理解英国人和当地王公在印度争权夺利的事呢？（比如海达·阿里汗之子，他受到法国人和荷兰人支持，反对东印度公司。）《乡民报》这样解释，大革命终有一日会像消灭法国旧制度那样消灭殖民制度，盘踞印度的英国人也会被"连根拔除"。法国人是否该为这些剥削者的死而欢庆雀跃？不，英国人"是我们的兄弟；但印度人也是，我们应该期待压迫者们，也就是英国人，受到惩罚和折磨，期待印度人终将获得'独立'"。[134] 但如果不进行阅读，如果没有出版自由，那么无论是法国农民还是遭到压迫的印度人都没法享受自由、和平、幸福，乃至启蒙哲学的辉煌统治。

第 6 章

僵　局

1790 年 11 月至 1791 年 7 月

1791 年君主制宪法困境

在哲学的共和主义暗流汹涌的土地上，君主立宪制能否巩固？尽管直到 1791 年 9 月才正式完稿，但大革命中的第一部宪法实际上在 1790 年夏季就已开始施行。宪法最终包含 208 项条文，宣布法国再也不存在任何贵族、等级分化、社会阶层划分、头衔、封建制度、奴役性契约或者任何违反自然权利的宗教誓约或义务。它的确是一部全面的自由主义君主制宪法，若干基本人权稳固植根其中，它保证立法机关的地位高于一切，并在君主制度中加入完善的宪政机制。宪法保证思想自由、宗教信仰自由和言论自由。然而出于种种原因，该宪法几乎不可能长久，也没法成为一个稳定政体的基础。[1]

首先，出版业、俱乐部、巴黎公社和议会中参与实施了 1789 年那些伟大的立法的共和派领袖，被迫引领的是一条曲折、冲突频繁、从长远看来几乎不可行的道路。他们觉得自己不得已在表面上屈从于一部不符合自身信念的宪法。他们既无法不受拘束地承认自己的共和主义事业，亦不能否定宪法对君主制原则和反民主倾向的坚守。议会的激进派领袖中首位公开承认自己对宪法有深刻不满的是热罗姆·佩蒂翁·德·维尔纳夫。他是沙特尔（Chartres）议员，其作品《给法国人的忠告》（*Avis aux français*）位列 1788 年抨击旧制度的作品之首。他是个可亲可敬但犹豫不定的人，曾将自己的政治信条发表在 1791 年 4 月 24 日的《民族的墨丘利》上，这是公开宣扬共和观念的报纸之一。他对宪法心怀不满并乐在其中一事，随后被比利时共和派宣传家弗朗索瓦·罗贝尔（《墨丘利》的编辑）公之于众。佩蒂翁于是有所保留地承认了自己反对 1791 年宪法的三个根本点。首先，他认为立法机关内不该有国王的位置，因此国王不该拥有否决权。其次，宪法应该是民主的，对全体公民一视同仁，公民在投票和担任公职上不应受到限制；这意味着法国对选举权的限制应该被废除。最后，国家财政应该全部而不是大部分掌握在立法机关手中，国王绝对不可以干预议员、大臣、军队指挥官等公职人员的任命或活动。将来某一天，好公民必须为了人民的利益，剥夺国王的行政权力，实现民主选举。在此期间，他和他的同僚们会对宪法和法律保持暂时而不是永久的尊重。[2]

佩蒂翁与他的同僚、公开反对巴伊的弗朗索瓦-尼古拉·比佐一样，都是议会中才华横溢的演说家，批判起支持自由主义君主制的中间派来头头是道。佩蒂翁的根本立场是彻底的民主共和主义，然而他并未走得更远，没有对牵头宣传鲜明的共和主义观点的记者如戈尔萨斯、卡拉、罗贝尔和德穆兰表示支持。他认为这帮人是在攻击宪法和违反法律。不只如此，他还告诫道，这帮口无遮拦且迫不及待的共和派吓到了法国大众，尤其是手工业者、劳工和农民，因为这些人大都对共和主义是什么毫无概念。[3] 他警告说，读者们应该对粗浅的术语提高警惕，这些概念把共和主义和君主制说成是非黑即白的对立。最好的政府不是身上贴着特殊标签的那个，而是产出幸福与安全的总量最大并免于管理之恶的那个。佩蒂翁已经感受到在共和主义问题上，人们有产生毁灭性分裂的风险。因此 1790 年有个关键性的不稳定因素：共和主义弥漫在大革命左派的政治领袖和舆论领袖当中（尽管罗伯斯庇尔和雅各宾派否定共和主义），而人民对共和主义的支持少之又少。在即将成为最大也是最重要的政治俱乐部的雅各宾派中，大部分成员当时还维持着直截了当的中间派和君主派立场。

佩蒂翁所面临的困境也是布里索、孔多塞、博纳维尔、切鲁蒂、德穆兰、朗特纳斯以及许多其他民主共和派人士，即实际构成民主大革命脊梁的那些人面临的难题。左派共和激进主义全面主宰主要革命派报刊、科德利埃俱乐部等激进俱乐部，以及社会俱乐部的思想和实践，在巴黎市理事会内部也维持着不少拥趸。即便 1790 年 10 月过后，布里索在巴黎公社的各个委员会中不再占据一席之地，他的党羽却还在那里。他们当中最突出的要数路易-皮埃尔·曼努埃尔，他曾是教师和书商助理，年轻时因发表颠覆性作品《历史论文集》(*Essais historiques*)而在巴士底狱短期服刑。曼努埃尔是另一位相信 1788 年前的启蒙哲学已为大革命铺好大道的革命领袖，他也相信法国如今正努力摆脱几个世纪以来的压迫传统。通过确立人的权利，证明现存法律全都来源于"偏见"和"无知"而"缺乏由自然和理性确定的"法律，启蒙哲学推动了大革命。曼努埃尔声称，卢梭、马布利和雷纳尔的笔为大革命做出的贡献比国民自卫军的剑做出的贡献还要多。1789 年的时候，"贵族们曾援引特许状、头衔和特权"，但已毫无用处。哲学引入的平等原则已经教导人民，使他们意识到自己拥有的自然权利，只有这些权利才有资格构成新秩序的基石。[4]

1790 年至 1791 年早期，共和派领导层都在努力争取完善他们坚持的君主立宪制，同时尽量确保基本的自由、权利和平等。正如《巴黎专栏》所说，这些人决心确保法国获得一部"配得上自由人民的宪法"。他们会成为"警觉而勇猛的哨兵"，抨击新旧暴行，对公共利益的敌人、昭然若揭的阴谋和丢掉面具的"假爱国者"（这样的人似乎很多）穷追不舍。[5]他们希望通过向公众宣传启蒙思想来达成目标。孔多塞和他的编辑同事们都认为，一个民族只有"受到启蒙"之后才是自由的，因为"偏见"是多余的枷锁。孔多塞及其盟友相信"太阳般辉煌的启蒙哲学必将普照四方"。1789 年以前，人类自由和幸福最大的两个敌人——无知和迷信——曾作威作福，阻挡理性进步的道路。不过如今既然思想自由和出版自由已经取得胜利，就再没什么能阻挡全社会乃至整个由人的权利奠基的世界快速前进了。《巴黎专栏》认为，早先种下"大革命种子"的"好书"使其作者和标题都得到良好宣传（这些作者是布朗热、狄德罗、雷纳尔、霍尔巴赫、爱尔维修、潘恩、普莱斯和普里斯特利），这些书"将会同时支配君主和人民"。[6]

佩蒂翁、曼努埃尔、布里索和孔多塞这样的共和主义哲学派是民主平等大革命的骨干，但直到如今他们都只是立法机关中规模很小的少数派。大多数国民议会的议员都是君主制坚定不移的捍卫者，当时巴黎公社的情况也是如此。然而这一庞大的多数派却无可挽回地分裂成一心捍卫国王、教会和高等法院（对法院的捍卫决心较小）的保守君主派和"温和的"君主立宪派，后者试图让国王服从立法机关、彻底削弱教权、打击并使旧贵族制度边缘化。第一种人或多或少都公开反对大革命的根本原则，而第二种人虽然宣称支持这些原则，却被共和派认为是"公共幸福的敌人"（有不少证据表明确实如此）。这两个在人数上占据压倒性优势的阵营之间的罅隙，不仅难以调和，而且越发尖锐。1790 年 12 月，巴纳夫建议发布一项法令，对于那些一个月内还不回国接受法国法律约束的"前爱国者"（包括国王的亲属），将取消发放所有的王室年金和津贴。莫里和卡扎莱斯愤怒抗议这份试图剥夺流亡海外的亲王贵胄在宫廷挂职和领饷权利的提案，强调这是针对王室和贵族的令人发指的挑衅，也是对神圣不可侵犯的财产权的公然践踏。

巴纳夫和拉梅特领导下的自由主义君主制中间派渴望掌控大革命，夺取立法机构的领导权。他们的战术地位在 1790 年 3 月得到显著强化，因为议会中有一个派系开始右倾，加入了他们反抗哲学党的斗争，其中就包括拉法耶特（他起初对共和派保证自己也是共和主义者）和另一位来自雷恩的议员领袖、在 1789 年的三级会议和后来的制宪委员会中表现突出的伊萨克·勒内·勒沙普利耶。[7] 尽管如此，中间派还是面临着若干个（具体说来是四个）重要的结构性弱点，这使他们不太可能实现自己的中期目标，而且在事实上成了争夺国家控制权的主要阵营中最弱的一方。首先，几乎所有支持大革命的报刊都在反对"温和派"；其次，中间派在街头动员支持者的能力不管与左派还是右派相比都比较差；然后，他们和王室之间从未建立起相互信任或真正的联盟；最后，他们激进的反教士立场使其与教会，进而与保守主义阵营之间冲突不断。与拉法耶特一样曾在美国独立战争中作战、早先也自称是共和主义者的亚历山大·德·拉梅特，于 1790 年 6 月 7 日在议会发表讲话，给尼姆那些"所谓的天主教徒"贴上"宗教狂热者"的标签，指控他们犯有叛国罪，尤其对他们宣称国王因移驾巴黎而"不再是自由的代言人"一事发出严厉斥责。拉梅特坚称,国王是为了批准议会的主要决议而驾临巴黎。路易全身心投入到这些伟大法令的实施过程中,并公开宣布自己是"大革命的首领"。[8]

除了修改宪法,共和派自然还期望带来其他制度、社会和法律方面的改变。但对于大多数法国人来说,旧制度绝对没有崩溃到无法重建的地步,他们对它还存在大量幻想。极端保王党那些销量颇大的报纸不断提醒巴黎人,说他们的首都在大革命之前更加宏伟繁荣,秩序井然。直到 1788 年,巴黎那些曾经整洁的公共广场和公园从未响应来自示威者或"胆大包天兜售臭名昭著传单的街头贩子"的号召。皇家警卫曾确保不发生骚乱以及针对贵族和神职人员的不敬行为。如今情况正好相反,教堂每天都受到侵犯,神父和修士在街头和剧院遭到公然嘲弄。在很多人看来,从 1788 年起,巴黎在道德上、政治上和社会上变得腐败堕落。不过一切还有挽回的余地。如果人民能够武装起来摧毁哲学和革命者,重建君主制和宗教,就能重新过上好日子并获得巨大的利益。[9]

反革命的极端保王党在 1790 年末沸腾起来,在社会中形成了一股比自由君主主义更强大的力量,在一度发达的地区和司法中心尤其如此。议会 1790 年 9 月 6 日下令废除高等法院,没收其建筑和档案,撤销其原有附属法庭,这一切都加剧了经济衰退和逃离法国的流亡潮。在艾克斯和波城(Pau),法院的关门仪式没有受到任何干扰,愠怒的群众在旁默默围观。然而图卢兹高等法院拒绝不声不响地接受关闭的命运,它在 1790 年9 月 25 日和 26 日发布两条法令,宣布抵抗这种针对法律和君主制的猛烈攻击,号召所有忠诚的人民支持他们。[10] 这些所谓"无耻骗子"的挑战同时激怒了中左派和激进派议员,米拉波称其为"罪恶的宣言"。他们指控签署这种谋反法令的法官犯有"叛国罪",议会中唯一支持这些法官的议员是一名律师——马迪耶,但他很快也不得不逃离法国。[11] 废除高等法院的命令全面执行,但行动过后留给各司法首府的却是遍地满心愤恨的前法官、律师和公职人员,他们被剥夺了原先的地位。心怀不满的还有他们的前家仆、马夫和手工业者,后者的生计依赖的正是精英阶层在佩剑、长袍和食宿方面的大量消费。

然而 1790 年末法国保王党和支持贵族之情掀起的强大浪潮绝不仅限于先前拥有地方高等法院的区域首府。该浪潮的影响十分广泛，从 1790 年 12 月到 1791 年 6 月还伴随着新的恐惧浪潮或"大恐慌"，这使得小册子、新闻报纸和兜售小贩的吆喝全都着魔般地回荡着阴谋论、谣言和反革命腔调。[12] 据戈尔萨斯报道，在骚乱频发的卡昂，书店据说充斥着把议会议员谴责为疯子的小册子，说议员们渴望"废黜他们的国王"。很多贵族从下诺曼底的周边区域赶往该市，发表"对宪法大不敬的演说"，鼓吹暴动，煽动内战。[13] 在虚构的前"奴仆"对话中，一方申辩，一方反驳。1790 年末的一份共和派小册子，通过两名男仆的交谈为言论自由辩护。一位男仆斥责道，"地狱派系"的莫里、马卢埃和杜瓦尔·戴普梅雷尼是恶毒的顽固分子，无所作为的议会却令人难以理解地纵容他们抹黑大革命及其立法机关；他那位更加见多识广、名为"美丽心灵"的朋友则解释说，宪法要求议会容忍一切意见，不论好坏，每位议员都享有平等发表个人见解的权利。[14]

里昂即便不是前地方高等法院所在地，却也成了又一个保王党叛乱的重要中心。该市的主要经济支柱丝织品产业深陷衰退境地。裁员、不幸和食品价格的飞涨将该市变成骚乱的温床。1790 年 7 月中旬，工人对议会新颁布的销售税的抗议引发了骚乱。共和派报纸把这次骚动归因于保王党散布的"煽动性文章"。工人的绝望、不安、无意识和不稳定性变得越来越明显。7 月 27 日爆发了大型动乱，2000 名"工人"涌入贝勒库尔广场，冲向市政厅，围攻市长并夺取了武器库。市长动员国民自卫军平息骚乱。双方在市中心交火，在造成数名工人伤亡、大量工人被捕后，秩序才得到重建。[15] 某位议员说，里昂最大的问题在于该市纺织工人大都目不识丁，尽管"本性是好的"，不幸的是太容易受骗，"被那些旨在蛊惑人心、散布混乱的人轻而易举地误导"。[16]

一个贵族集团利用了这种集体恐慌，他们当中的德卡尔、齐扬格勒·德·普热龙和泰拉斯等人在彼此家中碰头。他们雇佣来自社会底层的代理人，让其在城市内四处游荡，散发华佑的《国王之友》和《新式幻灯》（*La nouvelle lanterne magique*），迪罗祖瓦的《巴黎报》，以及主教们颁布并付印的传单等谴责大革命的宣传品，以此来煽动劳动者的不满。[17]
共和派报纸则说，意识到控制虔诚信徒和不受约束的大众易如反掌的里
昂反动分子，正在策划一场针对爱国者的"圣巴托罗缪大屠杀"。他们让
"恶霸"偷偷混进里昂城发动屠杀，还散发钱财给穷人。在邻近的尚贝里
（Chambéry），阿图瓦亲王和孔代亲王正在皮埃蒙特边境严阵以待，一俟
盲目愤怒的人民起义，就带领自己的贵族武装入侵法国。工人的失落情绪
将里昂变成了反革命的大本营和武器库。然而，1790 年 12 月，贵族的阴
谋最终败露，德卡尔及其同党被逮捕。[18]

　　土伦城中虽然少有贵族或法官，却依然动乱频仍，该市的精英主要由
商人和政府官员构成。由于拥有大批目不识丁且收入微薄的码头工人，土
伦从 1790 年末起就同时成了恐慌和激进反革命情绪的中心。1791 年 8 月，
动乱达到高潮，土伦街头回荡着野蛮的厮杀声。民粹主义者和工人反革命
保王党两股无产阶级力量都提出了极度简化的口号，彼此间水火不容，大
肆利用比其他任何地方都更加尖锐的阶级分裂，而当地的商人阶层则多半
支持巴纳夫的自由立宪君主主义。土伦 1790 年到 1791 年的骚乱尽管不算
典型，却反映了法国当时普遍存在的情况中的重要一面：强势复兴的保王
党右派与激进革命派之间的斗争摧毁了虚弱的中间派君主立宪主义者。[19]

　　普罗旺斯地区的艾克斯市是前普罗旺斯省首府，也是地区高等法院所
在地，这里发生了更为戏剧化的一幕。戈尔萨斯于 1790 年 12 月写道，艾
克斯大部分居民都表现得抗拒大革命，[20] 在高等法院停止办公之后发生了
明显的骚乱，"神父们的宗教狂热"煽风点火，这些神父与大批律师、法
官和愤愤不平的贵族一起，在人民当中播撒混乱。他们据信曾让"嗜血
神父写的既伪善又富有煽动性的东西"充斥市区。[21] 艾克斯的反革命社团
"国王之友俱乐部"由一位名叫帕斯卡利斯的律师领导，此人对 1789 年
1 月米拉波及其同党通过攻击法官、贵族和神职人员而引爆整个普罗旺斯
深感愤慨。帕斯卡利斯坚决支持特权、贵族制度和普罗旺斯的各项"自治
权"。[22] 俱乐部的公共事务——散发保王党报纸、嘲讽议会、说服人民佩
戴白色帽徽并称颂国王——（当时）并不违法。到了 1790 年秋季，尽管
马赛的国民自卫军已经来到艾克斯，当地保王党依旧志得意满地在咖啡馆

集会，公然戏弄佩戴三色饰物的过路人。1790 年 12 月，一个雅各宾代表团经过某家咖啡馆时，受到徜徉其中的贵族们的肆意奚落与攻击，骚乱随即发生。保王党最终被击溃，却引发更多志愿者从马赛赶来帮忙镇压保王党，并挑起了更多暴力冲突：差不多 400 名该市监狱守卫遭到冲击，监狱大门被砸坏。更有甚者，在无节制的爱国狂热作用下，因早先煽动另一场混乱而被羁押狱中的帕斯卡利斯和另一名反革命分子，被暴徒拖出监狱并在邻近的灯柱上吊死。[23]

马拉欢迎此类革命暴力，要求吊死更多"叛徒和流氓"。议会没能严厉挫败艾克斯的保王党，这被他解读为议会（不包括他最喜欢的议员罗伯斯庇尔）将自己"委身于"宫廷并出卖人民的最新证据。他指控米拉波伙同拉梅特兄弟阴谋反革命。他坚持说，议会当中只有罗伯斯庇尔值得尊敬、可靠、正直、无可指责，是廉洁革命者和集体主义的真正典范。[24] 当时，马克西米利安·罗伯斯庇尔已经作为大臣的批判者、贵族阴谋的揭发者和腐败行为的审查者而声名赫赫，与此同时也因其坚定反对国王否决权、反对积极公民与消极公民之分而为人熟知。他 6 岁丧母，其父（阿拉斯市的律师）亦不知所踪。他由外祖母和姑妈们抚养，在巴黎接受教育。他在学生时代就表现得机敏过人，在巧用修辞学方面颇具天赋，这将成为他最重要的政治工具。1789 年他作为阿拉斯的主要律师之一入选三级会议代表。他是卢梭的狂热信徒，尤其仰慕这位伟大的日内瓦人将平民理想化的主张。在大革命的这一阶段，罗伯斯庇尔也是鼓吹不受限制的出版自由的主要律师，他尤其强调出版自由作为一项防范措施的价值，可以用于对抗腐败。[25] 这个时候，他还与若干议员进行着密切合作，尤其是佩蒂翁和比佐——他们日后都会成为他最大的敌人。

当莫里和马卢埃基于言论和集会自由为各混乱地区中心的保王党煽动分子辩护，并否定"天马行空的阴谋论"时，巴纳夫和拉梅特兄弟则指责包括极端保王党和莫里的严格立宪派（很多人质疑他们对宪法的忠诚度）在内的右派，说他们狼狈为奸，与驻扎法国边境的流亡分子往来，煽动人民反对大革命。到了 1790 年末，大革命面临的困境愈发严重，正处于明显无法解决的问题框架之下：温和派绝不可能与天主教保王党的绝大部分人物合作。在议会中拥有最多票数的阵营组成的是一个自由主义君主派整体，但其在报业资源和大众支持方面十分脆弱，无法应对来自右派和左派的多重挑战。他们既不赞同共和主义倾向，又无接近莫里派系的愿景。

议会无法解决的分裂造成的影响不但没能在早期得到解决，反而在全法各城市反复上演。附属于雅各宾派巴黎总部的地方雅各宾社团数量的增加令人瞠目，反映了当时的人们对现存问题不断增长的兴趣。这也意味着从 1790 年末到 1792 年 8 月持续困扰雅各宾派的分裂在各地不断重复。图卢兹的雅各宾俱乐部于 1790 年 5 月成立，而该市拥有大量心怀不满的贵族和法官。1791 年 2 月，《乡民报》津津乐道说当地的雅各宾俱乐部开始在大众面前开会，并收获了持续的喝彩。《乡民报》声称，这意味着"启蒙哲学，也就是传达得更好的正确认识"正在图卢兹的 6.8 万人口中迅速取得进展，据报道，人们已经意识到自己从前曾被教士和贵族"欺凌"，被他们蒙蔽在无知与偏见之中。哲学真理"宛如光明"，为长期无法理解自身处境的心灵带去一系列合理的观念。然而真是这样吗？图卢兹的雅各宾派像他们身处各地的同仁那样，无可挽回地分裂为温和派与民主派。保守派厌恶雅各宾派，莫里的严格立宪派和极端保王派也是如此；然而雅各宾派在各地的俱乐部还在努力调和中间派和左派分裂出的三大派系之间的关系：巴纳夫式的君主立宪派、马拉和罗伯斯庇尔式的威权主义民粹派（他们此刻还不是共和主义者），以及佩蒂翁、曼努埃尔、布里索、卡拉一类的共和派。这样的任务是否具有可行性？[26]

意见相左的"革命之父"

为了得到一个民主的结局，首要任务是消除"积极"公民与"消极"公民之间的区别。可是包括西哀士在内的君主立宪派坚决捍卫这一区别。1791 年早期的一场议会辩论通过了把国民自卫军成员资格限制在"积极公民"之内的法令，这一决定遭到佩蒂翁、罗伯斯庇尔和比佐的强烈反对，后者依旧在处理律师事务，这类律师在激进领导层中凤毛麟角。尽管中间派获得了足够多的选票，战胜了反对者，不过该事实并不能让"积极公民"的原则在议会内外不满人士看来更易于接受。在场的罗兰夫人在意识到该限制会导致她家乡里昂成千上万的纺织工人自动被国民自卫军拒之门外时感到十分忧心。凭借其出众的个性和谈吐，还有她那将最为正派、深刻且格外积极的革命领袖聚集在自己身边的罕见能力，她很快会成为大革命中最重要的人物之一。[27] 整个 1791 年春季，她和佩蒂翁一样感到悲伤和幻灭，因为巴纳夫主导的革命"温和主义"在非民主的君主制道路上步履蹒跚，难以为继。

谁才是大革命的引领者？他们真正的意图是什么？上述问题不可避免地引发了无休止的争论。1791 年 4 月 2 日，米拉波逝世。当晚，全巴黎的剧院关门致哀。[28] 他的死使得先前提出的要对大革命的灵魂人物进行官方崇拜的提案得以快速通过。巴黎公社拿出了一份恢宏的计划，两天后便获得议会批准：尚未完工的圣热纳维耶芙教堂是当时首都最宏伟的建筑之一，而今它将更名为"先贤祠"，摇身一变成为壮丽的纪念堂，安放大革命中主要作家、英雄以及诸位早先为大革命奠基的"伟人"（特别是笛卡尔、伏尔泰和卢梭）的遗体。[29] 每个人对启蒙运动都持有相同的态度，不论是右派、左派或是中间派，全都将其作为大革命的首要根基。问题在于这到底意味着什么？该法令指出，只有议会有权授予"葬于先贤祠"这一荣誉，且任何在世之人均不得享有。

将首批"伟人"安葬于先贤祠是个真正意义上的历史事件。此前的任何葬礼都未曾接待过如此为数众多的观礼者。昔日国王们的丧葬仪式完全无法与这样宏大而庄严的仪式相提并论。据弗雷龙说，仅仅是塞满大街、参与好几个钟头列队行进的人数就超过 40 万。议会的 1200 名议员几乎全部参与护送灵柩（这部分议员都投票赞同集体出席行进仪式），只有莫里、卡扎莱斯和一些死硬保王派议员抗议性缺席。皇家大臣（除一人因病未能到场）全体随行，其后是巴黎全部 48 个街区的议长和委员会组成的 1.2 万人队伍，还有身着特殊黑色长袍的 4000 人公民代表团。米拉波安葬于一行发人深省的墓志铭之下："对伟人，祖国感激不尽。"[30] 葬礼由切鲁蒂致悼词，他颂扬了米拉波作为革命者和哲学立宪派的伟大。过去反抗暴政的起义大都以失败告终，因为反抗的人民太容易上当受骗。人民的眼界不有所改观，革命就不可能成功。为人民做好准备的大革命之父包括"孟德斯鸠、伏尔泰、马布利、卢梭、芬乃伦和百科全书派"，还包括政治经济学家和内克尔。米拉波的伟大之处在于他吸收并运用了这些人的思想。他用忠告对抗专制主义，用辩才对抗贵族政治，用胆识对抗无政府状态，用启蒙哲学对抗迷信。而怒气冲冲的保王党和国外报纸只能通过声称米拉波根本谈不上"伟大"进行抗议。[31]

米拉波葬入先贤祠一事在全法激起强烈反响。戈尔萨斯收到超过 30 篇报道，全都是关于图卢兹、里昂、雷恩、南特、巴约等地举行的追思仪式。[32] 该事件还导致了对街道名称的革命化更改。一群民众将米拉波原先居住街道的名牌拆除，将其重新冠名为"米拉波路"。街道改名热迅速席卷开来。[33] 不久之后，维莱特就抹掉了自己豪宅（伏尔泰逝世于此）面朝塞纳河左岸一角的"戴蒂尼会堤岸"字样，代之以"伏尔泰堤岸"，该名称一直沿用至今。他还召集了石膏厂路上的居民将这一"不足挂齿"的路名改为"让-雅克·卢梭路"（卢梭曾居住于这条路上一处公寓的三楼中）。[34] 5 月，巴黎公社批准了这项改动。此时的普罗可布咖啡馆已经完全被这场改名热冲昏了头脑，其常客甚至发表了一份惊人的提议，要求重新命名巴黎的下水道和阴沟。他们倡议说，用保王党作家给阴沟命名再合适不过了，竞技路的下水道改名为"马莱·杜庞下水道"，圣安德烈德萨尔路的改名为"华佑教士下水道"，单孔桥路的改名为"莫里教士下水道"，蒙马特的改名为"君主立宪派下水道"，圣米歇尔的改名为"戈蒂耶下水道"。[35]

伏尔泰自 1778 年 5 月 30 日去世以来从未获得过公开的纪念性葬礼，因为王室和教会不予批准。为了纠正这一怠慢行径，1791 年 5 月 30 日伏尔泰逝世十三周年纪念日这天，议会力压伏尔泰是否是真正的"人民之友"一类的质疑，投票赞成将伏尔泰的灵柩移入先贤祠，享受和米拉波同样规格的典礼。伏尔泰难道不曾全方位地攻击宗教狂热吗？他难道不曾谴责人们对法国旧制度进行"错误的盲目崇拜"吗？难道他不是"思想的解放者"吗？全体国民恐怕都因他在 1778 年未能得到正当的纪念活动而"受辱"。在这场把伏尔泰作为大革命主要创始人的宣传造势活动中，极为成功而富有的剧作家博马舍是主要推动者之一。他自 1779 年以来就大量出资编纂并刊印首部《伏尔泰全集》，到了 1787 年，他已经把伏尔泰的全部作品完整推出（全集第十二版有整整 67 卷）。[36] 除了移葬先贤祠，一座伏尔泰的公共塑像也竖立起来。它由一位议会议员提议建造，这位议员还对早些时候定制的卢梭雕像的揭幕进展有所拖延表示了抗议。以此为鉴，另一位议员提议将孟德斯鸠的遗体移入先贤祠，第三位议员则竭力要求让马布利享受同样待遇。[37]

然而，围绕米拉波、伏尔泰和卢梭的宣传再多，也无法掩盖大革命濒临分崩离析的事实。议会中 150 名左右的激进议员（中间派称他们是"好斗的"反对派）将他们的政治影响力寄托在巴黎各街区、报纸和俱乐部身上。这些人在立法机关内拥有的票数远少于那些捍卫君主制的议员，但他们决心把自己的势力部署在报纸上、巴黎的咖啡馆中以及街头。派系斗争因此不可避免地演变为更大范围内的政治斗争。首都大量地方性政治俱乐部成立了一个中央委员会，定期在科德利埃修道院大厅中举行集会，并肩作战，引导大革命走上激进道路。一场真正的海报之战打响了，尤其在杜伊勒里宫区，那里是国王一家的住所，也是议会开会的地方。到了 1791 年初，民主派持续张贴政治海报，内容往往是对中间派领导层语带嘲讽的每日新闻公告，而支持中间派的团体往往穿着国民自卫军制服走街串巷揭掉海报，从街头小贩手上没收"煽动性报纸"并当场撕毁。有一次，杜伊勒里宫区议会（按照宪法要求）聚集了超过 100 名与会者，指出撕毁海报的行为违反了《人权宣言》第五、六、八、九、十、十一条，是明显的侵犯言论自由和颠覆宪法的行为。会议禁止任何人在未获得授权的情况下就在他们的辖区撕毁海报或抢走街头小贩的报纸，即便是穿着制服的人也不能这么做。[38]

"温和"中间派与革命左派之间的斗争愈演愈烈。1791 年整个春季，关于国王打算逃离法国的谣言弥漫在巴黎的空气中。路易私底下始终厌恶大革命，而到了 1791 年初，这种厌恶开始变得明显起来，由于对保守派教士的虔敬和依赖，国王与君主立宪主义的关系变得更加令人担忧，尽管巴纳夫一再抗议，国王与大革命的联盟关系还是越来越受到质疑。4 月 18

日，国王一家试图在深夜出行，前往圣克卢（Saint-Cloud），这被普遍认为是国王试图抛弃巴黎的尝试（尽管实情也许并非如此）。此次出行被因充满疑虑而聚集在宫殿入口的群众强行阻止。剑拔弩张的两个钟头过后，市长巴伊赶到现场平息事态，而国王一家则被迫屈辱地离开御驾，回到宫内。[39]

由于限制出版自由的呼声再次出现，加上议会中的制宪委员会提议禁止政治俱乐部及其他组织发动集体请愿，议会中的激进派与巴纳夫、拉梅特兄弟、巴伊和拉法耶特领导的占优势地位的中间派之间的冲突愈演愈烈。1791 年 5 月 10 日，尽管佩蒂翁和罗伯斯庇尔积极发表反对演说，自由主义君主立宪派还是通过了限制请愿的法令。[40] 这项举措由勒沙普利耶发布，将请愿权利局限在“积极公民”个体身上，禁止俱乐部、街区或是“非积极”公民发动请愿或在街头张贴海报。此举措的目的就在于削弱俱乐部势力，特别是在巴黎，据罗贝尔 5 月 9 日的新闻稿报道，巴黎当时已有大约 30 个俱乐部。[41]1791 年宪法规定，立法机关应严格遵循代议制，不接受人民的直接命令，对于西哀士和中间派来说，这是一项非常重要的原则。法律规定，人民没有通过任何组织或地方议会进行批评或请愿的权利。然而在共和派和民粹派的曲解下，否定请愿权利相当于否定公共意志。这项禁令同时冒犯了卢梭主义者的人民主权观念和社会俱乐部那种要在人民和议会之间搭建桥梁的代议民主理想。[42] 由于积极公民资格由财产决定，该禁令意味着全体穷人都被剥夺了表达其政治观点的权利。拉梅特兄弟、巴纳夫、拉法耶特和勒沙普利耶开启的这轮协同攻势，目的在于将更多公众排除在政治进程之外。

中间派在 1791 年夏初采取的另一项举措是通过了《勒沙普利耶法》，这项法令对巴黎熟练木匠要求改革其行会组织形式的请愿做出了回应：它解散了所有的行会组织。在此后的 19 世纪，《勒沙普利耶法》成了生产商防止工人成立工会的依据，因而声名狼藉。1791 年则正相反，该举措的大部分支持者认为它终结了传统行会组织的限制性角色，拓展了经济自由。[43] 当时，该举措在科德利埃俱乐部和巴黎其他街区议会中激起的敌视与愤怒远不及那项令人生厌的请愿及集体政治诉求禁令，首都支持革命的报纸全在攻击这一禁令。[44] 在巴黎以外的地区，支持科德利埃俱乐部的激昂声势主要来自马赛的激进街区，5 月 5 日，他们发表了一封措辞尖锐的公告，谴责拉法耶特等人的"反自由诡计"。[45]

要求集会和请愿自由使社会俱乐部、科德利埃俱乐部、罗伯斯庇尔和革命派报刊团结起来大声疾呼。民主派认为，禁止集体请愿完全与《人权宣言》相悖，是背叛八九年原则的明显证据。5 月 20 日，社会俱乐部与科德利埃俱乐部召开联合会议，攻击议会限制性举措的演说纷纷获得了如雷的喝彩。科德利埃俱乐部印制了一份引人注目的小册子，它写给所有法国的"爱国社团"，也写给"所有信奉并珍视自由的人"。其中的观点认为，大革命收获的宪法和自由正在被"傲慢的总管们"推翻，他们利用人民的无知，宣传傲慢而错误的原则，这些原则会毁了"公共幸福"的真正根基。错误原则的宣传家们和右翼报纸如《国王之友》《巴黎报》的秘密唆使者们正在公开羞辱科德利埃俱乐部这样的爱国社团。科德利埃俱乐部支持的是人的权利，而中间派则成了"可憎的暴政"的工具，他们用伪装出来的爱国主义，阴险地蒙蔽了"天真而无知的公民"。然而这一切还没有结束，因为这些公民最终会认清对他们的欺骗并惩罚"诽谤自己真正朋友的恶人"。即便人民要过很长时间才能认清自由主义君主派的骗子嘴脸，共和派依然会"对我们的原则和誓言坚定信念……宁可死去，也绝不对着谬论下跪"，绝不放弃斗争。"加入我们吧！弟兄们，朋友们！"他们号召所有法国的爱国社团派遣代表团，订立一份共同协定。[46]

任何立法机构一旦不受有组织的集体批评和请愿制衡，就会沦为专制主义猖獗之地。这一命题构成了共和派与民粹派暂时达成共识的基础。全体民主派俱乐部成立了一个委员会，授意博纳维尔起草一份全体请愿书呈交议会，要求议会承认全体公民都有参与政治进程的权利。他们的请愿书还要求废除针对积极公民权的财产资格限制。博纳维尔指出，巴黎只有 8 万名"积极公民"，但在 1789 年 7 月 14 日，首都共有超过 30 万人武装起来推翻专制统治。"比较一下，评评理！"[47] 议会不予理会，《铁嘴》便将请愿书发表出来，在街头散发并张贴在各处的墙面上。而当议会与巴黎市政府协作宣布关闭雇佣失业者的公共作坊网络时，敌对阵营间的冲突加剧了。这又正好发生在巴黎贫困街区的经济状况不断恶化的时间点上。社会俱乐部通过自己的分支机构 "技术与职业中心"（Point Central des Arts et Métiers）申辩了一段时间，认为给失业者提供帮助和就业应该是政府职责的一部分。该中心原本就是为了帮助绝望的工人而创立，如今它和社会俱乐部合作，组织大规模请愿，要求议会通过兴建水道、清理沼泽、提升河流通航能力来提供就业岗位，用 "富裕贵族和伪善教士们" 的钱财进行失业救济，全面帮助失业者。请愿强烈要求马上将那些逃往国外以对抗大革命的贵族的家产充公，用于维持穷人的生计。[48]

　　为了迫使议会放弃其 "贵族政治" 路线，各俱乐部响应社会俱乐部号召，试图动员首都更多的穷人。他们努力催生一种广泛传播的政治意识。马克思主义学者往往宣称布里索捍卫的是资产阶级的利益。然而在 1791 年 6 月 15 日《法兰西爱国者》发表的名为《我们应该选举何人?》的文章中（后来德穆兰等人的报纸也转载了该文），布里索清楚地强调了社会团体之间的差异，这种差异在他看来是政治活动和国民议会首先需要关注的。布里索认为，一个人代表的是资产阶级或工人阶级、农村或城市、大资产者或小资产者这并不重要，关键要看代表的智力水平和原则性——尤其要看他们是不是真正 "受到了启蒙"。他还特别提议要让更多农村代表和居住在城市的平民来制衡 "资本家、银行家和商人" 的势力——越来越多的农村代表要求得到来自城市的启蒙宣传。他的集团确实支持财产权，然而他们也努力试图消除极端的不平等。[49] 据布里索评估，议会中最杰出的代表正是那些受教育程度最高的代表——他们大都是医生或法律从业者。他论述说，手工业者热爱自由，也想捍卫自由，但他们不识字，未受启蒙，缺乏独立判断能力，因此靠不住。大商人尽管具有国际性视野，有时也能帮上忙，但还是应该对他们提高警惕，因为他们只在乎自己的利益，他们作为整体来看还是会损害社会利益。布里索认为，他们当中最糟糕的要数银行家。这些人全都应该被从立法机关中清理出去，因为他们完全是个贵族主义集团。[50]

　　布里索、孔多塞、佩蒂翁、卡拉和他们的盟友并不是 "资产阶级" 党派。以往研究者提供的认为他们看不起下层阶级的证据，其实只能证明他们蔑视无知和迷信。[51] 话虽如此，必须承认比起共和派来，马拉的民粹主义在促使俱乐部和街区议会与工人团结起来方面做出了更大的努力。此外，民粹主义者之所以能够团结工人，正是因为他们不太在乎工人的无知，反而对工人的平凡、单纯和"公民自豪感"大加称颂。前嘉布遣会修士弗朗索瓦·沙博的例子有力地证实了这一观点。沙博激烈反对布里索和孔多塞。作为大革命中最引人注目的煽动家之一，沙博认为"平民"永远是革命合法性的真正准绳。他采用马拉式百无禁忌的用语，后来曾编辑过《大众日报或无套裤汉教理问答》(*Journal populaire ou Catéchisme des sansculottes*)，宣扬好勇斗狠的无套裤汉观念。他还偏爱清洗和暴力手段，像马拉一样痛恨知识分子的装腔作势。[52] 后来的事实表明，沙博是个谎话连篇、自私自利、作风放纵而野心十足的人。尽管如此，他孜孜不倦地赞美平凡、颂扬马拉的做法还是大获成功。

在 1791 年春季这段观念纷争不断的日子里，雷纳尔发表了一封很快变得臭名昭著的公开信。5 月 31 日，人们把这封否定大革命核心原则的信件拿到议会上宣读，加剧了关于真正的大革命灵感起源的争执。18 世纪七八十年代，雷纳尔一直是"启蒙哲学思想"声名赫赫的倡导者，1789年的时候人们强烈希望他和米拉波一起加入马赛的第三等级代表团。[53] 他确实被选为代表，却因自己年事已高谢绝。1788 年至 1789 年间，他常常为人所称道，曼努埃尔就说他是与卢梭和马布利比肩的"大革命之父"，也是专制主义和贵族压迫的抨击者。[54] 1789 年中期的一部小册子旨在呈现雷纳尔和兰盖的一场"对话"，其中被"雷纳尔"不停重复的声讨君主制的话语，如今已获悉是出自狄德罗的手笔。[55] 雅各宾派博学者马雷夏尔编写的《无神论者词典》(*Dictionary of Atheists*)还把一句格言归到雷纳尔名下："世上只应该有一个神，那就是哲学。"[56] 1789 年以前，巴黎高等法院颁布了不少法令查禁《哲学史》，议会则于 1790 年 8 月 5 日宣布这些禁令"违反人不可剥夺的权利"并将其撤销。就连国王也必须亲自为雷纳尔恢复名誉并承认他为"积极公民"，要知道这位启蒙哲学家已被皇家审查制度封禁了差不多 20 年。

在雷纳尔 1791 年发表的那封按照马卢埃的说法——批判"自己所犯

旧错"并引发轰动的信件之前，有两封更早的公开信作为先驱。第一封于
1789 年 12 月发表，据布里索说，那是一份攻击人民、"背信弃义的小册
子"，1790 年 1 月 5 日，信件在议会上宣读，但无人理睬[57]，另一封则发
表于 1790 年 9 月。这两封信尽管令人不安，却应者寥寥，因为人们怀疑
它们是否真的出自雷纳尔之手。正如他在 1791 年的信件中说的那样，如
今的雷纳尔依旧支持人民主权、普遍宽容、平等的比例税制以及刑事法
律平等适用，但他反对公民权平等和民主。[58] 1791 年 5 月，雷纳尔将那
封毫不含糊的公开信递交议会，一切疑惑都烟消云散了。马卢埃鼓励雷
纳尔，并与其合作写下这封信。[59]雷纳尔久居外省，这次重返巴黎时已近
八十高龄，在公开信发表两天前，他亲自将信件呈交议会。当议员们被问
及是否愿意听到这封信被朗读出来时，他们高声叫着"愿意，愿意"，而
民主派满怀期待听到的却是令他们震惊的内容。到了 1790 年，雷纳尔就
已经开始疏远大革命，因为国家正渐渐滑向无政府状态，个人自由受到侵
犯，各种俱乐部扮演着捣乱分子的角色。国王曾是其臣民的首要朋友，如
今他却遭到侮辱，真正的权力落入俱乐部手中，而在那些地方，"无知又
粗俗的人对一切政治问题大发高见"。"我花了很长时间思考你们正在付
诸实践的那些观念，但那时候所有当局、团体和偏见都不接受它们，它们
代表的只不过是一种安抚自身的迷人心愿罢了。"18 世纪 70 年代，雷纳
尔和他的朋友们不需要考虑将哲学原则付诸实践的挑战和危险，如今的议
会则不得不应对这些危险。雷纳尔拒绝为针对他那些原则的鲁莽、不准确
的民主化解读负责。"启蒙哲学那些大胆的观念并不是给我们用来当作立
法准则的。"[60]

　　右派欢呼雀跃，左派灰心丧气。"哎呀！这和马卢埃那帮人整天说的
一个样。"还有人断言："很明显，我们现在正让独裁复苏。"雷纳尔认为
如果将某些容易导致无政府主义的"形而上抽象概念"去掉的话，《人权
宣言》尚可接受。对此，一名激进议员插嘴道："信是马卢埃写的。"另一
位则大声叫道："这是针对雷纳尔教士的阴谋！他绝不可能写出这样的信，
即便在他 80 岁的时候。"[61]18 世纪 70 年代以来《哲学史》无与伦比的影
响力使此刻的雷纳尔变得愈发臭名昭著，用布里索的话说，这是"可耻

的变节"。这封信随即被布里索的《法兰西爱国者》等报纸转载并饱受谴责，对其的分析解读持续了数周之久。这位控诉左派不负责任的八旬老人被谴责为"虚伪"、背叛哲学，为预备"一场祖国的仇敌谋划的罪恶新革命"出力。罗伯斯庇尔斥之为反对人民的阴谋。普罗旺斯议员安德烈-路易·埃斯普里·西内蒂认可雷纳尔对于马赛发动大革命做出的贡献，却对他在接下来 25 个月内表现得无动于衷感到遗憾。他的话原本可以产生重大影响，他为什么不发声？"为什么他一直保持沉默，直到此刻？"[62] 右派的回应则是对雷纳尔的信件致以喝彩，因为这是能让共和派在读者面前信誉扫地的最好武器。[63]

谢尼埃与克洛茨都发表了谴责雷纳尔信件的文章，后者在《巴黎专栏》上将其斥为骗子、叛徒，以及从狄德罗、霍尔巴赫、奈容与佩什美雅那里欺世盗名的平庸之辈。雷纳尔本人并无才华，还充当了警察的眼线。《哲学史》中一切有价值的内容全部出自"佩什美雅、狄德罗、迪布勒伊、奈容、塞尔贝克等人"之手。[64] 某位匿名作者在《摘下面具的雷纳尔，或关于该作家生活与作品的书信》（*T. G. Raynal démasqué, ou lettres sur la vie et les ouvrages de cet écrivain*）一文中表示，如此明目张胆的背叛并不令人意外，因为《哲学史》原本就不是雷纳尔写的，而是由狄德罗、德勒尔、佩什美雅、吉贝尔、克尼普豪森、霍尔巴赫，还有狄德罗的助手、翻译卢克莱修作品的古典学者拉格朗日共同完成。[65] 雷纳尔一定是老糊涂了才会去写这封信。其他人则集中火力诽谤所谓"背信弃义的"阴谋参与者，说他们利用了一个脆弱的老人，目的就是让他的坟头都被谩骂覆盖。马卢埃及其友人布下可耻的骗局妖言惑众，雷纳尔则是第一个受害者。[66] 1791 年，一份日期不详的争议出版物描绘了莫里、华佑和马卢埃的罪行，并对他们设计将雷纳尔与大革命分裂开来的阴谋未能使马赛群众上当受骗深表惋惜。据描述，人们把一座雷纳尔的胸像送到马赛疯人院，上面还挂了一道横幅，写着："向《哲学史》致敬，对《写给议会的公开信》投以冷眼！"[67]

若干评论员则提醒公众，狄德罗是大革命先锋中的隐秘推手之一。奈容，1788 年至 1793 年间的狂热革命者，[68] 在忆及"我的亲密友人"狄德罗时，说他是启蒙哲学家中最勇敢的一位，也是对抗"迷信"最坚定的一位。奈容认为，他自己在大革命中的任务，就是通过编纂狄德罗的文章来完成其未竟事业。[69]说到大革命的先驱，人人都会想到卢梭、伏尔泰、马布利、雷纳尔、孟德斯鸠与爱尔维修，不过在 1791 年出版于巴黎的《旧哲学与现代哲学》（*Philosophie ancienne et moderne*）一书中，奈容与后来的拉阿尔普一样，给予了狄德罗更加重要的地位，因为孟德斯鸠、爱尔维修、达朗贝尔和布丰都闪烁其词，由于畏惧神学家而不敢直言。人们如今应该公开肯定狄德罗的贡献，"如此令人渴望又出人意料"的革命新秩序认定"迷信"是人类弱点中最糟的一个，这样的秩序在出版自由的推动下，终将战胜理性的敌人。[70]大部分公众意识不到狄德罗的关键贡献，因为他反对权威的活动不得不通过匿名发表地下作品以及与多位作者合著诸如《百科全书》《哲学史》一类的合集来进行。即便这样，他的观念依然构成了大革命核心价值的基础，而且对于解决"大革命造成的"政治难题也很有帮助。[71]

奈容争辩道，需要有人反对卢梭造成的影响，而这正是狄德罗的思想发挥特别效用的领域。奈容引用狄德罗反对卢梭"人民主权"观念的段落，强调一个民主的行政机关必须在适当尊重公民要求的同时，具备在恰当的时候抵抗来自民众压力的能力。他认为狄德罗是首位将直接民主与代议民主混合的需求展示出来的人物。在狄德罗设计的规范下，超过一定人数的签名请愿应该被立法机构纳入考量范围，而人数达不到该限制的请愿则可以被无视。奈容认为，大革命应该寻求行政机关的真正平衡，那就是既不过分对自身权力抱有信心，也不屈从于反复无常的民众那种危险的任性行为。该行政机关应该在直接民主和纯粹代议民主之间进行明智的引导，不可堕落成愚蠢鲁莽的煽动者。狄德罗曾经强调，事实证明民意时常会发生变化，考虑也不够周全，但它依旧是人民的主张："人民再愚蠢，也依旧是主人。"[72]但是"主人"必须获得协助，以一种有序、可控的方式进行主宰。

巴黎最大的政治团体雅各宾俱乐部反映了支持革命的一般观点，整个 1791 年春季，它始终处于绝望的分裂状态，就像议会自身一样。雅各宾俱乐部被三股势力撕扯得动弹不得：君主立宪派，这在当时是俱乐部里最有影响力的一派；激进民主派；马拉的威权民粹主义派。最后一派得到新兴平民报业的鼎力支持。到 1791 年初，马拉获得了像他一样的中产阶级记者的强劲支持，譬如雅克-勒内·埃贝尔和让-夏尔·朱梅尔，他们也大肆迎合街头文盲或近文盲的旨趣。埃贝尔是受过良好教育的记者，来自阿朗松，野心勃勃。从 1791 年 1 月起，他就成为科德利埃俱乐部中的一股力量，尽管他既不与丹东派，也不与共和派拉帮结伙。像马拉一样，这类人始终拒绝在自由主义君主派与"民主派"日渐升温的冲突中站队，而是更倾向于利用煽动情绪、戏剧化地夸大其词与兜售谣言这些主要手段，来建立他们自己那蠢蠢欲动、惊惶不安、目不识丁且变化无常的追随者集团。[73] 此外在社会俱乐部领导层内部，也存在只承认"理性"主宰地位的哲学共和派与福谢这样的基督教化卢梭主义者之间的不睦。福谢与博纳维尔、布里索、克洛茨、德穆兰、维莱特以及孔多塞吵得不可开交。福谢、格雷古瓦和拉穆雷特这些革命派教士的神学观点尽管热烈而真诚，在唯物主义者看来依旧是个"危险"的智慧谜团，他们还卷入中间派与右派日渐升级的斗争当中，似乎有可能为革命前景增添相当大的复杂性。在 4 月 1 日发行的《铁嘴》上，博纳维尔评论德穆兰的近期作品《耶稣与基督教教义的非丧葬悼词》（*Éloge non funèbre de Jésus et du Christianisme*），从而加剧了争论。德穆兰在这篇文章中否定一切奇迹存在的可能性，强调了被他认为是基督教对人的折磨及其几个世纪来成千上万的"罪孽"。同一期《铁嘴》也刊登了福谢论述神意与卢梭的文章。

博纳维尔在评论中赞扬德穆兰对基督教的批判，尽管他也指出，德穆兰错误地把"变形的宗教与它真正的原则混为一谈"。与此同时，福谢则对德穆兰高调的不敬做出回击。随后针对此议题，福谢卷入与博纳维尔、克洛茨和维莱特的不幸争吵。他在俱乐部集会时提起该问题，对"卡米尔（德穆兰）兄弟与博纳维尔兄弟"发起诘难。[74] 博纳维尔在《铁嘴》上回应道，福谢似乎"忘了"俱乐部的规定，那就是在俱乐部的演讲中，任何人不得"偏向"任何"宗教流派"。与基督教划清界限，这是社会俱乐部的正式方针。克洛茨于 4 月 4 日发表致福谢的公开信，谴责对方宣扬一旦失去了宗教，社会就只会有"撒谎的启蒙哲学家、贵族恶霸、没有灵魂的人民与无尽的罪恶"构成的言论。克洛茨反对福谢关于宗教对于社会和道德基础不可或缺的说法，认为法律的真正基础是共同利益，这一利益与宗教毫不相干。即便宗教曾是道德的基础，也不意味着全民崇拜与神职人员可以充当社会的必要指南。宪法只允许私人信教与宗教自由，不认可任何国教或高于其他崇拜的宗教。为了保持逻辑上的连贯性，克洛茨已经对自己实施了"去洗礼"；同理，他邀请福谢也进行"去洗礼"。[75]

福谢那激情昂扬的宗教情怀、咄咄逼人的行事方式与他对启蒙哲学的无神论持续不断的攻击不可避免地造成了罅隙，这一意识形态的分裂使俱乐部领导层愈发强调哲学的"理性"。[76]雅各宾派内部流传着社会俱乐部尽由想要强制再分配财富的"险恶之人"构成的说法。福谢同样在《铁嘴》上发表回应，拒绝承认自己及其支持者是渴望将国家带入无政府主义并要求重新分配土地与财产的煽动分子。他控诉说，克洛茨等雅各宾分子错误地阐释了他自己的观点。那些盼望在平等与公正的基础上重建社会的人都已同意，普世道德的真正基础"就在自然当中，自然是使人获得所有权利与义务的根基"。而神是充满整个自然的最高精神，只有"可悲的哲学"才会自信到认为单凭哲学自身"就可以构建一个没有宗教的祖国，一个没有信仰的民族"。人具备深刻的宗教本能，"只有冒牌天才的自信与堕落灵魂的下贱才会否定这一点"。[77]福谢相信，他的天主教激进启蒙主义才是属于大革命的真正哲学。

福谢4月中旬在社会俱乐部慷慨陈词，将那些否认宗教是大革命道德基础的人谴责为"公共利益最危险的敌人，他们会反对一切拥有信仰的爱国者，从而破坏大革命"。[78]他坚称启蒙哲学与基督教教义彼此完全兼容，并带着极大的愤慨宣布退出社会俱乐部，这对后者来说是一次严重的打击，因为福谢是他们最好的演说家。他在彼此敌对的派系中间进退维谷，受到排挤，随后便创办了自己的日报——《友人日报》(Journal des Amis)，并致力于"给予人民恰当的引导"，他依旧坚信全体人类有朝一日会推翻王权，获得自由，"理性时代"的曙光正在降临，"幸福是启蒙运动与美德结合诞下的子女"。从这时起，福谢不可挽回地与雅各宾俱乐部中的共和派渐行渐远，也与雅各宾俱乐部中的温和派以及罗伯斯庇尔派分道扬镳。即便这样，福谢还是认为罗伯斯庇尔等威权民粹主义者比共和派唯物主义者和无神论者更坏。福谢声称，罗伯斯庇尔滔滔不绝地谈论着"人民"，然而此人及其跟班都只是一伙"无政府主义者"，是人民的敌人，罗伯斯庇尔的信条则是"夜的最终阶"，"非启蒙运动"的最后喘息。[79]

事实上，天主教激进改革与启蒙哲学共和主义之间的罅隙持久而深刻，而革命左派激进主义和大众报纸之间的分裂亦是如此。4月14日，《铁嘴》头版的标题引用了福谢在社会俱乐部发表的第一次演讲："倘若福音疏远了理性，就得把福音带回来。"[80]不过信仰分裂并不是作为群众运动的社会俱乐部在1791年7月21日最后一次集会过后骤然消失的原因，也并非《铁嘴》停刊的罪魁祸首。社会俱乐部不再作为群众运动组织而存在，更应该归咎于6月份国王逃亡瓦雷纳后愈演愈烈的政治冲突。[81]

瓦雷纳事件：1791年6月

1791年6月21日，国王试图逃离自己国土的消息令整个国家的根基彻底动摇。直到6月，路易十六始终坚持两点：一方面私下里厌恶大革命，一方面拒绝其顾问、家人和支持者的要求，拒绝逃往国外并领导获得罗马教宗支持的国际反革命行动，从而击败大革命，扫清一切革命原则。而路易十六的宗教情感，还有他由于支持教会改革而被教宗定罪的罪恶感，最终说服他冒着失去自己与家人生命的危险，放弃自己拥有的一切——的确，包括放弃君主制本身——否决了1791年宪法和自由主义君主制，尝试加入流亡者队伍。路易踟蹰了很久才下定决心离开，不过他试图逃亡这件事本身并不出人意料。各种谣言和共和派记者数月来一直在散布关于国王试图逃跑的预言。[82]然而逃亡事件带给人们的心理震撼——尤其在小城镇和乡村——仍然相当之大。即便在巴黎，很多人在此之前从未怀疑过他们的国王私下里已经完全否定了大革命及其原则。然而这一点突然变得显而易见了。路易离开时在杜伊勒里宫留下一份写于6月20日的宣言，宣言哀叹君主制遭到的侵蚀与秩序的崩溃，住在杜伊勒里宫时的种种不快，忠于国王和王室家庭的人如何受到迫害，以及自 1789 年 7 月以来，他如何遭到侮辱性的对待。另一个让他否定大革命的理由是不断出现的煽动性文章，它们诋毁他本人与他的家人，损害他们的名誉。既然他的宫殿是个"监狱"，他便断然否定所有他曾在胁迫之下订立的宪法义务。[83] 瓦雷纳事件意味着彻底的决裂。它是君主立宪制遭遇的灾难性挫折，而马拉、埃贝尔和大众报纸并没有放过这一机会，他们借此指控巴伊、卡扎莱斯等"阴谋家的黑军团"成员蓄意安排了这次逃亡。

国王逃走的消息激起了巨大的恐慌。如果逃亡成功，就意味着外国干预与内战在所难免。纵使在瓦雷纳成功拦截国王一家的消息化解了眼下的危机，法国的处境仍然相当严峻，因为路易对宪法与《人权宣言》拒斥已经搞得人尽皆知，这使国民议会陷入一片混乱。君主立宪派意识到，他们已经跟一位郁郁寡欢的囚徒国王和一个秘密仇视并反对他们的宫廷绑在了一起，而且这个宫廷有大量部队军官与教士作为靠山。不管人们如何看待此事，君主立宪制都遭到了重创，极端保王主义则备受鼓舞。国王试图脱逃一事彻底改变了法国的政治形势，"温和"大革命与宪法中格外突出的不合逻辑与不连贯性终于浮出水面。有史以来第一次，瓦雷纳事件带来的刺激使得公众的很大一部分转而认同领导革命左派的知识分子小团体的共和主义理想。此次逃亡带来的重大政治后果与心理影响，还包括人们日渐意识到法国与欧洲君主国之间确实存在文化-意识形态之战（它很快会发展成真正的战争），这是获得国王的兄弟们公开支持的斗争——国王与宫廷则是秘密支持——他们支持法国的敌人们联合起来，努力重建君主制、贵族制以及教会权威，而这终将导致法国乃至整个欧洲四分五裂。

国王"叛国"一事激怒了无数公民，使很多对共和主义只有最模糊概念的人开始支持民主派。同样严重的是，此事赋予曾对中间派的堕落与背叛发起非难、至今大致持君主制立场的民粹主义者全新动力。马拉与罗伯斯庇尔的同党叫嚣道，唯一能够防止人民从绝壁跌落的方法，就是任命一个"至高无上的独裁者"，以维持对国家的掌控，消灭"叛徒"。像马拉、埃贝尔和朱梅尔一样，《杜歇讷老爹报》（*Père Duchesne*）一类小报的编辑争相利用恐慌、谣言四起与渴望发泄情绪的大环境，总是将自己塑造为好公民的守护者与哨兵，宣扬过分简单化的革命观点，将一切人或事物分割为好与坏的力量，分割为好人与恶毒的阴谋家，后者渴望着背叛，迫切要把平民出卖给背信弃义的反革命、贵族制，不久之后，他们也会将平民献祭给王权。[84] 他们创造出一个广受爱戴、诙谐滑稽、抽着烟斗、粗鲁直言的形象，将其命名为"杜歇讷老爹"，他是马拉的仰慕者，坚定捍卫好公民，说的尽是最简单的句子，而且脏字不断。

在过去一年中，上述运作模式让埃贝尔与朱梅尔的报纸成功转型为法国读者最多（也是最令人畏惧）的报纸。到了1791年3月，与他们竞争的"杜歇讷老爹"系列小报数量与日俱增，在巴黎到处发售——街头、廉价小酒馆和市场摊位。[85] 在瓦雷纳事件之前，马拉的报纸并未诋毁国王或君主制本身，而（与朱梅尔不同）埃贝尔在1791年4月以前也不曾这样做。只不过因为比起君主主义、共和主义或民主一类的概念，这些报纸更关心如何煽动大众的疑心，从而引发集体性骚乱。马拉和埃贝尔持续吸引着受教育程度最低的人群，他们的信条是极端化的平民沙文主义，这是一种早期的法西斯主义，比如马拉就不断呼吁建立决不让步的独裁来拯救"人民"。马拉疾呼，法国迫切需要个人独裁，而这个人最好是罗伯斯庇尔。在罗伯斯庇尔身上，马拉发现了一个像他自己一般伟岸的领导人，坚毅、不屈、秉持毫不妥协的摩尼教式二元论，将整个人类分成善人与恶人、受压迫者与压迫者，永不止息地抨击位高权重之人的腐败，孜孜不倦地赞颂"人民"。与此同时，巴纳夫和民主派都低估了罗伯斯庇尔、马拉和平民报，几乎没把他们看作是自己很快就必须面对的挑战。[86]

路易十六逃亡带来的影响甚巨。在他逃走的那天，议会关闭了边境，宣布永不休会。整个国家进入紧急状态。国民自卫军持械待命。国王的一切宪法职能被暂停，议会宣布自己的法令无须经过国王批准，直接生效。[87] 议会委派包括巴纳夫和佩蒂翁在内的三位"委员"前去陪同路易返回巴黎。除了国王一家，所有卷入逃亡事件的人都被逮捕。军队指挥官与高级行政官员被强制要求宣誓效忠国家；农民自发组成武装团体（不时再度袭击当地城堡）。军政大权被移交给大臣理事会，他们在毗邻议会的房间中碰头。国王与王后一回到杜伊勒里宫，就被国民自卫军保护起来，而不是像原先那样，由国王自己的卫兵守卫。议会暂停了国王的宪法职能，但并未像科德利埃俱乐部与社会俱乐部，以及一小部分雅各宾党人要求的那样废黜国王。

尽管社会俱乐部与科德利埃俱乐部一直攻击"积极"公民与"消极"公民的区别，也反对"英国体系"的混合政府与有限选举制，[88] 在 6 月 21 日之前，他们都没有真正公开呼吁废除君主制本身。而今一切急转直下，共和派和议会的"温和派"领导层之间出现了更深的鸿沟，后者在休会期过后宣布了重建一切君主立宪制形式的计划，并希望在保证万无一失的情况下，恢复路易原先的国王职能。逻辑上讲，捍卫君主立宪制的原则，其实比为路易的行为辩护要容易。然而巴纳夫和他的同党为了给即刻恢复原先状态的做法提供依据，竟编造出路易完全"无辜"，不曾有过任何逃跑企图，事实上也并未否定宪法这类谎言。于是根据官方说法，路易遭到布耶侯爵等阴谋家"绑架"，尽管整个议会都清楚这并非事实。为了使公众更容易接受这种公然的弄虚作假，他们捏造出若干"有罪的"策划者，将其关进圣日耳曼修道院。[89]

大多数议员支持该策略，有的是因为担心给普鲁士、奥地利和英国以发动战争的把柄，其他人则是出于对民主的恐惧或对君主立宪制的明确偏好。然而再没有什么能够减轻分裂带来的影响。"温和派"与民主共和主义之间的相互抵触已经演变为公共、公开而且危险的决裂，注定将使整个国家、军队与国民自卫军陷入动荡之中。欧洲各国宫廷对路易"逃避"失败感到不悦。法国保王党报纸曾短暂失语，而后恢复发行。[90] 极端保王党中间产生了彻底的沮丧之情，按照《巴黎报》的说法，这是由于路易被"抓了回来"，"神意深不可测"，因此也促成了另一波贵族与高官的逃亡潮。6 月 24 日至 25 日夜，敦刻尔克这一重要的战略性海防营地的高级军官全部逃到邻近的奥地利境内。[91] 然而在政治上受创最严重的还是自由主义的君主立宪制观念。7 月 6 日，神圣罗马帝国的新皇帝利奥波德二世在意大利的维罗纳发表宣言，召集欧洲君主与所有忠于国王的法国人团结起来，拯救"最虔诚的基督教国王"，镇压大革命。皇帝此举无疑凸显了法国四面楚歌、分裂严重的状态。在心理层面，法国已经与整个欧洲开战了。

然而据威尼斯大使记载，最神奇的事莫过于巴黎城内表现出的、在大革命背后团结而坚定的精神。[92] 科德利埃俱乐部与社会俱乐部也因国王逃亡一事群情激越，在接下来几周内，他们也进行着"永不休会"的讨论，展开了争夺民心、咖啡馆与街头力量的行动。逃亡事件造成了中间派的失势，右派与左派则同时因此得势。《铁嘴》开始以日报形式发行，第一期就公布了让许多读者感到震惊的事实：早在 1789 年以前，该日报的所有编辑私底下已经基本上是共和主义者了。从 1789 年起，社会俱乐部的领导层尽管对君主制宪法表示"尊重"，却始终期待着共和主义的最终成果，并将这样的成果归功于"启蒙运动与哲学的进步"。[93] 科德利埃俱乐部则开始发行他们自己面向平民的反君主制新闻小报——《科德利埃俱乐部日报》（*Journal du Club des Cordeliers*）。一听说国王逃亡一事，孔多塞和妻子苏菲就投身于狂热而积极的活动之中，组建了一个被他们称为"共和主义者社团"的组织，成员包括布里索、博纳维尔、朗特纳斯和托马斯·潘恩，他们同样是 1789 年以前就开始信仰共和主义的人。

他们指控路易犯下"叛逃罪"，指控议会与国王狼狈为奸，允许国王获得超出宪法规定的权力与过多的俸禄。[94] 社会俱乐部、科德利埃俱乐部与外省的一些雅各宾俱乐部也积极鼓动全民公投，以此来决定君主制的未来。正如佩蒂翁在《巴黎专栏》上评论的那样，国家面临着前所未有的危机。人民直接参与在俱乐部里、街头、市政广场与各种集会上举行的讨论，群情激愤。[95] 然而瓦雷纳事件不仅仅加剧了左派与右派之间的分裂，使君主立宪主义名誉扫地并为革命共和主义提供动力，它还给雅各宾派内部造成了灾难性的深刻罅隙。在接下来的几周内，该俱乐部根本没能领导大革命，而是分裂得愈发严重。主导该俱乐部的阵营依旧忠于议会中的自由主义君主派领导层。当时，大部分雅各宾党人再次确认他们的"温和"路线，尽管在与奥地利和普鲁士开战的可能性上，他们与左派达成了共识。[96] 然而少数直言不讳的共和主义雅各宾党人更青睐科德利埃俱乐部与社会俱乐部。当时非常活跃的雅各宾党人卡拉，就是反对给国王免罪的主要人物。在不通过在初级议会进行公投以请示国民意见的情况下，就让王冠留在路易头上，这令卡拉感到愤慨。他发文声称国王是傻瓜和流氓的偶像。[97] 7月11日，卡拉在雅各宾俱乐部发表相当具有共和主义色彩的演说，公开呼吁废黜国王，指出在彻底的共和主义宪法修成之前，应该有一段过渡时期，在此期间，可以由王太子暂时担任国王，取代那个"不够格的路易"。[98]

在雅各宾党人当中，除了温和派和共和派，还有一个在罗伯斯庇尔领导下的中间集团。该集团同时批判国王与议会，坚决与共和主义以及对宪法的绝对忠诚划清界限。国王在瓦雷纳被拦下的消息传来时，罗伯斯庇尔、布里索和佩蒂翁正在罗兰夫人家中交谈。罗伯斯庇尔与别人意见不一，也不希望放弃君主立宪制，他在心灰意冷之余意识到自己那种民粹君主主义战略并不可靠。[99] 在那个时候，他的小集团处境尴尬。他拒绝承认荒唐的"绑架"一说，却依旧忠于君主制原则，如今，社会俱乐部、科德利埃俱乐部、某些街区议会与雅各宾党人中比他更甚的激进分子都公然瞧不起他。社会俱乐部和科德利埃俱乐部的显著目标是要在街头挑起平民共和主义运动，而罗伯斯庇尔尤其不愿与该目标扯上干系。7月1日前夜，社会俱乐部在巴黎全城秘密张贴共和主义宣言，俱乐部领导层于当日公开呼吁废黜国王，在普选基础上建立新的共和秩序。[100] 俱乐部把批判火力对准君主制本身的缺陷，他们声称自己的目的在于启蒙公众，使其理解"共和"的含义。

即便这时候在议会、巴黎公社或雅各宾派内部几乎还不存在彻底的共和派，很多人还是意识到他们只能将巴纳夫、拉梅特兄弟与议会领导层当作声名扫地、追逐权力的派系来看待了。尽管如此，自由主义的君主主义或被共和派称为"贵族派"的党派仍然占据优势，因为他们将自己定位成合法、合宪并具有"爱国主义"精神的党派，而且依旧是国王的顾问。在厌恶现代哲学的律师、商人与大众的广泛支持下，温和主义不遗余力地发起文化宣传战，宣扬孟德斯鸠、温和启蒙运动与英国模式。他们向人民保证，共和主义行不通，它就像动荡的海面，不断掀起狂风暴雨，很容易成为野心勃勃的苏拉、克伦威尔等大恶棍手中的牺牲品。据卡拉观察，通过上述话语体系，巴纳夫成功团结了大部分雅各宾党人，以及所有文盲。[101]
然而并非人人都为如此论证所折服，或对罗伯斯庇尔那种民粹主义的君主
主义投怀送抱。卡拉、布里索和共和派强力地驳斥亚历山大·德·拉梅
特与夏尔·德·拉梅特对卢梭的重复引用，兄弟俩试图借此说服公众，像
法国这样的大国并不适合建立共和制度。[102] 此类决裂在击垮雅各宾俱乐
部的同时传遍全国。

呼唤共和的声音大部分来自雅各宾派外部，出现在支持大革命的主要
报纸上。早在 7 月 5 日，布里索就公布了自己民主共和主义的政治信条，
呼吁终结君主制。即便大部分外省雅各宾社团支持君主立宪制，或像罗伯
斯庇尔一样反对共和主义，依然有 83 个俱乐部——它们来自昂热、阿拉
斯、波尔多、勒芒、里昂、奥尔良、雷恩和图卢兹——至少要求要么暂停
路易本人的国王职能，要么将其罢黜。波尔多国民俱乐部发表的宣言在西
南部广泛传播，影响甚巨。[103] 此外，羽翼渐丰的反君主主义与共和主义不
再如同先前那样，只在大革命左派知识分子领导层中流传，而是在全法各
地城市中招徕新信徒，就连在主流雅各宾派成员中，也有人深受感召。[104]
7 月 3、4 日夜间，多勒（Dole）的异见分子抹掉了市内所有公共铭文与
标识上的"皇家"与"国王"字样，此举激起议会内君主立宪派议员愤怒
的抗议。某些地方上的雅各宾社团不光与主流雅各宾派以及罗伯斯庇尔决
裂，还积极加入科德利埃俱乐部和社会俱乐部要求终结君主制的队伍，呼
吁建立共和国，当中就包括努瓦永（Noyon）的雅各宾派，以及当时在马
赛雅各宾俱乐部内部占据统治地位的阵营，其重要发言人穆瓦斯·培尔于
8 月 2 日发表了公开支持共和的传单。[105]

尽管罗伯斯庇尔本人的立场无疑更为保守，[106] 然而大部分民粹主义
阵营如今都放弃了君主立宪制，迫于形势，罗伯斯庇尔终于不得不暂时
停止抵抗共和主义的意识形态。乔治·库东——律师，外省重要的雅各宾
党人，后来成为罗伯斯庇尔最亲密的帮手，曾参与起草克莱蒙费朗废王宣
言。6 月 24 日，该宣言被拿到巴黎雅各宾俱乐部上宣读——尽管他先前
并未被共和观念所吸引，然而国王的背叛让他如此厌恶，以至于使他到头
来也选择了共和主义。[107] 在民粹主义报纸中，除马拉的那份之外，最粗鲁、

脏字最多的当属埃贝尔的《杜歇讷老爹报》。埃贝尔与其不共戴天的死敌德穆兰不同，却与罗伯斯庇尔类似，他不断赞美平民与平凡的概念，4 月之前，他还曾持续颂扬王权的神秘性。不过瓦雷纳事件极大地刺激了埃贝尔的听众，也使他调转方向，开始对国王进行随心所欲的谩骂："我们该拿这头肥猪怎么办呢？"他问，还说国王是"叛国路易"，玛丽·安托瓦奈特是"他的婊子"。[108]

卡拉在自己的《爱国年鉴》上称赞了巴黎民众冷静、守序的态度及其对国王行为的公开反感。6 月 24 日，巴黎发生了一次群众集会，据说有 3000 名男人、女人和儿童参加，包括科德利埃俱乐部和共和派雅各宾党人中的众多成员，他们聚在一起，表示对一份呈送议会的请愿书的支持。请愿书由布里索撰写，它主张人民在特别的根本性问题上有权表达他们的观点，也有权"指挥"他们的代表，使其与公共意志保持一致。请愿书要求议会在征求全法 83 个省的意见之前，不可自行决定路易的命运。6 月 29 日，巴黎圣殿区的副主席芒达尔率领一个科德利埃俱乐部代表团把请愿书呈交议会。议会非常愤怒并不予理会。科德利埃俱乐部则把请愿书刊印出来，发放给所有爱国者俱乐部，在巴黎全城的街头巷尾到处张贴，尽管有不少很快就被撕掉了。[109]

对议会与君主制进行有组织的反对，截至此时无疑已经演变为大范围的平民运动。该运动并不是由罗伯斯庇尔或民粹主义领导层，而是由发动大革命的激进知识分子精心安排的。[110]聚集在科德利埃和社会俱乐部的人拒绝"上江湖骗子的当"，拒绝充当拉法耶特、巴纳夫和拉梅特兄弟的玩物。[111] 7 月 10 日，布里索在雅各宾俱乐部发表振聋发聩的演说，为共和主义辩护，把大多数雅各宾党人对共和观念的抗拒嘲讽为自相矛盾的偏见和无知：议员们否定现代共和原则，也就是否定构成宪法核心的代议制系统，因为该宪法事实上已经是共和制了。他声称，目前的纷争与其说是君主制与一切真正爱国者的信条——共和主义之间的搏斗，不如说是真正的宪法之友与王权、圣恩和年金之友的搏斗，后者不过唯"俸禄"是从罢了。[112]遭到削弱但依然庞大的雅各宾多数中间派采用的关于国王不容亵渎的论述，被布里索斥为"最令人反感的可怕丑事"，而且直接与宪法相悖。既然"人的权利"要求法律面前人人平等，国民主权就不该认可任何公民享有高于他人的权利。

酝酿已久的伏尔泰遗体运返巴黎、安葬先贤祠一事取得进展，这让议会、巴黎公社与雅各宾俱乐部得以在动荡不安中获得暂时的平和。1791年7月10日，也就是布里索在雅各宾俱乐部发表讲话的同一天，各报刊公布伏尔泰灵柩已从费内（Ferney）运抵巴黎，并由市长亲自接收的消息。盛大的入葬典礼将于次日举行。这是个令人振奋、统一人心的革命盛典，中间派与左派都愿意破例团结在其左右。伏尔泰为准备大革命所做的贡献被人毫无保留地四处传唱。至少在这一点上，中间派能够把自己与大革命真正的起源联系起来，与公众联系起来。伏尔泰是他那个时代最伟大的作家之一，他发起了反抗不宽容与偏见的斗争，为思想和文学带来无数改变；弗雷龙特别指出，伏尔泰的剧作，譬如《布鲁图斯》《恺撒之死》，为推动人们反抗暴政做出了有力的贡献。[113]

到处都在贩售伏尔泰的塑像。尽管"哲学的敌人们展示了精神可嘉的愤怒"，典礼之前，名为《伏尔泰光临罗米利》（*Arrivé de Voltaire à Romilly*）的剧作还是在莫里哀剧院开演，具有同样的反教权色彩的《拉巴尔的骑士》（*Chevalier de la Barre*）则在意大利剧院开演。国家剧院门外的圆柱上用金字题写上伏尔泰所有剧作的标题。天主教的愤恨不过是加固了中间派与左派在伏尔泰身边革命地统一起来的神话。一些虔诚的天主教徒不久前曾撰写反对请愿书，将副本张贴在街角、公共场所与咖啡馆以征集签名。然而召集人民表达他们对伏尔泰的厌恶一举，愈发巩固了他作为革命性反教权偶像的地位，至此，左派再也没有人对伏尔泰持保留态度了。人们把布里索对伏尔泰的反对（"此人并非人民之友"）忘在脑后。大堆的天主教抗议海报被人涂上泥巴，撕成碎片或者付诸一炬。据卡拉报道，人们采取一切可能的手段，保证"没有任何人类的敌人，国王或王后，贵族或宗教狂热的神父，能够干扰这一历史性的公共节庆"。[114]

7月11日，典礼始于巴士底广场。棺材在巴士底狱废墟中紫色与白色相间的灵床上停了一夜，并获得充分的保护，以防遭到袭击。遗体运输仪式惊人地盛大，由无与伦比的革命艺术大师大卫指挥，最后停放于米拉波身旁。[115] 尽管当时下起了雨，这仍然是个伟大的典礼。除米拉波的葬礼外，第一次有人既非君主，亦非圣人，却享受规模如此之大的公共追思礼遇，更不用说他在写作、剧作和政治成就方面获得的赞誉了。[116] 队列在骑兵队的护送下前行，由随行小号手伴奏，紧随其后的是军校学员营，然后是各个俱乐部代表团，他们举着的横幅上写道，伏尔泰是自由的真正英雄。身穿古代服饰的妇女组成的方阵由于下雨而取消行进，不过队伍里面还是包含一个由剧院主管和演员组成的代表团，一辆展示（由博马舍捐赠的）伏尔泰作品副本的花车，以及若干学院代表团，更为年轻的文人则跟随其后，抬着伏尔泰的胸像，还有较小一些的圆形浮雕，上面刻着米拉波、卢梭和富兰克林的形象。接下来是两三百名"巴士底狱胜利者"，他们抬着巴士底狱要塞的模型，以此凸显庆典主题——伏尔泰，他是专制主义的敌人，是揭发那些"撒谎的布道者"并予以痛斥的人，正如谢尼埃放进典礼颂诗中的句子：他是"准备好摧毁一切形式的独裁"的英雄。一辆花车上有标语写道："他是诗人，启蒙哲学家，历史学家；他使人类精神发生了巨大的飞跃"，并为法国人争取自由做了准备。[117] 伏尔泰的石棺则由 12 名议会议员、乐团成员与巴黎公社代表团成员护送，还有更多骑兵紧随其后。

没有人会注意不到 7 月 11 日伏尔泰的凯旋与三周前试图逃跑又被灰溜溜带回的国王回到首都之间那种戏剧性的反差。行进队伍走过塞纳河边最富有声望的大道，经过杜伊勒里宫（国王与宫廷小心翼翼地未曾露面），穿过皇家桥来到左岸，在维莱特的居所前稍事停留，维莱特、孔多塞则与卡拉斯的家人一道，从阳台上注视他们。队伍随后继续前行，走上新近更名为"伏尔泰"的堤岸，经过法兰西喜剧院，最后到达先贤祠，石棺在此供人瞻仰三日。[118] 包括歌剧院在内，许多队列途经建筑都以花环结彩装饰。整个天主教欧洲听闻此事都大为震怒。费勒嘲讽道，最大的圣热纳维耶芙教堂竟成了供奉米拉波和伏尔泰骸骨的场所，这些骸骨便是巴黎暴民的"新神"，这帮乌合之众整天任凭一伙狂热的"堕落者"，也就是"启蒙哲学的信徒"摆布。[119]

图 4　伏尔泰遗体葬入先贤祠，1791 年 7 月 10 日于巴黎。

到了 1791 年 7 月，米拉波和伏尔泰的遗体已经被隆重地迎入先贤祠，而如今被人们视为大革命最重要灵感来源的卢梭，却没能享受同等待遇。作为伟大的哲学三巨头之一的卢梭，如何能够被人遗漏？艺术家博东当时正在准备制作这三位巨人的雕像——米拉波、伏尔泰和卢梭——自信这些雕像能给全法 83 个省的建筑物与办公室增添光彩。[120] 然而卢梭不像伏尔泰那样能够将中间派与左派团结到如此程度。从某些方面说，他更是个分裂者，而不是统一者。[121] 1791 年 8 月 27 日这天，一个由作家、艺术家及其他人士组成的代表团呈给议会一份正式请愿书，要求将卢梭的遗体也移入先贤祠。请愿收集了多达 311 个签名，其中包括尚福、克拉维埃、朗特纳斯、罗兰、梅西耶、戈尔萨斯、杜洛弗瑞、佩莱和法妮·博阿尔内。[122] 既然伏尔泰以"用哲学之蹄"踏碎宗教狂热、为"您建起自由的大厦"扫清废墟的名义入葬先贤祠理所应当，大革命又如何能够对自己欠卢梭的情——"法国宪法的第一奠基人"——不予承认？他是第一位确立"人的权利平等"与"人民主权"的人，这都是大革命得以兴起的"观念之母"。卢梭在专制主义的眼皮底下完成了这一切。就算他的某些教导对于议会的君主制原则来说显得不合时宜，那么他关于共和形式只能应用在体量较小的国家身上，因此并不适用于法国的论述则肯定会使议会受用。宪法有很大一部分来源于卢梭的思想。[123]

关于大革命将米拉波和伏尔泰送入先贤祠却漏掉卢梭的投诉，由尚福的朋友皮埃尔-路易·然格内写成，他是日后国民公会下属公共教育委员会的成员。除了要求卢梭享受入葬先贤祠的待遇，该投诉还要求国家给卢梭的遗孀发放年金，并落实 1790 年 12 月的法令，也就是批准在巴黎市中心建一座卢梭雕像，以纪念这位《社会契约论》与《爱弥儿》的作者，并题词"自由的法国国民，致让-雅克·卢梭"。[124] 然格内承认，目前的困难在于对于卢梭做出的贡献，人们意见不一，众说纷纭。狄德罗认为卢梭的《论人类不平等的起源》其实源自他自己的思想，巴黎咖啡馆的常客对此难以达成一致：他是在撒谎，还是道出了真相？那些对卢梭如此上心的启蒙哲学家，是否有权声称他是个"矛盾重重的人"，其道德思想是否扭曲而不可理喻？[125] 狄德罗和《百科全书》为 18 世纪做出了巨大贡献，这一点不可否认。不过然格内深入研究了卢梭与启蒙哲学家的分歧，重读了伏尔泰的所有作品，他觉得令人不悦的罅隙之所以产生，主要还是启蒙哲学家自己的责任。譬如伏尔泰，除了曾为卡拉斯和"所有被压迫者"说话，他从来不像卢梭那样是压迫的真正敌人。[126]

狄德罗和伏尔泰对这位"美德"之人的攻击是不公正的，而在 1789年 12 月的《巴黎日报》上被切鲁蒂悼念为"善良和诚实的霍尔巴赫先生"——大革命众多极有影响力的领导人中的一位，他对卢梭的批评同样不公。然格内本人熟识霍尔巴赫和他那个"亲密小圈子"，关于"（霍尔巴赫的）朋友们对其表达的崇敬与怀念"，他都十分赞同。不过霍尔巴赫喜欢"打趣，生性好讥讽"，而卢梭与霍尔巴赫帮之间的争斗，正如切鲁蒂在悼词中承认的那样，大部分都是私人恩怨。[127]

他们的争执有一部分集中在"普通人"的地位上。卢梭对启蒙哲学家发起的"战争"，其实是向他们那种"反泰蕾兹哲学"——也就是他们对卢梭那位出身卑微的伴侣泰蕾兹所持的轻蔑态度——发起的报复。[128] 正是启蒙哲学家对普通人的"贵族式蔑视"让他们低了卢梭一等，而后者教人"透过虚假社会习俗的伪装，认识人本来的面目，培养对虚荣头衔和虚幻伟大的蔑视，激发对简单品位与自然情感的偏爱——美德和自由始终贯穿卢梭的所有作品，它们激励了大革命"。[129] 夏尔·德·拉梅特回应道，入葬先贤祠违反了卢梭的遗嘱，而且会侵犯他墓地所在地的土地所有者的财产权，是此人在卢梭最后的日子里为其提供庇护所，并使其得体地下葬。卢梭在其遗愿中嘱托道，他不要被安葬在自己厌恶的城市（即巴黎），而是要安息于僻静的乡野。他被顺利地安葬于蒙莫朗西（Montmorency）附近，此地符合其遗嘱要求。因此议会推迟了最终决定。[130]9 月 4 日，人们又提交了一份要求将卢梭安葬于先贤祠的请愿书，而议会则再次拖延做出决定。[131]

然而伏尔泰入葬先贤祠一事带来最戏剧性的反差，则是三天后，即 7 月 14 日攻占巴士底狱的两周年纪念日。大队人马再次从巴士底广场出发，游行经过巴黎各大道，这一次，他们朝着战神广场方向进发。1790 年 7 月的一周年纪念日是一场真正的庆典，由路易十六、米拉波、塔列朗和拉法耶特主持，而活动仅仅受到了降雨干扰；而两周年纪念日这天形势却极端紧张且问题重重，国王和王后抗议性地缺席典礼。只有拉法耶特骑白马赫然现身，他指挥国民自卫军维持秩序，却也没能阻止大部分不满群众对国王的咒骂。在波尔多，一万名女性公民像士兵一般列队行进于当地战神广场，她们佩戴着三色帽徽，宣誓永远效忠宪法。然而所有试图展示国王与君主制统治下的法国一片和谐、自由已经战胜压迫的努力，相比一年前已实在难以令人信服。[132]

议会的制宪委员会无视佩蒂翁和罗伯斯庇尔三天前关于撤回授予路易十六"祖国复兴者"头衔的法令的提议，选择宣布自己对路易的裁决：为国王的一切过失免罪，特别是 7 月 14 日因缺席战争广场庆典仪式而对巴黎群众造成的冒犯。路易免受一切责难，不过要对布耶试图"绑架"国王的行为开启刑事审判程序。7 月 14 日下午两点左右，谣言传遍全城，说议会利用首都大多数群众不在城内的机会赦免国王，愤怒而嘈杂的人群开始大批地撤离战神广场，直到国民自卫军制止了他们。[133] 这是个严峻的时刻。议会第一次与相当一部分街头舆论公开决裂。[134]

7 月 15 日，政治危机加剧了。巴纳夫站上讲台，发表了一场决定性的演说，驳斥了诺曼底的年轻议员、共和派的重要人物之一比佐刚刚断言的事，那就是整个法国都对国王失去了信心。巴纳夫的反驳则迎来了"议会大部分议员的"热情喝彩。[135] 巴纳夫并未试图为国王的行为辩解，而是振振有词地捍卫了君主制的原则，强调共和国对于法国这样体量庞大、人口稠密的"旧社会"来说并不可行。尽管他与共和派一样，都深深痴迷于某种哲学，正如孔多塞描述的那样，他奉行反神定论、唯物主义的历史解读，可他坚决拒绝共和主义与民主。[136] 共和主义有可能对美国适用——那里有足够每个人占有的广袤土地，没有强敌所带来的外部威胁——但是在法国建立共和国将会带来动荡与混乱。巴纳夫长期以来尊崇孟德斯鸠，他接受大革命，也接受在发起者主要是启蒙哲学家的大革命之初，自己在其中扮演的角色。然而革命之所以得到巩固，并非仰仗"形而上的原则"，而是依赖人民。人民在乎的是可见的东西，不是什么原则，而大革命现在如果还不收场，那么很不幸，下一步就是财产受到彻底的侵犯。[137] 穷人与眼红他人财富者数不胜数，他们的存在使大革命不可能有任何其他出路。是时候结束大革命了，终结无序的状态，在宪法范围内确立"国王之不可侵犯性"。[138] 巴纳夫要求稳定、财富以及事实上有效的君主制。在议会内部，他获得了绝大多数议员的支持。"温和派"想要保住君主制及其部分表现形式，但他们还是不愿捍卫教权。对于反启蒙哲学家费勒来说，自由主义君主派似乎就是个不合逻辑的集团，他们被矛盾束缚了手脚，一个"政治派系，想要同等地颠覆事物的旧秩序与新秩序"——这是个相当犀利的形容。[139]

在第二天发表的另一场有力演说中，巴纳夫总结了目前的争辩，断言人们必须拥护宪法，而议会必须维护自身权威与法国稳定。[140] 科德利埃俱乐部和社会俱乐部召集了另一场群众集会作为回应，集会持续数小时之久。有着声嘶力竭的群众壮胆，一队共和派演说家呼吁废黜路易十六，建立共和国——负责出版《科德利埃俱乐部日报》的激进印刷商安托万-弗朗索瓦·莫莫罗也在其中，他是科德利埃俱乐部中最出色的演说家之一。这些演说家们要求废黜路易十六并建立共和国。共和主义运动汇集成一股强大的力量，这使得议会的权威受到直接挑战。人们提交了大量请愿书，要求召开国民公会来审判国王。雅各宾修道院、巴黎皇宫和杜伊勒里宫周围的街道上挤满了人，群情沸腾。据说有 4000 名群众冲进了雅各宾修道院，试图从那里获取支持。[141] 人们撕掉称颂国王的海报，重新张贴起来的全是审判国王的诉求。

雅各宾，这是唯一一个既拥有广泛群众支持，又给议会的议员定期提供讨论平台的政治俱乐部，但始终处于彻底的分裂状态。事实上，他们分成了四派。主宰派系支持巴纳夫、拉梅特兄弟和拉法耶特，希望维持君主制和路易的王位；第二个集团要求罢黜路易但维持君主制，让自称是君主立宪派的奥尔良公爵路易-菲利普继位。第三个集团是民粹主义派，他们唯恐雅各宾派这个罗伯斯庇尔的主要阵地分崩离析，因此寻求折中路线；他们对国王的行为表示遗憾，也要求对其进行审判，但并未走到呼吁终结君主制那一步。最后，还有民主激进分子，他们强烈要求建立共和国。雅各宾党人实现一定程度联合的关键在于第二集团与第四集团，他们可以一起对议会中坚持君主立宪制的多数派发难。[142] 三股雅各宾流派以这样的方式，在布里索、佩蒂翁、丹东和罗伯斯庇尔的率领下团结起来，努力促成彼此妥协的方案，要求选举国民公会，审判路易并做出判决。不征询人民的意见，就不能采取进一步行动。

7 月 15 日，有大约 1.2 万名群众聚集在战神广场，批准了要求审判路易的请愿书。很多人在请愿书上签了名，并加入走向议会所在地的游行代表团，他们将代表群众，把请愿书呈交佩蒂翁、格雷古瓦和罗伯斯庇尔——这三位议员曾在议会发表演讲，谴责立法机关那关于国王"不可侵犯"的宣言。[143] 他们的请愿书痛斥国王发伪誓，擅离职守，陷法国于"悲惨内战"的可能性而不顾，同时，他们还控诉议会"不经征询人民意愿便擅自行事"。请愿者认为，人民的"代表们若非经由我们批准，便绝不能做任何事"。议会的解决方案倘如不遂人民意志，人民就该拒绝。"胆敢建议绕过人民"的议员们如果不肯征询 83 个省的民意，公民们就认定他们是"祖国的叛徒"，并会剥夺他们的职权。此后，就连佩蒂翁也将这次请愿形容为"令人发指的无法无天行为"。[144] 游行者在杜伊勒里宫外被国民自卫军拦下。罗伯斯庇尔和佩蒂翁从议会大厅走出来对示威者说，目前要阻止那条激怒他们的决议已经太迟了，议会已经投票予以通过。[145]

议长夏尔·德·拉梅特对请愿代表团做出正式答复，回绝了他们要求直接民主的主张：请愿群众只代表少数个体，不代表全法国。根据宪法，议会本身就是人民意志的代表。议会不会服从这部分群众的意志，只会按照议会自身的意志来行动。集体请愿违反法律，这些群众的行为便是造反。更糟糕的是，他们容许一小撮阴谋家操纵自己，还要把巴黎这座遍布阴谋的都市变成全法国的敌人。[146] 国王免罪法令一经发布，就在巴黎掀起了千层巨浪。皇宫附近的剧院全部关闭。[147] 拉梅特兄弟和巴纳夫说对了，群众确实正在对抗议会，违反法律和宪法。问题在于，宪法本身就是粗制滥造而成，难以令人信服，是个既不民主，又为寡头服务的矛盾体，它并非真正奠基于人的权利和人民主权之上。

通过编造国王被阴谋家"绑架"的故事，巴纳夫已经说服议会赦免国王。目前议会需要平息街头嘈杂的反对之声。7 月 16 日，另一场大型群众集会在战神广场举行，丹东当众宣读了一份雅各宾派的妥协方案。该方案对于是否应当宣布成立共和国故意含糊其词，这令在场的激进分子和科德利埃俱乐部成员，还有博纳维尔和社会俱乐部成员激愤不已，他们要求丹东回到雅各宾俱乐部去，要求更加激进的方案内容。《铁嘴》发表了经由博纳维尔修正而变得愈发强硬的构想，宣布巴黎的请愿者不接受路易或任何王位继承人，除非先让大多数国民投票决定是否维持君主制。与此同时，就连三股反巴纳夫的雅各宾流派中共同立场不那么激进之人，也不受自由君主主义者待见。7 月 16 日夜，巴纳夫、拉法耶特、拉梅特兄弟、巴伊以及他们的支持者从雅各宾俱乐部蜂拥而出，正式退出该俱乐部。除了罗伯斯庇尔和佩蒂翁，几乎所有议会内的雅各宾派议员都追随他们，退出了雅各宾俱乐部，其人数超过两百。

议会与各个俱乐部的彻底决裂已成定局。巴纳夫和拉梅特兄弟宣称，雅各宾俱乐部让可疑之人渗透进来，从而抛弃了俱乐部的初衷。如今的雅各宾党人不再拥护法律，而是破坏它。两百名脱离雅各宾俱乐部的会员转移到斐扬修道院，他们在那里建立起雅各宾的敌对俱乐部"宪法之友"，从此亦被称为"斐扬派"。[148] 外省俱乐部收到通知，说雅各宾党人当中已经混入外来分子，包括潘恩和克洛茨这样的外国人，他们意图破坏宪法和议会法令。这些人给所有与他们意见不一的人贴上"叛国者"标签，限制了言论自由。雅各宾俱乐部的附属社团接到紧急指令，叫他们转而与斐扬派建立联系，很多社团都照做了。[149] 这次退会运动如此声势浩大，动荡不堪，以至于令巴黎的雅各宾总部与许多外省分支暂时陷入了瘫痪。[150] 佩蒂翁承认，有些雅各宾党人确实口无遮拦，但会员们没理由像这样大规模地退出。他认为，斐扬派的分裂主义根本不是受到真正雅各宾信条的驱动，而是"诡计结出的果实"；因为那些掌权之人这下意识到，他们已经失去了对雅各宾俱乐部的控制。[151]

1791 年 7 月 16 日雅各宾俱乐部的大分裂，标志着温和自由派的君主主义者针对左派和大革命核心价值发起了一次强有力的反击。通过拒斥雅各宾派，斐扬派也试图限制言论自由，给所有想让路易接受审判的人贴上对抗宪法和"共和分子"的标签。他们迅速转向，开始控制街头示威，通过增加警备力量加强巴黎市政府的权威，限制群众运动，镇压动乱。在接下来几天内，若干科德利埃俱乐部会员被逮捕，有些是因为张贴了要求终结君主制的请愿书。[152] 民主派报纸则谴责斐扬派采用注定将要失败的分裂战略，以示报复。雅各宾俱乐部残余，也就是剩下的三个集团，则成立了"严守法律的雅各宾派"，说他们反对国王"不可侵犯性"的理由无比正当，此举被支持大革命的报刊赞为抵抗"恶霸"的义举。他们发出通告，紧急要求各附属俱乐部对抗斐扬派。不过他们受到罗伯斯庇尔的民粹主义控制，依旧不愿反对君主制本身。总而言之，严守法律的雅各宾党人的两个主要立场——支持罗伯斯庇尔的民粹主义者和布里索主义的共和派——看起来已经结成联盟，共同对抗斐扬派的"冒牌货"。但事实将很快证明，这样的联盟不过是一种幻象。

第 7 章

对教会的战争

1788 年至 1792 年

有人提出："在大革命之初并不存在宗教与革命之间的明显对立。"从大众文化与社会整体的角度来说，这大体上是正确的。[1] 不过此类论点还需限定在一定范围之内。站在大革命左派共和主义领导层，而不是平民大众的角度来看，大革命从一开始的首要任务就是要反抗作为权威的教会及其自治机构、价值体系和教义思想，这一点绝对确定无疑。

思想自由、信仰自由、言论自由以及人的权利是大革命的核心，却不被教会权威认可。即便在 1788 年哲学小册子作者中最温和的切鲁蒂看来，哲学与过于"奢侈的教会"之间的"战争"都不可避免，因为神职人员尽管在社会中身居无人能及之高位，占有无与伦比的资源，却并未给予穷人或破产的法国以充分支持。正相反，他们毫不犹豫地捍卫那些对于左派革命领导层来说显得野蛮而毫无依据的特权、危害社会的立场和豁免权。切鲁蒂认为，"即便在长达数世纪的无知中，是（神职人员）在控制无知的人，既然如今最明亮的光正启蒙各民族，这些人就必须屈服于正义与美德，成为祖国的教士，因为他们曾是宗教的教士"。教会的人员、地产、收入和租金必须用来为民众服务，而且他们拿出来的数量必须比过去多得多。[2]

托克维尔后来描述说，1789 年以前的法国社会中没有任何其他群体，享有比教会更大的自治或更多的特权。除了陆军和海军，也没有其他社会组织像教会那样，将社会等级反映得如此彻底；事实上，所有大主教和主教都是贵族。[3]因此，革命主要领导人关于大革命和民主的核心愿景，就是必须剥夺教会的自治权、豁免权、独立财政来源、各种特权地位和稳固的贵族领袖机制。[4]这还不是全部。还存在一个更加直接的政治面向，教会这个集特权、豁免权与自治权于一身的庇护所，数十年来一直在与现代哲学斗争，如今法国精英阶层最大的指望，就是通过教会从平民中动员必要的支持，捍卫旧制度与保守主义，反对平等与民主。确实，教会的权威、教义和布道是保守主义反抗大革命最强有力的武器。《巴黎报》1791年1月15日大声疾呼："贵族们啊！千万不可忘却这一崇高理念：教会单枪匹马的英勇抵抗，即可救尔等于大革命之危难。"[5]天主教教会，"王国之内最有权势的组织"，的确领导了对大革命的反对行动，尤其是反对革命派哲学领导层的意识形态。

同样，"世俗的暴君与神圣的暴君"之间结成长久而密切的联盟来对抗大多数人的利益，这对所有笃信狄德罗、霍尔巴赫、雷纳尔和爱尔维修作品的人来说都是不言自明的。教会、国王和贵族相互勾结，把人民控制在蒙昧的状态之中，这样的论证首先由梅利耶和布朗热在他们关于教士、贵族和国王如何互相支援的理论中提出，而后影响了米拉波、布里索、孔多塞、西哀士、博纳维尔、尚福、沃尔内、切鲁蒂、德穆兰，还有卡拉和戈尔萨斯一类记者的思想世界。对于国王来说，如果他们想要成功误导人民，让人民服从于有助于君主维护自身必要利益的观念和机构，无知和教权就是不可或缺的。只有通过宗教，国王才能充分蒙蔽人民，让他们对加诸自身的剥削、贬低与不幸逆来顺受。沃尔内在其最重要的作品，即于1791年出版的对大革命的评论中，断言"世俗的暴君与神圣的暴君结成普遍联盟"，为的是剥削和压迫广大受到蒙骗的群众。[6]

教宗统治与教阶制度与大革命的所有核心价值水火不容。从一开始，大革命和教会之间爆发公开冲突这一点就已经确定无疑。[7]即便罗伯斯庇尔在这一点上始终坚持温和态度（在某些其他方面也是如此），而且比起他那些启蒙哲学对手来，捍卫宗教和大众虔敬的意愿要强得多，[8]这也丝毫不会改变1778年至1793年成形的哲学集团一直想要攻击作为财产所有者、教育者、社会力量和道德、政治、文化影响力量的教会这一事实。针对教会的多面向攻击不断升级，正如布尔日（Bourges）大主教皮伊塞居于 1789 年 9 月记载的那样，这是"胆大而罪恶的哲学为了颠覆地上的一切而向天堂发动狂暴攻击"的直接后果。[9]

冲突最初由宗教宽容而起，这是启蒙运动的核心纲领。有些神职人员接受对所有教会的全面宽容，但绝大部分还是不接受这一原则。保王派的重要编辑华佑不仅拥戴君主制、贵族制、教权，并严厉谴责启蒙哲学家，甚至还反对有限制的官方宗教宽容。[10] 1789 年 1 月王室规定扩大新教徒的权利范围，他们因此具备了参与三级会议的资格，这项改变使得拉博·圣艾蒂安、巴纳夫和另外 13 名新教徒被选举为三级会议代表。对他们来说，这也是积极支持普遍宗教宽容和提议削弱教会主宰地位的理由所在。然而新教徒对大革命的支持只会加剧天主教的抵抗。1789 年夏季过后，教会对米拉波和哲学先锋们大力推动的全面宽容进行了长达数月的阻挠，但最终还是被 1789 年圣诞夜通过的法令击败。法国成为有史以来第一个规定少数派教会在法律与政治上享有完全平等权利的国家。

这一划时代的法令规定，加尔文教徒、路德教徒等新教徒享有与天主教徒完全平等的社会地位：从这时起，任何基督教徒（言下之意也包括任何非基督教徒），每个宣誓效忠宪法的公民，无论其宗教信仰与种族成分如何，皆有资格担任公职。[11] 如今在法国，"受到启蒙的爱国主义"成了唯一的法定信条。威尼斯公使冷嘲热讽道："就连黑人、土耳其人和偶像崇拜者，抑或是下流的海盗，都能当上国民代表或法国内阁大臣！"[12] 向非天主教徒开放所有职业、公务和政治职位无疑是相当轰动的举措，即便该举措仍然（不合逻辑地）把犹太人专门排除在外。进一步说，《人权宣言》就摆在那里，反对者又该如何捍卫那年深日久的教条，偏要将非基督徒，尤其是犹太人排除在社会之外？[13]

从 10 月开始就一直有人坚持的解放犹太人的提议遭遇了莫里和南锡的拉法尔主教的强烈反对。莫里让步，承认宗教宽容有可能扩大到犹太人身上，但还是不该赋予他们公民权。新教徒的政治权利是一回事，而犹太人由一种完全不同的民族构成，他们只在乎做生意，从不履行公民义务，他们与这个社会格格不入已有 17 个世纪之久。在波兰，犹太人的"富足"是从"基督徒奴隶的汗水中"产生的。莫里否定丰特奈尔关于父辈的罪孽不再驻足于儿子身上的论点，却引述伏尔泰的反犹主义言论，"证明"启蒙运动本身也认可了犹太人的"邪恶"。此外，莫里论证道，必须考虑大众情感。普通民众憎恨犹太人，给予犹太人公民权则一定会加剧这种恨意。主教声称，在南锡，有传言说犹太人打算把该市最好的片区据为己有；反对犹太人的大众暴力威胁始终存在。[14] 然而威尼斯公使意识到，如果将犹太人排除在人的权利之外，议会就违反了自身的原则。[15] 1790 年 1 月 28 日一场火药味十足的辩论过后，（很多个世纪以来）定居于阿维尼翁的犹太人，以及较为富裕、同化程度较高，但数量很少的西班牙裔犹太人社群以 374 票赞成对 224 票反对获得解放。主要提案人是米拉波在传统主教中唯一的盟友——野心勃勃而愤世嫉俗的欧坦主教夏尔·莫里斯·德·塔列朗。[16]

然而把犹太人分成两类——西班牙裔犹太人拥有完整公民权，而居住在阿尔萨斯-洛林、说意第绪语的德裔犹太人族群依旧受到排挤——如此做法毫无持续性可言，而且对任何人都没有意义。威尼斯公使对此深有同感，从逻辑上看，这确实是个"可怕的畸形"，违反一切常识："一个波尔多犹太人能享有人的权利，一个洛林或阿尔萨斯犹太人却不能。"[17] 即便如此，来自议会的抵抗还是如此剧烈，以至于直到 1791 年 9 月，德裔犹太人才最终获得平等的公民权。[18] 法国最后一个被哲学党从教会强制实施的不公待遇中拯救出来的宗教阵营是再洗礼派教徒（Anabaptists），他们在阿尔萨斯、上马恩省和孚日省都有会众网络。1793 年 8 月 9 日，一个再洗礼教派代表团来到国民公会面前称颂大革命，并获得了公民权和免于携带武器的权利。[19]

宗教宽容很快使修行制度濒于瓦解，随即遭到攻击的便是教会财产。人的权利不仅要求思想自由和言论自由，还要求个体选择生活方式的自由。1789 年 10 月 28 日，议会终结了法国政府对所有宗教誓言的认可。任何权威或组织再也不能合法地强迫教徒遵守违反个体自然权利、要求独身、清贫与服从的严苛誓言。不过针对这一点的纷争远不如涉及教会财产的斗争那样激烈。废除了封建权利的"八月四日法令"也旨在废除什一税，但并未说明废除之后有无相应补偿。对大多数法国人来说，这整场闹剧的进展让人摸不着头脑，因为大革命已经承诺要保护财产权，而且在1789 年的农村和城市陈情书中，外省的世俗人士当中几乎没人质疑教会自身的财产所有权。[20] 然而，1789 年 10 月 10 日，即距妇女进攻凡尔赛过去还不到一个礼拜，塔列朗就与米拉波勾结，支持全面没收并出售教会的土地、圣俸和非教堂建筑，并不加补偿地废除什一税，从而震惊了整个立法机关（塔列朗实际上也是议会的神职人员中唯一一个提出如此政策的议员）。[21] 塔列朗的行径是对整个主教团体极度可怕、令人震惊且无视一切的背叛。

哲学集团要求全面没收教会财产一事引发了彻底的骚乱，很多神职人员，尤其是高级神父抗议说这是要置宗教和教权于死地。革命领导层回应道，宗教与教会的教义不会受到触动；现在只不过是要求教会进行外部组织的改革，这是为了教会自身的利益。1790 年 2 月，夏尔·德·拉梅特断言（无意中带上了反讽意味），议会的计划带给教会的威胁并不比[22] 带给王室的要大。10 月对教会财产进行的充公运动缺乏群众支持，但这恰恰印证了尚福的论点，那就是人民根本不知道该往哪里走，因此必须由"牧羊人"来引领他们。[23] 尽管如此，他们还尚未试图修改教义，或挑战教会的精神指引或教育角色。直到此刻，削弱教会的行动还基本停留在经济和制度层面。然而即便如此，这些早期举措已经明显威胁到教会的一般地位、权力和独立性；而更严重的还在后头，这一点也显而易见。

教会持续占有了好几个世纪的土地、圣俸和捐赠真是教会的财产吗？教产曾被用以支持教会，维持信仰，促进教育，救济穷人，这些都曾是社会所需的功能，而今教会以外的机构能够更好地执行这些功能。从社会角度看，此次变革是为了消灭浪费和腐败。迄今为止，高级教士都由贵族担任。主教、代理主教、座堂司铎、修会会长与修道院院长全都通过享受他人钱财而过着奢靡的生活，这是一个从社会上和道德上来看十分有害且难以容忍的体系。米拉波和他的盟友们（托雷和沃尔内在捍卫这一点上表现得尤其突出）坚持认为，国王和世俗人士捐给教会的一切都应属于人民。

沃尔内在 1789 年到 1790 年的冬季期间是米拉波追随者中的一员大将，至少从 1788 年开始，他就曾高调地公开疾呼，教会的财产属于国民。他希望，通过没收并出售教会财产，使成千上万生活贫苦的农民和工薪劳动者转变成为小型有产者。[24]

教会在这场战斗中很快败下阵来。尚福在背后煽风点火，发表了一篇又一篇文章，宣称大革命亟须削弱教权。[25]哲学党的反教会宣传领袖们和塔列朗一道，不知疲倦地投入到区分个人财产和承担社会职责的机构的财产的造势活动中去。他们声称，教会财产和其他财产属于不同范畴，因为前者来源于教区居民捐赠，被托付给教会，用于接济穷人，进行教育，并履行别的社会职责。如此声明一开始看上去并未直接把争论指向教权或宗教本身，革命者也因此赢得了一些低级教士的支持。

米拉波进一步论证道，把捐款留在神职人员手中还存在着严重不妥，因为这意味着任命主教等高级教士的旧方法岿然不动，如此一来，旧制度的"腐败"也会长存不衰。这样的论述也吸引了一些鲜少从这些财富中分一杯羹的低级教士。因为一旦议会承认教会拥有的土地和收益属于教会的正当资产，事实上也就意味着尊重并"巩固教会中的等级分化"。

在莫里的领导下，议会中的教士代表对"掠夺我们财产"的做法做出了力所能及的抵抗。几乎没有教士认同福谢和拉穆雷特的观点，后两者认为没有财产的教会在神性上更胜一筹，而财富是"堕落的根源"。[26]（就连格雷古瓦教士也反对让教士转型为国家公职人员。）但有很多低级教士对塔列朗的保证深信不疑，那就是出售教会地产计划的所得将用来支付神父们的薪水，这是教会财产充公法令的核心条款，用来保证每个本堂神父都能因此得到不少于 1200 里弗尔的年薪。[27]人们利用高级教士与低级教士之间的罅隙，成功迫使教阶制度退至守势。作为报复，主教们谴责启蒙哲学观念是肆虐法国的最可怕恶魔。[28]保守派神职人员抗议说，卢梭无论如何都不可能宽恕米拉波对教会的攻击。卢梭坚持认为"宗教"永远是一个国家法律的根本。莫里迫不及待地想把革命领导层在公众面前假意崇敬卢梭、实际上却无视这位人民新英雄的嘴脸展示出来，因此强调了卢梭对他那些启蒙哲学家对手反宗教倾向的蔑视。

1789 年 11 月 2 日，议会以 568 票赞成对 346 票反对（40 票弃权），通过了塔列朗的动议，终结了教会在财政上的独立，将所有教会财产收归"国家所有"，并计划给教士支付薪水，继续为他们履行社会职能提供支持。[29] 在巴黎咖啡馆和街头群众的支持下，在 1789 年压倒性的氛围中，革命领导层能够相对容易地给大多数议员施加压力，保证他们追随该团体的领导，这一点已经被其获得的压倒性票数所证实。据威尼斯公使记载，就在该关键投票通过之前，谢尼埃的《查理九世》在巴黎上演，这是部中伤教会的剧作，通过回顾圣巴托罗缪日大屠杀，明显意图将舆论导向革命领导层一边。一些教士因此认为，议会领导并非由天主教徒而是由"新教徒与不信教者"构成。[30] 1790 年 2 月 5 日，议会投票决定，开始由国库颁发教会圣俸与年金，并对各正规教会团体进行财产登记。[31] 有关教会财产充公到底该如何进行的争论持续了好几个月。然而到了 5 月 4 日，议会已经敲定了出售教会土地的条款，从 6 月开始，数量巨大的农庄、牧场、森林以及城市地产被投入市场。[32] 尽管孔多塞与米拉波、沃尔内达成一致，对这种愚蠢地将大量教会地产在自由市场倾销，进而导致土地价格彻底贬值的做法颇有微词，不过在没收教会财产的社会用途方面，他的热情丝毫不逊于前者。[33]

接下来的行动是解散所有修道院。尽管在 1789 年 9 月，米拉波的《普罗旺斯邮报》已经提到：就宗教社团是否有用的"大问题"，启蒙哲学家和"理性"本身早有定夺，然而反对声一直十分强烈。[34]《巴黎专栏》说，"高尚的灵魂"通达真理，把废除宗教修道社团视为合情合理，而伪善者则将其认作不敬与渎神。[35] 表面上看，议会的宗教委员会由保守派把持，它包括两名主教、7 名其他成员，比起支持启蒙哲学家，他们更支持主教。然而想要抵挡反教权的攻击并不容易，因为再一次，"高尚的灵魂"们确实在施加压力方面更加得心应手。[36] 这一点体现在 1789 年 12 月到 1790 年 3 月之间的一系列激烈辩论中。12 月 17 日，原巴黎高等法院律师，如今的宗教委员会（comité ecclésiastique）主席让-巴蒂斯特·特雷亚尔提议彻底解散那些严格遵守隐修誓言的社团，因为它们完全没有社会功用，仅仅使得修士靠花别人的钱而过活。[37] 在一场混乱无比的辩论上，

（新教徒）巴纳夫宣布宗教社团与自由、平等和人的权利相悖。[38] 辩论过后，议会拒绝妥协，甚至不愿接受在每个市镇至少保留一座修道院，纵使格雷古瓦教士抗议说，对这些修道社团进行"毁灭性的打击"很"失策"，因为这样一来，学术活动、农业生产和信仰本身都会遭受冲击。

1790 年 2 月 13 日，议会宣布不为教育或慈善事业做出贡献的修道院全都与社会利益相悖，因此被"永远"废除。[39] 为了区分那些对社会有贡献的社团，全法的男女修道院在 3 月初都收到了调查问卷，要求他们提供管理、生活规定和使命等方面的详细信息，以及院内修士的身份和年龄。[40] 既然国家法律已经不再认可"修道院对男性或女性的庄严誓约"，因此任何想要离开修道院的男女都可以这么做。不愿放弃誓言的修女可以留在原有修女院内；坚持遵守誓言的修士则必须重新集中到其慈善事业获得国家认可、至少拥有 15 名成员的修道院去（不论何种教派社团）。[41] 这样一来，每种教派中只剩下若干拥有"慈善"资格的修道院，它们吸纳了为数更多遭到解散的修道院中的修士。大部分正式神职人员几乎没有进行任何抵抗就离开了他们原先的驻地，很多人移居国外，或干脆放弃了修士生活。而且在保留下来的修道院中对各教派进行无差别混合的做法，让原本并不愿放弃誓言的修士们别无选择，只好重回世俗生活。自愿撤离的修士能获得 700 到 1200 里弗尔的年金，然而驱逐行动即刻进行，承诺的年金却要等到 1791 年 1 月才开始发放。在许多地方，拒绝撤离的顽固分子都占大多数，他们牢牢地控制着修道院。在巴黎市中心著名的圣日耳曼德普雷修道院，全部 47 名修士中就有 37 名拒绝撤离。

从 1789 年冬季至 1790 年春季，有越来越多的教士议员坚持参加议会的会议，他们情愿从议会内部尽可能地进行抵抗。[42] 尽管从 1789 年 10 月开始就成了受到持续打击的对象，晕头转向的主教们还是没有做出公开否定大革命的进一步行动。不过到了 1790 年 4 月，还在参加议会会议的教士已经处于与其彻底决裂的边缘。4 月 11 日，他们正式抗议许多辩论中的反教权论调，威胁要集体缺席议会会议，一些人则直接离开了会场。4 月 12 日，神秘主义的加尔都西隐修会圣师热尔勒提出了他那未获批准的动议，这份动议是他与其他教士一同筹备的，要求宣布天主教为法

国唯一受到公共认可的国教。一些低级教士依旧对 1789 年 6 月那次教士
与大革命的结盟抱有期望，认为那样的联盟有可能克服一切障碍，然而这
几乎是不可能的。毫无疑问，只有很少一部分法国人为解散修道院欢呼
雀跃，在这些人看来，解散修道院不过是个前奏，对教会更猛烈的打击会
接踵而至。当时最激烈的反教会传单要数《本堂神父梅利耶的教理问答》
（ *Catéchisme du curé Meslier* ）——主笔西尔万·马雷夏尔是科德利埃俱
乐部中好战的平等主义无神论者，共和主义启蒙哲学家——这份传单回顾
了让·梅利耶的非宗教共产主义和无神论思想，希望将其反基督教的要旨
传播得更广更远。[43]

　　与此同时，法国与教宗国交恶，二者在阿维尼翁和维内桑伯爵领
（ *Comtat Venaissin* ）的飞地内冲突四起，庇护六世于 1790 年 3 月 29 日在
罗马谴责《人权宣言》（即便当时只是在秘密宗教法庭上这么做）——这
一切都使总体事态不断恶化。到了 1790 年春季，革命者已经赢得了阿维
尼翁市政的控制权，并怂恿法国吞并这片教宗领地，当地新教徒、犹太
人、自然神论者和不信教者都大力支持这项行动。作为反击，教宗的支
持者于 1790 年 6 月 10 日在阿维尼翁煽动群众叛乱，攻击革命者、新教
徒和犹太人，革命者的回应则是宣布法国吞并该飞地。吞并行动在属于教
宗的维内桑伯爵领引发了激烈的反抗，最后发展为持续整整一年的小规模
内战。

　　然而关键性的战役和斗争高潮针对的是议会关于全面重组教会的提
案，该提案旨在强迫教会向国民利益和"公共意志"低头，终结教会自治
和贵族对主教职位的把持，彻底改革教阶制度。未来的教会活动必须受到
政府的管制，包括崇拜仪式、宗教关怀、基础教育和慈善活动。设计并推
动关键立法的是一个激进的革命集团，其成员包括米拉波、特雷亚尔、朗
瑞奈和加缪。按照马卢埃的说法，加缪是"狂热的冉森派"，无疑还是个
博学的教会史与教会法专家（亦是日后"国家档案馆"的创建人）[44]，而
事实上，加缪是坚定的共和派、贵族制的敌人，全力支持埃拉斯图斯主
义，对教宗统治持反对态度——基本上也是所有教士的眼中钉。[45] 他们与
大量激进的改革派教士——比如拉穆雷特、福谢和格雷古瓦，还有一些冉

森主义者并肩作战。他们制定的法案将导致教会制度结构的根本性重组。为了给诸多变革提供支持，改革者声称自己并不是要改变教会本身，而是要重建其遗失已久的使徒时代本性，使其重新变得贫穷、无产，成为人民的"仆人"——按照福谢的说法，要使"普世自由"具体化。他们格外强调主教的巨额收入和贵族式奢华（对此特雷亚尔不惜用上"腐败"一词），还有主教们根深蒂固的"专制主义"。有一本小册子宣称，耶稣基督并未在他的门徒当中设立等级，而是将他们全部置于相同的地位。这些门徒的后继者是被人民而不是被某个腐败的教廷（即教宗国）任命为主教的。由此推断，《教士公民组织法》（Civil Constitution of the Clergy）"远远没有违反宗教本身，事实上，它与福音教义完美吻合"。[46]

1790 年 5 月 29 日，为了混合宗教与非宗教人士而在人数上扩大了一倍的议会宗教委员会提出了自己的《教士公民组织法》。[47]这一关键法令主要包括四个方面的内容：改革主教职位、改革教区系统、建立本堂神父与主教通过选举产生的制度，最后是终结罗马对法国天主教会的管辖权。[48]根据该法令条款，主教团队在规模、财源和管辖权上都将受到大幅度削减。主教区边界将重新划定，这样一来，法国就只剩下 83 个主教区，正好对应 83 个省，从而消除主教区之间长期存在的不平等现象。结果就是52 个主教座堂被直接废除，法国主教的人数从 135 人减少到 83 人（后来增加至 85 人）。与此同时，余下主教的收入将大幅度减少，此后在居民人数超过 2 万的城市，主教的收入只有 2 万里弗尔，而在那些居民较少的中心市镇仅为 1.2 万里弗尔——只稍微高于大教区本堂神父收入的两倍。[49]"大主教"（archbishop）等级被彻底废除，这让整个教会高层惊恐万分。目前十个级别最高的教士，即巴黎、鲁昂、兰斯、里昂、贝桑松、普罗旺斯地区艾克斯、图卢兹、波尔多、布尔日和雷恩昔日的大主教，从此将被称为"都主教"（metropolitans）。

教区边界也被重新划定，使得每个教区在土地面积和人口多少上大致均等，这导致数百个教区不复存在。城市和农村的本堂神父数量剧烈下降，在那些人口不足一万的城镇尤其如此，因为它们如今都只能拥有一个本堂神父。[50]在巴黎，近三分之一（11 名）前神父被除名。[51]而在更小的中心市镇，除名的比例还要更高，往往超过一半。阿拉斯的神父从 11 名减少到 4 名，欧塞尔（Auxerre）的则从 12 名减少到 4 名。[52] 为了终结古老的主教任免系统，广泛采用贵族建制的座堂圣职团和代理主教职位也要废除。从今往后，每名主教候选人都必须曾作为神父在普通教区侍奉 15 年，再通过公民"选举"成为主教。福谢强烈支持由人民选举神父和主教，认为这是唯一能够彻底铲除一切"贵族制"与等级制因素，并有效迫使教堂服从"公众的声音"即公共意志的方式。主教应由各省议会选出，本堂神父则由当地议会选出，任命不再需要征求梵蒂冈同意，亦无须获取任何外部批准。[53] 另外，本堂神父和主教的选举不应通过任何天主教徒的团体，而应通过所有具备选举资格的"积极公民"，也包括新教徒和犹太人，这样的民主原则旨在将所有教士变成公众的仆人。

这些举措意味着贵族被排除出主教职位，而且高级教士整体上大规模减少。如今所有教士将作为公职人员领取工资，而且只存在两档职位：本堂神父和主教。米拉波在 1790 年 9 月的《普罗旺斯邮报》上评论道，自由国家的公职人员都"应该拿工资"，这是令很多人难以理解的革命原则。在旧制度下，"领工资有失体面"的想法过于深入人心。领工资的职位意味着必须为公众服务，这种身份对于贵族和高级神职人员来说有损名誉。但在革命的法国，任何职位都不会再通过继承获得，不再具有等级属性，不再与工资无关；法官如今也领工资，而且能被免职，根据该法庭服务人数的多寡，选举产生四个层级。类似规定必须应用到所有部长、主教和本堂神父身上。[54] 所有公职人员都应该领取工资，为社会服务，并且可以被免职。

国王、教士和很多议会议员都对宗教委员会这种不留余地的计划感到震惊。[55] 相当大一部分教会机制就这么轻而易举地被废除，包括座堂圣职团、咏祷司铎团、唱诗学校，以及部分圣乐研习和实践活动。[56] 诚然，某些受到 1789 年以前冉森主义学说影响的神职人员是支持大范围改革的，而且早在 1789 年以前，若干像福谢这样的人甚至已经提议通过选举产生主教和神父，并提出其他彻底变革的方案。[57] 但除了愤世嫉俗的塔列朗，没人会接受启蒙哲学原则认为在世俗权威的管辖效力之外再无任何神性的世界，或者无须征得教士同意就强制施行所有变革的观点。然而议会内部教士的抵抗明显弱了下来，因为强硬的保守派拒绝妥协，而更加灵活的自由派阵营则急于在各方面尽可能达成妥协，他们之间的不和愈演愈烈，（在教会问题上）愈发棘手。到了1790年6月，保守派大都退出了议会。劳神费力的辩论又延续了超过6周，1790年7月12日以教会彻底被击败而告终。虽然遭到290名保守派议员的强烈反对，《教士公民组织法》还是以绝对优势通过了。

很多人认定该举措超出了必要的限度，而有的人则觉得这还远远不够。9月中旬，数名议员在亚历山大·德·博阿尔内的领导下提议废除那些尚获准存在的宗教社团中修士的"装束"，因为这也是不受待见的旧社会残余。博阿尔内是参加过美国革命的退役军人，也是1789年率先加入第三等级的贵族之一，他的妻子约瑟芬后来嫁给了拿破仑。强硬派还鼓动禁止所有在宗教仪式上的特殊着装，这样一来，教士就不再与其他公民有所区别——《普罗旺斯邮报》评论说，此乃最为明智的提议，应该广泛应用到所有公职人员身上。[58] 据《巴黎专栏》报道，"从道德上获得重生的法国真正的朋友，也希望议会能够允许教士结婚"，纵使在此之前，还有很多残留偏见有待清除，很多"启蒙哲学的真理"有待宣扬。反对者抗议说这样的改革应该征得教宗批准。米拉波的支持者对此不屑一顾，认为只有由"理性、自然和国民"作为指引的议会——而不是什么法国以外的权威——才能决定是否应该剥夺任何公民的婚姻权。[59]

大革命与教会之间的罅隙在《教士公民组织法》通过之前就已彻底无法弥合，这一事实体现在1790年7月17日由南特大区的105名本堂神父呈交议会的集体请愿书上。他们坚信，维护良好的社会秩序离不开维持神权与世俗权力的彼此分离。神要求他的教会必须建立在"与世俗政府的基础全然不同的根基之上"。教会等级一旦因为人的要求而发生更改，它的制度就不再神圣，而"我们已经受到了蒙蔽"。无论是人民还是他们的代表，都不可自称拥有高于教会的权威。改革者宣称要恢复基督教早期形式与早期教会的廉洁，然而对早期文献的研究表明，主教从来不是由人民选举产生。把选择神父的权利交给人民违反教会法，而且除非得到罗马教宗的批准，否则这种选举就完全无效。由圣彼得建立的真正权威系统遭到破坏，由此产生的分裂主义正在把教会和得救之途排挤出大革命。属于恺撒的应归还恺撒，这一点他们欣然接受，但神权问题超出人的意愿：侵犯神权也就是侵犯最高神意。必须召开国教理事会，制定比目前颁布的计划更符合教会法、更能被接受的改革方案。

这些强加给神职人员的羞辱与穷困是"某种被过度认可的哲学"带来的。请愿者放弃一切煽动群众抗议的诱惑，也不反对"失去我们的财产，既然基督教教义让我们学会牺牲"。但是不该允许自由思想与无限制的宗教宽容。[60]大革命通过反对"统一崇拜法国王室"，而容许"各种各样的荒唐崇拜"，这是错误且不可原谅的。新教徒在宗教战争期间给法国造成了巨大的破坏，那时候他们还没有任何自由。一旦允许他们享受无限的自由，任其肆意妄为，难道不会发生更可怕的事情吗？到处都会爆发仇恨与冲突。而议会本身应该为所有一刻不停地"唾弃"神职人员的可憎的诽谤传单负责。大革命一心强迫舆论把神职人员和人的权利对立起来，他们一旦进行反抗，大革命就威胁要剥夺他们的薪水，强迫"我们在违背信仰或死于饥饿之间做出可怕的抉择"。失去地位和尊严的神职人员，又能为宗教提供什么样的服务呢？

"只要道德高尚"，议会争辩道，神职人员就能赢得教区民众的尊敬。然而基督教早期的使徒们就是"道德高尚的"，而他们因此迎来的却只是谩骂、入狱和处决。这个世界后来改信基督教，是因为出现了惊人的"神迹"，而非"因为道德"。如果没有神迹，如今的教士又该对人民做出何种期待？[61]请愿者对革命者"追逐永恒真理的傲慢冷漠"以及"不假思索地给任意信仰开绿灯"、把"理性奉为偶像"的做法深恶痛绝。基督教本身就能给人以自由，剩下的则是"混乱不堪的皮浪怀疑主义"（pyrrhonisme）。一旦人对于一切自身理性有能力揭示之上的东西毫无敬畏，除了自然本性，没有什么能够限制于他，那么人与人之间相互的权利也就基本无效。所有人生来就是兄弟，这或许是启蒙哲学的原则，但只有基督教能劝导人民相亲相爱。基督教将关于博爱的训导奉为信条；没有基督教，人类的兄弟之爱就没有力量。议会培养的是伪崇拜，是破坏神权的彻底重组，而神权的原则与统治世俗世界的原则是截然不同的。

其他任何革命措施都没有像《教士公民组织法》这样，让国王在批准之际感到如此挣扎。尽管特别不情愿，路易还是于 1790 年 8 月 24 日暂时批准了这项举措，同时正式请求教宗的批准，虽然（或正因为）教宗先前已经拒绝承认该法（当时还只是私下拒绝）。国王的批准让那些希望路易率领教会十字军反抗大革命的人心灰意冷。但不管君主是否支持，教士们的反抗仍然持续。10 月 30 日，艾克斯大主教布瓦热兰发表的《原则阐述》（Exposition of Principles）就是一次重要抗议，30 名主教与议会的另外 98 名教士议员对此联名表示支持。该文尽管措辞圆滑，却否定了所有不经教宗批准就废除主教职务并进行其他改革的一切讨论，因为这违反教会法而不具备任何效力。这份宣言最后得到了 119 名高级神职人员的认可，号召法国全体教士反对大革命，纵使只是以消极抵抗的方式进行。[62]国王又经历了长时间的犹豫，最终于 12 月 27 日正式批准了《教士公民组织法》，而据他自己承认，他当时根本别无选择。他迟来的批准在议会中引发了一阵阵"国王万岁"的欢呼，而那些反革命的议员则彻底陷入了"绝望"。通过推迟了几个月才做出最终决定的行为，国王显然希望鼓励教士和修士进行抵抗，让他们更加紧密地与君主制事业团结一致，而且正如马拉粗俗地形容的那样，他希望动员"所有自由的敌人，所有无能的心灵，所有信教者与大傻瓜"。[63]极端保王派报纸抗辩道，国王若是真有自由决断权，就绝不会批准如此举措。《巴黎报》认为，教会服从国家违反了基督教传统，也违反了所有基督教价值和基督教社会的根本原则，那就是教权本应统治社会。基督教本应将国家纳入自己的胸怀，而不是正相反。只有（获得新教主义支持的）有害共和观念广为传播，才可能产生如此后果。[64]

而宗教革命就这样开始了。废除座堂圣职团的行动从巴黎圣母院开始，很大程度上是自发进行的，并立即取得了成效，数十名咏祷司铎失去了职位和收入。主教座堂和巴黎其他教堂中的贵重金属制品若不是弥撒典礼的必需之物，几天之内都被统统搬走。[65]与此同时，议会在 11 月 27 日这天颁布了一项补充法令，由诗人、剧作家、四大学院院士、激烈反教权

的尼古拉·路易·弗朗索瓦·德·纳沙托提议通过，要求所有在法国担任
公职的教士按照《教士公民组织法》的规定对宪法宣誓效忠。[66] 所有神职
人员则必须宣誓效忠国民、法律、国王并维护宪法。除了那些将要在议会
上宣誓效忠的教士议员，本堂神父和主教都必须于礼拜日弥撒过后，在各
自教区的教堂或主教座堂中，当着地方市镇理事会的面宣誓效忠，宣誓日
期应征得市镇官员同意，并提前广而告之。拒绝宣誓或随后反悔的教士则
是"违法造反"，将被剥夺职位、工资、退休金和"积极公民权"，拒誓者
还将失去担任其他公职的资格。这项法令激起了更大的愤慨，但教士们再
次发现，抵抗很难奏效。11 月 27 日，巴纳夫作为议会"议长"，向雅各
宾俱乐部"付钱招募的游手好闲者"发放了大量"白卡片"，按照极端保
王派报纸的说法，目的是用来戏弄教士议员们，让这些手持"红卡片"的
反对派难以找到空着的座席。挤满了人的议会大厅造就了一种恐怖的氛
围，为右派的溃败做出了贡献。教士宣誓的法令就这样通过了，尽管国王
曾对此闪烁其词，犹豫是否应该批准。[67]

　　第二天，格雷古瓦教士率领另外 60 名本堂神父来到议会，接受新誓
言，发誓"尽我所能维护法国宪法，尤其是《教士公民组织法》的相关法
令"。格雷古瓦断定，《教士公民组织法》丝毫不违背天主教教义。[68] 然而，
大部分教士并不同意这一点，因为誓言内容完全没有提及至高神权或教宗
权力。议会宗教委员会的主要反对者，同时也强烈反对解放犹太人的克莱
蒙总教区主教于 1 月 2 日向议会提出"公民誓言"的替代版本。根据他提
出的方案，教士将宣誓维护宪法和《教士公民组织法》，但"根本上有赖
于神权批准的条款除外"。该提案于 1791 年 1 月 3 日和 4 日在议会中引发
了混乱不堪的讨论，卡扎莱斯率领的右派要求议会规定改革不得侵犯教会
的"神权"。"这不可能"，米拉波如是回击，因为教士们所谓"神性的"
一切，在议会看来都是"世俗的"。[69] 结果就是除了塔列朗和另一名高级
教士，议会中剩下的 44 名高级教士都拒绝宣誓。占据议会更多席位的低
级教士同样如此，尽管他们中的部分人受到格雷古瓦影响，但大多数也拒
绝宣誓，并追随主教们大规模退席。议会中总共只有三分之一，即 89 名
教士勉强同意宣誓，还有几名经历了随后数日的痛苦煎熬，又宣布撤销誓

言。宣誓的教士此后构成了新的"立宪派"教士领导层。[70]

1791 年 1 月 4 日，议会否决了克莱蒙主教的抗议，规定所有"教士官员"一旦拒绝进行公民宣誓，其职位便按空缺处理，由愿意宣誓的教士顶上并领取其工资。这一刻非常关键，因为它使大多数旧主教和许多教士与大革命永久决裂了。必须指出，克莱蒙主教的替代宣誓方案不仅立刻被民主共和派否决，就连巴纳夫和夏尔·德·拉梅特领导的中间派也坚决不予接受。因为中间派和左派双双认定，任何凌驾于宪法之上的权威都没有商量的余地。法国 135 名主教中只有 7 名屈服，其中就包括路易十六的前任首席大臣，洛梅尼·德·布里安枢机，前桑斯（Sens）大主教（如今降级为主教），然而他本人即是启蒙哲学家们的朋友，也是个臭名昭著的不信教者。[71]首都严峻的紧张局面持续了好几个礼拜，因为巴黎目前24 个教区的"教士官员"被要求于 1791 年 1 月 9 日和 16 日两个礼拜日进行宣誓。科德利埃俱乐部煽动分子詹姆斯·拉特利奇的《熔炉报》（Le Creuset）声称，拒誓派教士负隅顽抗根本不是出于宗教动机，而是基于世俗方面的考虑。[72]1 月 9 日，巴黎各教堂挤满了人。为了防止混乱，步兵和骑兵都派出分遣队驻守在主要教堂门外。教堂附近街道从上午 6 点开始就有人巡逻。巴黎 52 位本堂神父中有 28 位起先宣誓效忠，人数堪堪过半，但有的后来撤销了誓言，这又让拒誓派人数刚好超过了半数。[73]

不管是宣誓派还是拒誓派都收获了不少喝彩或谩骂，但据说大多数巴黎人都希望他们的本堂神父宣誓。就在此时，巴黎的剧院故意上演煽动性剧作，比如《卡拉斯，或宗教狂热》《严酷修道院》（Rigueurs du cloître）和《火刑，或宗教裁判所》（L'Autodafé, ou le tribunal de l'Inquisition）。很多观众获得免费戏票，反复进场观看这些表演。如此一来，人数上原本就相当可观的反教会民众代表团愈发扩大。尽管群情高涨，在那些本堂神父拒绝宣誓的教区，人们还是允许他们说明拒誓理由，并保护他们不受抗议者围攻。在马德莱娜教堂内，几乎所有供职教士都拒绝宣誓，并宣布那些妥协宣誓的同仁是"伪神父"。[74]一度有群怀有敌意的民众决心捣毁《国王之友》报社，他们聚在一起，打算攻击华佑教士的家，后被国民自卫军制止。1 月 27 日，由共和派领导的巴黎市"选举人"会议召开，打算在 1

月 30 日决定如何替换拒绝宣誓的本堂神父。[75]

按照马卢埃那很有可能较为准确的估算，1791 年 6 月，法国神职人员中拒绝宣誓的人数总计在 2 万到 3 万之间，或者说占全法大约 6 万名神职人员的将近一半。[76] 在构成大约一半法国国土的 42 个省的 23093 名神父中，有 13118 名进行了宣誓，9975 名拒绝。总体说来，法国有近 55% 的教士进行了宣誓，但在不同地区，宣誓的人数比例也有显著差异。[77] 波尔多有超过一半的教士妥协并宣誓，而利摩日的 23 名神父中只有 5 人进行了宣誓，雷恩仅有 1 人。[78] 在除首都以外的巴黎盆地区域，还有多菲内，宣誓人数稍微占据多数，而在巴黎城内，拒誓派稍微占据多数。巴黎各神学院的院长与教授除两人外，其余全部拒绝宣誓。在阿图瓦和法属佛兰德斯地区，以及阿尔萨斯-洛林、布列塔尼和西部地区，拒誓教士占据绝大多数。这些地区的拒誓人数比例如此之高，反映出在当地教育程度较低的民众中，对大革命的敌意早已盛行。[79] 与之相反的是普罗旺斯，差不多有 80% 的教士妥协，而下阿尔卑斯省与卢瓦雷省（Loiret）的宣誓人数则超过 90%。然而 1791 年 5 月，平衡的局面被来自教宗的明确谴责打破，这在某种程度上对立宪派不利。教宗的声明促使很多原本并不情愿的宣誓者撤销了誓言，华佑和极端保王派报纸都极力鼓励这种行为。[80] 在教宗的干预下，大约有 10% 已经宣誓的教士选择了撤销誓言。

布卢瓦（Blois）、沙特尔和贝桑松的主教支持议会，接受新划定的主教区与教区边界并进行了宣誓，尽管如此，大部分主教还是断然谴责《教士公民组织法》，包括苏瓦松（Soissons）、坎佩尔和亚眠的主教。亚眠主教马绍从 8 月起就公开否定人的权利，从 10 月起则不再出席议会。[81] 2 月 24 日，巴黎头两位新立宪派主教宣誓就职。[82] 在革命领导层看来，主教不该继续以显赫身份或高人一等的形象示人，而应是才华横溢、具备资格的候选人，是体现人民主权与人的权利的可敬精英。《乡民报》解释说，"过去的鲁昂主教是贵族和教廷的产物，如今的新主教则是自由与美德的化身"。[83] 1791 年的主教选举无疑是真正的竞争，新旧主教之间的鸿沟体现着令人震惊的社会背景与资质反差，即便这样，还是有人积极进行着拉票活动。在 3 月进行的里昂（罗讷-卢瓦尔省）新主教选举中，米拉波和巴黎雅各宾俱乐部的里昂分部为他们的联盟候选人阿德里安·拉穆雷特大力进行竞选宣传。[84] 正如卡尔瓦多斯省（Calvados）的福谢与卢瓦–谢尔省（Loir-et-Cher）的格雷古瓦那样，拉穆雷特的形象在新当选的主教中相当出众。在卡尔瓦多斯主教区，福谢经过激烈竞争战胜另外两名相当够格的候选人，对虔诚的教徒来说，这是个"十足的丑闻"。华佑的《国王之友》对此评论道，与那些"革命派宗教狂热分子"相比，雅各宾俱乐部倒算得上是一伙聪明的有识之士了，因为前者"信奉不敬神的信条，玷污天主教"，他们那些"煽动又渎神的长篇大论"认定耶稣基督是被"贵族"送上了十字架。[85]

从前的贵族主教要么移居国外，要么被驱逐出境。到了 1791 年 4 月底，有 60 名新的"立宪派"主教上任，每次选举都伴随着相当盛大的纪念庆典。4 月 16 日，在广大民众、省级国民自卫军分队、大区行政机关代表团以及当地雅各宾俱乐部面前，特鲁瓦（Troyes）主教宣誓就职。[86] 这几个月内选出的大部分主教其实都是够格且尽责的人，出自本堂神父或神学院教士，在 1789 年以前，他们的晋升途径全被压倒性的贵族体系给切断了。[87] 然而，教宗庇护六世于 1791 年 3 月 10 日颁布《议事敕书》（Brief Quod aliquantum），给立宪派教士定罪并严厉谴责大革命的方方面面，这大大动摇了新选立宪派主教团的地位。4 月 13 日教宗再度发难，5 月 4 日颁布盖棺定论的《济世敕书》（Brief Caritas quae），最终打消一切残留疑虑：教宗毫不留情地否定了法国教会改革，这样的改革连同《教士公民组织法》一道，全被他斥为"分裂主义与异教活动"。世俗机构不得干涉神圣事务，教宗只认可拒誓派、非立宪派主教，并钦定过去和未来的"立宪派主教"选举无效。被迫宣誓效忠的教士必须在 40 天内撤销誓言，否则就要面临梵蒂冈的停职处置。先前教宗于 1790 年 3 月 29 日私下对人的权利进行的谴责也终于公之于众。

在较为偏远的省份不断升级的反抗中，宣誓活动与教区、主教区的边境变更拖了好几个月。在遥远的西南部地区，塔布（Tarbes）、达克斯（Dax）和巴约讷的主教 1791 年 5 月全部离开，巴约讷主教还在西班牙的潘普洛纳建立起一个反抗中心。[88] 尽管瓦尔省（Var）的大多数教士最后都妥协并宣誓，该省全部四位主教——土伦、弗雷于斯、格拉斯和旺克的主教——集体拒誓并逃往意大利。[89] 同样，在主教职位从五个削减为一个的科西嘉岛（只剩下巴斯蒂亚主教），没有任何高级教士愿意宣誓。新任立宪派主教伊尼亚斯-弗朗索瓦·瓜斯科原先是巴斯蒂亚主教座堂的院长，他于 5 月 8 日当选新主教，获得 215 名选举人中的 105 票。他的就职引发了《教士公民组织法》实施以来全法最可怕的暴动，最后演变为 1791 年 6 月 2 日和 3 日对主教府邸的洗劫。作为回应，科西嘉重要的革命人物巴斯夸·保利下令进行残酷镇压，史称"巴斯蒂亚乐园"（cocagna di Bastia）。即便如此，保利也无法阻止岛上大部分女性居民随后对瓜斯科这个"可憎的教会分裂主义者"进行抵制。后来保利背叛了大革命，瓜斯科便陷入孤立无援的境地。1794 年 12 月 23 日，遭到毒打的瓜斯科沮丧地经历了当众撤销誓言的羞辱，并乞求教宗赎罪。[90]

随着 1790 年后期保王党在艾克斯、里昂和土伦掀起的暴动，宗教冲突遍布整个法国。据 1791 年 7 月的《巴黎专栏》判断[91]，大革命已经把法国变成一个"真正的共和国"，使国家深陷反对派保王党与反教会的自由主义君主派之间的争斗，此二者又同时反对共和派和威权主义民粹派；在这场广泛、复杂并不断升级的意识形态冲突中，宗教无可避免地成为中心角色。议会向负隅顽抗的地区派去特别委员会，以加快革命法令的落实。1791 年 1 月，最先派出的委员会来到阿尔萨斯，这是骚动最严重的边境地区之一。三位特派员被授权在阿尔萨斯两省（上莱茵和下莱茵）行使广泛的权力，以便应对当地的危急局面，这三人中包括后来成为大革命中关键人物的年轻法官埃罗·德·塞舌尔。当时大量阿尔萨斯驻军军官已经叛变，斯特拉斯堡还有很多抵抗派教士蓄意煽动天主教徒反抗《教士公民组织法》。有谣言说圣髑已经被人从斯特拉斯堡市内备受尊崇的礼拜堂之一中移走，这在 1 月 3 日引发了该市部分针对新教徒的暴动。[92] 2 月 3 日，特派员们来到科尔马（Colmar），该市大多数民众据信反对大革命，而委员会的到来不过是引发了进一步的骚乱，平息事态变得难上加难。[93]

前斯特拉斯堡大主教路易·德·罗昂枢机全力支持斯特拉斯堡主教座堂司铎团（全部由德意志王公担任，其财富和爵位甚至超过了其他大区首府的座堂圣职）与由法国亲王率领并驻扎于莱茵河对岸的流亡大军勾结，这又给特派员们的工作增添了难度。[94] 这位红衣大主教在莱茵河两岸的管辖权与大量"权利"已经被法国政府剥夺，不过虔诚的天主教徒依旧毫不动摇地效忠于他，虽然他拥有巨额收入与亲王身份，生活奢侈、嗜赌成性，而且公开煽动天主教徒抵抗大革命。[95] 特派员们逆罗昂意志而动，立志于执行立宪宣誓，确保选举秩序和上下莱茵两位新当选主教的就职一切顺利，尽管大部分阿尔萨斯神父始终忠于罗昂，拒绝承认新上任的高级教士。拒誓派还毫不犹豫地煽动群众盲目仇视新教徒、犹太人和再洗礼派信徒，以此作为反对大革命的一项手段。[96] 3月26日，斯特拉斯堡主教座堂发生暴动，起因是一名忠于罗昂的前本堂神父与他的继任者弗朗索瓦-阿尔弗雷德·布伦德尔在圣器室内发生了激烈的争吵，后者由新立宪派主教任命，头一天刚刚上任。罗昂颁布通告，要求天主教徒不可服从由斯特拉斯堡初级议会选出的"分裂主义"主教，因为这是一次"邪恶而可耻的"选举，混入了当地路德教教徒。抵抗派教士不仅在座堂圣职团中占大多数，也主导着神学院和地方修道院，这让罗昂有可能在身处异地的同时维持自身的权威，并持续煽动"宗教狂热"。[97] 直到1791年5月底，阿尔萨斯的情况都未见丝毫好转。为了支持抵抗派教士，人们广泛抵制立宪派教士主持的教务。相信自己"正在捍卫天主教，却不过是盲从于抵抗派教士"的人是如此之多，以至于斯特拉斯堡的省政府请求从法国内地调来5000人的国民自卫军，协同保卫下阿尔萨斯地区的市镇，尤其是科尔马，那里的好公民正落败于天主教狂热分子。[98]

在宗教传统、教会法和教宗权威方面，抵抗派教士是有道理的——1791年2月，《乡民报》刊登了一位拒绝公民宣誓的乡下神父的观点，却被切鲁蒂称为"既无知又狂热"。但是从纯粹的天主教角度看，这位神父无疑是对的。争论涉及独立神权本身的存亡与地位。共和派持续与整个法国的抵抗派进行论战，谴责"宗教狂热"，到处宣扬支持大革命的神父如何宣誓，并对天主教徒保证，教会的真正传统与教义都得到了尊重。1791年2月10日的《乡民报》刊印了奥雅尔盖（Aujargues）本堂神父的誓言，以此提醒教区民众，耶稣要求人们服从世俗权力，而"我们的教义依旧如

此，从未改变"，神圣真理也依然是从前的"神意"："我们的宗教没有受
到任何侵犯；我们父辈的信仰也是我们今天的信仰。"[99] 此类坚定口号的
问题在于，真相其实并非如此。

此外，在捍卫教会剩下的利益时，立宪派教士和抵抗派教士都意识到
他们彼此都处在极端弱势的地位上，因为其实中间派自由主义君主派和民
主共和派即便在其他一切问题上都意见不合，在教会事务上却相当一致。
1790 年到 1791 年冬季期间，由巴纳夫和拉梅特兄弟率领的"温和派"主
导的议会不断唆使有所抵拒的国王对他们那世俗的、自由主义的君主派意
识形态敞开怀抱，而教会则继续在政治和神学上陷入分裂：宣誓派对抗拒
誓派，而后者已经失去了全法大约 45% 的教士职位。[100] 立宪派教士内部
也相应分裂出支持福谢、拉穆雷特和格雷古瓦的一个小派系，与民主共和
左派结盟，而其余教士则支持君主立宪主义的温和派。但是一旦接受《教
士公民组织法》，宣誓派教士同时也对福谢、格雷古瓦和拉穆雷特宣传的
激进的新基督教意识形态敞开了大门，此三者把基督教和民主等同视之。
而那些只把《教士公民组织法》看作未竟手段的左派人士，往往公开质疑
立宪派教士的忠心。《巴黎专栏》断定，"看看往日那些不幸的经历，我们
能就明白他们的品德和行径究竟如何了"，这让坚定的共和派相信，基本
上所有天主教和新教神父对大革命的忠诚都相当可疑。[101]

孔多塞及其同仁特别担心的问题在于，在法国 140 所神学院中，有数
千名神学学生正在被灌输"精巧的诡辩"与"最不利于宪政的箴言"。这
些学生的职业前景已经变得大为暗淡，教师便借此督促学生们无论是公开
或在幕后，都尽可能与现代哲学及其世俗教条做斗争并反对革命派。到了
1791 年 6 月，在教宗表明立场后，"教士的宗教狂热与恶毒"已经引发了
波及甚广的动乱，不仅在阿尔萨斯-洛林、普罗旺斯、阿图瓦和科西嘉岛
肆虐，而且扩散到全国各地，最令人不安的地区当属诺曼底、布列塔尼和
旺代。[102] 毫无疑问，拒不合作的神职人员认为自己是受到无理对待的一
方，而不是意图颠覆国家的造反分子，但要革命领导层不把他们当成"造
反分子"来对待是件十分困难的事。1791 年 12 月，有人向议会报告，说
有当地教士在南特市内外积极酝酿骚乱，排斥新当选的立宪派教士，劝人

不要加入国民自卫军，并鼓动他们违抗法律。[103]

从 1791 年 1 月开始，一连好几个月，"宣誓之战"和立宪派教士就职无疑给法国外省和乡间社区造成最大刺激的问题。公开反对教会改革的现象加重了革命领导层的反教会情绪，也让像拉穆雷特那样支持大革命的人感到沮丧，因为他坚信教宗在这一问题上犯下了致命的错误。[104] 在被流放之前，布列塔尼省瓦讷市的主教塞巴斯蒂安-米歇尔像邻近主教区那些很快受到驱逐的主教那样，在 1791 年 2 月的时候要求教士们在宣誓的时候谴责教会改革。他们对当地农民言之凿凿，说议会的举措会导致他们的庄稼荒芜，所有土地颗粒无收，公民教士操持的圣礼虚幻无效，更糟的是，这是渎神的罪过，会害人生病直至死亡。至于新选出的"主教"，他们全是异教徒；唯一正确的应对方式就是不再前往教堂、公墓和告解室，并与之战斗。[105] 大量非暴力——很快也会出现暴力的——抗议接踵而至，尤其来自愤怒的妇女，她们表现出支持抵抗派的情感。蒙彼利埃市市长、重要革命派人物让-雅克·迪朗在主持新立宪派本堂神父就职之时，被怒火中烧的妇女扔石头袭击并受伤。[106] 在特鲁瓦，有一所教堂的本堂神父于 1791 年 3 月召开集会，说明自己反对《教士公民组织法》的立场，一位强制执法的官员则被尖叫着捍卫宗教的女性暴民赶跑。[107]

所有人都注意到，大革命对大多数人的信仰怀有遮遮掩掩但越来越重的敌意。革命报纸宣称自己并不反对天主教，在官方层面，它们只是严厉批评顽固抵抗的教士，指控拒誓派无耻地为群众宗教狂热、无知与迷信煽风点火，包括鼓励反新教主义与反犹主义。[108] 但这些报纸的评论往往带着不加区分的敌意。约瑟夫二世于 1780 年颁布了给予哈布斯堡帝国境内新教徒与犹太人宗教宽容的法令，但遭到了强烈的反对。《乡民报》引述这件事时，谴责的不仅是奥地利的保守派主教，也是全体主教，声称"主教是最糟糕的贵族，也是有史以来最可憎的特权精英"。[109] 就连这样一个以单纯、未受过教育的村民作为目标读者的报纸，都经常出现如此完全反天主教的措辞失误。抵抗派教士也做出了针锋相对的回应。立法机关自称以基督的名誉办事，然而它是如何构成的呢？很明显，里边聚集的大都是无神论者和非天主教徒——共济会成员、怀疑论者、巴纳夫和拉博这样的新教徒，还有一个他们并未指名道姓的"犹太"领袖。

大革命几乎不可能不对主教采取行动，以削弱其社会力量并压制剩下的那些不服约束的座堂圣职人士、修道院和神学院。1791 年 6 月 7 日颁布的教会改革补充法令意在加倍削减教会职位：议会规定，每个主教座堂，也就是各省的教会总部，都不得拥有除主教本人之外的正式领薪神父。[110] 与此同时，所有大革命的领导人都认识到，《教士公民组织法》有必要符合思想、信仰和言论自由。有人主张采用一种温和的方式，其他人则希望采取更为强硬的手段。西哀士公开批判《教士公民组织法》及其落实方式，对强制性手段的使用予以谴责，对人们采取如此违反信仰自由精神的迫害姿态感到遗憾。[111] 议会同意坚持宽容政策，对那些抵抗派教士在现存天主教教堂或另外建立的圣会上继续为民众祝祷的行为不予干涉。"拒誓派"即抵抗派教士，"在确实不违反法律的基础上"，可以维持"公民"身份并享受一切公民权利，在接下来两年内，这一原则大致得到了尊重。（有组织的迫害直到 1793 年 6 月才开始。）在大革命最初的几年中，拒绝宣誓只会导致失去工资、离开公共教堂，同时不得公开谴责议会、宗教改革或立宪派教士。[112] 1791 年 7 月的议会法令再度强调拒誓派神父的权利和自由，只有一点限制，与先前放弃修道誓言并回归个人世俗生活的修士相同，拒誓派神父不得居住在距离边境 30 法里以内的区域内（出于国家安全考量）。如果当前住所正处于靠近边境的地方，他们就必须搬到内地，并将自己计划前往的地址预先告知当地市政府。[113]

在 1791 年 3 月 10 日的《议事敕书》中，教宗庇护六世彻底谴责了支撑人的权利、宗教宽容、言论与出版自由的启蒙哲学原则，以及《教士公民组织法》，斥责法国制宪议会为"异端"，指控其犯有"分裂主义"罪行。[114] 至于那种人对自己的宗教观点享有"绝对自由"，亦即可对信仰与道德进行自由而独立的思考，而不是服从于教会指导、权威以及原罪强加于身的限制的观念，教宗则称之为"恶魔"。4 月 13 日的《济世敕书》进一步谴责了应用在教会身上的民主与选举原则。[115] 大革命的手段相当于着手改变教会的普世规训，推翻身处教会核心的等级制度并转变神职人员的属性。1791 年 3 月，洛梅尼·德·布里安辞去枢机职务，同年 9 月，教宗宣布他为叛教者。1791 年 5 月底，罗马教廷大使离开巴黎，标志着教宗与大革命之间关系的最终破裂，也意味着路易十六与大革命——即便起初还只是私底下——彻底分道扬镳。直到 1801 年拿破仑与教会达成和解协议，这一罅隙方才得到修复。

第 8 章

斐扬派的革命

1791 年 7 月至 1792 年 4 月

1791 年 7 月至 8 月的斐扬派政变是君主立宪派掌控大革命的最后一次尝试，也是最积极的一次。这对左派来说是一次严重的倒退，它始于 1791 年 7 月 17 日战神广场上发生的可怕事件，当天有大约 6000 人聚集在广场上，给一份请愿书签名。在雅各宾俱乐部依旧严重分裂、虚弱疲软之际，请愿者反对罗伯斯庇尔和大部分雅各宾党人的建议，敦促议会收回赦免国王的成命。这份激进、直白的请愿书要求法国成为民主共和国，因为"共和主义"是"人类理性的杰作"。他们发誓说，除非路易十六的王位首先经过国民投票认可，否则就绝不接受路易十六作为合法君主。到场群众由科德利埃俱乐部和社会俱乐部指挥，大部分是科德利埃俱乐部成员、丹东派和"布里索派"雅各宾党人，还有一些是埃贝尔分子、奥尔良派以及纯属好奇的看客。[1]

在拉法耶特率领的 4000 巴黎国民自卫军到来之前，场面还说得上和谐。一同前来的还有巴黎市市长巴伊。国民自卫军挥舞红旗，宣布进行军事管制。拉法耶特命令群众退散，宣布禁止所有类似集会。大量手无寸铁的群众用怒吼迎接了他："放下旗子，放下刺刀！"这随即引发了骚乱，在场民众开始向国民自卫军投掷石块。[2] 国民自卫军先是放空枪作为回应，接着则是真枪实弹，将骚乱变成一场可怕的屠杀。巴伊后来承认，有 11 或 12 人被杀，但科德利埃俱乐部的新闻传单说"遭到无情屠杀"的人远不止这些，另有 50 人被子弹所伤，横七竖八地躺在现场。很快，极度夸大的报道到处传播，声称死者达 400 人之多。³ 巴伊对议会保证，说一定有外国势力付钱给破坏分子，让他们"误导"民众、煽动暴乱。大部分议员为他鼓掌，不少人明确指责丹东和布里索。巴纳夫向国民自卫军表示祝贺，称赞他们的"勇气"与"忠诚"，他与同僚们相信，在这场严重的事件过后，他们终于挫败了"共和党"。⁴

谴责激进民主派是"暴乱分子"的海报如洪水般淹没了巴黎。既然这帮人的战术如此可悲，证明了拉法耶特和巴伊完全正确，那就是大部分法国人想要走君主制和温和路线，拒绝搞群众动员的科德利埃俱乐部和社会俱乐部所倡导的那种共和主义。拥护君主制的情绪也主导着分裂的雅各宾派内部，在罗伯斯庇尔的追随者当中尤其如此，尽管布里索发表了一段很强势的演说，他用 16、17 世纪的荷兰革命与英国革命说明，二者的失败恰恰是因为在没有消灭君主制的情况下试图推翻君主专制，因此最后徒劳无功。⁵ 在雅各宾党人中，罗伯斯庇尔一面猛烈批判斐扬派，一面为现存宪法辩护，指控布里索、孔多塞、潘恩和卡拉滥用"君主制"和"共和制"的划分，对他来说，这种区别毫无意义，对人民来说亦是如此。"共和"一词是造成分裂的元凶，带有知识分子教条的不讨好意味，使人分心且不必要地浪费时间。罗伯斯庇尔直截了当地将战神广场屠杀事件归咎于布里索过分的共和主义狂热与主智论。尽管罗伯斯庇尔对推行共和主义意识形态的努力感到不满，⁶ 但他当时尚未攫取对日后作为其权力跳板的雅各宾俱乐部的绝对领导权。而愤怒的共和派则指责一度拥护共和理念的拉法耶特，并怒斥议会为"反国民议会"。《科德利埃俱乐部日报》建议，战神广场应该更名为"爱国者的圣巴托罗缪"。⁷

看到罗伯斯庇尔派雅各宾党人的反共和主义立场，巴纳夫、拉梅特兄弟和他们的同盟巧妙地敲定了全面镇压的时机。德穆兰口中"糟透了的灾难"——战神广场屠杀事件，不管是否有人蓄意谋划，都导致了持续数周的有组织镇压，目的是粉碎对民主共和派所倡导的平等主义的支持。温和派不遗余力，意图使"布里索、卡拉、博纳维尔、弗雷龙、德穆兰，（以及）丹东"闭嘴，甚至一度——德穆兰尖刻地记载道——成功说服议会和公众，让二者都觉得这些人是"危险的煽动分子"。坚定的共和派意识到，议会原来充斥着如此之多打算背叛大革命基本原则的"江湖郎中"和"伪君子"，因此勃然大怒。7 月 17 日过后，议会中仍旧公开拥护人民路线的议员发现自己的队伍只剩下一小撮残余势力，其他人则成了可鄙的"贵族、教士、阴谋家、反革命宣传家和蠢货"。[8] 为了把攻击性语言化为行动，镇压在拉法耶特的领导下进行。拉法耶特先前是孔多塞与潘恩的好伙伴，与他们一起谴责那些"邪恶的家伙"，如今他却与这些家伙合作，还对德穆兰、潘恩等人保证了"上千次"，说自己也是"共和派"。德穆兰咆哮道："噢，米拉波，你在哪里？你笃定地说，拉梅特兄弟不过是狡猾而野心勃勃的流氓，打算一有机会就背叛自由——当时我为何不相信你？"看着毫无感激之情的大众转而"反对他们最杰出的拥护者"，那些珍视"爱国主义的神圣火焰与自由的庄严激情"的人，只好对着自己下贱的公民同胞"咬牙切齿"。[9]

巴纳夫告诫说，普鲁士和英格兰正积极策划通过买通煽动分子来破坏大革命。有人怀疑还有一个叫作"埃夫拉伊姆"的普鲁士犹太人参加了"妨害治安"的教唆活动，据说他曾给那些不法分子提供资助。[10] 警方逮捕了几名科德利埃俱乐部成员，并搜寻丹东、德穆兰、罗贝尔和他妻子克拉里奥等人的下落。丹东逃到英格兰，并在那里逗留了几周。有传言说德穆兰在马赛，而他实际上藏在巴黎某处。[11] 尽管市政厅前的军事管制红旗在 8 月 7 日已经降下，但镇压又接连进行了数周。8 月 9 日和 10 日，更多嫌疑人被逮捕，其中包括莫莫罗和埃塔·帕尔姆，《普世报》说后者是格罗宁根一家客栈老板的女儿，立场莫测，她假装为民主自由而战，实际上却是某位荷兰执政官雇佣的间谍。[12] 各处宣扬共和主义的海报全被摘除，特别是孔多塞和潘恩的新闻小报《共和主义者》。局势如此严峻，以至于科德利埃俱乐部被迫关门，俱乐部的所有公共集会与委员会议也全部终止。

大部分共和主义革命报纸一度停止发行。德穆兰的日报从人们视野中消失，朗特纳斯的亦是如此。《共和主义者》最后一次发行是在 7 月 23 日——"屠杀"过去 6 天之后。《科德利埃俱乐部日报》6 月 28 日创刊，

8月10日停刊，仅发行了10期，尖酸刻薄的倒数第二期于7月25日发行。7月28日，社会俱乐部的《铁嘴》暂停发行。[13] 最让德穆兰、孔多塞等人大失所望的莫过于大众的善变。人民早些时候才从巴黎街头的海报中获取了一星半点"良好的信条"，如今这些海报却受斐扬派的报纸影响，无耻地重复着关于"颠覆""外国间谍"和"无政府主义"的荒唐论调。德穆兰控诉道，从7月17日起，公众就开始支持温和派并彻底接受了他们那套说法，以至于让他觉得反革命已经成功占据了每个人的心灵。他在国家剧院碰上一伙人，他们朝过路者大喊"国王万岁！"——他们一定是拿了钱才这么做的。如此一来，这位启蒙哲学观察员便认清了街头普通大众的真面目——"没有个性、愚蠢，如同波浪般无常"，这些人根本不值得勇敢的人冒着无数风险去启蒙。[14] "佩蒂翁、罗伯斯庇尔、比佐、布里索、丹东和所有别的作者，早些时候还被人民视作爱国者"，如今他们却和帕尔姆一样，成了被外国政府"买通"的人。[15] 德穆兰这时才真正意识到，一部合适的宪法只有可能从"启蒙哲学的光明中"诞生，这是唯一的手段，救人于"他们似乎从出生时就身处其中的深重奴役与无知"。[16]

关乎民主共和、人的权利与出版自由的大革命事实上即将遭到彻底扑灭，1791年7月底至8月间，这一点看起来可能性非常大。斐扬派似乎已经控制了王室、议会、皇家大臣、巴黎公社、国民自卫军和军队。[17] 据德穆兰估计，议会中只剩下12到20名公开捍卫基本权利和民主的坚定分子，这确实使得温和派可以随意践踏八九年原则。在议会制宪委员会中彻底受到孤立的西哀士在整个夏季始终保持着冷酷的沉默。[18] 德穆兰无法理解，为何所剩无几的"正直议员"并未通过辞职来表示抗议。[19] 巴纳夫、巴伊、拉法耶特和拉梅特兄弟看上去已经对巩固君主立宪制、压制街头与俱乐部的声音成竹在胸，他们要将立法机关变得像英国议会那样拥有绝对权威。

即便如此，德穆兰还是无法相信大众确实已经抛弃了1789年的信念。"不，我无法相信，这种由某些卑鄙阴谋家将我们诱入其中的惊人冷漠能持续下去。"大革命不能因为温和主义就前功尽弃。"出版自由带给社会的希望之光"不会"在人类从中获益之前"就彻底熄灭。[20] 他是对的。往深

层次看，斐扬派势力在左右两派的夹击之下，比表面看起来要脆弱。7 月
的镇压举措与人的权利相悖，却不可能无限期持续，而且这些举措令外省
大量"雅各宾派"俱乐部备感失望。这一点体现在斐扬派没能将大多数外
省雅各宾俱乐部拉进己方阵营上——只有一部分人愿意追随他们。不过在
法国大多数城市，他们都成功地在雅各宾派内部引发了广泛的动摇与若
干背叛。在外省，有很多雅各宾派或"宪法之友"俱乐部在过去两年间
兴起，如今他们不但四分五裂，1791 年还留在里边的会员人数也急剧下
降。由于斐扬派退出议会，一些俱乐部陷入瘫痪达数月之久。但也有不
少还进行着顽强的抵抗。克莱蒙费朗的雅各宾党人签署了一份请愿书呈交
议会，要求立刻撤销 7 月 15 日开始施行的紧急措施，并警告说他们在未
来是否还将服从议会有待商榷。请愿书于 7 月 30 日在议会上宣读。请愿
者赞扬了"英勇的"领袖们——佩蒂翁、罗伯斯庇尔、格雷古瓦、比佐和
加缪——他们和其他议员一道，拥抱"不可动摇的自由与正义原则"，反
对"温和派扼杀自由"的种种举措。[21] 夏日将尽，斐扬派也失掉了势头，
明显表现出回归雅各宾派的倾向，并带着深深的歉意说自己是被"误导"
了。博讷（Beaune）的雅各宾俱乐部于 8 月 31 日致信巴黎雅各宾派，祝
贺他们将"宪法真正的朋友"迎回：博讷雅各宾党人此前暂时被四处作乱
的斐扬派——"那群搞派系斗争的家伙"引诱，如今这些爱国者终于可以
因为回归组织而欢欣鼓舞。[22]

　　斐扬派也没能动摇议会中的右派，这对他们来讲同样糟糕。据华佑
的侄子、重要刊物《人民演说家》（L'Orateur du peuple）的编辑斯坦尼斯
拉斯·弗雷龙称，议会中有不少于 290 名保守派议员公开蔑视宪法，倾向
极端保王主义，否定人民主权，也否定他们自己作为"人民代表"的头衔。
这些"伪誓者与暴君的奴隶"憎恨巴纳夫和拉梅特这样自命不凡的家伙。[23]
君主派报纸则将国王未遂的出走称为"逃亡"并强调路易对宪法的否定，
就此质疑斐扬派，说他们与哲学共和主义或无套裤汉民粹主义一样差劲。
卡拉声称，最近几个月以来，"每天免费发放的 2 万份"《国王之友》席卷
整个法国，特别是在反动派认为能够轻易说服无知群众的小城镇和乡村地
区。[24] 而华佑也藏了起来。国民自卫军对《国王之友》的办公地点进行了

突袭，扣下其报纸并中止发行两周。他们还将弗雷龙夫人羁押一周，审问她与流亡者和抵抗派神父的关系。[25] 煦洛和另一名重要的保王派记者也被下令追捕。[26]

即便斐扬派的核心基础建立在充分尝试孟德斯鸠、温和主义与英美模式崇拜的强大意识形态之上，该派系的诉求范围却还是太过狭隘，而来自左右派的围攻也太过强大，导致其难以成功。正当右派、左派与中间派为了争夺大革命的主导权而缠斗不休时，俱乐部中针对共和主义与民粹主义的战火也愈演愈烈。孔多塞与布里索、潘恩、年轻编辑阿希尔·杜·沙斯特莱一道，于 6 月初（"屠杀"发生之前）筹划发行了第一期《共和主义者》(Le Républicain)，宣布国王由于擅离职守，事实上已被视为退位。国民永远无法信任一个违背了自己誓言的人，他用假证件瞒天过海，明明是一位君主，却把自己打扮为家仆模样。路易十六逃亡是否经由他人唆使？关键不在于他是否"愚蠢或虚伪"，是否是个白痴或流氓，而在于他再也不配行使"皇家职权"。[27] 潘恩推崇真正的共和主义，根据人民主权与人的权利组建代议政府，这与荷兰联省共和国、威尼斯和热那亚的寡头共和国相当不同。[28] 倘若把维持国王奢侈生活的 3000 万年金节省下来，就有办法降低税收，减少威胁宪法的政治腐败。然而他们公开推广共和主义的行动还是受到了限制，因为要将大革命的核心价值有效并广泛地传播开来实属不易。

孔多塞后来回忆道（至少对约瑟夫·拉卡纳尔透露过），7 月由《共和主义者》发表，发生在孔多塞自己、潘恩与西哀士之间，关于究竟是要共和制还是君主立宪制的公开"辩论"，其实是此三人为了造成公众轰动而捏造的，实际上并不存在真正的辩论。据说西哀士曾在《通报》(Le Moniteur) 上为君主立宪制辩护，并故意表现得三心二意，因此潘恩和孔多塞能够以公众利益之名驳倒他。当然，巴纳夫关于行政权力必须加强，以便限制立法权力的论断，西哀士并不以为然，因为回归孟德斯鸠与英美制度完全与西哀士的观念相悖。[29] 他推崇的是实质性的共和主义。然而他的诉求与布里索派那种更直接的民主共和主义之间始终存在一定差异。西哀士对正式的共和国有所保留，他倾向于维持一个象征性的君主。他认为君主制比共和制更能使个人自由获得保障，这与孟德斯鸠的观点一致。[30]

孔多塞、布里索、卡拉、切鲁蒂等人一面反对巴纳夫，一面反对罗伯斯庇尔，他们努力用共和主义启蒙人民，强调王权的罪恶、滥用与结构性缺陷，认为只有"偏见"与"无知"才会顽固地捍卫王权。7 月 10 日发行的第二期《共和主义者》坚信，若是早点根除传统观念，国王逃亡一事激发的就会是欢呼而非惊惶，然而不幸的是，理性尚未充分渗透进人的思维。1789 年 5 月召开的三级会议被"迷信"包围，"迷信"如此之多以至于自由"真正的朋友"几乎对这个"偶像崇拜"的国度绝望。持共和观念的人为了"使国民睁开眼睛"而坚守信念超过两年，长到足以令他们"看到就连君主也有可能阴谋反对君主制本身"，正如最后果真发生的那样。[31]然而即便是现在，大多数人依旧对共和主义的召唤充耳不闻。《巴黎专栏》评论说人民又回到"偶像崇拜"当中去了，并把 9 月 6 日杜伊勒里宫周围人群无休止地高喊"国王万岁"的行为形容为"崇拜"。大众"迷信"如此缺乏底线，以至于大多数人民会认为路易身上的"伟大美德"就足以弥补其"逃亡"的过错。[32]

据《巴黎专栏》记载，巴纳夫积极回应共和派的挑战，几乎每天都在攻击哲学和共和派记者，公开鄙视这帮人的"形而上观念"，对布里索更是不屑一顾，认为他是"哲学偏执狂"，其危害丝毫不亚于宗教偏执狂。[33]而且在共和主义的问题上，巴纳夫除了有右派撑腰，还获得了罗伯斯庇尔心照不宣的支持。马卢埃猛烈抨击《共和主义者》，说这是对宪法的公然颠覆（事实也的确如此）。卡拉和民主派则回击说，即便《共和主义者》违宪，马卢埃又为何不谴责《政治墨丘利》、华佑的《国王之友》等"保王党的毒药"呢？这些"臭名昭著的日报"持续贬低人的权利，劝人去奉承国王和教宗，而不是去支持当选代表。卡拉注意到，据说已经对宪法宣誓的议员如莫里、卡扎莱斯和克莱蒙前主教，都在定期给这些反宪法的保王派报纸供稿。[34]

斐扬派坚持认为只有他们代表了大革命的原则，他们努力巩固霸权地位，用外国阴谋和买通"间谍"煽动街头抗议一类的指控来抹黑他们的敌手。关于可疑的外国人诱导公众舆论的报道引爆了巴黎，佩蒂翁和布里索则被人认作是向外国政权出卖灵魂、换取钱财之人。[35] 布里索抗议说无休止的"阴谋论调"被设计出来，是为了陷害帮助人民对抗"宪法的真正敌人"的每一个人。[36] 斐扬派利用了群众的每一种偏见，还斥巨资印制并在夜间张贴新闻日报《雄鸡之歌》(Le Chant du Coq)，将谩骂一股脑倾倒在布里索、佩蒂翁等激进派领袖身上。不过斐扬派这种马拉式的伎俩还是受到某些无畏的共和主义者的反抗，后者撕下新闻海报，并用墨水给报名加上字母"uin"，将标题改为《流氓之歌》(Chant du Coquin)。[37]

政治−意识形态的恶性冲突不可阻挡地波及剧院，不论何时，只要上演严肃戏剧，就会涉及这一话题。结果剧院面临着来自两方的压力，左派强迫他们演出，而中间派则严令禁止。有位戏剧评论员令斐扬派感到不齿，她就是狂热的卢梭主义者、反女权主义记者路易丝−费利西泰·克拉里奥−罗贝尔。在《国内墨丘利》1791 年 4 月 22 日刊登的一篇文章中，她已经公开冷嘲热讽过斐扬派的"戏剧自由"概念。议会之所以宣扬"戏剧自由"，是因为其希望能大量增加法国的"爱国学院"，培养"美德"。然而在斐扬派的控制下，那些被尊为"剧院"的场所只能提供灯光表演、喜剧和喜歌剧，这全是些充斥着轻浮与爱情故事的表演，并且其中的"女演员全都寡廉鲜耻"。人民之所以普遍接受"无关道德的演出"，并不是因为他们厌倦了公共事务，而是因为剧院管理者希望通过上演"此等垃圾"把戏剧爱好者的注意力从公共事务上转移开来。卢梭认为，审查资格专属于人民。既然主权在民，人民就必须采用铁腕手段管理剧院，动员爱国报纸消灭无意义的"非道德剧目"，强迫剧院上演爱国戏剧。人民必须毫不妥协地拒绝其敌人提供的"堕落毒酒杯"，因为这是引诱他们无视自身最根本利益的东西。克拉里奥−罗贝尔一类狂热的卢梭主义者支持无套裤汉的诉求，要求实行强硬的群众审查制度。[38]

尽管如此，剧院还是逐渐政治化了。1791 年 7 月底，巴黎莫里哀剧院的主管向抗议观众让步，保证舞台上只会出现"巩固公共精神与自由之爱"的戏剧。[39] 1791 年 10 月发生在马赛的骚乱，迫使那些据说缺乏公民情操的演员放弃上演"配不上自由人民"的剧目，而且不得忘记"他们亏欠宪法的一切，因为是宪法把他们从耻辱中拯救出来"。[40] 1792 年 2 月底，巴黎滑稽剧院发生骚乱，与先前谢尼埃《查理九世》造成的轰动如出一辙。弗朗索瓦·莱热创作的名为《时下作家》（*L'Auteur d'un moment*）的一幕笑剧，用一个叫作"达米斯"的人来讽刺谢尼埃，将其表现为缺乏天赋、毫无用处的作家，要不是因为利用他那些"狐朋狗友"与日报操纵"轻信的公众"，他根本就不配取得如此成就。[41] 这出戏剧想要说明，巴黎公众太容易不分青红皂白就被人牵着鼻子走。故事发生在摆着高乃依、拉辛、伏尔泰、孟德斯鸠和达朗贝尔雕像的花园里，围绕着这位达米斯如何梦想自己的胸像能与大师们并肩置于一处展开。但是他犯了个荒谬的错误。闭幕时刻，一尊胸像被四名身着白衣的少女抬上舞台，合唱队为这位作家唱起颂歌，而那却是卢梭的胸像。[42] 斐扬派试图让戏剧爱好者认清谢尼埃的真正水平，却也在滑稽剧院遭遇了反弹。2 月 24 日，观众暴动并占领剧院，烧毁了剧作稿件，强迫剧院主管将该剧撤出剧目单。

　　法国的自由主义君主制宪法纲要早已准备就绪，但直到 1791 年 9 月2 日才最终定稿。尽管有斐扬派和罗伯斯庇尔的支持，宪法还是遭到强烈批评，批评不仅来自共和派和极端保王右派，也来自议会中马卢埃和莫里领导的严格立宪派。马卢埃抗议说，立法机关于 1789 年 7 月 9 日庄严承诺，要订立一部"与国王相配合"的新宪法，然而他们故意将路易排除在外，剥夺法国国王的大部分权力，如今更是与他蛮横地对峙，留给国王的选择只有简单直接的接受与否。[43] 议会应当选择真正的立宪制君主主义，而不是如今这个遭阉割的伪君主主义。中间派和左派议员则咆哮着叫马卢埃闭嘴。为了把宪法呈交国王，议会派出一个威风十足的六十人代表团，为首的是巴纳夫、亚历山大·德·拉梅特、西哀士、佩蒂翁、拉博，以及四位主教。[44] 即便反对如潮，公众的热情从任何角度来看都表现得令人欢欣鼓舞。

　　9 月 14 日，国王亲自露面以接受宪法。在此之前，议会愤怒地争吵不休，马卢埃要求立法机关成员在国王发表讲话时集体起立，以示议会捍卫国王的决心。马卢埃如果愿意大可跪下迎接国王，一位议员反驳道，可他不会这么做。路易进入议会大厅，宣读接受宪法的演讲词，他站在讲台上，迟缓地意识到别人全都坐着。他顿了顿，看上去困惑极了，随后他也坐了下来，并坐着完成了演讲。宪法获得王室的认可，这是法国举国欢庆的信号。人们齐声高呼"国王万岁！"，议会全体成员陪同路易十六游行返回杜伊勒里宫。[45] 整个首都钟声齐鸣，公共灯光表演照亮了杜伊勒里宫和香榭丽舍大街。[46] 为了庆祝这一里程碑式事件，巴黎各剧院举行特别演出，有的还可以免费入场。所有法国市镇都举办了庆祝活动。看起来，人民已经完全与君主立宪制取得了和解，即便宪法启用仪式本身还是微妙地反映出斐扬派和正统君主派之间持续紧张的关系。据当时居住在鲁昂的海伦·玛利亚·威廉姆斯报道，消息传到该市时，"立刻有火炮齐放，所有教堂响起钟声，人群在街上聚集，每隔 8 到 10 码就点燃一处篝火，以示喜悦之情"。素昧平生的行人停下脚步，彼此道贺，狂喜的欢呼回荡在街头，间或有"法国人的国王万岁"的声音，也都淹没在"国民万岁"的声浪中。"胜利属于国民。胜利属于宪法。"[47]

既然宪法已经得到认可，民主共和左派即便十分不满，也承诺要遵守它。9 月 6 日的《巴黎专栏》写道："为了阻止新宪法拥有某些特征，我们一直斗争到最后一刻。而现在宪法已然定稿，我们就只会在修宪机会出现的情况下再去关注其缺陷了。它依旧是自由的伟大成就，这样的自由基于人的权利，是人类历史进步的标志，'是有史以来最好的宪法'，生活在这样的宪法之下，人们理应感到幸福。"[48] 即便激进派曾经希望尽可能削减"王室年金"（civil list），以避免其沦为助长腐败的工具（就像在英国那样），被王室用来操纵立法机构、大臣、司法部门和军队指挥官，然而大部分人民并未怀有同等忧虑。斐扬派尤其强调应该忘掉过去的分裂，全面赦免王室从前的过错。"皇家"一词重新出现在大量公共场所与建筑名称中，包括皇家音乐学院（Académie Royale de Musique）和皇家彩票——这些地方的"皇家"字样曾在 6 月至 7 月间被抹掉。不过基于因地制宜的温和主义，有的场所并未重新启用涉及王室的称谓，如曾经的国王植物园（Jardin du Roi）与国王图书馆（Bibliothèque du Roi），就依旧被称作国家植物园（Jardin National）与国家图书馆（Bibliothèque Nationale）。

还有很多模棱两可的问题有待解决。比如应以何种形式迎接国王驾临

议会才算得体？根据宪法规定，当国王在场时议会不得做出决议，因为国
王与议员不同，他属于另一个范畴的"国民代表"。迄今为止，议会采用
的一直是旧制度下的程序，议员入座之前，国王先于最大的席位上就座。
但左派认为，新规定应该允许议员自行就座，并与国王同时戴上帽子，后
者座席与议会每周"议长"的座席相似，以示平等。埃罗·德·塞舌尔是
个臭名昭著的机会主义者，已经与雅各宾俱乐部决裂，（在这一阶段）还
极力反对共和主义，他甚至拒绝与拉法耶特共进晚餐。他谴责激进派的建
议违反宪法，是对国王庄严地位的侮辱。就像议员中大部分的机会主义者
和博识之人一样，埃罗判断斐扬派的势力已然巩固，他们就国王座席问题
与议会中的共和派交火，并赢得了投票。10 月 7 日，议会按照恰当的旧
式礼仪规范接待了国王，并请他在最大的席位就座。[49]

人民发自内心地感到喜悦。埃罗·德·塞舌尔的算计看起来也很现
实。孟德斯鸠毕竟尚未被人连根拔起。但斐扬派缺乏保持数量上优势的条
件。他们既无法抵御来自那些很快重生的左派共和主义报纸的猛攻，也难
以平息来自天主教右派的怒火——而针对人民日益增长的困惑与失望，他
们更是无能为力，唯有诉诸直接镇压的手段，然而类似手段在新宪法的规
定下理应被叫停。宪法定稿一事既未解决基本矛盾，也没有消灭不断涌现
并指出这些矛盾的大量共和主义作品。即便大多数法国人偏爱君主制，对
君主制的支持始终毫无指望地分裂为四个彼此迥异而不可调和的阵营——
巴纳夫的自由主义立宪派、马卢埃那希望国王统治政府的严格立宪派、极
端保王派以及罗伯斯庇尔的威权主义民粹派。巴纳夫、拉梅特兄弟和拉法
耶特拥护绝对温和主义的君主立宪主义，它缺乏真正的王室或贵族元素，
与贵族和教会处于交战状态，依赖的是靠不住的议会多数派以及纯粹朝三
暮四的民众支持。斐扬派的革命起初从四分五裂而优柔寡断的大众舆论中
获益，而今则越来越举步维艰，危机四伏，因为旁观者随时都能看到，整
个法国的街头、咖啡馆和剧院充斥着愤怒场面与示威游行。任何搬上舞台
的演出都在隐晦地宣扬"民主、囚禁国王和新的革命秩序"，这愈发加剧
了国家的分裂。剧院中的观众分成两派，一部分大喊"国王万岁！"，另一
部分则高呼"国民万岁！"。[50]

18 世纪 90 年代，英国的混合政府也没有清晰的原则，但他们的系统十分和谐，运作良好。不过在英国，大部分人民自愿服从一个长期存在并以贵族制和君主制作为规范的旧制度社会。的确，到了 1791 年，英国公共舆论热烈地表明忠心，全心全意拥护"国王与国教"，并毫不犹豫地加入讨伐民主派、审判激进改革分子的行列。英国改革者与民主派几乎全是法国大革命的支持者，然而由于拥护民主，他们与英国议会发生了冲突，被英国上流社会排挤，还受到 90% 英国人民的激烈谴责。从数量上看，英国的保守出版物大大超过了激进作品。[51] 在法国，类似的坚守不渝与意识形态上的团结一致根本不存在。意识形态的失败使斐扬派应者寥寥，也导致他们反复而笨拙地尝试剥夺出版、戏剧和言论上的自由。

新宪法一经实施，对言论与出版自由施加的紧急管制也应该叫停。即便在 7 月至 8 月间，布里索、孔多塞、德穆兰、潘恩等人曾因反对恢复国王权力与君主立宪制而受到孤立，[52] 事实证明，议会中的多数派也不过是暂时被巴纳夫、拉梅特兄弟和拉法耶特掌控。而 1791 年秋季，在左派民主共和主义与右派极端保王主义的夹击之下，温和主义严阵以待的空间开始发生致命松动。[53] 由于斐扬派放弃"大革命"转而与王室结盟，很多原本站在他们一边，却真心推崇大革命核心理念的重要人物，自然也因此倒戈。这些曾短暂加入过斐扬派，但很快转投雅各宾派怀抱的人中，就包括勒德雷尔。科德利埃俱乐部则重新开始举行集会并发起进攻，大多数暂停运作的报纸也再度发行，并加倍毁谤现政权。

然而，社会俱乐部再也没能恢复元气，它的日报《铁嘴》也未能再度发行。因为到了 1791 年秋季，尽管雅各宾俱乐部的会员有所减少，但其中的中间派也不再掌权，通过遍布全法的分支机构，雅各宾俱乐部向社会俱乐部伸出了橄榄枝。利用斐扬派变节一事，雅各宾俱乐部清洗了组织内的君主派和温和派成员，因此比从前更加接近一个大众社团，特别是在 1791 年 10 月完全对公众开放其定期集会后，雅各宾派在接近公众方面提供了比老社会俱乐部更广泛、更有规律的平台，它影响着议会议程，组织机构也拓展至巴黎以外的地区。[54] 从 1791 年夏季末开始，为填补斐扬派出走留下的空缺，雅各宾派内部的两股敌对势力隐约成形。一方面，布里索、卡拉、克洛茨、孔多塞和其余社会俱乐部的核心人物为重建广泛的民主殚精竭虑；另一方面，反对共和的民粹主义者也严阵以待，他们以罗伯斯庇尔和马拉为代表，竭尽全力想要填补权力的真空。1791 年夏季，当民粹主义者逐渐在雅各宾和科德利埃两个俱乐部当中夺得一席之地时，罗伯斯庇尔还在他的各类演讲中重申，共和制度并不适用于法国。[55]

一边是支持布里索、孔多塞和博纳维尔的民主共和派，另一边是向罗伯斯庇尔和马拉献媚的威权主义民粹派，二者间的冲突不断升级，这通常被历史学家解释为"温和派"和激进派之间的斗争。这主要归结于马拉和罗伯斯庇尔的支持者大都来自下层社会，很大一部分是店主和手工业者，比起共和派来，他们的措辞更加犀利和不留余地，也更频繁地要求采取劫富济贫的经济措施。但从 1789 年的哲学价值，以及拥护出版自由、个人自由和种族、性别平等的角度来看，比起马拉派或罗伯斯庇尔派的雅各宾党人，布里索派的雅各宾党人才是法国真正意义上的激进民主派和共和派。民粹主义派系实际上根本不是共和派或民主派，他们不过是一帮冷漠的威权主义者，不仅时刻准备着放弃基本自由，甚至主动要求这么做，比如马拉就曾明确表示致力于建立独裁统治和严格的审查制度。[56]起初这样的要求似乎并不特别令人生厌。在经典共和主义中，马基雅维利以及卢梭强调的"独裁者"概念几乎与罗马共和国设想的完全一致，那就是在共和国面临生死危机、正常程序必须中断的时候，独裁者作为强权领袖，在平民的支持下进行干预；人们赋予这位领袖紧急状态下的权力，只在宪法受到威胁时才能使用。人们并不认为独裁统治能够取代宪法或凌驾于宪法之上。因此在 1791 年至 1792 年间坚持认为法国需要独裁者，这样的想法并不必然招致强烈反感或负面反响，这既不像后来发生的那样，也不同于20 世纪早期西方面对法西斯主义崛起时的反应。

卢梭在《社会契约论》第四卷中如是告诫，"只有最危急的情形才值得破坏公共秩序"，而人们"绝不应中止法律的神圣权力，除非祖国危在旦夕、必须得救"；他警告说，自己明确认可在某些情况下作为必要工具的"独裁统治"，但其制度化使用应严格控制在最短的时限内。然而卢梭也确实强调，一旦生死关头迫近，为了拯救祖国，有必要拥抱"独裁统治"，把最高权力交到"最值得信赖的人"手中。1791 年至 1792 年间马拉针对罗伯斯庇尔所谓"不可腐蚀性"的喋喋不休，与他不知疲倦反复强调的"国民被最致命危险所环绕"直接相关。通过这种方式，伟人崇拜巧妙地利用了卢梭阐释过的独裁统治信条，也利用了未受过教育之人的无知。[57] 与共和左派不同，崇敬卢梭的威权民粹主义者极力要求没有分裂的团结，他们的目的是消灭不同政见及镇压政治对手。10 月，据华佑记载，马拉和罗伯斯庇尔和支持者不断使出他们最得意的伎俩——组织街头请愿，有目的地精心挑选并付钱给听众，把这帮人自己的想法伪装成"人民的愿望"和公共意志。比起进行反思，这种"荒唐的把戏"确实是绑架首都民意时十分有效的手段。[58] 如此经过操纵与组织的民粹主义不断增强，让那些为真正共和主义意识发声的左派人士备受罗伯斯庇尔的责难，后者指责这些精英人士传播的尽是与平民并不相容的观念。[59]

外省俱乐部的会员情况以及派系分化确实证明马拉的崇拜者主要来自下层社会，受教育程度也低于布里索派；与此同时，这也证明比起拥护基本自由的民主派雅各宾党人，以无套裤汉为核心成员的民粹主义阵营的社会基础要狭窄得多。1791 年末至 1792 年，外省启蒙哲学共和派和民粹主义威权派的地方性分裂向人们揭示：无套裤汉作为持续活跃的政治化社会阶层，实际上是个规模小得令人吃惊的少数团体。这部分归结于贫穷且受教育程度低的阶层普遍对政治不感兴趣，也没有能力像受过教育的人那样跟上政治动向，另一个原因是只有很少的人会被罗伯斯庇尔派那套有组织的舆论绑架煽动起来。波尔多默默无闻的国民俱乐部，在 1791 年到 1793 年期间始终毫不动摇地坚决支持对马拉和罗伯斯庇尔的领袖崇拜。同时，与另一个叫作"改革派"的俱乐部相比，国民俱乐部的人数也少很多。"改革派"由该市显贵领导，但涵盖了波尔多社会的各个阶层——1791 年 12 月，"改革派"拥有 1533 名会员。[60] 利布尔讷（Libourne）靠近波尔多，情况也与之相似，当地有两个宪法之友社团，与波尔多那个俱乐部同名并联系紧密的国民俱乐部是狂热的马拉派，但规模有限，1793 年时只有 20 多名活跃会员；另一个是利布尔讷的主要俱乐部，其领袖是身份显赫之人，其社会基础更为广泛，会员也有数百人之多。[61]

（a）

（b）

（c）

（d）

图 5 （a）罗伯斯庇尔，（b）佩蒂翁，（c）丹东，（d）马拉。

（a）马克西米利安·罗伯斯庇尔画像。

（b）法国画派（French School）作品：热罗姆·佩蒂翁·德·维尔纳夫画像，18 世纪，
　　 粉笔木炭画，藏于巴黎历史博物馆。

（c）康斯坦丝－玛丽·沙尔庞捷作品：乔治·丹东，布面油画。藏于巴黎历史博物馆。

（d）约瑟夫·博泽作品：法国政客让－保罗·马拉，布面油画。

南特，法国最重要的商业中心之一，人口约 6 万。当地也有两个俱乐部，占主导地位的是米拉波俱乐部，其成员包括该市所有"经过启蒙"之人，另一个社团比较平民化，社会基础也相对狭窄。米拉波俱乐部的领导人大都是职业人士，而不是商人，南特的商人和其他地区一样，对大革命及其原则表现得兴味索然。尽管南特的旧式商业精英没有如同在圣马洛那样被扫荡一空，商界仍然对政治缺少热情，反而倾向于避免与政治或社会改革者发生关系，从而捍卫商业利益。[62] 当地最重要的 100 来位商人、奴隶贩子和城市公职人员中，有很多都在 1788 年至 1790 年的旧制度期间获封，因此其实际身份认同更接近法国的"贵族"而非纯粹的资产阶级。1791 年至 1792 年间，他们尽可能地保持中立，但同时也强烈反对布里索和孔多塞推动的黑奴解放事业。

昂热也有两个宪法之友社团，按"东""西"方位划分，在阶级构成上泾渭分明。西部俱乐部主要由手工业者和店主构成。东部雅各宾俱乐部的会员更富有，受教育程度更高，规模更庞大，成分也更加多元。1793 年 6 月以后，西部俱乐部变成了无套裤汉狂热分子的基地，东部俱乐部则遭到镇压。在普罗旺斯地区的艾克斯，即普罗旺斯省原首府，情况也很相似，只不过由于受到南部民粹主义中心城市马赛的强大影响，该市原本较大的俱乐部最终解体，其残部则被大众社团"反政治俱乐部"所吸纳。马赛俱乐部之所以至关重要，要归功于其掌控广大区域内各小型俱乐部的能力。马赛与别的中心城市不同，该市只有一个革命俱乐部，但它在早期就已严重分化，1792 年至 1793 年间，一个与别的城市手工业者主导的俱乐部类似的少数派团体，有步骤地夺取了马赛俱乐部的控制权。与里昂和土伦类似，1792 年至 1793 年间，马赛是阶级冲突愈演愈烈的舞台，该市某些俱乐部领袖也有意在穷人当中煽动仇富心态。雷恩市唯一的俱乐部在 1791 年夏季一分为三，此后斐扬派控制该俱乐部直到 1793 年，其间积极拥护温和主义，与布里索派和山岳派进行斗争。不过与其他地方一样，布里索派比山岳派更为庞大，1792 年，前者亦是更为重要的阵营。

大革命期间，有的俱乐部主要从下层阶级吸纳会员，这并不意味着它们是左倾俱乐部，也不代表它们反映了社会上大部分人的意见；其实，这通常意味着此类俱乐部推崇带有挑衅性的领袖崇拜，而且必须强调的是，他们崇拜的是威权主义领袖。在法国任何地方，最粗俗与受教育程度最低的平民，也最有可能支持反启蒙的极端保王主义，以及马拉和罗伯斯庇尔那种反自由主义的、推崇集体共识的政治文化（在某些方面与极端保王主义并无不同）。后者对统一性与普通人的情感，沙文主义与反智主义那毫不让步的强调成了粉碎不同政见、建立独裁统治的工具；山岳派的民粹主义更像现代法西斯主义的早期形式，而非自由主义的解放运动。不过，1791 年末至 1792 年初，大革命的这一内部趋势尚未强大到足以夺取革命控制权。在此期间，平民雅各宾主义在政治上的弱势反映在有限的民众支持，以及另一个同样显而易见的事实上：没有任何支持大革命核心价值的重要编辑、小册子作家或记者愿意与持民粹主义立场的雅各宾党人结盟。

巴纳夫及其同仁的工作尤其有赖于他们与国王、皇家大臣以及宫廷的合作关系，他们不断催促路易，要他在公众面前展示自己对宪法的忠诚。如今很多传统的贵族制度已经不复存在，斐扬派需要新兴富裕地主、财产所有者以及享有"积极公民"身份的那部分人，以温和主义、财富与君主制的名义将他们团结在自己周围。然而即便控制着一个只有他们才拥护的有限选举制度，斐扬派在秋季为组建新的立法机关而举行的全国选举中还是表现得差强人意，除了富裕资产阶级，鲜有人为他们投票。1791 年 10 月，新的立法机关选举结束时，温和派失望地发现他们的得票并不足以有效地主宰议会。作为上一届议员，巴纳夫、巴伊和拉梅特兄弟如今全被排除在新议会之外，因为根据上一届议会的规定，前任议员不得连任。如今他们在很大程度上只能通过斐扬俱乐部，以及与宫廷，尤其是与王后的秘密接触，间接施加自己已不复从前的影响力。1792 年初那段时间，人们有理由怀疑斐扬派的领导层实际上已经与宫廷结成同盟，阴谋反对大革命并试图恢复贵族制度（在某种程度上，连拉法耶特都对此进行了抨击），此类疑窦进一步削弱了斐扬派的公信力。[63]

总体看来，1791 年 9 月的选举极大地增强了共和左派在议会的势力，使议会中左右两派间的对立变得愈发尖锐，除了斐扬派，其他人都对此深感愤慨。《国王之友》抗议说，新议会震惊了所有理智的人，选举结果反映出人们对启蒙哲学怀有令人反感的"狂热"。新议会中几乎没有保留任何真正代表等级制社会的人。一个没有公爵、主教、法官，甚至大资产阶级的议会，又如何能够捍卫君主制、地位与财富呢？据《国王之友》观察，如今的法国在事实上已经被大革命彻底地分裂为彼此敌视的两部分：一边是所有可靠的资产阶级、传统主义者、贵族、教士、保王派以及秩序与和平的拥护者，他们渴望君主制、天主教和旧制度，基本上与斐扬派势不两立；另一边对斐扬派怀有更深的敌意，那里充斥着被华佑称为"哲学的乌合之众"的一帮人——"所有文人、破产者、罪犯、无神论者、自然神论者和新教徒"。[64] 在极端保王派看来，斐扬派确实应该受到谴责，但应对国家陷入如此可怕境地负主要责任的，毫无疑问是那些卑鄙的民主派，他们全是"用未来幸福的希望去哄骗人民的骗子"。

　　1791 年 10 月 1 日，被称为"立法议会"的新立法机关召开首次会议，434 名议员出席。剩下的议员随后赶到，在 767 名新议员中，仅有大约 170 人（22%）坚定地支持斐扬派，这个数字只比"雅各宾"派的议员人数——大约 150 人，占议员总人数的 20%，稍微多了一点，剩下的则构成了摇摆不定的中间派，还有大约 100 名议员偏向右派。在 150 名雅各宾党人中，有很多当时已经相当出名的人物，他们凭借在出版业、公众活动和在巴黎政坛中的重要地位而声名远扬，其中包括孔多塞、韦尼奥、加代、沙博、福谢、拉穆雷特和布里索——他在巴黎的省级选举中以压倒性优势获胜。[65] 金钱和宫廷的影响力毫无疑问能够再为斐扬派吸引一些议员。到了 1792 年初，亲雅各宾派的阵营有所缩减，支持斐扬派的议员占到了大约 25%。但是斐扬派的主导地位始终非常脆弱，难以阻止大量摇摆不定的"中间派"频繁转变立场。[66]

　　10 月过后，斐扬派还能无视马拉和民粹主义者，但为了稳住立法机关，他们必须与布里索及共和派合作，因为后者到了 1791 年底已经在议会中站稳了脚跟。[67] 布里索派取得的另一项成功是 1791 年 11 月的巴黎市政选举，这也进一步打击了斐扬派。左派赢得了选举，全新的市政班子取代了原先拥护君主立宪主义的公职人员。佩蒂翁接替巴伊出任市长；路易–皮埃尔·曼努埃尔担任市级行政官，勒德雷尔担任省级行政官。民主共和主义并未被获胜的多数派击溃，反而每天都在取得新的胜利。这些成就提升了市政机构和主要俱乐部的重要性，将它们变成了民主事业的保障，其活动甚至比议会中的反斐扬派势力更有分量。巴黎的转向如此关键，以至于感染了议会中一部分重要的中间派议员，使他们放弃了原先与斐扬派之间的紧密联系。像埃罗·德·塞舌尔那样的机会主义者如今纷纷倒戈，毫不犹豫地放弃了君主主义和孟德斯鸠，正如他们在几个星期以前曾迅速将其接受下来那样，这一切都表明斐扬派已经失势。1791 年 12 月 2 日，德·塞舌尔顺利地重回雅各宾派的怀抱。

在法国大革命中，共和主义左派在革命前就在报业和巴黎的主要咖啡馆中占主导地位。如今他们更是牢牢地控制了报业、咖啡馆，并重新主导了巴黎市政机关，在立法机关和雅各宾俱乐部中也日渐强势。民主共和主义前所未有地吸纳并定义了大革命的核心价值、信条和原则。不过，现代哲学是否真的能把人民也动员起来？斐扬派如今已经失去了对立法机关、报业、外省社团和巴黎市政机关的控制，为了重新获得优势，他们剩下的唯一途径就是削弱报纸和俱乐部。1791 年 9 月 29 日，勒沙普利耶提出方案，要求恢复 7 月禁令的某些做法，禁止各俱乐部以集体形式出现在公共庆典场合，并禁止他们干涉政府工作。附加条款意在防止俱乐部刊印公然违反宪法和人权的辩论内容或作品。这些条款遭到布里索和雅各宾党人的猛烈抨击，以至于最后不得不放弃实施。[68] 勒沙普利耶成了雅各宾派和科德利埃俱乐部的重点仇视对象，他们号召公众进行反击。从 1791 年 10 月 14 日，也就是雅各宾俱乐部第一次召开完全面向公众的常规会议那天起，民粹主义者和左派开始将他们的意识形态传播得更加广泛。1791 年末到 1792 年初，雅各宾俱乐部为布里索、卡拉、朗特纳斯等前社会俱乐部成员（如今该俱乐部成了重组后的雅各宾俱乐部的分支），以及布里索派主导的巴黎公社、丹东、马拉、无套裤汉与罗伯斯庇尔提供了交流的平台。

新的宪法和立法机构业已成形，欢迎辩论、共和主义批判和制定改革计划的大门也向公众敞开。9 月 18 日的《巴黎专栏》带着赞许之情评论了沃尔内的代表作《废墟，或帝国革命沉思录》（*Les ruines, ou meditations sur les révolutions des empires*），这一重要作品在十年前就开始写作，但直到 1791 年 8 月才得以出版。该书是唯物论者对政府掠夺自己人民的思考，它继承了狄德罗、霍尔巴赫和雷纳尔的传统，强调政府的邪恶，分析人类如何一步步地被暴政统治、误导、奴役。沃尔内还讨论了如何才能打破压迫与迷信的凄惨循环并赢得解放，迎来"升华粗俗灵魂的新纪元"，给暴君以震慑，给每个人带来希望。[69]

社会俱乐部已不再是集会的中心，但仍继续扮演着宣传机器的角色。它于 1791 年 11 月创办了另一份报纸——《当月专栏》(Chronique du mois)，旨在在全国范围内宣扬左派观点，并同时出版德文版。该报的目标是要展示人类的科学知识如何在印刷术的推动下，逐步"从总体上"改变并提升人类自身，就像博纳维尔所说的，推动人类"走向普世的社会性圆满"。该报另一位编辑朗特纳斯认为，通过把民主共和观念传播到国外，法国人能够帮助所有渴望自由的人民最终实现"他们如此渴望却又如此遥不可及的永久、普世的和平"，这是曾为雷纳尔所称道、许多杰出人士（狄德罗、霍尔巴赫等）曾为之奋斗的理想。[70]这份由包括博纳维尔、朗特纳斯和苏格兰共主义者约翰·奥斯瓦尔德在内的十几人共同编辑发行的重要刊物，在德意志地区被称为"十四个编辑的报纸"。奥斯瓦尔德是爱丁堡一位咖啡馆店主的儿子，在巴黎的"英国人俱乐部"于 1793 年 2 月濒临解散之前，他是那里的秘书。他曾在英国的驻印部队中担任军官，广泛游历于库尔德人和土库曼人聚居之地，他憎恨上流社会与辉格党人，支持素食主义，支持爱尔兰从英国独立。他是公开的无神论者，相信人民将接受更多启蒙，而他们接受的启蒙越多，也就会变得更加愿意合作。[71]

1792 年 5 月，一位斐扬派记者抱怨说，当民粹主义社团传播那些源自启蒙哲学并"夸大了的原则"，进而破坏宪法的时候，却几乎没有任何报纸来捍卫宪法"本身的纯洁"。[72]事实上，即便是最好的斐扬派报纸，比如《普世报》——其编辑是在布里索和卡拉看来已经抛弃了自己原先（来自启蒙哲学的）激进主义立场的安托万-玛丽·瑟利西耶，也没能产生重大影响，即便该报获得了大量财政补贴，并人为提高印量。[73]斐扬派的舆论宣传步履维艰，于是再次以限制出版自由来威慑反对者。1792 年 5 月，重要的自由君主主义者雅克-克洛德·伯尼奥伯爵强烈要求封禁马拉的报纸，后者在最近发行的一期报纸中呼吁部队军人屠杀他们的将军。他同时敦促立法机关封禁普吕多姆的《巴黎革命》，弗雷龙的共和主义报纸《人民演说家》，以及所有攻击宪法的"卑鄙作家"及报纸，包括保王派的《巴黎报》、马莱·杜庞的《政治墨丘利》、路易-阿贝尔·丰特奈教士的《法国综合报》（Journal Général de France）。斐扬派认为，左右两派宣传的全是同一种"毒瘤"，他们打着各式各样的意识形态旗号，灌输蔑视宪法的观念，煽动反对宪法的暴力行为。他们指控保王派和民粹派作者勾结外省贵族派报纸——比如鲁昂的《英格兰墨丘利》（Mercure anglais）和卡里耶编辑的《里昂日报》（Journal de Lyon），还有"所有在南部肆虐的报纸"——指控其正在煽动内战。[74]

1791 年至 1792 年的冬季，令大多数法国人忧心的不是现存政权越来越不稳定，而是其他更加急迫的问题。1791 年庄稼歉收导致面包价格急剧上涨，到了 9 月，恐慌与痛苦已经遍及全国。[75] 同样，由于斐扬派鼓励对 1789 年 8 月废除的封建权利进行补偿，乡村地区始终陷于动乱之中。人们要求国家贷款给贫困的土地承租人，使其有能力偿还仍处于法律保护下的领主债务，并要求免除一切收成税、实物地租等领主"权利"。1791 年 10 月 27 日，议会指派全新的委员会清查土地所有者的补偿要求和包租状，然而直到 1792 年 3 月，该委员会所做的也不过是将前任的工作继续下去。马拉的《人民之友》等民粹主义报纸将穷人和低收入人群那越来越糟的处境，与经过这些报纸大肆渲染的高层腐败和滥用职权进行对比。保王主义者的反对派报纸也突出报道了贫困的加剧。1792 年 2 月，华佑声称法国有超过四分之三的居民陷入贫困、不幸与疲惫之中，并认为他们大都对大革命产生了懊悔之情，渴望回归旧制度。他预言道，由于危机升级，笼罩法国长达三年的可怕"黑夜"终于快要过去了。保王主义在经济困难的协助下终将取得胜利："就这样，诡辩哲学的统治终于快要过去了。"[76]

农村的不利形势打击了斐扬派领导层所支持的亲近宫廷与土地所有者的"温和主义"。民粹主义者与雅各宾派内部的布里索主义哲学派都迫切要求取消一切尚存的封建税务残余。1792 年 4 月 11 日，议会的大多数议员承认，1789 年至 1790 年间的大革命"仅仅砍掉了封建大树的枝杈，却并未触及其主干"。[77] 最终民主派与民粹派团结一致，战胜了顽固派和原先受到鼓励的法定程序。原本须由承租人出具的、证明某些税务不属于从前土地使用许可附加所有权的文件，如今则必须由包租人出具，也就是说土地所有者必须通过文件证明，某项"权利"的确从属于他的财产——这是个重大转折。1792 年 6 月 18 日，议会再度出台法令，全面废除领主从土地买卖中收取税金的权利。[78] 8 月，布里索派完全掌控议会以后，领主制寿终正寝。1792 年 8 月 25 日，所有尚存的税务、津贴、水域权、水磨使用税和水边通行权全部被无条件地永久废除。[79]

斐扬派已经受到致命打击，此刻真正的问题在于谁将继承其衣钵，成为三角争霸中的最大赢家？是哲学派、民粹派，还是因偏爱秩序、传统和宗教而被华佑视为法国坚实的多数派的那些人？ 1791 年至 1792 年冬季，民粹派威权主义尚未表现出问鼎大革命控制权的迹象。华佑几乎可以确信，最终胜利必定属于极端保王主义和天主教，而民主派和已然溃不成军的斐扬派注定会失败。[80] 哲学派必将被击退。数十年来，启蒙哲学家一直吹嘘他们的智慧，并向读者许诺，只要哲学稳坐王座，人民就会获得幸福。《国王之友》揣摩道，1789 年，神允许启蒙哲学暂时获得胜利，但毫无疑问，这是因为神想让人类看清这类脆弱美梦的真面目，就此使人们永远放弃某种不合法的幻想。人民目睹了贵族和富人逃亡造成的后果，显然早已醒悟。恢复就业、薪水和财富的唯一方式，就是扭转施加在"各等级"即贵族、教士和法官身上的可怕不公。而天主教必将卷土重来，战胜大革命。[81]

当然，民主共和派有无数理由担心极端保王主义和马拉式威权主义这对反启蒙运动的孪生子发起猛攻。"我们离倾覆偏见之王座还远着呢，"1792 年 4 月，朗特纳斯如是感叹道，"说到从谬误与谎言中解放人类这一点，从令人难忘的 7 月 14 日到现在，我们又真正成功了多少？'公共教育'是我们最先应该拿下的阵地，我们却在为别的事情忙个不停。"[82] 朗特纳斯认为，儿童教育虽然关键，但是，更加重要的是对成年人的教育。如果人的权利想要获胜，真正的爱国者就必须"团结起来，为城镇和农村的公共教育事业做出贡献，此事如此重要，却如此不受重视"。在旧制度下，教育寻求的是尽可能少地灌输真知灼见，同时通过"贵族制度和专制主义维系自身存在的手段"培养一切谬误。1688 年后的英国，非但没能完善其宪法，反而错误地退回"贵族制度的泥沼"，便是因为英国人没能实现启蒙。伦理学和政治学是觉醒的关键领域，因为"人类的整体复兴"意味着创建新的社会，"那里的唯一信仰即是真理"。大革命的真正工具是大众社团，只有它们才有能力阻止"富人的贵族统治"，并巩固自身的支配地位。[83]

1791 年秋季的选举结果，给所有寄希望于"温和主义"和自由主义君主制前景的人心头蒙上了一层阴影。斐扬派既不能维持稳定，也无法保障经济正常运行；由于他们对待流亡者和天主教的政策，斐扬派也没法保证能与王室实现真正的合作，而布里索和克拉维埃则通过鼓动国王对普鲁士和奥地利宣战而夺得了议会中的主导权。到了 1791 年底，战争看上去已经不可避免，人们纷纷预测布里索派终将进入革命政府，分享斐扬派与国王顾问们的权力。与此同时，政权内部的分裂愈加严重。早在 1791 年 11 月 9 日，布里索就提起动议，要求将所有担任公职或掌握指挥权，但在 1792 年 1 月 1 日之前还未回国的流亡者认定为"叛国者"，并没收他们的财产。很显然，这一动议加深了斐扬派与右派之间的不和，也让国王和议会的关系变得更加糟糕。而动议人布里索想要的恰恰就是这样的结果，他支持对流亡国外并有意与大革命作战的亲王、贵族、军官、教士和其他官员采取严厉措施，对受到误导而逃走但并未拿起武器反对大革命的"单纯公民"则予以宽大处理。[84]孔多塞赞成布里索严惩前者的提议，因为其代表着一种强大的政治军事威胁，他们在瑞士、英国、意大利、莱茵兰、低地国家和维也纳活动，积极动员舆论反对大革命。

布里索派也从四分五裂、风雨飘摇的革命政权需要采取更严厉的手段对付抵抗派教士这件事中获益。根据 1791 年 11 月 29 日的法令，所有教士必须在政治上宣誓效忠，拒誓者将不得担任神职并失去年金，若积极参与颠覆活动，就得锒铛入狱。国王断然拒绝了该法令，极端保王派和严格立宪右派亦是如此。身陷重重困境的路易十六否决了 11 月 12 日严惩流亡者和 12 月 19 日严惩拒誓派教士的方案，却又比以往更加依赖于布里索派的主战政策。大革命已然到了一个危急的关头。1792 年 3 月，三名"布里索派"人物加入皇家内阁，包括里昂官员让-玛丽·罗兰，如今他担任内务部部长，借助其夫人的著名沙龙，他在布里索派内部发挥着相当大的影响力。但是国王始终对之前的提案不置可否，这最终导致了一个复杂僵局的出现，议会也因此陷入瘫痪，受此影响，1792 年初的几个月内，政治危机接二连三地出现。这些障碍如此严重，以至于到了 1792 年初，立宪君主政体的意愿与目标大部分都已经停止了运作。由于缺乏来自宫廷的信任，巴纳夫步履维艰，布里索又用计将他晾在一边，眼看着自己的计划全部落空，巴纳夫便从活跃的政治舞台上退了下来，并于 1792 年 1 月回到了多菲内。

巴纳夫放弃了自己的政治身份与野心。他从始至终拒绝民主，在演讲中甚至拒绝了哲学主义，并不断呼唤温和主义。而在他这一时期的作品中，对于革命势头的发展，以及经济和社会力量如何与不同立场和哲学意识相结合，进而重塑政治制度，他始终保持着清醒的头脑。是城市与商贸的扩张破坏了基于土地的旧式贵族制度，并创造了新的政治环境，对此没有人比他理解得更好。他想把自己的君主立宪制度建立在商人、银行家和工场主等"新兴富人"的基础上。可同时他也明白，并没有什么关于社会力量自行运作的逻辑，最终结果取决于人们对自身情况、需求、能力与权利进行概念化分析并做出应对的能力。他知道，他和他的派系如果无法动员更加强大的力量并从政治上打败共和党——就不可能取得成功——而他自己没能挡住他们的攻势。[85]

与此同时，路易与布里索派的友好关系，在 1792 年春季被证实是不悦、紧张而短暂的，或许也注定如此。军事上的失利使民间疑虑高涨，人们怀疑路易，更怀疑王后和宫廷的私心。5 月 15 日，据布里索派议员马克西米利安·伊斯纳尔揭露，杜伊勒里宫里面有人将法国的军事计划泄露给维也纳宫廷。5 月 29 日，巴黎新市长佩蒂翁就首都情况发表一般性声明，认为尽管大部分巴黎人民忠于"自由和宪法"，在某些危险的叛乱分子之间还是流传着关于王室的阴谋论，这已经成为一个不断升级的威胁。针对王室否决权的冲突不断反复，而路易又执意阻挠议会通过关于严惩流亡者和拒誓派教士的法令，因此很快就有报道称，杜伊勒里宫的皇家卫队——有宪法保障、由王室年金支付的新雇佣军力量——其实并不合法，而且在遴选成员时故意把爱国者排除在外，只接受保王派人士。[86] 作为回应，议会于 5 月 28 日下令遣散数千人的皇家卫队中的大多数成员。

新宪法很快又将面临重大危机，如果说在 1791 年 11 月，这一点已经显而易见，那么到了 1792 年春季末，由于 1792 年初频繁的军事失利，危机就变得更加迫在眉睫。不论人们如何看待 1791 年宪法，它在当前的形势下根本就不可能施行。正像布里索对待流亡者和抵抗派教士的政策那样，解散皇家卫队一事也完美契合他排挤宫廷、贵族和教会，并把国家引向共和主义的战略。但是遣散大部分卫队的举动令国王更加相信，自己的内阁远远没有如他所愿，成功调解并缓和布里索派的攻击，反而陷入任由布里索摆布的境地。军事局势进一步恶化，然而路易再度否决了一项关键举措。该举措旨在从外省征募两万人的国民自卫军或联盟军前往巴黎，以便将更多正规部队调至边境，同时保卫首都不受反动分子（包括已经解散的皇家卫队）反革命活动的困扰。上述举措是立法机关 6 月 8 日提出的紧急方案，而拉法耶特和罗伯斯庇尔都对此表示强烈反对。理论上看，比起流亡者和拒誓派教士问题，在事关联盟军的问题上，斐扬派、布里索派雅各宾党人和民粹派为了反对宫廷和国王，更有理由进行务实的合作。但实际情况是，各派系之间充满妒意，相互抵触，罗伯斯庇尔也担心联盟军只会增强布里索一派的势力，这一切使得任何合作都无法进行下去。

夏尔·让-玛丽·巴尔巴鲁来自马赛的富裕家庭，是位事业有成的律师、学者，与韦尼奥和罗兰夫人过从甚密，同时也是布里索的关键盟友之一。巴尔巴鲁说服市长让-雷蒙·穆哈伊，使后者立刻派出一支 600 人的武装部队，在巴尔巴鲁的指挥下开往首都，加强那里的民主革命力量。[87] 6 月 10 日，来自布里索派的内务部部长罗兰，在那位比他小 20 岁、充满政治野心的妻子玛农-让娜·罗兰夫人的唆使之下，给国王写了一封洋洋洒洒长达 40 页的信，质疑国王的立场。这封信由罗兰和妻子共同撰写，或许绝大部分内容都出自罗兰夫人的手笔。罗兰夫妇的信函强调了从 1791 年 11 月开始长达数月的政治僵局，声称这样的状况是由那些出于错位的君主制、宗教和贵族观念而破坏宪法的人导致的。使用国王否决权妨碍议会的紧急措施，这种做法正在迫使"好公民"起来反对国王，也正把国王变成教唆犯，唆使"阴谋家反对人民"。路易根本不懂自己的真正利益所在，他被心怀叵念的顾问们误导，正把法国变成民粹主义教唆犯竞相争夺的猎物。接受削减王室特权或许不易，但是国王如今必须做出生死攸关的抉择：要么通过先前被自己否决的法令，严惩拒誓派教士，批准征募联盟军，服从"哲学"的命令，做出自我牺牲；要么继续抱残守缺，顽固地维护那些通过压迫人民获得的利益。[88]

国王因为自己竟要面对这样的最后通牒而勃然大怒。根据 1791 年宪法，大臣应对国王而不是立法机关负责。老共和派罗兰，这位诚实得出人意料的大臣——就连他的对手也不得不承认，三天后便遭到罢免。不久之后，克拉维埃和另一名共和派大臣赛尔万也遭遇了同样的命运（此二人同样也坚持要求征集联盟军）。他们的位子由斐扬派接替（此时巴纳夫已经离开），斐扬派借此机会，试图重新开始他们失败过一次而且希望渺茫的赌博——控制大革命。这样一来，路易终于不可挽回地与大革命彻底决裂了。[89]

第 9 章

"总革命"的开始

1791 年至 1792 年

在国际关系中，法国大革命从一开始就代表着某种令人警觉的破坏性力量。法国新生的君主立宪政权从 1789 年夏天起就在广泛地否定君主制欧洲的所有原则与先例，而欧洲君主国之间的联盟、条约以及解决争端的机制程序都是建立在这些原则与先例之上。不仅如此，该新生政权还公开宣布，其在处理国际关系时将与处理国内事务一样，以人的权利原则为导向，这不可避免地加剧了革命中的法国与欧洲君主制宫廷之间的摩擦。另一个有可能导致冲突的原因在于，欧洲各国由于受到启蒙运动影响而在17 世纪七八十年代推行的那些意义深远的改革方案，如今已经全部被废弃，或者在 1789 年中期被各国亲王和寡头统治者推翻，德意志、意大利、西班牙和低地国家的情况都是如此。这给各国的启蒙改革人士留下了影响甚广的伤痛记忆，而他们的反叛立场往往令那些屹立不倒的"温和派"感到不安，因此将此类立场解读为支持法国大革命的颠覆行动和范围扩大至整个欧洲的"总革命"（General Revolution）。[1] 其实早在冲突真正开始之前，全欧洲针对大革命的原则、宣言和行动而发动大规模战争的可能性便已存在。

从 1789 年起，德意志、瑞士、意大利和低地国家那些宣扬民主和人权的活跃分子便主动与大革命结盟，宣布成为"保王派、贵族派和特权阶层"的敌人——他们当中的一员，格奥尔格·韦德金德如是自称，他曾是美因茨选帝侯的御医，也担任过医学教授。韦德金德在其发表于 1793 年的《人权评论》中声明，"自由和平等的捍卫者相信正义允许自己做任何不伤害同胞之事"，他们与保守主义力量作战，正如"宽容的捍卫者"与不宽容作战。[2] 杰出的保守主义者，如汉诺威的开明官僚奥古斯特·威廉·雷贝格就曾警告德意志诸侯，尽管法国新宪法以"君主主义"自居，要对 1789 年平等主义立法负责的激进团体实际上却是"共和派"，他们希望彻底重塑昔日的政治版图，而 1788 年小册子作者中最重要的四位：西哀士、布里索、佩蒂翁和凯尔桑，都是彻头彻尾的共和主义者，以建立共和国为目标。[3] 雷贝格注意到，早在 1788 年布里索就是一名试图用代议制民主来平衡直接民主的民主派。[4] 因此，当大革命与欧洲君主国之间的国际争端在 1792 年演变为武装冲突时，在那些最敏锐、消息最灵通（而且确实准确）的人看来，这不仅无法避免，而且从根本上讲，就是君主制、贵族制和宗教与共和主义、民主制和启蒙哲学之间的斗争。

如果说法国与欧洲邻国政权的外交关系正在逐步恶化，那么还有一个外国统治者始终与大革命处于敌对状态，这人便是教宗。抛开教会改革和人权等问题不谈，就像在意大利中部那样，教宗在法国也拥有领土，对于法国南部两个原本属于教宗的毗邻公国——阿维尼翁和维内桑伯爵领，梵蒂冈无论如何都想把它们夺回来。在伯爵领内的大小村庄及其主要城镇卡庞特拉，大部分百姓都维持着对教会和教宗的忠诚。但在阿维尼翁，支持大革命的情感以及对法国统一的渴望则占了上风，该市也因此爆发了严重的冲突。1790 年 8 月，一场真正意义上的小型内战在阿维尼翁爆发。除此之外，阿维尼翁还在更宏观的层面上给法国与旧制度欧洲之间的关系带来了麻烦。大革命倡导人的权利，允诺不对邻国发动任何缺乏依据的侵略行动。然而侵占一片从 14 世纪开始就始终归属于教宗的领土，又能有什么样的根据呢？不过即便保守主义天主教捍卫教宗的历史领土权，左派对此却完全不予承认。1790 年 11 月，佩蒂翁在议会发起动议，鼓动吞并阿维尼翁，他声称"社会契约"并不如大多数人设想的那样，是统治者与被统治者之间的约定，而是如同卢梭教导的那样，其意义在于所有个体统一起来，集体建设社会性国家。大革命把主权赋予人民，因此也从根本上将教宗以及所有统治者的权力交给了人民。《巴黎日报》对佩蒂翁的论述表示赞同，但纠正了一点：主权在民这一典型的现代观念，并不是卢梭或者洛克（后者思想中并无此观念）发明的，而是霍布斯。霍布斯发现的这一关键性理论对宫廷文化造成了毁灭性的打击，然而他后来并没能真正地利用它。[5]

意识形态之争最终导致了旷日持久的欧洲战争，不同派系间的利益之争也是如此。1791 年底，法国政坛中的大部分团体都在积极分析法国与她的君主制邻国之间的战争。有些温和主义保王党人，以拉法耶特和杜穆里埃为首，希望用扩大革命冲突的方式把国内斗争转向有利于自身立场的方向，并增强他们作为军事领袖的影响力。[6]极端保王党和路易十六的亲信们都渴望开战，认为只有战争才有可能让国王、宫廷和他们自己摆脱大革命不断收紧的控制。战争对所有期待贵族制、法院和教会重获特权与社会霸权的人来说很有吸引力。那些身份最高贵的流亡者希望开战，认为这是他们夺回自己土地和地位的唯一方法，对这一点没人会怀疑。同样，大部分雅各宾党人——不包括罗伯斯庇尔和他的团伙——也认为发动欧洲战争一事有利可图。[7]自斐扬派脱离雅各宾俱乐部以来，尽管大部分雅各宾党人此时还不是共和主义者，但他们还是相信，与奥地利、普鲁士和莱茵邦国之间的战争即便不是不可避免，也有很大概率将会发生。[8]法国被谴责与威胁筑成的高墙团团围住。普鲁士、奥地利和英国，更不要说荷兰、瑞士众寡头和意大利各国，它们都不遗余力，对法国变幻无常的革命形势进行干预。

从 1791 年 10 月起，布里索就公开要求发动各国人民反抗其君主的意识形态之战，或如同《巴黎报》所称，"针对所有统治者的普世战争"。布里索如是做的原因有三：首先，有助于削弱斐扬派；其次，可以降低国王的声望；最后，他希望借此结束法国的孤立状态，助德意志、意大利、比利时、荷兰和瑞士的共和派与民主派一臂之力。而路易十六否决了布里索打击流亡者的方案。[9]一旦开战在即，国王的蓄意阻挠也必将终止。但共和派的野心延伸得比这还要远。据保王派作家马莱·杜庞称，布里索制定的战争政策意在"在法国遭遇头一场失败时抓住机会，指控国王勾结外敌，进而强迫他退位"。[10] 不可否认的是，罗伯斯庇尔及其支持者反对谈论开战一事。可是值此关头，他们始终是雅各宾派中规模很小的少数派，要说服其他人相信欧洲君主实际上并未策划开战，对他们来说难于登天。几乎没人相信欧洲的君主"对'火山'喷出的岩浆淹没法国"冷眼旁观许久还能"无动于衷"，正如华佑的《国王之友》讽刺性地描述的那样。[11] 而丹东正是在雅各宾俱乐部中明确表示战争在所难免的人之一。与此同时，出于战术上的考量，他和德穆兰经过算计，将自己定位于介于布里索与罗伯斯庇尔之间的位置。[12]

简而言之，对于 1792 年开始的大规模国际冲突，出于各种各样的原因，大部分法国政治派系都表示欢迎。人们必须时刻记住，法国大革命首先就不是植根于法国社会与文化的"国内"事件，而是一场波及整个西欧的民主、平等、自由主义浪潮，因此不可能将其与吞噬法国近邻的革命浪潮割裂开来。1790 年春夏两季，包括布鲁塞尔在内的佛兰德斯和布拉班特地区的贵族派和民主派彻底决裂，后者开始越来越多地接受法国革命者的说辞与姿态。[13] 1790 年 12 月，就在奥地利部队开向布鲁塞尔的当口，《乡民报》正试图向法国农民解释布拉班特革命急速崩溃的原因。主导了布拉班特革命的保守派联盟领袖，律师亨德里克·范·德·努特力劝比利时人接受约瑟夫二世的继任者利奥波德皇帝开出的妥协条件。比利时人同意臣服于皇帝，以换取利奥波德无条件恢复"旧宪法"——15、16 世纪南尼德兰旧宪法的承诺，它保障的是贵族、教士和城市行政官的优越地位。[14] 据《乡民报》报道，由于佛兰德斯和布拉班特的旧制度有利于维持"主教和修士的暴政"，上述各集团一听到特权、等级和旧秩序将要重建，便欣然抛弃了大革命。

为了打击反动势力，冯克派即让-弗朗索瓦·冯克率领的"民主派"，试图从卷土重来的奥地利人手中挽救比利时革命。冯克派为并入法国而战，他们希望就此开辟民主、自由与平等的新纪元，或如同反哲学主义的费勒所称，迎接"完美的无政府状态"，但他们的努力最终被范·德·努特领导的保守主义反革命行动挫败。虽然并非全部，但大部分比利时人民积极反对大革命。据费勒观察，南尼德兰人偏爱宗教、王权与贵族制，而不是民主革命的价值观。[15] 该如何向法国农民解释这个现象呢？《乡民报》向农民们保证，"一场由修士和贵族领导的革命"必将终结于"奴役"。不过这样的"奴役"是由被煽动起来的"盲从与宗教狂热"强加于人的，因此不可能持久。随着启蒙哲学和法式自由不可阻挡地传入比利时境内，"我们的好书就会逐渐驱逐迷信和修士"。[16]

《乡民报》认为，普通民众支持还是反对革命，决定着最后是启蒙还是迷信取得主宰地位。从目前的情况来看，各君主国政府都仓促地以"盲从"代替启蒙主义改革。1789 年 7 月，美因茨选帝侯腓特烈·卡尔·冯·埃尔塔尔大主教放弃先前的开明改革计划，背弃改革誓言并否定了启蒙运动。[17] 科隆和特里尔的大主教选帝侯双双效法美因茨选帝侯，否定启蒙运动和革命，在自己的领地内收容了成千上万的贵族流亡者，将他们安置在靠近法国边境的地方，同时答应其组建武装部队进行干预的要求。1789 年 12 月，腓特烈·卡尔与科隆、特里尔选帝侯一道颁布联合公告，警告所有莱茵选侯邦国与德意志教权邦国的臣民不得像法国人那样要求"权利和自由"。[18] 但他们完全没法阻止米拉波这类人在德意志境内赢得巨大的声望。[19]

从 1789 年开始，法国之外的整个西欧都施行了越来越严格的审查制度，而且很快升级为在学术和整个社会范围内对激进启蒙哲学的全面镇压。雷贝格告诫诸侯们，正是 1788 年的传单和小册子开启了大革命，也是它们最先介绍共和主义、人权宣言的理念和推动该理念的民主概念。[20] 根据他的进一步观察，威胁推翻旧秩序的民主共和主义，直接源自由狄德罗、爱尔维修和霍尔巴赫于 18 世纪 70 年代在德法境内推动的唯物论、无神论和"道德利己主义"（moralischen Egoismus）浪潮。[21] 在不伦瑞克-沃尔芬比特尔公国这样的德意志邦国，开明统治者曾在审查方面留给臣民相对的自由，德意志唯一明确支持大革命的报纸《不伦瑞克哲学、文献学及教育学研究日报》（Braunschweigisches Journal philosophischen, philologischen und pädagogischen Inhalts）就是在那里出版的。但此类邦国如今也面临着加大审查力度的重重压力。[22] 在重压之下，许多小公国都选择了屈服，有的很快就放弃了抵抗，有的则有所拖延，如不伦瑞克。《不伦瑞克日报》

的编辑是约阿希姆·海因里希·坎佩,在当时的德意志,他以法国大革命的同情者而为人所知,但他仰慕的是西哀士、米拉波和拉法耶特,本人也是自由君主主义者,而非共和主义者。[23]

迫害德意志世俗或宗教邦国的开明政治支持者,这在某种程度上产生了影响,但也要付出代价。18 世纪 80 年代的启蒙运动(Aufklärung)主要还处在"温和"层面,而且对诸侯们保持着恭敬的态度,然而它依然包含着一股活力十足的激进暗涌,领导这股暗涌的知识分子如今面临着粗暴的迫害和来自政府的有组织的诽谤。就连先前有志于与君主政权合作进行改革的开明人士(Aufklärer),在意识到争取支持进而实施改革的道路走不通之后,也在政治上和心理上变得更易于接受激进观念与策略,相应地也更容易接受大革命。1791 年 11 月,康德主义哲学教授,美因茨的光照派领袖安东·多施逃到斯特拉斯堡,在那里获得哲学教职,并宣誓忠于法国宪法,成为当地雅各宾俱乐部的积极分子。多施的情况与几周前被逐出斯图加特的施瓦本雅各宾派记者,法律教授克里斯托夫·弗里德里希·科塔相似,前者在莱茵兰地区的斯特拉斯堡阴谋煽动政治叛乱,[24]而后者的颠覆活动还包括担任雅各宾派报纸《斯特拉斯堡政治日报》(*Strasburgische Politische Journal*)的编辑。[25]

在整个德语世界,民主意识代表着对现存秩序的严重威胁,在意大利和低地国家也是如此。[26]激进思想家和作家时常抨击当初的德意志"开明"统治者和作家,说他们一度支持"理性事业",反对"迷信",如今却用尽办法反对大革命,诗人荷尔德林也在抨击者行列,他与前光照会有过联系,在 1791 年秋季还写过几首献给自由的赞美诗。[27]汉堡-阿尔托那、柏林、基尔、哈雷、美因茨、斯图加特和亚琛全都是激进知识分子进行颠覆活动的焦点。此类情绪尤其从读书会、学生团体、教师协会和遭到废止的秘密社团组织——德意志联盟和光照派——当中涌现,并在同情法国共和左派的人士的鼓动下很快沸腾起来。这类人物中,有些确实秉持共和思想,比如韦德金德,有些则强烈感觉有必要支持跨越西欧和中欧的革命进程,这种情绪如此剧烈,以至于当法军开始向德意志进发时,他们竟给法军将领派送急件,报告当地抵抗力量和要塞的情况。[28]教授、学者、学生和作家构成了德意志革命的骨干力量，这一事实导致德意志宫廷和大多数民众普遍鄙视此类颠覆性思想。

沃尔内对叶卡捷琳娜大帝排斥启蒙主义改革的态度嗤之以鼻，1791年12月，他退还了她于1788年1月授予他的荣誉勋章，还给她在德意志的代表弗里德里希·梅里西奥·格林男爵写了一封感情充沛的信。格林曾是狄德罗的朋友，但从18世纪80年代早期开始，他开始否定狄德罗留下的激进思想中有关政治的那部分。沃尔内在信中指责女沙皇与"叛徒"（即路易十六的兄弟和姑妈、贵族流亡者以及遭到流放的法国主教）以及反启蒙运动的宫廷结成联盟反对革命中的法国，而他希望这样的联盟只是暂时之举。他反对德意志与俄国宫廷保守主义的长篇大论遭到了猛烈反驳，一本匿名小册子很快出现在科布伦茨，说沃尔内和他的朋友们是"一屋子"疯子，而爱尔维修夫人则是"为现代民主发狂的娘们儿"，她那位已故丈夫的作品则成了德国光照派的主要灵感来源。[29]德意志境内充斥着意识形态之战，各方面都在进行斗争，这导致1789年之后的启蒙运动发生了戏剧性的两极分化。

到了1791年12月，酝酿已久的战争看上去一触即发。在某种程度上，路易表现得像他内心中那个真正的绝对主义君主，他给柏林和维也纳送去不少秘密信息，希望欧洲各君主国力量能够结成总同盟，共同入侵法国，摧毁大革命。[30]另一方面，作为立宪制度下的君主，他在自己的职权范围内与大臣们合作，对莱茵邦国发出严厉警告，阻止它们在军事方面给予流亡者任何协助。在布里索的大力推动下，法国立法议会于1791年11月发出最后通牒，要求选帝侯驱逐所有流亡亲王在其领土上屯集的部队，这是针对选帝侯毫无掩饰地热情支持法国的反动保王主义、天主教和等级制社会的行为做出的合乎逻辑的回应。但是，要求莱茵教权诸邦在1792年1月15日以前驱逐所有武装起来的法国流亡者，否则就要承担不愉快的后果，这样的威胁明显是在冒险。1791年12月，法国再次发出最后通牒，要求美因茨大主教选帝侯即刻驱逐当地流亡者武装的统帅——孔代亲王路易-约瑟夫。尽管特里尔选帝侯对法国的最后通牒深感不满，而且已经失去了他在阿尔萨斯-洛林的飞地带来的权利与收益，但他还是选择了接受。但这些神权统治者背后有普鲁士、奥地利和英国撑腰，而这些保守势力绝不可能容许，也绝不愿看到西欧小国服从法国革命政权的最后通牒。

1791 年 12 月 21 日，维也纳宫廷回应，以开战相要挟，要求法国即刻收回针对莱茵教权邦国的最后通牒。眼看着针对大革命的敌意来自维也纳、柏林、海牙、罗马、都灵、那不勒斯和马德里，人们很有理由相信，广泛的反法同盟将很快建立起来。布里索的战略已经大获成效，斐扬派领导层在开战是否明智一事上产生了严重分歧，而战争本身看上去已经迫在眉睫。希望开战却遭到斐扬派阻挠的路易十六，在亲信与顾问的怂恿下犹豫地接受了铤而走险的战略。1792 年 3 月 10 日，他罢免了斐扬派大臣，在别无选择的情形下，召回共和主义者罗兰和克拉维埃，毫无疑问，通过让共和派雅各宾党人进入内阁，路易希望能够扭转他们的反对立场（然而事实并非如此）；[31] 路易同时也转向杜穆里埃这位同样热切期待开战的重要将领，他在 18 世纪 60 年代的科西嘉战事中积累了军事经验。奥地利拒绝为任何和平意愿担保，并开始动员部队，因此路易并未收回最后通牒。

既然法国宫廷和德意志内部的主要宫廷都拒绝退让，巴黎的革命左派便认定冲突无论如何都无法避免了，也自信有能力将其转变为己方的优势。孔多塞事后写道，他痛恨战争，但在当时的情况下还是给布里索的战争政策投了赞成票，因为他相信发动这场战争对于使公众看清法国宫廷穷凶极恶的企图并巩固大革命很有必要。[32] 他与布里索在 1791 年 6 月到 7 月期间发动的共和主义宣传攻势令人沮丧地失败了；而针对流亡者和欧洲战争的挑衅性战略很有吸引力，是壮大共和派阵营、拉拢大部分雅各宾党人支持共和主义路线的更有效途径。即便还不存在否定君主制与宪法的多数派，主战的多数派已经形成，这无疑将会是扭转乾坤的力量，也一定会进一步导致斐扬派的分裂。有些斐扬派人士试图不惜一切代价避免战争，他们相信自己维持君主立宪制度的方案只有在和平环境中才能生效，而拉法耶特和杜穆里埃则明确地要求开战。[33] 另外，在该问题上的纷争不但会使路易十六的表里不一和背叛大白于天下，[34] 也会破坏斐扬派和国王之间的所有信任，根除贵族统治的一切残余力量，使议会最终有能力对军队、国民自卫军、宪法乃至整个国家进行民主化改造。

此外，布里索在 12 月 29 日对国民公会发表的讲话中说明，奥地利和普鲁士面临的国内问题如此之多，以至于他们不可能有效维持长时间的战争。先前比利时发生动乱时，奥地利在镇压的过程中已经暴露了她的疲软与虚弱。纵使全欧洲的君主都与法国为敌，但还有人民站在她身边。匈牙利人的反抗此起彼伏。"波兰和法国如今已经被共同利益绑在一起"，因此会同时给俄国、普鲁士和奥地利制造不少麻烦。[35] 至于法国的国内状况，战争会消灭不确定性，迫使摇摆不定的中间派进行站队，揭开反对派叛国的真面目，最终让流亡者和抵抗派教士在法国国内声名扫地。期待 1791 年宪法的支持者与法国王室决裂合乎逻辑，因为后者试图借助流亡者和外国支持推翻宪法，重建昔日的贵族制度。布里索的政策意在将斐扬派的温和主义从保守派的君主主义中拔除，而且同时挫败此二者，破坏其声誉。这是他为共和主义扫清障碍的一项手段。[36]

即便战争永远是赌博，仍有人期待能通过战争推动革命进程，加强立法议会的凝聚力。布里索宣布，从大革命爆发的那一刻起，每个法国人就都成了士兵，这意味着法国拥有 600 万士兵。[37] 对左派共和主义者来说同样重要的是，战争可以再度点燃日内瓦、亚琛和列日一度燃起却几乎被扑灭的革命之火，还能破坏苏黎世的稳定（在那里，对寡头统治的不满是显而易见的），[38] 同时会引发莱茵兰和低地国家的动乱，把"总革命"传遍君主制、贵族制的欧洲。大多数雅各宾党人对此表示支持。然而刺耳的反对声来自山岳派——雅各宾派内部反对布里索的少数派，他们之所以得名"山岳派"，是因为他们喜欢坐在位于整个议会最高处的长凳上。山岳派意识到，无论这场战争是会壮大共和主义，还是会削弱它而使君主制获益，山岳派自己都从中捞不到好处。在布里索和他的同僚看来，马拉和罗伯斯庇尔的首要目标，似乎是要通过当前法国国内的动荡局势来吸引追随者并扩张自身势力。

布里索和罗伯斯庇尔就开战是否明智的问题公开进行争论，而这并非（如人们常说的那样）是两人间分歧的开端，真正的开端要追溯到 1791 年夏季的共和主义之争。不过战争问题使罗伯斯庇尔能够更加广泛而有效地散布关于布里索动机的疑虑，因为宫廷此时也想开战。[39] 罗伯斯庇尔在 1792 年 1 月 2 日令人印象深刻的回应中说道，倘若形势不同，他也会和布里索一样，希望帮助布拉班特，帮助列日人，打碎束缚荷兰人的锁链。然而眼下的冲突明显是"反对我们自由的国内敌人"计划并酝酿的——国王、宫廷、杜穆里埃和拉法耶特便是这些敌人。所有贵族、流亡者、大臣和宫廷阴谋家暗中策划了战争并大肆宣扬主战立场，而仅仅依据他们全都希望开战这一事实，就可以做出切勿这样做的判断。欧洲战争有利于宫廷、贵族、温和派和皇家大臣，而后者是位高权重的腐败之徒，要在法国军队中安插自己指定的指挥官太容易了。这样的战争怎么可能为人民或自由服务？连布里索自己都承认，温和派想要的是英国模式的"贵族制宪法"，然而他却极力鼓动雅各宾党人去接受温和派的方案！在如此危急的时刻，为何要把公众的注意力从他们最强大的敌人，也就是内部敌人的身上引开，反而去处理相对不那么紧迫的危机？[40]

1792 年 3 月至 4 月，面对支持马拉和罗伯斯庇尔并反对战争的雅各宾党人，路易十六和左派共和主义者暂时团结起来，但他们想得更多的却是如何削弱而不是帮助对方。与路易十六、斐扬派或罗伯斯庇尔不同的是，布里索派认为即将到来的战争，是全欧洲反抗"暴君"战争的必要组成部分——这是反抗孔多塞称之为"神父的虚伪"与"世袭贵族"的傲慢愚昧的全面战争。[41] 布里索预言，武装冲突将会中断大革命内外敌人之间的联系，让人更容易揭开内部敌人私通外敌、背叛祖国的真面目。罗伯斯庇尔对布里索的观点以及孔多塞于 1791 年 12 月 29 日紧随布里索，在立法议会发表演讲而进行的补充说明不屑一顾，[42] 他反驳道，这样的战争只会为贵族在流亡者和外国宫廷的帮助下颠覆公众舆论提供全新的机会。孔多塞和布里索力图把军队当作巩固大革命并使其国际化的工具，希望通过其在法国边境周围传播革命理念。孔多塞声称，法国对君主们发动战争的能力，将向全欧洲证实，她通过"对自由的爱"，把同一个民族的意志统一起来。但罗伯斯庇尔坚持道，这支驻扎在边境前线的军队会与自由主义原则的源泉彼此隔离，军官们因此可以重新激发士兵们盲目服从、遵守军规的旧式精神以及旧制度下的军事伦理。[43]

斐扬派依旧处于极端分裂的状态之中，他们曾短暂拥有的政治优势此刻已经丧失殆尽。通过展示路易十六宫廷和部队军官的叛国行为，布里索与他阵营中的三位大臣——罗兰、赛尔万和克拉维埃——能够彻底推翻斐扬派的霸权，用一部共和主义宪法去替代自由君主主义的1791年宪法。然而罗伯斯庇尔一心阻挠布里索的战略，与其眼睁睁地看着羽翼丰满的共和国建立起来，他更情愿保留现有宪法。[44] 这时的罗伯斯庇尔时常拒斥"共和主义者"一类的标签，因为对保王党来说，这是用来在从未接受过高级政治思想教育的民众面前丑化爱国者行之有效的手段，可以给所有雅各宾党人都贴上不忠的标签。更重要的是，罗伯斯庇尔抓住了布里索的关键困境，那就是此时后者与罗兰都公开表示相信他们实际上根本不愿信任的国王与军官。

1792年4月20日，国王在议会现身，赢得一阵欢呼。当时的议会仍由温和立场主导，大部分议员并不希望改变君主制宪法，却完全愿意与法国的国外敌人作战。国王宣布，法国如今正式与奥地利及其盟友开战。不论战争的结果是好是坏，路易的亲信都期待着武装冲突能够增强君主派的力量。如果奥地利–普鲁士联军能大批消灭法国革命军队中那些衣衫褴褛的乌合之众——许多贵族军官都遭到他们的排挤，那么战争就会为说服更多人叛变提供机会，保守的社会力量也会最终占据上风，进而重建旧秩序。如果法国的军事冒险出乎意料地顺利进行，那么作为法国的立宪制君主，路易在大革命内部的声望和地位也会随之飙升，而杜穆里埃这位公开的立宪派君主主义者，也会帮忙将军队与国内资源纳入国王的掌控之中。无论战果如何，斐扬派和共和派都会失败，而国王将成为最后的赢家。

法国既已宣战，便在春季发动了对低地国家的入侵，但很快就因屈辱的失败而止步不前，从蒙斯（Mons）和图尔奈（Tournai）撤退。此前法国报刊大肆吹嘘，宣扬普世的意识形态之战，而今令流亡者欢呼雀跃的是，如此惨败严重损害了民主共和派在法国乃至低地国家及德意志共和主义者当中的声望。[45] 比利时人民没有表现出丝毫的起义意愿。最令布里索感到狼狈的是，罗伯斯庇尔此刻可以尽情嘲讽与国王绑在一起的布里索派了。接下来数月，雅各宾派始终处于严重的分裂状态，而科德利埃俱乐部则站到罗伯斯庇尔一边。这样的长期纷争的确受双方领袖个性上的冲突影响，但深刻的意识形态分歧而非个性冲突才是其根源。孔多塞经过长期考虑而精心提出的教育改革报告成了这场纷争的牺牲品，而这或许是他对大革命做出的第二大贡献（第一大贡献是 1793 年 2 月颁布的民主主义宪法），该报告于 1792 年 4 月完成，但是由于战争带来的危机，它被无限期地搁置。到了 1792 年 4、5 月份，罗伯斯庇尔和布里索集团之间的斗争已经演变为激烈且不光彩的造谣中伤。罗伯斯庇尔和马拉持续指控布里索阴谋串通杜穆里埃、拉法耶特等贵族，把杜穆里埃说成是布里索派的"工具和保护人"。[46]（事实上，杜穆里埃对山岳派和布里索派雅各宾党人怀有同等的厌恶之情。）尽管保王派的马莱·杜庞认为这两个雅各宾派系在寡廉鲜耻上不分伯仲，但他也注意到，布里索派比山岳派"更有资历"，但"不如山岳派残暴"；[47]这正是前者最终覆灭的根源。

两派的意识形态差异使雅各宾派内部发生了严重分化。他们的分歧造成了两极分化的影响，让左派共和主义者成为更加公开的世界主义者，而山岳派的沙文主义也变得越来越狭隘。社会俱乐部和《当月专栏》的十四位编辑从启蒙哲学的角度出发，对某种野心勃勃的国际关系和战争理论进行了详细说明。既然所有人都拥有同样的权利，就没有人可以在总体上不违反人的权利的同时剥夺某国人民的权利。例如，否定法国人或德意志人的自然权利，必然意味着背叛该压迫者所属的全体国民。两国之间的任何协议，都不可剥夺任何公民不受约束的权利中的任何部分，也就是说，公民只须自由地服从他们自己认可的法律。因此，神圣罗马帝国（即德意志帝国）是诸侯国和教权国的土地，保留着世袭王朝和特权，长期为"信奉贵族式马基雅维利主义的诡辩家大军"所认可，这样的帝国就活该在法国革命者的帮助下解体，同时还要驱逐所有诸侯，成立联邦共和国或单一的统一共和国。对于孔多塞及其同僚而言，立法议会讨伐德意志诸侯的事业，既是德意志人的事业，也是法国国民的事业。德意志诸侯为反对法国而进行的非正义的战争，也是压迫他们自己国家人民的非正义战争。[48]

在上述恶性纷争中，孔多塞全力支持布里索，因为他自己也对即将来临的危险深信不疑，那就是宫廷颠覆活动和贵族阴谋，终将产生一个由斐扬派主导并反对大革命的议会。[49]法国大革命很有可能像布拉班特革命那样，在贵族和敌对教士的打击下功亏一篑。[50]孔多塞认为，美国革命之所以成功，还能在欧洲、英国和爱尔兰激起一股强有力的民主浪潮，很大程度上要归功于美国人为了争取独立而反抗英王（以及德意志诸侯）的英勇行为。这样的斗争使美国革命变得坚不可摧，使美国人成为一个民族，并指引欧洲学习美国起义者宣布的原则并对其加以重视。与此类似，反抗暴政的新战争将会动员欧洲各地的舆论起来反对君主与专制主义。[51]布里索、孔多塞、卡拉、戈尔萨斯、勒德雷尔以及他们的外国同仁克洛茨、戈拉尼和潘恩全都相信，只有把内部与外部的威胁——由武装流亡者联合起来的法国保王派和欧洲势力——统统击败，大革命才会取得最终的胜利。（暂时）支持布里索的雅各宾多数派拥有可靠的盟友，他们是成千上万荷兰、比利时、瑞士、意大利、德意志爱国者中的重要人士，他们自 1787 年开始逃至法国，并组成外国共和主义者先锋队，其中大部分是民主派。若干从荷兰来到法国的政治难民，譬如立法议会议员让-安托万·达维尔乌特是立宪君主主义而非民主主义的支持者，更倾向于斐扬派而非雅各宾派，然而他们仍然支持解放战争，也要求在荷兰发动"幸福革命"，把比利时与荷兰政治难民的利益与法国的利益紧密联系起来。[52]

布里索于 1792 年 4 月 25 日在雅各宾俱乐部再度回应罗伯斯庇尔的批评，指认后者是那些通过奉承人民"来控制他们"的危险分子之一，以自由的名义实行舆论专制，以怀疑取代美德，诬陷对手却不给出理由。布里索质问罗伯斯庇尔，你究竟有什么资格，"竟敢"攻击孔多塞？你难道曾像孔多塞那样，与伏尔泰、达朗贝尔、狄德罗并肩而战，对宗教狂热、"高等法院和皇家大臣的专制主义"发动长达 30 年的进攻？你究竟为"祖国、自由和启蒙哲学"做过些什么？他向那个在伟大的革命日子中，与其他重要革命领袖相比无疑贡献较少的人发出质问。[53]布里索的演讲被山岳派抗议的怒吼声打断，但他坚持称颂孔多塞作为一名启蒙哲学家、记者和雅各宾党人所做的一切。遭受罗伯斯庇尔野蛮攻击的孔多塞，其革命生涯"除了频频为人民牺牲，再无其他：一位启蒙哲学家，为了人民而成为政客；一位院士，为了人民而成为记者；一位贵族，为了人民而成为雅各宾党人"。[54]

第二天,孔多塞在《巴黎专栏》发文,指控罗伯斯庇尔及其党羽故意煽动人民,持续攻击"自由的真正朋友",从而破坏大革命。加代也公开攻击罗伯斯庇尔,特别是后者煽动马拉主办的《人民之友》的行为,而这份不断赞美罗伯斯庇尔的报纸,反复呼吁"独裁者"的统治,并提出,这位人们据说迫切需要的独裁者不该是别人,只应是无与伦比、"不可腐蚀的"罗伯斯庇尔。[55] 马拉反驳道,他的笔从不出卖给任何人,而且他几乎从未与罗伯斯庇尔有过直接联系。马拉反而严厉谴责佩蒂翁支持布里索而不是罗伯斯庇尔,抨击他加入布里索等人把启蒙哲学尊为大革命首要推手的"荒唐闹剧"。马拉坦言,如果雅各宾党人不把布里索集团逐出俱乐部,他们目前的争端就永远不会得到解决。雅各宾俱乐部应该驱逐这些诽谤罗伯斯庇尔的流氓,他们渴望攫取大革命的领导权,但在爱国主义的假象之下,他们与宫廷相勾结,在暗中背叛并破坏大革命。[56]

4 月 27 日,罗伯斯庇尔在雅各宾俱乐部进一步捍卫自己的立场。由于坚持让-雅克(卢梭)最精髓的原则,即人民是"善良、公正、宽宏大量的",而"暴政正是来自那些鄙视人民的人",他自己便受到布里索和孔多塞的荒唐指责。最先把孔多塞打扮成启蒙哲学家的,难道不是卢梭最大的敌人伏尔泰与达朗贝尔?即便布里索盛赞的院士和数学家们曾与神职人员为敌,他们同时也对国王谄媚(这一指控用在伏尔泰和达朗贝尔身上没错,但狄德罗和孔多塞并非如此)。"谁会注意不到这类人迫害卢梭时的残暴嘴脸,"罗伯斯庇尔指着近旁的卢梭胸像发问,"完全置我面前这位神圣人物的美德和天才于不顾?"[57] 到了 1792 年 4 月,山岳派和布里索派之间的罅隙越来越深,严重到影响了法国大革命与"总革命"的整个后续事业。据马拉观察,"雅各宾党人之间的分歧成了首都一切议论的对象",他嘲笑布里索孜孜不倦的努力,后者将孔多塞塑造成"伟人",将罗伯斯庇尔说成是自命不凡的野心家,并指控其将花钱雇来的无耻之徒塞满议会大厅,进而操纵选举。[58]

6 月中旬,路易突然改变主意,罢免罗兰、塞尔万和克拉维埃,重新倒向斐扬派,这样的转变进一步加深了人们对国王意图以及战争走向的疑虑。人们开始格外关注部队行军的动向。杜穆里埃尽管失去了大臣职务，却仍是将军，如今指挥着北部的军事行动（并不断将法国军队的失利归咎于雅各宾派），这一事实尤其在议会和雅各宾俱乐部中引起了不安。罗伯斯庇尔和他的盟友则进一步提出指控。国王、斐扬派、杜穆里埃和一度成为共和主义者的拉法耶特之间，是否存在某个隐秘联盟，拉拢军队反对大革命？这个联盟中是否也包括了布里索派，毕竟先前就是在他们的帮助下，杜穆里埃才成为战争大臣。

1792 年 7 月中旬，普鲁士和奥地利开始联合入侵法国。德意志小诸侯也加入进来，美因茨大主教选帝侯给侵略军贡献了一支 2000 人的部队。包括各国君主与法国流亡者在内的欧洲反革命势力，在英国和教宗的支持下联合起来，向法国进军。普鲁士给德意志小邦国施加了双倍压力，要求它们诋毁并迫害坎佩、克洛卜施托克、克拉默和默维永这类公开支持大革命的作家。[59] 7 月 25 日，联军司令不伦瑞克公爵发表了咄咄逼人的宣言，并如其所愿地在法国引发了恐慌。哈布斯堡王朝的皇帝和普鲁士国王联合入侵法国，旨在终结无政府状态，恢复法国的王权与教权。侵略者希望从各个层面击退大革命，稳住莱因河谷到低地国家，再到瑞士的政治局势。任何人胆敢抵抗普奥联军或威胁法国王室，都将受到最严厉的示范性惩戒。8 月底，普鲁士人已经穿过洛林大部分地区。9 月 2 日，联军开过凡尔登，直逼巴黎。

第 10 章

革命之夏

1792 年夏

8 月 10 日起义

6 月 10 日，罗兰夫妇通过其长达 40 页的信件对国王表示了质疑，突出了当前政治僵局的严重性。国王的确因此大怒，而立法议会的大部分议员则对国王罢免罗兰和另外两位布里索派议员的行为感到震惊，因此与民主派结成联盟，命令刊印罗兰的信件并在全国散发。针对王室政策的批判传遍巴黎 48 个街区，再度引发对宫廷，尤其是反对拉法耶特的骚乱，共和派议员如今正强烈要求弹劾并逮捕此人。1792 年 6 月 19 日，布里索、罗兰夫妇、科德利埃俱乐部领袖等人——罗伯斯庇尔或威权主义民粹派不在其中——做好准备，要在第二天举行大型示威。与布里索派雅各宾党人分歧巨大的罗伯斯庇尔，还有支持他的民粹主义雅各宾党人随即明确表示与这次起义无关，他们声称布里索派"煽动起义，仅仅是为了迫使路易十六召回他们派系的大臣们"。[1]

6 月 20 日的示威者以纪念网球厅宣誓两周年为借口召集群众，试图迫使路易放弃否决权，召回被他罢免的布里索派大臣，并希望能以这样的方式驱逐拉法耶特和斐扬派残余势力，让布里索派掌权。佩蒂翁领导下的巴黎公社配合这一计划并参与了游行，还在杜伊勒里宫的花园内种下一棵自由树，他们并不反对游行者手持长矛、镰刀等临时拼凑来的武器。布里索、佩蒂翁、德穆兰、曼努埃尔、丹东、韦尼奥等大部分激进派领袖都参与其中，孔多塞、尚福和然格内也一样。[2] 这些人中，大部分在原则上并不赞同如此直接的群众行动，也不同意利用群众施压。但为了成功打败拉法耶特和"斐扬主义的虚伪"，他们几乎别无选择。只有通过起义，他们才能推翻宫廷、抵抗派教士、军队将领和反革命贵族的政策。因此，正如重要的民主派记者、自由主义者、独立宣传家让-巴蒂斯特·卢韦形容的那样："1792 年 6 月 20 日这天，八九年党人再度觉醒了。"

有序、和平但坚决的大型起义就这样发生了。游行人群由一万名以上的无套裤汉（也有人声称有 5 万人之多）组成，其中包括很多提着棍棒与长矛、打出带有"自由、平等"字样横幅的妇女，游行队伍从巴黎东部较为贫穷的街区出发。[3] 他们在市政厅前聚集，然后来到议会附近，听人大声宣读请愿书。接下来，人们高唱着"爱国者万岁，无套裤汉万岁，打倒否决权！"闯入了杜伊勒里宫的花园，打头阵者高举着写有人的权利的两块牌子。冲在最前面的是路易·勒让德尔，此人没受过什么教育，曾是水手和屠夫，如今是科德利埃俱乐部领袖，无套裤汉中最积极的演讲人，他手里拿着在丹东的帮助下起草的请愿书。新近遭遇过清洗与重组的皇家卫队没有获得明确命令，经过犹豫后撤退，任由喧闹的示威者如洪水般涌入王宫。

国王意识到自己不得不在寝宫接待一大群人，在那里，他被人围困在角落里将近四个钟头。在这段时间内，他的表现还算令人信服，他不断亲切地点头，戴上红色的自由之帽，为国民的健康干了一杯，聆听了劝诫他要遵守宪法的请愿书，还研读了被人塞到面前的有关"人的权利"的文本。[4] 保王派的迪罗祖瓦将国王此次受辱归罪于首都六七十万居民的迟滞，指责他们不断接受别人的操纵。人民怎么能够这样没有骨气？任凭"佩蒂翁派和布里索派"把他们当成羊群一样使唤，容许数量相对较少、由所有阶级中最恶劣分子构成的一小撮人（据他估计只有七八千）占领皇家宫殿。这帮"弑君派"，试图胁迫宫廷与流亡者和抵抗派教士作对——他们的身份确定无疑，是"共和派、佩蒂翁派、革新派、布里索派和哲学主义者"在领导他们。这恐怕会演变成屠杀保王主义者的圣巴托罗缪日，而大多数巴黎人怎么能够允许这种事发生？[5]

人群终于在巴黎市市长佩蒂翁的劝说之下离去，他是无套裤汉最尊敬的人物之一。然而，疏散人群花了好几个钟头，因为宫中所有房间、画廊和花园里都是示威者，他们甚至还占领了屋顶。巴黎直到晚上十点才恢复平静。示威者以为路易十六同意了他们的愿望，因此自愿撤走了。但就在第二天，国王的反应让他们意识到，自己完全误解了他的回答。愤怒的国王并没有投降，而是要求议会立刻采取行动，保证王室家庭和"国家世袭代表不受到侵犯和宪法赋予其的自由"并严惩起义者。他确认了自己罢免布里索派大臣的决定。当时还在前线的拉法耶特马上赶回了巴黎。杜伊勒里宫对公众关闭，皇家卫队增加了兵力，任何人在没有特殊身份证明的情况下不再被允许进入该区域。卡拉注意到，这样的证明只发放了 1.1 万份，给国王的那些"忠实奴隶"。1792 年 6 月 20 日这天，路易十六豪赌一场，他把自己的声望与全部未来，以及波旁王朝和君主制本身的命运全都押了进去，他坚信以他为中心的保守主义势力能够团结一致，挫败哲学主义者和（暂时）与其联盟的无套裤汉。

6 月 20 日起义让所有人都清楚地看到，法国的君主立宪制已经崩溃。国王、拉法耶特和温和派倾尽全力想要击退不断前进的布里索派大革命。与宫廷结盟并受到立法议会多数派爱戴的拉法耶特，于 6 月 28 日身披将军制服来到议会慷慨陈词。他试图通过铁腕手段重建秩序，其计划包括关闭议会公共大厅，镇压雅各宾俱乐部，严惩 6 月 20 日起义的煽动者。来自鲁昂、加来海峡等地的群众请愿书被当场诵读，这些请愿书向拉法耶特致敬，说他是法国的救星，还要求解散大众社团。大革命将由不同于马拉所呼唤的另一位"独裁者"掌控吗？这个"独裁者"会是拉法耶特吗？这位美国独立战争中的英雄，共和派报纸笔下的"新克伦威尔"，曾对朋友们保证自己是个"共和主义者"，如今却以共和国最强大军队司令的身份面对民主派，威胁要用武力来镇压他们？毫无疑问，拉法耶特遭到了议会中大多数人的抨击。他们提醒他，说他也曾是雅各宾俱乐部——那个他现在想要查封的俱乐部的创始人之一。难道米拉波不曾说过，议会公共大厅是"公共舆论的保卫者"？孔多塞和潘恩，都曾是拉法耶特的密友，严厉谴责他与他们决裂，更糟的是，与人民决裂。[6]

拉法耶特和宫廷同时遭到了来自民粹主义者和布里索派的严厉谴责。布里索既公开拥护共和主义，又恳请议会不要如此急于废黜国王。废黜国王一事只有经过深思熟虑，在征询初级议会意见过后才能实行。他争辩说，代议制民主共和主义必须由直接民主的举措加以调和。议会如果在不能保证自己确实在为国民发声之前就罢黜路易，那么它很快就会受到（应得的）谴责。[7]6 月 20 日起义的主要组织者皮埃尔-维克蒂尼安·韦尼奥是议会中最好的演说家之一，罗兰夫人口中"哲学家式的自我崇拜"的典型化身（她讨厌他那知识分子的傲慢态度）。[8]参加议会讨论之前，他会照例与布里索和孔多塞单独碰头，在旺多姆广场上的一间公寓中共进午餐，以确定他们的政治战略。经常参加这类政治午餐的还有勒德雷尔、让索内、加代和与布里索政治合作关系最持久也最亲密的日内瓦人——共和派经济学家艾蒂安·克拉维埃。[9]

就连罗伯斯庇尔也顿时有所警觉，认为有必要暂时对他如此厌恶的民主左派予以支持，以阻止拉法耶特。[10]然而即便罗伯斯庇尔承认"新克伦威尔"很危险，也想将其逮捕，但他依旧拒绝布里索的共和主义原则。据罗兰夫人记载，罗伯斯庇尔如此反感布里索，以至于他在所有问题上一律与布里索唱反调，无论该问题是关于君主制、宗教、战争、殖民地，还是代议制——他不厌其烦地重申卢梭对"绝对代议制政府"的苛责。[11]罗伯斯庇尔确实不是"传统意义中'温和的'政治派系"中那种"温和主义者"，他也对传统温和派进行过大量攻讦，但就他那贫乏的意识形态来讲，他既不是激进理论家，也不是创新者。目前看来，他拥护的还是现存的君主制宪法。尽管在 6 月和 7 月初，罗伯斯庇尔还发行了他新近创办的报纸（但读者寥寥）《宪法捍卫者》（ Le Défenseur de la Constitution ）。该报于 4 月创刊，作为捍卫威权主义民粹温和派与现有宪法的堡垒，对布里索和孔多塞的学院派共和主义不屑一顾。到了 1792 年 7 月底——勒德雷尔则说是 1792 年 8 月——罗伯斯庇尔的立场才发生了动摇，放弃以"王权的捍卫者"自居。[12]就在他不断抱怨民主派敌人对自己进行恶意中伤，并谴责布里索派的"共和主义"说辞与对平民的蔑视的同时，罗伯斯庇尔在关于王权的问题上也变得愈发自相矛盾。

议会确实宣告了"人民主权"，但这个概念的推广却并不如罗伯斯庇尔所愿。[13] 共和派报纸把他说成是"野心勃勃且危险的护民官"，一心想要实现卢梭（和马拉）的"必要独裁统治"教条，罗伯斯庇尔的演讲中充斥着类似于摩尼教的二元论观点，强调普通民众的纯洁、公正、慷慨与节制，以及试图凌驾于其上者的贪得无厌。在他的世界观里，后一类人中最为突出的，就是在他看来背叛了人民的"作家"和知识分子：他们其实是自成一体的"贵族派"。[14]"人民本身就是善良、公正、宽宏大量的"，罗伯斯庇尔无休止地重复着。倘若布里索和孔多塞偏爱的是启蒙哲学家，那么他就要与"朴实而纯粹的人们"——普通民众站在一起。[15] 这一富有戏剧性的表演，当时绝妙地反映在启蒙哲学家（罗伯斯庇尔认定其继承者——孔多塞和布里索——就是自己的主要敌人）与"崇高的让-雅克"（马拉和罗伯斯庇尔狂热尊崇的卢梭）之间的对立上。[16] 罗伯斯庇尔后来的确不同意将卢梭的遗体迎入先贤祠，因为对他来说，这座建筑被米拉波和伏尔泰的遗体给玷污了，是个"贬了值的"纪念堂。把卢梭和启蒙哲学家混为一谈，对他而言似乎是种亵渎——"公共精神堕落如斯！"[17] 至于自己的盟友科洛·德布瓦、沙博等人肆意谩骂布里索，罗伯斯庇尔则拒绝为此负责。他坚称，真正的挑衅者是布里索这个胡来的共和主义者，战神广场屠杀事件的真正责任人，由于他那份要求废除君主制的请愿书过于轻率，极度刺激了群众，这才导致了随后的杀戮。[18]

政治危机要如何解决？议会的大部分议员都摒弃了那种再发动一场起义的想法。那么议员们自己改变心意，是否可以拯救大革命？在 1792 年 7 月 7 日，议会中上演了著名的一幕，里昂的立宪派主教拉穆雷特发表感人的演说，极力促成各方和解。他深知某种终结派系纷争的有效方法：除了心怀好意与图谋不轨之间的争斗，世上再无其他纷争不可调和。议会中的多数派因为左派想要建立共和国而谴责他们；斐扬派则因为构建混合政府、贵族制度和两院制立法机关而受到责备。[19]"先生们，"他呼吁道，"分歧是能够弥合的！"答案就是真诚互惠的誓言，双方同时发誓，一方放弃共和主义，一方放弃"两院制"。好极了！在一阵集体陷入狂热的喜悦中，人人起立鼓掌，经久不息，任由泪水流下脸颊，他们共同向前迈步，拥抱彼此，坦诚和解。这一令人难忘的时刻被称为"拉穆雷特之吻"。[20]

然而和解只持续了不到一天时间。6月21日，国王指控佩蒂翁在其职权范围内无所作为，身为巴黎市市长却没能阻止6月20日起义的"丑事"发生。[21]7月7日，在宫廷的怂恿之下，斐扬派把持的巴黎省级政府宣布解除佩蒂翁和曼努埃尔在巴黎公社的职务，因为他们未能就6月20日起义采取相应措施。此举立刻引发了新的示威活动。来自全国各地的信件如潮水般涌向议会，对宫廷进行谴责，并要求给市级行政官和极受爱戴的市长复职。[22]在巴黎各街区，斐扬派省级机关的决定是如此令人痛恨，以至于巴黎市300名受雇在街头等公共场所张贴官方声明的工人中，据说竟无一人愿意将罢免佩蒂翁和曼努埃尔的声明张贴出去。无论如何，斐扬派此举的确自信过了头。不到一周，议会中的多数派便撤回了这次解职，这让陷入欢腾的巴黎群众"自我沉迷在过度的盲目崇拜之中"——布里索民主派的对头之一，科德利埃俱乐部的煽动家肖梅特酸溜溜地形容道。皮埃尔-加斯帕尔·肖梅特是位医学肄业生，他憎恨"布里索及其整个集团"，是科德利埃俱乐部中最狂热的共和主义者、无神论者和煽动家之一，他曾近距离观察过布里索派对巴黎街头运动的操控。如今，人民如此"仰慕"佩蒂翁，就像他们曾经仰慕内克尔、米拉波、巴纳夫和拉法耶特那样。然而人民总是变换立场，一会儿倒向这头，一会儿又倒向另一头。过不了多久，他们就会再次对自己那"盲目而愚蠢的狂热"感到后悔，将他们拥护的新偶像抛在一边。肖梅特和朋友们听着从四面八方传来"佩蒂翁万岁！没有佩蒂翁，毋宁死！"的吼声，看着这一荒唐的口号被人写在帽子上，不由得发出阵阵叹息。他指控佩蒂翁一开始伪装成穷人的朋友反对富人，但随后便厌倦了"这一阶级"，一心想逃离它的"可悲"并向上攀爬。[23]肖梅特与罗伯斯庇尔不同，他更像克洛茨——代表着一系列启蒙哲学式共和主义思想，出于机会主义的考虑而支持民粹主义者，个人憎恶某种程度上也是其动机所在。他积极鼓吹抽象的"人民"，在现实中却瞧不起他们。

与此同时，对法国的侵略行动风头正盛，大量武装流亡者与普鲁士军队一道前进。普鲁士国王腓特烈·威廉或许确实判断失误，以为革命者会像 1787 年在荷兰那样瞬间溃败，但从各方面来看，欧洲反动力量似乎很快就能击败革命带来的威胁。7 月 11 日，雅各宾党人提出的紧急方案在摇摆不定的议会中获得通过，进而宣布国家处于危急状态之中，征召所有拥有长矛或枪支的巴黎人加入国民自卫军。如此一来，他们使国民自卫军这一关键组织实现了民主化，终结了这支队伍先前偏向保王主义和温和主义的情况。在这一点上，布里索说得没错，欧洲战争确实动摇了君主制，为共和派打开了大门。斐扬派在重燃斗争之火后仅仅几个礼拜，显然就已经偃旗息鼓，既未树立绝对优势，又没能扑灭街头骚乱。正如布里索所料，战争迫使大革命依赖人民，这很快削弱了宫廷和斐扬派的势力。1792 年 7 月 14 日，在庆祝攻占巴士底狱三周年的纪念活动上，王室最后一次作为法国王权的象征参加了庆典，而当时针对国王和宫廷的敌意已经相当明显。战神广场上有 6000 人的卫队保障秩序，依旧难掩局势的紧张，然而"庆典"进行得还算顺利，并未发生严重事故。有人在喊"国王万岁！"，却被"国民万岁！"的呼声盖过。"7 月 14 日，"沉浸在狂喜中的老共和派芒达尔激动道，"我向你致意！愿祖国的自由时代永不终结！"肖梅特评论道，看到群众虽然满怀愤怒但秩序井然，这对启蒙哲学观察家来说该有多么美妙啊。

7 月 25 日，立法议会中的布里索派对国王发出新的最后通牒，重复罗兰最初的要求，要他立刻决定选择人民还是反革命。毫无疑问，布里索倾向于以议会的名义废黜国王，除掉斐扬派。然而出自议会紧急状态二十一人委员会主席孔多塞之手的左派提案最终遭到议会中多数派的否决。同样，共和派在议会中弹劾拉法耶特的努力（这次有罗伯斯庇尔的支持），不过是激起了一直持续到 8 月 8 日的漫长争论，针对这位将军的指控最后还是以微弱的优势被撤销。就这样，立法议会以微弱的多数通过决议，不与斐扬派或拉法耶特划清界限，用孔多塞的话说，"我们的自由党每天都有所作为，但因为它不得不追随自身那来自启蒙的冲动，所以当议会中的其他人犹豫不决的时候，他们只能对那些无法阻拦的事态发展做出妥协"。而无法拉拢议会中的多数派共同反对宫廷和斐扬派导致了严重的后果。共和派如今已对所有合法的手段感到厌倦。人民选出的代表以周全而合法的方式行事，外国军队又正入侵法国，在这种时候，起义显然是难以被容忍的。孔多塞以二十一人委员会的名义给法国人民写信，阐释人民主权及其在代议制政府下如何行使权力，并对其程序进行有序的认可，此信后来获准公开发表。悲剧在于，左派原本希望武装起义的威胁能够帮忙废黜国王，然而由于斐扬派的执着及其对议会的把持，武装起义的矛头如今已开始指向议会本身了。[24]

对于民主派和民粹派来说，重新发动人民起义是唯一可行的解决办法。布里索、孔多塞和他们的同僚相信，只有罢黜国王并废除君主制，才能使大革命得以继续，才有可能使反对欧洲君主的革命战争更加积极地进行下去。7月17日，联盟军代表团来到议会，重申弹劾叛国大臣并罢黜路易十六的要求。7月30日，更多的马赛联盟军来到巴黎，唱着新近谱写但已经广为传唱的《马赛曲》，这支军队不可避免地带来了更多压力。他们打破了力量均衡的局面，局势变得明显不利于温和派和保王派。马赛的志愿军在巴尔巴鲁的率领下，一到达巴黎，就抹掉了"拉法耶特路"上的"拉法耶特"字样，并在皇宫附近聚集起来，持续高唱自己的新战歌，大吼"公民们，武装起来！""即便在操练的时候"，他们也把帽子和佩剑举在空中挥舞。[25] 8月3日，佩蒂翁市长以"真正主权"——人民的名义，在议会发表激动人心的演讲。从大革命一开始，国王表现出的就只有对国民和国民利益的厌恶，以及对贵族和教士的顽固偏爱。法国人有无数个理由废黜他们那不忠的国王。人民造就了大革命，造就了宪法，然而他们的权利如今直接受到国王、宫廷、教士和"密谋者"的威胁。然而又是谁从国民手中夺走了军队与安全？还是国王和贵族！这造成了可怕的困境，因此必须剥夺宫廷的独立权力，把住在宫中的特权精英驱逐出去。很显然，在腐败的暴政与大革命之间，不是你死，就是我亡。[26]

巴黎被前所未有的喧嚣与骚动包围着，在流言蜚语中沸腾：国王——用卡拉的话说，他背叛国家并违背誓言已经成千上万次了——再一次密谋携带家眷逃跑。[27] 在布里索的拥护者、丹东派、科德利埃俱乐部和巴尔巴鲁的联盟军一道谋划之下，巴黎各街区开始筹备新的决定性行动。7月30日，科德利埃区起草宣言，宣布取消所有"积极公民"和"消极公民"之间的权利差异，强调祖国危在旦夕，号召"所有公民"武装起来。这份宣言张贴在法兰西剧院区各处，上面有区长丹东、副区长肖梅特以及秘书莫莫罗的签名。首都均势因此被打破。然而这真的是人民的意愿吗？保王派的《巴黎报》痛斥巴黎人、资产阶级和手工业者的迟滞，指责他们任凭一小撮来自各个阶级的"卑鄙乌合之众"操纵，这帮人由布里索、孔多塞和佩蒂翁指挥，煽动废黜国王。据该报称，在这几个人的指挥之下，区区4000 名混进巴黎 48 个初级议会的"蠢货糊涂虫"，就能操纵 70 万没有骨气的巴黎人。[28] 到了 8 月初，议会中间派和右派的某些议员心灰意冷，开始缺席会议，并策划逃离首都。由于共和派记者和演说家——不包括罗伯斯庇尔——公开要求罢黜路易，保王派记者迫切要求普鲁士和奥地利加快进军步伐，在一切变得太晚之前，来拯救法国的君主制和贵族制。[29] 为了阻止共和主义结局的出现，贵族和军官聚集在巴黎，频繁出没于杜伊勒里宫和其他场所，人数明显增加。一连几天几夜，街头冲突将巴黎市中心变成了无人地带，保王派和民主派在这里建立起武装营地，相互对峙。

所有巴黎初级议会进入不休会状态，迎来癫狂的辩论与地方性争议的高潮，有几个初级议会要求废除"行政权"，其余的则表示反对。7 月 31 日的会议过后，恶言区（Mauconseil）向其他街区和大众社团提交报告，称在超过 600 名成员出席因此符合要求的街区议会上，该区代表达成一致，认为只有废除现有宪法，才有可能克服国民"如今面临的严重危机"，因为这部宪法已经不再体现公共意志。恶言区急切要求巴黎所有街区团结起来，共同宣布"路易十六不再是法国人的国王"。[30] 马赛也陷入了严重的骚乱之中。8 月 2 日，罗讷河口省的省级行政官莫伊兹·培尔在该省首府马赛市发表毫不妥协的共和主义演讲。培尔认为，代议制政府的本质必须是"纯粹民主"。国王并不代表国民的最高意志，如今人民应该在路易·卡佩（即国王）行使的行政权和由人民选举并只对人民负责的行政权当中做出选择。任何行政机关都不得拥有否决国民立法机关法令的权力。"国王乃是人间的诅咒。"[31]

在德意志军队不断前进的同时，普法尔茨选侯国曼海姆市的地下人权社团于 1792 年 8 月 2 日给法国立法议会寄去了一封信，8 月 9 日，这封信在议会上被宣读。曼海姆的雅各宾俱乐部盛赞法国人，为他们的革命勇气与热情喝彩，但也对法国人中间存在有可能破坏大革命的致命分歧表示遗憾，哀叹民主原则有可能被敌意和纷争的浪潮葬送。他们呼吁立法议会的议员们停止争论，结束伴随那些争论的暴烈"动乱"，"拯救法国！"法国的命运掌握在他们手中，全欧洲则被动员起来反对他们，如果在这最紧要的关头法国人还不团结起来，他们就有可能失去自由，法国、德意志和其他各地热爱自由之人的希望也会随之破灭。如果大革命注定遭受厄运，立法议会至少应该留给人类些许安慰，让人们知道，为了抵抗那志在彻底消灭他们的君主专制主义，议会已经尽其所能。欧洲君主痛恨斐扬派的君主立宪主义者并不亚于痛恨雅各宾派，他们一旦得胜，就会以同样的狂怒肃清一切革命派系，把自由踩在脚下。倘若法国人还想拯救自由和大革命，那么留给他们的时间已经不多了。世间还有比这更令人向往的命运吗？成为法国和全欧洲的救世主吧，曼海姆的社团呼吁道，"让启蒙哲学取得胜利吧"。[32]

"让启蒙哲学取得胜利"，纵使罗伯斯庇尔和马拉对此并不赞成并心怀厌恶，但是该观念确实是 1792 年 8 月雅各宾派革命的根本所在。在 8 月 5 日出版的《巴黎专栏》上，孔多塞说明，"对所有维护公共利益的人来说，导致意见分歧的已经不再是路易十六的叛国问题（这一点从他的行为中已经表露无遗），也不再是对他的废黜是否构成恰当的惩罚"，而是这样的举措在大敌当前的时刻会产生怎样的后果。如同之前的狄德罗和霍尔巴赫，孔多塞也相信，暴动是"被压迫人民最后的选择"。[33] 议会四分五裂，大部分巴黎街区也是如此。闷热难耐的 8 月 9 日整夜，各街区议会中爆发的激烈争吵不断升级，民主派的暴动分子与政府的支持者和观望者斗争不断。西西里国王区（Roi-de-Sicile）位于今天的塞纳河右岸马莱一带（Marais），在那里，保守派区长及其支持者抵挡住了暴动分子。[34] 而在共和左派人士卢韦担任区长的伦巴第人区（Lombards），反对罗伯斯庇尔的雅各宾党人在孔多塞和《巴黎专栏》的支持下占据了上风。[35] 其他街区则被罗伯斯庇尔派掌控。但在任何一个街区都不存在清晰的阶级划分或社会差异足以为共和主义的暴动观念提供社会基础：大部分巴黎人始终茫然不解，消极无为。尽管有至少 28 个巴黎街区的代表参与动员 8 月 10 日的起义，然而暴动的根本动力还是来自集中于某几个街区并组织紧密的委员会，它们主要分布在左岸，尤其是以丹东、肖梅特和德穆兰为首的科德利埃区，以及伦巴第人区和恶言区，还有联盟军，特别是巴尔巴鲁率领的马赛志愿部队。[36]

8 月 9 日夜间，在民主派街区的政治委员会成员的领导下，严守纪律且配合密切的起义在三到四个不同地点同时爆发——科德利埃区；马赛人的军营，卡拉主要在那里参与起义；圣安托万郊区，那里的起义由丹东的朋友阿尔萨斯人弗朗索瓦-约瑟夫·韦斯特曼以及另一位居住在郊区的退伍军人安托万-约瑟夫·桑泰尔共同指挥；还有圣马索郊区，那里的暴动由退伍军人，煽动暴民的老手，人称"美洲人"的克洛德·富尼耶挑起，狂暴的人群一心想要砸碎拉法耶特和巴伊的胸像。[37]暴动从凌晨开始，在警钟的长鸣声中，暴动者率先夺取了巴黎公社。参与暴动的各街区联合任命的"委员们"解散了旧公社，成立了新的市政机关来领导起义。[38]1792 年 8 月 10 日清晨，就在夺取市政厅几小时以后，一群由马赛人率领的无套裤汉发起了第二阶段暴动。黎明时分，各街区武装部队大规模越过皇家桥开往杜伊勒里宫，在其中我们可以看到德穆兰的身影。与此形成对照的是，罗伯斯庇尔在接下来的二十四小时里都没有露面，正如在先前数次起义中那样，他消极观望，完全不曾参与行动（尽管这次马拉和丹东的表现也并不显著）。[39]

人群蜂拥向前。但在引导这场起义方面，真正重要的是那些职业革命者中的骨干，这些暴民首领和街区领袖组成了一个完全不具备代表性的小圈子（他们大部分也不是巴黎人）。正如迪罗祖瓦所说，他们全是"共和派、佩蒂翁派、革新派、布里索派和哲学主义者"，是经验丰富的"弑君派"。[40]起初，保王党的武装反革命队伍也曾在街头四处活动。实际上，宫廷和斐扬派内部也有人试图先发制人，通过军事行动重建君主制的权威。巴黎的保王党记者煦洛、叙阿尔、里瓦罗尔和他们的众多编辑印刷人员一道，匆忙拿起武器，要去保护国王。[41]由拉法耶特率领的保王党队伍也尝试过帮助国王逃离巴黎。然而随着大批起义者聚集起来，鲜有保王党还逗留在街头，他们要么像迪罗祖瓦记者那样躲起来，要么像拉法耶特和马卢埃那样溜走了。人们彻底查抄了斐扬俱乐部的所在地。数名重要的保王党成员被谋杀，包括克莱蒙-托内尔和煦洛，后者是保王派报纸《煦洛日报》（*Journal de Suleau*）的编辑，他拒绝了德穆兰提供的庇护，在斐扬派俱乐部附近被人逮捕并斩首，首级被用长矛挑起示众。

一支规模庞大（大约有两万人）且喧闹但组织良好的游行队伍唱着《马赛曲》，先是包围了杜伊勒里宫，然后直接闯了进去，但起初相对平静。勒德雷尔的冷静计划把王室从宫中带了出来，将路易、玛丽·安托瓦奈特和他们的孩子带到议员中去。这个计划帮助布里索派控制了整场动乱的核心部分。宫中很多贵族和廷臣都消失了，其他人则披上瑞士卫队的制服加入了他们。待命的瑞士人被群众团团围住，起初他们向人群发出友好的信号，将其迎至王宫正庭，而后突然猛烈开火，将大约四百名爱国者击倒在地，进而迫使入侵者后撤。然而这次射击激怒了示威者，尤其是马赛和布雷斯特的志愿军，他们在怒火中发起全面进攻，布设大炮。杜伊勒里宫内外爆发了激烈的战斗，连旁边的议会建筑外墙都被若干枪弹击中。激烈的战斗过后，暴民终于击败卫队并席卷王宫，屠杀所有此前试图杀死爱国者的人，包括 600 名瑞士人和廷臣。没被火枪击毙的人则惨遭尖刀、短斧和长矛的屠戮。只有少量瑞士人幸存下来，在卢韦、布里索等人的帮助下藏进议会走廊。

8 月 10 日黄昏将近的时候，首都的暴动得到控制，暴动者中大约有90 人丧生，300 人受伤。雅各宾派和科德利埃俱乐部成员控制了市政大厅、巴黎全部街区以及整个王宫，有人举起写着"祖国、自由、平等"的横幅。杜伊勒里宫的庭院中、台阶上、大厅内、礼拜堂前和花园中到处洒满鲜血，遍布尸首。近旁的瑞士卫队营房成了一片火海。散落宫中、为数惊人的值钱物品、珠宝和艺术品几乎没有遭劫，这着实令人感到震撼。这些物品大部分被诚实的平民转移到议会的走廊和房间中妥善保管。[42]

眼下议会中的斐扬派已被肃清，在巴黎公社的教唆下，改头换面的立法机关迅速认可了 8 月 10 日起义。那天接近正午的时候，杜伊勒里宫的交火还在继续，议会就已经委托十二人委员会准备好法令，解除国王的宪法职责,解散内阁,宣布很快就要开始选举产生新的国民公会。在国民公会产生的同一天,它将选出新的行政机构。国王就此下台,直到"国民公会颁布它认定适合于保障人民主权和自由平等的统治方案为止"。议会命人在街头竖起公告牌,以国民、自由和平等的名义,号召所有公民尊重人的权利与别人的自由,这是意在警告教唆犯的言论。[43] 与此同时,议会于1791 年 11 月 9 日颁布的法令——剥夺拿起武器反对大革命的贵族流亡者公民权——原先由于国王否决而一直未能实施,如今则立刻生效执行。

国王和王室会一直作为人民的"人质"接受看管,以保证不会发生进一步的叛国行为,而那些邪恶的斐扬派"阴谋家",再也不可能通过与国王串通而密谋破坏"公共安宁"。8 月 10 日晚些时候,议会宣布,自 1789年以来的法国国内问题,全是因"行政权"不断背叛国民所致——尤其要归罪于那个假装赞成宪法,实际上却持续密谋颠覆宪法的国王。路易十六由于与贵族密谋"反对公共自由",因而丧失了所有合法性。他那些"持续的反革命行径"要求人们必须颁布一部新宪法,这就是即将选出的国民公会的首要任务。同时,王室将留在议会,直到一切恢复平静,然后,按照布里索的想法,他们应该移居到卢森堡宫中,由城市自卫队保护。只要

图 6　袭击杜伊勒里宫,法国画派作品,1792 年 8 月 10 日,彩色版画。

欧洲各国还在以路易十六的名义对法国作战，对他的关押就要持续下去，而王后和他们的家人都要"为了国民而成为受到严加看管的人质"。所有王室年金即刻停发，每月只为王室提供 10 万法郎以供日常开支。一个由 12 个人组成的代表团，将上述无限期拘禁、降低地位以及缩减吃穿用度的决定告知国王和他的家人。[44]

还有比这更重要的转变：宣布"男性普选权"成为大革命的根本原则。在大西洋两岸的整个现代世界，法国是第一个将民主作为政治合法性基础的国家，这是一项伟大的成就。所有年龄超过 21 岁的男性公民只要进行公民宣誓，保证捍卫"新的法国宪法中任何不违背大革命两项基本原则——自由和平等，以及不侵犯人的权利的内容"，就有资格投票。[45] 为保证选举公正，各省初级议会都会向其他省份派出观察员，跟踪选举进程。当天及不久过后，议会还澄清了更多革命原则。在布里索的建议下，议会在选举新内阁之前，必须宣布现有内阁"不受国民信任"，以人民的名义正式提出指控。[46] 从 8 月 12 日起，组织议会议程的任务就交给以布里索为首的新二十五人指导委员会。议会自称拥有代表"真正主权"发声的至高权威，因此于 8 月 13 日颁布由孔多塞起草的正式废王法令，故意把人民干预对最终结果产生的影响降到最小。

立法机关将选出六位新部长——内务部部长、战争部部长、财政部部长、司法部部长、海军部部长和外交部部长，用来取代斐扬派的行政机构。投票即刻进行。这是史上第一次由议会自行选择各部部长，从内务部部长一职开始投票。每名议员（高声）提名两位候选人，最后合并记录，列出每位候选人的得票数。在得知各位候选人的得票数后，每名议员将根据达成一致的名单提名各部部长。罗兰成功保住了内务部部长的职位，丹东任司法部部长，克拉维埃任财政部部长，塞尔万任战争部部长，勒布伦任外交部部长，数学家、法兰西学院院士加斯帕尔·蒙热任海军部部长。在孔多塞的举荐下，蒙热脱颖而出，他是当时世上最重要的火炮设计专家和几何学家之一。[47] 皮埃尔·勒布伦–通迪也是位杰出的数学家，与布里索、卡拉和罗兰走得很近，同时也是亲近革命领导层的重要报纸编辑、知识分子。他是比利时革命中民主小团体的领袖，在 1787 年的列日革命中扮演了关键角色。在布里索的支持下，丹东加入了行政机关，布里索希望能够借此将两人当时还算友好的关系打造为新生权力结构中的一环。[48] 可以预见的是，除丹东外，没有任何一个罗伯斯庇尔分子入选任何行政部门，抑或是议会的新领导班子。一些包括四国区（Quatre-Nations）、卢森堡区、兵工厂区和蒙马特郊区在内的街区要求佩蒂翁连任巴黎市市长。然而，他辞掉了市长职务，更希望参选即将组建的国民公会，并加入布里索的委员会。事实上，这将会成为法国新的民主政府。

而比起义本身的高效与深刻更值得留意的，是8月10日的革命在短时间内成功确保了国内团结。拉法耶特几天后曾经试图动员自己麾下的北方军团，并说服阿登省支持国王，却都以绝望的失败告终，[49] 他的盟友菲利普·弗雷德里克·迪耶特里克男爵在斯特拉斯堡的动员尝试也是如此。巴尔巴鲁的上司，马赛市市长穆哈伊偏向激进路线，因此马赛的共和派一次性赢得了所有街区的支持；反对派的斐扬派成员则遭到逮捕。在阿维尼翁，共和派和亲雅各宾立场同样轻易获胜。那里的选举会议于9月2日召开，选举巴尔巴鲁、奥马尔、格拉内和培尔为他们的国民公会代表，他们全是坚定的共和派，一心打算终结君主制。[50] 试图抵抗的市镇政府很快被新政府取代。8月22日，激进的马赛人组成的队伍行进至普罗旺斯省首府艾克斯市，扫荡市政厅，逮捕众多行政官员与职员，以及其他嫌疑人，将省级行政机构所在地转移到如今控制了整个普罗旺斯省大革命局势的马赛市。[51]

为什么1792年8月的革命展现出如此惊人的团结？因为值此关头，斐扬派和温和主义已经普遍不受信任。很多人通过阅读和辩论意识到，法国的问题已经不仅仅是若干个人篡权那样简单了。温和派立宪主义制度不合逻辑，无法运行，亟须更改。据朗特纳斯观察，从理智上讲，早在八月革命之前，最警醒的人就已经完全理解了打破君主制和温和主义统治的必要性。这位8月10日起义的核心人物注意到，特别是在那些富有学识、洞察力与判断力的人中，再无一人愿意支持国王、贵族和教士。[52] 与此同时，罗伯斯庇尔与整个事件保持距离，直到尘埃落定之时才愿露面。威权民粹主义还不够强大，不足以挑战推动这场暴动的布里索派和左派民粹主义者。一时间，人们勾勒出法兰西共和国的蓝图，她建立在议会中达成的惊人一致且没有发生任何有效反抗的基础之上，靠的既不是议员，或如同普吕多姆强调的那样，事实上也不是人民，而是一帮在八月革命以前就已经"无畏宣布并发展共和原则的大胆作家"。[53]因此，通常认为的在8月10日起义中，人民"做得比议会更出格，并迫使议会走得更远"的说法完全是错误的。[54]恰恰相反，人民不过扮演了消极的角色：绝大多数群众不过充当了旁观者，既不积极，也不理解，眼睁睁看着议会中的民主共和派协同某些巴黎街区的领导层，计划、组织并推动了所谓的"群众"起义；任由这伙人夺取并牢牢掌握了大革命的领导权。

巩固民主革命

立法机关接受了民主、言论自由和请愿自由，在公共安全委员会（Comité de secours publics）的督促下，议会还表示拥护与过去相比更崇尚干涉主义的社会意识。人们承认，由于太多贵族流亡国外，贫民数量大大增加。国家的责任，在于保障赤贫者谋生手段与需求之间的可持续平衡。通过宣布"穷人有权享受公共援助"是民主和大革命的指导原则，议会着手批准发放国家补助和建立公共医院。医院被勒令提交1789年所有收益的认证清单，以及此后在取消教会捐款和圣俸充公过程中所遭受的收入损失。[55]国库将据此制定计划，拨出一部分款项给内务部，以负担所有医院第二年的花销。

路易和家人如今成了真正的囚犯，8月13日，他们被人从杜伊勒里宫转移到条件恶劣的圣殿塔监狱，而不是布里索建议的卢森堡宫——因为巴黎公社坚持选择前者。据戈尔萨斯记录，王室马车中途停了下来，以便看一眼如今已被砸成碎片的路易十四塑像残骸。这座著名的路易十四骑马像高达17米，是弗朗索瓦·吉拉尔东的作品，于1699年揭幕，曾伫立于旺多姆广场（当时尚保留着旧名"路易大帝广场"）。在8月10日起义中，塑像被人群推倒并砸碎，巴黎公社正在考虑用一座金字塔取代这些可悲的碎片，以纪念在攻打杜伊勒里宫的过程中牺牲的公民。[56]无处不在的大革命符号变更反映着君主制的终结。在接下来几天内，象征君主、大公、廷臣、贵族及枢机们无上荣光的雕塑、胸像、画像、纹章、符号和题词，在法国各地消失得无影无踪。[57] 枫丹白露、圣日耳曼、圣德尼和舒瓦西勒鲁瓦（Choisy-le-Roi）等皇家市镇以及那里的花园和宫殿统统更名，首都最辉煌的贵族宫殿则全部被改作各类革命委员会和大众社团的总部。一连好几个月，凡尔赛成了空无一人的冷宫，很不幸，它那些瑰丽的花园统统化为了废墟。

街道更名的浪潮席卷所有法国城市，无数能让人联想到王权与贵族统治的名称全部被人抹去。巴黎再无任何一个街区保留"国王"或"皇家"称呼。8 月 13 日，路易大帝区更名为"梅勒区"（Mail）；8 月 21 日，西西里国王区变成了"人权区"。[58] 阿图瓦街从 1770 年起便以王弟阿图瓦伯爵的封号命名，他是力图颠覆大革命的流亡者领袖之一。该路更名为"切鲁蒂街"，以纪念去年 2 月去世的启蒙哲学家和革命者切鲁蒂。亨利四世区被重新命名为"新桥区"。尽管亨利四世的"美德"曾让这位法国国王的著名塑像得以保留在桥头，事到如今它还是被人给挪走了；塑像原先的位置被安上竖着几块牌子的底座，牌子上写满与人的权利有关的内容。[59] 1793 年 1 月 17 日，巴黎公社甚至决定，要求将巴黎圣母院外墙上的中世纪国王像，以及主教宫院子中带有"渎神"字迹"奥古斯都之奉献"（Pietas augusta）的路易十五人像浮雕移除，一并移走的还有外科学院中的路易十四塑像。城市工务部门接到指令，在与"艺术委员会"磋商过后，将上述物品移至隐蔽之处保存。[60]

最初的狂喜之情一过，失落感很快袭来。革命者未能成功稳定并巩固接踵而至的民主革命，这主要归结于两个泾渭分明又彼此敌对的机构——布里索派主导的议会和民粹派控制的巴黎公社，罗伯斯庇尔的支持者已经基本取代了原先主导后者的佩蒂翁集团——他们都以 8 月 10 日起义的真正发起人自居。马拉派和罗伯斯庇尔派是最积极争夺起义真正发起人头衔的两个派别，尽管正如佩蒂翁所说，"把自己认作这光荣一日最大功臣的人，恰恰是最不配的那些"。[61] 人民毫无头绪，意见已经足够分散，他们面对的是两股竭力争夺起义带来的利益的势力，这二者在各自合法性构成的问题上各执一词。尽管 8 月 17 日，芒达尔发表了长篇演说盛赞群众暴动，说它是民主原则的根基，然而立法议会却情愿将暴动的作用最小化，只强调立宪原则的凝聚力。[62] 如今由布里索派主导的议会认为，只有未来经过民主选举产生的新国民公会才有权正式废黜国王，决定是否因叛国罪审判他，以及是否终结君主制。罗伯斯庇尔、圣茹斯特和如今由山岳派主导的巴黎公社正好相反，他们希望能够不经历任何麻烦就直接罢黜路易，以叛国罪将他处死——他们认为 8 月 10 日起义的人民已经审判了他——然后重建国家。[63]

从 8 月底到 9 月初，各街区初级议会为选举国民公会而进行了拉票与造势。由于先前的"消极公民"范畴已经取消，法兰西剧院区有资格投票的成年男性理论上从 2617 人增加至 4292 人。然而正如从前一样，只有不足 10% 的少数人实际参与了会议并投了票。[64] 这是史上第一次以普选为基础进行的选举，左派共和主义报纸不遗余力，试图说服各街区人民重视这次投票，并向他们解释这将会在多大程度上左右他们的未来，还有，正如卢韦的《哨兵报》强调的那样，必须选出确实富有才华、姿态开明的议员。然而不但有人怂恿最贫穷的公民去投票——尤其在巴黎，专门有人诱导贫民投票给山岳派，还有人奉劝那些持布里索派立场的人，以及对"温和派"或保王派怀有同情的人打消投票念头。这些文盲或半文盲之所以参与投票，是因为各街区领袖的积极引导与拉票——在法兰西剧院区，富裕的印刷商莫莫罗是特别突出的拉票人——而这些街区领袖也并非谦逊之人。这导致不良民主辩论的出现，以及阶级团结的缺失，最终达成的不过是苦心经营的意识形态一致性。从 1792 年 8 月开始，科德利埃俱乐部和雅各宾俱乐部都开始以意识形态审查工具，而不是辩论俱乐部的形式进行运作。

在筹备国民公会的过程中，布里索派强调，对他们来说，至关重要的是为立法机关选出才华出众并坚持革命原则的优秀议员。这也是为什么，议会于 8 月 24 日采纳了由玛丽-约瑟夫·谢尼埃率领的代表团提出，并获得了孔多塞支持的提议，要求法国正在选举的国民公会必须成为"全世界的代表大会"，着眼于人类幸福与民主的伟大原则。为了推广这一理想，议会必须授予所有最杰出的"自由使徒"与来自外国的支持者荣誉公民权，并允许他们在法兰西共和国参政，进行政治辩论。既然法国国民公会有志于打造世界上第一部基于人权的民主宪法，民主的法兰西将招募世上所有推动"人类理性进步并为自由铺路"之人组建公共"联盟"，参与她反对国王、贵族和"迷信"的斗争。正如罗马与臣属帝国的"诸王"结为联盟，法兰西共和国必将与所有对抗暴政与偏执的"英勇启蒙哲学家"为盟，把"荣誉公民"头衔授予这些"人类恩主"。那些通过写作而在实质上协助了美国和法国革命的作家则应获得特殊荣誉。[65]

谢尼埃提议的荣誉公民名单包括《人的权利》和《常识》的"不朽作者"潘恩，《联邦党人文集》的作者之一麦迪逊，约瑟夫·普里斯特利——他在伯明翰的"国王与教会"暴徒手上所受的苦让他"荣誉等身"，还有威尔伯福斯、罗伯逊、麦金托什（因他反驳伯克），以及著有《孟加拉政治哲学史》（*Histoire philosophique et politique de Bengale*）的荷兰人威廉·波尔茨，[66]——他因宣布印度穷人和受剥削者"并非天生注定在压迫的枷锁下永久悲鸣"而被英国东印度公司"迫害"。[67]获得提名的还有米兰的激进派戈拉尼，他"在人类幸福的长久死敌奥地利哈布斯堡家族的迫害与仇恨下显得如此伟大"；瑞士教育改革家裴斯塔洛奇；另一位荷兰人科内利斯·德·波夫（克洛茨的舅舅），"在其关于希腊人、中国人和美洲原住民的作品中对偏见进行了猛烈的抨击"。而屈服于君主暴政、军事暴政和"封建"暴政三重枷锁之下的德意志，也应通过那些"高贵的心灵"而获得殊荣，是他们在公共奴役之下实现了自我解放，虽然起初只有一个德意志人获得法兰西荣誉公民提名——约阿希姆·海因里希·坎佩。这位杰出的教育改革家曾于 1789 年 8 月到访巴黎，见证了大革命最初的几个阶段，与他同行的还有其一位日后声名远扬的学生，开明人士威廉·冯·洪堡。坎佩是原《不伦瑞克日报》的编辑，迫于普鲁士政府的压力，他将报社迁往丹麦属阿尔托那，并将其更名为《石勒苏益格日报》（*Schleswigsches Journal*）。[68]坎佩和他的圈子反对贵族制原则并严厉批评孟德斯鸠，为"法式自由"与人的权利辩护，在德意志"为世界人民打碎枷锁的不朽原则"大唱赞歌。马拉科夫斯基将军也名列其中，因为他领导波兰人反抗"维斯瓦河岸"的叶卡捷琳娜女皇的暴政。通过如此手段，各位哲学家追求的"普世博爱"与社会有序的目标终将实现。[69]

议会讨论了谢尼埃的名单，并扩大其范围，删掉一些名字，又增加了一些。考虑到布里索本人的背景，最后获得荣誉公民权的其实大都是英国人和美国人——潘恩、普里斯特利、边沁、威尔伯福斯、克拉克森、麦金托什、大卫·威廉姆斯、汉密尔顿、华盛顿和麦迪逊。不过来自欧洲大陆的人物也很多，包括戈拉尼、克洛茨、裴斯塔洛奇、克洛卜施托克，另一位波兰解放斗士塔德乌什·柯斯丘什科则取代了马拉科夫斯基。柯斯丘什科曾为《哲学史》撰稿，拥护黑人解放。克洛卜施托克一收到由罗兰签署的法国荣誉公民邀请函，就立刻愉快地接受了法国公民头衔。然而他告诫罗兰，大革命必须惩罚借其名义犯下的暴行（譬如九月屠杀）。[70]尽管这份名单不可思议地遗漏了比利时的冯克派，也没有荷兰的重要爱国者彼得·弗里德以及1787年曾与米拉波共事的赫里特·帕佩，或是德国民主派人士福斯特、多施和克尼格，该手段还是从官方层面，为大革命争取了来自各国开明人士的支持（尽管其中几位实际上对民主革命并不上心，譬如华盛顿和裴斯塔洛奇）。据此，由另一位能力过人的演说家，布里索派中罗伯斯庇尔最痛恨的死敌之一玛格丽特·埃利·加代推动实施的1792年8月26日法令，将大革命的国际主义推向了高潮。

为夺取大革命控制权而相互竞争的雅各宾阵营——左派民主派和威权主义民粹派之间那无情的敌意从一开始就极度突出，甚至在国民公会开始选举之前就是如此。山岳派想要在即将到来的选举中尽可能多地影响平民，使巴黎公社和巴黎内部街区的势力最大化，而布里索派则要极力避免初级议会被民粹主义"选举人"的阴谋所把持。通过强调才能和经验，布里索派希望上两届立法机关的成员有资格参选新的国民公会，然而罗伯斯庇尔对此表示反对，意在尽可能地减少议会中的布里索派成员。在法国从君主立宪制转变为共和制的进程中，一方想要将巴黎市政机关对该进程的影响最小化，另一方则正好相反。8月15日，巴黎公社派出由罗伯斯庇尔率领的代表团，要求审判在8月10日那天被示威者逮捕的囚犯以及清单上的其他"密谋者"，而审理法官应由巴黎各街区选出——此举相当于直接对抗议会。孔多塞在《巴黎专栏》上解释道，8 月 10 日逮捕的囚犯属于全体国民，应该以国民的名义接受合乎宪法的审判。罗伯斯庇尔的要求在原则上既不民主，也不正确。尽管如此，巴黎公社还是假称自己拥有处置"嫌犯"的至高司法权力。[71]

从 1792 年 8 月 10 日起义开始，山岳派民粹主义公开对布里索派的代议民主主义开战。这将见证世界上首个现代民主制度困难重重的开端。8 月底和 9 月初进行的选举本身就是一套冗长复杂的程序。正如人们经常指出的那样，整个法国实际上参与投票的人很少。然而这并不是因为法国人不在乎此次投票，而是因为投票程序过于复杂。不识字和居住地的偏远两项就阻挡了很多选民，而一心想要投票的乡村与小城镇公民必须自付旅费，来到位于各县主要市镇的当地初级议会注册，面对用来阻拦投票的重重法定障碍展示其选举资格，再等候选举官员宣誓就职等其他后续复杂程序。尽管如此，最严重的阻碍还是来自当地积极分子组成的阴谋集团，尤其是在巴黎，他们往往使抱有良好意图的投票者对投票感到厌恶，甚至打消投票的念头。尽管在有些省份，投票率往往在 10% 以下，有时甚至低于 6%，另一些省份的投票率相比之下还是相当高。在加来海峡省，投票率达到 23%，在那里，实质上拥护共和主义的情感平衡了广泛而活跃的天主教意识。[72]

与此同时，首都处于恐惧与疑虑的支配之下。普鲁士军队持续推进、隆维陷落、凡尔登之围以及 1792 年 8 月 17 日拉法耶特叛逃至奥地利军中并带走了一大批军官——这一切都在法国东北部造成了恐慌。巴黎公社宣布进入紧急状态，包括在 8 月 29 日至 31 日实施全面宵禁。从 8 月 10 日到 8 月底，又有 520 人因参与反革命活动被捕，其中大约一半是抵抗派教士。[73] 保王派记者迪罗祖瓦也于 8 月 13 日被捕。罗伯斯庇尔和马拉此后指控佩蒂翁等人通过夸大的叛国言论和逮捕人数来蓄意煽动癔症，造成群众恐慌，借此扩大自身影响力。到了 8 月 27、28 日，谣言在巴黎街头大肆流传，说国王已经被偷偷转移，所有政治犯已经被人释放，这反过来又激起了关于闯入监狱、在"反革命分子"逃跑之前抓紧将其屠杀殆尽的言论。所有这一切都与议会和巴黎公社的公开决裂相辅相成，确实左右了大革命的后续历史。巴黎公社决定逮捕与布里索一同编辑《法兰西爱国者》的吉雷-迪普雷，因为此人揭露了民粹派街区委员会采取的搜查个人或家庭住所的专制、严苛手段。吉雷躲了起来。罗伯斯庇尔对巴黎公社总议会发表讲话，为抄家行为以及逮捕吉雷的决定辩护，并对布里索、孔多塞和罗兰进行了疯狂斥责。[74] 议会于 8 月 30 日回应，撤销了巴黎公社的逮捕令，宣布其违反出版自由。议会颁布了由加代执笔的法令，解散巴黎公社的"临时总议会"，要求每个巴黎街区在二十四小时内指派两位公民，组建新的临时总议会，直到进行新的市政选举。[75] 巴黎公社和大部分街区自然对该法令不予理睬。

罗伯斯庇尔及其追随者下定决心不再与民主共和派合作，这导致如今的公社与议会处于剑拔弩张的状态。法国大革命中最关键的权力争夺战开始了。早先，罗伯斯庇尔的日报就曾宣布，并不是启蒙哲学家、"孔多塞的老师"、让-雅克的迫害者，而是受到"自然"启发的单纯平凡之人开启了真正的革命之路。[76] 8 月 10 日起义爆发之际，权力的平衡已经明显被打破。山岳派此时夺得了巴黎城内很多选举会议的控制权，尽管在市内其他街区，他们仍然面临着顽强的反抗，比如伦巴第人区、新桥区、红十字区、香榭丽舍区和卢浮宫区。以积极反抗贵族制而闻名的伦巴第人区，在区长卢韦的领导下激烈抵抗罗伯斯庇尔那"蛊惑人心的暴政"，宣布巴黎公社的总议会是街区权利的"篡夺人"。伦巴第人区把自己的代表从巴黎总议会召回，并敦促其余反对罗伯斯庇尔的街区照做。山岳派街区的领袖则以肆意辱骂卢韦作为回应，还组织了一场开往伦巴第人区的吵闹游行，展现"人民的愤怒"如何反对施加在"不可腐蚀者"身上的放肆批判。首都罗伯斯庇尔派活动分子与获得马赛志愿军支持的左派共和主义知识分子之间的区域性斗争持续了好几个月，却丝毫没有缓解，并蔓延至法国各地。[77] 罗伯斯庇尔对卢韦、吉雷、佩蒂翁、加代，以及他不断加以诽谤的布里索和孔多塞怀恨在心，因为他们威胁着罗伯斯庇尔在他和马拉控制下的巴黎各区域的地位。

罗伯斯庇尔未能如愿将前任议员排除在选举之外，与前社会俱乐部保持联系的雅各宾党人为巴黎的选举人提供了大量派别各异的出众候选人。

他们通过报纸施加影响力，特别是卢韦那份作为海报而张贴于大街小巷的报纸，他们呼吁人们投票给博纳维尔、尚福、克洛茨、卡拉、谢尼埃、科洛·德布瓦、比约-瓦雷纳、戈尔萨斯、丹东、肖梅特、法布尔、朗特纳斯、曼努埃尔、伦巴第人区国民自卫军指挥官普勒诺、塔利安和罗贝尔这样的记者、作家和各街区政客，以及佩蒂翁、西哀士、罗伯斯庇尔、拉博、加拉、比佐和格雷古瓦。[78] 然而罗伯斯庇尔的想法却大不一样。上述名字代表的都是些重要人物，可是对于他和他的民粹派街区领袖们来说，绝非全部都可接受。在雅各宾俱乐部，人们就西哀士和拉博是否应该出现在这份名单上发生了争执。有人认为西哀士是"两院制"的拥护者，这算是个毁灭性的指控，不过也有人为其辩护。拉博是斐扬派的议员，有人因此拒绝提名他，也有人不承认他的这一身份。[79] 尽管雅各宾派在原则上与西哀士意见不一，布里索派却捍卫他参选的权利。巴黎内城的选举进程，基本上受到由罗伯斯庇尔、丹东和埃贝尔控制的雅各宾及科德利埃委员会的严密监控。这意味着许多重要人物注定要被排除在选举之外，尤其是那些不认同马拉和罗伯斯庇尔的人。被此二人列入绝对黑名单的主要人物包括卡拉、戈尔萨斯、卢韦、孔多塞、佩蒂翁和布里索。[80]

随着大革命两大敌对派系之间的斗争趋于白热化，从 9 月 2 日起，巴黎的选举进程开始受到事态灾难性发展的干扰与影响，这些事件将给大革命的声望带来永恒的污点。8 月 30 日，巴黎公社通宵开会，罗伯斯庇尔在会上第一次公开把布里索、孔多塞、罗兰、加代、卢韦和吉雷-迪普雷说成是"人民的敌人"。他说，是公社领导了 8 月 10 日革命，是"人民"授权于巴黎公社，让它以人民的名义对布里索派那些蔑视"人民之声"的异端加以报复。9 月 2 日，利用普鲁士持续进攻造成的恐慌与困惑，罗伯斯庇尔面对巴黎公社，公开指控布里索叛国投敌，说他投靠了普鲁士军队总司令"不伦瑞克"。[81] 当晚，巴黎公社的监督委员会（Comité de Surveillance）下令查抄布里索的住所与报社。三名委员搜查了布里索的家当，并未发现任何罪证。[82] 巴黎公社的警戒委员会在当天早些时候才加入他们的马拉的极力鼓动之下，于 9 月 2 日到 3 日间试图逮捕"叛国者"布里索并革除罗兰的部长职务，但并没有成功。当时，公社下令将布里索、罗兰等被控犯有"叛国罪"的议员缉拿归案。丹东和佩蒂翁亲自来到市政厅与罗伯斯庇尔交涉，在此二人的干涉之下，逮捕令被撤回。[83]

这场遭到阻挠的政变，除了成功搜查布里索派人士的住所，并未取得更大进展，[84]但是抹黑布里索和罗兰（计划逃往英格兰）的努力在9月4日卷土重来，尽管这次行动再度由于丹东的反对而撤回。[85]然而这次政变触发了据说是自发的"群众"骚乱，骚乱始于9月2日，结果造成针对数百名囚犯有组织的可怕袭击，这些囚犯是由巴黎公社和各街区在8月10日那天投入监狱的。有人故意引导群众将这些数量庞大的政治犯作为发泄癔症的目标以及议会与公社相互指责的焦点。这场行动受到卡拉、戈尔萨斯，以及马拉等人的鼓动，始于关于与叛国者做个了结的言论。[86]告诫民众清理反革命、贵族、反叛教士和叛国者的说辞持续了数月，终于导致了致命的后果。恐怖始于4辆马车载着24名反抗派教士前往圣日耳曼德普雷修道院监狱的途中，车队被人群袭击，教士们在街头惨遭屠戮。当天夜里，无套裤汉成群结队，咆哮着要让反革命流血，他们闯入监狱，拖出挤满牢房的政治犯并将其集体处决，这意料之中的恐怖之夜使马拉和埃贝尔无休止的口头暴力成为现实。这些场面有一小群阴郁的民众目击者，他们更倾向于为当天七拼八凑的陪审团与法官的临时赦免欢呼，而不喜欢简单粗暴的处决。

尽管事后马拉、罗伯斯庇尔和丹东总是强调大屠杀的自发性与"群众性"，以及它完全是"人民"造成的，然而无助的目击证人佩蒂翁、吉雷、罗兰等布里索派成员，以及德意志的雅各宾俱乐部成员欧尔斯奈和卢克斯都将9月2日至5日的暴行准确地定位为一场有计划的阴谋，在数十人有条不紊地运作下被系统性地执行。[87]试图结束混乱的狱卒以及议会派去的十二名委员都被人推到一边。据梅西耶记录，作恶者当场做出速战速决的"司法"判决，然而他们的人数可能只有平均每个监狱300人，在巴黎中心和圣马索郊区的监狱都是如此。临时拼凑的无套裤汉委员会对囚犯进行强制审讯，还有武装分子撑腰（据说有的还是巴黎公社雇佣来的），[88]他们先对政治犯进行了一通系统性的屠杀，仅仅因为认定囚犯属于"贵族""抵抗派教士""瑞士卫兵"，或"杀人犯"，他们就将其"判处"死刑。各处监狱遭到屠杀的总人数在 1090 至 1400 人之间，其中 223 人（大约 16%）是教士，另有 6% 是瑞士卫兵或其他皇家卫兵。[89]在加尔默罗修道院监狱，115 名神父死在乱刀之下，包括前阿尔勒（Arles）大主教、博韦（Beauvais）主教和圣特（Saintes）主教。巴黎各监狱的在押囚犯中，有超过半数的男性囚犯和 8% 的女性囚犯在此类团伙的大屠杀中丧生，当中包括 35 名与大革命没有任何牵涉的妓女。[90]

图 7 九月起义，让–路易·小普里厄作品，1792 年 9 月 2、3 日夜间屠杀修道院囚犯，素描。藏于巴黎历史博物馆。

尽管几乎没有留存的文献证据表明大屠杀是山岳派主要领袖精心谋划的阴谋，而事后有关他们密谋一切的说法也有可能是夸大其词，然而暴行确实是在多个场所有组织地发生的，其进展是如此模式化，以至于不可能仅仅是自发的"群众正义"的结果。在屠杀人数最多、约有 300 人丧生的巴黎古监狱（Conciergerie），圣日耳曼德普雷修道院，220 人丧生的沙特莱（Châtelet），佛尔斯（La Force）等监狱（除了关押王室的圣殿塔），暴行发生的方式都差不多。比约–瓦雷纳本人或许并没有真以 24 里弗尔的奖金悬赏，鼓励暴徒根据他提供的名单杀人，[91]不过巴黎公社的低级官员确实现身较大监狱的屠杀现场，带着囚犯清单和笔记，扮演了临时

"法官"的角色。芒达尔在屠杀事件发生数月后出版了《论暴动》(*Des Insurrections*)一书(他在书中以不点名的方式谨慎地指出了罗伯斯庇尔的罪行),据他回忆,无套裤汉头子成了各街区名副其实的"独裁者",他们把受害者从牢房中拖出来,带着无情的残暴宣判其死刑。[92] 直接投身这场屠杀的人包括身处佛尔斯监狱的埃贝尔派让-安托万·罗西尼奥尔;1789 年 10 月曾经引导示威人群向凡尔赛进发的斯坦尼斯拉斯·马亚尔,此人如今成了巴黎公社的官员,事发当天在修道院监狱充当了"法官";巴黎公社警戒委员会成员,抄家行动(包括查抄布里索的家)中的关键角色艾蒂安-让·帕尼斯则领导了发生在沙特莱的屠杀。[93]

马拉和包括比约-瓦雷纳在内的巴黎公社警戒委员会一起,于 9 月 3 日以巴黎公社的名义向各省颁布了一道用心险恶的通知——其文本很显然是由马拉自己的出版作坊印制,通知呼吁各省效法巴黎,屠杀当地的在押政治犯。[94] 日后布里索派对山岳派的批判,也因此常常充斥着山岳派——尤其是巴黎公社警戒委员会——应对九月屠杀负责的指控。有关密谋的负面影响传播甚远。丹东也对屠杀事件感到愤怒,但由于担心自己在各街区议会内部无套裤汉群体中的优势地位受损,他并未听从曼努埃尔、芒达尔等人的强烈建议,没有采取积极行动来阻止暴行。[95] 罗伯斯庇尔,在通过无休止地谈论叛国而煽动起群众暴行之后,并没有任何平息暴民团伙怒气的行动(前往圣殿塔以保证王室安全一事除外)。[96] 大屠杀一直持续到 9 月 6 日。芒达尔哀叹道,1792 年 9 月的两天夜里,人们借口从敌人手中拯救祖国,将"所有原则"弃之不顾。来自正义的神圣声音与来自人性的呼喊全部被迫归于死寂。芒达尔是试图奋力阻止暴行的人之一,在屠杀开始的时候,他很快找到丹东,求他立刻采取行动。他看到丹东与佩蒂翁、罗伯斯庇尔、德穆兰、法布尔·代格朗汀、曼努埃尔以及巴黎 48 个街区的区长在一起,他们的一部分注意力被刚刚传来的凡尔登陷落与普鲁士最新攻势的消息给分散了。曼努埃尔、布里索、福谢、芒达尔、佩蒂翁等革命领袖试图制止杀戮。佩蒂翁的代表人路易-皮埃尔·曼努埃尔两次随巴黎公社代表团造访圣日耳曼德普雷修道院,努力阻止暴力行为。然而那里的施暴团伙断然拒绝了他的要求。[97] 国民自卫军同样毫无作为,这实在令人费解。

布里索和吉雷的《法兰西爱国者》是唯一一份立即毫无保留地对暴行加以谴责的主流报纸。其他革命报纸很晚才这样做。[98]罗伯斯庇尔称杀戮源自"群众运动",不可归咎于任何当选官员参与执行的有组织暴动,这样一来,有些非山岳派人士也赞成这种说法,因为按照他们的理解,杀戮纵使不幸,但对于民众正义来说也是"有必要的"。至少普吕多姆、马雷夏尔、戈尔萨斯、卡拉等反对罗伯斯庇尔的记者都这么公开承认过,虽然他们后来彻底改变了自己原先的这种观点。普吕多姆在 1797 年回首往事,作为曾经的先锋报纸主编,他为自己曾洗白 1792 年 9 月发生的恐怖事件进行公开道歉与沉痛忏悔。他说自己、卡拉和戈尔萨斯都犯下了可怕的过错,当初竟把杀戮说成是"正义行动",是愤怒而失望的民众对大革命之敌所执行的严酷的正义,因为松懈的地方法官对这类敌人的罪行审查得过于缓慢。[99]与之形成对照的是丹东派的共和主义理论家皮埃尔-弗朗索瓦·罗贝尔,他固执地认为杀戮尽管残酷,却实属必要,还认为那些后来改变观点的人是"吉伦特派",背信弃义地诽谤巴黎和大革命。[100]

为杀戮行为开脱是对 1792 年可悲处境做出的疯狂而慌张的回应,但它并不能改变一个事实,那就是这次屠杀受到了政治斗争中一方的唆使,后来还获得了来自罗伯斯庇尔的政治庇护。毫无疑问,9 月大屠杀与有组织的阴谋密切相连,部分出于对权力的争夺,而组织并为这场暴行辩解的都是巴黎公社内部的威权主义反民主分子。1792 年 10 月过后,只有马拉和罗伯斯庇尔的拥趸还在不断为监狱中的暴行进行杀气腾腾的辩护。[101]在罗伯斯庇尔的演讲中,只有"民众"才能定义什么是"善",什么值得捍卫,即便没有任何真正意义的群众运动参与其中,其结果也仅仅是可怕的大屠杀。

监狱大屠杀还在继续,为国民公会"选举"巴黎代表的程序也在同时进行。罗伯斯庇尔先在自己所在的旺多姆区,而后在巴黎大部分街区发动了极端严格的资格审查。候选议员首先由街区议会的"选举人"提名,然后各区会议将在投票之前就获得提名的候选人资格进行讨论,雅各宾党人则对整个过程予以监督。巴黎各街区接受了罗伯斯庇尔的提议,那就是利用某种投票之前与之后的双重审核程序，宣布大批身份各异的候选人为不符合条件的"反公民分子"，使其失去参选资格。在投票之前就被正式除名的候选人来自君主制俱乐部和斐扬派；即便暂时当选，实际上也会失去资格的则包括所有布里索派候选人。9月5日，罗伯斯庇尔自己大获全胜，成为巴黎第一位"当选"的新议员。德穆兰随后当选，然而尽管第三位"赢家"阿尔芒·凯尔桑伯爵也获得了大量选票，却很快因为布里索派的身份而失去资格（并非因为其贵族身份），后来当选的其他人也是如此。[102] 正如其政治生涯中无数次经历的那样，罗伯斯庇尔厚颜无耻地对地方会议选举进行操纵的行为，理所当然地遭到了来自其对手的愤怒指责，卡拉便称其为"丑闻帝国"。卢韦认为，"事情总是这样，每当专制主义即将被推翻的时候，教唆犯就会现身，酝酿专司压迫的无政府主义，推行他们自己的暴政"。[103] 布里索和佩蒂翁则向巴黎公社提出正式抗议。布里索控诉道，巴黎各街区受到"通过宣布主权在民来操纵人民的骗子"胁迫，不得不在投票前与投票后对他们的候选人进行严格审核。尽管对于经验丰富的观察家来说，共和左派与煽动家之间明显的恶性斗争已有数月之久，然而在这些至关重要的历史性选举结果产生前夕，大部分巴黎人对此仍一无所知。一群自封的"爱国者"对仍旧广受爱戴的佩蒂翁发动了猛烈的诽谤攻势，纵使《哨兵报》将其揭露为"可怕的花招"，但大部分民众似乎并不这样认为。[104]

对选举的操纵进行得肆无忌惮。9月9日，罗伯斯庇尔对巴黎选举会议发表演讲，指示"选举人"投票给马拉，而不是布里索和孔多塞推荐的候选人，英国哲学家约瑟夫·普里斯特利。他抱怨说："我知道存在着启蒙哲学家之间的联盟，我知道孔多塞先生和布里索先生一心要把启蒙哲学家塞进国民公会。但我们真的需要这些除了写书就没干过任何实事的人吗？"他认为，人们需要的是纯粹的普通人，是对抗专制主义、完全认同人民并理解人民需求的爱国者。[105] 卢韦则反驳道，且不提普里斯特利英勇投身于捍卫民主和言论自由事业的事迹，也不论他对科学与哲学的贡献，更不用说那场毁了他在伯明翰的家及其实验室的暴乱，难道仅仅因为沙博在雅各宾俱乐部令人作呕的谄媚称颂，就认为可憎的马拉比这位英国人更有资格成为候选人？还有比这更可恶、更虚伪、更荒谬的事吗？[106]
《哨兵报》支持普里斯特利参选，还支持边沁，以及曼彻斯特的激进主义
者库珀成为候选人。[107]《法兰西爱国者》极力呼吁巴黎人选择西哀士、孔
多塞、凯尔桑、迪佐、尚福、朗特纳斯、卢韦、戈尔萨斯，还有普里斯
特利、边沁和大卫·威廉姆斯。[108]然而在巴黎，罗伯斯庇尔对"普通人"
的执着大获全胜，所有布里索派候选人全部落选。

共和派报纸反复警告巴黎人，他们对投票的漠不关心，及其在街区议
会中无法满足恰当的出席人数，这会导致危险降临。缩水的出席率让欺诈
与操纵变得十分容易。佩蒂翁解释说，巴黎的选举议会正着手编写一份定
然是相当"严格的"既定名单，保证只有马拉和罗伯斯庇尔的党徒能够当
选。操纵选举的目的在于把所有可能支持共和主义民主派的思想独立之人
排除在国家立法机关中的巴黎代表团之外。布里索、佩蒂翁、西哀士、孔
多塞、博纳维尔、维莱特、加代、潘恩、普里斯特利等重要的共和左派人
士纷纷落选，未能保住在国民公会中的巴黎代表席位。布里索派推荐的
"优秀共和派"无一入选。在新的立法机关里，代表首都巴黎的 24 名议员
全部与山岳派有着紧密联系，包括比约-瓦雷纳、埃贝尔、肖梅特、弗雷
龙、龙桑、樊尚、勒让德尔、丹东、马拉和德穆兰在内的不少于 14 名议
员全部来自同一个街区——科德利埃俱乐部控制下的法兰西剧院区，他们
在煽动暴乱方面颇有心得。有 16 名代表巴黎的新议员同时也是新巴黎市
议会的成员，上一届巴黎公社成员中只有佩蒂翁和曼努埃尔留了下来。[109]
由此带来的结果就是在立法机关中，山岳派代表着巴黎——如同普吕多姆
形容的那样，这是个"糟糕的代表团"——他们把来自市政厅的意志作为
共识，不间断地渗入到国民公会中去。

然而，操纵选举无法阻止那些被巴黎抛弃的出众候选人在其他地区参
选国民公会议员，他们大部分也成功当选。[110]被巴黎排挤的西哀士在远
离首都的 3 个省份顺利当选；佩蒂翁和布里索在厄尔省（Eure）和卢瓦尔
省（Loire）当选，克洛茨和维莱特在瓦兹省（Oise）当选，朗特纳斯在
上卢瓦尔省（Haute-Loire）和罗讷-卢瓦尔省当选。[111]戈尔萨斯当选两省
议员，普里斯特利两省，潘恩三省，孔多塞五省，在巴黎落选的卡拉在至

少 8 个省份当选，因为他主编的报纸风靡全法。[112] 而操纵选举确实在议会内部成功构建起一个坚不可摧的巴黎阵营，接受罗伯斯庇尔的直接指挥。这也造就了"巴黎"和外省"吉伦特派"之间存在人为矛盾的假象，即便山岳派对此大肆宣扬，但事实远非如此。从宣传的角度来看，巴黎和外省之间存在矛盾的假象产生了巨大的影响，但这与当时的现实相去甚远。讽刺的是，布里索和佩蒂翁（此二人都来自距离巴黎很近的沙特尔，而且大部分时间都生活在巴黎）圈子里的人，举例来说，比起来自阿拉斯的罗伯斯庇尔、来自瑞士的马拉以及来自拉罗歇尔（La Rochelle）的比约-瓦雷纳，卢韦才是更加地道的"巴黎人"。在教唆犯集团的重要人物中，只有科洛·德布瓦可以勉强算作"巴黎人"。[113]

国民公会拥有 750 名议员，其中有 96 人曾担任 1789 年议会的议员，有 190 人曾担任 1791 年至 1792 年议会的议员。议会在席位设置上发生了相当显著的变化。目前，虽然左边的席位会使人联想到民主、共和和激进观点。然而随着关于哪个派系真正代表了人民利益的争论愈演愈烈，山岳派占据了会场左边，而布里索派则转移到反对派的座席，以便与自己的政治劲敌对峙，这让山岳派可以给在这种时候转移座席的布里索、韦尼奥、比佐等人贴上"右派"的标签。随着斗争的不断发展，民主派系（更有资格）改变在议会中座席的位置，并自称为"左派"，因为从哲学上和宪法上来说，他们确实如此，是个更加偏向民主与共和的团体。因此，卢韦的《哨兵报》将布里索派称为"左派"，而马拉和罗伯斯庇尔要求不可分割之权威的民粹主义派系取代了斐扬派，成为新"右派"。[114] 在关于左派真正代言人的争论之中，产生了术语方面的困扰，这正是 1792 年至 1793 年间大革命持续斗争的特点。勒瓦瑟等诚实的山岳派成员均承认，议会中几乎所有真正的有识之士，都把布里索派所谓的"左派"称谓赋予启蒙哲学家们。[115] 山岳派则希望用坚定不移的狂热与对其"光荣"领袖马拉和罗伯斯庇尔保持不容置疑的忠诚来弥补自身在知识分子身份方面的欠缺。

通过民主选举产生的国民公会享有的声望与权威，远超先前任何立法机关。9 月 20 日，新议会在无与伦比的欢快氛围中开幕，当时正逢法军在生死攸关的瓦尔密战役中获胜并迫使普鲁士军队撤退。长久的揭幕庆典与狂热的喝彩过后，新立法机关做的第一件事，就是宣布在法国延续了1300 年的君主制寿终正寝。议会规定，共和元年始于 9 月 22 日。1792 年9 月，法国正式成为共和国，在所有可见的方面，她在话语和姿态上都表现出强烈的反君主、反贵族倾向，与此同时，面对与全欧洲的愈演愈烈的战争，她树起了一道政治宣传屏障。在这个节点上，同样的标准也将法国军官遗弃在外，致使他们单方面对共和国宣战，加入身处国外的流亡者大军，掀起等级制、宗教与君主制对民主制的普遍反抗。

第 11 章

分崩离析的共和派

1792 年 9 月至 1793 年 3 月

　　1792 年 8 月到 1793 年 6 月这段时间里，尽管统治并不稳定，但身份明确的民主共和派还是控制了政府，这在人类历史上是第一次。他们掌控得更加牢靠的是塑造公共舆论与辩论的革命报纸和公共节庆。在 1789 年以前，只有王室、贵族和高级教士在塑造法国社会的国际与公共形象。如今，共和主义大革命的核心价值一度对时尚、象征与建筑外观产生了决定性的影响，并将新社会的形式与主题固定下来，确定了教育、科学、艺术方面的政策，以及重新为建筑物、街道、广场、宫殿、法庭、军舰、军营及花园命名的原则。

　　从 1792 年夏季开始，直到罗伯斯庇尔发动政变（1793 年 6 月），左派共和主义者推行的是植根于启蒙运动理性——世俗的人类新信条——的民主制度、普世主义和平等观念，并塑造了法国伟人辈出、成就斐然的全新公共形象。为了更好地呈现这一君主制、贵族制与教会制度终结以后的法国形象，人们大量生产法国公认的"伟人"胸像、画像与精美的雕版画，将其陈列于家中、办公室和公共建筑内，展示于公共节庆期间，宣传于报刊之上。这是国民英雄的画廊，而所有军事指挥官、贵族和王室成员的形象全被妥善地清除干净。1792 年秋季，系列雕版画宣传的共和国伟人包括（这一直持续到 1793 年夏季民主理念被抛弃、马拉被添加进来以后）：米拉波、伏尔泰、卢梭、马布利、孟德斯鸠、蒙田、林奈、布丰、芬乃伦、爱尔维修、狄德罗和雷纳尔，笛卡尔也被列入添加计划之中。科学、文学和哲学对官方的评判标准产生了前所未有的影响，它们决定了什么是令人敬仰且富有教益的，什么是对人类的生活及成就意义非凡的，以及对什么应该举行公共节庆仪式。[1]

　　文化上的变革即刻启动。1792 年 9 月 21 日，巴黎行政官路易-皮埃尔·曼努埃尔在山呼海啸的喝彩声中对巴黎公社总议会宣布，国民公会已经通过投票，决议永久废除君主制与王位继承制度。仅仅在几分钟过后，作为这项决议的后续事务，公会接受了曼努埃尔的提议，决定将巴黎的一条主干道圣安妮路改名为"爱尔维修路"，因为爱尔维修的作品跻身使"大革命"深入人心的作品之列，"这位启蒙哲学家始终在为人民的事业而抗辩"。这样一来，大革命将爱尔维修奉为革命智者，拉阿尔普后来不予认同地记录道。[2] 伴随着形象的变革与更名的浪潮，一波全新的革命举措应运而生，这是一整套不切实际的根本性社会与制度改革计划，整个 1792 年秋季，该计划在被激烈讨论后开始形成立法。最先要考虑的头等大事是制定新宪法，这是世界上第一部现代民主宪法。在婚姻、两性关系、税收、年金、教育、军队管理等方面都将采用全新的原则，紧接着还要重新规范家庭法。在此之前，教士、国王和斐扬派一直有效地抵制着民事离婚与立即再婚，在 1792 年 9 月 20 日旧立法议会的最后一次会议上，允许民事离婚与立即再婚终于被写入法律。世界上第一部现代离婚法，在议会内部几乎没有遭遇反对之声，然而一经颁布，它还是在法国引发了极大不满，反对声不仅来自保守派，也来自很多城镇与乡村社会，后者认为女性能因此获得的权利会导致过分的个人自由。[3]

　　1793 年 3 月的法令第一次规定了阶梯式的税收原则，针对过剩土地和继承财产制定了相应的税率。[4] 同样关键的是 1792 年 10 月 25 日、11 月 14 日以及 1793 年 1 月 4 日和 3 月 7 日的法令，它们规定了经过全面改革的法国继承法。来自蒙彼利埃的反山岳派法律专家让-雅克·雷吉斯·德·康巴塞雷斯领导的小组制定了这些法令，规定直系后裔不论男女，不论婚生与否，均享有同样的继承权；这极大地减少了不平等占有财富与通过根据个人偏好订立的遗嘱与附加条款分配财富的可能性；同时废止了在存在多个直系后裔的情况下，其中任何一位继承人可以获得大量地产的遗产继承方式（长子继承权）。

但若要将大革命稳定地维持在开明民主共和革命的路线之上，还有一件事亟待完成，朗特纳斯强调，那就是将其核心原则固定下来并发扬光大，这也意味着在真正教导人民与马拉和罗伯斯庇尔式的操纵大众热情与偏见之间谨慎区分，前者才是大革命想要成功的必由之路。[5] 朗特纳斯相信，后者为了实现其政治目的，正在逐渐误导民众情感，这是种偏激、危险，对大革命十分有害的趋势。他们不仅操纵着街头民众的不满，而且诱导其创造某种新型的"理论"。从哲学上对罗伯斯庇尔进行贬低的人，包括在 11 月 8 日的《巴黎专栏》上批评他的孔多塞，都认为他是个地道的"派系头子"，是左右簇拥着虔诚信徒的布道者。[6] 针对这一点，孔多塞的同僚们请求他草拟一份倡议书，呼吁国民巩固代议民主制的各项原则，于是他撰写了《国民议会致法国人民书》(Adresse de l'Assemblée nationale aux français)，对他自己也认为是大革命面临的最大威胁——偏见的增长与新型暴政的形成——进行了阐释。然而这样的信息很难产生足够广泛或深远的影响。结果就是，最后说服法国无套裤汉以及很多文盲或半文盲积极分子的，是马拉主义和罗伯斯庇尔分子。此为大革命悲剧之所在。

尽管共和左派意识到了山岳派在九月屠杀中扮演的角色，布里索派也依旧控制着报业，但他们依然在缓慢而不可逆转地失去优势。按梅西耶日后的说法，是"真正的共和派"推翻了拉梅特兄弟，把斐扬派从雅各宾俱乐部驱逐出去。然而接下来，则轮到"真正的共和派"被扫地出门了，因为雅各宾俱乐部中的多数派已经转投罗伯斯庇尔、马拉和埃贝尔麾下。[7] 据梅西耶观察，反对罗伯斯庇尔和马拉的领导人正是那些从科研、哲学和文艺活动中汲取革命价值的人。因为他们倡导的革命植根于启蒙哲学，所以他们坚守宽容、"爱好和平"、尊重人的权利等信条，而正是这些信条最终导致其覆灭。他解释说，布里索派在争夺大革命与法国领导权的斗争中最终失势，因为他们不相信"用人的性命为自由献祭"是必须的，因为他们不及对手无情，又比对手诚实。他们以为，人的不幸更多来自谬误而非堕落，然而在这一点上，他们犯下了致命的错误。[8]

针对九月屠杀的争论将派系之间的关系搞得如此恶劣，以至于 9 月 24、25 日那场在议会中爆发，并无可挽回地撕裂了布里索派-山岳派联盟的愤怒辩论，给人带来的糟糕感受看上去已经没有烟消云散的可能。在此情形之下，布列塔尼海军退役军官，山岳派的敌人，刚被排挤出巴黎选举的凯尔桑，强调了某些强大阵营将魔爪伸向巴黎的危险性，以及需要在邻近巴黎省份部署国民自卫军来制服该阵营的迫切性。该建议一经提出便引发了全面骚乱。支持巴黎公社的议员认为，此举无异于在政治上宣战。[9]

经过激烈的战斗，革命的民主共和主义首先从巴黎公社和雅各宾俱乐部溃败。正如梅西耶记录的那样，从 1791 年 7 月斐扬派倒台到 1792 年 8 月，激进左派曾主宰着巴黎的雅各宾俱乐部。然而从 1792 年 8 月起，马拉和罗伯斯庇尔攻城略地，激进左派的优势则渐渐丧失。秋季期间，受到九月屠杀在政治与心理上造成的余波影响，敌对阵营之间对共和国控制权的争夺趋于白热化。罗伯斯庇尔、马拉、埃贝尔、比约-瓦雷纳、沙博、科洛·德布瓦、库东以及在革命之前担任过公证员，而今成了伦巴第人区核心领导者的让-朗贝尔·塔利安联合起来，开始扩大他们在巴黎市内各区的影响力，巩固其对巴黎公社及雅各宾俱乐部的控制权。

虽然几个月来，雅各宾派内部的矛盾早已趋于明面化。但从 1792 年 9 月开始，对骇人杀戮的强烈反感还是进一步加剧了国民公会以及雅各宾俱乐部内部的分裂，冲突双方不断相互指责，并将其矛盾散播至法国各地的普通民众之中。这一过程渐渐将左派民主人士逼出了巴黎的雅各宾俱乐部。其实早有迹象预示了这一结果。1792 年 3 月，天文学家热罗姆·拉朗德注意到，孔多塞不再参加雅各宾俱乐部的活动，因为"罗伯斯庇尔正在那里筹划建立专制统治"。[10] 然而九月屠杀过后，布里索派的重要人物一个接一个遭到用心险恶的指责，并被系统化地排除在雅各宾俱乐部之外。罗伯斯庇尔的追随者持续赞美"完全大众的"一切，不断将布里索、佩蒂翁、加代、韦尼奥和孔多塞诋毁为"野心勃勃的贵族派"，还凭借此举赢得了人们的支持。[11]

1792 年 9 月，布里索在他的《法兰西爱国者》上发表若干议论，斥责控制了巴黎公社的"无政府主义教唆犯议员"团伙，认为这帮人让国民公会无可挽回地分裂成相互敌对的阵营，自己的对手在议会中只占据不到三分之一的席位，却主导了整个雅各宾俱乐部。该派系的作用就是无情地进行破坏，干扰预定目标，推行无政府主义，置大革命于危险的境地。随着这些文章的发表，布里索被逐出雅各宾俱乐部。[12] 沙博和科洛·德布瓦通过控诉布里索和罗兰，重申有人想要密谋诋毁罗伯斯庇尔和马拉在俱乐部内和公众面前的名声。他们同意给布里索机会，让他亲自站出来对他的报纸为何要攻击山岳派领袖解释，但布里索拒绝了。俱乐部向其发出由德穆兰撰写的正式警告信，1792 年 10 月 12 日，雅各宾俱乐部通过投票将布里索驱逐。打算为布里索声辩的人被禁止发言，这是个明确的信号，俱乐部内允许公开辩论的时代结束了。此后，俱乐部于 10 月 15 日向外省附属社团发出解释性信函，当中重复了德穆兰先前的指控，那就是布里索勾结拉法耶特，在 1791 年 7 月战神广场屠杀事件发生后为其辩护，以及在法国没有做好战争准备的时候鼓吹宣战。[13]

布里索以一本发表于 1792 年 10 月 24 日，题为《就巴黎雅各宾社团问题致法兰西全体共和派》(*À tous les républicains de France, sur la Société des Jacobins de Paris*) 的小册子作为回应，公开将自己受到驱逐一事归咎于"背信弃义之人"，这样的人逍遥法外，用愚蠢的方式践行平等原则，践踏所有知识、道德与才华。自己的确错信了拉法耶特自称是个"共和派"的保证，但从那时起，他已与此人彻底决裂。尽管德穆兰将布里索塑造成阴谋活动的受害者，但罗伯斯庇尔则授意将其描述为与拉法耶特合谋的叛国者。而罗伯斯庇尔自己，不但远远算不上革命美德的典范，他在 1791 年 7 月之前或国王逃亡瓦雷讷之时甚至还不是个共和主义者，而在当时，孔多塞、博纳维尔和布里索已经在筹备将大革命引向共和主义了。[14] 更有甚者，罗伯斯庇尔还并没有参加 1792 年 6 月 20 日与 8 月 10 日的暴动，事实上，在大革命的任何重要日子里，都难见其踪影。

针对布里索被逐出雅各宾俱乐部一事，各地反应不一。瑟堡（Cherbourg）、佩里格（Périgueux）、波尔多的改革派俱乐部和昂热的"东部俱乐部"对布里索表示支持，其中"东部俱乐部"还发表了一封公开信，威胁说倘若马拉和罗伯斯庇尔不立刻退出，该俱乐部就和巴黎的雅各宾俱乐部断绝关系。布里索恳请外省各俱乐部在遵守国民公会法规的前提下抵制来自雅各宾俱乐部的指令。实际上，他是在要求外省的雅各宾派与巴黎的雅各宾俱乐部脱离关系。他如今否定所有的隶属关系原则，认为这是迫使外省俱乐部服从首都不健康的政治生态。在戈尔萨斯的报纸的特别支持下，布里索与他的盟友成功说服沙特尔、莫城（Meaux）、南特、贝济耶（Béziers），最后还有卡昂的雅各宾社团，以及其他一些社团与巴黎的雅各宾俱乐部决裂。但是由于布里索被驱逐，留在雅各宾俱乐部的共和左派的影响力也受到极大削弱。很快，就在 10 月至 11 月，罗兰、朗特纳斯和卢韦也以相似的方式被开除，而先前曾是雅各宾俱乐部中最活跃成员之一的卡拉，如今也开始抵制自己的俱乐部。[15]

罗伯斯庇尔如今对巴黎的雅各宾俱乐部拥有了毋庸置疑的影响力，在接下来数月中，他在俱乐部发表讲话的次数比任何人都要多，据卢韦观察，这些演讲一部分是在谴责宫廷与拉法耶特，然而更多的则是"毫不犹豫且无休无止地"公开反对启蒙哲学和启蒙哲学家，尤其是反对正统共和派，以及所有"以美德与才华著称之人"。[16]譬如在布里索的小册子发表后不久，罗伯斯庇尔于 1792 年 10 月 28 日在雅各宾俱乐部发表的讲话中，描绘他那些布里索派政敌的方式相当精明。"他们的行事手段比先前任何派系都要邪恶"，他们的心中充斥着仇恨与反叛的剧毒，他们将诬陷变成一门手艺。在诋毁巴黎和大革命的真正捍卫者方面，吉伦特派的技艺之高超，无人能及。他们是如何玷污自由的？把政治俱乐部说成是"无政府主义"的温床，把革命暴动说成是"麻烦"与"无序"，把反对那些将大多数人民贬低为奴隶身份的暴政法令说成是"夸大其词"。就这样，布里索和他的朋友们把使用可憎词汇的技艺操练得炉火纯青，用高贵的标签来掩盖他们的野心与"贵族式"阴谋。[17]

有了用心安插在议事大厅中的帮手，罗伯斯庇尔掌控辩论局面的方式就是每天往演讲大厅里塞上七八百个雇来的无套裤汉，他们全都按天领薪，经过专门的训练，以便在相应的信号下集体欢呼、鼓掌、发出嘘声或跺脚。罗伯斯庇尔将雅各宾俱乐部打造成一架动力十足的机器，用来迎合他个人的专断意志。[18] 他的演说迎来的永不中断的喝彩，已经不再是任何普通意义上的喝彩，而是某种仪式性的回应，是"宗教性的狂热崇拜"，这种近乎神圣的狂怒时刻准备着把所有异见人士撕成碎片。一旦有非罗伯斯庇尔主义的议员在雅各宾俱乐部中发表反对罗伯斯庇尔的言论，屡试不爽的破坏机制便开始运作，以碾压所有此类尝试。首先会出现温和的嗡嗡声，迫使提出异议者提高嗓门发言，随后低语发展成震耳欲聋的踏脚、嘘声和谩骂。如果批评者只是表现出温和的共和主义倾向，人们就会用指认他为斐扬派的吼声使其闭嘴；如果他"赞美议会左翼，那么他就是个密谋者"。如果他对倾泻在共和左派身上的不公正诽谤表示抗议，他就是个"叛国者"。如果他有意指出人民不该对任何人进行偶像崇拜，那他就是人民的敌人。[19] 通过此类手段，孔多塞、布里索、罗兰、加代和卢韦全被扫地出门。罗伯斯庇尔自诩只对"完全大众的"一切进行偶像崇拜，但只有他自己才能定义什么是大众的，以及究竟应该如何引导普通百姓的看法。一步步将布里索派成员逐出雅各宾俱乐部的做法最终孤立了民主共和派，使他们无法获得街头和街区议会的支持，就此将大革命的理性动力来源、其重要的主体圈子以及核心沙龙——罗兰夫人、苏菲·孔多塞和爱尔维修夫人的沙龙——最后甚至还有国民公会本身和报业全部隔离开来，使其成为另一个世界，一个被否定、围攻和疏远的世界。

不过就当时来说，废黜路易十六一事依旧被当作胜利而广受传颂，对无套裤汉还是民主共和派都是如此。1792 年秋季的主要问题是，无可挽回的分歧使法国政局走向两极分化，人们应该如何阻止其陷入瘫痪的僵局？新巴黎公社已经巩固了自身的权力，它对巴黎许多街区和雅各宾俱乐部的影响是如此之大，以至于再也难以撼动。首都内部的剑拔弩张，已经到了让"某些议员"感到如今继续留在那里并不安全的程度，据报道，由于巴尔巴鲁和韦尼奥毫不留情地就九月屠杀一事谴责马拉，此二人尤其处于危险之中。[20] 正直的山岳派成员，譬如来自勒芒的议员、外科医生勒内·勒瓦瑟，发自内心地为自己必须与显然既诚恳又有才干的民主共和派人士，如巴尔巴鲁、韦尼奥或卢韦等人为敌而感到遗憾。这场斗争背后究竟是什么？勒瓦瑟认为，悲剧来源于布里索及其同僚的自私，出于私人恩怨而竭力反对两位绝对无可指摘也不可或缺的革命领袖——罗伯斯庇尔和马拉。[21] 正是这位平等主义硬汉对领袖不容置疑的绝对信任对他产生了致命误导，使他相信布里索派必须被制服。

密切关注事态发展的有识之士则持不同看法，譬如梅西耶和福谢主教。基督教的卡尔瓦多斯主教福谢是激进派，他一度与两个派系都陷入激烈争吵，但对"吉伦特派"才更加正直这一点却从未产生怀疑，同时也认为他们比罗伯斯庇尔分子更加富有才华，更善于言辞。福谢也曾反对布里索、博纳维尔和克洛茨，但他始终相信，即便布里索真的"有所密谋"，那也是为了推动"自由、理性和启蒙哲学"的发展。福谢认为，布里索派和山岳派之间最根本的区别，在于布里索派是真心实意的共和派，而罗伯斯庇尔分子则是野心十足的弄虚作假之徒，他们显然意在操纵最无知的那部分群众。马拉是个例外，因为至少他完全说不上虚伪，对自己想要什么表达得相当直接："砍掉 20 万颗脑袋"，并强制推行"罗伯斯庇尔的独裁！"[22]

诚然，山岳派的动机不仅仅是对权力的渴望，还存在另外两股强大的动力来源，一股是罗伯斯庇尔那掺杂了低级哲学形式的"神学"。多年以后，梅西耶如是论述道：大革命有一个良好的开端，然而到了 1793 年夏季，它被野心勃勃的暴发户引入歧途。他们中有些纯粹是流氓，还混杂着危险的狂热分子，比如"科洛·德布瓦、比约-瓦雷纳、莱基尼奥、巴贝夫、安东奈尔"，这些人自诩为启蒙哲学家，像革命领导层中的主要人物那样，从"现代哲学"的书本中汲取观念，但方式不同，也比较肤浅，滥用书中的核心概念，造成"传染性的蔓延之势"。"真正的共和派"坚持认为无知是野蛮的基础，这没有错，但他们忘了，"一知半解"才更加恶劣，它并没有造就正统的启蒙哲学家，而是让毫不宽容的"神学家"泛滥，后者是散播谬误与妄言的僭越者，而无知的人则灾难性地将这类东西当成真理接纳了下来。[23]

社会经济因素同样是摧毁大革命的冲突中无法回避的一环。罗伯斯庇尔的狂热帮凶之一马克-安托万·朱利安的父亲，人称"德龙的朱利安"的老马克-安托万·朱利安就是强调了这一点的人之一。1792 年 9 月，老朱利安当选国民公会议员，他同样是罗伯斯庇尔的支持者。同年12月，他在信中告诫自己的儿子，让他别把自己对平等的狂热追求拿出来大肆宣扬。"我们这个社会系统中最大的恶"有可能是无法解决的，那就是"悬殊的贫富差异"。富人明白这会导致仇富心态的产生，但他们不会容许建立真正的民主共和国，因为他们知道，共和国迟早会剥夺他们的部分财富。"现代哲学就是在这里触礁的。它的确规定了权利平等，却又想通过抑制穷人维持基本生计的权利来维持惊人的贫富差异，让穷人在富人的施舍下过活，让富人对穷人的权利做出裁决。"[24] 诚然，由狄德罗、霍尔巴赫、爱尔维修和孔多塞发展起来的现代哲学绝不同意首先进行财富再分配，也因此被平等主义激进分子指控为鼓励反对大众的原则，[25] 然而现代哲学也不容许过大的贫富差异存在，毋宁说它在拒绝极端手段的同时，也在着手缩小贫富差异。真正绊脚的障碍在于激进观念把缩小经济上不平等的任务与政治法律改革、基本自由、人权、学习和公共教育放在一起，拒绝通过非法手段、暴政或社会暴力来实现财富的再分配。这就为动员无套裤汉仇视造就大革命以及决定其走向的民主共和派提供了可能。通过承诺采用极端手段平均分配财富，并且会优先实施此事——至少在口头上吹得天花乱坠——山岳派便能从民主派手中强行夺取权力。

然而老朱利安强调，大部分山岳派成员并不像自己和自己的儿子那样执着于经济平等的事业。让-玛丽·科洛·德布瓦的职业生涯很好地体现出大多数民粹威权主义者在政治文化方面的匮乏。此人一直以来都是雅各宾派，1792年秋季，他与前嘉布遣会修士沙博同时崭露头角，成为在巴黎谴责布里索的舆论领袖。他先前与布里索有过私人恩怨，后来便对他极其痛恨。正是这个科洛·德布瓦，在恐怖统治期间血洗里昂，并于1793年末领导了镇压法国戏剧界的运动——他完美地展现了"意志革命"的狭隘、野蛮、不宽容，却有本事生搬硬套一知半解的概念，并凭借这些概念统治演讲大厅。[26]

多年以后，一名老山岳派来找梅西耶，问道："喂！启蒙哲学家，要是不这么做，我们当时又能如何？"梅西耶反驳："做与你们当时的所作所为相反的事。"[27] 启蒙哲学家一直想要的是"风俗"革命——人的态度、习惯、道德感与生活方式的革命。反过来，据梅西耶所说，大部分山岳派成员的性情主要与无知和缺乏启蒙有关，他们与朱利安父子不同，一心只想进行政权革命，把权力集中在自己手中——直到 1793 年 6 月，他们才最终实现了自己的目标。然而有没有什么其他方法，既能解决危机，又能保留大革命的核心价值呢？丹东集团在巴黎无套裤汉心中颇有地位，又能与共和左派进行沟通，在这种情况下，人们原本有可能从巴黎各街区、巴黎公社和雅各宾俱乐部内部捍卫大革命的民主自由，避免独裁统治生根发芽。从理念上看，丹东派成员，特别是德穆兰，倾向于站在坚决支持言论自由的民主派这边。德穆兰在自己的演讲和论文中不断提及 “人的权利” 和出版自由，他的观念更少源于卢梭（他反而愈来愈倾向于批判卢梭），而更多来自于一系列激进的共和派思想家。[28]

让-巴蒂斯特·卢韦·德·库夫雷在 1792 年 9 月 29 日的公告文章中警告道，共和主义是一回事，山岳派那些伪君子和谄媚之徒奉行的主义则完全是另一回事。山岳派信奉的不过是种自以为有人民给它撑腰的新型专制主义。事实上，关于为人民献身和 “公共幸福”，没人能比这些 “伪君子” 吹嘘得还要多，而他们沾满鲜血的双手推动的只有冲突、仇恨、压迫与死亡。卢韦，这位曾经的书商于 1792 年 4 月为推动保护著作权的相关立法发起宣传活动，希望能阻止 “恶霸” 盗版这些作品，[29] 如今他已成为在巴黎与山岳派势力斗争的共和左派中最敢说话的一位。他把九月屠杀的行凶者定性为 “十人执政委员会、马略与苏拉”（即罗伯斯庇尔和马拉）。趁一切还不晚，必须从此类专制主义的传教士手中夺下匕首。[30] 要做到这一点，巴黎人必须一致反对这些盗用人民的名义行不义之举的人，启蒙哲学家也必须起来反抗：山岳派 “发誓对其抱有无尽恨意；他们希望扼杀自己恐惧并逃避的光明”。[31]

大革命确实是被分裂主义破坏的，这种分歧来自哲学、道德、理念和个人，但绝非同人们惯常所称的那样体现在地缘差异上。表面上看，山岳派主宰着巴黎，但他们绝没有控制大多数巴黎人，其权力也并非固若金汤；山岳派的最大弱点在于它在法国外省各地缺乏支持，只有里昂、斯特拉斯堡和马赛是少见的例外。尽管马赛也有很多人反对山岳派，然而那里的雅各宾派在莫伊兹·培尔和格拉内的领导下暂时击败了巴尔巴鲁的追随者。[32] 概括地说，巴黎的雅各宾俱乐部驱逐其会员，是要达到将越来越激烈的意识形态冲突传遍法国的效果。

芒达尔撰写了一篇有关群众暴动的著名论文，希望以此来对抗国家当时的窘境，这篇论文于九月屠杀的阴影之中完成，（带着犹豫）发表于 1793 年 1 月。他说自己唯一关心的就是人民的幸福与美好生活。所有共和派都同意主权在民理论，也同意国家的唯一目的就是为人民谋福祉。[33] 不管代表们给国家或自己冠以何种名头，任何时候只要法律不是为人民的利益而制定，那么人民就始终是"奴隶"。确实，通过群众暴动，暴政被推翻，人民使自己变得伟大、幸福、强大，"一言以蔽之，变得自由"。荷兰人和瑞士人把他们辉煌的共和国传统归功于带着勇气和决心发动的群众暴动。1647 年至 1648 年由马萨涅洛领导的那不勒斯起义同样鼓舞人心。然而到头来却是美国革命，实实在在地给法国人上了"启迪深刻的伟大一课"，因为它展示了群众暴动的危险性，即便最初群众暴动确实给自由开了路。[34]

芒达尔的论述引用了孟德斯鸠、卢梭、爱尔维修、吉本、潘恩、拉博、切鲁蒂、米拉波、博纳维尔、尼德汉姆，以及来自敦刻尔克的作家詹姆斯·拉特利奇的作品。[35] 而芒达尔自己最根本的信条，则植根于狄德罗和《哲学史》，他的主要观点是，革命取得的成就，有迅速被群众的无知所否定的倾向。[36] 难道克伦威尔没有通过利用人民的天真摧毁英国革命吗？难道拿骚的莫里斯没有推翻奥尔登巴内费尔特，没有通过动员加尔文主义者的宗教偏执——也就是利用普通人的无知——来破坏荷兰共和国吗？难道今天的荷兰没有因为公众的偏见与谬误——即便约翰·德·维特努力试图扭转局面也无济于事——而再次彻底沦为奥兰治家族专制统治的牺牲品？芒达尔步狄德罗和米拉波之后尘，极力呼吁荷兰人再度起义，抛弃旧宪法，推翻束缚他们六十个月之久的"可憎革命"（指 1787 年荷兰民主运动被挫败一事），赶走奥兰治派，打破荷兰执政官与英国和普鲁士结成的"奴性同盟"——不过这一次要更加小心才是。[37]

群众暴动对于争取自由的斗争来说不可或缺，可这也同样是由激情推动的威胁，是掀翻一切的"风暴"，很难在过度泛滥之前停下来，因此会破坏推动暴动的原则本身，最终损害暴动原本的目的——获得自由。很不幸，法国人当时尚不理解这一点。一切群众暴动都因反对压迫而起，然而它们太容易在伪装起来的利益追求与干扰作用下改变方向，进而沦为暴政的工具。芒达尔认为，是人民的无知及其对"迷信"的荒唐屈服，让人民习惯于自愿将自己劳动所得的财富拱手让给国王、贵族和教会，容许他们年轻的儿子应征入伍，献身给全然"狂热捍卫王室野心"的军队！[38]1789年 7 月和 10 月的起义为大革命及其核心价值奠基，但这完全是因为大革命的路线循遵一整套革命的思想体系，该体系已经由那些"不朽的天才"——"富有远见的马布利"、"智慧卓绝的孔狄亚克"、布朗热、伏尔泰、爱尔维修和狄德罗——完善并臻于成熟。这些智者开创了一个"启蒙与智慧欣欣向荣之境"，将大革命牢牢固定在真正的启蒙之光下，驱散无知的黑暗。大革命是领悟力突然达到普遍高潮的成果："在这一刻，大爆发在所难免。"它主要发生在法国，但并不局限于法国，而是属于每个地方，属于每一个人，当中也包括英国，"T. 潘恩、J. 考特尼和 J. 普里斯特利"在那里发动了革命。[39]

毫无疑问，组织暴动时，革命领袖必须抢占核心目标——兵工厂、国库、监狱、岗哨和粮仓。但这些要地必须交给可靠的民兵——"有道德的公民"来守卫，而倘若不事先培养"好公民"，对其进行教导并使其理解公正的内涵，倘若不建立制衡机制，约束人民的天然愤怒与无理性状态，上述要求就不可能办到。暴政让无知的心灵变得粗鲁野蛮，它们只能缓慢地进步，一点点变得高尚起来。长期充当暴政压迫对象的人民在可耻的苦役下苟延残喘，早已变成"愚蠢的乌合之众"，如果想要使其在自由的空气下呼吸，就必须运用智慧、变通与关心去管理他们——卢梭在把自己关于不平等的论述献给日内瓦共和国时，不就说明了这一点吗？[40]然而卢梭是把这样的高尚品质置于美德、自然与自豪的勇气当中，而芒达尔则如同共和左派领导层那样，更加强调启蒙与领悟力的重要性。只有在公民把"公民美德"和捍卫自由、人性和正义的勇气结合起来，遵纪守法，轻视迷信、仇恨与复仇的情况下，他们才有可能既牢靠又合法地推翻专制统治。[41] 在芒达尔看来，因其宣扬黑人解放的演讲而声名远播的巴黎前市长佩蒂翁，正是这种正直公民美德的杰出模范（罗兰夫人也这样认为）。芒达尔与佩蒂翁意见一致，认为评价政府官员的真正标准，在于他是否主持平等与公正，并追求"所有人的最大幸福和社会和谐"。[42]

公共教育与知识是一处共和左派与威权主义民粹派不断发生冲突的领域。佩蒂翁认为，教育是所有善的来源，而无知是所有恶的来源。有必要对手工业者进行教育，驱散遮蔽劳动者心灵的阴霾，使其明白眼下发生的究竟是什么。面对劳动阶层的时候，革命领袖绝不应该诉诸权威或武力，而是要运用理性，对事物做出解释。总而言之，教导人民意味着培育美德，让人学会关心公共利益。如果教导劳动阶层的事业有所拖延，制宪进程就会受阻并遭到破坏，陷入不断反复的震荡之中。制宪失败则意味着点燃一切战争中最激烈的战火——"内战"。[43]

10 月 29 日，因重新进入内务部任职而让巴黎以外的地区欢呼雀跃的罗兰，在国民公会发表了一通激烈的长篇演说，揭露巴黎公社正在暗中进行的不法活动。他颇为大胆地直接质疑罗伯斯庇尔，他那掷地有声的指控一时震慑住了后者。丹东则跳起来为罗伯斯庇尔辩护，发表了他最令人印象深刻的演说之一，他提醒议会当心内部永久分裂的危险。对不法行为进行捕风捉影的指控会败坏国民公会的名声。如果任何人掌握有人胡作非为的具体证据，就该拿出来让人检验。但是，请不要再把国民公会当作散布未经证实指控的平台。其实丹东心里像所有人一样清楚，罗兰的指控很有根据，他本人也对罗伯斯庇尔怀有深深的不信任。但他同时也明白，自己在国民公会与无套裤汉当中的地位取决于维持如今已经变得极为狭隘的雅各宾俱乐部和巴黎公社内部的统一。他想依赖自己的支持者来制衡罗伯斯庇尔。[44]

丹东的干涉让《哨兵报》主编卢韦坐不住了。卢韦是强硬的共和派，8 月成为布里索、加代和孔多塞主办的《辩论报》的编辑，并在他那位聪慧的情人肖莱夫人的协助下，让该报的发行量翻了 3 倍，在巴黎人口最密集的中心地带，卢韦的影响力拓展到那些极端激烈的政治纷争当中。在 18 个月的时间里，他都是狂热的雅各宾党人，将大革命奉为偶像并痛恨暴政。一听到丹东质疑对罗伯斯庇尔的指控，并要他们提供具体证据，卢韦便接过话头，展开了激烈的讽刺挖苦，他发表的所谓"状告罗伯斯庇尔"的演说当场得到了加代、罗兰、让索内的附议，此后还获得了巴尔巴鲁、比佐、朗瑞奈的支持。他宣判罗伯斯庇尔为蛊惑人心的"独裁者"，不仅密谋发动九月屠杀，而且用尽一切欺诈形式，犯下操纵巴黎近期选举的可耻罪行，同时还自诩为"最有道德的"公民。他叙述了罗伯斯庇尔的亲信如何从巴黎街头的文盲团伙中招兵买马，对其进行精心挑选并发号施令，命令他们对某些议员给予欢呼，对正统的共和派则加以责难。罗伯斯庇尔的追随者向群众反复灌输"罗伯斯庇尔是法国唯一道德高尚之人"，人民的命运必须交由他来负责这样的观念。罗伯斯庇尔过于喜爱奉承，他从未停止对人民进行颂扬，不断提到主权在民，却从不会忘了加上一句只有他自己才能代表人民。从恺撒到克伦威尔，从苏拉到马基雅维利，独裁者们无一不采用同样的卑劣诡计。[45] 世上再也没有什么比罗伯斯庇尔自夸的"不可腐蚀"更加荒唐可笑了。"罗伯斯庇尔，"他宣布，"我指控你利用一切密谋与恐吓的形式对巴黎街区议会实施独裁统治。"[46]

卢韦的演说产生了令人震撼的效果。一时间，山岳派陷入沉默，议会则开始动摇。然而佩蒂翁、韦尼奥等关键盟友却不愿重复卢韦的指控。议会给罗伯斯庇尔一周时间回应这些指控，11 月 5 日，他做出了回应，在公共演讲大厅挤满自己吵闹不止的拥护者的情况下，他对议会发表了长达两个小时的演说。他否定自己参与选举操纵与九月屠杀，并对卢韦关于他"对贱民谄媚"的说法进行了讥讽。证据到底在哪里？国民公会受到严重误导，为了维持秩序，他们允许撤销所有指控。卢韦此后坚持认为，如果不是因为布里索、韦尼奥、孔多塞、让索内和佩蒂翁错误而致命地判断拯救罗伯斯庇尔才是更好的出路——同时相信他会因为名誉扫地而一蹶不振，再也构不成任何威胁——那么在自己那场震撼人心的演说当天，他们原本可以挫败山岳派。在尚有机会打倒罗伯斯庇尔的时候却不这么做，这的确是个严重的失误。山岳派自然因为他们试图中伤罗伯斯庇尔而大为愤怒。10 月 29 日，山岳派把卢韦、罗兰、朗特纳斯和吉雷-迪普雷列入"人民公敌"的名单，并按照老规矩将他们从雅各宾俱乐部成员的花名册上除名。[47]

　　迟迟未把路易十六送上审判席一事使政治局势急剧恶化，几乎陷入僵局。布里索派的报纸声称国民公会中的多数派希望对路易十六审判的最终结果由人民来决定。山岳派则否认要求进行全民公投的那部分议员是"多数派"。国民公会在内部存在意见上的分歧，也需要给国民一个交代。最先在全国范围内发文为山岳派毫不妥协的阻挠行为辩护的是克洛茨，他在 1792 年 11 月出版了题为《不要马拉，也不要罗兰》(*Ni Marat, ni Roland*) 的小册子。克洛茨蔑视马拉，也绝非罗伯斯庇尔的朋友，他既鄙视其为人，也对罗伯斯庇尔那种粗糙的卢梭主义不屑一顾。克洛茨在《普世共和国》(*République universelle*) 中写道，即便平民都将罗伯斯庇尔当成"不可腐蚀者"，"在我眼里，他就是两足生物中最邪恶、最腐败的一个；他的谬论会带领我们走向毁灭、无政府主义和奴役"。克洛茨认为，事实上，罗伯斯庇尔完全不是一个革命者，而是一个狡猾而有野心的独裁者，一个欺世盗名的阴谋家。[48] 那么克洛茨这时候为何要站在山岳派一边呢？直到 1792 年 11 月，克洛茨还频繁出入罗兰家的沙龙，然而他与罗兰夫妇在晚餐过后发生过若干次争执，因为他不同意对方在外省煽动"反巴黎"反雅各宾派情绪的做法。克洛茨指责他们对煽动外省反对巴黎的宿怨负有责任，反对他们因为九月屠杀而怪罪首都，因为克洛茨认为"大屠杀是拯救大革命的必要灾难"。他还反对孔多塞把地方自治内容写进新宪法的主张，因为他自己希望建立的是彻底的中央集权体制。他在自己的小册子中敦促罗兰去读读《联邦党人文集》，因为美国人站在共和主义的立场，在书中详细讨论了根深蒂固的州权有何缺陷。11 月 18 日，雅各宾俱乐部就克洛茨的小册子进行讨论，反响不一，因为他既毫不留情地批评马拉，又把布里索派说成是有害的"联邦党人"，后一点让雅各宾派深感欣慰，因此投票决定重印这本小册子并在全国范围内发行。[49]

　　克洛茨把一切都纳入自己关于建立法国主导下的普世共和国的理想中去。[50] 布里索反对吞并别国领土，相信法国必须维持自己的天然边境，也就是将国境限制在环绕着她的莱茵河、阿尔卑斯山和比利牛斯山之内，然而克洛茨希望通过战争建立"联邦共和国"，鼓吹实行领土兼并，让法国更加伟大。克洛茨认为他最近才结识的布里索（他们在潘恩也曾出席的晚餐会上相遇）是个鬼鬼祟祟的平庸之辈，并通过引用据说是布里索歪曲潘恩关于吞并领土的说法来证实这一点。然而其实是克洛茨自己在一次书面回复中歪曲了布里索的意思，因为他本人搞错了几乎不会说法语的潘恩的原意。由于克洛茨英语水平欠佳，作为翻译的布里索本人就能证明他自己与潘恩的交流准确无误。潘恩曾赞同布里索的观念，认为克洛茨的理念简直是痴心妄想。罗兰通过一份发表在布里索主办的《法兰西爱国者》上的声明《致诸位好人：我对克洛茨的看法》（由罗兰夫人匿名撰写）回应了克洛茨的指责，否认自己和妻子是"联邦党人"。这份声明后来由《巴黎专栏》再度刊印发行，克洛茨本人曾是其主要供稿人，但自从他站到山岳派一边，就不再为该报供稿。罗兰夫妇指责克洛茨协助那些粗鲁的教唆犯并公开为 9 月 2、3 日的杀戮辩护，而这次屠杀是"人性的耻辱"，而罗兰亦曾极尽所能阻止其发生。[51]

　　尽管布里索、孔多塞、罗兰夫妇和潘恩在某种程度上也赞同克洛茨的普世主义，特别是他关于传播民主共和主义是通向永久和平之路的观点，然而这位"为人类发言之人"对于他们来说还是过于教条而不切实际。《巴黎革命》的主编普吕多姆在一篇题为《谈一篇雷声奇大的小册子》中，责备克洛茨进一步污染了当前的政治环境。时下所需的是冷静而成熟的判断。[52] 不幸的是，以大革命拥护者的身份享誉全欧洲的克洛茨主动走下神坛，从崇高的立法者降格进入好战的可怕竞技场，那里早已被数不胜数的"政治角斗士"塞得拥挤不堪了。作为独立人士的普吕多姆在原则上主要支持布里索，但他同时也批评"智者罗兰"，认为他用同样偏激的言论去公开回应克洛茨的粗暴谩骂有欠妥当。[53]

　　在巴黎，拥护大革命核心价值的人和鼓吹民粹主义独裁的人在各街区内部斗得愈发激烈，不可开交。1793 年 1 月，一些忍无可忍的外省联盟军正式向议会提出投诉，说区区五六十个"派系斗争者"自称代表"主权意志"即人民意志，并在某些巴黎街区建立起非正式的恶劣"专制"。有一个被这帮"密谋家"控制的街区竟公开呼唤独裁者或"共和国的捍卫者"——正如罗伯斯庇尔派称呼他们的领袖那样，而该街区的所有无知之徒则在他们的诱导之下支持这种口号，要求成立"监督委员会"来确保统一，打倒异己。[54]

不过罗伯斯庇尔派的操纵选举、跺脚、发出嘘声让人闭嘴、雇佣地痞流氓恐吓反对派等行为，无论在某些城内街区是多么有效，还是不可能延伸至整个巴黎内城的所有街区，对郊区的影响就更加有限。民粹主义者也没能让他们的市长候选人，时任巴黎市公诉人的拉利耶成功当选为佩蒂翁的继任者。拉利耶仅仅获得 2491 票有效票，而击败他并成功当选的尼古拉·尚邦·德·蒙托医生获得了 3630 票，剩下的 4132 票则被投给了其他候选人。[55]

针对罗伯斯庇尔派在巴黎内城街区实施的监督办法与他们的剥夺公民资格名单，伏尔泰的信徒维莱特曾有过一针见血的批判。在 1792 年 12 月 27 日的《巴黎专栏》上，他向"自己的巴黎同胞"发出呼吁，谴责罗伯斯庇尔派对俱乐部中异见成员及签署请愿进行公开污蔑。大部分由于受到粗暴恐吓而放弃反抗的"巴黎好市民"，在独裁统治迫近关头不幸地保持着沉默。仗势欺人与强词夺理的行为在各街区泛滥，因此全体巴黎民众会对 9 月 2、3 日的暴行冷眼旁观也没什么好大惊小怪的。若干街区被维莱特的上述言论激怒，于是开始向巴黎公社投诉他。公社下令逮捕维莱特。不过 1792 年至 1793 年的整个冬季，共和左派在维持革命正当性方面依然发挥着足够的影响力，因此在维莱特的案子上，他们还能堪堪将他保下。羁押维莱特的命令被那些宣布此乃公然侵犯言论自由的官员撤销。维莱特随即于 1793 年 1 月 1 日发表写给巴黎市市长的公开信，投诉先贤祠区的民粹主义领袖，说他们对待自己犹如对待"坏公民"，并公开谴责巴黎公社打压异己的行为。剥夺所谓"坏公民"参与公共生活的权利是不守信义的罪恶，只有那些最无知的人才会买账。他问道："把自己的同胞打成被你们误导的无知群众发泄愤怒的对象，是谁给你们权利这么做的？"街区头目们则指控维莱特是个温和主义者，准备煽动巴黎与外省之间的内战。维莱特向读者保证，正是山岳派，而不是抨击他们的人，才是最先将"布里索派是人民的敌人"这种荒唐的概念传递给公众的元凶。[56]

1792 年最后一天，香榭丽舍区派出代表团，向国民公会投诉某些内城街区的"原则"和行为，尤其是那些一旦发现有居民反对正在逐步实施的专制，就将他们打成"坏公民"的街区。海报和民粹主义报纸大肆推行威胁恐吓，把当地权力收紧，交到那些运用彻底的马基雅维利式手段操纵街区的无耻之徒手中。[57] 另一些街区代表团，包括位于最贫困郊区的圣安托万和圣马索，则就每天瞄准它们狂轰滥炸的"阴谋论"说法提出投诉。[58] 大部分内城街区，而非无套裤汉群众本身，直到此刻其实还并未彻底屈从于山岳派的淫威。然而当时看来，似乎没有任何办法制止山岳派的流氓活动。无论何时，马拉只需大喊"阴谋论！"，国民公会的演讲大厅就会掀起山呼海啸般的喝彩。在 12 月 13 日的演讲中，马拉声称掌握了"罗兰派"迫害自己的前副手"爱国者"让-尼古拉·帕什的可靠证据。帕什是个富有的瑞士人，以狡诈著称，还曾是个反民主的反动派，在教产国有化期间进行了大量投资，在与布里索派发生争执过后，他成了马拉和罗伯斯庇尔的追随者。马拉指控罗兰夫妇为了推行他们的"罪恶计划"，在杜穆里埃的帮助下，以奥尔良的菲利普对王位提出要求为由，涉及陷害"诚实的"帕什。背信弃义的罗兰夫妇认定他们在巴黎很不安全，因此希望召集外省的志愿部队来威慑巴黎。马拉宣布，每一位好爱国者都必须支持帕什，而全法国都应该团结在巴黎的"真正爱国者"身边。[59]

马拉、沙博和埃贝尔（《杜歇讷老爹报》的主编）领导大众报纸，发动了一场声势浩大的舆论攻势。布里索，谁会相信这个当选为国民公会议员时曾接受无套裤汉的夹道欢呼的人，在如此短的时间内便开始"践踏百姓"，成为人民最不共戴天的仇敌？谁又会相信，无套裤汉曾经的朋友曼努埃尔，会成为一名肮脏的布里索派成员？比佐，当初他在议会上挑战卡扎莱斯的时候曾是多么出众，谁能想到他实际上是个"披着羊皮的狼，内心装着巴纳夫式的灵魂"？据马拉说，比佐在反对并辱骂巴黎方面做得特别出格。[60] 佩蒂翁，每个真正的爱国者都曾以为他是"人类的珍珠"，以为他爱人民，人民也因此爱他，这又是个怎样的人呢？如果连佩蒂翁都背叛普通老百姓，人们到底还能相信谁？布里索派正在颠覆共和国，试图使人民产生足够的幻灭之感，让他们呼唤旧制度回归。布里索派不敢宣布自己是贵族派和保王派，在 1792 年 8 月 10 日的起义中，即便是他们将爱国者召集起来，然而这些"腐败的反革命"实际上是伪装起来的保王派。人民必须表现得勇敢坚强，勇于直面布里索派的不忠，并一劳永逸地解决掉这些"叛徒"。[61]

埃贝尔提出，拖延审判"醉醺醺的卡佩"（路易十六）也是密谋的一部分，目的在于救路易十六一命——这是很多读者都容易轻信的说法。布里索派想帮"卡佩"脱罪，想让他的儿子登基，因为他们想在新国王成人前以摄政的方式统治法国，"用人民的鲜血养活自己"。[62]君主制已被推翻，"我们难道要允许另一种'暴政'崛起吗？"如今，罗兰夫人才是那个通过操纵提线木偶领导全法国的人，她操纵男人的本事就像当年的蓬巴杜夫人和杜巴利夫人那样巧妙。[63]"布里索是她的马车侍卫，卢韦是她的管家，比佐是她的首席大臣，福谢是她的神父，巴尔巴鲁是她的卫队司令，加代是她的司酒官，朗特纳斯则是她的司仪。"她就那样懒洋洋地躺在沙发上，她手下那些"精致的灵魂"则环侍其左右——"新王后"主宰着她的沙龙，模仿玛丽·安托瓦奈特下流败坏的淫荡姿态，对政治和战争事务妄加议论。[64]她的沙龙是"新宫廷"，处理着国民公会和各部门的一切事务。他们只为自身利益着想，对金钱与特权充满渴望，在埃贝尔看来，这些"无赖"本该在8月10日那天遭到清算。埃贝尔告诫自己的读者不要到边境那头去寻找敌人，因为"敌人就在我们当中"。必须发动一场新的革命。"进攻的时刻就要来临。"人民必须表达他们合理的愤怒，结束这帮流氓的阴谋诡计。1793年1月，《杜歇讷老爹报》预言，新的一年将成为这帮"无赖"——布里索派和罗兰派——的末日。[65]结果也确实如此。

12月30日，巴黎各街区的无套裤汉派出代表团，在国民公会面前谴责曼努埃尔那模棱两可的爱国主义。他们认为，曼努埃尔的行为与其原则不符，令人愤怒。他身为出版自由的捍卫者，却下令清除国民公会大厅周围兜售小册子的货摊和商贩，把"人民"赶走，排挤因"监督"他本人和他的布里索派友人而让他不满的出版物。[66]曼努埃尔作为推动对共和派伟业与"伟人"进行全民崇拜的设计师，曾说服国民公会将杜伊勒里宫及其园林，以及革命宫与香榭丽舍大街作为国有资产，从巴黎公社手中转移到内务部名下，并将杜伊勒里宫及其园林重新命名为国家城堡及园林。巴黎的无套裤汉和巴黎公社对此相当怨恨，因为"让这里形成某种市场"的小店和货摊都必须从这个新"国家园林"搬走。[67] 1793 年 1 月 2 日，科德利埃俱乐部全票通过将曼努埃尔逐出他们的俱乐部。[68] 曼努埃尔在谴责他蔑视人民的呼声中辞去了自己的行政职务，并于数周之后退出了国民公会。

1792 年至 1793 年冬季，大街小巷、街区议会、公共场所、咖啡馆和剧院都充斥着危机来临的迹象。大量市政府和地方爱国者社团都对无休止的斗争表示了强烈谴责。1 月 6 日，国民公会宣读菲尼斯泰尔（西布列塔尼）省议会的来信，菲尼斯泰尔省呼唤一个建立在自由、平等和人民幸福基础上的统一而不可分割的共和国，不受收了某些神秘人士或外国暴君钱财的"邪恶派系"干扰。法国最大的敌人不是对这个国家宣战的君主，而是那些扰乱国民公会的人："马拉、罗伯斯庇尔、丹东、沙博、巴齐尔、梅兰"，还有他们的同谋。"就是这些无政府主义者！"他们是"真正的反革命"。如果国民公会自认为没有能力阻止这些人，它就该向国家主权求助，向法国的初级议会求助！菲尼斯泰尔宣布自己代表着法国外省多数派的观点，他们的观点体现着外省，以及"由于被一伙宵小之徒用刀抵住喉咙而无法发声的大多数巴黎人"的共同利益与期望。马拉跳上讲台反驳道，应该把这篇诽谤性的"贵族式文章"退回到罗兰夫人的小客厅里去，因为信件毫无疑问是由那个地方发出的。[69]

跟往常一样，剧院成了意识形态斗争格外关注的焦点。1793 年 1 月，法兰西剧院上演了相当敏感而富有争议的剧目《法律之友》，剧作者让-路易·拉亚是伏尔泰的仰慕者，也是狂热的革命分子，著有《伏尔泰论宪法：致法国人民》(*Voltaire aux Français sur leur constitution*)。拉亚的另外两部嘲讽宗教不宽容的剧作《观点的危险性》(*Le Danger des Opinions*) 和《让·卡拉斯》先前也成功地被搬上舞台。《杜歇讷老爹报》认为，拉亚的新作也是在罗兰夫人的小客厅里炮制而成，而亲布里索的《国民报》(*Gazette nationale*) 则盛赞该剧，称其在启蒙巴黎人理解自身"真正利益"方面表现出众，甚至敢于在舞台上呈现"罗伯斯庇尔"。这部五幕讽刺剧由当时的若干著名演员出演，同时也把"马拉"搬上了舞台，他在剧中有个滑稽的名字："杜里克昂讷"。自 1793 年 1 月 2 日那天首演以来，该剧产生了巨大的轰动效应。[70]

拉亚笔下的罗伯斯庇尔和马拉堪称虚伪与邪恶的典范，行事相当不磊落，利用精心设计的阴谋诡计动员最无知最轻信之人反对真正的革命者。真正的革命者包括该剧的主人公佛里斯，此人是个开明贵族，热爱自己的公民同胞，始终拥护大革命的真正原则，却被与他敌对的无良煽动分子设计陷害。那些极受群众欢迎的"真正捍卫人民的人"一边对佛里斯进行诽谤，一边撒谎说自己曾为了捍卫自由和平等而冲向拉法耶特部队亮出的刺刀，以此睥睨众人。罗伯斯庇尔在剧中的名字是"诺莫法热"（Nomophage），意为"把法律吃进肚子里的人"，是个彻头彻尾的"公民中的伪君子"，虚伪，自私，欺世盗名，不断奉承那些粗鲁愚昧之人，同时滔滔不绝地谈论美德，尽管他只是为了自己的利益才把"美德"一词挂在嘴边。杜里克昂讷使诺莫法热相信，平民是如此不开化，以至于他们俩可以轻易教唆他们去消灭那些真正为平民利益着想的人。然而人民并不像诺莫法热想象的那样轻信，他的罪行最终大白于世，他也在阴谋被人挫败之后锒铛入狱。

首演当晚，即路易十六被处决的 3 周之前（他曾在牢房中为了消遣读过该剧本），剧院里洋溢着惊人的兴奋之情。《国民报》指出，该剧不该局限于在巴黎上演，而应该到全国各地去进行演出。肖梅特与桑泰尔在雅各宾俱乐部和巴黎公社疯狂抨击该剧作，1 月 10 日，山岳派议员包围了国民公会，指控其为反革命剧作，路易-皮埃尔·曼努埃尔，还有狄德罗、雷纳尔与百科全书派的追随者，波尔多议员让-弗朗索瓦·迪科以"出版自由"为由，否决了他们的指控。两个巴黎街区，西堤区和留尼旺区向巴黎公社投诉，说剧院主管竟批准上演充斥着赤裸裸"无公民意识"的剧作，这样的作品就是有人设计出来败坏公共精神的。[71]拉亚则通过请求国民公会批准自己将这部作品献给立法机关来回应。由于最初几场演出收获了雷鸣般的喝彩，巴黎公社也越来越迫不及待地想要禁止该剧继续上演。20 来名"右边的"议员——这是共和左派对山岳派的称呼——在重要的议员克洛德-安托万·普里厄·迪韦努瓦，又称"科多尔的普里厄·迪韦努瓦"的率领下控告这部"贵族式"剧作。1 月 11 日，联盟军派代表团向巴黎公社投诉，说巴黎正在上演"煽动性剧作"，这是邪恶的"贵族集团勾当"。他们还说，如果国民公会不愿禁止拉亚的剧目，联盟军就会"行使自己的权利"，用武力将其赶下舞台。

1 月 12 日，巴黎公社单方面投票决定禁演此剧。就在第五场演出即将开始的时候，那个年代技术最高超的医师和妊娠专家，佩蒂翁的继任者，巴黎市市长尼古拉·尚邦·德·蒙托带领公安人员与民粹派现身剧院，嘴里喊着"打倒《法律之友》！"[72] 市长签署了市议会法令，要求禁止上演该剧，因为它具有"煽动性"，旨在误导人民去抨击那些以"爱国主义"著称的公民，这是难以容忍的行为。集中起来的"大量群众"抵抗市政禁令的决心是如此坚定，他们开始大喊大叫并拼命跺脚，要求继续演出，并迫使公安人员撤退。有人告诉尚邦说拉亚就在国民公会，他正与某个观众代表团一起，请求议会撤销巴黎公社的禁令。四场风平浪静的演出过后，拉亚控诉道，那些"冒牌的爱国主义者"试图公然藐视国民公会，自行禁演他的爱国剧目。议长韦尼奥不得不应付来自普里厄、迪昂、戴尔布雷等坚决支持演出禁令的山岳派"粗暴的干扰和议论"，而勒阿尔蒂等共和左派则斥责"可憎的阴谋集团"打压演出的行径。尽管在山岳派的干扰下，拉亚始终无法面对国民公会讲话——他本想问问议员们是否已经忘了，就连卑鄙的"凡尔赛暴君"都曾观看过《布鲁图斯》《恺撒之死》《威廉·退尔》这样的剧目——不过议长韦尼奥还是对剧作家表示，没有任何法律授权市政机构有权对戏剧颁布禁令，他的作品可以继续上演。[73]

接下来的两个晚上，该剧再度面向热情高涨的观众开演。拉亚表示，大部分巴黎人并不支持威权主义民粹派控制巴黎公社，这一信号给罗伯斯庇尔的潜在打击如此巨大，以至于民粹派报纸随即开始召集"人民"自己动手解决问题，强制执行禁演令。埃贝尔写道，所有"人民的敌人，所有巴黎的流氓，每夜都聚到一起为《法律之友》喝彩"。无套裤汉应该用武力阻止剧院"败坏公共舆论"。[74] 只有像《布鲁图斯》《恺撒之死》这样抨击暴君统治的剧目才可以上演。1 月 14 日，巴黎公社命令所有剧院当晚关门。国民公会看不到命令剧院关门的任何依据，因此再次撤销公社的指令。公社则对所有剧院主管下了命令，让他们确保不会上演任何有可能造成骚乱的剧目。邦卡尔·德·伊萨尔和佩蒂翁随后请求国民公会像先前那样撤销这项命令，因为巴黎公社"无权对剧院主管决定上演哪出剧目做出指示"，这样的干涉是"公然侵犯思想自由和写作自由"。佩蒂翁断言，就连禁演有可能引发骚乱的剧目也是对自由的侵犯，因为"人们不知道禁止的界限在哪里"。[75]

巴黎公社遇到了麻烦。1月15日，他们派去禁止《法律之友》上演的市政官员遭到群众谩骂。带民兵赶来强制执行禁令的巴黎国民自卫军司令桑泰尔将军，也被群众嘲弄一番。桑泰尔试图对观众发表讲话，却在一片"打倒9月2日那帮臭要饭的！""打倒杀人犯！"的叫喊声中被人赶了出来。桑泰尔勃然大怒，反击说观众中全是"贵族派"。上百位民众不断大喊大叫，要求继续演出，有的还携带着棍棒一类的武器。这一事件在国民公会又掀起一轮愤怒的争吵。民粹派议员坚持声称，剧场暴动充分表明巴黎公社禁演可能造成骚乱的剧目是明智之举。加代、佩蒂翁和勒阿尔蒂则回应道，不能容许任何机关在法律规定的范围之外行使权力。[76] 勒阿尔蒂提出，当伏尔泰第一次把《穆罕默德》和《宗教狂热》搬上舞台，法国的每一个偏执狂大叫着抗议，但剧目照常上演。事到如今，那些假意代表公民精神的可憎之人又开始愤怒咆哮，但国民公会必须保证不做出任何保护此类虚荣家伙的决定，因为这些人的目的就是压制思想自由，破坏法律。[77] 丹东打算息事宁人，便提醒国民公会，说什么比起喜剧来，议员们还有更重要的事务需要操心；而佩蒂翁则不愿买账，他对国民公会保证，这不是关乎区区某部戏剧的问题，而是市政机构是否有权压制言论自由的问题。旧制度正是以可能引发公共骚乱为由来剥夺自由的。[78]

很快到了1月底，戏剧界面临的麻烦越来越多。一部改编自"苏撒拿与长老"故事的剧本《贞洁的苏撒拿》（La Chaste Suzanne）面世，隐射罗伯斯庇尔派要求成立"监督委员会"来抵御颠覆活动一事。这时，马拉和罗伯斯庇尔的名字已经和监视个人隐私活动紧密联系起来，人们认定他俩强行混淆公共生活与私人生活，强化打压性行为的法令，因此隐私自由和个人自由看上去正面临着直接威胁。在这部剧作中，偷窥苏撒拿的长老被讥讽为亘古不变的入侵者，决心运用监视这样的手段，去诬陷品行高洁的苏撒拿犯下通奸罪。该剧上演几个晚上以后，一群民粹派暴徒强行闯入滑稽剧院，恐吓讽刺罗伯斯庇尔派监视行为的演员们。最后，愤怒的民粹派冲上舞台，毫不留情地威胁道，如果该剧的演出不马上终止，他们就要殴打演员，还要把剧院变成伤员遍地的"血腥医院"。这一回，就像一个不祥的征兆，该剧遭到禁演，因为它带有败坏"共和主义道德"的倾向。[79]

埃贝尔竭力怂恿郊区穷人涌入圣日耳曼区，去给那里的演员和观众一个教训："现在轮到你们去审查他们的戏剧了。"很显然，他的报纸面向的读者群体是劳动者，他们并不去剧院看戏，而是宁愿在收工之后喝喝酒，而埃贝尔料定去剧院看戏的大部分是有大把时间可以用来消遣的游手好闲之人。"但是，我的朋友们，要当心！"微不足道的闹剧可能造成的危害比人们想象的要大。剧院是"人民的敌人"碰头的地方，他们试图贬损马拉与"不可腐蚀的罗伯斯庇尔"的名誉，"而此二人是我们大革命最伟大的英雄，在捍卫人民的利益上他们从不犹豫"。[80]那些计划摧毁罗伯斯庇尔的人，竟说他想当"独裁者"！罗伯斯庇尔——从未停止与暴君做斗争，是他唤醒全体公民，激励他们打倒所有渴望爬到别人头上的人！[81]尽管2月4日又出现了群众要求上演《法律之友》的骚乱，巴黎公社以堵上巴黎剧院的嘴之决心，终于成功迫使《苏撒拿》与拉亚的《法律之友》撤下舞台。

更具征兆性的现象在于，1792年至1793年整个冬季，山岳派反复批评主要的共和左派日报，尤其是布里索、孔多塞、戈尔萨斯、卢韦、佩莱和卡拉主办的报纸。山岳派认定布里索派的出版物只会宣扬"堕落"，并鼓动外省仇视巴黎。1792年12月30日，《大众日报或无套裤汉教理问答》的主编沙博在雅各宾俱乐部发表讲话，痛骂自1792年8月起就成为布里索与罗兰重要盟友的卡拉，指控他为"背信弃义的记者"中最坏的一个，认为他败坏爱国主义、道德和恰当的公民精神。[82]出任国家图书馆馆长的卡拉——雅各宾派的批评者暗示该职位是他通过卖国得来的"报酬"——回应的方式是投入到一场与沙博、马拉和埃贝尔的公开冲突当中，相互指责对方炮制谎言和"背信弃义的言论"。卡拉的报纸与戈尔萨斯的《邮报》以及当时由吉雷-迪普雷担任主编的《法兰西爱国者》一道,肆意藐视巴黎公社,在外省俱乐部和各市政机构面前质疑那些"真正的雅各宾派"的共和派资格。

对民粹主义者来说,打压报纸要比打压俱乐部或剧院困难得多。据梅西耶 12 月的记载,[83] 共和派报纸构成了大规模抵抗罗伯斯庇尔和马拉的坚实防线。只有那些最粗俗的小报支持罗伯斯庇尔的民粹主义。主要的革命报纸毫不留情地痛斥山岳派为大革命核心原则的敌人,也就是主权在民、思想自由、言论自由、出版自由和代议民主制原则的敌人。这一度为布里索派保住了确定的优势,特别是在巴黎以外的地区。德穆兰后来指控罗兰是第一位大规模侵犯出版自由的共和派领袖,因为他利用内务部部长的权力之便切断山岳派新闻小报向外省中心城市发行的渠道,以此确保只有布里索派能够单方面地向大量居民传播误导性信息,造成不必要的冲突,尤其是在法国南部地区。[84] 蒙彼利埃市市长迪朗向国民公会证明,传播至蒙彼利埃的只有"布里索派的文章",因此那里的人民读到的所有日报,无一例外都在颂扬那个阵营的爱国主义和原则。[85]

亲山岳派的报纸大都避免讨论大革命的核心原则,它们更愿意召集人民一起实行惩罚、强迫、抵制、压迫性行动。全国上下支持山岳派的俱乐部往往选择回避与布里索派有关的报纸。然而,要成功做到这一点还是困难重重,因为全面施压缺乏法律基础,也没有任何在文化程度上可以匹敌共和左派刊物的替代品。[86] 马拉、沙博和埃贝尔那些恶意十足的谩骂只在半文盲者身上产生了奇效,而在受过教育的人那里则大都起了反作用,引起的厌恶大于拥护。1792 年 5 月,为了传播更加严肃的反启蒙哲学信息,罗伯斯庇尔创办了自己的报纸《宪法捍卫者》,但这份报纸相当乏味,阅读量极小。除了少数几个由无套裤汉统治的大城市,譬如马赛、里昂和斯特拉斯堡,布里索派在外省大多数地区获得的支持多于罗伯斯庇尔派,而且使人相信在 1792 年秋季,法军是在布里索派的领导下取得了人们热切盼望的胜利,进而扭转了战局。

从 1792 年后期开始,罗伯斯庇尔接连与布里索、比佐、卡拉、罗兰夫人和佩蒂翁闹翻。为了抵消罗伯斯庇尔在巴黎取得的优势，布里索和孔多塞不断向丹东示好，因为他在比较贫穷的巴黎街区始终很受欢迎，也开始对罗伯斯庇尔有了戒心。卢韦后来回忆道，丹东和罗伯斯庇尔都在计划，一旦时机成熟，就要一举除掉对方。[87]丹东确实有可能阻止急转直下的悲剧发生，阻止日后杀人如麻的冲突，从马拉和罗伯斯庇尔手中挽救被他俩糟蹋得一钱不值的大革命核心意识形态，德穆兰以及与丹东走得最近的支持者都希望他能做到，直到1794年春季他们都还抱有如此信念。他好几次提出愿意与布里索合作，他俩的关系一直不错。然而此二人的友好关系并不足以产生实际影响，部分原因来自丹东与罗兰的不和，特别是后者的妻子（罗兰夫人憎恨这位科德利埃俱乐部领袖，强烈怀疑他曾参与策划九月屠杀），但也源于丹东担心与布里索派合作会危及来自无套裤汉集团的支持。[88]罗兰夫人把丹东视为另一个马拉，另一个为某些邪恶目的而煽动暴民的教唆犯。但在布里索派和丹东派之间的关系上，她产生的影响确实就如同她对罗伯斯庇尔挥之不去的敬佩一样不幸。她坚持认可关于他的那些表面现象，某种程度上受到他们俩共同敬仰卢梭这一事实的误导，不过她也的确注意到，在小范围讨论的时候，罗伯斯庇尔表现得"不同寻常"："他话不多，但全是冷嘲热讽，他抛出一些离题的挖苦话，却从不直抒己见。"尽管她认可政府是为人民服务的，而人民生性善良，但政府还是应该对他们的无知多加小心，因为人民太容易被精于算计的机会主义者误导。当她把这些忠告说给他听，她曾相信她在对一位敏感而值得信赖的"朋友"提出建议。[89]

山岳派尽其所能，想方设法地阻挠他们反感的立法，也就是所有共和左派的提案。后者不仅拥护个人解放和基本人权，而且支持通过限制得当的直接民主来平衡代议民主。理论上说，1793年2月由孔多塞和他的制宪委员会呈交给国民公会的新宪法草案是一个卓越的突破，因为它第一次将投票权赋予所有成年男性。但1793年这部布里索派的宪法草案立刻被山岳派以"反人民"、偏向更有教养的人为由否定。国民公会投票否决了这份草案，并指派新的制宪委员会对其进行修正。马拉和罗伯斯庇尔名义上拥护卢梭主义的直接民主，但他们实际上鼓吹的是强调服从"人民意志"的集体观念，这意味着构建一个完全统一的集合体，并交由人民领袖来定夺，不容许任何异见存在。支持山岳派的外省雅各宾俱乐部赞成否决新的宪法草案，里昂则建议推迟关于宪法的进一步讨论，直至国家重获太平。

有个方法可以破坏 1789 年确立的价值观念，那就是质疑米拉波留下的思想。加拉指出，确实存在更伟大的天才与更能言善辩的演说家，但无人能像米拉波那样将雄辩的本事变得如此充满力量，用在扭转政治行动与"启蒙哲学的高级思想"法则上，而他将这一才华在"曾经充当着全欧洲模范国家的革命当中"发挥到了极致。[90] 布里索同意这种说法，称米拉波为伟人及热爱自由的人。[91] 德穆兰同样这么认为。不过马拉和罗伯斯庇尔只顾盯着米拉波在 1789 年至 1790 年的那个冬季与路易十六进行的秘密交易，11 月 20 日查抄王宫时发现了很快变得臭名昭著的"铁柜"，而里边收藏的王室秘密文件揭示了这一点。民粹派因此宣告米拉波的行为构成"叛国"，他的哲学一文不值。1792 年 12 月 5 日，罗伯斯庇尔公开谴责这位已经过世的启蒙哲学家，鼓励在场众人把米拉波的胸像连同爱尔维修的一同捣毁，这些胸像迄今为止一直坐镇他们的会议厅。他宣布，他们的大厅里容不下爱尔维修这位启蒙哲学家，因为他是个彻头彻尾的不信教者，也是让-雅克的敌人。人们砸毁了这两座胸像，并用脚踩踏，直至其化作粉末。[92] 这是传达给全法国雅各宾俱乐部的一个信号，要他们推翻米拉波和他的哲学，并对布里索的主智论加强攻势。在第戎、朗格尔、塞纳河畔沙提永等地，"平民俱乐部"中的米拉波胸像被人捣毁。费勒的报纸嘲讽道，米拉波"不再是个伟人了，又有哪个真正的启蒙哲学家，能够对某些疯子牺牲了荣誉、美德和宗教去换取的转瞬即逝之声名做出有益的反思"！[93]

在丹东的运作之下（如今他正处于自身影响力的巅峰），罗兰于 1793 年 2 月辞去内务部部长的职务，此事成了确定无疑的转折点。从 1792 年 9 月起，国民公会中庞大而摇摆不定的中间派曾在大多数情况下倒向布里索一边。罗兰出局后，中间派渐渐倒向另一头。就在冲突加剧之时，越来越多人——比如拉亚、维莱特、拉朗德和佩蒂翁——就罗伯斯庇尔的真实人品对其他人提出了警告。11 月 6 日，奥兰普·德·古热在巴黎市中心张贴她撰写的海报——《关于马克西米利安·罗伯斯庇尔的预言》（*Pronostic sur Maximilien Robespierre*），嘲讽他自称为不可腐蚀者、单纯的道德高尚之人、"启蒙哲学家的模范"。"启蒙哲学家，就凭你？祖国同胞、和平与秩序之友，就凭你？让我引用你自己的格言吧：'当一个恶人开始做好事，他便准备好做大恶了。'"所有真正的哲学家都远比罗伯斯庇尔更优秀，后者对美德的理解对奥兰普来说是故弄玄虚。比起这个来自阿拉斯的家伙，她本人的灵魂才是更加纯正的共和派。"你知道你与加图之间的距离有多远吗？那就是马拉与米拉波的距离，就是蝇蚊与雄鹰的距离，就是雄鹰与太阳的距离。"[94]

佩蒂翁比大部分人都更加了解罗伯斯庇尔，在他看来如今后者极度多疑，以为到处都有密谋和诡计，"他专横而固执己见，听不进别人的话，无法容忍反对意见，从不原谅那些有损于他虚荣心的人，从不承认错误，毫不负责地指责别人，却把指向他本人哪怕最细微的批评都视为冒犯，总是炫耀他自己的成就，自我赞美起来毫无节制，认为每个人都想着他，每个人都在与他作对"。在奉承讨好人民方面，没人比这个"总是渴望获得掌声"的人做得更多。有人可能会觉得这种评价过于苛刻。但关于自己这位曾经的盟友，佩蒂翁其实还遗漏了几点关键特性，而同样认识罗伯斯庇尔的德意志雅各宾党人欧尔斯奈则着重揭示了这些特性：罗伯斯庇尔的"神学"层面与极端教条主义思想，乐于相信只有他自己才拥有"美德"与真实的洞见。正如卢韦、孔多塞和克洛茨那样，欧尔斯奈强调了罗伯斯庇尔好说教，极不宽容，迷恋受难，对美德有着近乎宗教热忱般的执着。[95]

压制思想、言论、出版自由成了山岳派的首要任务，这一点进一步体现在 1 月初由公安委员会（Comité de Sûreté Générale）关押两名保王派编辑戈蒂埃和拉法热而引发的冲突上。公安委员会是国民公会的重要委员会，成立于 1792 年 10 月 2 日，从次年 1 月开始处于雅各宾派的控制之下。纵使 8 月 10 日的暴动者捣毁了所有保王派报社，却尚未因为作品方面的原因而对记者进行迫害，而秋季期间，《宫廷日报》（*Journal de la cour*）

主编戈蒂埃及其副手拉法热重新活跃起来，试图"败坏舆论"，诋毁大革命。他们有两篇文章尤其令山岳派感到不满，一篇认为国民公会无权审判路易十六，并煽动人民起义，另一篇则指出国民公会在 3 个月过去之后仍未拿出 9 月暴行的煽动者名单，这证实谋杀如今已经成为大革命的一项手段。沙博、塔利安与其他三人签署了对戈蒂埃和拉法热的逮捕令，此二人因此被投入圣日耳曼德普雷修道院监狱，同时被逮捕的还有另一名在《巴黎政治公告》(*Tableau politique de Paris*) 上发文抨击公安委员会的记者，而逮捕一事开启了关于出版自由争论的新阶段。保王派控诉道，正是塔利安、沙博和巴齐尔密谋策动九月屠杀，如今沙博和塔利安竟然还在签署针对批评者的逮捕令！[96] 1793 年 1 月底，比佐策划了一次有组织的宣传攻势，反对公安委员会在此次案件中令人难以容忍的处理方式。比佐指出，公安委员会被沙博、巴齐尔等"嗜血之徒控制，他们专断妄为地处置公民的性命、荣誉和财产，就好像威尼斯的十人委员会那样"。他们只要说一句"刺死那个人"，一个公民就会被刺死。公安委员会显然是暴政的工具，比佐要求废除该委员会。不过山岳派既已控制住摇摆不定的中间派，便成功抵挡了比佐的攻击，持不同政见的保王派记者锒铛入狱已成定局。[97]

到了 1793 年 1 月，最激烈的争论来自是否需要发动公共表决或全民公投来决定国王的命运。在保王派积极煽动民意的背景下，相互敌对的共和派两翼之间的纷争也持续不断。马赛的重要民粹主义者莫伊兹·培尔发出警告，说那里正掀起一股令人不安的"蛮横的贵族派潮流"，他将其归咎于布里索派。1 月 13 日，鲁昂的代表团宣布，在一心想用保王主义宣传"毒害"人民的抵抗派教士和贵族派遍布诺曼底的情况下，布里索派鼓吹人民公决就是在煽动内战。三天前，大约 2000 名保王派在鲁昂举行露天集会，前鲁昂高等法院法官乔治·迪蒙当众发言，他的长篇演讲被狂热的群众张贴在市内各处，他们一边张贴，一边高喊"国王万岁！让共和国见鬼去吧！"鲁昂随后爆发骚乱，群众甚至推倒了那里的自由之树，肇事者后来被由"好公民"组成的敌对团伙驱散。[98]

通过"人民公投"来判断是否应该处死路易成了大革命政治斗争高潮中的核心议题。国民公会投票决定对他进行正式审判，以确保整个进程合乎宪法，不沦为复仇的粗暴行径。无论审判结果如何，国民与国民公会都应该团结一致。但一旦被判有罪，是否应该处决路易十六？暂且不考虑原则上的问题，有不少人担心处决国王会使他变成虔诚信教的殉道者。结果很多议员都犹豫不决，包括丹东和大部分布里索派，他们大都倾向于将其永久监禁或流放。即便在1792年8月10日以前，山岳派就已经开始争辩，说公共表决不过个阴谋，想要先发制人地阻止正义的复仇，而温和派与保王派人数众多，足以让这样的公投引发内证，并有可能救下国王的性命。罗伯斯庇尔指出，路易十六自行卷入的那些罪行已经足够多，多到足以不经审判就处死他。1792年8月，格拉维耶区（Gravilliers）寡廉鲜耻的区长莱昂纳尔·布尔东一类的巴黎街区头目公然抨击"人民公投"，称其为"致命的谬误"，温和主义的显著"证据"。[99]佩蒂翁反驳道，还有什么比这更虚伪吗？一面自诩为尊重人民的声音，一面像布尔东那样坚持认为无须征求国民意见，就因为国民可能与山岳派意见不符！如果人民不希望处决国王，山岳派又有何权利否定人民的意愿？罗伯斯庇尔派理论上要求直接民主和人民主权。但就在他们兴致勃勃地利用直接民主的说辞与民主派作对的同时，他们口中的"人民意志"仅仅是其领导层可以不容争辩地规定人民意志的权利。只有布里索派认真对待公共意志的信条，尽管他们大多数时候都拒绝按照卢梭的方式去定义公共意志。佩蒂翁断言："任何个人或少数派都不可游离于公共意志之外，否则社会就将不复存在。"[100]

11月13日，即将成为山岳派首要理论家与罗伯斯庇尔左膀右臂的安托万-路易·德·圣茹斯特在他于国民公会发表的首次演讲中（推翻他自己原先信奉的保王主义）认为，王权如同所有专制权利那样，与自然相矛盾：国民公会必须不经上诉就处死路易，依据的不是他的公民身份，而是因为他是必须消灭的"敌人"。[101]几乎没有任何议员赞同圣茹斯特阐释的罕见而古怪的思想，它完全处于革命思想的主旋律以外，说什么"自然主权高于人民主权"，人民无权豁免或减轻必将施加在国王身上的刑罚。不过确实有人笃信圣茹斯特所谓"自然主权高于人民主权"而人民无权原谅暴君的教条，[102]比如日后被波拿巴评价为严守纪律之人的军人让-巴蒂斯特·米约就赞同这种主张，他在有关民意公决的辩论上有过类似表达。[103]

但是这一思想与山岳派自身的影响力本就来自街区议会的现实有着如此不可调和的矛盾，以至于他们很难将其作为一个有用或合乎时宜的概念进行宣传。

山岳派指控布里索派威胁发动内战，挟持法国。然而反对派回应道，正是山岳派，用他们那些"徒有其表的论述和虚伪、低级、自我满足的奉承败坏了所有关于道德的观念"，驱使人民走向可悲的过度荒唐行为，酝酿内战。雅各宾派领袖不断吹嘘自身的美德，一位自称为"人民之友"，一位自称为"不可腐蚀者"。马拉和罗伯斯庇尔指控他们的反对派"叛国"，可他们心中明明清楚得很，这些指控根本不是真的。撒谎与谋杀是他们的天性，他们每天都在侵犯人权，践踏大革命的原则，其中首当其冲的就是主权在民，他们对人民的偏见说好话，纵容人民的轻信，全都是为了欺骗人民。必须承认，山岳派中也有诚实的人。让索内告诫众人，必须唤醒这部分人，在一切尚且不晚的时候拯救人民主权，否则这些诚实的人就只会沦为欺世盗名者的低级工具。1月2日，让索内宣布："是时候撕开面纱了，给全欧洲看看，我们不是为侵犯人民权利之派系所利用的消极工具，我们真心希望维持忠实于国民意愿的机体。正如医学界有'江湖郎中'那样，自由也会造就邪恶的虚伪、假冒的崇拜、伪善者、假信徒。凭借这些人对启蒙哲学与启蒙运动的恨意，我们认出了他们。"[104]

韦尼奥认为，山岳派坚决不愿把路易十六的命运交给人民决定，他们就是在暗示法国基本是由"密谋者、贵族、斐扬派、温和派、反革命分子"组成。他们认为法国的少数派则是被美德标记出来的一群人，说服人民"必须通过恐怖统治来镇压多数派"，而这是有悖常理的谎言，是暴行。巴黎以外的地区，人们大都遵纪守法，服从公共意志；人民能够理解，为了个人与公共自由，这样的服从是有必要的。初级议会和省级议会的决议一经发表，很少有人试图破坏这一结果。所有人，包括巴黎各街区领袖，都同意把宪法草案交给国民意志来决定，为什么路易十六的命运就不行？可是山岳派却给那些要求尊重主权在民并实行全民公投的人贴上"保王派、反对自由的密谋者"一类的标签，说他们与拉梅特、拉法耶特和斐扬派结盟，尽管他们清楚得很，根本就没有这样的事。[105]

有关"人民公投"的争论持续了好几周，这使很多议员都有机会详细说明他们为什么支持或反对全民公投。布里索、佩蒂翁、韦尼奥、巴尔巴鲁、福谢、卢韦、比佐、加朗-库隆和戈尔萨斯明确表示赞成公投。戈尔萨斯提出，在人民宣判废除王权之前，任何人都不能宣布王权已被宪法废除。暗示人民公投意味着内战，这是对国民的侮辱。[106] 然而当国民公会投票决定是否进行全民公投时，山岳派轻易获胜。人民公投被否决，并不是因为山岳派能够指挥国民公会中的多数派（他们还没能力这么做），而是因为中间派和某些布里索派成员担心贵族与教士的势力真有可能强大到利用这次机会。国民公会的大约 170 名布里索派议员中，有四分之一投票反对全民公投。[107] 丹东派的菲利波曾向立法委员会提议进行全民公投，而今却改变主意，说他现在相信公投不会巩固，只会摧毁人民主权。[108] 德穆兰和法布尔·代格朗汀却不一样，他们一开始就反对公投，竭力要求立刻对国王执行死刑，后者还反复引用卢梭的话，用来证明初级议会所反映的从来都不是真正的公共意志。[109]

否决公投的山岳派同时也反对"人民主权可以通过投票和公投来表达"这一信条。孔多塞和他的朋友们（包括潘恩）提供的是一种成熟的代议民主文化，包含不同层级的投票与选举会议，同时只有一个最高立法院，行政机关由单一立法机关管理。与此相对的是山岳派及其完全不同的意识形态，他们想要强大的行政机关和弱势的立法机关，省级与市级机构则拥有较少的发言权。他们表达的是一种更加抽象的人民主权。但让他们赢得这场争论的并不是这种抽象的人民主权，而是由于他们提到了内战的可能性。国民公会于 1 月 15 日结束了辩论，宣布在 707 名出席的议员中，有 283 票赞成，424 票反对全民公投，反对派以 141 票的优势获胜。[110] 民主共和派在针对公投的投票中失利，使自己陷入尴尬的处境，因为这种转变迫使他们必须对处决国王表示赞同，否则这将成为别人将他们打成温和派、地下保王派和反革命分子的绝佳借口。

没有经过公投，大部分布里索派领袖都不愿承认判处国王死刑合法；只有卡拉表示"我们的大革命是理性的进程"，并竭力要求立即执行死刑。[111] 曼努埃尔和维莱特提议监禁国王直至战争结束，然后"将其永久流放"，凯尔桑和加朗-库隆对此也表示赞同。[112] 当初在宪法规定君主制的时候，曼努埃尔曾经反对国王，嘲讽《杜歇讷老爹报》，而今他这样说道："如果我们不让路易活下去，那么很快就会出现'国王马拉'或'国王罗伯斯庇尔'这种冒牌货。"[113] 皮埃尔·多努则希望对国王实行永久监禁。潘恩和孔多塞也反对死刑，后者建议国民公会先进行死刑判决，但批准缓期执行，直到新宪法修订结束，再发动全民公投，请人民定夺新宪法与国王的命运，正如其他可以同时交给初级议会裁决的问题那样。[114] 佩蒂翁、韦尼奥、加代和让索内原则上依然支持死刑，但当时希望死刑能够无限缓期执行。卢韦支持死刑，但认为只有在公投批准新宪法之后才能执行。布里索于1月16日解释说，自己始终坚持认为路易犯有"叛国罪"，理应处死，但他同时认为，不征询民意就执行死刑会造成"可怕的影响"。真正的解决方案正是议会决定不再予以考虑的——把问题交给国民裁决。不管是什么样的恶灵在背后操纵此事，"他都为法国数不尽的灾难埋下了伏笔"。[115]

人民公投被撤销，不会再进行全民公投，国民公会完全认定法国国王犯有叛国罪。然而，处决国王的方案险些没能通过：387票赞同，334票反对，这又让他的命运在接下来的几周内充满了不确定性。尽管布里索派中只有比佐和巴尔巴鲁明确投票赞成死刑，埃贝尔记载道，然而整个布里索派都不得不妥协，因为他们其实已经无法改变注定的结局。[116] 路易十六在1793年1月21日被送上断头台，大量民众到场围观，死刑就在曾经的路易十五广场上执行，这里如今已更名为革命广场（图8）。从文化与心理角度来说，这是个至关重要的标志性事件。然而，1月围绕国王命运展开的悲剧实际上未能改变决定了大革命路线的根本分歧，因为分裂的革命左派和威权主义民粹派之间真正的矛盾并未受此影响。

经济困难同样也是布里索派从1月开始逐渐丧失优势的原因。由于战争负担加上苛捐杂税，冬季期间，主要城市发生了严重的生计危机。布里索派政权的统治方式，是把经济自由和自由贸易与援助最困难人群的社会福利结合起来。布里索派不愿违反经济自由的基本原则，因此并未如马拉和埃贝尔极力要求的那样，强制实行全面限价或对囤积居奇的行为和投机分子采取严厉手段。政府尝试去援助那些有特殊需求的群体。1792年12

月底，公共救济对因参与前线作战或 8 月 10 日起义而负伤的人、逝者的妻子、子女与年长亲属开放。符合条件而有资格领取救济的人必须到各区或各小型城市的市政机构注册，进入官方名单。申请救济的伤员必须提交医师或其他健康机构提供的详细伤情证明、婚姻证明和子女出生证明，这样各区就能确定公共财政应该拨给每个申请人多少数额的救济金。[117] 然而这远远无法满足当时的需求。

　　1793 年 2 月 24 日，巴黎妇女对飞涨的物价做出回应，她们发起和平示威，要求降低食物与肥皂（对洗衣女工来说至关重要）的价格。2 月 25、26 日，示威演变成严重的骚乱，人们开始抢劫食品商店。这次骚乱有个令人吃惊的特点，那就是那些由众所周知的雅各宾派成员开办的商店并未遭到哄抢，而其他不属于雅各宾派的商店，无论供应商大小，全部被不加区分地洗劫一空。许多杂货店都在暴动中毁于一旦。不过暴动的重要参与者不是普通的无套裤汉，而是有组织有计划、故意挑起暴力的团伙。据事后对国民公会派出投诉代表团并提供经利益不相关第三方确认的消费价格调查表的店主之一称，危机并非源自囤积商品或暴利投机活动，而是因为重要物品如面粉、糖、肥皂的价格上涨超出了店主的控制范围。[118] 国民公会中随后爆发了愤怒的争吵，同情店主的人认为遭受损失的杂货店

图 8　处决路易十六，1793 年 1 月 21 日革命广场（前身为路易十五广场，1795 年更名为协和广场）。

应该获得赔偿，而山岳派则要求店主归还"他们从大革命爆发开始就因为贩卖价格过高的食物而赚取的钱财"。山岳派的立场在演讲大厅引发了阵阵喝彩，却受到比佐、布瓦耶-丰弗雷德等布里索派议员的谴责。比佐反驳说，毫无疑问，那些对商店实行打砸抢的暴徒是被人教唆这么做的，这席话在演讲大厅内引发了愤愤不平的叫骂。国民公会不可宽恕"恶霸"犯下的有组织的暴行，不可容许"人民的道德感被如此败坏"。[119]

3月9、10日再度爆发骚乱，这一次是对法国军队兵败比利时的回应。3月9日，马拉的《人民之友》疯狂揭露"将领们罪大恶极的叛国行径"，尤其是杜穆里埃和米兰达。[120] 在雅各宾俱乐部里，埃贝尔同样要求处决应对战败负责的将军和部长。暴动者与忿激派的武装团伙冲上巴黎街头，有些高喊自己对"伟大的马拉"永不消亡的崇敬，还有他们杀光须对军事溃败负责的"叛徒"的决心。忿激派（Enragés）是个由上千名壮汉组成的集团，他们竭尽全力挑唆更大范围的暴动（不是特别成功），并肆意谩骂布里索、佩蒂翁、戈尔萨斯、巴尔巴鲁、韦尼奥和罗兰。某些街区头目巧妙地利用军事失利一事夸大其词，说"人民"要求成立特殊的革命法庭，处决"叛国者"与"阴谋家"。一个极端派的小型俱乐部"第一地下共和国的保卫者"——对罗伯斯庇尔坚持在表面上采取合法手段感到很不耐烦——在埃贝尔、富尼耶等无法无天的无套裤汉领袖的率领下，号召大部分好街区召集无套裤汉，袭击印制"布里索、戈尔萨斯那类报纸"的印刷厂。[121] 3月9日夜，两三百名暴徒组成的队伍闯入戈尔萨斯和孔多塞的《巴黎专栏》印刷厂，砸碎印刷机，捣毁打字机，大量破坏其他物品。握着手枪的戈尔萨斯在武装暴动者冲进来前的最后一刻从后窗逃走。孔多塞的报纸至此完全瘫痪。普吕多姆和他的朋友紧握武器，在暴徒团伙打砸他的印刷厂之前将其成功赶走。[122] 5月3日，卢韦就这次事件发表了谴责声明，它标志着对革命报刊进行暴力摧毁以及对出版自由本身进行压制的活动迈出了关键一步。

波尔多同样发生了严重骚乱。3月8日，一队多数是妇女的愤怒群众从市中心冲向矗立在河岸的宏伟市政厅，砸碎窗户，朝国民自卫军投掷石块。在这场有人故意煽动的有组织暴乱中，目击者证明他们曾看到男性雅各宾派成员装扮成妇女，混在人群中指挥骚动。国民自卫军通过放空枪制止了暴民，但还是有一名示威者被击毙。[123] 然而，无论国民公会乃至整个国家面临的困境有多严重，3 月 10 日这天发生的一切依然证明，这时候上街示威的人仅仅由某些不具代表性、彼此并不相干的群体构成，指挥他们的则是具有高度组织性的政治集团。这两个日子里发生的一切完全不是真正意义上民众意识的表达。不管怎么说，由于当时下起了雨，人群相对容易驱散。[124] 来自菲尼斯泰尔的共和左派议员果阿泽·克尔维勒冈，把新近来到首都并驻扎在巴黎郊外的四百名布雷斯特志愿军动员起来，很快便镇压了巴黎主要的反布里索派骚乱。[125]

只有四个街区——恶言区、佳音区（Bonne-Nouvelle）、伦巴第人区和法兰西剧院区——公开加入这场未遂的政变，宣判布里索派为叛国者，认为其应对法军在比利时的溃败负责。显而易见，把兵败归咎于布里索派而不是面包短缺，是本次示威的首要意图，尽管这场持续了两天的混乱是混杂了好几群不法分子——一贫如洗而充满恨意的无套裤汉，怨恨自己长官的不满士兵与联盟军战士，还有旨在引导示威活动攻击布里索派的团伙的典型暴动。为了规避暴民，共和左派领袖纷纷远离议会和自己的家，在卢韦的领导下聚集在不为暴动者所知的地方。结果便是无人被暴民逮到。巴黎公社、雅各宾俱乐部和国民自卫军全都按兵不动，骚乱很快便偃旗息鼓。

1793 年 3 月的骚乱有三个最重要的特征：卷入人数少，存在预谋与操纵，反映出马拉的追随者与忿激派分子之间矛盾的加剧——这一点已经明显体现在 2 月的暴乱中——后者对马拉、罗伯斯庇尔和比约-瓦雷纳那种诱导、操纵无套裤汉的行为心怀不满。骚乱对所有人表明，强硬的无套裤汉积极分子中的主要成员，对山岳派的态度远远谈不上坚定支持，为了保证忠于贫穷的郊区，他们其实进行了艰苦的斗争。街头还出现了谴责马拉和埃贝尔的反山岳派海报，有一张海报署名"哈林顿"，它要求"所有共和派应与可敬的工业人士与资产阶级团结起来，对那些引诱无知者（要求逮捕布里索）的恶霸发动决不妥协的战争"。[126]

积极参与了 3 月 9、10 日骚乱的无套裤汉集团名叫"第一地下共和国的保卫者"，这是一帮粗野之徒，喜欢公开焚烧布里索派的作品，干扰"不爱国"的剧院演出，把"不受欢迎的人"从皇宫区域的咖啡馆赶出去，他们的领袖包括臭名昭著的克洛德·富尼耶，外号"美洲人"。他曾在圣多明各酿造朗姆酒（他的外号即源于此），从 1789 年 7 月起，他就是出现在巴黎所有重大人民运动中的煽动领袖和街头头目，未来的密谋家格拉古·巴贝夫此刻正在他手下做事。3 月 8 日，马拉被富尼耶不愿尊重雅各宾派领导层的态度激怒，在国民公会抛出针对富尼耶的尖刻攻击，试图说服国民公会逮捕他。马拉此举获得了比约-瓦雷纳的支持。重要的下层社会煽动者富尼耶发起报复，先在街头谴责马拉，3 月 14 日又将刻薄的抨击言论刊印成册，文章或由巴贝夫代笔。这本小册子将马拉描绘得极端下流而虚伪，远非"人民之友"，而是个对像富尼耶这样的"最优秀的爱国者"实施骚扰的家伙，而且马拉不像富尼耶（倒很像罗伯斯庇尔），人们在冲击巴士底、10 月 5 日进军凡尔赛、7 月 17 日战神广场事件、1792 年 6 月 20 日或 8 月 10 日暴动中根本找不到他的影子。马拉和富尼耶同时指控对方阴谋策划九月屠杀。[127]

孔多塞的门徒、司法部部长加拉后来向国民公会汇报 3 月发生的骚乱，他并未将其归咎于全体无套裤汉或穷人，而是相当正确地指出，只有 20 到 30 名"危险分子"需要对此负责，他们属于极度激进派的小型大众社团，特别是从科德利埃俱乐部分裂出来的"共和国保卫者"，譬如富尼耶、波兰裔煽动分子拉佐斯基和巴贝夫。事后被逮捕的相关人员包括让-弗朗索瓦·瓦尔莱，他是个暴躁的忿激派街头演说家，对 8 月 10 日起义贡献显著，他认为巴黎公社"感染的贵族病"不比布里索派少，而且他与所有派别的革命领袖一样，对罗伯斯庇尔评价不高。同时被羁押的还有拉佐斯基，一位原先活跃于波尔多的街头领袖，在 8 月 10 日冲击杜伊勒里宫的行动中，他曾指挥袭击者动用火炮，此次他被指控非法闯入戈尔萨斯的印刷厂。拉佐斯基深得郊区无套裤汉的喜爱（尽管他并非出身平民，而且直到近期才抛弃了自己对高雅着装的热爱），不过山岳派领导层对他的好感也确实远远大于富尼耶。后来，当韦尼奥于 3 月要求将拉佐斯基关进监狱时，罗伯斯庇尔亲自在国民公会为他辩护。[128] 数周后，拉佐斯基被人发现死于家中，看起来似乎是疾病所致，而布里索派立刻被人指认为毒杀凶手。巴黎公社迫不及待地对这位著名的无套裤汉领袖之死加以政治利用，他们为他举办了辉煌得如同凯旋的葬礼，并要求各街区议会派出大量致哀代表。罗伯斯庇尔借着民众悲情的巨浪，在雅各宾俱乐部赞颂拉佐斯基，说他是位"伟人"，是人民的英雄、革命的楷模，并强烈支持巴黎公社将其葬入先贤祠的提议（他显然是认真的）。[129]

　　巴黎、波尔多、里昂和马赛的颠覆性派系已经表明他们有能力针对布里索派及其支持者发动目标明确的攻击。国民公会内部曾针对 3 月骚乱疯狂地相互指责，山岳派吵着要求加强公安委员会的权力。山岳派的民粹主义议员——比如曾是教士的迪迪埃·蒂里翁，他是马拉的亲密盟友；曾是小镇市长的雅克·加尼耶，他在语无伦次地高声讲话时就会变得暴躁；小镇律师，粗暴的检察官西尔万·勒热纳；另一位前教士伯努瓦·莫内斯捷等人——在尽情谩骂布里索、戈尔萨斯、加代和让索内的同时，也为 3 月的示威者高声欢呼，不断赞美无套裤汉。[130] 但是没有丝毫迹象表明山岳派民粹主义者得到了真正的大众支持，或掌握动员大批暴民的有效机制。在成功引导无套裤汉方面，他们也并未表现出多大能力，他们甚至无法有效控制雅各宾俱乐部在外省的附属社团。如果说雅各宾派拒绝给那些偏离马拉和罗伯斯庇尔制定计划的街头行动提供支持，那么所有外省雅各宾俱乐部也绝不曾支持那些主要由巴黎的雅各宾俱乐部为破坏并颠覆民主共和派政权所做的努力。一些巴约、迪耶普（Dieppe）和亚眠等地的社团激烈谴责"罗伯斯庇尔和马拉的党羽"，呼吁逮捕马拉、罗伯斯庇尔和丹东，以维护法国和大革命的稳定。[131] 混乱的 3 月骚动过后，咖啡馆中源源不断的有关解决叛徒的热烈讨论得以平息，在接下来的数周里，空气中弥漫着令人不安的平静。

第 12 章

"总革命"：从瓦尔密战役到美因茨陷落

1792 年至 1793 年

1792 年 9 月 20 日，法国新的国民公会正式召开。当时人们的革命信念已经恢复，这种信念事实上还因为法军在瓦尔密击败普鲁士及德意志小诸侯联合部队（有歌德本人随行）而有所增强，进而引发了狂喜的情绪。瓦尔密战役在国民公会召开的同一天打响，位于巴黎东北部的香槟-阿尔登的重重山头上火炮齐鸣，普鲁士军队在炮击中受到重创。9 月 27 日，歌德告知身在魏玛的赫尔德，先前蔑视法国人的普鲁士指挥官如今开始更加严肃地对待敌军了。[1]普鲁士人和奥地利人都意识到，他们不得不不光彩地撤退。9 月 29 日，普鲁士撤出凡尔登。反动的普鲁士国王腓特烈·威廉，尽管被法国在 9 月废黜路易十六并宣布成立共和国的举动激怒，却也只能诉诸严厉谴责，并发誓自己对大革命的战争将不屈不挠地进行下去，直到绝对君主制与贵族制得到重建。

共和国以一连串密集的宣传攻势作为回应，并于 11 月 19 日通过了著名的《博爱与援助法令》（Decree of Fraternity and Help），将该攻势推向了高潮（该法令后来被山岳派废除）。法令规定法国将向受到压迫的外国人民提供支援，并威胁要让所有欧洲君主王冠不保。共和左派记者欢欣鼓舞，宣布他们要将法国大革命扩展至总革命，改变整个世界。在这一点上，没有谁比阿纳卡耳西斯·克洛茨更加狂热，这位荷兰裔普鲁士人居住在巴黎，从 1790 年起，他便成为那里的重要记者和理论家。克洛茨多次在议会上发言，要求法国也为普鲁士制定一部民主宪法，因为"自由的圣典"，也就是幸福的法典，应该适用于所有民族。人称"人类演说家"的克洛茨认为，把普鲁士国王、哈布斯堡皇帝、叶卡捷琳娜大帝和土耳其苏丹这些邪恶暴君践踏子民的罪行公之于众，意义深远。虽然（暂时）算不上激烈，这位武断的唯物主义者还是对宗教进行了抨击。另外，他在1792 年秋季期间，按照已有的比利时与荷兰革命军团的模式协助组建了一支部队与法国人并肩作战，那就是日耳曼军团：这支部队宣誓为德意志的共和主义自由而战，由德意志军官指挥，这些军官往往是普鲁士或奥地利逃兵。[2] 从 1792 年 9 月开始，争取全面解放的民主共和战争在接下来的 5 个月内几近获胜。9 月，法国人大举入侵萨伏伊，9 月 29 日拿下尼斯，9 月 30 日攻克施派尔（Speyer），10 月 4 日占领沃尔姆斯（Worms）——同一天，腓特烈·卡尔政权撤离美因茨，10 月 21 日，美因茨陷落。11月 6 日，杜穆里埃的部队在比利时蒙斯市附近的热马普（Jemappes）战役中突破奥地利军队的防线，打开了通往比利时的大门。这些胜利改变了欧洲的局势，也让整个法国陶醉不已。奥地利人在南尼德兰全面撤退，11 月 15 日，他们把那慕尔（Namur）留给了法国革命军，18 日，伊普尔（Ypres）失守，19 日，安特卫普陷落。11 月 19 日，法国国民公会宣布对所有有志于打碎欧洲君主压迫的枷锁，进而争取自由的人民提供"支持与援助"。11 月 28 日，革命军开进列日，人群夹道欢呼，统治列日公国的主教在一个小时前仓皇出逃。

　　然而，普奥联军成功守住了卢森堡、特里尔和科布伦茨，这片地区因此成为一个隔绝一切沟通渠道的楔子，插入身处比利时的杜穆里埃部队与身处莱茵兰的屈斯蒂纳部队之间，1792 年秋季的法军攻势因此受阻。[3] 此番攻势也带来了未来应该如何处理法国与"解放区"之间关系的恼人难题。布里索和孔多塞最先与身为国民公会外交委员会主席的克洛茨以及格雷古瓦等委员会成员发生分歧，前二者在原则上反对法国对"解放区"实行吞并，后者则有意吞并皮埃蒙特的萨伏伊地区，将其作为法国的第 84个省。1792 年 10 月 3 日，克洛茨向萨伏伊人民证明，这片法语区天然构成法国的一部分，却长期受到奴役，而萨伏伊人如今终于得以有幸摆脱这种奴役。在《巴黎专栏》与他自己的小册子《不要马拉，也不要罗兰》（1792 年 11 月发表）中，克洛茨也表达了类似的观点。[4] 在萨伏伊首府尚贝里城内及周边地区，确实存在大量支持萨伏伊与法国合并的力量。布里索的观点很快失势。11 月 27 日，国民公会宣布吞并萨伏伊，该公国被重新命名为勃朗峰省（Department of Mont Blanc）。

总革命重要的外国支持者，如克洛茨、戈拉尼、潘恩、巴洛、戈德温、普洛里、多施、韦德金德、克拉默、福斯特、克洛卜施托克、克尼格、荷尔德林和费希特，都相信对于进一步推动革命来说，笔和报纸是与剑同样关键的武器。在这些理论家的协助下，法国将政治与宣传攻势引向低地国家、德意志、意大利和瑞士，助长了狂热的革命普世主义以及全面改造社会并使其趋于完善的远大理想。[5] 由于战争与法国内部的政治斗争都在愈演愈烈，面对范围更广的欧洲冲突，上述人物都变得格外好战。美国革命者巴洛应要求前往萨伏伊访问，指导萨伏伊人迈向自由与平等，这项任务始于 12 月，他在尚贝里市发表了公开信《致皮埃蒙特所有居民》（*Lettre adressée aux habitants du Piémont*）。爱国社团与初级议会纷纷建立起来。[6] 到了 1793 年 3 月，勃朗峰省通过选举产生了两名代表，加入位于巴黎的法国国民公会。

早先，日内瓦的"兄弟"就于 1791 年 8 月在《巴黎专栏》发文，确信该城也迫切需要一个"阿纳卡耳西斯·克洛茨式"的人物。日内瓦的民主派希望能有像克洛茨一样的"人民演说家"前来领导他们反对压迫共和国的寡头，他们解释道，此人可以如同罗马教宗那样颁布"敕令""诏书""绝罚令"，给所有兜售有关自由的花言巧语的"雷纳尔们"，还有看不起卢梭并对日内瓦城及其民主派施以暴政的虚伪寡头们定罪。克洛茨对此回应道，这些压迫者确实侵犯了每一种自由，不过他并不同意日内瓦民主派"爱国来信"中的一项观点：他们高估了卢梭，而卢梭犯的错"相当危险，正因为他实在过于才华横溢"。假如日内瓦民主派接纳的是卢梭关于小型独立共和国的观点，而不是克洛茨的"唯一共和国再生系统"——只有一个巨型共和国，以巴黎为中心——那么日内瓦革命就会失败。日内瓦民主派应该认可法国国民公会，将其作为"构成人类躯体的一部分"，并承认巴黎是全新普世共和国的首都，而她的"街区"则由所有自由人组建而成。[7]

1792 年 12 月 10 日，克洛茨在其《阿纳卡耳西斯·克洛茨致莱茵河口居民》(*Anacharsis Cloots aux habitans des Bouches-du-Rhin*) 的公开信中承诺，法国人会把日内瓦人从寡头贵族的傲慢中拯救出来，把比利时人从哈布斯堡王朝的"暴政"中拯救出来，把荷兰人从奥兰治分子与英-普的"联合专制"中拯救出来。"代议民主制"会很快取代奥属尼德兰（比利时）与联省共和国那些可憎的"贵族制"宪法，获得解放的比利时人与荷兰人将在同一种哲学之火的照耀下获得启蒙，与法国人并肩前行。[8]这一信号在列日与某些荷兰城市受到热烈欢迎，在布鲁塞尔与安特卫普却并非如此。国民公会执行委员会于 11 月 16 日宣布，法国会推翻比利时的奥地利帝国政权，把斯海尔德河口对各国人民开放通航，这意味着废除荷兰人自 1572 年对斯海尔德河通航采取的各种限制。这不光表达了对任何保护特权与特殊利益的陈旧法律规定与历史协定革命性的不屑一顾，而且还能为安特卫普提供切实的收益（以牺牲阿姆斯特丹在海运通商中的地位为代价），即便不是这样，这一举措也可以收获来自比利时的支持。

即便克洛茨认为大部分比利时人都"卑贱地屈从于"天主教，他还是（错误地）预言，说比利时人将会接受"人权的宗教"。比利时人会加入各地的"自由"之友与"普世平等"之友，与英国等"人类的敌人"作战。很不幸，莱茵兰的情况与比利时类似，那里的绝大部分人民反对大革命。法军占领美因茨这个约有 2.5 万人的城市时显然不受欢迎，甚至还引发众怒，因为该市居民狂热地效忠于他们的大主教选帝侯。[9]不过法军还是获得了一定支持。1792 年秋季，当法国人进入施派尔和沃尔姆斯市内及其周边地区时，他们收获了明显比在比利时热烈得多的欢迎。[10]莱茵河左岸的乡村地区以及美因茨西部与南部地区都明确表示支持法军，海德堡和曼海姆也同样如此，早在法军入侵之前，这些地区就已经建立了有组织的革命俱乐部。即便在美因茨，法军还是赢得了极少数人的欢呼，他们是受过良好教育的知识分子和世俗主义者小团体，痴迷于共和主义理念，对教权的支配地位深恶痛绝。

美因茨的雅各宾俱乐部规模虽然不大，但热情高涨，它源自当地的读书俱乐部，由韦德金德、11 月初回到该市的多施教授以及美因茨大学的自由派人士格奥尔格·福斯特领导。[11] 简而言之，许多对选帝侯心怀不满的沉默群体在情感上默默支持他们的诉求，包括市内大量犹太人，迄今为止一直受到系统性的歧视，被挤压在小小的贫民窟中，但现在大革命解放了他们。韦德金德、多施和福斯特主要寄希望于通过诉诸出版自由与言论自由，动员起更多支持自由与平等的当地力量，在莱茵兰造就一个基于权利的民主社团。美因茨被法军攻陷几天后，20 名社员按照沃尔姆斯类似社团的组建模式，建立了雅各宾派组织"自由与平等之友俱乐部"（Gesellschaft der Freunde der Freiheit und Gleichheit），从而把他们的支持者组织起来。他们的第一次会议有大约 200 人出席。美因茨的雅各宾派采用斯特拉斯堡雅各宾俱乐部的规章，在大主教宫殿的大厅内召开常务会议，讽刺的是，该厅曾是选举德意志皇帝的地方，因此雅各宾派的会议在那里召开，似乎"洗清了"残存在大厅里面的所有专制主义污秽。[12]

在法军司令、自由主义君主派亚当·菲利普·屈斯蒂纳及其德意志秘书，曾在沃尔姆斯高级中学任教的格奥尔格·威廉·柏默尔的支持下，韦德金德、多施、福斯特以及另一位重要的激进派教师，数学家马蒂亚斯·梅特涅控制了经过清洗的市政府和地方行政机关。与此同时，他们还在整个德意志地区发起了巨大的宣传攻势。在共和派掌控这片地区长达十个月的时间里（1792 年 10 月至 1793 年 7 月），美因茨的民主派在德意志发行了超过 120 种小册子、演说辞等出版物。福斯特带着满腔热忱投入到宣传共和主义、与法国人合作推动真正民主共和运动的事业中去，不过他很快就因此对美因茨市民与莱茵兰农民那种饱含偏见、无动于衷的态度感到深深幻灭，他发现这些人主要还是听取反动且野心勃勃的天主教教士的教诲。[13] 福斯特是欧洲重要的民族学家与人类学家之一，他对法国军官与士兵坐在一起吃饭，像同志那样对待彼此的情形感到十分震惊，因为这在此前的欧洲军队中从未出现过。

当地雅各宾派获得的支持少之又少。但他们始终相信，大革命是大众启蒙的产物，而这种大众启蒙来自出版自由，他们的宣传攻势定然能够动员舆论，支持总革命。[14]若干定期出版的亲革命日报，特别是《新美因茨日报》（ *Neue Mainzer Zeitung* ）和 1792 年 11 月创刊的《爱国者》（ *Der Patriot* ）周报，都曾刊登支持大革命的世界公民如克洛茨、普洛里、戈拉尼等人的演讲翻译稿，担任编辑的韦德金德和福斯特也为其供稿，孜孜不倦地传播有关人的权利的信条。他们努力阐释代议民主的意义，为其争取支持，并向莱茵兰的新教徒和犹太人等少数教派群体表明，关于思想自由和出版自由的革命理想确实比君主体制的勉为其难更能促进宽容（Toleranz）。[15]然而新教徒与犹太人支持革命的迹象只会加剧天主教多数派对他们的疏远。福斯特认为，君主、贵族和教士剥削人民已经有几个世纪之久；如今人民必须学会认清自己的处境，结束迫使其低头的压迫。美因茨的民主派达成一致，认为一旦大众启蒙向前推进，民族仇恨就会消失。未来全新的普世宪法（Universal-Konstitution）与普世共和国（Universal-Republik）会给集体利益与有益的普世主义提供支持，而后者是人类全新与更高理想的源泉。[16]《爱国者》把革命理想说成是启蒙运动与理性的产物，并认为大多数德意志文人对民主原则表现出的显著抗拒，完全是因为他们自己所处的痛苦困境——他们为统治德意志的诸侯效力。美因茨的大多数教授与学生都追随大主教选帝侯及其宫廷越过莱茵河逃亡，但在韦德金德看来，这仅仅是因为他们缺乏必要的手段，用来弥补失去大学教职或行政职位与收入造成的损失，因此难以在思想与政治上获得独立。[17]

　　1793 年 1 月 13 日在美因茨举办的大型市民庆典把尝试引导莱茵兰人民改变观念的努力推向顶峰。这场大型聚会伴随着铜管乐队的演奏，福斯特与屈斯蒂纳的演讲，还有被人竖起的自由之树，上边挂着一顶红色自由帽，帽子上带有"和平属于人民，战争属于暴君"的题词。在庆典上，人群无精打采、心猿意马地听取了演讲，但他们至少听了。针对人们捍卫皇帝与帝国，拒绝支持大革命的态度，福斯特解释道，这是美因茨市民典型的狭隘眼界所致。不过市民的顺从性同时也便于让他们在某种程度上迅速接纳新秩序，并或多或少对新的安排、口号与原则大致上予以默许。确实，法军几乎没有遇到武装反抗。尽管莱茵兰的绝大多数人保持着对统治者和教会的忠诚，但在被法军占领的德意志地区，很少出现直接对抗法国军队和自由平等理念的情况。而且毫无疑问，那些加入美因茨雅各宾俱乐部的人多半不是出于什么特别崇高的动机。尽管如此，该俱乐部在巅峰时期还是拥有 492 名会员，其中无疑包含由积极性极强的改革者构成的坚实核心。[18]

拥护大革命的宣传攻势从美因茨、列日等中心城市散布开来，构成由孔多塞、克洛茨、潘恩、戈拉尼、巴洛、普洛里等拥护总革命的著名人士面向全欧洲发起的更广泛呼吁的一部分。德意志尤其需要改革，而即便是英国和瑞士的现存宪法，也有必要进行民主化（法国 1791 年的君主制宪法同样如此）改革，因为这些国家的立宪君主制相当不完善，只能说是实现了一半的自由。毫无疑问，不可能期待绝对君主或宫廷进行有价值的改革，也不可能寄希望于普通民众。不过在一封无法确定日期的《致德意志人》公开信中，孔多塞充满信心地预言："理性那不可阻挡的力量，启蒙运动那不可避免的影响，既能战胜君主的奸猾，又能战胜大众的无知与领悟力的缺陷。"他认为，在德意志，尤其是在法兰克福、汉堡和奥格斯堡那样的帝国自由市，存在着"开明人士"。"哥白尼、开普勒、贝克尔和莱布尼茨的同胞难道会拒绝与我们一同打着理性的旗帜前进吗？德意志人，人性的命运业已注定；而这一代人的命运掌握在你们手中。"他以为，推翻国王与诸侯，会是件相对容易的事。[19]

在《致巴达维人》的公开信中，孔多塞对荷兰人发出召唤，提醒他们荷兰人和英国人不光在科学与知识方面，也在要求自由方面于过去几个世纪里领先于其他国家的人民。是荷兰人率先开始着手于"启蒙你们遭受奴役的邻居"的事业，"告诉他们人性的真正利益与神圣权利所在"，[20] 然而他们却于中途止步，如今需要通过真正自由的宪法将他们的启蒙运动推向完美。"希望维持人类迷信的人不愿看到人类获得自由，而既然思想自由必将导致自由宪法的诞生，那么我们同样可以说，自由宪法是通向思想自由的必由之路。"在他写给西班牙人的公开信中，我们也能发现启蒙运动的价值是其核心要素，正如他写给德意志人与荷兰人的那样。西班牙长期惨遭哈布斯堡与波旁家族蹂躏。既然教会在西班牙实施的压迫更甚于国王，启蒙运动在西班牙的任务就要比在别处更艰巨。但在法国人的帮助下，西班牙人终有一天会战胜国王与教会，这将加速两国人民的启蒙进程，也会加快全人类都将从中获益的总体启蒙运动的步伐。启蒙运动既能战胜既有观念，推动革命，也是巩固革命的唯一方式。"超越人民思想的革命面临着猛然倒退的风险。"少数人可以发动一场革命，但他们必须同时大力传播民主启蒙思想：不去启蒙人民就想终结压迫的努力只会徒劳无功。[21]

如今已经展开的战争针对的是奥地利、普鲁士、皮埃蒙特和莱茵兰各选帝侯，但它同样应该针对荷兰的奥兰治家族、教宗、日内瓦的"贵族派"，比利时的教会贵族与世俗贵族统治，当然，还有英国对爱尔兰、荷兰及印度的统治。对孔多塞、布里索、克洛茨、潘恩、戈拉尼等宣传总革命的人来说，进攻荷兰的目的是推翻该国的总督统治和旧宪法。只有通过这种方式，荷兰人对英国"奴颜婢膝"的服从才会终结，才能依据普世人权建立民主共和国。不过大革命必须先把奥地利人从少数主动支持革命的地区，如南尼德兰和列日主教公国中驱逐出去。1792 年 11 月，进攻布鲁塞尔的革命军当中包括 2500 名希望解放家乡的比利时流亡者和民主人士。当他们胜利进入布鲁塞尔的时候，人们在市内各广场竖起自由树，用荷兰语高喊（当时的布鲁塞尔还是荷语区）："法国人万岁！我们的解放者万岁！"11 月 16 日，布鲁塞尔大广场上竖起一棵巨型自由树，正对市政厅，引来人群喝彩。雅各宾派的"自由与平等之友俱乐部"（Société des Amis de la Liberté et d'Égalité）成立了，在瓦隆人饭店（Hotel de Galles）召开了首次会议，不久前刚在蒙斯建立相似社团的"公民巴尔扎"在会上当选为该组织主席。[22]

然而，当杜穆里埃于 12 月 15 日与 17 日颁布的宣言被人当众诵读，敦促比利时人行使自身权利时，却引发了比利时人的反感，尤其当人群听到宣言第六条中要求比利时公民发誓维护"自由与平等"，并接受由法国国民公会提供的基本宪法条文时，激烈的反抗爆发了。人们高声呼喊："不要平等！不要新法！除了我们旧有的等级制度和旧宪法，我们什么都不要！"各初级议会上回响着激越的呼声，要求维持布拉班特三级会议，维持天主教为该国唯一信仰。布鲁塞尔的 21 个街区全部拒绝宣誓。近期才被法国人以"贵族派小册子作者与煽动家"的罪名投入监狱的作家 H. J. 范·德·霍普，反启蒙的天主教护教者范·奥伊彭和通厄洛教的观点在大众对民主计划的抗拒中得到了回应，据亲历者评论，整件事最令人震惊的地方在于，几乎没有贵族、地方法官或大资产阶级参加初级议会。抛弃总革命的人是平民，是手工业者、工人与农民。范·德·努特派再度取得了胜利。[23]

当地雅各宾派反驳道，大部分比利时人只不过是被谬误与偏见蒙蔽了双眼，并被比利时三级会议和为旧统治者利益效力的法国流亡"叛徒们"那些以自我利益为中心的宣传所迷惑。现存的比利时宪法丝毫没有体现"人民主权"，它只保护贵族、司法精英与高级教士的统治利益。显而易见，旧宪法是维持等级制度与特权的法律工具。比利时人痛恨的并不是被法军占领一事，反革命日报如是解读。对于比利时平民来说，法国人的到来与原先统治这里的奥地利人没有区别。激怒比利时人的恰恰是"法兰西共和国的民主原则"，尤其是大革命对教士与信仰的蔑视。[24]费勒的《历史与文学日报》（*Journal historique et littéraire*）写道，布拉班特人依旧由衷拥护他们现存的宪法、法律和宗教（该报如今在法国人鞭长莫及的马斯特里赫特发行）。很多比利时人震怒于法国人的举动。2 月，梅赫伦主教座堂圣职团向杜穆里埃提交请愿书，指责这位将军扣押教堂文献，在教堂内外布置哨兵，霸占圣事用品、十字架、酒壶和银器的做法。与莱茵兰的情形有所不同，无论白天还是夜晚，比利时的民主派与法国士兵都会经常在街头遭到袭击。[25]

布里索派建立法国保护下的比利时民主共和国的理想，尽管在布拉班特地区遭到抵抗，却还是在佛兰德斯、比属林堡（Limburg）与列日获得了一定的支持。雅各宾俱乐部在各地生根发芽，到了 1792 年 12 月，反范·德·努特派、反贵族、反教士的民主原则已得到详细阐释。[26]尽管冯克已于 1792 年 12 月 1 日在里尔去世，而冯克主义虽然确实是少数派运动，却依旧势头汹涌，在根特市尤其如此，当地人拒绝了来自布鲁塞尔与蒙斯反动派的召唤，确立了该市对法国国民公会的支持。不同于布鲁塞尔、蒙斯和安特卫普，佛兰德斯各市的群众摘除了佛兰德斯和奥地利诸侯的纹章。直到 12 月底，布鲁塞尔的法国"解放者"一直受到公开辱骂，还不时有哨兵被杀，而根特的民意则大致是支持大革命的。

法国人被来自布拉班特的强烈抵抗震惊了。他们决定将 12 月 29 日定为布鲁塞尔新划定的各街区选出他们各自选举人的日子，当天该市爆发了起义。所有布鲁塞尔街区一致拒绝法国人的全部提案，发誓将在范·德·努特、范·奥伊彭与范·德·霍普的领导下，毫不动摇地效忠他们自己的"宪法、神父和等级制度"。极少数敢于为"民主原则"申辩的雅各宾派则当街受到辱骂、袭击与追打。不过即便在布鲁塞尔，自由之友俱乐部还是招收了一些会员，其中包括手工业者和工人。1 月 5 日，在布鲁塞尔自由之友社的集会上出现了布鲁塞尔中心市场"小鱼贩"的身影。他们说自己对大革命有了更多了解，因此改变了信仰，不愿继续"被神父和修士"欺骗。他们发现，新秩序能将他们从原先控制他们而眼下已经失去鱼市控制权的大鱼贩子手中解救出来，而在新制度下，小鱼贩可以自主进行售卖，因此他们决定"带着喜悦与信心走进自由的圣殿，支持人权的捍卫者"。[27]

比利时的雅各宾派认为，当地的"贵族与狂热的神权分子"将毫不犹豫地拿起武器，联合哈布斯堡皇室、荷兰的奥兰治派、英国和教宗一起对抗大革命，这一点再明显不过了。[28]法国的亲大革命报刊认为，金钱、承诺、威胁、宣传册、誓言、秘密集会，一切都是为了将谬误强行注入单纯之人心中。[29]未受或几乎未受教育的比利时人狂热地反对各种俱乐部与"自由之友"。对于这些俱乐部在比利时无法获得足够的支持，斐扬派君主主义者杜穆里埃毫不担心。他热爱 1791 年的法国君主制宪法胜于共和主义，对爱国者社团在法国国内攫取了越来越大的影响力感到不屑。布里索派认为，俱乐部可以为支持大革命的舆论提供平台。不过杜穆里埃并不想让这些社团在比利时或法国发挥政治作用。1793 年 3 月 11 日，他在布鲁塞尔发表宣言，声称爱国者社团的唯一目的就是通过宣传革命原则推动"人民教育"。他认为，一旦这些俱乐部试图参与政治事务，它们就变得"危险"起来。很快，他便禁止比利时和列日的俱乐部参与一切公共事务；

这项严格的禁令用荷兰语和法语写成，在所有被法军占领的城市张贴，要求俱乐部主席与秘书负责保证俱乐部的表现良好。[30]

法国流亡者的军事领袖普罗旺斯伯爵和阿图瓦伯爵不久前才在列日主教公国建立了自己的总部，（如今已被驱逐的）公国主教也投身反启蒙运动的阵营，而那里的民主热情十分高涨。很多人痛恨教会统治。法国流亡者被驱逐出境时当地一片欢腾。人们在市政厅前竖起自由树，设置街区和初级议会，安排民主选举。[31]11 月 30 日，曾于 1791 年被查封的列日自由与平等之友俱乐部，在一座曾是基督会教堂的建筑中重新开放，获得阵阵掌声，成为雅各宾俱乐部的下属社团。一起撤出列日的奥地利人和法国流亡者行为下作，对这些叛乱的人民实施报复，以"妥善保管"为由，带走了最精美的教堂珍宝。如果法国革命者能表现得更好一些，他们就不该把首要目标对准宗教。费勒认为，他们对宗教没有表现出丝毫敬意，甚至对那些最美丽的教堂大加亵渎，实施洗劫，并将其变为军火库或其他物资的补给仓库，"马厩里则充斥着粪便"。[32]2 月初，据《新美因茨日报》报道，列日市全部 8 个街区投票决定列日公国并入法兰西共和国。[33]

路易十六的弟弟们（在耗尽钱财的情况下）解散了流亡者大军，这使得流亡者的士气受到重创，大部分四散开来——有人去往荷兰境内，有人去往杜塞尔多夫或邻近的亚琛，而后者也很快被法军占领。巴黎的国民公会批准了一项财政补贴计划，用于赔偿列日和亚琛遭到敌人洗劫的市民。亚琛在 1786 至 1787 年间就已经成为政治动乱的中心城市，1790 年 4 月，那里起草了新的共和主义半民主宪法，[34] 1793 年 1 月 8 日，当地雅各宾派社团"自由、平等、兄弟之爱俱乐部"（Klub der Freiheit, Gleichheit, und Bruderliebe）成立。与法国雅各宾派（以及其他德意志雅各宾派）相似，亚琛的雅各宾派内部分裂相当严重，不过这样的分裂存在于激进的共和派与占据优势的自由君主主义者之间，后者比法国人更加认同帝国传统与君主宫廷的精神气质。[35]尽管在阿尔托那发行的重要亲革命德语报刊《石勒苏益格日报》的编辑坎仰慕的是西哀士与 1791 年宪法，正如克洛卜施托克也认为大革命可以兼容传统宗教（尽管他完全认可《教士公民组织法》），[36] 更加激进的德意志雅各宾派，譬如福斯特、韦德金德、多施、梅特涅、克拉默、曾担任教授的约翰兄弟，以及亚琛公开支持革命的报纸《亚琛目击者》（*Aachener Zuschauer*）的编辑弗朗茨·道岑贝格还是反对一切君主——反对君主制原则——并拥护民主共和主义的价值观，支持彻底削弱教权。据自然神论者、共和主义者和亚琛 1790 年宪法的主要起草人，韦德金德的朋友，德国犹太人解放的主要支持者，开明人士克里斯蒂安·威廉·多姆观察，大部分亚琛市民痛恨看到新教徒与犹太人能和天主教徒平起平坐，并拒绝脱离德意志帝国。[37]

亚琛面临的严峻问题在于是否保留主要由普鲁士公使多姆于 1790 年制定的妥协性自由主义宪法，以及是否继续留在德意志帝国内，维持大量过去遗留下来的宗教与宪法框架——还是选择与过去全面决裂。1793 年 2 月，道岑贝格兄弟领导共和派接手了亚琛的俱乐部，但也因此使俱乐部疏远了亚琛的主流舆论。[38] 回溯至 1781 年，多姆曾向哲学家雅克比保证自己信奉的"正统共和主义原则"不会与他对普鲁士国家的忠诚发生矛盾，至少国家在腓特烈大帝统治下采取的改革模式是有效的；他甚至认为腓特烈的普鲁士代表着有可能实现的最好的君主制。[39] 然而这两类德意志雅各宾派之间的分歧使他们无法团结起来，并严重削弱了亚琛的亲革命阵营，同时导致了当地最大的两个宗教群体——天主教徒和路德教徒之间的怨恨情绪，既不认同多姆的自然神论，也不认同其共和主义倾向的雅克比于 1 月 24 日向歌德如是汇报。[40] 因市政厅前天主教圣徒与查理大帝的雕塑被人戴上自由帽，亚琛市民觉得受到了冒犯。人们很快认为，亚琛的雅各宾社团基本上是个由外国人、加尔文教徒和犹太人（确实有若干犹太人加入）组成的俱乐部。[41]

法国流亡亲王退守至附近的普鲁士领土上，以哈姆（Hamm）作为根据地，1793 年 1 月，路易十六被处决的消息传来，经过普鲁士国王的允许，他们在该市建立了新的大本营。在那里，他们宣布路易十六那位与他母亲一起被关押在巴黎圣殿塔中的儿子为路易十七，[42] 并任命普罗旺斯伯爵路易-斯坦尼斯拉斯为摄政王（尽管只有叶卡捷琳娜大帝正式认可了他的摄政王地位），并将其奉为飘零离散的法国人的领袖，将率领流亡者与普鲁士、奥地利和英国一起对抗民主。令人震惊的是，这份亲王联合宣言没有对任何立宪主义让步。未来将会成为路易十八的路易-斯坦尼斯拉斯承诺，对那些剥夺法国王室、贵族、法官和教会的地位与财产之人，他只会给予严厉惩罚，对上述所有精英阶层，他则会把一切特权与土地归还他们，并在绝对专制的基础上重建王权。路易-斯坦尼斯拉斯一直在普鲁士的领土上指挥流亡者的反革命活动，直到 1793 年 11 月。

1793 年 1 月 8 日，布鲁塞尔、安特卫普、梅赫伦、鲁汶和那慕尔的临时代表聚集在比利时首都，共同起草宣言，拒绝承认法国人的法令，该法令宣布大革命的普世原则与立法以及人的权利在比利时同样有效。人民拒绝了平等、共和主义与法国干预。他们提醒巴黎的立法机关，杜穆里埃 1792 年 11 月的宣言承诺绝不干预比利时事务与宪法，并提出协助比利时人"建立人民主权"。这些说辞让总是带着乐观情绪反抗暴政的比利时人民彻底兴奋了起来。他们难道没有将法国人当成"伟大的解放者"，热烈欢迎其到来吗？然而当他们听说法国国民公会 12 月 15 日的法令侵犯了"比利时人民的主权"并将那些原则强加给他们时，是多么大失所望啊。[43]应该由比利时人自己来确定他们的法律与公民政治体制。这份《布鲁塞尔宣言》声称，全欧洲的目光都集中在巴黎：一个外国的权力机关侵犯"主权人民的神圣权利"，因此人们可以认为，这样的共和国不再是革命力量，而是一种专制力量。[44]

天主教神学家带头呼吁，要求法官与公职人员拒绝就支持平等、自由与人民主权宣誓。革命者对这类誓言所承载意义的理解是教会与诸侯完全无法接受的。根据革命者的理解，支持"国民主权"在某种方式上意味着承认没有任何个体或机构可以行使不是来自国民的权力。此类誓言在观念上与君主制、贵族制、习俗，以及"我们的等级与旧宪法"相左，到头来便是针对王权与教权的直接反叛。这样的誓言通过宣判教权为完全不应被许可的存在来破坏它。任何认可此类原则的地方法官都将坐实自己异教徒、叛教者、怀疑论者的身份，成为渎神、放荡、"耶稣基督的仇敌"之化身。[45]按照雅各宾派革命者的定义去接纳"平等"，就是要让臣民与他们的国王，仆从与他们的领主，教民与他们的神父彼此等同——这将废除一切等级与信仰。

对大革命的民主狂热在日内瓦最为兴盛，到了 1792 年 11 月，那里真的有可能爆发一场民主起义。据保守主义启蒙运动中最反动的人物爱德华·吉本观察，越来越多瑞士人已经"感染上法国病，也就是关于平等与无限自由的疯狂理论"。吉本担心自己很快就要被迫逃离他在洛桑的家，把他深爱的"图书馆丢给民主派随意处置"。民主观念已经"把洛桑的社会抛入苦难与分裂"，并有可能攻陷日内瓦。[46] 日内瓦的寡头统治者感到极度不安，因为他们知道法国共和派对日内瓦共和国的胃口有多大，也知道在 1782 年贵族获胜后被驱逐的民主派领袖之一克拉维埃就是布里索最亲密的盟友。面对威胁，为了抢占先机，日内瓦贵族从邻近的伯尔尼保守寡头共和国召集了 3000 人的后备军。

由于萨伏伊的领土靠近日内瓦，法国人攫取萨伏伊的行为让瑞士那些大革命的敌人格外担忧。通过望远镜观察湖对面萨伏伊沿岸的吉本心神不宁地注意到，对于驻扎在日内瓦湖对面的法军，萨伏伊人并未进行任何反抗。他没法断定"人民大众到底是否喜欢这样的改变"，为吞并行为没有激起任何可见的反抗感到忧心忡忡，还因为"我那高贵的湖光山色被对岸不到 12 法里处每天早晨闯入视线的民主阴影遮蔽"而感到不悦。所有提到驻扎在萨伏伊的革命军的报道，正如来自莱茵兰的记录那样，都描述了前所未见的场面："军官们（其中鲜有贵族）不带侍从、马匹或辎重，真的与士兵混迹在一起，却依旧可以严格要求士兵遵守军纪。"[47]

早在 1789 年以前，日内瓦的民主革命还会重新爆发的预言就已经广为流传，而 1792 年 12 月，那里的民主革命确实再度爆发，吉本评论道："比我想象的还要早。"由于法国人承诺不会入侵，伯尔尼人才从日内瓦撤走了他们的部队，然而就在此后不久的 1792 年 12 月 28 日，日内瓦民主派即平等派（Égaliseurs）发动起义，他们夺下城门，解除了驻守部队的武装，颠覆了当地的寡头统治。没有被他们投入监狱的"上流家族的富裕公民"，包括内克尔一家，立刻随居住在日内瓦的许多法国流亡者一道逃往瑞士尚处在贵族寡头统治下的其他地区。日内瓦大法院（Grand Conseil）于 12 月 12 日颁布法令，将主权交给人民。特权与寡头制被废除，全体公民获准享有公民权，正如吉本记录的那样，他们"把公民权交给了城市与乡野的所有贱民"。[48] 清除日内瓦旧制度的全部痕迹只用了三周时间。民主派废除了日内瓦过去一个世纪的全部行政法令，包括该国针对卢梭及其作品的禁令。为了保障权力有序移交，12 月 28 日，起义者建立临时公安委员会（由 17 名公民领袖组成），委员会宣布共和国法律和宪法将由 40 人构成的"国民议会"彻底重写，该议会很快会通过选举产生。某位热心公民向巴黎的《国民报》汇报："理论总是比实践进步得更快，真正的原则都写在书里。"法国人实现了启蒙哲学家的构想，而"学成更早的日内瓦，如今终于照着榜样行动了。"[49]

1793 年 1 月 1 日，吉本写信给谢菲尔德夫人，说日内瓦人"全部支持纯粹而绝对的民主，但有人希望维持小型独立国家的状态，有人则盼望着成为法兰西共和国的一部分；后者比起他们的对手来说尽管人数较少，却更加暴力，更加荒谬，因此他们极有可能实现自己的目标"。[50] 1793 年 2 月初，他补充道："日内瓦新宪法正在缓慢成形，没有发生剧烈争吵，没有任何流血事件；寄希望于引导并约束大众的爱国者们自我炫耀，说他们至少能够阻止自己疯狂的同胞投诚法国人，这是唯一绝对不可能挽回的不幸之事。日内瓦革命对（身在洛桑的）我们来说，影响并不比来自萨伏伊的大；然而我们的命运由整个事件决定，而非由这类个别因素决定。"[51] 到了 2 月初，吉本比先前稍微平静了一些，因为伯尔尼地区的所有反对念头都被打消，赫尔维第邦联（Helvetic Confederation）的中立立场看上去是安全的（尽管邦联拒绝承认法兰西共和国）。尽管如此，1793 年 1 月路易十六被处决的消息"（在瑞士）没有激起如我所愿的恐慌"，还是让他感到灰心。居住在洛桑的法国流亡者如此没有安全感，以至于他们"没有穿上丧服，就连内克尔一家也没有"。结果是吉本自己也对"进行哀悼"感到不自在，因此并未采取任何行动。[52]（在美因茨，福斯特、梅特涅和柏默尔毅然决然地赞成处决路易十六；其他德意志雅各宾派对此并不认同，有些人站在自由君主主义者的立场上，另一些人，包括克拉默和欧尔斯奈，则站在布里索派共和主义者的立场上反对处决。[53]）

法军占领尼斯和萨伏伊及其向科西嘉推进的行动暗示了大革命对意大利来说意味着什么。在大革命早期阶段，科西嘉保持着大致不受影响的状态。这一原先属于热那亚的岛屿从 1768 年开始由法国人统治，1789 年9 月 29 日，法国国民制宪议会宣布其正式成为法国领土的一部分。为此，当地精英于 11 月 30 日在岛上举办了盛大的庆祝活动。在国民制宪议会中，科西嘉拥有四名议员——一名贵族、一名教士、两名第三等级代表。当地人平静地接受了 1791 年宪法。不过在歌声、礼炮声、神恩颂与种种宣言过后，一切实际上并未改变。科西嘉的旧制度完好地保留下来，当地贵族与教士阶级占据统治地位，农民阶层贫困、目不识丁、地位低贱，几乎不懂法语，这也帮了统治阶层大忙。[54] 科西嘉首府巴斯蒂亚伊万的 2000 名居民，用某位观察家的话说，"活得并不耻辱"，还因为侍奉贵族和教士阶级而获得了工作，因此除了支持现存秩序，他们没有其他想法。让科西嘉居民感到巨大喜悦的是，带领科西嘉反抗热那亚统治的英雄人物巴斯夸·保利将军，在流亡 21 年后于 1790 年 7 月 17 日荣归故里。人人争相涌入巴斯蒂亚，只为一睹其尊容。

直到 1791 年底，科西嘉几乎没有实行任何举措来终结贵族特权，革新法律系统，清除巴斯蒂亚和阿雅克修根深蒂固的旧式城市寡头统治，也没有将教堂财产与收益充公。一切维持在"贵族联盟"的统治之下。科西嘉保留了原先的 5 个主教区，大量教士，1 万到 1.2 万名贵族、地方法官与行政官员，维持了传统深厚的社会，统治它的人从一开始就慎重地反对大革命。国民议会的各项法令甚至并未在科西嘉岛上公布，更别说加以执行了。岛上的部队一如既往，佩戴的是象征王室的白色帽徽，而不是三色帽徽。[55] 科西嘉革命者把希望寄托在保利的高大形象上，而大部分接受教士引导的科西嘉人，不论住在城市或是乡村，都与贵族和教会站在一起，反对大革命。[56] 岛上少有的积极革命分子包括波拿巴一家与克里斯托夫·萨利切蒂，后者是生于巴斯蒂亚的律师（深受拿破仑敬重），也是科西嘉的三级会议代表，在安排保利归国一事上发挥了重大作用。

赞同孔多塞与布里索观点的人还有沃尔内，他们相信必须通过输出大革命核心价值并使其国际化来巩固它们。1791 年底，法国议会派遣沃尔内为驻科西嘉公使，负责与当地革命分子合作，废除科西嘉旧制度。他一到科西嘉，就被当地可悲的封建制度与腐败情形所震撼。他找不出任何有可能对付人民无知与"盲目"并执行大革命立法的方式，让他大失所望的是，岛上甚至没有书店，也没有任何可以接收宣传启蒙观念的法国日报的常设机制。他尝试以唯一可行的方式推进大革命——他宣布实行出版自由并协助创办岛上第一份革命日报《科西嘉爱国日报》（*Giornale patriotico di Corsica*）。该报于 1790 年 4 月 3 日开始发行，由来自比萨的变节贵族菲利普·博纳罗蒂担任编辑。18 世纪 90 年代早期，这是唯一的意大利语革命报刊。

　　萨利切蒂与博纳罗蒂领导的科西嘉革命派面临着各种各样的障碍。第一个严重的问题来自宣布取消科西嘉五个主教区当中的四个，并计划大幅度削减岛上高级与低级教士的数量。整个教会机构因此大为震怒，不过由于保利暂时忠于大革命，直到 1793 年，群众反抗一直受到限制。[57] 保利希望科西嘉教士接受立宪宣誓，大部分低级教士也照做了。保利选择与伊尼亚斯-弗朗索瓦·瓜斯科合作，后者（在保利的帮助下）当选为岛上唯一的立宪派主教。作为回应，抵抗派修士与神父于 1791 年 6 月 3 日在巴斯蒂亚掀起来势汹汹的暴乱，以妇女为主的大部分群众宣布坚定忠于他们的信仰，他们涌入主教宫殿，洗劫两处爱国者俱乐部和共济会据点。[58] 人群指控博纳罗蒂为"无神论者"，并上街追打此人。保利残酷地镇压了暴动，以"妨害治安"为由逮捕了 16 名修士。不过他也将博纳罗蒂流放至托斯卡纳，后者在那里被监禁了一段时间（后来又回到了科西嘉）。

　　沃尔内联合保利在科西嘉进行革命的政治计划无疾而终，因为保利进一步证实了他只对扩大自己的个人权力与家族势力感兴趣，他内心其实并不关心大革命。[59] 沃尔内的经济计划刺激了咖啡、棉花、糖与靛蓝染料生产，这让岛上居民变得富裕，也使科西嘉的产出弥补了法国失去加勒比殖民地，尤其是圣多明各而遭受的损失。1793 年早期，分歧变得严重起来，保利转变立场，反对大革命，公开宣称自己仰慕的是英国。据报道，随着保利努力争取永久脱离法国，至少有 45 名科西嘉人，在教士的领导下支持逐渐得势的反革命运动。[60] 到了 1793 年早期，保利率领的教士、贵族与平民集团大获全胜，将国民公会特派观察员博纳罗蒂领导的革命党人从岛上大部分地区赶走。[61] 通过指控沃尔内为"异端"，保利打击了前者在科西嘉的威望。1794 年 2 月，保利与英帝国签订条约，将科西嘉纳入英国的保护之下，英国远征军占据了该岛的主要港口。此时，君主制、贵族制与教会制度在科西嘉大获全胜。

法军在 1792 年底取得的胜利让整个德意志陷入恐慌，同时也刺激了德意志的共和派与民主派。威斯特伐利亚的帕德博恩市（Paderborn）于10 月的某个晚上，在主广场竖起了自由树。11 月，汉诺威宫廷颁布禁令，不许任何军官议政。[62] 12 月，普鲁士进行了不懈的镇压，以公开颂扬大革命为由，驱逐柏林皇家科学院成员博雷利教授，并将另一名教授投入马格德堡（Magdeburg）的监狱中。[63] 普鲁士国王执着于消灭一切无神论-唯物论哲学的迹象，镇压平等主义的亲革命民主小团体可能的渗透，然而它们还是成功了，特别是渗透到若干大学城与学术界之中。[64] "德意志联盟"的主要发起人卡尔·弗里德里希·巴尔特当时已经由于撰文反对普鲁士的审查制度而身陷马格德堡监狱，并于 1792 年卒于狱中。然而巴尔特的信徒与同情者依然广泛存在，在大学里面尤其如此。从 18 世纪 70 年代开始，光照会与德意志联盟这样的平等主义秘密社团逃过镇压，利用爱尔维修、雷纳尔、霍尔巴赫和狄德罗的唯物主义进行强有力的渗透，对大学社群各部门与出版界的渗透格外有效。

有意思的是，有记载的颠覆活动中最经典的例子，是在符腾堡的图宾根市开办的新教神学院，黑格尔和荷尔德林当时是那里的学生。校长发现他的大部分学生这时候都认同大革命，而当地公爵则抱怨该学院成了"最支持民主"的地方。1793 年 7 月，荷尔德林向其兄弟诉说自己对布里索的同情，并对"专横跋扈的害虫"马拉遇刺感到高兴。[65] 同样，年轻的黑格尔热情支持大革命理想。荷尔德林与黑格尔二人倾向于把大革命与"道德与精神革新"以及未来自由与美的时代联系起来，这种观念部分来源于他们在 18 世纪 90 年代早期同时沉浸其中的斯宾诺莎主义，以及德意志在 18 世纪 80 年代针对斯宾诺莎进行的大论战文本。[66] 在参与论战并为斯宾诺莎主义和莱辛辩护的先锋人物中有莱比锡的卡尔·海因里希·海登赖希教授，他同样从 1788 年开始就成为莱比锡德意志联盟地下民主派（Kryptodemokraten）的重要成员之一。[67] 德意志亲革命作家与文人全对罗伯斯庇尔与马拉表示谴责，几乎无一例外。[68]

德意志诸侯的镇压具有持续性、系统性的特点，而且产生了广泛的影响，丹麦国王统治的石勒苏益格–荷尔施泰因地区除外，那里的出版自由甚于其他地区。但即便反动力量大体上占据优势，德意志诸侯的镇压活动也在文化与心理上起到了强烈的反作用，加深了"开明"改革人士的抵触情绪。除了多施、科塔、韦德金德、福斯特和道岑贝格，显而易见的嫌疑人还包括前光照派领袖阿道夫·克尼格男爵，以及基尔市的希腊文教授，东方学者，潘恩作品的德文译者卡尔·弗里德里希·克拉默。[69] 当局警告克尼格与他的出版商，倘若他们不停止对信仰、道德与社会秩序的威胁，就会面临严重后果。[70] 尽管克拉默的做法令德意志统治者深恶痛绝，尤其是在哥本哈根出版潘恩的《人的权利》等颠覆性作品的德语版，以及引导学生走向激进主义，然而基尔市当时正处于丹麦管辖之下，因此直到1794 年 5 月，当局才迫于普鲁士的压力而解除其大学教职。另一位勇于反抗的是耶拿那位对康德哲学钻研颇深的年轻教授，约翰·戈特利布·费希特。斯宾诺莎主义的《一切天启之批判》（*Kritik aller Offenbarung*）出版后，1793 年时的费希特已经是位名人，并成为引领支持革命观点的重要人物。尽管他最初成稿于 1792 年的《向欧洲各国君主索回他们迄今压制的思想自由》（*Zurückforderung der Denkfreiheit von den Fürsten Europens die sie bisher unterdrückten,* 1793）带有显著的妥协调停色彩，不过在此文的终稿中，他还是坚决要求君主们把"思想自由"还给人民。费希特重拾巴尔特的论调，对君主与他们的审查制度发动了有力攻击，并对整个德意志的"家长式监护系统"感到遗憾。[71]

继《索回》一文之后，费希特又撰文对汉诺威的保守主义官员奥古斯特·威廉·雷贝格的《调查法国大革命》加以驳斥。该文题为《纠正公众对法国革命的评论》（*Beitrag zur Berichtigung des Urtheile des Publikums über die französische Revolution*）。休谟主义者雷贝格和费希特均认为，最关键的问题在于如何评价大革命对人性造成的基本影响，以及如何确定大革命在哲学语境中的位置。大革命是有效的，而且"对全人类意义重大"，费希特在他长达 200 页的文字中如是反驳雷贝格，他声称雷贝格错误地解读了"公共意志"的概念，这是大革命的必要原则之一，而这些原则与大革命对特权和精英阶层的攻击基本上都是有理有据的。所有人民都有权修改其宪法。费希特否定了雷贝格与其他重要保守主义理论家如施勒策尔的观点，称其为肤浅的诡辩。[72] 纵使费希特对犹太人抱有本能的憎恨，这一阶段的他仍将自己为法国大革命的辩护与对普世宗教宽容的一般性呼吁结合在一起。

总革命带来的巨变从 1792 年底开始在政治与军事上席卷整个欧洲，而意识形态与宣传的巨浪也触及了瑞典的海岸。瑞典国内变得紧张起来，因为当局禁止报刊议论法国大革命，并将同年在斯德哥尔摩出版的潘恩的《人的权利》瑞典语版列为禁书。克拉默称其为"瑞典的汤姆·潘恩""自由的头号殉道者"的激进诗人，斯宾诺莎主义者托马斯·托里尔德由于发表小册子《为瑞典摄政与国民呈上理性自由》（*The Liberty of Reason presented to the Swedish Regent and Nation*）抨击君主制宪法、君主压迫与教士集团，于 1792 年 12 月 21 日在斯德哥尔摩掀起了舆论的热潮。[73] 他宣称，人民的幸福意味着放弃君主制，建立民主共和政府。等到当局收缴这一"煽动性文本"的剩余库存并逮捕其作者时，该小册子已经散发出去数千本。1 月 8 日，托里尔德出庭受审，一队吵闹的人群强行冲入法庭要求旁听。"每当被告开口为自己辩护"，人群就发出欢呼。他被人带走的时候几乎发生了暴动，外面街上的人群高喊"托里尔德万岁！自由万岁！"当局在斯德哥尔摩内城安置了部队，好让那些"居心不良的人"安静下来。驻守首都的部队获得增援，巡逻卫兵的人数翻了一番。旅店和酒馆接到命令，须在晚上 9 点关门。两名制造商因被指控煽动支持托里尔德的示威活动而入狱。托里尔德随后被流放至德意志。市政府和当地法官一面谴责这样的煽动活动，一面急于对国王表忠心，保证会忠于君主制、贵族制、宪法与宗教信仰绝不动摇。[74]

1793 年 2 月 1 日，在英法关系持续恶化数周之后，法国国民公会对英国与荷兰联省共和国宣战。数月以来，杜穆里埃一直筹备着"解放"荷兰，在阿姆斯特丹、乌特勒支与鹿特丹，有不少人热切盼望着这样的解放。在安特卫普，有人在荷兰爱国者革命委员会的帮助下印制了一份法荷双语的宣言并大量发行，该委员会还以自己的信誉为担保筹集贷款，用于扩大杜穆里埃有限的资金来源。[75] 杜穆里埃宣布，"普鲁士人的专制"在1787年把荷兰拖回到君主制暴政的压迫之下，压制了一切自由的希望，让许多爱国者背井离乡，直到史上最震撼人心的革命（也就是法国大革命）改变了这一切。法国人以"荷兰人的盟友"以及"永不与奥兰治家族讲和的对手"的身份入侵荷兰。难道奥兰治亲王"此刻没有把你们最重要的殖民地好望角、锡兰，以及你们在西印度群岛的一切商贸活动，全都拱手让给那个一直以来令你们害怕的劲敌（即英国）？我在1787年革命中那些勇士的簇拥下进入你们的祖国。他们的坚持不懈与牺牲，还有他们为了引导荷兰革命最初阶段而成立的革命委员会，完全值得我和你们信任"。[76]

正如宣言所说，杜穆里埃确实有意让荷兰革命者聚集在自己周围。费勒的《历史日报》将杜穆里埃的宣言蔑称为"荒谬至极"，并预言计划中的1793年荷兰爱国者起义不会激起太大波澜。英国和普鲁士如今对荷兰施加的影响力，比1787年之前要大。派驻荷兰的罗马教廷公使暨主教代表布兰卡多罗于2月11日颁布的牧灵指令毫不含糊。荷兰的天主教徒是个数量不小的宽容派少数群体，而这些天主教徒曾在1780年至1787年间的荷兰爱国者运动中构成了支持者的主要来源。费勒确认道，在拥有大量天主教少数团体的城市例如乌特勒支和阿默斯福特（Amersfoort），始终存在危及保守主义的"哲学派系与冉森主义联盟"，正如法国已经发生的灾难："《教士公民组织法》的成形"。但是在荷兰，这样的危险如今已经大不如前：那里的神父以教宗的名义，不断命令当地天主教徒支持他们的总督，支持英国和普鲁士，与"民主狂热"作战。[77]

荷兰人的革命委员会发表了两本宣传册，旨在为杜穆里埃组织情报工作，教唆奥兰治亲王军队中的士兵开小差。委员会在荷兰显然拥有强大的号召力，在阿姆斯特丹、哈勒姆（Haarlem）、多德雷赫特（Dordrecht）与泽兰（Zeeland）尤其如此。总体说来，人们认为在荷兰对爱国者的支持要超过对奥兰治分子的支持。[78] 对支持爱国者的人来说，法军入侵胜利在望。杜穆里埃的代表，布里索与佩蒂翁的友人（克洛茨憎恶之人），委内瑞拉人弗朗西斯科·德·米兰达在两名荷兰革命委员会（代表着荷兰人民主权）成员的陪同之下，于 2 月初拿下鲁尔蒙德（Roermond），围困马斯特里赫特，占领了位于两城之间的若干要塞。米兰达只负责指挥军事作战，在荷兰的法军占领区发动革命的政治职责则落到革命委员会肩上。2 月中旬，巴达维革命的自由树最先在德尔纳（Deurne）、埃因霍温（Eindhoven）与海尔蒙德（Helmond）竖立起来。

由杜穆里埃指挥的主要入侵行动于 2 月 17 日开始，协同法军作战的是赫尔曼·威廉·丹德尔斯中校率领的 1500 名"巴达维军团"（很快会成为"三大军团"之一）的战士，包括很多在法国与比利时招募的荷兰长期流放难民。杜穆里埃后来回忆道，这部分人"在战斗中表现出众"。[79] 法军在被占领地区赢得了当地民众的热烈欢迎。布雷达（Breda）与海特勒伊登贝赫（Geertruidenberg）很快沦陷，至此布拉班特各州大部分已经处于革命者的控制之下。在这些地区，革命者强迫地方法官和市政官员宣誓拥护自由与平等。房屋、教堂长椅、管风琴和店铺招牌上的奥兰治家族纹章和其他符号与标志都消失了。奥兰治家族最大也是最著名的纹章被人从布雷达的大教堂中移走，并拿到该市主广场上砸成碎片。布雷达举行了市政选举，新当选的市政班子由爱国者领袖伯纳德斯·布洛克领导，他是原先流亡法国的荷兰人当中最重要的人物之一。[80]

在 1793 年 2 月，人们有理由相信整个西欧即将实现民主化、世俗化与解放。莱茵兰的选举被安排在 1793 年 2 月 24 日，各地初级议会为美因茨、沃尔姆斯、施派尔和较小城镇选出新的市政府，这些地方的当选议员将按计划构成新的"莱茵-德意志国民公会"（Rheinisch-Deutsche Nationalkonvent），而美因茨将成为莱茵兰首府。所有超过 21 岁的成年男性（仆役与外国人除外）都有资格参加选举，但在投票之前，他们必须宣誓拥护自由和平等，永远放弃一切特殊"自由"与历史特权。[81] 法国国民公会派出由五名议员组成的代表团，在格雷古瓦与梅兰·德·蒂翁维尔的率领下来到莱茵兰指导工作。在法占莱茵兰的城镇与乡村，当地机关都收到来自莱茵河对岸神职人员与选帝侯官员的指令，要求他们抵制选举。同时，比利时的天主教神职人员也要求地方法官与全体公民拒绝宣誓效忠，拒绝其他一切带有否定君权与教权的规定。作为回应，法国人驱逐了许多教士、"特权人士"和官员；还有很多人主动选择流亡。[82] 在施派尔，几乎所有人都拒绝宣誓，事实上所有神职人员都踏上了逃亡之路。[83] 留下的人也没有任何合作意图。总共只有数百人参与了投票，即便如此，与不久后（12 月 2 日）就被普鲁士人占领的法兰克福相比，施派尔选举也可以勉强算是成功了。

1793 年 3 月对法国人来说是十足的灾难，法国在该月遭遇的军事失利导致重新开始的荷兰民主革命（暂时）夭折，也让莱茵-德意志自由州（Rheinisch-Deutsche Freistaat）和比利时的雅各宾派迅速土崩瓦解。奥军司令卡尔大公（Archduke Charles）联合各国强大的军事力量部署大规模反击，并于 3 月 1 日发表高调的宣言，控诉被反法联盟认定为背叛的大革命原则，宣布德意志、荷兰、比利时和瑞士的革命者与跟他们同流合污的法国人一样，是一伙"宗教、道德与社会秩序的死敌"。[84] 3 月 2 日，米兰达为避免让普鲁士军队切断南部退路，被迫放弃围攻马斯特里赫特。与此同时，列日的法国军队与当地爱国者撤离该地区。3 月 18 日，杜穆里埃的军队在内尔温登战役（Battle of Neerwinden）中被击溃，数日之后又在阿尔登霍芬（Aldenhoven）吃了败仗。革命者和雅各宾派且战且退。几天之内，法军与荷兰军团（后者如今逃兵众多）几乎完全撤离了他们当初占领的所有领土。

法军突如其来的溃败引发了战略性灾难，也在心理、文化与意识形态上造成了更大挫折。杜穆里埃责备巴黎的国民公会置自己在 1792 年 11 月做出的承诺于不顾，反而对南尼德兰进行"压迫"。马拉则在 3 月 20 日发表的演讲中猛烈抨击杜穆里埃和布里索，并在法国议会内部掀起巨大的风波。马拉毫不留情地给杜穆里埃贴上"布里索派"的标签，对他来说，布里索派假冒"雅各宾党人"，故意给予杜穆里埃以重权，将其与罗兰和克拉维埃并置，其目的就是背叛大革命。马拉指出，杜穆里埃禁止比利时的大众社团参与政治事务，证明他确实是"自由的敌人"，据说他还对流亡者抱有同情，告知当地贵族自己是他们的"保护人"，在战斗中牺牲法军士兵的性命，这一切都证明了马拉的结论。在马拉看来，杜穆里埃一心想要成为统一比利时和荷兰的"最高统治者"。[85]

　　取得胜利的奥军先是大举开进安特卫普，然后又涌入鲁汶和布鲁塞尔，大量人群涌上街头迎接他们，高声欢呼"皇帝万岁！卡尔大公万岁！"，法国人为此感到震惊不已。当地人民给予奥地利人如此热烈的欢迎，绝对远胜于去年 11 月迎接革命军的时候。3 月 24 日，最后一批法国部队一撤离布鲁塞尔，人们就推倒市内大广场上的自由树，烧毁已经被人洗劫一空的当地无套裤汉领袖的家。曾为革命政权服务的官员大都相当乐意地接受了皇帝开出的赦免条件，翻脸否认他们与大革命的一切关联。拒绝赦免的那部分人则迅速逃走了。[86] 成功入选巴黎国民公会的比利时议员，只有三四人维持着对大革命意识形态的忠诚。同样，3 月 26 日法国军队离开蒙斯时，当地雅各宾俱乐部的成员也全部随之撤走。他们刚走，蒙斯市中心广场上的自由树就被人拔起，雅各宾派议事厅中的那棵也遭遇了同样的命运，随后还连同议事厅中的自由徽章、演讲台与听众席一起被人当众焚毁。[87] 由于列日地区存有强硬的亲革命意识形态，当地并未获得帝国的大赦，而是遭到了严惩。通敌的列日人被剥夺公民权，数千人入狱或遭到流放。主要参与者受到专门设立的特别法庭的审判。列日主教公国 1792 年 11 月以来颁布的法律一律作废，1792 年 11 月 27 日以前由公国主教任命的官员一律官复原职。[88]

　　山岳派的抹黑让杜穆里埃震怒，他考虑利用自己的残兵败将策动一场政变，颠覆巴黎的俱乐部。3 月 28 日，他在图尔奈会见了国民公会派驻军队的三名委员——皮埃尔-约瑟夫·普洛里、曾著有美国革命历史作品的剧作家皮埃尔-尤尔里克·迪比松，以及犹太商人佩雷拉，三位公民的任务是协助部队，同时监督杜穆里埃的政治活动。比利时人普洛里男爵是奥地利外相柯尼茨的私生子，他负责编辑共和派日报《世界主义者》（Le Cosmopolite），该报与巴黎共和左派意见一致，也支持更广泛的亲革命国际文人之间的兄弟之谊。杜穆里埃试图在秘密会议中使他们相信，他们需要的是建立在 1789 年原则基础上的"温和（也就是君主制）路线"。三位委员并不买账，而是维持着对大革命民主共和原则的忠诚。[89]

　　莱茵兰的法军守住了阵地，而且据说几乎无人当逃兵。屈斯蒂纳对神职人员正在酝酿的抵抗浪潮做出回应，逮捕了更多神父与"特权人士"，并将其驱逐到对岸去。这些流放者的财产被"纳入国民之手",意思就是充公。美因茨市民的传统主义、虔信、反犹主义和臭名昭著的排外情绪,加上美因茨将很快回归选帝侯统治的可能性,这一切都大幅度削弱了莱茵兰革命的民众基础,使人转而支持皇帝与帝国(Kaiser und Reich)。备受天主教教士责骂的雅各宾俱乐部愈发为来自德意志其他地区的新教徒所把持,比如福斯特、柏默尔、韦德金德(来自哥廷根)和科塔。美因茨雅各宾俱乐部的集会上嘘声跺脚声四起,这是那些不认同他们的听众弄出来的。

莱茵河西岸从兰道(Landau)至宾根(Bingen)地区 270 个社区的选举过后(投票率很低),只有 130 个社区确定投票结果对雅各宾派有利。在种种不利形势下,莱茵兰各市镇还是于 1793 年 3 月 17 日,也就是内尔温登惨败的前一天选出了超过 100 名议员。有 65 名当选议员出席了"自由德意志人国民公会"(Nationalconvent der freien Deutschen)——即法语所谓的"国民公会"(Convention-nationale)——在美因茨的开幕仪式,梅兰·德·蒂翁维尔作为法国国民公会代表到场(3 月 22 日,到场议员增加到 100 名)。1793 年 3 月 18 日,该议会宣布莱茵兰成为独立而不可分割的共和国,建立在自由、平等和人民主权的基础之上,并颁布了在四位教授——多施、韦德金德、梅特涅和福斯特提交的草案的基础上细心修订而成的法令。通过宣布莱茵兰为独立于君主和贵族统治的自由共和国,议会正式废除美因茨选帝侯与莱茵河左岸其他君主、领主和宗教权威的管辖权,剥夺他们在共和国境内拥有的领地,禁止他们回到这个新的国家,否则将予以处决。[90] 莱茵河左岸从兰道至宾根的区域,以美因茨、施派尔、沃尔姆斯为中心,从此只属于人民。法令被印制 3 万份,发放至共和国市镇与社区强制执行并辅以公共庆典活动。至少在美因茨,事情是办成了。尽管投票参与度低得令人失望,但也不影响数量庞大的欢腾人群出席美因茨集市广场上举办的开幕典礼。随着莱茵共和国的新三色旗飘扬在空中,法国军乐团奏响乐章,备受触动的群众站在自由树前,一起唱响共和国国歌,高呼"自由万岁!人民万岁!共和国万岁!"[91]

美因茨国民公会选举另一位教授安德烈亚斯·约瑟夫·霍夫曼担任议

长，福斯特担任副议长。然而议员之间存在分歧，多施的追随者，即多施派，希望法占莱茵河左岸正式并入法兰西共和国，而更加平民化的那个集团，也就是占莱茵雅各宾派三分之二的霍夫曼追随者，则更希望共和国在名义上处于法国保护之下，而不是成为原则上独立的法兰西子共和国。[92] 霍夫曼指责多施与福斯特与法国人走得过近，在这一阶段，后两者发觉自己被严重孤立了，因为致力于将教士和官员流放至莱茵河对岸的霍夫曼正与法国山岳派委员安托万-克里斯托夫·梅兰·德·蒂翁维尔进行着可耻的勾当，身为梅斯市律师的后者是雅各宾派成员，还是更加腐败的民粹主义议员沙博与巴齐尔的盟友。福斯特写信给妻子："这是个只需要流氓的大革命，它并不需要我。"[93] 然而当时普鲁士人和奥地利人已经大军压境，已经没有时间进行争论了。1793 年 3 月 30 日，莱茵共和国的议会召开了它的最后一次会议。3 月 31 日，普军占领沃尔姆斯，捣毁自由树，解散当地雅各宾俱乐部，将主要雅各宾派成员的住所扫荡一空。[94]

实际上，除了提议并入法国，他们别无选择。由福斯特，另一位学者亚当·卢克斯和一位商人组成的代表团于 3 月 24 日出发前往巴黎，恳请法兰西共和国吞并获得解放的莱茵兰朝不保夕的残余土地。3 月 30 日，他们刚到巴黎，福斯特就将这一请求提交法国国民公会，并获得了批准。然而，当时大部分"获得解放"的莱茵兰都已经被普军占领，幸存下来的小片区域苟延残喘的时间也没持续太久。由于美因茨被普军围攻，福斯特和卢克斯回程受阻，便作为法国保护下的莱茵共和国代表留在巴黎，3 月底，多施赶来加入了他们。[95] 韦德金德逃往斯特拉斯堡。在巴黎和斯特拉斯堡，所有流亡的德意志移民团体，或"大革命之友"（Revolutionsfreunde），其实从 1793 年 7 月起就都站到了布里索派一边，反对罗伯斯庇尔，只有福斯特试图或多或少地维持中立；在有关九月屠杀的问题上，他们实际上全都接受布里索派而不是山岳派的意见。[96] 7 月 19 日，福斯特再度代表莱茵共和国出现在法国国民公会上，这一回，他对 1793 年 6 月法国颁布的民主宪法表示支持。[97] 德意志和低地国家的革命崩溃了（瑞士的还没有），但某些理念存活下来，奥地利人和普鲁士人在若干中心城市还是遭遇了顽强的抵抗。美因茨的抵抗尤其持久，然而这也不能掩盖法军已经处在彻底溃败边缘的事实。

　　在英国，皮特的政府于 1793 年 3 月，即法军溃败的那个月宣布将英国所有兵力与资源投入到推翻大革命的斗争中来，加入西班牙、撒丁王国、葡萄牙、那不勒斯和俄国组成的反法联盟，并加大对英国国内激进分子的镇压力度。英国利用资金、外交、影响力和海军力量，从各方各面包围大革命，而英格兰的民众与精英都对此给予了压倒性支持。尽管某些英国作家和改革家依旧支持大革命，保守主义与亲贵族观点在国内还是占据着绝对优势。埃德蒙·伯克无法理解，为什么会有人不想要倾尽全力消灭大革命及其一切政令。[98] 镇压行动被提上日程，这体现在 1792 年 12 月，在潘恩缺席审判的情况下宣判他犯有妨害治安罪，以及对"一位论"教派成员威廉·弗伦德进行审判。弗伦德是普里斯特利的盟友，曾在剑桥发动温和改革，反对大学实践中的"神学暴政"。弗伦德的小册子《和平与统一》（Peace and Union）发表于 1793 年 2 月，态度平和地呼吁英国退出反法战争，尽管该册子只是温和地批评英国制度与英国目前咄咄逼人的不宽容氛围，它仍然在进步学生中引发了强烈反响，包括年轻的柯勒律治。有人用粉笔在剑桥学院的高墙上写下颠覆性口号——"永远的弗伦德！"。教务长联合学院同僚通过了一连串解决方案，指控弗伦德"破坏社会和谐""在普通信徒面前诋毁神职人员"，危害国教会的地位。[99] 弗伦德被极不光彩地逐出剑桥耶稣学院，他的书也被人扔到街头。

　　1793 年 4 月，民主共和派关于欧洲新秩序的美梦土崩瓦解，对于民主制宪系统绝迹近在眼前这一点，反动舆论可以说是胸有成竹。欧洲看上去正处于绝对主义、英式混合政府和教权卷土重来的边缘。"明智的萨克森选帝侯"关于法国 1789 年宪法"畸形可怖"的说法似乎理由充足，该宪法的基础则是保守主义者眼中关于人权的"反社会宣言"。费勒指出，1791 年法国模式下的君主立宪制是某种危害十足的政体，因为它让国王沦为立法机关颁布法案的"橡皮图章"。事实上，1791 年宪法不是真正的君主制，而是彻头彻尾的共和制宪法，通过允许所有忏悔者享有平等地位，它"迫害基督教，强迫官员进行任何一位神父或官员都不可能接受的不公正宣誓"。杜穆里埃相当一意孤行，想要依赖法国那丑恶的"君主共和制宪法"进行扩张，不过如今欧洲人应该普遍规避所有立宪主义，全面拥护君主制、贵族制与宗教信仰。[100]

巴黎士气低落。那些在巴黎毫无指望的疯狂斗争中支持布里索、佩蒂翁、潘恩和孔多塞的人，包括外国共和派，全都因为打击巨大的失败和来自马拉、罗伯斯庇尔二人的无情利用而陷入深深的恐慌。

弗朗西斯科·德·米兰达将军被人指控为渎职、无能以及勾结英国。他是佩蒂翁的朋友，在后者的影响下成为一名法国革命军将领。[101] 在一场持续了 5 天之久的激烈公共辩论中，民主共和派的理论家联合起来捍卫米兰达，在声嘶力竭为其忠心辩护的人当中，包括佩蒂翁、加代、巴洛和潘恩。[102] 赫尔德从魏玛写信给克洛卜施托克，对 1793 年 5 月的失利表示同情，即便如此，他认为不论是罗伯斯庇尔还是马拉，都不可能阻止大革命中为有价值的一切发起的战斗，战斗将会持续："希望带来忍耐，忍耐带来希望。"[103] 尽管遭受灾难性的失利，不过由于得到一小群被驱逐到巴黎的理论家不懈的捍卫，民主共和新欧洲的愿景还是在德意志、低地国家和意大利勉强幸存下来。而全欧洲到处都在反对并斥责这些理论家，大部分法国人和国民公会议员也不例外。

第 13 章

世界上第一部民主宪法

1793 年

1792 年 8 月 10 日之后，君主派被一扫而空的国民议会同意，法国应该成为建立在男性公民普选权基础上的民主共和国，新宪法草案一经出炉，就应该交给人民进行公投。1793 年 3 月底，外有普鲁士、奥地利和英国围攻，内有保王派和狂热天主教教徒作祟，大革命腹背受敌，濒临崩溃。然而，乐观主义并未完全消失。民主宪法草案完成并经由激烈讨论，很多人将其视为某种救赎。国民公会大部分议员满怀希望地相信，新的民主共和宪法，根据某位议员的说法，"是终结法国外部斗争与内部问题的真正方式，也是唯一方式"。[1] 世界上第一部基于平等、人权和言论自由的民主共和宪法有可能也一定会被制定出来，并付诸实施。

表面上看，制定新宪法的过程中并未就民主是什么以及如何建立民主产生任何重大分歧。[2] 国民公会制宪委员会、国民公会中的多数派以及亲革命报刊看起来都同意有关民主的主要原则。新宪法将结合代议民主与直接民主的要素，同时不承认权力的分立。国民公会指派孔多塞负责宪法的起草工作，后者认为，人民有权选举代表，在某些情况下，也有权罢免他们的代表，除此之外，人民还可以通过批评、辩论和公投的方式对法律的修订施加影响。看起来整个共和派阵营的意见一致。布里索派和山岳派的立宪思想都旨在将直接民主与代议民主的要素结合起来。不过这样的团结一致完全是种表面现象。如果对他们彼此敌对的政治文化进行深入调查，就会发现在对核心概念——代议制、人民、人民主权、选举、权利、公共意志——的解读上，两派其实处于尖锐的对立当中，这样的分歧足以产生相当不同的结果。

1792 年 10 月 11 日，国民公会指派委员会制定宪法草案，当时布里索派依然牢牢掌控着立法机关。人权、平等和人民主权是其指导原则。在新宪法中，不会出现任何宗教或贵族成分。行政和司法机关将会完全从属于立法机关，这与美国宪法完全相反。考虑到制宪任务的重要性与复杂性，国民公会制宪委员会将由法国最优秀也是最拥护启蒙哲学的理论家构成这一点，几乎没人表示异议。委员会由九人组成，其中 6 名是共和左派——孔多塞、布里索、潘恩、佩蒂翁、韦尼奥和让索内；其他人包括西哀士，遭到废弃的 1791 年宪法最重要的贡献者，以及两名山岳派成员，丹东和巴雷尔。[3]

正如他 1791 年所做的那样，西哀士本人推崇严格的代议制度，不接受任何直接民主的元素，然而这对于布里索派和山岳派来说都是不可接受的。尽管西哀士是大革命期间主要的理论家，事实上他在大革命高潮阶段的制宪工作中影响不大。[4] 在 1793 年的制宪大辩论中，他始终遭受孤立，尽管他对立宪主义的热忱与"对个人自由的尊重"使他与民主左派而不是山岳派走得更近。[5] 贝特朗·巴雷尔曾是过去图卢兹高等法院的律师，也是 1789 年三级会议的代表，深受罗伯斯庇尔尊敬与器重，他是个能力出众的活动组织者、作家、演说家，后来则成为恐怖统治的头号推行者。不过在九人制宪委员会中，只有他一个人支持罗伯斯庇尔的野心与偏好，仅凭他一人之力，无法在委员会中推行山岳派的威权民粹主义。[6]

孔多塞的任务是"为公共意志建立真正的制度基础"。[7]他笃信与卢梭哲学不尽相同的公共意志观念，希望公共意志不由整齐划一的意志指导，而是由公民的集体理性决定。他既不接受单一意志的存在，也不认为社会应该成为利益相互冲突的战场，他相信有可能建立这样一个系统，让决策的制定基于能够将社会中的人民统一起来的真正利益。[8]更有甚者，正如他的同仁那样，他觉得他们的使命"不仅仅是为法国准备一部法典"，而是"为全人类立法"，这是相当激进的非卢梭主义思想，却能让人联想起狄德罗、霍尔巴赫、爱尔维修和《哲学史》的思想。[9]君主制、年金制度、权力分立与有限选举制度被彻底否定，1791 年宪法被当作"畸形"而遭到抛弃，[10]如此看来，宪法的大致轮廓已经十分清晰。共和国会建立起包括仆役在内的所有成年男性均享有投票权的民主制度。立法机构和行政机构都经由两个阶段的选举产生，首先由初级议会投票选出预备候选人名单，各省初级议会选出的预备人数应为最终当选人数的 3 倍，这份预备名单由省级机关核对并公布，此后该名单会送还给初级议会进行二次投票，从而自这份获得认证的名单中投票产生最佳人选。[11]

1793 年 2 月 15 日，基于孔多塞理想的宪法草案呈交国民公会，这是大革命至今乃至 20 世纪以前的世界上最能体现民主的宪法，是世界历史上意义重大的里程碑。[12]孔多塞与他的制宪委员会不仅否定了 1791 年宪法的君主制属性和有限选举制度，而且赋予议会代表更大的权力。他们指出，为了平衡人民与他们的代表，真正的民主宪法必须保证高频率的常规选举与精心规定的追回权。通过确保法律总是充分保护民主共和制不可或缺的五大元素——根据孔多塞及其同僚的定义，它们是人民主权、地位平等、个人自由、言论自由和以共同利益为目的的政府，共同利益被定义为以"理性"为标准平等对待每个人利益的社会最大利益——他们努力让代议制度与"公共意志"相协调。在孔多塞等人的想象中，国民立法机关掌控行政机关且永不休会，向公众开放听证以供监督。立法机关与市政机关和省级行政机关相同，必须每年更换一半议员。在这种情况下，每位立法机关的议员有两年任期，除非他在一年任期结束时落选，或在两年任期结束时重新当选。

1793 年 2 月的宪法标志着激进启蒙运动的高潮，它并非植根于卢梭主义，却可以追溯至狄德罗、霍尔巴赫、爱尔维修、布朗热和雷纳尔的智慧。处于巅峰的法国革命共和主义显然试图在直接民主的斯库拉与纯粹代议民主的卡律布狄斯之间寻求一条明智的中间道路。"如果我们容许一帮建立在谬误基础上的新暴君以人民的名义篡夺人民的权力，那么我们推翻王权的行为就会一无所获。"洛特省（Lot）的议员巴泰勒米·阿尔布伊如是告诫道，反对山岳派的他骄傲地认定自己是"雅各宾派"。他认为纯粹的直接民主最接近无政府状态，然而纯粹的代议民主看上去同样邪恶：最接近专制主义的"就是纯粹的代议制——让我们避开这两个暗礁"。[13] 有必要走一条中间道路，这是平衡中心城市与各地区的可行路线。为了达到这一目的，孔多塞想要使地方舆论制度化。他的委员会提议，城镇和乡村的初级议会应由大约 600 人构成，这些成员必须至少已经在当地居住六个月。这些初级议会不仅负责组织选举，还充当着辩论与批评渠道的角色，抗议者只要集齐足够票数，就能在初级议会进行抗议登记，如果他们希望打破自身局限，尝试转变舆论甚至修正法律，类似活动也可以通过初级议会开展。初级议会因此被赋予讨论立法进程与提交请愿书的权力，使人民也能接受或拒绝立法，抑或是发起动议。[14]

巴黎内城街区的活动分子如今正着手从理论层面进一步说明公共意志和人民主权原则，借此展开斗争，抵抗山岳派集团近在眼前的独裁统治。孔多塞和民主共和派的公共意志理论并不强调卢梭式的排他主义公共意志，前者的理论普世而无可变更，旨在保卫所有人的基本权利与自由。诚然，并非所有山岳派的反对者，都能像诺尔省议员弗朗索瓦·普尔捷·德尔莫特，或另一位在 6 月 2 日之前和之后始终坚定地反对罗伯斯庇尔的让·德布里那样表述清晰，他们将公共意志定义为所有人对公共权力的参与，在他们的理解中，这应该是个多数人无权践踏、胁迫少数派或剥夺少数人财富的权利系统。[15] 普尔捷·德尔莫特希望将如下内容写入宪法："所有据称是多数派投票产生的公共意志不得在明显违反人权的情况下强加给少数派。少数派始终保有提醒多数派真正统治权何在的自由——那就是普世理性，它才是指出这些权利的至高统治者。"[16]

普尔捷·德尔莫特是国民公会议员中最出众的一位，他曾是一名神父，后成为士兵，出于独立思考的缘故，他不支持任何派系。他是位革命记者、文人，其著作中有一本关于孔狄亚克的认识论，还有一本则介绍了对波兰的瓜分。在他看来，革命史就是一部关于人民如何被骗子蒙蔽的历史。野心家引导着"统治者意志"，使其有助于他们自己得势，用他们的私人意志替代被他们欺骗之人的意志。大多数人的意志本身就可能包含不公正，它让最弱的人服从于最强的人，因此大多数人的意志能为最强之人成为新的暴君敞开大门。不经修正的卢梭式公共意志破坏每个人的权利，使服从暴政与压迫变得更加容易。"让我们这么说吧：理性是人类唯一真实的统治者；制定法律的权利只能属于理性本身。不经理性指示而产生的法律不具有约束性，即便大多数人对该法律予以批准。"他对同僚发出呼吁："那么，让我们从承认这一伟大真理开始吧：在人类当中不存在任何除普世理性之外的合法统治者，该真理构成我们的宪法那庄严大厦赖以奠基的最根本原则。"[17] 这才是百科全书派、狄德罗、霍尔巴赫、雷纳尔和激进启蒙运动的真实话语。

制宪委员会一开始就同意（而国民公会并非一致同意）投身于国际上现存最好的开明政治理论，在每个阶段上都抛弃所有既定模式。他们达成广泛一致，事先就排除了现存的英国立宪模式及其原则，对美国联邦宪法与州宪法也不予考虑。美国制度并未宣告社会与政府的目的在于多数人的幸福，除此之外，对孔多塞及其同僚来说，整个美国政体受困于显而易见的缺陷，那就是权力过分强大的总统带有君主制印记，并非由民主选举产生的参议院，最高法院那相当独立的法律权威以英国判例法为基础对法律主体进行管理（而英国判例法已遭到布里索、孔多塞、克拉维埃和大部分革命评论家的彻底唾弃）。对他们而言，美国宪法完全不以公共意志为基础，而是基于保障财产、继承特权与非正式的贵族制，因此大致与英国模式相仿。

1793 年的法国宪法草案主要规定了行政和司法在宪法上从属于有权选举并掌控行政机关成员的立法机关。国民公会一致认为，处于冲突撕扯之中的法国需要的不是任何外国模式，而是能够阻止立法机关内部意见分歧造成立法停滞的手段。一些议员相信，解决办法在于将"严格的审查"这一凌驾性权力赋予人民，使人民有权解除不受信任议员的任期。[18] 制宪委员会既有志于保护个人自由，又旨在推动社会福利与社会进步。[19] 既然孔多塞、潘恩和布里索的民主制度是以追求所有人幸福的公共意志观念为中心，新宪法就应该既保证民主选举，又正式认可减少经济不平等的社会义务，但追求这一目标的手段必须公正合法，尤其是实施累进税制，给予那些救助贫困伤残人士、弃儿以及"所有自身劳动无法维持基本生存之人"的机构以政府拨款。[20]

　　制宪委员会在 1792 年底至 1793 年初赶制草案期间收到了成堆的理论专著与对草案条文乃至整部宪法草案的建议，这些文本在委员会和国民公会内部传阅，有时也散布至 84 个省。大部分辩论参与者表现出来的对卢梭的热衷都比孔多塞要多。不过卢梭主义的政治思想从民主角度来说始终存在问题，也几乎无人坚持卢梭主义到了敢于挑战代议原则本身的地步。但科多尔省（Côte d'Or）的代表夏尔·朗贝尔就是敢于进行如是挑战的人之一，"在立法与政治领域，卢梭将永远是我们的北极星"，1793 年 6 月 10 日，就在罗伯斯庇尔通过政变使山岳派掌权后不久，他在制宪辩论的最后阶段如是宣称，证明"真正的民主制度"必须拒绝"代议制政府"。[21]任何时候，只要人民的代表"背弃人民的信任，只要人民感到他们的选择是错的，或他们选择的人已经堕落，任何时候只要国民代表危及而不是保护国民，那么人民就必须自己动手拯救公共利益，除了他们自身的能量，不依靠任何其他资源"。"不论个人或集体，均可罢免人民的代表"，通过这样明确而坚决的手段，法国的困难就可以解决。人民不仅必须获得直接指挥权，在必要时还有权废除其代表机构，随时将其替换，人民必须"对每个有玩忽职守嫌疑的代表进行审判"。这一类的卢梭主义不仅认可 1789 年 7 月 14 日或 1792 年 8 月 10 日那样的大型"全民起义"（insurrections générales），也支持相对小规模的起义。然而即便国民公会全体成员均认可全民起义反抗压迫的合法性，他们依然对小规模起义的合法性存疑。对此，罗伯斯庇尔的观点是，正是因为需要避免局部起义（insurrections partielles）的危险，人民罢免任何有嫌疑代表的权力才不可或缺。[22]

　　除了卢梭，孔多塞、布里索和民主派领导层的激进共和主义还面临着来自其他思想的反对。有一种建议的灵感来源于 17 世纪英国共和主义者詹姆斯·哈林顿，他拥护某种精英式的贵族共和主义。这种思想如今由詹姆斯·拉特利奇粉饰一番，添加了一层民主的光辉。拉特利奇的《熔炉报》在 1791 年期间曾经盛赞罗伯斯庇尔，将谩骂倾泻到巴伊、贵族制和君主制俱乐部身上。拉特利奇的祖父是爱尔兰詹姆斯党人，父亲是敦刻尔

克的银行家。他起初曾崇拜科德利埃派，称该俱乐部为大革命的哨兵，[23]
然而到了 1791 年 11 月，他的圈子疯狂批判某个建立地方公共银行的计
划，对布里索和佩蒂翁的攻击如此之猛烈，以至于他和他的 20 来名支持
者因此被逐出科德利埃俱乐部（其中也包括肖梅特，不过他后来与该团伙
决裂，并指控其阴谋作乱）。拉特利奇的政治哲学中包含着强烈吸引某些
"真正的雅各宾派"的特性。他步哈林顿之后尘，支持通过抽签决定立法
机关代表和选举人，后者将决定这些代表与所有地方法官的任免。这种方
式规避的是孔多塞和布里索的信条，那就是人民的代表应当在才智与教育
上高于众人，这才是代表经过"选举"产生的意义所在，他们确实如同常
人，但应从常人中仔细挑选出来——这一区分非常关键。经过修正的哈林
顿式共和主义可能会被人用来保证平民优先性，却移除了才智、知识与经
验对于人民代表的重要性。

　　1793 年 4 月 29 日的一份外国评论值得注意。它来自布里索的友人大
卫·威廉姆斯，英国"一位论"教派人士，1792 年 9 月被选为法国荣誉
公民后，他便来到巴黎，期待能协助制宪委员会工作。据他判断，关于公
共意志的思想属于真正的启蒙哲学，但只有在不断对其进行精确定义的条
件下才适用。[24]除此之外，公共意志还应涵盖妇女的投票权、积极公民权、
平等接受教育权，在同时涉及男性女性的案件中，陪审团也应由男女对半
构成。他指出，英国人普遍拒绝平等概念，这令人匪夷所思，而在法国，
平等概念拥有重要地位，其实际应用状况却是如此断断续续。他强调，用
共和主义话语表达的人权宣言（正如法国人已经提出的那份），对不熟悉
这类话语的人民来说用处不大，因此必须先在公共教育领域发起宣传，让
共和主义观念更加深入人心。卢梭那天才的想象力引诱法国人把太多时间
和精力浪费在公共意志的虚幻概念上，却没有给过渡层面的讨论提供多少
保障或平台。

　　即便人民拥有做出政治判断的闲暇和机会，他们还是有可能受到地方
利益和个体利益的控制，难以将这二者与整体利益放在一起进行合乎理性
的恰当权衡。多层次性与平衡是绝对有必要的。威廉姆斯（以及布里索和
孔多塞的整个圈子）毫不怀疑，"爱尔维修的作品以及（霍尔巴赫的）《自

然体系》与《社会系统》", 比起卢梭的作品要精巧得多, 准确得多。如果 "写作这些作品的人能够撰写一部政治宪法就好了, 这会让我们当代人的工作变得容易许多"。虽然威廉姆斯一方面支持激进主义事业, 但从另一方面看, 他同时也有些含糊其词, 这降低了他的理论相关性。与孔多塞和让索内不同, 他不认为 "理性" 是评判宪法的唯一标准, 并为法国共和派对过去鲜有关注而感到遗憾, 他认为十分有必要把盎格鲁-撒克逊人关于代议制的概念应用起来。国民公会应该研究塔西佗、尤利乌斯·恺撒、塞尔登、斯佩尔曼、《撒克逊编年史》(Saxon chronicle)、奥特芒的《法兰西高卢史》(Franco-Gallia) 以及大卫·威尔金斯编订的盎格鲁-撒克逊法, 作为它那些抽象观念的补充。[25]

对孔多塞、狄德罗和霍尔巴赫来说, 政治的核心问题在于如何防止大多数人成为政府的猎物, 出于某些既定利益而受到掠夺。在整个大革命期间, 这始终是政治的第一要务。但在 1793 年早期的形势之下, 这一要务获得了新的表现形式: 如何防止人民主权和平等思想沦为胁迫工具, 被用来煽动民众愤怒与偏见, 推动独裁和暴政。[26] 作为很多寄希望于利用新宪法拯救法国的人当中的一员, 上比利牛斯省的议员代表让-皮埃尔·皮克悲叹道, 巴黎正处于谄媚者的重围当中, 他们冒充 "人民之友", 自称为人民的保护者, 用国民主权自我包装, 同时将整个国家投入政治危机的灾难之中。皮克呼吁道, 想想看, 在制定宪法这样复杂的工作中是多么容易产生谬误啊。孟德斯鸠的作品帮助一部分人理解对上升与衰落国家进行管理的道德和社会要素, 这才是不久以前的事。有多少英国人曾预言, 那些建立了美国的 "反叛人士" 与他们的新联邦宪法会以失败告终? [27] 马布利是否误解了瑞典政治, 因为那里的政府近年来正在变得越来越糟? 皮克是位独立而充满想法的观察家, 他从不在国民公会上发言, 却痛恨山岳派。平民最终能学会如何辨别暗中为害的 "阴谋家诡辩", 辨别那些破坏所有美德并助长邪恶的 "无政府主义信徒"。他深受 5 月底马赛人民起义反对山岳派之举的鼓舞。或许那些 "癫狂的煽动分子" 是在出钱办事, 利用恶棍误导公众, 人们终究有可能制止他们的欺骗行为。[28] 应对民粹主义煽动行为和 "诱拐犯" 的方式是教育人民, 让理性的力量发展壮大, 直至人人都能充分运用启蒙哲学的观点打败平民中流行的偏见。[29]

弗朗索瓦·德·蒙吉贝尔就属于倾心于平民政府（gouvernement populaire）才是唯一合法政府这种观点的国民公会少数派，他是山岳派中少有的能提出详细建议之人。他认为，启蒙哲学家表现出过度的才智、世故与虚荣。"启蒙哲学家们华而不实。"他们的作品显示，"要讨论如何执政很容易"，只需考虑自然与人民的牢靠常识（即"自然"造就的单纯），就能直指问题核心。国民公会不该"从（启蒙哲学家的）作品中挑出少量概念、灵光一现的猜想和比较关系，并将其放在一起来包装我们的论述"。只有美德才是一个民主议会的议员应该具备的决定性素质，而不是什么才华或智慧。真正的共和主义宪法必须造就一种纯粹而开明的道德，通过把人紧密统一在平等和兄弟情谊的团结之下而使人幸福。卢梭的看法才是关于政府的最好洞见，不过，蒙吉贝尔告诫道，卢梭的思想并非绝对可靠，而只是最佳向导而已。[30] 他提议，国民立法机关的 500 名议员不应受到任何政府部门、地方议会或初级议会制衡，而是紧紧受制于抽象而整齐划一的主权，即为"人民"所控制。特别取信于人民的领袖应该与人民一起，仔细观察政府的运作。[31]

罗伯斯庇尔派旨在使人民对国家享有的权威最大化，使人民的权力大于人民代表，民粹威权主义的这一根基又反过来依托于公共意志不可被代表的观念，因此立法机关的议员必须严格服从人民的指派，也能轻易被人民撤职。由此看来，卢梭的思想是山岳派雅各宾主义架构的根基，正是因为该思想从不支持民主共和主义。孔多塞面临的挑战在于如何在不对山岳派或卢梭式话语和独裁模式屈服的前提下，调和代议民主与直接民主。孔多塞关于"法律必须符合大多数人的实际意志"的原则意味着不论是任命还是罢免人民代表，都必须通过仔细监督之下的复杂选举程序来完成。[32]据此，从 1792 年 9 月到 1793 年 6 月共和左派还能左右大革命期间，人们听到更多的是对"不朽的让-雅克"的批评而非赞美，这些批评不仅否认了他关于审查制度和宗教信仰的观点，以及共和国只适用于小型而不是大型国家的声明，还拒绝了他有关代议制和罢免代表的观点。批评卢梭的人，事实上还有某些热情的卢梭主义者，比如福谢，还有比约-瓦雷纳在其《共和主义要素》(*Éléments du républicanisme*) 中，都反对卢梭的坚定信念——自然人本质上是独居者，只有当其身处社会之外时，他才是最自由的人。[33]

即便困难重重，孔多塞的制宪委员会还是迅速而有效地开展了工作。到了 1793 年 2 月初，他们就把努力奋战的成果提交给国民公会了。制宪委员会九名成员除丹东外（他不认可这份草案），都在他们提交的宪法草案上签了字。2 月 15 日和 16 日的两场会议宣读了草案。2 月 15 日，孔多塞以制宪委员会的名义发言，开始了审核程序。同一天，马拉的《人民之友》奚落佩蒂翁，说他已经有两周未曾现身了，还说韦尼奥、加代、布里索、让索内、巴尔巴鲁和萨勒也几乎默默无闻。"这些人民的敌人，保王主义的支持者，臭名昭著的匪帮领袖，他们到底去哪儿了？他们躲在那些昏暗的小酒馆中，会见军官们派来的密使、腐败的大臣、对自由宣战的敌人和敌对国家的间谍，一起密谋反对祖国。"[34] 布里索在《当月专栏》上回应道，"群众之友并不总是人民之友"，而马拉和罗伯斯庇尔那类"夺取人民的名义"的人，正是通过恐吓群众来控制这个社会。如果说从前的大众迷信崇敬的是国王，那么今天它就在崇敬某些"指挥群众意见"的个人。"这些新暴君对启蒙哲学家的恨意并不比旧暴君要少，因为启蒙哲学家会用与过去相同的勇气揭发他们。同样，不论过去还是现在，群众都是启蒙哲学家的敌人。"[35]

如果说 1789 年以前，群众在宫廷的诱导下谴责启蒙哲学家，那么今天，群众则被人披上了实际上属于全体人民的主权外衣，开始"以人民的名义谴责真正的人民之友"。要么群众得到"启蒙"，要么密谋遭到挫败，否则少数人就会持续对多数人实施暴政。这是种很危险的局面，因为那些检举揭发之人和对人民谄媚之人会故意利用群众的贫困处境，刺激他们反对富人，并给后者贴上"贵族"和"人民的敌人"的标签。然而富人自己也有问题，因为他们期待一阵风暴过后，不做出任何必要改变就能让浪潮自然而然地平息下来。只有当公民自愿把主权交给"全体人民"并"确立抑制富人势力的手段"之时，共和国才会得救。[36]

孔多塞用一段综述作为开场白，他说，民主和公正的社会来源于关于平等的原则，以及个体对公共意志的服从，而正是启蒙运动给人民带来了关于社会、自由和政府的正确观念。[37] 他一上来就否定了联邦制，强调了他自认为构成美国联邦制缺陷的地方。他的提案包括一个强大的一院制立法机关，由通过积极活动的街区议会开展有序的公共批评和建议来制衡，正式的活动程序包括审查、批准和请愿。[38] 为了监督并裁定立法机关的行为，并通过初级议会传达民意，还要设立一个宪法法庭，即"国民代表法院"（conseil d'agents nationaux）。[39] 孔多塞关于基本原则的讲话结束后，阿尔芒·让索内大声宣读新近修订的《人权宣言》的三十五条内容。让索内是波尔多的议员，以正直著称，在制宪委员会中的活跃程度仅次于孔多塞。修订后的版本比 1789 年的宣言更加全面，1789 年版本中的很多条款均得以保留，只是在用词方面稍做改动。新增条款主要意在巩固个人与集体自由，扩大平等原则。

新版宣言在旧版基础上显著地进一步发展其架构。1789 年的宣言并未明确规定出版自由与戏剧自由，也没有给予宗教信仰和实践自由充分的保障。与之相反，新版宣言第四条写道："人人皆可自由表达其思想与观点"，第五条写道："出版自由以及一切公开表达观点手段的自由皆不受干扰、中止或限制"，第六条写道："每位公民皆可自由实践其信仰活动"。第八条宣布，法律面前人人平等，而且法律必须保护所有人，规范社会成员的行为，平等地尊重他们的经济自由。第十七条吸纳了贝卡里亚关于刑法典的原则，即刑罚应该量罪行大小而定夺，并"对社会有用"。第二十七条不同于 1789 年旧版的任何一条，它明确规定主权属于全体人民，每位公民均享有平等参与行使主权的权利。[40]

新版宣言最重要的来源是 1789 年的版本，其次还有美国宪法，而此二者同样激励法国人强调并扩充"安全"的意义。1789 年版宣言在把自由权、财产权和反抗压迫权列入人权的时候几乎没有提及"安全权"。孔多塞的草案中第十条解释了"安全"的意义，即社会给每位公民提供的保护，使其人身、财务、权利不受损害，保障全体公民的最低生活水平。因此，第二十四条规定，对有需要的人实施财政援助"是社会的神圣义务；援助的范围和用途由法律确定"。此外，第十九条和第二十条规定，人人均可遵循其意愿进行自由交易、雇佣劳动或出卖劳动，但无人能够出卖自身——人身是一项不可转让的财产。

1793 年 4 月底，人们迅速针对新扩充的人权达成共识，《佩莱日报》评论道："人们欣喜地发现，意见全然迥异的人都走到了一起。"这一共识对"那部即将颁布的，让所有法国人翘首以盼的宪法来说是个愉快的兆头"。[41] 修订版宣言尽管并非完美无缺，但与 1789 年的文本比起来，仍然体现着更强的严密性与更多"真正的启蒙哲学"。山岳派紧接着于 1793 年 6 月颁布的修订版改变了一些用词，又增添了若干元素。具体说来，山岳派的版本加入了提及"在最高主宰面前"的内容，这句插入语在 4 月的时候导致山岳派和布里索派发生冲突，在违背罗伯斯庇尔那些在思想上更加激进的反对者意愿的情况下，如今此人还是执意要求将这句话写进修订版本。[42] 尽管如此，宣言的三十五点中还是有二十三点在本质上维持不变，对富有孔多塞特色的个人自由与社会和谐之间基于累进税制和基础义务教育的平衡也没有变更。[43]

让索内随后宣读宪法草案中的各项条款。[44] 草案为地方级、省级和国家级机构对立法机关和部长会议进行汇报、批评与审查做出详细规定，保证抗议和请愿的权利，保证实施累进税制，这些都体现了民主大革命的精华。所有 21 岁以上的男性，只要在法国不间断居住满一年，除非被专业医生判定为疯子，或因受罚而被剥夺公民权（比如某些抵抗派教士），就有资格进行投票。所有 25 岁以上的男性公民皆有资格担任公职。作为基础的初级议会须由不少于 450 名而不多于 900 名当地成年男性居民组成（居住时间满一年），并由选举产生的固定委员会进行监督。[45] 草案的若干条文有明确的制约性，旨在阻止对选举进行操纵或威胁以及购买选票。孔多塞设计的直接民主制度中非常关键的部分（后来在 6 月批准通过的新宪法最终版本里被山岳派删除），是由 7 名部长和一名秘书组成的政府行政部门"国民行政理事会"不由立法机关选出，而是由人民直接通过初级议会选举产生。[46] 7 位部长分别负责战争、外交、海军、财政、农业、贸易和制造业，还有引人注目的"公共援助"（secours publics），包括管理公共事业、组织与艺术行业。

为了平衡部长们之间的地位，防止出现克伦威尔式的人物，行政机关由各部长轮流主持，每隔 15 天轮换一次。除立法机关外，任何个人或机构都不得对任何部长提起刑事诉讼，不论该部长在职或离职，这是关键性的保护措施，尽管初级议会有权发起对部长进行审查的提议。孔多塞的宪法草案还给公共意志提供了指责或审查立法机关的机制——公共评论席，入席评论员审视议会进程并在适当条件下召集初级议会，负责捍卫自由。[47]马拉抗议道，孔多塞的草案没有给（必须经受审查和筛选的）大众社团分配任何责任，而是把选举程序和所有抗议请愿的权利统统交给了社区。在俱乐部被阉割，其异见被清除之后，"美德"和"人民"又如何能够准确无误地行使自身意志？[48]

孔多塞在草案导论中预言："所有本着虚荣、野心和贪念而追求无序之人，所有除了挑动派系斗争与制造麻烦之外一无是处的人，将会联合起来抵制这部宪法。"他很快就被证实是对的。国民公会命人将草案印刷出来，分发给所有议员，每人 6 份，84 个省也收到足量的副本，可以通过省级议会分发至市政府、大众社团与法国各地。[49]议会中的山岳派和雅各宾俱乐部里的山岳派的反应是纷纷发起责难。马拉当即否定草案，《人民之友》轻蔑地认为制宪委员会的工作成果不值得探讨，是"罪恶派系"制造出来的"畸形试验品"，不可理喻，毫无根据，让人联想到"贵族的粗鲁无知"。[50]罗伯斯庇尔和丹东均拒绝对该草案表示支持。罗伯斯庇尔号召"人民"（即巴黎公社和各街区）把立法机关牢牢控制在手中，"把人民的代表置于绝不可能破坏自由的处境之下"。[51] 1793 年 2 月，孔多塞撰文指控罗伯斯庇尔故意抵制宪法，把异见散布到全国，是出于个人利益才大肆鼓吹"平民事业"，以食物价格过高为借口操纵人民，把几个主要大城市的意志强加给法国其他地区。[52]罗伯斯庇尔及其追随者也自称为民主派。但是他们所谓的"民主制度"并不是直接与间接民主的结合，并不包含大部分议员所设想、某些山岳派积极分子所热切渴望的通过初级议会定期征询民意、请愿和全民公投。罗伯斯庇尔偏好的是植根于卢梭思想的公共意志观念，认为人民的意志是集体性的，是不可分割的，是个整齐划一的抽象之物，应通过不容挑战的机关来执行（也就是罗伯斯庇尔及其帮手）。

为了控制主流民意，他把这一点与孔多塞称之为"荒谬教条"的原则结合起来，那就是每一次平民集会都是在行使一部分主权。[53] 根据罗伯斯庇尔和圣茹斯特的说法，各个层级的议政代表，从城市街区和地方初级议会到国民公会，都必须严格服从作为统一整体的"人民"，这样的"人民"可以随时废除施政措施，可以撤换代表，只要他们背叛了"人民的信任"。罗伯斯庇尔对巴黎各街区所采用的手段——事先对候选人名单进行严格审查、操纵选举、扼杀异见、对来自上级的指示不予质疑——足以明确揭示他所理解的民主意义。来自巴黎各街区的经验表明，只要积极采取强制手段，并给一切冠以人民的名义，人民就会乐于亦步亦趋。罗伯斯庇尔的理论建构有极为有效的组织支持。在孔多塞、布里索和他们的盟友看来，罗伯斯庇尔之所以反对 1793 年 2 月的法国民主宪法，似乎正是因为该宪法会在有真才实学之人的引导下推行正统的民主制度和社会福利，赢得人民的尊敬，这无疑会阻碍"招摇撞骗、阴谋诡计"和"政治上的虚伪"。[54]

4 月 24 日，为了给国民公会的进一步讨论提供基础，圣茹斯特解释了他为何拒绝接受孔多塞的宪法，因为他认为这部宪法"过于理智"。[55] 臭名昭著且无知的库东则指责宪法存在"巨大缺陷"。整整一个月，呼声最强的反宪法派——库东、塔利安、法布尔、蒂里奥和沙博——正如《法兰西爱国者》的形容："就像包围赫拉克勒斯的俾格米小矮人那样"，堆砌一些"含糊而无关紧要的批评"，说孔多塞的宪法"是个贵族式的反自由项目"。[56] 就连巴雷尔都认为，罗伯斯庇尔的追随者们诋毁孔多塞宪法所带的恶意过于可耻。除了在这个时候已经夺得更重要地位的圣茹斯特，其他反宪法分子鲜少提出真正的论据，并且拒绝对草案进行逐条讨论。他们的行事方式，就是通过轻蔑又尖刻的谴责引发公众的敌对情绪。据《法兰西爱国者》观察，那些支持山岳派的人并不阅读，也没什么逻辑素养，但对谴责和诽谤反应强烈。很多人对孔多塞是个"贵族派反革命分子"的说法信以为真。[57] 在山岳派贬低孔多塞功劳的依据中，有一条提到在国民公会宣读的草案和后来印制的版本之间存在一个相对无关紧要的出入：有一条关乎立法机关投票前某些程序的条文，在国民公会的讨论中很快被多数派投票否决并删除了。小朱利安借此事大做文章，声称如果对印刷商进行调查能够证明制宪委员会故意把该条文偷偷塞到草案里去，那么就可以宣判委员会辜负了国民公会的信赖。[58]

从 4 月中旬到 5 月初，关于宪法的辩论不间断地持续了 3 个星期，然而僵局始终无法打破，氛围一直剑拔弩张。当马拉指出，"英勇无套裤汉"的受教育水平不足以对制宪委员会竭力谋划的阴险且背信弃义的阴谋进行质疑，来自布列塔尼，以言语尖刻著称的激进法学家让-德尼·朗瑞奈打断了他的话："马拉的反对绝对是宪法草案有可能获得的最好褒奖。"山岳派喊道："调查这个人（朗瑞奈）！送他进监狱！"2 月 16 日，国民公会中的多数派采纳了山岳派将讨论延期至 4 月到 5 月期间的要求，这使得整个国民公会都能参与到对宪法的讨论中来，也使得其他多名议员的 10 来份备选草案与计划得以提交并使用公款付印、散发，以便进行讨论。[59] 马拉认为，"宪法应该由山岳派提供，这样一来，即便（孔多塞的）试验品再幼稚，再失信，人民的期待也不会被辜负"。[60]

由罗伯斯庇尔、马拉与圣茹斯特发起的更广泛的辩论完全否定布里索派起草的宪法。4 月 24 日，圣茹斯特提交了他自己的备选方案，并指责孔多塞的成果"虚弱、自相矛盾、不够民主，他设计的立法机关并不是真正的普遍代表制，而是联盟代表制，他的行政机关倒是代表制，但本不应如此"。[61] 孔多塞的宪法就好像作为独立城邦的雅典最后的悲惨岁月，"投票但无民主，为失落的自由立法"。圣茹斯特认为，宪法草案最应责备的地方在于它绕开了卢梭，宪法站在理智的角度给"公共意志"下定义，而并非基于本质上"平民的"教条。[62]"自由不是从书本当中得来的。"自由并非属于理智范畴，而是属于心灵——自由激励的是精神。人民直接选举使得孔多塞提案中的"部长"成为主权的"代表"，这一点公然无视了卢梭的观点，也会把一切"腐败"的手段交到部长们手中。[63] 国民公会必须跟随"用心写作而不从哲学中汲取灵感"的卢梭，永远也不要怀疑这一点，那就是"以法律原则构建公共意志会造就自相矛盾的原则，就像孔多塞的宪法所体现的那样"。

圣茹斯特认为，既然已经大量废除初级议会，就必须建立更严密、更集中的体制。公共意志是集体意志，单一且不可分割，无须设置选举与征询程序。公共意志就是人民主动自发的意志，对其余定义不予接受。[64] 圣茹斯特同样拥护男性公民普选权与就职资格平等，但他不认同较大议会的年度选举，而是建议由 340 名议员（每省大约 5 名）组成召集起来更加容易的小型议会。[65] 为保证选举人轮换真正做到"平民化"，圣茹斯特提议进行全国无差别的一轮选举，整个国家就是一个选区，每位公民只给一个候选人投票。接下来统计全法国所有票数，得票最多者当选。但从技术上讲，这在当时是不可能做到的。圣茹斯特的方案的确更简单，但无法实施。[66]

罗伯斯庇尔和圣茹斯特从卢梭主义的单一人民理念中找到了无须经受议会质询或底层活跃批评的更高权威。这一抽象的人民概念会把立法机关变成"国民意志"的消极传声筒——正如它后来很快成为的那样。[67] 部长不应经由各个选区直接选举产生，而应由议会中的委员会选择，也就是由议会中占据主导地位的派系领袖来决定。通过诉诸抽象的"人民"，从而消除人民的权利并颠覆民主制度——圣茹斯特和罗伯斯庇尔从一开始，就在其陈述中隐晦地表达了这一点。对罗伯斯庇尔和圣茹斯特来说至关重要的一点，是在不可见的"人民的绝对权利"与通过基于初级议会的选举程序实现的权利之间进行区分。[68] 即便所有议员都认可人民是唯一合法的统治者，然而在这句话背后，其实隐藏着迥然不同的概念，正如阿尔布伊于 5 月初在其《呈交国民公会的宪法原则》（*Principes constitutionelles présentées à la Convention nationale*）中强调的那样。"啊！人民的神圣之名！我难道会不知道，你的名字受到了怎样的亵渎与贬低！"人民是一切合法性的来源；然而那些诉诸"人民"的声音最大，乃至坚持他们自己就是"人民"的人，正是"9 月 2 日和 3 日的罪人，也就是一帮恶霸"，包括那些真正可憎的、有能力实施可怕暴行的家伙。阿尔布伊建议，新宪法的前三条应该如是书写："第一条：人民是唯一合法的统治者；第二条：人民是所有公民的普遍化；第三条：其他任何假借"人民"之名的组织或集团都犯有侵犯主权之罪。"[69]

孔多塞把注意力集中在可行性上，因此暂时搁置了他自己原本想要扩大的女性权利。不过除了孔多塞的圈子和大卫·威廉姆斯，议会当中还有其他女性权利的积极拥护者，包括吉贝尔·罗默和皮埃尔·居约马尔。居约马尔是北部滨海省（Côtes-du-Nord）的议员，在 1793 年春季期间，他曾是孔多塞对抗罗伯斯庇尔主义最坚决的助手之一。他是个彻底的民主派，平等主义者，也是 1789 年以前就已经接受共和主义思想的法国先锋政治思想家中的一员，4 月 29 日，他提醒国民公会，说自己曾在 1779 年发表过两部名叫《普世公民》（Citoyen de l'univers）和《反贵族》（l'Antinoble）的小册子。他英勇应对针对自己的大量嘲讽，多年来坚持传播他的共和主义观点，甚至未曾相信他如此渴望的民主共和国能够真的实现。毫无疑问，根深蒂固的偏见和习俗会让国民公会拒绝给予女性平等的权利；然而居约马尔就像孔多塞、罗默和威廉姆斯那样，发誓与"此类偏见"抗争，因为它违反他们这些人宣称信奉的普世主义、平等与自由。所谓的性别差异真比声称黑人因为肤色而注定为奴更加有据可依吗？如果说黑人和白人之间的差异不可能成为将前者排除在主权之外的依据，那么两性之间的差异也不可以。把不同肤色的男性团结在同一个初级议会当中，这会证明男人一直以来是多么愚蠢与邪恶，这也是启蒙哲学家对偏见的胜利。"共和主义者！让我们把女人从剥夺人性的奴役当中解放出来，就像我们打碎束缚自己邻居的铁链那样。"孔多塞的计划中令居约马尔和其他真正民主派觉得最有价值的地方，就是初级议会的集中性。[70]

山岳派有个显著弱点，那就是在该派议员中，除了罗伯斯庇尔自己、圣茹斯特、巴雷尔和比约–瓦雷纳，极少有人具备足以就复杂的立宪问题进行辩论的智慧。即便在 4 月过后，大部分讨论依旧偏向布里索派。在纯粹理论层面上，罗伯斯庇尔和圣茹斯特的意识形态尽管代表着革命共和理论内部的一个突出变量，却始终是不具代表性的极少数派。他们的理论毫不妥协地坚持卢梭思想，不仅直接与大革命核心价值相悖，而且也站在国民公会内部所有主流民主意识形态的对立面，与之对立的不光有布里索派，还有丹东派，普尔捷·德尔莫特那样的独立共和主义者，以及反威权主义街头民粹派的鲁、富尼耶和瓦尔莱。然而，罗伯斯庇尔可以寄希望于从许多厌恶激进民主派的议员那里获得认可，从所有想要达成无异见共识的民粹主义者、痛恨孔多塞鼓吹世俗主义的雅各宾派神父，还有所有对扩大民意征询范围和直接民主持有谨慎态度的议员那里获取支持。

罗伯斯庇尔和圣茹斯特还能确保所有对民主派强调哲学这一点感到厌恶的议员支持他们。在山岳派少之又少的提案中，包括塞纳–瓦兹省（Seine-et-Oise）议员，《普世日报》的编辑让–皮埃尔·奥杜安提交的《呈请同僚检验的几点初步想法》（*Quelques idées préliminaires soumises à l'examen de ses collègues*）。他的提议很有代表性，远不及孔多塞那么激进，几乎未曾试图将民主与普世权利联系在一起，也不力图使"自由"在孔多塞主张的民主意义上最大化。奥杜安呼吁道，共和国正处于贵族制拥军来犯，"专制主义"（指欧洲君主）叩门正急的局势之下，法国需要一部"真正共和的"宪法，不过他是指"真正大众的"宪法，即人民凌驾于立法机关之上，通过行政机关直接行使主权。[71]

孔多塞的路线疏远了所有激进观念的死敌，正如卢梭主义吸引了这些人那样。比如教育家，立宪派神父，同时也是上马恩省议员的安托万–于贝尔·万德兰库尔就在 1793 年 5 月间撰写了一系列《关于宪法草案的意见》（*Observations sur le plan de Constitution*），认同马布利针对过分直接民主危险的警告，并运用他自己关于古代历史的知识发表意见。他告诫说："古代雅典的人民，对密谋者的一切任性和激情都予以服从，因为密谋者掌握获取人民信任的技艺。"但如果一定要在二者之间做出选择，万德兰库尔更在乎的还是保证宪法按照符合神圣意志的方式修订成功，而不是阻击密谋者。他同意卢梭的"每个立法者必须通过法律手段将公民召集到美德中来"。对万德兰库尔和福谢来说，卢梭思想把新革命信条与宗教联系在一起。卢梭的《社会契约论》证明，每个社会均将神圣意志赋予统治权威某种神圣不可违的特点视作公共安全之必须。现代哲学家却把信仰和教权排除在共和国的政治生活之外。因此在他看来，启蒙哲学家比山岳派还要糟糕。他称这些人为"业余哲学家"，认为他们忽视了真正的政治原则。他们的哲学诡辩主义声称人民因为无知与宗教狂热做出愚蠢的抉择，认为宗教偏见统治着这个世界，却又拒绝把宗教信仰纳入宪法，还有什么比这更荒唐的！只有承认宗教的宪法才能通过扫除信仰不宽容、"君主制道德"与对人类世俗条件的无视，从而战胜迷信。如果没有宗教信仰，"我们的宪法"只会"瘫软如烂泥"。[72]

4 月，议会指派六人组成的新委员重新开始孔多塞的制宪工作。该委员会并非由投票产生，而是由国民公会新成立的救国委员会（Comité de Salut Public）指定。新制宪委员会的成员是梅西耶、瓦拉泽、巴雷尔、朗瑞奈、罗默和坚定的共和派让·德布里。其中有四人是布里索派，巴雷尔长期支持罗伯斯庇尔，而第六名成员罗默是位高尚的数学家、为妇女争取权利的积极分子，尽管他也是孔多塞的仰慕者，却与委员会其他成员意见不一致。[73] 罗伯斯庇尔派在新委员会中的势力并未超过孔多塞的支持者。德布里也是请愿权的拥护者，也想平衡直接民主和代议民主，4 月 26 日，他提交了自己的宪法草案。[74] 从 4 月中旬到 5 月底，每周有三天时间被用来就宪法条文和相互矛盾的构想进行辩论。4 月 29 日，朗瑞奈代表六人委员会提交了一份过渡性报告。历史证明，在所有社会中，这样或那样的专制主义贵族制建立了施加压迫的层层体制。过去的每个立法者都以这样或那样的形式与奴役制度合谋。可耻的种姓区分让整个东方世界体面尽失。英国人则把所有并非实际拥有财富或并不纳税的人排除在政治生活之外。美国颁布了关于自由的宣言，然而在那里，平等和政治权利依旧充满缺陷。公民身份应该依附于人本身，而非依附于财产。正如孔多塞论证的那样，仆役同样应该获得政治权利。孔多塞关于行政部部长由初级议会直接选举的安排应该保留。[75]

大部分在 1793 年 4 月至 5 月期间提交给国民公会的草案来自"吉伦特"派，并且往往反映着该派系反抗"无政府主义者"的怒火——身为法官的菲尼斯泰尔省议员阿兰·博昂在 1793 年 6 月 2 日罗伯斯庇尔政变不久后发表的《关于法国人民宪法的意见》（*Observations sur la Constitution du peuple français*）中如是称呼这些"不停误导与煽动人民并推动其进行自我毁灭的冒牌朋友"。[76] 尽管如此，博昂在某个方面还是与罗伯斯庇尔和圣茹斯特意见一致，这就是几乎所有其他修订参与者都没有考虑的问题——过度简化的"自然权利"概念。"自然权利"主要吸引了像博昂、罗伯斯庇尔和圣茹斯特这样仰慕卢梭的狂热自然神论者。相信上帝存在或神意统治宇宙和灵魂不灭，对一些启蒙哲学家和立法者来说是件疯狂的事。但博昂强调，除非人们真的相信这些，否则自然权利，以及随之而来的自然法则就毫无效力与威信：既然有人认为"给所有人类与人民下达指令的至高立法者"并不存在，那么自然法则对他们就没有意义。笃信一元论的启蒙哲学家认为，"自然状态不再是由神自己建立的原始社会，那里的人服从于使其权利与义务总是以完美结合的方式展现出来的共同法则"。博昂则认为，神、灵魂不灭与自然法则的三位一体，对区分邪恶与美德、公正与不公而言必不可少。立法者必须向自己的公民同胞担保，只有在"最高主宰的保护之下，我们才能颁布人的权利和宪法的依据"。[77]

汝拉省（Jura）议员马克-弗朗索瓦·邦居约撰写的《反思初级议会的组织方式》（*Réflexions sur l'organisation des assemblées primaires*）一文激烈反对罗伯斯庇尔主义，关注净化地方选举程序，消除操纵选举的行为，以及事先排除巴黎各街区领袖特别关照的选举人。[78] 国民公会中反对罗伯斯庇尔（以及帕什）最激烈的人包括让-弗朗索瓦·巴拉永医生，他是来自克勒兹省（Creuse）的议员，提交过一份包含六十四点的完整宪法草案。与其他草案相同，他的方案要求法国的根本大法遵循共和主义，基于权利和资质平等，且"纯粹民主"。他还相信民主是通往"永久和平"的道路，希望宪法强硬表态，反对军国主义与扩张主义，呼吁加入规定共和国永不侵犯或吞并别国领土的条款。其草案的第五十条这样写道："除了签订具有'最确实互惠基础'的和平、联盟或商贸条约，共和国不会进行其他外交活动。"[79] 普遍教育至关紧要，因此宪法本身应该规定，所有乡间地区和城市街区须设立公立学校提供免费教育。所有科学与学术机构须由公共部门和立法机关负责资助、规范并支持。巴拉永的宪法草案第四十二条写道："所有以知识与才华著称之人将集中于同一协会，该协会名为'法兰西百科全书俱乐部'（Société encyclopédique de France），它将努力推进科学和艺术事业的发展，为扩大并完善人类大众的知识奋斗不懈。"对于公共节庆，他建议只为和平的缔结与公正、自由和健全的理性在世界各地大获全胜而举行庆贺。

4 月的制宪辩论中有一位关键人物，他注定会在恐怖统治过后发挥重要作用，恢复大革命的核心价值，削弱山岳派意识形态的影响力，他就是来自布洛涅市的立宪派教士，前哲学教授皮埃尔-克洛德-弗朗索瓦·多努，此人坚决投身于支持公共教育、发展科学的事业。据朗瑞奈观察，多努是最有能力参与制宪辩论的人之一。他同意孔多塞的观点，认为在新人权宣言规定的更加全面的权利中，应该包含请愿权与和平集会权。如同孔多塞、朗瑞奈与布里索那样，多努力求仔细推敲，实现代议民主与直接民主的平衡，并在保障财产权与应对财富不均之间寻求慎重的平衡。[80] 多努像布里索和孔多塞一样，确实有志于分割巨型资产、扩大有产者人数、保障低收入人群的收益至少达到维持基本生计的水平，从而消灭法国"巨大而畸形"的贫富差异。[81]

山岳派有个一直未能实现的核心理想，即把无套裤汉与自己的派系牢牢绑在一起。比如沙博的《制宪行动纲领》(*Projet d'acte constitutive*)就把对食物价格的补贴列为优先要务，并认为对面包及其他基础食品价格——所有人的唯一必须商品——必须进行严格规范并对所有人平等。因此需要对富人课税，以保证食物价格稳定在适中水平。[82] 另外，沙博认为死刑"违反自然和社会的原则"并极力要求将其废除，考虑到后来发生的一切，这一点实在讽刺。[83] 如果说沙博只是对启蒙哲学家的主智论不屑一顾，[84] 那么瓦兹省议员，本堂神父雅克-玛丽·库佩提出的乡村统制经济就完全是坚决"大众的"了。这位雅各宾派本堂神父是个狂热的平等主义者，也是马布利的信徒（对马布利的信奉甚于卢梭），他希望看到立法机关接受有力的平民监督，并受到选区的严格约束。[85] 最好的宪法来源于自然原则的纯粹因素。政治生活必须只以平民情感与普通常识作为依据，除此之外再无其他。普通人拒绝孔多塞和布里索派那种"关于如何统治的哲学技艺"。官员必须是普通人，即无套裤汉。对他来说，政治的第一法则就是需要防止普通人被孔多塞那种学院派骗术所蒙蔽。2 月的宪法草案来自哲学诡辩主义，完全是个丑闻，让人愤怒。"自然权利"在哪里？普通人的帝国在哪里？库佩想把这一点写入宪法："平等的法律不接受杰出的人格，它只要普通人。"[86]

在迪迪埃·蒂里翁的努力下，山岳派对启蒙哲学和精致的灵魂发动了另一次袭击，指控前者"蒙蔽"普通民众。蒂里翁是马拉的信徒，修辞学教师，操纵群众的专家。他指出，新立法机关的议员应由人民选出，在思想和态度方面都要尽可能地接近普通人。任何人民不熟悉的势力，不管是外国的，还是理智的，都应被否决。国民公会必须抵制"优秀的天才、杰出演说家、学院派智者"。他把破坏国民公会的分歧归咎于选举程序当时还不够"平民化"。孔多塞的宪法的缺陷还在于赋予初级议会和省级议会太多选举方面的权力。蒂里翁这名极具攻击性的民粹主义者像沙博、库佩和罗伯斯庇尔一样是反女权分子，内心深处也是反民主的，只愿颂扬由美德定义并有能力驾驭一切异见的集体性，要求所有地方性从属于一个统一的整体，每一个节点都以"普通人"作为依据。[87]

5 月 10 日，罗伯斯庇尔亲自吟诵道："人民是杰出的，而人民的代表却是腐败的。"他重复指出很多问题，而美德和人民主权必须"获得保卫，以抵御政府的邪恶与专制"。政府腐败来源于超越"人民"这个真正的统治者的权力，并过度独立于人民。只有公共舆论本身有资格评判执政者，而政府则不应粗暴干涉舆论。总而言之，宪法必须规定，官员真的在事实上从属于统治者。"地方法官犯下公共罪"，应该接受不少于私罪的严厉惩罚。[88]他完全同意卢梭的针对代议制的怀疑与保留意见。对于孔多塞来说，共和主义政治意味着最大化"社会自由"，也就是某种通过宪法规定的个人自由与政治自由混合体，然而对于罗伯斯庇尔来说，共和主义政治意味着将平民意志有力且不加区分地强加于所有政府、行政、司法及立法机构、省级议会和初级议会。[89]

相对言之有物的山岳派提案还包括比约-瓦雷纳的《共和主义要素》。此文激烈嘲讽伏尔泰捍卫社会等级并指出工匠与劳动者注定贫穷的言论。为什么世上所有人民在 1789 年以前都充当了"牺牲品"，受尽他们身处其中的制度与法律的剥削？"大众在任何地方都是部分特权个体的牺牲品。优势、利益和舒适的生活专属于少量天之骄子。教育、文雅与专业知识只为富人保留；无知与不幸则是大多数人的永恒命运。"比约-瓦雷纳狂热的卢梭主义在两种公民之间造成了某种摩尼教式的二元分裂：一边是充满社会责任感的真正"公民"，以公共利益为出发点看待一切，并把"他们自己的幸福与荣耀投入到保卫其祖国幸福的事业中去"，另一边则是堕落而自私、拒绝这样去做的人。只有人民主权取得胜利，美德获得敬意，好人才会当道。"那些只为自身利益做事而自我隔绝的个体"，追求的是打破"平等造就的均衡"，把他们的个人幸福建立在侵犯他人利益之上。[90]

比约-瓦雷纳的社会治理方案与布里索、孔多塞、多努等人不同，他一心要把国家责任写入宪法，而这类责任包括抑制过于悬殊的贫富差异、保证生存的必需条件与合理的面包售价，这既是目的，也是手段，与之相伴的是他对稳定价格与强行借贷的优先关注。即便议会中很多人确实认同他和蒙吉贝尔的执念，同意将"基本生存权"写入宪法并认为这是基本权利之一，[91] 然而，比约-瓦雷纳关于缩小贫富差异的构想却充斥着重视乡村朴实生活与农业，轻视工商业的观念。比约-瓦雷纳、朱利安、肖梅特不同于布里索或多努，前三者对贫富差异的谴责还与他们疯狂抨击的奢侈品与"享乐主义"相互联系，因为他们鼓吹禁欲主义与生活方式的平等。两大敌对阵营都把"资本家"定义为反社会、自私、有害之人，会为了自身利益颠覆政府。比约-瓦雷纳将资本家斥为"傲慢的吸血鬼"，一面可耻地掠夺公共财富，一面剥削他们雇佣的人。然而，比约-瓦雷纳这样的山岳派同样考虑通过公共教育强制推行平等主义的生活规范。在他们看来，大革命的义务在于带领人类回到他们（按照卢梭的说法）应有的原始而富有道德感的本质中去，回归他们对培养美德那种根本而"不可抗拒之倾向"。[92]

罗伯斯庇尔、圣茹斯特和比约-瓦雷纳均认为，引领社会的必须是美德，而非哲学主义。基于平等和人民主权的真正共和国并非源自启蒙运动，而是产生于美德与自私的斗争。比约-瓦雷纳力推"监察官加图"为人类身份的至高楷模，他在当选罗马共和国的最高长官后始终坚持朴实的生活方式与行为举止。根据比约-瓦雷纳的表述，把"真正雅各宾派"的平等主义意识形态以其最令人信服的形式与布里索派的启蒙哲学原则区分开来的，是这样一种观念，即要创立一个切实可行的共和国，人类行为——实际上是人性本身——必须通过强制性手段结合严格的教育来进行重塑。为了加强法国人的爱国主义和公共精神，应该建设"巨大而壮观的阶梯剧场"，这样在举办国民典礼与节庆活动的时候，人民就能作为一个单一体集中于此，在展示热心公共事业的高贵过程中彼此提升。[93] 比约-瓦雷纳效法卢梭，呼吁女性回到自身的职责中去：养成谦卑的习性，协助人类回归朴实、平等与自然。实行性别隔离、戒绝浮夸的时尚与异国风情、只许颂扬母性的温柔与妻子的忠贞，这一切将推动社会迈向朴实的步伐。[94]

1792—1793 年的法国宪法大辩论表明，大革命的共和主义阶段是一场发生在两种坚持己见而无法和解的对立意识形态之间的激烈斗争，二者在根本上是如此不同且不可兼容，以至于彼此不存在达成一致的可能。从表面上看，1793 年的所有国民公会理论家一致称颂人的权利，这一点掩盖了存在的巨大争议。让-巴蒂斯特·阿尔芒建议，计划中的全民公投，除了要求人民"永久"弃绝君主制，还应呼吁人民否定一切不与人民主权兼容的政府形式。他们的民主共和国应该把人的权利作为唯一基础，也就是以理性为唯一依据，拥护人权，满足人的经济需求。[95] 国民公会与国家面临的僵局威胁着新的宪法与大革命本身。敌对的两派也因此积聚起重重怒气与怨恨。只有打破僵局，关于宪法的争吵才有可能平息。

随着 1793 年 6 月 2 日山岳派强行夺权，僵局确实被打破了，而不出意料的是，这造成了新宪法在修辞与本质上的双重大变动，尽管如此，孔多塞的工作成果还是在相当程度上被保留下来。修正后的 6 月宪法在很多方面还是能看出孔多塞的痕迹，不过改动后的宪法变得不那么民主，不那么关注个人自由，其规定彻底降低了街区、初级议会、省级议会和立法机关的重要性。[96] 6 月 10 日，埃罗·德·塞舌尔作为新成立的山岳派五人委员会主席（委员会包括埃罗·德·塞舌尔、库东、圣茹斯特和两名鲜有人知的人物，布里索派被完全排除在外），概括了他修订宪法时依据的原则，说明委员会的目标是达成不分散、不分裂、不存在异议的公共意志。倘若圣茹斯特那份不分层级对议员进行单一全国选举的提案切实可行，他本可以直接予以采纳。

孔多塞的宪法仅仅诉诸理性，避免提及任何超自然存在对人权的认可，然而修订后的人权则确定为"在最高主宰面前"的权利，[97] 这是对卢梭主义自然神论和国民公会中基督教平等主义者的明显妥协。初级议会依旧每年举行集会，为各省选出负责选举议会议员、法官和主教的选举人，但失去了大部分辩论、批评和请愿的相关权力。孔多塞的宪法保障人民思考、批评并修改立法的权利，而埃罗的修正版本则从下至上地限制讨论及批评立法机关法令的权利。埃罗解释说，公职人员如今将由少量精挑细选的"选举人"组成的小型机构通过间接选举产生，而不是由初级议会选举；每个人都很清楚，这样的机制比孔多塞提出的由初级议会公开投票的方式更易于管理者实施从上至下的操纵。[98] 孔多塞的宪法把发言权交给省级议会和初级议会，然而，这一点也在修订中被取消了。为了削弱立法机关，如今，新成立的负责监督政府部门工作的二十四人行政理事会将不受立法机关约束，而是选自初级议会选举人提供的候选人名单，来自布里索派的批评认为，这一机制完全就是"恶霸"的发明，它剥夺了立法机关凌驾于部长及其部门并对他们进行直接监督的权力。[99]

罗伯斯庇尔、马拉和圣茹斯特力图从下至上缩小社区和街区的民主表达范围，同时引入通过（曾被孔多塞限制的）市政部门罢免个别议员的高效机制，借此也可以削弱立法机关。圣茹斯特从头到尾都在竭力试图确保当某位议会成员受到市政部门指控时，该议员必须要么自证清白，要么辞职；任何时候只要某位议员失去大部分议员的信任，该议员就必须接受审判。埃罗试图通过他那独立的国民大陪审团或宪法法庭来限制议会侵犯个人权利的范围，成立该法庭是为了裁定可能违反人权的案件。但国民公会听从罗伯斯庇尔（和沙博）的意见，去掉了这一层保障，因为它"注定会以受压迫公民的名义对立法机关或内阁造成的过失或怒火施加报复"，而这样一来，大陪审团就降格为监视立法机关的手段了。[100]

6月2日山岳派夺权以后，关于最后修订版本的辩论在6月10日至24日之间进行，这时候新宪法草案宣告完成。议会中剩余的共和左派在迪科和布瓦耶-丰弗雷德的领导下进行斗争，力图把某些特定条款变得更加民主，同时罗伯斯庇尔及其盟友则为争取使它们变得更不民主而战。[101] 一些议员试图恢复孔多塞那些关于初级议会的规定，其中迪科的声音尤其洪亮。孔多塞的规定包括：初级议会每年5月1日自动举行会议并组织选举。要求初级议会召集非常规会议须要具备选举权公民的五分之一提交请愿书；初级议会的有效决议要求一半以上积极公民出席会议。而罗伯斯庇尔亲自驳斥了上述规定，声称孔多塞的原则会破坏政府，以此构建的民主制度不会保护人民的权利，只会践踏它们。6 月 14 日，他批评了埃罗草案中经过修订的第十二条（它是孔多塞草案中同一条款的弱化版本），该条规定初级议会依然能够召集非常规会议，只要半数以上选民要求它这么做。罗伯斯庇尔反对道："这一条丝毫说不上平民化，而是'过度民主'。"这个公开仇视代议民主的人，其实也同样反对直接民主，并以美德、人民和卢梭的名义去不断削弱直接民主。罗伯斯庇尔认为，宪法一旦给予初级议会任何权限，就会造成一种全然不如人意的纯粹民主。[102]

除了削减初级议会和各省对国家决策制定的影响力并大大增强行政权，孔多塞的草案和 6 月修订的宪法之间还有一个关键区别，那就是山岳派取消了对高级官员的直接普选，这是对埃罗不可能忽视的山岳派"原则"的捍卫。虽然修订后的草案规定议员依然通过民主选举产生，但是部长和行政委员会则须通过议员构成的委员会间接选举产生。[103] 在这一辩论中，罗伯斯庇尔毫无保留地拥护沙博那种民粹主义的反民主论点：既然行政理事会完全服从于人民，它就不可以由人民直接选举。国民公会完全服从罗伯斯庇尔，投票同意行政官员不由选区直接选举，而是通过受到严格限制的"选举人"委员会闭门、间接地选举产生。[104]

6 月 24 日，埃罗在国民公会最后宣读宪法草案。国民公会中的多数派决定，这确实是最后一次宣读，新宪法的颁布已经刻不容缓。当洛特–加龙省（Lot-et-Garonne）的议员居耶–拉普拉德指出宪法还存在未决的问题时发生了骚乱。人们叫他闭嘴，若干山岳派成员变本加厉，指出应该把抗议者投入修道院监狱。这时候一群勇敢抗议的布里索派议员站了起来："走吧，我们都去监狱里吧，再也没有国民公会了！"

6 月底，新政权颁布了宪法，从而为 6 月 2 日政变的合法性与合宪性提供了一层煞费苦心制成的道德遮羞布。这一点给那些收到新宪法的初级议会和市政机构造成了无与伦比的震撼。初级议会接到命令，要求它们认可新宪法，不能发表评论，也没有仔细研读并消化文本内容的机会，更不可听取布里索派反对者的抗辩。新宪法获得了广泛好评。可以理解，很多反对 6 月 2 日政变、反对逮捕布里索派领导层的人对是否加入针对夺权集团发动的武装斗争犹豫不决，因为他们不愿在大革命面临与欧洲君主的生死之战的当口挑起内战，并相信在任何情况下都没有必要采用如此激烈的补救方式。因为如今人们终于拥有了期盼已久的新宪法，新的民主机制以及对基本人权的确认，这一解药当然包治百病！而他们即将迎来的则是残酷的幻灭。

新宪法是新政权为自身统治赢取足够支持率与合法性的最有效武器。6 月 25 日，苏瓦松市的大众社团派代表团来到巴黎，对 6 月 2 日的政变表示支持，赞美"你们在清除那些背信弃义、干扰制宪工作的人民代表的过程中表现出的勇气"。苏瓦松与埃纳省行政机关决裂（后者支持由该省议员孔多塞和德布里发动的布里索派叛乱），自愿成为共和主义团结精神和"为自由而战之美德"的模范。代表团对议会表示，苏瓦松将会反对一切试图开进巴黎颠覆政变的活动，因为该市鄙视"孔多塞夫妇、让·德布里等人那些扼杀自由的作品"。[105]

然而即便如此，修订后的 1793 年宪法依然是个杰出的成就。宪法第 124 条公布了新的《人权宣言》，宣言第一条明确宣告"社会的目的是共同幸福"，它与整部宪法文本一起，被刻写在特制的匾额上，置于国民公会大厅和公共场所进行展示。孔多塞的宪法尽管在某种程度上受到了歪曲，却显然依旧存在于这部世界历史上无比重要的文献当中，尽管该宪法始终备受争议，在 6 月 24 日正式颁布后仅仅合法施行了 3 个月，就于 1793 年 10 月 10 日被无限期搁置。它依旧是首部现代民主宪法，正如孔多塞强调的那样，它甚至是首部宪法，首部并非由贵族制基于某部既有特定宪法的传统而强加于人的宪法，不像《权利法案》和英国 1689 年宪法。它是首部理性的，以全体人民的名义而制定的宪法。[106] 宪法第四条规定：所有年龄超过 21 岁、"出生并居住在法国的男性"，以及所有年龄超过 21 岁、在法国工作生活超过一年，或迎娶了法国妻子，或收养了法国儿童，或赡养任何老人的外国男性，都获准拥有完整的公民权。[107]

这还是世界历史上首部不包含任何神权内容的（男性）民主宪法。全体人民与个人的利益获得平等待遇是国家立法机关代议制度的专属基础，每名议员理论上代表 4 万人口。新《人权宣言》第十条宣布："法律应当保护公共自由与个人自由不受统治者压制",这本身就是人类的伟大进步。议会达成一致,在最后一次宣读后大量印刷新宪法,分发至法国所有市镇机关和司法部门,每位议员获得 10 份副本,用于筹备全民公投。[108] 国民公会大门外礼炮齐鸣,这是全民欢庆开始的信号:新宪法终于修订成功。1793 年 7 月到 8 月,庆祝世界上首部民主宪法颁布的典礼使全法国充满了新的希望。从全民公投的结果来看,共有 171.4 万余票赞同新宪法,反对的仅有 1.2 万票。[109]

　至于宪法的首席起草人孔多塞,他不得不立刻开始到处躲藏。1793 年 7 月 8 日,沙博代表公安委员会对国民公会发言,指控孔多塞是 6 月底私下发行的小册子《就新宪法告法国公民书》(*Aux citoyens français sur la nouvelle constitution*) 的作者。这部小册子批判了新近通过的宪法,指责其"不民主",还暗示由此产生了"取代国王的新暴君",这一点尤其让沙博感到愤怒。孔多塞受到的指控还包括坚持到处散发他自己的 2 月宪法草案,声称该草案强于国民公会批准的版本。如今经过清洗并处于山岳派控制之下的立法机关宣布孔多塞犯有重罪并下令逮捕他,等待他的将是背叛人民罪的审判。[110]

第 14 章

教育：保卫大革命

1789 年以前，启蒙运动几乎没有波及法国的小学和中学。然而与此同时，启蒙运动的观点还是让很多人相信，有必要把教理问答和天主教教义从学校教育中剔除出去。这样的观点得到了强有力的宣传，尤其与狄德罗、百科全书派和爱尔维修的观点联系密切，那就是教育在改造道德面貌和社会属性方面发挥着关键作用。在大革命的各个阶段，18 世纪 40 年代到 1788 年间备受宣传的启蒙运动改革观念及方案与 1789 年以后的革命教育改革——先是理论，而后逐步实现——二者之间始终存在密切联系，这一点完全不令人意外。

同杜尔哥、梅西耶、霍尔巴尔等上一辈启蒙哲学家观点一致，孔多塞确信只有当全体成年人都学会读写与基本算数，社会才会由进行每日生活基本交易时不再依赖于他人的独立个体构成。在世俗国家进行专门监管的前提下，尝试引入普遍初级义务教育并革新中等教育与高等教育，这是 1788 年至 1793 年间民主共和大革命最大胆且最有意义的事业。从一开始，为了掌握大革命控制权而相互斗争的敌对派系面对上述挑战时采取的不同策略就体现了其基本社会与文化目标的核心差异。因此，三年间围绕教育问题展开的政治纷争和意识形态分歧便构成了衡量大革命整体特色与属性的重要指标。民主共和革命的先锋中有很大一部分曾是教师、图书管理员、记者和文人，这一现象本身就是影响教育改革的重要因素。

捍卫有限普选权的君主立宪派和中间派、威权主义民粹派，以及左派民主派纷纷制定了各具特色的教育政策，而他们彼此相异的诉求反映了这些针锋相对的阵营之间存在的更大差异。因此，西哀士在 1789 年至 1792 年间意图限制解放范围，在“积极”公民与“消极”公民之间做出区分，将一部分成年公民排除在选举权之外，这都与他对社会人口中的很大一部分将会维持不受教育的状态的预设有关。[1] 与之相反，孔多塞、布里索、多努、朗特纳斯、拉卡纳尔、罗默、朗瑞奈对民主的坚持直接促成了他们对免费而普适的初级教育以及改革中级教育的呼吁，以此作为全民获得有意识、有意义、有责任的参政权和公民权的先决条件。

17 世纪以来，法国人的识字率在逐步上升，18 世纪 80 年代时的基础识字率已达到了较高水平，至少在城市中的情况如此。在巴黎，大约有三分之二的领薪工人能够进行初级阅读，该阶级的女性识字率稍低，但差距不大。乡村地区的识字率明显较低，尽管如此，还是存在阅读能力明显提高的迹象，在东北部乡村和阿尔萨斯提高的范围较广，在南部与西北部则相对低一些。然而即便大部分成年男性和女性市民都能签署账单并进行初级阅读，依然只有少部分人有能力完全理解并严肃评判 1787 年至 1788 年间那些在市镇与乡下的贫困街区短暂现身的大量文献，即那些他们有可能接触的、构成革命阅读材料主要内容的廉价小册子、简报和传单。[2]

1789 年以前，法国城镇和乡村曾拥有历史悠久且完备的学校网络，依靠捐款、资助与市政拨款运作，中小学教育均以宗教内容为主。城镇和乡村的大部分教师是教士，或者接受教士监管。普通民众从学校印制的教材中学到的往往是教理问答（catéchismes）形式的天主教信仰与教义（在某些地区则是新教教义），这样的教育文化对民众偏见的塑造，不仅遭到共和主义者和启蒙哲学家的抨击，甚至连巴纳夫和拉梅特兄弟领导的中间派也持批判立场。法国教育首次从根本上发生改变是在 1791 年 3 月的议会法案颁布以后，该法案要求法国学校的教师进行公民宣誓，发誓忠于国民议会，在适用情况下，还要忠于《教士公民组织法》。因此在 1791 年间，法国教育界成了激烈的意识形态战场，来自自由派君主主义者的方案和来自民主派的方案在数量上不相上下。

1789 年的革命者完全坚信教育应该变得更加世俗与普适，区别于以往的组织形式。卢梭的教育观主要见于其代表作《爱弥儿》，该书关注私人教育，严格区分男女教育，极力鼓吹脱离阅读与书本的教育，[3] 从 1762 年到他 1778 年去世后的数年里，该书曾多次再版，1782 年以后则鲜有新版面世。而随着 1789 年大革命的开始，本书实现了真正意义上的爆炸性再版，不同版本的版面与价格均差异巨大，证明了这部重要作品的传播范围比早年更广。没人能在不参考《爱弥儿》的前提下，就对法国大革命的教育事业进行讨论、反思与书写。[4]

然而，尽管在卢梭的影响下，教育改革提上了日程，然而他的作品并未呼唤"公共教育"，针对卢梭言论的理解相互冲突，进一步加深了不同派系革命者之间的分歧。事实上，在 1793 年 6 月之前的辩论中，卢梭的影响相对较小，只存在于修辞层面，而且一开始的时候，他呼吁教育减少学院属性与书本依赖的言论也没能吸引多少支持者。[5] 革命者把主要关注点放在对公共教育的需求与培养好公民上。西哀士声明："没什么比好的公共教育系统更适合从道德与体格两方面完善人类。"[6] 然而，1788 年到 1792 年间，为了给民主做准备而要求免费、普适的公共教育这一点并不在西哀士倡导的革命君主立宪主义的考虑范围之内，尽管他本人也认为这是有序国家的责任，即最大限度地缩减不符合"积极公民"要求的成年公民在全部人口中所占的比例，特别是要通过扩大入学范围，提高教学质量来实现这一目标。

1791 年 4 月，米拉波在去世前不久起草了第一份关于变革需求的全面意见，指出大革命的目的包括以"对自由和法律的崇拜"来代替学校教育中的宗教教义。这些意见不久后由他的信徒卡巴尼斯进一步细化并出版。米拉波事实上是第一位公开传播非卢梭主义论述的革命领袖，而这种观点对大革命来说至关重要。他认为倘若缺少从根本上转变的"公共教育"系统，那么新政治秩序与新宪法就不可能存活下来，只会被他称之为"无政府和专制主义"的东西迅速取代。为了让人具备享有自身权利的能力，为了让真正的公共意志从所有人类私欲中产生，国家必须取代教权、神学和"宗派主义迷信"，直接负责学校教育，颂扬新的公民价值及其基础。米拉波清晰地确立起革命原则，指出作为一个群体的教师决不能为所欲为，反对"公共道德"，必须将他们整齐划一地置于省级或市政权威的监督之下，对他们的总指导方针必须由启蒙哲学家制定，而教师的才华与能力应成为使他们获得奖励的首要资质。

米拉波警示道："眼下的大革命是作家和哲学的功劳。国民难道不应尊重自己的恩主吗？"[7]大革命的反对者已经开始诋毁它了，说它是"哥特人和汪达尔人"的野蛮革命。但是"启蒙哲学家、文人、学者、艺术家和国民应该补偿所有这些作家，并以他们为荣"。大学与学院教育的基本语言必须从拉丁语向法语转变，必须大幅度削减神学和法学内容，把重心更多地放在对行政、医学、外科、药学等行业的职业培训上，并设立专门的医学院，给所有从事医疗行业的人士办理资格证书。其他多种职业，包括公证员与面包师，其从业标准都必须由公权力来制定、规范并提供支持。[8]这一切无疑都是革命性的。然而米拉波并未呼吁推行免费、义务或普适的初级教育，也没有把平等原则推到辩论的风口浪尖；实际上，他明确反对免费的基础教育，并认可卢梭那种区分男女教育的观点，即男校女校不但应该分开，其教学内容也应该完全不同。[9]

在大革命的最初几年里，建立普世的世俗主义教育、追求平等并提供均等的机会只是民主共和派追求的理念。在 1790 年至 1792 年间出版的《公共人士的图书馆》（*Bibliothèque de l'Homme Public*）中，孔多塞第一次发表了关于教育的一系列论述。他承认，谈到能力与智慧，整齐划一的国民教育系统不可能阻止那些"天赋异禀"之人主宰这个社会。不过他解释道，均衡而有意义的权利平等，其要求不过是人的先天优势不会导致那些缺少天赋之人法定地、制度化地低人一等。人人都应接受足够的教育，以便在做出人生重大决定的时候无须接受他人的直接引导。这意味着除了识字，懂得计算，还要获得筛选信息、准确运用"理性"、理解被充分阐释的"真相"以及辨别谬误的能力，并能进行独立的批判性判断，缺乏这种判断能力的公民无法避免恶毒狡诈之人给他们设下的圈套，无法"抵御谬误"，而社会中的某些分子正是打算利用这类谬误"加害他们"。国民当中有越多人从启蒙运动中获得提升，就会有越多贵族、教士、官僚被教养良好的平民淹没，社会就有可能对"获得并维持好的法律、明智的行政机构和真正自由的宪法"有更多期待。[10]

孔多塞最重要的观点在于，"如果一部分公民的无知让他们无法了解自身的特点与局限，并强迫他们对自己不了解的东西发表看法，对自己无法判断的东西做出选择，那么保障所有阶级享有同样权利的自由宪法与社会就不可能长期存在"。这样的宪法必定"在几经剧变过后走向毁灭，退化成某种仅仅为了给无知而堕落的人民维持秩序的政府形式"。[11] 18 世纪90 年代人们最频繁提起的思想，按照朗特纳斯 1792 年 4 月的说法便是："无知的人民极易重回遭受奴役的状态，正是这一所有破坏大革命的人已经证实的残酷真理限制了自由，如今也还在危害自由。"[12]

与这种说法紧密相连的便是下述所有共和主义者无比珍视的观念：除了教育儿童与年轻人，包含对成年人进行再教育的"公共教育"也很有必要，特别是针对手工业者和劳工进行教育。因为倘若暴政不先重建无知，就不可能那么轻易地重建自身，朗特纳斯（另一位意识到大革命的教育事业应该反对卢梭观点的改革者）断定，事实上，损害自由和平等与散布迷信、偏见与谬误息息相关——这也应和了狄德罗、爱尔维修和霍尔巴赫的观点。[13] 皮埃尔-克洛德-弗朗索瓦·多努曾任加来海峡省立宪派"总代理主教"（grand vicaire），后当选国民公会议员，并与孔多塞和拉卡纳尔一起成为大革命中最重要的三位教育改革者，他认为成人教育应由三大要素构成：第一，要举办推广普世道德的公共演讲与讨论会，他称之为"道德教育"（就像农业教育与商业教育那样）；第二，在共和国各地建立公共图书馆，里面不仅存放书籍，还要陈设自然历史展览与考古成果；第三则是确立国家的法定节日，用来纪念伟大的革命事件，庆祝一年的盛事。[14]

孔多塞认为，一个自由的社会会给所有公民提供教育，这与公民的性别无关（这是对卢梭的双重否定）。民主国家的一切有效教育都应该以传授基于证据与规范的"真理"为目标，而性别差异又怎么可能导致传授于人的真理与证明真理的方法之间的任何差异呢？卢梭的崇拜者所拥护的，对女性进行层次较低的有差别教育只会不可避免地使不平等制度化，不仅会导致丈夫与妻子之间的不平等，还会导致兄弟与姐妹、儿子与母亲之间的不平等，在家庭内部造成不良影响。当母亲因无知而成为儿子眼中可鄙的嘲笑对象，"母性的温柔"又能对儿子施加什么权威？女性享有与男性同等的权利，这也包括获得启蒙的权利，单凭这一点就能使女性像男性那样，获得实现独立与权利的能力。[15]

孔多塞主张，既然男孩和女孩应该获得同样的教育，那么他们就应该一起接受同一批教师的指导，同时不应以性别来区分教师。女性教师完全可以胜任任何阶段的教学工作，甚至可以成为大学里的讲席教授，孔多塞通过援引博洛尼亚大学的两名非正式女性科学教授的事例证实了这一说法。另外，让男孩和女孩进入同一所学校接受统一教育，这是初级教育唯一的可行方案，因为在每个村庄开办两所小学，或是为男女分校招募足够的教师都十分困难。孔多塞还认为，让男孩与女孩在学校里彼此熟悉并非坏事，因为这能减少潜在的同性恋倾向。[16]尽管后来，他在 1792 年 4 月呈交议会的报告中屈服于多数派观点，放弃要求男女同校（那些人口和教育资源只够开办一座学校的村庄除外）。即便如此，他依旧坚持自己的非卢梭主义原则，那就是针对男生和女生的教学内容应该大致相同。[17]

孔多塞认为，"平等与自由之友"必须确保国家提供能够普及"理性"本身的公共教育，否则革命者将会很快丧失他们的奋斗成果。即便是制定得最好的法律，也无法让无知者等同于有教养之人，或是去解放那些陷入轻信与偏见的个体。法律越是尊重人的权利、个人独立性与天然的平等，就越可能给"可怕的暴政"提供便捷的潜在途径，方便以狡诈的行径统治无知之人，与此同时，无知之人则成了邪恶之人的帮凶与受害者。在一片拥有自由宪法的国土上，"一帮胆大包天的虚伪之人"可以在上百座市镇建立附属社团关系网，招募缺乏教育的人作为同谋，获得这些人羊群般的盲目崇拜，这样就能在全国各地轻易地宣传同样的错误观点，让这些观点渗透到主要的组织当中去。缺乏教育的人民只会全心全意地投入到"信仰的幽灵与诽谤的陷阱"中去。这样一个组织可以轻易把每个流氓、无耻的聪明人和野心勃勃的平庸之辈招徕麾下，而且很显然，它能通过诱惑和"恐怖统治"的手段来控制未受教育的大众，进而夺取权力。在"自由的面具"下面，未受教育之人与无知之人本身也会成为无耻而凶残的暴政帮凶及受害者。[18] 教育的不平等是"暴政"的主要缘由之一，这是孔多塞最青睐的准则之一，它意味着必须通过教育向平民逐步灌输关于道德、权威、社会地位和国家的一整套看法。

大革命早期，人们不只在国民议会上针对教育政策进行辩论。当时还不是议员的孔多塞把自己的观点发表在日报上。1789 年 10 月至 1790 年 1 月间，经由刊登在《百科全书日报》（*Journal Encyclopédique*）上的《论教育》（"Lettres sur l'éducation"）一文，首次引起公众注意。社会俱乐部为推动法国人关注公共教育辩论的重要性做出了巨大贡献，它成立了自己的国民教育委员会，每周都与俱乐部领导层一起工作，提交关于如何改革初级、中级教育以及高等教育的建议。委员会由切鲁蒂领导，他曾是皮埃蒙特的耶稣会记者，米拉波的盟友。委员会中还包括日后的山岳派成员约瑟夫-玛丽·莱基尼奥与阿塔纳斯·奥热，后者是教育与法律方面的改革家，特别渴望在新式初级教育里加入关于公民培养、新道德以及公民义务的内容。

在社会俱乐部努力把启蒙运动推向城市大众的同时，[19] 身为《乡民报》编辑的切鲁蒂和莱基尼奥则竭力把启蒙哲学带给农民。1790 年 10 月，一份给村民解读《人权宣言》的早期《乡民报》宣称，农民必须享有的权利以及应该接受的有关社会与政治的其他重要真理并非根植于宗教，而是来源于哲学。启蒙哲学家是"敢于说出并写下对人类有用的真理之人"，是被高等法院烧毁书籍的作者，是他们迫害与查禁的对象，"或者更糟"，因为启蒙哲学家传播的是必不可少的真理，而这些真理是旧制度政权不希望普通民众发现或了解的。[20]

立法议会于 1791 年 10 月成立了由二十四人组成的国家公共教育委员会（Comité d'Instruction Publique），而就在那年秋季，已有不少野心十足的大胆方案被公之于众。该委员会主席孔多塞负责起草一份改革各阶段教育的草案。直到 1791 年底，依赖立宪派教士与宗教教育秩序来维持学校运作似乎是进行教育改革的唯一可行方式，因为在乡村地区，没有足够的非教士老师来完成不一样的教学任务。不过情况逐渐发生了变化。米拉波、塔列朗、切鲁蒂、加拉、奥热、多努、卡巴尼斯、拉卡纳尔，尤其还有孔多塞本人，已经逐步制定出一套详尽的公共教育改革计划，并于 1792 年 4 月由孔多塞代表公共教育委员会将成形的计划呈交国民议会。[21]

大革命教育理论家的指导性原则在于，民主共和国要求其公民接受教育，理解并达到实现其自身自由、践行其自身公民责任与义务的具体要求，为国家繁荣发展做出贡献，获得作为个体的满足与幸福。因此，教学内容必须毫不含糊地建立在启蒙运动与科学的基础上。来自贫穷人家的孩子必须获得接受教育的机会，以便在社会的援助下尽可能地以平等为基础来培养自身才智。[22] 普遍教育——也就是对全体公民的教育——是社会之根本，因此也成为社会的责任。初级教育必须是普遍、义务而免费的，并由国家管理。人们印制了孔多塞的报告并予以讨论，该报告获得了广泛赞许，但暂未实施。

孔多塞区分了教育的四个层次：初级、中级、第三级（他称之为"学院"）以及他称之为"公立高中"的高等教育。整个教育系统将由某个国立"协会"或科学与艺术学院进行监管。中级教育为那些与乡下穷人比起来，能够在更长时间内不依赖子女工作养家的家庭设计，特别是面向那些不打算从事农业或手工业劳动的孩子。尽管正如他的计划所陈述的那样，城乡之间在条件上存在着显著差异，孔多塞仍然坚持认为，中级教育的特点也是普适，必须以平等原则作为基础。每个拥有 4000 或更多居民的市镇都应拥有中学，而且学校里应该配备小型图书馆、气象观察器械室、自然史展厅以及机械模型。在这样的中学里，10 至 13 岁的孩子主要学习数学、自然史、人文科学、历史、地理、政治、化学和物理。[23] 传统的拉丁文、希腊文和神学教育将被停止。孔多塞显然认为，在任何阶段教授拉丁文、希腊文或古典文学与修辞学都是毫无意义的。这与启蒙运动大环境所强调的观点相吻合，可以追溯至《百科全书》中达朗贝尔为"中学"撰写的词条，其内容淡化了修辞学在耶稣会教育与其他启蒙运动以前的教育系统中的地位，用"理性"以及真正的论述和证明取代修辞学的规劝与雄辩术。[24]

孔多塞的方案给 6 至 10 岁的儿童安排了小学教育，提供一定程度的读写教育与公民意识培养，使公民能够投身政治、选举、陪审活动，出任那类要求任何公民都有能力担任的地方公职。每个拥有 400 或以上居民的乡村和社区都应拥有自己的小学与小学教师。除了读写与算数，小学生还要学习宪法以及启蒙哲学道德的基础，并了解当地农业与农产品。人权和（非宗教的）基本道德也应列入教学内容，为的是进一步强化学生的现实政治意识。每周日，学校将举办有成年人参加的公共辩论，他们会与教师和学生共同讨论社会与政治议题。[25] 孔多塞坚信，如果不在学校内外广泛传授政治科学，如果唤醒公民心灵的政治教学"不是由理性来指引，如果它能被有别于真理的其他东西唤醒"，那么就没有任何人民可以享有得到保障的自由。[26]

只有在 1792 年 8 月 10 日共和派取得胜利后，普适的世俗教育才成为国家的目标，才被大革命赋予了格外优先权。不过即便意识形态之路已经扫清，在落实层面依然存在许多障碍：如何负担新的世俗学校、教师和新课本所需的开支？ 1789 年颁布的《人权与公民权宣言》第十三条确实要求在考虑公民支付能力的情况下公正地按比例征税，然而征税的目的却始终含糊不清。作为国民公会制宪委员会的领导人，孔多塞于 1793 年 2 月 15 日呈交了经其扩充的《人权宣言》。1793 年宣言的第二十二条比 1789 年的版本更加坦率，它规定除非用于支持基于"全体利益"的公共需求，否则"不应征税"。该条宣言为孔多塞花费甚巨的教育改革方案打开了大门，因为第二十三条（山岳派赞同，但西哀士并不喜欢）接着规定：初级教育涉及全体利益，是社会必须平等给予所有社会成员的东西。[27]

人们达成一致，"公共教育"的任务是在不接受任何宗教影响的前提下，教授公民学、公民道德与公共领域事务，尽管这并不意味着必须挑战父母与家庭的私人宗教观点。因此，主要是革命领导层的启蒙哲学原则，尤其是米拉波和孔多塞的思想，导致须对 1789 年至 1790 年立法中有关保证常设教会教育性社团豁免地位的规定进行重新考量。1792 年 8 月 4 日和 18 日，立法议会下令禁止宗教社团的成员继续从事公共教育工作，这在事实上解散了残余的宗教社团。[28]

尽管在教育问题上，布里索派和山岳派想要的是完全不同的东西，不过他们大致同意，自由、统一而普适的初级教育对一个建立在自由与平等基础上的社会而言不可或缺。各省各区的所有儿童都应有机会进入小学，不仅要学习算数、读写与"准确"表达，还要学习人的权利、大革命原则、宪法与法国政府的运作方式。确实，几乎所有革命者都对鼓励教授方言、土语和地区语言（比如普罗旺斯语、布列塔尼语、佛兰德斯语和巴斯克语）的行为相当敌视。所有儿童都应学习统一的通用法语，孩子们还将学习初级地理知识以及按时代划分的世界各民族历史，接纳脱离宗教的世俗道德，按照山岳派成员蒙吉贝尔的说法："不这样的话，世间的自由与幸福就不会为人类而存在。"[29]

按照布里索派的构想，公共小学的本质作用在于提供平等机会，建立才华的主宰地位，保障社会各阶层平等以及（潜在的）男女平等。高等教育的目的则是提供现代课程体系，为全社会而不仅仅是有天赋之人服务，用有组织的先进教育体系按国家管理、地方行政、共和国高等政治议会以及共和国教学与研究所需人才的要求培养才华出众的个体。孔多塞指出，小学教育的主要功能正是教会公民大众认可这些开明人士，相信把自身利益托付给后者是最佳最稳妥之举，中学和第三级教育则是为了培养人民所需的人才，他们珍视并保护人民的权利，捍卫他们的幸福。考虑到这层联系，孔多塞强调，有必要为才华出众却无力支付高等教育学费的青年设立更多特别拨款。[30]

孔多塞及其同僚认为各个教育阶段的所有科目都需要革新。比如，社会要求拥有全新的历史观（一种全新的历史）。历史不应继续关注国王和军功，更不应关注宗教，而是应该关注"人的权利和世界各地对人权产生影响的兴衰变迁，以及关于这些权利的知识和对权利的行使"。历史应该是这样一门学科，即针对各民族智慧与繁荣进行高下判断时，应该根据他们的人权状况以及社会不平等程度的增减，后者的历史进程构成了文明人类幸福与不幸的"近乎唯一资料"与衡量标准。[31]

1791 年至 1793 年间设计的教育系统确实想要完成一系列任务，但是这些目标却沿着不同的轨道前进，这取决于人们究竟更倾向于民主共和派还是山岳派的意识形态。[32] 布里索派的教育改革计划面临着来自山岳派的强烈反对，后者认为在孔多塞的计划中存在有违平等观念的要素，他们不喜欢孔多塞对通过中级与高等教育培养出众才能的强调，对他提出的用哲学、科学和数学完全取代原有教育中宗教内容的方案也有所保留。国民公会中有很多议员要么毫无原则，要么迫于严峻的战局，均不愿批准孔多塞的彻底改革草案，并拒绝从教育中剔除宗教内容，尤其不可能达到孔多塞所建议的那种彻底程度。勒瓦瑟后来回忆道：“有些启蒙哲学家打着宽容的幌子，一心要把宗教教育缩减至最低程度。很多对神父满怀恨意的山岳派成员也同意这么做。”然而罗伯斯庇尔和丹东，他回忆说，他们并不同意，而是表示抗议，要求在教育中保留传统的宗教内容。阻止民主左派教育改革计划的不仅仅是战争和共和国的财政困境，还有人们对其最终目的的反对。[33]

如果说初级和主要的中级教育是面向所有人的，那么为 13 至 17 岁少年设立的第三级教育，以及为 17 至 21 岁青年设立的高等教育，也就是孔多塞设计的第四级教育，则是面向那些有足够的才能，可以从此类教育机会中获益之人。即便山岳派对这样的方案深感疑虑，布里索派和山岳派至少可以在一点上达成一致，那就是关停由神学与法学主宰的旧式大学系统。大学的神学院已经于 1791 年关闭。1792 年至 1793 年间，大批大学被解散，1792 年 4 月，索邦大学遭到整体封闭，索邦各学院的资产全部被廉价出售；其他古老的大学——图卢兹大学、蒙彼利埃大学、卡昂大学等——则在 1793 年夏季与秋季遭到查封。

与此同时，旧式的初等教育系统也已毁于一旦。革命政府中所有重要人物，包括西哀士在内，都意识到全面引入新式公共教育系统的紧迫性。1793 年 2 月，西哀士加入国民公会的公共教育委员会，开始与孔多塞、拉卡纳尔和多努进行更密切的合作，并于 5 月成为该委员会主席。1793 年 3 月 8 日，国民公会颁布法令，宣布由国家占有所有残存学校的全部资产，用来给实施影响广泛的改革计划提供资源。1793 年 5 月 30 日，按照孔多塞的提议，议会规定每个拥有四百或以上居民的村庄必须拥有一所小学。然而实施该计划的工作被 1793 年 6 月 2 日的政变彻底打断，政变终结了布里索派的统治，也给革命教育政策带来了根本性变化。

1793 年 6 月 26 日，约瑟夫·拉卡纳尔向国民公会提交了教育委员会关于教育系统总体改革方案的最新版本。拉卡纳尔与孔多塞走得很近，他是哲学教授，伏尔泰式的自然神论者，1816 年，法国以"弑君罪"将其驱逐出境（他移民到美国，后来成了路易斯安那大学的首位校长）。身为启蒙哲学家与教育家的他同时还是平等主义者，提出征收累进税方法的先锋，设计劫富型税收方式的专家。拉卡纳尔强调，旧的教育系统已经崩溃，尽管当时情况紧迫，却还没有任何替代方案真正落实到位，因此在法国大部分地区，年轻人实际上已经被"放任自流"了。[34]

对于布里索派和山岳派雅各宾党人来说，公共教育的内容都不应局限于学校教育。两派制定的改革计划，都曾有过在各省与地方层面以公共节庆维持长期教育系统的构想，这些节庆将被用来纪念大革命中的伟大事件与原则，欢庆一年四季及其他自然盛事。国民公会还考虑在每个街区创办"国家剧院"，用来举办大型集会、辩论与庆典，举行戏剧、音乐与舞蹈表演。过去在地方社区，那些由教会来主持的节庆、哀悼、列队行进与提升道德感的社区活动，在新秩序下的"公共教育"中，则植根于新式节庆以及预想中构成法国代议民主制基础的街区之中。[35]

布里索派和山岳派对初级与中级教育的特点与形式持不同意见，对孔多塞和拉卡纳尔设计的"学院"的争议更大。"高中"后来被称为"中心学校"（écoles centrales），是为了取代旧制度下的高等教育而设计的。后者还不可避免地引发了涉及范围更广的问题，譬如科学、学者与先进的研究在社会中处于何种地位，其中就包括如果改革旧式皇家学院的问题，该问题不仅仅涉及法兰西学院。从一开始，法兰西学院的 40 名院士就因其对大革命的不同看法而产生分歧。随着大革命本身变得越来越碎片化，法兰西学院的分裂也愈发加深。叙阿尔、马蒙泰尔等学院派保守主义者反对大革命及其目标，而支持大革命的学者，则在孔多塞、尚福和拉阿尔普的带领下鼓吹革命原则与深度改革计划。

对于革命者来说，法兰西学院和其他国家级或省级学院机构，其既定组织形式代表着不可接受的君主制文化残余，依赖赞助人，缺乏批判性，高层臃肿而僵化，充斥着种种仪式、歌功颂德与谄媚宫廷的行径。米拉波在孔多塞和尚福的支持下，曾在议会提起动议，要求把各个学院整合到计划中的国家研究新图景中来。王室赞助制度与遵从教会与贵族的传统要从国家先进学术与科研的管理、实践与文化中剔除干净，学院的作用要重新规划确定，使其符合大革命的核心目标，涉及艺术与建筑的学院也包括在内。然而，改革者与鼓吹废除学院的人在这一问题上发生了争执。这最后也变成布里索派与山岳派冲突的一个方面，虽然在这一问题上，尚福站在山岳派那边。1791 年 4 月，就在米拉波去世前后，流传出来的改革计划中已经出现了由尚福执笔的猛烈攻击皇家学院的内容，即便在孔多塞看来，此类论调也太过尖刻。孔多塞的计划是对学院进行改革，而不是彻底摧毁它们。尚福坚持认为应该取缔法兰西学院，因为其整个运作机制就是在旧制度下苟延残喘；1789 年以前，法兰西学院的领导层，尤其是达朗贝尔，就曾在面对王权时表现得极度温顺（然而莫雷莱后来指出，尚福自己就曾接受这种运作机制，而且多年来毫无怨言）。

自从 1793 年 6 月山岳派掌权以来，学院面临的前景急剧恶化。孔多塞及其同僚努力重塑旧制度下的皇家学院，为的是实现启蒙运动的目标，让学院成为研究、辩论与咨询的国家网络或"协会"，组织并引导国民的智性与文化生活以及整个国家的初级、中级与高等教育系统，然而马拉和罗伯斯庇尔反对的正是这一切。布里索派曾想用一个以才华和荣耀来维系的新系统取代基于王室恩宠与身份地位的旧式特权结构，这样的新系统建立在对才华与能力进行独立选拔的基础之上。1793 年 6 月以后，拉卡纳尔（唯一还留在教育委员会中的前任委员）、拉瓦锡等重要科学家和教育学家继续拥护这一战略。然而，在新政权眼中，科学与学术研究已经失去了原先那种重要性。事实上，马拉和罗伯斯庇尔开始着手攻击学院，称其为精英主义、特权人士、招摇撞骗与欺诈行为的避难所，对社会来说无关紧要，甚至有害无利。

马拉和罗伯斯庇尔尤其反感孔多塞、多努和拉卡纳尔的观点，后者认为学院应该被纳入统一管理科学、人文与社会科学的国立协会或理事会这样一种新机构或超级学院之中。因为这种设计明显致力于创造某种由启蒙哲学家和科学家组成的参议院，在思想、政策与人事任免方面很大程度上独立于国民公会和雅各宾俱乐部，有权控制整个教育学术部门。[36] 孔多塞的设想意味着把启蒙运动推到监督管理的位置上，由它来指挥教育系统运作，最终通过启蒙哲学来塑造全体国民的公共精神，然而马拉和罗伯斯庇尔只想以平等的名义实施全面独裁。孔多塞关于启蒙运动的设想是个涉及教育、道德、科学，乃至政治的方案，它会滋养民主共和主义，人们的态度与反应在这样的意识形态下会得到重塑和提升，变得更易于接受那些对他们阐述哲学与社会科学之人的理念。山岳派竭尽全力反对这一点，尽管他们在教育问题上的主要发言人中还有罗默这位勇敢的人，他试图把孔多塞和山岳派的相异立场联合起来。[37]

减少学者数量和教育活动符合山岳派路线及其行动计划，而且与马拉狂热呼吁的方案——废除包括艺术学院与军事学院在内的所有学院相符。画家雅克-路易·大卫也从自身角度出发，高调揭发学院对艺术的影响，他将学院描绘为符合精英主义的恩主赞助机制，完全排斥普通人。因此，1793 年 8 月 8 日，国民公会废除了所有国立与省级学院，军事学院不久后也被废除。[38]黎塞留创办于 1635 年的法兰西学院，文艺、智性与语言学研究的神圣殿堂，于 8 月 5 日召开了它的最后一次会议。尚福得知各大学院被解散的消息时，他正在马勒泽布位于枫丹白露的居所中讨论这样一个对某些人来说如此震撼的改变意味着什么，并在这位前任大臣和启蒙哲学家德利勒·德·萨尔（Delisle de Sale）面前为解散学院一事辩护。

1793 年夏季期间，公共教育委员会在拉卡纳尔和格雷古瓦的领导下，为争取抢救国家对学术与科学提供支持这一制度的某些要素而进行了最后的斗争。他们抗辩说，至少应该保留科学院，因为它本质上在军事技术、硝酸钾制造、先进化学与战争手段方面发挥着重要作用。该学院还指导了负责统一法国度量系统的委员会工作，根据普遍公制系统制定可以适用于任何地方的新度量系统。即便拉瓦锡有朋友们帮忙，他企图通过某个私人社团——"为了科学进步的自由与兄弟之爱协会"（Free and Fraternal Society for the Advancement of the Sciences）拯救科学院内部核心活动的尝试还是遭到了强行阻挠。雅各宾派领导层固执己见。当拉瓦锡的协会试图把他们的科研活动继续下去时，这些前院士发现科学院的房间、文档与设备已经全部被人封存，锁起来不让他们接触。[39]比起山岳派想要通过初级与中级教育达成的目的来说，他们对待科学、学术与科研的态度更能说明山岳派具有反启蒙主义色彩。

1793 年 7 月 15 日，国民公会收到在米拉波、西哀士、孔多塞和拉卡纳尔的观点基础上完成的总体教育改革计划，罗伯斯庇尔则亲自站起来阻挠该计划的通过。他对另一份更加民粹主义的备选方案表示支持，该方案由"真正的雅各宾派"路易-米歇尔·勒佩勒捷在遇刺前制定，他于 1793 年 1 月被一名前皇家卫士刺杀身亡（图 9）。勒佩勒捷和罗伯斯庇尔的目的是在卢梭主义的基础上重塑社会，"塑造新的人民"。[40] 山岳派同意普适的初级教育必须成为公共教育的基础。然而，勒佩勒捷、罗伯斯庇尔以及比他们更笃定的圣茹斯特全是毫不妥协的卢梭主义者，他们想要的是长期隔离儿童与父母的寄宿学校——适用于 5 至 12 岁（或更年长）的男童以及 5 至 11 岁的女童——以便社会能够更全面地干预其成长、形塑其道德观与眼界。不论在任何方面，罗伯斯庇尔和圣茹斯特都想给予监视活动、体育锻炼和集体活动以更多重视。[41] 关于初级教育，罗伯斯庇尔与其敌对哲学最根本的不同之处在于，前者较少关心培养能够独立思考并习惯于对证据做出判断的开明个体，较少关心他称之为"指示"（instruction）的活动，他关注的是如何逐步给儿童灌输美德的概念，在集体主义的模式下培育他们，用廉价但健康的饮食喂养他们，给他们穿上整齐划一的制服，这样的道德训练被他称为"教育"（éducation）。

简而言之，山岳派进行教育不是为了培养认识、判断或进行批判性评价的能力，更不是为了传授孔多塞、拉卡纳尔和多努眼中的公民学、独立思考能力与政治意识，而是为了进行大众教化，塑造斯巴达式的行为与道德。从山岳派初级教育系统毕业的人，很少有人愿意继续接受中级或更高级别的教育。罗伯斯庇尔派的观点比米拉波、孔多塞、西哀士、多努或拉卡纳尔更倾向于卢梭主义，前者的教育观重点强调初级教育，认为本国儿童是柔韧的材料，可以按照山岳派的要求来进行塑造，从而创造一个纪律严明的新民族，这让人回想起古代的斯巴达人，因为重视体育锻炼而拥有强健的体魄，他们崇尚权威，纪律严明，过苦行主义的生活，强调集体主义。[42] 旨在进行启蒙的教育活动和以美德与集体主义为目的的办学实践，共和左派和威权民粹派，1788 年至 1793 年间的大革命和 1793 年至 1794

年间的大革命的教育构想，它们之间的鸿沟确实直接反映了相互竞争的政治阵营间更为广泛的意识形态分歧。罗伯斯庇尔的教育计划不同于孔多塞倡导的不含任何宗教内容的道德教育，按照前者的构想，必须向儿童大力灌输"自然宗教"信仰。

图 9　1793 年 1 月 24 日葬入先贤祠前，米歇尔·勒佩勒捷的尸身停放于皮克广场（今旺多姆广场）进行"展示"。

另一个显著差别在于，山岳派推翻了孔多塞在初级教育中实施男女同校的计划。既然如今教育的目的是塑造人格而非启蒙，区分性别的教学内容在山岳派教育政策中占据了中心地位。梅西耶、米拉波和卡巴尼斯曾强调，在涉及女孩和妇女的问题上，卢梭总会考虑女性在社会中拥有区别于男性的身份，应该向她们灌输合乎时宜的谦卑观念与良好道德，这一点贯穿卢梭的所有作品。[43] 尽管男孩女孩都要学习读写与计算，会唱爱国主义歌曲，然而他们还应该学习很多完全不同的东西，男孩应该学会木工与勘测，进行艰苦的体育锻炼，而女孩则注定要做"编织与缝纫，给衣服漂白"。[44]

山岳派民粹主义者与民主共和派的教育政策不仅存在差异，而且在内在原则上截然相反。前者其实是人为散播无知的一种表现形式，后者则要竭尽全力消灭平民的无知。社会俱乐部的知识分子把自己看作是群众的教师，而不仅仅是某一精英阶层的教师；[45] 山岳派宣传家则完全唾弃教师本身。即便国民公会的大部分议员对把儿童送到远离父母的寄宿学校去接受教育的方案表现得毫无热情，但支持卢梭主义倾向的大有人在，他们试图将推动哲学、科学与艺术知识传播的教育转变为塑造性格的教育，忽视启蒙哲学旨在传授知识与培养判断力的目标。卢梭主义与代表山岳派思想的反智主义融合在一起，同时赢得了其他启蒙运动的反对者的支持。国民公会教育委员会中的一位成员高调反对罗伯斯庇尔的政治主张，却认同他反启蒙主义的诉求，他就是米歇尔-埃德姆·珀蒂，此人是 1793 年 4 月试图控告马拉的议员之一。珀蒂认为，有必要用来塑造恰到好处的公共精神的并不是哲学，而是对神与灵魂不灭的信仰，以及卢梭的自然神论与对大自然的热爱。1793 年 10 月 1 日，他在国民公会发表了一次激情洋溢的演讲，对山岳派的立场表示赞同：在贵族制度的所有形式中，"对共和主义者危害最大的就是科学（即学习知识）与艺术"。[46]

珀蒂的发言是对孔多塞、启蒙哲学和大革命到目前为止提出的"所有教育计划"的严厉批评。他是卢梭在教育问题上秉持的反哲学主义观点的热情拥护者，厌恶启蒙哲学家的改革方案，尤其痛恨他们有关"初级教育不可教授任何与宗教崇拜有关的东西"这一信条。[47] "不管培尔、米拉波、爱尔维修、达朗贝尔、布朗热、弗雷列、狄德罗，还有伊壁鸠鲁与卢克莱修的所有现代模仿者如何竭尽所能，奖惩世人之神的庄严观念依然存在于健全的头脑与正直的心灵当中，面对利己主义与罪恶永远需要的晦暗的谬误与狡诈的诡辩主义，关于神的观念依然大获全胜。"[48] 此外，根据珀蒂判断，强调历史、地理、社会科学以及所有学院派学科的重要性是个巨大的错误，因为这些学科对那些想要成为手工业者、机械师或劳工的人而言毫无用处。教育系统应该专注于传授职业技巧以及普通人日常生活中的必要事务。启蒙哲学应该对"普通人"与神圣的卢梭低头，把初级教育的中心位置留给人民的宗教。如果这些改革者成功地使学术研究、科学与艺术成为教育的重点，他们就会毁了法国的儿童，让孩子们为闲暇、享乐与奢侈的生活做好准备，而不是准备好进行手工劳作，过艰苦的生活。初级教育应该帮助孩子为其持续一生的工作、严格的道德观念与"朴素"品质做好准备。[49]

国民公会教育委员会设计的初级教育系统于 1793 年投入运转，但其结构并不完善，实施过程也一波三折。1793 年 10 月，拉卡纳尔亲自负责西南部多尔多涅省（Dordogne）的试点方案。该省贝尔热拉克市（Bergerac）的四个区各需一所小学，当时小学校园设立在充公的流亡者居所里。场地中添加了隔板与桌椅。教师是从当地大众社团招聘来的，以确保他们拥有合乎真正雅各宾派的资质与去基督教化主张，男女教师薪酬平等，每人可领取 1200 里弗尔，这在当时是相对较高的收入，几乎等同于立宪派本堂神父的工资。为了支付教师工资，市政府设立了共同教育基金，大部分基金从当地富人那里征收，穷人几乎不用出钱。[50] 宗教从学科门类中消失了；家庭对塑造儿童性格的影响被削弱了。共和派追求的初级教育革命的确持续下去了，然而，1793 年 12 月 19 日颁布的一系列法令规定法国小学必须提供免费、普及、义务的教育后，小学革命在深度与广度上已经大大缩减。[51] 国家呼吁市政府自己寻找办学场地和教师，同时还要支付教师工资。国民公会及其委员会只会提供基本教学指南与课本。市政府与革命委员会必须密切监管地方的办学活动。马赛是 1793 年底积极采取具体行动来规范、扩大小学教育并对其进行世俗化改革的市政府之一。[52]

1793 年底，孔多塞和拉卡纳尔设想的小学教育系统——免费、规范、世俗而普适，由共和国政府负担教师工资——还是勉强实现了，尽管实现的方案已经大为简化。然而几个月后，这一系统就迅速遭到破坏，因为共和国大量发行的纸币崩溃后，教师薪水瞬间跌至难以为继的低水平。[53] 1791 年至 1793 年设想的初级教育改革充满了野心，而 1793 年至 1794 年的改革方案则被认为是一场灾难性的失败。[54] 在设想中的上千所新小学中，许多甚至绝大多数都没能办成。不过考虑到大革命面临的种种困难，即便在 1793 年至 1794 年间，教育方面的大革命也不能说是全然失败，它取得的成就产生了深远的影响。在法国的大部分省份，有相当比例的小学按照计划开办起来，并拥有与过去小学截然不同的特点。

热月政变过后，国民公会的公共教育委员会发生了极大变化。委员会从那时起由 16 名成员组成，拉卡纳尔任主席，在 1794 年秋季，它推动了一系列关键改革。1794 年 11 月 17 日（共和三年雾月 27 日）颁布的"拉卡纳尔法"尤其重要，该法案中写道："无知和野蛮不可能取得它们自认为在望的胜利！"这些改变标志着教育政策完全转向，放弃了山岳派坚持的儿童教育的核心原则，即人格塑造与成绩平等，尤其否定了马拉和罗伯斯庇尔针对启蒙运动、成人教育与高等教育的观点。[55] 此外还重新引入了家长选择权，允许经过当地政府批准的私立宗教学校继续办学。当时平均下来每 1000 名居民拥有一所小学，实行男女分校。国家就各地区应该保留多少学校和教师向各省提出建议。教师应该由省政府和市政府负责招聘并支付工资，大部分教师维持 1200 里弗尔的国家法定工资水平不变。

在国家处于紧急状态，面临重重困难的情况下尝试通过公共财政一次性覆盖所有教育改革开支，这让各种教育改革方案难以实现，尤其是普适、免费的初级义务教育。当时存在大量管理上的困难以及城乡与区域之间的严重不均衡。1795 年宪法授权私立宗教学校办学，共和派眼中"反共和的学校"因此大量产生，特别是 1795 年至 1797 年间，在该宪法颁布之后，私立的天主教学校作为竞争对手，挤占了公立学校有可能获得的教师名额及功能。立法机关于 1795 年 10 月 25 日和 26 日宣布施行经过多努仓促修订的教育法，鼓励私立学校重新开始办学，同时既未给公立小学的教师增加工资，也没有促进国家对教师的监管。即便在更早的 1793 年，多努对优先关注公立教师而不是私立教师的工资与监管一事，始终表现得不如孔多塞、拉卡纳尔或罗默那样热情。[56] 尽管如此，原计划中的学校还是有极少数按照"拉卡纳尔法"运作了两年。[57]

第三级教育与高等教育的发展更为显著。建立中心学校网（即孔多塞设计的"高中")用了很长时间，不过它最后成了大革命留下的教育遗产中实现得最好的一种。在 1794 年 12 月提出的中级教育与第三级教育立法草案中，中心学校与孔多塞早先设计的高中几乎没有区别，而且正如后者一样接受计划内的国立科学与艺术学院（Institut National des Sciences and des Arts）的监管，不过在拉卡纳尔受到亚当·斯密启发的增补计划中，除了教授科学与学术课程，中心学校还应传授商业与农业方面的知识。拉卡纳尔认真遵循孔多塞的建议，通过国民公会于 1795 年 2 月 25 日颁布的法令，废除法国原有中学和高等教育学院，并用在各省首府各设一所中心学校取代它们。[58] 诚然，财政困难与战争压力确实导致了延期，正如"多努法"在小学毕业水平与中心学校要求的入学水平之间造成的过大鸿沟也导致了种种问题，但教育改革依然取得了卓越的进步。

在 1794 年至 1797 年间，中心学校也在法国征服的比利时和莱茵兰建立起来，正如在法国本土建立的那样。其意识形态基础是激进启蒙运动带来的毫不妥协的世俗主义与科学学院主义，而非罗伯斯庇尔和山岳派极力鼓吹的平民平等主义。各省首府的中心学校依照孔多塞设计、拉卡纳尔附议的方案运作，每所学校理论上拥有 13 名"教授"，配备公共图书馆、公共植物园、自然史展厅与科学实验室。[59] 这些学校教授的哲学观中充斥着民主共和主义的意识形态，他们督促教师和学生去摧毁被革命政权指定为"偏见与宗教狂热之枷锁"的一切。这一新生的教学机构使用的教材由巴黎负责提供，这是孔多塞的盟友弗朗索瓦·德·纳沙托支持的全新出版形式。教材包括布丰、多邦东、博内、林奈、卢梭、马布利、雷纳尔、达朗贝尔和霍尔巴赫的作品及其简化版本。中心学校在讲解社会科学与整个政治系统时，有意识地使用霍尔巴赫的《自然政治》作为教材，比利时的中心学校也是如此，比如 1798 年在蒙斯创办的那所。[60] 这些学校在传授各学科知识的过程中，赋予了《百科全书》以及狄德罗、霍尔巴赫、爱尔维修与孔多塞的观点极其重要的地位。[61]

这样的学校往往设立在原先的男女修道院建筑群中，蒙斯的中心学校选址便是乌尔苏拉会（the Ursulines）古老的女子修道院。到了 1797 年底，法国大部分省份的中心学校都已开始运作，当年 6 月开始办学的据说就有 68 所。当时，巴黎有 3 所这样的机构，不过按计划，首都总共应该拥有 5 所中心学校。截至 1802 年拿破仑以中心学校过分强调革命、民主与世俗特色而废除整个中心学校系统前，各地至少开办有 95 所这样的学校，它们分布在阿雅克肖、科隆、美因茨、马斯特里赫特、安特卫普、列日和布鲁塞尔，以及法国本土的各省首府。没有什么比这一点更能揭示山岳派的失败与"正统法国大革命"的真面目了。中心学校是大革命在教育领域内取得的一流成就，也是孔多塞在去世后向山岳派展开的复仇。

第 15 章

黑人的解放

1788 年，孔多塞在一篇谴责奴隶贸易的文章中写道："我们正在尝试将数百万人从耻辱与死亡中拯救出来，让掌权之人明白他们真正的利益所在，恢复世间一整个群体天然拥有的神圣权利。"[1] 1788 年至 1794 年间发生在加勒比地区的黑人解放运动确实能够证明，现代哲学不仅是塑造法国大革命的首要因素，同时还是推动 18 世纪末加勒比地区黑人解放运动的决定性力量。随后发生在 1792 年至 1797 年间的社会革命不仅仅与废除奴隶制有关，比如英格兰与宾夕法尼亚的基督教废奴运动，而且是更为全面的黑人解放运动，旨在从法律、经济、教育和政治等各个方面将整个黑人群体（"自由黑人"和黑奴）融入社会中来。

因此，广泛的启蒙哲学意义上的黑人解放运动只存在于法国，这与英美的情形并不相似。这样的解放运动是激进启蒙运动的产物，作为一种政治因素它第一次出现于 1788 年至 1790 年间。1788 年 2 月 19 日，民主共和派成立了致力于黑人解放的组织"黑人之友俱乐部"（Société des Amis des Noirs）。到了 1789 年早期，该社团拥有 141 名注册会员，由布里索、克拉维埃、米拉波、孔多塞、卡拉、拉法耶特、贝尔加斯、格雷古瓦、佩蒂翁、沃尔内、瑟利西耶和雷纳尔负责，而雷纳尔不久后便与该社团决裂。[2] 除了该团体，还有若干黑人解放运动的重要支持者，比如启蒙哲学家安托万·德斯蒂·德·特拉西，他不是黑人之友俱乐部成员，但在议会中却十分活跃。

《人权宣言》是一份在社会、种族、宗教等级上均完全不兼容于所有旧制度概念的宣言，它本身就包含了革命精神的积极动力，力图改变一切社会环境。女性、少数派宗教团体、私生子女、少数族裔、同性恋群体、自由黑人和黑奴的处境都必然受到大革命的深远影响。巴士底狱陷落后的1789 年 8 月 23 日，黑人之友俱乐部召开第一次会议，由孔多塞主持，会议发表了公开声明，呼吁立即终止非洲与新大陆之间的奴隶贸易，要求美洲现存的奴隶获得更好待遇。该社团的声明强调了《人权宣言》所包含的内容，在法属加勒比地区获得了广泛响应。在加拿大，弗勒里·梅斯普雷主编的《蒙特利尔报》（*Gazette de Montréal*）重新刊登了这份声明。梅斯普雷是位思想激进的亲大革命出版人，籍贯里昂。尽管加拿大只有大约300 名正式黑奴，然而当地法国地主依然坚决反对革命派启蒙哲学家的观念，因为他们知道这意味着对特权、贵族身份与社会等级的全面攻击。加拿大的法国教士同样痛恨这些观念，认为他们的宗教也受到了威胁。这些地主、教士与当地的英国势力结成联盟。他们对英方保证，加拿大痛恨1789 年的革命原则，她将毫不动摇地支持英国，反对大革命。[3]

1789 年 8 月以后，大西洋两岸公开展开针锋相对且传播甚广的辩论，辩论的中心是法国的国民制宪议会，而南特和波尔多两地在殖民地拥有利益的人与奴隶贩子则竭力为反对解放与平等提供依据。人们指责黑人之友俱乐部企图破坏殖民地与殖民地贸易。布里索、孔多塞以及黑人之友俱乐部回应道，目前确实不可能立刻废除奴隶制本身，因为奴隶们还不够"成熟"，无法适应当前秩序下的自由与平等。尽管如此，在帮助奴隶自身做好准备的同时，必须呼吁废除奴隶制，为这一观念提供依据，做好能够一次性赢得公共舆论支持并为解放创造条件的计划。[4] 他们解释道，废除奴隶制不仅仅是要通过法律解放奴隶，还包括将曾经的奴隶以非暴力、有意义、可持续的方式吸收到社会中去。为此，他们利用共和主义报纸发动宣传攻势，如布里索的《法兰西爱国者》，米拉波的《邮报》，《巴黎专栏》，以及普吕多姆的《巴黎革命》等，产生了巨大的影响。"人性要求首先弱化，随后彻底废除奴隶制"，1791 年 1 月，向法国农民报道大革命进展的主要报纸《乡民报》如是解释道。"不过人性同样要求我们谨慎筹备这样伟大的变革,避免发生内战,并保护法国的商业利益。"[5]

布里索和孔多塞承认,殖民地对法国海外贸易至关重要,因此必须保护其免于混乱与经济崩溃的破坏。1770 年至 1790 年间,圣多明各、卡宴、马提尼克、瓜德罗普等法属殖民地出口的糖、靛蓝作物、烟草、咖啡等作物的收益上升至 2.17 亿里弗尔,相当于 900 万英镑,几乎达到英属加勒比地区贸易利润额(500 万英镑)的两倍。[6]使用奴隶种植的法属殖民地总面积也大大超过了英属加勒比地区的种植面积。法属加勒比殖民地的奴隶人口增长反映了殖民地种植面积的扩张,在 20 年的时间里,法属殖民地的奴隶人数从约 37.9 万增加到约 65 万。与此同时,为了给奴隶死亡率很高的殖民地补充黑奴劳动力,对所有种植园经济来说不可或缺的奴隶贸易急速增长。1790 年,圣多明各的奴隶中只有一半是出生在当地的"克里奥人"(Creoles),另一半则是奴隶船从非洲运来的黑人。为了避免摧毁殖民地经济,黑人之友俱乐部认为必须有计划地分步骤解放黑奴,首先要公开宣传黑人解放事业,然后通过法律禁止奴隶贸易,这样的话,作为加勒比地区种植园农业法定经济基础的奴隶制将寿终正寝。废除奴隶贸易会让当地奴隶人口锐减,不再适合被用作劳动力,同时也会迫使奴隶主善待他们仍然拥有的奴隶,并改善贫穷"自由黑人"的处境。只有在达成这些目标的前提下,奴隶制本身才能被废除。然而,布里索、孔多塞、朗特纳斯及其盟友反复强调,单纯废除奴隶制并不够。解放黑人的最终阶段是对前奴隶和已经获得法定自由的黑人进行教育,使他们顺利融入社会。[7]

革命报纸与国民制宪议会之间的冲突非常激烈。贩奴蓄奴带来的利益使加勒比地区种植园主竭力抵制革命宣传。1789 年 12 月,加勒比地区种植园主对黑人之友俱乐部主席孔多塞发表的声明回应称,黑人之友俱乐部的理念鲁莽且缺乏可行性,会让殖民地陷入可怕的崩溃、掠夺与冲突之中。起初,民主共和派并未取得实质性进展,因为大部分议员都是君主派与温和派(他们中有 15% 在殖民地拥有地产),他们都在不同程度上对黑人之友俱乐部及其平等主义追求表示反感。据说在 1790 年 3 月的时候,一些贵族流亡者确实从黑人解放之争中获得了比大革命中其他任何争论更甚的满足感。如果民主派当时真的试图解放黑人，这些流亡者绝对能在国民制宪议会中造成不可弥补的分裂，促使殖民地独立，煽动波尔多与南特叛变，进而导致内战与大革命的崩溃。他们希望借此恢复君主制与殖民地贸易，捍卫法国本土及殖民地土地所有者的利益。[8]

因此，加勒比的总革命始于一场口舌之争，一场关于价值观与概念的国际性冲突，它以巴黎为中心，通过启蒙哲学家–革命者主导的出版业与艺术形式来影响公众舆论。小说《鲜有白人像黑鬼》（*Le Nègre comme il y a peu de blancs*）的作者，尽管被 1789 年 10 月的《巴黎专栏》评价为"资质平庸"，却因为改变了法国人看待黑人的方式而得到该报的高度评价，赞扬他恢复了白人眼中黑人的"美德"，培养了白人对黑人的"爱与敬重"。《巴黎专栏》指出，这些伟大的目标与"雄辩而敏感的启蒙哲学家"最近十几年来持续写作的主题——为黑人辩护相呼应。[9]一出名为《奴隶》（*Les Esclaves*）的戏剧（戏评发表于 1790 年 1 月）虚构了一场黑人与印第安人的密谋，目的是把英国人从巴巴多斯赶走，并联手解放所有非白人。该作品同样被认为虽然在文学上相当"平庸"，却还是充满值得仰慕的观念，明显受到了"雷纳尔"和《哲学史》的启发。由于有了戏剧自由，巴黎的剧院便能够推动"公共改革"，并逐渐削弱那些为旧秩序与"堕落"辩护之人的力量。[10]

然而，与之对立的亲殖民地种植园主力量还是在游说艺术、出版与戏剧界的过程中取得了引人瞩目的成功。奥兰普·德·古热的废奴主义剧作《扎摩尔和米尔扎》（*Zamore et Mirza*），在 1789 年 12 月 28 日和 31 日三场演出均相当成功的情况下，于 1790 年 1 月突然从法兰西喜剧院的演出目录里消失。这出剧目写成于 1784 年，但直到大革命爆发之后才得以上演，并改名为《对黑人的奴役》（*L'Esclavage des Nègres*），以两名由于谋杀暴虐的奴隶主而被判处死刑的在逃奴隶为主角。由于观众的骚乱与怒吼，以及演员对演出的明显抗拒，该剧不得不退出舞台，马西亚克俱乐部（Club Massiac）随后对古热进行猛烈诋毁，该俱乐部是君主制主张、亲殖民地势力与富人的聚集之处。[11]在法国所有剧作家中，只有古热敢于把奴隶制、离婚与私生子女问题大胆地呈现在舞台上，她对保守主义者的顽固深感厌恶，用短文《关于黑人的反思》(*Réflexions sur les Hommes Nègres*) 回应，表达自己对种族偏见与不公的憎恶之情，呼吁法国那些"善良而敏感的启蒙哲学家"团结起来并肩战斗，从"我们共同敌人的毁灭性打击"下拯救大革命。[12]

1790 年 2 月 1 日，黑人之友俱乐部向议会提交了布里索签署的新请愿书，要求立刻废止奴隶贸易。议会必须废除奴隶贸易，因为这在今天是与大革命原则尤其是《人权宣言》完全相悖的"邪恶商业活动"。正如已经在非洲、欧洲与美洲其他地区产生的良好效果那样，一旦加勒比地区的法国奴隶主无法通过奴隶贸易对蓄奴数量进行补充，他们就不得不更加善待已有的黑人奴隶，为其提供更好的饮食与住所。[13] 与此同时，议会必须采取行动，保障马提尼克、瓜德罗普、圣多明各和卡宴（法属圭亚那）的自由黑人与穆拉托人享有与白人同等的权利，包括在国民议会拥有他们自己的政治代表。[14] 早在 1789 年 8 月底与整个秋季期间，巴黎已有一个穆拉托人小团体由于受到议会中共和派议员的鼓动而组织起来。其领袖朱利安·雷蒙是一位教养良好、口才出众的穆拉托人，保王派后来怀疑他与布里索和孔多塞串通起来，煽动圣多明各的黑人反抗白人奴隶主。米拉波、格雷古瓦及议会外人士布里索与孔多塞曾大力敦促他们诉诸人的权利。[15]

从 1790 年至 1791 年，黑人解放始终是最重要同时最富活力的事业，只是一直受到温和主义、自由君主主义与殖民地利益的顽强抵制。在米拉波创办的八九年俱乐部里，有孔多塞、布里索、卡拉和拉瓦锡等黑人解放运动的积极拥护者，但其成员同样包括马西亚克俱乐部的盟友与支持维持殖民地现状的人，比如莫罗·德·圣梅里、巴伊和勒沙普利耶。[16] 由于并不了解加勒比地区的现实，布里索、孔多塞与他们的组织备受温和派诟病，后者说他们之所以如此拥护不切实际的灾难性政策，是因为一心追随"哲学理论那吞噬一切的狂热"。[17] 一本名为《揭露反法国利益之阴谋》(*Découverte d'une conspiration contre les interêts de la France*) 的小册子强烈反对黑人解放运动，它直截了当地把马提尼克与瓜德罗普近期的骚乱归罪于黑人之友俱乐部，这本小册子的作者预言，一旦黑人之友俱乐部的阴谋得逞，陷入混乱的将不仅仅是加勒比地区，法国的印染、纺织、奢侈品业与商船贸易都会全面崩溃。小册子将黑人之友俱乐部的革命者描绘成"密谋的"恶魔，说它与英国沆瀣一气，其目的是确保"摧毁法国"。据此，该作者认为试图解放法属加勒比地区黑人的行为会毁掉整个法国的繁荣、富足与未来，因为加勒比是法国大西洋经济的基石。

如果没有殖民地，法国将会损失 1500 条船只，所有依靠殖民地贸易的职业人士与技工都会失业，据该小册子估计，这部分人的数量高达 500 万。一旦"阴谋"得逞，法国的商业和工业就会彻底崩溃，未来所有涉及糖、咖啡、棉花、烟草和靛蓝染料的消费都需要依赖于向英国购买。这本尖锐反哲学的小册子敦促读者参考近期一篇名为《论启蒙人士》(*Essai sur les Illuminés*) 的文章，该文"证明"黑人之友俱乐部背后潜伏着地下派系"光照派"，他们特别擅长宣扬看上去纯粹而高尚的理想，实际上却暗藏不可告人的阴谋，要把帝国、宗教与权威一举消灭。光照派藏在"人性与自由的面纱下面"，藏在"黑人之友俱乐部这种温和而似是而非的名头背后"，其目标却是要"引爆整个宇宙"。这些"密谋加害人类的罪恶空想家"究竟是谁，这个在除英格兰以外的所有地方散播革命的"可怕社团"究竟由哪些人组成？该文专门揭发了其中三位，其中杜洛弗瑞和克拉维埃两个人实际上是日内瓦人而非法国人，他们在 1782 年的民主密谋过后被日内瓦共和国驱逐出境。不过，罪魁祸首当然非布里索莫属，与其他人一样，这个"沙特尔甜点商的儿子"曾经旅居英国，甚至还被那个危险的哲学教条主义者普利斯"引荐"给首相皮特。

黑人之友俱乐部并不满足于派间谍前往殖民地，教唆那里的黑人屠杀白人，他们为废除至关重要的奴隶贸易进行了不懈的斗争。他们同样煽动巴黎的穆拉托人横行作乱，这些人原先也是奴隶，但由于其粗野无礼难以驾驭而被奴隶主驱逐。黑人之友俱乐部鼓动他们向议会请愿，要求"获得与加勒比白人同等的权利"。小册子以一张罗列了巴黎黑人之友俱乐部近百名注册会员的表格作为结尾，当中还有 5 名外国人，包括美国大使馆秘书威廉·肖特，以及 8 名巴黎以外地区的联络员。小册子还指出，除了"可憎的"布里索，该社团成员还包括孔多塞、西哀士、米拉波、亚历山大·德·拉梅特、圣朗贝尔侯爵、化学家拉瓦锡和教育家朗特纳斯等一批重要人物。[18]

　　一本名为《又是贵族派……》(*Il est encores des Aristocrates...*)的小册子很快回应,称黑人之友俱乐部是一个塑造舆论的小团体,动机无比高尚,既不为英国工作,也不威胁任何人。他们最近的一次公开会议只有大约 200 人出席。[19]《揭露阴谋》的"可耻作者"显然以为他痛斥自由之友的行为体现的是"爱国主义"。如果说法国贵族是一帮肮脏不堪之徒,那么加勒比的种植园主就比他们还要龌龊 1000 倍,后者是个无情压迫奴隶、歧视"自由黑人"并欺骗公众的团伙。只有至少拥有 25 名黑奴的白人才有资格进入加勒比诸岛的议会。他们对待自己的奴隶和自由黑人就像对待动物那样,后者据估计有超过两万人。这本小册子指出,自由黑人的数量与法属殖民地白人一样多,然而他们却不能获准出任任何体面的职位,尽管他们往往比好逸恶劳的白人更勇敢,更聪明,能为祖国做出更大的贡献。反对黑人之友俱乐部的行为不过是"最可怕的贵族制的一根邪恶支柱"。[20]

　　1791 年 5 月到 9 月间,就议会的殖民地委员会是否如巴纳夫及其盟友希望的那样,有权把所有关于殖民地自由黑人身份地位与经济条件的问题交给白人主导的殖民地议会处置一事,国民制宪议会进行了长达五个月的辩论。1791 年 5 月,经过黑人之友俱乐部、布里索派和雷蒙身边的穆拉托团体的努力,国民制宪议会暂时同意,殖民地自由黑人只要符合条件,就应该享有投票权。然而殖民地议会断然拒绝接受这一点。[21]巴纳夫和"温和"保王派的最终目的,是把自由黑人排除在《人权宣言》规定的政治权利、公职资格、言论自由与所有提升社会地位的机会之外。以格雷古瓦、佩蒂翁、德斯蒂·德·特拉西为首的哲学派系,在议会上谴责巴纳夫与种植园主之友的计划。德斯蒂·德·特拉西在其 1791 年 9 月 23 日关于黑人问题的主要演说中宣布,圣多明各的自由黑人"既然已经被我们从压迫中解放出来,那就是我们的天然盟友;抛弃他们的做法既不公正,也很失策"。[22]

　　为了给土地寡头与奴隶制度的存在提供依据,并支持他们对君主主义的强烈偏好,白人种植园主的发言人时常援引孟德斯鸠关于社会风气与经济条件的相对主义作为基本原理，用来反驳认为奴隶制不合理的激进声明。孟德斯鸠绝不是奴隶制本身的捍卫者，不过他的确捍卫奴隶制在某些实际情况下的必要性，这是温和启蒙主义的典型。孟德斯鸠不是废奴主义者，因为他相信废奴不具备可行性。孟德斯鸠在《论法的精神》第三部分第七卷特别声明：“在有些国家，炎热使人身体虚弱，使人丧失决心，以至于人如若不是出于对惩罚的恐惧，就不愿努力劳作：在那里，黑奴制度在我们的理性看来便不那么令人震惊。”这一声明确实有利于为殖民者辩护。以这种方式利用孟德斯鸠思想最多的人包括梅代里克-路易·莫罗·德·圣梅里，这位律师是马西亚克俱乐部的领袖，写作了好几本关于加勒比的书，是议会中代表马提尼克的议员，精力十分旺盛。[23]

种植园主的代表指出，在白人无法轻易下地劳作的加勒比地区，奴隶制的存在是“很自然的事情”，而且不可或缺。与此同时，在巴黎只是作为文化战争而展开的加勒比革命，在殖民地很快转化为骚乱不断加剧的紧张冲突。确实，国民制宪议会创立于1790年3月的殖民地委员会处于君主立宪派与白人殖民者之友的掌控之下，因此暂时保障了种植园主的稳固霸权。法兰西角是圣多明各的主要城市，也是法国在加勒比的重要殖民地，那里的白人殖民者议会顽固地拒绝对“自由黑人”、有色人种即穆拉托人（他们中有的本身也是实际上的土地所有者与奴隶主）、奴隶以及议会中的民主左派做出任何让步。在加勒比地区，实际上并无白人或黑人支持激进哲学派系与共和主义。圣多明各各市镇出现了若干坚决支持君主派立场的新报纸。不过在1790年至1791年间的法国大革命中，以温和主义、保王主义、洛克和孟德斯鸠为支撑的白人种植园主的优势实际上究竟有多牢固呢？即便用最保守的观点去解读1789年8月的法令与《人权宣言》，要阻止大革命核心价值与加勒比现实之间越来越大的分歧也是不可能的。1789年9月28日，马提尼克的皇家港（今法兰西堡）举行了盛大的宴会，以庆贺象征大革命的三色帽徽投入使用，但宴会被违反执政官命令的白人军官可耻地打断，因为他们试图阻止自由黑人出席宴会。[24]在法属加勒比地区，白人反对黑人解放的活动稳固地持续了三年（1789—1792），但这只不过是因为在此期间，在法国掌权的是自由主义君主派。

法国的斐扬派革命发生之后，加勒比地区支持白人霸权的人便面临着更大的挑战，与此同时，那里的君主立宪主义、孟德斯鸠的威望以及温和主义都开始摇摇欲坠。

在大革命早期，黑人解放运动确实一直饱受争议，但那是因为在1792 年以前，布里索、孔多塞和共和左派在议会的影响力有限，不足以在整个大加勒比地区造成比普遍冲突与骚乱更甚的变革。在温和主义与君主立宪制维持绝对优势的情况下，白人种植园主的利益并未遭受来自立法上的正面打击。殖民地的自由黑人内部存在严重分裂的事实也帮了他们的忙，因为大部分较为富裕的有色人种派别支持的是拥有种植园的"贵族派"。尽管如此，温和派和君主派还是没法阻止由少数自由黑人散布开来的暴动。1790 年 10 月，圣多明各的第一次起义在法兰西角附近爆发，有数百名要求获得平等权利的自由黑人参与。暴动领袖包括拥有四分之一黑人血统的富裕混血者樊尚·奥热，他认识并崇拜拉法耶特，受教于布里索，曾先后在波尔多与巴黎生活多年，他曾想加入马西亚克俱乐部、融入法国白人种植园主精英，却遭到拒绝。在怨恨与自我膨胀的野心驱使下，他在1790 年 10 月从法国回到圣多明各后便煽动叛乱。起义很快被殖民地当局镇压。当局逮捕奥热后将其在法兰西角主广场上示众，并以可怕的轮刑将其处决，意在震慑其余混血者与自由黑人。[25] 不过布里索在《法兰西爱国者》上提出，这并非震慑，而是表明国民制宪议会应该满足"（有产）穆拉托人的公正要求，给予他们（符合 1791 年宪法的）积极公民权"。[26]

1791 年 8 月，圣多明各又爆发了规模更大的新暴动，到了 11 月，白人与自由黑人之间的冲突波及太子港，造成 11 月 21 日那场几乎烧毁整座城市的大火。双方都把动乱归咎于对方。白人殖民者和马卢埃领导下的马西亚克俱乐部把这场灾难，以及加勒比地区更多的黑人暴动归咎于布里索派共和主义者的活动与宣传；革命民主派却指责马卢埃、巴纳夫、自由君主立宪派和严格君主立宪派煽动白人殖民者采取狭隘、反动而毫不妥协的立场。[27] 到了 1791 年底，大革命给文化与心理带来深远影响的确切迹象在于，法国所有殖民地的白人民兵数量开始大幅度增加，并扩充武器装备，加倍增强安保措施。1792 年 4 月，圣多明各的殖民地议会永久关闭访客大厅，意在防止人们了解法国报刊与议会在讨论加勒比事务时使用的那些新奇的修辞。[28]

逐渐发展起来的加勒比革命，于 1792 年 4 月 4 日这天迎来了重要的转折点，巴黎的立法议会颁布了相关法案，部分是 1791 年 8 月圣多明各北部自由黑人（与奴隶）暴动的结果，部分则是布里索集团的意识形态宣传攻势的作用。[29] 这项举措由布里索促成，采用了全新的煽动性反奴隶制话语体系，它同时也成了哲学党派对抗斐扬派的斗争与布里索欧洲战略的一部分。该法案的目的是终结白人殖民者先前拥有的广泛自治权，以压制法属加勒比地区白人的保守主义与君主主义。这项法令指控殖民者违反基本人权，宣布解散旧的殖民地议会。它宣布殖民地的自由人，不论白人黑人，一律完全平等。布里索的战略是通过废除旧制度下的种族等级制并全面解放自由黑人，让法国重新掌握对殖民地的控制权。布里索派暂时把奴隶制问题搁置起来，一心追求赢得法属加勒比地区自由黑人的拥护，试图将他们转化为民主共和大革命的支持者。[30] 1792 年 5 月至 6 月间，该法令在马提尼克、瓜德罗普和圣多明各的殖民地议会中引发了强烈的愤怒与不安。

巴黎的布里索派共和主义者选择了风险极高的战略——这成了加勒比革命的首要动因。1792 年 8 月君主制与斐扬派被推翻以后，巴黎主要的殖民地游说团体马西亚克俱乐部及其报刊也遭查封，加勒比革命全面展开，法国向圣多明各派遣了 6000 人的部队（携带 3 万杆步枪），旨在维护已然完全变成共和主义的议会权威。随军一道前往殖民地的还有一个由新共和政府根据布里索建议组织的公民委员会，其领袖是莱热–费利西泰·松托纳克斯和研究纳瓦尔宪法的历史学家艾蒂安·波尔韦雷尔。松托纳克斯年仅 29 岁，是坚定的共和主义理论家，支持普及教育，极度仇视天主教会（以及所有神职人员）。作为布里索派的亲密盟友，他坚信在自己的领导下，这一强大的委员会将扭转法国在加勒比地区的整体形势（而他此前从未踏上过这片土地）。松托纳克斯完全支持布里索解放法属加勒比地区穆拉托人并将他们团结到民主大革命联盟中的热忱。他在 1790 年 9 月发行的《巴黎革命》上预言，面对传遍各国的"哲学呼唤与普世自由原则"，欧洲反动势力无力抵抗太久。[31]

在圣多明各执掌大权的头几个月里，松托纳克斯就对殖民地白人虚伪而反动的观点深恶痛绝，于是用尽一切办法对付他们。他没有获得专门针对奴隶制的命令，于是便积极贯彻关于"自由黑人"的指令，尤其是落实《四月法案》的要求，在民主的新基础上重新组建殖民地议会，使其公平地代表自由黑人与贫穷白人。[32]岛上的富裕白人也竭尽所能地反抗他，有人与逃离法国而今身处伦敦的君主主义者马卢埃密谋（岛上的地产与奴隶是其全部财产），要让英国人控制圣多明各。[33]

面对孤立且困难重重的环境，在建立有效的圣多明各革命政府并取得原先支持保王主义的"自由黑人"支持方面，松托纳克斯和波尔韦雷尔取得的成就并不显著。他们没能阻止北部山区的奴隶叛乱。不过这些叛乱在某种程度上帮了他们的忙，因为圣多明各的白人对持续不断的暴动过于警戒，因而无心对民主革命政权发动有效抵抗。议会派去的各位委员暂时把法国产量最大的殖民地的大部分地区牢牢掌握在自己手中。与此相反，派往马提尼克的规模较小的革命军事力量——约 3000 人则遭到当地白人殖民者驱逐，这些殖民者如今毫不含糊地支持保王主义、反革命分子与英国势力。除了白人种植园主和较为富裕的自由黑人，松托纳克斯与波尔韦雷尔还要面对圣多明各诸港口大量白人水手的顽强抵抗。这类不满分子均在海军或商船上接受纪律严明的管教，而且大都目不识丁，对相当反动的君主主义与在白人殖民者中流行的种族至上情结，他们的接受度高得出奇。在镇压海员抵抗、黑人暴动的同时，还要迎击此刻正与法国交战的英国和西班牙并非易事。让问题进一步复杂起来的是，在法国本土，特派员们很快便处于山岳派与君主派的双重攻击之下。在终结奴隶制与推动黑人解放的问题上，与宣扬大革命民主原则的共和左派相比，支持罗伯斯庇尔的山岳派威权民粹主义者（与卢梭本人一致）始终热情不足（很显然，后者对白人种植园主表现出了更多的同情）。

随着布里索派与山岳派的斗争在法国本土不断升级，松托纳克斯和波尔韦雷尔也在加紧推进加勒比革命。1792 年 10 月，他们解散了殖民地议会，最初代之以十二人临时委员会，它由松托纳克斯和波尔韦雷尔挑选出来的六名白人和六名黑人组成，由皮埃尔·庞西纳和夏尔·纪尧姆·卡斯坦担任委员长。卡斯坦是法兰西角重要的有色人种有产者之一，与松托纳克斯结成了格外紧密的联盟。特派员还在法兰西角成立了混合种族的当地政治俱乐部，使其附属于（1793 年以前布里索派属性的）雅各宾俱乐部。若干保王派白人官员遭到清洗。白人的怨恨日益加深。危险的转折点出现在 1792 年 12 月 2 日，松托纳克斯召集数百名穆拉托人和自由黑人组成国民自卫军，与驻守在法兰西角市郊战神广场上的白人民兵部队对峙，后者拒绝接受混血军官。《法兰西爱国者》把这次冲突说成是黑人与"4 月 4 日法律和平等的敌人"之间的对抗，它造成的武装冲突险些演变成一场激烈的战斗。没有奴隶卷入这场冲突，但冲突中爆发的枪战还是激怒了法兰西角附近的白人。雷蒙在写给自己兄弟的信中说，这场枪战造成三十名白人和六名自由黑人死亡。[34] 庞西纳的干涉避免了更严重的流血事件，作为黑人自尊心与野心的重要鼓吹者，这位穆拉托人深受白人憎恨。他口才过人，受过教育，并有能力写作。庞西纳成功说服自由黑人民兵团，基本上保证他们不再介入冲突。

而 1793 年 6 月 20 日爆发的另一场冲突的结局则比较让人失望。尽管委员会有意迅速改善圣多明各自由黑人的处境，依然存在大量造成分歧的因素，它们不光来自白人的反抗，还可归结于自由黑人与奴隶普遍对革命原则缺乏理解。黑人基本上都对共和主义事业感到陌生和困惑，而且越来越反感白人民主派公开的不信教立场。在发生暴动的地区，神父依然有很大的影响力。大部分黑人明显倾向于旧式保王主义与天主教传统，反对共和主义观念，但这一点令松托纳克斯更加确信，如果没有启蒙哲学，人类便盲目无视他们自己的真正利益。他向巴黎汇报，说黑人很难理解共和主义、自由与平等的抽象原则，他们更愿意相信，是"他们的国王"想给他们自由，然而国王的心愿却在邪恶的议员与奴隶主那里受挫。[35] 比起自由，奴隶似乎对君主制与宗教更加狂热。

1793 年早些时候，由于松托纳克斯和他的自由黑人联盟扩大了革命政权的统治范围，一股令人不安的宁静氛围笼罩在圣多明各上空，原先在黑人控制的内地零星发生的杀害白人的现象也有所减少。即便对自由黑和奴隶都表现出巨大的同情，松托纳克斯对任何顽固反对大革命的暴乱可是毫不手软，对他来说，这样的暴乱是宗教与保王主义煽动下的极端疯狂举动。与此同时，殖民地另一主要城镇太子港的白人寡头势力公开反抗革命政权，1793 年 4 月，革命政权不得不在当地自由黑人的协助下封锁港口，并通过狂轰滥炸迫使其屈服。太子港陷落后，数百名保王派和反革命白人逃往内地；其余人等则被捕入狱。有了黑人的帮助，革命政权以差不多同样的方式夷平了雅克梅勒（Jacmel）。然而就在特派员与他们的部队在内地南征北战时，法兰西角的情况开始恶化。在那里，正如在太子港与雅克梅勒那样，组织颠覆活动的既不是自由黑人，也不是奴隶，而是捍卫殖民者至上地位与旧殖民地议会的顽固白人。法兰西角的松托纳克斯反对者变得越来越有攻击性，他们往往是内地黑人暴动后逃到港口的白人，或其活动受到英法海战严重影响的君主主义海员与商人。6 月 20 日，全面危机在逐步恶化的处境中爆发，法兰西角发生水手哗变，他们包围了特派委员会总部所在的政府大楼。自由黑人民兵联合起来保卫委员会。市内爆发激战，整个城市陷入混乱之中。

在冲突白热化之际，松托纳克斯和波尔韦雷尔向当地奴隶承诺，如果他们为大革命而战，就准许他们获得自由。这完全是他们自作主张，原本不过是一项地方性的紧急措施，没想到却成了 1793 年 6 月 21 日颁布的著名法案的前身，该法案把法兰西角的奴隶从枷锁中解放出来，作为交换，它要求获释的奴隶支持四面楚歌的布里索派政权。很多奴隶欣然回应，拿起武器冲上街头。到处都是枪战与屠杀。人们开始交火。大量房屋被洗劫一空。最终，就像先前的太子港那样，整个城市陷入一片火海，最终化为废墟。有些穆拉托人和黑人为逃跑或受伤的白人提供帮助，其余的则割断白人的喉咙。有数千名黑人和超过 1000 名白人在此次可怕的事件中惨遭屠杀。成功逃跑的白人大都因为赶上了港口的船只，他们（往往）携带女性奴隶一起离开。这些幸存者逃至纽约和北美其他港口。

6 月 21 日的解放法令是紧急状态下的产物，却成了人类历史上真正的里程碑。接下来的四个月里，解放进程大幅推进，来自黑人的压力发挥了巨大的作用。8 月 29 日，北部省份援引《人权宣言》，通过了当地的特别法令。[36] 到了 1793 年 10 月，圣多明各原先的所有奴隶在法律上全部获得自由。从官方层面上看，殖民地变成了一个不一样的世界。然而，这还是未能把内地暴动的黑人拉拢到大革命的阵营里来。图桑-卢韦蒂尔是个识字的前奴隶，他在 1793 年夏季崭露头角，成为山区黑人暴动的重要领袖，比起同法国共和派结盟，他更倾向于把"自由"理解为脱离法国的控制而独立，因此他寄希望于占据该岛东部更大区域的西班牙人，并帮助他们打击法国人。[37] 图桑-卢韦蒂尔向西班牙当局保证黑人起义军会忠实地拥护宗教与君主制，反对大革命，作为交换，西班牙必须支持他们的行动，允许起义军指挥官自行指挥战斗。未能成功说服大部分黑人的革命者不得不同时与西班牙和英国交战，两大列强均下定决心扼杀加勒比的革命。英国和西班牙军队入侵了圣多明各的不同区域以及其他法属殖民地。1793 年 2 月 18 日，英军从法国人手中拿下多巴哥岛（Tobago）。为了对加勒比地区乃至法国本土采取行动，英国人还招募了数百名法国流亡者。[38]

在加勒比地区（以及美国），关于巴黎的新主人山岳派反对松托纳克斯和波尔韦雷尔及其行动、政策与权力的流言传得绘声绘色。1793 年 6 月，随着布里索派在法国一败涂地，得胜的雅各宾党人毫不犹豫地废除了布里索派委员的法令并抵制他们的政策。当罗伯斯庇尔的独裁政权在法国得到巩固之际，反对黑人解放运动的白人阵营开始收复失地。[39] 威权民粹主义者不同于布里索派领导层，正如他们对待女性社会地位那样，他们对黑人解放表现得漠不关心。他们的意识形态关注点不仅与他们的布里索派政敌截然相反，而且正如我们站在启蒙运动与民主观点的角度所看到的那样，他们的理念相比较之下缺乏彻底性、激进性与普世性。莫莫罗的出版社近期出版了一本关于奴隶制的小册子，其作者欣然承认，确实是启蒙哲学家改变了人们对黑人种族的看法，但他同时指责布里索、孔多塞和黑人之友俱乐部在废奴运动中操之过急。这本名为《浅谈黑奴贸易与奴隶制问题》（*Coup-d'oeil sur la question de la traite et de l'esclavage des Noirs*）的小册子控诉道，当波尔多的商业代表指出法国废除奴隶贸易与奴隶制的坏处时，黑人之友俱乐部不过"冷冷答道：贩卖和奴役人口违反人的权利"。[40] 山岳派的理论是，根据"自然法则"废除奴隶制并不是真正意上的"爱国"。[41] "社会契约"发生在国民之间，而不是普遍意义上的人类之间。为了"证明"国民与爱国主义比普世人权更重要，该小册子依照卢梭和罗伯斯庇尔的观点，主要通过诉诸"自然性"来进行论述。真正的无条件的爱国主义，"倘若不放弃一部分那种把我们与全体人类联结在一起的情感"，就不可能昌盛起来。[42] 除了反感布里索派的普世主义，符合山岳派作风的另一个表现是，把圣多明各和马提尼克的混乱局势归罪于布里索及其盟友。这样一来，某些与罗伯斯庇尔过从甚密的重要的威权民粹主义者，坚定地站到了反对解放黑人的白人殖民者一边，当中最突出的要数律师让-皮埃尔-安德烈·阿马尔，他是国民公会中汇编指控布里索诉讼书的官员。11 月 18 日，罗伯斯庇尔在国民公会中发表演说，指控布里索勾结英国，为了摧毁法国的殖民地，蓄意武装圣多明各奴隶。罗伯斯庇尔与科洛·德布瓦一样，对解放奴隶一事所持的态度极为暧昧（然而卡米尔·德穆兰也是如此）。[43]

在国民公会殖民地委员会的会议中，巴黎穆拉托人团体的领袖朱利安·雷蒙在面对山岳派和亲殖民者反对派时愤怒不已，他始终坚决支持布里索和松托纳克斯，在明知这样做会危及自身之后依旧如此。1793 年 9 月 27 日，雷蒙被逮捕。1794 年 1 月，松托纳克斯派遣 6 月 20 至 21 日在法兰西角冲突中指挥"自由黑人"保卫政府大楼并为捍卫大革命而身受重伤的让-巴蒂斯特·贝莱与另外两名代表（其中一名是白人）一同来到法国，向国民公会提交请愿书，要求批准奴隶解放法令并承认圣多明各种族混合的革命政府，他们受到了明显的冷遇。除贝莱外的另外两名代表也被捕入狱。

1793 年 9 月，生于塞内加尔的获释奴隶贝莱成为法国国民公会的首位黑人议员，这是世界历史上的又一个里程碑。在 1793 年至 1794 年期间，虽然面临着极大的阻力，贝莱依然坚决为黑人权利而战。[44] 在革命艺术家安-路易·吉罗代于 1793 年绘制的那幅令人印象深刻的贝莱画像中，他站在雷纳尔胸像一侧（图 10）。画家有意将法国第一位黑人议员表现得可怕而"美丽"，使其成为把大革命与黑人解放联系在一起的最著名画作。吉罗代师从大卫，是个坚定的共和主义者，在 1793 年，他已经因为在教宗统治下的罗马做出共和主义挑衅举动而为人所知，当时他作为法国艺术学院的学生住在那里。贝莱画像追求的煽动性轰动效应，以及吉罗代日后针对大卫新古典主义更广泛、更普遍的挑战，最终导致他与大卫之间的激烈争吵，后来大卫一度把吉罗代描述为"精神错乱"，这也促使某些现代艺术史学家给吉罗代贴上了"浪漫主义先驱"的标签。吉罗代脾气火爆，通过对艺术的应用，他希望打破新古典主义对情感的束缚，消灭人类社会中的偏见，并将黑人从奴役下解放出来。

然而，白人殖民者和罗伯斯庇尔派之间，建立在民粹爱国主义与对布里索派的厌恶的基础上的亲密关系并未持续到1793年底之后。到了1794年1月，随着马提尼克白人公开串通英国人，圣多明各白人实际上也与英国和西班牙结成同盟。殖民者勾结君主制、贵族制与教会的行为变得如此明目张胆，就连山岳派也感到忍无可忍。大部分法属加勒比地区要么叛变，要么已经落到英国人手中，罗伯斯庇尔派主持的巴黎国民公会别无选择，只得不顾阿马尔和殖民地白人的游说团体，最终在大体上接受了布里索派解放奴隶与黑人的行动，尽管从某种程度上说，这一认可远非全心全意。在很大程度上，是丹东通过又一场振奋人心的演说推动了这一转变。实际上，1794年2月4日颁布的世界上第一份奴隶解放法令，正是在他的圈子中制定出来的。[45]

1794年初，山岳派开始投身于黑人解放事业，但他们并未就此放弃追捕加勒比的布里索派。不过将解放圣多明各奴隶的委员召回法国的命令下达之际，海地的大革命正稳步推进。讽刺的是，圣多明各支离破碎的松托纳克斯政权残余在1794年5月的暂时复兴靠的不是别人，正是图桑-卢韦蒂尔，如今他重新考虑联合西班牙与英国对抗大革命的策略，认为这并非明智之举，因为反动势力显然意在恢复奴隶制。特别是当越来越多的西班牙部队从古巴和波多黎各来到圣多明各，他便意识到信奉宗教与否并不重要，对抗法国就是对自己不利。于是他很快倒戈，公开反对"共和国与人类的敌人们"，把他的赌注和4000名手下的命运押在松托纳克斯一边。[46] 1794年5月的时候，图桑-卢韦蒂尔显然还没有认真研究过1794年2月的解放法令。他知道存在这样的法令，以及圣多明各先前颁布的若干解放

图 10　站在雷纳尔胸像一侧的黑人议员让−巴斯蒂特·贝莱。安−路易·吉罗代·德·卢西−特里奥松作品，让−巴斯蒂特·贝莱画像，布面油画，创作于 1797 年。

法令，对其内容却是一知半解。不过在留存下来的一封亲笔信中，他承认自己在 1794 年 6 月宣布《二月法令》"对所有人性之友"来说都是令人愉快的消息，并在突然表现得对法军在欧洲的进展十分关心之前，已经研究过这些法令的措辞。[47]他写给法国将领的信件中经常出现布里索派的普世主义革命用语，这一源自《哲学史》的写作风格显示他或许已经读过一部分《哲学史》的内容。这一点始终无法得到证实，但无论如何，从1794年夏季开始，图桑–卢韦蒂尔确实时常运用出自现代哲学的布里索派普世主义话语体系。[48]

1794年2月颁布的法令即便在理论层面意义重大，却并未产生立竿见影的影响，因为圣多明各的奴隶在此前已经获释，而英国人于1794年3月占领了马提尼克，4月占领了圣卢西亚和瓜德罗普，因此阻止了该法令在其余主要法属岛屿上施行。只有卡宴（法属圭亚那）直接按照法令要求正式废除了奴隶制，消息于1794年6月14日宣布，反响热烈，当时距离罗伯斯庇尔倒台只有几周的时间。值得注意的是，几乎没有出现抵制或公开抗议。根据解放法令的规定，成为"新公民"的人必须前往最近的市政厅注册，获取公民权认证，并与他们的前任主人签订合约，选择是否继续为其工作并领取薪水或分享耕种收益。按照殖民地议会的规定，卡宴的获释奴隶在与主人和市政机构达成一致之前，不得搬离他们先前居住的地方，去别处寻找新的居所或工作。实际上，他们并非完全自由，也并不能在所有方面受益。[49]不过他们确实不再是奴隶了。

山岳派对布里索派穷追不舍。1794年6月，巴黎下达强制性命令，要求将抓捕松托纳克斯和波尔韦雷尔置于所有事情的首位。最终，圣多明各大革命的两位主要代理人在雅克梅勒被亲罗伯斯庇尔的部队抓获，遣返法国本土后投入监狱。圣多明各自由黑人与奴隶的解放者们得以逃过断头台，要归功于他们成功躲避山岳派追捕如此之久。他们回国后不久，即热月政变爆发一周之后，这两名布里索派委员成功获释。

热月政变后，法国人从1794年夏末开始在加勒比地区收复失地。拉罗歇尔雅各宾俱乐部的领袖维克多·于格受命担任公民委员，带领一支小型舰队和1200人的部队前往瓜德罗普。他是个商人，此前曾到过圣多明各。面对实力远超己方的英军，他成功收复了一部分领地，而且在黑人的支持下，他在这片光复的飞地上顽强地发动了一场小规模的革命战争。到了1794年10月，于格击败了人数达3000人的英军部队及其盟友，即保王派种植园主和协助他们的当地自由黑人；英军司令被迫投降，在乘船败走前留下了大批残兵败将、32 门大炮、一些自由黑人和 800 名法国反革命流亡者。有的法国贵族流亡者在瓜德罗普被就地处决，行刑用的便是于格专门从法国带来的断头台。依据 1794 年的解放法令，瓜德罗普的奴隶全部获释，然而于格日后却充当了恢复奴隶制的工具，从 1800 年开始，作为拿破仑帝国的法属圭亚那总督，他致力于重新奴役法属加勒比的获释奴隶。[50]

加勒比革命之所以在 19 和 20 世纪早期被人低估与无视——甚至连法国作家也是如此——是因为它主要由黑人参与，而且挑战了欧洲帝国主义的统治。事实上，这场革命迅速发展成具有全球性影响的事件。在瓜德罗普释放奴隶并粉碎保王派势力之后，于格着手组织高效的武装民船队，其运作资金一部分来自共和国，一部分来自私人投资者。在接下来的四年中，这支船队捕获了大量英国、西班牙和美国船只。于格还派出远征队，成功将法荷共管的海岛圣马丁纳入法国的势力范围（1795 年至 1801 年），并夺取了荷属岛屿圣尤斯特歇斯。斗争还蔓延至原法属岛屿格林纳达与圣文森特，它们早在 1760 年就被英军占领，岛上写满"自由、平等，或死亡"字样的法国共和主义宣传旗帜成功地激励了奴隶和自由黑人发起暴动，领导格林纳达暴动的是富有传奇色彩的穆拉托地主朱利安·费龙。[51] 1795 年间，革命者同样在圣多明各收复了失地，还几乎征服了荷属库拉索岛（Curaçao），并就近在美洲大陆上的委内瑞拉科洛市（Coro）建立了据点。

1795 年，法国入侵荷兰共和国并推翻了那里的奥兰治政权，这瞬间加剧了加勒比地区属于荷兰的全部六座岛屿上，亲英派奥兰治主义者与反英民主派之间原本就十分尖锐的冲突。同样的情况也出现在圭亚那，当时那里大部分区域均属于荷兰。库拉索成为冲突的焦点，尽管不论是奥兰治派或共和派爱国者都不赞成解放奴隶，不过后者与他们的法国盟友一样，无力阻止革命报纸与宣传，以及瓜德罗普的武装民船队入侵该岛。1795 年，库拉索和科洛先后爆发了奴隶与自由黑人的大型起义，这是大革命期间加勒比地区规模最大的起义，而且正如当时的报道与通讯所说，起义显然在很大程度上受到了瓜德罗普、圭亚那、格林纳达、圣多明各和法国本土事态发展的鼓舞。[52]

1795 年 5 月 10 日，在一座可以俯瞰科洛的山区种植园里，科洛的奴隶与自由黑人发动了起义，并很快扩展至邻近的种植园。除了黑人，当地印第安人也加入了起义。他们扫荡了种植园的房屋，杀死了许多白人。5月 12 日，何塞·莱昂纳多·奇里诺斯率领一支强大的起义军下山，攻入科洛市。这名自由黑人是当地桑博人（他的父亲是黑奴，母亲是印第安人），他娶了一名女奴做妻子。奇里诺斯能够阅读和写作，在陪同一名西班牙商人在加勒比地区经历了几次商贸旅行过后，他获悉了有关法国与海地革命的信息。[53] 他被当地白人平民组建的武装民兵队击败。在后来的追捕行动中，不少起义者被捕并遭到残酷处决。

1795 年，法国与荷兰爱国者在加勒比地区取得的胜利让伦敦与马德里大惊失色。黑奴解放运动与法荷民主革命武装、民船队和革命话语体系在加勒比地区的结合，给英国政府造成了巨大的恐慌，促使其在 1796 年期间组织了一次大规模的反攻，投入了近 100 艘战船与 3 万人的部队，这是史上横跨大西洋的军事远征中规模最大的一次。远征军的到来使当时数量已经相当可观的加勒比地区英军如虎添翼，后者正在加勒比诸岛上与革命者奋战，试图尽最大可能扭转圣多明各的局势，阻止黑人解放。尽管在这场反攻中投入了大量资源，并在海军与军事力量上占据压倒性优势，英国人却只收复了格林纳达与圣文森特，并于 1800 年占领了库拉索，总体看来还是以失败告终。即便法国人只向瓜德罗普和圣多明各派出的部队在规模上小得多，它们还是足以守住防线。黄热病和疟疾造成了巨大的伤亡。据估计，1796 年至 1800 年在小安的列斯群岛对革命者作战期间，共有超过 4 万名英军士兵和水手因战斗、疾病或开小差的缘故死亡或失踪；很多染病或受伤的士兵被转移到牙买加。值得一提的是，英军的攻势未能拿下瓜德罗普，那里是法国武装民船队和海军力量的主要集中地，它牵制了英军（以及法军）的大量兵力，使其无暇顾及圣多明各，那里的黑人起义事业因此得到了巩固。尽管在 1794 年至 1799 年间，在法国国民议会中一直能看到黑人和穆拉托人议员的身影，不过到了 1797 年底，图桑–卢韦蒂尔实际上已经成为该岛法语区——新大陆第一个自由黑人国家——的唯一统治者。

图桑-卢韦蒂尔在 1795 年以后采取孤立主义政策,并拒绝同时对英国与西班牙作战,这最终阻碍了当地黑人解放运动的步伐。该岛内陆的海地革命领导层执意要求独立,这让其他殖民列强长舒了一口气,认为圣多明各的获释奴隶并无意愿向其余殖民地输出革命,而且还会中断他们在 1794 年至 1795 年间与法国革命者的合作。因为热月政变而侥幸逃生的松托纳克斯回到圣多明各,在当时依旧处于法国控制下的海岸地区,继续试图恢复共和国政权,同时与雅各宾派和白人种植园主为敌。此时图桑-卢韦蒂尔已经抛弃了他,而该岛上的法国控制区也在稳步沦陷,松托纳克斯因此再度被白人殖民者逮捕,1797 年 3 月那场帮助保王派短暂控制法国立法机关下院,并策划终结大革命的大选过去后不久,他在形势极为不利之时被遣返法国本土。松托纳克斯现身法国时再次因试图破坏殖民地而遭到审讯,只不过这一次他落在了保守派君主主义者手中。可是他回国的时机再次撞了大运,刚好处在 1797 年果月政变粉碎保王派复辟之后。随着共和主义积极分子重新掌权,废奴政策再一次得到成功贯彻。[54]

18 世纪 90 年代撼动大加勒比地区的暴动,以及 1795 年的暴动高潮,其规模之大,在 1790 年以前闻所未闻,实际上在 1800 年以后也没有再发生过。岛上起义者与南美大陆之间的积极互动,在之前或 1815 之后也无法再次得见。从 18 世纪 70 年代开始,在欧洲接受教育并受到激进启蒙运动作品影响的西属美洲克里奥人心中充满不满,他们效法 17 世纪 70 年代早期就陶醉于《哲学史》的弗朗西斯科·德·米兰达,在整个西属美洲大陆上到处散布反对西班牙国王和殖民系统的颠覆性激进观念。[55] 1797 年 7 月,加拉加斯的西班牙当局破获一桩有穆拉托民兵、巴多人、赞博人、贫穷白人、正规军士兵,以及白人军官和商人参与的阴谋,此次阴谋的策动者是受过教育的异见分子,领导人物是大庄园主曼努埃尔·瓜尔、38 岁的拉瓜伊拉市巴多人理发师纳西索·德·巴列以及西班牙退役军人、共和主义煽动家与小册子作者胡安·包蒂斯塔·比科内利。[56] 尽管种族间的通婚严格受限,还是存在巴多人这样混合了白人、黑人、美洲土著血统的人种，当时这一称呼也在广义层面上适用于穆拉托人。纳西索·德·巴列的理发店是穆拉托人、黑人和巴多人的手工业者与士兵聚集地，几个月以来，该理发店一直是宣传共和主义与平等主义观念的学校，以及为发动革命招募人才的中心。[57]

比科内利曾在西班牙萨拉曼卡市学习，与米兰达一样，他受到启蒙哲学作品的吸引，尤其认同百科全书派。由于在马德里参与了1795年5月的一场密谋，他被判处终身监禁，而1796年，他被转移到委内瑞拉靠近加拉加斯市的拉瓜伊拉堡，那里关押着超过100名圣多明各的法国囚犯，他与这些犯人串通起来，开始酝酿新的密谋。[58]他在自己的牢房内召开了几次秘密会议，与附近港口居民和军营中的不满分子密谋发动革命。在比科内利在加拉加斯散发的煽动性传单手稿中，有一份关于两名黑人与一名法国人之间的对话，其内容明确宣扬法国革命的激进平等观念。[59]瓜尔、比科内利和加拉加斯的密谋者以创立委内瑞拉共和国为目标，其使命包括为解放黑人立法。

当时很少有黑人有能力阅读革命作品，而雷蒙、图桑–卢韦蒂尔与贝莱却是毫无疑问的例外。即便法属殖民地的黑人叛乱者大部分倾向于君主主义和天主教而不是大革命，却还是有人吸纳了不同观点。加勒比整体局势引发的全面恐慌波及白人种植园主、荷兰人、西班牙人和英国人，它已经不仅让人感到警觉，而且反映着过度紧张的情绪。有的加勒比黑人确实拥护革命观念，这一点显著地影响着起义的性质、频率与规模。瓜德罗普的武装民船队（如今主要由黑人和穆拉托人组成）出现在库拉索，他们的密谋在1795年起义前几个月成功动摇了岛上的非白人居民，加剧了奥兰治派和民主派之间的冲突。库拉索军营中的法国水兵与奥兰治派之间频繁发生斗殴。黑人和穆拉托人经常在岛上的欧特洛邦达区（Otrobanda）集会，他们往往是法国船只上的水手，在集会中不断唱着煽动性歌曲。[60]所有岛屿乃至南美大陆上都存在着一小群识字的黑人，他们极易受到激进观念感染。夏尔·纪尧姆·卡斯坦，正如身在巴黎的贝莱和雷蒙那样，曾在政治与意识形态上协助松托纳克斯。还存在其他类似的突出个案。有个名叫胡安·包蒂斯塔·奥利瓦雷斯的穆拉托起义者在1795年给当局和加拉加斯主教带来了极大困扰，据说他读过一份出自法国立宪派教士之手的布道传单，其内容是关于自由和平等的讨论（他还把它解释给另一名穆拉托人听）。加拉加斯主教听说这名黑人拥有一整个图书馆并通晓关于人权的一切，而且渴望将其传播给别人之后震惊不已。奥利瓦雷斯因此被捕并遣送至西班牙，而后获释并回到了加拉加斯。[61]

18 世纪 90 年代加勒比地区解放运动的形势证明，主要是法国白人共和主义者在来自法属小型岛屿和海地的黑人支持下，在加勒比诸岛乃至邻近的南美大陆煽动并输出革命。在 1794 至 1800 年期间，法国人在海地的主要盟友是图桑-卢韦蒂尔，此人在 1795 年后越来越疏远法国人，而另一名父亲是白人、母亲是黑人的穆拉托人领袖，识字的金匠安德烈·里戈却不然。这位能干的指挥官从 1794 年开始就对圣多明各南部地区实施军事控制，在那里，他在更大程度上推行了共和主义与亲法政策。[62] 如此说来，法国本土输出的共和主义是激励 18 世纪 90 年代包括海地在内的加勒比地区革命性颠覆活动的重要动力，松托纳克斯和于格在其中起到的关键作用也证明了这一点。毫无疑问，18 世纪 90 年代加勒比黑人解放运动的首要动因正是大革命当中的哲学势力，即通过巴黎的黑人之友俱乐部与布里索派发挥作用的激进启蒙运动。

第16章

罗伯斯庇尔的政变

1793 年 6 月

1793 年 3 月 12 日，杜穆里埃在鲁汶通报国民公会，声称为了避免其率领的部队遭遇灾难性的失败，自己不得不放弃进攻荷兰。6 天后，这支部队的北翼在内尔温登被击溃。残余部队在混乱中仓促撤退，放弃了整个比利时，一路上丢弃了大量装备和补给，许多士兵都开了小差。据汇报，里尔和法国东北其他重要堡垒城市的防御也处于岌岌可危的状态之中。3 月 25 日，英俄结成反法同盟。在接下来的几天里，普军占领自由莱茵兰共和国大部分领土并于 4 月 6 日包围了美因茨。大革命濒临崩溃。

杜穆里埃主要将失利归咎于战争部的无能，他特别点名批评让-尼古拉·帕什（和其他许多人），说他是"罪大恶极"的无赖，其偷窃与叛国行为加剧了法军长期面临的补给不足困境，使其不得不混乱地撤离亚琛，从而造成了灾难性的后果：法军大批火炮都在撤退的过程中遗失了。帕什安插在比利时的政治特派员与财政负责人几乎全是"贪婪的暴徒"，他们犯了所有可能犯下的过失，从方方面面搞得当地民众苦不堪言。他们极为可耻地伤害比利时人的宗教情感，无情地掠夺该国崇拜的圣器。帕什于 1792 年 6 月担任战争部部长，1793 年 2 月因严重玩忽职守而被诚实的罗兰取代，但在马拉的包庇下逃过责罚。离职不久后，这个对"山岳派野心"极为有用的腐败"傀儡"便在来自罗伯斯庇尔派，尤其是福谢的强劲支持下成功当选巴黎市市长，他们为了保住"自己的候选人"，用的还是欺压威胁与操纵选举那套伎俩。[1]

杜穆里埃控诉道，随着"法军兵败"，比利时的神职人员召集村民，"拿起武器攻击我们"，他们利用帕什强取豪夺的行为败坏革命者的名声。一场原本为比利时民众反抗贵族制的战争由此变成了农民联合贵族拯救宗教的运动。国民公会必须停止榨取百姓，撤换帕什派来的流氓。杜穆里埃并未局限在一味呵斥巴黎的反对者上。在丹东前往布鲁塞尔巡视时，他十分确信地告诫丹东，照此发展下去，国民公会的权力范围很快就会只剩下巴黎周边地区。他对普洛里、佩雷拉和迪比松三位议会随军委员的说辞则更加轻率：不管国民公会的 745 名议员如何自称，他们就是"弑君者"和"僭主"！杜穆里埃单枪匹马就能把法国从这帮人的无能中解救出来。如果情况照旧，他就会回到巴黎，解散议会，即便他们将他称为"恺撒""克伦威尔""蒙克"，他也在所不惜。迪比松问杜穆里埃是否也否定法国宪法，后者答道，计划中的新民主宪法极其"愚蠢"，因为孔多塞什么都不懂。[2]只有重建君主制才能拯救大革命，他暗示道，自己计划利用军队复辟君主制。[3]普洛里、佩雷拉和迪比松成了最先把杜穆里埃可能叛变一事通知立法机关的人。[4]山岳派在杜穆里埃打胜仗时隐忍不发，如今则要求逮捕并审判这位将军，因为这个隐藏的保王党人正在为满足自己的邪恶野心而牺牲"友好的各国人民"。[5]

1793 年 3 至 4 月，法军在边境与海岸线上全面溃败，英国海军对法国航运补给线的封锁愈发加剧了困境。3 月间，越来越频繁的征兵与征用行动，在西部卢瓦尔河南岸旺代大部分乡村地区引发了大规模的保王主义–天主教起义。当地领袖指挥愤怒的农民队伍朝四面八方出击，他们志得意满地佩戴起十字架与白色帽徽，呼唤教会与君主制回归。他们攻陷了若干小城，大革命很快便失去了对整个旺代地区的控制。"天主教保王军"（armée catholique et royale）在进攻过程中杀死大量爱国者。在旺代北部，布列塔尼许多乡村地区也爆发了起义，那里的人们同样是在抵抗派教士的领导下，朝征税、征用与征兵官员开火。

革命派民兵逮捕的犯人中有些是伪装成农民的抵抗派教士，他们携带着装满圣体祭饼的金属盒子。[6]卡昂和圣马洛也出现了大量"煽动性"人物，他们通过散布谴责大革命和征兵行动的传单积极组织抵抗活动。据雷恩的革命委员汇报，只要议会迅速派出五六千人的部队，就足以镇压旺代北部的布列塔尼人起义。布列塔尼的主要叛乱确实很快被粉碎，然而接踵而至的却是急剧蔓延的游击战——"朱安党叛乱"（Chouannerie），该叛乱在布列塔尼和诺曼底西部地区持续达数年之久。就在法军兵败比利时和莱茵兰，叛乱席卷旺代、布列塔尼和诺曼底之际，科西嘉岛上大部分地区也爆发了起义。4月2日，议会派委员前往该岛，以"散播危险观点"的罪名逮捕保利，不过这一逮捕令下达得还是太迟了。[7] 保利变节后掌握了科西嘉反革命暴动的指挥大权，并把该岛拱手送给英国人。法军发起反击后，保利逃往伦敦。后来，保利主义者在英国人的协助下，于1794年夏季占领了科西嘉大部分地区，使该岛暂时成为一个英王名下的天主教总督辖区。[8]

国民公会震惊于如此严重的溃败，因此尝试缓和内部经年累月的分歧。至此关头，丹东站了出来，决心团结众人。在3月27日那次收获了狂热喝彩的演说中，他极力呼吁道："除非依靠人民，否则大革命就不可能成功，也不可能巩固。人民是其发动机；而他们要靠你们去大规模动员。"他对近来大多数不愉快既往不咎，也要求大家搁置最近几个月的争执。目前亟须采取强有力的措施。尽管布里索派有所犹豫，议会还是达成一致，同意成立拥有紧急权力的特殊革命法庭，以巴黎作为总部，在外省设置分支机构，并于3月29日就投入运作。在爆发叛乱的省份，煽动反革命活动的人可立即被判定为"不受法律保护者"，无须经过审判便可处决。[9] 议会指派两大派系的二十五名重要议员组成拥有最高权力的总防御委员会（Comité de Défense Générale），由布里索、罗伯斯庇尔、佩蒂翁、让索内、丹东、西哀士、孔多塞、比佐、德穆兰、巴尔巴鲁、韦尼奥和法布尔领导。[10] 不过罗伯斯庇尔与丹东不同，他并未偃旗息鼓，而是变本加厉地发动攻击。

团结的作态实际上几乎是立即土崩瓦解。4月3日、10日和18日，罗伯斯庇尔在国民公会和雅各宾俱乐部怒气冲冲地发表演讲，发动了他全面谴责"吉伦特派"的决定性攻势，诬陷"韦尼奥、加代、布里索、让索内、所有普鲁士与奥地利之友"以及杜穆里埃。[11] 有必要给巴黎各区的密谋者一个了断了,那些地方正进行着残酷斗争,要叫"所有那些已经证实自己无公民心之人"放下武器,要"无情地"赶走所有被温和主义玷污的"不可靠公民"。[12] 大革命的不幸全部源自对公共精神的背叛、坚定忠诚的缺乏与过度的出版自由。如今的倒退全因人们对"贵族阴谋"视而不见,对真正拥护自由和无套裤汉之人受到的迫害无动于衷。敌军压境之时,还有人在法国国内"污蔑人民"。"真正的叛徒"尚未受到惩罚。[13] 政府和所有行政部门的首脑全是布里索、加代、韦尼奥和让索内领导的虚伪联盟代理人,他们把自身的所有权力用在破坏公共精神、复兴保王主义、恢复贵族制以及奖赏无公民心与背叛行为上。[14] 如果政府、法律和公共精神不属于平民,大革命就不可能兴盛。[15] 只有当人民发动大规模起义反击内外敌人时,大革命才会胜利,而只有当人民找到他们完全信赖的领袖时,这一切才有可能实现。[16]

巴黎各区不断施压,要求对军队实施更严密的监控,根除叛国行为。杜伊勒里区在请愿书中说道,共和国正处于最危急的时刻,而为了解决危机而在 20 天前专门创立的革命法庭至今尚未砍下任何人的脑袋。巴黎的菲尼斯泰尔区则肆意谩骂杜穆里埃和米兰达,要求让各部队自行选举其指挥官。3 月 28 日,各区头目向国民公会派遣来自全部 48 个巴黎街区的联合代表团,催促议会采取行动,缓解首都贫民的压力,包括实施两年前已经敲定却遭搁置的穷人援助改革计划,并要求加紧消灭"叛徒"。[17] 外敌当前,内部敌人却在酝酿内战——就连巴黎城内也不例外。1793 年 4 月 8 日,埃贝尔的《杜歇讷老爹报》断言,"国王的确可恨",但还没有哪个国王对法国的损害"胜过"罪恶的布里索派"。如果所有真正的爱国者不起来消灭他们,这一"穷凶极恶的派系"就会把法国送到奥地利和英格兰手中。布里索派傲慢无比,蔑视圣安托万郊区的无套裤汉,整日里只会安排自己的走狗大量收购并囤积面包,目的就是让无套裤汉陷入更加悲惨的境地。马拉由于揭露他们的变节而遭追捕,好像这位人民之友竟成了人民公敌!马拉——他为公共利益而无私地奉献了自己![18]

随着前线局势进一步恶化,有关共和左派叛国的指控也在逐步升级,就连他们捍卫人权的行为都受到了指摘。正是由于布里索派曾是真正的爱国者，他们现在的行为才显得更加卑劣。布里索当初是捍卫人权的人民英雄，如今却被证实是个欺瞒无数轻信"蠢货"的骗子（埃贝尔认为蠢货数量庞大而且无处不在，是大革命的首要缺陷），向后者灌输谬论。佩蒂翁曾被巴黎平民当成"父亲"一般敬重，如今也沦为卑鄙之徒与叛国者。他在 8 月 10 日起义中支持布里索，"反对最好的公民"，还有他背信弃义地反对罗伯斯庇尔这位人民"最好的朋友"，这都能证明他是"人民的死敌"！[19] 4 月 5 日，丹东要求国民公会授权新成立的专门法庭在国民公会正式起诉之前便可逮捕嫌疑人并对其进行审判。山岳派想要革命法庭掌握所有人的生杀大权。布里索派则提出异议。坚决反对马拉和罗伯斯庇尔的巴尔巴鲁呼吁自己的同僚站稳脚跟，坚定抵抗反革命与保王主义，但不要充当刽子手："去做立法者吧，可别做杀人犯。"[20] 朗瑞奈抗议道，这样的手段违反大革命的"所有原则"。国民公会达成一致，规定特殊法庭只能在获得提交给国民公会的正式诉讼状后才能对密谋罪与叛国罪进行审判。然而布里索派此番获胜代价不小，反对派借机指责他们是陷大革命于危险境地的背信弃义之人。

杜穆里埃劝说自己的部队进攻巴黎未果，便于 4 月 5 日叛逃至敌军阵营。他离去的消息进一步震惊了巴黎，对叛国规模夸大其词的报道到处传播，据某些居心不良者估计，跟随将军叛逃的人数竟达 1.2 万人之多。到了 4 月 24 日国民公会才接到可靠消息，确定只有一小部分军官和士兵背叛了三色旗，人数最多不过六七百人，远不及跟随拉法耶特叛逃的人数。这一消息在国民公会引发了欣喜若狂的喝彩。[21] 除此之外，再无值得欢呼的消息：瓦朗榭讷（Valenciennes）和孔代（Condé）的驻军曾出于爱国之情把杜穆里埃的宣言掷于脚下踩踏，令人称道地宣誓要为自由征战至死，然而那些地方如今已被奥地利军队团团围困。杜穆里埃叛逃事件对共和国是一次严重的打击，对布里索派而言尤其如此。消息传到巴黎的时候，国民公会和巴黎各街区全都陷入骚动，两大派系肆意地相互谩骂。罗伯斯庇尔巧妙地利用这一机会，进一步抹黑布里索与其他反对派，说他们是"杜穆里埃的同谋"，这一污蔑产生了毁灭性效果，因为确实是布里索派任命了这位将领，并且在他打胜仗时对其大加吹捧。在罗伯斯庇尔狂热的敦促下，对布里索派背叛法国与自由的指控，给这时候巴黎各区发起诉讼审判及其相关宣传提供了基础。[22] 他们起草了指控 22 名布里索派重要议员的总诉讼状，并由帕什于 4 月 15 日代表巴黎各区将其提交给国民公会，而这时距离丹东那场关于和解的演说过去还不到 3 周。

在失败接踵而来之时，罗伯斯庇尔与各区控告布里索派的宣传战使巴黎陷入骚动之中。可以确信的是，并非所有巴黎街区都支持将"叛徒"送上审判席，赞同这一行动的巴黎人就更少了。在包括磨坊高地区（Butte-des-Moulins）、梅勒区、伦巴第人区、麦仓区（Halle-aux-Blés）、四国区、香榭丽舍区、杜伊勒里区、兄弟会区、勃朗峰区、格勒纳勒喷泉区（Fontaine-Grenelle）、忠言区（Bon-Conseil）和佳音区的大约 20 个区内，舆论主要在谴责山岳派的"平民暴政"，[23] 抵制此类强行恐吓与信口开河。然而，这部分声音还是无法阻止 35 个巴黎街区支持山岳派谴责布里索派的行动，他们主要是被布里索派是"巴黎之敌"并应对军事失利负主要责任那套说辞左右，相信后者全是害虫，要把可怖的联邦制带给法国。[24]《法兰西爱国者》抗议道，布里索派被贴上"中伤巴黎之人"的标签多久了？然而，是山岳派在让这座城市蒙羞。真正的中伤者是那些要对九月屠杀、2 月洗劫商铺事件和 3 月"密谋"对付巴黎民众事件负责的人。巴黎真正的朋友，会将上述"罪行"归咎于令所有高尚巴黎人所不齿的"恶霸"。[25]

4 月 15 日，帕什和埃贝尔带领巴黎公社总议会代表团来到国民公会，代表"大多数巴黎街区"，指控 22 名布里索派议员串通杜穆里埃，密谋对各省承诺过大的自治权，将法国变成"联邦制"国家。叛国者包括布里索、加代、戈尔萨斯、佩蒂翁、让索内、韦尼奥、朗瑞奈、比佐、萨勒、朗特纳斯、巴尔巴鲁和福谢。[26] 年轻的医生让-巴蒂斯特·萨勒在 1789 年时曾是南锡派出的三级会议代表，他早期是个自由主义君主派，支持拉法耶特，也是呼吁对宪法进行全民公投的主要人物之一。由于萨勒曾是斐扬派成员，山岳派便利用这一点把其他叛国者与拉法耶特以及杜穆里埃联系在一起。帕什的指控激起一阵骚动，国民公会的公共大厅里挤满了山岳派的支持者，他们为帕什列举罪行的讲话大肆叫好，高喊"上断头台！"[27]
但除此之外，什么都没有发生，因为当时国民公会中只有大约五六十名议
员，他们的无能、轻信与不忠使其难以轻易支持这些刺眼的不实指控。然
而尽管丹东知道帕什的通篇废话全是假的，他却并未做出任何能让自己的
集团撇清这些罪名的举动——这是个坏兆头。

　　大部分议员义愤填膺地否决了这份荒唐的请愿书。比佐当场力压声浪
发言，表示"密谋"确有此事，但并非布里索派，而是山岳派在搞鬼。佩
蒂翁声明，不等到恶徒罗伯斯庇尔证实他那些"日复一日喷出"的荒谬诽
谤，或罪有应得地被人拖上断头台，自己就决不罢休。[28]国民公会回绝上
诉一事并未令巴黎公社气馁，后者将自己的请愿书印制了 12 万份在全法
国散发。山岳派在宣传中无休无止地重申一点：法国想要得救，就必须逮
捕"二十二人"并施以严惩。巴黎公社总议会在巴黎以外设有五人组成的
联络委员会，负责协作推翻布里索派，确保帕什的诉讼状顺利发往全国各
地的市政府。"二十二人"成为某种仪式化形象，此后的诉讼状都小心翼
翼地保留了这个字眼，尽管每次列出的姓名都有出入，删掉某些名字的目
的是为了把其他人纳入名单中加倍诋毁。

　　很显然，在 3 月军事溃败的大背景下，山岳派确实占据了优势，然而
并不能因此认为巴黎舆论就彻底站在他们那边。卢韦和佩蒂翁都坚信，罗
伯斯庇尔派和丹东派在巴黎人中获得的支持要少于他们自己。[29]福谢同样
认为巴黎人"绝大多数维持着善意"，也就是并未被山岳派左右，尽管他
们在抵抗通过雅各宾与科德利埃俱乐部操纵内城街区的"恶霸和无赖"上
过于被动。[30]布里索派尝试对抗帕什，也对他那吵个不休的保护人马拉提
出正式诉讼，据罗伯斯庇尔称，他们盯上马拉的目的，是要发动一场运
动，好让他们获得"摧毁自由"的借口。[31]4 月 20 日，让索内提议逮捕
马拉以及其他破坏共和国稳定的诽谤者，这再次在国民公会造成巨大混
乱。大约 780 名议员中，只有不到一半在场以确保国民公会能够正常进行
投票，其余议员要么缺席，要么在外出执行任务（在这一危急时刻，这样
的出席率既不算高，也不算低）。出席的议员中有 222 名投票支持起诉马
拉，98 票反对，55 票弃权。[32]不可否认的是，在国民公会当中，布里索

派依然是多数派，就整个法国来看也是如此（可能甚至在巴黎都是这样）。国民公会多数派决定将马拉关押在修道院监狱听候审判，然而所有抓捕行动均告失败。巴黎公社将马拉保护起来以示回应。

靠得住的坚定山岳派信徒其实少得令人吃惊。1793 年 1 月，老马克-安托万·朱利安指出，真正的"山岳派斯巴达人，或者说那些曾经浴血温泉关一役的斯巴达人"，那些"心地正直，拥有真正共和主义灵魂"的议员，也就是强硬的山岳党人，只有"大约 20 个"。[33] 他指的是地道的平等主义者。值此关头，国民公会中支持山岳派的常规可靠力量有所上升，从马拉案投票一事可以看出，这部分支持者在正常情况下可以达到 90 人以上。尽管如此，拥护罗伯斯庇尔的威权民粹主义者显然依旧属于少数派，即便他们已经夺取了巴黎公社和大部分街区的权力，在全法国范围内依旧缺乏广泛支持。在巴黎和某些外省城市，他们那强悍的势力来源于积极但很不稳定的无套裤汉群众，在内城街区委员会的指导下，他们间或愿意对山岳派发起大规模支持行动。但是这些直到 1795 年夏季一直作为大革命关键力量的无套裤汉，同时也是如同潮水涨退般飘忽不定的无政府主义分子，他们难以审时度势判断全局，多数服从自己信任的当地强势人物指挥，而后者对整体政治局势也完全没有清晰的认知。这意味着强于恫吓却弱于规劝的山岳派，作为大革命中的一股势力，在全法国的代表性远不及布里索派，其意识形态也并不明确，但在罗伯斯庇尔和马拉的领导下，其在现实中照样能与无套裤汉这样极其不稳定的群体结成联盟，这样的联盟注定相当混乱，特别容易走向截然相反的方向。[34]

奥军和普军不断开进的同时，旺代叛乱的势头与规模都在扩大，并在布里索派倒台的 1793 年 6 月达到顶峰，当时索米尔（Saumur）和昂热都被叛军攻陷（6 月 24 日）。1793 年 2 月底，沃尔内从科西嘉岛返回法国本土，在旺代叛乱升级之际作为"观察员"之一被派往西部。他为国家陷入腹背受敌的状态而感到震惊，同时带着对布里索派行政官员始终不减的热情拥护努力工作，这些官员中包括 3 月 19 日以前在职的内务部部长加拉，沃尔内是他的朋友。他汇报了南特的灾难性局势，试图分析大革命与这些常年动乱的地区之间究竟在哪里出了问题，如今动乱已经在刺激之下演变为骇人的宗教叛乱。[35] 他 6 月在信中对朋友承认，自己没法不感到害怕，担心"我，诅咒《古兰经》之人"会落到"穆斯林"手上（指代旺代叛军）。[36] 与此同时，他还面临着来自巴黎马拉集团的威胁，因为马拉也把他说成是勾结杜穆里埃的叛国者。在一场惨烈的战斗之后，具有重要战略地位的索米尔陷落，给大革命造成了沉重的打击，叛军因此缴获数千杆火枪、大量补给储备、8 门大炮，并俘虏了 1.1 万人。

　　大量海外流亡者和遭到驱逐的抵抗派教士都给予旺代起义以激励。到了 4 月，整个抵抗派神父和修士群体从邻国来到法国西部集结并开往叛乱地区，为暴动煽风点火。据报道，神父和修士为激起人民的"宗教狂热"而奔走，他们向后者保证，是天堂要他们揭竿而起，迎战对上帝、神父和国王宣战的"不信神匪徒"。1793 年 4 月 22 日，当局宣布，国民公会禁止自愿流亡或被驱逐出境的神父回国，一旦他们在法国境内被捕，就将遭到与叛乱贵族流亡者一样的惩罚（即处决）。原先并未被剥夺公民权的抵抗派神父，一旦其煽动叛乱的行径受到六名登记在案的公民指认，就会被遣送至圭亚那。[37] 革命法庭开始直接判处某些反革命人物死刑，自大革命爆发以来，还从未有过这样的先例。4 月 21 日，有两人在巴黎被公开处决——其中一位是杜穆里埃麾下的一员将领，另一位则是克利松市（Clisson）三一修道院的安德烈-让·圣安德烈，因为他撰写了一份号召人民起来反抗并复兴王权的传单，他亲自将这份手稿交给一位巴黎书商的妻子并支付了印刷费用。[38]

　　与此同时，国民公会的公安委员会收到了派往外省的委员发来的大量警告，表示各地的征兵和征用变得越来越难以实施，而保王主义宣传则一浪高过一浪，号召法国人民发动起义，"把年轻的国王与他尊贵的家人从囚禁中解救出来"。据说在巴黎，颠覆分子开始在公共场所大量散发传单，鼓吹暴动，"主要是在咖啡馆"。[39] 3 月底，当局在突袭两家巴黎地下书店的时候查获差不多 30 种君主主义宣传册。人们相信，保王主义宣传甚至对共和派也产生了完全不良的影响，因为此类宣传品极力渲染叛乱规模，并为军事失利叫好。3 月 29 日，国民公会通过了严苛的法令，对出版进行限制，表面上看，法令针对的就是保王主义报刊。[40] 任何印制"呼吁重建王权"或建立任何贬损人民主权之权威，或要求解散国民公会一类文字之人，都得上革命法庭并被判处死刑。至于分发、当街出售或暗中兜售此类文字之人，如果愿意供出作者、印刷商和获取途径，便判处 3 个月监禁，如若不然，则判两年。[41]

　　该法案终结了 4 年来由大革命造就的近乎完全不受限制的出版自由。据 3 月 31 日的《佩莱日报》记载，出版自由已被禁止、限制与许可构成的系统所取代。题词与表达政治观点的言论自由也结束了，如今禁止在绘有人像的墙面上题写有关王权的字眼（同时禁止传播色情文学）。禁止展出"路易·卡佩"及其家人的雕像，也禁止售卖色情印刷品。[42] 不过事实很快证明，保王主义宣传品并不是封锁出版言论行动的唯一对象。山岳派议员因布里索派报纸贬低马拉和罗伯斯庇尔而震怒，因此开始利用新的紧急状态法令，尽可能地打击民主共和左派报纸。[43] 在乡间和小型城镇，报刊往往是大革命政治的中心战场，在那里，日报是人们获取其所在地以外政治事态进展细节的唯一渠道。即便是规模最小的地方性平民社区，也能定期收到至少一份全国性报纸，大型社区有时可以收到超过二十份。这些社区设有阅览室和辩论室，供人咀嚼报上信息，同时造就了更加广泛的反馈战场。权力斗争不断变迁，订阅报纸名录也随之改变，有的报纸被加入订阅清单，有的则被从清单上勾销。

　　4 月底，安德尔–卢瓦尔省（Indre-et-Loire）发生骚动，席卷位于卢瓦尔河谷的原图赖讷行省（Touraine）的部分地区。派驻当地的特派员让–朗贝尔·塔利安支持罗伯斯庇尔，位于图尔市（Tours）的该省总议会也处于山岳派掌控之下，他们开始同时镇压保王派和布里索派报纸。洛什市（Loches）向国民公会投诉，说当地山岳派封禁了省内至少十五份新闻报纸，包括《法兰西爱国者》和戈尔萨斯的《八十五省邮报》（*Courrier des 85 départements*）。塔利安显然还试图封禁卡拉的《爱国年鉴》，以及《平等邮报》《国民报》《普世通报》《辩论与决议报》。[44] 以奥尔良为首府的卢瓦雷省也爆发了类似斗争，当地山岳派竭尽全力，力图镇压每一份反对山岳派的报纸。《佩莱日报》评论道：思想自由是"最神圣的权利与最神圣的自由"，只有启蒙运动的敌人和反智盲目的同盟才会去扼杀这一首要自由。然而罗伯斯庇尔阵营拼命要去扼杀的正是这一自由。[45]

剧院始终是这场斗争的重要战场。在大革命期间一连串骇人听闻的剧院丑闻中,最近的一起于 3 月底发生在蒙檀西耶剧院(Théâtre Montansier),令首都为之震动。该剧场的主管是玛格丽特·布吕内,一位出生于巴约讷的女性。布吕内曾是上流社会交际花,1789 年 10 月奉命为凡尔赛筹划娱乐活动,如今人称蒙檀西耶小姐,是巴黎最重要的亲革命剧院主管之一。1792 年至 1793 年整个冬季,勒布伦-通迪授权她使用一笔共和国的财政拨款,把共和主义戏剧引介到法国占领下的布鲁塞尔,即 1793 年 1 月至 2 月期间,在那里上演谢尼埃的《查理九世》和伏尔泰的《布鲁图斯》。显而易见的是,这些演出的观众主要是轮休的法国士兵,因为当地人的反应仅仅是事不关己或明显反感。3 月法军惨败后,她回到巴黎,筹划将伏尔泰的《梅洛珀》(Mérope)搬上舞台。该剧以古代为背景,但主题却关乎暴政、压迫与内战。不论她本人的观点是否受到冯克主义民主派与自由派的勒布伦影响(勒布伦是山岳派的重点打击对象),她依然成了巴黎公社 3 月 31 日指令的受害者,该指令为了限制出版自由,加强了对剧院的限制。由于戏剧演出“对民众斗志有着深远影响,他们必须符合公共指令的安排”,也就是说,必须受到严格控制。只允许上演推广山岳派美德的戏剧作品。戏剧中不再允许表现国王,除非是将其表现为可憎的暴君。在第一批由于“有害”而遭禁的作品中,就包括拉亚的《法律之友》和伏尔泰的《梅洛珀》。山岳派议员夏尔-弗朗索瓦·热尼西厄解释道,伏尔泰的《梅洛珀》之所以必须禁演,是因为观众会不可避免地从中发觉关于当下局势的暗示,而这有害于公共精神。国民公会再也不能阻止巴黎公社禁演戏剧的行动了。[46]

正如我们看到的那样,更知情的人几乎不可能对山岳派指控左派民主派的说辞信以为真。实际上,巴黎最积极的前共和派爱国者中没人相信。潘恩、海伦·玛利亚·威廉姆斯、大卫·威廉姆斯、玛丽·沃斯通克拉夫特、巴洛、福斯特与卢克斯全都痛恨山岳派。那个时代重要的希腊启蒙运动人士阿扎曼蒂奥斯·科拉伊斯在整个大革命期间都居住在巴黎,他目睹了巴士底狱的陷落、米拉波的葬礼等诸多重大事件,并始终细心加以记录。在他看来，罗伯斯庇尔是个"怪兽"，而马拉则是最卑劣的人。[47]
发生在春季的一桩离奇事故，愈发加重了笼罩在前爱国者群体周围的阴
云——潘恩圈子中有位来自德比的年轻外科医生约翰逊一度试图"自杀"。
4 月中旬，约翰逊在潘恩居住的那座公寓楼里用小刀自戕，宣布自己快死
了，并把自己的遗愿、证件与手表托付给潘恩。他的遗愿中包含如下震撼
人心的话语："我到法国来，是为了享受自由，而马拉已经将其谋杀。我
无法忍受愚蠢和不人道击败才华和美德后的惨痛景象。"不过潘恩在把这
份遗言交给布里索发表于《法兰西爱国者》之后，才前去检查约翰逊是否
真的已经死了。他发现约翰逊并没有死而只是受了伤，而整个事件已经被
山岳派扭曲成布里索派"欺诈"与"背信弃义"的又一案例。[48]

5 月 6 日，潘恩写信给丹东，表达了自己对如今情形的深切失望：

> 1787 年我离开美国，原本打算一年后回国，然而法国大革命，
> 还有它在欧洲更大范围内传播自由与兄弟之爱的前景……吸引我留了
> 下来。六年过去了，如今我对目睹欧洲自由大功告成的伟大目标已经
> 不抱任何幻想，我的绝望并非源自外国反法联盟势力的强大，也与贵
> 族和教士的阴谋无关，而是来自目前大革命内部的一片混乱。[49]

潘恩已经意识到，丹东正在为一项困难而充满风险的事业而奋斗，他
试图缓和布里索派和山岳派之间的冲突，制衡马拉和罗伯斯庇尔，在与无
套裤汉巧妙周旋的同时还要对他们的经济困境表示同情。尽管如此，潘恩
依然觉得，要想拯救大革命，丹东的所作所为已经太迟了，而且在力度上
远远不够。

4 月 24 日上午 9 时，对马拉的审判开始了。近来东躲西藏的马拉，
突然重新现身回应指控。潘恩和从 1791 年 10 月起担任《法兰西爱国者》
主编的吉雷-迪普雷均出席庭审，指控马拉寡廉鲜耻的种种作为，然而听
证时间却短得令人忧心。[50] 至少有 33 个巴黎街区跳出来积极维护马拉，
要求彻底铲除布里索及其同盟。无套裤汉对马拉的声援如此强大而坚决，
以至于意见相左的法官们认为在这样的情况下还是草草结束庭审为好。仅

仅 6 小时过后，马拉于下午 3 时被无罪释放，并收获了热烈的掌声。人们给他戴上玫瑰花冠，陷入狂喜的无套裤汉高喊着"马拉万岁！山岳派万岁！"，将这位人民英雄"从法庭上凯旋般地抬了出来"。马拉因获释而感到狂喜，返回国民公会之后，他热情洋溢地发表了胜利的演讲，然后再次被人抬到街上，走向雅各宾俱乐部，在那里，蜂拥而至的欢呼人群造成公共大厅坍塌，5 人因此受伤。

为了鼓励公众尽可能地称颂此事，两周后，一部名为《马拉的凯旋，或密谋者》(*Le triomphe de Marat, ou les Conspirateurs*) 的戏剧在吊刑剧院（Théâtre de l'Estrapade）上演。[51] 对马拉的个人崇拜达到了前所未有的高度，其中表现出来的阿谀奉承与攻击性，使得除布里索派以外的人士都感到忧心忡忡。在马拉遇刺之后，长期以来一直不信任马拉的丹东，为了阻止许多人提出的将其尸体移入先贤祠的建议，在 5 月初的时候与布里索派站在一起，联合通过一项决议，声明任何法国人都不得在去世后 20 年内葬入先贤祠，不管他曾经做出过怎样的"贡献"。马拉被无罪释放，这成了心理和政治上的转折点，对威权民粹主义起到了决定性的激励作用。山岳派不仅巩固了他们对大部分巴黎街区的控制权，而且开始把触手伸向四面八方，在他们力所能及的每一处扼杀出版自由，废除基本人权，在其势力最肆无忌惮的马赛和里昂是这样，在其他较小市镇中也愈发如此。

大革命在军事上遭遇失利，在经济上也面临着严重的危机。政府从乡村地区大量征兵，从东北部与东南部征用物资送往前线，西部爆发了严重动乱，纸币（指债券）日益贬值，这些加在一起造成了长期的物资短缺。和其余东南部城市一样，里昂的面包价格打破纪录，比巴黎的售价还要高出三分之一以上。在格勒诺布尔，1793 年 4 月初的面包价格比上一年翻了一倍还多。[52] 在蒙托邦，1793 年春季期间，面包价格上涨了四分之一。[53] 在全国各地，投机活动成了严重的问题，这让不知情者很容易相信罗伯斯庇尔的指控，即布里索派鼓励囤积行为，故意维护富人的利益而不顾穷人死活。[54] 政府力图在维持自由贸易政策的同时控制面包价格，并对最需要的人施以援助，却徒劳无功。在巴黎，无套裤汉的不满情绪十分强烈。

图 11　路易–利奥波德·布瓦伊作品，马拉凯旋，1793 年 4 月 24 日，纸面油画裱于布上。

　　在马赛，贫穷与失业也对平民生活的方方面面产生了消极影响。尽管如此，在法国南部的大城市里，不仅民主共和派和保守派仇视山岳派的威权主义、强制手段与监控压迫，陷入不幸的平民大众也不买账。当马赛的山岳派效法他们的巴黎同伙，采取惩罚性独裁手段时，当地街区掀起了一次抵抗运动的高潮。确实，到了 4 月底，山岳派的巅峰时刻看来已经过去，当越来越多民众看透其装腔作势的行径，他们也就开始失势。在早些时候，注定成为山岳派杰出的国民英雄、人称"里昂马拉"的玛丽–约瑟夫·沙利耶带领雅各宾派积极分子，于 1792 年 11 月成功夺取里昂市政控制权。里昂的雅各宾派没有碰上什么困难，就在无业者和穷人的支持下，把他们的城市转变为捍卫马拉和罗伯斯庇尔的堡垒。然而事实证明，想要在承诺无套裤汉廉价食物后使其保持忠诚并不容易，对于沙利耶集团来说尤其如此，因为这帮出言不逊、难逢敌手的家伙实际上极度无能，他们不但不尊重人权，就连基本的能力也相当欠缺。

　　不论山岳派如何承诺，他们在限制征兵征用或增加城市供给方面同样无能为力，也没法阻止因枯水期水磨效率降低所造成的产量骤减。他们无法控制面粉和面包价格，只好压制批判的声音并消灭对手。沙利耶向巴黎公安委员会代表，年轻的律师克洛德·巴齐尔和与他共事的委员们寻求支持，到了 1793 年 4 月，该政权已经成了一个既不受欢迎又很残暴的地方独裁政权。就这样，沙利耶向里昂公众展示了山岳派"美德"的真正含义。[55] 与法国其他地方一样，里昂当地的民主共和报纸支持布里索派，反对沙利耶。《里昂日报》的所有者是某个自称"卡里耶"的人，他从 1792 年底就开始不断讽刺在里昂横行霸道的"马拉帮"。沙利耶和巴齐尔决定，一旦有机会，就要查封该报，收缴报纸档案与订阅名单，逮捕其编辑费恩·卡里耶。他们宣称当时身在巴黎的卡里耶"十分危险"，他的日报是不安定的源头。4 月 22 日，卡里耶向国民公会发出抗议，说自己只有在面对居心叵测的密谋者、保王派和"所有那些试图侵犯人民权力"并用独裁统治取而代之的人时，才"十分危险"。[56]

3 月底，自莫伊兹·培尔和皮埃尔·巴耶作为特派员来到马赛后，在该市努力巩固自身优势地位的罗伯斯庇尔派便发动了针对所有对手的大扫荡。马赛市市长穆哈伊，以及巴尔巴鲁的其他盟友均于 4 月 11 日被捕。可即便马赛的罗伯斯庇尔派逮捕了他们的主要反对者，却还是像在里昂那样，在市内各区面临着越来越多的困难，因为在那里，民粹主义式的恐吓无法左右大部分劳动人民。马赛山岳派的问题在于，该市各区对待人民主权的态度非常认真，拒绝向雅各宾派的强制措施低头。[57] 4 月 25 日，该市 24 个区中拒绝承认山岳派市政府的 22 个区给培尔下达最后通牒：人民要求恢复秩序、工会和人民的权利。两天以后，培尔本人被捕，马赛人随之彻底推翻了"雅各宾俱乐部的独裁压迫政权"。当时几乎没有发生流血事件，不过 36 名被捕山岳派成员之后还是遭到了处决。[58] 在街区党人战胜山岳派的那个夜晚，整个马赛都在欢庆，灯火表演照亮夜空。布里索派控制的人民法庭得以重建，并负责市政管理。民主共和派联合排挤马赛的雅各宾派。几周过后，就在罗伯斯庇尔于巴黎发动政变的 6 月 2 日当天，马赛的雅各宾俱乐部遭到封闭。[59]

在尼姆，山岳派的平民俱乐部指控共和派俱乐部是贵族派和潜藏的反革命分子，而他们同样失了势，继而被推翻。在该市 12 个区的支持下，市政府对平民俱乐部的活动进行了限制。在普罗旺斯地区的艾克斯，罗伯斯庇尔的支持者同样被人推翻。到了 5 月 27 日，整个东南地区只有里昂、土伦、阿尔勒和阿维尼翁这样拥有浓厚保王主义与亲罗马教宗传统的地方还掌握在民粹主义者手上。4 月底，巴黎因南部传来的"革命舆情"报告和其他推翻山岳派统治的政变而沸腾。根据卢韦的说法，山岳派意识到他们必须尽快发动政变，否则就太迟了。罗伯斯庇尔派控诉马赛和里昂的起义者，说他们是贵族派、保王派和反革命分子，从那时起，指控马赛和里昂落入"白人""保王派"和教士手中就变成了山岳派的日常，尽管马赛各区派来的委员于 5 月 6 日明确否认此事，而里昂的保王党，在山岳派的反对者中同样毫无疑问属于少数派。[60]要想成功破坏民主共和革命与人的权利，留给罗伯斯庇尔的支持者们的时间看起来确实不多了。[61]

在巴黎，山岳派面临的首要困境在于如何在街头动员起比 2 月或 3 月时更多的支持者。对巴黎各区和巴黎公社来说，组织小型的暴民示威不在话下。但这并不能帮助他们成功夺权。山岳派该如何发动起足以掀起大型示威的无套裤汉群众呢？他们最好的机遇在于食物价格进一步上涨，就像春季末期发生的那样。值此紧要关头，山岳派的吸引力大大增强，因为他们对遏止面包价格疯涨的呼声表示了强烈的支持。2 月间，马拉受巴黎无套裤汉街区欢迎的程度有所增长，因为他公开煽动人们袭击杂货铺和面包店，这成为 4 月马拉被正式起诉的罪行之一。[62] 5 月 1 日，山岳派的前景愈发明朗：来自圣安托万郊区三个贫困街区的数千名和平示威者包围了国民公会，要求严格控制面包价格，并征收有产者年收入超出 2000 里弗尔那部分的 50% 作为战争费用。这些街区有八九千名示威者签署了这份请愿书，它指责国民公会承诺得多实现得少，就连之前承诺的宪法都不见踪影。食品价格必须固定在某个最高值以下。群众发出威胁，如果不采取他们要求的紧急措施，就要发动武装起义。国民公会不为所动，并就此进行了长达 4 个小时的讨论，有的议员呼吁，以胁迫并要求解散立法机关的罪名逮捕带头请愿者。

无套裤汉一听要对囤积者和富人采取惩罚性手段，就蠢蠢欲动。[63] 在 5 月 2 日至 3 日，国民公会就紧急立法固定面包价格进行辩论期间，鲁昂爆发了食品骚乱，持刀和棍棒的无套裤汉洗劫了街边的店铺。很多议员对饥饿者抱有同情，也非常关心食品价格，但他们也意识到，把价格强行压到市场水平之下的尝试，有可能会逼走供应商，进而加剧供应短缺的风险。然而大部分议员还是在丹东又一场震撼的演说下妥协，同意至少要先平息民众的怒火。库东与罗伯斯庇尔派其他议员费尽口舌，终于说服议会于5月4日确定大革命中第一次"限价"，这是一项紧急状态立法，它规定了面包价格的上限，强制面包店店主和粮食商人向市政机关汇报自己的储备情况，由市政机关负责核查汇报数量是否属实，同时实施争议很大的强制"战争贷款"。为了执行上述措施，该法案将广泛的搜查与征用权力让渡给市政机关，尤其是巴黎市政府。[64] 丹东派成员菲利波的补充提议则被暂时搁置。他提出，不论人们是否愿意为更高品质的面包多付钱，面包房只许烘焙同一种面包给全体公民。

巴黎各街区间的斗争十分残酷，这些斗争成了山岳派的主要力量源泉。巴黎前市长佩蒂翁，试图与马拉、埃贝尔和沙博那接连不断的言语暴力以及罗伯斯庇尔的阴谋诡计相抗衡，他与卢韦、戈尔萨斯、卡拉、普吕多姆一道，成为地方宣传冲突中的关键人物。在戈尔萨斯于5月间出版的反山岳派小册子中，有一封佩蒂翁写给巴黎人的公开信。他提醒巴黎人自己依然热爱巴黎，恳求大多数市民从事不关己的沉默状态中醒来，抗击令人厌恶的恶霸，在一切变得太迟以前夺回自己的城市。"你们还要忍受这帮人的统治多久？你们推翻了王权，难道仅仅是为了服从于更加邪恶的暴政？我目睹了巴黎发生的一切，我已经认不出她了。"普通巴黎人怎么可以甘愿被恶意诽谤者收买，怎么可以任凭最可鄙的家伙不断重复最粗鲁的欺诈与谎言，让他们肆意践踏佩蒂翁和其他很多人原本显著的政治声望？[65] 为了捍卫自由与正义，巴黎人必须展现与1789年和1792年8月相同的决心和勇气。

毋庸置疑，埃贝尔、沙博和马拉确成功说服了贫穷的巴黎人，使他们认为佩蒂翁已经成了"人民的敌人"。但就此认为山岳派是人民的代表或站在人民一边的左派资产阶级派系是错误的。大部分穷人和失业者，事实上大多数民众都毫无疑问偏向于各种反山岳派的政治派系，即布里索派、君主立宪派或保王派。外省的情况尤其如此，但即便在巴黎也不例外。只有一些最没有教养的人被山岳派的战术、政治宣传和压制言论自由的立场所吸引，而这部分人的数量并不足以推翻布里索派。在大多数情况下，吸引无套裤汉的山岳派人士——很明显包括沙博和埃贝尔，全都诉诸暴力言论和带有攻击性的不宽容立场，他们鼓吹消灭不同意见，建立独裁统治。他们都不是真正的无产者领袖。当然，确实存在一些在话语上更接近所谓无套裤汉政治文化的正宗无产者领袖。这一政治文化格外强调所谓"持续、直接地行使人民主权"，认为立法机关的议员是人民的委托人，他们一旦无法实现人民的意志，就可以立即被召回或解职。[66] 无套裤汉的政治文化还充斥着仇富的情绪。[67] 真诚拥护这一政治文化的领袖，毫无疑问是要努力改善穷人的生存条件的。此外，首都的忿激派街头煽动者，如揭露贫困与富人压迫穷人现实的雅克·鲁和让·瓦尔莱，他们的公共"布道"曾出现在山岳派的民粹主义报刊如沙博的《大众日报》和埃贝尔的《杜歇讷老爹报》上，直到大革命的下一阶段才被删除。

瓦尔莱原先在邮局工作，是首都最有号召力的民粹主义街头演说家之一，也是直接民主的真正拥护者。他曾反复控诉国民公会的"立法暴政"。[68] 马拉批评他头脑僵化，而他却能面对一大群饱含渴望的街头听众滔滔不绝好几个小时，揭露投机、垄断和囤积行为。除了巴黎，他对波尔多、里昂、马赛的无套裤汉那种身无长物的生活体验有着真正的共鸣，而且坚信无套裤汉本身就构成了"人民"。他把店铺所有者划为无套裤汉的敌人之一。这个极端忿激派希望把所有法国贵族从公职人员和军官队伍中清洗出去。山岳派的问题在于，瓦尔莱和他的同伴是真诚的理想主义者，他们与马拉和罗伯斯庇尔两人立场不同。[69] 鲁、瓦尔莱、富尼耶和居兹曼这类人是信念强大的无产者领袖，可以依靠他们抵抗罗伯斯庇尔和马拉。然而他们同时也因食品价格过高而指责布里索派，而且他们的政治和社会构想相当狭隘。在任何广泛的定义中，他们既不是民主派，也不是共和派，但他们真心为无套裤汉说话这一点证明，他们中大多数人不会任由山岳派摆布。

食物短缺以及为旺代和比利时战事而加紧征兵进一步激化了矛盾，巴黎的局势开始紧张起来。马拉肆意谩骂布里索派领袖，罗伯斯庇尔则不时加入针对富人的言语攻击，向听众保证"人民"需要对抗银行家、金融家和富有资产阶级的罪恶企图。在几周的时间里，他都致力于这种宣传，不过这种机会主义的行径不会持续太久，因为在他看来，他的主要论点始终在于粉碎每一种反革命的需求。（布里索派的）"密谋者"侵犯了街区，用爱国主义的面具掩盖了他们的邪恶目的，必须刻不容缓地揭发和消灭他们。[70] 亲山岳派无套裤汉和衣着更光鲜的"纨绔派"之间爆发了冲突，后者是游手好闲者和政治积极分子，来自巴黎较为富裕的街区，在佩蒂翁和其他布里索派领袖的鼓动之下，他们组成了驱逐山岳派的团体——他们让这场斗争带上了明显的阶级斗争意味，关于向富人强制贷款的言论也是如此。佩蒂翁竭力动员"正派人士"去对抗情愿相信山岳派政治宣传的人。《杜歇讷老爹报》认为，佩蒂翁与拉法耶特一样，是个邪恶的"无赖"，他比任何人都要更加"危险"：当初他捍卫无套裤汉的时候，斐扬派曾痛恨他，而现在他们为他大唱赞歌，因为他们意识到他真正捍卫的其实是"王权"。新的圣巴托罗缪大屠杀已经不远了，如果让这些"叛徒"得逞，罗伯斯庇尔和马拉作为自由"最好的朋友"就会牺牲。如果这些阴谋家成功发动反革命政变，他们就一定会让无套裤汉过得比驮重物的牲口还要悲惨。面对佩蒂翁这样的渣滓，《杜歇讷老爹报》会战斗至最后一刻，即使终将面对死亡也绝不畏惧。

最让埃贝尔失望的要属"大部分无套裤汉的无动于衷"（在此没有理由怀疑埃贝尔的真诚），他们当中大多数人都莫名其妙地辨别不出周遭的"背叛"。想要击败反革命，无套裤汉就必须迅速武装起来，消灭所有骗子和叛徒，但他们此刻并没有这么做。[71] 据佩蒂翁说，只有五六百名死硬党徒参与到罗伯斯庇尔精心策划的阴谋、政治宣传和选举操纵机制当中去，该机制只不过在表面上征服了巴黎，但选举结果并不能反映当地民意。事实上，沙博承认巴黎的大部分年轻人是他口中的"布里索派反革命分子"。[72] 佩蒂翁认为，山岳派成功的秘密在于那些轻信而单纯的正直公民，而绝大部分公民可悲的无动于衷也造成了巨大影响。新民粹主义暴政的本质在于利用职业暴徒去恐吓最无意识的人，然后宣称街区议会和官员正在执行人民的意愿。问题在于人民无法理解街区头目真正的意图是什么。[73] 然而他们数量如此之大，以至于不可能轻易被吓住。

　　佩蒂翁控诉道，若与刚成立的时候进行对比，就会发现如今的巴黎雅各宾俱乐部已堕落如斯！他们已经不再处于严重分裂的状态中，却变得极度狭隘，不再充当辩论和自由言论的竞技场。从前，雅各宾俱乐部曾是启蒙人士的社团，它积极塑造国民的"公共精神"，怀着对自由的一腔热忱，只宣扬启蒙运动和"好的原则"。[74]如今的雅各宾俱乐部被专横暴虐的领袖攫取，成了前所未有的事物——"教授谎言与诽谤的学校"。巴黎的雅各宾俱乐部常年开放，拥有差不多 2000 名固定听众，它已经把欺骗大众发展为一门高超的技艺，这种迷惑普通民众的手段，即便是最堕落的王室宫廷都未曾想过。他们发现，无休止地重复虚假以及错误的信息，是动员无知公众最有效的手段。他们胆大包天地到处宣传不具可能性的伪造"事实"。沙博的《大众日报》同样用"人民的无知和轻信"说明佩蒂翁当初为何在巴黎大受欢迎，而今即便他拥护"邪恶的"联邦主义并持续背叛"人民"，他也依然如此为大众所喜爱。[75]

　　巴黎意见不一的各个街区中，有六七个坚决抵抗着山岳派的霸道行径，这些行为造成的冲突如此剧烈，以至于很多人已经暂时忘却东北地区、旺代和莱茵河流域的紧急事态。[76]当比佐指责巴黎公社对待香榭丽舍区的新教徒就像拉法耶特对待战神广场中的请愿者那样时，国民公会的公共大厅里爆发出一阵愤怒的吼声："送他进修道院监狱！"比佐的反驳中蕴含着危险的气息："没错，我们必须粉碎'新暴政'，否则就只有死路一条：受压迫的巴黎公民啊，团结在国民公会身边，抵抗这些自称为爱国者和共和派的独裁暴君施加的束缚吧！"[77]香榭丽舍区、梅勒区、磨坊高地区、伦巴第人区和兄弟会区起草了反对山岳派的公共请愿书，立志维护自由，捍卫国民公会，使其免受山岳派起义近在咫尺的威胁，告诫大家当心那些把自由变为"嗜血女神"的变节者。巴黎公社抱怨说，这些街区的议会已经被布里索派的贵族派和温和派分子侵蚀。公社认为，必须进行更积极的清洗和逮捕，以阻止他们的反攻。当局加紧监视公民并逮捕嫌疑分子，而抗议也愈演愈烈。5 月 10 日，伦巴第人区派出代表团，要求国民公会下令释放某位关押在巴黎古监狱中的"共和主义公民"和"优秀爱国者"，他仅仅因为在某次街区议会上控诉任意逮捕的行为就锒铛入狱。[78]
他们提交了为这位市民的公民心作保的证词，勃然大怒的罗伯斯庇尔因此
痛斥该代表团为联合贵族和特权阶层，决心进行反革命政变的"一票商
人"。请愿者本该和那个犯人关在一起。他感到十分震惊，因为国民公会
内部竟存在着这帮请愿者的"保护人"。

　　根据勒瓦瑟日后的回忆，在布里索派主导国民公会的9个月里（1792
年8月至1793年5月），他们几乎每天都在指责罗伯斯庇尔和丹东的支持
者背叛大革命，并阻挠宪法草案的敲定。[79]孔多塞及其同僚到了5月的时
候已经非常沮丧，他们最后一次试图确保自己如此辛苦起草的宪法能被人
接受。5月13日，孔多塞重新提交了他的宪法草案，这是他最后几次出
现在国民公会的演讲台上。他与另外五名制宪委员会成员一道，试着反抗
山岳派的蓄意阻挠。他的宪法草案再次被否决，理由是它过于"学院派"，
充满了"形而上学问题"。勒瓦瑟认为这次否决合情合理。孔多塞强烈建
议国民公会，如果到了1793年11月，议员们还是无法通过一部宪法，那
么至少应该批准新的选举，以产生全新的议会。[80]

　　经济困难给1793年春季末的起义提供了动力，但是这份额外的动力
还能持续多久？巴黎26个区的山岳派领袖对他们在马赛、尼姆、艾克斯
和里昂的溃败有所警觉，也意识到他们难以联合广大群众支持自己对抗
国民公会，因此也就负担不起拖延时间的后果。他们必须迅速而积极地一
致行动。实际上，从3月底开始，各街区代表已经在秘密集会，碰头地点
是主教府，一个与巴黎圣母院主教座堂相连的大厅。在那里，他们计划利
用积极的群众动员和政治宣传手段争取更多的街头支持，直到足以让他们
"拯救国家和自由"。[81]面对显著的危机，国民公会考虑过暂时把议会从巴
黎迁往布尔日（Bourges）或其他城市的提议。5月18日，国民公会多数
派顶住山岳派的疯狂抗议和来自丹东的反对，通过了加代的动议，成立
了"十二人委员会"（Commission de Douze），由中立派和布里索派混合
组成——但没有山岳派成员——负责调查巴黎的暴动阴谋，检查巴黎公社
的文件。委员会将就如何对抗泛滥成灾的选举操纵与失格行为提出建议。
结局即将上演。[82]有流言称，在内城各区操纵舆论的密谋者计划发动比2

月和 3 月抗议规模大得多的群众暴动。福谢评论道,大部分巴黎人确实消极鄙视着"恶霸",而大部分无知之人则"狂热"到足以实现这样的计划。他预言,女人会吵着要面包,从而引发骚乱,而早已准备好的男人们则会冒出来助她们一臂之力。[83]

委员会着手搜集犯罪证据,并于 5 月 24 日下令逮捕埃贝尔、瓦尔莱、西堤区区长克洛德·埃马努埃尔·多卜森以及其他公认的"密谋者",或者按照山岳派报纸更中意的称呼来说:1789 年 7 月 14 日和 1792 年 8 月 10 日的"勇敢英雄"。[84] 16 个巴黎街区反响强烈,请愿要求释放犯人并立刻惩治"十二人委员会"。这成了民粹主义者发动新战争的口号。[85] 5 月 26 日,罗伯斯庇尔意识到已经没有退路,便在雅各宾俱乐部发表了他政治生涯中最关键的演说之一,公开呼吁巴黎平民起来对抗国民公会的"腐败议员",阻止"十二人委员会"。这是罗伯斯庇尔在大革命中第一次直接煽动武装起义。有的街区很快响应他的号召,那里的革命委员会马上着手逮捕出言批评罗伯斯庇尔、马拉和革命委员会的人,但包括兵工厂区在内的其他街区则爆发了内讧,并未立刻采取行动。[86] 帕什和巴黎公社领导层寄希望于市民大量出动形成强大力量,因此在当天下令敲响警钟并击鼓,人群聚集起来,特别是女人,她们大呼小叫,要求释放埃贝尔。[87]

然而,5 月 26 日当天的群众规模并不让人满意。罗伯斯庇尔、马拉、帕什及其支持者面临着严峻的困境。5 月 27 日,议会原本应该用一整天的时间讨论宪法,而山岳派则卷土重来,动员大量狂热分子包围了国民公会。西堤区代表团充当群众发言人,要求释放他们的"区长"。人们高举写着"人权和公民权遭到践踏"的横幅,上面还有一顶红色自由帽。当时的国民公会议长马克西米利安·伊斯纳尔怒火中烧。他来自外省,是布里索派中为数不多投票反对人民公诉的议员,以支持严酷对待流亡者和抵抗派教士著称。伊斯纳尔当着暴动者的面破口大骂,告诉他们,不管"暴君"身披金丝绣衫或无套裤汉的破布,暴君总归是暴君。然而他被人推到一边,这时候议会的出席率很低,废除"十二人委员会"的动议被成功通过。埃贝尔、瓦尔莱等人获释,人群欢欣鼓舞,簇拥着他们来到街上。但是山岳派领导层无法基于这场最初的胜利夺权,因为人群散去得太快,而那天晚些时候，出席国民公会的议员人数也增加了。布里索派随后确保国民公会以多数票（279票赞成，239票反对）推翻先前的决定，恢复了"十二人委员会"。[88]

倘若罗伯斯庇尔、马拉及其支持者无法召集更多无套裤汉群众，施加更大压力，加强恐吓国民公会的力度，他们就不可能推翻自己的对手。他们意识到，要做到这一点，就不能单纯利用精心计划的有组织力量。5月28日，各区秘书处接到通知，号召亲山岳派的街区各派出两名全权代表，参加主教府的紧急会议，目的是采取一致措施，大规模煽动街头行动。66名代表主要由职业人士和商人以及零星的手工业者组成，忿激派领袖瓦尔莱和勒克莱尔也在其中。[89] 5月29日，他们一致通过由中央革命委员会（Comité Central Révolutionnaire）负责指挥的起义的详尽计划。25名暴动领导者包括多卜森、瓦尔莱和让-巴蒂斯特·洛伊斯律师，这位律师曾被自己的马赛同乡巴尔巴鲁称为渴望独裁政权的"疯子"。[90]

所谓的无套裤汉起义始于5月31日，凌晨3点，瓦尔莱下令敲响巴黎圣母院的大钟，随后钟声响彻全城，鼓声宛如雷鸣，老练的群众领导者各尽所能，据弗雷龙观察（此人并非布里索派之友），整个行动仅仅由数十名街区头目指挥，其中包括出生在安达卢西亚的法国人安德烈斯·玛利亚·居兹曼，他当时不断敲击警钟，而后因此被称为"唐·托克西诺斯"，还有弗朗索瓦·昂里奥，此人出生于楠泰尔的一个农民家庭，曾做过低级官吏，如今被多卜森任命为巴黎国民自卫军司令，他与罗伯斯庇尔派的其他打手一道，以巴黎公社的名义行事。弗雷龙和梅西耶均强调，众人像以往一样聚到街头（尽管这次规模大得多），对他们的街区领袖为何召唤他们一无所知，也完全不知道该去往何处。每一步都在煽动者的指挥下完成，根本不是人民自发进行的活动。就这样，5月31日这桩后来被粉饰成"人民起义"的事件，正如6月2日那次一样，其实是场荒唐的闹剧。他们成功的关键在于散播了一个明显的谎言：在磨坊高地区，有人戴着白色帽徽，摇着王室旗帜"发动起义"，另外还有15个街区公然挑衅山岳派。[91]

起义的首要目标，是消灭巴黎各区对温和派和反革命分子的支持，山岳派将其视为自己的死敌。国民公会外的卡鲁塞尔广场（Place du Carrousel）上爆发了全面冲突，一度有大约 2000 名亲布里索派人士在与暴动者作战。街上到处都是武装分子。山岳派一控制住局势，巴黎公社就开始清除余下的异见人士。起义策划者采取的最有效的措施之一，是切断国民公会与外界沟通的所有渠道，使其无法写信给首都周边城镇与省份或找人拉响警报。暴动者的策略是在受到误导的群众粉碎国民公会内部的抵抗之前，阻止任何人前来帮忙。国民公会原本计划从早上 6 点至晚上 10 点开会，然而正午将近的时候，他们意识到自己已经被街区议会代表团率领的群众团团包围，完全无法与外界取得联系。暴徒告知国民公会，"人民"的要求就是让马拉和罗伯斯庇尔获得大革命的领导权。然而，一连好几个小时，大部分中间派和布里索派议员都拒绝向胁迫低头。

街区发言人对群众和国民公会宣读了布里索派的可怕"罪状"：他们才是旺代叛乱的罪魁祸首。长期以来，这些"叛徒都在满足敌人的心愿，揭露虚构的阴谋"，他们的目的就是发动真正的政变，诋毁"巴黎"，居心险恶地剥夺"人民"期盼已久的宪法。[92] 有位演讲者告诫摇摆不定的中间派："立法者们，我们必须粉碎这些始终背叛人民的邪恶阴谋家的奸计。"他的话在公共大厅赢得了如雷的掌声。"人民"再也不愿容忍有人反抗"他们的意志"了。在那不朽的 8 月 10 日，我们这些战胜了专制主义的人，"应该不惜最后一口气，对抗图谋重建专制的暴君"。时间一点一滴地过去，山岳派议员的发言一浪高过一浪，揭露"巨大的阴谋"，其他议员则静观其变。山岳派强调，只有罗伯斯庇尔率领的英勇的无套裤汉才能拯救大革命，有的演讲者则补充道，"为共和国牺牲自己时间"的工人如此英勇地"捍卫"大革命，应该每天付给他们 40 个苏。[93] 正如米什莱很早就指出的那样，[94] 每个暴动者对吉伦特派的指控都是如此毫无依据，如埃贝尔指控布里索派在夜里偷偷拿走烘焙房的面包储备，又如马拉声称佩蒂翁和布里索是九月屠杀的罪魁祸首。面对请愿者，加代力压公共大厅传来的嘘声和"诽谤者"的吼声，反驳说他们的剧本里只有一个词出了错：与其说"发现了巨大的阴谋"，倒不如说他们来到这里，是要"实施巨大的阴谋"。此话一出，对于究竟谁才是阴谋家，已经不言自明。[95]

5 月 31 日的政变险些成功。昂里奥带领国民自卫军小分队前来，进一步向国民公会施压。昂里奥在指挥暴动和恐吓议会的过程中扮演了关键角色，这个臭名昭著的流氓在圣马索郊区的暴民中很有威望，他很快会成为罗伯斯庇尔最残忍的帮凶。[96] 无论国民公会是否愿意，它都必须逮捕那 25 名叛徒。所有威胁破坏巴黎的布里索派叛徒都应该遭到逮捕。他们所有人都犯了阻挠制宪罪。一旦除掉这些人，长期拖延的宪法就能很快生效。[97] 但是 5 月 31 日的胁迫最后之所以失败，是因为阴谋家们没能把无套裤汉明显持不温不火态度的施压维持得更久一些。等昂里奥一到场，罗伯斯庇尔刚站起来准备总结陈词，并督促议会服从街区代表团要求的时候，大部分完全不知所以，对罗伯斯庇尔的计划也毫无兴趣的群众已经散去了。[98]

5 月 31 日起义最终失败是由于无套裤汉的支持缺乏热情。此时在里昂，沙利耶纵使已经令所有反对者噤声，却还是在街头遭遇了严重麻烦。5 月 24 日，里昂爆发危机，一群饥饿的妇女洗劫了保存征用来的军事补给的仓库。国民公会派到当地的代表命令东南方向的部队开进里昂，这引发了各街区反抗雅各宾派市政府的起义。山岳派试图按照惯常的方式维持政权，即进行粗暴的镇压。5 月 28 日，国民公会的特派员汇报说，他们禁止里昂街区议会召开会议，理由是已经有 "可疑人士" 渗透进了议会。[99]
5 月 29 日，就在巴黎各街区的煽动者密谋起义的同时，一场全面暴动席卷了里昂，人们推翻沙利耶的统治，将其逮捕并投入监狱（他于 7 月 16 日上了断头台）。共和左派接管了市政府，这场被雅各宾派指控为 "联邦派" 起义的暴动实际上是成分复杂、根基广泛的反山岳派运动，由布里索派、各个君主派和所有心怀不满的人发起。他们的共同目标就是反对沙利耶和民粹主义暴政。

与此同时，一支 8000 人的 "天主教保王军" 在蒙彼利埃北部乡间集结起来。大军据说由 15 名受到旺代叛乱鼓舞的抵抗派教士领导，指挥官是玛丽-安德烈·沙里耶律师，他曾是 1789 年的三级会议代表。到了 5 月 27 日，沙里耶的军队已经攻下芒德（Mende）、朗东（Randon）和马尔沃若勒（Marvejols），所到之处撕毁三色旗，砍倒自由树，拉起保王派的白色横幅，让修女重回修道院，焚毁档案，有选择地释放政治犯，并把爱国者投入监狱。[100] 沙里耶以"法兰西的路易-斯坦尼斯拉夫·格扎维埃，法兰西王国摄政王"（未来的路易十八）的名义发号施令。

山岳派既然丢了里昂和马赛，罗伯斯庇尔、马拉及其主要打手，还有埃贝尔、丹东、肖梅特和忿激派领袖等支持他们的人，就被困死在狭窄的角落里：他们必须抓紧时间再次行动，否则就要丧失所有利用民众不满击垮国民公会的机会。当时的法国四面楚歌，接下来的几天里，革命军在旺代再次被击败，里昂所谓的保王派起义，还有洛泽尔省（Lozère）和阿尔代什省（Ardèche）真正的保王派及天主教分子暴动都给罗伯斯庇尔的事业帮了大忙。然而帕什、昂里奥手下的军官以及各街区首领在 6 月 2 日发动的最后一搏中还是倾尽了全力。狂热的人群涌上街头，据说人数超过 8000 人，不过再一次，据皮克、罗兰夫人、卢韦、弗雷龙和梅西耶所说，只有最贫穷、最缺乏教养和最无知的人才会去理会那些自相矛盾的朗言乱语，而完全不理解究竟发生了什么，以及自己是如何被人利用的人，成了打击国民公会、协助山岳派建立独裁统治的帮凶。[101] 马拉、昂里奥、居兹曼等人努力发动群众。屠夫路易·勒让德尔也在其中，他发誓要消灭"所有流氓"。[102] 只要密谋者们还把持着国民公会，"我们就永远也别想拥有一部自由的共和主义宪法"。这一次，昂里奥带来了更多的国民自卫军士兵，还额外增加了一门大炮，这终于确保罗伯斯庇尔有可能对国民公会施加无情、坚决而难以抵挡的压力。

国民公会被包围了好几个小时，最后终于在压力下妥协，但这种妥协也伴随着英勇而漫长的蔑视。国民公会大部分议员坚决抵抗。朗瑞奈发表了愤怒的演讲，揭露巴黎公社"篡权"的真面目，指控公社才是"阴谋"的策划组织者。为了迫使国民公会交出大权，巴黎公社系统性地动员并欺骗了无知的巴黎人。为了让他闭嘴，勒让德尔直接上前大打出手，朗瑞奈奋起反抗，将勒让德尔扔下讲台。朗瑞奈说，人们指控他和他的同僚中伤巴黎，但这完全不是真的："巴黎是好的，可是巴黎正被嗜血而渴望权力的暴君所压迫。"朗瑞奈的演讲最终被公共大厅中人群的叫嚷声所淹没，罗伯斯庇尔的弟弟奥古斯丁·罗伯斯庇尔、德鲁埃、朱利安等罗伯斯庇尔派助了勒让德尔一臂之力，把朗瑞奈推下讲台。他们宣读了巴黎公社的最后通牒：巴黎人民武装拯救自由平等的火焰的努力已经持续了 4 天；人民的代表最后一次站在国民公会面前，要求立刻逮捕 22 名叛乱分子。人民不愿看到"自身的幸福"毁在"阴谋家"手里。"人民"已经忍无可忍了。[103]

　　演讲者一个接一个上台，要求马上逮捕这 22 个人，因为他们是联邦党人、温和派、贵族派、保王派、罗兰派和"叛变大革命"并破坏自由之人"背信弃义的"头目。必须扣押的人（事实上已经超出 22 名）有："让索内、加代、布里索、戈尔萨斯、佩蒂翁、韦尼奥、萨勒、巴尔巴鲁、尚邦、比佐、比洛托、迪科、伊斯纳尔、朗瑞奈、利东、拉博、拉索尔斯、卢韦、布瓦耶-丰弗雷德、朗特纳斯、迪佐、福谢、格朗热纳夫、勒阿尔蒂和勒萨热。"[104] 紧张的时刻已经过去。试图离开会场的议员被人拿枪指着，被迫留在人厅中。[105] 最后，议会多数派筋疲力尽，先是跟着"议长"弗朗索瓦·马拉美这个对罗伯斯庇尔有所保留的山岳派，再跟着取而代之并更加灵活的埃罗·德·塞舌尔，不情愿地做出了妥协。罗伯斯庇尔的弟弟发起动议，要让国民公会接受"人民的要求"，巴齐尔和库东附议。中间派议员提议，要把"有罪之人"逐出国民公会，应该先给被控有罪者主动辞职的机会。伊斯纳尔、福谢和朗特纳斯同意主动辞职，福谢还发誓要牺牲"作为基督徒"的自己来拯救大革命（尽管朗瑞奈拒绝使用"牺牲"一词来形容在大炮的威胁下被迫就范的情形）。只有 3 个人将"自愿"辞职，因此国民公会下令逮捕山岳派名单上的其余"罪犯"。

　　逮捕行动由马拉主持，有人唱出名字，22 个人陆续被捕，不在名单上的十二人委员会成员也悉数被捕（包括克尔维勒冈）。布瓦耶-丰弗雷德逃过一劫，因为他有好几次投票反对十二人委员会中其他人的决定。让-约瑟夫·迪佐的名字也被从逮捕名单上划掉了。在过去的 30 年里，他始终是激进的开明人士，翻译过尤维纳利斯的作品，是马布利的崇拜者，法兰西文学院院士，也是长期以来充满热情的革命者（狄德罗曾称赞他是最诚实的人）。迪佐如今已经 65 岁了，这时候他主动要求"有幸"跻身那些被捕人士行列，因此马拉怒斥他是个"无法领导任何人的老蠢货"。[106] 他们同样放过了朗特纳斯和迪科。[107] 6 月 2 日政变领导人逮捕的国民公会议员总共有 34 人，包括外交部部长勒布伦。不过其中并不包括独裁团伙想要逮捕的若干重要共和左派人士，如罗兰、卡拉、曼努埃尔、多努以及并不在场的孔多塞议员。巴黎公社早在前一天就已下令逮捕罗兰，但他当时逃出了巴黎。然而，罗兰夫人如今也遭逮捕，被关押在修道院监狱。

到了 6 月 2 日深夜，罗伯斯庇尔的政变几乎大功告成，只有一点，正如官方记录反映的那样，"还有很多议员"英勇地留在议事大厅里，拒绝签署国民公会的"逮捕令"。[108] 这场政变，尽管在发起之初完全没有任何源自人民的动机也并非自发，却仍然是"大众的"，因为普通人——或者不管怎么说，那些最没有教养的人——使发动这场政变成为可能。皮克评论道，是普通人的无知，让"这位新克伦威尔"获得了克伦威尔本人所能得到的一切，让他有能力推翻所有合法性和立法机关，清除国民公会中所有重要的议员。[109] 图卢兹的议员向他们的市政府汇报说，6 月 2 日这天发生的事件，完全取决于"极易受到误导的人民那过度的轻信"。马拉、帕什、昂里奥等巴黎市议会领导人，在狡诈方面无人能及，却赢得了人民的信任。这些议员对勒让德尔的评价是："屠夫与其说是他的职业，不如说是他的本性。"至于罗伯斯庇尔，他们则说，他是"被革命动乱推上世界舞台的阴谋家中最寡廉鲜耻的那个"。[110]

而那些相对没那么无耻的雅各宾分子如勒瓦瑟、朱利安和罗默认为，得为如此众多的胁迫和欺诈提供依据。他们为此炮制了多种理论。1794年 1 月，日后曾对圣马洛开展大清洗的代表，坚决仇视联邦主义的让-巴蒂斯特·勒卡庞捷阐释道："人民的思想如果不先获得敬畏，那么人民就不会真正受人敬畏，这样的人民也就不是真的自由。"这种言论必然导致对布里索派的清洗，因为他们是"危险分子"，他们"确实是大革命的动力之一，却不是其内在或必要成分"，他们先是支持大革命，然后试图"在新政体中保留旧制度的某些恶习"。重塑社会就好像锻造金属：任何杂质都会降低成品品质。理性和"谬误"无法勉强共存；因此，"谬误"必须由"真理"来根除。勒卡庞捷认为，真正的平民共和主义意味着排斥启蒙哲学家们拥护的无神论、唯物主义和决定论，因为启蒙哲学家蔑视雅各宾主义的真正脊梁——普通民众，因为启蒙哲学家推翻了一切宗教概念。

他把他们的无神论观念称为"哲学主义的疯癫",对普通人而言,这种疯癫筑起了哲学、背叛与厌恶的大厦。[111]

然而,即便独裁统治的地基已经打好,它尚未建立起来。无论如何,罗伯斯庇尔的政变是四个不同派系共同努力的结果——罗伯斯庇尔派、丹东派、埃贝尔派和忿激派。不出意料,他们的联盟立刻开始瓦解。事实证明,罗伯斯庇尔派与对推翻吉伦特派贡献不小于任何一派的正统平等主义无套裤汉领袖——也就是忿激派之间的联盟最不稳定,甚至没能持续多久[112],因为这场被山岳派称为"5 月 31 日革命"的事件不仅缺乏合法性、连贯性、民众支持或与大革命核心价值产生的任何关联,而且缺乏劳动人民或穷人的真心支持,这一点很关键。正统无套裤汉如瓦尔莱、鲁和新教道路工程师之子让·勒克莱尔支持广大无产者,而他们很快就被罗伯斯庇尔排挤,因为他完全清楚,这些人可以对追随他们的街头民众发号施令,而他自己则做不到。等忿激派迟钝地意识到迫近的独裁统治的真面目,意识到罗伯斯庇尔的自大、偏执与恶毒时,他们很快便遭到了疏远。

第 17 章

颠覆大革命核心价值

1793 年夏

胜利者巩固其独裁统治需要时间，他们不能立即采取镇压手段。一开始的时候，困惑不解的大有人在。6 月 2 日，国民公会多数派支持的是民主左派，而不是山岳派。[1] 大部分法国人，乃至有证据表明大部分巴黎人，都反对罗伯斯庇尔。6 月 2 日下午 3 点，让索内在被捕之前匆匆写就抗辩书，他认为山岳派在"诱惑一部分人之后"，利用每一种威胁、操纵与欺凌的手段让巴黎各区就范，从而控制了首都的革命委员会。很多目击者都同意让索内的说法。[2] 由于受人尊敬，而且一开始的时候看管不严，许多遭到罢黜的议员便设法逃走了。山岳派戏称他们是"所谓的法律之友"。布里索、佩蒂翁、巴尔巴鲁、卢韦、戈尔萨斯、比佐、朗瑞奈和加代都成功逃脱软禁。曼努埃尔在 6 月 2 日当天没有遭到指控，但不久后也被逮捕，他同样从看守手中逃走，但在 8 月初于枫丹白露再度被捕并被送回巴黎，而佩蒂翁的妻儿则在翁弗勒尔（Honfleur）被抓获。[3]

国民公会中大部分积极或消极反对政变的议员继续持反对立场。索姆省的全部 9 位议员，包括在逃的卢韦，于 6 月 5 日在《普世墨丘利》（Mercure universel）上发表抗议书，宣称 5 月 31 日和 6 月 2 日是"所有自由之友和共和国之友的悲哀"。国民公会议员被枪口指着，被骚扰和胁迫，被刺刀、大炮和一大群人围住，这些群众都被人彻底操纵和利用了。唯一真正"有罪的议员"正是精心安排这场阴谋的那些人。在长达 7 个小时的时间里，国民公会都拒绝驱逐 22 名遭到指控的议员，以及十二人委员会的成员，在此期间没有任何议员能够自由离开议事大厅，甚至连解决生理需要都不被允许，除非是被全副武装的密谋者请出去，这实在是莫大的羞辱。侵犯立法机关的"不是公民，也不是巴黎各区，而是某些收入钱财或受到误导的人"。[4] 包括卢韦在内的数位署名者从日后的恐怖统治中幸存，从 1794 年底重新为建立一个民主共和国而奋斗。

马赛、里昂、波尔多、图卢兹、南特、土伦、巴约讷和蒙彼利埃的市政机关纷纷谴责这次政变，法国外省各大城市以外的区域也大都如此。很多小城镇对此也予以强烈谴责。6 月 4 日，蓬欧德梅尔（Pont-Audemer）市民聚集在城市内主要的教堂里起草抗议请愿书，表达了对逮捕 22 名议员的愤怒谴责，说他们唯一的"罪过"就是提议对宪法进行全民公决，以此"向人民主权的原则致敬"。[5] 圣康坦（Saint-Quentin）一开始的反应与此类似：人只有瞎了眼，才会看不清那些夺权之人的嘴脸，为了这一目的，他们解散了十二人委员会，逮捕了 22 名议员，却不提供任何可以证明其指控的证据。夺权之人是"不敬神的乱党，支持他们的全是巴黎最龌龊和堕落的人"。人们召唤"真正的共和派"团结起来，重建真正的国民代议制，清除"人民的压迫者，制定完完全全的共和主义宪法"。[6] 6 月 4 日，位于圣康坦的埃纳（Aisne）省议会发表公开声明谴责政变。全国一共有 49 个省正式宣布反对罗伯斯庇尔和 6 月 2 日政变，这超过了省份总数的一半，只有 32 到 34 个省认可山岳派的夺权行为。[7] 反对派所在省份的议员接到召集令，邀请他们到布尔日集合，共同拯救共和国，并呼吁全法国加入斗争中来，"对抗我们的新暴君"。布里索派领袖竭力号召人们通过发动武装起义来反对政变，他们同孔多塞一道谴责六月宪法，说这是对更加民主的二月宪法的一种歪曲。萨勒医生声称，为了掩盖"他们的罪恶"，罗伯斯庇尔的党羽设计的所谓宪法，"是把一堆无法在实际上阻止暴政的规定捆到一起"，它不过是在"无休止地违反原则"，是"扩大无秩序状态的新方法，尤其会造成合宪的无政府状态，十分有害"。[8] 然而统计正式反对政变的省份本身意义不大，因为这些省份本身大都处在严重的分裂状态之中。譬如由原普瓦图（Poitou）、图赖讷和贝里（Berry）行省各自的一部分土地拼凑而成的维埃纳省（Vienne），在省级层面支持共和左派，而该省唯一的大城市普瓦捷的大众社团却支持山岳派。更确切地说，在宣称布里索派是密谋建立"反民主共和国的贵族派"并公开声援罗伯斯庇尔、丹东和马拉一事上，很少有大城市效法普瓦捷和第戎的做法。[9]

尽管大部分布里索派领袖要么逃走，要么被捕，国民公会内部依旧有人在顽强反抗。在那里，反对派同样试图通过英勇地发表演说，对抗笼罩在头上的暴政。6 月 4 日，格雷古瓦教士等议员发起了直接抗议，[10] 6 月 5 日，法学家、化学家夏尔·杜弗莱什–瓦拉泽和在最后一刻被从逮捕名单上除名的波尔多议员让–巴蒂斯特·布瓦耶–丰弗雷德再次提出抗议。商人布瓦耶–丰弗雷德拥护出版自由，他要求救国委员会就逮捕议员一事提交报告。山岳派难道不怕在全国范围内引发暴动吗？[11] 但他在一片"公共安宁之敌"的吼声中被迫噤声。6 月 6 日，一度是贵族派的卡尔瓦多斯议员古斯塔夫·都尔赛–蓬泰库朗要求出示证明被捕议员罪行的证据。人们同样叫他与支持他的另外几名议员闭嘴。[12] 接下来的日子里，5 月 31 日之前收到的请愿书照样被放在国民公会上宣读，以示反抗。昂热 5 月 30 日的来信由该市所有街区议会签署，指控山岳派镇压公众的"真实声音"，他们所使用的专制手段，即便在君主制下也难以想象。如果阻挠制宪的"大胆而邪恶的乱党"不中止这种行为，昂热就会发动武装起义。请愿书的所有作者均被斥为中伤巴黎的保王派诽谤者。昂热议员路易·德·勒韦利埃–莱波是直言不讳的反山岳派人士，他站起来反驳这类诋毁，却也遭到粗暴的压制。[13]

然而，即便法国大部分地区都在反对罗伯斯庇尔的政变，国内反对派之间的沟通协作依旧缺乏连贯性、目的性与一致性。6 月 9 日圣康坦三个街区在市内主要教堂中召开的联合会议反映了严重的分歧不在"真正共和派"和山岳派之间——因为与会者中实际上无人支持政变，而在希望召集武装暴动的人和偏向按兵不动等待结局以免触发内战的人之间。[14] 第二天，该市各街区代表再次聚集在该教堂，为 5 月 30 日的昂热信件喝彩，并通过投票决定将这封鼓舞人心的抗议书印刷 3000 份，发放到北部各地。6 月 27 日，圣奥梅尔（Saint-Omer）的大众社团在收到有关 5 月 31 日和 6

月 2 日事件自相矛盾的信息后致信国民公会，说他们感到迷惑，不知道该对此做何感想，该如何从谎言中过滤出真相。[15] 真正让天平往默许政变那一边倾斜的消息出现在几周之后，国民公会完成了宪法的修订。法国各地大都对 6 月宪法反响积极。终于有新宪法了！6 月 23 日，"兰斯的共和派"在信中勉强认可了政变，明确提到"祈盼已久的神圣宪法"是该市持支持立场的决定性因素。[16]

独裁统治渐渐收紧了拳头。布里索经沙特尔逃亡，6 月 10 日他在试图前往卡昂的途中被捕。卡昂是共和派在诺曼底的抵抗中心，巴尔巴鲁、戈尔萨斯、比佐、加代和卢韦在那里组建起北部武装抵抗山岳派的大本营。以卡昂为根据地，民主左派领袖努力对民意施加影响，他们向邻近省份派遣"委员"，组织市镇集会，呼吁"真正的共和派"与自由的捍卫者加入他们的起义行动。萨勒来到卡昂之后发表宣言，谴责那些"如今主宰法国并把他们的罪恶推向极致的乱党"，控诉他们毁了国民公会，侵犯了人民主权，洗劫了公共财产。反对派聚集的其他中心也派出委员，鼓励周边地区发动武装起义，比如科多尔的省议会就向上维埃纳省、埃纳省和萨尔特省（Sarthe）派出了此类委员。[17] 在巴黎，救国委员会终于以公开反击作为回应，于 6 月 26 日给国民公会写信，揭发"密谋者"集团煽动人民叛变，说他们的队伍正朝巴黎开进。误导公民的"叛国者"加起来也不过是个小小的团伙，只有 30 人左右，他们妖言惑众，欺骗善良单纯的民众，利用他们对杰出人物及其威望与看法的"偶像崇拜"。布里索派假装痛恨王权和联邦主义，但他们的真正目的是分裂法国，鼓动（清洗过后的）国民公会进行反抗，到处散布保王主义。这是多么背信弃义的行径！普通人太容易受到误导，令人忧心。幸运的是，罗伯斯庇尔确保人们追随他的指引，"在任何地方，人民都是善良的"，普通人永远单纯而诚实，因此一旦有人给他们指明这一点，所有普通人就会回避"布里索派的邪恶与谬误"。[18]

在抵挡共和左派挑战的过程中，罗伯斯庇尔最重要的优势在于普遍存在的困惑，尤其是对宪法的普遍渴望，以及对摧毁大革命的普遍恐惧，人们害怕两败俱伤的冲突会使自己被敌人击败。这种普遍困惑造成的犹豫不决导致很多人早早转变立场。6 月 14 日，埃夫勒（Evreux）市民听到市内公共场所的高声呼唤与主教座堂的钟声后，纷纷聚集到该市主教座堂中参加紧急会议，把那里塞得水泄不通。人们大呼小叫，表达武装起来对抗武力恫吓国民公会并迫使其屈服的"嗜血暴君和无政府主义乱党"的意愿。[19] 然而就在十天之后，这座诺曼底城市的两个街区在得到完全保证，自以为他们确实是被误导、被欺骗之后，便收回了自己的主战方案。[20]

随着武装起义成燎原之势，公安委员会中最残酷且毫无原则的一名成员（6 月 16 日起成为委员），加勒比奴隶主之友、格勒诺布尔的律师阿马尔于 6 月 24 日要求国民公会采取紧急措施，特别是将被捕议员置于狱中严加看管，因为他们至今仍然只不过是被软禁，每人仅由一名宪兵看守。在迪科、布瓦耶-丰弗雷德等共和派坚定分子的强烈抗议下，在一阵狂怒的骚乱中，国民公会投票通过这项提议，并收获了挤满群众的公共大厅中雷鸣般的欢呼。[21] 于是布里索和其他数人都被关进监狱，包括理想主义的青年教育家，索恩-卢瓦尔省（Saône-et-Loire）议员克洛德-路易·马居耶尔和韦尼奥，前者被捕是因为协助佩蒂翁和朗瑞奈逃跑，而后者则设法在 6 月 28 日发出一封意义非凡的信件，写给罗伯斯庇尔的两名头号走狗巴雷尔和罗贝尔·兰代，痛骂他们是"招摇撞骗之徒与杀人犯"，为了出名不惜抛弃良心。[22]

即使将很大一部分布里索派领袖正式投入监狱，也阻止不了国民公会中的抗议。6 月 24 日，迪科指出，逮捕已经过去三个多星期了，可还是没见到正式指控被捕议员详细"罪名"的诉讼状，这是多么可耻啊。他遭到了山岳派和公共大厅中群众的百般辱骂。罗伯斯庇尔本人站起来进行回应：什么！难道还有议员假装对全法国都知道的真相一无所知吗？如今到处都是起义，旺代叛乱正把法国撕成碎片，迪科却还坚持要看布里索派领袖的罪行报告！迪科暗示有一伙"阴谋家"正在代表国民公会的意志！这听上去是旺代和叛乱省份才会说的话！在罗伯斯庇尔痛斥迪科的时候，有几个反对派议员打断了他，这激怒了粗暴的勒让德尔，他跳起来，威胁要将第一个"再敢打断演讲者的叛徒"关进修道院监狱。迪科捍卫布里索，蔑视罗伯斯庇尔，而布里索是个前秘密警察，是人民揭发了这个恶棍的罪

行并捕获了他。"有人在此装模作样，就好像我们真需要报告，就好像人
们对那些在押犯人的罪状一无所知！除了勾结所有'欧洲暴君'，造成我
们的溃败之外，这些人还阻挠制宪，如今在他们离开的这段时间里，我们
神圣的宪法就完成了。新宪法将把全法国团结到我们周围，这些心怀恶意
的'乱党'再怎么造谣生事都没用。别搞错了！是宪法（他稍做停顿）把
法国人团结起来，而不是布里索或让索内。"[23]

再没有哪场演说能像这次一样绘声绘色地展现出罗伯斯庇尔的机敏、
基本意识形态以及擅长欺骗的伎俩。他知道，击败布里索派起义的关键
在于完成宪法修订，再召集全国初级议会批准新宪法。国民公会如今卸下
自己"最神圣的重任"，可以把分裂议会和共和国的行为说成是对人民最
神圣利益的叛变与反抗了。他坚称，发起反抗的并不是各省本身，而仅
仅是某些省级官员，他们明显是"密谋者"。无论如何，最重要的是"人
民"支持山岳派，"人民"！这一点绝非事实，就像他的演讲中几乎没有
一句真话一样，然而他使其看上去无比真实。事实证明，即使有更多法国
人反对而不是支持政变，他们中的大部分也确实过于仓皇无措和犹豫不
决，以至于无法拿定主意。针对布里索派的指控有可能是真的吗？真有
未曾泄露的证据支持他们的叛国罪吗？布里索派确实曾指控山岳派欺骗
国民，罗伯斯庇尔的支持者对叛变领袖们的指控于是如出一辙。不可否认
的是，当时的法国被保王派、反革命分子等密谋者搅得不得安宁，他们
利用了这次混乱，先加入"布里索派"，最后却戴上了白色帽徽。[24] 当局
逮捕了越来越多的嫌疑人。整个夏季，巴黎监狱的在押人数与日俱增，6
月 24 日达到 1347 人，其中有 319 人关在古监狱，295 人在大佛尔斯（La
Grande-Force）监狱，这是两处最大的监狱，到了 9 月底，在押人数已不
少于 2300 人。[25]

在任何地方，只要出现严肃的反抗，精心设计的宣言与抗议书都扮演
了关键角色，因为归根结底，这是一场意识形态的较量。6 月 17 日，图
卢兹各区在他们的全体会议上反对罗伯斯庇尔，他们的宣言被送往法国各
省，宣言要求逮捕罗伯斯庇尔，解散巴黎公社，取消 6 月 2 日针对"国民
公会 28 名议员"的逮捕令，废除国民公会自 6 月 2 日以来颁布的所有"法

令"，因为它们全都是非法的。[26] 据与沙博一同被派往图卢兹的丹东派议员马克-安托万·博多称，不只西南地区坚决反对山岳派，实际上，包括好公民在内的每个人都反对他们。博多汇报，山岳派在图卢兹遭到驱逐，是因为"很多市民"被大量出现的布里索派政治宣传印刷品"所欺骗"，图卢兹的印刷商再版了不少有名的反山岳派小册子，包括"朗瑞奈的那次演讲"。[27] 5 月 31 日暴动的消息刚传到图卢兹，得到该市街区议会全力支持的市长和市政府就否定了山岳派，并向邻近市镇和社区发放了更多的抗议印刷品。

在里昂和马赛，新近成功掌权的民主共和派领导层在各自城市手工业街区的支持下，建立了自己的省级武装力量。6 月 7 日，波尔多宣布发动武装暴动反对国民公会（直到 32 名被驱逐出议会的议员恢复原职），并成立了波尔多救国委员会，又称"人民委员会"（commission populaire），以组织抵抗行动。他们想召集一支军队开进巴黎，恢复国民公会的权力。人们关掉了波尔多的国民俱乐部。6 月底，南特尽管正在遭受旺代叛军的袭击，却仍然奋起反抗山岳派。南特是顽强的反旺代军和反保王主义之城，同时也反对山岳派，她挡住了旺代军的进攻，取得了数月以来革命军的第一次大捷。在土伦，马拉派民粹主义者维持着统治，但这是由于他们无休止地谈论"人民"，拒绝召开任何街区议会，因为他们很清楚，大部分土伦工人并不喜欢雅各宾威权主义，就像里昂、马赛、蒙彼利埃和波尔多的工人那样。事实上，由于面包价格飞涨，土伦的六千码头工人正处于饥饿与不幸之中。他们大致分为布里索派和保王派，几乎无人支持山岳派。为了阻止土伦市政府支持罗伯斯庇尔，该市手工业者和劳工在街区议会的率领下于 7 月 12 至 13 日发动了起义，7 月 16 日，起义者的全体委员会解散了市政府，关闭了雅各宾俱乐部。[28] 波尔多、马赛和里昂成立了人民法庭，清洗了民兵队伍；他们关押了数十名罗伯斯庇尔派成员，数名山岳派积极分子被判处死刑。直到 8 月底，土伦还忠实地维持着共和主义属性。只有当他们处于罗伯斯庇尔和英国海军之间进退维谷时，土伦才选择了投降英国人，由此被迫恢复了君主制和贵族制。

蒙彼利埃的反击是在该市第一位民主选举产生的市长让-雅克·迪朗

的带领下发动的。迪朗是坚定的共和派，也是当地革命俱乐部和国民自卫军的创建者，从 1790 年 1 月起，他三次当选市长。早在 5 月 31 日，迪朗就开始平息罗伯斯庇尔派煽动者的骚乱，他联合该市好公民，清洗雅各宾俱乐部，重建民兵组织。埃罗（Hérault）省议会更名为"救国中心委员会"，并于 6 月 11 日在蒙彼利埃召开会议。迪朗当选为委员会"主席"，他呼吁组织武装力量，加入波尔多、里昂、图卢兹和马赛的部队，对抗篡权团伙，而不是对抗巴黎本身。除了让索内和罗兰的抗议书之外，迪朗还发行了其他"煽动性"传单，其中一份是对"骇人沙博"的谴责。6 月 13 日，蒙彼利埃号召全民抵抗正在颠覆法国并将"所有才华与美德出众之人关进铁窗的邪恶阴谋家"。比起普鲁士人来，山岳派才是更加凶恶的敌人，"他们喝我们的血，拿我们的黄金"，把贪婪的双手藏在"第欧根尼的斗篷下面"，颠覆大革命，把人民贬低至悲惨的屈从地位。人民必须诉诸武力，挽救宪法，击退这些"玷污宪法的恶魔"。[29] 他们向卡昂派出代表团，想与北方的起义者结盟，并对附近支持巴黎雅各宾派的市镇——贝济耶、阿维尼翁和阿尔勒——采取对抗措施。

　　蒙彼利埃的抗议宣言声称，人民的真正平等是新《人权宣言》中的平等，而不仅仅是法律面前的地位平等，人民的自由，也不仅仅是 1789 年摆脱廷臣、贵族、教士和地方法官的压迫后得来的自由。共和国的目的是通过政治手段增加人民的福祉，保证幸福属于所有人。（家底殷实的）迪朗认为，人民的"幸福"由经济宽裕、良好教育、公共尊严与担任公职的资格组成。他相信，在民主共和派的统治下，所有人都能实现经济上的宽裕：工资会提高，工业会进步，劳力与产品之间的关系将变得更加公正，税收分配也是如此，穷人将获得税收减免。收入微薄的公民几乎不用上税，税收主要由那些收入足以负担的人维持。如果能保证所有子女都平等地拥有继承权，利用法律保证财富不通过遗赠而被旁系亲属原封不动地继承，经济上的宽裕还能更加普及。教育能够提升人的理性，正如理性能够提升人。教育必须普及。每个家庭的子女都是共和国的子女——在共和国眼中他们是平等的。教育会使孩子理解他们的权利以及如何行使权利，这是参与公共事务的必要知识。这样一来，在法律地位、经济条件、教育和公共尊严方面，人们会享有越来越多的平等。[30]

　　山岳派指控布里索派共和分子到处张贴反山岳派的抗议书，连最小的村庄都不放过，这是在酝酿"叛国行动"、武装抵抗和内战。[31]蓬雷韦克（Pont L'Évêque）就是邻近乡间响应号召的小镇之一，这些地区纷纷起义，对抗逮捕"真正自由最热切的捍卫者"的独裁统治。[32]更棘手的一点在于，山岳派还不得不面对不断被人提起的九月屠杀。卡尔瓦多斯蓬雷韦克地区政府发誓要与"戴着爱国主义面具并蛊惑巴黎人的邪恶乱党"作战，声称人民上了这些要对"九月屠杀"负责的人的当，他们"把罪恶变成美德，把美德变成罪恶"。[33]那些煽动"叛乱"对抗"国民公会"的人，在九月屠杀这一问题上的喋喋不休是典型的背信弃义，山岳派报纸控诉道，因为曼努埃尔、布里索、孔多塞和佩蒂翁并未费心去阻止屠杀的发生，而戈尔萨斯则更加卑鄙，他先对屠杀予以肯定，但随后又加以谴责。"对他们来说，1792 年 9 月 2 至 3 日的血腥事件"不过是"其他人羞辱法国"的借口罢了。[34]

　　民粹主义报纸强调，如今的武装叛乱是对抗人民的邪恶阴谋，炮制这场阴谋的一小撮叛国者假装自己是代表着山岳派口中"右派"的爱国者。尽管如此，这套理论并不能解释为什么在将近 40 名议员被捕或逃走之后，国民公会本身都还在进行不屈的反抗，更别说外省了。沙博的《大众日报》编写了一则供大众社团大声朗读的对话，痛斥布里索派的顽强抵抗是国民公会中"右派"在失去 22 名议员后依然持续的"放肆反叛"。沙博把这种坚持不懈的抵抗称为道德败坏。议会曾在 1792 年 8 月以前背叛人民，被国王的宫廷所败坏。在此之后，很多议员继续以贵族制度的名义背叛人民。事实上，1792 年 9 月新选出的立法机关议员大都很快被金钱和机遇所收买，一心想要破坏"巴黎"。"贪婪以及对权力的欲望"激励着"叛军"。如果没有 5 月 31 日的暴动，"英勇的山岳派"就不可能拯救"人民"。[35]

　　武装"叛乱"给判处布里索派死刑提供了依据。罗伯斯庇尔最亲密的盟友圣茹斯特新近入选救国中心委员会，他负责了这一关键任务，（为罗伯斯庇尔派）起草指控被捕议员的诉讼状。由于 6 月 2 日之前既无任何

"罪行"或"叛变",也无任何"阴谋",圣茹斯特只好利用后来的叛乱本身大做文章,尽管棘手之处在于,这么一来,他就无法给 5 月 31 日和 6 月 2 日的起义提供依据。7 月 8 日,圣茹斯特在国民公会宣读他的诉讼状。犯人并非因为他们的观点而接受审判,而是因为他们"叛国",尤其是他们那十恶不赦的"联邦主义"——他们伪装成共和主义者,实际上却是隐蔽的"保王分子",试图以镇压"无政府主义"为借口分裂人民,动员反巴黎情绪,煽动内战。比佐、巴尔巴鲁、戈尔萨斯、朗瑞奈、萨勒、卢韦和佩蒂翁是直接参与谋划武装起义的"叛党",他们甚至还是科西嘉岛起义的同谋。让索内、加代、韦尼奥等人则因间接参与叛乱而被控有罪。[36]

到了 7 月,"联邦主义"成了最能让文盲和无知者所理解的主要罪行,这是他们先前闻所未闻,此时却一下子可憎到极点的东西。对山岳派统治毫无争议的往往是较小的城镇,在这些地方,人们毫不怀疑地接受了布里索派是"联邦主义叛国者"的说法。干邑市 6 月 25 日致信国民公会,热情赞美"光荣的 5 月 31 日"让人民得救。对于整个东北地区联邦主义情绪的高涨,康布雷市(Cambrai)深表厌恶。幸运的是,肆虐圣康坦的联邦主义"麻风病"不会"感染我们的城墙,这一点我们可以保证!"忠于雅各宾派的康布雷只允许一种观点存在,不准任何人持反对意见。为了确保绝对根除异见,康布雷市政府要求市民在两周内进行登记,签字保证他们忠于人民,为对抗联邦派做好准备。"登记名单会列出该市所有好公民。"一旦确认"谁不在名单上,我们就会知道谁持有异见,因此就不是好公民"。[37]

消灭异见是罗伯斯庇尔派独裁统治的精华所在。罗伯斯庇尔发动政变后,所有报刊或宣传品,只要否定山岳派对此事件的官方说法,就立刻遭到查禁。因为倘若不扼杀出版自由,虚假信息与操纵手段还不足以达成全面紧密的控制。出版、艺术、辩论和戏剧自由从 1789 年中期开始发展起来,几乎未受干扰,直到 1793 年被粗暴打断。6 月 2 日后的几天中,言论自由被粗暴而彻底地终结,因为救国委员会遵照罗伯斯庇尔的指令,以叛乱、保王主义、联邦主义和妨害治安为依据,清洗了所有对政权怀有敌意的记者和演说家。[38] 戈尔萨斯的《巴黎邮报》(*Le Courrier de Paris*)以及《法兰西爱国者》均在 1793 年 6 月 1 日停刊。国家图书馆手稿部主任，英勇的 24 岁青年吉雷-迪普雷自 1791 年底以来就担任《法兰西爱国者》的主编，此时被迫藏了起来。[39] 由于主编卢韦在逃，《哨兵报》也停办了。6 月中旬，福谢的《友人日报》停刊，8 月，《巴黎专栏》停刊。[40]

最后的主要保王派报纸《每日新闻》(La Quotidienne)的主编约瑟夫-弗朗索瓦·米肖也在因保王主义罪被判死刑后失踪了。[41] 记者中少有的女权主义事业的积极支持者普吕多姆，在 22 名议员被捕之后也遭逮捕，却又在混乱中获释，几天之内再次被捕，然后再次获释。巴黎公社的肖梅特和埃贝尔提出第二次释放此人的时候遭到巴黎团结区的强烈反对，因为团结区的街区头目相当痛恨他的报纸。获释后的普吕多姆受惊过度，也不再发声。随着市政府对剧院剧目监管的加强，戏剧自由也告终结。8 月初，救国委员会命令巴黎的剧院每周上演诸如《布鲁图斯》《威廉·退尔》《盖约·格拉古》这类表现革命热情之荣耀与"自由捍卫者之美德"的共和主义悲剧。剧院如果演出了倾向不当的剧目，贬低了公共精神或鼓舞了"对保王主义的可耻迷信"，就要遭到查封，其主管也会被捕。[42]

随着斗争的继续，左派的重要失利便是丢掉了他们原先对报刊的控制权，而读书社团、学院与剧院也全都沉默下来。1793 年 9 月 13 日大范围生效的《嫌疑犯法案》(Law of Suspects)确保所有反对派报纸不可能继续发行。该法令很快会变得臭名昭著，并成为恐怖统治的主要法律基础。它授权逮捕任何"通过其作品传达自身拥护专制主义与联邦主义倾向并积极充当自由之敌的人"，这是"拥护革命核心价值和激进思想的共和左派"的代称。[43] 6 月 2 日后，巴黎的出版商也过于惧怕印制反对派作品带来的风险，而布里索派控制的外省中心城市大都缺乏广泛传播这些作品的条件。尽管如此，措辞强硬的抗议书还是在外省反对派中心城市和日内瓦不断出现。让索内那份"致法国所有共和派"的宣言通过波尔多传播出去，并在蒙彼利埃得到重印。卢韦的抗议书在诺曼底出版，同样呼吁人们团结巴黎，对犯罪者——山岳派、科德利埃俱乐部和巴黎公社进行不懈的打击。[44]

山岳派把布里索派"叛乱"说成是联邦派的行为，然而正好相反，联邦主义在任何地方都无法代表当地立场。事实上,布里索派总是愤慨地否定加诸他们身上却完全站不住脚的联邦主义罪名。他们并非正在对抗巴黎或人民,而仅仅是在与"骗子"做斗争。地方特殊主义在任何地方都不是真的,只有永远与真相相去甚远的雅各宾派政治宣传才会将其称为事实。布里索派抗议的并不是巴黎对法国其他地区的专制,而是"恶霸"侵犯人民主权,篡夺国民公会的大权。共和国被人败坏,九月屠杀让国民蒙羞,国民公会和法律被 3 月 10 日、5 月 31 日和 6 月 2 日的"阴谋"倾覆。[45] 卡尔瓦多斯刊印的抗议书指出,经过清洗的国民公会不具合法性,但它所指责的并非巴黎,而是巴黎公社这个"痛饮鲜血"、专断羁押"我们代表"的组织。让索内说自己作为议员,除了追求共和主义宪法之下的人民幸福,从未怀有其他目的,他认为巴黎各区已经受到蒙蔽,才会把这些真正的共和主义者、真心投身于人民利益的"最爱国的议员"指控为"叛国者",然而谁也不应"把我们如今的不幸遭遇归咎到巴黎多数居民的作为上",这样的情况是巴黎也无法避免的。所有法国人必须铭记过去巴黎对大革命的贡献,"而把他们所有的愤慨留给那些策划并实施了这一可耻阴谋的流氓"。[46] 让索内情愿作为一名没有辜负选举人信任的共和派去死。巴尔巴鲁 6 月 18 日的抗议书则传遍马赛,他号召法国人开进巴黎,不是与巴黎作对,而是要待巴黎人如兄弟,在维护共和国统一与不可分割性的同时,把巴黎人从"新暴政"中解救出来。"马赛人,我们巴黎见!"[47]

被逐出巴黎的共和派领导层不得不在彼此分离的省份分头组织反抗,这导致他们无法开展有效的宣传,或协同一致行动。他们缺乏发号施令并协调行动的中心机构,因此难以在外省主要城市以外的地区组织起抵抗行动。他们始终缺乏来自小城镇或乡村地区的支持。在吉伦特派控制区的 559 个社区中,只有不足四分之一(130 个)响应巴尔巴鲁的武装起义号召,但这部分响应也仅仅是名义上的。[48] 在那些实际加入了武装起义的地方,大部分人也不过是三心二意,犹豫不定。洛特省议会的摇摆与西南很多地区一样,该省在巴黎政变仅仅三周后就放弃了反对立场,声称自己是受到了科多尔省某项法令的误导。[49] 卡尔瓦多斯的大部分小城镇同样摇摆不定，不久之后就放弃了反抗。[50]

　　一个月以后，蒙彼利埃也失去了武装斗争的热情，倒向中间路线。7月5至6日，埃罗市所有初级议会的中央委员会召开会议，并未否定他们原先对法国困境的判断：仅山岳派狠毒与邪恶一项就破坏了国民公会。法国落入强盗手中，法国货币变得一文不值，持有"狭隘有限观点"的无知者篡夺了政府权力。重塑国家立法机关，救法国于水火，这意味着让立法机关脱离某个极度堕落却并非不可扭转、面对专制奴颜婢膝的首都。然而，由于内战带来的破坏与不确定性太大，动员各省参与战争也很困难，蒙彼利埃如今倾向于非暴力的解决方案。对联邦主义一类罪名很是不屑的中央委员会号召所有"真正的共和派"承认宪法，以遵守秩序的方式选举代表于8月10日到巴黎集合，那一天，法国人对宪法的认可会得到宣扬。[51]蒙彼利埃的共和派与他们身在卡昂、南特、马赛、里昂、波尔多、图卢兹、巴约讷和土伦的同仁没什么两样，还在期盼着使法国免于沦为罗伯斯庇尔派的谎话、野蛮行径与恐怖统治的受害者，却幻想这能在和平中实现，只需接受宪法并使其生效就好。

　　宪法因此成了让"真正的共和派"起义者自动解除武装的海市蜃楼。尽管很多"真正的共和派"原本倾向于接受某种二月宪法和六月最终版本的折中选择，但置身危机的蒙彼利埃建议立刻接受六月宪法和接踵而至的选举，每位当选议员将代表四万名选区人民。以公平而有序的方式选出新立法机关，这让人有机会，或看起来有机会利用宪法本身终结非法性、压迫与暴力，因此对很多人来说，这看上去是能够让"法律之友"赢得斗争的方式，同时具有吸引力、安抚性和秩序性。为了确保宪法得到有效落实，蒙彼利埃希望首都暂时转移到法国中部某地，距离巴黎至少40法里。在新首都立法机关的当选议员获得认可之前，应该先让合法选出的地方法官上任。如果巴黎想要对抗新首都，也不必诉诸武力，建议成立很快会在布尔日碰头的临时共和派委员会，代表整个国家处理此事。

　　他们实际上已经草拟了交给蒙彼利埃派往布尔日委员的指令。蒙彼利埃坚持立即撤销对"三十二名"国民公会议员的羁押（即撤销授权强行逮捕他们的命令）。法国的初级议会必须召集，彻底承认1793年《人权宣言》保障的人民主权，解散巴黎市政府和国民自卫军，并将十二人委员会指控巴黎公社的报告提交给所有初级议会。违反言论自由的国民公会法令必须撤销，5 月 31 日以后因非法逮捕令被捕的公民必须释放。[52] 要建立一支在新议会指挥下的，人数为 1.2 万人的特殊军事力量，负责保卫国家立法机关。法国每个选举县为这支部队提供 20 名士兵，其总指挥与高级军官则必须由立法机关独立任命。不得接受没有共和主义公民心认证的公民服役，该证书由居民所在当地议会颁发。最后还要新成立由每省各派一名法官组成的国家高级法庭（Tribunal de Justice Nationale），开庭地点设在克莱蒙费朗或其他法国中部城市，距离立法机关至少 20 法里，专门审理密谋反对共和国之人，就从审判 3 月 10 日、5 月 31 日和 6 月 2 日的"阴谋"开始。[53]

山岳派领导层算准了新近完成的宪法会让"各地的人民之敌"放下武器，让山岳派在每个城镇、乡村、大众社团和军营取得最终的胜利，甚至确保他们能在最偏远地区和每条边境线上大获全胜。6 月 27 日，巴雷尔在对国民公会的讲话中预言，召开初级议会批准宪法，这会是法国国内斗争最后结局的关键所在。救国委员会保证，会向每个省份发放大量印好的宪法副本，特别是那些"被叛乱玷污，被恶霸破坏的地区"，而全法国的每个选区都将同时开会。宪法会让法国公民重新团结起来，缔结单一的共同利益，"摧毁我们那些内部敌人的凶残计划"。有注册公民出席的初级议会将对（口头）支持人数和反对人数进行记录。宪法一旦经过人民批准，就会正式生效，仿佛国民意志发生了巨大作用一般。救国委员会提议利用 7 月 14 日欢庆新宪法生效，"在那一天，为自由人类所能想象的最伟大计划之实现而把所有利益统一起来的自由圣歌会令所有心灵做好准备"，接下来的 8 月 10 日，则用来为纪念共和国生日而举行庆典。公共教育委员会受命负责筹备格外恢弘的国庆日，让 8 月 10 日成为确立新宪法的壮丽"爱国圣坛"（他们计划让这一天取代 7 月 14 日，成为大革命最重要的夏季节庆）。[54]

为 1793 年宪法举行全民公投，这是实现现代直接民主的第一个杰出案例。将近 4800 个初级议会参加了公投，而且总体说来，公投进行得还算公平。就全法国来说，宪法其实得到了一致赞成。[55] 7 月 7 日在佩里格市，山岳派代表让-巴蒂斯特·马蒂厄和议会宗教委员会前任主席让-巴蒂斯特·特雷亚尔对西南部的吉伦特省、洛特省和加龙省公布新宪法，他们强调，《人权宣言》范围有所扩大，重建法治至关重要。他们声称：正当国民公会"把期盼已久的宪法，终结无政府主义的宪法"，需要不惜一切代价去捍卫的宪法，"一劳永逸地打倒君主主义和贵族制"，打倒旺代叛军、联邦主义叛乱与法国外敌的宪法"放到人民面前"的时候，"共和国某些地方的内部动乱倒似乎愈演愈烈"。这是个颇为残酷的讽刺。[56] 佩里格市的街区初级议会投票开始前，所有公共场所都有人在礼炮齐鸣声中宣读宪法，投票结束后还有街头庆典，所有人都受邀前来参加市民宴席。[57]

宪法在全民欢呼中生效，这是一场英明的政治作秀，因为它把共和国宪法及其无与伦比的民主主义作为山岳派的成就进行展示和炫耀，然而实际上，正是山岳派阻挠宪法通过长达数月之久。按照预想的情况，新立法机关规模庞大，是为了减少议员被既得利益绑架的风险，它为合法并和平地终结法国内部困境提供了诱人的前景。最吸引选民之处不在于宪法与布里索派激进原则之间的密切联系，而在于山岳派在几天之内就颇具反讽意味地完成了吉伦特派碍于自身所有哲学原则和"立宪的漂亮话"，历经数月而无法达成的任务。[58] 山岳派开展了广泛的宣传，说他们（经过彻底清洗）的国民公会在 15 天内做到的事比吉伦特派国民公会在 8 个月内办成的还要多，对大部分法国人来说，这一点似乎有理有据。[59]

对之后的大革命来说，1793 年宪法始终是个典范，是种理想，它持续激励着民主派，也提醒着每个人大革命的必要原则。布里索派议员在议会中依旧活跃，（暂时）没有全部被捕，剩下的议员包括勒韦利埃-莱波、保住席位至 7 月的克洛德-罗曼·迪佩雷、至 8 月的卡拉、至 10 月的迪科和布瓦耶-丰弗雷德，他们认可了新宪法，甚至对某些条款做了具体修订，使其更加民主。新宪法为新政权提供了至关重要的合法性遮羞布，表面上展现的善意是如此直白，它鼓舞真诚的革命者出于良心而默许政变，从而稳住了公众的情绪。巧妙利用此事大肆欢庆，这不仅让布里索派称之为被罗伯斯庇尔派的担保"蒙蔽的那群人"欣欣鼓舞，也让反山岳派攻势的主要力量严重受挫。[60] 各地都在为宪法而欢呼，起义的城市也不例外；巴黎的布里索派议员也接受了它，尽管很多人依然更倾向于孔多塞在 2 月起草的版本——此情此景，对山岳派来说无疑是振奋人心的捷报。

然而，1793 年夏季的六月宪法大获成功一事也让山岳派领导层彻底焦躁起来。6 月 24 日，国民公会对宪法表示了认可，8 月，宪法在全民公投之后的巨大欢庆中通过并生效，而宪法的约束必然使雅各宾派领导层忧心，因为人们已经开始谈论计划中的选举与新立法机关了。8 月初，心烦意乱的沙博告诫雅各宾党人，根据布里索派的言论，他们似乎准备用自己的支持者填满新立法机关。倘若里昂的贵族派和反革命分子接受了宪法，这只可能意味着他们将其看作未来分裂国家并实现联邦制的工具。[61] 批评山岳派的人如此热情地接受宪法，这意味着山岳派自己不能继续拥护宪法了，因为倘若宪法生效，它就会终结正在成形的独裁。罗伯斯庇尔需要快速采取行动废除宪法，以此安抚他的追随者，保全他的目标。在宪法生效后的两个月里，反山岳派起义也得到了有效控制。如今他足以承受取消如期进行选举与废除宪法的代价了——但是要快。8 月 10 日庆典过后，他立即采取了行动。8 月 11 日，他对雅各宾派保证，一旦摆在俱乐部面前关于解散国民公会并民主选举新立法机关的议案得以实施，"那么就没什么能够挽救共和国了"。[62] 选举只会有利于布里索派。雅各宾派毫无保留地支持他：民主和宪法在这种时候应该让位于独裁的革命政府。

如此一来，大部分武装抵抗刚一停息，宪法就立刻被无限期搁置起来。[63] 随之而来的，是对国民公会议员的大规模逮捕，还有针对残余出版自由的无情袭击。8 月 2 日，罗伯斯庇尔在国民公会发表演说，痛斥卡拉为"密谋者"与伪装之下的保王派，这使他收获了热烈的掌声。[64] 卡拉试图回击，却被人强行制止并赶出会场。在雅各宾俱乐部，他进一步被指控为"联邦派阴谋"的执行者，是个"罗兰化、吉伦特化、布里索化了的议员和记者"。[65] 卡拉被捕入狱。宪法被搁置三天后，罗伯斯庇尔再次对雅各宾派发表毁灭性的长篇大论，说那些记者"每天都用他们唯利是图而杀人不眨眼的笔喷出最诱人毒汁"，说他们的存在就是为了破坏公共精神并中伤爱国者，从而完成针对出版自由的制胜一击。他要求全面打击卡拉、卢韦、吉雷、戈尔萨斯以及所有"诽谤人民的懦弱之徒"。[66]

7 月 26 日的投票让罗伯斯庇尔进入救国委员会，委员会中还有巴雷尔等罗伯斯庇尔的可靠支持者，这让他离巩固自己的独裁统治又近了一步。然而他还没有完全实现目标，无论如何，他从未取得对这一机构的全面控制，因为其中还有几名成员并不认可他，包括拉扎尔·卡诺，这位无情但能力出众的军官在罗伯斯庇尔进入救国委员会后的 8 月 4 日，因自身的军事才能入选。不过让罗伯斯庇尔陷入复杂处境的主要现实在于，6 月 2 日政变之所以取得成功，丹东派、埃贝尔派和忿激派的贡献与罗伯斯庇尔自己党羽的贡献一样大。这一推翻布里索派的联盟由四个不同派系构成，要他们在布里索派威胁解除之后依旧彼此合作或容忍是极不现实的。罗伯斯庇尔的圈子与丹东的圈子确实谈不上有多团结，而丹东派和埃贝尔派这两个集团就更是相互抵触。埃贝尔和他的盟友尼古拉·樊尚是狂热的雅各宾派与无套裤汉主义的拥护者，他们擅长利用底层人民给雅各宾与科德利埃俱乐部施加压力，从而控制行政委员会、内阁与政府机关成员的任命。樊尚开始重点攻击丹东和他的朋友，这属于埃贝尔派施加自身影响行动的一部分。到了 8 月底，埃贝尔和樊尚公开指控丹东腐败，这让两大集团之间发生了激烈的冲突。[67]

这些从街头和巴黎贫穷街区招徕的支持者分成两大相互敌视的阵营，一派支持马拉、埃贝尔和樊尚，与山岳派联系密切，暂时与罗伯斯庇尔结盟，另一派更独立、更激进的，属于真正平民阵营的忿激派，则支持鲁、勒克莱尔、富尼耶和瓦尔莱，这帮人进行政治表达的主要形式是群众集会和街头骚动。8 月 5 日，罗伯斯庇尔在雅各宾俱乐部发表讲话，反对樊尚，捍卫丹东，同时怒斥暴躁的民粹主义者雅克·鲁。忿激派在 2 月的食品暴乱中强势崛起，从 6 月起开始争夺政治舞台上的更重要地位，挑战山岳派和整个国民公会的权威。6 月 21 日，也就是六周之前，他们在鲁和瓦尔莱的主持下，于科德利埃俱乐部写就《忿激派宣言》(*Manifeste des Enragés*)，详细阐明忿激派的目标。尽管罗伯斯庇尔曾尝试阻挠，6 月 25 日，一大群无套裤汉还是以格拉维耶区、佳音区和科德利埃俱乐部的名义将其呈交给国民公会，鲁作为他们的发言人，如此直白地向所有人表明，强硬的无套裤汉可不是山岳派的走狗。[68]

　　鲁抗议道，人们先前提交了无数请愿书，谴责"金融家与商人贵族"的无情榨取，要求对基础食品进行限价，而议员们也无数次承诺要惩罚压榨人民的吸血鬼。可是，国民公会实际上做了什么？"你们不过是修订了一部新宪法。可是你们禁止食品投机活动了吗？没有！你们判处垄断者和囤积者死刑了吗？没有！"[69] 就这样，国民公会没能完成它该做的事，即使人民更加幸福。当某个阶级能让另一个阶级挨饿而不受惩罚时，自由就只是一个幽灵。当富人通过独占和垄断供给来掌握其同胞的生死时，合法性就只是一种虚构。鲁要求即刻减轻人民的负担。他要求山岳派对此负起责任来。平等之友不会上那些招摇撞骗者的当，不会任由被他们用饥饿打倒。只有当桌上有吃的，无套裤汉才会支持大革命，只有政府规范贸易，打击土匪强盗和奸商巨贾，真正的自由贸易才会实现。

　　商人"贵族"其实比旧贵族和教士显贵更加掠夺成性。国民公会不可对其一味纵容，而应体谅那些由于纸币贬值而暴怒的人。自由贸易的拥护者声称，在食品价格与其他基本费用上涨的同时，工人薪水也在增加。然而即便有些工人涨了工资，还有很多人的工资从大革命爆发以来就在下降。[70] 或许山岳派的权力并非一直能够"按照心中所想来行善"，但既然立法机关已经不再被戈尔萨斯、布里索、佩蒂翁和其他鼓吹全民公诉的叛国者束缚——他们"逃过了断头台"，如今把自己的"恶行藏在那些被他们扰乱心智的省份"——那么国民公会就再没有借口拒绝打击投机和囤积行为，以阻止公民被饿死。大革命进行了四年，让人愤慨的是只有富人从中获益。"噢，这是本世纪的耻辱"，鲁坚称，民愤就在山岳派面前爆发，人民在大声疾呼，这种时候谁又会相信，对外国暴君宣战的人民代表竟如此低劣，不愿粉碎国内的那些暴政？鲁的发言被人制止，他未能读完剩下的内容。[71]

　　罗伯斯庇尔不打算容忍任何类似情形。很显然，无套裤汉既是山岳派的优势，也是其弱点。7月以来居高不下的食品价格意味着严重的社会失序将持续一整个问题重重的夏季。[72] 6月27日，进一步的骚乱席卷巴黎，起先是有谣传，说离开巴黎前往鲁昂的河上驳船正在实施阴谋，要运空首都的物资储备。妇女因此暴动，尤其是洗衣女工，她们不但需要低价食品，还要求洗涤剂的售价低于商家定价。洗衣女工大都不关心国家如今陷入的主要政治斗争：她们要面包，要蜡烛，要肥皂。有民间代表团向国民公会控诉投机活动和高起的物价。议员们开始就经济学家的论点实际上是否正确进行讨论，即政府不能给基本商品定价。来自洛林的山岳派成员弗朗索瓦·马拉美确信，经济学家是错的，可以给基本商品定价，而且"必须这么做"。（马拉美是日后恐怖统治缔造者，格雷古瓦教士痛恨此人，曾说他是个"恶霸"。）然而针对此议题，山岳派内部的分歧严重得不合时宜。针对是否要将 5 月 4 日法案为限制谷物与面包价格而引入的最高限价原则扩展到其他基本商品领域，国民公会请救国委员会定夺并与马拉美进行协商。

　　为防止针对肥皂、蜡烛、纺织品等商品的投机行为，位于维维安街的巴黎证券交易所暂时关闭。[73] 这段时间内采取的举措还包括通过一项严苛的立法，规定对囤积者处以极刑。然而，库东等强硬的罗伯斯庇尔派唯恐抢劫商店与商船的行为被人当作"无政府主义"控制巴黎的证据，进而让布里索派和保王派获益。有山岳派人士指出，近期的巴黎暴动也是阴谋的一部分，目的在于阻挠山岳派战略的关键环节——宪法公投。库东提出，巴黎是大革命的堡垒，因此有必要采取一切手段"维持这里的秩序与安宁"。在库东和比约-瓦雷纳的坚持下，国民公会同意采取严厉手段，不懈追捕这些暴乱背后的元凶。[74]

　　忿激派的观点令人信服，但他们似乎无法区分大型资本投机者与不应打击而应保护的小型商贩。鲁和瓦尔莱在 2 月的暴动中默许了施加于小店主的暴力行为，而更普遍的情形是，他们似乎不愿承认，物价过高的首要原因不是自由贸易，而是由于战争的破坏与跨大西洋贸易，这些都是政府无力控制的因素。鲁对大革命的大部分目标毫无兴趣。他和他的盟友并不特别关心消灭对手并夺取权力这样的事，尽管他本人也痛斥布里索派为"想要挽救暴君（路易十六）性命的保王派"以及谋划内战的"杜穆里埃同伙"。[75] 鲁实际上并不是自由斗士。然而，这位暴躁的雅各宾派教士（前神学院教师）依然代表了反罗伯斯庇尔主义的正统左派立场的某个方面：

他的确有志于保护穷人不被资本家、银行家和大商人榨取，谴责剥削穷人与疏于援助穷人的行为。

对罗伯斯庇尔和山岳派来说，鲁和瓦尔莱基本上就是祸害，因为他们动员无套裤汉的目的与山岳派完全不同。雅各宾派通过民粹主义报纸与所有其他渠道猛烈抨击鲁。鲁曾在 1791 年马拉被拉法耶特的手下追捕时让前者藏身于自己的住所，然而马拉并不领情，如今在《人民之友》上指控鲁是个冒牌货、骗子、道德败坏的教士、贪婪的怪物，还说鲁在他自己的家乡昂古莱姆（Angoulême）是个臭名昭著的罪犯。雅各宾派必须将他逐出组织。[76] 罗伯斯庇尔再次在国民公会上发起攻击，告诫众人：想想看，鲁是如何背信弃义地暗示山岳派有温和主义倾向，从而试图从真正的爱国者，尤其是罗伯斯庇尔自己那里夺走人民信任的！[77] 6 月 28 日，罗伯斯庇尔再次猛烈抨击鲁和忿激派。鲁就这样唐突地被人逐出雅各宾俱乐部，失去了他作为街头海报监督员的工作。由于雅各宾派施加的压力，6 月 30 日，科德利埃俱乐部也把鲁拒之门外。[78]

排挤独立思考的无套裤汉是山岳派战略的必然组成部分，而挪用世界上第一部民主宪法——先确保它在一片炫耀之声中由人民批准，再立刻废除它——则毫无疑问是罗伯斯庇尔的绝妙伎俩。从 6 月底开始，叛乱地区的舆论围绕是否应该对巴黎采取军事行动产生了越来越大的分歧。纵使偶有逃兵，军队依然忠于山岳派，而诺曼底纵队、波尔多纵队、马赛纵队与里昂纵队也会响应国民公会的召唤，是一支不容忽视的力量。摇摆不定的混乱状态让武装起义在接下来几周内逐渐瓦解。7 月底，卡昂的爱国者社团效法卡尔瓦多斯爱国者社团残余力量的做法，否定了国民公会接到的布里索派叛乱的消息，自称受到了误导。[79] 卡昂起义失败，部分原因在于缺乏诺曼底乡村地区的支持，此外则是起义领导层的错误决策，他们把大约 5000 人的军事力量交给费利克斯·温普芬将军及其副手普伊赛侯爵，后者曾是流亡者部队的指挥官，很快就被怀疑持保王主义立场。（他后来加入了西部的朱安党叛军。）温普芬的军队在几周的无所作为后就自行解散了，这让巴尔巴鲁、佩蒂翁、比佐、萨勒和吉雷–迪普雷不得不尽最大努力逃往布列塔尼。到了 8 月，布里索派起义正在以肉眼可见的速度崩溃。

国民公会号召所有法国人团结起来保卫祖国。任何曾经在反对 6 月 2 日政变的抗议书上签字的人，只要在这几周内收回抗议，就不会被当作祖国的叛徒。

放弃诉诸武力的蒙彼利埃被占领，迪朗和他的中央委员均被逮捕。迪朗被控充当蒙彼利埃的"独裁者"，以及法国南部"联邦主义反革命运动的主要发起人和协作者"之一，被押至巴黎，投入佛尔斯监狱。[80] 宪法在遭到废除之前确实曾为瓦解共和派的抵抗做出重大贡献，而从 8 月开始，山岳派关于共和派叛变会鼓舞保王派东山再起的说法显然成了事实。在布列塔尼、卡尔瓦多斯和南部地区，武装反抗力量从保王主义和宗教那里获得的动力，显然与来自共和派反山岳派革命理念的鼓舞一样多。[81] 很多地区的保王派反应都非常积极，这也给亲山岳派力量的反扑帮了忙，让布里索派的力量元气大伤，夹在山岳派与保王派之间被碾碎。很多地区别无选择，只好投降。据圣提里耶拉佩尔什共和国之友俱乐部（Société des Amis de la République of Saint-Yrieix-la-Perche）称，作为通往西南地区的门户，这一利穆赞省的乡间小社区是在不情愿的状态下被布里索派征服的，在一封于 9 月 12 日宣读的致国民公会信件中，该社团低声下气地为该社区 6 月以来拒绝承认新政权的做法道歉，说他们之所以采取了与人民"对立的立场"，是由于受到"不可信文字"的引诱。[82]

布里索派的攻势就这样被瓦解了。然而，有名女子为了大革命真正的良心，凭借一己之力给了山岳派威权民粹主义以沉重的一击。7 月 13 日，夏洛特·科黛从卡昂出发，她伪装成雅各宾党人，保证手上有支持诺曼底暴动的主要叛乱分子名单，从而得以见到马拉。科黛用一把厨刀刺死了浴缸中的"人民之友"。她相信，一旦消灭了这个要对以言语冒犯国民公会、人的权利和民主大革命负主要责任的罪人，就能在某种程度上抹除一部分 6 月 2 日暴动的邪恶。马拉最后一次猛烈抨击卡拉的尖酸话语于同一天刊登在《人民之友》上。正如夏洛特·科黛、亚当·卢克斯和汤姆·潘恩心中了然，知情人同样明白这个死于谋杀的雅各宾党人可憎而卑鄙。就连罗伯斯庇尔，在私底下也瞧不起此人。然而不管怎样，这个声嘶力竭、无人喜爱的好斗分子后来仍受到政府和人民的无限尊崇，程度在历史上无人能及。这是世界上第一个有组织的狂热的大众政治崇拜案例，它将一个根本不值得任何人尊敬的无足轻重之人，变成了"人民英雄"般的巨人，受到大众无限的爱戴。

对马拉疯狂的个人崇拜近乎宗教狂热，但这只发生在某些街区，比如人权区、无套裤汉区、法兰西剧院区和兄弟会区。刺杀过去几小时后，埃贝尔就发表了一通热情洋溢的悼词，要求国民公会"神化这位伟大的英雄"，这一提议得到不少无套裤汉街区议会的热烈赞同。沙博坚称，马拉之伟大无与伦比，他是拯救人民的万能先知，比任何人都更早发现米拉波、布里索等"叛国者"的堕落行径。拥有 1.5 万居民的科德利埃区是丹东派和埃贝尔派的主要聚集地，该区起先更名为法兰西剧院区，而后是马赛区，最后更名为"马拉区"。[83] 马拉的遗体经过防腐处理，从 7 月 15 日开始就停放在他家附近的科德利埃教堂中的特制灵床上对公众展示，鲜花覆体，蜡烛环绕，供人吊唁达数周之久。大革命最伟大的艺术家大卫设计了葬仪，使尸体裹在带血的衬衫中，一半裸露以呈现刀伤，头上戴着橡树叶编成的花环。有大量群众前来表达因痛失"烈士"而无法安抚的悲伤之情，其中以女性居多。但现身实际葬礼的人并不多，令人扫兴。[84]

许多山岳派对马拉入葬先贤祠持保留意见，但狂热的群众竟要求在巴黎竖起方尖碑，用来纪念这位"人民之友"，建造费用以公共捐款支付。当时依旧活跃的共和派革命妇女社团着手开始筹款。[85] 大卫受命将马拉的"殉难"记录下来，为其绘制一幅不朽的画像。大卫（日后）既交出了那幅著名的画作，也在当时筹备了一场盛大的葬礼。遗体停放于皮克广场的基座上，继续展示四天之后才举行葬礼（皮克广场即如今的旺多姆广场；在近期更名为皮克广场之前，这里曾名为"路易大帝广场"，路易十四的巨型雕像曾伫立于此）。巴黎雅各宾派召集他们的六位领袖——罗伯斯庇尔、德穆兰、遇刺身亡的勒佩勒捷的兄弟等人——起草了一份"致法国人民书"，7 月 26 日在俱乐部中宣读，然后大量刊印。这封公开信庄严宣布：马拉不知疲倦地为人民服务，始终拥护人民的权利。谋杀马拉的女人是"卡尔瓦多斯的密谋者"手下的癫狂工具，这是一群"卑劣地称真正的爱国者为破坏秩序者、无政府主义者、九月屠杀者的卑鄙乱党"。[86] 新更名的马拉区希望能将他葬在自己街区的壮丽神龛内，墓志铭应如是题写："此处长眠着人民之友，他为人民之敌所刺杀。"街区议会大厅和全法国的俱乐部内大量摆放马拉胸像。巴黎倾尽哀悼之情后，马拉的某个重要党羽便向国民公会提议，应该把遗体送到法国所有省份展示。没错，全世界都应该向这位"伟人"，"这位真正的共和派"的遗体表达敬意。[87]

刺杀事件四天后，夏洛特被送上断头台。她在周遭难以描述的咒骂声中平静走向死亡，而人群当中亦有怀着仰慕之情目睹她最后时刻的沉默人士，比如 28 岁的家庭教师亚当·卢克斯，他对民主、自由以及大革命的崇敬甚至超过自己的老师福斯特。作为莱茵兰德意志国民公会派往法国的重要特使，福斯特由于美因茨之围而滞留巴黎，他像潘恩、海伦·玛利亚·威廉姆斯和玛丽·沃斯通克拉夫特一样，陷入了深深的绝望。福斯特并未公开谴责山岳派（以及后来的恐怖统治），但 7 月的时候他私下将山岳派比作正在抵抗某种有毒体外物质的人体染上的"严重疾病"。灰心丧气的福斯特于 1794 年 1 月逝于巴黎，数十年前在太平洋地区感染的热病的复发加速了他的死亡。[88] 1793 年 3 月起，卢克斯就和福斯特一起待在巴黎，出入国民公会演讲大厅和雅各宾俱乐部旁听演说，因此变得困惑而胆寒。6 月 2 日政变过后他陷入绝望，考虑在巴黎市中心或国民公会大厅当众自戕，用这种方式把自己的绝望展示给世人。他的友人尝试鼓励他走出意志消沉的状态，但没有成功，卢克斯解释道，自从 5 月 31 日以来，他就经历着"可怕的"痛苦，并坚信对人类来说，自己的死将比生做出更大的贡献。

在卢克斯的幻想中，他会先对国民公会发表演说，谴责那场打破民众希望并点燃内战战火的政变——这部分内容他实际上已经写好。这篇献给已经毁灭的大革命的假想告别辞写于 6 月 6 日，最后一刻，"演讲人"会以要求葬于埃尔芒翁维尔的（Ermenonville）让-雅克家畔作为结尾，那里有橡树荫下的"哲学圣殿"，是卢梭最喜爱的地方。[89] 7 月 13 日马拉遇刺那天，卢克斯偷偷发表了另一本小册子《告法国公民书》（*Avis aux citoyens français*）并署名"法国公民亚当·卢克斯"，指控山岳派是大革命的破坏者、有罪的"九月屠杀者"、无政府主义者，玷污了大革命中有价值的一切，乃至最伟大人物的名字——"卢梭、布鲁图斯等反对压迫之人"，而今他们要是不幸落入山岳派可憎的手中，也会立即命丧断头台。[90]夏洛特死后第三天，卢克斯又发表了第二本地下小册子，这一次他叙述了自己亲眼看见的处决夏洛特的经过。他从德意志来，是为了追寻"真正的自由"，而看到的却只有谎言、粗俗和压迫，只有"无知和罪恶的胜利"。谁都不曾表现出比这位刺杀最邪恶之人的英勇女士还要多的非凡勇气；他永远也不会忘记她优雅的举止——这位女士可爱的双眼与不朽形象温柔得足以打动顽石！他梦想为她建一座雕像，并题词"比布鲁图斯还要伟大"。[91]很快，警察开始进行搜查并于4天后逮捕了他，将其囚禁在佛尔斯监狱。

马拉"殉难"及其无与伦比的"伟大"被人持续吹嘘了好几个月。狂热分子认为，再没有什么比这更能完美体现人民的"崇高"，再没有什么比这更真实地代表"平民"。在1793年至1794年间，马拉崇拜在一定程度上为山岳派的事业贡献了团结与动力。有家公司批量制作法国最伟大人物的版画，最近才往他们的产品目录中添加了布丰、爱尔维修、雷纳尔和

图12　逮捕夏洛特·科黛，路易-利奥波德·布瓦伊作品，1793年7月14日巴黎，纸本钢笔水彩画。

孟德斯鸠，8 月又推出狄德罗作为其中第六位英雄人物，这意味着马拉的形象注定要紧随狄德罗之后被印成版画，这实在是非常讽刺。[92] 然而马拉崇拜也蕴含着无法克服的脆弱性。无论其如何"平民化"，也只有最头脑简单的人才会严肃对待这种崇拜。正如 1793 年 6 月政变本身那样，马拉崇拜主要依赖公众的轻信。先不说马拉的对手，就连山岳派领导层都知道马拉是个凶残的骗子。他是如此罪恶又不老实，自己签署屠杀在押嫌疑人的命令过后，还能反咬一口，把九月屠杀归罪于"贵族派"。罗伯斯庇尔及其党羽坚称马拉是位"伟人"，但正如某位观察员所说，这种"虚假与愚蠢的混合物"实在过于露骨，因此不可能持续太久。[93]

1793 年 8 月以来，整个民主共和左派的希望彻底破灭了。独裁统治已然巩固，这让几乎所有聚集在巴黎的外国革命者都失去了信心。布里索派叛乱已经被粉碎，新政权向还在抵抗的中心城市加倍施压。8 月 8 日，里昂被包围，此后遭到了无情的轰炸。纵使这样，南部主要城市依然顽强维持着反山岳派立场。9 月初，罗伯斯庇尔的拥趸对波尔多提出控诉，说那里的氛围仍旧"非常糟糕"，只有三四个由无套裤汉控制的最贫困街区支持山岳派，而他们还遭到联邦派、温和派、保王派、流亡者和抵抗派教士的封锁。[94] 然而波尔多本身也处于雅各宾派的封锁之下，因为在整个西南地区的其他城市里他们无处不在，而波尔多必须从这些城市获取必要的物资。8 月 28 日，多尔多涅河（Dordogne）上游的主要谷仓与酒仓——贝尔热拉克市（Bergerac）的自由之友俱乐部发来公函，谴责波尔多背弃人民、轻信"不可信之人"的做法。贝尔热拉克的雅各宾派知道波尔多市内的食物越来越紧缺，便教唆该市无套裤汉发动起义，推翻市内"极度令人厌恶的"布里索派成员。贝尔热拉克的雅各宾派希望波尔多尽快放弃抵抗，让波尔多贫穷的无套裤汉街区富兰克林区、自由区和卢梭区成为未来的模范。不推翻布里索派，"所有守法省份的粮仓就不会为你们打开"。[95]

有些波尔多人公开承认，宁可向英国人投降，也不对山岳派屈服。贵族制度下的英国曾经承诺，势必粉碎所有共和主义与民主制的迹象，因此毫不松懈地对共和国发动战争。任何地方只要一出现英国人，共和主义和民主制随即被宣布非法，王权则得以重建，正如日后发生在土伦和科西嘉的那样。8月27日，满载法国流亡者的英国舰队在当地人的合作下夺取土伦。土伦人民借机宣布路易十七为法国正统君主，该市恢复旧制度。波尔多陷入饥荒之时，该市国民俱乐部有越来越多的手工业者和小店主投靠了山岳派。最终，一大群无套裤汉群众于9月17日聚集起来袭击波尔多市政厅，推翻了布里索派的市政府。9月28日，埃罗·德·塞舌尔代表救国委员会告知国民公会：波尔多市的一切抵抗已经停止。[96]

波尔多市反山岳派的25个区，在其居民解除武装之后，便重新与另外4个支持"真雅各宾派"的街区团结起来。人民委员会被解散，波尔多公社遭到彻底清洗。国民公会听说，当地超过300名布里索派的重要成员已经身陷囹圄。雅各宾俱乐部成了唯一获准继续存在的俱乐部，其他所有俱乐部全部被禁，包括秘密保王主义的"青年俱乐部"。[97]当地人要从富人那里强制征款，作为补偿受伤无套裤汉的津贴。9月27日，波尔多在壮丽的圣多明我教堂为马拉举行追悼会，还从周边教堂召集了数十名乐师演奏安魂弥撒，对到场群众宣读（巴黎寄来的）感人悼词。追悼会无止境地颂扬了人民的美德，高唱《马赛曲》，烧毁了布里索派人民委员会的

图13 "1793年的对比：哪个更好？"拿"英国人"的忠诚、宗教和道德与"法国人"的无神论、发伪誓与反叛做对比。

所有法令与宣言。[98]人们开始当街骚扰盛装前来的妓女，也没放过高贵的女士。

随着山岳派开始占据上风，镇压力度也不断加强。最容易成为镇压目标的首先是知识分子、记者和文人，其次是贵族和教士，最后，面包贩、杂货店主和妓女也受到一定程度的迫害。正如财富与华服如今成了嫌疑对象的标志，"超出普通水平的教养"也被认为是贵族心态的残余以及对手工业者的蔑视。新政权宣布，人性引以为荣的美德是普通人的美德，普通人的原则表现为"与他们相宜的朴素，不加矫饰"。[99]贵族原本不是罗伯斯庇尔和救国委员会的优先打击对象。然而在 1793 年夏季期间，埃贝尔派反复要求清除公职人员和军官队伍里的贵族。[100]在 7 月份土伦向英国人投降之前，已经有人呼吁清洗担任公职或军官的贵族，而此后这种呼声渐渐高涨，是因为据说土伦的手工业者街区是在被贵族海军将领布里索化之后才投降英国人的。[101]"罢免所有贵族，驱逐这类大不敬者"的呼声越来越高。埃贝尔如今已经跻身雅各宾俱乐部最积极的发言人行列，他对此进一步推波助澜：难道马拉没有极力要求清除"所有流氓"吗？他的游说煽动了俱乐部里的大部分乌合之众。11 月 26 日，雅各宾派授权自己的俱乐部对会员资格进行普遍审查，驱逐前贵族（以及库佩这类拒绝去基督教化的雅各宾派教士），并指派以埃贝尔和罗伯斯庇尔为首的委员会主持这次清洗。

山岳派的卢梭主义反智潮流是如此之强，以至于他们有时甚至快要全面否定阅读、学习与高等教育了。国民公会一度认为有必要提醒公共教育委员会，说人们还是需要读报的。而某些街区头目奉行反智主义程度之深，竟把卢梭的思想理解为人民"为了幸福就必须保持无知"，甚至鼓励人民焚书。肖梅特从 1792 年 8 月起担任巴黎公社检察长，10 月 31 日起则担任巴黎公社主席，在 1793 年底的意识形态攻势中，他扮演了关键角色，将公民对美德的爱与实践推至极端。肖梅特坚持追捕布里索派、保王派和温和派，是狂热的去基督教化分子，致力于迫害妓女。他同意卢梭的观点，认为女人应该待在家里。肖梅特确信，大革命曾鼓励过度的个人自由，他与罗伯斯庇尔观点一致，认为美德与理性无关，而是来自社会强制，不容妥协。他解释说，想要让"平凡"大行其道，就必须持续揭露伪装的平凡。他有办法识别那些"不应获得公民心认证的人"。[102] 透过细微迹象就能认出"可疑"的个人。除了与已知前贵族和前教士有关联之人，还有必要留意更难识别的可疑分子，他们在不同情境下调整自身的言辞与行为，在传播坏消息的时候往往表现出虚假的不悦。他强调，这些应受指责的人很容易暴露自己，因为他们会反对普遍观点：任何在人民会议上反对普遍观点的人，将自动成为可疑人士。[103] 每个城镇都接受了如何搜捕"可疑人士"的指导。索恩–卢瓦尔省卢昂市（Louhans）的大众社团在一封9月初写给国民公会的信中，发誓要对"利己主义、温和主义和联邦主义"（"民主共和派"的另一种说法）进行不懈的斗争。"人民的敌人"抓得还不够，处决得还不够。索恩河畔沙隆省（Chalon-sur-Saône）的无套裤汉向国民公会保证，他们会保持警惕，侦察温和主义迹象，而且他们知道如何分辨出大革命的隐藏敌人。他们想在该省组建一支由人民的护民官指挥的流动革命民兵队，用以清除"所有吸血鬼和人形毒蛇"。[104]

即便布里索派不是现代意义上的政党，它所代表的一切还是超越了仅仅追求权力或个人目的的一般性派系。山岳派的话语体系往往让现代历史学家认为布里索派确实支持温和主义或联邦主义。人们有时也将他们称为"大革命右翼"和"生意人和商人的党派"。[105] 然而尽管布里索派比起自己的对手山岳派来说对异见更加宽容，也是经济自由与个人自由的拥护者，他们依然不是自由派或温和派。他们其实是最先计划解决经济不平等问题的人，最先试图通过合宪、合法、非暴力的手段创造一个更加平等的社会，尤其青睐结合了税制、继承法与财政补贴对社会中最弱势群体进行援助的方式。他们是大革命中的第一批共和派，也是比山岳派纯正得多的共和派和民主派，还是1789年和1793年两版《人权宣言》的真正制订者。他们实际上是现代人权传统、黑人解放运动、女性权利和现代代议民主制的奠基人，尽管我们不应忘记，某些山岳派成员也是真诚的民主共和派，比如德穆兰、罗默和克洛茨。布里索派和丹东派是大革命核心价值最重要的捍卫者，他们在大革命与 18 世纪乃至现当代意义上的启蒙运动之间建立了内在联系，而且这种联系特别体现为启蒙运动的激进、世俗、民主形式，由此可见，他们是民主、世俗、基于权利之现代性的第一批有组织的拥护者。

第 18 章

去基督教化运动

1793 年至 1794 年

　　削弱并边缘化宗教权威，降低宗教以及宗教价值在公共生活中的地位，这一直是激进启蒙哲学家观点与作品的中心议题。同样，在米拉波、西哀士、巴纳夫、孔多塞和布里索看来，无论从哪个方面来说，对宗教权威进行限制都在大革命中占据了核心地位。然而在避免触发内乱的情况下循序渐进地减少并降低教会对政治、教育、文化、日常生活与经济的统治，这一目标是否可行？法国国家与教会的关系从 1789 年以来就已经极度恶化了，可即便如此，在 1792 年 9 月共和国宣告成立的时候，尚未发生直接袭击教堂、积极迫害教士或有组织地摧毁圣像与圣器等事件，也尚未出现任何类似于抹去所有传统崇拜的痕迹，并让基督教的虔敬及其日常生活惯例彻底从人们视线中消失的动因。

　　随着教宗公开否定人的权利与大革命，很多原先宣誓效忠 1791 年宪法的法国教士正式撤回誓言。1791 年至 1792 年冬季期间，撤销誓言的行为频频发生，这开始给革命领导层拉响了警钟。撤誓潮流加剧了肆虐法国的意识形态与政治斗争，鼓舞了抵抗派教士和流亡者，增强了他们的力量，也加剧了法国教会一分为二后敌对双方间的尖锐争执。[1] 极端保王派报纸和抵抗派教士均将立宪派教士谴责为"叛徒"与"教会分裂主义者"，鼓励法国各地民众反对他们，由此扩大了教会冲突，进一步危及了大革命和国家内部的稳定。极端保王派受到法国西部、南部部分地区、阿尔萨斯和比利时的天主教暴动鼓舞，其观点直接与斐扬派的君主立宪主义和立宪派教会发生了激烈的冲突，其剧烈程度不亚于极端保王主义与民主共和主义以及民粹威权主义的冲突。

到了 1791 年中期，国民立法议会进退维谷，一边是信仰和宗教自由，一边是越来越大的怒气与分歧、激烈的宗教冲突以及来自对抗大革命的宗教权威的严厉责难。[2] 立法机关与宗教传统间越来越大的敌意引发了一场关于忠诚的战斗，一旦开战便难以收场。有越来越多的议员开始要求对持反对意见又难以驾驭的抵抗派教士采取更加严厉的措施，这些议员当中除了资深的反教权人士，还不乏福谢、格雷古瓦这样的狂热立宪派教士，以及马布利的极端平等主义信徒雅克-玛丽·库佩，即便如此，他们依然自认为是大革命不断公开承诺的宽容、宗教自由和言论自由的捍卫者。1791 年 6 月，在冷漠的库佩的亲自监督下，努瓦永的天主教神学院被强制关闭，因为这里是不断滋生抵抗派反抗行动的温床。[3] 这一轮攻击对顽固抵抗派增强施压，使得法国天主教保王派大骂当局的"狂热"与虚伪。1791 年 10 月的《国王之友》告诫道，伏尔泰、孟德斯鸠、卢梭和雷纳尔曾称教会是宗教少数派与非宗教少数派的迫害者，"狂热"而不宽容。然而如今遭到迫害的少数派正是抵抗派教士本身——被"哲学党"斥为"狂热"的那些人。自从启蒙哲学家把他们自己的思想变为"某种宗教"并征服了法国以来，他们与他们的信徒就成了法国的迫害者。"多么矛盾！"[4] 确实，法国大多数人对此感到惊恐而愤慨。然而，对于所有高声抗议所谓"迫害"的抵抗派教士来说，真正的迫害和镇压尚未开始。

1788 年至 1791 年间，大革命与基督教之间的冲突大体维持在政治斗争层面，革命者和立宪派教士确实采取了一些行动，试图把斗争范围约束在造成教会与国家分裂的制度与经济问题上，这样的斗争专门针对教会的规模、权力与财富，有的革命领袖并不希望将冲突扩大到意识形态、思想和精神性的层面上。但从 1792 年初起，持续至 1793 年中期的"过渡阶段"开始了，在这一阶段里，基督教和大革命之间加速增长的敌意确实逐步发展为关于宗教权威、价值观念和思想的广泛冲突。采取镇压与强制措施的冲动及其给言论与宗教自由带来的威胁开始增加，而且变得越来越明显。即便如此，直到 1793 年 6 月，斗争基本维持在语言与象征的层面上，是一种非暴力的文化斗争。1792 年 4 月 6 日复活节这天，议会禁止在街头或教堂以外的任何地方出现圣教着装，这一标志性转变是打击传统文化的信号，其直接目的在于阻止教士作为宗教代理介入社会与日常生活。[5]

双方之间的关系极度恶化，冲突不断加剧，这可以归结于早期重组教会并使其在新基础上再生的努力到了 1792 年初已经彻底停滞不前的事实。然而革命政权削弱宗教权威的决心并未消停，尤其想要降低其在政治、教育与日常生活领域的影响力。斐扬派和布里索派在这段时期的典型做法反映了 1791 年的《教士公民组织法》越来越让人失望的状况，那就是他们纷纷变得急不可耐并诉诸言语暴力，尽管与此同时，他们还是滔滔不绝地继续鼓吹宗教宽容、个人自由和言论自由。1792 年 5 月 27 日议会通过投票，决定禁止人部分不愿让步的抵抗派教士踏上法国领土，这意味着在扩大与基督教的冲突、背弃宽容、宗教自由与和平世俗化的道路上，议会又往前迈进了一步。在这一过渡阶段中，规划革命法国的财政与教育政策的人面临着进一步削弱教会权力与地位的更大压力。1792 年 11 月，来自蒙彼利埃的布里索派重要议员，财政委员会主席，前纺织品商人约瑟夫·康邦，敦促立法机关同意让天主教会自己承担维持立宪派教士组织的费用（薪水与年金），国家将不再支付这笔开支，由此将天主教置于与其他宗教崇拜等同的基础之上。因为到头来，期望全社会共同负担神职人员的开支，会侵犯不信教者、新教徒、犹太人和其他非天主教徒的权利。社会为何要付钱给立宪派教士，而不是新教徒或抵抗派教士呢？他的提议被暂时搁置下来，却依然昭示着 1790 年的教会安置方案将被彻底倾覆。

该过渡阶段是真正去基督教化运动的前奏，始终是在纯粹的象征与口头层面展开的。有的布里索派领袖确实曾大肆控诉教会不合理地占用社会开支，间或也高调谴责神职人员中挑战大革命的保王派分子。不过很多山岳派人士在修辞上对神职人员及其影响的指控更为刺耳，近乎谩骂——而罗伯斯庇尔并不在谩骂者的行列之中，他个人对于启蒙哲学家的非宗教立场始终怀有敌意。如此一来，数月以来不断升温的冲突引发了关于采取暴力镇压与强制措施的观点，而从 1793 年中期起，这类想法注定将变为现实。来自卢瓦尔选区的立法议会和国民公会议员数学家雅各布-路易·都彭与康邦都是国民公会中主要的财政专家，1792 年 12 月 14 日，前者呼吁当局为推翻"祭坛和偶像"而付出更大努力，用完全世俗的教育取代法国的宗教教育，划拨公共基金进行支持，政府还应对小学办学加以指导。

1792 年 12 月底，佩蒂翁与布里索派主导的巴黎公社禁止午夜弥撒这种"迷信活动"。1792 年 12 月 24 日平安夜当天，巴黎公社宣布从下午六点到第二天早上六点间关闭巴黎所有教堂，许多虔诚的信众团体被此举激怒，于是在午夜时分聚集于巴黎若干主要教堂周围，以确保他们的本堂神父能够顺利举行午夜弥撒。[6] 1793 年初，好战的世俗主义者和虔诚的天主教徒之间这场象征性的言语冲突不断加剧，这也与旺代叛乱和比利时的革命军溃败有关——这些都是令人警觉的信号，去基督教化运动的宣传战变得咄咄逼人，在最坏的情况下，足以煽动起更加频繁且积极的迫害行动。尽管如此，1792 年至 1793 年初期间，大权在握的布里索主义民主共和派继续主导着反教会的不宽容情绪，他们让教堂继续对外开放，让宗教自由得以大范围留存，让"举行崇拜仪式的自由"和立宪派教士团体得到尊重。因此真正的去基督教化运动尚未开展。

只有在 1793 年 6 月政变之后，随着大革命核心价值的倾覆，暴力迫害和疯狂攻击才有可能实现，而这正是肇始于 1793 年夏季末的事。大革命和基督教之间的冲突从言语上的象征性战争向暴力镇压的转变，与 1793 年 6 月政变后民主共和派被取代息息相关，在政治上和意识形态上有着密切的联系，因为这场政变摧毁了至今为止广泛抑制反教会的怒气、敌意与不宽容情绪的宪法和法律壁垒。1793 年夏季，去基督教化很快演变为集压迫、肆意破坏与审查于一体的运动，尽管该运动本质上存在地方化与碎片化的特点，缺少指挥中心。事实上，法国大革命期间的去基督教化从来不是一场协调一致的全国性运动，尽管在很多地方，这场运动开展得非常系统。去基督教化运动的动力主要来源于山岳派领袖和各个政治派系。在不同地区，运动的发展并不同步，性质也大不相同。它是在地方层面开展起来的，并非完全来自立法机关，也不是国民公会或革命行政委员会最先授权的一致行动。[7]

　　去基督教化运动本身既不是独裁统治集团最高领导层的主意，也并非由作为新的权力金字塔基础的无套裤汉掀起，真正的始作俑者是那些操纵着大众社团、地位处于罗伯斯庇尔和丹东之下的革命先锋。[8] 尽管去基督教化是一场绝对的少数派运动，城市中民粹威权主义的高涨依然给它提供了部分动力，进而得到了来自大众的零星支持，然而这一咄咄逼人的意识形态主要流行于控制法国各地雅各宾社团和某些巴黎街区的强硬分子与政治头目当中。在这场严酷而粗暴的反基督教压迫运动中，主要领导人物包括肖梅特、埃贝尔、沙博、莱基尼奥、富歇、德穆兰、布尔东、都彭、法布尔·代格朗汀、莫莫罗、迪蒙和克洛茨，他们全是公开的无神论狂热分子。在塔布市和巴斯克地区，去基督教化运动的重要领导者是伯努瓦·莫内斯捷，他在当地遭到了强烈的反抗。此人曾是神父，还是布里索派的死敌中最暴力的人之一。手工艺人之子肖梅特曾是医学院学生，最初是德穆兰的门生，而后成为科德利埃俱乐部中的重要人物（在那里，他将自己的教名改为"阿那克萨哥拉"），去基督教化运动开始之后，他成为该运动在巴黎最重要的活动分子之一。自由主义无神论者马雷夏尔后来声称，尽管肖梅特和埃贝尔武断地拒绝宗教宽容，他们却并非真正的启蒙哲学无神论者。对马雷夏尔而言，此二人不过是寡廉鲜耻、贪求权力的"伪革命者"。[9] 1793 年秋季早期，成为巴黎公社重要成员的肖梅特陪同曾经的奥拉托利会（Oratorian）神父，如今的暴力反基督教狂热分子，山岳派最好的演说家之一约瑟夫·富歇，对位于法国中北部的涅夫勒省（Nièvre）展开了外省第一次大规模的去基督教化行动，与此同时，山岳派另一位特派员安德烈·迪蒙律师在阿布维尔市（Abbeville），莱基尼奥在罗什福尔市（Rochefort）对本堂神父和虔诚的信徒进行了系统性的迫害。

　　相对而言，克洛茨和马雷夏尔是更为严肃的理论家。1793 年 11 月 11 至 29 日期间，克洛茨曾当选为巴黎雅各宾俱乐部主席。11 月 17 日（雾月 27 日），克洛茨在国民公会上的讲话标志着去基督教化运动高潮的到来，罗伯斯庇尔深恶痛绝的好战启蒙哲学无神论的理性崇拜与自然崇拜也走向了巅峰。在演讲现场，克洛茨坚决揭露宗教的"荒谬"，提到了他过去曾卷入的很多次宗教信仰纷争。如今正在改变的法国的"启蒙哲学大爆炸"是五十年以来，面对迫害进行不屈抵抗的产物。能让一个伟大的民族转而投身"正确认识的启示"，启蒙哲学家的努力确实不算一无所获。他特别强调 1789 年前的"哲学革命"与 1789 年开始的"政治革命"之间存在关联。在大革命早期，他曾试图将自己的亲革命、反基督檄文《伊斯兰教论据的可靠性》（ *La Certitude des preuves du Mahométanisme*，1789 年于阿姆斯特丹发行）献给立法议会，却发现福谢从中作梗，阻止自己的提案通过。[10] 不过随着时代的变化，大革命中第一位伟大的"宗教的敌人"如今可以完全得到认可。他建议公众表彰香槟省埃特雷皮尼市（Étrépigny）的本堂神父让·梅利耶，他于 18 世纪 20 年代撰写了《哲学遗嘱》（ *Testament philosophique* ），在其中强调要从神职人员手中拯救农民，这是将他们从不幸与无知中解放出来的伟大事业的一部分。正是这本书最先对一场对抗宗教、贵族与教士的战争发起了总号召。他建议，为了给这位作家的成就以应有的缅怀，应该在雅各宾俱乐部竖立一尊梅利耶的塑像。[11]

雅各宾派迫害宗教的先驱们声称这是为了消灭"迷信"。他们推行汪达尔主义政策，破坏有组织的宗教的象征和圣器，同时从精神和身体上攻击教士与信徒，并为某种严格的新型世俗化道德主义布道。富歇敏锐地意识到抵抗派教士正在煽动农民以暴力对抗革命者（他自己就险些在旺代暴动中遇刺身亡），因此他于 1793 年 9 月强烈谴责涅夫勒省的"虚假宗教"，呼吁根除基督教信仰，用自然神论的公民崇拜取而代之。他在 1793 年 10 月 10 日的宣言中提出，大革命虽已宣告信仰自由，但并不接受除普世道德以外的任何信仰。必须立刻取消天主教信仰的特殊地位。在葬礼上不得继续使用十字架或其他宗教象征。这一法令在全省掀起了一场从墓地与乡间道路上抹掉十字架的运动，并很快蔓延至更远的乡下。富歇的疯狂让他更进一步，下令在所有墓地的入口处题写红字："死亡不过是永恒长眠。"[12]

1793 年后期，尽管立宪派教士如格雷古瓦、福谢、库佩和拉穆雷特依旧勇敢地宣称大革命可以包容天主教信仰，然而，他们也意识到自己已经处于越来越边缘化且难以立足的境遇中。他们指出，1788 年至 1793 年大革命的平等主义、宽容与民主原则即便不支持非宗教、唯物主义与反教权的好战立场，也依然完全合理。这些杰出而无畏的人物曾经投身的天主教激进启蒙运动如今已经濒临破产。直到1793年夏季末，他们始终尽最大的努力支持革命政府，然而他们不可避免地向植根于启蒙哲学根基的反基督教倾向公开宣战，这让他们到头来注定要与立法机关和大部分山岳派领导层发生对抗。1791年春季与社会俱乐部决裂的福谢与格雷古瓦一样，最终陷入了无望的孤立。1793年4月29日，拉穆雷特以里昂主教的身份公开发表宣言，谴责哲学在塑造大革命过程中的支配地位的危害性。他告诫人们，"这种黑暗哲学"、唯物主义者和无神论（狄德罗、霍尔巴赫、孔多塞、沃尔内和克洛茨式的无神论）的传播是种致命威胁，终将危害自由本身与大革命承诺的普世社会重建，使人民变得粗暴残忍，并抹杀一切原则。他认为，这实际上就是对基督教进行言语攻击的真正目的；推动这一切的野心家是在故意加重大革命内部的派系之争与分歧，为的是实现他们自己的邪恶目的。[13]

在困难重重的处境中，立宪派教士与憧憬着要把大革命与基督教结合起来的人的力量迅速衰退，因为这样的处境让他们无法制定连贯的政治战略。在罗讷河谷地区，有的立宪派教士与沙利耶手下强硬的雅各宾派成员结盟，有的保持中立，然而大部分还是毫不犹豫地站在了布里索派这边。尽管比起罗伯斯庇尔派来，布里索派更有可能是信奉哲学主义的唯物主义者、无神论者和激进世俗主义者，但他们也更加真诚地拥护信仰自由和基本人权。布里索派当中并无突出的积极迫害者。针对宗教的攻击性迫害与肆意破坏完全是山岳派的专利。这解释了共和左派中存在的突出矛盾：在1788年至1793年间，特别是在1793年秋季被清洗之前，他们一直是基督教主要的智性敌手，但同时也是基督教信仰和宗教自由的主要捍卫者。例如，当沙利耶的雅各宾独裁统治于1793年5月29日覆灭后，拉穆雷特在布道时毫不犹豫地对布里索派表示支持，称颂他们为从雅各宾派手中解放里昂而奋战。当山岳派与里昂人之间的冲突越来越激烈的时候，这位主教于7月14日颁布了致全省信徒的牧函，不仅谴责沙利耶，还对操纵巴黎无套裤汉的"那帮无政府主义恶霸"进行了控诉，说这样有害的颠覆集团正有意或无意地对法国的保王派和贵族派施以援手。[14] 然而，当致命的纷争很快吞没法国后，重要的立宪派高级神职人员如此热心支持共和左派对抗山岳派一事，恰恰让布里索派和立宪派教士暴露在迫害面前。

很快，有组织的去基督教化运动中蕴藏的狂热与汪达尔主义，与法国各地推动反启蒙运动的宗教狂热迎头相撞，由此形成了不可阻挡的力量与难以撼动的趋势，彻底粉碎了在 1788 年至 1793 年间盛行一时的宗教宽容与信仰自由。去基督教化运动一经发动，就在巴黎、北部和中部省份产生了影响，西南部也紧随其后。1793 年 6 月政变后的数周内，巴黎街区议会就关闭了首都的大部分教堂，到了 12 月，巴黎的教堂被全部关闭，包括大学校园里的礼拜堂，[15] 在这方面，首都领先于法国其他地区。在 1792 年 12 月的时候，波尔多仅有四座教堂还对基督教崇拜活动开放，其余教堂或关闭，或挪作他用，其中包括如今成为仓库的圣安德烈主教座堂（Cathedral of Saint-André），其所在的圣安德烈广场则更名为山岳派广场（Place de la Montagne）。在法国许多地区，关闭教堂的行动较为缓慢，而且是间歇性地进行。在 1794 年 1 月或 2 月以前，马赛和南法大部分地区的教堂鲜有关闭，而在此之后，也还有很多教堂保持开放。即便如此，到了 1794 年复活节，法国绝大部分教堂已经对基督教崇拜活动关闭（总计大约 4 万座）。[16] 全国各地的教堂不论大小，只要遭到关闭，就被重新命名并用作其他功能，如公共仓库、作坊、集会大厅、营房和马厩。曾经的天主教圣殿、墓地与礼拜堂往往被改为陵园或纪念堂。[17] 巴黎的圣日耳曼德普雷修道院更名为 “团结之家”（Maison de l'Unité），其诸多房屋构成了首都最主要的监狱之一，一部分场地则成了制造硝酸钾的作坊。1794 年 8 月，作坊起火，烧毁了修道院图书馆中大量珍贵的藏品，好在有志愿者冲入火场，最终抢救出大部分无可替代的中世纪手抄本。[18]

尽管去基督教化运动的民众支持有限，但还是能够成功招徕街头团伙和与其密切配合的汪达尔主义者。1793 年夏末至秋季期间，在巴黎与其他主要城市，最后乃至在较小的城镇，拆除委员会和小组都在着手抹掉宗教符号与宗教形象在日常生活中的痕迹。圣徒的名字与塑像从街头巷尾与教堂建筑上消失，大量基督像被斩首，被毁容的圣母玛利亚像随处可见。教堂的钟楼被推倒，大钟被摧毁，宗教绘画被撕成碎片。在巴黎圣母院和圣日耳曼德普雷修道院，反基督教分子不惜冒着生命危险爬上临时搭建的脚手架，去捣毁高处壁龛中的圣像、天使像与教宗像，其中有的从地面上甚至是完全看不见的。[19] 取代这些宗教形象的往往是大革命头号"圣人"马拉的胸像，或者在大众欢迎度方面唯一能与马拉相媲美的路易-米歇尔·勒佩勒捷。富裕的地方法官勒佩勒捷是第一次三级会议中的贵族代表，1789 年他加入第三等级，在 1793 年 1 月 20 日，他投票赞成路易十六死刑的那个晚上，勒佩勒捷在巴黎皇宫附近的餐厅用晚餐时被一名前皇家侍卫刺死。[20] 正如他描绘马拉之死那样，大卫将这一场景描绘成画作。这两幅画当时就悬挂在国民公会议事大厅的入口处。

　　从时间选择、动机与背景上看，去基督教化运动完全与暴力、大众威胁与恐怖统治的压迫相关。[21] 1793 年 11 月 6 日，罗什福尔市全体人民聚集于该教区主要教堂内——如今此教堂已经更名为"真理殿"（Temple de la Vérité）——参加莱基尼奥主持的仪式，见证八位天主教神父和一位新教牧师当众宣布以哲学之名放弃他们的神圣誓言与圣会。[22] 1793 年 11 月 7 日，当选为巴黎立宪派主教的让-巴蒂斯特·约瑟夫·戈贝尔迫于肖梅特、克洛茨和莱昂纳尔·布尔东的压力，与 11 名放弃神圣誓言的神父一起来到国民公会，正式辞去自己的主教职务，并放弃神父身份。这发生在布尔东对雅各宾俱乐部发表长篇大论四天后，那场演讲的中心思想是要求当局强迫所有神职人员承认他们"要么是蠢货，要么是骗子"："对，让我们将他们传唤到真理的审判庭上来！"[23] 布尔东本人是布里索派的凶残追杀者，与埃贝尔走得很近，但与忿激派和罗伯斯庇尔均有不和（后者十分瞧不起此人）。在那场弃誓仪式上，戈贝尔脱掉了身上的主教装束与宗教标志，戴上红色的自由之帽，宣布唯一的真正宗教是自由和平等的宗教，承认他先前的信仰生活充满"欺诈"。[24] 不久之后，巴黎公社便试图把整个首都的基督教崇拜换成"没有神父的理性崇拜"，用公共权力主持的共和主义庆典取代基督教圣仪，颂唱共和主义赞美诗。

　　1793 年 11 月 10 日（雾月 20 日），这样的自然神公共崇拜正式揭幕。在如今更名为"理性圣殿"的巴黎圣母院，肖梅特主持了浮夸的公共庆典。女子童声合唱团反复颂唱由玛丽-约瑟夫·谢尼埃专门谱写的共和主义赞美诗。著名的女歌剧演员马亚尔小姐扮演的"理性"女神从她的圣殿中徐徐走下，被真理之火照亮，接受到场众人的敬意。在巴黎，大量"理性圣殿"霸占了基督教教堂，在外省的中心城市亦是如此，不过更加零散，这样的现象很快也蔓延到乡村。庆祝游行与"理性节日"创造了近乎宗教的新型节庆文化，事无巨细，理性由女性神祇代表，无一例外，而且往往由来自无套裤汉领导层的年轻女子扮演。例如科德利埃俱乐部演说家莫莫罗的妻子坎黛耶夫人就曾是理性女神的主要扮演者，舞者、喧嚣的音乐、理性神父与神女将其环绕。美酒与盛宴就这样闯入了教堂，在如此诡异的宗教狂热、偶像崇拜与自然神主义的混合物中间，据说有人寻欢作乐，不少人还在暗处的礼拜堂和圣龛中进行色情的勾当。

　　1793 年底，经常出席国民公会的神父议员迅速减少，剩下的神父包括康塔尔省（Cantal）主教及议员亚历山大-玛丽·蒂博，他们大都效法戈贝尔，于年底辞去神职。不久后，布卢瓦主教格雷古瓦教士意识到，自己成了国民公会中最后一个身穿教会服饰的议员。他同样面临着弃誓的压力，但他顽强抵抗，坚称可以将基督教与大革命有机结合起来。[25] 对于布卢瓦省的卢瓦尔市来说，情况远非如此，他是布卢瓦的正式主教，到头来却不得不抵制自己的教区。为了确保布卢瓦的"圣徒"也参与到保家卫国的行动中来，当地大众社团颇具讽刺意味地移走大量圣物、基督受难像和教堂大钟，将其熔化后铸成大炮。巨大的十字架被自由树取代，忏悔室被用作岗哨。11 月底，该大众社团向国民公会保证，布卢瓦主教座堂已经成为一座献给理性的圣殿，而即使在乡下，启蒙哲学也正取得凯旋般的进步，带有"迷信"意味的一切均已被根除。布卢瓦的雅各宾派要求国民公会派出"爱国而开明的"委员，把"光明"带给布卢瓦全省，再将其传播到旺代去。[26]

　　迫于压力辞去神职，或是在没有压力的情况下辞职，这一现象成了既定的革命仪式，包含一项正式的去职认证——"辞去神职证明"（acte de déprêtrise）。1793 年 11、12 月期间，数千名前天主教神父放弃了自己的神圣誓言、职业和薪水，有的还写信给国民公会，声称"在全法国面前，他们再也不愿认可任何除理性与自由以外的崇拜，而对理性与自由的崇拜注定将征服全世界，打碎所有民族的枷锁"。[27]上加龙省班奥市（Binos）偏远地区圣戈当（这时更名为"团结山"）60 岁的本堂神父保罗·罗兰曾担任乡村神父四十年，如今以理性的名义宣布永久辞去神职，11 月 10 日，立法机关宣读了他的辞职信。正义是"唯一的真正宗教"，"除了对美德的崇拜"，地上的人不要求任何其他崇拜："我相信天堂不是别的，只是因道德高尚而享有的幸福。"罗兰放弃了自己的神父装束与年金，发誓从今往后只愿祝祷"启蒙哲学的胜利"。[28]强迫神父辞职以及强迫前神职人员结婚，这成了很多地方特派员最青睐的策略。[29]

在富歇的压力下，本堂神父帕斯卡-安托万·格里莫于 11 月 14 日退出教会，辞去神职，表示但愿自己不曾误用神职权力去"妨碍自由、平等、哲学或民主政府的进步"。[30]维埃纳省蒙孔图（Moncontour）的大众社团于 12 月 29 日对国民公会保证，他们那蔑视贵族偏见、"厌倦神父招摇撞骗"的村庄已经告知当地的本堂神父，说他仅仅是个普通公民，因此必须辞去神职。该村教堂内"曾用来供养迷信与宗教狂热"的金属圣器与圣物立即被人夺走。[31]圣马洛市内与周边地区的立宪派神父大都在 12 月发誓放弃自己的信仰，包括偏远地方的本堂神父夏尔·卡龙，他在公开放弃神职两个月前已经结婚。卡龙从 1789 年开始就以启蒙哲学与公共和平的名义"全心全意"地支持大革命。这显然不是该市居民的普遍立场。人民代表让-巴蒂斯特·勒卡庞捷抱怨道，圣马洛地区较巴黎之偏远不仅仅是地理意义上的，在"启蒙哲学的关系"上更是如此。勒卡庞捷让自己所到之处摆满马拉和勒佩勒捷的胸像，从而使圣马洛"共和化"，并对宗教与传统不幸地对当地居民保持着强大影响力而感到遗憾。[32]

到了 1794 年夏季，有超过两万名立宪派神父正式辞职，占教会神职人员的绝大多数——有超过 6000 名还结了婚。[33]在巴黎盆地东南地区的约讷省（Yonne），欧塞尔和桑斯对大革命的支持始终牢固（正如整个巴黎盆地那样），1791 年有超过 90% 的教士宣誓忠于宪法，而大革命与信仰之间的显著和谐也令人放心地持续到了 1792 年底。愈演愈烈的口头暴力发展到中级阶段，其特点表现为抵抗派教士越来越强的影响力，还有大量教士撤回效忠宪法的誓言，而这种"缺乏公民心又反革命"的挑衅态度，当 1793 年 3 月共和国遭遇灾难性军事溃败后在该省加强征兵时，只会强烈刺激普通信徒反对大革命。[34] 4 月，革命政权对这一越来越强大并有宗教加持的障碍做出回应，在桑斯逮捕了 48 名教士，在欧塞尔逮捕了36 名。然而，无论该行动来得多么猛烈，它首先仍算作是削弱不服从世俗政权立场的手段，而非系统性的迫害。尽管在过渡时期，教士与政权的关系急剧恶化，那也与 1793 年 6 月过后的去基督教化运动本身有着显著不同。[35]1793 年底至 1794 年夏季期间，主要是由大众社团支配着约讷省有组织、系统化的去基督教化运动。教堂纷纷关闭，数百尊圣像被推倒。该省那位并不信教的主教洛梅尼·德·布里安于 1793 年 11 月被捕。即便在小村庄里，立宪派教士也备受欺凌，不得不放弃神职，有人还被迫结了婚。有的地方爆发了村民与据称是"理性使徒"的反基督教好战分子之间的战斗。最终，欧塞尔和桑斯的主教座堂于 1794 年 2 月关闭。

去基督教化运动的领导人将基督教及其拥护者描绘为暴政的附加品，需要彻底根除。克洛茨宣布，普世理性即将战胜宗教和"某些政治团伙的联邦主义"，他向巴黎雅各宾派保证，"启蒙哲学推翻的每一个偶像都是对暴君的一次胜利"。[36] 1793 年 12 月 20 日，夏朗德省（Charente）的特派员致信国民公会：法国在暴君的蹂躏下呻吟了好几个世纪，直到"启蒙哲学和理性使人的天性复苏，使其终于能够理解自身的力量与权利并打破枷锁，发动一场伟大的革命……愚蠢的庇护六世想用一个连他们自己都不信的可怕上帝来恐吓我们，门都没有"。[37] 这样从精神与物质层面系统性根除"暴政"的过程，小型社区经历的并不比主要城市要少。在萨莱特的监督之下，塞纳-瓦兹省加尼市（Gagny）经历了"重塑"的过程。萨莱特是监督委员会的成员，来自巴黎布鲁图斯区。公安委员会将他与一伙无套裤汉派往加尼，是为了"在重塑社区的过程中采取必要措施"。他接到指令，要协助受压迫的爱国者，将革命恐怖扩展到居心叵测之人和"贵族派"身上，并"把真理之光带给那些误入歧途的人"。1793 年 12 月 19 日（霜月 28 日），萨莱特在加尼的主要教堂召开初级议会，将这座如今已无本堂神父的教堂转变为"理性圣殿"，并设立尊崇"自由烈士"马拉与勒佩勒捷的公共节日，他们的胸像就安放在圣殿中。在"共和国万岁！"的欢呼中，人民开始"自发行动"，抄走教堂内所有"圣物、圣像和书籍，将其堆放在该市的自由树前烧毁"。教堂中的金属圣器被交到该区主要公社熔掉。[38]

在恐怖统治期间，特派员与地方"大众社团"一手推动的去基督教化运动还与"大众社团"的迅速蔓延有关，这反映了去基督教化运动是山岳派新的独裁权力体系渗透并扩张过程的内在组成部分。1793 年至 1794 年整个冬季，约讷省大众社团的数量从 37 个增加到超过 50 个。[39]公开支持革命政权，加入此类社团并参与去基督教化运动的活动，成了提升自身与家庭地位的手段。大众社团被当成推动"人民"事业的工具，而实则成了地方权威与影响力的杠杆。去基督教化与政治化运动发生的地区，直到现在也往往只是受到大革命的轻微影响，因此这两项运动如今双管齐下，同时进行。1793 年 12 月，在马恩省靠近埃佩尔奈市（Épernay）的阿韦奈（Avenay），无套裤汉成立了自己的大众社团，发誓要推动爱国主义，保卫"自由"，宣扬神圣的平等原则，并向"迷信"宣战。他们拿走祭器与金属圣器，关闭了教堂。在 1793 年 1 月 4 日致国民公会的信中，他们如是写道："神圣的自然法则"正在阿韦奈乡间深深扎根，粉碎所有联邦派、温和派和利己主义者。"理性的钟声在所有民族中间敲响"：他们沉睡得太久，而他们的苏醒将"令人畏惧"。自由和平等是阿韦奈大众社团唯一认可的神圣存在，尽管对他们来说，这些原则首先是为了宣扬"神圣山岳派是保卫自由的唯一堡垒"，以及痛斥最近才因叛国罪入狱而"臭名昭著"的布里索派议员。[40]

森林覆盖的小城圣法尔戈（Saint-Fargeau）坐落在巴黎盆地中，人烟稀少，大革命对其影响不大，然而在 1793 年 12 月 1 日，这里只用了一场仪式，就使革命政权成功进驻，粉碎了异己势力，抹去了过去遗留的法律，更改了当地场所的名字，瓦解了基督教信仰。这一切并非由当地人发起，而是由一伙来自邻近城市欧塞尔的积极分子，他们镇压了地方的抵抗力量，清洗了当地的雅各宾俱乐部。新的领导者夺权后，将圣法尔戈改名为"勒佩勒捷"，同时大肆破坏教堂；大众社团把大量法律文件收集起来；

人们在中心广场举行仪式，当众烧毁为圣法尔戈公社工作的法官、公证人和律师持有的资格认证（直到 1792 年，证书上还保留着皇家印章），与此同时，该市民众唱起自由赞美诗。正如当地大众社团向国民公会汇报的那样，群众的歌声显然谈不上振奋人心，因为"勒佩勒捷市"缺乏受过良好训练的乐师给公共庆典与赞歌颂唱添彩，而新的节庆、爱国诗歌和"启蒙哲学课"需要由歌声和音乐来装点。他们告知国民公会，向乡下民众灌输共和主义情操的最好方式，是用引人入胜的新庆典取代迷信的旧仪式，辅之以帮助劳动者在工作之后放松身心的音乐。[41]

与此同时，为村庄、区域和街道更名的运动很快如火如荼地展开。1793 年秋季的革命狂潮不仅摧毁了为数甚巨的圣像，还将"神圣"（saint）一词从成千上万条街道名称中抹去，这一行动变得普遍而必要，首都与外省都未能幸免。在南部的加尔省（Gard），有四分之一的社区为了消除基督教痕迹而改名，比如圣拉斐尔改为"巴拉斯通"（Baraston），圣特罗佩改为"赫拉克勒"（Héraclée）；另有四分之一的社区用"蒙"（Mont）或"枫"（Font）替代了"圣"字，此更名过程被称为"更名运动"（débaptisation）。[42] 由于越来越多市镇和村庄放弃了他们带有基督教意味的名称，尚未改名的那些顿感压力倍增。圣奥梅尔（Saint-Omer）从 1792 年起就正式更名为"山岳－莫兰"（Morin-la-Montagne）。在这种情况下，拒不更改圣马洛的名称越来越难办到，尽管圣马洛公社只是勉强同意将其改为"马洛港"，因为他们担心全新而难以辨识的命名会有损于他们的海外贸易链。[43]

1793 年 10 月，特派代表团正式访问位于法国中西部，原先隶属于贝里行省的安德尔省（Indre），这是要该省下辖市镇和村庄着手更名的信号。该省主要城市沙托鲁（Châteauroux）更名为"安德尔城"（1794 年 3 月至 1795 年 3 月期间则改为"自由安德尔"），而该市周边的带有"圣"字的村庄也改用其他名称，如圣戈捷（Saint-Gaultier）改为"自由岩"（Roche-libre），圣热努（Saint-Genou）改为"安德尔谷"（Indreval）。[44] 全省到处都有人发表演说，宣讲"人类宗派的无用与邪恶，因为他们的利己主义与激情往往使它们利用神圣说辞导致各民族间的冲突"。主日仪式被取消，人们不得前往教堂。国民公会得知："安德尔省各市镇与村庄的居民服从自然与信仰的指示，聚集到不久前还充当着谬误圣坛的同一个殿堂里，用爱国歌声欢庆启蒙哲学的胜利。"反基督教分子预言："离理性平定所有宗教崇拜的那天已经不远了。"在早些时候，1793 年 11 月 20 日的一纸法令要求所有省份的政府移走教堂里助长"僧侣神权宗派势力"的银器与其他"有用金属"。从前为"神父之骄纵"服务的物品如今应该充当武器，"驱散那种臣服于国王这种怪兽的奴性"。[45]

在已经更名为"山岳–夏朗德"的昂古莱姆市（Angoulême），特派员让-巴蒂斯特·阿尔芒负责指挥关闭教堂与设立"理性节日"的有关事宜。1793 年 12 月 1 日，他向国民公会保证道，市民兴高采烈地庆祝了启蒙哲学的胜利与黑暗的消散，"神父曾如此擅长让我们沉浸于如此的黑暗当中，以便于让他们套上枷锁驱使"。庆典在不久前还是圣彼得主教座堂的"圣殿"中举行，而这里原本是"迷信、偏见、谬误与谎言的要塞"，神父曾在此不断告诫信徒，说他们那不可见的神会对革命者施以可怕的惩罚。阿尔芒言之凿凿，对城里的民众说神父们的上帝是个残暴而报复心很强的神，真正的自然之神与大革命之神却是正义与理性之神，有意使其子民过上幸福的生活。"因为我们闭着眼，所以神父能够欺骗我们；让我们睁开双眼吧，这样一来神父就会逃得比那些暴君还要快。"让他们逃到自己"身在罗马的愚蠢首领"（即教宗）那里去吧，就像流亡者加入"德意志之虎（即德意志诸侯）那样。而我们很快就会拥有传达公共意志的有益法律了"。[46]

阿尔芒的报告意义重大，因为这位前律师曾在布里索派和山岳派之间严守中立（私下还曾斥责罗伯斯庇尔）。他曾反对处死路易十六，只在表面上听从山岳派的命令。在那些诉说启蒙哲学如何把昂古莱姆从无知与迷信中解放出来的演讲、喧哗与赞歌中，人们不断吟诵着人的权利。即便阿尔芒的判断是相对独立的，他也倾向于使用山岳派青睐的那套说辞：昂古莱姆并不想要一个被布里索派统治者诽谤为"嗜血怪兽"的代表，市民并不想要一个专程前来净化全市并歌颂美德的无政府主义者。当地人如今醒悟过来，推翻暴政意味着推翻"高高在上部长们的谎言"，而大革命真心希望创造适用于所有人的道德，即"普世道德"，宣布人人自由平等。他们拒绝了布里索派宣扬的"抽象美德"，这令人欣慰，因为布里索派不过是用"一种贵族制取代另一种罢了"。唯一真正的宗教思想即是自由和平等。神职人员都是骗子，为了推进罪恶的计划，他们总是亵渎女性，而女性必须学会不去充当"被欺诈行为所利用的消极工具"。女性的天赋是让男性获得幸福，而不是让他们自觉有罪。社会需要有道德的女性与温柔的母亲，她们应该明白在理性所限的领悟范围以外并没有神秘之物。除了真理和法律，再无其他神圣的存在。"这场神圣大革命的烈士"（指马拉和勒佩勒捷）才是应该得到公众尊崇的人，是真正属于人民的人。[47]

去基督教化运动在全法国掀起了破坏圣像运动的浪潮和新形式的"布道"，在比利时和莱茵兰也是如此。清除地方性著名圣物是该过程的必要组成部分，事实证明，这些圣物纵使接受了长达数世纪的崇拜，也并不具有神奇的力量。古老的堡垒城市滨海蒙特勒伊（Montreuil-sur-mer）此时更名为"滨海山岳市"，当地共和派社团原先的 200 名会员也遭到粗暴清洗，如今只剩 30 名。当地教堂遭到彻底破坏，所有圣像都被移走。1793年 12 月 19 日，为庆祝从英国人手中夺回土伦（如今该市已更名为"山岳港"），法国各地都举行了盛大庆典（往往有意以反基督教的方式进行庆祝），在滨海山岳市，庆祝方式是在中心广场公开焚烧所有圣徒与圣女的塑像。[48] 1793 年秋季期间，负责清洗加来海峡省的特派员安德烈·迪蒙是个深受罗伯斯庇尔敬重的粗野官员，他向国民公会担保，说自己是个"共和主义传道者"。为了庆祝击败布里索派一事，他在布洛涅市主广场上举办了有 6000 名市民参与的公共宴会，由当地大众社团负责宴会的组织。有人希望将布洛涅更名为"联盟港"（Port-de-l'Union）。人们栽种了"联盟树"，为布里索派的毁灭而欢呼。迪蒙对布洛涅居民保证，该市已经得到清洗与"净化"。作为整套庆典的一部分，"不可思议而赫赫有名的"黑色圣母像（人称"天使圣母"）被当众烧毁。根据当地传说，在百年战争期间，"英国人"曾反复尝试焚烧这尊圣母像未果，按照迷信的说法，这是因为万能的主显了灵。当这尊神圣的圣母像被人点燃而奇迹并未发生时，人群便开始高呼"山岳派万岁！"[49]

另一座著名的"黑色圣母像"位于上卢瓦尔省勒皮昂韦莱市（Le Puy-en-Velay）的圣嘉勒修道院，是圣路易在十字军东征期间从埃及带回法国的。她有可能属于埃及早期科普特教会，但在当地被当成先知耶利米亲自打造的圣物来崇拜。1794 年 6 月 8 日圣灵降临节这天，圣母像被特派员路易·居雅丹从祭坛上取下，连同圣座被人草草包裹后放进马车，运至市中心广场，当着民众的面被斩首。随后圣像的头颅与无头身躯被象征性地点火焚烧。[50] 在将广受民众崇拜的圣物与场所拉下神坛的行为中，包括了一些着实令人震惊的汪达尔主义行径。勃艮第韦兹莱市（Vézelay）的圣玛利亚·马德莱娜修道院是备受尊崇的朝圣地，也是座杰出的罗马式建筑，在这场运动中，修道院教堂雕刻精美的外立面全部毁于一旦，只剩下少量残片，与之相连的中世纪早期本笃会建筑同样被毁。这样的肆意破坏与反圣物狂潮不可避免地引发了强烈的抵触情绪，"显灵"事件也因此频频发生。虔诚的妇女为保卫圣物不顾一切。洛泽尔省芒德市（Mende）主教座堂也有一尊由十字军带回法国的黑色圣母像，正当革命者忙于破坏祭坛和附近礼拜堂的时候，一名女子将圣母像藏在身上，使其幸免于难。屈塞市（Cusset）有尊 10 世纪圣母像，这是奥弗涅地区最受尊崇的显灵圣像。1793 年 12 月 5 日，圣母像被人放到在中心广场搭起的柴堆上焚烧，而在此之前，一名烘焙师的妻子抢回了圣像的双手。大革命过后，圣像的这部分残骸被人以华丽的宝石装饰起来，至今依然受人供奉。

1793 年 10 月 5 日生效的新共和历，是另一个对日常生活影响深远的去基督教化方案。该方案最早由马雷夏尔、戈尔萨斯、曼努埃尔等反基督教理论家提出，之后由丹东的秘书法布尔·代格朗汀和数学家罗默一道完成，是他们让共和历既合理又富有诗意。议员罗默是个理想化而充满热情的平等主义启蒙哲学家，他后来曾阻止恐怖统治扩张至昂古莱姆。1793 年 6 月起，他成为公共教育委员会中最积极的成员，负责监督国家历法变更事宜。[51] 根据新历法，公元纪年不再从基督出生的那年开始计算，而是以共和国成立的年份作为元年。主日仪式被正式取缔，然而，即便当局费力落实这项规定，人们却依然在广泛举行这些圣仪。新历法规定每月均有 30 天，分为 3 "周"，每周 10 天，每周最后一天是正式的休息日（周十），但并不禁止有意愿的人在这天进行工作。所有公共假期都已更改，基督教节日与圣日全部被删除。每月按照 30 天算，一年有 12 个月加 5 天，这五天被命名为"无套裤汉日"，取代旧假日，成为新的国定假日，分别定名"天才日""劳动日""美德日""舆论日"和"奖励日"。巴黎公社总议会在 1793 年 12 月初规定，新的"每周"第一天，市长与市政官员会去"理性圣殿"吟诵人的权利，汇报最新战况，解释过去十天里生效的新法律。此后，地方法官会就共和国美德发表讲话。[52] 与此类似的是，全法市长与市政官员也应于每周十在市内主教堂发表爱国演说，带领市民演唱爱国颂歌。这些由市政官员主持的公共庆典不可包含任何教会或宗教礼仪。英吉利海峡沿岸的芒什省（La Manche）和伊勒–维莱讷省（Ille-et-Vilaine）颁布规定，唯一可以进行公开展示的符号是三色旗和挑起自由帽的锄头。[53]

去基督教化运动积极分子频繁使用启蒙哲学话语体系，尽管他们并非这种哲学内容的真实拥护者，而且还将其推至谩骂与恐吓的极端，这与大革命早期倡导的宽容与人权完全相悖。埃贝尔派、前嘉布遣会修士沙博、肖梅特、克洛茨、莱基尼奥和阿尔芒这类主要理论家的狂热思想里充斥着的哲学主义，已经扭曲并降格为主要用来哄骗女性与文盲的信条，因此也是极端教条主义的。11 月 1 日，肖梅特对巴黎雅各宾俱乐部哀叹道，法国女人大部分仍是虔诚的信徒，她们教导子女相信对社会与道德"皆有害处"的教条。而要想使去基督教化运动变得广受欢迎是不可能的，它甚至引发了强烈的反抗，加剧了遍及全法市镇与村庄的地方抵抗运动，也给山岳派自己的联盟内部带来了深刻的分裂。

对布里索派主要人物进行清算之后，关于去基督教化运动的分歧越来越严重，加上对宪法的废除，与鲁和瓦尔莱的决裂，一并成为最容易导致政权拥护者内部分裂的议题。1793 年 11 月 8 日，埃贝尔指责雅各宾派的《山岳派日报》（Journal de la Montagne）刊登了关于宗教与神——"一个不可知存在"的内容，再度肯定"这类过时的蠢话"。他的批评不仅针对被迫辞职的日报主编让-夏尔·拉沃——一位杰出的德语专家以及研究腓特烈大帝的历史学家，同时也针对罗伯斯庇尔。拉沃拒绝道歉，声称"无神论"对于共和国来说是个固有危险。11 月 10 日，罗伯斯庇尔反驳埃贝尔，为拉沃辩护，并将发言巧妙编排成针对启蒙哲学家这一群体的普遍攻击，说他们是"人民之敌"，是力图给雅各宾派制造分裂并破坏"人民意志"团结性的虚伪家伙。如果埃贝尔、克洛茨和肖梅特想要继续拥护启蒙哲学家与启蒙哲学，麻烦可就大了。[54]

在去基督教化运动期间，大量拒誓派和立宪派教士锒铛入狱，有的则上了断头台。然而，狂热盲从和肆意破坏的代价极为惨重。埃贝尔在《杜歇讷老爹报》上对戈贝尔事件与其他巴黎神父的弃誓行为进行了绘声绘色的描写，引发了一场恶意十足的反宗教狂潮。但按照德穆兰主办的《老科德利埃人》(Vieux Cordelier)的说法，埃贝尔反对宗教的做法在各个方面都适得其反，使"十万蠢货"疏远了大革命，并在实际上为诺曼底、旺代和其他地方的保王主义与天主教阵营招兵买马。[55]"立宪派教会"土崩瓦解，因为立宪派教士被迫辞职并被捕入狱，或被驱逐出境，这给持极端保王主义立场并拒绝承认宪法的教士提供了前所未有的机会，他们跃跃欲试，要来填补真空，煽动宗教情绪对抗大革命以及德穆兰口中的"真理和人的权利"。[56]结果就是，去基督教化运动的积极分子横行霸道的时间实际上很短暂。罗伯斯庇尔本人出面干预，先是延缓了去基督教化运动与好战而不宽容的哲学主义推进的势头，而后彻底制止了这一切。

尽管罗伯斯庇尔不时支持反教士的观点，[57]他还是从一开始就反对去基督教化运动。他认为这样的镇压在政治上有欠考虑，在原则上则有所误解，注定会损害人民的道德支柱。他是卢梭的真正信徒，对他来说，宗教是社会契约的基础，必须认真地加以保留。罗伯斯庇尔和圣茹斯特反对去基督教化运动的积极分子，不赞同他们给宗教安排的地位，这一点成了日后罗伯斯庇尔派和埃贝尔派之间冲突的必要组成部分。罗伯斯庇尔自诩"深深敬畏宗教"，尤其尊敬平民的虔诚。孔多塞注意到，罗伯斯庇尔常常谈起"神和神意"。启蒙哲学家孔多塞认为，罗伯斯庇尔这种倾向为他自称为"穷人和弱者之友"提供了依据，也解释了他的事业在吸引"女性和精神弱者（指智性能力薄弱之人）"方面取得的成功。[58]罗伯斯庇尔始终坚信，为了支撑他拥护的那种反启蒙哲学的道德狂热，有必要维持对神性与不朽的信仰。丹东对迫害教士或教会也没有丝毫热情。最重要的雅各宾党人反对去基督教化运动，大部分法国人都维持着天主教信仰（其他人则是虔诚的新教或犹太教信徒），这一切都确证了一点，那就是1793年夏季巩固的雅各宾派独裁统治其实建立在狭隘而危险的联盟之上，组成联盟的各部分之间没有任何关联，这一点实在令人震惊。

11月21日（霜月1日），罗伯斯庇尔在雅各宾俱乐部发表演说，第一次就此问题提出批评意见，这是大革命最重要的转折点之一。他措辞激烈地反对去基督教化运动的积极分子，让主席位子上的克洛茨（罗伯斯庇尔长期憎恨此人）如坐针毡。罗伯斯庇尔断言，大革命面对的主要威胁并不是"宗教狂热"，因为天主教狂热早就"寿终正寝"了。他所说的天主教信仰"已死"很显然并非事实，因为天主教叛乱当时正席卷全法国。把"全部注意力"放在对抗天主教热忱、神学与教士上，"我们难道不曾忽略真正的危险吗？"神父并不像克洛茨等人所说的那样威胁着大革命。从未到访过法国东北部以外其他地区的罗伯斯庇尔争辩道，即便作为宗教狂热"最后避难所"的旺达叛乱也不能证明传统信仰反对大革命。其实旺代叛乱正在迅速瓦解，而它将让宗教狂热最后的残渣沉淀下来。野心勃勃的阴谋家想方设法投身大革命前线，误导真正的爱国者走上完全错误的道路，力图以此获取虚假的民众支持。他们才是真正的危险所在。误入歧途的启蒙哲学家在人民当中播撒不和，以自由的名义破坏宗教自由，"用新型狂热去攻击宗教狂热"。

雅各宾派必须阻止这伙人嘲弄平凡人民的朴素与尊严。把一切放到"哲学权杖"之下的做法必须叫停。大革命必须惩罚那些破坏宗教自由并试图以此给大革命抹黑的人，他们是在为外国宫廷服务，才会说出大革命"反对宗教"这样的假话。这些颠覆者以消除"迷信"作为借口，把无神论当成新的崇拜对象，谁要是想让这些唯物主义哲学家和去基督教化运动的积极分子的计划得逞，谁就是得了失心疯。罗伯斯庇尔认为，国民公会不是为书籍作者或形而上学体系构建者而设，它是代表着普通民众的政治机关，负责捍卫国民权利与国民"特性"。《人权宣言》以最高主宰的名义颁布，并非毫无意义。他说，有人可能会抨击自己，说他是目光狭隘之人，"充满偏见之人"，"狂热盲从之人"。（克洛茨认为罗伯斯庇尔是个彻头彻尾的狂热盲信者，梅西耶也认为他是"无知的化身"。)[59] 不过没关系，他不愿像体系哲学家那样喋喋不休。他只会作为人民的代表发言。

"无神论是贵族式观念"，启蒙哲学也是。罗伯斯庇尔这番言语获得了如雷的掌声。在大革命中，只要是"完全大众的"，就是完全合法的，而人民相信有最高主宰在守护受到压迫的清白之人，并对罪行施以惩罚。[60] 普通民众认同奖励美德的不可思议存在这一观念，这让他们有崇敬的理由。如果神不存在，也有必要将其创造出来。"寻常人等为我这个捍卫他们的人而喝彩。"可憎的哲学主义贬低普通民众，力图向世人说明，大革命的奠基人不过是暴政的"奴仆"。事实上，有必要进行一次"净化性筛选"，清洗破坏法国社会的哲学主义代理人。[61] 美德必须战胜哲学，凌驾于一切之上！这样一来，1793 年 11 月，雅各宾阵营内部产生了分歧，并围绕此分歧进行了一场卓绝的意识形态斗争，直到 1794 年 4 月，问题也没能解决。这一分歧无法持续搁置、掩盖。罗伯斯庇尔亲自教唆大革命内部掀起反对贵族式无神论者的运动，而后建立了他自己的最高主宰崇拜，作为同时纠正去基督教化运动和哲学主义的手段，并在宗教和卢梭主义之间架起了桥梁。

在 12 月 11 日的《老科德利埃人》上，德穆兰撰文附和罗伯斯庇尔，称赞他的立场。德穆兰（相当虚伪地）痛斥"前男爵"克洛茨和"他的表亲"普洛里那种好战的"无神论"，同时谴责他们与罗兰的亲密关系，以及他们对外国发动战争的观点，而这些观点跟布里索毫无差别。[62] 1793 年 11 月 28 日（共和二年霜月 8 日），"不可腐蚀者"再度于雅各宾俱乐部对去基督教化运动的积极分子发起攻击，那时候克洛茨还坐在主席位子上。罗伯斯庇尔哀叹道，背信弃义的反革命分子用反宗教狂热的夸张表演来掩饰自身的变节。"叛国者"到处散布迫害教会并洗劫教堂的报告，这是对大革命的破坏，因为他们给流亡者提供了口实，在信奉新教与天主教的整个欧洲眼中塑造了大革命"反宗教"的形象。据罗伯斯庇尔称，"贵族派"也加入攻击教堂的阵营中，目的就是将雅各宾派抹黑成"无神论者和宗教之敌"。大革命属于人民，源自人民，"只愿为人民服务"。[63] 12 月的时候，在罗伯斯庇尔的推动下，针对去基督教化运动的打击开始得势，国民公会下令禁止以"违反宗教自由的"武力与恐吓对抗宗教，呼吁法国人放下"所有神学纷争"，专心对付共同的敌人。[64]

12 月 9 日，罗伯斯庇尔对温和主义发动了一场极不寻常的粗暴攻击，指责它妨碍国民公会，让破坏大革命的外国人有机可乘。他此次演说的核心部分在于再次集中火力抨击启蒙哲学的普世主义。他有意调动普通民众的反智主义、仇外情绪与沙文主义，以此攻击自己的目标。第二天，德穆兰在《老科德利埃人》上炮轰克洛茨，说他是个阴险狡诈的去基督教化运动积极分子和"虚伪的爱国者"，这样的抨击令人震惊，因为德穆兰早先还曾仰慕并宣扬克洛茨的狂热哲学主义与普世共和观念。[65] 他的文章称，克洛茨率领着一队叛徒，搞些"有失体面的闹剧"，让法国人在全欧洲面前成了"无神论的民族"。这个所谓的"人类之友"谈不上是黑人之友，更有甚者，他曾在涉及奴隶贸易与解放自由黑人的斗争中支持巴纳夫，对抗布里索。接下来几周内，罗伯斯庇尔著名的红色大字报贴满巴黎所有广场："法国人民认可最高主宰的存在与灵魂不朽"，即便在他被处决很久以后，这些标语还有好多一直留在原处。[66]

在 1794 年 3 月底之前，埃贝尔和肖梅特一直身处统治阶层的联盟之中，这意味着去基督教化运动在巴黎各街区和外省很多地区仍有一定的支持者，特别是在马赛。不过在其他地区，包括由罗伯斯庇尔的亲信掌权的某些省份，强迫神父辞职的活动在很早以前就停止了，在他弟弟奥古斯丁·罗伯斯庇尔统治的东南部省份——瓦尔省和滨海阿尔卑斯省也是如此。[67] 此外，尽管 1794 年 4 月清洗埃贝尔、莫莫罗和肖梅特的行动让去基督教化运动失去了大部分动力，然而该运动还是没有完全瓦解，而是直到罗伯斯庇尔被推翻前不久才停了下来。因为只有在热月政变前几周非常短暂的时间里，罗伯斯庇尔和圣茹斯特才完全确立了他们那关于普通人、美德与"完全大众的"意识形态。罗伯斯庇尔最终叫停了有组织的无神论布道与针对教堂的直接攻击。但他并未对减少天主教教士遭遇的迫害、驱逐和牢狱之灾做出什么贡献。事实上，在恐怖统治期间，受到迫害的神父数量十分庞大。截至 1794 年 7 月，在巴黎盆地欧塞尔地区的 147 名神父中，有超过四分之三辞职，并遭到关押、流放，或被迫移居国外。[68]

当去基督教化运动还在进行的时候，我们不可能把雅各宾主义与大革命左派共和主义的核心价值分离开来。因为倘若不支持启蒙哲学，就没有理由攻击"迷信"与"宗教狂热"。肖梅特、莱基尼奥、都彭、富歇、阿尔芒和勒卡庞捷这类领导反基督教运动的山岳派特派员，在解释他们认为必要的行动时总是援引启蒙哲学的观点。普瓦捷的青年教师和启蒙哲学家阿尔芒·萨布兰是孔狄亚克的认识论信徒，在 1793 年 12 月写给国民公会的信中，他指出要想向村民解释为什么他们毫不质疑地接纳了好几个世纪的宗教是虚假且有害的，是需要马上革除的，就必须先破坏神圣化的神权本身，否则不可能实现。为了证明除哲学理性外没有其他检验真理的合法标准，人们必须先宣布神学不包含真理，而教权不过是谎言的一种形式；因此必须教导人民学习基础哲学。[69]

萨布兰指出，启蒙哲学最伟大的成就是"人的权利"，它是理性为人性造就的最美纪念碑。因此，罗伯斯庇尔主义——无论是在宗教政策上，还是在教育、对待女性的态度、黑人解放、立宪理论、出版自由和个人权利上——都与大革命的本质原则以及人的权利发生了根本冲突。罗伯斯庇尔始终毫不妥协地否定现代哲学，既否定其正统而宽容的形式（由孔多塞、布里索派和丹东派所传达），也否定其低劣好战的去基督教化表象（为埃贝尔、沙博、肖梅特和克洛茨所偏爱）。

第 19 章

"恐怖统治"

1793 年 9 月至 1794 年 3 月

限制言论自由

1793 年 8 月，随着布里索派叛乱土崩瓦解，宪法被无限期搁置，革命的法国俨然成了一个独裁国家。真正的政治辩论一律被禁止。取缔言论自由并启动对布里索派的审判与处决，在事实上架空了国民公会及其三十个委员会，使它们无法真正参与行政事务，立法机关由此降格为批准救国中心委员会决议的无足轻重的机构。救国中心委员会同时监督着公安委员会，该委员会由罗伯斯庇尔主导，圣茹斯特和巴雷尔担任其副手，委员会中另外八名成员似乎更像是罗伯斯庇尔的秘书，而非同僚。[1] 以上种种加在一起，宣告了大革命必要原则的破产。罗伯斯庇尔，这个在 1791 年至 1793 年间最不情愿的共和派，在 1793 年至 1794 年间成了最强硬的反共和主义者。

1793 年后期，在圣茹斯特、库东、巴雷尔、昂里奥，尤其还有其兄弟的密切协助下，罗伯斯庇尔开始愈加频繁地行使其独裁权力。但他的圈子还不是权力的唯一焦点。山岳派的暴政支配着各个阶层的民众，其统治从一开始就表现得格外压抑且残酷，但由于其根基是数个相互竞争的团体，所以暂时看来，他们在政治和制度上都只是一个脆弱的独裁团伙。考虑到其相当程度的影响力，罗伯斯庇尔等人在名义上仍然留在雅各宾与科德利埃俱乐部之中，在 1794 年 4 月以前，除了与以埃贝尔和丹东为核心的其他大众社团分享权力，罗伯斯庇尔并没有什么其他选择。

随着 1793 年夏季行将结束，山岳派感受到了越来越大的压力，他们必须彻底粉碎一切批评与异见。丹东派是山岳派中唯一对九月屠杀心有余悸的集团，他们对高压统治感到忧虑，想要捍卫大革命的核心价值，因此从一开始就在某种程度上遭到了排挤。由于丹东对待布里索派的态度过于温和，他在 7 月 10 日罗伯斯庇尔得势不久前的投票中没能成功入选救国中心委员会，这在雅各宾派内部造成了意义重大的权力转移。1793 年 7 月以来，丹东发觉自己正处于一个明显尴尬的位置上，他必须讨好无套裤汉，坚持呼吁团结，这样一来，批评对手的空间就很少了。尽管人们怀疑丹东试图缓和对布里索派的攻击行动，然而要保护他们，他能做的其实并不多，而且他很快就自身难保。埃贝尔抨击丹东贪污腐败，证据确凿。8 月 26 日，丹东第一次在雅各宾俱乐部和国民公会中反驳埃贝尔的指控，同时热情颂扬人民的革命势头，他提出建立一支革命军，消灭内部敌人，打压囤积居奇者，加强安保。[2] 他关于雅各宾派工人领饷出席街区议会的提议尤其得到了支持。

7 月 12 日，埃贝尔在科德利埃俱乐部大声抗议，要求打击潜入军队和行政机构的前贵族，他首先向亚当·菲利普·屈斯蒂纳伯爵疯狂发难，这位指挥官在 1792 年 11 月为大革命夺取了莱茵兰，然而近来却没能守住美因茨，据说还曾"密谋"反对共和国。[3] 屈斯蒂纳因"叛国罪"受审，于 8 月 27 日被处决。尽管如此，在 8 月到 9 月期间，遭处决的人并不多。这几个月里，人们从俱乐部和民粹主义报纸上反复听到的论调是，消灭"可疑人士"（肖梅特于 8 月 23 日在雅各宾俱乐部提出的说法）的行动不够有效，令人惋惜。[4] 巴黎贫穷街区控制极严的"革命委员会"要求"更多恐怖"与更强硬手段的呼声尤为响亮，作为马拉党羽的埃贝尔派持续煽动此类呼声，不断挑起民众对联邦派、温和派、布里索派、部长、议员、军队将领、囤积者、反革命分子、贵族派和所有以其他词语形容的叛徒的憎恨。对要求"更多恐怖"呼声最强烈的除了埃贝尔、肖梅特和沙博，还有科洛·德布瓦、阿马尔、巴齐尔和比约-瓦雷纳，后者特别热衷于对囤积者执行死刑（但鲜有成功）。

他们认为，必须加快处置危害"自由"的密谋者。[5] 1793 年秋季开启恐怖统治的另一个动因是长期的食物短缺。到了 9 月 3 日，国民公会中已有不少人发出警告，丹东首先提出：如果不进一步控制面包的最高价格，首都就面临着群众暴动反对商贩与富人的危机，而且这种动乱很容易被居心不良者利用。[6] 丹东确实通晓事态。9 月 4 日一大早，不满现状的建筑工人和其他被食品价格与征兵人数搞得心烦意乱的无套裤汉发起了示威。要求面包降价并限制最高价格的暴民涌上街头，其中包括很多军需生产工人，这场骚乱鼓舞了鲁、瓦尔莱和泰奥菲勒·勒克莱尔。他们领导着巴黎唯一仍有能力批判暴政的集团，公开尝试引导无套裤汉的不满，形成了一股持续而有组织的政治力量。[7] 9 月 4 日，鲁、瓦尔莱，还有包括革命妇女俱乐部（Société des Femmes Révolutionaires）领袖克莱尔·拉孔布在内的一众追随者，[8] 组织了一群大吵大闹的工人和妇女，举行抗议游行，他们来到国民公会，要求采取行动打击"富人"，这对山岳派来说实在是个挑战。国民公会的议员相当热情地接待了群众，表面上也勉强同意了他们的要求，然而等示威者一散去，领导层便下定决心，着手瓦解这股大革命内部的活跃力量——无套裤汉。[9]

山岳派的政变不仅在国内缺乏广泛支持，甚至都得不到来自无套裤汉的稳定且持久的拥护。丹东敦促国民公会"善用人民的能量"，建立一支在国内机动的革命军，打击内部颠覆分子，镇压反革命，解决短缺问题，惩罚囤积居奇者。建立革命军的提议很快得到采纳，国民公会还要求提高军需产量，以给该部队配备火枪，然而革命军却主要被用来抑制无套裤汉的无法无天、独立思考及其零星的街头活动，进而巩固山岳派的政权。为了应对近期的动乱，国民公会传阅的提案中有比约–瓦雷纳、巴齐尔、莱昂纳尔·布尔东所拥护的一项计划，那就是以现实允许的最快速度清洗街区议会，通过削弱它们来打击无套裤汉的士气、行动与热情。毫无疑问，该计划也得到了罗伯斯庇尔的支持。[10]

巴黎无套裤汉的领袖这时候发生了分裂，真正的忿激派希望把关注点放在煽动骚乱以争取更好的条件上，而埃贝尔和龙桑领导的那部分则更支持威权主义与严格审讯，他们更有政治野心，（暂时）站在了罗伯斯庇尔这边。8 月底曾遭短暂羁押的鲁在 9 月 5 日这天再次被捕。在雅各宾俱乐部、科德利埃俱乐部和巴黎公社，他被指控为反对大革命的"叛徒"，称其变节行为并不比旺代的叛乱神父好多少。对街区委员会的清洗工作开始了。国民公会颁布法令，将巴黎街区议会的开会次数限制为每周最多两次。从 10 月初开始，开会次数进一步被限制为每十天最多两次，而且只能在每周五与周十召开。[11] 无套裤汉街区提出强烈抗议，组建了由瓦尔莱领头的委员会，于 9 月 17 日来到国民公会。他们谴责国民公会的新法令削弱了无套裤汉的独立性与集会权，试图阻止平民对政权实施真正的监督。国民公会究竟有什么可信的依据，来限制"主权"的权利，指挥人民的议会，决定他们何时开会？难道有人会怀疑无套裤汉的爱国主义情怀吗？这些街区有理有据地抗议道，该法令既违宪，又违反人的权利。第二天，瓦尔莱作为街区自治与直接民主的发言人，与其他忿激派领袖一起被捕。[12]

独裁政权的策略显然是要扼杀一切异见，把降低食品价格并惩罚囤积者的行动基本上降格为象征性造势，搁置（某些雅各宾人和忿激派极为珍视的）宪法，将有效权力从街区和大众社团转移到行政机关手中，由革命委员会负责监督。[13] 山岳派强调，共和国的敌人藏在极端爱国主义的双重面具之下，密谋损害国民公会的权威。在推翻布里索派以后，给 5 月 31 日和 6 月 2 日暴动提供能量的社会与政治动力——无套裤汉主义，眼下已经成为束缚罗伯斯庇尔政权的头号社会与政治力量。从 1793 年 6 月到 9 月，这一战胜了布里索派的关键主体始终是首都唯一一股尚能制衡救国委员会与公安委员会的力量。目前看来，关押忿激派领袖终结了大众社团内部组织起来的真正的无套裤汉运动。

当局会不时谴责囤积行为，对富人强征补贴，试图平息不满、周期性贫困与食物短缺。11 月底，巴黎公社颁布法令，强制各街区"富人"出钱为该区所有病人、老人、孤儿以及其他陷入贫困而无法负担自身生活的公民提供衣食住所。施加给烘焙师的压力越来越大，当年春季已经放弃的提议重又开始实施，即主要城市只允许售卖同一种面包。关于面包的 11 月法令声明，既然"在平等制度下，富裕和贫穷都会消失"，那么烘焙师就不应再提供不同种类的面包——一种由专供"富人"的小麦制成,另一种则由坚硬的谷物外壳制成。巴黎、南特以及其他城市的烘焙师从今开始只准贩售同一种面包——名为"平等面包",否则会面临牢狱之灾。[14] 尽管当局对平民经济困难的普遍同情颇为有限,山岳派中依然存在活力十足的理想主义分子,他们发动了一次社会运动,相对严肃地承担起财富再分配的任务。社会平等主义的狂热分子包括罗默和"山岳派的斯巴达人",朱利安父子。"我到处传道",1793 年 10 月 1 日,马克-安托万·朱利安从圣马洛给罗伯斯庇尔送去汇报,教导大众社团"专注于指导人民、监督人民之敌——商人、纨绔派、富人、神职人员与钟情贵族制的显贵。我努力工作,让人民站起来,让他们知道大革命是为他们而发动,是时候让穷人和无套裤汉掌权了,因为他们是地上的绝大多数,而多数派必须主宰世界;公共意志是法律的唯一来源,也是社会契约的目的所在,那就是绝大多数人的利益"。在诺曼底省像卡昂这样的城镇,山岳派获得的支持不足,问题重重又显而易见,为了对此做出解释,朱利安补充道,有人在故意"误导公共精神",这是"抵抗运动的首要成因,几乎也是唯一成因"。[15]

罗伯斯庇尔派在巴黎以外的根基相当薄弱,因此需要通过恐怖统治来维持对权力的占有。除此之外,没有其他方式能让一个如此偏执的独裁政权——既反君主制,又反共和制(尽管该政权并不承认这一点),实际上还反无套裤汉——得以存活。同样,该独裁统治需要通过其强大而关乎平等的均分型意识形态为恐怖统治提供理由,残酷粉碎一切反对与异见。新的"革命委员会"在街区和大众社团中成立起来,充当监督部门——然而它们对食品价格的兴趣往往比不上对街区公民和商贩活动的兴趣——用无情手段强制推行"爱国"的价值。比如巴黎人权区的共和平民俱乐部(Société Populaire et Républicaine),由 30 名积极分子成立于 9 月 20 日,其议事厅内放有马拉胸像,他们每天会对当地问题进行回顾,确保该区域内无人有逾矩行为。该俱乐部为自己集会而挑选的议事厅正是(如今每月只能召开两次会议的)该街区议会的大厅。尽管会议对公众开放,妇女也可参会,不过他们会仔细审查俱乐部成员候选人;选出的候选人将由七人组成的引介委员会(Comité de Présentation)进行评估。他们拥有一套指令与告发相结合的听证系统，严格规定"爱国"行为与"正确"态度，在整个街区强制推行"爱国"价值。"爱国"成了民粹主义、反精英主义、反哲学、坚持极端不宽容的美德概念的代名词。任何被举报者都要在全体成员面前接受听证。

大众社团的监督委员会留心搜寻"君主派""贵族派""温和派"和"联盟军"，并竭力进行镇压，与此同时，他们对杂货店、面包店、咖啡馆、剧院、有可能进行赌博的场所、独立思考的女性和交际花维持着并不友善的监视。逮捕妓女并关闭妓院的真正行动始于1793年夏季末，随后很快蔓延至其他大城市，因为山岳派也在那些地方破坏大革命的核心价值。一位波尔多当地的记录者注意到，自从那里的布里索派垮台后，"交谊女子"便受到了最粗暴的对待，就好像山岳派想要在全法国建设"斯巴达式的道德"。里昂的布里索派一败北，同样的制裁也发生在那里。尽管雅各宾派的做法在一定程度上是要应对因经济困难而大量增加的妓女，然而这样的监管似乎迫不及待地想要消灭所有消遣与欢愉，恐吓年轻女子，禁止一切色情与非道德行为。妓女被认为是旧制度的堕落残余，是对美德的冒犯，象征着美德注定要除掉的一切，是卢梭主义者理想中女性的对立面。[16] 10月9日，公认的卫道士、私下十分活跃的同性恋者肖梅特向国民公会担保，已经强制全巴黎恪守道德规范。他刚刚带领警察队伍突击了曾经的巴黎皇宫一带（如今已更名为"平等宫"），逮捕了7名"小姐"。巴黎街头现在已经看不到公开拉客的行为了。警察还在学习如何处理更加隐秘的卖淫行为，"很快，巴黎就会变得干干净净"。[17]

国民公会认可了他的建议，即应把因拉客而被捕的年轻女性关进公共收容所，从事有用的工作。肖梅特如此执着于所谓妓女造成的威胁，以至于在11月的时候，他把街头妓女列入反革命分子的主体及其潜在的招募对象，同样在列的还有虔信妇女与神父。[18] 12月，卡特琳·阿尔布丽与克莱尔·塞尔万这两名妓女在杜伊勒里区被捕，罪名是从事反革命活动，随后与其他妓女一起被判刑处死。[19] 即便如此，大部分妓女仅仅是被关押起来。在雅各宾派的话语体系下，有若干不可误判的迹象可以判断女人是否已经忘记"属于她这个性别专属美德"，其中不仅包括性方面的开放，就连热衷共和主义或（像罗兰夫人那样）求知博学的倾向也要与可疑和"婊子"联系起来。[20]在罗伯斯庇尔统治下的法国，女性在智力、政治与性方面的解放无从谈起。在民粹主义报纸上被肖梅特丑化为"泼妇"的奥兰普·德·古热于 7 月 23 日被捕，罪名是违反 1793 年 3 月 20 日禁止写作反革命作品的法令。她曾与其他抗议者一道，在巴黎周边地区张贴海报，呼吁举行全民公投，让人民自己在共和政府、联邦政府或君主立宪政府之间选择。[21]她痛斥自己的审判者，指出共和主义法律不授权任何非法政权镇压公民，"如此随心所欲的法律配上严苛的审讯，实施起来就连旧制度都会感到脸红，它因禁人类精神，从一个自由的民族当中剥夺我的自由。言论与出版自由，难道不是宪法第七条的内容，不是人类最宝贵的财富？你们（指当局）的无端做法与暴行必将在全世界面前受到谴责。罗马只因一个尼禄便毁于烈火，自由法国今朝衰败，则是上百人的罪过。"[22]她的话一语中的。除此之外，她还对罗伯斯庇尔破口大骂。古热因"写作反革命作品"被判处死刑，于 11 月 3 日上了断头台，据说在面对死亡的时候，她表现出令人震撼的平静。[23]

奥兰普·德·古热、罗兰夫人和苏菲·孔多塞并非仅有的藐视山岳派独裁统治的杰出革命女性。5 月间，克莱尔·拉孔布和波利娜·莱昂组织成立了名为革命妇女俱乐部的积极分子社团，此二人都是 8 月 10 日起义中扛着长矛上阵的传奇女性。1793 年 7 月 31 日，该俱乐部"主席"克莱尔·拉孔布作为巴黎 48 个街区女性代表团的发言人，控诉国民公会在为马拉竖立纪念碑一事上行动迟缓。拉孔布与岔激派走得很近，尤其和让-泰奥菲勒·勒克莱尔站在同一阵线，后者是 1791 年被马提尼克的君主派白人逐出该岛的爱国者，这位革命者积极倡导妇女、黑人和无套裤汉的权利，高调谴责搁置宪法、压制街区议会的行为。勒克莱尔和他的同伴拉孔布均对山岳派充满憎恨，他们发起了另一场女性无套裤汉游行，同时肆意嘲讽沙博和巴齐尔，说他们是"镇压人民"的伪君子，一无是处。1793 年 9 月 16 日，沙博、阿马尔和克洛德·巴齐尔这几个恐怖统治的重要执行人，[24]在雅各宾俱乐部为山岳派发起了一波针对共和主义女性社团，特别是拉孔布本人的攻击。他们毫不留情地谴责她与她的圈子，因为"这些女士谈论罗伯斯庇尔先生时语带轻蔑"（然而是他先说她们是"反革命"的）。拉孔布试图在演讲大厅对雅各宾党人发言，这引发了一场混乱，她随后寡不敌众，被一群高喊"打倒新科黛"的妇女赶出俱乐部。[25]

雅各宾派要求公安委员会立刻对革命妇女俱乐部下达指示，勒令其清洗自身领导层与成员。国民公会则决心更进一步。如今已经成为罗伯斯庇尔亲信之一的阿马尔影响力渐增，他发表了一通讲话，谴责女性对政治的影响。此后，国民公会便于10月31日下令解散所有女性社团，"不管它们顶着什么样的名头"。阿马尔来自格勒诺布尔，是个毫无原则可言的富有律师，在6月政变过后，他通过内定进入公安委员会，是个极端反智主义的山岳派成员，日后又成了虔诚的神秘主义信徒。阿马尔不仅是加勒比奴隶主的盟友，而且对女性极度厌恶。[26]共和派女性从此只能参加男性大众社团的集会，但如今就连男性社团也全都处在严密的控制之下，不能表达拉孔布、勒克莱尔、鲁和瓦尔莱所持的那类观点。[27]由于受到的限制越来越多，就连男性大众社团也在无情的压力下成了愈发依赖当局的社会监察部门。1794年1月，还不满足的罗伯斯庇尔批评这些社团不够"爱国"，太容易被不良分子渗透，并在无意中充当了布里索派和贵族派的工具。[28]

大规模处决只是整个事态的冰山一角。恐怖统治本质上是对所有大革命必要原则和哲学的普遍压制，特别是对批评自由、思想与言论自由的全面镇压。山岳派对辩论与异见加以限制的做法影响着整个社会，减少无产者街区的抗议活动是其主要目的，其主要打击对象总是那些拥护大革命核心价值的重要人物：激进文人、启蒙哲学家、记者、图书管理员和指挥大革命的知识分子。罗伯斯庇尔承认，这些知识分子和启蒙哲学家的确是大革命的发起者，但他认为，他们后来"在大革命中给自己蒙羞"。某位在逃的布里索派成员于8月底在日内瓦发表小册子，指出罗伯斯庇尔对文人的谴责事实上是"对所有法国作家光荣的褒奖"，因为他们当中"没有一个人曾因对这个人类之敌谄媚而使自己蒙羞，这一事实在阴谋的历史中闻所未闻"。[29]确实，没有一位启蒙哲学家、重要宣传家或重要作家支持罗伯斯庇尔，即便有几个宣扬大革命的重要知识分子在轻视罗伯斯庇尔的情况下曾经支持山岳派，比如克洛茨、罗默和德穆兰，那也是因为他们相信与无套裤汉结盟是挽救大革命唯一可行的出路。[30]

恐怖统治的主要法律依据是 9 月 17 日颁布的《嫌疑犯法案》，它允许地方革命委员会逮捕任何"自由之敌"。在大城市里，逮捕"可疑分子"以及整合被举报人与举报人名单的行动都在秋季期间显著加快了步伐。[31]嫌疑人在家中或街头被捕，仅仅是因为有人向地方革命委员会告发他们，称其言行"不爱国"，是"联邦主义信徒与自由的敌人"。9 月 25 日，罗伯斯庇尔发表重要讲话，谴责不同政见与政治批评，尤其是国民公会议员对镇压布里索派行动发起的抵抗，进而提出有必要毫不妥协地继续加强救国委员会的权力。再没有什么可以阻止当局关押并审判反对派、批评者或任何类型的异见人士了——无论他们是捍卫大革命的共和左派、因物资短缺而哀号的手工业者、抵抗雅各宾派破坏圣像的天主教徒，还是贵族派。一个人如果没有地方监督委员会颁发的公民心证书，就会寸步难行：无法经商、不能参加集会。[32]任何人只要涉嫌批评政府，就会遭人告发下狱，连最有名的外国访客也不例外。10 月 9 日，海伦·玛利亚·威廉姆斯、她的母亲和姐妹全部被捕，同时入狱的还有巴黎英国人俱乐部主席赫福德·斯通，而他的妻子不久后也遭逮捕。[33]

如此氛围笼罩法国，令人震撼，所有人都不得不表示屈服。甚至在讲正确的话时表现出淡漠的态度也会招致怀疑。9 月 4 日，巴黎所有监狱正式在押的犯人有 1640 名；[34]9 月 10 日，达到 1860 名；到了 10 月 3 日，犯人总数已不少于 2365 名，其中 529 人关押在佛尔斯监狱，364 人在古监狱。[35]10 月 31 日，因犯人数达到 3181 名；截至 12 月 29 日，已达 4603 名；接下来 3 天里，因犯又增加了 80 名，以至于在 1794 年 1 月 1 日这天，巴黎 21 所监狱中一共关押了 4687 名犯人。[36]他们当中有 579 名挤在右岸的佛尔斯监狱，531 人关在塞纳河心的中央古监狱，那是临近圣礼拜堂的中世纪王宫所在地。其他主要监狱包括左岸的修道院监狱和卢森堡监狱。诚然，因犯当中有很多是逃亡贵族及其配偶、前官员、抵抗派和立宪派神父，他们都在恐怖统治期间受到审判并遭处决，然而逮捕浪潮的头号目标起初却不是贵族派、囤积者、旧制度官员或神父，而是共和左派和文人，也就是启蒙了大革命的知识分子。

对布里索派领袖的审判与处决

每一个批评者以及革命核心价值的拥护者都危在旦夕。10 月 3 日，布里索派的重要人物被正式起诉，公安委员会的发言人阿马尔在确保议会大门紧闭、任何人不得离开的情况下，将诉讼状提交国民公会。有 20 名议员已成"不受法律保护者"，一经逮捕便可处以死刑。他们是比佐、巴尔巴鲁、戈尔萨斯、朗瑞奈、卢韦、佩蒂翁、加代和克尔维勒冈。其中克尔维勒冈是 1788 年煽动性小册子《一位布列塔尼哲学家的反思》(见第二章) 的作者，曾于 6 月被捕，后来成功逃脱并藏匿起来。同时还有另外 41 名布里索派议员和布里索本人一起受到起诉。这些"密谋者"被指控颠覆国民公会、阴谋破坏共和国的统一与不可分割，协助拉法耶特制造战神广场的屠杀、"摧毁我们的殖民地"、使法国卷入对抗全欧洲势力的斗争而破坏法国人的自由，以及阴谋串通杜穆里埃"保住王权"。[37] 9 月 5 日，比约-瓦雷纳在国民公会揭发克拉维埃和勒布伦，此二人也因试图协助布里索与欧洲列强开战而被捕。[38] 佩蒂翁比其他人多出一项罪名，那就是妨碍 1792 年 8 月 10 日的起义。还有曾在 6 月 6 日和 6 月 19 日抗议"暴政"的议员，一共 74 名，全部被逐出国民公会，并剥夺代表资格，但只有他们的领袖多努、迪佐、布拉维耶尔、费鲁和梅西耶被捕入狱。国民公会的完整清洗名单涵盖了所有口才更好也更开明的议员，总计 135 人，全因反对罗伯斯庇尔而遭到驱逐，这样一来，国民公会便彻底遭到阉割。

报业遭到粗暴禁言，因为"暴君"深知，只要拒绝为他唱赞歌的报纸还在自由发声，他的暴政就不可能成功实现。[39]《邮报》的戈尔萨斯、《法兰西爱国者》的布里索、《专栏》的孔多塞、《通报》的拉博以及《哨兵》的卢韦全都导致了公共精神的"堕落"。卢韦猜测，由于人们在诺曼底和布列塔尼到处搜捕他，要想保命，最好的办法反而是乔装打扮回到巴黎；后来，他又曾如法炮制，利用化名藏身汝拉省。戈尔萨斯从 6 月开始逃亡，后来搭乘邮政马车从雷恩返回巴黎，想要逃往自己的故乡利摩日。10 月 6 日在巴黎皇宫区域，他试图通过自己情妇开办的书店的后窗逃跑，但最终被捕，在审判庭里，他希望为自己辩护却未获准发言。他已经是个

"不受法律保护者",因此第二日就上了断头台。行刑之前,一大群围观民众包围了他,嘲讽他的"叛国行径",再一次,他并未获准对群众发言或做出任何手势。[40] 他所能做的一切,就是在生命的最后时刻维持令人震撼的冷静,然而他的表现却促使革命法庭对(惯于对囚犯售卖烈酒的)古监狱下达命令,不得在行刑前 24 小时内给死囚提供酒精饮料,避免葡萄酒和白兰地造成"似乎会令死囚感受不到他们死期已至的那种表面上的镇定与傲慢"。[41]

粉碎国民公会中民主派的行动在首都没有引发不满迹象。由于街区议会的言论受到严格限制,这些严苛手段"收获了普遍喝彩",人民要么不悦地维持着沉默,要么表达了感激之情,因为他们因此被人从联邦主义的恐怖中解救出来。[42] 在近来备受镇压的马赛,10 月 6 日的情形据说同样完全平静。[43] "证明"被告议员"叛国"的文件已送达全法所有市政府。10 月 6 日,尚未成为"不受法律保护者"(这类人大部分在逃)却受到指控的在押犯人,被从卢森堡监狱、佛尔斯监狱、修道院监狱等巴黎监狱转移到了古监狱,这里是革命法庭执行审判的中心监狱。布里索负担不起更好的羁押环境,不得不栖身于过于拥挤的普通牢房。他的同僚听说此事,便为他凑了 33 里弗尔,使他能转到更体面的单人牢房去。

作秀式的审判从 10 月 15 日开始。布里索被描绘成叛国的怪物,8 月 10 日起义过后,他曾希望将路易十六从山岳派关押他的圣殿塔转移到卢森堡宫,这也被当成是他阴谋协助王室逃跑的证据。[44] 还有同样可靠的证据"证明",布里索曾给拉法耶特"拉皮条",送上自己的追随者;他把人民引入战神广场的陷阱,好让拉法耶特屠杀他们;他阴谋反对大众社团,煽动旺代和马赛的叛乱;他给里昂的不满情绪煽风点火;他打着黑人解放的旗号毁了法国殖民地;他把土伦拱手让给英国,还协助安排了对马拉的刺杀。[45] 布里索勾结孔多塞和国民公会中的吉伦特派,煽动法国对全欧洲开战,目的是为了破坏国民自由。[46] 阿马尔提供的关键"证人团"确证了这一切——他们是帕什、埃贝尔、沙博和肖梅特,全是当今政权中精挑细选出的流氓和狂热分子。更为诚实的山岳派成员如博多,日后曾在他的《历史笔记》中承认,布里索实际上是个出类拔萃的"正派人物",而"罗伯斯庇尔对他进行了可怕的诽谤"。[47]

　　一开始，"证据"要经过"检验"，而被告获准申诉，这种程序让审判缓慢进行了两周，[48]不过当局很快响应雅各宾派的投诉，简化了审判程序。所有故作姿态的被告辩护全部被叫停。[49] 10 月 30 日，"审判"结束。所有被告阴谋反对自由的罪名宣告成立，将一律处以死刑。主要被告中包括索恩–卢瓦尔省议员卡拉，革命法庭在判决中称之为"文人"与国家图书馆雇员。[50] 6 月 2 日，马拉从"二十二人"原始名单上划去了迪科的名字，然而后来迪科重又回到了被控团体中来，因为 6 月的时候，他曾领导议员们在国民公会大厅中进行了英勇的抗议。革命法庭同样称呼此人为"文人"。宣判时，被告们全都自称无罪，并高喊"共和国万岁！"法学理论家与农学家夏尔·瓦拉泽掏出藏在身上的小刀插入自己的心脏，当场身亡，血溅四方，让法庭大为惊惶。

　　在处决的前一天晚上，被判死罪的众人由布里索、让索内、韦尼奥、迪科、福谢、布瓦耶-丰弗雷德、卡拉和皮埃尔·勒阿尔蒂医生牵头，在监狱礼拜堂内共用了最后的晚餐。10 月 31 日，也就是第二天一早，三辆囚车载着他们，取道如今频繁使用的死囚之路前往断头台。所经之处挤满人群，到达革命广场用了整整两个小时。只有最后一辆车内的福谢与前贵族西耶里（伯爵）肯定了自己的宗教信仰，希望进行临终忏悔，其他人则自愿唱起《马赛曲》。他们修改了一些字句，提到独裁政权的"血腥刀刃"，并高呼"共和国万岁！"面对人群的嘲讽，他们据说表现出了震撼人心的勇气，（唱着歌的）迪科与韦尼奥显得尤其睥睨。斩首这 20 名受害者加上瓦拉泽的尸体一共用了 40 分钟；布里索是第七或第八个走上断头台的。在接下来的几天里，外省的雅各宾社团纷纷致信国民公会，表示热烈的祝贺，这些信件被拿到国民公会上诵读，信中强烈要求国民公会坚定不移地执行其承诺的"恐怖政策"，粉碎"自由之敌"。[51]有的观察家注意到，这是历史上第一次，一个重要民族把他们当中最著名的杰出人物作为一个集团进行公开的集体处决。

　　丹东原本想要对恐怖统治进行约束，但他自己已经束手无策，缺乏扭转镇压扩大化趋势的能力。对挽救布里索派无能为力让他感到悲痛，而不

(a)

(b)

（c）

（d）

图14 （a）奥兰普·德·古热，
（b）罗兰夫人，（c）海伦·玛
利亚·威廉姆斯，（d）夏
洛特·科黛。

（a）皮埃尔·维达尔作品：奥
兰普·德·古热像，版画，
创作于 1760 年。

（b）阿代拉伊德·拉比耶-吉亚
尔作品：一位女性的画像，
大约创作于 1787 年，布面
油画。

（c）未 知 艺 术 家 创 作 的 海
伦·玛利亚·威廉斯像。

（d）让-雅克·豪尔作品：夏洛
特·科黛像，大约在 1920
年至 1930 年间由凡尔赛和
特里亚农宫殿博物馆修复。

久后，他本人也很快在雅各宾俱乐部与埃贝尔的《杜歇讷老爹报》上遭到持续抨击。[52] 布里索集团被集体处决前两天，埃贝尔在雅各宾俱乐部发表重要讲话，提醒山岳派，那些面临死刑之人只代表"阴谋"的一部分。报应为何来得这么迟？布里索、迪科等最恶劣的分子已被消灭，可其他"密谋者"，"巴伊、巴纳夫、曼努埃尔、拉法耶特，等等"，以及可恶的罗兰夫人，"是她指使了一切"，他们又该如何处置？[53] 难道所有这些大革命之敌就要逃过报复吗？"不，不"，雅各宾俱乐部和公共大厅高呼！粉碎大革命"敌人"的行动必须进行下去，还要加快速度！

在布里索及其同伴遭到处决后，被关押了五个月的罗兰夫人很快被转移到古监狱。她是个真正的女政治家，尽管马拉、埃贝尔等人对她极尽下流映射之能事，她的才智却高出他们太多。罗兰夫人的罪名是"指使"他人，她为自己那聚集了布里索派的沙龙接受了严格的质询。没有一个人为她说话。11 月 8 日，年仅 38 岁的罗兰夫人被判有罪，上了断头台，据某位友人记载，当时没有哪怕一份报纸对这次处决提出批判。事实上，正如《通报》日后评论的那样，那段日子里，可敬的革命法庭给女性上了"令人难忘的一课"——奥兰普·德·古热、玛丽·安托瓦奈特和罗兰夫人一个接一个遭到处决。罗兰夫人是法国的"廉价哲学家"，是可鄙的怪物和"时下的王后"，身边围绕着一帮雇佣文人，靠她提供的奢华晚宴为生。[54] 藏身于诺曼底乡间的罗兰本人在听说自己夫人被处决的消息后，于当月晚些时候自杀身亡。（他的兄弟则于 12 月在里昂上了断头台。）

恐怖统治下的戏剧与艺术

恐怖统治消灭了一切异见和所有传播民主共和原则的出版物，随之而来的则是针对法国自由戏剧的镇压，以及对艺术家的管制。雅各宾派本身支持艺术，然而 6 月过后，雅各宾领导层开始将绘画、建筑与戏剧政治化、平民化，与原先的布里索派雅各宾党人不同的是，新领导层不容许任何不和谐的声音。[55] 对山岳派来说，艺术首先是实现政治宣传与管控的机制。从 1793 年秋季开始，不受当局欢迎的主题与主张被统统去除。科洛·德布瓦揭发法兰西喜剧院后，所有剧团成员于 9 月 2 日被捕，因为他们演出了改编自哥尔多尼《帕梅拉》(*Pamela*) 的剧目，改编剧本出自著名议员弗朗索瓦·德·纳沙托之手，他同时也是作家、农学家与加勒比地区前官员。剧作中有涉及迫害的内容，很容易被解读为批判当局。纳沙托和演员一起入狱，直到热月政变后才获释。[56] 9 月 27 日，负责在滑稽剧院上演《贞洁苏撒拿》的皮埃尔-伊夫·巴雷和该剧院若干主要演员同时被捕入狱，罪名是上演充满"不忠暗示"的剧目。[57] 同样，波尔多和其他主要的地方性中心城市也启动了严格的监视行动，不仅监督剧目内容，也监督观众与演员行为。[58] 戏剧界最乐于中伤罗伯斯庇尔的拉亚曾遭不懈追捕，但经过一番藏匿后得以幸存。

在罗伯斯庇尔派的统治下，法国的戏剧审查制度不仅仅是禁止某些剧目并选出另一些上演而已。它所执行的是无处不在的自我审查，涉及慎重的评论、可控的编剧、驯服的观众和经过改写的剧作文本。剧作家帕利索曾因《启蒙哲学家》一剧引起轰动，这是一部讽刺喜剧，从 1760 年首演之时起一直备受争议。10 月 5 日，由于肖梅特的施压，年事已高的帕利索不得不在巴黎的报纸上发表文章，否认剧中那个卑贱的家仆是戏剧观众所认定的卢梭（尽管剧中此人就叫"卢梭"）。他宣布，这个不幸的家伙"绝不是卢梭，就像猴子不可能是人"。[59] 11 月 28 日，《佩莱日报》评论道，剧院成了"每日爱国教育的学校"，据报道，两晚前在共和国剧院上演了伏尔泰的《恺撒之死》(*La Mort de César*)，其结局与原版不同。新结局更好，但不是出自伏尔泰手笔，而是由公民路易-热罗姆·戈耶写成。这位布列塔尼议员取代加拉，成了司法部部长，是恐怖统治的坚定拥护者。该报向读者担保，说这些改编就连原作者自己都不会拒绝，除了其他"令人欣慰的改动"，可敬的戈耶（这位律师以追捕布里索派著称）将结尾处安东尼冗长而"充满奴性"的喋喋不休彻底删除，由此"改善"了伏尔泰的原作。[60]

1793 年秋季，全法演出剧目表发生了翻天覆地的变化，剧院也都被更名。所有剧院如今都必须统一"平民化"，不得进行批判。亏损营业的巴黎莫里哀剧院，从 1792 年开始因丹东对戏剧的青睐而获得政府资助，如今则更名为"无套裤汉剧院";法兰西剧院经过一番整修,在巴黎公社的管理下重新开放,被救国中心委员会重新命名为"人民剧院"。鲁昂的主要剧院有两所,而其中的鲁昂剧院已经改名为"山岳派剧院"。两家剧院都处于市民文化委员会的严格控制之下,该委员会既管理着演出目录,又负责给工人、伤员和老人发放数千张免费戏票。[61] 在波尔多,剧院必须上演经典共和主义与去基督教化剧作。据图尔市特派员 11 月 22 日的汇报,该市有很多可疑分子,他们中有些曾在市内剧院引发骚乱,他们当时高喊"打倒红帽子!",要求两位头戴共和国红帽的可敬共和派脱掉这一"对所有法国好人来说如此宝贵的象征"。为了给图尔观众一个教训,当局暂时关闭了剧院,解散了演员班子。[62]

据新近创刊、每月发行 3 期、当时态度极度谨慎的《哲学周刊》(*La Décade philosophique*)观察,拉辛和高乃依仍然是公认的"最伟大的剧作家",然而官方同样对他们的作品吹毛求疵,认为他们用过度"华美的诗句"鼓吹骑士精神、皇家风范与贵族气质。把启蒙哲学推到前台并教导观众蔑视轻信与宗教狂热的伏尔泰就没有"这些严重缺陷"。然而直到 1793 年,革命剧院还能上演风格各异、观点不同乃至轻松愉快的剧目,然而如今人人都必须屈从于卢梭式的严苛规范。[63] 剧作必须宣扬美德,表现人民英雄推翻暴政的悲剧最重要,而古典风格与主题被认为能够最好地传达这一精神。[64]

"完全大众的"理论上是唯一的评判标准,不过当局也越来越强调"人民不可分割的集体意志"。从 1793 年早期的拉亚事件中,山岳派发现,在革命背景下,通过权力自上而下地审查戏剧,会在观众喜好与国家领导层的政治导向之间造成持续冲突。加强对剧院的管制是不可逆转的趋势,如今也在继续,只不过与公众发生的冲突更为微妙。11 月 23 日,吉贝尔·罗默发出呼吁,希望国民公会授权公共教育委员会对剧目上演请求进行仔细审查,由委员会来选择"最有价值上演"的那些。然而另一位议员安托万-克里斯托夫·梅兰·德·蒂翁维尔反对他的提议,认为只有造就了大革命的"人民",才有资格"评判该演什么"。罗默反驳道,拉亚的《法律之友》和《帕梅拉》的确深受观众喜爱,不过是不是仅仅因为这样,梅兰就想看到这样的剧目上演呢？当然不是，梅兰急忙退让道。[65]《共和派遗孀》（La Veuve du républicain）在法瓦尔路上的巴黎剧院首演的第二天，很多公民提议，要让此剧在"共和国的所有剧院"上演。这促使国民公会转向公共教育委员会，要求他们就该剧究竟是否"得当"进行调查。[66] 1793 年 11 月 21 日，罗伯斯庇尔亲自向雅各宾派保证，他本人丝毫不同情那些在帕什与埃贝尔清洗巴黎剧院的行动中成为受害者的女演员——那些"公主们"。他支持叫停女演员出演任何轻佻或带有色情暗示意味的角色。[67] 从 1793 年秋季开始，山岳派的美德应完全渗透到整个法国戏剧界中去，所有戏剧必须围绕工作与家庭的主题展开，还得包含妇女对自身从属地位的认识。[68] 救国中心委员会规定，巴黎剧院的所有演员团队必须商议并起草首都演出剧目目录，最后交由巴黎公社批准。[69] 这项逐步转向强制预先提交剧本的审查制度，直到 1794 年 3 月中旬才由公共教育委员会完成。1794 年 6 月，一位评论家带着明显的自豪断言，从今往后，剧院只能表现官方认可的价值，如此整齐划一，以至于"就连卢梭也能起死回生，前来观看我们的革命戏剧"，它们只为美德、孝顺与辛勤劳作大唱赞歌，因此他便不会像在他自己那个时代一样，"为我们这些剧院的道德沦丧而怨言不断了"。1789 年以前的剧作曾是"大人物的奴仆，虚荣又下作"，把舞台变成了"奢华起居室中"的剧院，以此腐蚀观众。这一切如今已被不屈的斯巴达式苦行、加图、布鲁图斯和"自由烈士的英勇牺牲"所取代，为舞台奠定了新基调。在山岳派的统治下，最简朴的主妇都能带着她们未婚的女儿来剧院看戏，而不会受到任何阻拦。[70]

罗伯斯庇尔统治下的雅各宾派意识形态与文化是沉浸于威权主义、反智主义、仇外主义之中的卢梭式清教主义道德。罗伯斯庇尔派否定言论自由、基本人权和民主，用净化并拉平人民道德习俗的需求取代核心革命价值。留在公共生活中的每一个人都必须服从这一点。宣传家朗特纳斯先前是不受限制的出版自由、民主与教育平等的重要鼓吹者，6 月的时候险些被捕，后来便在《公共教育的根基》（Bases fondmentales de l'instruction publique）一书中公开违背了他 1791 年时呼吁不受限制的出版自由的立场。如今他宣称，如果不设立保护公民免遭"诽谤与中伤"的有效手段，那么社会就会"长久不幸"。强制实行彻底的纪律性美德并对道德进行监管，这比言论自由更有意义。在新规定之下，只要有人危害真正的共和主义立场与道德本身，国民公会就有权禁止其作品传播并审查每一个人。[71]

如此一来，戏剧走入《哲学周刊》称之为"积极监管"的阶段，尽管监管据说自下而上，源于人民，然而事实上却是自上而下的管控，有时还会发生前后矛盾的现象。由于独裁集团的运作要依赖具有不确定性的联盟，审查执行者就不可避免地不时陷入混乱的境地。莱昂纳尔·布尔东写了一部名为《伪君子之墓与真理殿揭幕》（*Le Tombeau des Imposteurs et l'inauguration du temple de la vérité*）的喜歌剧来嘲讽天主教仪式，12 月 22 日，就在该剧即将在巴黎公演之前，却被罗伯斯庇尔亲自签署的一纸行政命令禁止，同时被禁的还有其他有"滥用戏剧颂扬大革命之敌"倾向的剧作，然而埃贝尔和巴黎公社却都想让其上演。该剧在意识形态上与埃贝尔派一致，而罗伯斯庇尔下此禁令主要是因为其强烈的反宗教内容，以及那个不吉利的标题——《伪君子之墓》，很容易被人解读为"居心叵测之人"，并影射到罗伯斯庇尔本人和山岳派身上。[72]

1793 年 10 月，新政权艺术的主要管理者大卫完成了国民公会委托的著名画作《马拉之死》，按照计划，这幅画将悬挂于国民公会的议事大厅之中，与大卫另一幅表现勒佩勒捷遇刺的画作并列。它是恐怖统治期间最值得铭记的共和主义画作（如今藏于布鲁塞尔）；大卫先把该画放在他位于国民宫（即卢浮宫）的公寓里展出。早在 1789 年以前，大卫和其他艺术家就已经居住在这座藏满王室艺术品的宫殿中了。随后，大卫似乎将其借给了自己所在的"博物馆区"街区议会，用以装点 10 月 25 日纪念马拉的"爱国节庆"——所有巴黎街区均有计划参与。[73] 1790 年秋季，革命法国各地都在欢庆盛况非凡的"爱国"节日，以纪念所谓法国最伟大的人，在震天的乐声中，无数座马拉胸像被精致花朵装饰与花环所环绕。奢华的节庆也为死于非命的勒佩勒捷、拉佐斯基以及"里昂马拉"玛丽-约瑟夫·沙利耶而举办，他们如今在巴黎同样以"最盛大的场面"备受尊崇。所有街区都参加了 12 月 20 日的盛大游行，从巴士底广场到国民公会，大众社团派出小队随行高唱赞歌，颂扬"伟大的"沙利耶，歌声中提到

"让我们发誓从自由的土地上清除所有无赖"，这不愧为无意识造就的完美讽刺。[74]

国民公会取缔了皇家绘画、雕塑、建筑学院，并用基于平等与爱国主义的"艺术总公社"（Commune Générale des Arts）取而代之，目的是去除艺术中的贵族式精英主义，将公共艺术表达更稳固地置于"平民的控制之下"。任何艺术家，只要通过旨在从国家艺术社群中筛除"所有旧贵族根源"的审查，就能加入艺术总公社。1793 年 11 月，新的管理机构"人民共和艺术俱乐部"（Société Populaire et Républicaine des Arts），负责对绘画、雕塑与建筑进行强有力的控制，教育公众并管理国家艺术竞赛与奖励。该组织的形式是由身份平等的成员组成议会，1794 年 2 月，人民共和艺术俱乐部在卢浮宫召开会议。从 8 月 10 日起义一周年纪念日以来，这座原先的皇家艺术珍藏殿堂成了对公众开放的博物馆，专门展出过去的画作（往往是宗教题材），尚未过世艺术家的作品则不予展出。[75]

艺术俱乐部每 10 天召开 3 次会议，会议对公众开放。会议报告以及有奖竞赛信息发表在《卢浮宫人民共和艺术俱乐部日报》（Journal de la Société Populaire et Républicaine des Arts séante au Louvre）上，该报主编为仿古建筑师阿塔纳斯·德图内尔。艺术俱乐部确定展览主题并予以评判，由 50 人组成的大评审团决策，全面负责国家艺术与艺术家行业。评审团由巴雷尔担任主席，成员全部为艺术家与批评家，与公共教育委员会中的埃贝尔、龙桑和帕什这类"艺术爱好者"划清界限。

为人民而生的艺术意味着用意识形态术语公开设计出新的主题，用冷静、仿古与革命性的诚恳，把贵族、色情以及修饰过度的内容小心翼翼地替换掉。新的管理流程既要培养年轻的职业艺术家，又要为艺术事业挑选主题，其目标是用全新的集体艺术文化取代旧制度下典型的恩主制度与个人影响力。巨额委托创作成了公共事务。艺术作品可参与全国评选，在卢浮宫公开展示 5 天之后，会有从大评审团的 50 人中抽调的专门性小型评审团在公共集会上裁定，颁发奖项。第一次年度绘画大赛选取的大标题是"刺杀恺撒的布鲁图斯战死后，遗体被人送回罗马"。经裁定，无人足以获得头奖，不过大卫的学生阿里耶获得了"鼓励奖"或第二名。大卫是共和国布鲁图斯崇拜的重要倡导者，他确保艺术内容与自己受托组织的大型公共游行庆典总会带上罗马共和国的主题、标志、符号与徽章。第一次年度建筑奖则颁给了设计 600 人骑兵营的建筑师普罗坦。1794 年 2 月 10 日，艺术俱乐部举办了首届年度集体颁奖庆典，获奖者随后带着他们的设计，与大评审团一同来到国民公会，并收获了高声喝彩。[76]

在恐怖统治期间，因不表现共和国主题却关注色情内容而受到处分的艺术家包括路易-利奥波德·布瓦伊。他于 1794 年 4 月在人民共和艺术俱乐部被揭发，不久后，艺术俱乐部就宣布在马拉凯旋一周年之际举办绘画比赛纪念此事。布瓦伊参加了竞赛，似乎是要改过自新，与当局妥协。他的参赛作品"马拉凯旋"（图 11）如今藏于里尔，是恐怖统治期间法国最著名的画作之一。当局希望绘画能为革命的公共氛围提供某种威严的背景。不过照这样看，雕塑的声望依旧更胜一筹。这几个月来，关于艺术世界最宏伟规划的讨论热火朝天，从未停息。1793 年 8 月，国民公会决定在首都重要的战略位置安放四座代表胜利的大型公共雕塑，用青铜和大理石打造，表现重要的革命主题。

按照计划，这四座雕塑包括建立在巴士底狱废墟上的"重生的自然"，代表卢梭的思想；建立在意大利人大道（Boulevard des Italiens）上的凯旋门，用于纪念 1789 年 10 月 6 日；建立在革命广场断头台附近的自由女神像，用来取代 1763 年揭幕的路易十五巨型塑像，该塑像已于 1792 年 8 月 11 日被暴民推倒并砸成碎片；最后还有一个用于纪念粉碎联邦主义的巨型纪念碑。

委托创制这些雕塑的竞赛计划历时三个月，并为居住在巴黎以外的艺术家多留出一周，但经过多次延期，竞赛直到 1794 年 4 月 30 日才开始，后被热月政变打断。在此期间，参赛模型先在国民公会大厅进行展示，再移至拉奥孔大厅接受艺术评审团裁定。除了四位获奖者，另外三位参赛雕塑家也会被当众授予殊荣，并由艺术俱乐部的委员会指派担任其他次要公共纪念雕塑的制作人。[77]

恐怖统治在外省

直到恐怖统治末期，几乎所有死刑都是在革命广场斩首国王的地方执行的。只有 11 月 12 日对巴伊的处决是在战神广场，那是他犯下所谓屠杀罪的地方。到了恐怖统治的最后几周，大部分杀戮反而转移到巴黎最东边执行。随着恐怖统治不断加剧，大规模的处决也扩展到一些外省中心城市（但并非大多数城市）。"人民代表"约瑟夫·勒邦统治着阿拉斯。他原先是个奥拉托利会的狂热分子，还担任过立宪派本堂神父，在 1792 年 8 月革命过后辞去了神职。他是罗伯斯庇尔的好友，先在阿拉斯担任市长，后成为代表该市的国民公会议员。[78] 他逮捕的叛国者塞满了监狱，由他竖立起的断头台位于市剧院对面的主广场上，在罗伯斯庇尔家的房子里刚好能看见这个位置。作为狂热的去基督教化分子，单在阿拉斯一地，勒邦共处决了 298 名男人和 93 名妇女，而他在里尔和其他邻近城市还处决了更多的人。[79] 在马赛，可怕的革命法庭由弗雷龙和臭名昭著的腐败官员保罗-弗朗索瓦·巴拉斯把持，在 1793 年 8 月至 1794 年 4 月期间，法庭审判了 975 名嫌疑人，判定 500 人犯有叛国罪，其中 289 人被处死。[80] 当过律师的地主玛丽-约瑟夫·莱基尼奥刚刚捣毁了圣德尼的王室墓地，就来到罗什福尔主持大局。莱基尼奥在当地的恐怖统治很快消灭了海军军官和官员，还有数十名旺代叛乱者和神父，以及下夏朗德省的布里索派国民公会议员古斯塔夫·迪沙泽，处决他的理由是其发表反对"共和国统一不可分割"的作品。[81] 莱基尼奥汇报说，是"富人阶级"给所有在罗什福尔下狱的保王派、温和派与联邦派提供支持，至于与"反革命"势力做斗争的任务，当局尽管依靠无套裤汉就好，尽管像他这种雅各宾派依然需要不断"就人民的真正利益对他们进行启蒙"。[82]

恐怖统治下最恶劣的暴行发生在里昂、土伦和南特。10 月 12 日，救国委员会投票决定，要拿那个拒不服从山岳派、处死沙利耶并反抗人民长达 5 个月的"反叛城市"开刀，树立令人难以忘怀的"榜样"。旧里昂必须"被抹掉，被摧毁"，国民公会将其更名为"解放市"。在旧里昂的废墟之上，要建起一座国民纪念碑，记录下共和二年第一个月的 18 日，并在上面题写"里昂曾对自由开战，里昂已经不复存在"。摧毁工作必须毫不留情。富人的房子必须被推倒，只有山岳派想要拉拢的穷人的住所才会得以幸免。10 月初，该市一沦陷，超过 400 名"密谋分子头目"在一个月内全部被处死。新任特派员科洛·德布瓦和前奥拉托利会成员富歇 11 月来到里昂，抱怨处决的人太少。随即成立了七人革命委员会，以便更快地处决"罪犯"。11 月，成批的处决开始，犯人被填充了霰弹的大炮击中，幸存者则被用火枪或剑残杀。为避免女儿、姐妹与妻子为死者哀悼而拖延行刑，委员会禁止妇女靠近屠杀现场。

自此以后，只有山岳派的支持者可以担任一官半职，而山岳派绝不容许异见。[83] 但在里昂，要做到这一点，有着无法克服的困难，因为那里实际上没人支持山岳派，雅各宾派的特派员自己都证实了这一点。库东与第一委员会在里昂大获全胜之后，在于 10 月 13 日发给巴黎的报道中这样写道：在里昂，山岳派的支持者"少得可怜，我们对复兴这里的支持率感到绝望"。要想动员里昂为数众多的手工业者支持山岳派，唯一可行的方法是建立一个"爱国者殖民地"，把坚定的无套裤汉从别的地方迁移到里昂，来管理这里的手工业者（他们至少需要"40 名经验丰富的管理者"）。[84] 仅仅在 6 年前，科洛·德布瓦才在里昂被赶下政治舞台，如今他则负责监管摧毁这座城市的任务。不过摧毁白莱果广场（the Place Bellecour）附近高档住宅的"荣誉"要算在库东头上——"这些奢华的房屋属于里昂叛军"——他还呼吁在场围观的里昂贫穷群众过来协助拆除（结果不怎么成功）。律师库东身体部分瘫痪，自从 1792 年 11 月与罗兰决裂之后，他便成为罗伯斯庇尔的密友，据梅西耶记载，他对知识是如此反感，以至于当有人对他谈起卢梭的观念，他只不过会耸耸肩，承认自己对此一无所知。[85] 科洛则比库东更进一步，在捣毁行动中，他出动了军队，还进行了爆破和纵火。

科洛在 11 月 23 日解释说，只有炸毁并烧掉房屋，才能让里昂彻底接受她应得的惩罚。[86] 巴黎的雅各宾派正为是否要将"光荣的沙利耶"葬入先贤祠而进行热火朝天的讨论，里昂的屠杀也在加快步伐，10 月已经处决了一大批人，12 月的处决人数则达到了顶峰。[87] 12 月中旬，"解放

图 15 　围困并炮轰里昂（1793 年 8 月 9 日至 10 月 9 日）。

市"派妇女代表团来到巴黎，向公安委员会提交请愿书。这些女人低声下气地承认，里昂反对 6 月 2 日政变是个错误，活该承受"法国人民的义愤"，但既然"误导我们的叛国者"已经被推翻，里昂人的悔改是"真心、深刻、一致的"。要是里昂人民了解布里索派的本性，"他们绝对、绝对不会充当其阴谋的工具"。早在 10 月，山岳派就向里昂人民保证，一旦他们投降，一切都会变得"如同法律那样平静庄严"。"为什么如此美好的景象并未出现？"复仇如期而至，然而复仇的行为不可能永不休止地持续下去，否则它带来的有益影响就会毁灭。山岳派则发出声明："任何极端革命者都和反革命一样危险。""立法者，你们命令我们遵守'美德'的神圣原则，避免共和主义复仇演变为下流而凶残的暴行。"[88] 该请愿书最终石沉大海。

科洛·德布瓦的镇压非常残酷。截至 1794 年 4 月，里昂有 1880 人被处决，市内所有教堂和高级住宅被毁，事实上有大约 1600 座砖石建筑化为废墟。[89] 酒桶制作人之子夏尔-菲利普·龙桑坚决赞同科洛的暴行。此人受帕什保护，富有、堕落、寡廉鲜耻，对所有联邦派和温和派毫不留情，对所有抗议的声音充耳不闻。有批评家鼓起勇气，悄声控诉科洛和龙桑过分嗜血，过分严酷。"吃人的家伙！是谁如此无礼地诽谤我们，对着自由之敌的尸体哭泣？" 1793 年 12 月 24 日，科洛警告国民公会，表面上看，恐怖统治的不懈努力已经粉碎了所有抵抗。然而在里昂，乃至于整个法国南部，不知悔改的反革命分子依然在给人民的心灵与头脑煽风点火。致哀的妇女最让人反感，占领里昂城的部队被她们的行为误导，产生了同情心，进而持续开小差。下贱的里昂妇女"全是反革命分子"，全是夏洛特·科黛的崇拜者。在城市的废墟中，妓女在无休止地进行着通奸行为，用尽她们所有的性吸引力，勾引山岳派的士兵。已婚或未婚女子都一样，全在不断地引诱男人。[90]

拿下里昂之后，巴拉斯率领的军队用了三个半月的时间围攻土伦。8 月 27 日，土伦的共和派向英国人投降，即便英军司令胡德海军上将曾宣布，自己只保护那些"明确而真诚地表示拥护君主制并愿意恢复法国王室统治的人"。[91] 拿破仑·波拿巴是奉巴拉斯之命负责土伦围城战的指挥官之一，在他将英国人和西班牙人的部队从环绕该市的高地击退之后，胡德的舰队于 12 月中旬被迫在大火中撤退。撤退持续了 3 天，有数千人跟随英国人离开了土伦，然而，在卷入英国支持并持续了 4 个月政权的人当中，还有更多的人留了下来。当地在押的雅各宾派成员一被释放，就立刻向巴拉斯和他那个包括弗雷龙、萨利切蒂或罗伯斯庇尔之弟奥古斯丁的革命委员会"指认"了这些"叛徒"。几天之内，800 名嫌疑人在事实上未经审判的情况下被处决，其中大部分是被枪杀。在 1793 年 12 月至 1794 年 3 月期间，又有 282 名叛国者被斩首。土伦更名为"山岳港"，然而这个拥有大量贫穷工人的城市与里昂类似，在这里，巴拉斯和他的队伍所能找到的"真正愿意支持山岳派的爱国者"少得可怜。[92]

类似可憎的过分行径也发生在南特和雷恩，以及从旺代保王派手里夺取的邻近地区。9 月，正规军在两场战役中败给叛军，10 月 17 日，巴黎的无套裤汉志愿军赶来增援，正规军在绍莱（Cholet）附近的田野击溃了保王军。收复索米尔和昂热后，山岳派将"白军"赶往旺代腹地。据莱基尼奥记录，该地区有数不清的乡下女子被共和国的士兵强奸，他们往往会在事后用刺刀杀死受害者和她们的孩子。到了 1793 年 10 月底，南特的监狱已经人满为患。叛军残余跨过卢瓦尔河，加入当地的朱安党，开往泽西对岸科唐坦半岛上的格朗维尔，想要在那里与英国人取得联系，最后却被迫南撤。在 12 月 12 日那个大雨倾盆的晚上，西部地区的最后一场大战发生在勒芒风光秀丽的老城。数百名天主教保王军命丧街头。逃过一劫的人中有很多妇女和神父，他们在撤退至布列塔尼的途中遭到拦截。天主教保王军在萨瓦奈（Sauvenay）进行了最后的抵抗，直至全军覆没。[93]

派驻南特的特派员让-巴蒂斯特·卡里耶很可能精神失常，他在残暴与施虐方面超越了勒邦，发起了一场凶残的镇压。这个狂热的山岳派在南特拥有极大的权力，早些时候，他曾无情清洗了布里索派聚集的瑟堡沿岸，如今他则使南特的监狱中充满了犯人。他迫不及待地想要强制落实面包的最高限价，并推进去基督教化运动，却不得不面临更严重的食物短缺，以及与其他地方相同的劳工群体——分歧重重并犹豫不决。在砍掉数十人的脑袋后，他宣布断头台的处决效率还不够高。为了减少在押"叛徒"的人数，从 1793 年 11 月 19 日开始，他推行了很快会变得臭名昭著的"溺刑"，最初的受害者是 90 名神父，他们被绑在为沉得更快而凿满了洞的驳船上，随船开进卢瓦尔河河口被活活淹死。在接下来的几周内，另外六批受害者也以几乎同样的方式被处死，其中有很多拒誓派神父，其罪名是煽动农民的宗教狂热。约有 1800 名叛军死于溺刑，还有数千人死于大规模枪杀。死在卡里耶手里的受害者估计有 1 万人左右。镇上居民很少有人出来为被捕的"白军"鸣不平，因为他们认为叛军一旦拿下南特或雷恩，也会进行可怕的大屠杀。卡里耶喜欢在夜间混迹于女犯人中纵情声色，1794 年 2 月，在朱利安直接对罗伯斯庇尔揭发他的放纵行径后，卡里耶被召回巴黎，声名扫地，随后加入了埃贝尔派。[94]

与里昂、土伦、南特或是阿拉斯和马赛相比，图卢兹、蒙彼利埃、波尔多与斯特拉斯堡和南锡的恐怖统治相对温和。在图卢兹，人民代表马克-安托万·罗多和尚邦-鲁一建立起他们的统治，就逮捕了超过 1500 名嫌疑人，其中数十名被送往巴黎处决。但是正如在蒙彼利埃那样，发生在图卢兹当地的处决很少。同样，在波尔多和大部分西南地区，处理方式从一开始就相对宽大。巴斯克地区除外，那里靠近西班牙边境的地方发生了严酷的镇压。1794 年 3 月 12 日，特派信使亚历山大-克莱芒·以萨博发来汇报，说大部分公民的态度"优秀、纯洁、革命"。直到热月政变发生前不久，当地的镇压行动都是由以萨博和塔利安一道负责。那些误导当地人民的聪明人、演说家和作家全都消失了。[95] 此前一天在真理殿颂唱赞歌时，有很多人出席。任何前贵族都不予释放，即便他能证明自己爱国也不行。两天以前，一个保王罪名被坐实的立宪派神父上了断头台，就在同一天，本来还要处死一名修女。在 1793 年 10 月至 1794 年 6 月期间，波尔多一共有 104 名受害者被斩首，这个数字小到足以引发强烈不满。1794年 6 至 7 月，波尔多的恐怖统治者进行了匆忙的最后镇压，那是在罗伯斯庇尔的党羽马克-安托万·朱利安被派往该地之后，他的任务是弥补塔利安和以萨博的"疏忽"；在那里，他将 198 名受害者送上了断头台。

打击理性的不同意见

10 月 3 日，比约-瓦雷纳提议，国民公会应命令革命法庭对那个"卡佩寡妇"进行审判。[96] 玛丽·安托瓦奈特立即受到审讯，她被控在 8 月 10 日那天命令瑞士卫队开火，以及其他各项罪名。10 月 16 日，革命法庭经过整夜审判，于早上 5 点宣布判处其死刑；她表现得无动于衷。共和二年第一个月第 25 天上午 11 点，一身素服的"新阿格里皮娜"在浩荡人群的尾随下，踏上了她最后的旅程（在此期间，大卫曾为她画了速写），她乘坐的囚车从古监狱出发，途经密密麻麻的围观群众，但她举止平静，据说既不显得威严傲慢，也未表现出灰心沮丧。刀刃落下之后，刽子手把她的头颅展示给人群，迎来了长达"好几分钟"的欢呼："国民万岁！共和国万岁！"[97]

然而，目睹此情此景的人绝非全都欢欣鼓舞。第二天在雅各宾俱乐部听取埃贝尔的长篇大论时，有人明显持不赞同态度。埃贝尔要求逮捕报道玛丽·安托瓦奈特审判过程的记者，因为他的报告缺乏热情，或按照埃贝尔的话说，他采取的态度"是错误的，不合常理"。[98] 即便面临高压，报业还是没有完全在胁迫下屈服。沙博在 11 月 1 日公开发表讲话，指出

1793 年 6 月前的大革命基本价值与受到山岳派拥护的意识形态间存在尖锐反差。在 1788 年至 1793 年间，大革命全面拥护个人自由与出版自由；那时候，这样的自由对大革命来说必不可少，因为出版自由"必然反对暴政，当时人民也为这样的自由而喝彩"。

可是如今的法国处于"人民的"政权之下，一切都变了。报业再也不可能获准脱离正确路线或不"尊重"人民。任何批判山岳派的人都会受到严格处置。这位曾经的修士沙博提醒雅各宾俱乐部，难道无套裤汉群众不曾为 3 月间捣毁"戈尔萨斯和其他反革命记者"报社的行动而欢呼？每个拥有正确观念的人都支持捣毁异见报社。从前为人所需的"出版自由"如今可以抛弃了，因为国家报业的存在只为"捍卫自由；这就是对报业的限制"。[99]

而不愿屈服的记者并不是知识分子中唯一受到打击的对象。据后来也成为重要革命者的弗朗索瓦·德·纳沙托观察，山岳派开始着手平息所有批评。[100] 在里昂、马赛、土伦、南特、波尔多，还有旺代也不例外，恐怖统治的受害者绝大多数都是普通人，被怀疑反对山岳派的往往是手工业者和劳动人民。然而在重要的受害者中，首当其冲的无一例外是造就了大革命的共和左派知识分子、作家和记者。波尔多的以萨博写道，恐怖统治意在消灭误导人民的布里索派和"文采斐然"的聪明人、演说家与作家。有位观察家一语中的："罗伯斯庇尔及其同伙追捕的是文人。"[101]

山岳派一个接一个地除掉了民主共和派批评人士和其他坚定的抨击者。亚当·卢克斯 11 月 4 日走上断头台，表现极为平静，临刑前甚至拥抱了刽子手。两天后，轮到路易十六那个野心勃勃的表兄路易-菲利普·奥尔良公爵——他在共和国成立后改名为"菲利普·平等"。路易-皮埃尔·曼努埃尔于 6 月入狱，11 月 14 日人头落地，他的最后一部作品是《宪法之友的大革命书信集》(*Lettres sur la Révolution receuillies par un ami de la Constitution*)。

吉雷-迪普雷在波尔多被捕后被押往巴黎，在革命法庭受审，被指控为布里索的帮凶和信徒。作为答复，他颂扬了自己的导师，说他是"西德尼第二"，是真正的共和主义者和自由斗士，他告诉板着脸的庭审众人，说自己很高兴与布里索享有同样的命运。只有 24 岁的他很快如愿以偿,11 月 20 日,在被押送至刑场的途中经过罗伯斯庇尔府邸时,他高喊:"打倒暴君和独裁者!"[102] 法国最著名的科学家安托万-洛朗·拉瓦锡也于 11 月被捕,他在 1789 年至 1793 年期间是热情支持大革命的重要人物,逮捕理由不是他作为学者带头反对废除学院,而是由于他曾是旧制度下的皇家"征税官"(farmers-general),被认定为 24 名"人民的压迫者"之一。[103]

拉瓦锡在如今已遭废除的科学院藏了一段时间,后来由于不想拖累试图挽救自己的人而自首。他的科学家同事提交了请愿书,解释其科研的显著重要性。但正如他本人在最后的书信中强调的那样,对大革命的杰出贡献、重要的艺术成就与卓越的科研工作加在一起,也救不了山岳派的批评者。[104] 上断头台之前,他在皇家港的前冉森派修道院中艰苦地度过了最后几个月的时光,这个可怕的地方也监禁着其他重要的知识分子,如今更名为"自由港"(不经意的讽刺)。

巴黎郊区的奥特伊是启蒙哲学的重要阵地,革命委员会在那里进行了反复搜查,尤其想发现孔多塞的行踪。由于与激进启蒙哲学家狄德罗、爱尔维修以及 1774 年以来的孔多塞均有关联,加拉不得不在 8 月 20 日辞去司法部部长职位并由戈耶接任,后被科洛·德布瓦揭发,于 9 月 27 日入狱(但活了下来)。唯物启蒙哲学家安托万·德斯蒂·德·特拉西是黑人解放运动的先驱,也是 1789 年最先加入第三等级的贵族之一,早年在拉法耶特麾下做军官,10 月 19 日,龙桑带领埃贝尔派分子包围了他在奥特伊的房子并逮捕了他。他随后被释放,又于 11 月 2 日再次被捕。他利用自己第二次受到羁押的 11 个月时间深入研习了洛克和孔狄亚克的认识论。[105] 圈子中另一位启蒙哲学家领袖沃尔内 11 月 16 日出现在外交部,被公安委员会下令逮捕。[106] 爱尔维修圈子的另一成员拉罗什曾是阿图瓦伯爵的忏悔神父,他在市议会被捕。当时他在那里为延迟移走米拉波胸像进行抗议,公开批判马拉,此外还有协助孔多塞逃跑的嫌疑。[107] 年迈的爱尔维修夫人及其奥特伊别墅的保护人卡巴尼斯于 11 月被逐出市议会,从此藏身于爱尔维修夫人的别墅中足不出户,直到热月政变后才再次现身。

在被捕之前,沃尔内发表了一本普及小册子——《自然法则,或法国公民教理问答》(*La Loi naturelle, ou Catéchisme du Citoyen français*)。这本小册子和霍尔巴赫的《正确认识》(*Bon-Sens*)一样，面向大众，用语简明，强烈呼吁要让启蒙哲学基于自由并在差异中获得个人满足，转变所有人类价值。《通报》指出，以多产著称的沃尔内如今出版的这本小而精的作品面向每个人，就连识字不多的人也能读懂。存在凌驾于一切之上的伦理法则，它无关宗教，却为所有人设定共同规则，不论人是否认识它，也不论信仰派系差异，它总是在引导人走向人类的幸福——这是直接源自神的自然法则。《通报》认为，单凭这一点，就足以驳斥科西嘉反革命分子散布的关于沃尔内是"无神论者"的流言。（实际上，沃尔内这个彻底的激进观念拥护者是霍尔巴赫式的唯物主义者，完全否认有神意存在。）像狄德罗、霍尔巴赫、爱尔维修和孔多塞那样，沃尔内坚称，"善"与"恶"的道德基础仅仅是社会价值，与天启和神学毫无关系。他对"善"的定义是任何能维持并改善人类社会的东西，"恶"则正好相反。

对沃尔内来说，道德是即时、普世、永恒的，是源自人类特性与需求的明确科学，是一门围绕平等、公正、慈善与宽容原则展开的政治科学，要求所有人为集体而战，这一共同的斗争面向无知、迷信和不宽容，而且必须对一切有组织的崇拜与神职表现出最完美的冷漠。沃尔内认为，这一自然法则蔑视毫无意义的暴力与流血。[108] 沃尔内论点中尤其与罗伯斯庇尔相对的地方，在于他认为无知是人类最糟的缺陷，因为它摧毁每个人，让人产生偏见，进而直接危害社会、自由和共和国。[109] 自然法则否定卢梭那种对野蛮状态的盛赞，它认为野蛮状态之下的人残忍、无知、居心不良，而依据理性和经验的普世"自然法则"不仅打算让人一辈子生活在自由的社会里，而且还是通往道德、秩序和体面生活的唯一渠道。[110] 沃尔内始终是大革命民主原则最热忱也最有文才的拥护者，他被关进佛尔斯监狱，在那里待了 10 个月。

另一位被强行禁言的哲学文艺界反对派是尚福。1792 年，尚福被罗兰任命为国家图书馆联席馆长，到了 1793 年底，他已经成为事实上的第一馆长。他投身共和派的时间比他的山岳派政敌要早得多，他开创了欧洲第一所真正面向公众全天候开放的国家图书馆，而不是每周为某些专家开放几个小时。他大量扩充了图书馆馆藏,保护很多作品免于毁灭。6月 2 日政变过后,帕什下令将"自由、平等、博爱,或死亡"的口号刻于图书馆门前,尚福建议,还不如干脆刻上"做我的兄弟,否则杀了你"或者其他让人难以欣赏的讽刺话语。尚福显然是个"嫌疑犯",他厌恶马拉,崇敬夏洛特·科黛。由于罗伯斯庇尔的施压,他和图书馆其他职员在 8 月 16 日被解雇,由当局认可的各色人等中的"爱国者"取而代之。在 9 月 2 日监狱暴行一周年那天,尚福被捕,后来因公开否定布里索派而获释。然而在 11 月中旬,他听说自己可能会再次被捕,在突如其来的绝望中,他用刮胡刀割开了自己的喉咙,并开枪自戕。在伤痛中悲惨地躺了几周之后,他于 1794 年初去世。[111]他的朋友然格内曾尽其所能,从散落在他房间的盒子中收集他草草写下的格言与轶闻残片,并在热月政变后将这些于"共和三年"写下的文字编成四卷出版。尽管如此,他留下的文字大多数还是永远遗失了。因为然格内自己后来也被逮捕,用来抢救这些资料的时间有限。他被关押在圣拉扎尔监狱(诗人安德烈·谢尼埃也被囚禁在那里)。

对当局来说,当务之急是要消灭孔多塞。1793 年 10 月 2 日,孔多塞成为不受法律保护者,被判处死刑,为了保护妻子,他要求她与自己离婚,保住他的财产,将其留给他们的女儿。他的敌人进行了反复搜查,却还是没能找到他。在卡巴尼斯的协助下,他成功躲藏了好几个月,在爱尔维修夫人和加拉的住处之间来回奔走。后来他转移至巴黎南郊的另一处藏身地,直到 1794 年 3 月都隐蔽得很好。为了缓解绝望之感,埃贝尔断定曾与迪科有染的苏菲着手翻译亚当·斯密的《国富论》,孔多塞则埋头撰写《人类精神进步的历史图景》(*Tableau historique des progrès de l'esprit humain*)。在恐怖统治将其吞噬前的最后几个月里,他也不愿放弃勇敢的乐观主义,正是这种乐观,在革命年间始终渗透于他的工作当中。如果说有人在罗伯斯庇尔的淫威下绝不曾屈服,那这个人就是孔多塞。

有些观点说平等并不意味着通往启蒙的平等入口,或者道德感受在理性的净化与完善之下得到平等发展,而是平等地无知、堕落、残暴，难道我们要相信，这种观点会永远败坏一个民族吗？培育这些愚蠢观点的人（马拉和罗伯斯庇尔），用他们的野心和善妒的平庸，把启蒙运动变得可憎，把美德变得可疑，难道我们要相信，他们制造的幻境能长久持续吗？不会的，他们能让人性为损失对自身而言价值连城的罕有而珍贵之人哭泣，他们能让自己的国家为其造成的无法弥补之不公而叹息，但他们不能阻止启蒙运动进步，就算如今启蒙暂时停滞，它也会卷土重来，加快进程。欺骗并误导人民当然是有可能的，但永远对其施暴并令其堕落则不可能。[112]

造就了大革命的知识分子阵营正遭到无情的灭绝，同时还有严苛手段正在阉割所有的政治辩论、城市街区、俱乐部和省级行政机关，在这样的时期里，如此英勇的政治信条要求一个人拥有非常坚定的内心。1793 年12 月 4 日，国民公会颁布法令，废除省级议会、省长和省级行政官，以确保各省完全成为服从中央的政治实体。[113] 可怕的压迫每周都在加剧。大多数幸存下来的共和主义知识分子陷入了深深的沮丧。而玛丽·沃斯通克拉夫特是另一位无论如何胆战心惊也不愿放弃希望的人。她依然相信大革命的终极承诺。她没有听从海伦·玛利亚·威廉姆斯的建议，没有烧掉可能被用来给自己定罪的书信和手稿（威廉姆斯本人烧毁了自己手上有关罗兰夫人的一切），1794 年 2 月，沃斯通克拉夫特逃出巴黎，来到勒阿弗尔。1794 年 3 月 10 日她写道："尽管死亡和不幸以恐怖的一切形式"笼罩着法国，她依然为自己来到法国感到高兴，"因为在别的地方，我永远也不可能拥有针对这场绝无仅有的非凡事件（大革命）的正确观点"。[114]

灰心丧气的潘恩与巴洛等人在一起，躲在酒店房间里断断续续地写作自己的《理性时代》（*The Age of Reason*），从干邑白兰地和斯宾诺莎那里寻找慰藉。[115] 12 月 25 日，国民公会推翻每一项共和主义革命原则，包括布里索坚信的世界大同，用一纸法令禁止外国人在立法机关中担任法国人民的代表。从今往后，外国人"在战争期间不得担任任何公职"。[116] 潘恩和克洛茨这两名外国议员的代表资格在同一天被取消。克洛茨此前已经经受了数周的骚扰，最终在法令颁布 3 天后被捕。[117] 警察冲进潘恩在费城酒店的房间（巴洛也住在同一家酒店），将他逮捕并查抄了他的作品，随后把他送到卢森堡监狱，即便如此，他还是成功将大量依赖斯宾诺莎圣经批判思想的《理性时代》第一部分尚未付印的章节偷偷塞给了巴洛，让他交给斯通的出版社出版。[118] 巴洛和身在巴黎的 17 名美国人一同签署了要求释放潘恩的申诉书，为潘恩为美国和法国自由事业英勇奋斗的事迹作证。在痛恨潘恩、巴洛及其民主共和派人士的美国大使莫里斯的默许下，法国当局对他们的要求不予受理。[119] 巴洛在接下来几个月频繁出入监狱探望潘恩，不过 1794 年 3 月以后，他的探监就被禁止了。

山岳派内部的分裂

1793 年至 1794 年整个冬季，巴黎每天都在进行处决，受害者的成分复杂得令人吃惊，包括据说在搞阴谋的"贵族派"、反革命神父、布里索派、斐扬派和米拉波集团人士。巴纳夫在 1792 年 8 月 10 日起义后的第三天就在格勒诺布尔入狱，但直到 1793 年 11 月初才被送往巴黎。11 月 28 日午夜，他与在罗兰之前担任司法部部长的斐扬派成员玛格丽特-路易·迪波尔-迪泰特一同接受了审判。他们被判为战神广场屠杀和 8 月 10 日屠杀的同谋，第二天，他们与一名被判有罪的本堂神父及其虔诚的姊妹一起被押送至刑场，上了断头台。巴纳夫死时年仅 32 岁。[120] 12 月 4 日处决了阿尔芒·居伊·凯尔桑伯爵，他曾英勇地反对处死国王，反抗山岳派的暴政。第二天则轮到十二人委员会的拉博·圣艾蒂安，人们不久前在他朋友家中找到了他。他妻子听说丈夫被斩首，旋即开枪自杀。12 月 8 日，于 9 月被捕的日内瓦共和派人士克拉维埃在当天前往革命法庭受审之前自杀身亡，他用小刀刺穿了自己的心脏。他妻子听说丈夫已死，也开枪自杀。

12 月 26 日，生于新苏格兰路易堡的海军军官夏尔-奥古斯丁·普雷沃·拉克鲁瓦被斩首，因为他曾踩踏三色帽徽。同时被处死的还有烘焙师尼古拉·戈莫，因为他违反面包平等法令，贩售不同档次的面包，言行极端反革命。然而令人震惊的是，整体而言，很少有烘焙师、小贩、杂货店主、食品零售商或其他生意人因囤积罪而被斩首。山岳派，尤其是无套裤汉，都曾叫嚣着要惩罚囤积面包和其他基本食品供给并牟取暴利的人，这些人同时也是平民最为痛恨的人[121]，然而恐怖统治对零售商、商贩、银行家或任何一种生意人都没有进行严厉的打击。在所有法国城市，对付囤积者和商人的行动始终是相当次要的。首要打击对象不是富人、奸商、投机者或出身高贵的人，反而一直都是那些反对或批评独裁统治的人。由于罗伯斯庇尔认为斐扬派的皮埃尔–弗雷德里克·迪耶特里克是"危险人物"，这位前斯特拉斯堡市市长就于12月29日被处决。1792年4月，正是在这位前贵族位于斯特拉斯堡市公寓内的拨弦古钢琴上，在迪耶特里克夫人的陪同下，《马赛曲》第一次被奏响。同时被斩首的还有大革命中最杰出的民主共和派人士，外交部前部长皮埃尔·勒布伦–通迪，这位激进的比利时议员同时也是《全欧日报》（Journal général de l'Europe）的主编。1793年6月2日被捕后，他一度逃脱并藏了起来。再次被捕后他接受了审判，罪名是"密谋反对自由"。据报道，勒布伦临刑前大步走向断头台，表现得"相当冷静"。[122]

12月开启了一个新阶段，雅各宾派和国民公会内部出现了激烈的斗争，一边是埃贝尔派，一边是团结在丹东身后的科德利埃派，罗伯斯庇尔则成了调解人。加拉后来称，丹东曾试图约束恐怖统治，牵制罗伯斯庇尔、科洛·德布瓦和比约–瓦雷纳，在国民公会和救国委员会内团结大多数，以获取对抗埃贝尔派的优势。支持他的人是德穆兰，他不在政府担任要职，却始终是赫赫有名的革命演说家、记者和荣誉领袖，在丹东的鼓励下，他于此时创办了《老科德利埃人》，这份新报纸把关注点放在革命核心价值——特别是出版自由——与当局推行价值的反差上。德穆兰的报纸名为"科德利埃人"，意味着发起大革命的真正前辈再度苏醒，为反抗篡权与欺世盗名之人而跃跃欲试，这也是德穆兰最终想要实现的效果。在该报创刊号中，他强调，对"政治自由"来说，没有比报业更加锋利的武器。就这一点，他问法国是否要自甘落于英格兰之后："理性难道还怕与愚蠢斗争？"他提醒读者，启蒙哲学理性与民粹主义愚钝是无法和解的仇敌，而出版自由则是它们彼此斗争的关键所在。[123]

到了 12 月中旬，革命领导层内部的分歧再也无法掩盖了。德穆兰指出，只有叛国者和反革命分子才会竭力限制言论自由。针对《老科德利埃人》的第三期，雅各宾俱乐部内部爆发了激烈的公开争吵，因为德穆兰在上面几乎公开谴责了恐怖统治，批评救国委员会，点名指责马拉的宠儿、战争部秘书长弗朗索瓦-尼古拉·樊尚，他本人也是科德利埃俱乐部的煽动分子，与另一名丹东的追随者皮埃尔·尼古拉·菲利波相互仇视，后者则是来自勒芒的法官与国民公会议员，对政府军在旺代战场的做法十分不满。德穆兰攻击了埃贝尔的盟友樊尚、龙桑和斯坦尼斯拉斯-玛丽·马亚尔，后者是 1789 年 10 月 5 日和 1792 年 8 月 10 日的运动领袖，臭名昭著的恶霸、酒鬼，九月屠杀的发动者。[124] 12 月 17 日，在国民公会风暴般激烈的会议上，菲利波和法布尔·代格朗汀也加入揭发樊尚、龙桑和马亚尔过分的"恐怖行径"与对待旺代过度残酷的阵营中来（代格朗汀的动机与其说是协助德穆兰，不如说是自救，因为他此时正深陷财务泥潭）。埃贝尔发起反击，指控法布尔·代格朗汀出版反革命作品，是个"奉承大人物的家伙"。丹东派暂时占据上风，说服议会将樊尚和龙桑关进卢森堡监狱。[125]

埃贝尔向四分五裂的国民公会求情，毫无保留地赞美起丹东和罗伯斯庇尔来，说他们是"大革命的两大支柱"，同时公开要求将德穆兰、法布尔和菲利波逐出国民公会。[126] 恐怖统治会降临到真正的爱国者身上，这可以想象吗？"不，恐怖统治针对的只是贵族和变节者。"埃贝尔派专门抨击了丹东派批判恐怖统治的行为，说他们是"失败派系"（布里索派）的同伙，在共和国内部散播分裂，中伤最优秀的爱国者。[127] 布里索派领导层"罪有应得"，但是"他们的帮凶和同谋还在呼吸"。埃贝尔的《杜歇讷老爹报》高呼："温和派之死，和保王派、贵族派之死没什么两样"，他指责德穆兰是个不怀好意的阴谋家，应该刻不容缓将其拖上断头台。德穆兰在《老科德利埃人》上回敬道，埃贝尔是个十足的流氓，利用"无知"和"愚蠢"行凶。[128] 科洛·德布瓦从里昂回到巴黎，和埃贝尔一起声讨德穆兰，说他有"布里索化"倾向。他控诉道，龙桑被捕一事，对在里昂抗击温和主义的人来说是个毁灭性的打击，而这类"真正的雅各宾派"本来就已经少之又少了。"勇敢的龙桑"在里昂仅仅是以毫不屈服的严厉著称，而"新布里索派"正试图对他加以诽谤。如此一来，丹东派就是在为主宰里昂人立场的所有布里索派、温和派和贵族派提供便利。[129]

罗伯斯庇尔犹豫了好几个礼拜，终于去找那些被埃贝尔贴上"密谋者"标签的人，希望能从中调解，保护他们免于被雅各宾俱乐部扫地出门，同时也在持续发出危险的警告。冲突暂时以僵持不下的局面告终。罗伯斯庇尔呼吁团结。樊尚和龙桑获释。然而就在圣诞节这天，罗伯斯庇尔又对国民公会发表了一通他自己的精选格言，同时为很快重新开始的自相残杀搭起舞台，这一次的斗争将把山岳派领导集体撕成碎片。"（正确的）革命政府理论"与革命本身一样，都是崭新的，而且没有必要像德穆兰一样，去"那些并未预言这次大革命"的书本或政治作家那里找寻它。[130]如果大革命必须在"过度的爱国狂热"与缺乏公德心的"一无所有"之间做出抉择，那就没什么好犹豫的：温和主义是最大的敌人，温和主义之于大革命，"就好像不举之于贞操"。如果敌人拥有的是恶习，他和他的支持者这一方则拥有美德。大革命必须消灭所有"人民的敌人"。敌人究竟是谁，则应由他来指明。[131]

此时的罗伯斯庇尔阐明的是成形于大革命期间的最诡异的思想：大革命同时被两个藏在巧妙面具之下的敌人所威胁，那就是温和主义和"狂热主义"。表面上看，它们很不一样，但实际上却是同一回事。当他和救国委员会对"狂热之徒"发起攻击，批评者会说他们接受了"温和主义"；当他们打击温和主义，又会被指控为"过于极端"。再也没有谁，比共和主义极端分子更像温和主义的信徒了。到了1794年初，罗伯斯庇尔派、埃贝尔派和丹东派似乎都接受了这一点，即阴险的极端主义与温和主义联系密切——这相当奇怪。整个秋季期间一直在斯特拉斯堡负责阿尔萨斯恐怖统治的埃罗·德·塞舌尔，在12月29日回到巴黎对国民公会述职，由于他与国民公会原先派往驻比利时的委员普洛里、佩雷拉和迪比松有联系，便因此受到埃贝尔派批评。而此三人完美符合上述新逻辑。埃贝尔派曾指控这三个与丹东关系密切的委员与杜穆里埃勾结，密谋重建君主制，然而与此同时，他们又相当矛盾地充当着极端革命者，试图通过过度积极地推广民主观念来分裂山岳派。[132] 德穆兰论述道,共和国如今处于双重危险的夹击之下,一头是温和主义,另一头是极端主义的可憎"错误";一切都取决于如何在不迷失自身的情况下,精确地运用这些标签。[133]

另外,对罗伯斯庇尔而言,温和主义与极端主义有关这一事实,也意味着它与启蒙哲学有关。罗伯斯庇尔不断向国民公会与雅各宾俱乐部保证,这些背信弃义的"温和派"完全等同于唯物主义启蒙哲学家。温和派和极端派太了解彼此了。多么毒辣的战略!所有叫嚣着应该严格遵守宪法,控诉领导层"为所欲为或实施暴政"的狂热分子,都是妨碍人民意志的"愚蠢或堕落的诡辩家"。[134] 国民公会在判断时必须擦亮双眼,明辨是非。1794 年 1 月初,随着埃贝尔和科洛发出大量指控,《老科德利埃人》第五期于 1 月 5 日发行,把针对埃贝尔的猛烈抨击进一步推向高潮——罗伯斯庇尔越来越怀疑起丹东的动机来,而咄咄逼人的德穆兰尽管意识到自己正在失去罗伯斯庇尔的支持,还是义无反顾地往火坑里跳。法布尔否认政敌的指控,说自己不曾参与写作德穆兰最近的作品。他已因财务腐败在公众面前名誉扫地。1 月 6 日,科洛·德布瓦要求雅各宾派把菲利波也逐出俱乐部。1 月 7 日,罗伯斯庇尔本人最终在雅各宾俱乐部对《老科德利埃人》进行了抨击,说这是份"为贵族派而办的"报纸。

在此之前,"不可腐蚀者"一度捍卫自己的老友德穆兰,不过他如今改了口。卡米尔本来已经打算放弃他那些"政治异端邪说",放弃他的报纸上那些比比皆是的"谬误"了,可悲的是,他并未真的做到。这是个被惯坏了的孩子,像崇拜狄摩西尼和西塞罗那样去崇拜菲利波,他的文章太轻率,"太危险"。事实上,这几期《老科德利埃人》确是"异端"无疑,应该放在雅各宾俱乐部的地板上烧掉。德穆兰答道:"说得好,罗伯斯庇尔,但我要像卢梭一样回答你:烧掉不是回答。"[135] 德穆兰几乎要与唯一一个能够救他一命的人物决裂了,他的处境变得十分凶险。1 月 8 日,《老科德利埃人》第三期和第四期的内容在雅各宾俱乐部被朗读给愤愤不平的会员听,此后罗伯斯庇尔宣布,"没有必要"再读(批判极为惊人的)第五期了。他总结道,人们可以在德穆兰的文字中发现掺杂了有害的温和主义的纯粹革命原则。德穆兰一方面支持爱国主义,另一方面却拥护"贵族制"。德穆兰真正的立场究竟是什么？直白地讲，在布里索主义"破败的招牌"之下，兴起了暗中为害的新派系，要来重振布里索派的原则。实际上，人民的新敌人跟从前那个一样；演员变了，面具换了，但演的还是吉伦特派的把戏。[136] 在某种层面上，这种新范畴和新术语不合理得荒谬，近乎妄想狂，然而当中还是有一定的逻辑：埃贝尔派和丹东派都痛恨权力过度集中在两大行政委员会手中，而他们的控诉在雅各宾俱乐部、科德利埃俱乐部和国民公会都很有市场。1 月 11 日，科德利埃俱乐部经过投票表决，认为菲利波、法布尔和德穆兰已经"失去社团的信任"，第二天，莫莫罗在雅各宾俱乐部宣读了这一决议；即便如此，德穆兰作为特殊案例，只要否定他所有的"革命异端邪说"，就还是可以重新获得俱乐部的信任。[137]

"异端"说牢牢建立起来，就像回到宗教裁判所时代。"自由"同时受到左右两翼的威胁，一边是戴着温和主义面具的密谋集团，受到吉伦特主义的玷污，阴谋反革命；另一边是看起来比所有人都更具爱国主义情怀的团伙，推行极端主义，同样在破坏自由。[138] 罗伯斯庇尔指出，这些危险的派系实际上是一回事，而且显而易见，有外国势力在操纵他们。控制科德利埃俱乐部的民粹主义好战分子内部的分裂——一边是构成统治集团半壁江山的埃贝尔、龙桑、樊尚和莫莫罗，一边是力图拯救 1789 年至 1793 年革命价值的丹东派——显然无法实现，而且都想推翻救国委员会，破坏罗伯斯庇尔始终相当脆弱的集团独裁统治。1794 年 1 月 10 日，罗伯斯庇尔在雅各宾俱乐部发表讲话，暗示如今他已将菲利波和德穆兰算入自己数不胜数的诽谤者行列了。但他维持着难以预测的态度，任何时候都有可能对埃贝尔派发起攻击。

对罗伯斯庇尔来说，最重要的是他自身的统治与地位。先前难道不是那个卑鄙的卢韦，给他，罗伯斯庇尔，贴上"独裁者"的标签吗？如今其他人也开始叫他"独裁者"了。然而即便他是独裁者，那也是"为了人民"的独裁者。"我的独裁是勒佩勒捷和马拉的独裁。"他对雷鸣般的疯狂喝彩如是解释。他，罗伯斯庇尔，实现的是马拉的"独裁"。他是真正的"革命烈士"，只有他才真的命在旦夕，因为只有他才真的将小刀插入"独裁者"的喉咙。[139] 然而罗伯斯庇尔还在踟蹰。1793 年 12 月底到 1794 年 3 月，就在丹东、菲利波和德穆兰思忖着如何自救，如何对付指挥科德利埃俱乐部的一众民粹主义好战分子时，那位承认自己是法国独裁者的罗伯斯庇尔也陷入了长久而艰难的思索：在无套裤汉的奉承者这一来自街头的威胁，与恐怖统治的批评者之间，到底先解决哪一个为妙。1 月 21 日，为了庆祝处死路易十六一周年并展示团结，整个国民公会唱着共和主义赞歌，列队游行至革命广场，尽管如此，致命的紧张氛围还是预示了潜在的自相残杀斗争。

与此同时，恐怖统治不可避免地建立起来，表面上看似乎并未受到目前激烈权力斗争的影响。新年刚过，另一名重要民主派人士拉穆雷特追随福谢的脚步，被人从里昂押送至巴黎接受革命法庭审判，而后上了断头台。他与格雷古瓦、福谢一样，是"基督教民主"的领袖。拉穆雷特被处死五天后，11 月被捕的洛梅尼·德·布里安在他自己的主教区桑斯自杀身亡。其他被定罪的立宪派主教则在外省受审，如关押在马赛的罗讷河口省主教，温和保王派人士夏尔·伯努瓦·鲁，他于 1794 年 4 月在马赛被处决。拉穆雷特在身陷古监狱的最后日子里举止体面，堪称典范。[140] 1 月 10 日，对他的审判围绕其 1793 年 6 月 12 日在里昂主教座堂发表的著名讲话进行，在罗伯斯庇尔于巴黎发动政变 10 天后，他用这次演说赞颂 5 月 29 日在里昂起义中牺牲的反山岳派斗士。在讲话中，他公开谴责山岳派，颂扬里昂起义和（布里索派的）"二十二人密谋者"，说他们坚守了"真正的明智的自由"，是大革命之魂，还说人民受到了"极大误导"。[141] 这次讲话足以令他被判死刑。第二天，他上了断头台。至此民主大革命的大部分主要人物要么已死，要么身陷囹圄。然而他们的声望一直持续，布里索、孔多塞、佩蒂翁和米拉波持续对审判与恐怖统治者的用词产生重要影响，在恐怖统治剩下的日子里，依然是他们在定义何为真正的压迫。

即便到目前为止，在巴黎还只有不到 200 人被斩首，整个冬季，逮捕反对派的行动却在加速，尤其是针对那些与布里索派、斐扬派或保王派有联系的人。截至 1 月 19 日，巴黎的监狱已经人满为患，在押者多达 5073

图 16　卡米尔·德穆兰像，法国画派作品，创作于 18 世纪，布面油画，藏于巴黎历史博物馆。

人。与四个月前相比，这一数字高得令人震惊。1 月末，卷入法布尔财政丑闻的雅各宾派成员也锒铛入狱。然而导致雅各宾派瘫痪的动荡局势还在持续。[142] 清算尚未降临到统治联盟中相互敌对的任何一派头上。行政机关和大众社团之间的紧张关系，还有罗伯斯庇尔与街头势力的紧张关系一直在持续，有关控制物价的争吵也是一样，它在 1 月底面临新一轮物价上涨的压力时再度涌至台前，又因埃贝尔派的控诉而得以强化。最要紧的是，当局觉得有必要进一步充分抑制独立的民粹主义，抑制大众社团与无套裤汉的既有权力，由此直接抑制街头势力，但又不能做得太过直接与露骨，丹东也认同这一点。大众丝毫不在乎困扰当局的意识形态，他们真正关注的是面包供应、物价控制，以及自己与囤积者的血海深仇。经济平等的信徒雅克·鲁如今成了孤家寡人，影响力大大减小，但依然代表着街头势力的威胁残余。1 月 25 日,他被拖上革命法庭。他曾公然蔑视山岳派领导层,因此不可能侥幸逃过一死,但他的审判者没来得及对他执行死刑:鲁用触目惊心的方式终结了自己的生命,当着所有指控自己的人,他用刀自戕五次,血流成河,当场死亡。[143]

尽管恐怖统治是如此惊人而可怕,然而直到 1794 年 3 月,如果用里昂、南特、土伦或旺代的标准来衡量,巴黎的受害者人数还是相对较少。从 1793 年 10 月到年底,首都一共处决了 177 人。总体说来,恐怖统治直到现在还谈不上是场真正的大规模审判和处决,它更像一股全面镇压、搜捕、下狱、仇外与好斗民粹主义的浪潮,目的是恐吓从无套裤汉、店主、烘焙师、妓女,到艺术家沙龙、咖啡、剧院和歌剧院中的所有人——包括地方雅各宾社团。很多地方都发生了恶劣的暴行。虽然恐怖统治期间,法国在 10 个月里的真实受害者人数一定超过了官方估计的 3 万人,但还是应该把这场灾难放在那个时代其他重大暴行的背景下来进行考量。[144] 比起腓特烈大帝在既往的战役中所屠戮的人数,或是 1798 年粗暴镇压爱尔兰起义造成的死亡(爱尔兰人口只有法国的六分之一不到),法国在恐怖统治下死亡的人数算是相对较少的。

对罗伯斯庇尔而言,以美德之名推行的恐怖统治正是自由的支柱。不管发生了什么,共和主义先锋的残余还是侥幸得以留存,他们要么在国民公会里,要么在狱中,要么在逃,包括博纳维尔(他未能当选国民公会议员,但始终是马拉和罗伯斯庇尔的主要批评者)、卢韦、伊斯纳尔、朗瑞奈、朗特纳斯、布瓦西·德·安格拉斯、克尔维勒冈、潘恩、勒德雷尔(他已经从人们的视野中消失很久了)以及历史档案保管员皮埃尔-克洛德·多努。加来海峡省的议员多努是立宪派神父和哲学教授,也是 1793 年 6 月的 72 名抗议者之一,参与了制订 1795 年宪法的主要任务。热月政变过后,尽管受尽打压,精神遭受严重创伤,上述人物却还是缓慢地重新现身,从 1795 年开始有了更加坚定的决心,拼凑起大革命基本原则的碎片,并努力将民主共和左派死伤惨重却并未完全毁灭的残余力量重新组织起来。

第 20 章

恐怖统治的最后岁月

1794 年 3 月至 7 月

消灭埃贝尔派

恐怖统治扫荡了社会生活的方方面面。勒德雷尔后来回忆道:"这是场真正的疾病,在道德上和生理上持续发生作用;这是个放弃使用理性的极端案例,几乎称得上理性的失常。它让所有人变得只关心自己,让他们有所保留,与一切隔绝,不再关心最重要的事务、最私密的感情与最神圣的职责,它让身体与灵魂同时瘫痪了。"[1]恐怖统治非理性与罪恶的属性看上去如此明显,以至于让很多身在法国的观望者大为惊骇,比如波尔多的日记作者布罗雄便倾向于这样的假设:雅各宾派的密谋者故意力求用屠杀和罪行"败坏大革命的声誉",[2]但他没有意识到,恐怖统治的目的并非为了使王权与反动势力获益而中伤大革命,而是以一种完全不同乃至敌对的意识形态去否定 1788 年至 1793 年间大革命的必要原则。

数据本身就能证明,恐怖统治影响了法国的所有阶层,而不仅仅是知识分子、贵族、军官、教士。官方数据表明,在法国,政府的革命法庭在恐怖统治期间一共判处 16594 人死刑,这还不包括山岳派军队在里昂、土伦、南特、巴斯克和旺代未经审判就枪决的数千人。将近 1.7 万名经由司法程序处死的人,再加上一定存在的未经授权的杀戮,遇害总人数可能有2.3 万人左右。有人估计,入狱与被杀的总人数超过了 30 万人。然而,任何针对非官方处决人数的统计数字都非常模糊。有人估计,在镇压旺代行动中惨遭屠戮的人数高达总人口的 4%——即 19 万人——而这还仅限于旺代地区。[3] 在被官方处决的约 1.7 万人中，约有 31% 是手工业者（既有民主派，也有保王派），28% 是农民（往往都是保王派）。与之形成反差的是，只有超过 8% 的死者是贵族，包括"佩剑贵族"与"穿袍贵族"（地方高等法院法官），一共 1158 人，还有约 2% 是神父，相比其他群体在人数上要少很多。在巴黎，从 1792 年 8 月至 1794 年 7 月，共有 9249 人因政治原因入狱，其中有 766 人是男女贵族，不到总数的十分之一。[4]

恐怖统治造成的心理影响广泛且难以估量。截至 1793 年 1 月，大约 2.9 万名流亡者离开法国，这是个大数目，但并不惊人。然而在恐怖统治期间，流亡的步伐大大加快了。到了 1794 年 7 月，约有 14.5 万名贵族、神父和平民逃离了这个国家。可以肯定地说，1793 年至 1794 年的恐怖统治是大革命期间人们离开法国的首要原因，这段时间的流亡人数占到流亡总人数的五分之四。流亡国外的法国贵族人数上升至 16431 人，最后比法国贵族总人数的 12% 还要多。而流亡的法国教士的人数是贵族的两倍，占据法国流亡者总人数的四分之一。[5] 若从流亡者的比例来看，我们确实可以认为，这些特权阶层是尤其受到迫害的对象。

罗伯斯庇尔的精神疾病，以及他在如何控制构成山岳派独裁统治支柱的敌对派系问题上表现出的摇摆不定，引发了 1793 年 12 月到 1794 年 3 月中旬法国政治瘫痪的危机。两个派系都严重威胁着他本人的地位。在 2 月 10 日到 3 月 13 日这段危机四伏的日子里，他正经受着严重的精神崩溃，因此缺席了雅各宾俱乐部和国民公会的活动。就连丹东、埃贝尔、巴雷尔和其他政府内部重要的知情人士，都看不出罗伯斯庇尔竟何时牢牢掌控着权力的杠杆，何时又将手松开。他神经紧张，强迫性多疑，越来越远离自己的同事，远离人民。"人民"对他来说永远是个抽象概念，并不是让他有过多少亲身经历或理解的东西。他是第一个现代民粹主义的大独裁者，却从未获得过像马拉那样的群众崇拜，反而最终变得愈发疏远并漠视群众。直到 1794 年 2 月，他始终保持着距离，实际上却并未封闭自己，断绝一切联系。他经常在巴黎各地现身，衣冠考究，穿着由优雅的丝质刺绣布料制成的服饰，发型整洁，一丝不苟。他始终在观察，在培养联系人，不间断地与其他重要人物交谈，细心地记笔记。[6]如今他拥有的权力更多，更加专断，但在与日俱增的压力之下，他也变得越来越孤僻（就像丹东一样）。

罗伯斯庇尔的缺席扩大了他的直接下属与活跃代理人如圣茹斯特、巴雷尔和昂里奥的权力，这一点是毋庸置疑的，与此同时，他的缺席也激励着其他恐怖统治的拥护者去扩张并巩固自身的势力范围。能干的官员与军事委员圣茹斯特也在1793年12月和1794年1月的大部分时间里缺席，他当时身处前线，和其他国民公会代表一起在现场督战。这个毫不妥协的美德教条主义者灵活地适应了罗伯斯庇尔的每一次立场转变，对他的每一次动向均附议并执行，迅速而有效。在阿尔萨斯，圣茹斯特并未对那里的去基督教化运动表示反对。然而一旦罗伯斯庇尔开始攻击去基督教化运动分子，说他们是志在刺激民众对山岳派进行反扑的"密谋者"，圣茹斯特便马上站到同一阵线上来，抨击去基督教化运动分子是伪装起来的反革命。圣茹斯特和罗伯斯庇尔一样，要求对批评者和异见者毫不留情，残酷到底，认为这才是保障山岳派目标最安全的方式。他对批评恐怖统治的人极为敏感，认为他们正在竭力破坏山岳派的统治。

就在公众只看到恐怖统治的稳步扩张，只看到1794年整个春夏不断高涨的逮捕潮和处决潮的时候，国家领导层却处在致命的自相残杀之中，这一点大多数人并未意识到。罗伯斯庇尔时不时放松个人权力的做法不过是加剧了山岳派统治集团之间备受压抑却不断积累的紧张关系，进一步分化了独裁统治极不稳定的政治基础。最后，罗伯斯庇尔不得不对盘踞在科德利埃俱乐部内部的煽动分子采取决定性行动，他们是一伙团结在埃贝尔、莫莫罗、樊尚和南特"屠夫"卡里耶周围的暴徒。自从2月被罗伯斯庇尔召回巴黎，卡里耶就成了其心照不宣的反对者。1794年3月4日，在科德利埃俱乐部某次挤满了人的会议上，他们仪式性地罩住了《人权宣言》的牌匾，樊尚和卡里耶则大呼小叫，批判那些假装留在山岳派阵营的重要人物，在他们两个人看来，这些人正在破坏"自由"——他们是德穆兰、法布尔、菲利波和沙博（11月17日，沙博和他的朋友巴齐尔因腐败罪名而一起被捕）。上述人物据信是布里索派原则的新旗手，他们奉行危害法国的温和主义。在科德利埃俱乐部，樊尚和埃贝尔向人们呼吁，要将关押中的"布里索派"残余尽快铲除，同时也要消灭其余凶险的温和派（即丹东派）。[7] 埃贝尔派受到群众喝彩声的鼓舞，开始公开谈论发动新一轮无套裤汉起义的必要性。

科洛·德布瓦对这些声嘶力竭的会议表示遗憾，3 月 6 日，他在雅各宾俱乐部发表讲话，要求姐妹俱乐部清洗那些不负责任煽动无套裤汉的成员。莫莫罗和卡里耶回应道，眼下并无发生新起义的危险，但他们坚持认为，爱国者和真正的革命美德才面临着极端的危险。迫在眉睫的问题并不是无套裤汉或任何引发他们怒火的人，而是温和主义、不负责任的疏忽和反革命阴谋。3 月 7 日，科洛·德布瓦带领一个雅各宾俱乐部代表团来到科德利埃俱乐部，呼唤这两个元老俱乐部维持团结与和平。埃贝尔和莫莫罗认同维持团结的必要性。他们做了一番保证，重新揭开被盖住的《人权宣言》；在场的许多人高声欢呼。然而俱乐部里一些失望并有所不满的无套裤汉铤而走险，开始公开否定罗伯斯庇尔的做法，说他对待"布里索派"和温和主义过于手软。樊尚甚至在总结陈词中公然批判罗伯斯庇尔，尽管措辞隐晦，却还是指出（罗伯斯庇尔）使用"极端革命者"（ultra-révolutionnaires）一词是种阴险的策略，旨在打击革命先锋，纵容温和派打压忠心耿耿的爱国者。[8] 僵局直到 3 月中旬还未解决。随着局势日趋紧张，雅各宾俱乐部中多数人站到了罗伯斯庇尔和行政委员会一边，而埃贝尔–樊尚阵营则转向无套裤汉，加入他们从街头推翻罗伯斯庇尔地位的努力中去。[9]

危机的严重性再也无法掩盖了。即便在国外，眼光敏锐的观察家也发现了一场新的大规模冲突正在酝酿之中。流亡的保王派记者马莱·杜庞在伯尔尼观察法国局势，他充满信心地预计巴黎会发生新的"革命"。山岳派内部公开分裂的消息散布开来，流亡者为此士气高涨。3 月 13 日，罗伯斯庇尔亲自回来掌舵，只有这样，独裁统治才有可能全面配合，集中力量面对埃贝尔派–丹东派的双重挑战。无论罗伯斯庇尔和圣茹斯特是否已经意识到，他们采取的战略是压倒两派敌对力量的最佳方法，它事实上的确有效得可怕。圣茹斯特在罗伯斯庇尔回归前几天已经发起了新一轮攻势，强烈谴责温和主义，但暂时没有理会被罗伯斯庇尔称为极端革命者的威胁。除了罗伯斯庇尔本人，圣茹斯特就是民主共和左派在大革命中最坚决的对手，他不是个街头煽动家，而是民粹主义官员与理论家，宣扬深受马拉喜爱的那种过分简化的卢梭主义概念。他热情赞颂马拉，而且与（私下总是对别人心怀嫉妒的）罗伯斯庇尔不同，圣茹斯特一直孜孜不倦地狂热践行着对马拉的崇拜。

　　正如坚信斯巴达式苦行主义的罗伯斯庇尔和肖梅特所做的那样，圣茹斯特也为将对革命美德的痴迷推至巅峰贡献了自己的力量，把雅各宾式的不宽容与旨在缓和经济困难、实现价格控制的新法律绑在一起。他在国民公会宣布审判温和派的进程必须尽快跟上的同时，还引入了一系列被称为"风月法令"（2 月 26 日至 3 月 3 日）的举措，它们看上去带有严厉的惩罚性质，而且符合埃贝尔派的要求。这些法令启动了针对如今超过 10 万名流亡者的大规模财产没收行动，要求法国所有社区草拟贫困者的清单，以便将这些充公财产的变卖所得分配给他们。[10] 用将密谋者财产充公所得的公共财富向穷人发放年金的可行性，是巴黎相对贫穷的街区讨论了好几个月的话题。因此圣茹斯特的提案看起来似乎正将政策转向无套裤汉与埃贝尔那一边。

　　3 月 10 日夜里，救国委员会在圣茹斯特的授意下（有人推测这是来自罗伯斯庇尔的命令，但并不确定），秘密向革命法庭公诉人安托万-康坦·富基耶-坦维尔发出指示，叫他着手筹备针对埃贝尔、樊尚、龙桑、卡里耶、莫莫罗和其他科德利埃俱乐部领袖"密谋"并煽动暴乱的诉讼状。富基耶-坦维尔原本是个小官员，1792 年 8 月被丹东和德穆兰提携至此高位。公共教育委员会的重要人物罗默和另一名带头反对食物囤积者的领袖不在起诉名单上，尽管他们在 12 月曾加入埃贝尔派阵营与德穆兰作对，也不是罗伯斯庇尔之友。3 月 14 日晚上，罗伯斯庇尔刚在国民公会重新露面，就发生了戏剧性的一幕。圣茹斯特突然揭发埃贝尔和他在科德利埃俱乐部的同党，说他们是密谋者。这些人被当场拿下，送往古监狱。此事震惊了整个巴黎，包括被捕的当事人自己，他们此前对将要发生的一切毫不知情，根本没有采取任何防范措施。

当晚雅各宾俱乐部召开紧急会议，比约-瓦雷纳对惊诧不已的听众解释道，他们及时发现，埃贝尔、龙桑和莫莫罗是"国外势力的代理人"，背叛了法国。他们谋划了"残暴的阴谋"，想要屠杀可敬的雅各宾党人和国民公会议员，将无政府主义传遍整个法国，为了达到这一目的，他们密谋把武器交给监狱中最卑劣的杀人犯。[11]比约发言结束后，罗伯斯庇尔站起来，想进一步说明，却突然觉得不适，雅各宾派的会议记录上写道："他身体太虚弱，无法继续发言。"[12]科洛替他完成了总结陈词。大部分雅各宾派成员支持当局，开始攻击科德利埃俱乐部，但这样做是否足以让埃贝尔真正的大本营即狂怒的街区安静下来，是否足以把这些无套裤汉的英雄困在铁窗背后，尚且存疑。那天晚上，科德利埃俱乐部在领袖缺席的情况下召开会议，其成员尚未从震惊中恢复过来，没能做出积极的反应。[13]

无套裤汉发动大规模起义的可能性萦绕了好几天。市内到处贴出龙桑最近一次挑衅性演说的文本，与此同时，演说家们在科德利埃俱乐部里公然谈论发起暴动消灭"叛徒""主子"和"克伦威尔主义者"的必要性。毫无疑问，在巴黎各街区中，反对罗伯斯庇尔独裁的情绪已经公开化并广为传播。街区议会中的争执越来越激烈。更多埃贝尔的同党被捕，尤其是他自己所在的佳音区的街区委员与手工业者，据警察汇报，那里有超过3000名忠诚的埃贝尔派支持者。为了消除无套裤汉同情被捕人员的情绪，有人开始蓄意传播埃贝尔腐败堕落，接受巨额贿赂的谣言。3月20日，伦巴第人区、社会契约区、香榭丽舍区、威廉·退尔区、兄弟会区和沙利耶区统统倒向罗伯斯庇尔一边。抗议活动终于平息下来，号召推翻无视人民需求的"主子"的声音逐渐消失，尽管还有一些街区——共和国区，以及一如既往的马拉区（莫莫罗的街区）——依然反应冷淡，焦躁不安。[14]

埃贝尔和18名共同被告一起被关在古监狱，他们的罪名是充当"极端革命者"，按照圣茹斯特和罗伯斯庇尔的说法，这与隐蔽的保王主义者别无二致。被告计划解散国民公会，谋杀"真正的爱国者"。总而言之，他们被捕一事似乎缓解了丹东、菲利波和德穆兰的压力。此三人如今可以宣称，他们一直都是对的。难道不是他们，最先向雅各宾派发出警告，说伪装成爱国主义的阴险的"极端主义"十分危险？[15]然而对丹东集团来说，也有坏消息。3 月 18 日，阿马尔终于炮制出指控沙博、巴齐尔和法布尔的"证据"，而法布尔是丹东最亲密的副手之一。沙博跟阿尔萨斯的犹太弗雷兄弟联系密切，困于财务腐败的泥沼，弗雷兄弟早些时候已经因被怀疑是奥地利间谍而遭逮捕，四个月来，身陷铁窗的沙博则始终否认针对自己的所有指控。作为雅各宾派领袖和恐怖统治的拥护者，沙博只与巴齐尔结盟，跟其他主要派系都缺乏密切联系。即便在维也纳，弗雷兄弟曾被当成"雅各宾派"，以至于其财产被充公，"画像遭人焚毁"，可沙博承认，兄弟俩还是发了横财；不过他们之所以把自己的姐妹莱奥波尔迪娜嫁给自己（还情意绵绵地附赠了一大笔嫁妆），完全只是为了赢得"爱国主义的名声"，并没有其他任何企图。[16]

当局筹备了新一轮的大型国家审判秀，圣茹斯特、巴雷尔和阿马尔都在其中扮演了关键角色。通过精心炮制的演出，他们把有关暴动的罪名与狂热的仇外情绪、腐化堕落的公职人员与间谍阴谋巧妙地结合起来，一切都指向战争部的腐败迹象。这样一来，埃贝尔集团这些长期为无套裤汉的不满发声，并要求施与穷人正义的无套裤汉核心领导人，因"叛国罪"而与富裕的克洛茨男爵并肩受审，而克洛茨受到的大量指控亦是全无道理；一起受审的还有来自赫斯登的（Heusden）荷兰爱国者，38 岁的金融家约翰内斯·孔拉德斯·德·科克，他与杜穆里埃走得很近；佩雷拉，犹太人，烟草商兼军事物资供应商；比利时激进民主派皮埃尔-尤尔里克·迪比松；另一个比利时人皮埃尔-约瑟夫·普洛里。在有些人听来，这些莫须有的阴谋指控似乎很有道理，因为早些时候他们已经从法布尔那里听到过、从德穆兰的《老科德利埃人》那里看到过此类说法了。

普洛里是颇有成就的日报编辑，代议民主制的拥护者，与战争部联系密切，说起来还是樊尚的"手下"，[17] 在罗伯斯庇尔、圣茹斯特、巴雷尔和阿马尔看来，他简直是极佳的打击对象。与克洛茨一样，在法国以外的地方，他在社会上享有"男爵"的地位，这个意大利人的后裔生于奥属尼德兰，住在巴黎，祖上是安特卫普的金融世家，他本人也是个成熟的经济理论家，在布拉班特革命期间，他站在冯克主义民主派一边。1791 年 12 月，他在巴黎创办了日报《世界主义者》，把版面用于批评克洛茨宣传的在世界主义和普世主义方面与自己不同的理念，否定布里索派的好战政策，呼吁法国与奥地利维持和平而不是战争，指责法国吞并比利时的行为，称其为应受谴责的灾难性错误。他将一些法国人，以及很多身在法国的比利时和荷兰革命者吸收进他那个狂热的反天主教的民主派圈子，罗伯斯庇尔之所以讨厌这个圈子，是因为它毫不掩饰的哲学主义、世界主义和无神论。普洛里的死刑实际上已经预判，因为他批评过罗伯斯庇尔。罗伯斯庇尔点名揭露此人，对普洛里的定罪强化了当局指控埃贝尔派的"案子"，巩固了对去基督教化分子的污名化。[18]

位于巴黎的荷兰革命委员会领袖德·科克以其革命姿态与财务贡献而著称，包括为讨伐旺代的行动提供资金支持。他也成了被打击的对象。此人长期与杜穆里埃保持着密切的关系，同时又是埃贝尔及其夫人的密友，更有甚者，据《科德利埃人》称，他还是英国首相皮特派来的间谍。埃贝尔经常留宿德·科克位于帕西的别墅，据说在那里，他和他的夫人喝着"皮特的葡萄酒"，为"自由奠基人"的毁灭而干杯。[19]普洛里、佩雷拉和其他几个与埃贝尔一起入狱的人刚好都是埃贝尔的亲密友人，这对埃罗·德·塞舌尔来说十分不妙。[20]克洛茨等人的罪名是密谋屠杀雅各宾派，罗伯斯庇尔首当其冲，这是成就他们那"普世共和国"计划的一部分。但在受审的众人中，实际上只有埃贝尔、樊尚和龙桑真正关心街头的意见。

这样的作秀式审判持续了 4 天（1794 年 3 月 21 至 24 日），在此期间，革命法庭传唤了超过 200 名证人进行问询。整个审判期间，热烈的讨论席卷了邻近的咖啡馆和街角，异见者公开表达了他们希望再次"审判马拉"的愿望，再以凯旋般的无罪释放和群众喝彩告终。尽管无套裤汉心怀不满，也不愿承认埃贝尔的叛国罪名（谁相信他们？），然而他们还是怕了，不敢像表达支持马拉之情那样表示哪怕轻微的抗议。[21]埃贝尔派领袖在被捕 10 天后被判处死刑并没收财产，囚车将他们集体拉到革命广场处决。在热月政变 3 个月零 5 天前，埃贝尔、樊尚、龙桑、德·科克、普洛里、克洛茨命丧断头台，埃贝尔排在最后一个。根据事后警察的报告记录，在现场围观的大量无套裤汉群众尽管闷闷不乐，却并未发起任何骚乱。[22]如今整个法国都知道，是雅各宾派将国家从危险的"阴谋"中拯救出来，因

为国民公会用巴雷尔签署的公开声明"解释了"整件事，这份声明印刷了
10 万份，并被发往全国。

消灭丹东派

消灭埃贝尔派为清除其他相对弱势的反对派系——丹东、德穆兰、菲
利波、埃罗和法布尔——扫清了道路。丹东派自以为已经胜利，于是通过
《老科德利埃人》提醒读者，他们才是组织起义并造就大革命的领路人。
自始至终忠于自由和人权的丹东阵营曾坚持不懈地与"保王派、斐扬派、
布里索派、联邦派"作战，如今更是为粉碎埃贝尔派做出了贡献。[23] 德穆
兰指出，认真研读埃贝尔那份《杜歇讷老爹报》的外国君主，有理由宣称
巴黎已经成了野蛮和粗俗的世界之都。但真正的雅各宾派明白，无套裤汉
并非真的如埃贝尔希望外国观察家推断的那样盲目、无知、愚昧。[24] 另外，
早在官方"确认"埃贝尔派的叛国罪之前，德穆兰就已经取得了确凿的证
据。他的报道一次又一次先于官方审判，揪出了"巴伊、拉法耶特、马卢
埃、米拉波、拉梅特兄弟、佩蒂翁、奥尔良公爵、西耶里、布里索和杜穆
里埃"这些罪犯。[25]

更有甚者，丹东派还传达了一条振奋人心的消息："好公民"若想看
到卑劣、阴谋与罪行的终结，就必须拥有民主和言论自由，"要做到这一
点不需要别的，只要人民得到启蒙就可以"。没有启蒙运动就没有民主；
没有民主，罪行和不安就无法被清除。协助德穆兰在《老科德利埃人》上
发起最后攻势的丹东是真正的共和派和民主派。与罗伯斯庇尔和圣茹斯特
的意识形态相比，再没有什么更加无法与民主共和理念相容的了。为了确
保人民会经由启蒙运动和哲学而实现对民主的接纳，变得自由而幸福，就
必须从根本上反对罗伯斯庇尔主义，这是德穆兰一贯的做法。圣茹斯特指
控丹东和德穆兰的重点也是针对这种倾向——与布里索派和解、强调革命
阵营的团结、反对 5 月 31 日暴动。德穆兰声称，人的权利是共和主义自
由的基石，是启蒙哲学最伟大的成就。他与丹东一起，不知疲倦地重申共
和主义自由的核心价值，否定罗伯斯庇尔派的观点，即那种将平等自由与

斯巴达式苦行等同起来，不承认个体应有适度经济自由的观点。(必须指出，德穆兰把布里索算在鼓吹过度平均的革命理论家之中，认为他拥护的也是斯巴达式的经济平等观点。)[26] 与罗伯斯庇尔相比，丹东派诚实而开明。[27]

丹东曾有个著名的说法，认为革命需要"大胆，大胆，再大胆"。[28] 然而作为雅各宾派内部的重要派系，他从未真正在雅各宾俱乐部和国民公会对罗伯斯庇尔及其败坏大革命理念的行为发起过正面挑战。丹东派实际上正在逐步瓦解。3 月 15 日，就在埃贝尔倒台后不久，罗伯斯庇尔下令逮捕埃罗。此人是 1793 年雅各宾派宪法的主要起草人，普洛里和丹东的朋友，他被关押在卢森堡监狱，罪名是将国家机密泄露给"外国势力"。肖梅特于 3 月 17 日被捕，在罗伯斯庇尔看来，他是个狂热的无神论分子，是克洛茨的助手。尽管科洛·德布瓦、比约-瓦雷纳等山岳派先锋强烈要求罗伯斯庇尔与丹东决裂，但他还在犹豫。在拿定主意以自身力量支持逮捕并起诉丹东之前，罗伯斯庇尔还曾与他有过两次会面。[29] 但在埃贝尔派倒台两周半以后，在争取足够支持并缓解恐怖统治的行动上遭到灾难性失败的丹东、德穆兰和菲利波，于 3 月 31 日被罗伯斯庇尔下令逮捕。同时被捕的还有另一名重要议员，丹东的朋友让-弗朗索瓦·德拉克洛瓦，他被控与杜穆里埃密谋，在比利时中饱私囊。出于某些原因，罗伯斯庇尔放过了比利时的狂热共和主义者弗朗索瓦·罗贝尔，他曾担任丹东的秘书，是个忠实的丹东派人士。[30]

就在丹东等人被捕前三天，伪装并使用假名的孔多塞最终被捕，当时他正在南部郊区的一家餐厅吃煎蛋饼，梦想着大革命有朝一日能够得救。作为"不受法律保护者"，他的被捕意味着将立即遭到处决。孔多塞抢先一步，在 3 月 29 日那天，他在牢房中服毒身亡。尽管他的遗体葬于何处已经无人知晓，但很多人当时就已意识到，他的死显然构成了斯塔尔夫人所说的"法国荣光之毁灭"的一部分。[31] 对于这位伟大启蒙哲学家对大革命做出了何等贡献，人们众说纷纭，然而没人比罗伯斯庇尔在数周后的讲话中评论得更负面了。罗伯斯庇尔既痛恨又蔑视孔多塞。在向乡村地区传播"真正的哲学之光"这件事上，即便是城市劳工，都比这位所谓"伟大的数学家"孔多塞更有发言权。"所有派系都瞧不起"孔多塞，此人不知疲倦，惨淡经营，就是为了用"他那雇佣文人式的狂想曲"一类的垃圾，遮蔽哲学的光辉。[32]

两天后的 3 月 31 日，在 1793 年 10 月曾被埃贝尔派从狱中救出的克莱尔·拉孔布再度被捕。就在同一天，罗伯斯庇尔亲自现身雅各宾俱乐部，"说明"近来令大革命失色的"阴谋"：狡诈派系图谋反对人民，他们分成两派，但其阴谋互相联系。埃贝尔派试图颠覆一切，而另一个阵营则巧妙地密谋向人民灌输"贵族主义和温和主义的原则"。自从埃贝尔派被粉碎以后，温和派就加紧筹备，如今采取阴险的行动，试图将"纯粹的爱国者"（即罗伯斯庇尔和圣茹斯特）诬蔑为"埃贝尔派"。他们不怀好意的典型做法就是污蔑"光荣"而正直的沙利耶（马拉在巴黎遇刺三天后，沙利耶在里昂被布里索派送上断头台）。而"纯粹的爱国者"永远崇敬沙利耶，正如他们崇敬马拉那样。[33] 针对丹东，罗伯斯庇尔当时没说什么；但他很快也将丹东说成是"密谋者"。他总结道，丹东试图通过反对可敬的昂里奥破坏 5 月 31 日起义，甚至阻止后者及其麾下部队"解救"落入敌手的国民公会。[34]

4 月 1 日，圣茹斯特当着国民公会的面起诉埃罗，要求处死他。埃罗是杜穆里埃、米拉波、布里索和埃贝尔的同谋，在 5 月 31 日和 6 月 2 日的暴动中，他表现得像个两面派。他还否认神意的存在，公开否认"让苏格拉底临死时获得慰藉的"灵魂不灭，努力"将无神论打造成比迷信更不宽容的崇拜"。[35] 上述观点让人难以容忍。在生命的最后几个月里，圣茹斯特和罗伯斯庇尔本人一样，几乎成了病态地信奉最高主宰、灵魂不灭和无神论之邪恶的教条主义者。[36] 4 月 2 日，圣茹斯特用罗伯斯庇尔提供的字条，在国民公会抨击丹东，他指控丹东在大革命早期向米拉波献媚，是个隐藏的保王派分子，后来又成为布里索派的同情者。[37] 除了与杜穆里埃持续勾结叛国，尝试逮捕"可敬的"昂里奥，丹东还用不屑的目光注视"5 月 31 日革命"，此外，他还与发生在比利时的那些严重的不端行为有牵连。[38]

针对丹东派的审判持续了四天，当局在他们的司法程序中引入了一项新元素：四名公安委员会成员坐在审判室内，监督审判程序，其中一人是公安委员会中最残忍的人物，布里索派对头中无可取代的一个，教会收税人之子，前军官马克－纪尧姆·瓦迪耶。瓦迪耶是招募狱中杀人犯实现阴谋屠杀这类故事的编造者之一，极其粗暴狡诈，他痛恨丹东，将丹东的倒台说成是"给那条吃得脑满肠肥的大比目鱼开膛破肚"。他们把摧毁埃贝尔派时运用得相当熟练的那套伎俩重新用在丹东派身上，指控丹东的圈子与外国势力和富有的投机者有染——拥有一半西班牙血统的居兹曼，埃斯帕尼亚克教士，来自摩拉维亚、先前在斯特拉斯堡活动的犹太军火商弗雷兄弟西格蒙德（尤尼乌斯）和埃马纽埃尔（与法布尔和沙博均有关系），他们现在全被正式以腐败罪名起诉。[39] 马克·勒内·埃斯帕尼亚克教士是个富有且在某种程度上声名狼藉的前教会人士，他自诩为伏尔泰的信徒，在 1789 年以前很久就已经习惯于公开发表令人发指的反宗教言论，在 18 世纪 80 年代早期，他的恶名就已经传遍凡尔赛。1789 年，他没能在三级会议中谋得一席之地，却在 1790 年至 1791 年间作为反教会煽动者声名鹊起，当时他在雅各宾俱乐部强烈建议剥夺教会财产。与法布尔一样，他是完美的迫害对象，因为这个大投机者享有法国东印度公司的大量分红，与很多被控腐败者均有关联，还因提供马匹与其他军事补给，与杜穆里埃之间存在联系。

公共听证会上的气氛十分紧张。埃罗妙语连珠，讽刺意味十足。在被问及姓名与年龄时，德穆兰自称 33 岁（他实际上 34 岁），跟"无套裤耶稣"同龄。暴怒的丹东发表了气势惊人的演说，嘲讽加诸他们身上的"密谋者"罪名，谩骂罗伯斯庇尔，重申自己的无神论，他给法庭内外施加的影响力如此之大，以至于让委员会开始担心会引发街头行动。反对罗伯斯庇尔"独裁"的声音重新冒头。为了预防可能产生的麻烦，审判程序被以极为卑劣的专断方式废除了。正如勒德雷尔强调的那样，毫无理由的独裁正是罗伯斯庇尔政权的精华所在。考虑到公众的同情，丹东案难以决断，然而，4 月 5 日这天（芽月 24 日），革命法庭还是匆忙给其定了罪，并下令在当天立即处死丹东。[40] 德穆兰、法布尔、埃罗和丹东被同一辆囚车送往革命广场。丹东高高在上，不为所动地俯瞰着人群。在凄凉而情绪激动的场面下，德穆兰被强行拖上断头台。同时被处决的还有巴齐尔，而沙博则像孔多塞及其共和主义的追随者阿希尔·杜·沙斯泰莱一样，提前服毒自戕，从而躲开了断头台。[41] 倒数第二个走上断头台的是埃罗，他表现出惯常那种贵族式的泰然自若。当天晚上，巴黎歌剧院将名为《8月10日集会，或法兰西共和国的诞生》（ *La réunion de 10 aout ou l'Inauguration de la République française* ）这一无套裤汉日激动人心的庆典演出搬上舞台。

　　一周后，被指与埃贝尔派勾结的肖梅特于 1794 年 4 月 13 日上了断头台，一同被斩首的还有戈贝尔主教、埃贝尔的遗孀，以及德穆兰那以美貌著称的悲伤的妻子。先清除埃贝尔派，使巴黎街区噤声，再清除丹东、德穆兰、埃罗和菲利波，1794 年 3、4 月的这两次主要政治清洗，切断了雅各宾派与革命原则及无套裤汉的最后联系。清洗过后，权力进一步显著地集中到了救国委员会和罗伯斯庇尔本人手中。《老科德利埃人》被查封，这确立了近乎全面的出版与戏剧管制。勒德雷尔日后评论道："独裁统治无法容忍司法公正挑战个人专断，也不会容许公共舆论产生任何影响。如果独裁政府不彻底粉碎出版和言论自由，那么这种自由就会推翻它。"[42] 1792 年在法国出版的小册子数目达到了 1286 部。1793 年，这个数目下降到 663 部；1794 年降至 601 部，只有 1792 年的一半，还不到 1789 年至 1790 年间的五分之一。[43] 1794 年 2 月，普吕多姆借口身体有恙，不再出版《巴黎革命》，并举家离开了巴黎。[44] 于 1792 年底创刊并由阿方斯·库特利担任主编的《每日新闻》是最后一份主要的保王派报纸，它曾在 1793 年 10 月遭禁，后来改头换面，以《每月新闻》（ *Trois Décades* ）作为刊名继续发行。在刊印德穆兰《老科德利埃人》的简报过后，《每月新闻》最后也在 1794 年 3 月停刊。[45]

　　罗伯斯庇尔独裁统治的方方面面都表现出专断与不宽容——欺诈、虚伪与彻头彻尾的克伦威尔主义。但即便是无情的暴政，也需要一副由看起来连贯的意识形态与合法性打造的面具，为其所作所为提供表面上的依据。德穆兰曾指出，经验表明，没受过教育的大众会相信任何东西，但"任何东西"本身也得具备一定的逻辑。主导恐怖统治的政权不得不比以往更加强调其关乎美德、平凡与卢梭主义的意识形态。1794 年 4 月 15 日，圣茹斯特进行了他职业生涯中最后一次，也许是最令人震惊的一次重要演说——他全面回顾了从一心"摧毁"大革命的阴谋开始酝酿到粉碎布里索派的历程，布里索派的倒台在他看来正是大革命的巅峰。他从中看出了一场不断反复的阴谋，它利用饥荒和食品价格的高涨散布绝望情绪，足以妨碍自由的巩固。接连不断的清洗反映出伪革命者的"道德败坏"，他们正在对美德实施破坏。人人都应吸取教训，真正的革命者会表现出加图式冷漠的严格，总是不屈不挠，艰苦朴素，"像马拉"那样憎恨一切矫揉造作，从不责备大革命，只无情地抨击大革命的敌人。真正的雅各宾派应该像崇高的卢梭那样温和地对待家人，对待所有"叛徒"则是永不宽恕。正如卢梭那样，真正的革命者崇敬平凡，反映普通观点，毫无保留地接受常识。大革命必须残酷对待"可疑分子"，尤其是那些哀悼埃贝尔和丹东之死的人。[46] 圣茹斯特指出，现在最主要的危险是贵族派通过暗示革命政府推行"独裁暴政"，不断试图分裂法国。必须颁布新的法令，对此类颠覆活动进行彻底镇压，并最终抑制"贵族制"。

重新向"贵族制"发动攻势确实是 1794 年春夏的中心议题。在如今迅速扩大化的恐怖统治下，从 4 月底开始，贵族在被捕和遭处决的人数中所占的比例陡然上升。从今往后，"前贵族"像外国人一样，被大众社团和监督委员会完全排斥在外，也不得进入街区议会和市议会。贵族或任何来自与法兰西共和国交战国的外国人都不得居住在巴黎或任何设防城镇。任何未获准持有特殊通行许可的贵族，只要在设防城镇逗留超过 10 天，就成为"不受法律保护者"。市政府必须向救国委员会和公安委员会提交所有居住在其管辖范围内的前贵族和外国人的名单。4 月 29 日，库东做出进一步说明，行政机关所指的"贵族"，包括所有按照旧制度标准看来并非贵族，但在 1792 年之前获取或伪造了称谓以假冒贵族身份之人。[47]

同样是在 1794 年 4 月 15 日这天，圣德尼市（这时已更名为"法兰西亚德"）公民的共和主义社团派遣代表团来到国民公会，此事并非巧合。圣德尼是葬有法国国王、王后的著名修道院所在地，自古以来便是信仰的中心，但于 1793 年 10 月被扫荡、破坏殆尽。历代君主的遗体被人搬走，扔进教堂北部墓地中的一个普通墓穴。卢梭的遗孀陪同该代表团一道前来，要求将这位《爱弥儿》与《社会契约论》作者的遗体移葬至先贤祠。谁能比这位平等与自由的伟大信徒更有资格葬在那里呢？作为回应，议会议长强调卢梭之名对于国民公会是何其重要，而他的声名与荣耀又是如何振聋发聩地回荡在他们的议会大厅之内。在将卢梭移葬先贤祠一事上达成的共识眼下终于要付诸实践了。[48] 在恐怖统治的最后几周内，针对卢梭的革命崇拜达到了顶峰。救国中心委员会更新了一项被长期束之高阁的法令，即为巴黎市定制一尊卢梭的塑像，并宣布在 4 月举行新雕塑大赛，选出一座将要竖立在香榭丽舍大街的青铜制大型公共纪念碑。所有希望参赛者受邀在 5 月 30 日之前提交设计。[49] 入选的设计模型会放在国民公会大厅展示五日，然后移至卢浮宫的拉奥孔厅，艺术评审团将在一周后评判。[50] 德费·德·迈松纳夫是位颇具创见的出版商，他从近年出版的卢梭政治作品插图中选出了最好的 10 幅版画，印成八开本的选集，发行了数百份。这些插画出自斩获诸多奖项的画家之手，包括夏尔–尼古拉·科尚、弗朗索瓦–安德烈·樊尚、比大卫年长并常年与其竞争的对手让–巴蒂斯特·勒尼奥以及追随大卫的尼古拉–安德烈·蒙西欧。[51]

只有对"普通人"的崇拜与对"自然"的赞颂才能超越对卢梭的崇拜。4 月 28 日，阿列日省（Ariège）的议员约瑟夫·拉卡纳尔代表公共教育委员会发言，他提醒国民公会落实一项先前做出的决议，即向那些在 1792 年 8 月 10 日的行动中因伤致残的公民提供财政援助。拉卡纳尔声称，在古罗马时期，人们把为祖国做出重大贡献的人物事迹刻在大理石上，这样一来，罗马公民阅读起此人的职责与共和国赖以建立的美德来，就比阅读书本更容易。国民公会欣然应允，下令在先贤祠内竖起大理石柱，把那些在 8 月 10 日"为自由"献身的人的名字用金字刻在上面。对于其他主要艺术品的定制，救国委员会邀请共和国的艺术家们展开竞争，给他们两周时间（20 天）提交设计，对居住在巴黎以外的艺术家则额外宽限一周。他们提交的模型会放在国民公会辩论大厅内公开展示五天，然后交给艺术评审团评判。[52]

在前皇家植物园（当时更名为"国立植物园"，是今天"巴黎植物园"

的前身）内成立国立自然历史博物馆，是拉卡纳尔推动的另一个项目，也是在恐怖统治的最后阶段中自然神论崇拜的生动体现。拉卡纳尔曾是哲学教授，也是个孜孜不倦且开明的教育学家，在罗伯斯庇尔独裁统治期间，他一手策划了大部分重大文化项目，也是 1793 年 6 月前大革命的哲学潮流留给国民公会的重要幸存者。尽管罗伯斯庇尔让经他修订的孔多塞教育计划暂时搁浅，拉卡纳尔依然取得了好几项杰出的成就。在他的建议下，

图 17　山岳派的胜利。

国民公会同意建立标本库，以国家的名义收集物质、化石、矿产、解剖、植物标本与珍品，将原先分散在全国各地的收藏整合起来。他们宣称，一个伟大的民族理应围绕自然来组织它的教育系统，创造一座人人皆可前往的新"圣殿"，在那里"观察自然"并从它的丰饶中获得启发。

罗伯斯庇尔独裁统治的确立

只有在消灭埃贝尔派和丹东派之后，罗伯斯庇尔的权力以及他与圣茹斯特的意识形态才有可能最终成形。雅各宾派此时已经经历了彻底清洗，立场变得更加狭隘，科德利埃俱乐部沦落至备受胁迫的无用地位，巴黎公社唯命是从，国民公会比过去更像一个传声筒。在对极端革命的异端（埃贝尔派）和温和主义（丹东派）进行高调谴责后，独裁政权又开始对思想自由、哲学主义和无神论发起总攻击。美德至此被提升到国家崇拜的高度，成为罗伯斯庇尔自己发明的公民宗教。这种经过巧妙设计的新崇拜对一些人来说确实很有吸引力，因为它无情攻击唯物主义和哲学主义，强调对神的信仰与灵魂不灭。罗伯斯庇尔和圣茹斯特对自然和"平凡"的痴狂诡异且与大革命核心价值毫不相干，却成了碾压一切的巨人。5月7日（花月18日），罗伯斯庇尔对立法机关发表了他最长也是最重要的演说之一，阐释新意识形态及其与此前思想观念的联系。国民公会随即批准了他的新法令，要求法国所有城镇和乡村的主要教堂改头换面，装饰成崇拜最高主宰的殿堂。法令宣布，法国大革命的重要公共节日包括1789年7月14日，1792年8月10日，1793年1月21日（路易十六处决日）和1793年5月31日；这些日子未来都将作为国家崇拜的一部分来庆祝，以不断唤起公民对最高主宰之高贵的崇敬。[53]

在5月7日（花月18日）于国民公会发表的演说中，罗伯斯庇尔对基本原则进行了最大限度的拓展，以救国委员会的名义阐释了他自己的意识形态。这次演说的措辞浮夸且偏执，令人震惊，而且十分个人化，并在之后被广泛刊载在各类报刊上。罗伯斯庇尔不断引用卢梭的言论，如关于人生而自由却无往不在枷锁之中的段落，同时相当频繁地强调推行美德和培养美德的必要性。"人的权利"写在"他的心上",也写在历史中"他的谦卑里"。卢梭(和马布利)的信徒热爱斯巴达,斯巴达式的教养来自好战而严守纪律的美德,在周遭黑暗中"像一颗恒星"熠熠生辉,可惜这样的光辉太短暂了。人类尽管在艺术与科学上取得了进步,却始终陷于黑暗之中,"公共道德"尤其如此。直到现在,人类实际上始终是堕落的。如今,只有在这片由自由主宰的土地上,"在真正为光荣和美德而生的骄傲人民中间",人类才能重新发现他们的权利与义务。令人震惊的是,罗伯斯庇尔竟对 1789 年至 1792 年间所有的革命立法提出控诉,认为它们辜负了人类,试图将那些人类表面上自诩拥有的"永恒原则"从他们的内心抹去。在罗伯斯庇尔眼中,大革命从开始到 1793 年 6 月的各个阶段,全是一场"阴谋",打着毫无信义的温和主义招牌。这场阴谋使美德荒芜,带领法国走入歧途,走向卷土重来的暴政。[54] 在 1791 年至 1792 年间,雅各宾派曾挫败这种处心积虑的"背叛",成功打造了真正的革命理念。然而腐蚀人心的新手段,也就是不忠和温和主义的新形式再度冒头,让大部分装模作样的革命领袖得以从事全新的"颠覆活动",意图把共和国扼杀在襁褓中,展示民主"是为了玷污共和国"。表面上看,君主派和布里索"民主派"势不两立,但他们其实是真正的亲密盟友。舆论乌烟瘴气,国民代议制一文不值,普通人遭到排斥,布里索派的伪君子们暴露出来,他们是所有密谋者中最邪恶的一伙,他们之所以呼唤"人民主权",是为了挽救王权并发动内战。

布里索派之所以鼓吹"平等",其实是要让这一原则变得令人憎恨,同时武装"富人"来对付穷人。对他们来说,"自由"不过是犯罪执照,"人民"不过是工具,祖国不过是猎物。布里索派谴责暴政,只是为了服务于"暴君"。这些民主制度的破坏者"不仅在制度里,也在宗教里"滋生邪恶。[55] 他们通过诉诸人民主权来贬低国民公会,自称憎恨"迷信",不过是为了挑起冲突,传播"无神论的毒药"。这些"狂热的无神论传道者",在淹没法国的政治密谋中攻击每一种宗教崇拜,他们究竟怀有什么真实目的?是因为憎恨神父吗?但神父是他们的朋友。是因为厌恶狂热吗?但狂热正是他们培养出来的。是因为一心加快理性的胜利吗?但他们渴望把理性禁锢在圣殿之中，将其逐出共和国的事务。密谋者志在欺骗法国人，破坏他们的自由；国民公会的任务则是把人民团结起来，开创以美德来维持的自由。这些败坏道德之人告诫他人，说有种盲目的力量主宰着人们的命运，而并没有超自然的存在来奖惩善恶——他们究竟从这种说法里看到了什么样的好处？启蒙哲学的观念，真能启发更伟大的爱国奉献精神、抵抗暴政的勇气、对死亡与欢愉的蔑视吗？卑鄙的诡辩家！这帮启蒙哲学家到底有什么权利，一心去追求从纯洁之人手中夺走理性的权杖，将其化为罪恶，给自然蒙上灰暗的面纱，让可怜之人坠入绝望，颂扬邪恶，压制美德，令人性退化？[56] 罗伯斯庇尔并不质疑特定启蒙哲学家的美德——狄德罗、霍尔巴赫和爱尔维修的个人品质。他诅咒的是作为政治与道德文化的无神论和启蒙哲学，他给它们贴上"不道德"的标签，将其与反对共和国的阴谋挂钩。立法者为何要因为某些启蒙哲学家（即狄德罗、霍尔巴赫和爱尔维修）采纳了某些解释自然的假说（即唯物主义）而烦心呢？自由的人既不是形而上学家，也不是神学家，无须顾及启蒙哲学家永无休止的争论：在立法者眼中，只有一切对社会有用的事以及"实践中的善，才是真理"。最高主宰的观念决定了灵魂不灭"既是社会的，又是共和主义的"。像来古格士和梭伦那样的伟大立法者总是求助于神谕，以及"真相"与"虚构"的恰当混合，以此触动普通人民，把他们更加紧密地与公共制度联系在一起。正如卢梭所坚持的那样，真正的立法者不追求启蒙，而是通过法律和制度把人唤回"自然和真理"。去基督教化分子抨击大众的虔信，手中却没有任何替代品。他们并未真的启蒙人民，反而竭力使其堕落。

大革命容许哲学攻击在人民当中存在已久的古老崇拜，引发严重危害道德的风险。堕落和犯罪总是由无神论培育起来的。此处，罗伯斯庇尔显然认为古代斯多葛派高于伊壁鸠鲁派，声称加图在伊壁鸠鲁和芝诺（斯多葛主义者）之间绝不会犯难，因为伊壁鸠鲁的哲学体现为堕落，造成的后果已为所有古代精神所不齿。正如"人类的心灵从古至今总是那样"，加图本人辨明的政治效力也适用于当代。"伊壁鸠鲁主义宗派"十分有害。法国女性应该以斯巴达女性为榜样，守贞、朴素、严守纪律、自我牺牲、无情且坚忍不拔，为养育服务祖国的年轻英雄做出贡献。

罗伯斯庇尔攻击哲学主义、布里索派共和主义和大革命核心价值的高潮与他对教会人员的非难是相互结合的，他谴责后者伪装成道德与真理之友，却与专制主义、奴役制度和谎言结盟。"自然的普世宗教"与教会的忏悔式信仰是如此不同，自然之神与"我们基督教神父的神"是如此大相径庭。他认为神父之于美德就像江湖郎中之于医学。他们根据自己的样子塑造上帝，投射出一位任性、善妒、复仇心重的残酷神明。对于真正的最高主宰来说，自然才是真正的代理，宇宙是其圣殿，美德本身则是对他的崇拜。[57]

罗伯斯庇尔提出，在大革命发生之前，启蒙哲学家就攫取了舆论控制权，而在 1789 年以前，"明智的观察家"就预见并预言了大革命本身。著名文人在思想与事务上都获得了强有力的影响。野心勃勃的作家和文人组成联盟，扩大他们的优势。启蒙哲学家内部分成两大"宗派"，一派隐晦地为专制主义辩护，另一派是百科全书派，日后成了更强势也更阴险的一派，他们当中有几个人"值得尊重"，但大多数都是诡计多端的骗子。罗伯斯庇尔承认，人们如果意识不到这伙人日益强大的影响力，也就无法准确理解是什么创造了"我们的大革命"。人们如果无视杜尔哥、达朗贝尔等人脉广泛、势力巨大的知识分子领军人物，用他的话来说，"那些重要人物"在 18 世纪七八十年代极具影响力，就会缺乏对"我们的大革命"序曲的领悟。但这些凶险的哲学宗派完全破坏了人民的权利，他们滔滔不绝地抨击专制主义，却又领着专制君主发放的年金（比如达朗贝尔和狄德罗），他们出版批判宫廷的书籍，却又为宫廷廷臣发表演说。他们的作品目中无人，而他们却寄生在"贵人的门厅"，拿他们的钱，与他们调情，参与他们的政治，从而和贵族制本身扯上关系。他们炮制的唯物主义教条盛行于贵族和精致的灵魂之间。[58]

在大革命之前，只有一位思想家（卢梭）表现出灵魂的真实伟大与主义的真实纯洁，与启蒙哲学相对，他所揭示的美德与神性来自自然。人性的真正导师卢梭终日抨击独裁，带着极大的热情谈论神性，捍卫灵魂不灭说和死后赏罚说。卢梭"不屈不挠"地蔑视那些篡夺哲学家名头并"玩弄阴谋的诡辩家"，使得那些卑鄙的对手（狄德罗、霍尔巴赫和爱尔维修）对他长期怀恨在心。如果卢梭得以亲眼看见以他为主要先驱的大革命，他美好的灵魂定然会在狂喜中接纳这正义与平等的事业。然而卢梭的哲学对手们又对大革命做了什么呢？从他们担心大革命可能会将人民发动起来的那一刻起，他们就开始反对它。有人质疑共和主义的原则，委身政治派系，尤其是奥尔良集团；也有人懦弱地退守中立（雷纳尔、奈容）。总而言之，这些知识分子精英"在大革命中声名扫地"，把哲学派系的永久性耻辱留给"人民的理性"去承担。这些无赖理应因羞耻而脸红，因为大革命的成就是在缺少他们与反对他们的情况下取得的。让法国走向至善至美的是撇开了教育或阴谋的正确认识，精英们蔑视它，它却揭示了他们的毫无价值。[59]

启蒙哲学家是人民的敌人。普通手艺人对人权的粗浅理解都远远胜过启蒙哲学家。如今亟须清理所有信条，也要清理对普通人那种快速而笃定的本能造成危害之人。诚然，启蒙哲学家们比其他人先成为共和主义者，而且在大革命发生前的 1788 年，他们中大部分就已经是共和主义者了（罗伯斯庇尔准确无误地提醒听众，言语暗指孔多塞、布里索、米拉波和激进启蒙哲学家）。可是此后，他们在 1793 年"愚蠢地捍卫"王权（不愿征询公共意见并反对处死路易十六）。这是一次标志性的演说，是罗伯斯庇尔意识形态立场的综述与重申（在此之前，他已经再度以神经衰弱为由，神秘地缺席国民公会会议长达近三周，从 4 月 19 日起也从公众的视野中消失了）。他下定决心，要与启蒙哲学家培育的"可憎"观点作战：某位公民才在大众社团会议上提及神意，加代就对其发起非难。韦尼奥和让索内在国民公会发表演说，强烈要求删除新宪法前言中所有提及神的内容！[60] 不论是谁，只要寻求利用荒芜的哲学教条消除人民对美德的庄严热情，就是反对大革命，就必须被粉碎。[61]

这次演说的首要目的是为 3 月和 4 月的大清洗辩护，把玷污大革命最初几年的背信弃义的温和主义归咎于政治环境的堕落与美德的败坏，在罗伯斯庇尔看来，这是阻碍共和主义原则实现的首要障碍。在他自己之前，贯通所有控制大革命的狡猾派系的共同路线是他们罪恶的虚伪。拉法耶特诉诸宪法和人民主权是为了强化王权，杜穆里埃是为了煽动布里索派对抗国民公会，布里索派是为了挽救君主制并"武装富人对抗人民"，埃贝尔派则是为了消灭国民公会。丹东对许多人允诺他自己无法实现的保护。所有叛变大革命的人都在利用启蒙哲学，把不朽提升到体系高度，成为千夫所指的宗教，他们则称其为"迷信"，以此鼓吹无神论和内战。[62] 简而言之，罗伯斯庇尔全面否定大革命中除卢梭和他自己之外的一切成分。

对最高主宰的新崇拜取悦了乡村居民，因为这恢复了过去教堂所具有的集体属性，及其在村民生活中的中心地位，而且将对大革命的人格崇拜更好地与教堂联系起来。在罗伯斯庇尔派掌权的最后几周里，信件从法国各地涌至国民公会，对新国教表示认可。5 月 23 日，尚蒂利（Chantilly）、桑利斯（Senlis）和默伦（Melun）来信公开表达谢意，为"粉碎无神论阴谋"而欢欣鼓舞。[63] 7 月 9 日，国民公会朗读了路易港（Port-Louis）的来信。这是布列塔尼南部莫尔比昂省（Morbihan）一处风景秀丽的港口，四周有城墙环绕，曾被保王派围攻甚久，国民公会于 1792 年下令将其更名为"自由港"。信中写道，该市欢庆最高主宰与灵魂不灭如今获得官方认可。伊泽尔省圣马瑟兰（Saint-Marcellin）——已更名为"温泉关"，以及阿列省的勒东容（Le Donjon）——已更名为"自由谷"，亦纷纷表示祝贺。昂贝河口省（Bec-d'Ambès）的波亚克（Pauillac）热烈欢迎花月 18 日法令，表示当地的人民其实拥有简朴的乡间灵魂，只不过早先因埃贝尔派的"夸张念头"和"唯物主义那可耻的疯癫"而惊慌失措；如今，他们兴高采烈地将自己的教堂重新献给最高主宰。[64] 埃罗省的朗萨尔格（Lansargues）因"克洛茨们、埃贝尔们和丹东们"及其用"下流的无神论"取代该社区传统美德的计划已被消灭而欢庆。[65]

从独裁统治的角度看，新国教的切实好处在于，对很多人来说，它仅仅通过恢复神圣崇拜，就为摧毁布里索派、埃贝尔派和丹东派的行动提供了合理依据。利布尔讷（Libourne）的地区行政人员同样认为，大革命的敌人企图利用无神论来破坏共和国的统一，并推翻所有公共道德原则。[66] 洛泽尔省朗戈涅市（Langogne）的大众社团确信，大革命的敌人试图"放逐那些由自然所决定的道德与宗教观念"，但谢天谢地他们已经被彻底摧毁："你们确定的最高主宰和灵魂不灭对具有美德的灵魂来说是个保障。"[67] 卡尔瓦多斯省的努瓦罗市在他们的最高主宰圣殿内安放了"自由烈士的宝贵形象"，即马拉、布鲁图斯和勒佩勒捷的胸像，并为这些塑像举行了"感人的揭幕仪式"。[68] 没有社区为无神论或唯物主义的消亡感到惋惜，只有一两个敢于问及已被束之高阁的 1793 年"民主宪法"这部"永垂不朽的杰作"，比如瓦尔省现已更名为"马拉松"的圣马克西曼市（Saint-Maximin）。[69]

新国教将政治与宗教巧妙地融合在一起。为了庆祝 5 月 31 日起义，昂贝角省的布莱伊市（Blaye）于 1794 年 5 月 31 日敲响警钟，召集所有公民，包括附近的驻军前来参加庆典。人们聚集在该市的最高主宰圣殿，人流塞满了村庄道路，如今这些道路已经被剥夺了圣人的名字，重新命名为"无套裤汉路"和"山岳路"。庆典结合了对最高主宰的歌颂与祈祷以及对联邦主义和无神论的谴责。青年大众社团坚称："我们的敌人散布无神论，使我们陷入到无政府主义的恐怖中去。"下阿尔卑斯省昂特勒沃市（Entrevaux）的大众社团同样认为，大革命的敌人否定上帝存在，宣称灵魂只是物质，会像其他物质一样消亡。小小启蒙哲学家讴歌无神论，却没有意识到无神论给大革命设下了致命陷阱。直到 1793 年 6 月 2 日，大革命都并非"自由的典范"，而是喀迈拉式的妄想，就像柏拉图的理想国，只有学者、启蒙哲学家和诡辩家才会去憧憬。1793 年 6 月后，大革命的伟大之处在于，"美德与健全道德之友"抛弃了那些启蒙哲学家。[70]

1794 年 6 月 8 日（牧月 20 日）举办的第一届最高主宰节，将作为意识形态与成体系价值观的罗伯斯庇尔主义公共庆典推向了高潮。各项活动由大卫筹划并监督组织，包括演出由"法国交响乐之父"弗朗索瓦-约瑟夫·戈塞克谱写的音乐组曲。戈塞克常常在大革命的主要公共节庆上指挥乐队演奏。[71] 他还创作了被救国委员会奉为圣歌的终极赞美诗，其曲调简明，适合所有人参与颂唱。庆典规模庞大，巴黎的大部分人可能都投身其中，还有很多来自巴黎以外地区的参与者。其余所有城镇都举办了小型庆典，横跨国土两端，2600 万法国人同时响应号召，对最高主宰致以敬意。各类演说的主题不外乎强调美德、纪律、节制，毫不留情地否定无神论、享乐主义和唯物主义。在人类得体地赋予美德以荣光之前，他们必须感激将道德意识的种子播撒到他们心中的存在。

6 月 8 日（牧月 20 日）一早，巴黎建筑的门窗上都以花环与树枝进行了装点。鼓声把街区人群召集起来，妇女与少女大都身着白衣，头戴藤叶花冠，手持玫瑰。每个街区皆独立指派代表团来到国民花园（杜伊勒里花园），整个场地挤满了人。人们的目光都注视着罗伯斯庇尔，他独自站在那里，与该政权的其他领导人隔开一定距离，处于神经极度焦躁的状态，这部分是因为这一盛事对他而言具有特殊的情感意义，此外还可以归结于最近两次针对他本人的未遂刺杀（又或者是他故意安排的把戏？）。罗伯斯庇尔为自己"美德殉道者"的身份而痴狂，关于刺杀的话题，他已经思考了很久。《哲学周刊》称，"人人皆为人群展现的情感之纯洁而倾倒"，然而据站在罗伯斯庇尔所在讲坛背后的丹东派人士博多说，除罗伯斯庇尔本人的亲信外，在场的重要人物大都在他身后窃窃私语，谈论庆典之荒谬与"怪兽"罗伯斯庇尔令人难以忍受的"独裁统治"。[72]《哲学周刊》指出，看看到场的人民，就能更确切地意识到，没有多少人改变信仰，去皈依有害的"无神论体系"。就在离经叛道而考虑不周的前几任政府试图运用武力强制推行无神论时，受到迫害的巴黎自然神论者不得不在沉默中努力避难。现在最高主宰崇拜支配一切，"所有心灵似乎都恢复了希望"。人民是一个大家庭，而今他们的父亲回归了。热闹的号角声过后，国民公会全体成员出现在特制的平台上。

罗伯斯庇尔首先发表了简短的演说，对人群保证，神有意创造了不忠的国王与神父，是因为神要求诚实的人仇恨恶人，尊重正义。是神创造了女性的谦卑、母性与孝顺。一切自然的事物都是神的作品；一切邪恶都是堕落的过错，而堕落不是自然产生的，它来源于压迫者。演说结束后，伴随着最高主宰的颂歌，罗伯斯庇尔举着象征自然神论光明的火炬来到"无神论丑恶的面容"前，点燃了它，火焰吞噬这张脸过后，在它背后露出了"真正哲学智慧"的塑像。[73] 接下来，罗伯斯庇尔发表第二通演说，对人群保证，他们努力摧毁的无神论信条是那些狡猾的国王"加诸法国的怪兽"。随着无神论终于被根除，世上的一切罪行与疾病都将消失。唯物主义挥舞着宗教狂热与哲学无神论两把匕首，是国王们"阴谋杀害人性"的武器，而它如今已经缴械投降。他号召每个人把生命用于在神的注视下追求美德和使其灵魂不灭的知识。在罗伯斯庇尔第二次演说结束后，人们再次唱起更多的最高主宰颂歌，劝人心向美德，谴责那些"无神论的可恶导师"，他们藏在公民心和启蒙哲学的虚假伪装之下，试图从人类心灵中抹除对神的崇敬。[74] 根据博多日后的记载，我们可以认为，罗伯斯庇尔当日确实赢得了他生命中最大的胜利，只有少数人心怀怨恨或不屑。[75]

在恐怖统治的最后几周里，镇压在规模上急剧扩大，范围也越来越广，巴黎每天处决的人数比同年春季的两倍还多。尽管处决速度越来越快，监狱还是人满为患。巴黎囚犯总数从 5 月 23 日的 6984 人上升到 7 月 10 日的 7528 人，7 月 18 日则达 7765 人。[76] 从 3 月 1 日到 6 月 10 日，首都总共处决了 1251 人，差不多每天处死 12 人，与此形成对照的是，在恐怖统治的最后 47 天里，即 6 月 10 日至 7 月 27 日，有 1376 人上了断头台，平均每天大约有 30 人被处决。1794 年 6 月，在巴黎一共有 659 人被判死刑，这已经是个创纪录的数字，然而，7 月又产生了超过 900 例死刑判决。[77] 围绕布里索派阴谋、极端主义、温和主义、腐败、贵族制、无神论哲学与刺杀密谋，罗伯斯庇尔和公安委员会产生了严重的妄想症，于 6 月 10 日（牧月 22 日）在国民公会颁布了一项臭名昭著的法律，用于"革新"革命法庭。库东强调，革命法庭有必要实施流水线审判，因为"人民的敌人"还没有以最快的速度得到处理。革命法庭现在应该由 6 个包含法官和陪审团的法庭构成，同时审理案件。（最后实际运作的法庭只比原先多出一个。）任何人只要被控传播假消息，诽谤爱国主义，赞同布里索派、埃贝尔派或丹东派的说法，就应获得与保王派密谋者相同的下场，由行政委员会直接送至革命法庭接受审判，而无须经过初审，甚至不必知会国民公会。[78]

不再需要出具实物证据，有"道德证据"就足够了。被告不被允许拥有辩护律师，毫不夸张地说，从传讯、审理、判决到处死只需几小时。牧月 22 日法令释放了恐怖统治最后的疯狂。不像历史学家一度相信的那样，革命法庭针对的并不是某个特定的社会阶层，尽管前贵族确实成了重点打击对象。眼下各种各样的团体都成了针对的目标——军官、受害人遗孀、前贵族、立宪派和拒誓派神父，前官员、所谓的投机者，以及过去高等法院里的法律官员。曾经与所谓"人民之敌"有关联的个人尤其受到针对，从意识形态上看，这个范畴简直包罗万象，涵盖任何出类拔萃的人物。除了民粹主义独裁那套扭曲的逻辑外，这当中毫无逻辑可言。1794 年 4 月22 日，勒沙普利耶在巴黎上了断头台。他曾是斐扬派温和主义的支柱，后在雷恩被人发现。5 月 8 日，伟大的化学家拉瓦锡掉了脑袋。7 月 7 日，原图卢兹高等法院的 22 名成员被控于 1790 年 9 月 25 日和 27 日合谋反抗当局，全被当作"人民之敌"处置。[79] 玛丽·沃斯通克拉夫特第二天从勒阿弗尔给露丝·巴洛写信，她说："我很害怕，一想到大革命的代价是那么多血和泪，我就感到不寒而栗。"[80] 1794 年 7 月 23 日，热情支持大革命、反教会的共和派贵族亚历山大·博阿尔内（约瑟芬的第一任丈夫）在巴黎上了断头台。1794 年 7 月 25 日，就在罗伯斯庇尔倒台两天前，诗人安德烈·谢尼埃身首异处，罪名是在《巴黎日报》上发表宣扬君主立宪的文章以及诋毁马拉。

毫无依据的专断统治一切。勒德雷尔断言："恐怖统治是由无产者所施加的，也是为了无产者的利益，它波及了所有非无产者，而一个社区无产者对有产者的比例越大，无产者的压倒性权力就越大。"[81] 然而受到针对的社会范畴完全不是通过经济角色或经济地位来定义的。当局攻击的"人民之敌"是与平凡人发生分歧的那些，特别是任何有批评独裁政权嫌疑的人。著有《费加罗的婚礼》的知名流亡剧作家博马舍在大革命早期是个民族英雄，也是伏尔泰声望的首要传播者，就在罗伯斯庇尔倒台之前，他因消灭丹东后被指有"道德"问题而被剥夺公民身份。丹东曾签署授权他因公出国的文件。他流亡至汉堡，在那里，他听说自己的妻子、女儿和妹妹均被关进巴黎自由港监狱候审，因为他的关系而有可能被判处死刑。不过她们有幸跻身那些在 7 月 27 日（热月 9 日）前还没来得及被处决之人的行列。

即便布里索派领导层已于 10 月覆灭，他们依然继续对大革命产生重要影响，在罗伯斯庇尔和圣茹斯特最后的那些演讲当中，已经被消灭的布里索派的阴影无处不在。最后几周同样见证了清除布里索派领导层残余的行动。卡昂起义失败后，佩蒂翁、比佐、巴尔巴鲁、萨勒和加代先逃到了布列塔尼的坎佩尔市，在那里藏了一段时间，后来又逃往波尔多周边地区。加代和萨勒一起藏在前者的家乡圣埃米利永（Saint-Émilion），直到6月中旬被人出卖。1794年6月17日，他们在波尔多被处决，同时赴死的还有加代的六名家庭成员，他们的罪名是窝藏加代和萨勒。原本藏在同一市镇的佩蒂翁和罗兰夫人的情人比佐，听说加代他们被捕的消息后乔装逃进田野，却发现一切出路都被小马克·朱利安派出缉拿他们的山岳派小队堵死，6月17日，他们饮弹自尽；被狼啃食过的尸体很快被人发现。[82]藏在附近的巴尔巴鲁也试图自杀，却因伤被捕，于1794年6月25日在波尔多上了断头台。

　　即便在这些不分青红皂白地大规模镇压与杀戮持续的最后几周里，罗伯斯庇尔专注于消灭批评与革命文人的努力还在继续。在最后的受害作家中，除了安德烈·谢尼埃，还有在7月初被处决的库特利、J. B. 迪普兰和安托万·图尔农。7月13日则轮到大革命中最英勇的记者之一罗克·马康迪耶，他和自己的妻子一起上了断头台，同一天还处决了更多的军官（包括苏格兰上校 C. E. F. H. 麦克多纳）、一位新教徒部长和一名杜省（Doubs）总议会成员。科德利埃俱乐部成员，27岁的罗克·马康迪耶曾是德穆兰的助手（兼好友），1792年8月10日后成了罗兰手下的秘密警察，潜伏监视科德利埃俱乐部。他是为数不多敢于持续谴责山岳派的记者，在整个1793年夏季，他的批评尤其针对罗伯斯庇尔和丹东。1793年5月到7月间，他曾负责编辑一份反马拉主义报纸，并冠之以《真人民之友》（Véritable Ami du Peuple）这种挑衅式的刊名，该报讥讽马拉和埃贝尔出言不逊的文风，严厉抨击此二者和罗伯斯庇尔，说这个无与伦比的伪君子，这个"狡猾的狐狸"如今却成了雅各宾派的"王"。1792年6月2日后，马康迪耶的斗争转入地下；他藏在一个阁楼里，晚上在大街小巷张贴自己的报纸，他这份地下报刊将国民公会说成是"妨害治安之地""无政府主义者的秘密聚会点"，是"没有个性之人的可怕集会"。这种不可持续的发行机制使他不得不于7月终止印刷报纸的活动，但他依然成功躲藏了将近一年，尝试对抵抗活动进行鼓励并与德穆兰通信，后因遭勒让德尔出卖被捕，在接受审判后上了断头台。[83]

就在推翻罗伯斯庇尔的危机来临之前，加紧消灭埃贝尔集团残余势力的行动看起来即将展开。7月26日，雅各宾派某代表团对国民公会声称已经发现密谋活动的新证据。在埃贝尔发行的最后几份报纸中，他反复提出在他自己看来，发动新一轮1793年5月31日那样的起义、消灭"人民之敌"的残余十分必要。罗伯斯庇尔目前最倚重的人物之一巴雷尔"解释"道，这意味着埃贝尔计划消灭"真正的人民之友"。巴雷尔同样提醒大家，好几个巴黎街区的无套裤汉似乎已经准备好响应埃贝尔派的号召，发动新一轮起义。埃贝尔党羽甚众，他的格言有人响应！[84] 6月10日法案一经颁布，两大委员会内部马上重新出现了尖锐摩擦和个人纷争——在反对独裁者的背景下还发生了一次起义——这让罗伯斯庇尔和圣茹斯特越来越受到孤立。山岳派在意识形态方面一直是少数派，而且就在山岳派统治联盟内部，罗伯斯庇尔和圣茹斯特代表的也是少数派中的少数派。他们的价值观与大革命的价值观针锋相对，这种大相径庭的程度，让他们的对手埃贝尔派和丹东派的意识形态都难以望其项背。4月过后，公安委员会大部分成员对最高主宰崇拜都保持了敌视与讽刺的态度，他们（比如丹东）大都认为这种宗教就像罗伯斯庇尔和圣茹斯特那些有关美德与自然权利无休止的说辞一样荒谬。

毫无疑问，围绕7月14日巴士底纪念日开展的节庆已经不像以往那样隆重了。即便如此，据一位记者称，巴黎还是由于某种令"真正的共和主义者"满意的景象而精神高涨：特定街区的所有居民在晚间合家聚在一起，在街头摆起餐桌，各自携带夜宵前来，所有人都唱起爱国歌曲，相互祝酒，分享同样的食物，举止表现得就像是真正平等的人。这类公民聚餐属于那种当局批准的安静而适度的娱乐，完全没有出现烂醉生事的情况。无论在何地，美德都是这类聚餐的主题，杜伊勒里花园点燃炫目的灯火，那里传出的歌声与音乐将整个夜晚的氛围推向高潮。音乐一直持续到深夜，包括大型合唱队演唱的《最高主宰颂》《攻占巴士底狱》《马赛曲》，以及最著名的革命歌曲"Ça Ira"（于1790年第一次唱响）和《卡尔马尼奥拉歌》，还有其他革命歌曲和进行曲。[85]

在埃贝尔和丹东被消灭以后，老山岳派和老科德利埃派看上去显然也像其他任何人那样危在旦夕了。这就让罗伯斯庇尔集团比以往更加孤立。[86]牧月22日法令毫无疑问让行政委员会的很多成员大为震惊和恐慌。尽管罗伯斯庇尔不愿承认，但疑虑四起，人们担心国民公会的议员会在前者得不到提前知会的情况下就受到逮捕和审判。[87]不满、恐惧和嘲讽的毁灭性组合大大损害了"不可腐蚀者"的声望和名誉。7月底，当罗伯斯庇尔和圣茹斯特在山岳派内部的权威终于受到挑战时，基本上很少有人出来为他们辩护。在独裁统治的最后几个钟头里，除了昂里奥和一些直接利益相关的国民自卫军成员，没有人忙着武装起来保卫正在崩溃的政权。罗伯斯庇尔主义不像马拉崇拜、埃贝尔主义、对1793年宪法的呼唤或忿激派遗产那样持久，到了1794年夏季，罗伯斯庇尔主义实际上已经毫无用处且奄奄一息了。用意识形态术语来说，罗伯斯庇尔所拥护的一切，后来均未作为大革命中有价值的或不幸遗失的事物为人称道。他的意识形态实在过于陈腐，又与大革命的根本原则相去甚远。他倒台后，没有任何无套裤汉或其他什么人为其死亡而感到遗憾。[88]

第 21 章

热月政变

罗伯斯庇尔的垮台

到了 6 月底，罗伯斯庇尔已经明显对局势失去了控制，他的健康状况堪忧，情绪也变得愈发焦躁。在他那威权民粹主义的独裁统治倒台前的最后几周里，他的身体状况和威望都在持续衰弱。他与圣茹斯特已经察觉出若干行政委员会成员越来越大的敌意。然而又一次精神崩溃使罗伯斯庇尔无法出席行政会议和国民公会达三周之久（7 月 1 日至 22 日），这次决定性的缺席预示了他最终的结局。

罗伯斯庇尔近期针对瓦迪耶的一些评论让后者坐立不安，以至于在 6 月 15 日那天，瓦迪耶用伏尔泰式看待荒谬的眼光，在公安委员会的会议上制造了一场十分让人不快的事件。冷酷的瓦迪耶是个彻底的伏尔泰主义者，也是无神论者和唯物主义者，总是摆出一副穷人的朋友的姿态；他大肆谈论哲学，喜欢嘲弄宗教信仰，是个彻头彻尾的反卢梭主义者。[1] 在那场闹剧中，他嘲讽罗伯斯庇尔的最高主宰崇拜，通过讲述卡特琳·泰奥的故事来表达自己的强烈蔑视。卡特琳是个老妇人，以看到幻象的能力而为人所知，从前在修女院的时候，她被其追随者奉为先知，在大革命爆发前，她由于自称是圣母玛利亚的化身而被关进巴士底狱。1794 年 5 月，她再次被警察逮捕，当时她自称为"上帝之母"，说自己怀上了"新弥赛亚"，即"罗伯斯庇尔"。她组织了一些神秘主义的集会，由她和革命派神父热尔勒圣师主持。1790 年 4 月，热尔勒曾在制宪议会引发了巨大的骚乱，他后来也被捕入狱，接受了问询。瓦迪耶和阿马尔引述的问询报告称，与罗伯斯庇尔关系良好的热尔勒圣师认可卡特琳的说法，即罗伯斯庇尔是人们祈盼已久的救世主。[2] 此二人的被捕以及瓦迪耶对该事件加以利用的行为，把罗伯斯庇尔这位一向不擅长处理荒唐之事的独裁者推到了相当尴尬的境地。

一个消灭了所有有组织的反对势力、使其意识形态完全渗透法国的独裁政权，之所以在 7 月底突然崩溃，主要是因为它对"人民"的依赖以及这个概念无比抽象的属性。尽管该政权可以随意调用强大的警力、军队和官僚力量，也确实清除了所有有组织的反抗，然而长期以来，独裁统治集团始终缺乏来自城市与乡村的真正支持。尽管消灭了埃贝尔派和丹东派，当局对雅各宾俱乐部、科德利埃俱乐部以及巴黎街区的控制却变得更加岌岌可危。尽管有不少市政和警务官员对罗伯斯庇尔保持忠诚，然而在俱乐部、国民公会、国民自卫军、街区议会和军队指挥层之中，鲜有人真心支持独裁政权或愿意与其共存亡，因此即便是相对轻微的冲击，也会使其难以承受。独裁政权领导层已经如此远离大革命的根本原则和人的权利，以至于一旦各方协力反抗其主要领袖，该政权便会瞬间土崩瓦解。事实证明，再没有什么比罗伯斯庇尔的"人民"话语体系更站不住脚的了。

罗伯斯庇尔的第三次长时间缺席，使他在行政委员会当中的那些批评者有机会组织起来。领导他们的人是瓦迪耶、拉扎尔·卡诺（他因法兰西共和国近期的军事胜利而声名远播）、比约-瓦雷纳、科洛·德布瓦、巴拉斯和让-朗贝尔·塔利安（他负责在波尔多推行恐怖统治）。在圣茹斯特的恳求下，罗伯斯庇尔终于回归，重拾自己的权力，然而此时独裁政权已经陷入了严重的危机之中，比约-瓦雷纳、科洛·德布瓦，瓦迪耶等人都在积极密谋推翻罗伯斯庇尔。[3] 7 月 26 日（热月 8 日），罗伯斯庇尔在国民公会发表了一通冗长而杂乱无章的演说，开始了他的反击。他超过一个月没有现身国民公会，这是场灾难。他的演说既尖酸又偏执，指控密谋反对"大革命"之人，尤其抨击了那些暗示该政权"掌握在独裁者手中，靠恐怖统治来维系"的"恶毒"说法。深藏不露的反对者把革命法庭称为

"罗伯斯庇尔操纵的血腥法庭"。这些邪恶的诽谤者究竟是谁？"他们竟质疑灵魂不灭，还将我称为暴君!"毫无疑问，这些攻击"真理和人民"的家伙是在为"无神论和邪恶"布道。这些恶棍说他的"独裁统治"威胁自由。"我是什么人？要接受这些堕落分子的指控?"他是自由无私的奴仆，是共和国活生生的殉道者。⁴

罗伯斯庇尔控诉道，从丹东、法布尔和德穆兰犯下试图宽容对待"人民之敌"的罪行以来，什么都没有改变。埃贝尔、肖梅特和龙桑蔑视并诽谤革命政府，而德穆兰则用讽刺性文章攻击它，而丹东又在暗中捍卫德穆兰。同一种模式的颠覆活动如今再次发生。丹东和埃贝尔的追随者随处可见，这些懦弱的可怜虫称罗伯斯庇尔为"暴君"。他们是如何背信弃义地滥用了他的信任啊！他们当面称颂他那"加图式的美德"，背地里则叫他"新喀提林"！利用饥荒大做文章的反革命分子诉诸埃贝尔和沙博那套伎俩。其他人则采用布里索的策略掩盖真相。国民公会中的无赖和公安委员会中的变节议员沆瀣一气。反对美德与大革命的派系必须被彻底消灭，刻不容缓。⁵

罗伯斯庇尔将"煽动性派系"定义为丹东、德穆兰、埃贝尔、沙博和肖梅特的继承者，指控他们危害大革命的纯洁。这些密谋者结合了埃贝尔主义和丹东主义两大体系，故意给最高主宰制造麻烦并对其肆意嘲讽。但他只用非常含糊的话语揭露自己的敌人，并未点出任何人的姓名，因此这次讲话使国民公会人人自危，只要他有理由对某人感到不满，此人就危在旦夕。这样一来，他毫无必要地在那些原本没有理由投入比约-瓦雷纳、科洛·德布瓦和瓦迪耶的怀抱，进而反对他的议员中间制造了恐慌。如今，他真正的敌人得到了正式的警告，明白如果不立刻发起攻势，一切就太迟了。罗伯斯庇尔的演说杂乱无章，却赢得了热烈的掌声，自然也获得了国民公会的一致认可。然而就在有人提议将其付印并发放至法国所有社区时，议员们开始窃窃私语，反对的声音也随之出现。比约-瓦雷纳、康邦等人提出异议，6 月 20 日和 8 月 10 日起义中的重要人物，巴黎议员艾蒂安-让·帕尼斯更进一步，指出罗伯斯庇尔曾把可敬之人逐出雅各宾俱乐部，仅仅是因为他们拒绝服从他的意愿，甚至只不过是提及了"他的独裁统治"。这一场景使人意识到，最后的决战一触即发。

当晚，雅各宾俱乐部内爆发了激烈的冲突，科洛·德布瓦、比约-瓦雷纳和罗伯斯庇尔都想要抢先发言。罗伯斯庇尔占据了讲台，基本上重复了他在国民公会那套偏执的长篇大论，他痛斥自己的敌人，不断提起自己反对无神论的斗争和保卫灵魂不灭的努力，强调自己是"美德的殉道者"。他暂时把那些"无神论和邪恶的传教士"逼入困境，这里他指的是那些效法布里索，追随埃贝尔、德穆兰、丹东和其他曾经的革命领袖的那帮人。理论上讲，大革命是历史上第一次"为人类的权利与正义的原则奠基"，然而事实上，在他之前的所有革命领袖无一例外，都是不值一提的无赖。他们全都背叛了大革命，然而他们的追随者还在持续控诉他——他，罗伯斯庇尔！——他们把"美德的殉道者"说成是"独裁统治"的"新喀提林"！[6] 雅各宾俱乐部投票决定，将所有反对出版罗伯斯庇尔演说的人逐出俱乐部。

罗伯斯庇尔过早地相信他能赢得这场斗争。比约-瓦雷纳和科洛·德布瓦知道第二天他们就会在国民公会上受到指控，因此只剩下几个小时的时间用来自救。一整晚，这两个走投无路的人都在努力说服两个行政委员会中每个可以想到的盟友，包括一直以来总是卑躬屈膝的巴雷尔。面对罗伯斯庇尔有可能也对他不满的暗示，巴雷尔大为惊恐，到了最后一刻才不情愿地倒戈，反对罗伯斯庇尔。与此同时，卡诺、瓦迪耶和塔利安已经获得了国民公会中所有吓破胆的议员的支持。[7] 1794年7月27日（热月9日）一早，国民公会中的演出达到了高潮，当天的会议由科洛·德布瓦主持。圣茹斯特做了关于危害大革命"派系"的报告，指出在行政委员会内部，"科洛·德布瓦和比约-瓦雷纳对公事不闻不问已经有一段时间了"，他们似乎"已经自暴自弃，只专注于私人利益与立场"。他的报告一结束便立刻引发了骚乱。圣茹斯特还想补充说，在强化大革命及其道德意识的奋战中，科洛·德布瓦和比约-瓦雷纳似乎认为最好不要突出最高主宰和灵魂不灭。他们蔑视关于神意的说法，反对以正确的方式塑造公共精神，而神意"是普通大众的唯一指望，这样的人却被诡辩主义包围，只好恳求上天赐予他们智慧与勇气，以便为真理而战"。[8] 然而当圣茹斯特开始控诉正在恢复启蒙哲学主张的"叛徒"时，塔利安粗暴地打断了他，高声宣布有危险的"阴谋"出现，需要国民公会立刻予以关注。[9]比约-瓦雷纳也附和道："正是那些无休止地谈论美德的人，将其踩在了脚下。"随后，在征得议长科洛·德布瓦允许后，他宣布"密谋者"已经召集了由昂里奥统率的武装力量，用来实施他们的背叛行径。[10]

比约-瓦雷纳和科洛·德布瓦要求立即逮捕昂里奥以及他手下主要的国民自卫军军官，并建议同时逮捕罗伯斯庇尔的另一位主要帮手，无情的革命法庭庭长勒内-弗朗索瓦·迪马。当骚乱平息下来以后，国民公会下令逮捕迪马、昂里奥以及昂里奥手下两名重要的军官——布朗热和拉瓦莱特。随后，一些议员开始高呼是罗伯斯庇尔领导了"这次密谋"。罗伯斯庇尔跳上讲台，然而在一片"打倒国王！打倒暴君！打倒这个新喀提林！"的吼声中，他无法发言。塔利安和瓦迪耶激烈抨击"这个野心勃勃的伪君子实施的暴政"，"这个新克伦威尔"，塔利安发誓他要亲自将尖刀刺进任何缺乏勇气批准"暴君逮捕令"之人的胸膛。科洛·德布瓦提议实施逮捕，在一片激昂的喝彩声中，国民公会下令逮捕罗伯斯庇尔，随即也下令逮捕库东、圣茹斯特、奥古斯丁·罗伯斯庇尔和另一名公安委员会中最为专横的成员——皮埃尔·勒巴，此人是个毫无怜悯之心的律师，曾在阿尔萨斯与其他地区为非作歹，行为令人发指，他同时也是罗伯斯庇尔和圣茹斯特的密友。

热月政变的序幕由此拉开，它直接来自在镇压以及恐怖统治期间沆瀣一气的那些人之间的裂痕。[11]罗伯斯庇尔的主要罪名包括在 1793 年至 1794 年冬季期间，他曾暗中试图挽救沙博、德穆兰、巴齐尔和拉瓦莱特，避免将他们推上断头台。这一指控完全是那些将其推翻的人无情的一面的写照。[12]罗伯斯庇尔被带走的时候只来得及痛骂议长科洛·德布瓦和整个立法机关。但他尚未彻底倒台。当天下午，就在国民公会起草并印制他们关于"危险阴谋"的说法并将其送往巴黎街区、公社和法军部队时，罗伯斯庇尔的支持者正努力煽动巴黎公社、国民自卫军、雅各宾俱乐部和巴黎街区起事，而且一开始还颇为成功。当日被捕的人并未被关入卢森堡监狱严加看管，而是被人从看押人员手中强行带走，送到市政厅，置于巴黎公社的保护之下，奥古斯丁·罗伯斯庇尔则在被单独送往圣拉扎尔监狱的途中获救。最初，亲罗伯斯庇尔分子在雅各宾俱乐部重新占据上风，下令把那些投票赞成逮捕罗伯斯庇尔的议员逐出俱乐部。[13]钟声响彻巴黎各街区，号召无套裤汉行动起来。[14]昂里奥率领他的党羽骑马驰过街头，高声呼喊，说国民公会试图谋杀"最优秀的爱国者"，此外，他还成功动员了一些国民自卫军分队。[15]国民公会当晚回应，将昂里奥、巴黎市市长以及所有参与这次暴动的巴黎公社总议会成员视为不法分子。[16]议会指派十二人委员会负责监督镇压叛乱的行动，瓦尔省议员保罗-弗朗索瓦·巴拉斯过去是恐怖统治的实施者，重要的雅各宾派成员，也是热月党人中的一位，在这一决定性的时刻，他没有陷入慌乱，奉命指挥国民公会武装力量作战。他对国民公会大厅采取强化保护措施，预防巴黎公社煽动暴民向议员们发动攻击。

巴黎街区议会聚在一起召开紧急会议，但很快产生了分歧。这标志着斗争高潮的到来。罗伯斯庇尔主义的精髓，在于通过操纵街区议会来镇压那些得不到准确信息的手工业者。现在，四分五裂的正是这一关键机制。在至关紧要的时刻，他们无法煽动起足够多的无知群众。在数小时的争吵过后，18个街区的革命委员会拒绝支持罗伯斯庇尔，并向国民公会派出代表团，承诺支持那里的议员。巴黎郊区的无套裤汉大都不愿支持罗伯斯庇尔，即便对待昂里奥，他们也态度冷淡，而他曾是最受他们喜爱的大人物。[17]雅各宾俱乐部也陷入了分裂，有人站在罗伯斯庇尔一边，其他人则支持国民公会。最后，支持国民公会的成了多数派，认为那些反对昂里奥暴动的才是"真正的雅各宾派"。事实证明，团结起来支持罗伯斯庇尔的人也并不积极，更有甚者，在关键的几个小时过去后，暂时支持罗伯斯庇尔政权的群众也纷纷散去。据说在热月9日深夜，市政厅广场上几乎空无一人。凌晨两点，巴拉斯带着忠于国民公会的武装人员现身，发现市政厅无人守卫，冷漠的支持者已经完全抛弃了藏在里面的各位被告。现场发生了短暂的骚乱，两边用手枪对射；奥古斯丁·罗伯斯庇尔从窗台上跳下，身负重伤；勒巴饮弹自尽；昂里奥逃走了，但后来也被抓获；其他人多数受伤并被捕。[18]

罗伯斯庇尔开枪自杀未遂，下颌血流如注，最终被捕。第二天，即热月 10 日（天清气朗，阳光普照），国民公会整日开会，听取了大量证人的证词，他们纷纷指控"现代克伦威尔及其兄弟的道德沦丧与卑鄙"，罗伯斯庇尔的弟弟被控盗用公款。在短暂的审讯过后，罗伯斯庇尔及其 22 名主要支持者，包括圣茹斯特、昂里奥、库东、奥古斯丁·罗伯斯庇尔、帕扬和弗勒里奥-莱斯科，便被革命法庭轻率地判处死刑，由囚车押往革命广场。在那里，妇女们跳起轻快的舞蹈，发出欢呼，为即将目睹可憎的暴君落入"地狱深处"而兴奋不已。

死刑犯当中有 12 名巴黎公社官员，为首的是巴黎的新市长让-巴蒂斯特·弗勒里奥-莱斯科和克洛德-弗朗索瓦·帕扬。帕扬是救国委员会联络办公室主任，即便曾是多菲内的贵族，后来却成为巴黎公社的国内密探，是罗伯斯庇尔监视其同僚的主要间谍之一，也是他亲自选入革命法庭的冷血成员。比利时人弗勒里奥-莱斯科也是革命法庭的一员，尽管他是来自布鲁塞尔的外国人，却成了罗伯斯庇尔的朋友，那年春季他取代帕什成为巴黎市市长，因为后者不愿参与反对埃贝尔的行动。在此前一天下午动员大家反对"新密谋者"、支持罗伯斯庇尔的行动中，弗勒里奥-莱斯科是除昂里奥之外最积极的一个。在极度兴奋的人群面前，处决程序一共花了好几个小时。轮到罗伯斯庇尔时，刽子手首先除去了罗伯斯庇尔脸上的绷带，那张布满血迹的扭曲面庞在人群中引发了一阵愤怒的吼声。据梅西耶记载，在铡刀落下的那一刻，群众中爆发出雷鸣般的喝彩，欢呼声一直持续了 15 分钟。[19]

"暴君"已死的消息传来，国民公会中同样一片沸腾。第二天，又有 70 名罗伯斯庇尔派成员上了断头台，他们多数是市政官员与国民自卫军军官。7 月 30 日（热月 12 日），第三批人被处决，其中大多是警务人员和巴黎公社官员，包括公社总议会的副主席。[20] 任何一次处决都没有引发丝毫的民众抗议。讽刺的是，当臭名昭著的首席公诉人富基耶-坦维尔把罗伯斯庇尔及其党羽送上断头台的时候，他就像当初处置玛丽·安托瓦奈特和布里索派时一样冷血，没有表现出丝毫的慌张。

一个被震惊的国度

在接下来的几周里，法国各地大量与罗伯斯庇尔有联系或据说有联系的俱乐部领袖、官员和军官被捕，遭到或长或短的监禁。8 月 1 日，富基耶-坦维尔本人也在难以置信的惊愕中被捕，8 月 10 日，革命法庭的残余成员全部被清洗。在某种程度上，很多逮捕都是出于私人恩怨的复仇渴望。8 月初，小朱利安在热月政变过去两周后从波尔多回到巴黎并被捕入狱，他确实与罗伯斯庇尔走得很近，但他之所以被捕，是由于他的雅各宾派敌人与诽谤者塔利安和卡里耶疯狂揭发他；朱利安和其他很多人一样，在 1795 年 10 月以前一直身陷囹圄。[21] 梅斯市雅各宾俱乐部领袖 J. B. 特洛特巴也被逮捕，这位前音乐教师被人误认为是罗伯斯庇尔的手下，直到 1795 年 8 月才获释出狱。[22] 拿破仑在土伦和尼斯的时候曾与罗伯斯庇尔的弟弟过从甚密，因此也一度（在尼斯）遭到监禁，而且之后也被暂时降职。[23]

雅克-路易·大卫同样带着他的笔刷和画架锒铛入狱。据说在罗伯斯庇尔结束其在巴黎雅各宾俱乐部的最后演说后，大卫曾拥抱了他，说："如果你必须服毒，就让我陪你一起。"[24] 若非因为大卫是个艺术家，他可能真的会和那些死硬的罗伯斯庇尔派成员一起身首异处。罗伯斯庇尔倒台后被捕的还有路易-朱利安·埃龙和约瑟夫·勒邦（人称"阿拉斯的屠夫"）；1795 年 10 月 16 日，在长期的监禁过后，勒邦最终在阿拉斯上了断头台。[25] 公安委员会的行政委员埃龙是雅各宾派领袖，他曾在 1792 年 8 月 10 日的起义中受伤，也曾在 1793 年 4 月协助马拉取得胜利。1794 年 3 月清洗埃贝尔派时，他因为罗伯斯庇尔网开一面而逃过一劫，从此成了巴黎警务人员中最残暴的一个，除了所负责的其他事务外，还投身于监视这位暴君在行政委员会中各位同僚的事业。数百名新囚犯被投入监狱，取代了数百名获释者。

罗伯斯庇尔倒台了。这位"新喀提林"及其暴政如此令人不悦，以至于基本上无人负隅顽抗或提出异议。[26] 超过 800 封来自全法各个社区的信件涌入国民公会，祝贺他们推翻了暴君。与此同时，有些写于热月政变之前的请愿书姗姗来迟，还在为罗伯斯庇尔这一"神圣"人物及其领导权受到威胁而表示愤怒，讽刺意味十足。日后，大革命中最狂热的平等主义者之一弗朗索瓦·诺埃尔·"格拉古"·巴贝夫于 1794 年 9 月底评论道，在政治领域，大众的欢迎"一文不值"。热月 9 日以前，10 万巴黎人曾一起高喊"罗伯斯庇尔万岁！"，一两天以后，就不会有人承认自己曾做出那样的行为。在 1794 年秋季踩踏马拉胸像的 10 万法国人中，大部分都曾在他"封圣"之处狂热地崇拜此人。1790 年，当拉法耶特身骑白马来到战神广场，难道没有获得大量群众的景仰？然而在他叛逃之后，就没有任何人赞颂他了。超过 3 万名狂热的巴黎人曾高呼"没有佩蒂翁，毋宁死"，仅仅一个月过后，他们就抛弃了这位一度备受爱戴的市长。既然普通人对正在发生的事几乎一无所知，那么雅各宾主义革命又如何能够得救并得到巩固？1794 年 9 月，有极少数人公开表态，要求恢复思想自由与出版自由，其中包括弗雷龙和巴贝夫。作为"诚实而不幸的卡米尔·德穆兰"的狂热信徒之一，巴贝夫呼吁道，目前的任务是通过动员无精打采而缺乏勇气的法国公民，重塑雅各宾主义的声望。这些公民默默承受了巨大的邪恶带来的震惊，而反对罗伯斯庇尔主义的暴行比罗伯斯庇尔主义本身波及更广，也更有活力。[27]

　　由于罗伯斯庇尔的倒台，大量本应被处决的囚犯得以幸存。沃尔内之所以比暴君活得更久，是因为就在热月政变发生前不久，一位巴黎公社的官员在既定的处决发生之前将其转移到另一座监狱（这位官员本人随后也掉了脑袋），使他正好与前去送他上刑场的押解员彼此错过。德斯蒂·德·特拉西在修道院监狱关了 8 个月，离死亡只差两天，因为对他的审判就定在热月 11 日。然而，从断头台上勉强死里逃生并不等于立刻重获自由。即便包括加拉、松托纳克斯、安东奈尔、爱尔维修夫人、苏菲·德·孔多塞、海伦·玛利亚·威廉姆斯、然格内等孔多塞与罗兰夫人圈子中的人在几天后皆获释放，还有数百名囚犯在狱中又待了数周或数月。沃尔内于 9 月 16 日获释，在那之前他已经在（三个不同的）监狱里待了 10 个月。[28] 德斯蒂·德·特拉西于 10 月 5 日获释并获准返回奥特伊，这时候热月政变已经过去了 10 周，而他算是相对幸运的一个。[29] 潘恩以及其余很多人都在狱中待了更久。尽管身染沉疴，潘恩还是被羁押在狱中超过 10 个月，直到美国新任公使詹姆斯·门罗上任后，才于 11 月 6 日获得了迟来的释放。争取自由黑人公民权的穆拉托人斗士朱利安·雷蒙于 1793 年 9 月 26 日入狱，同样在 11 月 6 日获释。[30] 拉法耶特的妻子阿德里安娜直到 1795 年 1 月才被释放，克莱尔·拉孔布则要等到 1795 年 8 月。

　　然而，热月党人虽然除掉了罗伯斯庇尔精挑细选为他服务的无情人物，却用实际上同样专断、狡诈且善于蛊惑人心的角色取而代之。他们之所以能够接替前任，唯一的资质就是与罗伯斯庇尔的关系没有那么亲密。从意识形态，以及革命理念和原则的角度来看，这种替换没有解决任何问题。罗伯斯庇尔倒台后第二天他们就废除了 6 月 10 日的镇压法令，不过该法令本来就不受大多数山岳派成员欢迎。1793 年 9 月 17 日的《嫌疑犯法案》才是恐怖统治的真正法律基础，而它此时仍然有效。[31] 随着巴黎各街区间不断爆发争吵，在 8 月 13 日，即詹姆斯·门罗出任美国大使的那天，国民公会内部在热月政变后首次发生了严重的冲突。国民公会同意将美国国旗置于议会大厅内，竖立在三色旗旁边，作为世界上最早成立的两大共和国"永久联盟"的象征，日内瓦共和国的旗帜也与法国国旗和美国国旗并列，这是为了向日内瓦的新民主宪法及该市作为卢梭出生地的事实致敬——除此之外意义不大。就在大量演说家忙于谴责罗伯斯庇尔的时候，有关目前新处境的辩论，在是否应该继续采取压制手段或彻底削弱行政委员会权力，乃至是否应该更加全面地否定恐怖统治的问题上产生了激烈的争论。很多议员更担心君主主义、贵族制和反革命势力的反扑，而不是歪曲正义对大革命基本原则的葬送。结果就是，山岳派得以继续在充满不确定性的状态下继续掌权 6 个月。所谓的"热月反动"，只不过是集中精力消灭罗伯斯庇尔的追随者。热月党人的优势在于，大革命早期大部分真正的自由主义和民主主义共和派的重要人物如今或死或逃，要么就像多努、加拉、沃尔内和潘恩一样依旧身陷囹圄。在 8 月期间，杰出的宪法与教育改革家，加来海峡省议员多努在铁窗后拟定了一份系统的教育改革方案，这是扭转山岳派高压统治与威权主义的唯一有效手段。[32]

　　因此，对已经废除的各种自由，热月政变只恢复了非常有限的一部分。1794 年秋季,大革命的核心价值看上去几乎没有可能很快得到重建。在巴黎内外,人们都小心行事,不敢越雷池一步。即便很多死硬的罗伯斯庇尔派成员被处决或下狱,还有数千名恐怖统治的实施者活跃在岗位上——议员、官员以及警务人员。外省的行政人员仅仅把恐怖统治和罗伯斯庇尔的同伙联系起来,希望就此掩盖他们自己的踪迹与罪行,并作为饱受冤屈的人民可敬的代表东山再起。

因此,大众社团之所以向国民公会表示祝贺,并非因其中止了镇压或恐怖统治,也与其捣毁破坏大革命的美德意识形态无关,而仅仅是因为它除掉了“新克伦威尔”,那个可能会“称王”的人,那个腐蚀国民公会的“怪兽”。自然,国家权力结构确实随之改变了。热月党人很快采取行动,废除革命法庭,重组国民自卫军,清洗行政委员会,恢复重要军官和行政官员的职权。8 月 24 日,他们大幅削减了公安委员会的权力,随后将其大部分职权范围限制在军事与外交事务上。瓦迪耶越来越遭人非难,人们指责他在 1790 年至 1791 年间曾支持巴伊和拉法耶特,当初拒绝并诋毁“共和制”的态度更甚于罗伯斯庇尔,是个虚伪的家伙。[33] 9 月 1 日,他被逐出公安委员会。尽管从心理、情感与心智方面走出恐怖统治可怕创伤的过程痛苦而缓慢,在当时的局势下,转变很快变得势不可挡。恐怖统治本身的阴影已经过去。国民公会重掌大局。数周之内,好几份在恐怖统治期间遭到限制或取缔的报纸重新冒头,它们如今全在激烈谴责罗伯斯庇尔暴政的不择手段,其中以塔利安的《公民之友》(L'Ami du citoyen)、《哲学周刊》,以及 9 月 12 日加入这一行列的弗雷龙的《人民演说家》最为著名。

出版业如今可以无所顾忌地攻击罗伯斯庇尔的暴政,然而它们不能批判山岳派或热月党人。试图越过雷池的作者所要面临的代价依然高昂。无套裤汉领袖,贫穷郊区的“演说家”让·瓦尔莱不仅痛斥罗伯斯庇尔,也诅咒目前执掌大权的整个集团,1794 年 10 月 1 日,他发表了一针见血的小册子《爆发》(L'explosion),点名谴责巴雷尔、瓦迪耶、比约-瓦雷纳、科洛·德布瓦、阿马尔、卡里耶以及坚定的山岳派分子,来自里尔的医生皮埃尔-约瑟夫·迪昂。1793 年 6 月,瓦尔莱提醒读者,就在推翻布里索之后，自己立刻成为弃子，等他意识到那些推开他的人正是背叛无套裤汉与大革命的流氓时已经太迟了，他们给山岳派"可怕的独裁"提供了动力。他为山岳派明显的欺诈行为感到震惊，再也不想与其发生任何联系。他于1793年秋季被捕，之后很快获释。在他这本发表于1794年9月的小册子中，瓦尔莱宣布，挽救大革命的唯一方式是根除滥用权力的行为，回归大革命的核心原则，在他看来，这种回归意味着重新让街区享有充分的直接民主。"共和派！你们还在沉睡！而共和国已经戴上了镣铐。"[34]他说得很对：热月党政权再次逮捕了他。他此后一直受到关押，直到1795年10月才再次获释。

出版业仍然在一定程度上受到限制。反抗的声音依旧噤若寒蝉。因此，热月政变标志着对罗伯斯庇尔本人及其独裁统治的全面拒斥，它消灭并监禁了数百人，然而这样的清洗却是在凭空捏造的前提下，由很多更卑鄙的人与最寡廉鲜耻的恐怖统治者亲手实施的。他们在自己与罗伯斯庇尔的同谋之间建起一道虚假的人造高墙，在没有任何道德或意识形态动力的依据下追捕曾经的同僚。格拉内和莫伊兹·培尔在马赛掌权，其他主要城市同样陷入专制的局面，就像巴黎一样。[35]在梅斯，曾因欺诈而震惊了美因茨的福斯特的梅兰·德·蒂翁维尔，一面继续贪污腐败的勾当，一面还在极其卑劣地追捕自己曾经的雅各宾派盟友。因此，在热月政变过后对罗伯斯庇尔进行谴责——大卫也毅然决然地加入了这一行列——绝不意味着真心实意地否定山岳派、低级卢梭主义、威权主义或恐怖统治本身。就在恐怖统治得到大幅度缓解的时候，巴拉斯、科洛·德布瓦、比约-瓦雷纳、瓦迪耶、阿马尔、梅兰·德·蒂翁维尔等恐怖统治领袖却暂时确保大权继续掌握在山岳派手中，然而这些人并不比热月政变前的当权者温和或干净。[36]控制两大行政委员会的山岳派新领袖除了上文提及的那些，还有特雷亚尔、迪蒙，以及公安委员会前委员雅克-亚历山大·蒂里奥，他曾是布里索派，后来在恐怖统治期间成为山岳派领袖，但在热月政变前不久与罗伯斯庇尔决裂，被当成隐藏的"温和派"和"布里索派"而被逐出雅各宾俱乐部。安德烈·迪蒙是恐怖统治的资深参与者，在法国北部，他是最为狂热地迫害神父的人之一。热月政变后，上述人等与科洛·德布瓦、比约-瓦雷纳、阿马尔和巴雷尔一起努力，拒绝更多根本性的改变，将温和主义斥为反革命势力的头号"通行证"。

巴贝夫提醒人们，"你是雅各宾派"这句话被当成侮辱的那些日子过去还没多久。[37] 但在热月政变过后，究竟谁才是"雅各宾派"？真正的雅各宾派大都要么上了断头台，要么被流放。弗雷龙和巴贝夫担保，雅各宾俱乐部依然拥有一些"真正的爱国者"，然而据弗雷龙说，在声名扫地的领导层强加的暴政束缚下秘密发出抱怨的人中，只有 15 名寡廉鲜耻的家伙试图完成不可能的任务，那就是让高压统治以一种区别于罗伯斯庇尔那样公然无情的方式继续下去，同时坚持一套陈腐乏味的意识形态。弗雷龙固然道出了很多因热月政变的有限程度而苦恼者的心声，然而他自己的所作所为远谈不上清清白白。即便他真的憎恶罗伯斯庇尔和"巴雷尔主义"，他依然崇敬着马拉（马拉也将他看作自己最珍视的信徒）。[38] 虽然热月党人煞费苦心，但要想在他们自己与罗伯斯庇尔的暴政之间建起隔离墙，还存在一个问题，那就是他们之间的区别完全是凭空捏造的。在罗伯斯庇尔的独裁统治与他们之间并没有清晰的界线。因此，伴随罗伯斯庇尔之死而来的是针对其人格的压倒性诋毁，一并遭到诋毁的还有他到处安插的那些恶毒无耻之徒，《哲学周刊》称之为"不忠的执行人"，他们是他有意招来"腐蚀共和主义原则"的。[39] 除此之外再无其他。

事实上，人们创造了一整套全新的政治神话。只要无休止地贬低罗伯斯庇尔、库东和圣茹斯特，雅各宾党人本身一尘不染而刚正不阿，只不过惨遭背叛这一神话就获得了多数人的认可。按照这种说法，巴黎公社、武装力量、司法机构和公共舆论本身全被同一个堕落的怪胎操纵了。这位暴君凭一己之力，便将每个公民的生死玩弄于股掌之间。就在罗伯斯庇尔被处决前不久，尚福、（不久后便入狱的）然格内和年轻的经济学家让-巴蒂斯特·赛于 1794 年 4 月创立了《哲学周刊》。该刊指出，难以抑制的自我中心主义是罗伯斯庇尔与众不同的特色：在那套关于"美德"和"祖国"的话语体系背后，他关注的其实只是他自己。[40] 一方面，"不可腐蚀者"确实名副其实：人们在处决罗伯斯庇尔后，在其家当中几乎没有发现金钱或任何值钱之物。然而从政治上讲，没有人比他更加堕落，关于这一点，最可靠的证据便是，他特地选为亲信的执行人，全是最卑鄙、最无知、最邪恶的"打手"——正如丹东的医生博多所说——"毫无任何教养与品德"。罗伯斯庇尔只招募那些最可憎的家伙——比如帕什、昂里奥、勒邦、弗勒里奥-莱斯科、埃龙和帕扬——这让该暴君能够肆无忌惮地对待同僚，随心所欲地消灭下属。[41]

从抨击罗伯斯庇尔的个人独裁到承认集团性独裁，再到对某个受到重创的体系进行严肃分析，这一过程实属不易，漫长且充满隐忧，因为该系统正是属于那些要对破坏大革命负责并在热月政变之后继续实施暴政的人。在这股批斗潮流与报业耸人听闻的揭发行动中，《罗伯斯庇尔的追随者》（ La Queue de Robespierre ）这部小册子影响甚巨。它出版于罗伯斯庇尔倒台一个月后的果月 9 日（1794 年 8 月 27 日），内容则取"尾巴"一词的双关含义大做文章，印数高达数万份。小册子的作者是寡廉鲜耻的双面间谍让-克洛德·梅埃，他是塔利安的盟友，曾参与 9 月 2 日的大屠杀，后来成为巴黎公社议员登记员。梅埃强调，如今罗伯斯庇尔已经倒台，可他手下最无情的那些人还没有。他特别揭露了三名重要的热月党人——科洛·德布瓦、比约-瓦雷纳和巴雷尔。[42]他的小册子面世两天后，积极反对雅各宾派的凡尔赛商人洛朗·勒库安特就针对恐怖统治者向议会提交了一份咄咄逼人的二十六点诉讼状，此事并非巧合。他指控七名重要的雅各宾派成员——科洛·德布瓦、比约-瓦雷纳、巴雷尔、阿马尔、瓦迪耶、让-亨利·傅朗以及大卫是罗伯斯庇尔和圣茹斯特的帮凶，参与了他们最令人发指的暴行。他们曾消灭及逮捕了数万人，让全法国饱受恐惧与绝望的折磨，后来还故意阻挠或推延释放因犯以及将国民公会和其他政府机构从恐怖统治下解放出来的进程。[43]

攻击暂时被转移了方向。虽然无人为罗伯斯庇尔辩护，但支持山岳派的还是大有人在。被勒库安特点名的人指控他不负责任地到处撒网，诽谤诚实的人，让国民公会蒙羞。蒂里奥认为，公共利益要求议会断然否决勒库安特的指控。随着辩论的进行，有超过 50 名发言人加入进来，其中大多数人指出，如果比约-瓦雷纳和科洛·德布瓦必须下台，那么应该因犯下可怕的罪行而受到指控的就不仅仅是两大行政委员会，而是整个国民公会，后者因懒散与漠然而充当了罗伯斯庇尔作恶的同谋。"受到指控的是国民公会，"一位重要议员表示，"这项指控针对的是法国人民，因为他们曾默许臭名昭著的罗伯斯庇尔滥施暴政。"[44] 议员们凭借人数上的优势，轻而易举地否决了勒库安特的指控，称其为"不实的诽谤"。[45] 塔利安、弗雷龙和勒库安特均被逐出雅各宾俱乐部，勒库安特还被逐出了国民公会，但并未受到进一步打击。

在那些试图将雅各宾派与恐怖统治者区分开来并将前者罪责降至最小的人中，并非人人都在撒谎。很多人始终坚信，1793 年 5 月 31 日的政变合情合理，罗伯斯庇尔是在那之后的 1793 年夏天才变成复仇心切的"尼禄"，持此观点的人包括巴贝夫、弗雷龙、瓦尔莱、朱利安和安东奈尔。在 1794 年 9 月《出版自由日报》(*Journal de la Liberté de la Presse*) 的创刊号上，巴贝夫提出，一定有两个不一样的罗伯斯庇尔。直到 1793 年初，罗伯斯庇尔还是个真正的雅各宾派，纯粹而正直，英勇地捍卫着大革命的根本原则；而那个可鄙的独裁者则是后来才出现的。[46] 这样一来，巴贝夫的报纸也为炮制关于雅各宾派的神话做出了贡献，那就是直到 1793 年初，"老雅各宾派"都是些真正的人民英雄，而 1793 年 6 月过后的新雅各宾派则是彻头彻尾的罪犯。巴贝夫宣布，真正的雅各宾派弗雷龙和安东奈尔与新雅各宾派"势不两立"，前者如何地坚持人的权利，后者就在以同样的强度破坏它们。[47] 新雅各宾派背叛了人民；老雅各宾派则践行了真理。对热月党人不愿清洗所有恐怖统治者一事，巴贝夫表示十分遗憾：罗伯斯庇尔业已伏诛，但真正的雅各宾主义不容动摇。然而奇怪的是，巴贝夫和弗雷龙一样，始终看不清马拉与罗伯斯庇尔一样，其带有破坏性的影响力早在 1793 年 5 月前便已存在。

巴贝夫的报纸提出，如今坚持人的权利的真正共和派，先是被逐出雅各宾俱乐部，而后入狱，再遭处决。出版自由正在逐步恢复，这并非热月党人的功劳，正是他们阻碍了这种自由恢复的速度。自由之所以得以弥补，应该归功于极少数英勇的反对派，比如弗雷龙和巴贝夫本人。[48] 10 月 5 日，弗雷龙的报纸来势汹汹，谴责巴雷尔起初是保王派，再支持拉梅特兄弟，之后又成为斐扬派，最后变身为最狡猾的"恐怖统治者"之一。[49]

巴贝夫与后来的朱利安一样，先于弗雷龙立志通过办报成为德穆兰那样的革命领袖，追求成为真正的"共和派启蒙哲学家"，为世人树立典范。[50] 总而言之，人们需要更多这样的革命脊梁！真正的哲学民主主义可以在出版自由的基础上得到复兴。然而，就当时的情况来看，大革命依然是对立阵营尖锐纷争的竞技场，既有老雅各宾派，也有布里索派，他们都意图在"永恒人权"的基础上建立政府，而实际掌权的腐败残余势力则继续沿用罗伯斯庇尔的那套方法。[51]

　　没过多久，要求罢黜前山岳派人士的声浪卷土重来。《人民演说家》称之为"残暴野兽"的那伙人，从来没能完全压制缓慢增长的抗议，以及"极少数英勇作者奋力揭露其罪行"的声音。罗伯斯庇尔的狡诈与独裁所带来的创伤、惊骇与愤慨缓慢但坚决地演变成越来越强烈的呼吁，要求开展一次大范围的深入调查，看看当初究竟是哪里出了问题，以便彻底揭露关于山岳派道德败坏与意识形态堕落的一切。[52] 很多像瓦尔莱那样的无套裤汉主动承认，他们当初确实被人误导，这一事实令人震怖。那套关于"人民意志"的话语体系充满了欺诈，如今这一切已经显而易见，只有最迟钝的人还在执迷不悟。在弗雷龙及其《人民演说家》的坚定支持下，塔利安要求彻底终止恐怖统治，复兴正直的风气。"让我们揭发所有叛徒、无赖、阴谋家以及罗伯斯庇尔的追随者。""让我们建立美德的帝国"——但是这一次，要倡导真正的美德，而非罗伯斯庇尔宣扬的冒牌货。[53] 弗雷龙在之后热月时期的文章中，将德穆兰视为自己的主要灵感来源，"在另一个世界"，德穆兰依然在指引我们。他认为，如今倾泻在罗伯斯庇尔个人身上的指责实在过多。弗雷龙指出，难道不是在 1794 年夏季罗伯斯庇尔本人缺席行政委员会的日子里，命丧断头台的无辜者人数达到了顶峰？什么也不能掩盖比约-瓦雷纳、科洛·德布瓦、巴雷尔、阿马尔和瓦迪耶参与恐怖统治中最恶劣暴行的事实。[54] 据弗雷龙估计，从 6 月 12 日到 7 月 27 日，在罗伯斯庇尔缺席公安委员会的 45 天里，巴黎共有 1285 名罪犯被处决，而在之前 45 天内被处决的只有 577 人。[55] 这样的指控足以推翻当时的当权者。

　　然而弗雷龙哀叹道，在 9 月期间，他的报纸《人民演说家》那"爱国主义之声"依然遭到禁止,暴政仍旧主宰着一切。事实证明,想要驱逐压迫者,根除马基雅维利主义、巴雷尔主义和尼禄主义,恢复正义和自由的永恒原则并不是件简单或容易的任务。只有经历艰巨而痛苦的过程,大革命才能找到回归真正共和主义理念的正道——人的权利、自由、平等、言论自由以及追求全社会利益的新秩序。据弗雷龙观察,所幸目前的山岳派领导层并不受民众的尊重或欢迎,就连那个"现代尼禄"六年来将真正推动大革命之人的功劳"据为己有"后受到的最低限度的欢迎,如今的当权者都不具备。大部分新独裁者——他专门点了迪昂、勒瓦瑟、奥杜安和阿马尔的名——全是彻头彻尾的平庸之辈。[56](1794 年 6 月,帕扬曾在一份秘密报告中,就阿马尔的无能向罗伯斯庇尔提出警告。)[57]

　　与此同时,整个国家也处于动荡不安之中。尽管新雅各宾派的统治并不稳定,他们依旧掌控着全局。可想而知,无套裤汉始终心怀愤恨与不满。多个巴黎街区派出代表团谴责"革命委员会",称其为专制统治的工具。[58] 9 月,巴贝夫估计眼下有 12 到 15 个同情人权捍卫者的巴黎街区,反对新雅各宾派,然而剩下的街区还在顽固地默许新雅各宾派的得势。[59]官方发言人称,"贵族制"意在利用不稳定的局面,借爱国者之口讲出颠覆性的话语,推翻大革命。整个秋季,也许并不稳固,但政治主动权仍主要掌握在前山岳派人士手中。人们发出大量警告,反对放松革命司法,因为据信只要有了它,大革命就能得救。资深的山岳派成员毫不妥协地断言,必须坚持从前的路线,增强行政委员会的权力——否则反革命势力就会获胜。[60]

　　那个被山岳派称为"温和主义与软弱的系统",只会造成"可怕的混乱"。[61] 布里索派议员于 1793 年秋季被清洗出国民公会,如今仍幸存的超过 70 名议员(包括卢韦、加拉、潘恩和多努)不得恢复名誉,在可以预见的将来也不得重返国民公会。那些因为东躲西藏或获释而幸存的布里索派议员必须小心行事。勒德雷尔重新开始写作,但尽量保持低调,直到1794 年底前都在使用假名发表文章。[62] 10 月获释的沃尔内逃出首都,避居马赛,1793 年 2 月他从科西嘉回来,曾把自己的财物和手稿留在那里。后来他又去了尼斯。尽管经国民公会一致投票通过,潘恩和其他在 1793

年 6 月遭到驱逐的布里索派议员终于在 12 月重回国民公会，并获得了欠付的薪资，但他还是保持了长达数月的沉默。长时间的监禁使他身染疾病并陷入沮丧之中，而且他自认为眼下公开发表个人观点并不明智。总的来说，他对大革命的前景不抱希望。[63] 直到 1795 年 7 月 8 日，在其盟友朗特纳斯的鼓励下，他才在国民公会起立发言。[64] 路易-菲利普·德·塞居尔伯爵是自由派贵族、作家、历史学家，路易十六在凡尔赛的宫廷中最有才华的廷臣，曾对拿破仑大加称颂，他之前因躲藏起来而幸免于难，在他看来，此时举家返回巴黎并不安全，因此直到 1795 年春季方才返回。[65]

　　恢复舆论自由和出版自由的限度在哪里？这成了国民公会和整个法国争论的焦点。其余坚定的雅各宾派成员，罗伯斯庇尔政权的受害者如罗贝尔和安东奈尔最近才被释放，毫无疑问，由于担心会给布里索派复兴或保王派东山再起提供帮助，他们情愿在热月党人的统治下一言不发，也不愿应和弗雷龙和巴贝夫的说法。[66] 他们持有这样一种观点：如果不把大革命的支配权交回德穆兰与菲利波之友弗雷龙始终反对的布里索派手中，出版自由和"人的权利的永恒原则"又怎么可能恢复？

　　作为反对派，活跃的新布里索派已经吸纳了一定数量的议员，出于种种原因，他们都逃过了 1793 年的清洗并留在了国民公会。其中包括罗兰的朋友让·德布里，他曾在恐怖统治期间保护罗兰的女儿，[67] 如今他成了公安委员会的成员，激烈批判威权民粹主义式的"尼禄主义"。另一位则是反天主教的共和派人士雅克-安托万·克勒泽-拉图什，他曾支持将是否对路易十六进行审判付诸全民公决，在罗伯斯庇尔死后，国民公会投票将其选入救国委员会。还有一位是翻译潘恩作品的朗特纳斯医生，当初马拉将他从原始的"二十二人"名单上剔除，因为他是个"可怜而无害的家伙"（朗特纳斯当时以为马拉疯了）。他们当中还包括弗朗索瓦·安托万·德·布瓦西·德·安格拉斯，他是一位有新教背景的反教会人士，曾支持全民公决，并谴责对布里索派领导层的逮捕。由于口吃，布瓦西在国民公会上发言不多；不过如今他同样进入救国委员会。上述众人组成了一个强大的阵营。

　　尽管像雅各宾派报纸控诉的那样，布里索派的同情者抨击"自由"捍卫者的言论越来越多，大部分幸存下来的重要布里索派成员仍然处于藏匿或被监禁的状态。从要求给 74 名遭到驱逐但幸存下来的"吉伦特派"议员复职的呼声背后，当局自认为发现了一大群危险的温和派和保王派。[68] 然而只要共和左派依然无法进入国民公会，任何关于恢复自由、正义与廉洁的呼声就不可能成为现实。就释放他们一事，当局承受着越来越大的压力，因此在热月政变过去 4 个多月后，在 1794 年 12 月中旬，他们终于作为国民公会议员回归。获释的布里索派马不停蹄，立刻指控热月党人为"罗伯斯庇尔的党羽"，这一策略十分有效，因为对 1794 年底的前山岳派人士来说，没有什么比这样的指控更危险的了。山岳派成员，无论是否支持罗伯斯庇尔，一律被布里索、让索内、巴尔巴鲁和卢韦的追随者视为同属一个阵营，被一并定罪。政治局势再度升温。在经历了检举马拉失败和 1793 年 6 月的垮台后，布里索派如今真的能推翻山岳派，赢得重塑大革命灵魂的斗争吗？[69]

第 22 章

后热月政变时期

1795 年至 1797 年

民主共和国?

可以确定的是，热月党人正渐渐地大权旁落。考虑到当时的局势，也不可能出现其他情况。但大革命的声望、完整性与原则能否恢复？在最初热情支持大革命的人中，有很大一部分在经历山岳派的暴政及倒行逆施的热月党余波之后已经感到幻灭，几乎不再对此抱有乐观的态度。奈容是狄德罗的信徒，对山岳派和恐怖统治深恶痛绝，他并未放弃自己早期的革命理想，但仅限于与拉阿尔普相同的程度，此时就连他也承认，虽然在"旧制度的淫威"下要忍受无尽的苦难，但也比经历罗伯斯庇尔暴政的"所有邪恶"要好。他哀叹道，从 1793 年 6 月起，就连"革命者"一词本身的意义都发生了变化，从人类自由与尊严的捍卫者变成了政治与道德的"怪兽"。大革命果真值得付出如此惨痛的代价吗？[1]

然而社会不可能倒退。奈容继续说道，所有心怀好意、深入"反思过这一问题"的有识之士，都必须团结在大革命的真正原则周围，承认所有人与生俱来的权利是互惠互利的，为所有人所共享。[2] 1789 年至 1793 年的自由主义与共和主义大革命幸存者，不论身体与精神遭受了多么严重的创伤，无论如何怨愤难平，仍然立誓扭转"真正大革命"的崩溃势头，重建浸润了启蒙运动与反卢梭主义的共和主义，使其朝着启蒙与改善社会的方向发展。对他们来说，挽救大革命首先意味着要全面根除山岳派的独裁统治和腐蚀了共和国的异端，重建关乎民主、平等、人权的大革命。为了实现这一目标，幸存的布里索派成员理论上可以和卷土重来的老雅各宾派及老科德利埃派联手，比如弗雷龙、巴贝夫、朱利安、雷亚尔和安东奈尔，他们珍视丹东与德穆兰的遗产，看上去同样热切地想把大革命与罗伯斯庇尔、圣茹斯特以及热月党人的好恶分割开来。皮埃尔-弗朗索瓦·雷亚尔是一名法律官员，于 1795 年成为重要的民主共和派记者。[3] 尽管他反对布里索派，却还是对 1794 年 4 月的大清洗表示遗憾，在丹东被捕后，他也被囚于卢森堡监狱。老科德利埃派、老雅各宾派和原布里索派这些截然不同的派系之间存在和解的可能，在国外，还存在一股新兴的理想主义共和派力量，包括“现代自由主义之父”邦雅曼·贡斯当，然而这个时候，他还既不是“自由派”，也不是“温和派”，而是坚定的民主共和派（后来则转变了立场）。

　　然而山岳派那有悖常理的逻辑还远远没有彻底黯然失色。1794 年 10 月 9 日，于 1793 年 10 月 3 日被逐出议会的 12 名议员依然被囚禁在自由港的监狱中，在多努和古典学者让-约瑟夫·迪佐的领导下，他们向公众发表了集体宣言，结果却重新引发了昔日的争论。皮埃尔-克洛德·多努生于布洛涅市，是位杰出的学者，曾在若干学院任职，是后来在 1799 年间被派往罗马协助成立新的革命共和国的共和派议员之一。在 1793 年夏季，他因抗议将布里索及其同僚逐出议会而被捕入狱。正如在 1795 年重回纷争的其他共和派知识分子那样，多努是孔多塞的热忱信徒。他既是起草宪法的十一人委员会的成员，也是公共教育委员会的成员，同时还是督政府时期立法机关中的重要人物之一，后成为五百人院的首位“主席”。

　　他们召集国民公会议员，希望国民公会承认他们对 1793 年宪法做出的贡献，接受 5 月 31 日和 6 月 2 日起义的性质，即纵使两次起义均由人民发起，但人民当时受到了误导。然而此举遭到了顽固的抵抗。在押的议员们认为，1793 年 6 月 2 日政变不具备任何合法性。他们为何依旧身陷狱中？“联邦主义完全是捏造出来的荒谬指控。”[4] 但老雅各宾派和丹东派回应道，该指控并非空穴来风，6 月政变也并不违法。即便罗伯斯庇尔废除 1793 年 6 月宪法的行为并不合法，国民公会又如何能在不给那 71 名幸存的布里索派议员复职的情况下赦免十二人委员会呢？要给那 71 名议员复职，又怎能否认 1793 年 5 月 31 日和 6 月 2 日起义是同时反对革命与国民的恶劣罪行，否认针对联邦主义的指控完全是无理取闹？这样的立场就意味着承认山岳派自始至终都是错的，而布里索派才是正确的一方。雅各宾派不应否定 1793 年 6 月 2 日的政变。一旦否定该政变，就意味着人民由于自身的无知与轻信，破坏了他们自己的大革命。

对老雅各宾派来说，联邦主义的罪名既非凭空捏造，也非不合实情。巴贝夫的报纸指出，甚至在热月政变过后，这些布里索派还对大革命发挥着如此巨大的影响力，这是件多么奇怪的事！像巴贝夫、弗雷龙和安东奈尔那样畏惧承认吉伦特派已经在道德上取得胜利的革命者，情愿嘲讽多努、勒德雷尔、若利韦等人强烈要求释放 71 名议员的传单。此外，真正的老雅各宾派所能强调的原则本身也始终存在具体差异。老雅各宾派认可由无套裤汉直接发起的街区行动，而布里索派则并不如此，至少在经历了最近发生的一切后，他们不再如此。1793 年 6 月颁布的宪法则是另一个问题。戈尔萨斯还健在的时候，难道不曾与孔多塞一道，"傲慢地"否定了 1793 年 6 月的宪法，称其为怪异而"畸形的尸体"？巴贝夫发现，一些新布里索派传单是由戈尔萨斯遗孀的印刷厂发行的，他据此讽刺意味十足地发问：戈尔萨斯如今是否已经成为圣人，正从天堂给人们降下神谕？[5]

格拉古·巴贝夫是大革命中的幸存者，也是社会平等的热心拥趸，早先活跃于亚眠，在那里发行一份带注解的地方性民主日报《皮卡第通讯员》(Le Correspondant Picard)。像许多编辑一样，他在恐怖统治期间被强制禁言，还蹲了很久的牢房。他解释道，通过阅读"哲学"，自己成了热忱的共和派、民主派、"平等"的拥护者。从 1794 年底开始，他成为大革命中最强硬的平等主义者，守护着革命传统中强调平等的分支。热月政变后的 1794 年底，他奔走呼号，强烈呼吁出版自由和 1793 年宪法。他创办于 1794 年 9 月的《出版自由日报》谴责恐怖统治，像弗雷龙和瓦尔莱那样，对"怪兽"虽已不在，根除罗伯斯庇主义的行动却并未广泛开展一事大加抱怨。[6] 然而巴贝夫对恐怖统治的强烈谴责并没有持续太久，[7] 到了 1795 年，他就转变了立场，意识到自己踏上的平等主义征程将不可避免地走向反对立法机关的方向，因为他唯一可能的盟友只有当初那些雅各宾派的好战分子，而如今正是压制这些好战分子的人主导着立法机关。

巴贝夫在 1794 年底暂时否定恐怖统治与罗伯斯庇尔的态度，并不影响他对布里索派的厌恶与仇视，这与他日后的平等主义盟友与伙伴皮埃尔·安托万·安东奈尔侯爵相似。安东奈尔是阿尔勒市的第一位民选市长，也是大革命中最突出的重要人物之一。他放弃自己的贵族身份，成为好战的雅各宾分子。他受命担任山岳派革命法庭成员，直接参与了 1793 年 10 月对布里索及其同僚进行的作秀式审判与裁决。然而后来他在 1794 年 3 月与富基耶–坦维尔决裂，被救国委员会下令逮捕，关押在卢森堡监狱。热月政变后获释的安东奈尔在整整一年里都保持了沉默，随后才成为新雅各宾平等主义的重要鼓吹者，尤其通过极具影响力的《自由人日报》（*Journal des hommes libres*）发动宣传攻势。这份报纸由他与能干的年轻人勒内·瓦塔尔一道主办，在法国新雅各宾主义的存活、适应与东山再起上，后者是在意识形态层面提供凝聚力的另一位关键人物。[8]

安东奈尔和瓦塔尔与巴贝夫一样，认为布里索派重新得势对大革命来说是场灾难，因为他们会带回原来的那些分歧，让 1792 年 8 月以来的雅各宾派和平民看上去像是遭受了系统性的欺骗。[9]在他们的脑海中，好战的平等主义与启蒙哲学之间始终存在现实的紧张关系，这一观点倒是准确无误。启蒙哲学强调智力与知识，在卢梭主义和启蒙运动之间，平民原则和哲学派系之间造成不和。与此类似的是，老山岳派马克–安托万·博多痛恨罗伯斯庇尔，鄙视马拉，却始终相信大众才是大革命的真正动力，恐怖统治很有必要，吉伦特派是个野心十足、渴求权力的集团，计划建立寡头共和国。[10]博多认为，大革命中最伟大的不是 1788 年至 1793 年间的启蒙哲学家–革命者，而是丹东、德穆兰和罗默。这样一来，一边是旨在通过复兴布里索派遗产，振兴国民公会来恢复"真实的大革命"及其真正原则的共和派阵营，一边是其对手，希望通过诉诸巴黎街区的力量并让雅各宾派的公共精神得到重生的那些人。后一个阵营始终坚信，布里索派不是真正的"共和派"抑或"自由之友"，而且他们对无套裤汉充满蔑视。[11]

由于老雅各宾派和布里索派联合成立反山岳派联盟的主意看起来令人不快，对很多参与了 5 月 31 日起义的老山岳派来说也不合理，因此在 1795 年至 1796 年期间，热月党人一失势，丹东派、其余老雅各宾派和老科德利埃派成员就面临着若干难以做出的关键抉择，对他们而言，这些抉择往往还令人感到苦恼。在 1795 年早期，新布里索派共和主义迅速东山再起，成为开明的、自由主义的、民主的共和主义真正的脊梁，因此也成为大革命真正的脊梁，这一局势最终导致反布里索派的老雅各宾派内部发生分裂：他们要么接纳多努、德布里、朗瑞奈、居约马尔、朗特纳斯、布瓦西·德·安格拉斯等人，要么直接反对立法机关，绝口不提对热月党人、罗伯斯庇尔和恐怖统治的批评。巴贝夫采取后一种战略：他不再把出版自由当作自己的主要诉求，到了 1796 年初，他的新报纸《保民官》(Le Tribun du peuple) 就已经开始为恐怖统治乃至九月屠杀辩护。他意识到，更多的出版自由只会有助于右翼天主教君主主义的复兴，也会为布里索派提供帮助，而后者对他来说是"民主的掘墓人"，这样一来，更多的出版自由只会加剧共和国政治上的动荡。他扛起自己眼中真正革命的重任，旨在恢复罗伯斯庇尔、恐怖统治乃至约瑟夫·勒邦的名誉，为清除埃贝尔派和丹东派的做法提供依据。[12]

与此同时，热月党人十分顽固，想要尽可能长久地掌控大权。他们采用一切可能的策略，用以巩固自己那摇摇欲坠的威望。他们将自己在恐怖统治中发挥的作用降至最小，推迟对富基耶-坦维尔的审判达数月之久。为了重新赢得无套裤汉的支持，1794 年 9 月 7 日，他们更新总限价限薪法案，决定将限价限薪的做法再持续一年，以传达他们有意把食物价格控制在稳定状态的信号。尽管犹豫而摇摆不定，不强制运用热月政变前偶然出现的严酷惩罚，他们还是采取了一些措施，直到 1794 年 12 月，最高限价全面终止。为了努力给山岳派的意识形态与价值观注入新的活力，为了给公众留下深刻的印象，他们策划了一系列大型宣传活动：国民公会投票同意将马拉的遗体迁入先贤祠；[13] 卢梭也终于被葬入先贤祠，同时米拉波则被挪了出去。罗伯斯庇尔曾计划改变先贤祠的性质，想要去除这座圣殿的哲学属性，把民粹主义崇拜的对象如勒佩勒捷和沙利耶这些对普通民众意义更大的人物与先贤祠紧密联系起来。简而言之，热月党人延续了这一政策。在热闹喧嚣的号角声中，马拉于 1794 年 9 月 21 日入葬先贤祠。

然而让马拉入葬先贤祠并否定先贤祠启蒙哲学属性的做法不仅冒犯了布里索派，也激怒了自由派卢梭主义者，因为后者拒绝承认马拉是卢梭思想的真正旗手。梅西耶激烈谴责马拉入葬先贤祠一事，他曾加入国民公会反对 1793 年 6 月 2 日政变的抗议，并于 1793 年 10 月和其他布里索派成员一起入狱，他也相信消除山岳派威权主义的行动进展太过缓慢。早在 1789 年以前，梅西耶就是共和主义者，正如布里索、博纳维尔、居约马尔和迪佐那样，他厌恶马拉和罗伯斯庇尔，却跟后者有共同之处，那就是二者都痛恨把卢梭葬在启蒙哲学家中间这一想法。他与其他卢梭主义者一样，对把伏尔泰移出先贤祠的热情要大于把卢梭移进去。有谁能调和伏尔泰的作品与共和派的信条？[14] 梅西耶同样对国民公会于 1793 年 10 月 2 日颁布的法令（从未实施）不屑一顾，该法令设想将笛卡尔的遗体移葬先贤祠。不论作为哲学家的笛卡尔是多么重要，他对普通民众来说都不值一提，这是梅西耶于 1796 年 2 月 8 日在五百人院发表演说时高声喊出的论断。事实上，梅西耶对先贤祠本身都不以为然。[15] 在他看来，先贤祠不过是一处装潢极尽华美的奢侈建筑，浪费了大量金钱，而这些钱原本可以用来资助帮助穷人的慈善机构。

不过，毕竟不能使人民的希望化为泡影。1794 年 10 月 11 日（葡月 20 日）天气晴好，就在这一天，卢梭被葬入先贤祠，此事成为热月政变后那个忧虑而晦暗的秋季里最辉煌的纪念活动之一。立法机关、乐队和高唱颂歌的年轻人群伴随送葬队伍前行，颂歌当中有一首是玛丽-约瑟夫·谢尼埃专门为此而作，以"哦，卢梭！圣贤之典范"开头，人类的恩人，请"接受骄傲而自由的人民向你致敬，从你的墓穴深处支持平等！"[16] 为了重塑共和国岌岌可危的声望，热月党人和部分布里索派成员一起策划了这场激动人心的演出，在他们的安排下，庆典呈现出团结、和谐与和解的场面，使人安心。

然而，山岳派的复兴则是断不可接受的。热月党人的逻辑中存在着难以克服的悖论。一旦恐怖统治终止，言论自由在一定程度上得以恢复，人民曾备受压抑的愤怒、反感或复仇的渴望就将势不可挡。1794 年 9 月 24 日，玛丽·沃斯通克拉夫特在巴黎报道说，"如今他们享受巨大的自由，写下真相"，她预计，即便言论和出版自由只是在一定程度上得到恢复，也一定"能够推翻雅各宾派"。[17] 她是对的。要求将恐怖统治者和汪达尔主义者绳之以法的压力越来越大，而外省那些长期受到压制的雅各宾俱乐部也开始意识到，要对恐怖统治、镇压、汪达尔主义和罗伯斯庇尔独裁统治负责的人已经不仅仅局限于罗伯斯庇尔个人的亲密圈子。一本表达这种深度创伤的小册子问道：罗伯斯庇尔叛变大革命时，"母亲啊，你那时又在哪里？"这本小册子自问自答：巴黎的雅各宾派曾不断支持罗伯斯庇尔在无套裤汉心中树立起光辉的形象。事实上，这些雅各宾派成员和罗伯斯庇尔一样，都犯下了罪行，因为雅各宾俱乐部是"阴谋的前厅"，是为 1793 年 6 月 2 日政变提供动力的"颠覆活动"真正的"军械库"，破坏了大革命和人民的希望。即便到了现在，在 1794 年秋季，巴黎的雅各宾派还在捍卫科洛·德布瓦、比约–瓦雷纳和巴雷尔，同时骚扰商户店主。[18] "母亲啊，你是何等的堕落！"人们列举荒唐的借口，为持续关押那些被逐出议会的布里索派议员提供依据。诸如他们是"保王派"一类的荒谬声明，不过是科洛·德布瓦在 1793 年 5 月 31 日那天反复使用的滔天谎言，其目的在于动员贫穷街区反对被控佩戴白色帽徽的布里索派共和主义民主派。[19]

面对自身的大权旁落，热月党人和新雅各宾派束手无策。在外省的雅各宾俱乐部，原先被驱逐的布里索派卷土重来，在整个秋季对 1793 年 6 月山岳派进行的意识形态大清洗进行了全面的反击。在卡昂、瑟堡、法莱斯（Falaise）和勒芒，15 个月前遭到驱逐的布里索派同情者在 10 月底平反昭雪。[20] 到了 10 月下旬，强烈的反雅各宾主义情绪席卷了巴黎街头，"纨绔派"东山再起，他们当中有很多右派人士和贵族之子，又称"金色青年"。法国变得愈发分裂，然而，大部分民众心中沸腾的怒火则是针对恐怖统治者，在话语体系、政治和文化方面都传达着复仇主义情绪。在街头，衣着光鲜的纨绔派开始攻击身穿典型的雅各宾派服饰的人，他们的呼声盖过了《马赛曲》，他们砸碎了马拉崇拜的各种符号。为了缓解这种满怀复仇情绪的愤怒，国民公会不得不对恐怖统治的责任人采取越来越多的措施，使其愈发远离如今已经不受欢迎的雅各宾派。不论巴贝夫、瓦尔莱或安东奈尔有怎样的顾忌，如今他们别无选择。想要挽救大革命，就只能恢复布里索派的逻辑与战略，不仅要否定罗伯斯庇尔，还要连同否定马拉和其余一切。11 月 9 日，一伙纨绔派暴徒冲进雅各宾俱乐部会议大厅打砸，他们捣毁了窗户，殴打在场的雅各宾派成员。国民公会宣布，雅各宾俱乐部是严重的公共骚乱的根源，并于 1794 年 11 月 11 日将其关闭，此时距罗伯斯庇尔倒台过了三个半月。对于民粹主义者和山岳派来说，这是具有标志性意义的巨大溃败，而为了复兴 1788 年至 1793 年的大革命，这也是必要而不可避免的象征性的一步。

到了 12 月，反击山岳派的势头已经无法阻挡。越来越多背负创伤的幸存者从阴影中走出来维护自身的主张，他们当中包括突然现身的卢韦，他提醒国民公会议员，自己才是第一个公开对抗罗伯斯庇尔并谴责其暴政与罪行的人。如今就连画家大卫都觉得"令人厌恶"的罗伯斯庇尔已死[21]，但许多叛变大革命的卑鄙之徒尚未得到应有的惩罚。即便埃贝尔、昂里奥、库东、圣茹斯特和弗勒里奥–莱斯科已经上了断头台，这对于人类来说可喜可贺，然而阿马尔和巴雷尔为何仍旧在国民公会中占有席位？卢韦要求立法机关重新接纳自己，好让他跟这些作奸犯科的行凶者对峙。[22] 人们再也无法对这样的呼声充耳不闻了。应对枪杀、斩首、溺毙了数千人负责的卡里耶被逮捕并送上审判法庭。12 月 15 日，他在一片喝彩声中上了断头台。卡里耶的死有助于平息仍在旺代和布列塔尼持续泛滥的冲突，那里的很多武装叛乱者在 1794 年 9 月的临时特赦与 1795 年 1 月共和国全面大赦后放下了武器。[23]

然而，这对稳定大革命起到的作用微乎其微，周期性的物资匮乏和过高的食品价格再次让穷人在 1794 年至 1795 年的冬季陷入可怕的困境，无套裤汉主义随之复活，对国民公会和共和国造成了严重的威胁。保王主义也死灰复燃。无力负担面包价格再次为暴力抗议和起义提供了基础，使郁郁寡欢但内心坚定的革命者能够再次诉诸无套裤汉的力量，协调一致地施压，在街头煽动不满情绪，要求人民主权、价格管控并恢复雅各宾派政权。街区议会和咖啡馆内回荡着实施 1793 年宪法的呼声。街头出现了抗议海报，到处都在召开颠覆性的会议。在煽动平民暴乱反对摇摆不定的国民公会并大肆鼓吹起义的人物中，巴贝夫和安东奈尔最为突出。1795 年 1 月 29 日，国民公会下令逮捕巴贝夫，警察在 2 月份的时候将其逮捕。这次他在阿拉斯的监狱里待了 7 个月，直到 1795 年 10 月大赦时才被释放。

　　有的小册子坚称 5 月 31 日和 6 月 2 日起义并非传说中的民众胜利，而只是装模作样，既败坏了大革命，也摧毁了造就大革命之人。这些小册子中包括勒德雷尔的《论国民公会委员会的利益》(De l'Interêt des Comités de la Convention Nationale)。勒德雷尔通过躲藏幸免于难，到了 1795 年 1 月才再度出现，在《巴黎日报》和其他地方谴责恐怖统治和罗伯斯庇尔，要求给之前被驱逐的 71 名议员平反。[24] 另一份强烈谴责雅各宾派的小册子是让-巴蒂斯特-莫伊兹·若利韦的《召回你们的同僚》(Rappellez vos collègues)，由戈尔萨斯夫人的印刷厂发行。若利韦为卡里耶上断头台一事向国民公会表示祝贺，声称只有分裂"最真诚的共和主义者"的有害罅隙得以弥补，即正统的老雅各宾派和布里索派之间的冲突得到缓解，大革命才能得救。要让四分五裂的国民公会恢复完整并挽救大革命，就意味着要否定 1793 年 5 月 31 日和 6 月 2 日的错误转向。为此，国民公会必须给那些被非法逐出国民公会长达一年半的布里索派议员平反昭雪，无论他们如今是否身在狱中。他们是最先发现罗伯斯庇尔变节的人，这一点足以证明他们的正直。人们只需与巴黎最贫穷街区的无套裤汉见上一面，就会知道他们真心后悔上了罗伯斯庇尔的当，听信了他手下那些无赖和伪君子的谎言："8 个月前他们曾有多么相信这帮人的谎言，如今就有多么憎恨他们。"[25]

　　反启蒙主义人士米歇尔-埃德姆·珀蒂是个狂热的卢梭主义者，他也撰写了一本小册子，声称 5 月 31 日和 6 月 2 日的"巨大罪行"侵犯了人民主权。珀蒂为 5 月 31 日和 6 月 2 日巴黎暴动领袖犯下的大量系统性欺诈行径感到悲哀，他们频繁滥用修辞，歪曲"人民"和"自由"一类的术语，这是典型的罗伯斯庇尔主义作风，他在使用"人民"一词的时候专指他自己。珀蒂提醒读者，1793 年的民主宪法不是山岳派的工作成果，而是由被山岳派相当卑劣地排挤掉的民主共和派一手制订的。珀蒂抨击的对象包括亲山岳派律师罗贝尔·兰代，尽管在恐怖统治下的公安委员会中，他是最不愿妥协的一位。兰代难道不是一直坚称 6 月 2 日起义代表着人民的渴望，还认为 1792 年的九月屠杀也是"人民的作品"吗？[26]

随着马拉神话、5 月 31 日传奇和雅各宾派的正直纷纷跌落神坛，整个法国的马拉石膏像都被众人当作"假人民之友"而砸得粉碎。1795 年 2 月 8 日，在马拉入葬先贤祠仅仅 5 个月之后，人们就在欢天喜地的喝彩中将他正式移了出来。这一事件真正标志着大革命的复兴。在外省城镇，人们不久后就对侮辱或踩踏马拉和勒佩勒捷的肖像习以为常了。事实上，1795 年初见证了人们从心理上和文化上对马拉主义、山岳派无套裤汉主义、恐怖统治、不宽容的平等主义的压倒性反动，这种针对罗伯斯庇尔"完全大众的"普遍反感很快演变为狂热的放纵，反禁欲主义、精致优雅的耀眼时装、美食与美酒取代了雅各宾式的"美德"。时髦餐厅成倍增长，速度前所未见。女性时尚发生了戏剧性的转变，而且不仅仅局限在正式社交圈的范围内。以风尘业的复苏为例，过度的风流与轻浮带着一丝色情意味重生。[27]

约瑟芬·博阿尔内、朱丽叶·雷卡米耶和特蕾莎·塔利安在热月政变后出狱，她们成了引领新风尚的巴黎时髦女士中最耀眼的几位。这种风尚是古希腊风格的复兴，轻薄长裙的领口低到令人瞠目，以展示女性的酥胸，再配之以珠宝。[28] 著名的美人特蕾莎是一位法裔马德里廷臣兼银行家的女儿，她是流亡贵族、最后一位丰特奈侯爵的前妻，1793 年 10 月因《嫌疑犯法令》在波尔多入狱。当时作为特派员前往波尔多的塔利安痴迷于她的美貌，因此释放了她，让她做自己的情妇。她使他趋于温和的事实与她公开反对雅各宾派的姿态，使得罗伯斯庇尔通过救国委员会再次在巴黎逮捕了她。她被关进佛尔斯监狱一事导致塔利安在 1794 年 7 月与罗伯斯庇尔决裂。罗伯斯庇尔倒台后，她成为最先被释放的一批人，并为其他人的获释奔走呼号，由此赢得了"热月圣母"的称号。1794 年 12 月，她和塔利安在众人的祝福中结为夫妇。"她是位伟大的女士，因其美貌、思想与优雅而广受称道"，优雅的姿态、薄如蝉翼的长裙、难以计数的桃色新闻及其作为恐怖统治最强烈的反对者而获得的名声，都使她成为持续受人关注的焦点。[29] 巴拉斯也是她的情人之一。

尽管如此，1794 年至 1795 年的纵情狂欢不过是权宜之计，它并不是遗忘的象征。国内深刻的分裂及其造成的长期政治困境依旧没有得到解决。并不掌握实权的共和派发现，谴责罗伯斯庇尔主义的苦行作风和马拉本人很容易，而恢复布里索派的名誉，或否定山岳派针对九月屠杀和 1793 年 5 月 31 日、6 月 2 日里无套裤汉的角色所下的定论则难得多。老雅各宾派在迟疑中暂时接受了自身的惨败，尤其是还要与幸存的丹东派和埃贝尔派达成妥协，与遭到驱逐的布里索派团结一致，分摊责任，惩治罪犯，查清国民公会到底犯下了多大的过错。2 月 6 日，针对《法国观众》（Spectateur français）主编皮埃尔-菲尔明·德·拉克洛瓦一案，国民公会中爆发了特别"暴力的争论"。拉克洛瓦是公法教授，被指控为隐藏的保王派与反革命分子。有些议员希望将这名在押人员送到巴黎省级"刑事法庭"，作为反革命分子受审，然而其他议员提出反对意见，认为此举违反"所有司法与立法的原则"。反对者认为必须恢复出版自由。接下来议员们就开始了口水战。"你们（热月党人）难道以为我们还处在牧月 22 日（1794 年 6 月 10 日）？"日后将成为 1830 年革命领袖的让·佩莱·德·拉洛泽尔问道，"就在那天，罗伯斯庇尔给我们贴上'保王派'的标签，就因为我们根本不是罪犯！保王派是那些渴望夺权、策划谋杀、抢劫并撒谎的叛乱分子。拉法耶特派、俱乐部分子、温和派、联邦派、斐扬派、保王派，这些名称不停给人民带来困惑已达 5 年之久（即从 1790 年自由主义君主派与共和派分道扬镳的时候算起）。"人民应该知道真相。[30]

迪昂是公安委员会的重要成员，他也无法与自由派记者（和神父）和解，在当时的情况下，是他领导着那些捍卫雅各宾威权主义的议员。在现有的法律下，任何公开宣传保王主义的人都必须被判处死刑，而公开宣传保王主义正是关押拉克洛瓦的理由。"你们还不明白吗？"迪昂提醒全体议员，"正是要求出版自由的人助长了背叛的阴谋！你们还不明白吗？正是那些金色青年，正是那些混迹巴黎皇宫区域的无赖在迫害和攻击爱国者！"那些纨绔子弟，那些花花公子追随弗雷龙，对雅各宾派和无套裤汉宣战。

保王主义和贵族制到处攻城略地，而国民公会则只是袖手旁观！"他这种毫无改变的山岳派雅各宾主义迎来一片愤怒的吼声，"把他关进修道院监狱！"议会确实通过投票决定，将迪昂投入修道院监狱关押三天，尽管有另一名老山岳派舒迪厄提出抗议，说迪昂并未辱骂国民公会，他只不过是说出了真相。议员们的吼声压过了舒迪厄，他们提醒他，正是他本人指控了"正直的菲利波"，而如今菲利波、德穆兰和丹东都已恢复名誉。

到了 1795 年 2 月，热月党人已经彻底大权旁落，然而由谁来取代他们尚未可知。[31] 这一身陷重围又声名扫地的政权，还在苦苦压制来自反对派那不可避免且日益增长的混乱声势。人们需要一种新的革命理性。巴拉斯断言，曾目睹迪昂造成的可耻场面的巴黎人，不会再遭受密谋引发内部矛盾的"恶人的欺骗"："我们会坚持不懈，同时对抗保王派和恐怖统治者。"这一总结引发了如雷般的掌声。律师让-弗朗索瓦·勒贝尔对巴拉斯的发言表示衷心的认可，他反复强调"贵族制"和恐怖主义是大革命面临的一对孪生威胁，"把它们放在一起"的依据在于它们的渴求与目标彼此相似——二者都在诽谤国民公会，一心寻求让它解散。除了需要同时对抗君主主义和恐怖主义的复苏，国民公会还自认为有义务去除罗伯斯庇尔建立的最高主宰崇拜，同时抑制任何残存的强制去基督教化冲动。在整个大革命的过程中，宗教是个长期存在的问题。国民公会中的大部分议员是自然神论者，或者可以说：自然神论是他们在讨论中最常接受的信条。[32] 但如今很少有人质疑，共和国必须抛弃罗伯斯庇尔那相当荒唐的最高主宰崇拜，同时既不能重新接纳被抛弃的立宪派教会，也不能放松对抵抗派神职人员的驱逐。

于是，国民公会走上了一条全新的道路，进一步走向世俗化与现代民主。1794 年 9 月，他们引入了政教分离法令，允许天主教信众在私人厅堂、公寓或某些修道院的礼拜堂进行宗教活动，但大型教堂依然不对信徒开放。2 月 21 日，国民公会中爆发了激烈的冲突，随后经由不信教的前新教徒布瓦西·德·安格拉斯提议，通过了全面的政教分离法令。他高调拒斥天主教对社会的主宰，也拒斥埃贝尔和肖梅特式去基督教化运动中所表现出的不宽容。这一重要辩论的结果是，国民公会取消了山岳派反宗教压制政策的一切残余，恢复充分的信仰自由与宗教实践。然而国民公会没有打算恢复1790年至1793年那种依靠国家与社会来维系的立宪派神职模式，而是正式在法律、财政与仪式上推行政教分离政策。根据1795年2月21日法令，不得阻止任何人实践他或她自己选择的宗教，也不得强制任何人为任何崇拜提供供奉；共和国不会为任何名义的神职人员支付薪资。[33] 在1795年3月期间，当局容许较大的教堂重新对天主教信徒开放，但必须严格限制在政教完全分离的基础上，而神职服饰与宗教仪式则被统统禁止出现在街头和广场这样的公共场所，禁止教堂鸣响钟声。这时，大部分还幸存于世的立宪派教士已经抛弃了格雷古瓦教士及其同党，纷纷寻求与正教的和解。

解决宗教冲突的明晰方案找到了。但是国民公会该如何应对其他困难？随着生存危机的加剧，无套裤汉的怒气越来越大，为此国民公会于3月21日接受了由西哀士提出的控制暴乱法案。1795年3月27及28日，巴黎爆发了新一轮的面包骚乱，随后人群试图向国民公会行进，然而这还只是进一步大型暴乱的前奏，4月1日（芽月12日），暴乱达到高潮。起初，人群冲击面包房，妇女们争抢面包块，随后发展为大规模的群众示威，包围了国民公会大厅达数小时之久。数千名群众要求吃上面包，继续进行最高限价，实施1793年的民主宪法。街区领袖利用这一机会对国民公会议员施压，要求释放热月政变后入狱的强硬山岳派人士，这把国民公会中残余的雅各宾派议员置于某种相当尴尬的境地，夹在他们与无套裤汉达成的协议与自己不愿再被视为在煽动一股新的民粹威权主义浪潮的诉求之间进退维谷。示威者听信了含糊的承诺，最终空着手离开。国民自卫军在让-夏尔·皮舍格吕将军的率领下积极恢复了秩序。皮舍格吕原先只是一名普通的士兵，后成为贝桑松的雅各宾俱乐部主席，并率军征服了荷兰。

芽月起义多半要归结于新雅各宾派的密谋，即便其爆发的经济根源与新雅各宾派无关，其目的与诉求还是来自新雅各宾派，[34] 然而一旦事情涉及山岳派对国民公会岌岌可危的掌控或在押的山岳派人士，其成效就与组织起义的街区领袖所设想的截然相反。在一个特别委员会对比约-瓦雷纳、科洛·德布瓦、巴雷尔和瓦迪耶在担任罗伯斯庇尔派行政委员会成员时的所作所为进行调查之后，此四人被收押候审，审判日期定在 3 月 2 日。在芽月起义的推动下，对恐怖统治者的调查和审判愈发加快了速度。国民公会领导层中反对热月党人的势力如今已据占绝对优势，他们下令在更加广泛的层面上打击威权民粹主义。阿马尔、迪昂、舒迪厄、勒库安特、勒瓦瑟、康邦和莱昂纳尔·布尔东这些恐怖统治的主要人物如今都在巴黎被捕，培尔和格拉内则在马赛被捕。大量无套裤汉积极分子也被拘禁起来，国民自卫军进行了重组，旨在为对抗平民起义提供更加坚强的支撑。[35]

十分讽刺的是，比约-瓦雷纳、科洛·德布瓦、巴雷尔和瓦迪耶这些曾屠杀了数千人的恶棍如今却要在严谨的新程序下，依据严格的法律条文受审。他们全部被判有罪，却并未被判处死刑，而是被流放至圭亚那，尽管在人们看来，被流放到远离卡宴海岸的恶魔之岛与死刑无异，而且过程缓慢且煎熬，但这样的判决结果依然让渴望复仇的被害人遗孀或幸存的亲属气愤不已。这四人被送到大西洋海岸登船，而巴雷尔设法落在后面，国民公会因此挖苦道："这是巴雷尔第一次错过时机。" 10 月，他设法逃脱，随后在波尔多躲了 4 年。瓦迪耶也成功逃走并藏了起来。[36] 比约-瓦雷纳倒是踏上了卡宴的土地，但最后还是逃掉了，在假名的掩护下来到墨西哥，进入了某间多明我会的修道院；后来他成为圣多明各当地的官员，开始了新的事业，一直活到 1819 年。最后只有科洛·德布瓦，于 1796 年 1 月罪有应得地死在卡宴。

另一方面，在经过长达 39 天公正且细致的审判后，富基耶-坦维尔因严重败坏司法罪在巴黎被公开处决，行刑日期为 5 月 7 日，直到生命的最后一刻，他都维持着冷酷的傲慢，以充满蔑视的阴沉面容面对欢欣鼓舞的民众。在人群的欢呼声中，革命法庭的另外 15 名法官与他一起上了断头台。从 1795 年 4 月起，在全法国（以及比利时）的范围内开展了新一轮更加普遍的大规模审判，给曾与恐怖统治有涉而如今已经落网的前山岳派分子定罪。[37] 在土伦，当局在抓捕"罗伯斯庇尔党羽"的同时也羁押了保王派人士。在席卷全法的大扫荡中，有数千名嫌疑人入狱，尽管他们中的大部分都在 10 月大赦时获释。少数人要么被流放，要么被判处更长时间的监禁。在法国东南部地区，针对热月党人的行动充满报复性，异常暴力。当然，在心理层面，里昂是个特例，因为该市依然处于严重的心理创伤状态，1793 年秋季无与伦比的野蛮镇压令当地人仍心有余悸。

1795 年 4 月，约瑟夫·德·布瓦塞作为国民公会特派员来到里昂，负责维护当地的秩序，他面临的境况难以驾驭，冲突一触即发，到处都弥漫着对与罗伯斯庇尔和恐怖统治有关联的任何人或事的强烈反感。布瓦塞是个反天主教并反保王主义的共和派，也是个正直的山岳派，蔑视马拉。当他愈发意识到重建正义并进行改善的必要时，就愈发被逼入令人尴尬的困境。他越是承认山岳派的罪行，就越发让自己成为公开反对雅各宾主义的人和卷土重来的保王派控诉的对象。他面临的最大难题在于秘密团体"耶稣会"已着手对已知的雅各宾派成员展开报复，一开始的时候，是小队人马在街头对参与过恐怖统治的个人穷追猛打。不久后，布瓦塞就面临着全面的"白色恐怖"，"杀人团伙"到处游荡作祟，他却没有力量阻止。1795 年 5 月 4 日爆发了严重的骚乱，暴动者袭击了里昂监狱，对在押的山岳派分子实施报复。超过 100 名前恐怖统治者被砍死。[38] 在这场突发的反雅各宾派热潮中，在相当长的一段时间里，里昂不再奏响《马赛曲》。类似的骚乱还发生在马赛、尼姆和普罗旺斯地区的艾克斯。东南部很多乡村地区同样经历了白色恐怖的偶发暴力，施暴的团伙用刀刺死受害者，或将其以私刑处死。受害者除了已知的雅各宾派成员，在有些地区还包括新教徒，在卡庞特拉（Carpentras）周边地区则有犹太人遇害。[39] 面对这样的暴力行径，雅各宾派选择以暴制暴，因为他们自认为是邪恶的贵族制保王主义十字军的受害人。5 月 17 日，土伦兵工厂的工人发起暴动，夺取军火库和武器补给，高喊着"山岳派万岁"进军马赛，想要释放那里在押的山岳派成员。一支正规军和国民自卫军花了一周时间才驱散暴乱者的队伍。在这场暴动被镇压后，当局成立了专门的委员会，对背后的策动者进行指认，最终有 52 名暴乱者经审判后被送上了断头台。[40]

1795 年，尽管国民公会致力于追捕前山岳派人士，但对很多坚定共和派的释放与民主化行动的开展进行得过于缓慢，也过于迟疑。要如何稳定共和国，巩固国民公会的权威，恢复代议民主制原则？拿 1795 年至 1796 年经过修订的宪法来说，共和国绝没有调整到它总是宣称应有的标准上来。针对是否要恢复 1793 年宪法的问题，摇摆不定的国民公会于 4 月 18 日投票决定成立十一人委员会——由西哀士、多努、布瓦西·德·安格拉斯、自然神论理论家勒韦利埃-莱波和布列塔尼法学家朗瑞奈牵头。朗瑞奈是布里索派的重要人物，在 1793 年 6 月 2 日政变两个月以前就曾对山岳派提出过批评，他不久前才恢复了自己在国民公会的席位。十一人委员会取代了原先较小的制宪委员会，负责审议是否应该重新采纳 1793 年宪法（它本质上完全不是一部"雅各宾派"宪法，而是经过修订的布里索派宪法），如果答案是肯定的，那该委员会还要为其提供依据。在 1795 年 4 月 3 日至 1795 年 8 月 22 日期间，十一人委员会对 1793 年宪法进行了辩论与仔细的评估。但委员会最终决定用一部全新的宪法取代 1793 年的版本，旨在消除他们之间的一切分歧并应对在芽月里复苏的无套裤汉主义。在毫不妥协的西哀士退出之后，重修宪法变得更加容易了。想要抑制无套裤汉主义的动力越来越强，使取代 1793 年版本的构想得到了一致认同，雅各宾派和无套裤汉暴乱分子也因此愈发把维持 1793 年 6 月的宪法当成了同一阵线的口号。[41]

就这样，在不断升级的政治与社会动荡中，1795 年宪法应运而生。在动乱过后的 5 月 20 日，以及 5 月 21 日（牧月 3 日），整个大革命中自 1792 年以来规模最大的平民起义在巴黎爆发。这次的巴黎暴动与先前的土伦暴动接踵而至，让直接民主在国民公会面前变得完全不可取信。有些暴动者受到匿名发表的小册子《人民起义是为了得到面包并夺回他们的权利》（*Insurrection du peuple pour obtenir du pain et réconquerir ses droits*）的影响，这份小册子在起义发生一两天前开始散播，把面包和限价需求与煽动起义以捍卫人的权利和 1793 年宪法结合在一起。5 月 21 日这天，圣安托万郊区以及东部另一个最近才由街区议会唤醒的手工业者郊区响起钟声，听到这一召唤后，大量群众被动员起来，高呼着"山岳派万岁"，向国民公会进发，他们要面包，还要 1793 年宪法。很多人还把"面包和 1793 年宪法"这一标语佩戴在帽子上。巴黎街区旨在为人民夺取政府和国民自卫军的控制权。有的国民自卫军队员开了小差，加入了暴动者的阵营。[42]

无套裤汉再次包围并闯入了国民公会。由于空间不够，大部分人待在外面的卡鲁塞尔广场上。年轻的新布里索派议员让-贝特朗·费罗试图阻止领头的群众闯入国民公会的大门，结果被人开枪击中，然后用刀捅死。人们高喊着"砍掉他的脑袋"，最终使其身首异处。国民公会"议长"布瓦西·德·安格拉斯备受无套裤汉的憎恨，因为他是反对实施限价的布里索派成员（他因此得名"布瓦西·饥荒"）。人们举着长矛威胁他，其中一支挑着费罗血淋淋的头颅，他却表现得不为所动，值得称颂的是，他对那颗头颅致意，但拒绝对暴民让步。无套裤汉大声喊出他们的要求；议会大部分人侧耳聆听，但不受他们左右。可是几个山岳派议员在数学家罗默、让-米歇尔·迪鲁瓦和皮埃尔·苏布拉尼的带领下，公开站在群众一边。罗默的朋友苏布拉尼是贵族军官，也是里永市（Riom）市长，有些牧月示威者希望他能充当他们的军事指挥官。大量正规军和忠心耿耿的国民自卫军此刻就在附近严阵以待。流血冲突最终得以避免，在超过 11 个小时令人惊胆寒的对峙以及卢韦咄咄逼人的威胁过后，示威者最终再次在没有达成任何具体协议的情况下散去。事实上，就贫困和面包价格的问题而言，国民公会中确实有不少人同情无套裤汉，不过认同平民暴动、直接民主和 1793 年宪法的议员则越来越少。[43]

巴黎群众起义的消息让全国的平等主义好战分子和雅各宾派成员激动不已，他们当中包括安东奈尔、朱利安和巴贝夫，后者依然身在阿拉斯的监狱中。第二天，暴动再次发生，随着钟声响起，大量群众再次聚集起来，向国民公会进发。国民公会周围的部队和宪兵军心不稳，随后解散，很多人转投暴动者阵营。人群涌入国民公会大厅，再次胁迫议员，要求得到解决方案和空洞的允诺。新布里索派的立法机关很幸运，因为没有出现拥有足够威望和技巧的民粹主义领袖引导并指挥群众施压，直至夺取政权。暴民再次接受劝说，还没获得任何实际成果便离开了国民公会。5月 23 日，来自其他街区的部队和武装人员包围了圣安托万郊区。牧月起义的实际效果与芽月相同，那就是导致对抗雅各宾民粹主义威胁的力量进一步加强。山岳派的强硬态度与无套裤汉的无法无天结合在一起，这让大多数议员相信，普通民众还是过于无知，过于难以揣摩，过于容易受人操纵，因此没有资格获得直接选举国民议会的权利。平民起义强化了多努、布瓦西·德·安格拉斯和制宪委员会的论点，即必须增强代议制原则，对普选原则则应慎重考虑，避免"人民"直接绑架立法机关。[44]

随之而来的是强有力的制裁。为了找出曾经支持罗伯斯庇尔的"嗜血之徒"，各街区展开了搜查。在接下来的一周内，出于种种原因，至少有 3000 名煽动分子和嫌疑犯被捕，安东奈尔也是其中的一员，不过大部分人后来很快获释。截至牧月 10 日，单是人权区一个街区就有 47 名暴动者被捕。他们的被捕往往与卷入芽月和牧月暴动无关，而是因其在罗伯斯庇尔得势的时候，长期作为雅各宾派的帮凶活跃在各个街区，或是曾作为"九月分子"卷入 1792 年的监狱大屠杀。[45] 人们设立了专门的委员会，用来处理首都的骚乱。委员会审判了谋杀费罗的凶手，他们与另外 36 人一起被送上了断头台。与此同时，议会还清洗了 61 名山岳派议员，其中 11 人作为"暴政的帮凶"，被控因希望恢复雅各宾派的统治而纵容暴动。6 月，牵涉最深的 10 名山岳派议员因叛国罪受审，其中 6 人被判处死刑，罗默就是其中之一。直到生命的最后，罗默都是个可敬的平等主义者（他定期将自己议员工资的一部分分给穷人），他和苏布拉尼以及另外两人为了逃避断头台，纷纷用刀自戕，成就了山岳派最后的反抗。从 1793 年夏季至今，与他们一样，共有大约 86 名不同派系的国民公会议员因大革命而非正常死亡，[46] 他们死于处决、刺杀或自裁。

牧月起义使 1793 年宪法直接回归的所有前景化为泡影。[47] 1795 年整个夏季，制宪委员会煞费苦心地编制了一份格外详细的宪法新文本，包括 377 项条文（相比之下，1791 年的君主制宪法有 208 条，1793 年 6 月宪法有 124 条）。[48] 尽管如此，取代 1793 年宪法的策略并不意味着布瓦西·德·安格拉斯、多努、朗瑞奈、居约马尔这些反山岳派的原布里索派人士，如今在取得领导权后就放弃了民主或革命原则，也不意味着他们想要恢复（法国国内很多人翘首以盼的）君主立宪制。他们制定的宪法不是毫无原则的倒退。事实上，1795 年夏季的革命领导层相信，民主必须受到约束和限制，因为目前亟须制衡平民的无法无天，控制无政府主义者对"人民"一词的滥用,稳定大革命,捍卫大革命的核心原则。不然的话,他们(很有理由)担心,他们眼中那些混乱且缺乏理性的乌合之众,会再次将革命强行拖入新山岳派独裁或新君主主义。1795 年 6 月 23 日,布瓦西·德·安格拉斯在国民公会中如是表述:"如果人民做出糟糕的选择,如果他们选了君主主义、恐怖统治或宗教狂热,那么共和国就保不住了!"[49]

随之而来的便是激烈的辩论。在朗特纳斯的坚定支持下,潘恩在六月加入了关于新宪法的大讨论,其抨击"贵族制"的详细论述汇集成为后来的《论政府的基本原则》(Dissertation on First Principles of Government)。潘恩把选举代表的权利说成是"让其他权利得到保护的首要权利",因此也是任何真正的民主共和国之根基。然而,皮埃尔·居约马尔等民主派人士均认为,国民公会中的反山岳派人士大多数在事实上别无选择,只能重塑代议民主,这一次,要小心谨慎地维护代议机关的最高权威,排除卢梭主义的直接民主。[50] 人们觉得,应该采纳孟德斯鸠的权力分立原则,用来加强防范民粹主义绑架和暴力胁迫立法机关。芽月起义过后,考虑到 1795 年 6 月 6 日年仅 10 岁的路易十七死后,流亡在外的路易十六的胞弟普罗旺斯伯爵宣布继位,成为法王"路易十八",看起来也没有其他的可行方案。这位自封的国王在奥属维罗纳发表声明,公布自己的计划,措辞极其强硬,立誓要恢复君主制、旧制度的社会等级和教权。因此,国民公会感觉同时受到无套裤汉主义和保王主义卷土重来的威胁。大家一致同意,新宪法是唯一可行的出路,它的制订应该强化大革命的核心原则——代议制民主、共和主义、言论自由、教权最小化、法权平等和人的权利,同时反对民粹主义和保王主义。

1795 年夏季期间,国民公会开始致力于强化宪政的制约与平衡,减少直接民主的权重。[51] 新宪法的序言是全新的《人与公民的权利和义务宣言》(Declaration of the Rights and Duties of Man and the Citizen),包含 22 点内容,而 1793 年的版本则有 35 点。1793 年 2 月的孔多塞版本和后来埃罗版本的宪法均断言主权"属于全体人民",而 1795 年 9 月宪法则避免提及"人民",[52] 它宣称"法国公民共同体享有主权"。[53] 先前三个版本的《人权宣言》全都在不提及权力分立的情况下承认公共意志，而 1795 年的版本则重新将公共意志定义为"由公民的大多数或他们的代表批准的法律"，同时认可权力分立原则。先前的宪法规定的是一院制立法机关，而新宪法则规定了两院制。孔多塞版的《人权宣言》并未提及超自然存在，而 1795 年 8 月版与 1793 年 6 月埃罗版一样，提到"在最高主宰面前"。针对新宪法的批评之声不断，但大部分共和派和民主派还是团结起来，对其表示支持。

经过三周的辩论，只有一名议员（狄德罗的旧友亚历山大·德勒尔）坚持主张一院制，8 月 22 日，国民公会批准新宪法。正如 1793 年夏季那样，立法机关批准的新宪法必须立即得到民众的认可，这也很快就实现了（1795 年 9 月 6 日）。[54] 从某些方面来讲，1795 年宪法是孔多塞版或埃罗版民主宪法的倒退，然而它依然独一无二，相较于当时世界上其他宪法，包括英国或美国的宪法，它显然更为民主。它是现代民主和平等主义原则的化身，在法国之外完全无一可与其匹敌。所有年满 21 岁的纳税男性公民皆享有公民权，此外，所有曾为共和国而战的男性不论上税与否皆享有公民权。大部分成年男性，在选举立法机关的第一阶段都享有投票权。1795 年宪法不如 1793 年宪法民主的地方主要在于，立法机关议员不再像 1793 年宪法规定的那样，由选区通过初级议会直接选举，而是通过选举人议会选举产生。1793 年宪法把初级议会集中为 15 或 16 个议会，这样可以保证每个议员都由代表 4 万人投票的大约 7500 名成年男性以多数票选举产生。[55] 如今各省选民只能选出选举人，赋予他们选举议员的权力，每个选举人代表 200 位公民。要成为选举人，必须年满 25 岁，拥有相当于 200 天工作量的财产（或有房屋出租，或有其他等量的收入来源），财产资格是布瓦西·德·安格拉斯、西哀士等领袖人物提出来的。在居民少于 6000 人的社区，财产资格相应地调整为正常要求的四分之三。[56]

根据国民公会于 1795 年 8 月 22 日批准的宪法，每年都要举行选举，更换议会中三分之一的议员。下院或五百人院依然是唯一有权提请立法的议院。上院或元老院由 250 名年长的立法者组成，负责审议、批准或否决立法提案。行政权被赋予由五人组成的督政府，其成员由元老院从五百人院编订的名单中选出。每年必须更换一名督政官。督政官不同于分别负责各部门与不同职权范围的部长，他们应该集体行动，尽管每位督政官都有其自身专长。新宪法广受好评的一点在于，它保证每位被告均有权获得言论与行动不受限制的辩护律师，正如先前已经在巴雷尔、科洛·德布瓦和比约-瓦雷纳审判中出现的那样。

新宪法的制订旨在抵制雅各宾民粹主义以及通过暴乱向立法机关施压的行径，同时打击一切形态的君主主义、贵族制和复苏的教权，它抛弃了平民直接民主，采纳了代议制民主原则。根据新宪法的规定，大部分成年男性均享有投票权，这使它具备的民主属性比人们通常认为的还要多，也确实因此广受敬佩。对此有个证据：法国目前稳步扩大的军队在政府的控制下有效地运转着，在 1799 年以前一直对经过重组的共和国政府保持着服从。斯塔尔夫人后来评论道："欧洲最好的将军听命于五位督政官，而他们中有三位仅仅是律师。"对祖国和自由的热爱依然强烈，足以令部队"在指挥官想要凌驾于法律之上时，给予法律而不是将军更多的尊重"。

如果英国、普鲁士和奥地利想寻求和平，那么大革命原本确实可以在 1795 年半民主宪法的基础上稳定下来，无论如何，至少可以抱有此等信念。[57] 这看上去确实是个可以预见的结局，即便 1795 年宪法依然让忠于大革命的共和左派内部产生了严重的分歧。忠于罗默思想的平等主义好战分子以 1793 年宪法的名义发起口头抵抗，他们（有理由）坚信，用新宪法取代 1793 年宪法是为了削弱——如果说还不至于完全剥夺——穷人的发言权。巴贝夫称新宪法"太凶残"，与 1793 年宪法相比是拙劣的歪曲，是全新的枷锁。[58]

新雅各宾民粹主义好战分子集团拒绝接受 1795 年宪法，在他们看来，其与 1791 年宪法如出一辙，是旨在收紧束缚人民的枷锁的"贵族制宪章"，与此同时，1793 年宪法持续受到一些人的尊崇，被他们认为是更好的框架，是"迈向真正平等的伟大一步"。[59]总而言之，共和国的新处境确实有诸多值得批判之处。理论上，1795 年宪法保障完全的言论自由和出版自由。如果该宪法得到应有的尊重，它就能够保障立法机关的最高权威、初级议会的切实自由以及在俱乐部进行地方性辩论的自由。[60] 然而在 1795 年至 1796 年间恢复的出版自由仅仅是试验性的，有超过一半的实践受到阻碍。局势严峻加之实践困难，让立法机关认定不能太快或太轻易地废除先前颁布的种种禁令。这衍生出了大量折中的政策，其中有些还很不光彩。如今在卢韦的坚定支持下，玛丽–约瑟夫·谢尼埃再度成为重要的议员，他捍卫针对保王主义的禁令，然而这些禁令同时也针对威权民粹主义，它们规定，在作品中或集会上公开诽谤国民公会议员的人将被永久流放。这些政策是在 1795 年 5 月 1 日（共和三年花月 12 日）通过的。[61] 大革命的老对手莫雷莱教士却始终热切地拥护出版自由，他在一本小册子中控诉谢尼埃把报业拖回罗伯斯庇尔式的独裁统治之下。法国出版的小册子的数量进一步减少，从 1794 年的 601 本降至 1795 年的 569 本，到了 1796 年只有 182 本，尽管小册子数量的锐减主要归结于人们对革命政治产生的厌倦与幻灭。[62] 然而即便 1795 年宪法有种种不足，大部分民主共和左派依然团结起来，对其表示支持，以便应对眼下来自雅各宾民粹主义和君主主义复兴的双重挑战，在持续不断的外部压力下，他们也不得不采纳这一方案。

在坚持恢复君主制、贵族制和教权的问题上，英国和欧洲列强完全没有表现出任何缓和倾向。除了法国新近征服的荷兰，1795 年宪法或宣布建立有秩序代议制民主的法兰西共和国没有获得任何外国的官方认可或支持。英国人一直占领着科西嘉岛。1795 年 3 月，拿破仑计划通过土伦入侵科西嘉岛的尝试被英国海军挫败。[63] 1795 年 6 月底，在英国人的帮助下，一支 3000 人的法国保王派远征军在布列塔尼的基贝隆湾（Quiberon Bay）登陆，这支部队中夹杂了法国流亡者以及他们从抓获的法国海员与渔民中征募的士兵，其目标是在法国西部重新发动大规模的天主教保王派叛乱。他们的到来确实激发了巨大的喜悦与热情，有 1 万名布列塔尼朱安党人欣然加入叛军，扰乱了大片法国国土。不过他们欢庆宗教与旧秩序得以重建的日子只持续了几天。7 月 3 日，曾在王军中作为普通士兵服役的布列塔尼共和军司令路易–拉扎尔·奥什击溃叛军，俘虏了 6000 人。按照正在实施的严苛法律，叛军中有不少于 640 名归国流亡者和 108 名朱安党人被行刑队枪决。旺代判军的指挥官弗朗索瓦·沙雷特则枪杀了数百名共和派战俘。9 月初，另一支远征军在路易十八的胞弟阿图瓦伯爵的率领下在朴次茅斯登船，开往旺代。这第二支流亡者部队拿下了法国海岸线附近的约岛（Île d'Yeu），然而奥什部署了足够的兵力守卫海岸线，阻止流亡者部队与沙雷特的人马会师，迫使英国人在 11 月中旬将剩余流亡者部队送回英格兰。1796 年 3 月，奥什俘获了沙雷特并将其处决，暂时肃清了法国西部有组织的反革命力量。

激进启蒙运动的复兴

在从热月政变到 1797 年新雅各宾派败北的这段时期内，大革命内部的斗争，为大革命灵魂而进行的战斗，是在因论战和相互指责而变得相当激烈的意识形态斗争中，争夺政治控制权的斗争。新布里索派一心要让大革命重新与其激进启蒙主义的根基相连，而新雅各宾派则要让它再次与平民接轨。恐怖统治是对异见、言论自由、宗教信仰与个人的压制。新雅各宾派作为反对派，愈发追求证明恐怖统治的合法性，强调美德与共和主义的纯洁性，反对个人主义，附和卢梭的思想；不同于捍卫 1795 年宪法并执掌政权的那部分人，他们无限赞美群众的正直与单纯。[64] 在 1795 年至 1797 年间，亲当局的共和派与民主反对派之间争论的症结在于 1795 年宪法究竟在多大程度上捍卫了大革命的真正目标，又在多大程度上纠正了大革命的方向，恢复了"真实"大革命的原则，包括给布里索派平反昭雪。整场争论的重心始终是思想方面的。

就在热月政变过去五周之后，格雷古瓦教士向国民公会提交了一份报告，这是他提交的若干报告中的第一份，其中格外强调了在山岳派的暴政下，反宗教与文化汪达尔主义所造成的损失。[65] 在这类格雷古瓦激烈谴责的"汪达尔主义行径"中，不仅包括对艺术品、圣像和教堂的破坏，还包括反智主义，以及破坏图书馆与否定启蒙运动本身的行为。他的报告直指罗伯斯庇尔对知识分子频繁且猛烈的攻击。他将这种普遍存在的知识与文化方面的汪达尔主义与罗伯斯庇尔和罗伯斯庇尔主义煽动的政治压迫联系起来。除了早已不再像先前那样诽谤暴政的巴贝夫、安东奈尔、马雷夏尔和博纳罗蒂，在法国，事实上如今人人都在高调谴责罗伯斯庇尔的罪行及其对大革命的背叛。在 1795 年至 1799 年间，全法几乎所有亲革命编辑、宣传家和理论家都与国民公会一样，坚决与雅各宾派那种建立在无套裤汉不满情绪的基础上，并诉诸群众运动、违宪行为与民粹威权主义的观念作战。

即便巴贝夫的盟友博纳罗蒂已经着手于一项无耻的勾当——恢复罗伯斯庇尔威望与名誉，[66] 但大部分人还是很清楚，倘若不倾举国之力持续而具体地从政治、军事、组织、教育、文化与意识形态上全面否定并摧毁山岳派威权主义，那么共和国的稳定就无从谈起，共和派的自由也不可能得到巩固。然而只要热月党政权的残余势力依然存在，彻底根除罗伯斯庇尔影响的努力就会步履维艰。给曾受到罗伯斯庇尔追杀的共和左派恢复名誉的努力，在接下来的几个月里只是偶尔实现。直到 1795 春季，无条件地恢复共和左派的价值才成为一项可行目标。然而没有布里索派的复兴，大革命核心价值的恢复就不具备逻辑上的说服力和诚意，也没有多少实质性内容。只有从实践与理论上一并否定马拉主义、山岳派以及罗伯斯庇尔的思想，立宪主义、人权、宗教宽容和（尽管受到一定限制的）言论自由才能得以恢复——同样，激进启蒙运动才能再次肯定自身作为大革命关乎人权和民主自由意识形态的地位，再次引导官方思想与主流文化。

因此，正式给孔多塞、爱尔维修和哲学派系恢复名誉一事，是重新启动个人自由、民主与思想自由大革命不可或缺的关键步骤。即便孟德斯鸠的权力分立原则如今产生了一定影响，大革命最重要的思想来源始终是激进潮流。孔多塞不仅仅为 1795 年复兴的"真实的大革命"提供了最好也是最系统的哲学支持，同时也为复兴的哲学派系提供了应有的教育理念与社会科学，这成为他们的首要工具，用于进一步追求以个体人权作为支撑的普世人类幸福和共同福利。[67] 激进观念在 1795 年至 1797 年间卷土重来，在它的激励与锻造下产生了新宪法和新立法机关，不仅如此，出版自由也在一定程度上得到恢复，有序并有据可依的司法程序也重建起来，共和国的教育系统正在迅速扩展，同时共和主义的节庆和戏剧文化也得到了复兴。

从 1795 年早些时候开始，全新的思想风气主导了法国，其特色是启蒙哲学的回归，即回到 1793 年 6 月以前在大革命趋于成熟的那些年里它占据的特殊地位上来。共和三年推行的若干项改革措施着重强调了一个事实，即人们不仅在政治、公共庆典和教育方面将启蒙哲学作为基础并从中寻求合理性，而且在民主共和国自身的日常生活中也是如此。最显著的改变是官方经过五年的研究和准备，在芽月起义爆发不到一周之后，于 1795 年 4 月在全国范围内推行公制重量和长度计量单位。[68] 这不仅仅是针对法国的计量标准，从 1790 年开始调研起，人们就致力于建立一个统一、普世而恒定的十进制系统，设计该系统的目的在于取代欧洲与全球各地当时采用的各种计量系统，它们各自相异，混乱不堪。按照孔多塞、塔列朗等人的设想，全新的公制系统将适用于所有民族与未来的任何时期。

《人类精神进步的历史图景》是孔多塞流传下来的一部重要作品，虽然没有完成，但仍不失为一部杰作。在书中，他详细阐释了人类精神的进步，并于 1794 年 12 月将其公之于世。这部作品最初起草于 1772 年，在 1793 年至 1794 年间孔多塞藏匿的过程中得到了极大的扩充。1795 年 4 月 2 日，国民公会接受多努的提议，正式发行该作品的最终版本，由共和国拨款，印刷 3000 本。此后，该书又大量加印，加拉本人就出资印制了一大批并免费赠送。对多努来说，这不过是他坚持不懈进行的宣传活动的一部分，他想说服公众，使他们认识到社会与政治智慧来源于这样的哲学和科学，而非来自罗伯斯庇尔对平凡和卢梭主义的崇拜。[69] 孔多塞的《历史图景》一书在 1795 年春季面世，到了 1798 年已经再版 5 次。司汤达当时是个激进的年轻军官，随拿破仑的部队在意大利作战，据他后来回忆，自己曾热血沸腾地将这本书从头到尾读了两三遍。在孔多塞遗孀苏菲·德·格鲁希的指导下，一个以卡巴尼斯和加拉为首的孔多塞信徒团体承担了编辑该书以及策划编纂孔多塞全集的任务。[70]

1794 年末到 1795 年期间，激进启蒙运动复兴的迹象如雨后春笋般出现。最重要的迹象便是小学和中学的规划经过修订后，于 1794 年 10 月 25 日（共和三年雾月 3 日）由拉卡纳尔以教育委员会的名义呈交国民公

会。一周后，这些规划获批通过，与教育委员会的主要改革项目——高等
教育规划一起施行。这些规划在其山岳派当权以前的旧版本的基础上进行
了更新，内容包括儿童生来便享有免费接受初级教育的权利、共和国负责
支付初级教育教师的工资、在全法范围内按照每 1000 名居民一所的比例
兴建公立小学、男女学生学习同样的科目，这些措施最初都是在 1792 年
至 1793 年间提出的。[71] 教育改革中由山岳派引入的卢梭主义原则被废弃，
原先来自启蒙哲学的灵感在各个层面得到恢复，在中学里，在教授哲学与
研究人类思想的过程中采取了典型的唯物主义立场。[72]

人们还加快了将规划付诸实践的速度。国家应该雇佣受过训练的教师
并支付其工资，这是教育改革的关键性目标之一。加拉受命担任国民公会
公共教育委员会主席，他的任务包括指导他的团队为公立中学的教师编写
新教材。加拉本人编写了历史课本；曾经担任狄德罗助手的多邦东编写了
自然史课本，从南法归来的沃尔内编写了公民学课本，其中着重强调了自
由、人的权利和宪法。[73]

国民公会在 1794 年至 1795 年间为实施教育改革而颁布的法令后来被
统称为"多努法"，它们涵盖了从小学教育到官方节庆的一切。多努像前
辈孔多塞那样，迫切要求在公共教育和共和国机构间建立象征性的关系，
认为二者在结构上彼此依赖着对方。[74] 这种捆绑对日后法国共和主义教育
与传统产生了深远的影响。在最具有启蒙哲学精神的议员当中，拉卡纳尔
和德勒尔受命监督巴黎师范学院的创办，按计划，该学院将成为共和国教
育的重要组成部分。加拉的委员会事实上复活了孔多塞的计划，即在巴黎
建立一座高等教育机构，使其位于由中心学校组成的全国性综合网络的最
顶端，下设其计划内的国立科学与艺术研究院，同时成为由小学、中学和
第三级教育组成的新系统的中枢。师范学院建立在巴黎植物园区域，旨在
培训教育工作者，尤其要培养他们的世俗精神与共和主义倾向，为日后最
终成为世界上首个全面的、由国家组织并资助的普及教育系统奠定了基
础。师范学院学生的年龄应不小于 21 岁，同时拥有适当的教育背景与得
到认证的公民意识及道德水准，他们将从法国社会的各处聚集到这里。[75]

1795 年 1 月 20 日，在人们的殷切期待下，致力于教授学术科目、公

(a)

(b)

图 18 (a)沃尔内,(b)多努。

(a)朱利安·布瓦伊作品:沃尔内伯爵,康斯坦丁·弗朗索瓦·沙斯伯夫像,巴黎版印。藏于巴黎历史博物馆。

(b)皮埃尔-克洛德·弗朗索瓦·多努,刻印。藏于法国凡尔赛和特里亚农宫。

民学以及世俗价值观的师范学院在植物园内的圆形剧场中举行了开学仪式，加拉、沃尔内、拉阿尔普、拉格朗日、拉普拉斯、蒙热、多邦东和著名化学家克洛德-路易·贝托莱均在仪式上发表讲话，这足以反映法国在社会科学、化学和数学的好几个分支学科领域引领全欧的事实。学院的常规课程随即开展，基于普世历史的理念与人类思想的进步，沃尔内以孔多塞引介的方法教授历史，内容不局限于欧洲，也包括伊斯兰世界、中国、日本和穆斯林化以前的波斯，它们据信全都在向着自由、人权、民主和共和主义的方向进步。孔多塞彻底拒绝把"民族历史"、民族构建与爱国主义作为历史研究的核心，这一点与他对形而上学一元论和单一实体哲学的根本坚守相同，充满关于历史学与历史编纂学的新哲学观。

受财务困难的影响，师范学院在几个月后就关闭了，1808 年，它在拿破仑统治期间重新开放（1822 年再次被复辟的君主制关闭）。不过中心学校和巴黎的法兰西学院很快成为后热月时期大革命最重要的成就之一。根据 1795 年 10 月法令成立的法兰西学院是整个新教育系统中的最高机构。这所国立科学与艺术学院旨在取代于 1793 年废除的旧皇家学院，负责指导整个教育系统的运作，同时组织科学与学术方面的研究和辩论。正如孔多塞曾经竭力呼吁的那样，社会科学与自然科学中最杰出的研究者应成为人民的教育者，拉卡纳尔宣布，这是人类历史上的第一次。法兰西学院把最杰出的学者集中到共和国的中心，并使他们分属三个部门：（1）数学与物理科学；（2）道德与政治科学；（3）文学与艺术。其中第二个部门具体化了涉及研究、知识、社会科学和教育的革命性新方法，而该方法植根于狄德罗、爱尔维修、贝卡里亚、霍尔巴赫和孔多塞的启蒙哲学。

1796 年 4 月 4 日，在国家艺术博物馆（Musée Nationale des Arts）新近整修过的展览大厅内，为法兰西学院举办了盛大的揭幕仪式，有包括督政府全体成员在内的超过 1500 名受邀宾客出席。多努发表了讲话，强调学院有必要保持完全的思想自由与科研独立，有必要发挥学院的公共影响力。担任学院负责人的布里索派人士勒图尔纳认为，"通过攻击暴政和迷信"而造就了大革命的启蒙哲学家如今终于正式在法国官方文化、公共教育与培训方面享有他们应得的至高权力了。[76] 督政府希望，法兰西学院能从政治和社会上协助共和国，逐步引导公民对共和国法律和机构的信任，为复兴商业、农业和工业贡献力量，推动医学与卫生进步，发展陆军与海军技术，促进城市和建筑业发展。

启蒙哲学家–革命者将法兰西学院视作世界科学与文学共和国的国民议会，正因如此，马拉和罗伯斯庇尔才会如此痛恨这一观念。1795 年 11 月，48 名主要的启蒙哲学家、科学家和学者接受任命，组成学院的"三分之一选举人"，负责选举学院其余 96 名成员。启蒙哲学关于应由社会上杰出的心灵选择学术议会成员的理念就这样制度化了，这也不可避免地导致了热烈的讨论、密谋与反对。布里索、孔多塞、德穆兰、佩蒂翁、切鲁蒂、沃尔内、朗瑞奈、拉卡纳尔等民主大革命的缔造者，始终认为只有哲学理性及其在社会中的广泛传播才能战胜无知、谬误以及根深蒂固的大众偏见，正是这种偏见滋生了暴政，使社会与政治沦为邪恶以及内在的非理性、不稳定及压制性因素的人质。在他们眼里，启蒙运动从总体上来说是根除偏见、无知和传统错误观点的过程。他们相信，社会的和谐与稳定要通过制定合理的法律，保障基本自由，确保可行的宪法来实现，除此之外，还要在道德、社会和谐和公民学内建立适当的基础，使社会有能力实现自身的目标。他们坚持认为，如果不根除轻信、不宽容和教权，所有这一切就不可能实现。

社会科学被认为是建立在一元论和单一实体哲学基础上的道德应用哲学，在民主共和框架内对立宪、政治和社会稳定起着关键作用，这一观念占据了法兰西学院中处于领导层的知识分子的思想。这一群体被称为"观念学者"，包括多努、沃尔内、德斯蒂·德·特拉西、然格内、拉卡纳尔、德勒尔、勒德雷尔、加拉、西哀士、康巴塞雷斯和勒韦利埃–莱波。他们的总部就设在法兰西学院中的第二个部门，即道德与政治科学部门之下。在被选入法兰西学院第二部门的重要知识分子中，总共有不少于 28 人当选为各届革命立法机关的议员和委员会成员，虽然并非全部，但他们中大部分是布里索派人士。在这些唯物主义无神论者及反基督教的自然神论者当中，还包括奈容和卡巴尼斯。他们中有的还为经济学家赛主编的《哲学周刊》供稿，该报事实上成了观念学者评论的主场，这一团体成长于米拉波的圈子和爱尔维修夫人、孔多塞夫人以及罗兰夫人的沙龙，他们追求恢复 1788 年至 1793 年哲学党革命遗产的目标最为明确。[77]

在后热月时期，观念学者在事实上重建了激进启蒙运动。在法兰西学院第二部门的成员中，有不少于 34 人曾在恐怖统治期间入狱或流亡国外，这在其总数中所占的比例高得惊人。其中包括多努、然格内、德斯蒂·德·特拉西、沃尔内和前本笃会修士马丁·勒费弗尔·拉罗什教士，他是爱尔维修的友人兼秘书，深受爱尔维修及其夫人信任，后来在爱尔维修夫人的委托下编纂了第一部不受审查限制的爱尔维修身后作品全集。前新教徒让-巴蒂斯特·赛成为复兴后的布里索派观念意识形态最重要的宣传者，他与这一团体内的几个人都保持着友谊，曾频繁光顾爱尔维修夫人和海伦·玛利亚·威廉姆斯的沙龙，[78] 追随克拉维埃和勒德雷尔，他十分仰慕狄德罗，认为狄德罗是"由迷信与奴性混合而成的反动毒药最好的解药"。[79]

事实上，观念学者并没有试图垄断法兰西学院的议程、有奖竞赛或政策，也没有实现这一切。他们主要的工作不过是对巩固大革命价值、目标和意识形态的启蒙哲学观念予以解释。[80] 学院活动中包括一项关键内容，即在每个季度举办公开朗读、辩论与讲座的特定日期向公众展示其工作成果。比如，1797 年 7 月 3 日是道德与政治科学组（Classe des Sciences Morales et Politiques）的展示日，学会对公众开放讲座，讲座内容包括：未来世界中追求公共幸福的共和国之间将如何通过国际合作维护和平（由启蒙哲学家德利勒·德·萨勒主讲），论经济与殖民地（由杜邦·德·内穆尔主讲），法兰西学院中最活跃的讲师勒德雷尔关于公共财政的三篇论文，勒韦利埃-莱波关于市民宗教与国民节庆的论文，威尼斯圣马可图书馆所藏的中世纪地图研究，以及沃尔内关于美国印象的报告。[81] 法兰西学院通过公共集会与有奖竞赛所创造的文化环境，给学院内部两股存在竞争的潮流提供了相互反对的可能。学院由热忱的共和派控制，但并不排斥其他人士。共和派和与其竞争的秘密保王派（在历史学家中尤为普遍）之间冲突不断，后者对好战的自然神论者不屑一顾，尤其蔑视唯物主义、无神论和观念学者那套民主思想。

在 18 世纪 90 年代末，许多曾经由孔多塞倡导的项目得到强劲复兴，其中就包括黑人之友俱乐部，在 1793 年至 1794 年间，该俱乐部在山岳派的统治下一度停办。第二届黑人"与殖民地"之友俱乐部事实上是个巴黎知识分子沙龙，格雷古瓦神父再次参与其中，其成员中也有黑人，其中还包括一些前奴隶。该团体中有数十名知识分子，但他们的政治诉求相同，明确表示要实现孔多塞和布里索未竟的事业——当松托纳克斯人在巴黎的时候，就经常主持该社团的活动。马提尼克和其他被英国占领的法国岛屿依然是奴隶制的堡垒，而海地在很大程度上也已经脱离了共和国的管辖，但所有的岛屿都有可能很快回到法国人手中，因此有希望扩大废奴运动，为黑人融入共和主义社会建立新的方式。沃尔内相信，对黑人进行教育是唯一的最终方案；1796 年 6 月，在去弗吉尼亚拜访杰斐逊的三周里，他被当地奴隶制的景象以及多次听说的黑人身份低微的证据所震撼。[82]

与此同时，重新活跃起来的黑人之友俱乐部还要与法国国内再次兴起的殖民地利益做斗争。在督政府的统治下，尤其是在 1797 年选举期间，强大的保守主义热情与偏见再度涌起，形成要求恢复宗教和君主制的力量，其中还夹杂着很多要求重新在殖民地引入奴隶制的呼声。第二届黑人之友俱乐部认为，应该断然拒绝奴隶制和对黑人的压迫，以及那些它们必须存在的借口。赛是提出申辩的一员，他在 1798 年成为黑人之友俱乐部的活跃成员，一心追求从理论上解释：付钱给自由黑人劳工如果成为生产糖的一般规则，会比使用奴隶劳工的成本更低。关于海地问题，最详细的分析来自加朗-库隆在 1797 年至 1799 年间起草的论文。加朗-库隆崇拜图桑-卢韦蒂尔，坚决捍卫《权利宣言》的原则"。[83]

在这些重要人物发展的社会科学中，毫无疑问出现了有限的自由主义倾向，比如卡巴尼斯和勒德雷尔，他们想要放弃孔多塞和布里索消除经济不平等的想法。在若干情况下，这甚至包括对减少经济不平等的目标以及孔多塞关于女性平权事业的绝对反动。有种特别卑劣的倾向充斥着卡巴尼斯的思想，诚然，他确实体现了观念学者们关注的焦点，代表着狄德罗和霍尔巴赫的唯物主义哲学传统，强调自然之统一，然而在经历过山岳派可怖的暴政后，他的反应是格外强调保证社会对稳定与秩序的需求，想将国家对穷人的援助降到最低限度，尽管他并不拒绝给失业者发放津贴这一原则。[84] 卡巴尼斯对生理与情感状态以及性冲动的强烈痴迷使他产生了区分男女智力的倾向，区分依据就是男女各自的身体功能和女性的生育能力。卡巴尼斯坚信，因为女性更加敏感与感性，所以她们的头脑不适合进行"长时间的深入冥想"，这最终导致她们在智力上和政治上低于男性——这着实与孔多塞的诉求相去甚远。[85]

秘密保王派认为，霍尔巴赫式的观念学者们拒绝把道德看作神圣力量安放于人类心中之物，这会对社会秩序造成深刻的伤害。然而这一冲突隐患潜藏于表面之下，直到波拿巴的威权主义在 1799 年至 1800 年间大获成功，事态进展才激励了更加直接的反唯物主义和基督教立场表达。尽管也在弘扬新的公共道德，但勒韦利埃-莱波却发现自己成了既反对罗伯斯庇尔，又持好战的卢梭主义立场的那类人，他热切鼓吹有组织的自然神论公共崇拜。至于梅西耶，他赞同观念学者们的观点，认为罗伯斯庇尔曾同时对启蒙运动和大革命宣战，而法兰西学院的任务就是消除山岳派思想和意识形态的每一丝残余，恢复（非宗教的）启蒙运动应有的地位，那就是以民主、人权和世界革命作为支撑的人类真正的向导。然而他也走了自己的路，那就是拒绝观念学者那种反宗教的激进主义、无神论和霍尔巴赫式的唯物主义，依然偏爱卢梭以及新康德式哲学的温和。

孔多塞认为，制度与政府一般说来落后于"启蒙哲学的脚步"，即人在观念上的进步。在较小的程度上，制度也落后于公共舆论。"从任何方面来看，在启蒙哲学家们给启蒙运动带来的影响"，与大多数受过教育的人所能接受的思维方式之间，"总是存在着巨大的差距"。[86] 在激励法兰西学院的意识形态中，这一信条位于核心地位：通过发展道德与政治科学，有益观念的制度化进程将会加快，当最开明的启蒙哲学家在教育与公共培训系统中担任要职时，情况尤其如此。每当法兰西学院的三大部门联合举办公共研讨会的时候，出席率都令人印象深刻，听众挤满卢浮宫的古代史展厅，甚至可达 1500 人之多。观念学者们试图把精密科学整合到社会科学与道德中去，利用艺术和文学放大并阐释社会与道德现实。他们所投身的意识形态是关于理念和制度的真正科学，这一范畴与传统思想和形而上学的一切形式直接对立起来，它是一种哲学方法论，使人有可能在道德真理、科学和无可争辩的事实基础上建立社会科学和政治学。

他们指出，在关于平等的问题上，罗伯斯庇尔和山岳派引入了完全错误、暴虐而蒙昧的概念，由此造成了数不清的浩劫。不平等是一种自然现象，植根于天赋、勤奋与智力的差异中，不可能彻底消除。尽管如此，经济不平等依然是公平与社会福利的永久性威胁。因此，一个构成合理的政府，即共和主义代议民主制政府——其他形式的政府天然就是非法而掠夺成性的——其职责就是应对不平等的三大主要成因与要素。首先，立法者必须根除制度化的地位不平等，一切形式的特权、世袭制抑或是种姓划分，都会产生权力和影响力的不平等，因此都是有害的。其次，立法者必须中和财富上的不平等，通过财政系统落实累进税制与规定，管理贸易和工业，使其有助于减少剥削，让财富在最大程度上实现分散化，尤其需要打击商业霸权，对联姻和继承采取强制规范，进而消除财富合并的现象。最后，合法的政府应通过提供教育与技能培训来应对不平等。民主制度应对穷人施以援手，但不是通过向他们灌输阶级战争或抢劫富人的观念，而是——正如德斯蒂·德·特拉西所说——要根据理性和"共同利益"，来维持彼此间的平衡。[87]

葡月——不稳定的共和国：1795 年 10 月

然而仅仅通过重新确认大革命的核心原则并采用新宪法，完全不足以实现意识形态方面的计划，也难以维护共和国的稳定。新布里索派必须寻求更多的支持，必须实施彻底而强有力的改革。为了巩固新布里索派重新夺回的大权，保证政权的延续性，确保不论是保王派还是民粹派都不可能在新的选举中获胜，1795 年 8 月 30 日，国民公会通过了极富争议的"三分之二法"并很快引发了强烈的抗议。该法令规定新立法机关中三分之二的议员（500 人）必须从现有议会的 750 人中选出。[88] 这一法令专断且违宪，受到好几个省以及大多数巴黎街区的反对。这些街区在积极清洗恐怖统治者后，有很多都把主导权交到顽固的保守派手中。毫无疑问，该法令不合规范且违宪，但在当时的很多人看来，这似乎是紧急状态下不可或缺的保障措施。对民主共和派而言，在当时的情况下，确保保王主义和威权民粹主义不再泛滥，比拘泥于民主理论的细枝末节要重要得多。对大部分开明的议员和很多外部观察家而言，在选举之前就限制选民的可选项这一举动很有吸引力，他们害怕蠢蠢欲动的君主主义、难以驾驭的民粹主义，以及民众的倦怠，随着永无休止的革命造成了大量苦难与困境，使得这种倦怠与日俱增。

1795 年 9 月，新宪法通过了全民公投。在超过一百万投票者中，超过 90 万人对新宪法表示认可，然而还是有很多人对通过"三分之二法"来保证共和派在新议会中占多数一事进行了愤怒的谴责（无论如何，"三分之二法"还让原恐怖统治者再次当选变得更加容易了）。[89] 保王派的反动与无套裤汉的持续性愤怒一起，再次形成了一股强大的力量，反对新布里索派那并不稳定的反天主教共和主义政权，而该政权又不愿毫不留情地打击恐怖统治者（事实上，它还释放了很多雅各宾派嫌疑犯）。在巴黎反对与抗议的浪潮尤其高涨。1795 年 9 月 25 日，颁布了确立督政府和两院制新议会的共和三年宪法，但仅仅 10 天后，天主教保王派复仇主义卷土重来的趋势已经十分明显。在大革命所经历的最痛苦的 3 天里——1795年 10 月 4、5 日（葡月 10、11 日），特别是在 10 月 6 日（葡月 13 日）——爆发了大革命中规模最大、最难控制也最混乱的民众暴动。

1795 年 10 月 4 日（葡月 12 日），由保王派、天主教徒、民粹主义者和愤怒的无套裤汉组成的强大力量在首都获得了约 30 个街区的支持，他们要求向恐怖统治者复仇，拒绝"三分之二法"，并要求重新进行选举。在勒佩勒捷、法兰西剧院、旺多姆广场等工人阶级与中产阶级比邻而居的 7 个街区爆发了群众性武装暴乱，这些街区的国民自卫分队也被煽动起来反对当局。反对共和派政权的力量在勒佩勒捷区最为强大，那里是金融业和投资的集中地，在该街区初级议会于 9 月 7 日和 12 日召开的会议上，反革命情绪沸腾起来。尽管在这新一轮的暴乱中，有部分或者大多数参与者是保王派，他们却采用了在先前罗伯斯庇尔统治时期巴黎街区惯用的直接民主话语体系，很多无套裤汉抗议分子也参与其中，只不过这一次，他们把民众的敌意直接引向了代议民主制度和国民公会。[90]

　　10 月 5 日，大约有 2.5 万名暴动者从塞纳河南岸向国民公会行进。为了阻止他们，活跃的共和派人士，包括安东奈尔在内的很多自称为"八九年爱国者"的前山岳派分子在杜伊勒里宫组织起来。一支约 4000 人的武装力量也匆忙集结起来，在巴拉斯的率领下前往占领桥梁，阻击"叛乱者"（巴拉斯身边有若干军官，其中最值得注意的是拿破仑，他利用这一机会恢复了他们的政治声望）。漫长的对峙持续了差不多整个下午，双方的谈判最终失败，国民公会的炮兵对聚集了大约 7000 名武装无套裤汉的暴动人群开了火，伏尔泰堤岸及其邻近街道顿时成为战场，10 月 5、6 日夜间的战斗是大革命期间发生在巴黎的历次起义中最长的一次（长达 7 小时），也是血腥程度仅次于 1792 年 8 月 10 日的一次。人数基本相当的两股武装力量在塞纳河沿岸、巴黎街头、广场以及圣罗克（Saint-Roch）那巨大的巴洛克教堂周围交火，后来人们故意将战火引向监狱，被关押在那里的山岳派分子知道，只要寻求复仇的保王派能够战胜共和派并有机会对 1792 年 9 月的监狱大屠杀进行报复，就会冲进监狱大开杀戒，因此这些包括朱利安在内的山岳派分子已经做好准备，打算在被杀之前了结自己。不过到了最后，是政府的炮兵部队、拿破仑的军事才能与 1500 名武装起来的雅各宾派死战到底的决心取得了那一天的胜利。

　　当战斗结束的时候，有数百人横尸街头。[91]保王派和很多其他人都对军队诉诸武力的强硬手段与暴力程度大感震惊。朗瑞奈称其为"一场谋杀"。[92]随后，首都的国民自卫军被解除武装；常规军依然在待命；巴黎各街区中又有数百名嫌疑犯被捕。然而其中大部分人都被公安委员会明智地判定为"误入歧途之人"，即完全不知道究竟发生了什么却"受到误导的人"。几天后，几乎所有人都被释放。49 名民粹主义者被法庭判处死刑，但最后真正执行的只有两起——两个叛乱街区的领袖勒邦和勒布瓦。由于新宪法刚刚生效，国民公会明智地采取了和解与合宪的方式，而不是推行新一轮的严刑酷法与处决，因为那样只会冒险危及督政府千方百计追求的稳定。就在镇压叛乱九天后，即 1795 年 10 月 26 日（共和三年雾月 4 日），即将换届的国民公会投票决定释放所有在押人员，不论他们是"雅

各宾派或斐扬派，恐怖统治者或温和派"，这次对政治犯的普遍大赦释放
了雅各宾派的全部有生力量和异见好战分子，包括朱利安、巴贝夫和奥古
斯丁·达尔特，还有马赛的雅各宾派领袖培尔和格拉内。[93]

玛丽–约瑟夫·谢尼埃指出，在 1795 年秋季期间，巩固大革命的途径
包括恢复出版自由，给布里索派平反昭雪，释放大部分政治犯，同时严加
惩处那些最恶劣的"革命杀人犯"。起初，督政府确实按照这些方法行事，
在种种体现共和主义廉正立场的迹象中，也确实表现得愿意放松对亲雅各
宾派新闻的限制，这使巴贝夫可以发行他的报纸《保民官》，朱利安也可
以出版他那份激进却亲政府的《平民演说家》(L'Orateur plébéien)。[94] 至
于强硬的平等主义者，则发觉自身处境窘迫。很显然，经济压力只有可
能，或更有可能促进天主教保王右派通过直接民主和无套裤汉主义获得大
权。很显然，前后一致的无套裤汉倾向或意识形态并不存在；此外，民粹
主义立场易变且缺少连贯性，不论他们是忿激派、埃贝尔派、保王派或罗
伯斯庇尔派，这一特性都毫无争议可言。在这一长期趋势下所固有的矛盾
中，有一点相当重要，那就是巴贝夫和朱利安都意识到，不可否认的是，
无套裤汉在旧制度下的经济处境要比如今在共和制度下好得多。巴贝夫评
论道："保王主义就等在这一避难所门外。"[95] 他要求所有民主派扪心自问，
一旦保王派左右了更多穷人并获得优势，会发生什么："在法国的每一寸
土地上，共和派都会被宣布为非法，并被判处死刑。"他主办的《保民官》
强调：大革命要是不迫使"民众断绝对保王主义的同情心"，就将一事无
成。[96]

新立法机关对民粹主义、保王主义和反动天主教势力的强大深感震
惊，因此于 10 月 10 日取缔了所有街区议会，同时剥夺了街区对国民自卫
军分队的控制权，这样一来，就像很多人期待的那样，一劳永逸地摧毁了
大革命中践行直接民主的主要工具，也从根本上改变了共和国的性质。新
立法机关拥有比上届议会更多的布里索派议员并因此自鸣得意，它带着同
样的狂热排挤了恐怖统治者、民粹主义者和保王派。议会中的领袖人物
包括多努、布瓦西·德·安格拉斯、朗特纳斯、拉卡纳尔、德布里、朗
瑞奈、居约马尔、玛丽–约瑟夫·谢尼埃，还有卢韦（直到他于 1797 年

去世），以及狄德罗的老友德勒尔。在共和三年 10 月底颁布新宪法的时候，五百人院和元老院召开会议，竭力支持宪法和法律。西哀士当选为五名督政官之一，但他拒绝上任。最后当选并履职的督政官——巴拉斯、卡诺、勒韦利埃-莱波、勒贝尔和勒图尔纳——都是中间派，同时均被证明是反罗伯斯庇尔主义者，他们自称为坚定的共和派，对罗伯斯庇尔主义和保王主义抱有同等的警惕。拉扎尔·卡诺因取得弗勒吕斯大捷（1794 年 6 月 26 日）而备受信任，他也是推翻罗伯斯庇尔的主要功臣。在接下来的三年中，他始终坚守在大革命的前线，主持军事事务，巴拉斯负责管理巴黎，勒韦利埃-莱波管理内政，勒贝尔管理外交。[97] 然而，督政府在格外警惕民粹君主主义的情况下，想要继续团结前山岳派人士，对付卷入 1795 年 10 月起义之人，而不愿彻底根除前恐怖统治者。作为开端，新政府还鼓励外省反罗伯斯庇尔的新雅各宾俱乐部重新开始活动，比如图卢兹和梅斯的俱乐部，在这些城市，雅各宾派赢得了 1795 年 11 月的市政选举。[98]

如果说 1795 年春季发生在巴黎的饥荒暴乱代表着无套裤汉主义充满危险的"突然发作"[99]，那么葡月那场失败的起义就代表着更为广泛的右倾民粹主义。然而不论民粹派和民粹主义是何种类，不论其倾向于君主制还是共和制，它们都不可能把大革命塑造为一个包含普遍解放、民主、言论自由和启蒙运动的系统。直接民主从来没有像在 1795 年至 1797 年间那样，对大革命中民主主义和自由主义产生的推动力微乎其微。想要实现稳定并巩固大革命的目标，共和派知识分子别无选择，只有坚决支持宪法和督政府。在参与 1795 年宪法辩论的重要编辑、宣传家和观念学者当中，大部分都毫不保留地认可宪法，支持民主共和国。

然而也有人表示反对，比如巴贝夫、安东奈尔、马雷夏尔和博纳罗蒂（此人和萨利切蒂、沃尔内一起，于 1793 年早期被逐出科西嘉岛，如今加入了巴黎的雅各宾派，同时一直是在意大利宣传大革命的主要人物）。他们拒绝放弃直接民主和 1793 年宪法，为恐怖统治、九月屠杀和罗伯斯庇尔辩护，坚持不懈地试图动员新一轮的民众暴动。在无休止的争执中，朱利安对两个阵营都表示出了些许同情，但他并不怀疑后者，即好战民主派比起主流的共和派阵营来，实在是个小得多的集团。归根结底，他认为共和主义大革命的存活与否，取决于那个较大的团体，取决于合乎宪法的改革，而非直截了当的革命行动，因此他要求彻底打垮好战的平等主义者。朱利安与巴贝夫、马雷夏尔及博纳罗蒂相反，他认为，不论是他本人至今一直支持的好战平等主义者，还是丹东派，抑或是新布里索派共和主义者，所有民主派都别无选择，只能联合起来一起努力。[100]

鉴于如此令人忧心的局势，出版自由不可能恢复到不受限制的程度；重建君主制的诉求一直是非法的。不过很大一部分舆论还是能够得到容忍，数月以来，也有多份重要报纸创刊或恢复发行。[101] 玛丽·沃斯通克拉夫特曾预言，即便是言论自由只在一定程度上得到恢复，都有可能复兴政治、艺术和戏剧，把杰出的女性推到前台，激励充满生机的知识分子沙龙和政治俱乐部再次出现。她是对的。1795 年夏季最活跃的沙龙包括朱丽叶·雷卡米耶和热尔梅娜·德·斯塔尔的沙龙，后者在 1792 年 9 月逃离法国，最近于 1795 年 5 月从瑞士回到巴黎。斯塔尔是内克尔的女儿，邦雅曼·贡斯当的情人（他陪同她一起返回巴黎），三十出头，才智出众，像她的父亲那样，是个坚定的温和派，特别警惕激进观念，但她也投身于捍卫基本人权、创建真正的政治自由的活动之中。尽管她的沙龙散发出浓郁的贵族气息，但比起自己的父亲来，她还是更愿意认可 1795 年宪法，支持删去了罗伯斯庇尔主义，并在 18 世纪 90 年代末塑造了幸存的法国大革命的新布里索派共和主义。她对布瓦西·德·安格拉斯、多努和朗瑞奈表示公开的仰慕，尊敬"真诚的共和派"卢韦，即便后者在恐怖统治期间的经历使他变得偏执而多疑。新布里索派挽救并恢复了大革命，这一点对她来说毋庸置疑。与美丽的雷卡米耶夫人一样，斯塔尔夫人旨在鼓励广泛的辩论，态度鲜明地用自己的沙龙迎接持各种政见的人士——不仅有她和贡斯当那样支持督政府的人，也有不同程度的保王派人士，还有前雅各宾派和新雅各宾派，以及首都某些傲慢的暴发户。[102]

"共和国之友联盟"（Réunion des Amis de la République）俱乐部就明显没有那么高雅，它又称"先贤祠俱乐部"，从 1795 年 11 月 16 日开始在先贤祠附近一座废弃的修道院中举行集会。该俱乐部获得了《自由人日报》和《平民演说家》等报刊的支持，成了共和主义民主派和巴贝夫、费利克斯·勒佩勒捷、达尔特、德鲁埃、朱利安、博纳罗蒂和安东奈尔这样的前山岳派人士集会的场所。[103] 先贤祠俱乐部的讨论与集会显然吸引了不少群众，然而不久之后，它也不可避免地成为默许共和三年宪法的共和派与强硬的好战反对者之间的战场。[104] 通过自己于 1795 年 11 月开始在巴黎发行的报纸《保民官》，巴贝夫成为谴责督政府的人物之一。他一面利用报纸大肆批评，一面与自己的无套裤汉友人以及对直接民主和无套裤汉主义怀有同情的老山岳派人士大肆进行密谋活动，其中就包括瓦迪耶和让-巴蒂斯特·德鲁埃，后者在 1791 年路易十六的逃亡途中认出了国王，后来成为布里索派的对手中最暴力的一个。德鲁埃如今是代表马恩省的议员。另一名重要的密谋者是费利克斯·勒佩勒捷，此人曾在先贤祠为他那被刺杀的兄长致葬礼悼词。

到了 1796 年，督政府重新将新雅各宾主义和新山岳派俱乐部视为政权的首要威胁，负责国内安全的督政官卡诺尤其持此观点。强势的卡诺本是督政官中最坚决要走公平的中间路线的人，既要追究前恐怖统治者（尽管他本人也是其中之一），也要抑制保王主义。起初，他对宪政表示尊重，后来则很明显地表现出要通过执掌军队来巩固自身权力的态度，对共和主义价值则并不在意。他的机会主义使他同时成为前山岳派和新布里索派以及卢韦的攻击对象。[105] 卡诺很快意识到，先贤祠俱乐部的集会既不利于稳定，也会危及他自己。达尔特在该俱乐部的集会上发言，高声宣读《保民官》上煽动性极强的文章摘要，指责督政府和 1795 年宪法"十分暴虐"，随后，督政府于 1796 年 2 月 27 日下令关闭该俱乐部，并派波拿巴率人驱逐俱乐部成员，封锁俱乐部的入口。[106] 同时被迫关门的还有另外四个俱乐部和一家剧院。包括《保民官》在内的若干新雅各宾派报纸被禁。这些举措让忠于大革命理想的共和派们信心大失，有人甚至开始自问，巴贝夫、达尔特和博纳罗蒂这类家伙所说的是不是真有道理。

到了 1796 年初，后热月时期早期阶段与新宪法备受欢迎的日子已经结束了。先贤祠派和《保民官》转入地下，开始在暗中领导非法活动。他们传达的信号得到了广泛的认可，即掌权的是一伙伪君子和假共和派，密谋反对他们的人则是正义的一方。就在这时，巴贝夫开始积极进行密谋。没过多久，"平等密谋"的秘密指挥部开始在阿马尔家中举行定期集会，这是个成分不一的团伙，组织者为勒佩勒捷、马雷夏尔和博纳罗蒂，他们秘密策划发动另一起像5月21日那样的大规模群众暴动，期待着这一次的暴动能够持续得更久，并产生具体的成果。[107]根据1796年4月16日（共和四年芽月27日）法令，言论自由进一步受到限制，煽动公民暴动也可被判处死刑。此外，煽动人民解散立法机关或督政府、重建君主制、谋杀议员、恢复1791或1793年宪法均为死罪。[108]

巴贝夫运动分子出现在全巴黎的咖啡厅和酒馆里，到处张贴海报，派发传单，散布贪婪的富人奴役手工业者的言论，为平等派反对督政府的行动宣传造势。在1796年期间，他们的活动形成了全国范围内的密谋，在外省好几个市镇都设有分部。密谋者努力争取到了一些最坚定的共和派记者来支持他们的立场，如安东奈尔和瓦塔尔，后者当时是《自由人日报》的主编。该运动的大部分提议——在更加公平的基础上重新分配土地、累进税制、普世公共教育——与之前博纳维尔和孔多塞的社会俱乐部提出的目标，或更广泛的激进观念并非毫不相容，却让目前的督政府无法容忍。然而，在那个国民公会的权力与大革命的成果从各方面看上去都岌岌可危的时期里，将这些密谋者与主要的共和派阵营隔绝开来的，其实是他们从马布利和莫雷利那里继承来的毫不妥协的平均主义哲学、巴贝夫和博纳罗蒂的新罗伯斯庇尔主义——尤其是他们的战术与方法、他们对群众暴力的期待以及重建新山岳派独裁统治以强行推进其改革方案的计划。[109]

恐怖统治和葡月起义过后，共和左派，包括好战的民主派和朱利安、安东奈尔这样的平等主义者，普遍关心如何在抵挡无套裤汉的同时重建个人自由和言论自由。1795年10月，朱利安在解释自己关于美德的概念时，明确引用了爱尔维修以及霍尔巴赫在《社会系统》（Système social）中的观点，即认为"公共精神"塑造并定义了个人的美德，后者则依赖于通过教育反复灌输"习惯于对我们人类的幸福做出贡献这一倾向"。[110]反对巴贝夫秘密颠覆活动的布里索派与原先的老雅各宾派，其实也在一点上达成共识，那就是大革命并未结束，革命政权在经济、立法、教育、文化和外交层面还有很多未竟之业。对改善社会的问题，他们完全没有视而不见。但他们不认同巴贝夫和马雷夏尔坚持要把追求更多经济平等当成眼下第一要务的立场。大部分人拒绝巴贝夫运动的如下提议：必须通过民众暴动推翻现存宪法和制度，这是强制进行财富再分配的明确道路。[111]

到了1796年5月，随着明显的不满情绪的广泛传播，法国进一步陷入动荡不安的状态之中，甚至变得越来越迟滞不前。督政府和五百人院夹在左派和右派之间，始终缺乏足够稳定的社会基础，这在很大程度上要归咎于春季时对基本自由的压制。主流共和派确实反对巴贝夫挑唆暴动的行为，但对督政府新的镇压本能，他们也同样表示唾弃。截至1796年秋季，法国国内大约有四五十份报纸几乎每天都在抨击督政府，也时常批评立法机关缺乏逻辑、怯懦、虚伪，不能诚实地维护宪法。[112] 1796年10月，《自由人日报》问道："我们有可能摆脱目前面临的危机吗？"无法否认的是，保王主义和天主教正在复兴，左派对1795年宪法的热情正在减弱。

种种迹象表明，1795年宪法正受到出版业（以及保王主义）无情的诋毁与破坏，就像在1791年至1792年间，布里索派报纸对待1791年宪法那样。[113] 然而无论如何，《自由人日报》在1796年底告诫其读者，共和国的敌人破坏大革命价值与未来的威胁是如此之大，以至于真正的共和派和民主派事实上别无选择，只能同心戮力，团结在这个令人失望且问题重重的政府周围。共和派和民主派必须携手拯救督政府和立法机关，因为任何潜在的替代方案最后都会被证明糟糕到难以估量。[114]

第 23 章

"总革命"在荷兰、意大利与黎凡特

1795 年至 1800 年

巴达维亚革命

在 1792 年至 1793 年间，总革命对西欧造成了短暂但剧烈的冲击，给欧洲的统治者、贵族和神职人员敲响了警钟。大革命彻底否定了他们的合法性，它所到之处，人们在愤怒中推翻他们的统治，废除他们的权威，没收他们的财产。尤其令旧秩序的捍卫者担忧的是，面对衣衫褴褛、训练不足、补给匮乏、装备落后的革命军，训练有素、衣着光鲜的普鲁士与奥地利军队表现得不堪一击。即便在一定程度上受到贵族军官背叛的影响，法军仍能在如此劣势下取得令人惊叹的胜利，那么一旦法军变得更庞大、训练更加有素，补给更加充足，又将会发生什么呢？在 1793 年 3 月到 1794 年 6 月期间，贵族和神职人员的不安暂时得到缓解，在这段时期里，大革命看起来很可能在内部冲突和旺代叛乱的压力下土崩瓦解。在 1793 年至 1794 年间，怀着对法兰西共和国将从内部衰亡的希望，欧洲各国的统治者们可以暂时松一口气了。

然而大革命并没有崩溃，从 1794 年后期开始，它的复兴对现存秩序的威胁与日俱增。即便热月政变之后取得的政治稳定程度有限，它也足以重新产生与 1792 年相似的威胁。由于丹东的呼吁动员了群众，确定了严格的征兵制度，革命军的规模在 1793 年至 1794 年间得以急剧扩张，同时清洗了不忠分子，锻造了全新的革命派军官团体，武器与军需补给也大幅度增加，这一切以指数级别提高了法军造成的威胁。事实上，在 1795 年，欧洲的旧制度面临的不仅仅是威胁，而是灭亡。即便英国与欧洲列强下定决心联合起来，也不一定能够从军事上抵挡住大革命的进攻。

即便成功入侵英国的可能性不大，但爱尔兰看起来倒是易于攻击，同时英国全球霸权与影响力的丧失也是显而易见的。如果说在 1795 年至 1799 年间，英国在加勒比地区遭遇的灾难性损失完全是自由黑人与获释奴隶（或希望获释的奴隶）协助法国人与英国人为敌的结果，那么在印度和欧洲，也有许多社会阶层可能成为法国人的盟友。即便在 18 世纪，在打击法国的威望及剥夺其最优质殖民地的事业上，任何国家都远不及英国那样成功，然而事到如今，权力与资源的平衡看上去正在逆转。因此，英国统治阶级和普鲁士、奥地利、俄国、意大利和西班牙的统治阶级一样感到不安；他们在欧洲事务中的领先地位以及英国在世界其他地方的海洋与商业霸权似乎正面临着严重的威胁。

不过无论是普鲁士、奥地利还是英国，其利益受到的威胁都不如尼德兰来得紧迫。共和主义在那里有着悠久的传统，而反贵族、反教会、反总督，同时持有坚定反英反普立场的民主反对派，早在法国大革命爆发前的 18 世纪 80 年代，就已成为一股即便不甚团结，但也相当强大的力量。到了 1787 年，荷兰民主运动事实上已经控制了联省共和国，而且正在积极推广民主观念。只是由于普鲁士军队在英国的支持下进行了大规模干预，民主运动才被迫停止并受到镇压。数千名荷兰爱国者不得不离开故土，逃往比利时和法国寻求庇护。直到这时，荷兰总督和议会在掌控大局方面还并未经历太大的困难。然而倘若荷兰旧制度的镇压机制再次像 1793 年时一样，面临法军接二连三短暂却成功的入侵，又会发生什么呢？而且这一次，法军的力量要比 1793 年时更为强大。

就在热月政变前一个月，奥地利部署在低地国家那格外庞大的军队，尽管得到奥兰治派的荷兰部队支援，依然于 1794 年 6 月 26 日在比利时境内的弗勒吕斯被法国人打得溃不成军。奥军虽然装备精良，却还是无法抵挡人数众多的法军（8 万人）发起的猛攻，以及由卡诺和圣茹斯特组织起来的大规模炮兵力量。更让战败的奥地利人感到难堪的是，法军司令让-

巴蒂斯特·儒尔当只是个普通外科医生的儿子,曾以普通士兵的身份参加过美国独立战争。正如奥什和让-巴蒂斯特·贝纳多特一样——后者日后成为拿破仑手下的重要将领之一,在 1810 年成为瑞典王储——儒尔当是由卡诺从士兵中选拔出来的高级指挥官,而并非出身贵族。此役过后不久,革命军就再次占领了布鲁塞尔。

几乎就在罗伯斯庇尔倒台的同时,革命势力重新夺回对列日和安特卫普的控制权。两个月后,法军于 9 月 24 日包围了位于北布拉班特的重要荷兰堡垒斯海尔托亨博斯。经过三周的围攻,法军占领了该要塞,在攻城的过程中,丹德尔斯和德文特尔率领的荷兰革命军团发挥了重要的作用。斯海尔托亨博斯就此成为革命者的战略基地与宣传中心,煽动革命的活动、新闻与传单通过该地渗透到尚未解放的北方领土。[1] 截至 1794 年 10 月,儒尔当已经拿下荷属布拉班特的大部分地区,不仅如此,他还占领了科隆、科布伦茨和杜塞尔多夫。英国、普鲁士和奥地利,又将如何阻挡民主主义总革命的势头呢?

法军进展顺利,这鼓舞了荷兰主要城市中的亲革命情绪。大量读书社团重拾他们原先的爱国热情,并再次公开宣扬反对奥兰治的立场和共和主义民主观念。人们公开表现出对荷兰民主派前爱国者的热情。与法军并肩作战的荷兰军团指挥官赫尔曼·威廉·丹德尔斯及其秘书,低地国家中激进思想的重要支持者赫里特·帕佩均发自内心地憎恶罗伯斯庇尔,曾公开庆祝其倒台,但他们同时又是信念坚定的共和主义者。关于荷兰共和国军事与政治处境的详细信息源源不断地涌上他们的办公桌,这些信息来自身处阿姆斯特丹、海牙和乌特勒支的同情者以及反奥兰治的好战分子,比如荷兰军团在荷兰省内的首要联络人威廉·范·伊尔霍芬·范·达姆,[2] 他是杰出的知识分子与激进的开明人士,同时也是阿姆斯特丹《邮报》的编辑。

至少从 1783 年开始,伊尔霍芬曾连续几年都发出警告,提出"我们必须避免因缺乏限制而构建有误的民主制度所导致的无法无天状态",他坚信,自己(以及赫里特·帕佩)称之为"启蒙哲学的共和主义",才是通往共和主义自由、平等与稳定的唯一正道。[3] 他引述雷纳尔、狄德罗、马布利、普里斯特利和普利斯的观点，采用"非哲学"一词来表示任何不民主、不宽容、与君主制以及贵族制有牵涉的东西。有人可能要提出抗议，认为伊尔霍芬和帕佩只属于极少数外围人士，不具备代表性，这倒是事实。然而正是这些相信单靠哲学就能带领人类走向"人类之爱与人民之自由"的人，构成了冲在荷兰革命性颠覆前线的活跃力量。正是他们领导着发起并指挥了 1795 年至 1800 年巴达维亚革命的集团。[4]

事实上，贵族制、宫廷文化、保守主义以及英普两国在北尼德兰的影响力崩溃得相当迅速，令人震惊。即便直到 1794 年夏天，大多数人还只是在不满中默不作声，但是从 8 月开始，反总督制度的情绪已经广泛传播并急剧增强，活跃的反对派与丹德尔斯和帕佩保持着密切的联系，因此也与法军指挥官和巴黎的行政委员会维持着往来。1794 年 7 月 31 日，格罗宁根、上艾瑟尔（Overijssel）、乌特勒支和荷兰省地方社团派出的 36 名代表于阿姆斯特丹的一间酒馆里集会，在伊尔霍芬·范·达姆的主持下，准备协助开进低地国家的法军实现其计划。[5] 在乌特勒支，有至少十几个读书社团在私人家中举行集会，有数百名前民主自由军团的民兵在家中藏有枪支，据传他们已经做好准备，只要法军一出现，他们就会冲出来与奥兰治分子作战——事实证明，这一情报准确无误。到了 9 月底，支持爱国者革命的秘密委员会印刷的海报与传单已经淹没整个阿姆斯特丹。10 月间爆发了武装起义，在普鲁士和英国驻军的配合下，奥兰治政权最终艰难地将起义镇压了下去。

1795 年 1 月，当冰冻的大河结实到足以让骑兵通过时，法国革命军开始快速推进。如果说反法联军在军事方面的失败比预想中的更加惨重且迅速，那么在心理方面和象征意义上的惨败则更加令人难堪。英国观察家不得不承认，1795 年 1 月法荷共和派胜利进军的场面，看上去就像"在幸福中进行的"狂欢，而非一场战役，荷兰城镇皆以三色旗和革命招贴画进行装点，还挂起了荷兰民主派的黑色徽章。[6] 总督威信扫地，于 1 月 18 日携家眷逃往英格兰。法军进入乌特勒支的时候，发现该市街头挂起了三色坠饰和大革命徽章，到处都是欢腾的人群。法军进入阿姆斯特丹前三天，当地革命委员会击败奥兰治反对派，拿下了这座荷兰最重要的城市。[7]

（a）

（b）

图 19 "总革命"的拥护者。

（a）J. H. W. 蒂施拜因作品：格奥尔格·福斯特画像。

（b）约翰·韦斯利·贾维斯作品：托马斯·潘恩像，约创作于 1805 年，布面油画。

值得一提的是，数千名踏上逃亡之路的奥兰治分子几乎没有遭遇暴力，他们的财产也没有被人掠夺。

因此，1795 年的巴达维亚革命是一场真正的解放，在相对更有纪律、组织更加良好的法军的协助之下，它荡涤了君主、英普势力和贵族的统治，与此形成鲜明对照的是，当时撤退的英普军队表现出令人震惊的无纪律性，据说他们在撤退时曾大肆劫掠整个城镇与村庄。革命委员会及其民兵团在各地都掌控了局势，罢免了奥兰治派官员的职务，用爱国者取而代之。就这样，他们清洗了北尼德兰所有的城市寡头。取代寡头统治的大部分是 1787 年革命中的民主派爱国者。比如，上艾瑟尔的代芬特尔市（Deventer）在 1795 年 3 月举行了大革命后的第一次市政选举，最得民心的 10 名候选人当中至少有 7 名曾是反奥兰治派人士，都曾担任爱国者的市议会议员，1787 年普鲁士进军荷兰后，该议会便被解散。[8] 1795 年的巴达维亚革命恢复了 1787 年丧失的民主成果——它既是建立在法国模式上的新开端，又不仅仅如此——这一认知反映在难以计数的为此欢庆的胜利游行、感恩庆典、宴会和特殊戏剧演出上。

从法国人的角度看，巴黎只施加最小限度的干预，放手让荷兰人自己去塑造他们的共和国的未来，这样做好处有很多，然而困难也不少。到底该如何将该国的过去与民主共和主义以及激进观念协调一致，这一点依然并不明确。比起法兰西共和国，新生的巴达维亚共和国注定在很多方面有所不同。首先，在荷兰的新教徒和天主教徒身上，宗教的影响力始终十分强大，他们极少对法国人那种"无神论"或法国大革命带来的完全脱离教权的自由表现出同情。赋予天主教徒、犹太人和再洗礼派平等权利的做法依然受到大量抵制，还有很多人支持在新的共和国内采用传统的联邦结构，这意味着将保留许多不公平的"特权""权利"和过去的惯例。其次，尽管总革命已经席卷荷兰在加勒比和圭亚那的殖民地，事实上却并不存在关于黑人解放的议题。即便如此，在荷兰的俱乐部和革命委员会内部，关于如何重塑荷兰政治与制度的热烈讨论仍然势不可挡。1795 年 12 月，经过清洗但未经改革的寡头议会低头妥协，顺应召集国民议会、按照民主要求重修共和国宪法的呼声。这将是荷兰历史上第一个由非城市寡头代表组成的民选议会,每位议员将代表 1.5 万名居民。

1796 年初,荷兰举行了第一次民主选举,这在荷兰和世界历史上都具有里程碑式的意义,所有年满 20 岁且不领取贫困救济的男性公民均有资格参与投票。1796 年 3 月 1 日,第一届荷兰国民议会如期召开。在欢呼与礼炮声中,新的荷兰三色旗在阳光下升起,很多人高呼"共和国万岁!",荷兰国民议会的 126 名代表庄严地开启了议程。18 世纪 80 年代民主运动的领袖彼得·保卢斯当选为议长。他一上来就宣布:"以荷兰人民的名义,我们在此代表其出席的议会是荷兰人民的代议机关!"海牙随后在 3 月 3 日这天举办了大型的公共节庆活动。荷兰国民议会最先颁布的法令包括成立二十一人委员会,研究 18 世纪 80 年代的荷兰宪法辩论、美国宪法以及法国自 1791 年以来颁布的宪法,继而起草荷兰的新宪法。[9]

在 1795 年,来源于法国、低地国家、莱茵兰和瑞士的意识形态冲突无情地席卷了欧洲大部分城市化与教育程度较高的地区,让当权者恐慌,让民众沸腾。因此在 1795 年,整个西方世界都弥漫着对法国和法荷民主共和主义蔓延的恐惧,比 18 世纪 90 年代早期更加紧迫和直接。在总革命的影响下,奥属尼德兰和荷兰的旧制度如此轻易而迅速地瓦解,这注定鼓舞了其他地区(包括爱尔兰和英国本土在内)的民主共和派人士。在英国,民主激进主义虽然只是一股规模有限的边缘势力,但始终斗志昂扬,即便不断受到政府和报纸的谴责,且为社会上的大部分人所不齿,但在国王、贵族与教会看来,他们始终是个不容低估的威胁。因为无论如何,他们在英格兰和苏格兰还是拥有一些支持者,来自爱尔兰的支持者就更多了,这一切都让英国政府十分警觉。

伦敦主要的激进组织"伦敦通讯社"(London Corresponding Society)与戈德温、无神论者托马斯·霍尔克罗夫特以及被剑桥大学扫地出门的前教授威廉·弗伦德的知识分子圈联系密切,该社曾向外省派出代表发放传单,展现出一定的煽动能力。他们和其他示威者一起,秘密筹备了一次群众请愿,活动将于 1797 年 7 月在伦敦举行,届时将要求议会实施普选、每年改选、进行全面的议会改革、终止英国对法兰西共和国的"非正义之战"。当局发现了这次活动的计划并召回了一切在休假的警力。大约有

3000 人如期聚集在圣潘克拉斯的一片空地上，在一份将会呈递给国王的群众请愿书上签名，请愿书中提出了包括进行议会改革、实行普选等激进主义诉求，所有这一切，在保守派看来都是完全不可接受的。集会才刚刚开始，治安法官就出现了，他们依据《危机治安集会处置法》宣布该集会非法。皇家骑兵队前来捉拿当事人。示威者四散开来，缓慢又喧哗，嘘声不断，骑兵队则以殴打抗议者作为回应。[10]

在法占区以外，勇于为大革命发声的欧洲作家——包括戈德温、霍尔克罗夫特、费希特、荷尔德林、克拉默、福斯特、韦德金德、托里尔德，以及爱尔兰共和主义者沃尔夫·托恩和爱德华·菲茨杰拉德——都在报上受到恶毒的攻击，被说成是异见者、背叛国王与信仰之人。[11] 1796 年，距意大利流亡人士和革命者宣告大革命在意大利内部传播已过去多年。朱塞佩·戈拉尼的《致统治者：论法国大革命》（*Lettres aux souverains sur la Révolution française*）认为，所有开明人士都应该欢迎大革命，团结起来推翻君主的宫廷，摧毁他们的权力，而且戈拉尼并不是一个人在战斗。不过在 1795 年以前，意大利的革命事业不论让君主和教会多么伤脑筋，却始终处于理论层面。1795 年，当巴拉斯和卡诺把新组建的"意大利军团"交给拿破仑指挥，让后者从尼斯出发向意大利进军时，意大利革命终于变成了现实，瞬间从内部爆发。1796 年 5 月 10 日，这支军队在洛迪（Lodi）与奥军交战，取得了一场值得称道的胜利，而就在同一天，巴贝夫和博纳罗蒂在巴黎被捕。洛迪战役本身规模并不大，但其胜利却打开了通往米兰的道路，让整个伦巴第匍匐在拿破仑脚下。一时间，来自戈拉尼、萨利切蒂和博纳罗蒂的革命号召获得了广泛的响应。

意大利革命（1796—1800）

事实证明，对意大利半岛来说，1796 年是几个世纪以来最关键的一年。这一年中，旧制度下的意大利土崩瓦解。春季期间，意大利各国宫廷陷入一片恐慌。5 月 15 日，法军胜利开进米兰；同一天，皮埃蒙特驻巴黎公使代表皮埃蒙特签订投降书，正式将尼斯和萨伏伊割让给法国。萨利切蒂陪同拿破仑进入米兰,米兰城身着绿色军装、佩戴三色帽徽的新国民自卫军与法军并肩而行。毫无疑问,在随后的革命宣传中,法军得胜进城的辉煌、城内迎接人群的狂热被夸大了,但这还是加剧了意大利宫廷、民众与教会的不安。占领米兰几天后,意大利爱国者就在当地建立了雅各宾俱乐部的分支机构,还创办雅各宾派报纸《自由平等之友俱乐部日报》(*Giornale della Società degli amici della libertà e dell'uguaglianza*),由一位来自帕维亚的年轻病理学教师乔瓦尼·拉索里担任编辑。1796 年 5 月 16 日宣示了一个新时代的来临,拿破仑发布命令,要求伦巴第所有社区完全服从革命原则及他本人的法令。为了避免类似 1792 年在比利时犯下的错误,法军在意大利就像 1795 年在荷兰那样,尽量避免有组织的劫掠(却没有放过意大利王公们的博物馆与教堂),并尽可能把政治与立法方面的决定权留给当地人。在这两个方面,法国人做得都还不错。帕维亚一度抵抗侵略者,法军在占领该市后洗劫了全城,不过法国的"意大利军团"像低地国家的儒尔当部队那样,尽可能减少掠夺与抢劫。人们竖起自由之树,彻底消灭教权,改革大学,废除贵族制和特权,大量当地犹太社群获得解放,不再被困于令人窒息的贫民区,也不再受到教宗指令的约束,还有大量其他具有深远象征意义的根本性变革,也全都立即付诸实施。

在米兰,一家颠覆性出版社开始运作,其经营者主要是那不勒斯人,他们是在米兰避难的反教会分子,直到 1797 年,他们始终毫不犹豫地发行霍尔巴赫、沃尔内及其他无神论作家的作品,而这些作家都被教会和旧制度政权认定为穷凶极恶,亵渎神明。共和派教师吉罗拉莫·罗斯塔尼于 1797 年在米兰出版的《共和主义教理问答》(*Catechismo repubblicano*)流传甚广,它面向"自由工人和手工业者",当中有一部分内容就是对霍尔巴赫《自然政治》的概括。[12] 再也没人能够阻止公开的反宗教言论与革命作品从法国流入意大利,当然也无法阻止形形色色的意大利流亡革命者回国,并在米兰建立起他们的大本营。

拿破仑将其军力分开部署,以同时威慑威尼斯、奥属伦巴第以及奥地利边境地区。6 月 1 日,法军占领威尼斯共和国的维罗纳。1796 年 6 月 12 日,法军进入教宗国,拿下费拉拉和博洛尼亚市,迫使教宗签署了

《博洛尼亚停战协议》。在这份羞辱性的协议中有一条规定，教宗国须将数百件艺术品送往法国供共和国的艺术委员们挑选——这条规定极大地冒犯了许多意大利艺术家与作家，包括当时欧洲最伟大的雕塑家安东尼奥·卡诺瓦。[13] 6 月 27 日，法军占领了托斯卡纳的利沃诺港（Livorno），那是意大利重要的商品集散地。

拿破仑的意大利法令宣称，大革命不打算对人民发动战争，它只反对暴君。[14] 所有和平行事之人都将受到"兄弟般的"对待，他们的财产与亲朋也会得到尊重，但一旦进行反抗，就会遭到严酷的镇压。然而即便法军表现出的纪律性差强人意，他们的占领毫无疑问还是震惊了很多乃至大部分意大利人。法军既未对君主、贵族或教会表现出多少敬意，也丝毫不尊重当地的习俗或权威。此外，法军还完全无视威尼斯、托斯卡纳和教宗国的中立立场。历史学家常常强调，在意大利，大革命几乎没有得到任何民众支持，抵抗倒是普遍存在；事实也的确如此。然而大革命还是得到了来自某些特定团体的关键性支持。许多地方都成立了雅各宾俱乐部。虽然这仅仅代表了全体人民中非常小的一部分，却是受教育程度最高、最有思想文化的一部分，尤其包括教授、老师、诗人，以及大学的学生，他们来自刚刚经历了改革的学校，比如帕维亚大学，在这类地方，启蒙观念从 18世纪 80 年代就风靡起来了。与法国和德意志的情况相同，意大利强硬的民主共和派主要是学者、教授、学生、教师、记者、图书管理员、书商以及医学或法学界的专业人士，特别是那些对拥有特权的统治精英充满怨恨的人。他们当中的重要人物包括革命诗人乌戈·福斯科洛，诗人乔瓦尼·凡托内，化学家、农学家及排水系统专家温琴佐·丹多洛，以及写作民主颂歌与历史悲剧的乔瓦尼·平代蒙特。

在当时的意大利，正如 1789 年在法国那样，革命的重要支持者主要是知识分子和野心勃勃的记者，比如拉索里和梅尔基奥雷·焦亚。焦亚是个放弃了神职道路的民主宣传家，曾陶醉于孟德斯鸠、爱尔维修、狄德罗和卢梭的作品。在焦亚眼里，忠于君主制仅仅意味着无知和愚蠢。[15] 就在拿破仑胜利进入米兰之前，他因发表一篇呼吁让意大利变得"自由、共和、拥有民主制度"的文章，而被奥地利人投入米兰的监狱。[16] 他希望

"全意大利成为一个统一而不可分割的共和国"。法国人将他从监狱中放了出来,随后他在革命化的米兰报刊上策动了一次宣传攻势,涉及的报刊包括《意大利通报》(*Il Monitore italiano*),在 1798 年 1 至 4 月间,这份报纸由焦亚和福斯科洛共同编辑,目的是诠释"民主宪法"(costituzione democratica)。这些亲革命记者宣布君主与贵族是"意大利自由最强大的敌人",颂扬法国的 1795 年宪法。[17]焦亚认同植根于法国激进思想的经济观念,不接受亚当·斯密的自由贸易理论,认为"哲学已经对不平等宣战"。焦亚相信,一个公正而民主的社会必然要求国家对其进行一丝不苟的管理,尤其是在工业与商业方面。然而他同时也极力强调,哲学的"平等"概念不像很多愤愤不平的意大利人所设想的那样,并不意味着每个人必须在财富与影响力上实现完全平等。[18]

毋庸置疑,意大利的重要作家和知识分子与他们在荷兰共和国的同行一样,对恐怖统治感到震惊,有些人则早在拿破仑到来之前,就不可挽回地对大革命感到幻灭。研究电能属性的伟大科学家亚历山德罗·伏特当时居住在科莫(Como),尽管他是个唯物主义者和无神论者,在政治上却依然保守并亲奥地利。那个时代最伟大的意大利剧作家与诗人,皮埃蒙特的维托里奥·阿尔菲耶里曾于 1777 年至 1778 年间在狄德罗、霍尔巴赫、爱尔维修和雷纳尔的影响下转向激进观念,最初曾一度支持大革命,后来却彻底转变了态度。1789 年以前,他曾尖锐批判意大利的君主制宫廷乃至普遍意义上的绝对专制。[19]他曾满怀热情地祝福 1789 年大革命,在 1791 年至 1792 年间还曾流亡巴黎,但在此期间却变得越来越疏远大革命,尤其是疏远无套裤汉和民粹主义的好战情绪。在内心深处,他依然是个骄傲的贵族,因此对 1792 年 8 月起义怒不可遏,在震惊之下,他带着自己的情妇逃离法国,抛下了他们的书籍和财产,回到意大利,如今成了公开的大革命之敌。[20]

不论个别意大利人是否支持总革命,他们的立场往往与民族感情无关,而是受到教育、背景及其宗教观点的影响。受教育程度越高且越不信教的意大利人往往更容易加入大革命,除非他们在既有体系中坐拥巨大的经济利益。在米兰人中,接纳大革命并颂扬拿破仑和法兰西共和国的教授如此之多，以至于当奥地利人在 1800 年暂时收复伦巴第后，不仅把焦亚等人再度投入监狱，还关闭了整个帕维亚大学，解雇了所有教授，并永久剥夺了某些教授的教职和薪水。当时的意大利就像德意志、法国和英国一样，在学术、科学、文学和知识分子圈内，总能找到民主、平等、激进观念以及焦亚口中"意大利自由"的坚定支持者。

巴黎的立法机关希望把权力大量下放到当地官员、知名人士和社会团体手中，鼓励意大利人像荷兰那样建立他们自己的革命机构。拿破仑认可这一做法。伦巴第的新市政府和一般行政机关内的工作人员基本上都是当地人。[21] 到了 1796 年秋季，按照法国模式成立的米兰国民自卫军已经开始运作，一部分队员是来自米兰以外的意大利志愿者。国民自卫军职权广泛，比如在没有法国人指导的情况下看守在近期战役中俘获的数千名奥地利战俘。[22] 由于法国人催促意大利人建立地方性的共和国，在伦巴第某地方行政机关最开始实施的法案中，有一项是组织政治作家参加有奖竞赛，以确定"哪种自由政府的形式最有益于实现意大利的幸福？"[23] 最终获奖的是焦亚措辞激烈的反君主制论文。在教宗国被占领的北部地区也采取了相似的举措。博洛尼亚建立了共和国"元老院"和革命政权，改革者日程上的第一要务，是废除教宗统治下意大利境内的旧称呼；"公民"将成为未来唯一被许可的称谓。[24]

斯帕达纳共和国（Repubblica Cispadana）是第一个正式宣告成立的意大利姊妹共和国。1796 年 10 月 16 日，来自摩德纳、博洛尼亚、费拉拉和雷焦艾米利亚（Reggio Emilia）的 116 名代表召开议会，宣告了该共和国的成立。这一行动在一定程度上出于自发，同时也受到了法国人的鼓励。新成立的斯帕达纳共和国包括教宗国北部区域，艾米利亚和罗马涅及其邻近区域，包括前摩德纳公国（Duchy of Modena）——彻底取代流亡公爵及其宫廷——并组织了新共和国自己的武装力量。1797 年 3 月，制宪会议在摩德纳召开，颁布了第一部（半民主的）意大利共和主义宪法。该宪法在内容上主要参考了法国的 1795 年宪法，建立了两院制立法机构：六十人院以及较小的三十人院。斯帕达纳共和国拥有自己独立的国民自卫军，佩戴红白绿三色共和徽章，这三种颜色如今体现在意大利的国旗上。

提议采用三色旗的议员是来自卢戈市（Lugo）的朱塞佩·孔帕尼奥尼，他是意大利最杰出的革命者之一，也是新共和国领导层的典型代表。这位职业知识分子熟知启蒙运动读物，在 18 世纪 80 年代曾参与编纂博洛尼亚的《百科全书回忆录》（*Memorie Enciclopediche*）并专门负责哲学版块。在 1789 年以前，他就开始激烈反对教会，并成为研究美国革命的重要历史学家。奇萨尔皮尼共和国（Repubblica Cisalpina）指派孔帕尼奥尼为秘书长，除这一政治使命外，他还于 1797 年被革命化的费拉拉大学任命为欧洲第一位宪法学教授。

推动意大利革命的真正因素是启蒙运动，而非大众舆论或阶级冲突。法兰西共和国也认可这一点，她将意大利学者、教授和知识分子当作单独的社会团体，并给予其优于其他社会团体的待遇，尤其是优于过去把持社会权力的旧贵族、廷臣、神职人员和律师。如果单从这方面来看，即便是拿破仑，在 1800 年攫取了法兰西共和国的控制权后，也依然让总革命在意大利继续推进下去。当时的趋势是将启蒙运动与推翻旧制度精英结合起来，通过给予在才智与成就上高于其他人的新共和主义精英以优先权，新意大利宪法的形式，以及分为两个阶段的选举，这一趋势得到了巩固。

只有在迫使昔日的城市寡头让位于新的民主行政机关时，法国人才会出手干预。他们积极开展市政"民主化"项目，其目的是根除控制意大利北部城市数世纪之久的旧精英势力，让与法国结盟的当地雅各宾派取而代之。该项目从米兰开始，并于第二年稳步扩大至整个伦巴第。在任何地方，这样的清洗一旦成功，经过重组且相当稳健的新的法律与职业精英势力就会崛起。1797 年 3 月，在布雷西亚（Brescia），当地雅各宾派取代了旧的市议会。4 月，"民主化"进程波及维罗纳，而 1797 年 4 月该市发生的反革命叛乱很大程度上就是针对民主化的直接反应。在法国的保护下，意大利人可以拥有自治的自由，然而平民看待这一点的方式与革命领导层不同，他们听从教权与传统的召唤。抵抗活动逐渐升级，1796 年 6 月底，罗马涅的卢戈市发生严重叛乱，此外，除了 1797 年 4 月底发生的史称"维罗纳复活节"（Pasque Veronesi）的维罗纳叛乱，热那亚、卡拉拉（Carrara）和贝尔加莫（Bergamo）均爆发了反革命叛乱。

"维罗纳复活节"暴动发生在复活节期间，人们响应当地主教与神职人员的召唤，起来反抗"雅各宾派"，血洗法军军营。约有数十人在暴动中被杀。抵抗活动传遍各地，但均被增援的法军及时镇压。值得注意的是，法军在恢复秩序后没有进行报复。只有八名叛乱主谋被处决，还有50名左右被送往法国，然后流放至圭亚那。拿破仑在征询巴拉斯和督政府的意见后，将这次起义认定为威尼斯寡头策动的颠覆活动。国际纷争随之开始，然后是短暂的战争状态。然而，就在法军逼近威尼斯的时候，威尼斯大议会以 537 票对 20 票的优势通过决议，不战而降，而不愿去冒整座城市被摧毁的风险。1797 年 5 月 15 日，法军进入威尼斯，立即着手抹去贵族统治的痕迹，解散了这个存在千年之久的贵族共和国，在拿破仑口中，威尼斯共和国成了过时的遗迹（当时的拿破仑依然是个人尽皆知的激进共和派）。雕塑家卡诺瓦是个忠于威尼斯共和国及其传统的保守派，他像很多人一样，对这个"最安宁的共和国"（La Serenissima）的消逝深感悲恸。[25] 新威尼斯保留了大部分威尼托地区，但这个新共和国如今已经成了法国的附庸，不得不废除贵族制，正式焚毁罗列威尼斯旧时贵族统治家族的著名"金册"（Libro d'oro），承认市民身份平等，对大学进行改造，解放犹太人和新教徒。[26]

1797 年 5 月 23 日及 24 日，在热那亚又发生了具有相当规模的叛乱。叛乱被镇压后，古老的热那亚贵族共和国也被废除，1797 年 6 月 14 日，利古里亚共和国宣告成立。根据 1797 年 6 月 6 日签订的《蒙泰贝洛公约》（Convention of Montebello），法国赦免了反革命叛乱的参与者，但热那亚人必须承认其主权属于全体利古里亚人民，必须废除一切形式的寡头统治，"等级"、贵族制和特权。[27] 利古里亚每个城镇都获得了一个民主选举的市政府。唯一未受影响并继续存在的机构只剩下天主教教会与古老的圣乔治银行（Bank of San Giorgio）。利古里亚起草了新宪法并为此举行了全民公投，有超过 10 万票赞成，只有 1.7 万票反对[28]，1797 年 12 月 2 日，利古里亚共和国顺利成立。利古里亚新宪法对人民忠于教会的立场让步，因此并未规定信仰自由与思想自由，除此之外，其他内容还是参考了法国的 1795 年宪法，规定了两院制立法机关与督政府。[29] 只有在拿破仑称帝以后,反贵族的平等主义制度才失效,利比里亚也复辟了原先的寡头制度。

1797 年夏季期间,拿破仑利用自身权力,将斯帕达纳共和国并入奇萨尔皮尼共和国,由此使后者控制了北意大利的大部分地区,并将首都设在米兰。新共和国包括米兰地区、曼图亚地区、威尼斯伦巴第地区和1797 年脱离瑞士联邦的瓦尔泰利纳地区(Valteline area)。1797 年 7 月8 日宣告成立的奇萨尔皮尼共和国,其宪法再一次规定立法机关为两院制,督政府拥有 5 名成员。正如其行政体系一样,新宪法采用目前的法国模式。共和国的领土按照人口均分为省,各区域人口大致相当,如同在法国,地方议会的选举人每人代表约 200 名民众。立法机关包括约有 80名议员的大议会(Gran Consiglio),以及较小的元老议会(Consiglio dei Seniori)。"人民代表"大都通过内定产生,包括一部分声名在外的意大利革命者,一部分当地学者,一部分当地进步贵族,其中包括若干贝卡里亚曾经的朋友与信徒,甚至还有几位法国督查员。18 世纪 60 年代期间,阿方索·隆戈(Alfonso Longo,1738—1804)曾与贝卡里亚和彼得罗·韦里(Pietro Verri)合作开办米兰日报《咖啡馆》(Il Caffè),他是如今与拿破仑一起签署新宪法的十位显贵之一。据勒德雷尔观察,贝卡里亚的友人与同事——韦里、兰贝滕吉和隆戈——"今天在新共和国占据重要地位并非无利可图,这事实上预示了新共和国的未来"。[30] 为了让意大利军团保持革命热情,拿破仑在米兰创办了一份定期出版的法语小报《意大利军团邮报,或法兰西爱国者在米兰》(Courrier de l'armée d'Italie ou le Patriote français à Milan),由朱利安负责编辑,在米兰每两天发行一期,从 1797 年 7 月至 1798 年 12 月,一共发行了 248 期。[31] 该报的首要任务是强化意大利军团的纪律与斗志,在军队与全意大利面前,把司令拿破仑树立成共和主义的光辉典范。

在意大利新成立的共和国中,只有奇萨尔皮尼共和国和利古里亚共和国,在 18 世纪 90 年代末对立法与制度结构进行了彻底而全面的改造。[32] 在其他地区,如皮埃蒙特、托斯卡纳、威尼斯和罗马涅,以及后来的那不勒斯,立法与制度方面的改革只是时有发生,且零零散散。即便如此,此类转变不仅对北意大利，而且对整个南意大利都产生了彻底的影响。1796
年中期，教宗和那不勒斯宫廷发觉他们正处于进退两难的处境之中。即便
他们几乎无力抵御拿破仑的进攻，然而出于意识形态方面的原因，他们也
不可能完全与自己憎恶且恐惧的大革命握手言和。只要这场革命继续进行
下去，他们的权威、权力、领土与财富就旦夕难保。两个宫廷都与法国人
谈判，但闪烁其词，三心二意，尽管出于对复仇性掠夺的恐惧，他们有意
缓和自己的反法辞令，但在保持低调的同时，却要把他们在意识形态与文
化上针对启蒙运动和民主价值的反攻继续下去。梵蒂冈还与流亡中的法国
王室与贵族保持了一定的距离，不似从前那般亲密。就像先前在瑞士寡头
国那样，法国流亡者在罗马的处境也越来越尴尬，当局甚至可能有意鼓动
他们离开。1796 年 10 月，路易十六那两位从 1791 年起就居住在罗马的
姑妈动身前往那不勒斯。法国王室离去后，他们在罗马住所外立面上的王
室纹章与符号也随之被清除干净。[33]

　　在大多数人眼中，那不勒斯是当时西欧最落后也是最堕落的王国。据
焦亚观察，当年在希腊人的统治下，那些来自外国的仰慕之情，"在今天
的那不勒斯已然衰败，甚至灭亡"。[34] 把那不勒斯本土与西西里岛加在一
起，王国大约有三分之一的土地属于教会，为国内 22 名大主教、116 名
主教以及很多富裕的修道院领主提供了丰厚的收益，大部分农民却受尽剥
削，一贫如洗。不属于教堂的土地则属于人称"贵族"的大中型领主。教
会领主和贵族领主事实上拥有王国内所有的橄榄榨油机。那不勒斯贵族与
教会的领主权、非贵族农民租地的"权利"与租期以及佃户收益分成制度
是如此混乱不清，以至于王国行政机关难以确定该国精英的"权利"与财
政豁免权应该延展到什么地步，就更别说削减它们了。焦亚在 1797 年注
意到，西西里尽管一度被说成是"意大利的粮仓"，却只享有"她的土地
与气候所能给予的繁荣的三分之一不到"。[35]

　　那不勒斯乡村地区因关于土地使用权与产权问题的争论而群情激愤，
这些问题由一大批律师办理，他们曾宣誓坚守正义，但据戈拉尼说，大部
分律师为了自身利益，会帮助领主和教会对抗镇民与农民。[36] 那不勒斯的
农民基本上都是文盲；他们根本不会去质疑教会的统治。在那不勒斯和西

西里,根本不存在任何有能力发动革命性挑战的社会阶层或群体。然而在宫廷、行政机关内部和那不勒斯大学里,人们会发现一个积极性极高的边缘化开明团体,他们深受维科、詹诺内、杰诺韦西和菲兰杰里的启发。这一团体认为在那不勒斯进行温和改革的障碍太多,他们从伟大的那不勒斯法律改革家,雷纳尔和狄德罗的仰慕者加埃塔诺·菲兰杰里那里寻找灵感,在最近几年里变得愈发激进,对贵族与律师抱有很深的敌意,也对主教和宫廷怀有潜在的仇恨。

那不勒斯宫廷未能解决经济与财政方面的尖锐矛盾,在一段时间里,它也曾试图与启蒙运动妥协,通过表达在一定程度上限制贵族与教会权力、特权和收益的意愿,与菲兰杰里和其他改革者达成和解。但在 1789 年以后,尤其是在 1792 年至 1793 年期间,法国革命军在西欧发起第一波攻势以后,那不勒斯宫廷像托斯卡纳、摩德纳和莱茵兰的神权统治者一样,在态度上发生了转变,开始否定改革与改革者,与奥地利、英国和教宗国形成了统一战线。1794 年,那不勒斯宫廷与开明改革者完全决裂,投靠了英国人。[37] 这让改革者们,如弗朗切斯科·马里奥·帕加诺、温琴佐·鲁索以及杰出的植物学家多梅尼科·奇里洛——这些已故的菲兰杰里的友人和追随者受到排挤、否决,有时候他们甚至被剥夺行政职位或大学教职,除了巴黎,他们再也没有别的地方可去,除了大革命,他们再也不对别的什么抱有希望。就这样,帕加诺和他的朋友们成了颠覆分子和密谋者。[38] 帕加诺于 1783 年出版了《政治论文集》(*Saggi politici*),在 1791 年又以更具共和主义倾向且更加激进的口吻进行了再版,他宣称所有人类享有同一个"普世社会",然而,这个唯一的社会是如此落后又迷信(那不勒斯则达到了登峰造极的地步),以至于人类想要得救,只能依靠开明思想的长足进步。而开明思想想要不断取得进步,只有通过学者、剧院、社团不断在南意大利传播启蒙观念。

1798 年 1 月,一名法国将军在罗马遭人谋杀,督政府随即决定占领教宗国,驱逐教宗(法军将其流放到佛罗伦萨)。法军指挥官接到命令,要与当地雅各宾团体和巴黎特派的两名密使(宪法专家多努和数学家加斯帕尔·蒙热)合作,在教宗国的土地上再建立一个共和国。2 月 15 日,罗马共和国宣告成立。然而在意大利中部和南部，民众的抵抗始终比北意大利更加激烈，1798 年 11 月，与奥地利和英国结盟的那不勒斯国王斐迪南四世入侵罗马共和国，于是法国再次派出远征军保卫罗马，顺便入侵了那不勒斯王国。1799 年 1 月，尚皮欧内将军率领的法军拿下那不勒斯市。随着 1799 年 3 月法军占领佛罗伦萨，托斯卡纳大公逃往国外，大革命在意大利继续向前发展。佛罗伦萨旧宫（Palazzo Vecchio）前竖起自由树，该市迄今一直被称为"大公广场"（Piazza del Granduca）的主广场（即今日的领主广场）更名为"国民广场"（Piazza Nazionale）。全佛罗伦萨的大公学院统统变为"爱国社团"。

　　由于法军占领了那不勒斯，命运多舛的帕特诺珀共和国（Repubblica Partenopea）宣告成立，其命名源自当初让那不勒斯兴起的希腊殖民地。共和国政府内尽是当时地方各色雅各宾团体中最优秀的人物，在法国人的安排下，他们在意大利各区的首府走马上任。这支那不勒斯工作组与马克-安托万·朱利安一起工作，后者加入了尚皮欧内将军的参谋团，被将军任命为新帕特诺珀共和国的秘书长。工作组虽小却引人瞩目，由帕加诺、鲁索和菲兰杰里的另一名信徒科科领导。共和国主要的新闻报纸则由埃莱奥诺拉·丰塞卡·皮门特尔担任主编，她是生于罗马的女诗人，葡萄牙贵族的后代。那不勒斯的革命者与他们在其他共和国的同仁一样，着手废除贵族制、特权和封建领主制度，建立民选代议制议会，同时尝试改造当地报纸、广大读者与剧院。他们颁布了财产充公法案，没收国王的支持者和随国王一起逃往西西里岛的廷臣名下的地产与财物。弗朗切斯科·马里奥·帕加诺是那不勒斯知识分子革命领导层中最知名也最杰出的一员，是他牵头规划了上述举措并起草宪法。[39]

　　那不勒斯的雅各宾派与他们在北意大利的同仁不同，他们没能在平等、个人自由或民主方面取得任何实质性进步。在贾科比尼（Giacobini）看来，那不勒斯人民充满敌意，几乎没怎么受过教育，囿于传统的束缚，容易上当受骗，且过分依赖教会。由于帕加诺坚持己见，那不勒斯（从未真正实施的）新宪法草案规定，必须具备教育与财产资质才能拥有投票权。帕加诺拥护的是纯粹未经稀释的代议制共和主义，这种共和主义建立在选择性选举权的基础之上,最适合当时那不勒斯的情况,但在这个阶段,似乎不可能赋予农民以公民权。他的一些同事如鲁索和科科,更加青睐卢梭和马布利的思想,因此偏爱法国 1793 年颁布的民主宪法,[40] 他们觉得帕加诺本该朝着民主,尤其是直接民主的方向迈出更加坚实的步伐。

科科后来指出,1799 年的那不勒斯革命者犯下的最致命的错误,就是想当然地认为宪法能够完全根据纯粹抽象的原则来制定,而无须考虑当地的历史、风俗与传统。帕加诺建立的制度与那不勒斯的特殊情况很不协调。像所有人一样,科科从一开始就表达了自己的不安,认为除了规模很小的边缘知识分子群体,革命完全没得到当地人的支持。[41] 现实让帕特诺珀共和国注定失败。早在 2 月的时候,西西里岛就派出间谍,开始在王国最南部省份的乡村地区煽动农民起来反抗,那里的男人誓死捍卫君主制与信仰。这支"神圣信仰军"(sanfedisti)带着宗教狂热,发誓要消灭雅各宾共和国,在他们的煽动下,很快发生了大规模的叛乱。亲法的民主派和反教会人士一旦在乡下被人捉住,就是死路一条。那不勒斯叛乱发生的时候,驻意大利的法军力量已经大幅度削弱,当时在整个意大利半岛都掀起了针对大革命的反叛运动,不光是南意大利,即便在中部和北部的很多地方,叛乱也变得残暴起来,让暂时撤出意大利的法国人震惊不已。[42]

1796 年至 1799 年间,意大利的反革命叛乱主要发生在乡村与小城镇,集中于最贫穷、最偏远、识字率最低的地区,比如那不勒斯内陆和托斯卡纳亚平宁山区。据法国人和意大利爱国者称,死硬的叛乱分子是被教士、领主和外国间谍煽动起来的文盲农民。不过在有些地方,作为对一系列经济压力的回应,城市手工业者也参与了叛乱。[43] 1799 年 6 月,那不勒斯市街头爆发了血腥的战斗,由手工业者、渔民和农民组成的愤怒暴民群体击退了雅各宾派。纳尔逊上将与英国舰队抵达那不勒斯湾,稳定了战局。剩下的革命战士留在那不勒斯内城几乎难以攻破的堡垒中,被人包围起来。他们得到保证,一旦投降,就能光荣离去。然而在他们投降后,纳尔逊坚持立刻将其逮捕,随后枪杀或绞死了数十人,大部分革命领袖皆被处决,包括帕加诺、鲁索、奇里洛、丰塞卡·皮门特尔(被绞死)。

只有温琴佐·科科在入狱后免于一死。1800 年,他写下了《1799 年那不勒斯革命历史论文》（*Saggio storico sulla rivoluzione napoletana del 1799*），称"除非造就自由人，否则无法造就自由"。他提出，太多的抽象思想会造成破坏性后果："想象一部共和宪法并不等于建立一个共和国。"根据他的后见之明，那不勒斯革命之所以失败，是因为革命领袖高估了理性与哲学的威力。革命的悲剧结局深刻地影响了意大利后来历史发展的进程，焦亚认为，这一悲剧源自"造成意大利人思想堕落的道德、政治与宗教偏见"。[44]米兰的革命出版商发行了帕加诺的《政治论文集》与温琴佐·鲁索的《政治思想》（*Pensieri politici*），作为对1800年那不勒斯的保王派胜利的挑衅性回应。[45]

希腊与"远征埃及"（1797—1800）

在1796年至1800年间的意大利半岛，大革命在文化、心智与政治方面产生了深远的影响，对威尼斯的影响尤甚于其他地区。威尼斯不仅丧失了贵族制度、旧宪法以及威尼托的部分领土，还失去了她的帝国在希腊的残余势力。1797年6月27日，科西嘉将军昂塞尔姆·真蒂利率领一支法国舰队抵达科孚岛，威尼斯对该岛的统治就此终结。爱奥尼亚岛屿上的传统天主教寡头政府随即寿终正寝。7月5、6日，科孚岛上举行了盛大的共和主义庆典活动，主广场上竖起了自由树，科孚旧的寡头政府被解散，天主教会的特权被剥夺，犹太人被宣告成为自由公民。威尼斯的《黄金册》被当众焚毁，同时被付诸一炬的还有确立贵族与教会封建权利与领主地位的文书。在西方启蒙运动的主要征程中，没有任何一次比始于征服科孚岛和爱奥尼亚群岛的黎凡特远征来得更加猛烈，充斥着过度的期待、极端的臆测、傲慢的预设以及鲜活的想象。1789年以前，法国主宰欧洲与黎凡特之间的贸易将近一个世纪。1797年，包括拿破仑在内的大批法国重要人物，在革命幻象的影响下头脑发热，相信他们能够征服埃及、巴勒斯坦和叙利亚并加以改造，使其成为从英国人手中解放印度的前哨站。在一些法国革命者的想象中，他们可以像支配低地国家和意大利那样主宰近东。有位法国革命宣传家如是写道："既然世界人民完全有理由畏惧一个只懂得施加报复与惩罚的强权帝国（指英国），那么他们也会仰慕一个像赫拉克勒斯那样净化世界的共和国，法兰西共和国会通过其"战无不胜的军队，在不把束缚强加于任何民族的前提下，为各族人民开辟通往繁荣的新道路，使科学与艺术重归那些曾将其传授于我们，如今自身火种却熄灭了的土地（指埃及、叙利亚和近东）。"[46]

奥斯曼苏丹塞利姆三世有心进行改革，对启蒙运动有着极大的兴趣，然而迄今为止，他对雅各宾派及其所作所为都知之甚少，据说在 1793 年 1 月，当听说路易十六被自己的臣民提议斩首时，这位苏丹曾吓得面无血色。他开始重新思考自己先前对启蒙运动的积极评价，并对定居在奥斯曼境内以及黎凡特地区其他港口的大量法国人社区感到担忧。1793 年 1、2 月份，奥斯曼境内港口的欧洲人（其中有很多法国人）认为应该对掉了脑袋的法国君主表示沉痛哀悼。有些法国商人因路易十六被处死而震怒，以至于他们立即当着法国驻奥斯曼宫廷大使舒瓦瑟尔–古菲耶伯爵的面否定大革命，把三色徽章扔在脚下以示抗议。五年过后的 1797 年，法国人占领科孚岛，由于种种原因，大革命成了左右近东政治与文化的重要因素，考虑到大革命对分散在整个奥斯曼帝国和埃及境内的欧洲商业殖民地产生的决定性影响，情况尤其如此。对黎凡特贸易而言，革命政治成了欧洲各国相互对抗的武器。眼看着来自法国的军队、改革与观念侵入希腊，奥斯曼政权变得越来越不安。

舒瓦瑟尔–古菲耶从 1784 年开始就活跃在伊斯坦布尔，他不仅仅是位普通意义上的大使。这位教养良好的贵族与开明人士研究古希腊史，与后来的额尔金伯爵一样，他拥有奥斯曼帝国的特许状，可以从雅典运走文物。他曾鼓励法国学者踏上土耳其的土地，早在 1774 年，他就成了法国人在那里创办的军事代表团的主管。该团队拥有炮兵、防御工事和海军建设方面的专家，曾充当奥斯曼宫廷的顾问，协助土耳其人对陆海军进行广泛的改革，同时在黎凡特秘密扩大法国的影响力，有时候几乎是公开行事，这与一个世纪后德国人在当地的所作所为相差无几。[47] 除此之外，舒瓦瑟尔–古菲耶及其参谋团队还帮助奥斯曼帝国，于 1784 年创办了土耳其第一所防御工事学校：帝国海军工程学校（Muhendishane-i Barr-i

Humayun）。1793 年 2 月，看着栽种在自己伊斯坦布尔居所庭院中的自由树，这位伯爵越来越感到困惑与尴尬。就在山岳派攫取大革命的领导权之后，他逃往圣彼得堡，担任俄罗斯帝国公共图书馆馆长。[48]

随着地中海东岸的法国人之间的分歧越来越大，1793 年 8 月，一个严格限制成员资格、只对法国人开放的雅各宾大众社团在伊斯坦布尔成立。它正式成为巴黎雅各宾俱乐部的附属社团，一度拥有约 20 名成员。该社团领导层细心鉴别，只允许小商人、珠宝商和知识分子加入，防止大商人（有一个例外）或传统上把持黎凡特法国人社群的外交官成为会员。加入的知识分子中包括布吕吉埃和奥利维耶，两人都是医务人员和自然学家，被罗兰和布里索派外交部部长勒布伦公费外派至此，负责研究该地区的自然历史。还有一名会员是奥利维耶的妹夫阿米克，他也是法兰西共和国公费外派的学者，负责研究东方语言。[49]大革命哲学领导层设想、讨论并计划的"埃及远征"，从一开始就已深深植根于使馆、军事代表团和伊斯坦布尔雅各宾俱乐部那些野心勃勃的人的脑海之中。

狄德罗和《哲学史》的编纂者们均认为，当时的伊斯兰社会是个深陷压迫、无知与不幸的世界，这不是因为阿拉伯人有什么与生俱来的缺陷，也与他们的宗教无关，而应归咎于其制度、法律和权力结构。狄德罗和雷纳尔提出，塑造道德倾向与立场的是政府与制度，这刚好颠倒了孟德斯鸠的说法，后者相信是精神状态与气候条件造就了世界上不同的道德与立法准则。孟德斯鸠的信条和与之相对的激进思想之间的关键区别，就在于后者认为一国的关系设置，原则上可以人为逆转，而前者相信某套关系是由自然所固定且不可逆转的。在沃尔内和激进启蒙哲学家看来，当时阿拉伯世界的落后并非先天性的：狄德罗指出，一旦埃及在开明政府的带领下走出无政府状态，在"理智法则的基础上制定新宪法"，那么这里就会重新崛起，成为最繁荣、最勤劳、最富饶的国度之一。[50] 1798 年 4 月，《哲学周刊》再度大力重申狄德罗关于埃及和叙利亚的观点，与此同时，拿破仑正在土伦筹备他的军事远征。[51]

《哲学史》广泛传播了狄德罗和霍尔巴赫关于伊斯兰世界的观念，而沃尔内通过他于 1787 年在巴黎发行的两卷本游记——《1783、1784 和

1785 年叙利亚和埃及游记》(*Voyage en Syrie et en Égypte, pendant les années 1783, 1784, et 1785*),再次以更加广博而世俗的形式阐释了同样的观点。1788 年,该游记德语版在耶拿面世。[52] 沃尔内提出,政治暴行在哪里掌权,就会破坏哪里的社会,这也是先前狄德罗的观点。暴政破坏社会的道德脉络,对人进行压迫与剥削,使其变得无知而贫穷。早在几个世纪以前,埃及和叙利亚的道德就已经被专制主义与教权破坏殆尽。然而沃尔内认为(与先前的阿尔让侯爵所见略同),只有那些定居于城市或在埃及灌溉农田上辛苦劳作的穆斯林,即城镇和乡村的民众,才受困于暴政与教权造成的道德退化。在这一不幸的环境之外,有着自治而繁荣的边缘游牧社群,特别是贝都因人和库尔德人,还有德鲁士人、土库曼人和其他游牧民族,他们保留着自身与生俱来的自由与平等。这些民族是潜在的关键性平衡势力,可以动员他们反对压迫。[53]

阿尔让早在其《犹太书信》(*Lettres Juives*)中就指出,贝都因人是令人神往的自由民族,在他们之间没有难以调和的分歧,他们至今仍生活在远离定居的阿拉伯人社会"丑陋的"专制系统束缚之地,因此完全不会因为宗教而产生纷争,按照英文的表述,他们中"没有争论不休的博士与神学家"。[54] 与此相对的是在定居的伊斯兰社会,在早期的活力消逝后,一切都在退化。专制主义壮大起来,科学和哲学则趋于凋敝,教权和平民的盲从让"埃及人……甚至比土耳其人和西班牙人更加迷信"。道德和智力的衰退让穆斯林堕落到蔑视科学和哲学的地步,他们"再也不在意阿拉伯博士了(指阿维森纳和阿威罗伊),因为博士们是奇迹与迷信的敌人"。[55]

沃尔内沿袭阿尔让的说法,强调定居阿拉伯人和沙漠游牧民族之间的重要区别。前者生活在政治和宗教的双重专制束缚下,在务农的乡下,人们的生活比在据说完全暗无天日的凄凉城镇还要悲惨:"而即便在开罗,初来乍到的外国人也会对随处可见的破败与悲惨景象感到震惊。"[56] 截然相反的是,贝都因人、土库曼人和库尔德人都是完全自由的人,他们一起造就的社会环境比阿拉伯城镇和村庄要高级得多。[57] 尽管库尔德人也是穆斯林,"却不在乎教条或仪式"。[58] 马龙派教徒(Maronites)以及"达希尔的阿拉伯人"也具有类似正直与自治的特性。作为总结,沃尔内否定了孟德斯鸠的"谬误",认为"民族的道德观念"与个人的道德观念类似,"完全取决于该民族所在社会的状态"。[59]造成埃及落魄现实的并不是气候或自然环境。"野蛮"在叙利亚和埃及随处可见,而当地人民的窘迫与贫穷,跟土地或气候没有任何关联。[60]沃尔内与狄德罗和霍尔巴赫一样,把当地人民的不幸完全归咎于"被称为政府和宗教"的社会制度。[61]在他口中,近东的民众就是那些行使教权之人的猎物,被盲从与无知所践踏,这是黎凡特遍地野蛮的根源,哲学和科学一度造就了这里的伟大,此后却长久地遭人蹂躏,再也"无人知晓",专制主义与不幸由此取而代之。[62]

只有启蒙运动和革命,才能使穆斯林从窘境与悲惨中解脱出来。这些思考让沃尔内更加笃信,没有什么比"在亚洲掀起政治与宗教大革命"还要容易的了。这种信念虽不可思议,日后却产生了很大的影响。他相信,这样的"大革命"不仅仅是内在的,而且刻不容缓,"易于"得手。穆斯林社会的缺陷是结构性的,纵使根须深入却并非固有,因而容易矫正。沃尔内提出,阿拉伯人的智力与欧洲人相仿,有能力进行阅读,但由于文化和宗教方面的禁忌,加之政治制度的限制,使他们不可以那样做。奴役阿拉伯人思想的普遍无知源于沃尔内口中普遍存在的"自我教育资源匮乏",尤其是书本的短缺。[63]叙利亚只有两所值得一提的图书馆:阿卡统治者贾扎尔的图书馆,以及阿勒颇的马尔哈拿(Marhanna)修道院图书馆,而这第二所,也是较大的一所,也仅仅藏有大约 300 种书籍。在奥斯曼的土地上,为何奇缺书籍?答案是那里几乎所有的书籍都是手抄本,由于当地政府与教会的专制主义妄想,印刷术不得存在。没有印刷术,人类就不可能进步(沃尔内后来还试图将其传到科西嘉岛)。沃尔内预想,近东的总革命最先会在贝都因人和其他游牧民族间爆发,但让当地人民意识到他们所受的践踏之后所产生的怨恨与深切的愤怒,才是革命的终极动力。[64]

在向外输出革命方面,相比沃尔内、克洛茨、普洛里、勒布伦、潘恩或布里索派,罗伯斯庇尔派并没有表现出多少兴趣。1793 年 6 月山岳派得势后,伊斯坦布尔的雅各宾俱乐部匆匆对其在巴黎的总部保证,他们不会像先前的布里索派那样,他们完全没有打算要在土耳其人、希腊人、亚美尼亚人或犹太人当中传播自己的革命意识形态。他们解释说,已经对俱乐部活动进行了限制，目前的活动仅限于庆祝共和主义节日，以及在法国人社群当中培养共和主义精神。然而巴黎的雅各宾俱乐部始终疑心重重，因为共和国派驻土耳其的专家和外交顾问大都与罗兰和勒布伦过从甚密（还因为身在奥斯曼帝国的法国富商均反对大革命）。伊斯坦布尔的雅各宾俱乐部成员人数减少至仅仅 10 人，但巴黎仍不满意，因为俱乐部的存在本身就能轻易被英国人和法国流亡者利用，以其为借口劝说土耳其人疏远法国。[65] 1794 年 3 月，伊斯坦布尔的雅各宾俱乐部宣告解散。

尽管如此，沃尔内和其他布里索派同情者的观点和立场还是在马赛、土伦以及奥斯曼帝国的法国人社群中传播开来，1795 年热月党政权一落入新布里索派手中，之前打下的思想基础由此迅速扩大。等到新任的法国大使奥贝尔·杜·巴耶将军于 1796 年底在伊斯坦布尔落脚的时候，布里索派的革命计划已经再次在当地占尽优势。必须积极推广总革命。曾在恐怖统治期间下狱的奥贝尔·杜·巴耶带来一个规模惊人的顾问团，至少包括 70 名艺术家和建筑师，还有军事专家和自然学家，他们的任务是以法兰西共和国的名义在奥斯曼帝国各地的研究项目中大展身手。但这只会引发土耳其人的恐惧，因为法国人在爱奥尼亚群岛和巴尔干地区的活动对希腊人的民族主义情绪有着直接的吸引力。拿破仑 1797 年 10 月 17 日签订的《坎波福尔米奥条约》（Treaty of Campo Formio）使法国和奥地利得以瓜分威尼斯的帝国，法国获得爱奥尼亚群岛，成为黎凡特地区的重要力量。这一次，拿破仑在和时任外交部部长的塔列朗协商过后，已经开始考虑与土耳其人决裂，夺取埃及。[66] 奥斯曼宫廷嗅到了危险的气息。自从土耳其帝国最大的敌人叶卡捷琳娜二世于 1796 年 11 月驾崩以来，对在没有法军援助的情况下独自与俄国作战一事，土耳其人已经不像原先那样感到害怕。土耳其苏丹决定重新考虑与法国的亲密关系。[67] 就在拿破仑的远征军即将起航前往埃及前几个月，土耳其、希腊、叙利亚及其周边地区规模庞大的法国专家顾问团，已经接到了要他们收拾行李、打道回府的命令。在黎凡特与拿破仑的意大利之间，爱奥尼亚群岛构成了战略、心理以及宣传的桥梁。在那里，民主政府（il democratico governo）占了上风，尽管持续的时间短暂，但对法国大革命产生的历史意义却相当深远，因为它极富意识形态特色，承载着法国人觊觎近东的广阔愿景。法国人丝毫没有浪费时间，很快废除了科孚岛上的威尼斯模式与制度，试图通过给予希腊东正教与威尼斯所偏重的天主教以平等的地位与更多权益，来赢取岛上教众的好感。大革命不仅仅呼唤统治者与过去，也召唤人民，敦促希腊人仔细思考与法国结盟的利好。当地革命政府立刻没收岛内 11 座天主教堂和修道院的财产，却故意没有触及希腊正教会的财产。1797 年 7 月，革命政权在希腊和意大利颁布"反贵族制法"，宣布所有"贵族制"都是邪恶的，群岛所有农民如今皆获自由，不再承担任何"封建"税负和义务。[68] 岛上的拉丁主教因收益、特权与权威尽失，银制十字架与银器统统遭窃而震怒，表示了强烈的抗议，结果却因煽动天主教信众反对大革命的罪名被驱逐出境。

岛内传播的所有官方文件，不论内容是意大利文、法文还是希腊文，均以"自由"和"平等"作为抬头。政府要求岛上公民上街时佩戴革命帽徽，不允许任何人对大革命带来的变化表达不满。1798 年 5 月，希腊第一座现代图书馆在科孚落成，献给希腊民族的觉醒、自由与开明。8 月，希腊第一家出版社随之建立，献给希腊人民的出版事业，它的出版物包括希腊文的共和历，不久后还开始发行法军在埃及的捷报。岛上的堡垒和防御工事都以发生在意大利的著名革命事件或军事胜利命名。科孚市某街区更名为"8 月 10 日街区"，另一个则更名为"战神街区"，那里搭建起了"自由祭坛"，举办了公共庆典活动。威尼斯人的萨尔瓦多堡更名为"洛迪堡"，亚伯兰堡更名为"里沃利堡"。[69] 革命者有时还用希腊语取代已遭废弃的威尼斯名称，比如将"医院门"改名为"伊庇鲁斯门"。[70] 当地犹太社群获得了与天主教徒和希腊人平等的权利与言论自由。急于推进革命化与现代化的法国人给岛上带来了路灯、芭蕾舞和涉及当地事务的公报（主要以法语和意大利语发行）。

像在其他地方一样，剧院成为对民众进行再教育的关键资源。法军占领科孚一周年那天恰好是获月 10 日丰收节（6 月 29 日），当局竭尽全力，想让居民感受到法国人口中"希腊的自由时代"。[71] 然而做到这一点并不容易。新的话语体系和言论自由在剧院里引发了各种各样的骚乱，"居心险恶之人"在演出进行到本应鼓掌的场面时故意起哄跺脚。[72] 为了维持市内剧院的秩序,科孚警察局长 S. 贾科莫于 1797 年 10 月用希腊语、意大利语和法语颁布纪律守则,禁止在剧院里咒骂、抽烟或携带武器。[73] 早期发生在法国人和希腊人之间的摩擦很快演变为严重的冲突。科孚居民频繁侮辱革命帽徽或其他革命符号,导致了数次逮捕行动。随着威尼斯政府治下的犹太区禁足令不复存在,科孚的希腊人如今不得不在公共场所、法庭和剧院与犹太人频频相遇,还得用希腊人自己彼此间使用的"公民"去称呼他们。据警察局局长汇报,不久过后,革命科孚的治安就遇到了最棘手的麻烦,即越来越多的"基督教公民对犹太公民开糟糕的玩笑",这种反感情绪导致了大量可怕的事故,法军指挥官不得不为此与希腊人和当地意大利天主教徒反复交涉。[74]

无须别人从旁提醒,苏丹心中也十分清楚,早在拿破仑的侵略舰队在土伦完成组建之前,巴黎就已经开始计划扩大革命范围,对近东进行全面干预了。1796 年,在奥贝尔·杜·巴耶离开巴黎前往土耳其之前,他曾参与讨论攻占克里特岛的计划,一位派往伊斯坦布尔的军事顾问团官员已经对该岛进行过详细考察。这些派驻伊斯坦布尔的官员与拿破仑一样,在进行商议的时候不断谈及奥斯曼帝国军事力量的薄弱,鼓励督政府下定入侵埃及的决心。在 1797 年 9 月 4 日 (果月 18 日政变) 与 1798 年 5 月 11 日之间,即第二督政府统治初期,当局曾积极采取措施打击保王派、流亡者和抵抗派教士,雅各宾派暂时获得了喘息的机会,得以复苏。在举国一致的共和主义氛围中,军队中的共和主义意识形态比以往任何时候都要强烈。在这种陶醉于启蒙哲学观念与前景的背景下,人们开始设想并启动对埃及的远征。1798 年 3 月 5 日,督政府最终决定入侵埃及。为避免引起伦敦和伊斯坦布尔的疑虑,准备工作在两个月内秘密完成。革命军舰队拥有 13 艘战列舰、42 艘小型战舰、280 艘运输船、3.8 万名士兵与 1.6 万名海员。[75] 5 月 19 日,舰队从土伦起航,6 月 9 日抵达马耳他 (拿破仑提议夺取该岛也有一段时间了),马耳他骑士团大团长不战而降。

法国人对马耳他的占领持续到 1800 年 9 月,而后由英国人接手 (他们拥有该岛达一个半世纪之久)。在马耳他,法国人废除了贵族制,消灭了教权，从教堂和修道院中没收了数额巨大的银器并运往巴黎。他们确保犹太人、希腊正教徒和其他人士享有宗教自由以及与天主教徒平等的地位；后来接手的英国人反而恢复了教堂和贵族的特权。只有在离开马耳他之后，此次远征的主要军官和人员才见识了他们真正的命运。有人劝说法军尊重伊斯兰教，尤其要尊重他们的穆夫提和伊玛目，还要与他们合作，就像"我们与犹太人和意大利人合作那样"。[76] 随军人员当中有 160 名由督政府招募并委派的学者和科学家（有人则认为有多达 187 人），他们携带有大量书籍和科学设备。[77] 在船队驶向地中海期间，远征军被要求阅读沃尔内、尼布尔等人有关近东的新近著作。远征军内学者科研部门的任务包括研究当地地形和动植物种群，给考古学、埃及学和阿拉伯研究等科目提供新动力，解读古代文字，所有这些研究当时都还处于萌芽期。除了战略考虑，科学、启蒙与解放均完全渗透在此次远征中，它的终极目标是威胁英国对印度的统治，进而颠覆英国的世界霸权。

法国启蒙运动对近东的野心已经远不止研究欲旺盛这么简单了。沃尔内与狄德罗、霍尔巴赫和雷纳尔的观点一致，认为孟德斯鸠把亚洲和中东归入"无法变更之专制"是错误的。毋庸置疑，这些地方充满了压迫和专制，但那里的人民遭受的践踏、贫穷和不幸并非不可避免。凭借启蒙与解放的大胆计划，通过改造社会立法、制度与政治模式的普遍革命，他们的不幸很快就会终结。只要基于人权的民主共和主义取代专制主义，埃及就能获得解放，埃及人民就会更加幸福，法国和埃及就会成为坚定的朋友与盟友。军事与战略扩张主义以这种方式，渗透于大革命左派的民主共和意识形态之中。[78]

法军于 1798 年 7 月 1 日抵达尼罗河三角洲，拿破仑告诫他们，为了祖国和大革命，不可强奸或劫掠，应该尊重伊斯兰教。据埃及编年史家阿卜杜勒·拉赫曼·贾巴提的记载，法国人冲进亚历山大港，不失时机地强迫当地居民"把他们的三色徽章缝在衣服前胸"。[79] 他们对穆斯林的宗教权威保证，革命者是伊斯兰教的朋友，他们反对教宗，结束了马耳他骑士团对穆斯林长达数个世纪的敌意，还"摧毁了"骑士团，这些行为都证实了他们对伊斯兰教的友爱。[80] 顺利拿下三角洲之后，法国人开始朝开罗进军。据贾巴提记载，法国人会提前在行军路线上的很多地方发放用阿拉伯语印制的公告，谴责统治埃及的土耳其马穆鲁克精英。公告声称，数世纪以来，马穆鲁克不仅侮辱了法国人，对商人进行剥削，还对"地球表面最美的土地上"的人民进行了普遍的压迫。大革命的敌人一定曾警告开罗人，说法国人是来废除"你们的宗教"。但这"纯粹是一派胡言"，开罗人不应听信。要告诉那些诽谤者，拿破仑来到这里，仅仅是为了恢复人民的权利。拿破仑比马穆鲁克更加"敬神——让我们崇拜并赞美天他——更加崇敬先知穆罕默德与光荣的《古兰经》"。请埃及人尽快"告知诽谤者"，"在神眼里众人平等，只有理性、美德与知识才是能够将人区分开来的品质"。[81]任何阻挠法军经过的村庄都会被付之一炬。

在 1798 年 7 月 21 日的金字塔战役中，拿破仑击溃马穆鲁克军队，占领埃及，不久后便于 8 月 22 日在马穆鲁克的一座宫殿内成立了埃及科学与艺术学院（Institut pour les Sciences et les Arts）。该学院参考了位于巴黎的法兰西学院的模式，拿破仑是后者的热情拥护者。在孔多塞、沃尔内、多努以及理论家们的设想中，巴黎的法兰西学院是连接启蒙运动和社会政治改革的轴心。开罗学院的作用与之相似，其主席由数学家蒙热担任，秘书则包括另一位数学家让-巴蒂斯特·傅立叶，以及著名的化学家与电学专家克洛德-路易·贝托莱，在法国，他因发明了给织物漂白与染色的方法而广为人知（还与蒙热一起制造了新式火药）。这一新创立的机构旨在传播启蒙运动，引领埃及走进全新的时代，进行系统性的科研工作，在有需要的时候就专业问题为政府与军队提供建议。开罗学院分成 4 个部门（不同于巴黎的 3 个）——数学部，12 名学者；物理部，10 名学者；政治经济部，6 名学者；文艺部，9 名学者。

学院很快创办了自己的出版社，建立了图书馆、实验室、花园、令人叹为观止的房间与生活区，位置便利，能接待开罗当地穆斯林显贵进行配有讲解的参观。[82]尤其是那里的实验室和图书馆，吸引了不少埃及显贵前来拜访。出版社则负责发行学院的报告，以及最先出现在埃及的新闻报纸《埃及邮报》（Le Courier de l'Égypt）和《埃及周刊》（La Décade Égyptienne）。[83]拿破仑努力将共和历的十天一周制引入埃及，同时引导埃及放弃宗教惯例，转而庆祝以典型的共和主义饰物（三色旗、徽章、绶带、礼花和自由树）装点的革命节日——在这些方面，学院与报刊发挥了关键作用。

研究过《古兰经》的拿破仑相信自己能与伊斯兰教合作。法国侵略者带着他们自诩排他的再造意识形态来到这里，这种信念引导着他们在埃及的一切所作所为。然而不论进入埃及的学者抱有怎样的幻想，以为尼罗河岸就像塞纳河岸那样，能让他们听从拿破仑的指令，[84] 自由而系统地进行科学研究，向公众宣传新观念，改善当地的教育、民法与刑法——这样的幻想从一开始就被粗暴地击碎了。8 月 1 日，英国人在阿布基尔湾（Aboukir Bay）摧毁了法国舰队，切断了埃及法军与法国本土、意大利和爱奥尼亚群岛的一切联系，因此也阻隔了法国人的一切补给、增援、宣传以及科学设备。然而埃及人对他们关于无限尊重伊斯兰教和中世纪阿拉伯文明成果的保证似乎毫不买账，这让法国人大失所望。宗教几乎在任何方面都是造成关系恶化的主要原因，法国人日常行为的很多方面都让埃及人感到厌恶，特别是法国人对待女人的方式和饮酒的习惯，他们还容许所有非穆斯林骑马（为沙利亚法所禁止），而且更喜欢跟当地的基督徒打交道。没过多久，埃及的穆斯林就对法国人充满了怨恨，开始不择手段地进行抗议，给开罗学院和那里的学者制造麻烦，这在 1798 年 10 月开罗人武装起义反抗法军占领期间与其后表现得尤为明显。

幻灭与恼火掀起巨大的浪潮，很快让埃及启蒙运动变得黯淡无光，但还是没能彻底扑灭当初启程来到这里的法国人心中的冒险热情。他们竭尽全力，想要迅速而显著地改善埃及的生活条件。据贾巴提记载，法国人宣布"街头与市场应该彻夜张灯"。每一栋房子都要配备灯盏，每三户商店就要有一处亮灯。人们必须打扫街道，为其洒水，清理街上的垃圾、秽物和死猫。法国人还在开罗建立了新法庭或"迪万"，负责处理商业与民事纠纷，尽管这么做让他们进一步遭到当地舆论的敌视，因为在他们任用的法官中，科普特人与穆斯林一样多，还给予基督徒和犹太人与穆斯林平等的地位。[85] 这处迪万成了法国人对当地公众进行再教育的中心。

有一次，法国人把开罗所有谢赫与要人召集起来，在集会上断言"世上人民如今均已知晓的科学、艺术、阅读和书写,这都是拜古埃及人所赐"。法国人来到这里,是要"把埃及从悲惨的境地中解救出来,把埃及人民从奥斯曼统治下的无知与愚昧中解救出来"。他们计划使埃及国内事务恢复秩序,让被人遗忘的运河重新注满河水。届时埃及将会同时享有地中海与红海的入口,运河将给埃及带来成倍增加的丰饶与财富。[86] 运河会重新建立埃及与印度的联系。这一切显得如此宏大且过于野心勃勃,却并非凭空臆想。拿破仑仔细研究过《古兰经》,除了给埃及带来社会、经济与技术方面的进步,他还真心想要培养融洽的友谊,把埃及打造成开明进步的典范。[87]

在接下来的几个月里,他派各种各样的探险队前往沙漠地区、埃及南部和尼罗河三角洲。他们开展了大量科学与其他领域的研究,积累了许多关于地形、建筑与考古的图稿。1798 年伊始,埃及远征就在法国引发了轰动,逐渐在本土读者群中为探险计划建立起更加广泛的兴趣平台。1799 年 4 月,《哲学周刊》在沃尔内的《叙利亚和埃及游记》发行第三版时曾表示:由于远征队伍近来在近东地区的活动,此书声望倍增,引发了广泛关注。[88] 法国启蒙学者在埃及的主要科学与研究成果后来汇编为一部百科全书式的作品——《埃及概况》(Description de l'Égypte),这是启蒙运动中最令人震撼的作品之一。这场始于 1798 年的冒险确实让人印象深刻,但进展也颇为缓慢,到了 1802 年,埃及百科全书第一卷方才面世。1799 年 7 月,法国探险队发现罗塞塔石碑。石碑分三栏,用象形文字、古埃及语和希腊语刻写了同一段内容。据《哲学周刊》叙述,这一激动人心的发现有可能帮助人们破解古埃及的象形文字,回到巴黎的拿破仑,在 1799 年 10 月 27 日的一次会议上,已将这一发现汇报给巴黎的法兰西学院。至于连通地中海与红海的构想(后来的苏伊士运河实现了这一构想),拿破仑对法兰西学院的教授们如是担保:运河一度存在,曾由埃及法老主持挖掘,因此无须怀疑运河恢复通航的可能性。[89]

1791 年至 1792 年期间,拿破仑时常与身在科西嘉岛的沃尔内交流,那时候,他正考虑为了大革命的利益对(科西嘉的)反启蒙运动宣战。[90] 拿破仑对开罗学院以及在近东传播启蒙运动的观念极为关切,特别渴望向埃及人展示西方科技的优越性。开罗市的精英团体参加过多次拿破仑的会议，贾巴提也是与会者之一。这些会议旨在用科学设备与实验震撼埃及人，包括由贝托莱公开演示的电流与化学实验。然而埃及人对这些实验的理解与法国人不同，在他们眼中，这与其说是科学，不如说是魔法，因此他们执拗地拒绝表现出惊讶或好奇。[91] 正如他本人在信件中记录的那样，埃及人对科学表现出的顽固的漠然让拿破仑乃至所有法国人都感到震惊和厌烦。他把这种漠然看作是宗教带来的阴郁且有害的影响的另一种表现，而法国人似乎完全没有办法将其清除。

埃及人民的不幸与贫困是如此令人震惊，而那里的灌溉土地的肥沃和多产又是如此令人难忘，身处开罗的理论家对这样的反差感到困惑不解。他们希望通过观念与科技解决这一矛盾。开罗学院的学者坚信自身的优越性，瞧不起埃及平民，因此他们或许曾经参与军事侵略，却也曾认真考虑过如何复兴埃及、巴勒斯坦和叙利亚的农业，振兴商业与工业，利用尼罗河的水力，也思考过这一切将如何与始于希腊人、科普特人、亚美尼亚人、叙利亚基督徒和犹太人的普遍解放联系起来。他们用法语举办讲座，对所有感兴趣的人开放。开罗学院一共举办了 62 次上座率可观的讲座与研讨会，参与者大部分是法国军官和学者，但也有一些基督徒、犹太人和开罗的穆斯林显贵。[92] 在国际上声名显赫的蒙热和贝托莱在意大利认识了拿破仑，后来成为开罗学院的明星讲师，然而一年过后，他们于 1799 年随波拿巴一起返回法国。在学院举行的讨论中，与时事联系最为紧密的，要属如何应对 1798 年 12 月开始肆虐亚历山大港的瘟疫。学院商讨的成果是制定了一份措施草案与卫生规范，它要求埃及城市居民通过烟熏给他们的房子消毒，驱散腐气，把衣服与床单被褥拿到屋顶上晾晒数天，禁止在靠近住宅的墓地中焚烧尸体。[93]

拿破仑带给埃及的革命启蒙在穆斯林中间完全失败了。1798 年 10 月开罗起义期间，暴动分子洗劫了拿破仑手下一名指挥官的住处，那里存放着法军大部分望远镜等天文设备与数学仪器，全都在洗劫中被毁。尽管如此，开罗学院与参与其活动的学者，在向近东推广启蒙运动方面仍有成功之处，尽管这类成就并不一定符合他们的初衷。在埃及，有些非穆斯林开始对共和主义观念和启蒙运动产生兴趣。1799 年 1 月,巴黎的《哲学周刊》如是报道:即便在数世纪的奴役与征服后,埃及的生活条件悲惨又落后,生活在那里的希腊人和人数众多的科普特人社群(他们的实际人数比西方学者以为的要少)依然热情迎接法国人。亚美尼亚人跃跃欲试,而科孚岛上的犹太人也想从法军占领埃及并传播启蒙运动的活动中获益;事实上,启蒙运动已经广泛扩散到近东与中东。除此之外,深受沃尔内影响的艺术史学家若阿欣·勒布勒东认为,产生兴趣的还有与其他阿拉伯人迥然不同的贝都因人,而正如阿尔让和沃尔内所强调的那样,贝都因人受教权奴役的程度较轻。[94]

这一切看上去都为法国人扩大影响力与活动范围提供了可能。值此关头,沃尔内发表文章,重申自己的观点,即应该依赖贝都因人、德鲁士人、库尔德人、土库曼人、亚美尼亚人和马龙派,巩固法国在埃及、叙利亚与整个近东地区的势力。[95]勒布勒东是个还俗的修士,早已彻底抛弃了自己的基督教背景,他提出相当惊人的建议,鼓励在中欧和东欧受到迫害的犹太人向叙利亚、巴勒斯坦和埃及殖民,以此刺激该地区的工商业发展。[96]"有一种稳妥的方式,能给叙利亚带去大量活跃而富足的人口,那就是向犹太人发出召唤。我们都知道,他们对自己祖先的土地(即犹太)和耶路撒冷怀有多大的热爱!"[97]据他所述,这将成为永久性巩固法国在当地影响力的有效途径。勒布勒东用了好几页的详细说明,解释召集犹太人前往如何能够推进法国主导的近东复兴。针对犹太人的普遍仇视与偏见是个问题,但"启蒙哲学"教导并敦促每位有识之士彻底抛弃反犹情绪,正如拿破仑本人从法国舰队驶离马耳他岛至今所做的那样。[98]

拿下埃及后,法军又于 1798 年 12 月占领了红海岸边的苏伊士古港口。1799 年初,法国远征军主力开始向叙利亚进发。这支军队拥有共计 12945 人的有生力量。1799 年初拿破仑对巴勒斯坦部分地区的占领使人不禁揣测,认为他或许会解放耶路撒冷,召唤散落世界各地的犹太人回到"他们古老的故乡"。[99]在巴勒斯坦,以及土耳其其属叙利亚的部分地区,拿破仑一开始确实占据上风。3 月 7 日,法军攻占雅法(Jaffa),因为法军将领对部下失去了控制,法军对当地居民进行了耸人听闻的屠杀。然而法军最终失败，部分是因为无力与英国海军抗衡，部分是因为土耳其人的顽强抵抗，此外还可以在一定程度上归咎于疾病。拿破仑的军队在巴勒斯坦沿海的平原上行进，却被阿卡当年由十字军修建的坚固堡垒挡住了去路。如今它是奥斯曼帝国坚不可摧的防御阵地，法国人在 1799 年春季对该城进行了两个月的围攻，最终功败垂成。阿卡曾是十字军在阿拉伯人的土地上最后一个幸存的堡垒，如今掌握在土耳其人手中，它成功抵御了至少 13 次进攻，造成法军 2000 人受伤，550 人死亡。另有 600 人死于瘟疫，很多人死在位于迦密山——即今天的海法市（Haifa）——的法军医院里，其他则死在雅法。当法军最终撤退，离开巴勒斯坦，穿过西奈沙漠，到达埃及时，还有 400 人死于疾病、高温与过度疲劳。

　　然而法国人在近东的冒险并未结束。对革命者来说，法国对埃及的占领有着重要的意义。占领又持续了两年，直到 1801 年 9 月 27 日，驻埃法军最终向英军投降。在 1798 年 10 月的《哲学周刊》上，启蒙哲学家与经济学家让–巴蒂斯特·赛热情畅想了让埃及再次成为亚欧贸易枢纽的迷人前景。赛痴迷于革命节日、狄德罗和爱尔维修的功利主义，（在爱尔维修和孔多塞之后）热情拥护通过累进税制，强行剥夺富人财产并进行再分配，以达到改善社会的目的。[100] 赛在《哲学周刊》上指出，那片土地将再次成为科学的“祖国”，成为“世界上最适合居住的地方”。[101] 波拿巴来到近东，是来解放埃及人、叙利亚人、犹太人和巴勒斯坦人的，这种说法在 1798 年至 1800 年间听上去不仅仁慈，而且意义非凡。按照理论家的理解，法国人力求把埃及从暴政、宗教、无知与土耳其人的统治中解放出来，改善埃及人和周边人民的生活、经济与社会环境；他们是如此坚决，为实现这一目标进行了不懈的奋斗。[102]

第 24 章

失败的大革命

1797 年至 1799 年

无法弥补的裂痕

毫无疑问，在 1795 年至 1796 年间，法国选民对当局始终缺乏支持热情。热月政变以来，共和派对日渐兴盛的保王派威胁的打击，始终受到保守主义反对派的谴责，被斥为恐怖主义与无政府主义。[1] 这个国家背负着战争、征用与征兵的沉重负担，身陷三股力量的相互厮杀：保王派、往往与丹东派同一阵线的新布里索民主派、不时会与巴贝夫主义者结盟的山岳派。他们之间的斗争造成了难以解决的僵局，不断滋生着疲惫、挫折与不安全感：在日常生活中，宗教信仰中，报纸上，剧院里，意识形态斗争无处不在，与此同时，民众那变幻莫测且难以预料的情绪开始右转。这场斗争的关键部分则是对恐怖统治的争议性认知：它的本质及意义。

1796 年至 1797 年间，督政府右倾的势头最终明显到足以在主流共和派之间造成分裂，很多支持政府的正直人士因此感到幻灭，更多人则被迫转入地下，密谋反对督政府，这进一步加重了共和国的困境。侵蚀共和国声望的主要因素在于，热月政权的残余依然受到人们激愤地质疑。改头换面的山岳派前雅各宾分子依然占据大量政府职位，他们往往都是奸险狡诈之徒；其中最遭人憎恨的包括巴拉斯、约瑟夫·富歇，以及弗朗索瓦-路易·布尔东，罗伯斯庇尔曾一度认为此人"既背信弃义又狂热"。[2] 1794 年早期，已被科德利埃俱乐部扫地出门的布尔东与罗伯斯庇尔发生争执，在雅各宾俱乐部也受到孤立。热月政变过后，他成为追杀自己从前在恐怖统治中同僚的关键人物。这些残暴、腐败，毫无原则可言的人，却执着于一种信念：不论发生什么，他们必须牢牢掌权，因为毫无疑问，一旦保王派有机可乘，就会以弑君和施行恐怖统治的罪名处死他们。

被迫转入地下的先贤祠派和保民官继续暗中行动，在巴黎的私人场所举行秘密集会。从 1796 年 3 月起，这场运动就在某个包括马雷夏尔、博纳罗蒂、达尔特、巴贝夫和勒佩勒捷的秘密指挥部的部署下运作，他们在咖啡馆、监狱与花园中进行颠覆活动，暗中散发传单以及海报，还在阿拉斯、康布雷、雷恩、南特、兰斯与里昂组建了分支机构。[3] 他们在巴黎较为贫困的街区安插"革命代理人"，在"为平等而密谋"的过程中，又一次像 5 月 21 日那样的大规模民众暴动逐步成熟，而这一次，暴动将更具决定性。随着地下密谋运动的愈演愈烈，有许多极不情愿的恐怖统治老兵也加入进来，其中包括阿马尔、瓦迪耶和帕什。这些颠覆团伙的讨论频繁涉及启蒙哲学家与伟大的革命者，他们想要发动一场给罗伯斯庇尔恢复名誉的运动，与此同时，博纳罗蒂乃至重要的热月党人阿马尔都转变了立场（若干年后，阿马尔皈依了斯威登堡的神秘主义）。如此一来，"罗伯斯庇尔"在这个地下密谋集团中复活，成了拥护经济平等的勇士。巴贝夫本人也曾积极参加此类活动，给这位来自阿拉斯的律师平反昭雪，同时对热月党人进行谴责。

这些密谋者认为，自己的使命是通过革命行动推翻五百人院和督政府，恢复 1793 年宪法，最终实现普遍平等（无限制的平等），重新完成据信被热月 9 日破坏了的事业。[4] 然而，前山岳派与正统的巴贝夫主义者（或平等主义民主派）之间的关系，在地下运动组织中也变得紧张且不可调和。1796 年 2 月，瓦塔尔的《自由人日报》发表了一份声明，声明由已然恬不知耻地成为罗伯斯庇尔辩护人的巴贝夫，以及勒佩勒捷、安东奈尔和博纳罗蒂撰写，这四人联合起来，否认自己绑架先贤祠俱乐部并呼吁独裁一事。[5] 不过，就巴黎贫民推翻督政府之后该如何实现平等与民主的问题，密谋者内部依然存在分歧，比如达尔特，他的确强调拥有一个独裁者很有必要，认为独裁统治是运用权力强制推行平等的必要手段。阿马尔及另一个集团则希望恢复原先由山岳派主导的国民公会，但并不坚持反对独裁。可是密谋活动的大部分领袖并不喜欢拥立新独裁者这种念头，对阿马尔和他的朋友也有所保留，因此对另一条路径表现出更多兴趣：一旦巴黎人民成功推翻督政府，密谋领导层就会把获胜的人民召集到宽敞的革命广场上来，对群众解释他们的目标与战略——强调经济平等在计划中的优先地位——然后立即征询人民的意见，建立"临时政权"管理大革命，统治法国，直到 1793 年宪法顺利生效为止。[6]

然而不久之后，督政府渗透到地下活动中来，并于 1796 年 5 月逮捕了密谋领导层的成员。巴贝夫和博纳罗蒂于 1796 年 5 月 10 日被捕，同时落网的还有若干无套裤汉煽动分子，以及他们藏匿的罪行证据。德鲁埃、兰代、马雷夏尔、瓦塔尔、达尔特和安东奈尔随后也很快被捕。一共有 50 名密谋者入狱，此事震动了全法俱乐部与关系网中的前雅各宾派同情者。[7]巴贝夫的密谋，及其号召法国人建立"平等共和国"的思想，很快吸引了很多人的兴趣。它就像整个共和派阵营那样，其领导层包括一些沉迷于激进启蒙哲学的知识分子，他们断然拒绝压迫和暴政。然而这些人兴致勃勃，想要发动另一种革命。他们的革命将不同于法国在 1789 年至 1793 年间所成就的那场大革命，他们不仅要抛弃督政府提供的实用主义威权模式，同时也要拒绝新布里索派和观念学者们口中更加民主的自由主义模式。巴贝夫主义者宣言的作者皮埃尔-西尔万·马雷夏尔原先是马萨林学院（Collège Mazarin）图书馆的副馆长，早在 1789 年以前就成了无神论者和唯物主义者，在那些先陶醉于激进哲学读物，而后造就了大革命的人当中，他算是个典型的例子。在与巴贝夫合谋以前，他就是个重要的革命派记者，曾与普吕多姆和肖梅特合作。他的《平等者宣言》（Manifeste des égaux）指出，大革命已经实现法律面前人人平等，而人民真正需要的是实际的"平等"，即构建财富平等的共同体。

马雷夏尔的观点与巴贝夫相同，他认为 1788 年至 1793 年间的法国大革命仅仅是另一场革命的先驱，而这"大得多，隆重得多"的另一场革命将成为最后的革命："我们宣布，我们不再接受大多数人为服务极少数人而努力工作的现实。100 万人占有属于他们那超过 2000 万同胞的财富，这种情况已经持续得太久了。他们的财富来自与其平等之人。"[8] 马雷夏尔的巴贝夫主义意识形态不同于罗伯斯庇尔和圣茹斯特,抑或是沙博或埃贝尔的民粹主义,前者是地道的社会改良主义,也是激进启蒙运动和大革命的正宗衍生物,与此同时,它又是个分支,虽然不时与观念学者们的思想相契合,揭露了恐怖统治与山岳派压迫的本质——这一点与保王主义或新雅各宾主义完全相反——然而这种好战的典型性社会主义带有强烈的独裁色彩。话虽如此,但巴贝夫的新罗伯斯庇尔主义,他与死硬好战分子达尔特和博纳罗蒂的联盟,以及吸纳瓦迪耶和阿马尔这类毫无原则之人,这一切都严重淡化了巴贝夫集团的启蒙哲学属性。

与此同时,大部分法国人和大部分选民都更倾向于天主教和保王派,而不是任何类型的共和派(民主派或巴贝夫派),君主派领袖们在克利希俱乐部(Clichy Club)召集他们的追随者,保王派报纸也意识到督政官中的卡诺如今正在支持他们,这确实能助他们一臂之力。不可否认的是,右派内部也始终存在着令人绝望的分裂。极端保王派痛恨君主立宪派,而仰慕穆尼耶的君主立宪右派则厌恶自由主义君主派那种折中的"温和主义",而后者还在对巴纳夫和斐扬派念念不忘。君主派当中又进一步分成忠于法国王位的合法继承人、强硬的保守派路易十八的君主立宪派,以及拥护法国王室中地位较低但更具自由主义倾向的奥尔良一支的君主立宪派。路易十八本人的所作所为也使右派面临的麻烦更加复杂,1797 年 3 月 10 日,他在德意志发表了简略而生硬的宣言,要求法国人毫不留情地拒绝立宪主义和共主义。路易十八看起来并不想对立宪主义做出任何让步,更不用说拥护大型改革。然而,即便存在这些难以弥合的原则性分歧,顽强的法国保王派和好战的天主教徒,依旧有可能在即将举行的 1797 年大选中取得压倒性胜利。1797 年 3 月底,《佩莱日报》指出,随着保王派和天主教赢回大部分民众的支持,很多人开始公开预测,新的立法机关绝对会趋于保守。在那些坚定的共和派人士看来,法国似乎再次濒临新一轮的"骇人的暴发"。[9]

出于对保皇主义威胁日益增长的不安,原先敌视巴贝夫的新雅各宾主义及其为罗伯斯庇尔辩护主张的《自由人日报》,在 1796 年间转变了立场。1797 年 2 月初，《自由人日报》发出警告：反革命势力看起来已经侵入了大部分报社与剧院。这与在 1789 年至 1792 年间颠覆了君主制的共和派很相似，他们从方方面面向社会逐步灌输共和主义的立场和观念，如今的保王派也在重复同样的过程，只不过他们眼下灌输的观念正好相反。[10]实际上，在 1797 年 3、4 月间，随着共和 5 年全国大选造势活动的开始，新一轮的巨大焦虑也在全法范围内不断累积。国民公会中有至少 234 名议员必须离任，正如 1792 年第一次全国大选那样，这一次大选的结果也将决定立法机关的成分、行政机关的属性和大革命的未来走向。在五百人院和督政府中，大部分人与民主共和派报纸的想法一致，希望反对保王主义和山岳派革命暴政的立宪共和派能够回归议会大多数，选出坚定拥护稳定与民主的代表。多努、布瓦西·德·安格拉斯、朗瑞奈、加缪以及另一名重回风口浪尖的前布里索派人士皮埃尔·迪朗–迈耶讷都跃跃欲试，希望能赢得公众的支持，在立法机关中取得优势地位。[11]曾支持全民公投与起诉马拉的雅克–安托万·克勒泽–拉图什是回归这一集团的另一名重要人物。然而事实证明，民主共和左派缺乏民众支持，博纳维尔在自己的新报纸《老保民官与他的铁嘴》(Le Vieux Tribun et sa Bouche de Fer) 中失望地指出，[12]对于革命政治，公众表现得漠不关心甚至厌烦，以至于左派热切期盼的任何突破都难以实现。在为大选造势期间，初级议会往往被人操纵，有时甚至被粗暴地打断；操纵选票的活动再次抬头。[13]

不出所料，选举结果被证明是督政府、共和国、世俗主义和大革命本身的惨败，左派和威权主义民粹派都大失所望，认为选举结果"糟透了"。在选举中落败的共和派候选人、法籍瑞士人邦雅曼·贡斯当认为，选举结果"糟糕透顶"。[14]普通民众不再关注革命政治并摒弃了民主的话语体系，这是令人难以接受却无法否认的真相；大多数人只想恢复旧秩序、君主制和宗教。新当选的 234 名议员中有不少于 182 人不论派系，均是坚定的天主教保王主义者。《哲学周刊》宣布，这样的"灾难"源自公共舆论的堕落，是由"100 份恶毒的报纸散播毒药"所造成的。《哲学周刊》认为，事到如今，五百人院的多数派会倾向于放弃革命原则，立法机关下院已经沦为充满"偏见、传统观念、偏执狂、保王主义和天主教狂热"的泥沼。[15]

1797 年 7 月，为保守派所支配的五百人院开始讨论起草法令，以优越的条件召回流亡的抵抗派，释放在押的抵抗派，恢复所有抵抗派神父的公民权，归还原先充公的私人财产。布瓦西·德·安格拉斯和已经被极度削弱的共和派团体竭尽全力进行反抗，坚持声称此类法令会成为神职人员破坏"共和主义原则"的许可，怂恿他们肆无忌惮地如此行事。不过新立法机关中的多数派坚持己见，在上院的反对下，下院以 210 票对 204 票通过相关动议。这一投票结果至少让一些共和派相信，在自由选举存在的地方，上院确实应了孟德斯鸠的说法，能在当选的立法机关中发挥无可估量的制衡作用（孔多塞也曾提到这一点）。然而上下两院之间、下院与某些督政官之间的关系变得愈发紧张，这只会在国内造成更大的无力与不安之感。

随着荷兰人在夏季的公投中拒绝共和主义宪法，共和国的前景进一步黯淡。荷兰的公投进行得秩序井然，结果却是荷兰共和国的新宪法遭到否决。到处都是欢庆胜利的奥兰治派与君主制支持者。显而易见的是，即便处于法军的占领之下，普通民众如果有得选择，就一定会拒绝共和制、平等与民主。大部分民众想要的是传统、王朝统治和宗教，他们的神父也做出相应的鼓励。人民厌倦共和政治，疏远大革命，这是恐怖统治和连年征战造成的最严重的后果。如当时重要的报纸编辑皮埃尔–弗朗索瓦·雷亚尔这类承袭了德穆兰与现代哲学的反罗伯斯庇尔雅各宾派成员所说，恐怖统治代表着无与伦比的邪恶，这个"残酷的"污点，这场"毫无节制的暴政"，彻底毁掉了大革命的形象。对 1797 年 8 月的雷亚尔、博纳维尔、朱利安和《哲学周刊》来说，恐怖统治是场灾难，与真正大革命拥护的一切事物相对立，为保王主义东山再起铺平了道路。如今保王主义正在法国内外高歌猛进，一路上不断提到恐怖统治，用它来玷污整个大革命。[16]

民主共和主义似乎已经到了生死存亡的关头。正是在这样充满忧虑与矛盾的背景下，督政府对巴贝夫一案做出了判决。在恐怖统治的问题上，来自公众与国外的谴责像密集的炮火一样袭向督政府，后者因此格外小心行事，尽量避免采取看起来与恐怖沾边的手段。公正、合宪、合法成为巴贝夫案的审判原则。连巴贝夫自己都不得不承认，督政府治下一丝不苟的审判程序与罗伯斯庇尔政权形成了令人放心的鲜明对照。戒备森严的法庭包括一名主审法官，四名助理法官，以及选举议会从各省选出的十六人陪审团。督政府在位于卢瓦尔河谷的旺多姆市设置了专门法庭审理此案，目的是把数量过多的被告转移至巴黎以外，以便将干扰与骚乱的可能性降至最小。1797 年 2 月 20 日，延期过长、文件量过大的审判终于开庭，正式起诉至少 65 名被告，其中有 18 人因在逃而缺席了审判，其中包括已经逃往加那利群岛的勒佩勒捷和德鲁埃。巴贝夫和同伴被控密谋反对宪法与立法机关，策划屠杀无辜公民，"掠夺私人财产"。[17]

巴贝夫为自己辩护，法庭对他不受妨碍的发言权予以严格尊重。他说道："大革命的目标只有一个，那就是成就大多数人的幸福。"合法政府必须传达"公共意志"："不许任何人独霸社会的文化资源，或剥夺其他人为享有幸福而受教育的权利。"他强调，教育是普世权利，暗指办学成功的中心学校只让一部分人获益，相比之下，免费的普遍初级教育计划在实践的过程中则差强人意。他赞颂了霍尔巴赫、爱尔维修，特别是狄德罗，但错把狄德罗当成《自然法典》(*Code de la Nature*)的作者，这是他那个时代的普遍误解。《自然法典》的实际作者是莫雷利，此书是巴贝夫好战平等主义的主要思想来源。[18]巴贝夫偏离激进启蒙运动的地方在于他关于财产问题的粗糙思想，以及对马布利和莫雷利财产观念的直白理解，认为废除私有财产可以确保所有人的幸福，使犯罪终结。此外，他似乎对无套裤汉的不可预见性与仇外情绪视而不见，对他和博纳罗蒂、达尔特、兰代与阿马尔结成联盟的本质也相当盲目，这一切都破坏了他自身立场的逻辑。19 世纪早期的自由主义者背离了 1788 年至 1793 年共和主义大革命的整体精神，丢失了他们的社会良心，而巴贝夫主义者同样有错，以为斯巴达式的苦行等于道德的提升，把如何保证合理生存的问题从启蒙哲学和认识那里割裂开来。[19]巴贝夫的激进意识形态因此只在一定程度上说得通，在他的庭审辩词中，这种意识形态甚至降格为针对现有宪法和私有财产的狂热攻击。他宣布："社会的一切邪恶"都来源于私有财产，因此社会必须组织"共产政权，废除私有财产"；他没能看到，他大力鼓吹的"人民神圣不可侵犯之立法权"本身就包含着危险，他也没法理解，做出"拒绝为穷人福利交出过剩财富的富人是人民的敌人"这种判断，有着多么显著的困难。

马雷夏尔强调，法国有"不到 100 万人占有本应正当地属于他们那超过 2000 万同胞的财富"。[20] "我们不仅需要《人权宣言》规定的平等，"他继续说道，"还需要生活中的平等，人与人之间的平等，家庭中的平等。为了真实和现世的平等，我们可以舍弃一切。"[21] 按照马雷夏尔和巴贝夫的说法，"此类暴行必须终结！"然而人民是否有必要为此推翻现政权，建立"平等共和国"，而共同利益是否仅仅通过强制的财富共享就能实现，要想"结束人与人之间的冲突以及群众所遭受的苦难"是否真的如此易如反掌？[22] 马雷夏尔和巴贝夫在妄想。在马布利、莫雷利、巴贝夫和马雷夏尔那种共产主义的斯巴达式平等中，人们确实可以发现有种植根于虚幻的庸俗主义（philistinism）思想，要求令人生畏的惨淡与苦行。在这一点上，马雷夏尔与巴贝夫一样，两人均是激进思想的产物，再加上一剂粗暴的狂热主义。马雷夏尔的宣言中有句话让人不寒而栗："平等或死亡：这就是我们想要的。这就是我们应该得到的，不论代价有多高昂。"他还说："要是一切艺术必须因此毁灭，那就让它毁灭！只要我们能享有真实的平等就好！"[23]

在风月 30 日的庭审中，巴贝夫相当得意忘形，不仅把 1795 年宪法斥为可憎之物，还说法官与陪审团全是"保王派、流氓、蠢货"。此后，法庭禁止他发表与其辩护毫无关联的言论。[24] 然而督政府还是很为难。共和派报纸对巴贝夫派表现出相当多的同情，虽然这些报纸同时也否定这帮人通过暴动废除宪法的号召，但在他们看来，巴贝夫不是法兰西共和国的首要威胁，保王主义和复苏后的天主教才是。此外，巴贝夫集团对所有民主共和派社群的渗透是如此之广，以至于任何给予被告严厉判决的信号都将在（反保王主义）联盟内部造成永久性的分裂与敌意，对督政府而言，这样的代价过于高昂。法官们最终选择了宽宏大量——马雷夏尔、安东奈尔、阿马尔和大部分被告均被判无罪，《自由人日报》和其他共和派报纸对此感到极为满意。[25] 只有包括巴贝夫和达尔特在内的若干人被判有罪，罪名是密谋颠覆政府，并试图以暴力手段恢复 1793 年宪法。5 月 24 日，巴贝夫和达尔特被判处死刑，博纳罗蒂等七人被流放国外，其他人则全部获释。

1797 年 5 月 27 日，巴贝夫和达尔特上了断头台，但他们的思想依然流传下来。马雷夏尔写成的宣言是现代历史上第一份明确的革命共产主义宣言，巴贝夫、博纳罗蒂和马雷夏尔造就的传奇日后为马克思、恩格斯所承袭的共产主义的唯一先驱。19 世纪 40 年代，正是他们的遗产直接催生了马克思主义和现代共产主义运动，这一思想的转化在很大程度上要归功于博纳罗蒂，他被判入狱，但活了下来，日后成为他自己所造就运动的历史学家。他于 1828 年出版了《平等密谋即巴贝夫密谋史》(*Histoire de la conspiration pour l'égalité, dite de Babeuf*)，该书后来多次再版并被翻译成其他语言。该书在巴贝夫的事迹与现代共产主义的诞生之间建立的联系，产生了深远的影响。[26]

第二督政府

1797 年 3 月的时候，巴贝夫案尚未有定论，但共和左派已经陷入溃败、失落与混乱之中。1797 年初议会中右派的支持率高涨一事，让法国的很多议员、记者与其他领袖人物不仅觉得厌恶，更感到十分恐慌；对他们而言，这是一次迫在眉睫的危机，而他们已经准备好通过暴力颠覆宪法来解决问题。

斯塔尔夫人后来证实，从当时的情况来看，共和派对保王主义、保守主义与反革命的恐惧，远远超过他们对巴贝夫、无套裤汉暴动、自由的命运或新雅各宾派的担忧。[27] 共和派的借口是议会两院中某些议员在杜伊勒里花园和其他地方非法集会，组建被《哲学周刊》称为"狂热而反共和的"地下关系网，[28] 且密谋的参与者中包括督政府的已知仇敌，因此，政府中比较果断的共和派人士决定发起反击。最终，共和派发动了果月 18 日政变（1797 年 9 月 4 日），并得到了全法几乎所有共和派的热烈支持，包括身在法国的大部分外国理论家和记者。西哀士站到了他们一边，他强调值此关头，为阻止保王主义和教权取得胜利，除了采取极端手段外别无他法。[29] 与邦雅曼·贡斯当一样，观念学者卡巴尼斯、德斯蒂·德·特拉西和赛欣然接受政变。据贡斯当和《哲学周刊》的编辑判断，保王主义和天主教在五百人院和法国社会当中再度得势非常危险。他们认为，如果不通过暴力政变清洗立法机关，那么几乎可以肯定，最后的结局会是内战。[30]共和派把这次政变看作是必不可少的外科手术，它只是暂时违反了宪法，实际上却是要挽救自由和立宪制度本身。

被右派报纸称为"三巨头"的巴拉斯、勒韦利埃-莱波和勒贝尔领导了这次实际上并未流血的政变，他们不愿冒民众暴动的风险，担心有雅各宾派的好战分子牵涉其中。他们秘密调动巴黎地区的部队抢占市内战略要地，带着刺刀和火炮包围立法机关，并侵入议会大厅。他们宣布49个省的选举结果无效，驱逐了177名当选议员。两名拒绝支持政变的督政官中，有一位在刺刀下被捕，而最重要的那位，即山岳派属性最强、某种程度上长期右倾的督政官卡诺却逃之夭夭，在瑞士待到雾月18日政变以后。有53名议员被士兵直接拖出立法机关，包括从1795年起就公开表示同情保王主义、自诩为君主派首领的皮舍格吕将军。士兵们冲入议会大厅时，皮舍格吕还在担任议长。除了若干悄悄钻出重围并试图煽动民众暴动的保王派议员，其余大多数人的第一反应是迷惑不解，并未对这次共和派发动的政变表示强烈认同或抗议。共和派一占据上风，很多尚未被捕却大为恐慌的保王派议员就立刻逃离了首都。几小时后，五百人院剩下的320名议员重新回到自己的席位上，高呼"共和国万岁"并继续议程。海报在事后才贴遍整个巴黎，解释发生的一切，揭露保王派的阴谋，展示皮舍格吕叛国的文件证据，不同派系的共和主义者纷纷带着赞许之情阅读这些海报。很多人相信政变真的挽救了大革命、自由和人的权利。即便如此，有件事还是确定无疑：在这次挽救或延续大革命的行动中，并没有人民的参与。共和五年果月17、18日政变（1797年9月3、4日）是单一集团的行动，随后该集团发动了大规模的革命清洗，然而，政变本身完全是自上而下强加于人的，政变不仅清洗了两名督政官和议会两院中的数十名议员，还罢免了大量省级和市级单位的其他官员与行政人员，指派他人取而代之。随后有新议员顶替了177名遭到清洗的右派议员，他们是通过内定而非选举产生。65名重要的保守派被流放到卡宴，不过最终真正被送走的只有17

人。其中有 8 人死在那里，包括皮舍格吕在内的其余 9 人则逃出生天。流放而非处死——实际上还免除了大部分人的流放处罚——果月政变尽量表现出它规避严酷手段的意图，同时有意与恐怖统治划清界限。除此之外，即便对那些真正被流放海外的人，新政权也没有没收其财产，以免破坏其家庭的正常生活。[31]

保王派丝毫没有错过谴责果月党人的机会，称其效法了 1793 年 5 月 31 日起义的邪恶模式与不合法性。利用大规模的群众暴动清除立法机关中的"吉伦特派"，与利用军队扫荡立法机关中的保王派，从宪法上看有什么区别？果月党人完全就是山岳派和恐怖统治者。亲革命报纸指责这种说法极其荒谬。对共和派来说，流放大革命真正的敌人，其依据似乎不言自明，因为他们危及了大革命；而 1793 年 6 月 2 日政变及其后续发展则不同，无辜者被随意革职、下狱与处死，其依据相当站不住脚，或者根本就没有依据。1797 年 9 月，国家的处境极端危急。在这种情况下，似乎很有必要制止正在肆意进行的颠覆活动，按照《哲学周刊》的说法，关键是要"让受到这些颠覆分子持续侮辱的哲学与启蒙运动取得胜利"，削弱保守主义和宗教狂热，给"自由、道德、原则的真正朋友"以慰藉，因为他们已被保王派归入可憎的恐怖统治者与恶霸行列。将果月 18 日与 1793 年 5 月 31 日进行对比，将现政府与恐怖统治期间的政府混为一谈，这简直充满了赤裸裸的狡猾与恶意！[32]

果月政变与第一督政府的法国发生了严重的决裂，因为它完全抗拒保王主义、卡诺式的实用主义和罗伯斯庇尔式的民粹主义。所谓的第二督政府进行了重组，三巨头用两名坚定的共和派填补了督政官的空缺，其中之一是反教权人士弗朗索瓦·德·纳沙托，这位著作等身的作家与诗人孜孜不倦地宣扬土地改革，[33] 另一名则是山岳派法学家梅兰·德·杜埃。[34] 如果说 1794 年至 1797 年间的热月共和国试图在雅各宾平等主义和卷土重来的保王主义间做出纠正却难以为继，1797 年至 1799 年间的共和国绝对带有更加坚实的共和主义印记，然而在性质上也更加偏向于威权主义。[35] 新政权自诩的目标是从上至下强化共和主义核心价值，同时镇压保王主义与民粹威权主义。针对贵族流亡者和抵抗派教士，当局再次启用惩罚性举措。在 1797 年春季保王主义复苏的希望下，流亡者中有很多人回到法国。当局给已经回到国内的贵族流亡者两周时间再度离开，否则就要处死他们。接下来几个月内，确实有 160 名贵族因为这条法令或原有的反流亡者法规被处决，给"果月恐怖"的标签留下了口实。然而事实证明，1797 年重新确立共和主义价值一事，更像是重新发动针对天主教的战争，而非恢复出版自由、政治俱乐部、请愿权利或纠正选举程序。[36] 人们必须使用"公民"而非"先生"，这一点再次在公共集会中称呼其他发言人时被严格执行。

自从督政府于 1795 年春季在一定程度上恢复了天主教的合法性后，天主教的复兴一直在稳步进行，随着共和五年保王派的复兴，很多流亡在外的抵抗派教士回到法国。到处都是热切期盼接待他们、为他们提供食宿的教众，到处都有团结一致反对共和派与共和主义的天主教与保王主义思想。如今，天主教复兴的进程陡然逆转。在果月政变发生的当天，当局就通过法令，要求所有教士进行公民宣誓，公开表达对王权的拒绝与憎恨。依据 1797 年 10 月 25 日法令，拒绝宣誓的抵抗派教士有两周时间离开法国，否则将面临监禁、流亡或处决的下场，此后数月，有数百名教士离开法国或遭驱逐。没能及时离开的教士遭到围捕，摆在他们面前的只有两条路：按要求宣誓或遭受严厉的惩处。[37] 官方再次禁止在街头与墓地出现十字架，也严禁教堂鸣钟。

在法国西部沿海的雷岛和奥莱龙岛（Oléron）上，关押了大约 1400 名拒誓派教士，他们都将被流放至圭亚那，不过最终被流放的只有 230 人。从果月政变到牧月政变（1799 年 6 月 18 日）期间，共有约 9000 名神职人员被流放，但绝大部分（约 7500 人）是从比利时而非法国被流放。[38] 被流放者主要是不愿拒绝君主制或不愿宣誓效忠共和国的顽固派神父。9 月 29 日，当局颁布了一条冗长的法令，涵盖先前一切有关教会的禁令，包括禁止在街头进行宗教崇拜活动，禁止公开的宗教巡行，禁止身着教会服饰，禁止街头出现圣像或十字架。同时禁止城镇和乡村的所有教堂通过鸣钟召集信众。另外，当局在学校中再次启用孔多塞与"迷信"做斗争的方法，要求教师在授课中采用较为明确的共和主义和反基督教素材。虽然所有公立学校的教师都更加强调自然神论而非无神论，但是大量家长依然抵制共和派教师，选择把自己的孩子送到更意愿传授新政权口中"偏见与迷信"的天主教私人教师那里去。

通过重新确立大革命的启蒙哲学本质属性，果月政变恢复了大革命的普世主义及其对每个人进行再教育的决心，对孟德斯鸠、英国模式与一切形式的自由主义表现出抗拒，因为后者只关注个人的权利和自由，却不强调合法政府促进公共利益、捍卫集体利益的职责，它不仅反对君主制，也反对既得利益、精英和教权。第二督政府还立即采取行动，打击保王派记者。与此同时，新政权进行了各种各样的尝试，想要在民众当中重振明显萎靡的革命热情。政变的头号推手、罗伯斯庇尔及其"克伦威尔主义"的长期政敌路易·勒韦利埃-莱波，对道德与社会方面的无政府主义深感担忧，因此尤其强调复兴共和主义实践与节日。政府下令在所有剧院重新演唱革命歌曲（尽管有时会遭到抵抗）。勒韦利埃-莱波特别热衷于大型群众庆典，认为庆典上的合唱团唱起的革命颂歌，有助于让民众恢复对大革命的情感归属。[39] 他同时大力推广有神博爱教（Théophilanthropie），这是有组织的自然神崇拜，同年 4 月在巴黎兴起，尽管大部分人都对这一奇怪而短命的新教会避而远之。

果月政变称颂大革命，复兴大革命，整个欧洲显然还处于革命遮天蔽日的阴影之下。即便如此，果月党人、共和派和整个哲学左派依旧面临着严重的双重威胁，有人则认为它们其实是同一种威胁的两个方面。《哲学周刊》如是写道：保王主义和罗伯斯庇尔主义当然是拥有共同基础的双胞胎恶魔！宗教狂热和政治狂热难道不曾双双吸引了因缺乏教育而"无知并盲从"的平民阶层，从他们那里获得支持？民主共和派既然站在卷土重来的天主教、民粹威权主义、保王主义以及山岳派原则的对立面，那么对他们来说，传统意义上的教育和卢梭式的教育也应该一并反对。反对罗伯斯庇尔主义和恐怖统治意味着同时打击无套裤汉主义、无知和宗教。为了击败敌人，大革命需要以建设并巩固中心学校为标志，开展更加系统的文化与宣传反击战。这些由国家拨款的大型世俗中学应位于各省首府，基于毫不妥协的哲学原则组建而成，眼下在全法国、比利时和法占莱茵兰，这类学校的创办工作正如火如荼地进行着。

激烈反教权的新内务部部长弗朗索瓦·德·纳沙托争分夺秒，把政府指令与问卷发放到各省政府与公立学校，要求他们上报教学内容，这样他就能根据启蒙运动、教学与社会风气的整体情况为督政府出谋划策。教师接到指令，只许采用政府批准使用的课本，必须使用共和历，庆祝革命节日。在收集信息的同时，问卷也激励教师们宣扬更为明确的启蒙、共和、反天主教意识。当局提醒教师，教学任务必须涵盖政府规定的"道德与立法"课程，其目的是让孩子们成为合格的公民，传授启蒙主义价值、人的权利和共和主义法律。[40]只有通过启蒙运动对普通人无知且缺乏教育的现状进行改善，对人不幸成长于其中的偏见与盲从进行打击，才能使人民从两种看上去相互联系的狂热——反动天主教与罗伯斯庇尔主义中获救。

这是果月革命以及18世纪90年代末主要的亲革命报纸所持有的意识形态。然而，在大革命打造的主要新型教育工具，包括普世小学、中学、为高等教育而设的省级中心学校，以及法兰西学院中，只有按计划必须拥有13名教师、教授所有规定科目的中心学校真正具备办学动力；只有法兰西学院近乎完全实现，而按照《哲学周刊》的说法，它是"最不要紧的那个"。以巴黎为中心的塞纳省计划开办5所中心学校，到了1797年秋季，只有两所投入运作：位于先贤祠附近的圣热纳维耶芙中心学校以及位于四国区的中心学校。[41]法兰西学院的教授定期为这两所中心学校上课。然而在法国的大部分社区中，要么没有公立学校，要么学校里尽是据信无知且反对共和主义的教师。共和派认为，学校的缺陷几乎完全归咎于玩忽职守的官员、天主教徒和保王派分子。

果月政变力图推动、加快并强化1795年10月由多努法提出的教育改革。新政权对教学内容进行审查，从公立教育中剔除天主教与神学教条，同时辅以其他措施，包括禁止教堂鸣钟，禁止穿戴教士服饰上街。共和国还终止了1795年10月法令赋予私立的学校的部分自治权，开始全面干预私立学校的活动，将其置于国家的监管之下，同时强调在公立中学中必须使用反天主教的世俗化教材。依据1798年2月5日的一项法令，市议会必须时常对私立学校进行突击式访问，确保教师在其教学活动中与宪法课上采用共和主义的教材而非宗教文本。如果他们做不到这一点，市议会就应关闭学校。尽管这样的检查只是时有发生，且分布不均，却依然有数百名抵制该法令的教师被解职，传统的天主教内容在教学活动中被大幅度削减。当局认为应要求教师陪同学生参加主要的共和主义节日庆典，因为这有助于揭露共和国之敌的真面目。[42]这些改革最终导致了公共教育委员会的成立，负责对公立学校进行规范。该委员会从 1798 年底运作到 1800 年 10 月，其 8 名成员中包括然格内、加拉和德斯蒂·德·特拉西。[43]

即便改革不可避免地加剧了城乡人民与共和派政权间的紧张关系，进一步疏远了人民，果月党人在这项事业上也决不退缩。然格内、赛、《哲学周刊》的其他记者和博纳维尔的《老保民官》以及雷亚尔的报纸均持一致的观点，即认为教育和启蒙运动会巩固大革命，强化共和主义价值，正如启蒙运动本身因为印刷术的发展而不可阻挡。他们将抵抗派、保王派和反革命分子的辱骂当成"光荣的头衔"，呼吁所有热爱启蒙运动和哲学的人振作起来。共和国将会幸存下来，他们的敌人会被彻底击败。[44]老共和派人士博纳维尔声称，罗伯斯庇尔对启蒙运动开战，而中心学校则坚定地捍卫科学与艺术。这些学校会击退所有迷信和汪达尔主义行径，让共和国变得更加强大。[45]想要更好地指导并推进学校教育，就必须从上至下贯彻更大的决心。学员颁奖典礼是一种有效的宣传机制，省级资深官员与法兰西学院教授来到中心学校主持颁奖，典礼上有乐队演奏，掌声不断。1797 年，巴黎中心学校把奖颁给在数学、自然历史、语法、古代语言、写作、绘画这些科目上取得优异成绩的学生，从高到低分为一等奖、二等奖和荣誉奖。1798 年 10 月 24 日，督政府建议立法机关制定教师的工资水平，加紧驱逐在公立学校中任教的神父，主张"哲学且普世的道德必须成为共和国教育的唯一根基"，在"净化后的美德"的原则和共和主义意识方面，神父"不适合"对青少年进行教育。[46]

果月政变重新确立的大革命在价值和个性方面，既大量延续了布里索时代左派共和主义的特征，却也有着极大的不同。即便共和国政权坚守世俗主义、普遍教育和机会平等不动摇，相比于 1792 年至 1793 年间，它那种新式反山岳派的共和主义也少了很多民主元素，它不再继续允许 1797

年时哪怕有限却依然广泛适用的出版自由,这一点也偏离了大革命的核心
理念。第二督政府如此畏惧保王主义、天主教和罗伯斯庇尔主义的复兴,
对好战平等主义感到如此担忧,以至于情愿全面压制一切基本权利。果月
政变导致至少 42 份报纸被禁,接下来两年内还有 20 家报社被迫关门。约
有 40 名保王派记者被剥夺公民权并流放,其中包括曾是霍尔巴赫晚餐俱
乐部成员的让-巴蒂斯特·叙阿尔,他从 1789 年起一直反对大革命,如今
不得不逃往国外。[47] 幸存的报纸中有几份获得当局首肯,其他的则受到了
官方的阻挠。从这方面以及更加普遍的政策活动和威权主义性质来看,果
月党的督政府显然成了雾月执政府和拿破仑威权主义的先驱。

　　1797 年至 1798 年间的革命政府具有坚决反对保王派、教权与贵族的
性质。在 1797 年至 1798 年间复兴的共和主义意识形态有两大支柱:重新
强调共和主义节日,坚决强制采用共和历的十天一周制——勒韦利埃-莱
波和梅兰·德·杜埃特别强调后者,尽管杜艾自己私下信仰天主教(并不
真心认同启蒙哲学)。鉴于该政权粗暴地抛弃了言论自由、立宪主义和民
主制度,这两大支柱的重要性更显突出。[48] 在礼拜日关闭教堂,在周末关
闭城乡集市,督政府所采取的类似的费力不讨好的措施,彰显了当局除严
格推行有神博爱教崇拜外,在支持世俗主义、除天主教外的宗教宽容、自
然神论、普遍教育和反天主教方面亦是毫不妥协。

　　努力劝导法国人站在启蒙哲学的角度进行思考,这不仅是为了反对
保王主义、天主教和传统,也是为了反对平民崇拜、马拉主义、无套裤汉
主义和罗伯斯庇尔式的威权平等主义。为了实现自己的目标,督政府基本
抛弃了在大革命早期所强调的平等,转而打造新的社会精英,通过国家对
其进行培养,让他们占据专业职位、行政岗位和社会要职。这意味着彻底
放弃 1793 年至 1794 年间的平等主义,鼓励新型教育式精英主义。把男
孩送到中心学校的家庭需要支付学费,而中心学校从此将成为确保社会地
位与财富的通道。即便如此,18 世纪 90 年代末的共和主义文化依然坚持
鼓吹全面反对贵族与世袭精英,新的共和主义精英将建立在知识和培训的
基础上,而不以世袭地位、家族关系或特权为资本。激进开明人士如爱尔
维修、孔多塞和沃尔内总是强调,市民意识与道德的基础是"经验"与知

识，而非权威，亦非卢梭主义意义上的自然。在传授道德、人权和立法原则之余，内务部和于 1798 年成立的公立学校行政委员会均要求学校重新关注历史与古典学，因为这也有助于理解社会、政治与共和意识。头脑中充斥着卢梭主义自然与美德观念的罗伯斯庇尔派因历史有别于自然与情感而蔑视历史，而在 18 世纪 90 年代末管理革命教育系统的激进开明人士则相信，真正的哲学与领悟建立在科学与对历史的准确把握之上。在这里，他们所谓的"哲学"是理解社会、政治和人类生存条件的唯一根基。[49]这意味着在拒绝宗教和卢梭式民粹主义的同时拒绝所有传统哲学和政治科学。

　　果月党人不仅推广公共节日和教育改革，而且广泛传播激进启蒙哲学家的作品。他们任命纳沙托为督政官，就是为了加强法国的共和主义"公共教育"。纳沙托把霍尔巴赫的《神圣感染》（Contagion sacrée）一书发放到各省行政官员处，用天主教复兴将会导致的社会与政治后果恐吓这些自以为高枕无忧之人。[50]与此同时，亲革命报刊，特别是《哲学周刊》，向那些编纂了更加完整、准确、优质版本的激进启蒙哲学家作品的团队表示热烈的祝贺，其工作由于为大革命奠定了基础而得到前所未有的认可，这些编辑包括依然忙于整理狄德罗论文的奈容。早在 1789 年至 1790 年间，孔多塞、奈容和切鲁蒂就已开始推广霍尔巴赫的作品，奈容还为霍尔巴赫第一部署名出版的作品《普世道德》发行了一份综述。

　　1795 年，修订工作重新开展起来。恢复并宣传大革命启蒙哲学根基的积极分子包括马丁·勒费弗尔·德·拉罗什教士，1771 年爱尔维修曾在去世前将他派往荷兰，安排《论人》（De l'Homme）一书的出版事宜（该书最终于 1773 年出版）。拉罗什于 1797 年夏季修订完成的十四卷本《爱尔维修全集》远比 1795 年问世的五卷本丰富，第一次收录了未经删改的笔记、书信和爱尔维修从未出版的《沉思集》（Réflexions）。该全集既已问世，《哲学周刊》便自觉有义务提醒读者，以"对文学和哲学做出伟大贡献"而著称的爱尔维修是大革命最重要的先驱之一。爱尔维修是第一个把道德哲学置于彻底的唯物主义、功利主义与利己的基础之上的人，他驱散了长期以来凌驾于道德哲学之上的虚无，让美德的真正意义大白于天下。[51]"关于建立政府的必要原则，没人比他表达得更好"，他展示了"所有政治宪法的不当之处，因为它们总是照顾极少数人的利益，而无视绝大多数人的幸福"。对于如今西欧取得的进步（包括比利时、荷兰和意大利），他所做出的贡献无人能出其右，"在这些地方，宪法为了绝大多数人的幸福而制定"。[52]

激进启蒙哲学家本人或受其影响的作品，在 1796 年至 1797 年间大量面世，其中包括狄德罗从未出版的《宗教狂热分子雅克》（*Jacques le fataliste*）、《修女》（*The Nun*）、《布干维尔游记增补》（*Supplement to Bougainville's Voyage*），[53] 以及 1795 年宪法的主要缔造者雅克-安托万·克勒泽-拉图什在法兰西学院的公共讲稿。克勒泽-拉图什是五百人院议员，他的《论哲学不宽容与宗教不宽容》（*De l'intolérance philosophique et de l'intolérance religieuse*）旨在对天主教护教者强调启蒙运动不宽容的说法进行回击。"狂热分子"原本是激进启蒙哲学家形容天主教与新教神职人员的说法，如今天主教护教者则称启蒙哲学家才是真正的"狂热分子"，世上再无任何狂热更甚于他们的哲学狂热。克勒泽-拉图什详细阐释了启蒙哲学思想中的宽容与个人思想自由，他指出，任何学识渊博的人都不可能认真对待这类诽谤。他引用马蒙泰尔的剧作《印加人》（*The Incas*）中铿锵有力的段落，将宗教偏执狂描述为灭绝天使——自以为与上帝达成了协议，实际上带来的却只有毁灭与死亡。《哲学周刊》悲叹道："从诺诺特到拉阿尔普"，天主教对启蒙哲学的灾难性诽谤"重复了数百遍"，其中肤浅的依据正是来自恐怖统治中的过激行为。

昂里奥和肖梅特这类可憎之人曾在迫害基督徒的时候引用启蒙哲学的观点。但据此宣称启蒙哲学应对 1793 年至 1794 年间对教士的迫害行动负责，则是不可容忍的诽谤。克勒泽-拉图什回忆道："启蒙哲学是罗伯斯庇尔的革命政府传播仇恨的第一个目标。"他提醒自己的读者，罗伯斯庇尔的听众践踏爱尔维修的胸像，他们不仅追杀孔多塞，还追杀马勒泽布、拉瓦锡和巴伊，他还讲述了臭名昭著的"排挤普里斯特利"事件：罗伯斯庇尔在操纵巴黎的无套裤汉街区议会方面无人能及，他让他们以令人作呕的马拉之名，在国民公会选举中排挤"著名的普里斯特利"。在那个时候，罗伯斯庇尔直接发言反对启蒙哲学家。在雅各宾派建立的暴政下，被人贴上"学者、文人、作家"这类标签，就是声名狼藉的标志。[54]

果月党人的督政府积极推广阐释激进启蒙哲学观点的报纸，这是其宏观战略的一部分。备受督政府推崇的报纸包括《哲学周刊》《佩莱日报》以及由加拉、多努和谢尼埃创办的新报纸《保管员》（ Le Conservateur ）。督政府定期领取 2000 份《保管员》，分发给革命军和行政机构，目的是对那部分愿意保管并捍卫大革命基本主张的"自由、哲学、文学之友"加以鼓励。[55] 这些报纸指出，大革命的正统原则为法国的未来提供了最具可行性的基础，同时计划将革命普世主义和世界主义推广到邻国，加强他们支持共和主义自由、科学、学问和大革命的力度。因此，1795 年至 1799 年间的观念学者们和共和派并非 19 世纪自由主义的先驱，因为后者主要关心个人权利和自由，至于重塑社会形态、强化国家在保护和引导方面的权力，减少不平等，这些要么不在自由主义者的考虑范围之内，要么为他们所积极反对。[56] 而前者则有意识地追求通过严格限制在有序、半民主、人权框架下的共和主义政府来对社会进行广泛的改善，而且这样的追求毫无限制。他们计划采取更好更公平的经济措施，但拒绝优先考虑经济平等这一单一目标。

在共和派和民主派的圈子中，都有人为第二督政府打击流亡者和抵抗派神父的举措喝彩。果月政变后，雅各宾和其他共和主义俱乐部暂时获准重新开放。但在督政府的核心立场中，始终有个恼人的矛盾：它既想鼓励某种折中的温和共和主义、反保王主义和反教权主义，却又很快镇压了所有民主势力，比如巴黎左岸的巴克街俱乐部（ Rue du Bac Club ），他们曾尝试推动选区改革，扩大选民范围，使政治进程再度民主化。督政府做出了决定性的选择，在有些人看来，这一选择相当不合时宜：反对扩大选民范围，把自身权威寄托于法国的有产阶级精英。这一选择意味着第二督政府最终失去了民主一翼的共和左派乃至新雅各宾派的支持，也在一定程度上赋予了巴贝夫、马雷夏尔和博纳罗蒂的地下运动以正义性与合法性。

督政府开始面对来自共和派报社、俱乐部和立法机关内部左派的反对之声，由于大部分议员只是被动默许行政机关日益收紧的控制手段，议会所谓的主权已经失效，只具有理论上的意义。随着果月党人政权在性质上渐渐变得反应迟缓、充满压制性并反民主，这一切几乎必然发生。通过持民主立场的新巴贝夫派和新雅各宾派的半地下报社，民主共和派表达着他们的反对，其中由费利克斯·勒佩勒捷、安东奈尔和瓦塔尔主办的《自由人日报》格外引人瞩目。安东奈尔与巴贝夫相似，同样陶醉于马布利、狄德罗、莫雷利和爱尔维修的思想，一心想要恢复1793年的民主宪法，但他拒绝把经济平等置于权利平等和民主事业之上，这一点与朱利安和雷亚尔相仿，却不同于巴贝夫。[57] 来自雷恩的记者瓦塔尔也是个勇敢且坚定的共和主义民主派人士（他日后被拿破仑流放圭亚那，后逃往美国）。然而他们重燃1789年至1793年革命热情的努力渐渐受到遏制。1798年4月11日，督政府关闭当时最重要的民主派报社《自由人日报》。瓦塔尔曾以不同名称的缩略版本继续发行报纸，但最终归于沉寂。[58]

就在1798年4月的选举将近之时，为了防止保王派再次赢得选举，督政府削弱民主势力、关闭民主俱乐部和雅各宾派报社的意图已经表现得十分明显。[59] 在大部分人看来，这实属公开的背叛。在法国的很多地区，保王派越来越受欢迎，在有产者和穷人当中都是如此，面对这种情况，督政府难以扩大自身的统治基础，因此对解决其面临的首要难题——如何在缺乏民主派帮助的前提下保住政权进行了灾难性的尝试——操纵选举。议会中有437个空缺席位（包括果月政变后空出来的那些），行政机关大规模干预选举程序，虽然在阻挠保王派方面，它比阻挠左派共和主义者做得更到位。在许多省份，民主俱乐部都把持了初级议会，以便让共和主义民主派人士而非政府的支持者当选，对此督政府无力阻止。督政府的候选人只在43个省份获胜，当选省份堪堪过半。值得注意的是，前国民公会议员中有162名重新当选，其中包括至少71名"弑君者"。

督政府不愿任由日益壮大的民主共和反对派得势，因此鼓励各种各样的反对与投诉，找借口宣布了将近40个省份的选举结果无效。大约86名原本成功当选的民主派候选人不得进入议会。督政府专门颁布了相当于后续政变的1798年5月11日（花月22日）法令，进一步强化威权主义行政机关的权力，即便这样做的代价是让选举系统进一步丧失公信力，让政权进一步失去正在剧减的来自共和派的支持。很多省级官员和司法官员，以及 127 名议员（超过总数的四分之一）受到清洗。当时纳沙托已经退休，接替他的是让-巴蒂斯特·特雷亚尔。特雷亚尔在 1793 年 4 月至 6 月间曾是救国委员会的成员，后成为一名精力充沛的热月党人，在 1794 年至 1795 年间，他证实自己有志于成为严厉且无原则的政府中的一员。

1799 年 3 月（共和七年芽月）的选举再次被严重操纵，不过这一次也有相当多的民主派当选，而他们与督政府之间的分歧也进一步加深了。民主倾向、大革命原则与督政府狭隘、官僚、威权主义的愿景之间的冲突在加剧。在意大利、德意志、埃及以及事实上所有介于大革命和君主制之间的地方，法国人的军事行动和意识形态斗争都在加速，尽管如此，法国本土还是于 1799 年 6 月爆发了全面的政治危机，并最终演变为众所周知的牧月政变。随着西哀士结束驻柏林公使的使命回到法国，取代勒贝尔成为五名督政官当中的一员，这位重要领袖开始鼓动并在一定程度上指挥五百人院反叛并对抗行政机关，指控督政府腐败无能。勒韦利埃-莱波和梅兰被迫辞职，1799 年 6 月 18 日（共和七年牧月 30 日），迪科与为人和善的军界人物穆兰将军取而代之。在省市级行政机关中，又掀起了新一轮针对官员的大清洗。

牧月政变是革命史上一座引人注目的里程碑，这是唯一一次由立法机关清洗督政府，而非相反。它代表着大革命富有决定性意义和悲剧色彩的最后一次冒险。政变暂时建立起具有共和主义色彩的政权，自 1795 年以来，立法机关第一次对行政机关发号施令。[60] 这也是大革命的核心价值最后一次得到响亮且有力的确认。在 1799 年的几个月间，牧月政变看起来就像是恢复了果月政变的未竟承诺。议会中有 60 到 90 名民主共和派人士，确保了革命原则、言论自由和人的权利，这是乐观主义刮起的最后一阵疾风。1799 年 8 月 1 日，出版自由在被废除一年之久后再度由官方恢复；1799 年夏季，民主派报纸得以再度出版，其中最重要的包括《民主派》（Le Démocrate）和《自由人日报》。尽管《自由人日报》的发行量再也没能回到 1794 年的高峰，从 1799 年 6 月至 9 月，这份如今主要由安东奈尔编辑的报纸还是再次充满活力，在推广大革命对自由、平等和民主的最后召唤方面有所贡献。而事实证明，这将成为大革命的最后一次召唤。[61]

牧月政变的内在矛盾还是破坏了承诺。在巴黎市中心某个会议大厅中新成立的骑马场俱乐部（Manège Club）是公开的新雅各宾派俱乐部，他们会议的详细内容由《自由人日报》发表。[62]俱乐部的剪彩仪式于7月6日举行，有800名热情支持者出席。然而，牧月政变同时也增强了围绕在西哀士和巴拉斯周围的威权主义反民主中间阵营的势力，此二人试图建立强大的行政机关推进立宪与反教权事业，抵御民主制和立法机关的干涉。7月底，警察关闭了骑马场俱乐部原先集会的大厅，俱乐部随后搬到巴克街，在那里继续传播民主共和意识形态，并执意宣称自己的观点与宪法完全吻合。督政府拒绝承认这一说法。8月13日，警察查封了俱乐部新址，俱乐部再也无法发挥其公共影响力，残余势力只得转入地下继续集会。9月，民主派报纸被禁。至此，具有民主倾向的大革命不得不转入地下。

西哀士同意担任督政官，以此作为实现目标的手段。长期以来，西哀士一直坚信应通过强大的行政机关制衡民主共和倾向，他也相信如今的宪法版本难以为继，正陷于内在的不稳定性与权力分散的困境之中。他做出关键性决定，试图指挥另一场政变，把大革命重新引上更安全、更有序的道路，于是他背叛立法机关本身和自己任职的督政府，在1799年6月18日这天出任主席。1799年这场由西哀士发动的政变事实上标志着大革命的终结。这一次，政变并非由立法机关或督政府发起，而是由某个政治、法律、宪法方面的潜在改革者组成的异议团体——"雾月党人"策划的密谋，该集团由西哀士领导，得到了若干持自由主义立场且老于世故的人的支持，包括立法机关内部和法兰西学院中最优秀的自由主义理论家和记者。沃尔内、卡巴尼斯、多努、玛丽-约瑟夫·谢尼埃、德斯蒂·德·特拉西、加拉和极其仰慕西哀士的贡斯当，以及《哲学周刊》的编辑们，他们全都相信，如果共和国在如今这一分裂、虚弱、动荡的道路上继续走下去，它就会土崩瓦解，成为耻辱与一片废墟。[63]雾月党人有着清晰的政治与哲学眼光。他们追求的是建立他们自己关于自由、人权、言论自由、世俗主义、代议制立宪主义的新秩序。他们想用威权主义与超出法律管辖的手段，永久地削弱保王主义、天主教教权和雅各宾派的恐怖统治，然而他们的计划还是落空了。[64]

图 20　统一而不可分割的共和国，1793 年。

密谋发动政变的西哀士需要一位将军来实现自己的计划。10 月中旬，波拿巴刚好意外地从埃及回国，并受到英雄般的欢迎，面对为何没与自己的军队一起回国这类问题，他没有表现出丝毫的尴尬。与此同时，西哀士做出错误的决定，即与波拿巴合作，实现自己推翻立法机关、督政府和宪法的计划。雾月 18、19 日，波拿巴部署了自己的人马：在长达几小时的愤怒抗议后，立法机关迫于刺刀的威胁，还是把大权交给了由西哀士、迪科和波拿巴三人组成的临时执政府。像往常一样，传单海报出现在整个巴黎，解释发生的一切。西哀士作为十二人委员会的领袖，着手开始工作。

委员会中包括负责起草新宪法的多努——然而波拿巴坚持要求对宪法进行关键性的改动。1799 年底颁布了共和八年宪法。不久后，波拿巴就用计击败了西哀士、迪科、多努和制宪委员会：执政府围绕拿破仑组建而成，他成了不容挑战的领袖。西哀士颜面扫地，宣布永久退出政治舞台。[65]

至此，共和八年的雾月政变（1799 年 11 月）与 1799 年 12 月 13 日颁布的新宪法彻底终结了大革命。如今的三院制立法机关由最资深最有权势者组成——由议员自己从第一执政官提供的名单中选出八十名非民选且不可撤换的成员组成元老院——由他们负责监督立法机关行动的合法性与合宪性。第一执政总揽大权，在涉及立法动议乃至任命部长、将军与大使的问题上，第二、第三执政康巴塞雷斯和勒布伦仅仅充当顾问的角色。简而言之，1799 年宪法在取消民主制和立法机关最高权力的同时，事实上也废除了人的权利、出版自由、个人自由，把立法权从立法机关完全转移给行政机关，即执政府，而波拿巴不仅是政府的中心，也是其中最有权力的人物。在这一版的宪法中，《人权宣言》也被从序言中删除。

第 25 章

总结：作为激进启蒙运动产物的大革命

我们或许可以推断出法国大革命的三种形态——民主共和主义、以孟德斯鸠和英国模式作为合法性标准的温和启蒙运动立宪君主主义、成为现代法西斯主义前身的威权民粹主义。事实证明，这三股明显不同的倾向不仅在意识形态上有所区别，在政治上和文化上也完全无法兼容，在整个大革命期间，它们始终陷于激烈的冲突之中。与此联系不大的另外两大社会运动——农民起义和以生存问题为首要诉求、具有一定规模的无套裤汉街头运动——确实也对社会产生了很大的影响，以多种多样的方式出现在大革命每一阶段的舞台上。然而不论它们在革命舞台上看起来多么重要，它们也不属于试图改造整个社会及其法律与制度的革命性运动，与上述三大意识形态倾向相比，它们并不代表同一类进行改革的全面计划。

在塑造大革命的基本价值与大革命的遗产方面，第一种意识形态，即民主共和革命，即便不断遭到失败，依然从 1788 年开始就一直是最重要的“真正的革命”。显而易见的是，法国大革命的起因有很多，除了社会和政治因素外，还包括经济、财政、文化因素。但比起最重要的那个——激进启蒙运动，民主共和派事业的主要来源——所有这些从根本上讲都只占据次要地位。激进启蒙运动才是应被置于舞台中心的要素。

到了 1799 年，拿破仑已经是法国的主人；大革命也已走向终结。然而，在至关重要的一点上，它还没有结束。以西哀士为代表的观念学者最初支持雾月政变，因为他们相信，一个强大的行政机关是挽救大革命的必要条件。最终摆在他们面前的威权主义政权并非他们想要的，他们也从来没有支持或宽恕过拿破仑建立独裁统治的行为，观念学者与其他很多杰出的坚定共和派，包括西哀士、多努、朱利安、居约马尔、松托纳克斯、博纳维尔、赛、贡斯当和瓦塔尔，都曾对此进行反抗。拿破仑的所作所为，其实是用威权主义的手段实现了一种更加有效的温和启蒙运动，因为他最终与过去的一切——贵族制、教会、殖民地种植园主、君主制原则——达成了一系列基本的和解。而观念学者所追求的是立法机关与行政机关间的健全平衡：活跃的立法机关掌握立法权，拥有批评行政机关的自由；行政机关忠于维持大革命的世俗理念，尤其是个人自由、法权平等、普遍教育、言论自由、批评自由与出版自由。他们并未放弃这些理念，而从威权主义的角度出发，拿破仑确实有理由始终对西哀士、观念学者和所有造就大革命之人持怀疑态度。[1]

在性质上，法国大革命不同于以往的任何革命，而且对我们来说，比起迄今为止所有的后续革命（如俄国革命），法国大革命仍然更具根本性。因为法国大革命与启蒙运动，特别是启蒙运动中崇尚共和、民主与世俗的激进一翼有着特殊的联系。法国大革命特有的奠基作用在于它给后来发生在欧洲、拉丁美洲和亚洲的所有革命提供了养料，其中既包含现代共和主义、君主立宪制、民主制的轮廓，也包含了它们所面临的困境。法国大革命带来的社会与立宪原则定义了现代政治世界。这是迄今为止唯一一场把民主看作追求大多数人福利的民主革命，它把促进所有人作为社会整体的福利的任务交给政府，力求解决经济上的不平等，而不仅仅是维持秩序并捍卫财产权。它第一次持续尝试建立一种以世俗性、受过教育的、追求幸福、人权为基础的现代性。它力求使结合了机会均等的"社会自由"最大化。这一切让法国大革命成为现代历史的独特中心，与我们这个时代所面临的挑战息息相关。

1796 年热月政变后，年轻的瑞士政治思想家与评论家邦雅曼·贡斯当来到巴黎，发行了他第一本主要的政治小册子《论当前政府的力量》（ *De la force du gouvernement actuel* ）。他断言，真诚而坚定的共和派和民主派应该而且必须支持大革命的核心原则，积极抵御当时在法国已经开始的保王主义复兴，以及巴贝夫、博纳罗蒂和马雷夏尔这类一心以更严格的经济平等为名，密谋颠覆革命共和国的人（同时试图给罗伯斯庇尔恢复名誉并大加歌颂）秉持的好战平等主义。贡斯当指出，山岳派挑唆起来的镇压和对基本自由的抑制，以及恐怖统治的惨状，并非来自大革命的本质原则和价值，也不是提出这些原则和价值的集团或行动所带来的逻辑后果。在那个时候，贡斯当还不是日后他将会成为的"温和派"或自由主义者，他认为罗伯斯庇尔和恐怖统治带来的灾难其实来自渗透于山岳派雅各宾主义中的反动，既包括对自由主义的反动，也包括对启蒙运动的反动。与在1796 年发表探讨现代哲学小册子的勒德雷尔类似，贡斯当准确地认识到罗伯斯庇尔和圣茹斯特拒绝大革命核心原则，他们的行为实际上是对大革命的破坏，是反启蒙运动和反智主义的致命表现形式，对思想自由、个人自由、博学与批评权持敌对态度。从原则上讲，罗伯斯庇尔站在了大革命和启蒙运动的对立面。[2]

贡斯当谴责恐怖统治所引发的历史性争议一直持续到今天。以安托万·德·里瓦罗尔为代表的反革命反启蒙作家声称，恐怖统治是现代哲学结出的果实，他们坚信孔多塞是在"他那些哲学上的兄弟"的强迫之下服了毒；而贡斯当、勒德雷尔、克勒泽-拉图什、赛、卢韦、奈容和其他很多人则宣称罗伯斯庇尔是恐怖统治的"首领"，指出他既非共和派，也不懂现代哲学，恰恰相反，他是启蒙运动的头号敌人。[3] 如果说里瓦罗尔自始至终都蔑视共和主义，忠于旧制度，那么18 世纪90 年代中期那些幻灭的革命者如拉阿尔普和戈拉尼，还有天主教与新教的护教者，则倾向于将山岳派视为革命精神的典范，认为恐怖统治是大革命和启蒙哲学的必然结果。

事实上，只有那些拥护人的权利、出版自由、普遍教育和民主制的人，如贡斯当、多努、卢韦、居约马尔、赛和勒德雷尔，才会坚决否认山岳派是大革命的必然巅峰，并将西哀士、孔多塞、米拉波、布里索和佩蒂翁设定的轨道准确定位为大革命的真正路线。他们认为，从罗伯斯庇尔和恐怖统治得出的有效结论，是如果不首先对民众进行启蒙与动员，民主共和革命就不可能实现。这也是汤姆·潘恩、玛丽·沃斯通克拉夫特、海伦·玛利亚·威廉姆斯、乔尔·巴洛、格奥尔格·福斯特、赫里特·帕佩、伊尔霍芬·范·达姆、韦德金德等大量外国共和派与民主派的观点，而最早的伟大的女权主义者苏菲·孔多塞、奥兰普·德·古热、埃塔·帕尔姆以及其他女权革命运动领袖同样这么认为。即便在否定山岳派方面最迟缓也最抵触的外国民主共和派领袖，瑞典杰出的斯宾诺莎主义者和激进分子托马斯·托里尔德，也在 1794 年 1 月公开宣布，自己在早些时候对局势做出了误判，如今他承认恐怖统治是场灾难性的背叛，罗伯斯庇尔则是"吞噬一切的巨鳄"。[4]

1796 年的勒德雷尔断言，恐怖统治是真正的反革命行为，直接与启蒙运动分庭抗礼。[5]这种反差在罗伯斯庇尔身上体现得淋漓尽致：他一度仰慕的激进启蒙哲学家领导法国走上反对君主制、贵族制和教权的道路后，他便将其认作"野心勃勃的骗子"。1794 年以后，这种根本性的分歧还在继续。恐怖统治结束后，民主共和派再度得势，但并不稳定，从 1795 年初到 1799 年夏季，他们重新成为大革命内部的引导性力量，而山岳派和罗伯斯庇尔的遗产即便没有被人完全遗忘，也已然边缘化，不得不转入地下。即便如此，关于罗伯斯庇尔和恐怖统治是否是现代哲学的产物、因此是否是大革命的内在趋势的争论，不仅在 18 世纪 90 年代末大行其道，甚至在 19 世纪的大部分时间里依然存在。热月政变后，沿袭了内克尔、穆尼耶、拉利-托勒达勒、莫里和马卢埃传统的君主立宪派恢复了温和路线，以孟德斯鸠和英国模式的名义拒绝了民主共和的自由主义路线。但在面对他们或明或暗地反对平等、民主、普遍教育和言论自由这类指控时，自由主义君主派依然无力回应。18 世纪 90 年代的共和主义民主派、观念学者、新布里索派和早期的贡斯当一样，坚持立宪君主派实际上捍卫的是贵族制、特权和教权，与此同时，他们自己的目标则毫无道理地受到限制。

1796 年贡斯当提出，只有布里索派和丹东-德穆兰派才是正统的民主共和派，而这些"共和派"曾以一切可能的方式英勇地抵抗罗伯斯庇尔、圣茹斯特、镇压和恐怖统治，他们事实上也成了恐怖统治最初的受害者。

正因为他们推广的是大革命的核心价值，大多数民主共和派领袖和日报编辑在 1793 年 9 月至 1794 年 7 月间被山岳派消灭殆尽。1793 年 6 月布里索派的失败宣告了恐怖统治的开始，按照贡斯当的说法，他们被击败于"自己的墓前"。他将罗伯斯庇尔的意识形态斥为毫无吸引力且毫无用处的体系，只有狂热追求恢复山岳派独裁的平等派分子或排斥并中伤大革命的天主教保王主义保守派才会买账，以此恢复教权与神学的统治地位。除了山岳派分子，只有君主派和鼓吹反革命的神职人员（包括天主教和新教）才会将雅各宾派、恐怖统治者和"罗伯斯庇尔的追随者"描绘成"真正的共和派"。贡斯当认为，再无什么谬误，比认为可以在好战且教条的平等主义，或至高无上的教权与传统的基础上合理正当地建立现代社会更加糟糕。在现代背景下，拥有社会等级和教权的社会不可能存在，完全建立在经济平等上的社会同样是乌托邦式的幻想。贡斯当、勒德雷尔等人认为，只有愚昧、偏执且盲目的人才会排斥并谴责孔多塞、布里索和民主派的遗产。[6] 他们的民主立宪主义是大革命真正的动力所在，也是大革命唯一的产物——一条传达给全人类的信息，为现代社会的矛盾与困境提供了合理且公正的解决方案。

　　在反对贡斯当、勒德雷尔和多努观点的人中，有一位年轻的反启蒙运动理论家约瑟夫·德·迈斯特，他于 1796 年在瑞士出版了《关于法国的反思》（*Considérations sur la France*），在其中对这些观点进行了反驳。这位萨伏伊的伯爵与地方法官一度崇拜伏尔泰，在法国吞并萨伏伊后转变了态度，开始反对启蒙运动和大革命，成为抵挡大革命中左派共和主义复兴的思想领袖。他相信大部分法国人热切期盼着保王主义与宗教的反攻倒算，这绝非像贡斯当所描述的那样，是误导、偏执而反动的蒙昧主义，同时他强调，这也绝对不是 1796 年至 1797 年间共和派警告人们提防的血腥"反革命行为"，而是和平融洽的"革命的对立面"。[7] 从 18 世纪 50 年代至今，反启蒙运动的意识形态已经积累了悠久且深厚的传统，而后热月时期的迈斯特等反启蒙主义者则表现出新的核心特点：它强调，罗伯斯庇尔、恐怖统治和山岳派意识形态为暴行辩护，认为罗伯斯庇尔的遗产是大革命真正的产物，这着实令人震惊。[8] 在恐怖统治期间，山岳派和罗伯斯庇尔主义这样的启蒙运动之敌，并未被人视为日后由贡斯当和勒德雷尔所定性的歪曲、腐坏与变节，反而被人当成 1789 年和后热月时期启蒙哲学的核心原则——民主共和派始终拥护这些原则，事实上所有人也都认定，正是这些原则触发了大革命。

图 21　尼古拉–亨利·约阿·德·贝尔特里创作的革命寓言画，其中包括卢梭像、象征平等的三角石碑、三色旗、一捆挑着自由帽的武器等元素。

《哲学周刊》的观点与朱利安和雷亚尔主办的报纸相仿，认为在 18 世纪 90 年代，法国天主教保王派从最无知的民众，即文盲与半文盲中汲取了遍及全国的强大力量。在 1794 年以后共和派报纸的编辑看来，反革命之所以能够成功，正是源于反启蒙运动以及启蒙运动本身的局限性。反动保王主义的诉求来自添加了仇外情绪、反智主义与偏执的无知和轻信。即便对民主共和意识形态而言，天主教保王主义着实是个无比强大的对手，但是在他们看来，后者除了邪恶，还过于简单，通过欺瞒自身信众的方式将教权与政治混淆起来，不论这些信众是手工业者、农民或资产阶级，天主教保王主义都使他们无法看清"自身的真正利益"。尽管如今我们认为，比起迈斯特和反启蒙运动，贡斯当、雷亚尔、朱利安像沃尔内和卡巴尼斯一样，在历史方面更精准地评判了大革命及其意识形态，在哲学方面的眼光也更为敏锐，然而在 19 和 20 世纪，复兴的保守主义与反启蒙运动确实也说服了大部分读者与评论者，让他们认为罗伯斯庇尔和山岳派确实是大革命的先进代表，而非对其的歪曲或倒退。

结果就是，现代历史学家似乎因此产生了某种奇怪的愿望，试图把罗伯斯庇尔视为用心良苦、相对正面的和善角色，认为至少在 1793 年 6 月以前确实如此，[9]然而那个年代的民主共和左派已经准确地将其归入反对共和与民主的阴险小人的行列，甚至早在 1791 年夏季，他就是这样的人了。无论如何，迈斯特、里瓦罗尔、费勒、拉阿尔普等多人在 18 世纪 90 年代中后期所宣扬的保守主义解读中，将罗伯斯庇尔与山岳派描绘为大革命的真实面目，事实证明，他们的说法不仅让大部分读者信服，影响力也更为持久，却发展为对大革命与启蒙运动的诽谤中伤。在哲学、文化、政治意义与反响方面，它成了唯一的共识，然而不幸的是，这一共识问题重重，作为历史解读也十分经不起推敲。

关于罗伯斯庇尔与恐怖统治标志着大革命顶峰的观点出人意料地顽强，该观点不仅扭曲了事件发生的真正轨迹，也彻底改变了我们对大革命历史与哲学意义的理解。然而无论如何，这一观点依然无法掩盖一个事实，那就是把罗伯斯庇尔和民主启蒙运动合为一体的认识，原本与某种激烈反对启蒙运动的思想反动联系在一起，而该反动刚好始于 18 世纪 90 年代中期。正如雷亚尔在其《反对派日报》（*Journal de l'Opposition*）上所述，法国的反启蒙思想在那段时期里大规模涌现（就像早些时候在英国和中欧涌现的那样），后来甚至传到了美国。按照雷亚尔的说法，反启蒙思想成了"普遍而时髦的思考"，它蔑视的正是激励了大革命的思想家，即启蒙哲学家，而就在十年前，他们还普遍被人当成公众的导师，被视为"圣贤与神明"。[10]

在 1795 年至 1799 年间激烈反对民主和大革命，并为拿破仑的威权主义铺平道路的因素中，还包括公众对现代哲学的怀疑，以及对平等、人权和民主共和制主要依据的不信任。十分讽刺的是，公众之所以转而反对启蒙运动，正是因为大部分评论家将其准确定性为大革命的主要原因，因为山岳派的所作所为使大革命在当时声名扫地。对很多人来说，激进思想引发并塑造了大革命的事实，毋庸置疑证明了启蒙运动是罗伯斯庇尔暴政和恐怖统治的首要来源。贡斯当、勒德雷尔和雷亚尔断言，如此一来，平民政治文化便被对大革命完全错误的解读所玷污，这种解读也成了保守主义军火库中相当强大的政治武器（且依然如此）。启蒙运动确实是塑造大革命的主要因素，然而人们对这一事实的滥用与误读，为 19 世纪初的保王主义–贵族–教权反动与一系列阴郁的反启蒙意识形态打开了一扇大门，从此往后，这些意识形态将始终与现代民主和共和主义为敌。

不幸的是，在妨碍人们准确认识大革命的历史蒙昧主义中，有一部分直到今天依然是普遍共识，即在大革命早期，法国直到 1791 年 6 月依然大体上维持着君主制与传统。历史学家之所以这样假设，是因为当时社会中的绝大多数人确实在从传统的角度考虑问题。但自 1788 年以来，那些在 1788 年至 1789 年间撰写了最引人注目也最切中要害的革命小册子、编辑重要的亲革命传单与报纸、促成 1789 年的伟大法令与政治进展（与乡村骚乱正好相反）的作家与改革者当中，占据支配地位的倾向并不是君主主义，而始终是民主共和主义。直到 1792 年 9 月，法国大革命才正式成为共和主义的大革命。然而对关乎人权、平等、言论自由的正统大革命而言，其主要作家的政治思想始终是共和主义的，统一且从未间断——这些作家包括布里索、德穆兰、孔多塞、切鲁蒂、佩蒂翁、卡拉、戈尔萨斯、罗贝尔、凯尔桑、梅西耶、博纳维尔、普吕多姆、朗特纳斯、勒德雷尔、居约马尔、玛丽-约瑟夫·谢尼埃和让-约瑟夫·迪佐，还有相对低调的共和派米拉波与西哀士，他们的共和主义思想不同于马拉和罗伯斯庇尔的威权民粹主义，是他们为民主的现代性奠定了基础。

至于民主共和主义，它与世俗主义、排斥教权和接受单一实体哲学息息相关。关于激进启蒙运动最好的定义，就是把单一实体一元论与民主制以及全面的平等主义社会改革联系起来。在 1750 年以前，主宰着激进自由主义思想的反教条主义、宽容主义、对教权的批判，与 1750 年以后的全面平等主义、反君主主义、对基本人权的推崇之间，始终存在着密切的联系。在现代早期，社会等级，君主制与教会对教育、审查及社会理论的霸权一样，其主要依据天启论、神创论以及神对世界的安排与统治。18世纪末，泛大西洋世界里所有社会阶层的大部分民众全都像他们的先辈那样，接受既有秩序的合法性与公正性。他们习惯于这一秩序，宗教和教会认可这一秩序。如果不推翻所谓神意确定人类社会应有的形式与规范这一信仰，不破坏传统与习俗所认可的道德观念来自天启这一信念，就不可能成功地在世界范围内进行深入而彻底的改革，以实现社会与文化的解放、世俗化以及理性化。对此，福谢和格雷古瓦发出的抗议热情洋溢却不合时宜，因为如果不先削弱全知而仁慈的神统治世界这一信仰，不先普遍推翻教权，为建立新道德秩序而配备的革命意识就没有出路，取代旧制度并为追求个人和集体福祉以及为国家基本目标重新确定方向的根本性改革就没有出路。

在激进启蒙哲学家看来，压迫和腐败为那个时代的社会所固有。与此同时，他们一心破坏既有宪法和法律体系的信誉与合法性，理由便是这些立法依赖着植根于宗教、传统、既定思想和贵族价值的权威。激进启蒙人士和民主革命者明确排斥自己所在社会的法律、先例、宪章与维护制度化不平等的整个架构，因此不可避免地排斥所有教权。到了 17 世纪 80 年代，激进思想家想象中的那种改革已经成为欧洲政治中强有力且规模巨大的革新与骚动因子，在法国如此，在荷兰、瑞士、意大利、爱尔兰、德意志和英国也是一样。他们开始到处传播普世启蒙、人权、言论自由与民主思想，甚至对欧洲和北美以外的世界也产生了影响，他们贬低旧制度下的殖民帝国，追求解放全世界的黑色、棕色与黄色人种，彻底改变欧洲与世界上其他地区的关系。

潘恩提出的"斩草除根，让政府明白什么是人道主义"意味着采取总体化改革策略并将其想象为遍及全球的普世需求，要是没有激进启蒙思想为其提供理论依据，这样的观点就既难设想，也难实现。[11] 再造人类社会的首要工具是教育和再教育，这也是启蒙的应有之义。霍尔巴赫在 1773 年时问道：什么样的解药适用于"社会的普遍堕落"？在这样的社会中存在着太多强大的利益集团，他们是让遍及全社会的压迫、腐败、失序与人类的不幸持续下去的同谋。想要改造如此架构在错误概念、剥削与压迫之上的建筑，只有一条路可走：废除整个腐败的系统——这个宗教偏见、迷信与等级、特权、贵族制度相互勾结的系统。只有这样，更加平等的社会才会取代压迫与剥削，"真理"才会取代"谬误"。霍尔巴赫认为，如果世界上所有腐败的法律、制度、政治系统完全建立在无知与谬误之上，如果人之所以堕落、不宽容、受尽压迫、穷困潦倒，完全只因他们对社会与自身的"幸福"持有错误的观念，那么只有通过战胜谬误，教人认清自身的真正利益，逐步灌输"健康的观念"，才能扭转社会的不幸。

德穆兰在其于 1789 年发表的《自由法兰西》中强调：排斥神意与神对世界的统治，这与革命民主共和主义的起源紧密相关。伏尔泰和卢梭会回答，全世界皆由神意主宰，而神是公正的。狄德罗、霍尔巴赫和爱尔维修则会反驳，如果神真的创造了世界，那就不仅仅要把世界上的秩序归功于神，也要把所有让世间一切存在岌岌可危并频频陷入悲惨境遇的无序、暴力、压迫归咎于神。[12] 如果世间的秩序能够证明神圣创世者的全能与智慧，那么混乱和世上无处不在的暴政系统也能证明创世者的反复无常及不可理喻。如果伏尔泰和卢梭关于神性、神意与创世的观点是正确的，那么卢梭于 1762 年在《爱弥儿》中所叙述的"人类制度是大量荒唐与矛盾的集合"[13] 这一事实就神秘得难以理解——所有狄德罗的真正信徒都会承认——正如自然神论者常常嘲讽神学家，认为他们口中的"奥秘"让人难以理解。自然神论者则让他们的"神"本身——他们自然信仰的基础——

成为最伟大的奥秘，尽管他们并未这样表述。神的力量是什么？他的正义体现在哪里？他究竟如何指引世界，如何统治人类？

狄德罗、霍尔巴赫和孔多塞认为，大部分民众接受的统治既残忍又不公，这证明对神之惩戒的畏惧不能减少社会生活或政治中的堕落。"在意人类命运"的神明并不存在，难道提比略、卡里古拉和尼禄这些暴君还不足以清晰地展现这一点吗？[14] 卢梭与激进启蒙哲学家在很多问题上都存在分歧，但他们全都信奉两项基本的政治信条：第一，当时社会的整个制度结构都是腐败且专制的，应当受到谴责并进行替换；第二，彻底改造法律、制度、政治的整个结构能够使人变得更好、更幸福。他们也同意，需要进行教育改革，改变人们的思维方式，这是他们政治革命梦想中的必要因素。但是关于教育改革，激进启蒙哲学家比卢梭更加强调对民众的宗教与道德观念进行改造并削弱教权。他们坚信，真正的民主共和主义必须这么做。他们也比卢梭更加强调政治改革在推动道德改造中所起的作用，霍尔巴赫写道：塑造民众的观点与立场，"要通过政治为其提供支持、保障与繁荣的可能性"。[15] 孔多塞、沃尔内和身处埃及的拿破仑同样遵循这一原则。

针对这一观点，有人会反驳说："霍尔巴赫沙龙成员的幸存者，包括雷纳尔教士这样的人物……全都从一开始就反对法国大革命。"[16] 这样的观点尽管同样被广泛传播，却依然属于误导性史料。霍尔巴赫晚餐俱乐部的一些成员的确反对大革命，包括雷纳尔（尽管他在 1790 年前并未提出反对）、格林、叙阿尔和马蒙泰尔。但这几位早已抛弃狄德罗、爱尔维修和霍尔巴赫社会政治思想中的关键性内容。比如，从 18 世纪 80 年代开始，二人就叶卡捷琳娜大帝是不是压迫人民的暴君这一问题发生争吵后，格林就疏远了狄德罗。雷纳尔在 1790 年至 1791 年间转而反对大革命的时候，曾在国民制宪议会上断然声明，否定他自己在 17 世纪 70 至 80 年代早期与狄德罗一起宣扬的原则，而且正如我们所见，他本人也自愿承认，正是人们对《哲学史》中所述原则坚持不懈的推广，促成并塑造了法国大革命。至于更加忠于狄德罗、霍尔巴赫、爱尔维修的思想，在整个 17 世纪 80 至 90 年代初坚决拥护这种思想的人，比如孔多塞、奈容、德勒尔、青年沃尔内（他在霍尔巴赫生命最后几年中成为其信徒）、加拉、赛、卡巴尼斯和爱尔维修夫人，他们全都热情拥护共和主义、平等、民主大革命，在恐怖统治之前如此，甚至在恐怖统治之后（即便有时带着犹豫）也是一样。[17]

　　无论古典共和主义，还是卢梭的自然神论，都无法给18世纪末全面激进化的革命作品背后的民主动力提供基础。真正的基础在于充满自信的世俗主义，它把来自百科全书派乃至17世纪末启蒙运动中激进思想家先驱的哲学理性当成普世人类解放的动力。1750年后塑造这种民主共和政治文化的主要文献资料包括狄德罗的政治论文和他为《百科全书》撰写的"公共意志"词条，《哲学史》，卢梭的《社会契约论》，霍尔巴赫的《自然政治》和《社会系统》，爱尔维修的《论人》，潘恩的《人的权利》和《理性时代》，孔多塞的政治作品以及沃尔内的《废墟》。存在由人类创造的真正道德秩序，它的基础是平等互利，而非自然或神——这一信条才是推动大革命的动力所在。

　　曾有人错误地宣称："启蒙运动的事业失败了，因为一旦把现代科学彻底的经验主义应用到历史和社会科学的道德上就会发现，不存在人类共识，而只有道德观点的终极多样性。"[18]这是后现代主义的呼声。然而事实上，来自激进启蒙运动的批判为抛弃所有宗教与传统观点，宣扬建立在系统性一元论和唯物论基础上的普世解放提供了合乎逻辑、令人信服的依据，它符合既有的政治批判、道德系统批判与生活条件批判的标准。米拉波、孔多塞、沃尔内、勒德雷尔和布里索派革命者步狄德罗、霍尔巴赫、爱尔维修之后尘，坚信真正的道德性是唯一的、普世的、"对我们地球上的一切居民而言"完全相同，在任何地方都应成为当地法律系统的根基，因为普世人权只存在唯一规范，平等对待所有人的利益是其唯一逻辑。[19]

　　民主共和革命者到处传播真正的共和主义，力求创建真心促进大多数人利益的政府，同时引导人们走上通往永久和平的道路。他们用新道德规范取代神学家所秉持的旧道德规范（也取代了伏尔泰和卢梭的自然神论），在霍尔巴赫看来，这一民主共和主义的哲学基础是真正的社会系统的关键所在，它不仅要求个体、种族、宗教、性别方面的平等，也呼唤普世教育、言论自由与个人自由。

鉴于上述种种理由，激进启蒙运动是法国大革命的"大"起因，这一点毋庸置疑。它成为大革命唯一的根本原因，在于它从政治、哲学和逻辑上激励并武装了正统大革命的领袖集团。激进启蒙运动之所以能够单枪匹马做到这点，是因为它提供了一整套价值体系，它们具有足够的普世性，世俗性以及平等主义倾向，足以在理性、思想自由与民主的基础上发动一场广泛而普遍的解放运动。

人物群像

1. Amar, Jean-Pierre-André
让-皮埃尔-安德烈·阿马尔（1755—1816）

大革命前曾在格勒诺布尔担任财政官员与地方法官，是山岳派最腐败的领袖之一。坚持不懈地追杀布里索派，与加勒比地区的奴隶主过从甚密。在山岳派1793年秋季废除妇女俱乐部的行动中一马当先，参与热月政变反对罗伯斯庇尔，而后又参与巴贝夫反对督政府的密谋。最后成为一名虔诚的神秘主义者。

2. Antonelle, Pierre Antoine
皮埃尔·安托万·安东奈尔（1747—1817）

外省贵族，狂热的雅各宾派成员。曾当选为阿尔勒市市长，后又当选为国民议会议员，参与了1793年对布里索派的镇压活动，后因其独立的思想而入狱。热月政变后获释，成为18世纪90年代末最重要的革命派记者之一，和瓦塔尔一起编辑《自由人日报》（*Journal des Hommes Libres*）。因卷入平等派密谋而于1797年再度入狱。1814年公开转变立场，支持保王主义与天主教。

3. Artois, Charles-Philippe comte d'
阿图瓦伯爵夏尔-菲利普（1757—1836）

路易十六和普罗旺斯伯爵路易·斯坦尼斯拉斯（路易十八）的胞弟。路易十八驾崩后，他即位成为法王查理十世（1824至1830年在位）。他是个虚荣、轻浮的反革命分子；在1789年以前热衷于狩猎与体育运动，同时沉迷于搜求骏马和包养情妇。1789年7月与哥哥路易·斯坦尼斯拉斯一起逃离法国，在德意志指挥极端保王派的反革命活动。1805年，放弃浪荡的生活方式，成为极其虔诚的天主教徒。

4. Babeuf, François Noël (called "Gracchus")
弗朗索瓦·诺埃尔·巴贝夫（人称"格拉古"，1760—1797）

革命派记者，深受莫雷利和狄德罗的影响，狂热鼓吹平等。他是好战社会主义的先驱，始终把社会问题和土地分配问题摆在优先地位。曾在恐怖统治期间入狱，热月政变后获释，1795年再度入狱。1796年3月获释后，伙同安东奈尔、马雷夏尔和费利克斯·勒佩勒捷组织督政府统治早期最重要的地下活动——平等派密谋。被督政府逮捕后以叛国罪受审，于 1797 年 5 月 27 日命丧断头台。

5. Bailly, Jean Sylvain
让-西尔万·巴伊（1736—1793）

天文学家，巴黎三所皇家学院的院士，1789 年三级会议中的领袖人物。巴士底狱陷落后，选举人会议将其选为巴黎市市长，在 1790 年至 1791 年期间，巴纳夫和拉梅特兄弟领导的自由主义君主派暂时执掌大权，巴伊在其中表现十分突出。1791 年秋季落败后退出革命政治舞台，定居南特，后于恐怖统治期间被捕，1793 年 11 月 12 日在巴黎被送上断头台。

6. Barbaroux, Charles Jean-Marie
夏尔·让-玛丽·巴尔巴鲁（1767—1794）

富裕的科学爱好者，颇有演说天赋。曾是马赛当地备受民众欢迎的革命领袖。起初在马赛市政府担任秘书，而后进入立法机关，成为布里索的支持者。他是罗兰夫人的仰慕者之一，1792 年 6 月鼓动马赛市市长派兵前往巴黎，并于 8 月 10 日领导马赛部队参加了起义。1793 年山岳派政变后成为不受法律保护者，一年后受伤被捕。1794 年 6 月 25 日在波尔多被送上断头台。

7. Barlow, Joel
乔尔·巴洛（1754—1812）

美国诗人，生于康涅狄格州，在耶鲁接受了教育，美国革命中的老民主共和派。从 1788 年起活跃在法国，拥护布里索派的民主世界主义，1792 年法国吞并萨伏伊后，在当地共和化的过程中扮演了重要角色。在恐怖统治中潘恩入狱期间，协助托马斯·潘恩出版了《理性时代》的第一部分，并多次尝试营救潘恩。

8. Barère, Bertrand
贝特朗·巴雷尔（1755—1841）

来自塔布市的山岳派领袖。大革命前在图卢兹高等法院担任法官，后作为第三等级代表参加 1789 年召开的三级会议。在 1789 年至 1792 年期间是温和保王派，1793 年 4 月，因行政与"法务"能力进入救国委员会。1794 年 7 月前顽固忠于罗伯斯庇尔，但在最后时刻加入热月党人。1795 年新布里索派复兴后，决定将其作为恐怖统治的主要执行人流放圭亚那，但他成功逃到波尔多藏了起来。1799 年重回政坛，宣布支持拿破仑。1815 年被逐出法国。

9. Barnave, Antoine Joseph
安托万-约瑟夫·巴纳夫（1761—1793）

格勒诺布尔律师，自 1788 年起积极参加多菲内的革命运动。作为第三等级代表参加了 1789 年的三级会议，成为大革命早期最杰出的演说家之一。大革命第一阶段过后成为中间派领袖，拥护君主立宪制，支持加勒比白人奴隶主享有受保护的自治权。1792 年早期，这位激烈反教权的杰出理论家，在意识到中间派的希望落空后，退出革命政治舞台。1793 年 11 月 29 日在巴黎被送上断头台。

10. Barras, Paul, vicomte de
巴拉斯子爵保罗（1755—1829）

外省贵族，1792 年当选为家乡瓦尔省的国民公会议员，1793 年 3 月作为特派员前往南法地区。作为能力出众的军事家，他指挥了土伦围城战，在那里成为青年波拿巴的长官。他是个行为放荡的机会主义者，热月政变的密谋策动人之一，在推翻罗伯斯庇尔的过程中负责指挥巴黎的热月党军事力量。政变后根据 1795 年宪法成为督政官之一，任期五年，其间生活奢侈，宛如亲王。他的众多情妇包括特蕾莎·塔利安以及波拿巴未来的妻子约瑟芬·博阿尔内。1799 年，他对拿破仑发动的雾月政变表示了热烈欢迎。

11. Basire, Claude (or, as here, Bazire)
克洛德·巴西尔 [本书写作 "巴齐尔"（Bazire），1761—1794]

前雅各宾派活跃分子，山岳派最寡廉鲜耻的领袖之一，以其在俱乐部内的恶毒发言而著称。他是沙博的亲密盟友，亦与沙博一样陷入腐败丑闻，并与马拉决裂。后在雅各宾俱乐部内被指拥护温和主义，于 1793 年 9 月入狱。1794 年 4 月 4 日在巴黎被送上断头台。

12. Bayle, Moïse
莫伊兹·培尔（1755—1812）

前新教徒，马赛革命领袖。最初是巴尔巴鲁的共和派盟友，1792 年当选为国民公会议员后与巴尔巴鲁决裂，同马拉结盟。他是救国委员会成员，曾参与反对罗伯斯庇尔的热月政变，但事后作为恐怖统治主要执行人入狱。是个不可救药的机会主义者，声名扫地后在穷困潦倒中死去。

13. Beauharnais, Alexandre, vicomte de
博阿尔内子爵亚历山大（1760—1794）

来自马提尼克的军官，拿破仑妻子约瑟芬的前夫，美国革命期间曾在罗尚博麾下作战。作为布卢瓦市贵族代表参加了 1789 年的三级会议，最先转投第三等级的贵族之一。他是 1791 年立法机关中的重要议员，在 1793 年指挥革命军保卫莱茵兰共和国的战斗中失败。1794 年 7 月 23 日在巴黎被送上断头台，当时距热月政变发生（1794 年 7 月 27 日）仅剩四天。

14. Beaumarchais, Pierre-Augustin Caron de
皮埃尔-奥古斯丁·卡龙·德·博马舍（1732—1799）

法国重要剧作家，曾在路易十五的宫廷中担任音乐教师。著有《塞维利亚理发师》（1775）和《费加罗的婚礼》（1784）。在美国革命和法国大革命期间曾是共和派的重要军火供应商。通过经商与写作致富后，他于 1799 年买下伏尔泰手稿的版权；编辑并出版了第一版七卷本的伏尔泰全集（1783—1790）。这名启蒙运动的旗手是大革命早期复兴伏尔泰活动的主要组织者。1792 年底逃往德意志，1796 年回到法国。

15. Bergasse, Nicolas
尼古拉·贝尔加斯（1750—1832）

里昂律师，1788 年间重要的小册子作者之一，作为第三等级代表参加了 1789 年的三级会议。忠于中间偏右的君主派，1789 年 10 月穆尼耶倒台后愤而退出国民制宪议会。1792 年底开始东躲西藏，1793 年 12 月被捕入狱，曾被关押在塔布和巴黎。1795 年 1 月获释。

16. Billaud-Varenne, Jacques Nicolas
雅克·尼古拉·比约-瓦雷纳（1756—1819）

来自拉罗歇尔市，是个失败的教师和不得志的作家，恐怖统治的主要执行人。1791 年就因拥护共和主义被当时尚属温和的雅各宾俱乐部驱逐，转而加入科德利埃俱乐部。中间派君主主义者退出后，成为激进化的雅各宾俱乐部的核心人物。从 1792 年 8 月开始成为巴黎市政府中举足轻重的人物，曾是罗伯斯庇尔的主要支持者之一，后于 1794 年 7 月参与发动热月政变。1795 年因充当恐怖统治者而被判流放卡宴，1816 年为躲避路易十八的报复而逃往海地。

17. Boissy d'Anglas, François Antoine
弗朗索瓦·安托万·布瓦西·德·安格拉斯（1756—1826）

新教医生之子，患有口吃，不擅言辞，却依然作为第三等级代表参加了 1789 年的三级会议，始终坚持温和立场。曾在恐怖统治期间奉承罗伯斯庇尔。热月政变后当选为救国委员会成员，成为恐怖统治最不留情的批判者之一。在内心深处持保王派立场，在 1796 年至 1797 年君主主义复兴期间，立场过于温和，没能进行有效的抵制，在共和派发动果月政变（1797 年 9 月 4 日）后藏了起来。后被拿破仑赦免，在 1804 年成为元老院成员，1808 年受封帝国伯爵。后来再次被波旁王室赦免，在王室复辟期间被封为法兰西贵族。

18. Bonaparte, Napoleon
拿破仑·波拿巴（1769—1821）

科西嘉低级贵族，在服役期间，因指挥才能出众而屡获升迁，最终成为法兰西帝国皇帝。于 1789 年 9 月和 1792 年 5 月活跃在科西嘉，支持保利和沃尔内将该岛纳入大革命阵营的活动。1793 年因保利转而反对大革命而与其决裂。在 1793 年至 1794 年的土伦围城战中崭露头角，曾与奥古斯丁·罗伯斯庇尔来往，因此在热月政变后被人当成罗伯斯庇尔分子，曾遭到短暂的关押，1794 年被救国委员会从值得信赖的将军名单上除名。后凭借巴拉斯的影响力，以及他本人在镇压葡月起义（1795 年 10 月 5 日）中发挥的作用官复原职。1796 年至 1797 年间征服意大利，以优秀的将军和模范共和派的名声为世人所称道。直到 1799 年，他才抛弃了共和主义的立场。

19. Bonneville, Nicolas de
尼古拉·德·博纳维尔（1760—1828）

革命记者、理想主义者，专业英德译者。1782 年出版十二卷本德意志戏剧集。1787 年在德意志与光照派开始往来。1789 年巴士底狱游行的领袖之一，随后于 1790 年

10 月创办了《保民官》，又和福谢一道，组织了社会俱乐部，率先发起大革命早期的激进改革运动。1790 年 10 月至 1791 年底负责编辑俱乐部的刊物《铁嘴》。曾在恐怖统治期间入狱，热月政变后获释。潘恩刚到巴黎就与之成为朋友，在他留在法国的最后五年里（1797—1802 年），潘恩与博纳维尔一家住在一起。

20. Boyer-Fonfrède, Jean-Baptiste
让-巴蒂斯特·布瓦耶-丰弗雷德（1765—1793）

波尔多富商之子，迪科的妹夫，1785 年至 1789 年间居住在荷兰，巴士底狱陷落后，在波尔多的革命行动中表现突出。1793 年夏季，与迪科一起领导国民公会残余的反对派抵制山岳派政变，直到被当作布里索派同党而遭到议会正式驱逐。1793 年 10 月 31 日与布里索一道被送上断头台。

21. Brissot (de Warville), Jacques-Pierre
雅克-皮埃尔-布里索（德·华尔维尔，1754—1793）

多产作家，革命宣传家，拥护言论自由，其领导的民主共和派系往往被人误导性地称为"吉伦特派"。曾为日内瓦（1782）与荷兰（1780—1787 年）的民主革命所吸引并亲自前往学习，1788 年游历美国，研究其革命成果。热衷于"新哲学"，1789 年成为重要的革命派记者，跻身大革命的总设计师与最早一批坚定的共和派行列，是最早宣扬人权、国际主义与黑人解放的革命者之一。1792 年 8 月 10 日后与孔多塞密切合作，试图利用国民公会中占多数的布里索派巩固国民主共和国未果。他备受马拉和罗伯斯庇尔仇视，于 1793 年 6 月入狱。1793 年 10 月 31 日在巴黎被送上断头台。

22. Buonarotti, Philippe
菲利普·博纳罗蒂（1761—1837）

佛罗伦萨贵族，1791 年至 1793 年科西嘉岛革命共和派密谋的主要组织者之一。热月政变后因参与恐怖统治入狱，1795 年获赦免。后卷入巴贝夫在巴黎组织的平等派密谋，事败后再次被捕，但最终被无罪释放。他写作的巴贝夫密谋史最终于 1828 年面世，使其成为第一位研究现代社会主义起源的历史学家，获得了包括马克思主义者在内的广泛认可。

23. Buzot, François-Nicolas
弗朗索瓦-尼古拉·比佐（1760—1794）

埃夫勒市律师，狂热的卢梭主义者，作为第三等级代表参加了 1789 年的三级会议。1792 年国民公会中的共和派领袖，1792 年 12 月呼吁法国驱逐波旁家族的所有成员，包括菲利普-平等。他本人和他的所有提案都旨在抵制山岳派。他是罗兰夫人的情人，与布里索走得很近，1793 年早期曾致力于阻止行政委员会的集权行为，并希望从国民公会中驱逐马拉。他深受罗伯斯庇尔憎恨，在恐怖统治间遭山岳派追杀，于 1794 年 6 月 18 日自杀身亡。

24. Cabanis, Pierre-Jean
皮埃尔-让·卡巴尼斯（1757—1808）

医生，文人，活跃于爱尔维修夫人在奥特伊的圈子当中，与孔多塞、富兰克林、米拉波、加拉和沃尔内来往密切。曾为在逃的布里索派人士提供毒药，使其中几人得以在被捕时自杀（包括孔多塞）。他是观念学者的领袖，1796 年起在法兰西学院中担任教授，1797 年当选为五百人院议员，与西哀士结盟。他支持 1799 年雾月政变，却仍无法取得拿破仑的信任，因为后者对所有观念学者皆充满疑虑。

25. Calonne, Charles Alexandre
夏尔-亚历山大·卡洛纳（1734—1802）

高级法官，曾在路易十五与路易十六统治期间担任总督。1786 年，作为皇家财政总管提出法国税收系统改革总方案，导致了显贵会议的召开与一系列促成大革命爆发的事件。声名扫地后，于 1787 年 4 月被放逐至英格兰。1790 年至 1792 年间，他宣称大革命威胁所有国王、贵族与特权阶层，在德意志担任阿图瓦伯爵的首席顾问与流亡者大军司令。为侍奉流亡的贵族们散尽家财。

26. Cambacérès, Jean-Jacques de
让-雅克·德·康巴塞雷斯（1753—1824）

来自蒙彼利埃地区的贵族，1792 年当选为国民公会议员，针对共和主义大革命夸夸其谈，却始终疏远坚定的共和派议员，在布里索派与山岳派的斗争中维持中立，同时成为重要的法律改革者。1799 年雾月政变后成为拿破仑之下的第二执政官。在 1801 年与教宗签署和解协议的谈判中发挥了一定作用，曾参与起草拿破仑民法典。

27. Camus, Armand Gaston
阿尔芒-加斯东·加缪（1749—1804）

1789 年以前曾为法国教会担任律师，早年是狂热的冉森派与法国教会自治派人士，在大革命期间成为同样狂热的共和派，为大部分神职人员所憎恨，因为后者认为他是《教士公民组织法》的主要设计者。他主持了 1790 年至 1791 年间的法国年金系统改革，严格执行反贵族和共和主义原则。他极为博学，为国民议会担任档案员与图书馆员。1793 年 4 月，杜穆里埃将其交给奥地利人处置。他拒绝向任何君主或贵族脱帽，在德意志度过了将近三年的牢狱生活。

28. Carnot, Lazare
拉扎尔·卡诺（1753—1823）

公证人之子，在大革命前曾接受过军事工程与防御工事方面的训练，1793 年 8 月加入救国委员会，成为山岳派杰出的军事统帅。他曾击败奥军，取得了弗勒吕斯大捷（1794）。他是热月党的领袖，在罗伯斯庇尔倒台后崛起，成为五名督政官之一（1795 年至 1797 年在任）。但因越来越同情保王派而成为 1797 年果月政变打击的对象，其革命生涯因此终结并逃往瑞士，直到拿破仑的独裁统治确立后才返回法国。1814 年再度被复辟王朝流放，后死于普鲁士。

29. Carra, Jean-Louis
让-路易·卡拉（1742—1793）

大革命中主要的共和派记者之一，选民支持度最高的议员；大革命前出版过若干本书。他自学成才，喜欢冒险，在18世纪70年代曾游历英国、俄国、罗马尼亚的瓦拉几亚（Wallachia），给瓦拉几亚大公做过秘书。自1789年夏季起，他创办的《政治年鉴》成为最重要的革命报刊之一。他曾在雅各宾俱乐部发表无数演讲，始终支持民主、反贵族倾向与全面解放。他是1792年8月10日起义的重要组织者，也是罗伯斯庇尔的敌人之一，后与尚福一起担任法国国家图书馆馆长。1793年10月31日在巴黎被送上断头台。

30. Carrier, Jean-Baptiste
让-巴蒂斯特·卡里耶（1756—1794）

一个沉默寡言的酗酒者，山岳派中最嗜虐成性、精神失常、不可理喻的领袖之一。1793年夏季被派往诺曼底，指导打击布里索派联邦分子的战争，8月受命指挥镇压旺代保王派叛乱。由于在南特市及其周边地区犯下暴行，包括滥用溺刑，残杀了数千人，同时还纵情声色，他于1794年2月被召回巴黎，与罗伯斯庇尔不欢而散。后与埃贝尔结盟，但在1794年4月清洗埃贝尔派时逃过一劫。最后被热月党人逮捕，于1794年12月16日在巴黎被送上断头台。

31. Cazalès, Jacques-Antoine
雅克-安托万·卡扎莱斯（1758—1805）

1789年三级会议上支持各等级分开投票的贵族之一，1789年10月起成为议会中的右派领袖，奋力捍卫王权、贵族制与教会，反对大革命中日渐兴盛的激进路线。在国王逃亡瓦雷纳事发后退出革命政坛，君主制垮台后逃往德意志，在那里加入了流亡贵族集团。

32. Cérutti, Giuseppe (Joseph Antoine)
朱塞佩（约瑟夫·安托万）·切鲁蒂（1738—1792）

皮埃蒙特人，前耶稣会哲学教师，革命演说家，其《告法兰西人民书》成为1788年最重要的政治小册子之一。他是米拉波的朋友，社会俱乐部中的重要人物，是最先发文支持霍尔巴赫、反对卢梭的人之一。他创办了《乡民报》（1790—1794）并负责其编辑工作，在主要面向乡村社会的革命报纸中，该报是唯一重要的一份，在切鲁蒂的努力下，该报取得了巨大的成功，发行量十分可观。

33. Chabot, Francois
弗朗索瓦·沙博（1756—1794）

嘉布遣会修士，后成为叛教的革命者。在国民公会里和其主编的《大众日报》上将自己塑造为无套裤汉主义的狂热拥护者。他曾激烈地抨击拉法耶特、布里索、孔多塞等人，在这方面无人能及。他积极推动去基督教化运动与恐怖统治，但贪图钱财和美色，又缺乏有权有势的朋友，这加速了他的垮台。1793年11月，身陷腐败丑闻的他锒铛入狱，1794年4月4日在巴黎被送上断头台。

34. Chalier, Joseph
约瑟夫·沙利耶（1747—1793）

人称"里昂马拉"，领导发动了1793年2月6日里昂的政变，让山岳派顺利在里昂掌权。早先曾当选为当地商业仲裁处主席，一度成为里昂丝绸工人和失业者心中的偶像。然而，他的统治过于专制，使里昂人民很快与之疏远。1793年5月29日，里昂的布里索派发动起义推翻当地山岳派的统治，并将其逮捕。1793年7月15日他在里昂被送上断头台。

35. Chamfort, Nicolas
尼古拉·尚福（1741—1794）

著名警句家，文人，重要革命宣传家，皇家学院的主要反对者。1789年加入米拉波的圈子，为其撰写演讲稿，成为重要的记者，为多份革命派报纸供稿。1792年出任法国国家图书馆馆长，在恐怖统治期间被迫自杀。

36. Chaumette, Pierre Gaspard
皮埃尔-加斯帕尔·肖梅特（1763—1794）

医学院肄业生，1792年8月10日后成为山岳派巴黎市政府中的重要成员。1792年12月出任市级行政官，1793年秋季在恐怖统治和去基督教化运动中大显身手。作为疯狂仇视妓女的同性恋者，他还领导了山岳派打击卖淫的行动。他对罗伯斯庇尔极尽谄媚之能事，后者却讨厌他和他的朋友，以及他张扬的无神论。他于1794年4月13日在巴黎被送上断头台。

37. Chénier, Marie-Joseph
玛丽-约瑟夫·谢尼埃（1764—1811）

诗人安德烈·谢尼埃的弟弟，其剧本《查理九世》于1789年上演，使他成为（除伏尔泰以外）最重要的革命剧作家。他率先为彻底的戏剧自由代言，在雅各宾俱乐部和大革命期间整体的共和主义宣传导向中发挥了关键作用。山岳派得势后，他的剧作大都遭禁。1795年起成为五百人院议员，1802年由于反对拿破仑独裁而失去所有官职。

38. Clavière, Étienne
艾蒂安·克拉维埃（1735—1793）

日内瓦金融家，民主共和派人士，1782年日内瓦革命中的重要人物，1789年在巴黎与米拉波和布里索成为朋友。后来成为布里索身边最亲密的政治合作者。1793年6月2日被捕，为逃避断头台，于1793年12月8日在牢房中用小刀自戕。

39. Cloots, Jean-Baptiste "Anacharsis"
让-巴蒂斯特·克洛茨，"阿纳卡耳西斯"（1755—1794）

富有的普鲁士男爵，生于荷兰，居于巴黎。在大革命前夕与期间都是重要的记者和宣传家，其作品发行甚广。他是坚定的无神论者与狂热的去基督教化分子，大革命中最教条的世界主义者。尽管他后来已与布里索派相疏远，罗伯斯庇尔却没有放过他，将其诬蔑为外国间谍。他于1794年3月24日在巴黎被送上断头台。

40. Collot d'Herbois, Jean-Marie
让-玛丽·科洛·德布瓦（1749—1796）

演艺事业失败后，他于 1792 年 8 月 10 日后开始成为山岳派巴黎市政府中的重要人物。1793 年 9 月进入救国委员会，和富歇一起，在里昂指挥恐怖暴行。曾参与密谋热月政变。1795 年因其罪行受审，后被流放至卡宴并死在那里。

41. Condorcet, Jean-Antoine Nicolas de Caritat, marquis de
孔多塞侯爵让-安托万·尼古拉·德·卡里塔（1743—1794）

重要的启蒙哲学家，共和派观念学者，选举制度理论家，拥护民主、黑人解放和女性权利。他于 1791 年至 1793 年间为共和国制定了教育改革计划，是世界上第一部民主共和宪法（1793 年 2 月）的主要作者。深受罗伯斯庇尔憎恨，1793 年 6 月成为不受法律保护者。1794 年 3 月 28 日入狱，为逃避断头台，于第二天服毒身亡。1795 年 4 月，国民公会为其恢复名誉，称其为大革命最重要的设计师之一。

42. Condorcet, Sophie de (Grouchy), Mme. de
孔多塞夫人苏菲·德（格鲁希）（1758—1822）

孔多塞之妻，作家，女性权利的重要拥护者。公开的无神论者，最重要也最具哲学色彩的革命沙龙之一的女主人。在恐怖统治期间入狱，热月政变后获释。

43. Constant, Benjamin
邦雅曼·贡斯当（1767—1830）

瑞士政治理论家，1795 年与斯塔尔夫人一同来到巴黎定居。后成为温和派和自由主义者，1795 年至 1800 年间曾是罗伯斯庇尔和恐怖统治的批评者之一，也是布里索派大革命和督政府的共和派辩护人之一。

44. Corday, Charlotte
夏洛特·科黛（1768—1793）

来自虔诚的保王派家庭，但皈依了布里索派立场，于 1793 年 7 月 13 日刺杀了马拉，她以为这么一来就"杀死了"1793 年 6 月 2 日法令。在整个欧洲，她都成了抵抗山岳派民粹主义和专制主义的象征。她于 1793 年 7 月 17 日在巴黎被送上断头台。

45. Couthon, Georges
乔治·库东（1755—1794）

以其反智主义倾向而著称的律师，因风湿而瘫痪。他是罗伯斯庇尔最重要也最忠实的助手之一。1972 年 11 月起成为立法机关中布里索派的无情政敌，是取消个体法律保障的主要推手。他曾协助推行恐怖统治，后于 1794 年 6 月 28 日与罗伯斯庇尔一起在巴黎被送上断头台。

46. Danton, Georges
乔治·丹东（1759—1794）

大革命中最重要的领袖之一。教育背景一般的律师，杰出的演说家，在 1789 年至

1792 年间主宰科德利埃俱乐部，在所有相对激进的方案中发挥了重要作用，直到促成 1792 年 8 月 10 日起义。1793 年 6 月 2 日政变后，科德利埃俱乐部支配权转入埃贝尔和樊尚手中的事实令其处于弱势地位，而他试图限制恐怖统治的努力更加削弱了自身的力量。尽管在恐怖统治期间，他曾与罗伯斯庇尔和库东一起，延缓了去基督教化运动，但在 1793 年 12 月后地位却愈发不稳。最终，罗伯斯庇尔与之决裂，于 1794 年 3 月 30 日将其逮捕；后于 1794 年 4 月 5 日在巴黎将他送上断头台。

47. Daunou, Pierre Claude
皮埃尔-克洛德·多努（1761—1840）

哲学与神学教授，国民公会议员。曾在恐怖统治期间入狱，热月政变后进入救国委员会，成为新布里索派复兴的领袖。他延续了孔多塞的教育改革，但在教育及共和立宪理论方面，都不及孔多塞那样民主。1798 年至 1799 年间曾受命指导建设罗马共和国。对拿破仑而言，其共和主义倾向过于强烈，在此后多年间担任法国国家档案馆馆长，其职业生涯也就此终结。

48. David, Jacques-Louis
雅克-路易·大卫（1748—1825）

大革命中最伟大的艺术家；组织了许多重要的革命庆典与节日，包括在马拉遇刺后建立的公共崇拜。直到热月政变前，他都忠于罗伯斯庇尔，但后来公开否定罗伯斯庇尔的遗产。雾月政变后，他像当初依附罗伯斯庇尔那样转投拿破仑，成为皇帝的专属画师。波旁王朝复辟后流亡布鲁塞尔。

49. Debry, Jean-Antoine
让-安托万·德布里（1760—1834）

皮卡第律师，狂热的共和主义政治理论家，在 1791 年至 1799 年间一直是革命立法机关中的重要议员，1793 年 1 至 6 月间曾是公安委员会成员。1795 年新布里索派复兴的领袖之一，1799 年支持拿破仑独裁。波旁王朝复辟后，因是弑君者而被逐出法国。

50. Démeunier, Jean Nicolas
让·尼古拉·德穆尼耶（1751—1814）

国民议会制宪委员会（1789—1791 年）成员，是美国联邦宪法与州宪法领域的重要专家。受雷纳尔的影响，他倾向于杰斐逊主义，翻译了大量有关美国革命和美国共和主义的文献，并使其在法国与比利时革命中广为流传。

51. Desmoulins, Camille
卡米尔·德穆兰（1760—1794）

咖啡馆知识分子，科德利埃俱乐部中的煽动者，1789 年成为重要的革命派记者和演说家，是丹东最亲密的盟友。1794 年 12 月与罗伯斯庇尔决裂。试图通过自己的最后一份报纸《老科德利埃人》打击恐怖统治以及所有试图借"正统"大革命之名实施恐怖统治的人。1794 年 4 月 5 日，他与丹东一起在巴黎被送上断头台。

52. Destutt de Tracy, Antoine-Louis
安托万-路易·德斯蒂·德·特拉西（1754—1836）

在 1789 年的三级会议上最先退出贵族等级、加入第三等级的哲学家。在国民议会中坚决支持禁止联邦主义的议案，赞同采取措施解放黑人。曾在恐怖统治期间入狱。在 18 世纪 90 年代末，作为重要的观念学者发表了大量作品，直到 19 世纪依然拥有广大的读者群体。

53. Dobsen, Claude Emanuel
克洛德·埃马努埃尔·多卜森（1743—1811）

律师，罗伯斯庇尔的亲密盟友。1793 年 2、3 月巴黎骚乱和 1793 年 6 月 2 日政变的主要组织者之一。曾与昂里奥合作，帮助后者成为巴黎国民自卫军司令。恐怖统治期间在巴黎革命法庭担任法官，1794 年 5 月因心慈手软而遭解职。在热月政变中支持罗伯斯庇尔，彻底断送了自己的前程。1796 年参与巴贝夫平等派密谋。

54. Ducos, Jean-François
让-弗朗索瓦·迪科（1765—1793）

新哲学观念的热情宣传者，从 1791 年起则大力宣传民主共和主义。立法机关中代表波尔多的重要议员，曾跻身布里索派内部制定政策的小圈子。1793 年 10 月在比约-瓦雷纳和阿马尔的煽动下被捕，1793 年 10 月 31 日与布里索一起被送上断头台。

55. Dumas, René-François
勒内-弗朗索瓦·迪马（1757—1794）

前神父，律师，一山岳派小镇市长，1793 年 9 月被罗伯斯庇尔委任为巴黎革命法庭副庭长，1794 年 4 月成为庭长。在主持审理埃贝尔派和丹东派时冷酷无情。1794 年 7 月 28 日与罗伯斯庇尔一起被送上断头台。

56. Dumouriez, Charles François
夏尔·弗朗索瓦·杜穆里埃（1739—1823）

军官，据说曾是布里索的盟友，1792 年 3 至 6 月间担任外交部部长。随后受命担任北方军团司令，取得闻名遐迩的瓦尔密大捷（1792 年 9 月）和热马普大捷（1792 年 11 月）。私下里持反共和主义立场，与国民公会间的冲突日益加剧，1793 年 4 月，在试图发动政变推翻布里索派政府未果后叛逃奥地利，但手下将士拒绝随行。

57. Fabre d'Églantine, Philippe François
菲利普·弗朗索瓦·法布尔·代格朗汀（1750—1794）

演员，剧作家，臭名昭著的好色之徒，1789 年底开始成为科德利埃俱乐部和雅各宾俱乐部中的重要人物，在科德利埃俱乐部中支持丹东。他身陷财务丑闻，而丑闻牵涉他本人所在的数个国民公会委员会的活动，因此被山岳派抓住把柄，指控他为丹东派的腐败分子。1794 年 4 月 6 日与丹东一起被送上断头台。

58. Fauchet, Claude
克洛德·福谢（1744—1793）

民主共和革命派神父，主持整合启蒙哲学与天主教教义的工作。他是社会俱乐部创始人及其最好的演说家之一，狂热的平等主义者，还是卢梭的信徒。他接受 1790 年至 1791 年间大多数扫荡教会的改革，却不支持 1792 年的离婚法或神父娶妻。1793 年 10 月 31 日与布里索一起被送上断头台。

59. Fleuriot-Lescot, Jean-Baptiste
让-巴蒂斯特·弗勒里奥-莱斯科（1761—1794）

籍籍无名的比利时革命者，从布鲁塞尔逃亡到巴黎，1793 年 3 月，罗伯斯庇尔指派他给巴黎革命法庭的富基耶-坦维尔当助手，1794 年 5 月 10 日，罗伯斯庇尔又委任其为巴黎市市长，取代同样寡廉鲜耻却心慈手软的帕什。在热月政变中，他与昂里奥一起领导了亲罗伯斯庇尔的力量。1794 年 7 月 28 日与罗伯斯庇尔一起被送上断头台。

60. Forster, Georg
格奥尔格·福斯特（1754—1794）

美因茨大学图书馆员，教授，雅各宾派领袖。日后成为激进启蒙运动的主要作家之一，是 18 世纪德意志最重要的民族学家。1792 年至 1793 年间作为莱茵共和国的代表派驻巴黎，于 1794 年逝于巴黎。他是在德意志宣传民共和主义的先锋之一。

61. Fouché, Joseph
约瑟夫·富歇（1759—1820）

前神父，狂热的山岳派分子，去基督教化运动的主要发起人之一。1793 年 11 月与科洛·德布瓦一起在里昂犯下暴行。在与罗伯斯庇尔发生争吵后，转而支持热月党人。虽然极端反复无常，巴拉斯还是于 1799 年 7 月任命其为共和国的警务部部长。仅仅数月后便背叛巴拉斯，协助拿破仑建立独裁统治，成为其警务工作的负责人。1814 年至 1815 年，又背叛拿破仑，成为路易十八的警察头子。

62. Fouquier-Tinville, Antoine
安托万·富基耶-坦维尔（1746—1795）

默默无闻的律师，1793 年 3 月被时任司法部部长的丹东任命为巴黎革命法庭的审判长，主持了恐怖统治期间巴黎大部分重要的审判，做出了数百起针对政治犯的死刑判决，包括热月 10 日对罗伯斯庇尔的判决。1795 年 5 月 7 日，在巴黎与另外 15 名寡廉鲜耻的革命法庭法官、律师一起被送上断头台。

63. Fournier, Claude, "l'Américain"
"美洲人"克洛德·富尼耶（1745—1825）

前圣多明各种植园主，奴隶主，朗姆酒制造商，桀骜不驯，因参与攻占巴士底狱一战成名，成为活跃在巴黎皇宫区域的民粹主义煽动家和无套裤汉主义鼓吹者。1793 年与马拉和山岳派决裂，被逐出科德利埃俱乐部，此后数次入狱。1814 年波旁王朝复辟后，自称自己始终持保王主义立场。

64. François de Neufchâteau, Nicolas Louis
尼古拉·路易·弗朗索瓦·德·纳沙托（1750—1828）

诗人，剧作家，法律理论家，其剧本之一被山岳派扣上颠覆罪名并遭禁，因此在恐怖统治期间曾入狱。果月政变（1797 年 9 月）后当选为五名督政官之一，进一步强化法兰西共和国的共和主义反教权教育改革，利用其部门宣传激进启蒙运动的作品。

65. Fréron, Stanislas Louis
斯坦尼斯拉斯·路易·弗雷龙（1754—1802）

马拉的信徒，重要的记者，国民公会议员，和巴拉斯、奥古斯丁·罗伯斯庇尔一起，于 1793 年底被山岳派派往普罗旺斯，成为重要的"恐怖统治布道者"。热月政变后积极谴责山岳派的罪行、腐败与虚伪（尽管他本人也曾犯下暴行）。

66. Garat, Dominque Joseph
多米尼克·约瑟夫·加拉（1749—1833）

18 世纪 70 年代起就成为狄德罗、爱尔维修和孔多塞圈子中的成员，1792 年 10 月被布里索选中，接替丹东出任共和国的司法部部长。曾调查 1792 年 9 月发生在巴黎的大屠杀，却因遭到恐吓而不得不放弃惩罚肇事者。恐怖统治期间曾被宣布为不受法律保护者并入狱，1796 年起成为重要的观念学者和法兰西学院的教授，1799 年时对雾月政变表示支持。

67. Gensonné, Armand
阿尔芒·让索内（1758—1793）

波尔多律师，布里索派领袖，与杜穆里埃过从甚密，在起草将国王兄弟与流亡贵族列入不受法律保护者名单的法令中扮演了重要角色。在国民公会制宪委员会中，其活跃程度仅次于孔多塞，参与修订和引介了世界上第一部民主宪法（1793 年 2 月）。1793 年 6 月 2 日被捕，1793 年 10 月 31 日与布里索一起被送上断头台。

68. Ginguené, Pierre-Louis
皮埃尔-路易·然格内（1748—1816）

文人，曾著有一部意大利文学史，《乡民报》的编辑，1791 年曾发起请愿运动，要求将卢梭葬入先贤祠。在恐怖统治期间入狱，后领导热月党人的公共教育委员会。反对拿破仑的独裁统治。

69. Gioia, Melchiorre
梅尔基奥雷·焦亚（1767—1829）

意大利的激进启蒙运动宣传家，来自皮亚琴察的功利主义哲学家。受边沁思想影响，1796 年至 1797 年间成为意大利共和主义革命的设计师之一，1796 年 7 月，在米兰参与创办了《自由平等之友俱乐部日报》。呼吁同胞建立真正的民主共和国，而不是单纯服从法国督政府的统治。

70. Girey-Duprey, Jean-Marie
让-玛丽·吉雷-迪普雷（1769—1793）

　　热忱的共和派，法国国家图书馆的手稿保管员，布里索的盟友，从 1791 年 10 月起开始负责编辑布里索的《法兰西爱国者》。由于抨击马拉和山岳派，从 1793 年 6 月 2 日开始被迫停止发行该报。成为不受法律保护者后逃往波尔多藏了起来，但依然在数月后被捕。1793 年 11 月 20 日在巴黎被送上断头台。

71. Gobel, Jean-Baptiste
让-巴蒂斯特·戈贝尔（1727 –1794）

　　前耶稣会神父，1791 年 3 月成为国民制宪议会中第一位宣誓效忠《教士公民组织法》的主教议员。他是第一位通过"民选"产生的巴黎主教，得票数远超福谢、格雷古瓦及西哀士。1793 年 11 月 7 日公开宣布为启蒙哲学而弃教并辞去主教职务。1794 年 4 月 13 日在巴黎被送上断头台。

72. Gorsas, Antoine Joseph
安托万-约瑟夫·戈尔萨斯（1752—1793）

　　1789 年前曾是教师，于 1789 年 7 月创办《凡尔赛到巴黎邮报》，成为大革命中最重要的共和派记者之一。他是山岳派最尖锐的批评者之一，参与组织了 1792 年 6 月 20 日和 8 月 10 日起义。从 1792 年 4 月起，罗伯斯庇尔开始在雅各宾俱乐部频频谴责他。1793 年 10 月 7 日在巴黎被送上断头台。

73. Gouges, Olympe de
奥兰普·德·古热（1748—1793）

　　著名女性剧作家，仰慕米拉波，激进宣传女性权利、黑人解放和言论自由。大革命的参与者中最杰出的女性之一。她曾激烈谴责并嘲讽罗伯斯庇尔。1793 年 11 月 3 日在巴黎被送上断头台。

74. Grégoire, Henri, Abbé
格雷古瓦神父亨利（1750—1831）

　　身为神父的同时率先倡导宽容，这种宽容来源于对哲学精神的爱与对伏尔泰和卢梭的崇敬。从 1788 年开始发表关于犹太人解放的论文，成为率先为犹太人与黑人权利发声的人。他支持大革命中大部分涉及教会的改革，是 1795 年 2 月政教分离法的设计师之一。

75. Guadet, Marguerite Elie
玛格丽特·埃利·加代（1758—1794）

　　重要的布里索派议员，宣扬启蒙哲学立场，排斥卢梭式的民粹主义，嘲讽一切诉诸神圣存在的说法。他是位热情洋溢的演说家，以在国民公会中谴责马拉和罗伯斯庇尔著称。1793 年 6 月 2 日政变后逃亡。1794 年 6 月 17 日在波尔多被送上断头台。

76. Guyomar, Pierre
皮埃尔·居约马尔（1757—1826）

下布列塔尼某小城市市长，1792 年 9 月当选为国民公会议员。在 1792 年至 1793 年间持续了整个冬季的制宪辩论中发挥了重要作用。他是妇女平等与参政权最热情的拥护者，在山岳派的独裁统治下苟且度日，热月政变后为布里索派重回国民公会与组织新布里索派的复兴做出了贡献。

77. Guzman, Andres Maria de
安德烈斯·玛利亚·德·居兹曼（1752—1794）

来自安达卢西亚，后加入法国籍，煽动巴黎群众的始作俑者之一。最初与马拉和埃贝尔结盟，在 1793 年 5 月 31 日和 6 月 2 日暴动中对动员无套裤汉起到了关键作用。罗伯斯庇尔怨恨他受到无套裤汉如此的喜爱，因此公开谴责他。1794 年 4 月 5 日与丹东一起被送上断头台。

78. Hanriot, François
弗朗索瓦·昂里奥（1759—1794）

臭名昭著的无赖，在巴黎无套裤汉街区中声名显赫，1793 年 5 月 31 日被罗伯斯庇尔任命为巴黎国民自卫军司令。在 1793 年 6 月 2 日武力胁迫国民公会时发挥了重要作用。热月政变时主导了营救罗伯斯庇尔的行动。1794 年 7 月 28 日与罗伯斯庇尔一起被送上断头台。

79. Hébert, Jacque René
雅克-勒内·埃贝尔（1757—1794）

中产阶级，马拉的信徒，负责编辑最肆无忌惮宣扬民粹主义的革命派报纸《杜歇讷老爹报》，借此在无套裤汉和雅各宾派中收获了巨大的声望。在山岳派中，他所领导的派系最愿意对无套裤汉的一切要求妥协。1794 年 3 月 14 日在雅各宾俱乐部被圣茹斯特揭发，3 月 24 日在巴黎被送上断头台。

80. Hérault de Séchelles, Marie-Jean
玛丽-让·埃罗·德·塞舌尔（1759—1794）

1785 年成为巴黎高等法院代理法官，当时年仅 26 岁。是个世故且富有的犬儒主义贵族，政治机会主义者，在斐扬派、布里索派和山岳派间来去自如。1793 年 6 月带领制宪委员会完成山岳派宪法。备受罗伯斯庇尔和圣茹斯特厌恶，1794 年 4 月 5 日和丹东一起被送上断头台。

81. Houdon, Jean-Antoine
让-安托万·乌东（1741—1828）

启蒙时代最重要的雕塑家，其代表作品包括令国民议会熠熠生辉的卢梭胸像和著名的伏尔泰坐像，还曾为狄德罗、米拉波、拉法耶特、杜尔哥、格卢克、杰斐逊、巴纳夫、玛丽-约瑟夫·谢尼埃和巴洛打造胸像。1795 年访问美国期间曾创作华盛顿塑像，访问圣彼得堡时创作叶卡捷琳娜大帝像。后在山岳派的专制统治下陷入困境，与大卫决裂，勉强逃过牢狱之灾。

82. Irhoven van Dam, Willem van
威廉·范·伊尔霍芬·范·达姆（1760—1802）

激进的平等主义者，阿姆斯特丹的共和派记者，《欧洲邮报》（1783—1785年）编辑。1794年至1795年间领导阿姆斯特丹地下委员会策划了1794年10月的起义，起义虽然遭到失败，但成功地为1795年初法军进军荷兰与巴达维亚革命做好了准备。

83. Isnard, Maximilien
马克西米利安·伊斯纳尔（1755—1825）

法国格拉斯市的香水商人，皈依了启蒙哲学观念与富于斗争性的共和主义，在1792年至1793年间，成为在国民公会中占主导地位的布里索派的领袖。在恐怖统治期间藏了起来，热月政变后重新露面，1795年2月回到国民公会。1800年后皈依极端保王主义与天主教神秘主义。

84. Jullien, Marc Antoine
马克-安托万·朱利安（1775—1848）

狂热的平等主义者，罗伯斯庇尔手下最年轻也最忠诚的干将，1794年夏季在波尔多指挥当地呈扩大化趋势的恐怖统治。热月政变后因身为罗伯斯庇尔派而入狱，1795年10月获释。1796年间，为拿破仑的意大利军团主编共和主义的法语报纸。1799年参与建立那不勒斯共和国。

85. Kersaint, Armand Guy, comte de
凯尔桑伯爵阿尔芒·居伊 (1742—1793)

布列塔尼人，共和派海军军官，1789年主持巴黎选举人大会。1793年1月，在国民公会带头要求对路易十六处以终身监禁而非处决，并在对国王行刑前辞去议员职务以示抗议。他毫不妥协地反对山岳派的统治，后于1793年10月2日被捕，于12月4日被送上断头台。

86. Kervélégan, Augustin Bernard de
奥古斯丁·贝尔纳·德·克尔维勒冈（1748—1825）

1788年的共和派小册子作者，反对君主专制、贵族制和教权。1793年5月成为布里索派十二人委员会成员，专门负责调查山岳派掌控下的巴黎公社，在恐怖统治期间成为不受法律保护者，通过藏匿逃过一劫。1795年3月回到国民公会，雾月政变前在共和国政治中表现突出。后来未经抵抗便服从了拿破仑的独裁统治。

87. Klopstock, Friedrich Gottlieb
弗里德里希·戈特利布·克洛卜施托克（1724—1803）

诗人，开明人士，率先为美国革命与法国革命辩护的德意志人之一。此人并非民主派，而是君主立宪派，因惊骇于九月屠杀和罗伯斯庇尔的暴行，在恐怖统治期间放弃了自己的法国荣誉公民身份。

88. Lacombe, Claire
克莱尔·拉孔布（1765—?）

演员，参与组织了 1792 年 8 月 10 日起义的杰出女性，主持巴黎街区的共和派妇女组织，马拉遇刺后，领导巴黎女性大规模推广对马拉的崇拜活动。与忿激派一起数次发起管制食物价格的请愿。后受到罗伯斯庇尔批评，于 1794 年 4 月 3 日被捕，被关押了 13 个月，于 1795 年 8 月获释。

89. Lafayette, Marie-Joseph Paul, marquis de
拉法耶特侯爵玛丽-约瑟夫-保罗（1757—1834）

1777 年 6 月起作为将军参加了美国革命，巴士底狱陷落后受命担任巴黎国民自卫军司令。1789 年 10 月 5 日控制住凡尔赛游行局势，护送王室回到巴黎。他拥护君主立宪制，参与了 1791 年至 1792 年间斐扬派的统治。1792 年 8 月 10 日起义期间离开巴黎，叛逃奥地利。

90. La Harpe, Jean-François de
让-弗朗索瓦·德·拉阿尔普（1739—1803）

剧作家，文人，伏尔泰的狂热信徒。起初是个热情的革命者，1794 年 4 月被山岳派投入监狱。热月政变后获释，成为大革命的死敌，仇视造就了大革命的"哲学"。果月政变后由于持续谴责共和国而遭到惩处，不得再从事教学工作。

91. Lakanal, Joseph
约瑟夫·拉卡纳尔（1762—1845）

哲学教授，在山岳派掌权期间指导实施了很多共和国在教育与文化方面的提案，包括 1793 年 6 月建立巴黎自然历史博物馆，同时抵制山岳派的办学政策。热月政变后，以立法机关教育委员会主席的身份改变罗伯斯庇尔的教育方针，其教育改革举措包括创办作为中级教育系统的中心学校。

92. Lalande, Jérôme
热罗姆·拉朗德（1732—1807）

知名天文学家，无神论者，哲学家，18 世纪末法国天文学界泰斗，与罗默一起，作为共和历的主要理论家与设计人，于 1792 年 11 月将新历法呈交国民公会。

93. Lally-Tollendal, Trophime Gérard, marquis de
拉利-托勒达勒侯爵特罗菲姆-热拉尔（1751—1830）

1789 年 8 至 10 月与穆尼耶共同领导了国民议会中的君主派，追求按照英国模式建立混合政府，包括规定两院制与国王的永久否决权。1792 年 8 月 10 日后曾短暂入狱，获释后逃亡至英格兰。波旁王朝复辟后，被路易十八封为法兰西贵族，成为御前议会成员。

94. Lameth, Alexandre de
亚历山大·德·拉梅特（1760—1829）

阿图瓦贵族，斐扬派领袖。骑兵上校，曾作为军官参加了美国独立战争，在 1789 年的三级议会上退出贵族等级，反对君主在立宪制度下保有任何实权。属于中左派反教权人士，既反对穆尼耶的君主主义，也反对民主共和主义。1792 年 8 月 10 日后与拉法耶特一起叛逃奥地利。

95. Lameth, Charles de
夏尔·德·拉梅特（1757—1832）

阿图瓦贵族，与其弟亚历山大一样是斐扬派的杰出领袖。曾参加过美国革命，在约克郡围城战中负伤，在 1789 年的三级议会上退出贵族等级。1792 年 8 月 10 日后居住在汉堡。曾支持拿破仑、波旁王朝复辟与 1830 年革命。

96. Lamourette, Antoine Adrien
安托万·阿德里安·拉穆雷特（1742—1794）

重要的天主教民主共和派，1791 年 2 月通过"民选"成为里昂的立宪派主教。长期呼吁布里索派与山岳派和解，从 1793 年 6 月起开始在里昂反对山岳派。1794 年 1 月 11 日在巴黎被送上断头台。

97. Lanjuinais, Jean Denis
让-德尼·朗瑞奈（1753—1827）

雷恩大学教授，雅各宾俱乐部的前身——布列塔尼俱乐部的创始人。反对审判路易十六及山岳派掌权。幸免于难后，在雷恩躲藏了十八个月，1795 年回到国民公会，参与起草 1795 年宪法。他反对果月政变、拿破仑和路易十八的统治。

98. Lanthenas, François Xavier
弗朗索瓦·格扎维埃·朗特纳斯（1754—1799）

医生，教育家，潘恩作品的法语译者，布里索派的重要人物，罗兰的心腹爱将。热月政变后成为国民公会秘书，1797 年前一直带头批判督政府。

99. La Revellière-Lépeaux, Louis-Marie de
路易-玛丽·德·勒韦利埃-莱波，（1753—1824）

来自昂热，狂热的反天主教共和派，平等派理想主义者。十二人委员会成员之一，恐怖统治期间不得不躲藏起来，1795 年 3 月重新在国民公会露面。参与起草 1795 年宪法，后来当选为五名督政官之一。他拥护果月政变（1797），支持由有神博爱教徒组成的自然神论宗派。

100. Lavoisier, Antoine Laurent
安托万-洛朗·拉瓦锡（1743—1794）

18 世纪最伟大的化学家，同时也是农学家，参与大革命期间对计量单位的改革，引入千克制。他坚决支持"真正的"大革命，于 1794 年 5 月 8 日在巴黎被送上断头台。1795 年起作为"壮烈牺牲的"科学家，成为共和派崇拜的对象。

101. Le Bon, Joseph
约瑟夫·勒邦（1765—1795）

奥拉托利会神父，1792 年 8 月 10 日后放弃神职，成为阿拉斯市市长。罗伯斯庇尔的朋友之一，对革命议题与观念不感兴趣，在阿拉斯和加来海峡省实施了丧心病狂的恐怖统治。1795 年 10 月 16 日因其罪行在亚眠被送上断头台。

102. Lebrun-Tondu, Pierre
皮埃尔·勒布伦-通迪（1754—1793）

记者，1789 年列日革命领袖，激烈批判比利时人的保守主义。流亡巴黎后，与布里索和罗兰来往密切，1792 年 8 月成为共和国外交部部长。他是重要的国际主义共和派，马拉和罗伯斯庇尔的批判者，1793 年 12 月 27 日在巴黎被送上断头台。

103. Le Chapelier, Isaac René
伊萨克·勒内·勒·沙普利耶（1754—1794）

在 1789 年至 1791 年间，参与起草了很多国民议会的法令。在斐扬派脱离雅各宾派一事上表现突出。1794 年 4 月 22 日因被人指控为温和派而在巴黎被送上断头台。

104. Lepeletier (de Saint-Fargeau), Ferdinand
斐迪南·勒佩勒捷（德·圣法尔若）（1767—1837）

路易-米歇尔之弟，狂热的雅各宾派贵族，曾参与巴贝夫的平等派密谋。他积极反对拿破仑的独裁统治，先后被拿破仑和路易十八逐出法国。

105. Lepeletier, Louis-Michel
路易-米歇尔·勒佩勒捷（1760—1793）

1789 年前曾是巴黎高等法院的重要法官，在 1789 年的三级会议上退出贵族等级，热烈支持 1790 年 6 月废除贵族头衔的决定。投票赞成处死国王数日后，在巴黎某家餐厅遇刺，当时离路易十六上断头台还有几天。他后来被山岳派塑造为英雄般的烈士，受到极度的崇拜。

106. Lequinio, Marie-Joseph
玛丽-约瑟夫·莱基尼奥（1755—1814）

律师，地主，力图推广农民成人教育。1793 年至 1794 年间，作为雅各宾派领袖，在法国西海岸开展去基督教化运动，对拉罗歇尔和罗什福尔实施恐怖统治，进行了疯狂的掠夺。热月政变后藏了起来，逃过惩处。在拿破仑统治期间，担任了数年的法国驻罗得岛纽波特的副领事。

107. Levasseur, René
勒内·勒瓦瑟（1747—1834）

雅各宾派外科医生，马拉的信徒，国民公会中最激烈反布里索派的议员之一。他忠于罗伯斯庇尔，后者却认为他不够残酷。热月政变后成为批判热月反动的重要雅各宾派。他后来卷入芽月起义（1795 年 4 月），1795 年在狱中度过了几个月。

108. Lindet, Robert
罗贝尔·兰代（1746—1825）

律师，贝尔奈市市长，国民公会议员，1793 年 4 月进入救国委员会。暗中反对罗伯斯庇尔的雅各宾派领袖之一，1794 年 4 月曾试图拯救丹东。热月政变后入狱，获释后参与了巴贝夫的平等派密谋。

109. Louis XVII
法王路易十七（1785—1795）

1789 年 6 月，在兄长去世后成为法国太子，路易十六死后被废，不久后被保王派拥立为法国国王。1792 年 8 月 10 日起被关入圣殿监狱，经历三年牢狱生活后死于肺结核，年仅 10 岁。

110. Louvet (de Couvret), Jean-Baptiste
让-巴蒂斯特·卢韦（德·库夫雷）（1760—1797）

书商代理，从文人变为记者，《哨兵报》编辑。1792 年底率领国民公会中的共和派谴责罗伯斯庇尔。恐怖统治期间东躲西藏，1795 年 3 月回到国民公会，始终是个坚定的共和派，既反对保王派也反对罗伯斯庇尔派。

111. Lux, Adam
亚当·卢克斯（1765—1793）

美因茨大学哲学讲师，在 1792 年至 1793 年间曾是莱茵兰民主共和国驻巴黎的代表。曾匿名发表煽动性小册子，为布里索派和夏洛特·科黛辩护。1793 年 11 月 25 日在巴黎被送上断头台。

112. Mallet du Pan, Jacques
雅克·马莱·杜庞（1749—1800）

居住在巴黎的日内瓦显贵，伏尔泰的信徒，宣扬反民主与反共和主义。他负责编辑保王派报纸《法兰西的墨丘利》（1789—1792 年），曾秘密充当路易十六与在科布伦茨的流亡贵族的中间人。

113. Malouet, Pierre Victor
皮埃尔-维克多·马卢埃（1740—1814）

1789 年以前曾担任皇家官员和土伦总督，1790 年至 1791 年间是国民制宪议会里中右君主立宪派领袖，同时与圣多明各白人种植园主结成紧密联盟。1792 年 8 月 10 日起义后逃往英格兰。在当地与其他流亡者密谋，试图让英国人接管法国的加勒比殖民地（他大部分收入的来源地）。

114. Manuel, Louis Pierre
路易-皮埃尔·曼努埃尔（1751—1793）

　　教师，书商代理，作家，1791 年 12 月当选为巴黎公社市级行政官。1792 年 8 月 10 日起义的组织者之一。他与布里索结盟，高调谴责九月屠杀，甚至在雅各宾俱乐部发言时也是如此。他在山岳派发动政变时被捕，1793 年 11 月 14 日在巴黎被送上断头台。

115. Marat, Jean-Paul
让-保罗·马拉（1743—1793）

　　瑞士医生，反启蒙哲学家，大革命中最伟大的民粹主义英雄。负责编辑最具沙文主义倾向、最嗜血的革命派报纸《人民之友》，不断呼吁建立罗伯斯庇尔的独裁统治。1793 年 2、3、5 月巴黎起义的主要煽动者之一，1793 年 6 月 2 日政变最重要的组织人。1793 年 7 月 13 日被夏洛特·科黛刺杀，成为威权主义反智者的"烈士"及其首要崇拜对象。

116. Maréchal, Pierre-Sylvain
皮埃尔-西尔万·马雷夏尔（1750—1803）

　　图书管理员，诗人，唯物主义哲学家，定期为普吕多姆主编的《巴黎革命》供稿的记者之一。作为 1796 年至 1797 年间巴贝夫平等派密谋的领袖之一，撰写了《平等派宣言》。

117. Marie Antoinette
玛丽·安托瓦奈特（1755—1793）

　　1774 年成为法国王后，举止轻率，交友不慎，在 18 世纪 80 年代期间引来了一系列关于国王夫妇私生活的下流诽谤，耗尽了原本已经岌岌可危的君主制的威望。人们怀疑她过分对自己的丈夫施加影响，反对君主立宪原则，阻止路易本人与拉法耶特和解，同时想要偷偷与自己的母国奥地利结盟并采取反革命战略。1793 年 10 月 16 日被送上断头台。

118. Maury, Jean Siffrein, Abbé
莫里神父让-西弗兰（1746—1817）

　　才华横溢的宫廷神父，在 1789 年至 1791 年的国民议会中坚决捍卫王室特权。与马卢埃一起领导中右君主派阵营。1792 年逃离法国，辗转至罗马，1795 年成为枢机主教。1810 年拿破仑与罗马教廷和解后，违抗教宗本人的意愿，成为巴黎大主教。波旁王朝复辟后，被路易十八逐出法国，被教宗监禁于罗马。

119. Mercier, Louis Sebastien
路易-塞巴斯蒂安·梅西耶（1740—1814）

　　多产作家，记者，因主办《巴黎公告》（1781—1788 年）而广为人知，是个乌托邦主义者。在大革命中宣传卢梭立场的重要人物，起初试图在布里索派和山岳派之间迂回，但 1793 年 6 月 2 日政变过后还是签署了国民公会议员的抗议书。1793 年 10 月入狱。热月政变后在国民公会恢复席位，高调谴责山岳派和"喋血官僚"罗伯斯庇尔。

120. Merlin de Thionville, Antoine Christophe
安托万–克里斯托夫·梅兰·德·蒂翁维尔，（1762—1833）

梅斯市的腐败律师，国民公会中的山岳派议员，与沙博和巴齐尔结盟，1792 年至 1793 年间被派往莱茵兰共和国担任法国代表（让福斯特深感厌恶）。曾参与热月政变，随后享受着他从大量受害者那里剥削而来的钱财，过上了平静的生活。

121. Merlin de Douai, Philippe-Antoine
菲利普–安托万·梅兰·德·杜埃（1754—1838）

国民议会各委员会中的重要律师，起草了 1789 年至 1790 年间一系列废除封建制度的法令。后来加入山岳派，带头促成《嫌疑犯法案》生效（1793 年 9 月 17 日）。他是 1797 年 9 月果月政变的主要组织者，政变后当选为五名督政官之一。

122. Mirabeau, Honoré Gabriel Riquetti, comte de
米拉波伯爵奥诺雷·加布里埃尔·里凯蒂（1749—1791）

生活放荡的哲学家，1788 年前因批判开明专制和旧制度立法系统而名扬各国。1788 年普罗旺斯革命运动领袖，1789 至 1790 年间凭借口才与讲稿代笔、研究人员和财务支持者组成的庞大队伍支配着国民议会。大革命早期所有主要的激进启蒙主义改革的关键推广人，然而他并不追求彻底清除王权，而是想要维持国王的有限否决权与持续性影响力。

123. Miranda, Francisco de
弗朗西斯科·德·米兰达（1756—1816）

来自委内瑞拉的西班牙军官，18 世纪 70 年代通过阅读雷纳尔的作品而皈依激进观念。1783 年后混迹于欧洲激进社交圈，与布里索和佩蒂翁结为盟友，成为 1792 年至 1793 年间杜穆里埃麾下北方革命军团的副指挥官。大约从 1800 年开始，成为 19 世纪早期最先煽动南美叛乱反对西班牙王国统治的主要人物。

124. Momoro, Antoine-François
安托万–弗朗索瓦·莫莫罗 (1756—1794)

巴黎印刷商，书商，革命派巴黎公社的主要印刷商，科德利埃俱乐部的强势演说家。提出了"自由、平等、博爱"的口号，并说服巴黎市市长帕什将其刻于首都所有公共建筑上。他是去基督教化运动的主要人物，不讨罗伯斯庇尔喜欢的激越平等主义者，1794 年 3 月 4 日在巴黎被送上断头台。

125. Monge, Gaspard
加斯帕尔·蒙热（1746—1818）

数学教授，孔多塞的爱将，1792 年 8 月至 1793 年 3 月担任革命派海军部部长，重组了共和国的海军基地与舰队。1797 年至 1798 年与多努一起被派往罗马，协助建立新罗马共和国。1798 年参加了埃及远征，参与创办法国埃及学院。

126. Moreau de Saint-Méry, Louis
路易·莫罗·德·圣梅里（1750—1819）

律师，国民议会中的马提尼克议员，圣多明各白人种植园主最高委员会成员，法属加勒比保王派和奴隶主的重要发言人。他发表了大量关于法国加勒比殖民地的文章，引用孟德斯鸠的观点为奴隶制度辩护。1792年8月10日后逃往贵城，成为一名书商，生意兴隆，后回到法国，在拿破仑统治期间担任低级官员。

127. Mounier, Jean-Joseph
让-约瑟夫·穆尼耶（1758—1806）

格勒诺布尔律师，仰慕孟德斯鸠，拥护英国模式和英国经验主义，反对激进倾向。1789年10月以前一直是国民议会中君主立宪保守主义的主要领袖，寻求在新宪法中规定国王的绝对否决权、王权至上以及贵族上院。

128. Necker, Jacques
雅克·内克尔（1732—1804）

住在巴黎的日内瓦银行家，改革家，作为路易十六的皇家财政总管，鼓动国王召开1789年三级会议。他仰慕英国模式，希望推动宫廷与国民议会融洽合作。1789年7月11日路易十六将其免职的举动触发了大革命最初的大危机。他逃回瑞士后继续捍卫"温和立场"与中间派政策。

129. Orléans, Louis-Philippe, duke of
奥尔良公爵路易-菲利普（1747—1793）

路易十四胞弟的后代，法国最富有的人之一，在野心的驱使下，这位亲王拥护大革命和平等事业。他阴谋参与煽动攻占巴士底狱和10月5日的凡尔赛游行，很多人怀疑他想取代路易十六成为国王。后改名"菲利普·平等"，加入雅各宾派和国民公会中的山岳派，支持处死自己的国王堂弟。1793年4月后身败名裂，1793年11月6日在巴黎被送上断头台。

130. Paape, Gerrit
赫里特·帕佩（1752—1803）

出身于代尔夫特的普通人家，荷兰爱国者领袖，荷兰解放运动中的重要作家和记者，1787年至1795年间流亡国外。他创作了大量赞美法国革命价值、贬损比利时保守主义的书籍和文章，1794年至1795年法国革命军占领尼德兰期间，他在协同作战的荷兰军团担任司令秘书。

131. Pache, Jean-Nicolas
让-尼古拉·帕什（1746—1823）

1789年前曾担任低级官员，在大革命早期投入罗兰麾下，成为战争部部长（1792年10月到1793年2月在任）。他同马拉合谋，其腐败行径人尽皆知，与罗兰决裂后转投山岳派。1793年2月15日当选为巴黎市市长，是山岳派6月2日政变的主要组织者，但在拒绝主持审判埃贝尔后失宠于罗伯斯庇尔。市长职务被弗勒里奥-莱斯科取代，曾参与芽月和牧月起义，后入狱。

132. Paine, Thomas
托马斯·潘恩（1737—1809）

《常识》（1776）一书的作者，美国革命中卓越的激进宣传家。其撰写的《人的权利》（1791）公然挑战伯克的保守主义，在英语界发动了激进主义反攻。1791年起投身法国革命政治，与孔多塞和布里索组成民主共和派联盟。1792年9月当选为国民公会议员，1793年12月至1794年11月被山岳派监禁。1795年早期恢复在国民公会的席位，对山岳派、乔治·华盛顿和英国政府抱有一视同仁的强烈敌意。

133. Palm d'Aelders, Etta
埃塔·帕尔姆·德·埃尔德斯（1743—1799）

荷兰女权主义者，1773年起住在巴黎，成为巴黎皇宫的高级交际花，1790年至1792年间组建附属于社会俱乐部的妇女社团，倡导女性婚内平权与离婚平权，不断呼吁给予女性参政权。作为大革命的女英雄，同时有充当奥兰治派间谍的嫌疑（有据可依），旨在败坏身处法国的荷兰爱国者名声，破坏他们在敦刻尔克、贝蒂讷和里尔的俱乐部。后被勒布伦-通迪派往荷兰，刺探居住在那里的法国流亡者，1795年被巴达维亚革命者判定为嫌疑犯，在武尔登关押了三年（1795—1798年）。

134. Paoli, Pascal
巴斯夸·保利（1725—1807）

1755年领导科西嘉起义反对热那亚，1769年领导科西嘉起义反对法国统治，后流亡英格兰多年。1790年回到科西嘉，与大革命合作，负责在岛上开展革命行动，直到1793年改变立场，驱逐法国人，带领科西嘉与英国人进行了短命的政治联合。

135. Pétion (de Villeneuve), Jérôme
热罗姆·佩蒂翁（德·维尔纳夫）（1756—1794）

秘密共和主义小册子作者，大革命早期议员，1790年至1792年间与罗伯斯庇尔一起反对君主立宪中间派与斐扬派。1791年11月，接替巴伊担任巴黎市市长，短期内大受群众欢迎。参与合谋了1792年6月20日反宫廷起义和1792年8月10日起义，1792年中期与罗伯斯庇尔和山岳派决裂。1793年6月2日被捕，后逃脱。1794年6月18日为免上断头台而自尽。

136. Philippeaux, Pierre Nicolas
皮埃尔-尼古拉·菲利波（1756—1794）

来自勒芒的革命法官，记者，丹东在国民公会中的盟友。对1793年旺代战争中的滥杀行为持强烈的批评态度，在山岳派内树敌颇多，其中包括罗伯斯庇尔。被捕后被判犯有叛国罪，于1794年4月5日与丹东一起被送上断头台。

137. Pichegru, Jean-Charles
让-夏尔·皮舍格吕（1761—1804）

从革命军士兵晋升为将军。北方军团统帅，1794 年至 1795 年占领荷兰。芽月起义
（1795 年 4 月）时在巴黎实施镇压，后成为 1797 年立法机关内君主派领袖。果月政变
时被捕并流放到卡宴，1798 年逃往伦敦，后秘密返回巴黎。再度入狱后，于 1804 年 4
月被人发现死于牢房内。

138.Proly, Pierre Joseph Berthold
皮埃尔·约瑟夫·贝尔托德·普洛里（1752—1794）

比利时男爵，金融家，煽动家，记者，奥地利大臣柯尼茨的私生子。1791 年在巴
黎创办民主共和派的国际主义日报《世界主义者》。他是公开的无神论者，支持去基督
教化运动，因而招致罗伯斯庇尔的不满，后于 1794 年 3 月 24 日在巴黎被送上断头台。

139. Rabaut Saint-Étienne, Jean-Paul
让-保罗·拉博·圣艾蒂安（1743—1793）

尼姆的新教牧师，拥护宽容和出版自由，大革命早期的历史学家，国民议会中的文
人议员，在确保 1789 年许多重大法令通过方面起到了显著作用。1793 年 5 月的十二人
委员会成员，1793 年 6 月 2 日政变后被山岳派宣布为不受法律保护者。从藏身地被人
发现后，于 1793 年 12 月 5 日在巴黎被送上断头台。

140. Reubell, Jean-François
让-弗朗索瓦·勒贝尔（1747—1807）

阿尔萨斯律师，1789 年曾反对犹太人解放，热月政变前一直是山岳派领袖。后来
成为激烈的反雅各宾分子，要求关闭雅各宾俱乐部。依据 1795 年宪法成为五名督政官
之一，协助组织了果月政变。

141. Robert, Pierre François Joseph
皮埃尔-弗朗索瓦·约瑟夫·罗贝尔（1762—1826）

比利时共和派，记者，娶了同是记者的露易丝·克拉里奥-罗贝尔为妻，负责编辑
《国内墨丘利》，早期曾宣扬共和主义观念。1791 年与丹东和另一名科德利埃俱乐部领
袖走得很近，并允许女性参加他们的会议。18 世纪 90 年代末被人指控囤积杂货和朗姆
酒，在巴黎变得不受待见；牧月起义时，他的商铺遭到哄抢打砸，保王派和很多无套裤
汉都叫他"罗贝尔·朗姆酒"。

142. Robespierre, Augustin
奥古斯丁·罗伯斯庇尔（1763—1794）

阿拉斯的律师，马克西米利安的弟弟，1792 年 9 月成为代表巴黎的国民公会议员。
1794 年早期作为特派员前往普罗旺斯，参与那里的恐怖统治，曾与拿破仑一起在尼斯
组建意大利军团。热月政变中与自己的哥哥同生共死，于 1794 年 7 月 28 日一起被送上
断头台。

143. Robespiere, Maximilien
马克西米利安·罗伯斯庇尔（1758—1794）

阿拉斯的律师，卢梭的狂热信徒，从 1793 年 6 月至热月政变期间民粹威权主义集团独裁统治的首脑。1793 年底之前竭尽全力，频繁在立法机关和雅各宾俱乐部发言，巧妙用计击败政敌，组建山岳派多样化政治同盟施政，一度加强了山岳派获得的支持。在演说中常常抨击启蒙哲学家和文人，将其斥为"无神论者"、国王和贵族之友、自己偶像卢梭的敌人以及人民的叛徒。对共和主义原则兴趣不大，对基本人权更是没有表现出任何兴趣。1793 年 6 月至 1794 年 7 月期间主要通过共和国行政委员会施展权威，是恐怖统治的元凶。

144. Roederer, Pierre Louis
皮埃尔–路易·勒德雷尔（1754—1835）

1789 年前是梅斯学院的重要人物，著有关于代议政治和经济事务的书籍。1789 年至 1790 年间成为国民议会中出众的演说家之一，支持西哀士和米拉波，1792 年 8 月 10 日曾协助将国王一家从杜伊勒里宫解救出来。在恐怖统治期间躲藏并幸存下来，后参与新布里索派复兴的活动。

145. Roland, Manon Jeanne Philipon, Mme.
罗兰夫人玛农–让娜·菲利庞（1754—1793）

罗兰之妻，1791 年 6 月至 1793 年 5 月期间曾是巴黎最重要革命沙龙的女主人，备受仰慕。热情信奉卢梭的她给布里索派领导层施加了很大影响。她严重错看了罗伯斯庇尔和丹东。1793 年 5 月底被关进修道院监狱，1793 年 11 月 8 日在巴黎被送上断头台。

146. Roland (de la Platière), Jean-Marie
让–玛丽·罗兰（德·拉普拉迪耶尔）（1734—1793）

比他著名的夫人年长 20 岁，大革命前曾在鲁昂和亚眠担任商业和制造业的地方督察，1792 年 3 至 6 月担任皇家内务大臣，1792 年 8 月至 1793 年 1 月底担任共和国内务部部长。1793 年 5 月底逃离巴黎，1793 年 11 月 15 日在诺曼底自杀身亡。

147. Romme, Gilbert
吉贝尔·罗默（1750—1795）

数学家，教师，18 世纪 80 年代曾在俄国待了五年，1791 年当选立法机关议员，主要为教育委员会和制宪委员会工作。他是 1793 年 9 月 17 日呈交给国民公会的共和历的主要设计师，平等派理想主义者，与山岳派属于同一阵营，既厌恶罗伯斯庇尔，也对热月反动表示反感。后卷入巴黎牧月政变，于 1795 年 6 月 16 日自杀身亡。

148. Ronsin, Charles Philippe
夏尔–菲利普·龙桑（1751—1794）

士兵，剧作家，科德利埃俱乐部的中坚力量，1792 年底被帕什任命为比利时军团的行政委员，主持一个相当混乱的军事行政机关，在那里他滥用职权，无法无天，贪污腐败。1793 年秋季和科洛·德布瓦一起在里昂指挥当地的镇压行动。后同埃贝尔结盟，于 1794 年 3 月 14 日入狱，3 月 24 日与埃贝尔一起被送上断头台。

149. Roux, Jacques
雅克·鲁（1752—1794）

神父，神学院教师，忿激派领袖之一，积极鼓吹经济平等，特别擅长煽动群众。大革命初期与马拉结盟，后分道扬镳。受到罗伯斯庇尔的鄙夷，于1793年8月入狱。1794年1月15日，在接受革命法庭审判前用刀自戕。

150. Royou, Thomas Marie, Abbé
托马斯－玛丽·华佑（1743—1792）

哲学教授，保王派记者，重要的保王派报纸《国王之友》的编辑。这份报纸呼吁忠诚的法国人反对大革命，一直在巴黎和外省广泛发行，直到1792年5月被禁（他也在不久后去世）。

151. Saint-Just, Louis Antoine
路易·安托万·圣茹斯特（1767—1794）

1793年至1794年间作为罗伯斯庇尔的左膀右臂管理国民公会，逐步加强恐怖统治。他是国民自卫军军官，教条的卢梭主义者，平庸但多产的政治理论家，是国民公会中最年轻的议员。有着无情的威权主义倾向，组织能力强，是恐吓胁迫方面的专家，在用计击败并摧毁山岳派内部的政敌埃贝尔派和丹东派的过程中发挥了重要作用。1794年7月28日与罗伯斯庇尔一起被送上断头台。

152. Salicetti, Christophe
克里斯托夫·萨利切蒂（1757—1809）

1789年三级会议中的科西嘉代表，1790年安排保利从英格兰回到科西嘉岛，1793年至1794年与保利争夺对该岛的控制权。曾在拿破仑的意大利军团中作为政治顾问随行，是1796年至1797年意大利革命的设计师之一。

153. Sieyès, Emmanuel Joseph
埃马纽埃尔·约瑟夫·西哀士（1748—1836）

没有任何神圣使命感的神父，1788年至1789年间最有影响力的小册子作者。在1789年各项重大法令生效的过程中发挥了重要作用，而后在立法机关中转向相对中间的立场。在整个大革命期间几乎都是制宪委员会的关键人物，但常常处于孤立状态。在去基督教化运动期间宣布弃教，在恐怖统治下保持沉默。后与拿破仑一起发动了1799年雾月政变。

154. Sonthonax, Léger-Félicité
莱热－费利西泰·松托纳克斯（1763—1813）

启蒙哲学的理想主义追随者，1792年至1793年间海地（圣多明各）的布里索派首席革命委员，他违抗当地白人种植园主意愿，是最先开始在海地为自由黑人和穆拉托人实现平等权利的革命者，1793年立法废除当地奴隶制。1793年至1794年间，以及在恐怖统治后期从法国出狱回到海地后一度与图桑－卢韦蒂尔结盟。1797年图桑－卢韦蒂尔将他逐出海地。

155. Staël, Anne-Louise, Mme. de
斯塔尔夫人安妮-路易丝（1766—1817）

内克尔之女，瑞士作家，大革命评论人。1795 年回到巴黎，主持督政府统治期间巴黎最重要的革命沙龙之一；反对拿破仑的独裁统治。

156. Talleyrand, Charles Maurice de
夏尔·莫里斯·德·塔列朗（1754—1838）

贵族，1788 年成为欧坦主教。1789 年 10 月背叛法国教士等级，支持米拉波，追求将教会财产收归国有；1792 年 12 月背叛共和国，逃往伦敦，为流亡王室服务；而后背叛法国流亡者，寻求与大革命和解。1796 年 9 月回到巴黎。他拥护拿破仑的独裁统治，后又背叛拿破仑，拥戴路易十八；1830 年革命期间，再次背叛波旁王室。

157. Tallien, Jean Lambert
让-朗贝尔·塔利安（1767—1820）

腐败的山岳派领袖，在波尔多推行恐怖统治，由于不及其他特派员残酷，于 1794 年 3 月被人指控为崇尚温和主义。他是热月政变的领袖，领导了热月反动，先后系统性地背叛了雅各宾派、共和国、拿破仑、路易十八，最后贫病交加，在耻辱中去世。

158. Toussaint-Louverture, François Dominique
弗朗索瓦·多米尼克·图桑-卢韦蒂尔（1743—1803）

生于圣多明各的黑奴，在大革命之前获得自由，受过一些教育。1791 年 9 月成为海地黑人起义的军事领袖，起初与持保王主义立场的西班牙结盟，从 1793 年开始转投松托纳克斯和法国大革命。对海地废奴做出贡献，1796 年至 1797 年间成功击退英国和西班牙的保王派进犯。1799 年成为海地的实际统治者，而后制定宪法，让自己终生担任海地大总督。1802 年，拿破仑派兵收复海地，恢复奴隶制（起初取得了成功），将其俘获。1803 年，他于在押期间在法国去世。

159. Treilhard, Jean-Baptiste
让-巴蒂斯特·特雷亚尔（1742—1810）

律师，1789 年三级会议代表，作为教会事务委员会主席，曾在国民议会发挥重要作用，负责执行教财国有化与《教士公民组织法》。未曾卷入恐怖统治，作为坚定的共和派，在热月反动中表现突出，1798 年 5 月取代弗朗索瓦·德·纳沙托成为五名督政官之一。雾月政变后，为拿破仑放弃了共和主义立场。

160. Vadier, Marc Guillaume
马克-纪尧姆·瓦迪耶（1736—1828）

腐败的山岳派领袖，教会什一税收税员之子，1793 年由国民公会投票选入救国委员会。在丹东倒台和热月政变中发挥了重要作用。1795 年设法藏了起来，避免被流放至卡宴。后参与了巴贝夫的平等派密谋。

161. Varlet, Jean
让·瓦尔莱（1764—1837）

邮局雇员，后成为忿激派的杰出领袖。在郊区的无套裤汉中大受欢迎，喜欢当街对群众发表长篇演说，深受马拉与罗伯斯庇尔憎恨。5月31日和6月2日政变的主要群众组织者。他曾公开批判罗伯斯庇尔，捍卫街区会议的集会权和请愿权，要求议员表决须从选举人处获得授权。恐怖统治期间短暂入狱，被热月党人关押的时间则更久（1794年9月至1795年10月）。未受巴贝夫密谋波及，雾月政变后成为坚定的波拿巴主义者。

162. Vatar, René
勒内·瓦塔尔（1773—1842）

布列塔尼印刷商，记者，主办了《万国自由人日报或共和主义者》（*Journal des Hommes Libres de tous les pays, ou le Républicain*，1796—1797年），是反对督政府的重要民主派，曾卷入巴贝夫密谋。1797年被判无罪，后因反对拿破仑的独裁统治被流放卡宴，逃脱后在美国度过了几年。

163. Vergniaud, Pierre-Victurnien
皮埃尔-维克蒂尼安·韦尼奥（1753—1793）

作为口才出众的共和派议员，从1791年10月起在立法机关表现突出，发表过震撼人心的激进演说，谴责流亡贵族和反抗派神父。后与布里索结盟，是1792年6月20日和8月10日起义的领袖之一，拥护自由黑人和穆拉托人的政治权利。6月2日政变后拒绝逃离巴黎，1793年10月31日和布里索一起被送上断头台。

164. Villette, Charles, marquis de
维莱特候爵夏尔（1736—1793）

伏尔泰的宠儿，在大革命中宣扬伏尔泰思想的主要人物，神父和旧制度法官的著名仇敌。支持已婚和未婚女性进入初级议会，拥护非婚生子女的权利，还倡导同性恋权利，并因此被公众嘲笑。他激烈反对巴黎山岳派，死于恐怖统治开始之前；他以貌美而著称的妻子，在整个恐怖统治和热月反动期间都被囚于狱中。

165. Vincent, François-Nicolas
弗朗索瓦-尼古拉·樊尚（1767—1794）

巴黎狱卒之子，大革命前是位律师助理。科德利埃俱乐部的重要演说家，埃贝尔、莫莫罗和龙桑的主要盟友。曾担任战争部秘书长，1792年至1793年在任期间，将战争部变为埃贝尔主义的大本营。积极拥护去基督教化运动。于1794年3月24日与埃贝尔一起被送上断头台。

166. Volney, Constantin François de Chasseboeuf, comte de
沃尔内伯爵康斯坦丁·弗朗索瓦·德·沙斯伯夫（1757—1820）

无神论者，唯物主义者，启蒙哲学家，1788年至1789年间布列塔尼反贵族骚乱的领袖之一，在1789年的三级会议上带头发动反贵族攻势。他的《废墟》（1791）是激进启蒙运动中成书于大革命期间并书写大革命的重要哲学著作。1792年至1793年期间担任科西嘉商业与农业总管，曾在恐怖统治期间入狱。是18世纪90年代重要的观念学者之一。

167. Wedekind, Georg Christian
格奥尔格·克里斯蒂安·韦德金德（1761—1831）

美因茨选帝侯的御医，德意志共和派领袖，重要的革命派记者，美因茨雅各宾俱乐部和1792年至1793年的莱茵兰共和国创始人之一。他对宣传革命价值做出了杰出贡献，率先在德意志公开宣扬民主和普遍解放。

注　释

前　言

1. Roe, *Wordsworth and Coleridge*, 81–82; Erdman, *Commerce des Lumières*, 305.
2. Buel, *Joel Barlow*, 177–81.
3. The account of the toasts in Girey-Dupré, *Patriote français* 1199 (21 Nov. 1792), 588, and Alger, "British Colony," 673, 678, is incomplete; for a fuller account, see *Journal de Perlet* 2, no. 61 (21 Nov. 1792), 485–87.
4. Grenby, *Anti-Jacobin Novel*, 30–32; Bindman, *Shadow of the Guillotine*, 173; Erdman, *Commerce des Lumières*, 230, 305.
5. *Journal de Perlet* 2, no. 61 (21 Nov. 1792), 486–87.
6. Ibid.
7. Volney, *Œuvres complètes*, 1:267–75; Israel, *Democratic Enlightenment*, 30, 749–50.

第 1 章　导　论

1. Campbell, introduction to *Origins of the French Revolution*, 9.
2. Stone, *Genesis of the French Revolution*, 86–88, 93–95; Colin Jones, *Great Nation*, 324–33.
3. Spang, "Paradigms and Paranoia," 122.
4. Goldstone, "Social Origins," 70–72.
5. Kaiser and Van Kley, *From Deficit to Deluge*, 5.
6. P. Jones, *Peasantry*, 1–2, 15–16, 31, 33, 40–41; C. Jones, *Great Nation*, 404–5.
7. Doyle, *Oxford History*, 5–6.
8. Ibid., 18–28; Goldstone, "Social Origins," 73–76; Doyle, *Officers, Nobles*, 101–3.
9. Campbell, introduction to *Origins of the French Revolution*, 18; Goldstone, "Social Origins," 84.
10. Doyle, *Origins of the French Revolution*, 133–34.
11. Ibid.; Goldstone, "Social Origins," 90–91.
12. Hunt, *Politics, Culture*, 178; Tackett, *Becoming a Revolutionary*, 7; Desan, "What's after Political Culture," 164.
13. Goldstone, "Social Origins," 93.
14. Desmoulins, *France Libre*, 10.

15. Cobb, *The French*, 33; Van Kley, "From the Lessons," 76; Kaiser, "From Fiscal Crisis," 140, 162–64; Hunt, "Global Financial Origins," 32–33, 42–43.
16. Kaiser and Van Kley, *From Deficit to Deluge*, 5.
17. Applewhite, *Political Alignment*, 4–5; C. Jones, *Great Nation*, 377.
18. Fajn, "Attitude," 232.
19. Tackett, *Becoming a Revolutionary*, 6–7; Spang, "Paradigms and Paranoia," 120–21.
20. Heuer, "Family Bonds," 53–54, 61, 68.
21. Swenson, *On Jean-Jacques Rousseau*, 16.
22. Necker, *Révolution française*, 1:14; Linton, *Politics of Virtue*, 199–200.
23. E. Badinter and R. Badinter, *Condorcet, 1743–1794*, 258–62.
24. Bailly, *Mémoires de Bailly*, 1:51–53; Roland, *Memoirs*, 250; Tackett, *Becoming a Revolutionary*, 50.
25. Roederer, *Spirit of the Revolution*, 5.
26. Garat, *Mémoires historiques*, 2:230, 2:315.
27. Desmoulins, *France libre*, 10.
28. Brissot, *Examen*, 127.
29. Desmoulins, *France libre*, 11; Lachappelle, *Considérations philosophiques*, 109.
30. Ginguené, *Lettres*, 64–65.
31. Ravitch, "Abbé Fauchet," 254; Swenson, *On Jean-Jacques Rousseau*, 9.
32. Feller, *Journal historique et littéraire* (1792), 22–23.
33. Portalis, *De l'usage*, 15:119–21, 15:124–25, 15:130–31, 15:361; Barnave, *Power, Property*, 123-4.
34. Ibid., 226–27; Mallet du Pan, *Considérations*, 6–7.
35. Ibid., 277.
36. La Harpe, *Philosophie du dix-huitième siècle*, 1:3 and 2:192–95, 2:268; Strugnell, *Diderot's Politics*, 207, 228.
37. Brissot, *Le Patriote français*, 145 (31 Dec. 1789), 4; Rasmussen, "Burning Laws," 90–91.
38. Roederer, *De la philosophie moderne, et de la part qu'elle a eue à la Révolution française*. Paris, 1799, 24; [Prudhomme], *Les Révolutions de Paris*, 1:35.
39. Ibid.; Mounier, *De l'influence*, 125.
40. La Harpe, *Philosophie du dix-huitième siècle*, 1:107–8; La Harpe, *Réfutation du livre*, 156.
41. La Harpe, *Réfutation du livre*, 158.
42. La Harpe, *Philosophie du dix-huitième siècle*, 1:126.
43. Swenson, *On Jean-Jacques Rousseau*, 172.
44. Mirabeau, *Courrier* 20 (14/27 July 1789), 20.
45. Ibid., 28 (17/18 Aug. 1789), 1–2; Brissot, *Le Patriote français* 1 (28 July 1789), 382.
46. Brissot, *De la vérité*, 109–12, 178, 185, 196–97, 212, 216–17.
47. Ibid., 253, 257–58; Mercier, *De J. J. Roussseau considéré*, 1:60–61 and 2:12, 2:32–34, 2:173; Furet, "Rousseau," 173–75; Swenson, *On Jean-Jacques Rousseau*, 173, 175, 180, 191–92; Villaverde, "Spinoza, Rousseau," 96, 100; Israel, *Democratic Enlightenment*, 645–47.
48. Cobb, *The French*, 178–79.
49. Culoma, *Religion civile*, 189–93.
50. Desmoulins, *France libre*, 23–25, 31–41.
51. Ibid., 43–46.
52. Ibid., 13, 16, 20; Volney, *Œuvres complètes,* 1:255, 1:273–74.
53. Israel, *Democratic Enlightenment*, 633–47.
54. Thouret, *Vérités philosophiques*, 16–17; Tackett, *Becoming a Revolutionary*, 112.
55. Bredin, *Sieyès*, 163, 542–43; Baker, "Political Languages," 630; Bates, *Enlightenment Aberrations*, 116–20.
56. Desmoulins, *France libre*, 28, 30–31.
57. Ibid., 62.

58. Brissot, *De la vérité*, 225, 258.
59. Kervélégan, *Réflexions d'un philosophe breton*, 1, 36.
60. Ibid., 67–69; Ozouf, "La Révolution française," 216–18.
61. Kervélégan, *Réflexions d'un philosophe breton*, 67–71.
62. Ibid., 72.
63. Roederer, *De la philosophie*, 2–3; Forsyth, *Reason and Revolution*, 10, 18–19; Pasquino, *Sièyes et l'invention*, 17–19, 169.
64. Marmontel, *Mémoires*, 3:296; Condorcet, "Essai sur la constitution," in *Œuvres complètes*, 8:187–88, 8:230–31, and "Sentiments d'un républicain," in *Œuvres complètes*, 9:130–31, 9:132–33, 9:135–36.
65. Roederer, *De la philosophie*, 6–7.
66. Ibid., 7.
67. Ibid., 23; Roederer, *Spirit of the Revolution*, 9–13, 18.
68. [Prudhomme], *Les Révolutions de Paris*, introduction to vol. 1, 1–3, 6, 17, 35, 47.
69. Ibid., 17; Baker, *Inventing the French Revolution*, 219.
70. [Prudhomme], *Les Révolutions de Paris* 5 (9/15 Aug. 1789), 12–14 and 6 (16/22 Aug. 1789), 1–4.
71. Ibid., 3 (26 July/1 Aug. 1789), 14.
72. Aston, *Religion and Revolution*, xii; Van Kley, "Christianity," 1088.
73. See Jennings, "Reason's Revenge," 4.
74. BL pamphlets 103 2/3 no. 8: *Réponse de J. L. Carra deputé à la Convention Nationale*, 14; Lachapelle, *Considérations philosophiques*, 81–82, 98.

第 2 章　报业革命

1. Gorani, *Recherches sur la science*, 2:176; La Harpe, *Réfutation du livre*, 152; Israel, "Failed Enlightenment," 36–42.
2. Mounier, *De l'influence*, 27.
3. Campbell, introduction to *Origins of the French Revolution*, 23–24; Mounier, *De l'influence*, 153, 309–10; Martin, *Violence et révolution*, 49; Doyle, *Origins of the French Revolution*, 184.
4. Campbell, introduction to *Origins of the French Revolution*, 17; Tlili-Sellaouti, "Pouvoir local," 120–21; Goyhenetche, *Histoire générale du Pays Basque*, 4:149, 4:160, 4:162–63.
5. Gruder, *Notables and the Nation*, 168–79; De Baecque, "Pamphlets," 165.
6. Goyhenetche, *Histoire générale du Pays Basque*, 128–29.
7. Lachapelle, *Considérations philosophiques*, supplement, 73.
8. Marmontel, *Mémoires*, 3:185; Arnaud, *Chamfort*, 151–52; Doyle, *Origins of the French Revolution*, 185.
9. Mallet du Pan, *Considérations*, 11; Kates, *Cercle Social*, 77; Bertaud, *Les Amis du roi*, 22; Garrioch, *Making of Revolutionary Paris*, 244–46.
10. Jones, *Great Nation*, 395–97, 401; Campbell, introduction to *Origins of the French Revolution*, 24–26.
11. Applewhite, *Political Alignment*, 30–33; Campbell, introduction to *Origins of the French Revolution*, 24–26.
12. Rabaut Sainte-Étienne, *Précis historique*, 24, 56–57; Stone, *Genesis of the French Revolution*, 214–16.
13. Sinéty, "Réflexions importantes," in *Archives Parlementaires*, 26:661–62, 26:664 (31 May 1791).
14. Cérutti, *Mémoire pour le peuple françois*, 65–66.
15. Sieyès, *Manuscrits, 1773–1799*, 99, 361; Sewell, *Rhetoric of Bourgeois Revolution*,

67–71.

16. Linguet, *Annales politiques* 15 (1788–89), 431–34, 436, and 16 (1789–90), 272.

17. Volney, *Œuvres complètes,* 1:32, 1:35, 1:41, 1:46, 1:57, 1:64–65; Gruder, *Notables and the Nation*, 281; Dupuy, *Aux origines idéologiques*, 13–15.

18. Volney, *La Sentinelle du peuple*, no. 1, 6–7; no. 3, 16, 18; no. 4, 7; Eisenstein, "Le Publiciste comme démagogue," 189; Doyle, *Aristocracy and Its Enemies*, 173.

19. BL 911 c. 3/5, Lettre de M. C. F. de Volney à M. le Come de S., 14, 17.

20. Marmontel, *Mémoires*, 3:188; Arnaud, *Chamfort*, 155.

21. Baker, *Condorcet*, 248–60, 266; D. Williams, *Condorcet and Modernity*, 252.

22. Gruder, *Notables and the Nation*, 282–84.

23. Ibid., 295–97; E. Kennedy, *Cultural History*, 35, 41.

24. Sewell, *Rhetoric of Bourgeois Revolution*, 63–64.

25. Garrone, *Gilbert Romme*, 249–50.

26. Sabatier, *Journal Politique* 1 (1790), 41–42.

27. Burke, *Reflections on the Revolution*, 36–40; Marmontel, *Mémoires*, 3:178–79.

28. Mounier, *De l'influence*, 69–70.

29. Brissot, *Mémoire aux États-généraux*, 46; Tortarolo, *L'Invenzione*, 137, 148.

30. Ibid., 71; Villette, *Lettres choisies*, 11; Hampson, *Will and Circumstance*, 84–85; Lüsebrink et al., *The Bastille*, 30.

31. Brissot, *Mémoire aux États-généraux*, 22; Gueniffey, "Brissot," 447.

32. Ibid., 5; Brissot, *Mémoires (1734–1793)*, 2:185–86; Hampson, *Will and Circumstance*, 86–88.

33. Brissot, *Mémoire aux États-généraux*, 9.

34. Ibid., 10; Gueniffey, "Brissot," 447–48; Popkin, "Journals," 145.

35. [Prudhomme], *Les Révolutions de Paris* 8 (29 Aug./4 Sept. 1789), 26; De Luna, "Dean Street," 172, 176.

36. Tocqueville, *L'Ancien régime*, 157.

37. Brissot, *Mémoire aux Etats-généraux*, 68; Tortarolo, *L'Invenzione*, 136–37, 148.

38. Brissot, *Mémoire aux États-généraux*, 38; Labrosse and Rétat, *Naissance du journal révolutionnaire*, 177–78.

39. Brissot, *Mémoire aux États-généraux*, 29; Pétion, *Avis*, 70; Labrosse and Rétat, *Naissance du journal révolutionnaire*, 279; Halévi, "Les Girondins," 148–49.

40. Brissot, *Mémoire aux États-généraux*, 27.

41. Ibid., 34.

42. Ibid., 40; Labrosse and Rétat, *Naissance du journal révolutionnaire*, 176; Halévi, "Les Girondins," 148.

43. Brissot, *Le Patriote français* 1 (28 July 1789), 1; Granié, *De l'Assemblée*, 61; Andries, "Les imprimeurs-libraires parisiens," 248; Labrosse and Rétat, *Naissance du journal révolutionnaire*, 22–23, 89; Hesse, "Economic Upheavals," 72–73.

44. Gorsas, *Courrier* 1, no. 9 (15 July 1789), 129; Mortier, *Anacharsis Cloots*, 114; Wauters, "La naissance," 111.

45. Censer, *Prelude to Power*, 22; Dommanget, *Sylvain Maréchal*, 169–73; Gough, *Newspaper Press*, 24, 163.

46. Labrosse and Rétat, *Naissance du journal révolutionnaire*, 169–71.

47. Gorsas, *Courrier* 1, no. 86 (1 Oct. 1789), 1, 19, 22; Badinter, *Libres et égaux*, 109–10, 115.

48. Girard, *La Révolution française*, 74–91; Mortier, *Anacharsis Cloots*, 67–69; Badinter, *Libres et égaux*, 72–74.

49. Thierry, *Dissertation sur cette question*, 29, 37–38.

50. Ibid., 79–82; Girard, *La Révolution française*, 80–81, 84.

51. M. L. Kennedy, "Development of a Political Radical," 144.

52. Censer, *Prelude to Power*, 17; Gough, *Newspaper Press*, 24, 56.

53. BHP pamphl. 958555, *Aux Génies de France*, 4–5, 17–18; M. L. Kennedy, "Development of a Political Radical," 144.

54. Murray, *Right-Wing Press*, 272; Gough, *Newspaper Press*, 64; Popkin, "Journals," 150; Wauters, "La naissance," 110.

55. Acomb, *Mallet du Pan (1749–1800)*, 230–31.

56. *Assemblée Nationale, Commune de Paris*, no. 468 (16 Nov.1790), 6–7; Acomb, *Mallet du Pan (1749–1800)*, 4–5, 12–19, 24.

57. Acomb, *Mallet du Pan (1749–1800)*, 58, 62–63, 66–73.

58. Chisick, *Production, Distribution*, 222–26.

59. Ibid., 34–35; Israel, *Democratic Enlightenment*, 62–64, 648.

60. Chisick, *Production, Distribution*, 37; Popkin, "Journals," 148.

61. Bergasse, *Lettre de M. Bergasse*, 28, 32–33.

62. Sabatier, *Journal politique* 1 (1790), 119–20.

63. Ibid., 121.

64. Ibid., 120–22.

65. D. Bertrand, *Lettre à Monsieur Raynal*, 22–23.

66. Sabatier, *Journal politique* 1 (1790), 121; Israel, *Democratic Enlightenment*, 773.

67. Desmoulins, *France libre*, 9.

68. [Carra], *La Raison*, 21–22, 29n.

69. Ibid., 45.

70. [Carra], *L'Orateur*, 19, 21, 202; Whaley, *Radicals*, 23.

71. [Carra], *L'Orateur*, 23–25; Labrosse and Rétat, *Naissance du journal révolutionnaire*, 183.

72. [Carra], *La Raison*, 50.

73. Ibid., 1–3, 6, 21–22.

74. Ibid., 182–83, 202; Lüsebrink et al., *The Bastille*, 82–83.

75. Rabaut Sainte-Étienne, *Précis historique*, 19–20; Cottebrune, *Mythe et réalité*, 133.

76. Rabaut Saint-Étienne, *Précis historique*, 21.

77. Ibid., 22–23.

78. Rabaut Saint-Étienne, *Précis historique*, 23–24; Mounier, *De l'influence*, 100–103.

79. Naigeon, *Adresse à l'Assemblée Nationale*, 81–83, 86.

80. Ibid., 9.

81. Ibid., 41–42, 53, 71, 77.

82. Naigeon, *Adresse à l'Assemblée Nationale*, 113, 122.

83. Brissot, *Mémoire aux États-généraux*, 4.

84. Ibid., 55–57; Tortarolo, *L'Invenzione*, 165.

85. Israel, *Democratic Republic*, 398–99, 646; Dorigny, "L'émergence d'un 'parti républicain,'" 111.

86. Desmoulins, *Vieux Cordelier*, 74–76, 80, 90, 96, 119.

第 3 章　从三级会议到国民议会

1. Morellet to Bentham, Paris, 8 May 1789, in Morellet, *Lettres*, 2:128–30; Petitfils, *Louis XVI*, 2:161–69.

2. Volney, *Discours prononcé dans la Chambre* (8 May 1789), 2, 4; Baker, "Political Languages," 631.

3. Brissot, *Plan de conduite*, 104–5.

4. Ibid., vii–viii.

5. Ibid., 224, 229–30.

6. Baker, "Political Languages," 631; Tackett, *Becoming a Revolutionary*, 23; Fitzsimmons, *Remaking of France*, 42.

7. Jefferson, *Papers of Thomas Jefferson*, 15:196.

8. Jefferson to Jay, Paris, 24 June 1789, in ibid., 15:205.

9. *Archives Parlementaires*, 8:144–45 (23 June 1789).
10. Ibid., 8:145; Fitzsimmons, *Remaking of France*, 43.
11. *Archives Parlementaires*, 8:143 (23 June 1789).
12. Ibid., 8:145–47.
13. Jefferson to Jay, Paris, 29 June 1789, in Jefferson, *Papers of Thomas Jefferson*, 15:221–22.
14. *Archives Parlementaires*, 8:165–66 (27 June 1789).
15. Ibid., 8:171–72 (30 June 1789).
16. Slavin, *French Revolution*, 62; Lemny, *Jean-Louis Carra*, 158–59; E. Badinter and R. Badinter, *Condorcet, 1743–1794*, 267.
17. Tønnesson, "La démocratie directe," 298.
18. Slavin, *French Revolution*, 57–58.
19. Jefferson to Paine, Paris, 11 July 1789, in Jefferson, *Papers of Thomas Jefferson*, 15:268–69.
20. Ibid., 15:230–32.
21. Sabatier, *Journal politique* 1 (1790), 47; McMahon, *Enemies of the Enlightenment*, 65.
22. Jefferson to Jay, Paris, 19 July 1789, in Jefferson, *Papers of Thomas Jefferson*, 15:285.
23. *Archives Parlementaires*, 8:208–10 (8 July 1789).
24. "Réponse du roi," 10 July 1789, in Gorsas, *Courrier* 1, no. 3, 108; Mirabeau, *Collection complète*, 1:317–19.
25. Gorsas, *Courrier* 1, no. 9 (15 July 1789), 131.
26. Jefferson to Paine, Paris, 273, in Jefferson, *Papers of Thomas Jefferson*, 15:273.
27. Gorsas, *Courrier* 1, no. 11 (17 July 1789), 161.
28. Desmoulins, *Vieux Cordelier*, 115; Malouet, *Mémoires*, 1:326.
29. Hammersley, *French Revolutionaries*, 36–37, 60; Ozouf, "La Révolution française," 213.
30. Gorsas, *Courrier* 1, no. 9 (15 July 1789), 142.
31. *Archives Parlementaires*, 8:223, 8:229 (8 July 1789).
32. Lucas, "Crowd and Politics," 264.
33. Villette, *Lettres*, 4.
34. *Lettre à M. le Marquis de Luchet*, 60, 101.
35. Gaulmier, *Un grand témoin*, 89–90; Peterson, *Thomas Jefferson*, 379.
36. Marmontel, *Mémoires*, 3:185, 3:187; Staum, *Cabanis*, 122–23; Arnaud, *Chamfort*, 151–52, 162–63, 166–75.
37. Morellet, *Mémoires*, 1:381; Mortier, *Le Coeur et la raison*, 458.
38. Naigeon, *Lettre du Citoyen*, 2, 7.
39. Garat, *Mémoires historiques*, 2:315, 2:354, 365–66; Pellerin, "Naigeon," 32; Mortier, "Les héritiers," 457–59.
40. Morellet, *Mémoires*, 1:387–88; Guillois, *Salon de Madame Helvétius*, 71–72; Rials, *La Déclaration des droits*, 125.
41. Lawday, *Giant of the French Revolution*, 49–52.
42. Monnier, "L'Évolution," 50–51; Geffroy, "Louise de Kéralio-Robert," 6; Hammersley, *French Revolutionaries*, 18–19.
43. Lucas, "Crowd and Politics," 274.
44. "Vie de Sylvain Bailly," in Bailly, *Œuvres posthumes*, xii–xiii, xxxi, xlii–xliii.; Mounier, *De l'influence*, 103–4; Lortholary, *Le mirage russe*, 259.
45. Bergasse, *Considérations sur la liberté*, 19, 27.
46. Tønnesson, "La démocratie directe," 298; Hampson, *Will and Circumstance*, 174–76.
47. Kates, *Cercle Social*, 34–36, 41; Hammersley, *French Revolutionaries*, 24–27.
48. *Actes, Commune de Paris*, Lacroix (ed.), ser. 1, introduction, 1:xvii–xviii; Hammersley, *French Revolutionaries*, 18, 22–24.
49. *Actes, Commune de Paris*, Lacroix (ed.), ser. 1, introduction, 2:ix; [Carra], *La Raison*,

198–99.

50. Villette, *Lettres choisies*, 6.
51. Hardman, *Louis XVI*, 105–8; Lüsebrink et al., *The Bastille*, 39, 46.
52. Herding and Reichardt, *Die Bildpublistik*, 76.
53. Doyle, *Parlement of Bordeaux*, 304–5; Auerbach, "Politics, Protest," 151–52; Forrest, *Revolution in Provincial France*, 64–65, 67–68.
54. Fontana et al., *Venise et la Révolution*, 320; Martin, *Violence et révolution*, 67–69.
55. Dumont, *Mémoires de Mirabeau*, 94–95.
56. Furet, *Revolutionary France*, 69; Martin, *Violence et révolution*, 61–62.
57. Chénier, *De la Liberté du théâtre*, 13, 45; Schama, *Citizens: A Chronicle*, 495; Friedland, *Political Actors*, 260–69.
58. Chénier, *Dénonciation des Inquisiteurs*, 45–46; Brown, "Le Débat sur la liberté," 45.
59. Chénier, *Dénonciation des Inquisiteurs*, 41; Chénier, *Discours prononcé à la Convention*, 20–23.
60. Chénier, *Dénonciation des Inquisiteurs*, 30–31; *Chronique de Paris* 1, 28 (20 Sept. 1789), 110; Birn, "Religious Toleration," 280.
61. Maslan, *Revolutionary Acts*, 30–31.
62. *Mercure national* 24 (10 May 1791), 384.
63. Ibid., 33.
64. Chénier, *De la Liberté*, 22, 43.
65. Ibid., 28; Marsan, *Revolutionary Acts*, 38.
66. Chénier, *De la Liberté*, 38–39; Friedland, *Political Actors*, 266.
67. Marsan, *Revolutionary Acts*, 49–50.
68. [Prudhomme], *Révolutions* 6 (16/22 Aug.), 26; Brissot, *Le Patriote français* 19 (18 Aug. 1789), 1; Lichtenberg, *Schriften und Briefe*, 1:700; Graczyk, "Le théâtre de la Révolution française," 399.
69. Thompson, *French Revolution*, 29; Quiviger, "Sieyès," 128–29, 134.
70. Sieyès, *Manuscrits, 1773–1799*, 214, 256, 259.
71. Quiviger, "Sieyès," 141–42; Sewell, *Rhetoric of Bourgeois Revolution*, 53–54.
72. Thompson, *French Revolution*, 29; Forsyth, *Reason and Revolution*, 38.
73. Price to Jefferson, Hackney, 3 Aug. 1789, in Jefferson, *Papers of Thomas Jefferson*, 15:329.

第 4 章 "人的权利"

1. Hardman, *Louis XVI*, 110.
2. Sieyès, *Essai*, 5; Sieyès, *Quest-ce que le Tiers*, 175–76, 179–80; Sewell, *Rhetoric of Bourgeois Revolution*, 28.
3. Sieyès, *Essai*, 3, 9–10; Forsyth, *Reason and Revolution*, 86–88.
4. [Prudhomme and Tournon], *Les Révolutions de Paris* 5 (9/15 Aug. 1789), 27–29; Marmontel, *Mémoires*, 3:195; La Gorce, *Histoire religieuse*, 1:215–16; Whaley, *Radicals*, 22.
5. Rabaut de Saint-Étienne, *Précis historique*, 58, 62–64; Doyle, *Origins of the French Revolution*, 146.
6. Sieyès, *Essai*, 5; Forsyth, *Reason and Revolution*, 64–68, 72–78.
7. Mirabeau, *Courrier* 23 (3/5 Aug. 1789), 24–28.
8. Mackrell, *Attack on "Feudalism,"* 173–74; Sonenscher, *Sans-Culottes*, 305.
9. Bailly, *Mémoires de Bailly*, 2:266; Marmontel, *Mémoires*, 3:308; Fontana et al., *Venise et la Révolution*, 320.
10. Bailly, *Mémoires de Bailly*, 2:216.
11. Chaudon, *Dictionnaire anti-philosophique*, 1:324.

12. Brissot, *Le Patriote français* 10 (7 Aug. 1789), 3; Loft, *Passion, Politics*, 177–79.
13. Sieyès, *Qu'est-ce que le Tiers*, 32; Baker, "Reason and Revolution," 87; Sewell, *Rhetoric of Bourgeois Revolution*, 58–63.
14. Baudot, *Notes historiques*, 7, 220, 225; Bailly, *Mémoires de Bailly*, 2:255–56, 2:275; Sewell, *Rhetoric of Bourgeois Revolution*, 131–36.
15. Loft, *Passion, Politics*, 9–13.
16. Doyle, *Aristocracy and Its Enemies*, 122–30.
17. Luttrell, *Mirabeau*, 116–17, 174–76; Staum, *Cabanis*, 125–27; Gaulmier, *Un grand témoin*, 85, 96, 106–7; Israel, *Democratic Enlightenment*, 900–901.
18. *Archives Parlementaires*, 8:434 (13 Aug. 1789); *Journal des décrets* 5, 10 (1789), 26; Brissot, *Le Patriote français* 17 (15 Aug. 1789), 2, 5 and 18 (17 Aug. 1789), 1–3.
19. *Actes, Commune de Paris*, Lacroix (ed.), ser. 1, 1:xvii–xviii and introduction, 2:v–vi, ix.
20. Mirabeau, *Courrier* 22 (1/3 Aug. 1789), 13; [Prudhomme and Tournon], *Les Révolutions de Paris* 6 (16/22 Aug. 1789), 36–37 and 7 (22/27 Aug. 1789), 38–41.
21. Guilhaumou, *L'Avènement*, 120–22.
22. Brissot, *Mémoires (1734–1793)*, 2:105.
23. Bailly, *Mémoires de Bailly*, 2:211; Dumont, *Mémoires de Mirabeau*, 96–97; D. Williams, *Condorcet and Modernity*, 28–29; Baker, *Condorcet*, 265–68.
24. [Carra], *La Raison*, 205; [Carra], *L'Orateur*, 2:7–11.
25. Baker, *Condorcet*, 265; Rials, *La Déclaration des droits*, 118.
26. Rials, *La Déclaration des droits*, 123–24.
27. *Archives Parlementaires*, 8:462 (20 Aug. 1789); Gaulmier, *Un grand témoin*, 93; Rials, *La Déclaration des droits*, 219.
28. Bailly, *Mémoires de Bailly*, 2:211; Dumont, *Mémoires de Mirabeau*, 15–16; Baker, *Inventing the French Revolution*, 263–64.
29. Baker, *Condorcet*, 265–68; D. Williams, *Condorcet and Modernity*, 28–29.
30. Sieyès, *Préliminaire de la constitution*, 6–8; Baker, "Idea of a Declaration," 193–95; Wright, "National Sovereignty," 224.
31. Sieyès, *Préliminaire de la constitution*, 15; *Archives Parlementaires*, 8:462 (20 Aug. 1789); [Prudhomme and Tournon], *Révolutions de Paris* 6 (16/22 Aug. 1789), 36.
32. *Archives Parlementaires*, 8:453 (18 Aug. 1789).
33. Ibid., 8:438–39 (17 Aug. 1789); Rials, *La Déclaration des droits*, 206.
34. Sieyès, *Préliminaire de la constitution*, 20, article no. 26.
35. Brissot, *Le Patriote français* 21 (20 Aug. 1789), 1; Rabaut Saint-Étienne, *Projet*, iv–v.
36. *Archives Parlementaires*, 8:424–25 (12 Aug. 1789); Rials, *La Déclaration des droits*, 179–81.
37. Baker, "Idea of a Declaration," 165–69; Loft, *Passion, Politics*, 225–27, 232–33.
38. Rials, *La Déclaration des droits*, 156–59.
39. Marat, *L'Ami du peuple* 1, 1; Malouet, *Mémoires*, 1:338; Rials, *La Déclaration des droits*, 121–23, 189–90; Thomann, "Origines et sources doctrinales," 68.
40. Wright, "National Sovereignty," 225; Rials, *La Déclaration des droits*, 134–55.
41. Dumont, *Mémoires de Mirabeau*, 108; Villette, *Lettres choisies*, 9–10; Barnave, *De la Révolution*, 164; Baker, "Political Languages," 631–32, 635; Wright, "National Sovereignty," 221–23.
42. Mirabeau, *Courrier* 29 (18/19 Aug. 1789), 7–8; Gauchet, *Révolution des droits*, 49; Robespierre, *Le Défenseur*, 6:267–68; Edelstein, *Terror*, 194.
43. Rials, *La Déclaration des droits*, 197–98.
44. *Archives Parlementaires*, 8:438 (17 Aug. 1789); Rials, *La Déclaration des droits*, 197–202; Baker, "Idea of a Declaration," 184–86.
45. *Archives Parlementaires*, 8:438 (17 Aug. 1789).
46. Rials, *La Déclaration des droits*, 220–24, 236–39.
47. *Archives Parlementaires*, 8:473, 8:478; [Prudhomme and Tournon], *Révolutions de Paris* 7 (23/27 Aug.1789), 38–41; Mirabeau, *Mirabeau à la tribune*, 1:44–46.

48. Mirabeau, *Courrier* 31 (22/23 Aug. 1789), 1, 40–45; Aston, *Religion and Revolution*, 128; Walton, *Policing Public Opinion*, 90–92, 97.

49. Mirabeau, *Courrier* 31 (22/23 Aug. 1789), 44, 46; ibid., 32 (24/25 August 1789), 3; Forst, *Toleranz*, 452; Birn, "Religious Toleration," 271–72.

50. Mirabeau, *Collection complète*, 2:70–72; Aston, *Religion and Revolution*, 128; Birn, "Religious Toleration," 272–73.

51. Mirabeau, *Courrier* 30 (20/21 Aug. 1789), 16; Hunt, *Inventing Human Rights*, 221.

52. *Archives Parlementaires*, 8:439 (19 Aug. 1789); Mirabeau, *Courrier* 22 (21 Aug. 1789), 2; Hunt, *Inventing Human Rights*, 16, 21, 220.

53. Dumont, *Mémoires de Mirabeau*, 97; Baker, *Inventing the French Revolution*, 263–64, 272–73; Blamires, *French Revolution*, 144.

54. Mirabeau, *Courrier* 32 (24/25 August 1789), 1–3; Condorcet, *Œuvres complètes*, 9:166–68.

55. [Carra], *L'Orateur*, 2:32–33.

56. Ibid., 2:37–39, 2:73.

57. Rials, *La Déclaration des droits*, 21–26; Taylor, *Secular Age*, 413–14, 570.

58. Portalis, *De l'usage*, 2:387.

59. Möser, "Ueber das Recht des Menschheit," in *Berlinische Monatschrift* 18 (July–Dec. 1790), 396–401, 499–506; Knudsen, *Justus Möser*, 168–71; Peters, *Altes Reich*, 389.

60. Eberhard, *Philosophisches Magazin* 3 (1790/1), 377–96; Dippel, *Germany*, 166.

61. Knoblauch, "Gibt es wirklich Rechte der Menschheit?," *Philosophisches Magazin* 4 (1791/2), 424–46.

62. Ibid., 441–42.

63. Gibbon, *Memoirs of My Life*, 237.

64. Bergasse, *Considérations sur la liberté*, 19; Mortier, *Anacharsis Cloots*, 157, 186; Pasquino, "Nicolas Bergasse," 81–82.

65. *La Chronique de Paris* 9 (1 Sept. 1789), 33; *Lettre à Monsieur Raynal* (March 1789), 4, 11.

66. Mounier, *Considérations sur les gouvernements*, 44–46; Craiutu, *A Virtue*, 93–95; Schama, *Citizens: A Chronicle*, 443.

67. Mounier, *Considérations sur les gouvernements*, 42; Baker, *Inventing the French Revolution*, 260, 281–82.

68. Mounier, *Considérations sur les gouvernements,* 23, 28; Mounier, *De l'influence*, 5; Ozouf, "La Révolution française," 217.

69. Sieyès, *Qu'est-ce que le Tiers*, 96; Furet, *Revolutionary France*, 76; Pasquino, *Sieyès et l'invention*, 27.

70. Van Horn Melton, "Enlightenment to Revolution," 121–22.

71. Sieyès, *Qu'est-ce que le Tiers*, 96–97; Quiviger, "Sieyès," 134; Forsyth, *Reason and Revolution*, 21; Doyle, *Aristocracy and Its Enemies*, 219.

72. *La Chronique de Paris* 10 (2 Sept. 1789): 37–38.

73. Ibid., 19 (11 Sept. 1789), 75; another count states by 490 to 89, Applewhite, *Political Alignment*, 99.

74. Jefferson, *Papers of Thomas Jefferson*, 15:354; Bates, *Enlightenment Aberrations*, 128–29, 133–34, 141; Craiutu, *A Virtue*, 95, 107.

75. Villette to Cérutti, 10 Sept. 1789, in Villette, *Lettres choisies*, 8; Doyle, *Oxford History*, 120–21.

76. Dumont, *Souvenirs de Mirabeau*, 101, 104; Bailly, *Mémoires de Bailly*, 2:326–27, 345; Baker, "Enlightenment Idioms," 190–91.

77. [Prudhomme], *Révolutions de Paris* 8 (29 Aug./4 Sept. 1789), 25–26; [Carra], *L'Orateur*, 2:20–24; Popkin, "Journals," 160–61.

78. *La Chronique de Paris* 1, 30 (22 Sept. 1789), 117–19.

79. Ibid.; Mounier, *De l'influence*, 123.

80. *La Chronique de Paris* 1, 46 (8 Oct. 1789), 181.

81. Ibid., 29 (21 Sept. 1789), 113; Dawson, *Gods of Revolution*, 57, 68.

82. Marat, *L'Ami du peuple* 12 (22 Sept. 1789), 107–8 and 13 (23 Sept. 1789): 114–15; Sa'adah, *Shaping*, 119.
83. Marat, *L'Ami du peuple*, 13:114; Baczko, "The Terror," 24.
84. Marat, *L'Ami du peuple* 20 (28 Sept. 1789), 170–71.
85. Ibid., 20 (29 Sept. 1789): 174; Dawson, *Gods of Revolution*, 64–65.
86. Marat, *L'Ami du peuple* 19 (28 Sept. 1789): 165–66; Baczko, "The Terror," 31–32; Guilhaumou, *L'Avènement*, 135–36; Andries, "Les imprimeurs-libraires parisiens," 252.
87. Staël, *Considerations*, 194; Walton, *Policing Public Opinion*, 5–6; Whaley, *Radicals*, 28.
88. Chisick, "Intellectual Profile," 122–24.
89. Marat, *De l'Homme*, preface, 1:xiv–xv, 1:xix, and 1:174, 1:207–8, 1:310; 2:256, 2:378–79.
90. Forsyth, *Reason and Revolution*, 59–63; Sewell, *Rhetoric of Bourgeois Revolution*, 47–8, 68; Furet, "Rousseau," 173; Pasquino, *Sieyès et l'invention*, 45, 78–79.
91. Mortier, *Combats*, 336; Baker, *Condorcet*, 316.
92. Marat, *De l'Homme*, 1:251, 1:310.
93. Gorsas, *Courrier* 1, no. 88 (3 October 1789); Petitfils, *Louis XVI*, 2:242–44.
94. Lapied, "Une absence de révolution," 306–7; Kramer, *Lafayette*, 40–41.
95. Petitfils, *Louis XVI*, 2:263–65.
96. Malouet, *Mémoires*, 1:383; Petitfils, *Louis XVI*, 2:264–65; May, *Elisabeth Vigée Le Brun*, 71–72, 74.
97. Gibbon, *Memoirs of My Life*, 236.
98. Doyle, *Oxford History*, 123.
99. *La Chronique de Paris* 1, 45 (7 Oct. 1789), 177–79; Hunt, *Politics, Culture*, 58–59.
100. Fontana et al., *Venise et la Révolution*, 405.
101. *Actes de la Commune de Paris*, ser. 1, 2 (10 Oct. 1789), 245–48.
102. Elyada, "L'appel aux faubourgs," 192–93.
103. Elyada, "La Mère Duchesne," 3–5; Elyada, "L'Appel aux faubourgs," 185–89.
104. Elayda, *Lettres bougrement patriotiques*, 5–9; Goldberg Moses, "Equality," 235.
105. Elyada, *Lettres bougrement patriotiques*, 9–10; Elyada, "La Mère Duchesne," 10–13.
106. Granié, *De l'Assemblée*, 87; Arnaud, *Chamfort*, 169–70; Aston, *Religion and Revolution*, 132.
107. Griffiths, *Le Centre perdu*, 114–15; Pasquino, "Nicolas Bergasse," 81.
108. *La Chronique de Paris* 2, 67 (9 March 1790), 269; Griffiths, *Le Centre perdu*, 112.
109. Short to Jefferson, Paris, 19 Nov. 1789; Jefferson, *Papers of Thomas Jefferson*, 15:547; Malouet, *Mémoires*, 1:348.
110. Mounier, *Considérations sur les gouvernements*, 18, 32, 35; Craiutu, *A Virtue*, 72–3.
111. Mounier, *Considérations sur les gouvernements*, 51; Baker, *Inventing the French Revolution*, 258–61.
112. *La Chronique de Paris* 2, 201 (20 July 1790), 802.
113. Ibid., 2, 87 (28 March 1790), 345.
114. Griffiths, *Le Centre perdu*, 142–45.
115. Barnave, *De la Révolution*, 190–91.
116. Jefferson, *Papers of Thomas Jefferson*, 15:329, 15:458.
117. [Prudhomme], *Révolutions de Paris* 5 (9/15 Aug. 1789), 27–29; Marmontel, *Mémoires*, 3:195; La Gorce, *Histoire religieuse*, 1:215–16; Griffiths, *Le Centre perdu*, 155–57.
118. Godineau, *Women of Paris*, 99–100; Mortier, *Anacharsis Cloots*, 186.
119. *La Chronique de Paris* 1, 65 (27 Oct. 1789).
120. Thouret, *Discours*, 2–4, 9–10; Baker, *Condorcet*, 214, 267–68.
121. Bailly, *Mémoires de Bailly*, 3:252; *La Chronique de Paris* 1, 86 (17 November 1789), 341–42, 352; Condorcet, *Œuvres complètes*, 9:363, 9:395–97.
122. Bailly, *Mémoires de Bailly*, 3:253, entry for 12 Nov. 1789.

123. Cited in E. Badinter and R. Badinter, *Condorcet, 1743–1794*, 284.
124. *La Chronique de Paris* 1, 105 (11 Dec, 1789), 437.
125. Naigeon, *Encyclopédie méthodique*, 2:224–25; *Journal des décrets* 5, 3:7–8; Doyle, *Parlement of Bordeaux*, 308.
126. Barlow, *Advice to the Privileged Orders*, 6.
127. Israel, *Democratic Enlightenment*, 923.
128. Bailly, *Mémoires de Bailly*, 3:285–86, 294, 298, entries for 16 and 17 Nov. 1789.
129. *La Feuille villageoise*, 1:42–43.
130. *La Chronique de Paris* 1, 91 (22 Nov. 1789), 361–63; and 2, 1 (1 Jan. 1790), 3.
131. *Assemblée Nationale et Commune de Paris* 104 (16 Nov. 1789), 1–2; and no. 146 (28 Dec. 1789), 8.
132. Roederer, *Spirit of the Revolution*, 133–34; Bailly, *Mémoires de Bailly*, 3:298–99.
133. Baudot, *Notes historiques*, 130–31, 156; Guilhaumou and Monnier, "Cordeliers," 201–2.
134. Bertaud, *Camille et Lucile Desmoulins*, 98–100.
135. *Journal du Club des Cordeliers*, 31–33; Hammersley, *French Revolutionaries*, 56, 62.
136. Bailly, *Mémoires de Bailly*, 3:299; Hampson, *Will and Circumstance*, 175–76.

第 5 章 大革命的民主化

1. Desmoulins, *Révolutions de France et de Brabant*, no. 65, 575.
2. Necker, *De la Révolution française*, 2:47–55.
3. Durozoy, *La Gazette de Paris*, 19 June 1790, 1–3; Buonarroti, *Giornale Patriottico di Corsica* 16 (24 July 1790), 139.
4. Durozoy, *La Gazette de Paris*, 10 Oct. 1791, 1–3.
5. Feller, *Journal historique et littéraire* (1 Jan. 1792), 21.
6. Sieyès, *Préliminaire*, 15; Pasquino, *Sieyès et l'invention*, 55–56, 65.
7. Sieyès, *Préliminaire*, 36–37; Furet, "Rousseau," 173; Forsyth, *Reason and Revolution*, 170–80; Urbinati, *Representative Democracy*, 167.
8. Sieyès, *Préliminaire*, 15–16, Jennings, *Revolution*, 32–33.
9. Baker, *Condorcet*, 281–83; E. Kennedy, "Aux origines," 12.
10. Malouet, *Mémoires*, 1:374–81.
11. *Archives Parlementaires*, 13:113 (19 April 1790).
12. Ibid., 13:111 (19 April 1790); Griffiths, *Le Centre perdu*, 155–56; Elyada, "La mise au pilori," 3.
13. *Archives Parlementaires*, 13:112 (19 April 1790); Rousseau, *Social Contract*, 114.
14. *La Chronique de Paris* 2, 223 (11 Aug. 1790), 889.
15. Gorsas, *Le Courrier de Paris*, 20 Dec. 1790, 1; Gorsas, *Courrier des LXXXIII* 23, 14 (14 April 1791), 220; Fréron, *L'Orateur du peuple* 4, no. 3, 19–20; Griffiths, *Le Centre perdu*, 119–21.
16. BHP pamph. 953463, *l'Anti Carra-co-Gorsas* (31 Dec. 1790), 2–3; BHP pamph. 953466, *Pour quoi Mesdames sont elles parties?*," 3.
17. Elyada, "La représentation," 535; Doyle, *Aristocracy and Its Enemies*, 208, 249–50, 253; Higonnet, *Class, Ideology*, 58–59, 84; Klooster, *Revolutions*, 56–57.
18. *Archives Parlementaires*, 17:449 (31 July 1790).
19. *La Chronique du mois* 1 (1791), 47.
20. Raynal, *Histoire philosophique*, 1:124.
21. Sieyès, *Préliminaire*, 32; Gross, *Fair Shares*, 5–6, 9.
22. Applewhite, *Political Alignment*, 99.
23. PFL Pamphlets 1509 178 999, vol. 35, no. 2, 5–6; Tackett, *Religion, Revolution*, 210–11; Aston, *Religion and Revolution*, 137–38.

24. Durozoy, *La Gazette de Paris*, 1 Jan. 1791, 1–2.
25. [Ferrand], *État actuel*, 4–6; Mallet du Pan, *Considérations*, 33–34.
26. [Ferrand], *État actuel*, 4–7, 28–29.
27. *Archives Parlementaires*, 17:448–49 (31 July 1790).
28. Durozoy, *La Gazette de Paris*, 8 Oct. 1791, 3.
29. Darrow, *Revolution in the House*, 40–44; Aston, *Religion and Revolution*, 246–48.
30. Prudhomme, *Histoire générale*, 3:195–96; La Gorce, *Histoire religieuse*, 1:232–44.
31. *Assemblée Nationale, Corps administatifs*, no. 319 (19 June 1790), 2–3.
32. PFL Pamphlets 1509 178 999, vol. 35, no. 18.
33. Doyle, *Aristocracy and Its Enemies*, 213; P. Jones, *Peasantry*, 86–89; Conchon, *Le Péage*, 440–41.
34. *La Feuille villageoise* 1, no. 17 (20 Jan. 1791), 307.
35. Ibid., 306.
36. *Archives Parlementaires*, 11:685–89 (24 Feb. 1790).
37. Ibid., 11:689 (25 Feb. 1790).
38. BHP pamph. 953466, *Pour quoi Mesdames sont elles parties?*, 5.
39. *Actes de la Commune*, 2:359, 2:367, 2:377 (31 Jan. and 14 Feb. 1791).
40. Ibid., 2:208–9, 357 (27 and 31 Jan. 1791).
41. *Archives Parlementaires*, 22:490–92 (25 Jan. 1791); Malouet, *Mémoires*, 1:328.
42. *Archives Parlementaires*, 27:135–38 (16 July 1790).
43. Speech of La Réveillère de Lépeaux, in *Archives Parlementaires*, 17:444 (31 July 1790).
44. Ibid., 17:444–45 (31 July 1790).
45. Ibid., 17:446 (31 July 1790).
46. *La Chronique de Paris* 2, 74 (15 March 1790), 293; Fontana et al., *Venise et la Révolution*, 410.
47. Condorcet, "Lettre VIII to the Assemblée Nationale," *La Bouche de fer*, 1:57–61; E. Badinter and R. Badinter, *Condorcet, 1743–1794*, 278.
48. Kates, *Cercle Social*, 21; Monnier, "Républicanisme," 99.
49. Halévi, "Les Girondins," 151–52.
50. *La Chronique du mois* 2 (February, 1792), 117.
51. May, *Madame Roland*, 171–72; Whaley, *Radicals*, 31–32.
52. Lanthenas, *Liberté indefinie*, 4.
53. *La Chronique de Paris* 46 (Oct. 1789), 181.
54. Ibid., 2, 46 (25 Feb. 1790), 222; *La Feuille villageoise* 1, no. 22 (27 Feb. 1791), 410.
55. Cloots, *Œuvres*, 3:6, 3:20, 3:27–28.
56. Bouissounouse, *Condorcet*, 113; Staum, *Cabanis*, 293, 298–99.
57. D'Abrantès, *Salons révolutionnaires*, 44–45, 51, 61–62; E. Badinter and R. Badinter, *Condorcet, 1743–1794*, 385; Pagden, *The Enlightenment*, 22–23.
58. Rothschild, *Economic Sentiments*, 216–17.
59. Démeunier, *L'Esprit des usages*, 1:77–133.
60. Ibid., 1:229; Brissot, *Lettres philosophiques*, 116, 119–21.
61. Portalis, *De l'usage*, 226.
62. *La Chronique de Paris* 2, 35 (4 Feb. 1790), 137; Corno, "La loi révolutionnaire," 62, 65.
63. *La Chronique du mois* 2 (March, 1792), 86.
64. *La Chronique de Paris,* no. 22 (22 January1792), 86–87.
65. Ibid., 2, 5 (5 Jan. 1790), 17–18.
66. D. Williams, *Condorcet and Modernity*, 168.
67. See *Lettre XI* (Feb. 1790), "de Marseille" au Cercle Social, *La Bouche de fer*, 1:107–12.
68. *La Chronique de Paris* 6 (6 Jan. 1791), 21.
69. Royou, *L'Ami du Roi*, 16 Oct. 1791, 1; Norberg, "Love," 40–41.
70. Royou, *L'Ami du Roi*, 28 Feb. 1792, 1.

71. Condorcet, *Tableau historique*, 898–901; Condorcet, *Political Writngs*, xxix.

72. *La Chronique de Paris* 2, 206 (25 July 1790), 822.

73. Palm d'Aelders, *Appel aux françoises*, 1–3.

74. Ibid., 9–12.

75. Bonneville, *La Bouche de fer*, no. 39 (6 April 1791), 43.

76. Ibid., no. 36 (29 March 1791), 572, 575.

77. Palm d'Aelders, *Appel aux françoises*, 25–28.

78. Ibid., 38–40, 46.

79. *La Chronique de Paris*, no. 201 (20 July 1791), 813.

80. Bonneville, *La Bouche de fer*, no. 39 (6 April 1791), 43.

81. Ginguené, *Lettres*, 55, 61–62.

82. Palm d'Aelders, *Appel aux françoises*, 34; Geffroy, "Louise de Kéralio-Robert," 18; Censer, *Prelude to Power*, 16.

83. Hunt, *Inventing Human Rights*, 63; Kates, *Cercle Social*, 120–24; Scott, *Only Paradoxes*, 40–50.

84. Feller, *Journal historique et littéraire* (1 Jan. 1792), 23.

85. Proly, *Le Cosmopolite*, no. 123 (16 April 1792), 394.

86. Blanc, "Une humaniste," 31, 33–34.

87. *La Chronique du mois* 2 (May 1792), 33; Godineau, *Women of Paris*, 278.

88. *La Chronique de Paris* 2, 230 (18 Aug. 1790), 918; Bonneville, *La Bouche de fer*, no. 42 (14 April 1791), 118.

89. Bonneville, *La Bouche de fer*, 2:5.

90. Ibid., 1:14; Kates, *Cercle Social*, 56–57.

91. Elyada, "La mise au pilori," 6–8, 14–15; Bertaud, *Camille et Lucile Desmoulins*, 104–7.

92. Sieyès, *Manuscrits, 1773–1799*, 344.

93. *Archives Parlementaires*, 17:480, 17:484 (31 July 1790); Elyada, "La mise au pilori," 3–6, 11.

94. *Assemblée National, Commune de Paris*, no. 170 (21 Jan. 1790), 4; *La Chronique de Paris* 2, 238 (26 Aug. 1790), 949; Forsyth, *Reason and Revolution*, 208–9; Lawday, *Giant of the French Revolution*, 66–68.

95. Marat, *L'Ami du peuple*, no. 163 (16 July 1790), 2–3.

96. *La Chronique de Paris* 2, 192 (11 July 1790), 767; Marat, *L'Ami du peuple*, no. 162 (15 July 1790), 1058.

97. *La Chronique de Paris* 2, 205 (24 July 1790), 817–18; Trousson, *Jean-Jacques Rousseau*, 748; Fitzsimmons, *Remaking of France*, 109.

98. *Assemblée Nationale, Commune de Paris*, no. 344 (14 July 1790), 3 and no. 345 (16 July 1790), 3–4; Bindman, *Shadow of the Guillotine*, 93–94.

99. Gorsas, *Le Courrier de Paris*, 20 Dec. 1790, 12–13; Walton, *Policing Public Opinion*, 107–8.

100. *Archives Parlementaires*, 17:458 (31 July 1790); *Assemblée Nationale, Commune de Paris*, no. 362 (2 Aug. 1790), 2–3.

101. *La Chronique de Paris* 2, 183 (2 July 1790), 731; Lanthenas, *Liberté indéfinie*, 8.

102. Audouin, *Journal universel*, no. 272 (21 Aug. 1790), 2173–74.

103. Lanthenas, *Liberté indéfinie*, 9; Walton, *Policing Public Opinion*, 110–11.

104. Lanthenas, *Liberté indéfinie*, 15–21.

105. Ibid., 31; Walton, *Policing Public Opinion*, 111.

106. Lanthenas, *Liberté indéfinie*, 34–35.

107. Robespierre, *Le Défenseur*, 6:284; Lüsebrink et al., *The Bastille*, 119–25; Bell, *Cult of the Nation*, 169–70.

108. *La Chronique de Paris* 2, 214 (2 Aug. 1790), 853; Aaslestad, *Place and Politics*, 117–18; Engels, "Freye Deutsche!," 248, 251–52.

109. [Palissot], *Considérations importantes*, 6; La Harpe, *Discours sur la liberté*, 6.

110. *La Chronique de Paris* 2, 182 (1 July 1790), 725–27; Friedland, *Political Actors*,

263–66.

111. [Palissot], *Considérations importantes*, 10–13; *La Chronique de Paris* 2, 223 (11 Aug. 1790), 890.

112. Fréron, *L'Orateur du peuple* 4, no. 18 (Dec. 170), 140–41 and no. 19, 161.

113. Ibid., 3, no. 65 (Dec. 1790), 526.

114. PFL Pamphlets 178 999, vol. 35, no. 3; Maslan, *Revolutionary Acts*, 51.

115. *Journal de Paris*, no. 322 (18 Nov. 1790), 1310.

116. Ibid., no. 353 (19 Dec. 1790), 1433–34.

117. *La Chronique de Paris* 2, 216 (4 Aug. 1790), 863.

118. *Archives Parlementaires,* 17:460 (31 July 1790).

119. Fréron, *L'Orateur du peuple,* no. 14 (June 1790), 439 and no. 54 (July), 105–7.

120. Labbé, *Anacharsis Cloots*, 100.

121. *Archives Parlementaires,* 17:178–79 (17 July 1790).

122. *La Chronique de Paris* 2, 234 (21 July 1790), 933; *La Feuille villageoise* 1, no. 10 (2 Dec. 1790), 187; E. Badinter and R. Badinter, *Condorcet, 1743–1794*, 337; Vincent, "Les Américains," 483–86.

123. Bonneville, *La Bouche de fer,* 1 (1790), 110–11.

124. Whaley, *Radicals*, 33.

125. Censer, *Prelude to Power*, 21; Whaley, *Radicals*, 35.

126. Ravitch, "Abbé Fauchet," 247–62; Sorkin, *Religious Enlightenment*, 273–74, 283.

127. Fauchet, *Sermon sur l'accord*, 24; Bonneville, *La Bouche de fer,* no. 36 (29 March 1791), 578–80 and no. 42 (14 April), 104.

128. Bonneville, *La Bouche de fer,* no. 36 (29 March 1791), 581; Mortier, *Anacharsis Cloots*, 196–97; Shovlin, *Political Economy*, 193.

129. Popkin, "Journals," 158.

130. *La Feuille villageoise* 1, no. 10 (2 Dec. 1790), 1–3, 5; Bell, *Cult of the Nation*, 165.

131. *La Feuille villageoise* 1, no. 12 (16 Dec. 1790), 221; *La Chronique de Paris* 2, 234 (21 July 1790), 933.

132. *La Feuille villageoise* 1, no. 7 (11 Nov. 1790), 115–16.

133. Ibid., no. 7 (11 Nov. 1790), 122–23.

134. Ibid., no. 19 (3 Feb. 1791), 351.

第 6 章　僵　局

1. Bates, *Enlightenment Aberrations*, 133–35.

2. Letter of Pétion, 24 April 1791, in Robert and Keralio, *Mercure national* 9, 135–36; Baudot, *Notes historiques*, 28.

3. Letter of Pétion, 24 April 1791, in Robert and Keralio, *Mercure national* 9, 137.

4. Manuel, *Lettres sur la Révolution,* 1–4, 7, 15, 20.

5. *La Chronique de Paris*, prospectus for 1791, no. 1 (1 Jan. 1791).

6. Ibid.; and *La Chronique de Paris*, prospectus for 1792.

7. Robert and Keralio, *Mercure national* 17 (2 May 1791), 260; Tackett, *Becoming a Revolutionary*, 279–80.

8. *Assemblée Nationale, Commune de Paris,* no. 319 (19 June 1790), 2–3.

9. Durozoy, *La Gazette de Paris*, 12 April 1791.

10. Fréron, *L'Orateur du peuple* 2, no. 57, 452–53.

11. *Assemblée Nationale, Commune de Paris,* no. 398 (7 Sept. 1790), 2–5; no. 430 (9 Oct. 1790), 4; no. 431 (10 Oct. 1790), 2–3; and no. 432 (11 Oct. 1790), 2.

12. Elyada, "Les récits," 281.

13. Gorsas, *Le Courrier de Paris*, 20 Dec. 1790, 11; Hanson, *Provincial Politics*, 36, 42, 68.

14. PFL Pamph. 109, 178 999, vol. 35, no. 2, *Déjeuner de Vaugirard* (n.p. 1790), 3–6.
15. *Archives Parlementaires*, 17:486 (30 July 1790).
16. *Assemblée Nationale, Commune de Paris*, no. 347 (18 July 1790).
17. Gorsas, *Le Courrier de Paris*, 20 Dec. 1790, 4–5, 16.
18. Fréron, *L'Orateur du peuple* 3, no. 65, 523–24.
19. Johnson, *Midi in Revolution*, 85, 97.
20. Proly, *Le Cosmopolite*, no. 356 (12 March 1792).
21. Gorsas, *Le Courrier de Paris*, 20 Dec. 1790, 2.
22. Johnson, *Midi in Revolution*, 72, 74, 92, 133, 137; *Journal de Paris*, no. 354 (20 Dec.1790), 1436.
23. Gorsas, *Le Courrier de Paris*, 20 Dec.1790, 4; Fréron, *L'Orateur du peuple* 3, no. 66, 528, 531–32.
24. Marat, *L'Ami du peuple*, no. 320 (24 Dec. 1790), 1954–56.
25. Scurr, *Fatal Purity*, 136–39; McPhee, *Robespierre*, 79–86.
26. *La Feuille villageoise* 1, no. 21 (17 Feb. 1791), 391; Bessy, "Le parti Jacobin," 28–29.
27. Roland, *Memoirs*, 75, 80; D'Abrantès, *Salons révolutionnaires*, 65–66, 84–85; May, *Madame Roland*, 186–87.
28. *Journal de Paris*, no. 93 (3 April 1791), 376.
29. *Archives Parlementaires*, 24:537 (4 April 1791).
30. Ibid., 24:558–59 (4 April 1791); *Journal de Paris*, no. 95 (5 April 1791), 381–82; Fréron, *L'Orateur du peuple* 5, no. 35 (April 1791), 293–94.
31. Durozoy, *La Gazette de Paris*, 6 April 1791, 2–3.
32. Gorsas, *Courrier des LXXXIII*, no. 23, 21 (21 April 1791), 322.
33. Ibid., no. 23, 4 and 5 (4 and 5 April 1791), 51–52, 56.
34. Ibid., no. 23, 17 (17 April 1791), 263; Trousson, *Jean-Jacques Rousseau*, 747; Robisco, *Jean-Jacques Rousseau*, 200.
35. Gorsas, *Courrier des LXXXIII*, no. 23, 17 (17 April 1791), 263.
36. Barber, "Financial History," 165–67.
37. *Journal de Paris*, no. 151 (31 May 1791), 605–6.
38. Robert and Keralio, *Mercure national* 24 (10 May 1791), 377–79; Fréron, *L'Orateur du peuple* 5, no. 46 (April 171), 382–83.
39. Gorsas, *Courrier des LXXXIII* 23, no. 19 (19 April 1791) and 84 (20 April 1791), 292–93, 295, 313; Fréron, *L'Orateur du peuple* 5 (April 171), 365; Petitfils, *Louis XVI*, 2:311–13; Burstin, *Révolution*, 249–52.
40. Robert and Keralio, *Mercure national* 24 (10 May 1791), 383 and 29 (25 May 1791), 617–18.
41. Ibid., 23 (9 May 1791), 377.
42. Marat, *L'Ami du peuple* 455 (11 May 1791), 3–5; Monnier, "Démocratie représentative," 7.
43. Sewell, *Work and Revolution*, 87–91.
44. *Journal du Club des Cordeliers* 7 (10 July 1791), 63.
45. Monnier, "Démocratie représentative," 7.
46. Robert and Keralio, *Mercure national* 35 (21 May 1791), 555–58.
47. Kates, *Cercle Social*, 147.
48. Ibid., 149–50.
49. Brissot, *Le Patriote français* 676 (15 June 1791); Hampson, *Will and Circumstance*, 186–87; Gross, *Fair Shares*, 124–26.
50. Brissot, *Le Patriote français* 676 (15 June 1791); Edelstein, "Feuille villageoise," 190–93.
51. See, for instance, Dorigny, *Les Girondins*, 569–83.
52. Hampson, *Social History*, 183.
53. BL 910.c.16/7, "Lettre d'un citoyen de Marseille ⋯, sur M. de Mirabeau et l'Abbé Raynal," 1–2, 45–46.

54. Manuel, *Lettres sur la Révolution,* 91, 178; *Conversation entre Messieurs Raynal et Linguet,* 3, 11, 31, 40; De Luna, "Dean Street Style," 179.

55. Manuel, *Lettres sur la Révolution,* 46, 50.

56. Maréchal and Lalande, *Dictionnaire des Athées,* 260.

57. *La Chronique de Paris* 2, 30 (30 Jan. 1790), 117; Brissot, *Le Patriote français* 152 (7 Jan. 1790), 3–4.

58. *Assemblée Nationale, Commune de Paris,* no. 398 (7 Sept. 1790), 8.

59. Malouet, *Mémoires,* 2:36–50; Pagden, *The Enlightenment,* 168–69.

60. Raynal, *Adresse* (31 May 1791), 6–7, 15; *Journal de Paris,* no. 152 (1 June 1791), 611–12 and no. 153 (2 June 1791), 613–14.

61. *Archives Parlementaires,* 26:650–53 (31 May 1791).

62. Sinéty, "Réflexions importantes," in *Archives Parlementaires,* 26:661–62 (31 May 1791).

63. Brissot, *Mémoires (1734–1793),* 2:85–86; Audouin, *Journal universel,* no. 560 (5 June 1791), 8075–7.

64. Audouin, *Journal universel,* no. 559 (4 June 1791), 8069; Labbé, *Anacharsis Cloots,* 165.

65. *T. G. Raynal démasqué,* 6; Mortier, *Anacharsis Cloots,* 212–13; Israel, *Democratic Enlightenment,* 936.

66. Brissot, *Le Patriote français* 665 (4 June 1791), 619–20 and 667 (6 June 1791), 626–27.

67. BN pamph. étampes, no. G162323 and 10978.

68. BL R 643/6, *Lettre du Citoyen Naigeon, 6 Germianl An V,* 2, 4; Israel, *Democratic Enlightenment,* 947.

69. Naigeon, *Encyclopédie méthodique,* 2:viii, xxiii–xxv.

70. Naigeon, *Adresse à l'Assemblée Nationale,* 100–102; Pellerin, "Naigeon," 30, 32.

71. Staum, *Cabanis,* 29, 91.

72. Naigeon, *Encyclopédie méthodique,* 2:221–22.

73. Elyada, "Les récits," 283–85.

74. Bonneville, *La Bouche de fer,* no. 42 (14 April 1791), 116.

75. Ibid., no. 42 (14 April 1791), 104–7; Mortier, *Anacharsis Cloots,* 200–202.

76. [Bonneville], *La Bouche de fer* no. 37 (1 April 1791), 20; Sorkin, *Religious Enlightenment,* 302.

77. [Bonneville], *La Bouche de fer,* no. 42 (14 April 1791), 108–14.

78. Ibid., no. 43 (16 April 1791), 122, 129.

79. Fauchet, *Journal des Amis* 1, prospectus, 4–5.

80. [Bonneville], *La Bouche de fer,* no. 42 (14 April 1791), 101.

81. Chopelin-Banc, *De l'Apologétique,* 296–305; Mortier, *Anacharsis Cloots,* 204.

82. Elyada, "Le représentation," 532–37.

83. *Archives Parlementaires,* 27:378–83 (21 June 1791); Hardman, *Louis XVI,* 115; Hampson, *Will and Circumstance,* 155.

84. Elyada, "Les récits," 286–88.

85. Ibid., 288–89; Elyada, "La représentation," 528.

86. Marat, *L'Ami du peuple,* no. 497 (22 June 1791), 3068–69; Dingli, *Robespierre,* 135, 183–84; Barnave, *De la Révolution,* 144.

87. *Archives Parlementaires,* 27:364, 27:366, 27:372 (21 June 1791); *Journal de Paris,* no. 177 (26 June 1791), 709.

88. *Journal du Club des Cordeliers* 10 (4 Aug.1791), 86–87.

89. Ibid., 1 (28 June 1791), 1–2.

90. Audouin, *Journal universel,* no. 580 (25 June 1791), 10034–35; Bertaud, *Les Amis du roi,* 209.

91. Carra, *Annales patriotiques* 638 (2 July 1791), 1625; Durozoy, *La Gazette de Paris,* 22 June 1791, 1–2.

92. Fontana et al., *Venise et la Révolution,* 584; Levasseur, *Mémoires de R. Levasseur,*

1:40; Prudhomme, *Histoire générale*, 1:11.

93. *Journal du Club des Cordeliers* 1 (28 June 1791), 3.

94. Ibid., 2–3; Antheunis, *Le conventionnel belge*, 23–25.

95. *La Chronique de Paris* 207 (26 July 1791), 835.

96. Carra, *Annales patriotiques* 642 (6 July 1791), 1643 and 663 (7 July 1791), 1651.

97. Ibid., 645 (9 July 1791), 1656 and 666 (10 July 1791), 1661.

98. Ibid., 649 (13 July 1791), 1673; Monnier, "Républicanisme," 104.

99. Roland, *Memoirs*, 82; D'Abrantès, *Salons révolutionnaires*, 90–91; Gueniffey, "Brissot," 440, 450; Dingli, *Robespierre*, 163.

100. Kates, *Cercle Social*, 161; Hampson, *Life and Opinions*, 78–79; Nelson, *Thomas Paine*, 212–13.

101. Carra, *Annales patriotiques* 645 (9 July 1791), 1655.

102. Ibid., 643 (7 July 1791), 1648, 1651; Lemny, *Jean-Louis Carra*, 208.

103. M. L. Kennedy, *Jacobin Clubs*, 280.

104. *Journal du Club des Cordeliers*, no. 7 (10 July 1791), 60; Whaley, *Radicals*, 41.

105. Doyle, *Oxford History*, 152–53; M. L. Kennedy, *Jacobin Clubs*, 282; Monnier, "Démocratie représentative," 8.

106. Jordan, *Revolutionary Career*, 72.

107. Whaley, *Radicals*, 42.

108. Hébert, *Le Père Duchesne* 59 (June 1791), 1 and no. 60, 2; Elyada, "La représentation," 533, 537, 541, 544.

109. Carra, *Annales patriotiques* 638 (2 July 1792), 1623; Desmoulins, *Révolutions de France et de Brabant* 86 (July 1791), 5–6; *Journal du Club des Cordeliers* 1 (28 June 1791), 7–8.

110. *Journal du Club des Cordeliers* 1 (28 June 1791), 7; Fontana et al., *Venise et la Révolution*, 586–87.

111. *Journal du Club des Cordeliers* 7 (10 July 1792), 62, 64.

112. Brissot, *Discours sur la question*, 2–4.

113. Fréron, *L'Orateur du peuple* 7, no. 2 (July 1791), 9.

114. Carra, *Annales Patriotiques* 647 (11 July 1791), 1655; *La Chronique de Paris* 193 (12 July 1791), 779, 781.

115. Bouissounouse, *Condorcet*, 233; Jones, *Great Nation*, 530; Jourdan, "Le culte de Rousseau," 60–61.

116. Fontana et al., *Venise et la Révolution*, 538; Staël, *Considerations*, 267; Scurr, *Fatal Purity*, 130–31.

117. *La Chronique de Paris*, no. 193 (12 July 1791), 781; ibid., no. 262 (20 September), 1061.

118. Ibid., no. 192 (11 July 1791), 773 and 781–83; Carra, *Annales patriotiques* 647 (11 July 1791), 1664.

119. Feller, *Journal historique et littéraire* (1792), 149.

120. *Archives Parlementaires*, 29:736–37 (27 Aug, 1791).

121. Ginguené, *Petition to Assemblée nationale*, 27 Aug. 1791, 2; Ginguené, *Lettres*, 63–65.

122. Ginguené, *Petition to Assemblée nationale*, 5.

123. *Archives Parlementaires,* 29:756 (27 Aug. 1791); Miller, *Rousseau*, 139, 241; Swenson, *On Jean-Jacques Rousseau*, 10.

124. *Archives Parlementaires*, 29:755–56 (27 Aug. 1791); Jourdan, "Le culte de Rousseau," 62–63.

125. Ginguené, *Lettres*, 30, 53.

126. Ibid., 80–82.

127. Ibid., 87–88, 131–45.

128. Ibid., 132.

129. Ginguené, *Petition to Assemblée nationale*, 3–4; *Archives Parlementaires*, 29:756 (27 Aug. 1791).

130. *Archives Parlementaires*, 29:760–61 (27 Aug. 1791).

131. Ibid., 29:191 (4 Sept. 1791).

132. *La Chronique de Paris,* no. 211 (30 July 1791), 851.

133. Ibid., no. 195 (14 July 1791), 788, 790, and no. 196 (15 July 1791), 793.

134. Ibid., no. 207 (26 July 1791), 835–36.

135. *Archives Parlementaires*, 28:325–26 (15 July 1791); Fitzsimmons, *Remaking of France*, 124–25.

136. Barnave, *Power, Property and History*, 27, 29, 33, 38.

137. Ibid., 101, 141.

138. *Archives Parlementaires*, 28:330–31 (15 July 1791); Barnave, *Power, Property and History*, 19–20, 27; Furet, "Les Girondins," 197.

139. Feller, *Journal historique et littéraire* (19 Aug. 1792), 148.

140. *La Chronique de Paris*, no. 197 (16 July 1791), 798.

141. Doyle, *Oxford History*, 153.

142. *La Chronique de Paris,* no. 197 (16 July 1791), 796, and no. 207 (26 July 1791), 836; Roederer, *Spirit of the Revolution*, 37.

143. *La Chronique de Paris*, no. 207 (26 July1791), 836; Burstin, *Révolution*, 256.

144. *Grande Petition presentée ... par quarante mille citoyens* (15 July), 2.

145. *La Chronique de Paris*, no. 197 (16 July 1791), 796–97.

146. *Grande Petition presentée ... par quarante mille citoyens* (15 July).

147. *La Chronique de Paris*, no. 208 (27 July 1791), 839.

148. Ibid., no. 199 (18 July 1791), 805; Applewhite, *Political Alignment*, 124–25.

149. *La Chronique de Paris,* no. 200 (19 July 1791), 809, and no. 202 (21 July 1791), 816.

150. Fontana et al., *Venise et la Révolution*, 596–97; Barnave, *De la Révolution*, 146.

151. *La Chronique de Paris*, no. 200 (19 July 1791), 809 and no. 207 (26 July 1791), 837.

152. *Journal du Club des Cordeliers* 8 (19 July 1791), 68–69.

第 7 章　对教会的战争

1. Ravitch, "Abbé Fauchet," 251; Desan, *Reclaiming the Sacred*, 3; Petitfils, *Louis XVI*, 2:288.

2. Cérutti, *Mémoire pour le peuple françois*, 20–22.

3. McManners, *Church and Society*, 1:210–12, 215, 249, 287.

4. Forsyth, *Reason and Revolution*, 195.

5. Durozoy, *La Gazette de Paris*, 1 Jan. 1791, 1 and 15 Jan. 1791, 1–2.

6. Volney, *Les Ruines*, in Volney, *Œuvres complètes*, 1:268.

7. Tocqueville, *L'Ancien régime*, 202–4; Aston, *Religion and Revolution*, 3.

8. McPhee, *Robespierre*, 41, 83, 135, 174.

9. Quoted in Aston, *Religion and Revolution*, 132.

10. Royou, *L'Ami du Roi*, 23 Oct. 1791, 2.

11. Mirabeau, *Collection complète*, 3:42–44.

12. *La Chronique de Paris* 2, 25 (25 Jan. 1790), 98; Fontana et al., *Venise et la Révolution*, 158–59, 372.

13. Hertzberg, *French Enlightenment*, 351; Schlechter, *Obstinate Hebrews*, 55.

14. *Archives Parlementaires*, 10:756–58 (23 Dec. 1789), speeches of Maury and de Lafarre; Jaher, *The Jews*, 69–70; Schechter, *Obstinate Hebrews*, 157; Girard, *La Révolution française*, 125–27.

15. *Journal des décrets* 5, no. 10, 12–14; Fontana et al., *Venise et la Révolution*, 371–72.

16. *Archives Parlementaires*, 11:364–65 (28 Jan. 1790); Jaher, *The Jews*, 72.

17. Fontana et al., *Venise et la Révolution*, 392.

18. Doyle, *Oxford History*, 411; Aston, *Religion and Revolution*, 252–54.

19. Michaud, *La Quotidienne*, no. 333 (9 Aug. 1793), 703.
20. E. Kennedy, *Cultural History*, 146.
21. Castelot, *Talleyrand*, 63–64.
22. *Archives Parlementaires*, 11:590 (13 Feb. 1790).
23. See chapter 2, note 20.
24. Gaulmier, *Un grand témoin*, 102–3, 118–19.
25. Arnaud, *Chamfort*, 179–81.
26. Ravitch, "Abbé Fauchet," 255–56; Sorkin, *Religious Enlightenment*, 286–87.
27. Fontana et al., *Venise et la Révolution*, 350.
28. Bailly, *Mémoires de Bailly*, 3:238–40, entries for 30 and 31 October 1789; Culoma, *Religion civile*, 82.
29. Bailly, *Mémoires de Bailly,* vol. 3, entry for 2 Nov. 1789; Van Kley, *Religious Origins*, 355; Applewhite, *Political Alignment*, 99.
30. Bailly, *Mémoires de Bailly*, vol. 3, entry for 2 Nov. 1789.
31. *Archives Parlementaires*, 11:438 (5 Feb. 1790).
32. Hampson, *Social History*, 90–91.
33. E. Badinter and R. Badinter, *Condorcet, 1743–1794*, 271.
34. Mirabeau, *Courrier* 47 (28/30 Sept. 1789), 5–6.
35. *La Chronique de Paris*, 2, nos. 44–45 (13 and 14 Feb. 1790), 175, 179; McMahon, *Enemies*, 71; Aston, *Religion and Revolution*, 134–35.
36. La Gorce, *Histoire religieuse*, 1:200.
37. Ibid., 1:155–56.
38. *Archives Parlementaires*, 11:580 (12 Feb. 1790).
39. *La Chronique de Paris* 2 (13 and 14 Feb. 1790), 175 and 179; Burstin, *Révolution*, 190–91.
40. *La Chronique de Paris* 2, 5 (5 Jan. 1790), 17; Fontana et al., *Venise et la Révolution*, 392, 394.
41. *Archives Parlementaires*, 11:591 (13 Feb. 1790).
42. Aston, *Religion and Revolution*, 134.
43. Dommanget, *Sylvain Maréchal*, 163–64; Israel, *Enlightenment Contested*, 725–28.
44. Camus, *Observations*, 10–11; Malouet, *Mémoires*, 1:304; Van Kley, *Religious Origins*, 335, 355.
45. E. Badinter and R. Badinter, *Condorcet, 1743–1794*, 301; Tackett, *Religion, Revolution*, 7, 59; Forsyth, *Reason and Revolution*, 201; Doyle, *Aristocracy and Its Enemies*, 257–58.
46. *Lettre d'un curé de l'Assemblée Nationale à un de ses confrères de province* (Paris, 1791), BL R-155/1, 2, 5, 8; Sorkin, *Religious Enlightenment*, 289.
47. Fauchet, *Sermon sur l'accord*, 5–6, 23; Tackett, *Religion, Revolution*, 12; Chopelin-Blanc, *De l'Apologétique*, 346–57.
48. Camus, *Opinion*, 2.
49. Fréron, *L'Orateur du peuple,* no. 8 (May 1790), 63; Buonarroti, *Giornale Patriottico di Corsica* 16 (24 July 1790), 141–42; La Gorce, *Histoire religieuse*, 1:213.
50. La Gorce, *Histoire religieuse*, 1:210; Kennedy, *Cultural History*, 150.
51. *Actes de la Commune* 2, 119 (12 Jan. 1791).
52. Rocher, "Aspects," 304; McPhee, *Robespierre*, 104.
53. Fauchet, *Sermon sur l'accord*, 24; Taggett, *Religion*, 15.
54. Mirabeau, *Courrier,* no. 186 (3/5 1790), 145–47.
55. Tackett, *Religion, Revolution*, 10–11, 15.
56. Mongrédien, *French Music*, 161.
57. Van Kley, *Religious Origins*, 354–56; Sorkin, *Religious Enlightenment*, 273.
58. Mirabeau, *Courrier* 192 (15/17 Sept. 1790), 293–94.
59. *La Chronique de Paris*, no. 205 (24 July 1790), 817–18.
60. *Archives Parlementaires*, 17:184 (17 July 1790).
61. Ibid., 17:179 (17 July 1790).

62. Aston, *Religion and Revolution*, 153.
63. Marat, *L'Ami du peuple*, no. 311 (15 Dec. 1790), 1907.
64. Durozoy, *La Gazette de Paris*, 2 Jan. 1791, 2, and 24 Jan. 1791, 1.
65. *Journal de Paris*, no. 322 (18 Nov. 1790), 1310.
66. Malouet, *Mémoires*, 2:127; Margairaz, *François de Neufchâteau*, 212, 214.
67. *Journal de Paris*, no. 333 (29 Nov. 1790), 1353; Marat, *L'Ami du peuple*, no. 305 (9 Dec. 1790), 1879; Barnave, *De la Révolution*, 210.
68. *Journal de Perlet*, no. 510 (28 Dec. 1790), 2.
69. Ibid., no. 517 (4 Jan. 1790), 3; Tackett, *Religion, Revolution*, 20, 25.
70. Morellet, *Lettres*, 2:170; La Gorce, *Histoire religieuse*, 1:362; Sewell, "Ideologies and Social Revolutions," 80–81.
71. Kennedy, *Cultural History*, 151; Aston, *Religion and Revolution*, 110, 201.
72. Rutledge, *Le Creuset* 6 (20 Jan. 1791) and 7 (24 Jan. 1791).
73. *La Chronique de Paris*, no. 12 (12 Jan. 1791), 46.
74. Ibid., no. 10 (10 Jan. 1791), 38; Fréron, *L'Orateur du peuple* 4, no. 21 (Jan. 1791), 170 and 26, 205–6.
75. *Actes de la Commune* 2 (22 Jan. 1791), 199.
76. *Archives Parlementaires,* 28:893 (17 July 1791).
77. Aston, *Religion and Revolution*, 175; Jones, *Peasantry*, 197–98; E. Kennedy, *Cultural History*, 151.
78. Auerbach, "Politics, Protest," 156; Hanson, *Provincial Politics*, 58.
79. Rocher, "Aspects," 304.
80. Royou, *L'Ami du Roi*, 21 Dec. 1791, 3–4.
81. Tackett, *Religion, Revolution*, 109; Aston, *Religion and Revolution*, 151–52.
82. *La Feuille villageoise* 1, no. 21 (17 Feb. 1791), 392.
83. Ibid., no. 20 (10 Feb. 1791), 365–66.
84. Hermon-Belot, *L'Abbé Grégoire*, 109–11; Chopelin-Blanc, *De l'apologétique*, 376–77.
85. Royou, *L'Ami du Roi*, 3 Oct. 1791, 2–3; Gorsas, *Courrier des LXXXIII* 23, nos. 19 and 22 (19 and 22 April 1791), 321, 343.
86. Gorsas, *Courrier des LXXXIII* 23, no. 23 (23 April 1791), 355.
87. Aston, *Religion and Revolution*, 202; Sorkin, *Religious Enlightenment*, 286–89; Bourdin, *Le noir et le rouge*, 233.
88. Forrest, *Revolution in Provincial France*, 166–67.
89. Cousin, "Religion et Révolution," 141.
90. Casta, "Réorganisation," 55; Martin, *Violence et révolution*, 105.
91. *La Chronique de Paris*, no. 199 (18 July 1791), 804.
92. Ibid., no. 12 (12 Jan. 1791), 46; Tackett, *Religion, Revolution*, 221–22.
93. Brissot, *Le Patriote français* 553 (12 Feb. 1791), 171–72; Dard, *Hérault de Sechelles*, 138.
94. McManners, *Church and Society*, 1:407–8, 413.
95. *La Chronique de Paris,* no. 200 (19 July 1791), 809; Aston, *Religion and Revolution*, 15–16, 224; Tackett, *Religion, Revolution*, 294.
96. Tackett, *Religion, Revolution*, 76–77.
97. *Archives Parlementaires*, 24:548–51 (4 April 1791).
98. Ibid., 26:595 (25 May 1791).
99. *La Feuille villageoise* 1, no. 20 (10 Feb. 1791), 360–61.
100. Tackett, *Religion, Revolution*, 113–15.
101. *La Chronique de Paris*, no. 10 (10 Jan. 1791), 37.
102. Audouin, *Journal universel*, no. 561 (6 June 1791), 8087.
103. *Archives Parlementaires*, 36:277 (20 Dec. 1791).
104. Chopelin-Blanc, *De l'Apologétique*, 382–83; Tackett, *Religion, Revolution*, 32–34; Sorkin, *Religious Enlightenment*, 300.
105. *La Feuille villageoise* 1, no. 22 (24 Feb. 1791), 410; Tackett, *Religion, Revolution*,

110.

106. *Archives Parlementaires*, 82:684.
107. Tackett, *Religion, Revolution*, 173–75.
108. *La Feuille villageoise* 1, no. 20 (10 Feb. 1791), 365–66.
109. Ibid., no. 18 (27 Jan. 1791), 336.
110. *Assemblée Nationale, Corps administatifs* 4, 308 (8 June 1791), 3.
111. Culoma, *Religion civile*, 90; Forsyth, *Reason and Revolution*, 201.
112. Camus, *Observations*, 55; Royou, *L'Ami du Roi*, 23 Oct. 1791, 2; Tackett, *Religion, Revolution*, 27.
113. *Archives Parlementaires*, 28: 894 (17 July 1791).
114. Camus, *Observations*, 35, 51–52, 54, 57; Camus, *Opinion de M. Camus*, 2.
115. Ibid., 6; Auerbach, "Politics, Protest," 154.

第 8 章　斐扬派的革命

1. Fréron, *L'Orateur du peuple* 7, no. 7, 50–51; Roederer, *Spirit of the Revolution*, 37; Scurr, *Fatal Purity*, 152–53; Sonenscher, *Sans-Culottes*, 338.
2. *Archives Parlementaires*, 28:399–401 (18 July 1791); Burstin, *Révolution*, 254–56.
3. *Journal du Club des Cordeliers* 8 (21 July 1791), 69–71; Desmoulins, *Révolutions de France et de Brabant* 86 (July 1791), 6; Bailly, *Mémoires de Bailly*, 3:392; Martin, *Violence et révolution*, 116–17.
4. *Journal du Club des Cordeliers* 9 (25 July 1791), 75; Malouet, *Mémoires*, 2: 118–19; Scurr, *Fatal Purity*, 156, 183.
5. Fréron, *L'Orateur du peuple* 7, no. 2 (July 1791), 12–13; M. L. Kennedy, *Jacobin Clubs*, 239.
6. Žižek (ed.), *Robespierre*, 108; Scurr, *Fatal Purity*, 182; McPhee, *Robespierre*, 92.
7. *Journal du Club des Cordeliers* 9 (25 July 1791), 75.
8. Desmoulins, *Révolutions de France et de Brabant* 86 (July 1791), 27.
9. Ibid., 85 (July 1791), 292, 331; Paine, *Rights*, 151.
10. *La Chronique de Paris,* no. 201 (20 July 1791), 812.
11. Kates, *Cercle*, 170–71; Lawday, *Giant of the French Revolution*, 98–99.
12. *La Chronique de Paris*, no. 201 (20 July 1791), 812–13.
13. Desmoulins, *Révolutions de France et de Brabant* 86 (July 1791), 20–21; Lagrave, "Thomas Paine," 60.
14. Desmoulins, *Révolutions de France et de Brabant* 88 (August, 1791), 35.
15. Ibid. (July 1791), lxviii, 15; Audouin, *Journal universel*, no. 606 (21 July 1791), 120–48.
16. Desmoulins, *Révolutions de France et de Brabant* 67 (July 1791), 1–2.
17. *La Chronique du mois* 2 (April, 1792), 84.
18. Desmoulins, *Révolutions de France et de Brabant* 67 (July 1791), 10, and 88 (August 1791), 6; Pasquino, *Sieyès et l'invention*, 83.
19. Desmoulins, *Révolutions de France et de Brabant* 86 (July 1791), 27; Hermon-Belot, *L'Abbé Grégoire*, 178–79.
20. Desmoulins, *Révolutions de France et de Brabant* 67 (July 1791), 4.
21. *La Chronique de Paris*, no. 211 (30 July 1791), 853; M. L. Kennedy, *Jacobin Clubs*, 4, 221.
22. *La Chronique de Paris*, no. 248 (6 September 1791), 1003.
23. Fréron, *L'Orateur du peuple* 7, no. 6 (July 1791), 45.
24. Carra, *Annales patriotiques* 639 (3 July 1791), 1628.
25. Chisick, *Production, Distribution*, 56–59; Bertaud, *Les Amis du roi*, 44.
26. Marat, *L'Ami du peuple,* no. 529 (10 Aug. 1791), 3324–26.

27. Condorcet and Paine, *Le Républicain* 1:3–4; E. Badinter and R. Badinter, *Condorcet, 1743–1794*, 333–34.

28. "Lettre de Thomas Paine à M. l'Abbe Sieyès, Paris, 8 July 1791," in Condorcet and Paine, *Le Républicain* 3:52–56; Carra, *Annales Patriotiques* 650 (14 July 1791), 1681; Nelson, *Thomas Paine*, 212; D. Williams, *Condorcet and Modernity*, 31, 33.

29. Pasquino, *Sieyès et l'invention*, 80–86; Gauchet, *La Revolution*, 80–85.

30. Sieyès, *Manuscrits, 1773–1799*, 445; Forsyth, *Reason and Revolution*, 176–78; E. Badinter and R. Badinter, *Condorcet, 1743–1794*, 335–36.

31. Condorcet and Paine, *Le Républicain*, 2:17, 2:22.

32. *La Chronique de Paris*, no. 248 (6 Sept. 1791), 1003.

33. Ibid., no. 228 (16 August 1791), 921; Gueniffey, "Brissot," 437; Bates, "Political Pathologies," 446.

34. Carra, *Annales patriotiques* 639 (3 July 1791), 1628.

35. *La Chronique de Paris*, no. 207 (26 July 1791), 835–36.

36. Ibid., no. 211 (30 July 1791), 852 and no. 230 (18 August 1791), 927.

37. Ibid., no. 218 (6 August 1791), 879 and no. 220 (8 August 1791), 887.

38. Ibid., no. 220 (8 August 1791), 887; Hunt, *Family Romance*, 110, 114, 121; Whaley, *Radicals*, 53.

39. *La Chronique de Paris*, no. 211 (30 July 1791), 852.

40. *La Chronique du mois* 1 (1791), 28.

41. [Leger], *L'Auteur*, 16.

42. Ibid., 18, 34–35; Maslan, *Revolutionary Acts*, 58–60.

43. *Archives Parlementaires*, 29:151 (2 Sept. 1791).

44. Ibid., 29:189–90 (3 Sept. 1791).

45. Ibid., 29:633–35 (14 Sept. 1791); *La Chronique de Paris*, no. 256 (14 Sept. 1791), 1038.

46. *La Chronique de Paris*, no. 262 (20 Sept. 1791), 1060.

47. Williams, *Letters from France*, 2:2–3.

48. *La Chronique de Paris*, no. 248 (6 Sept. 1791), 1004.

49. Louvet, *Mémoires*, 1:26; Dard, *Hérault de Sechelles*, 148.

50. Royou, *L'Ami du Roi*, 31 Oct. 1791, 1.

51. Dickinson, "Counter-Revolution in Britain," 358–63.

52. Fréron, *L'Orateur du peuple* 6, no. 2 (July 1791), 11–13.

53. *La Chronique de Paris*, no. 218 (6 August 1791), 879; Royou, *L'Ami du Roi*, 13 Oct. 1791, 3–4.

54. Kennedy, *Jacobin Clubs*, 5–8, 366; Serna, *Antontelle, Aristocrate révolutionnaire*, 179–80; Monnier, "Républicanisme," 101.

55. Louvet, *Mémoires*, 1:37; Hampson, *Life and Opinions*, 99–100.

56. Constant, *De la Terreur*, 353–54; Lefebvre, *French Revolution*, 208.

57. Rousseau, *Social Contract*, 138–40; Miller, *Rousseau*, 205.

58. Royou, *L'Ami du Roi*, 27 Oct. 1791, 1.

59. Mortier, *Anacharsis Cloots*, 348.

60. Maslan, *Revolutionary Acts*, 55.

61. M. L. Kennedy, *Jacobin Clubs*, 56.

62. Ibid., 51–52, 358; Pineau-Defois, "Une élite," 110–11, 114, 117–18.

63. Mitchell, *French Legislative*, 208–9.

64. Royou, *L'Ami du Roi*, 5 Oct. 1791, 1; Mitchell, *French Legislative*, 15, 19–20, 22.

65. *La Chronique de Paris*, no. 257 (15 September 1791), 1041.

66. Tackett, "Conspiracy Obsession," 709; Mitchell, *French Legislative*, 19–20, 24, 274.

67. Mitchell, *French Legislative*, 29, 299.

68. M. L. Kennedy, *Jacobin Clubs*, 7–8.

69. *La Chronique de Paris*, no. 260 (18 September 1791), 1047–52.

70. Raynal, *Histoire philosophique*, 10: 66–67.

71. *La Chronique du mois* 2 (March, 1792), 3–6.

72. *Assemblée Nationale, Corps administratifs* 4, no. 295 (22 July 1792), 414–16; Dorigny, "Condorcet," 337.

73. Popkin, "From Dutch Republican," 543; Israel, *Democratic Enlightenment*, 273–74, 524–26.

74. *Assemblée Nationale, Corps administratifs* 4, no. 216 (4 May 1792), 267–69.

75. *La Chronique de Paris*, no. 257 (15 Sept. 1791), 1039; P. Jones, *Peasantry*, 87–88.

76. Royou, *L'Ami du Roi*, 26 Feb. 1792, 3.

77. *Archives Parlementaires*, 41:470 (11 April 1792).

78. Ibid., 41:485 (11 April 1792); P. Jones, *Peasantry*, 91–92, 120.

79. P. Jones, *Peasantry*, 92–93.

80. Royou, *L'Ami du Roi*, 3 Oct. 1791, 1–2.

81. Ibid., 26 Feb. 1792, 3–4; Bertaud, *Les Amis du roi*, 229.

82. *La Chronique du mois* 2 (April 1792), 87.

83. Ibid., 71–73.

84. *Archives Parlementaires*, 34:309–17 (20 Oct. 1791); Mitchell, *French Legislative*, 43.

85. C. Jones, *Great Nation*, 446–48, 456; Bates, "Political Pathologies," 451–52; Davidson, *How Revolutionary Were the Bourgeois Revolutions?*, 66–67.

86. *Archives Parlementaires*, 44:273–78 (29 May 1792); Louvet, *La Sentinelle*, no. 9 (1792), 1.

87. E. Badinter and R. Badinter, *Condorcet, 1743–1794*, 423–25; Whaley, *Radicals*, 60; May, *Madame Roland*, 217–19.

88. Roland, *Lettre écrite au Roi*, 11–12; Bertrand de Molleville, *Mémoires secrets*, 2:220–21, 231–32.

89. Mitchell, *French Legislative*, 3, 171–72, 212.

第 9 章 "总革命" 的开始

1. Grüner, "Deutschland," 378.

2. Wedekind, "Einleitung und Kommentar," 37–38.

3. Rehberg, *Untersuchungen*, 1:98–99.

4. Ibid., 1:87; Pagden, *The Enlightenment*, 316.

5. *Journal de Paris*, no. 322 (18 Nov. 1790), 1307–8.

6. Malouet, *Mémoires*, 2:132; C. Jones, *Great Nation*, 456.

7. Popkin, *News*, 219; McPhee, *Robespierre*, 113–16.

8. Carra, *Annales patriotiques* 642 (6 July), 1643, and 643 (7 July), 1651.

9. Furet, *Interpreting the French Revolution*, 65–66; Doyle, *Oxford History*, 176; Doyle, *Aristocracy and Its Enemies*, 263–64.

10. Mallet du Pan, *Considérations*, 41.

11. Royou, *L'Ami du Roi*, 15 Oct. 1791, 1.

12. Furet, *Interpreting the French Revolution*, 126; Lawday, *Giant of the French Revolution*, 112–13.

13. *Relation exacte de ce qui s'est passé à Bruxelles* (March 1790), 4–7.

14. Dhont, "Conservatieve Brabantse omwenteling," 433–44; Van den Bossche, *Enlightened Innovation*, 44–46.

15. Feller, *Journal historique et littéraire* 1 (15 April 1793), 175–78; Van den Bossche, *Enlightened Innovation*, 177–80.

16. *La Feuille villageoise* 1, no. 10 (2 Dec. 1790), 183–84.

17. Weber, *Georg Christian Gottlieb Wedekind*, 156–57.

18. Blanning, *Reform and Revolution*, 273.

19. Rehberg, *Untersuchungen*, 2:117.

20. Ibid., 1:126–27, 1:150–52.

21. Ibid., 1:178–79, 1:210.
22. Losfeld, *Philanthropisme*, 3-4.
23. Ibid., 214–15, 225–26, 229–30, 233.
24. Blanning, *Reform and Revolution*, 272–73; Voss, "Die Kurpfalz im Zeichen," 16.
25. Ruiz, "Deutsche Jakobiner," 135.
26. Pestalozzi, *Sämtliche Briefe*, 3:280.
27. Hölderlin, *Sämtliche Werke*, 670–71.
28. Weber, *Georg Christian Gottlieb Wedekind*, 165.
29. Gaulmier, *Un grand témoin*, 130–31.
30. Hardman, *Louis XVI*, 139, 142–45; C. Jones, *Great Nation*, 454–55.
31. Malouet, *Mémoires*, 2:128–29.
32. Hardman, *Louis XVI*, 147; E. Badinter and R. Badinter, *Condorcet, 1743–1794*, 361.
33. Malouet, *Mémoires*, 2:132; Hamspon, *Life*, 95–96.
34. Malouet, *Mémoires*, 2:133; E. Badinter and R. Badinter, *Condorcet, 1743–1794*, 372–75.
35. *Archives Parlementaires*, 36:606 (29 Dec. 1791).
36. Doyle, *Oxford History*, 178–79; C. Jones, *Great Nation*, 455–56.
37. *Archives Parlementaires*, 36:607 (29 Dec. 1791).
38. Pestalozzi, *Sämtliche Briefe*, 3:287.
39. Jaume, *Le discours Jacobin*, 196–98.
40. Robespierre, "Sur la guerre (2 Jan. 1792), in Žižek (ed.), *Robespierre*, 115, 118–19.
41. *La Chronique du mois* 2 (May 1792), 24–25; Baker, *Condorcet*, 307–9.
42. *Archives Parlementaires*, 36:616–17 (29 Dec. 1791); Bouissounouse, *Condorcet*, 205–6.
43. *La Chronique du mois* 2 (May 1792), 123–24.
44. Ibid., 123, 125; Louvet, *Mémoires*, 1:44–45; Hampson, *Life and Opinions*, 99–100.
45. Hansen, *Quellen zur Geschichte*, 2:168–69.
46. Dumouriez, *Mémoires*, 1:2, 1:8.
47. Mallet du Pan, *Considérations*, 40.
48. *La Chronique du mois* 2 (May 1792), 38–39.
49. Baker, *Condorcet*, 307–8; Bell, *First Total War*, 114–17.
50. *La Chronique du mois* 2 (April 1792), 58–66.
51. Ibid. (May 1792), 62–63.
52. Rosendaal, *Bataven!*, 305–8.
53. Marat, *L'Ami du peuple*, no. 648 (3 May 1792), 3961–62; E. Badinter and R. Badinter, *Condorcet, 1743–1794*, 407.
54. E. Badinter and R. Badinter, *Condorcet, 1743–1794*; Tarin, *Diderot*, 60.
55. Marat, *L'Ami du peuple*, no. 648 (3 May 1792), 3963–64.
56. Ibid., no. 649 (6 May 1792), 3966–67.
57. E. Badinter and R. Badinter, *Condorcet, 1743–1794*, 409–10; Tarin, *Diderot*, 60.
58. Marat, *L'Ami du peuple*, no. 648 (3 May 1792), 3959.
59. Losfeld, *Philanthropisme*, 3–4, 184.

第 10 章　革命之夏

1. *Archives Parlementaires*, 75:523 (3 Oct. 1793); Mitchell, *French Legislative*, 134–39.
2. Louvet, *La Sentinelle*, no. 20 (1792), 1; Chaumette, *Mémoires*, 7; Baker, *Condorcet*, 309.
3. Burstin, *Révolution*, 369–72.
4. Louvet, *La Sentinelle*, no. 20 (1792), 1–2; Chaumette, *Mémoires*, 15.
5. Durozoy, *La Gazette de Paris*, 9 Aug 1792, 1.

6. Malouet, *Mémoires*, 2:138–39; Carra, *Annales patriotiques* 183 (1 July 1792), 806–7.
7. Brissot, *Opinion de J. P. Brissot*, 1–4.
8. Levasseur, *Mémoires*, 1:262.
9. May, *Madame Roland*, 215; E. Badinter and R. Badinter, *Condorcet, 1743–1794*, 384–86; Whatmore, *Republicanism*, 78–80.
10. Louvet, *La Sentinelle* 21 (1792), 1–5, and 23 (1792), 1; Furet, *Revolutionary France*, 110; Scurr, *Fatal Purity*, 191.
11. Robespierre, *Le Défenseur*, 5:215, 5:217, 5:225–26, 5:240.
12. Ibid., 1:1–2; Roederer, *De la philosophie moderne*, 29; E. Badinter and R. Badinter, *Condorcet, 1743–1794*, 410.
13. Robespierre, *Le Défenseur* 11 (July 1792), 538.
14. Ibid., 1; Scurr, *Fatal Purity*, 182, 184; McPhee, *Robespierre*, 91, 123.
15. Robespierre, *Le Défenseur*, 1:45 and 4:174–77.
16. Ibid., 4:184–86; McPhee, *Robespierre*, 107–8.
17. Robespierre, *Le Défenseur*, 4:186.
18. Ibid., 1:38–41; Scurr, *Fatal Purity*, 182.
19. Louvet, *La Sentinelle*, no. 1 (1792), 1.
20. Carra, *Annales patriotiques* 190 (8 July 1792), 838.
21. *La Chronique de Paris*, 26 June 1792, 711–12.
22. Burstin, *Révolution*, 378–79.
23. Chaumette, *Mémoires*, 33–34.
24. Baker, *Condorcet*, 313–14; E. Badinter and R. Badinter, *Condorcet, 1743–1794*, 391–93.
25. Chaumette, *Mémoires*, 37–38; Mandar, *Des Insurrections*, 189; Bertaud, *Les Amis du roi*, 244.
26. Pétion, *Les Voeux*, 8; Princeton UL Pamphlets 1509 178999, vol. 35, no. 10; Pétion, *Discours*, 1.
27. Carra, *Annales patriotiques*, 194 (12 July 1792), 856; Mongrédien, *French Music*, 44; Scurr, *Fatal Purity*, 202.
28. Durozoy, *La Gazette de Paris*, 7 Aug. 1792, 1 and 9 Aug. 1792, 1.
29. Bertaud, *Les Amis du roi*, 235.
30. *Extrait des Registres ... Mauconseil*, 1–4; Carra, *Annales patriotiques*, 219 (6 Aug. 1792), 965, 968; Louvet, *La Sentinelle*, no. 47, 1–2.
31. Bayle, *De l'Inutilité*, 5, 7, 16, 28.
32. *Archives Parlementaires*, 47:627–28 (session: 9/10 August 1792).
33. Quoted in Baker, *Condorcet*, 313.
34. Slavin, *French Revolution*, 110–11.
35. Louvet, *Mémoires*, 2:142; Baker, *Condorcet*, 315.
36. Whaley, *Radicals*, 68–74.
37. Louvet, *Mémoires*, 2:244; Burstin, *Révolution*, 403–6.
38. Robespierre, *Le Défenseur* 12 (August), 570.
39. Robespierre, *Œuvres complètes*, 8:427; Rocques, *État de France*, 10; McPhee, *Robespierre*, 125–26; Ansart-Dourlen, *L'Action politique*, 152.
40. Durozoy, *La Gazette de Paris*, 10 Aug. 1792, 1; Martin, *Violence et révolution*, 135–39.
41. Gough, *Newspaper Press*, 87; Bertaud, *Les Amis du roi*, 247.
42. Louvet, *La Sentinelle*, no. 47 (12 Aug. 1792), 3–4; Chaumette, *Memoires*, 58–61; Mercier, *Paris*, 1:144–47; Slavin, *French Revolution*, 112–13.
43. *Archives Parlementaires*, 47:611 (session: 10 Aug. 1792); Boroumand, *La Guerre*, 304–5.
44. *Archives Parlementaires*, 47:692 (session: 10 Aug. 1792); Louvet, *La Sentinelle*, no. 47 (12 Aug. 1792), 6.
45. *Archives Parlementaires*, 47:691 (session: 10 Aug. 1792); Buonarroti, *Conspiration pour l'égalité*, 15; Woloch, "Contraction," 311.

46. *Archives Parlementaires*, 47:647–48 (session: 10 Aug. 1792).
47. E. Badinter and R. Badinter, *Condorcet, 1743–1794*, 457.
48. Whaley, *Radicals*, 76–77.
49. *Archives Parlementaires*, 48:151 (15 Aug. 1792); Robespierre, *Œuvres complètes*, 8:438.
50. Scott, *Terror and Repression*, 35–38; Johnson, *Midi in Revolution*, 204, 211.
51. Scott, *Terror and Repression*, 35–36.
52. Lanthenas, *Motifs*, 9–10.
53. Prudhomme, *Histoire générale*, 1:28.
54. Furet, *Revolutionary France*, 110.
55. *Archives Parlementaires,* 47:660 (session: 10 Aug. 1792).
56. Gorsas, *Courrier* 15 (15 Aug. 1792), 230; Robespierre, *Œuvres complètes*, 8:432.
57. Rocques, *État de France*, 2:26, 2:44, 2:75.
58. Gorsas, *Courrier* 14 (14 Aug. 1792), 215; Slavin, *French Revolution*, 120.
59. Carra, *Annales patriotiques*, no. 229 (16 Aug. 1792), 1011; Louvet, *La Sentinelle* 48 (15 Aug. 1792).
60. *Gazette nationale,* 3rd ser., 2, no. 20 (20 Jan. 1793), 178.
61. Girey-Dupré, *Patriote français* 1196 (18 Nov. 1792), "Discours de Jerome Pétion"; Buonarroti, *Conspiration pour l'égalité*, 20.
62. Mandar, *Des insurrections*, 6.
63. Hesse, "La Logique culturelle," 926–27.
64. Monnier, "L'Évolution," 61–62.
65. Wahnich, *L'impossible citoyen*, 175–77; Desan, "Foreigners," 89–91.
66. On Bolts, see Israel, *Democratic Enlightenment*, 590, 592–93.
67. Chénier, *Pétition*, 2.
68. Losfeld, *Philanthropisme*, 3–4, 177, 192–96; Desan, "Foreigners," 91.
69. Chénier, *Pétition*, 3–4; Schüttler, *Mitglieder*, 33; Hermann, *Knigge*, 148.
70. Klopstock, *Werke* 8, 1:272–74. Klopstock to Roland, Hamburg, 19 Nov. 1792.
71. *Archives Parlementaires*, 48:180–81 (15 Aug. 1792); Baker, *Condorcet*, 315; E. Badinter and R. Badinter, *Condorcet, 1743–1794*, 459–60.
72. Gueniffey, "L'election," 66–67.
73. Bertaud, *Les Amis du roi*, 250.
74. Robespierre, *Œuvres complètes*, 8:444–45.
75. *Archives Parlementaires*, 49:118 (30 Aug. 1792); Girey-Dupré, *Patriote français* 1118 (1 Sept. 1792), 249–52; Bluche, *Septembre 1792*, 42.
76. Robespierre, *Le Défenseur*, 1:48–49.
77. Louvet, *Mémoires,* 2:159–60; M. L. Kennedy, *Jacobin Clubs*, 182–83; Scott, *Terror and Repression*, 62.
78. Louvet, *La Sentinelle*, no. 52 (21 Aug. 1792), 1.
79. Ibid., no. 55 (29 Aug. 1792), 1.
80. Louvet, *Mémoires*, 2:150–51, 2:154–56; Baker, *Condorcet*, 315.
81. Robespierre, *Œuvres complètes*, 8:457–58.
82. Ibid., 8:459.
83. Ibid., 8:458.
84. Louvet, *Mémoires*, 2:195.
85. Ibid., 2:196–97; Coquard, *Jean-Paul Marat*, 360; Baker, *Condorcet*, 315.
86. Bluche, *Septembre 1792*, 38–39.
87. Levasseur, *Mémoires*, 1:540; Buzot, *Lettres*, 5, 8; Prudhomme, *Histoire générale*, 1:vii–viii; Cottebrune, *Mythe et réalité*, 166–70.
88. Mercier, *Paris*, 1:77; Necker, *De la Révolution*, 2:220.
89. Bluche, *Septembre 1792*, 99, 101; Martin, *Violence et révolution*, 141; Dupuy, *La république jacobine*, 24.
90. Aston, *Religion and Revolution*, 183.
91. Bluche, *Septembre 1792*, 122–33; Prudhomme, *Histoire générale*, 1:viii.

92. Mandar, *Des Insurrections*, 29; Girey-Dupré, *Patriote français* 1300 (4 March 1793), 262.

93. Ibid., 152–53; Guilhaumou, *L'Avènement*, 236; D'Espinchal, *Journal*, 368–69; Dupuy, *La république jacobine*, 22.

94. Necker, *De la Révolution*, 2:222, 2:228; Walter, *Marat*, 245–48.

95. Lawday, *Giant of the French Revolution*, 137–39; Bluche, *Septembre 1792*, 264–65.

96. Scurr, *Fatal Purity*, 200; McPhee, *Robespierre*, 129–30.

97. Levasseur, *Mémoires*, 1:379, 1:383; Guilhaumou, *L'Avènement*, 237–38; Whaley, *Radicals*, 84.

98. Girey-Dupré, *Patriote français* 1120 (2 Sept. 1792), 258 and 1121 (4 Sept. 1792), 263 and no. 1125 (8 Sept. 1792), 279; Bluche, *Septembre 1792*, 255.

99. Zizek, "Plume de fer," 639.

100. BL Pamphlets 645 a 38/6: Robert, *À ses comettans*, 5.

101. Louvet, *Mémoires*, 2:163–64; Bluche, *Septembre 1792*, 259; Guilhaumou, *L'Avènement*, 239.

102. Robespierre, *Œuvres complètes*, 8:461; Patrick, *The Men*, 183.

103. Louvert, *La Sentinelle,* no. 59 (14 Sept. 1792); McPhee, *Robespierre*, 131.

104. Louvert, *La Sentinelle,* no. 56 (31 Aug. 1792), 1; Slavin, *French Revolution*, 120–21.

105. Aulard, *La Société des jacobins*, 4:261.

106. Louvet, *Mémoires*, 2:151–53; Bredin, *Sieyès*, 235.

107. Louvet, *La Sentinelle,* no. 59 (14 Sept. 1792), 1.

108. Girey-Dupré, *Patriote français* 1125 (8 Sept. 1792), 279–80.

109. Levasseur, *Mémoires*, 1:54; Prudhomme, *Histoire générale*, 1:ix–xii, xxxiii; Louvet, *Mémoires*, 1:56–57 and 2:149–51; Gershoy, *Betrand Barère*, 126.

110. BL F664/5/no. 15: *Réponse du corps électoral de Paris*, 3; Louvet, *Mémoires*, 1:56.

111. Louvet, *La Sentinelle*, no. 58 (8 Sept. 1792); Bredin, *Sieyès*, 228–29.

112. Kennedy, "Development," 142; Patrick, *The Men*, 178.

113. Norberg, "Love," 40; Whaley, *Radicals*, 86–87.

114. Louvet, *Mémoires*, 2:93.

115. Levasseur, *Mémoires*, 1:51–52, 55.

第 11 章　分崩离析的共和派

1. *Journal de Perlet* 7, no. 385 (13 Oct. 1793), 96.

2. *La Quotidienne* 2 (23 Sept.), 2; La Harpe, *Réfutation*, 160.

3. Mercier, *Paris*, 2:362.

4. Gross, *Fair Shares*, 98; Shovlin, *Political Economy*, 201–2.

5. Lanthenas, *Motifs*, 9.

6. Dorigny, "Condorcet," 337.

7. Levasseur, *Mémoires*, 1:54; Mercier, *Paris*, 1:224–26.

8. Mercier, *Paris*, 1:93–94.

9. Ibid., 1:153–55; Levasseur, *Mémoires*, 1:62–63.

10. Bouissounouse, *Condorcet*, 241.

11. *La Quotidienne* 27 (18 Oct. 1792), 2.

12. Ibid., 8 (30 Sept. 1792), 2 and 25 (16 Oct.), 2.

13. Linton, *Conspiracies Real and Imagined*, 133.

14. BL FR 366/31: Brissot, *À tous les républicains*, 14–15, 21–22, 27; Dorigny, "Les Girondins," 576.

15. Lemny, *Jean-Louis Carra*, 289; Hanson, *Provincial Politics*, 50–51; Walton, *Policing Public Opinion*, 207.

16. Louvet, *Mémoires*, 2:125, 2:141.

17. Robespierre, *Œuvres complètes*, 9:45, 9:58.
18. Louvet, *Mémoires*, 1:65; Albouys, *Principes constitutionelles*, 77; Walton, *Policing Public Opinion*, 207.
19. Louvet, *Mémoires*, 2:126–27.
20. *La Quotidienne* 1 (22 Sept. 1792), 2.
21. Levasseur, *Mémoires*, 1:59.
22. Fauchet, *Journal des Amis*, 1:29–32.
23. Mercier, *Paris*, 1:93–94.
24. Palmer, *From Jacobin to Liberal*, 24.
25. Buonarroti, *Conspiration pour l'égalité*, 16–17.
26. Mercier, *Paris*, 1:229.
27. Mercier, *Mémoires*, 1:223.
28. Desmoulins, *Vieux Cordelier*, 114, 117, 134–35.
29. *La Chronique du mois* 2 (May 1792), 27; Proly, *Le Cosmopolite*, 394 (26 March 1792); Mercier, *Paris*, 1:184–85; May, *Madame Roland*, 233–36.
30. Louvet, *La Sentinelle*, no. 61 (29 Sept. 1792).
31. Ibid., no. 62 (4 Oct. 1792), 1.
32. M. L. Kennedy, *Jacobin Clubs*, 297.
33. Mandar quoting Diderot and Raynal, Mandar, *Des Insurrections*, 76.
34. Mandar, *Des Insurrections*, 18–21, 45.
35. Ibid., 113.
36. Ibid., 76.
37. Ibid., 57–64.
38. Ibid., 136.
39. Courtenay was a British MP who visited Paris in 1789 and who often spoke in Parliament and ridiculed Burke; see Locke, *Edmund Burke*, 2:146n, 2:245; Mandar, *Des Insurrections*, 122.
40. Rousseau, *Discourses*, 115–16.
41. Mandar, *Des Insurrections*, 202–3.
42. Ibid., 245.
43. Ibid., 255.
44. *Archives Parlementaires*, 53, 50–51 (29 Oct. 1792); Lawday, *Giant of the French Revolution*, 201–3, 229–31.
45. *Archives Parlementaires*, 53 (29 Oct. 1792), 52–58; Louvet, *Mémoires*, 1:59–60 and 2:91; Levasseur, *Mémoires*, 1:80–82, 1:535–37; Hampson, *Life and Opinions*, 132; Scurr, *Fatal Purity*, 213–14.
46. Robespierre, *Œuvres complètes*, 9:63; Louvet, "Accusation contre Maximilien Robespierre," in Louvet, *Mémoires*, 2:106; Gershoy, *Betrand Barère*, 133; Dingli, *Robespierre*, 286–88.
47. Louvet, *Mémoires*, 1:60–61.
48. Labbé, *Anacharsis Cloots*, 160.
49. Cloots, *Ni Marat, ni Roland*, 1–4; Gouges, *Pronostic*, in Gouges, *Œuvres*, 338–39.
50. Mortier, *Anacharsis Cloots*, 345.
51. May, *Madame Roland*, 235–36; Mortier, *Anacharsis Cloots*, 334.
52. Prudhomme, *Révolutions de Paris*, no. 176 (week 17/24 November 1792), 407–9; Mortier, *Anacharsis Cloots*, 341–42.
53. Mortier, *Anacharsis Cloots*, 346.
54. *Archives Parlementaires*, 57:32 (session: 13 Jan. 1793); Buzot, *Lettres*, 6.
55. *Journal de Perlet* 1, no. 70 (30 Nov. 1792), 559.
56. Villette to the mayor of Paris in *Gazette nationale*, no. 1 (1 Jan. 1793), 3.
57. *Gazette nationale*, 3rd ser., no. 1 (1 Jan. 1793), 8.
58. *Archives Parlementaires*, 55:33–34 (13 Jan. 1793).
59. Marat, *L'Ami du peuple*, no. 92 (3 Jan. 1793), 5416; no. 93 (9 Jan. 1793), 5443; and no. 96 (12 Jan. 1793), 5462; Mortier, *Anacharsis Cloots*, 432.

60. Marat, *L'Ami du peuple*, no. 97 (13 Jan. 1793), 5468.
61. Hébert, *Père Duchesne* 201 (1792), 6; Marat, *L'Ami du peuple* 93 (9 Jan. 1793), 5443, 5446.
62. Hébert, *Père Duchesne* 201 (1792), 7.
63. Ibid., 4; Hunt, *Family Romance*, 120.
64. Hébert, *Père Duchesne* 201 (1792), 5.
65. Ibid., 1–2; *Père Duchesne* 206, 7 and 211, 2.
66. *Journal de Perlet* 2, no. 100 (30 Dec. 1792), 237.
67. Ibid., 4, no. 216 (25 April 1793), 197.
68. Ibid., 2, no. 104 (3 Jan. 1793), 268; Bell, *Cult of the Nation*, 114, 116, 121, 134.
69. *Journal de Perlet* 2, no. 108 (7 Jan. 1793), 298.
70. *Gazette nationale*, 3rd ser., 2, no. 4 (4 Jan. 1793.), 29–30; Hébert, *Père Duchesne*, 208, 3; Darlow, *Staging the French Revolution*, 151–52.
71. *Journal de Perlet* 2, no. 113 (12 Jan. 1793), 343.
72. Ibid., no. 112 (12 Jan. 1793), 332; *Gazette nationale,* 3rd ser., 2, no. 13 (13 Jan.); Welschinger, *Le Théâtre*, 388–90.
73. *Archives Parlementaires*, 55:12 (session: 12 Jan. 1793); *Gazette nationale*, 3rd ser., 2, no. 14 (14 Jan.), 124.
74. Hébert, *Père Duchesne* 208, 3–4.
75. *Archives Parlementaires*, 52:331 (16–17 Jan. 1793).
76. Ibid., 52:331–33, 52:339 (1–17 Jan. 1793); *Gazette nationale,* 3rd ser., 2, no. 15 (15 Jan.), 125–26; Maslan, *Revolutionary Acts*, 63.
77. *Journal de Perlet* 2, no. 113 (12 Jan. 1793), 343, and no. 116 (15 Jan. 1793), 366.
78. *Archives Parlementaires*, 67:333 (1–17 Jan. 1793); *Journal de Perlet* 2, no. 118 (17 Jan. 1793) 377–79.
79. Maslan, *Revolutionary Acts*, 186–91, 205–7.
80. Hébert, *Père Duchesne*, 208, 4.
81. Ibid., 7–8.
82. Lemny, *Jean-Louis Carra*, 290.
83. *Journal de Perlet* 2, no. 102 (1 Jan. 1793), 255.
84. Desmoulins, *Vieux Cordelier*, 75.
85. *Archives Parlementaires*, 82:684 (4 Jan. 1794).
86. M. L. Kennedy, *Jacobin Clubs*, 183–84.
87. Louvet, *Mémoires*, 1:43–44.
88. May, *Madame Roland*, 224–25; Dorigny, "Condorcet," 338.
89. Roland, *Memoirs*, 81–84; May, *Madame Roland*, 192, 197.
90. Garat, "Jugement sur Mirabeau," xi.
91. Brissot, *Mémoires (1734–1793)*, 2:113–14.
92. Scurr, *Fatal Purity*, 218; Culoma, *Religion civile*, 191.
93. Feller, *Journal historique et littéraire* (Maastricht, 15 Jan., 1793), 148; Hampson, *Will and Circumstance*, 173.
94. Gouges, *Pronostic,* in Gouges, *Œuvres*, 122; Scott, *Only Paradoxes*, 51.
95. Hampson, *Life and Opinions*, 82–83, 98, 108, 240; McPhee, *Robespierre*, 94.
96. *Journal de Perlet* 2, no. 108 (7 Jan. 1793), 300; *Gazette nationale*, 3rd ser., no. 11 (11 Jan. 1793), 95–96.
97. Levasseur, *Mémoires*, 1:102–3.
98. *Archives Parlementaires*, 56:34–36 (13 Jan. 1793).
99. *Adresse de la section Gravilliers* (4 Aug. 1792), 4–6.
100. BN pamph. Lb 41 2728, *Lettre de Jerome Pétion aux Parisiens*, 12.
101. Walzer, *Regicide*, 125–27; Hampson, *Saint-Just*, 84–85.
102. *Gazette nationale*, 3rd ser., no. 19 (19 Jan. 1793), 171.
103. *Archives Parlementaires*, 55:93 (15 Jan. 1793).
104. *Gazette nationale*, 3rd ser., no. 4 (4 Jan. 1793), 34.
105. Ibid., no. 2 (2 Jan. 1793), 11–13; Marat, *L'Ami du peuple* 96 (12 Jan. 1793), 5457–59.

106. *Archives Parlementaires*, 52:87 (18 Jan. 1793).

107. Bredin, *Sieyès*, 247.

108. *Gazette nationale*, 3rd ser., no. 19 (19 Jan. 1793), 168.

109. *Journal de Perlet* 2, no. 118 (17 Jan. 1793), 377–78 and 119 (18 Jan. 1793), 385, 389.

110. *Gazette nationale*, 3rd ser., no. 19 (19 Jan. 1793), 173; *Journal de Perlet* 2, no. 118 (17 Jan. 1793), 377–78; Patrick, *The Men*, 96–97.

111. Lemny, *Jean-Louis Carra*, 298.

112. *Gazette nationale*, 3rd ser., no. 20 (20 Jan. 1793), 191.

113. Hébert, *Père Duchesne* 210, 2; Mortier, *Anacharsis Cloots*, 368–69.

114. Mercier, *Paris*, 2:205; Walzer, *Regicide*, 49–60; Bredin, *Sieyès*, 247.

115. *Archives Parlementaires*, 57 (16 Jan. 1793).

116. Hébert, *Père Duchesne* 215 (early February 1793), 2.

117. *Gazette nationale*, 3rd ser., no. 1 (1 Jan. 1793), 3–4.

118. *Archives Parlementaires*, 61:14 (31 March 1793); Rose, *Gracchus Babeuf*, 129; Slavin, *French Revolution*, 129n8 and 130–32.

119. *Archives Parlementaires*, 61:14–15 (31 March 1793); Girey-Dupré, *Patriote français*, 1327 (2 April 1793), 367.

120. Marat, *L'Ami du peuple*, no. 142 (March 1793), 5812–16; Marat, *L'Ami du peuple*, no. 143 (11 March 1793), 5817–21.

121. Quoted in Boursier, "L'émeute parisienne," 211; Burstin, *Révolution*, 536–37.

122. Girey-Dupré, *Patriote français* 1307 (11 March 1793), 288–89; Louvet, *Mémoires*, 1:76–78 and 2:227–31, 239–40; Bellanger, *Histoire generale*, 1:506 Boursier, "L'émeute parisienne," 215.

123. Auerbach, "Politics, Protest," 158–59.

124. Slavin, *French Revolution*, 132; Whaley, *Radicals*, 125.

125. Girey-Dupré, *Patriote français* 1308 (13 March 1793), 297; Louvet, *Mémoires*, 2:244; Boursier, "L'émeute parisienne," 229–30.

126. Sonenscher, *Sans-Culottes*, 273; Whaley, *Radicals*, 124–25.

127. BL Pamphlets 645 a 38/6 dated Paris, 14 March 1793, 4–6; Walter, *Marat*, 340, 344; Rose, *Gracchus Babeuf*, 132–33.

128. Marat, *L'Ami du peuple* 145 (15 March 1793), 5862; Burstin, *Révolution*, 362–63, 549–52.

129. Robespierre, *Œuvres complètes*, 9:323; Girey-Dupré, *Patriote français* 1356 (30 April 1793), 479–80; Levasseur, *Mémoires*, 1:116 and 2:263; Ozouf, *Festivals*, 148–49; Slavin, *Making*, 15.

130. Louvet, *Mémoires*, 2:239–40; Boursier, "L'émeute parisienne," 207, 210, 213, 216.

131. M. L. Kennedy, *Jacobin Clubs*, 341–42.

第 12 章　"总革命"：从瓦尔密战役到美因茨陷落

1. Goethe to Herder, 27 Sept. 1792, in Herder, *Briefe*, 13:338.

2. Mortier, *Anacharsis Cloots*, 379–81; Labbé, *Anacharsis Cloots*; Pagden, *The Enlightenment*, 127.

3. Dumouriez, *Mémoires*, 1:5.

4. Mortier, *Anacharsis Cloots*, 324.

5. Ibid., 333; Bell, *First Total War*, 114, 116.

6. Cloots, *Ni Marat, ni Roland*, 3–4; *Journal de Perlet* 3, no. 181 (21 March 1793), 385; Buel, *Joel Barlow*, 158–59.

7. *La Chronique de Paris*, no. 216 (4 Aug. 1791), 871.

8. Mortier, *Anacharsis Cloots*, 360; Rosendaal, *Bataven!*, 358–66; Rosendaal, *Nederlandse Revolutie*, 83–93; Cottebrune, *Mythe et réalité*, 130–61.

9.　Forster, *Werke, Sämtliche Schriften,* 17:213–14, 216; Blanning, *Reform and Revolution*, 276; Wegert, *German Radicals*, 19–21.

10.　Voss, "Die Kurpfalz im Zeichen," 16–19.

11.　Klopstock, *Werke* 8, no. 2, 970–71.

12.　*Journal de Perlet* 2, no. 72 (2 Dec. 1792), 9–10; Mathy, "Anton Joseph Dorsch," 18–20.

13.　Forster, *Werke, Sämtliche Schriften,* 17:284–85, 308–10.

14.　Wedekind, *Der Patriot*, vol. 1/A, 3; Blanning, *Reform and Revolution*, 276–77.

15.　Wedekind, *Der Patriot*, vol. 1/A, 12–14.

16.　Ibid., 5–20.

17.　Wedekind, *Der Patriot*, vol. 1/C, 2–3.

18.　Blanning, *Reform and Revolution*, 277–78.

19.　BL 643/4 Revolution Tracts: Condorcet, "Aux Germains," 6, 23–24.

20.　Ibid., "Adresse aux Bataves," 4–5.

21.　Ibid., "Avis aux espagnols," 9–10, 16–17.

22.　*Journal de Perlet* 1, no. 63 (23 Nov. 1792), 504; Kossmann, *Low Countries*, 68.

23.　Feller, *Journal historique et littéraire* 1 (1 Jan. 1793), 77–79.

24.　Ibid. (15 Jan. 1793), 154.

25.　Ibid. (1 March 1793), 396–97.

26.　*Gazette nationale*, 3rd ser., 1 (1 Jan. 1793), 1.

27.　Ibid., 2, no. 20 (20 Jan. 1793), 177.

28.　Ibid., 2, no. 15 (15 Jan. 1793), 125–26.

29.　Ibid., 2, no. 6 (6 Jan. 1793).

30.　Feller, *Journal historique et littéraire* 1 (1 April 1793), 552.

31.　*Journal de Perlet*, no. 79 (9 Dec. 1792), 71; Dumouriez, *Mémoires*, 1:22–23; Godechot, *Counter-Revolution*, 167–68.

32.　Feller, *Journal historique et littéraire* 1 (15 March 1793), 466–67.

33.　*Neue Mainzer Zeitung*, no. 24 (24 Feb. 1793), in Forster, *Werke, Sämtliche Schriften*, 10:345.

34.　Hansen, *Quellen zur Geschichte*, 2:63.

35.　Ibid., 2:277–78, 313–14.

36.　Losfeld, *Philanthropisme*, 147–48.

37.　Hansen, *Quellen zur Geschichte*, 2:710–11.

38.　Ibid., 2:694–96, 710.

39.　Weber, *Georg Christian Gottlieb Wedekind*, 65–67.

40.　Hansen, *Quellen zur Geschichte*, 2:713–14.

41.　Ibid., 2:743–45.

42.　Dupuy, "Le Roi," 198.

43.　Feller, *Journal historique et littéraire* 1 (15 Jan. 1793), 152.

44.　Ibid., 151.

45.　Ibid. (15 March 1793), 407–15.

46.　Gibbon, *Memoirs of My Life*, 283, 289; Spurr, "Gibbon et la révolution," 272.

47.　Gibbon, *Memoirs of My Life*, 266, 270, 275.

48.　Ibid., 286–88.

49.　*Gazette nationale*, 3rd ser., 2, no. 18 (18 Jan. 1793), 154; *Journal de Perlet* 2, no. 92 (22 Dec. 1792), 176, and no. 96 (26 Dec. 1792), 205; *Neue Mainzer Zeitung* 13 (29 Jan. 1793), in Forster, *Werke, Sämtliche Schriften*, 10:263.

50.　Gibbon, *Memoirs of My Life*, 286–87; Spurr, "Gibbon et la révolution," 272–73.

51.　Gibbon, *Memoirs of My Life*, 292; Spurr, "Gibbon et la révolution," 273.

52.　Gibbon, *Memoirs of My Life*, 292.

53.　Cottebrune, *Mythe et réalité*, 186, 188, 194.

54.　Beretti, *Pascal Paoli*, 24.

55.　*La Chronique de Paris* 2, no. 218 (6 Aug. 1790), 870.

56.　"Extrait d'une lettres de Bastia en Corse," in *La Chronique de Paris* 2, no. 218 (6

Aug. 1790), 870.
57. Beretti, *Pascal Paoli*, 247.
58. Casta, "Clergé corse," 17–18.
59. Volney, *Œuvres*, 1:631–32, 634; Gaulmier, *Un grand témoin*, 137–38.
60. Michaud, *La Quotidienne, no.* 298 (5 July 1793), 726.
61. Girey-Dupré, *Patriote français* 1328 (2 April 1793), 370.
62. Knigge, *Ausgewählte Werke*, 10:107.
63. Ibid., 10:108; *Journal de Perlet 2*, no. 100 (30 Dec. 1792), 238.
64. Mühlpfordt, "Deutsche Union," 356, 386–87; Losfeld, *Philanthropisme*, 10–11; Israel, *Democratic Enlightenment*, 832–40.
65. Constantine, *Hölderlin*, 18–22.
66. Pinkard, *Hegel*, 50–51; Constantine, *Hölderlin*, 26–27.
67. Mühlpfordt, "Deutsche Union," 357–58, 368.
68. Klopstock, *Werke*, 8:1062, 8:1069; Weber, *Georg Christian Gottlieb Wedekind*, 196–98.
69. Schütt, "Von Kiel nach Paris," 36–37; Israel, *Democratic Enlightenment*, 846–56.
70. Knigge to Campe, 9 July 1792, in Knigge, *Ausgewählte Werke*, 10:96.
71. Fichte, *Schriften*, 17, 28; Sauter, *Visions*, 107, 120–21.
72. Fichte, *Schriften*, 64, 66, 70, 91.
73. Cramer to Klopstock, Kiel, 22 Feb. 1793, in Klopstock, *Werke* 8:1; Åhlén et al., *Censur och tryckfrihet*, 93, 100, 104.
74. Girey-Dupré, *Patriote français* 1269 (1 Feb. 1793), 129; [Feller], *Journal historique et littéraire* 1 (1 Feb. 1793), 195–96, and 1 (15 Feb. 1793), 281–82; Forster, *Werke, Sämtliche Schriften*, 10:289, 10:388.
75. Rosendaal, *Bataven!*, 385–86.
76. [Feller], *Journal historique* 1 (1 March 1793), 395.
77. Ibid., 1 (1 April 1793), 544.
78. Dumouriez, *Mémoires*, 1:125–26 and 2:5, 32.
79. Ibid., 2:32; Rosendaal, *Bataven!*, 312–18, 383.
80. Dumouriez, *Mémoires*, 2:42; Rosendaal, *Bataven!*, 193–96.
81. Hansen, *Quellen zur Geschichte*, 2:751–52, 755; Forster, *Werke, Sämtliche Schriften*, 10:142.
82. [Feller], *Journal historique* 1 (15 March 1793), 541; Uhlig, *Georg Forster*, 205.
83. Hansen, *Quellen zur Geschichte*, 2:758–60.
84. [Feller], *Journal historique* 1 (1 April 1793), 563.
85. *Archives Parlementaires*, 60:560, 60:584–85 (20 and 26 March 1793).
86. [Feller], *Journal historique* 1 (1 April 1793), 562; *Journal de Perlet* 4, 193 (2 April 1793), 14–15.
87. [Feller], *Journal historique* 1 (1 April 1793), 566–67.
88. *Journal de Perlet* 4 (12 April 1793), 94.
89. Dumouriez, *Mémoires*, 2:142, 2:147–50.
90. *Archives Parlementaires,* 10:729–30 (30 March 1793); Girey-Dupré, *Patriote français* 1326 (31 March 1793), 361; Wegert, *German Radicals*, 43–45, 47–48.
91. Forster *Werke, Sämtliche Schriften*, 10:555.
92. Ibid., 17:310; Mathy, "Anton Joseph Dorsch," 21.
93. Forster, *Werke, Sämtliche Schriften*, 17:314.
94. Hansen, *Quellen zur Geschichte*, 2:814–15.
95. Cottebrune, *Mythe et réalité*, 397.
96. Ibid., 162–72.
97. Uhlig, *Georg Forster*, 204–7.
98. Locke, *Edmund Burke*, 2:434.
99. Roe, *Wordsworth and Coleridge*, 98–103.
100. [Feller], *Journal historique* 1 (15 April 1793), 627–28.
101. Dumouriez, *Mémoires*, 2:16.

102. Girey-Dupré, *Patriote français* 1372 (17 May 1793), 548; Buel, *Joel Barlow*, 168; Blanc, *La Corruption*, 85–86, 89.

103. Herder to Klopstock, Weimar, 12 May 1793, in Herder, *Briefe*, 7:42–43.

第 13 章 世界上第一部民主宪法

1. Charles Pottier, deputy for Indre-et-Loire, see *Archives Parlementaires*, 67:376 (24 June 1793).

2. Aberdam, "Délibérations," 17.

3. Girey-Dupré, *Patriote français* 1291 (22 Feb. 1793), 222; E. Badinter and R. Badinter, *Condorcet, 1743–1794*, 513–14; Favreau, "Gensonné," 424.

4. Sieyès, *Manuscrits, 1773–1799*, 456–59, 464–66; Baudot, *Notes historiques*, 220; Forsyth, *Reason and Revolution*, 180; Bredin, *Sieyès*, 257.

5. Sieyès, *Manuscrits, 1773–1799*, 470; Baudot, *Notes historiques*, 225.

6. Buonarroti, *Conspiration pour l'égalité*, 17; Gershoy, *Betrand Barère*, 168.

7. Sonenscher, *Sans-Culottes*, 219; Urbinati, *Representative Democracy*, 176–87.

8. Bates, *Enlightenment Aberrations*, 81–89.

9. E. Badinter and R. Badinter, *Condorcet, 1743–1794*, 514.

10. *Archives Parlementaires*, 67:365 (24 June 1793).

11. *Archives Parlementaires*, 57:604–5 (15 Feb. 1793).

12. Dard, *Hérault de Sechelles*, 229; Gueniffey, "Les Assemblées," 247.

13. Albouys, *Principes constitutionnels*, 179.

14. Articles XI and XII of the 1793 Constitution, *Archives Parlementaires*, 67:145; Baker, *Condorcet*, 321–22.

15. *Archives Parlementaires*, 67:289 (24 June 1793).

16. Poultier Delmotte, in *Archives Parlementaires*, 67:383 (24 June 1793).

17. Ibid., 67:382 (24 June 1793).

18. *Archives Parlementaires*, 67:366 (24 June 1793); Baker, *Condorcet*, 323.

19. Urbinati, *Representative Democracy*, 174–75.

20. *Archives Parlementaires*, 67:364 (24 June 1793).

21. Ibid., 67:325 (24 June 1793).

22. Ibid., 67:327 (24 June 1793).

23. Rutledge, *Le Creuset* 18 (3 March 1791), 350.

24. *La Chronique du mois* 5 (Feb. 1793), 39; Gauchet, *Révolution*, 114.

25. D. Williams, *Observations sur la dernière Constitution*, 583–86, 589; Sonenscher, *Sans-Culottes*, 42–44.

26. Condorcet, *Tableau historique*, 857.

27. Picqué, *Au peuple*, 372.

28. Ibid., 370–71.

29. Condorcet, *Tableau historique*, 858.

30. Montgilbert, *Avis au peuple*, 341–42; Edelstein, *Terror*, 192–93.

31. Montgilbert, *Avis au peuple*, 348–49; D. Williams, *Condorcet and Modernity*, 275.

32. Condorcet, *Tableau historique*, 785.

33. Billaud-Varenne, "Elements," extracts, in *Archives Parlementaires*, 67:222 (21 June 1793).

34. Marat, *L'Ami du peuple,* no. 123 (15 Feb. 1793), 5677–78.

35. Brissot in *La Chronique du mois* 5 (Feb. 1793), 28.

36. Ibid., 5 (Feb. 1793), 28–29, 33–34.

37. Condorcet, "Rapport," in *Archives Parlementaires*, 58:583 (15 Feb. 1793); Boroumand, "Girondins," 245.

38. Condorcet, "Rapport," in *Archives Parlementaires*, 58:590 (15 Feb. 1793); Jaume,

"Individu et souveraineté," 300.

39. Condorcet, "Rapport," in *Archives Parlementaires*, 58:591–92 (15 Feb. 1793).

40. Draft Declaration of the Rights of Man, *Archives Parlementaires*, 53:601–2; Marat, *L'Ami du peuple*, no. 126 (18 Feb. 1793), 5692; Bredin, *Sieyès*, 258.

41. *Journal de Perlet* 4, no. 215 (24 April 1793), 188–89.

42. Tulard, *Histoire*, 94; Culoma, *Religion civile*, 146.

43. Gross, *Fair Shares*, 45.

44. Favreau, "Gensonné," 424.

45. *Archives Parlementaires*, 58:604–5 (15 Feb. 1793); Jaume, "Individu et souveraineté," 301.

46. Pertué, "Les projets constitutionnels de 1793," 183.

47. Salle, *Examen critique*, 394–95; Furet, " Roussseau," 177.

48. Marat, *L'Ami du peuple*, no. 126 (18 Feb. 1793), 5693.

49. *Archives Parlementaires*, 58:624 (16 Feb. 1793); Marat, *L'Ami du peuple*, no. 126 (18 Feb. 1793), 5693.

50. Marat, *L'Ami du peuple*, no. 126 (18 Feb. 1793), 5694; Pertué, "Les projets," 174.

51. Quoted in Gueniffey, "Les Assemblées," 247.

52. Condorcet, "Sur la necessité," 24.

53. Ibid., 25; Miller, *Rousseau*, 157–58; Boroumand, *La Guerre*, 176.

54. Condorcet, "Sur la necessité," 26.

55. *Archives Parlementaires*, 59:41 (20 Feb. 1793).

56. Girey-Dupré, *Patriote français*, 1304 (8 March 1793), 276–77 and 1306 (10 March 1793), 283–85; Garrone, *Gilbert Romme*, 359–60.

57. Girey-Dupré, *Patriote français*, 1325 (30 March 1793), 357.

58. *Archives Parlementaires*, 58:43–44 (20 Feb. 1793); Marat, *L'Ami du peuple* 126 (18 Feb. 1793), 5694.

59. *Archives Parlementaires*, 58:625 (16 Feb. 1793); Bredin, *Sieyès*, 259.

60. Marat, *L'Ami du peuple* 126 (18 Feb. 1793), 5694.

61. Saint-Just, "Discours sur la constitution" (24 April 1793), in Saint-Just, *Œuvres complètes*, 543; Urbinati, *Representative Democracy*, 163.

62. Saint-Just, "Discours sur la constitution" (24 April 1793), in Saint-Just, *Œuvres complètes*, 546.

63. Ibid., 544.

64. Ibid., 547.

65. *Journal de Perlet* 4, no. 216 (25 April 1793), 196; Hampson, *Saint-Just*, 101–4.

66. Saint-Just, *Œuvres completes*, 555; Hampson, *Saint-Just*, 102–3.

67. Hampson, *Saint-Just*, 102–3; Bredin, *Sieyès*, 259–60; Boroumand, "Girondins," 250–51.

68. Gueniffey, "Les Assemblées," 250–51.

69. Albouys, *Principes constitutionnels*, in *Archives Parlementaires*, 67:178.

70. Guyomar, *Partisan de l'égalité*, 592; Sophie de Condorcet, *Lettres*, 34; Gainot, "Pierre Guyomar," 261–62, 267–70.

71. *Archives Parlementaires*, 67:186 (24 June 1793).

72. Ibid., 67:415; Culoma, *Religion civile*, 159–61; Aston, *Religion and Revolution*, 97.

73. Boroumand, "Girondins," 244–46; Garrone, *Gilbert Romme*, 361–62, 398.

74. *Archives Parlementaires*, 63:241 (24 April 1793).

75. Ibid., 63:561–67 (29 April 1793).

76. Bohan, *Observations*, 251.

77. Ibid., 252.

78. Bonguyod, *Reflexions*, in *Archives Parlementaires*, 67:253–54.

79. Baraillon, "Projet de constitution," in *Archives Parlementaires*, 67:187–89.

80. *Archives Parlementaires*, 60:562 (29 April 1793) and 67:285–86 (24 June 1793); Welch, *Liberty and Utility*, 26–27; Jennings, *Revolution*, 49–50.

81. Daunou, "Remarques," in *Archives Parlementaires*, 67:283.

82. *Archives Parlementaires*, 62:263 (24 June 1793).

83. Ibid., 62:266 (24 June 1793).

84. Boroumand, "Girondins," 247–48.

85. Coupé, *Idées simples de Constitution,* in *Archives Parlementaires*, 67:266–67; Gross, *Fair Shares*, 96, 182.

86. Coupé, *Idées simples de Constitution,* in *Archives Parlementaires*, 67:268; Girey-Dupré, *Patriote français* 1310 (15 March 1793) 304–5; Ikni, "Jacques-Marie Coupé," 345–46, 348; Edelstein, *Terror*, 192n73.

87. *Archives Parlementaires*, 67:403–7 (24 June 1793); Hampson, *Life and Opinions*, 168.

88. *Archives Parlementaires*, 64:428-33 (10 May 1793); Robespierre, *Œuvres complètes*, 9:495–500.

89. Condorcet, *Political Writings*, 185; Wokler, *Rousseau*, 202.

90. Billaud-Varenne, *Les Élements du republicanisme*, 224.

91. Montgilbert, *Advis au peuple*, 330–31, 333, 337.

92. Billaud-Varenne, *Les Éléments du républicanisme*, 232; Billaud-Varenne, *Principes*, 83,85, 87, 95.

93. Billaud-Varenne, *Les Éléments du républicanisme*, 236; Edelstein, *Terror*, 215.

94. Billaud-Varenne, *Les Éléments du républicanisme*, 235.

95. Harmand, *Observations*, 320–24; Gross, *Fair Shares*, 43, 64.

96. Herault's "Declaration of Rights and Constitution," in *Archives Parlementaires*, 66:259–64 (10 June 1793).

97. Tulard, *Histoire et dictionnaire*, 694; *Archives Parlementaires*, 58:601 (15 Feb. 1793).

98. Salles, *Examen critique*, 392–93; *Archives Parlementaires*, 66:262 (10 June 1793).

99. Salles, *Examen critique*, 395.

100. *Archives Parlementaires*, 66:257–58, 66:263 (10 June 1793); Dard, *Hérault de Sechelles*, 229–30.

101. *Archives Parlementaires*, 67:138 (24 June 1793).

102. Robespierre's intervention, *Archives Parlementaires*, 66:530 (14 June 1793); Pertué, "Les Projets," 184–85; Aberdam, "Délibérations," 18–19.

103. Dard, *Hérault de Sechelles*, 229; Bouissounouse, *Condorcet*, 269; Pertué, " Les Projets," 183.

104. *Archives Parlementaires*, 66:510–11 (15 June 1793).

105. Ibid., 67:440 (25 June 1793).

106. Condorcet, *Reflexions sur la revolution de 1688*; Pasquino, *Sieyès et l'invention*, 144.

107. *Archives Parlementaires*, 67:145 (24 June 1793).

108. Ibid., 67:150 (24 June 1793).

109. Vovelle, *Découverte*, 200–201, 205; Baczko, *Politiques*, 283.

110. E. Badinter and R. Badinter, *Condorcet, 1743–1794*, 578–79; Bouissounouse, *Condorcet*, 276–77; D. Williams, *Condorcet and Modernity*, 276.

第 14 章　教育：保卫大革命

1. Forsyth, *Reason and Revolution*, 117, 162–63; Sewell, *Rhetoric of Bourgeois Revolution*, 155–57.

2. E. Kennedy, *Cultural History*, 35–40.

3. Rousseau, *Émile*, 43, 65, 73, 81–86, 116, 189–90.

4. McEachern, "La Révolution française et les editions," 304–6; Bloch, "*Émile*," 339.

5. Granderoute, "Rousseau," 326; Israel, "Natural Virtue," 10–13.

6. Forsyth, *Reason and Revolution*, 117.

7. Mirabeau, "Travail sur l'éducation publique," 79; Baczko, *Éducation*, 13, 70.

8.　Mirabeau, "Travail sur l'éducation publique," 82–86.

9.　Ibid., 78, 88–91; Grevet, *L'Avènement*, 20–21.

10.　Condorcet, *Nature et objet*, 37–39, 51; Loft, *Passion, Politics*, 91–92.

11.　Condorcet, *Nature et objet*, 51; Baker, *Condorcet*, 296–97.

12.　*La Chronique du mois* (April 1792), 72.

13.　Ibid., 77; Granderroute, "Rousseau," 326–37.

14.　Daunou, *Essai sur l'Instruction Publique*, 309–10.

15.　Condorcet, *Nature et objet*, 64.

16.　Ibid., 67; Sophie de Condorcet, *Lettres*, 33; E. Badinter and R. Badinter, *Condorcet, 1743–1794*, 397; D. Williams, *Condorcet and Modernity*, 166.

17.　Condorcet, *Rapport* (April 1792), 212; Baczko, *Éducation*, 178.

18.　Condorcet, *Nature et objet*, 70.

19.　Kates, *Cercle Social*, 107–8.

20.　*La Feuille villageoise* 1, no. 3 (14 Oct. 1790), 43.

21.　Bouissounouse, *Condorcet*, 190–91; Forsyth, *Reason and Revolution*, 205.

22.　Condorcet, *Rapport* (April 1792), 183.

23.　Ibid., 186–88; E. Badinter and R. Badinter, *Condorcet, 1743–1794*, 397–98; Loft, *Passion, Politics*, 144–45.

24.　Baker, *Condorcet*, 298; E. Kennedy, *Cultural History*, 156–57.

25.　Condorcet, *Rapport* (April 1792), 184–87.

26.　Ibid., 195.

27.　Draft of Declaration of the Rights of Man of 1793, in *Archives Parlementaires*, 58:602.

28.　La Gorce, *Histoire religieuse*, 2:236; Bouissounouse, *Condorcet*, 191; Grevet, *L'Avènement*, 131.

29.　Montgilbert, *Avis au peuple*, 361.

30.　Baker, *Condorcet*, 297; Chappey, "Les Écoles," 333.

31.　Condorcet, *Œuvres complètes*, 7:419.

32.　Furet and Ozouf, *Dictionnaitre critique*, 240.

33.　Proly, *Le Cosmopolite*, no. 128 (21 April 1792), 497; Levasseur, *Mémoires*, 1:93–94.

34.　E. Kennedy, *Cultural History*, 160; Gross, *Fair Shares*, 22–23, 134–35, 137, 140–41.

35.　Forsyth, *Reason and Revolution*, 205; Edelstein, *Terror*, 218.

36.　Bensaude-Vincent, *Lavoisier*, 113–14; E. Kennedy, *Cultural History*, 192; Staum, *Minerva's Message*, 13.

37.　Grevet, *L'Avènement*, 32–33.

38.　E. Kennedy, *Cultural History*, 188–89; Chappey, "Les Écoles," 333.

39.　Bensaude-Vincent, *Lavoisier*, 345.

40.　Hampson, *Life and Opinions*, 176–77; McPhee, *Robespierre*, 162–63.

41.　Hampson, *Saint-Just*, 233; Bell, *Cult of the Nation*, 162–63; C. Jones, *Great Nation*, 533.

42.　Billaud-Varenne, *Principes*, 90–91; Granderoute, "Rousseau," 332–34.

43.　Mercier, *De J. J. Rousseau considéré*, 1:35–36.

44.　Hampson, *Life and Opinions*, 176–78; E. Kennedy, *Cultural History*, 354–55; McPhee, *Robespierre*, 162.

45.　Kates, *Cercle Social*, 107–8, 261–62.

46.　Petit, *Opinion*, 3, 24.

47.　Ibid., 4; Bloch, "*Émile*," 349–50; Culoma, *Religion civile*, 122.

48.　Petit, *Opinion*, 4–5; Grevet, *L'Avènement*, 36–37; Culoma, *Religion civile*, 196–97, 242.

49.　Petit, *Opinion*, 32.

50.　Forrest, *Revolution in Provincial France*, 229, 274, Gross, *Fair Shares*, 22, 33, 183–84.

51.　Hunt, *Family Romance*, 67; E. Kennedy, *Cultural History*, 355–56.

52.　Scott, *Terror and Repression*, 246.

53. Woloch, "La République directoriale," 313.
54. Livesey, *Making Democracy*, 178–82.
55. Grevet, *L'Avènement*, 30, 64–5, 136; Margairaz, *François de Neufchâteau*, 364.
56. Daunou, *Essai*, 331; Baczko, *Éducation*, 344; Livesey, *Making Democracy*, 170–71.
57. Grevet, *L'Avènement*, 136–42, 145.
58. Isaac and Sorgeloos, *L'École centrale*, 47.
59. Ibid., 148, 173, 179; Williams, *Condorcet*, 32; Jainchill, *Reimagining Politics*, 82–84.
60. Isaac and Sorgeloos, *L'École centrale*, 148, 258, 277, 298; Margairaz, *François de Neufchâteau*, 392–96.
61. Isaac and Sorgeloos, *L'École centrale*, 517; Staum, *Minerva's Message*, 57.

第 15 章　黑人的解放

1. Condorcet, *Political Writings*, 154.
2. Brissot, *Mémoires (1734–1793)*, 2:1; Curran, *Anatomy*, 204–6; Hampson, *Will and Circumstance*, 103; Piquet, *L'Émancipation*, 48–49.
3. Lagrave, *Fleury Mesplet*, 350–52.
4. Condorcet, *Political Writings*, 153; Brissot, *Le Patriote français* 24 (24 Aug. 1789), 4; Thomas, *Slave Trade*, 520.
5. *La Feuille villageoise* 1, no. 16 (13 Jan. 1791), 298.
6. Blackburn, *Overthrow*, 163.
7. Popkin, *You Are All Free*, 39–40.
8. *La Chronique de Paris* 2, 69 (10 March 1790), 274.
9. Ibid., 1, 48 (10 Oct. 1789), 234.
10. Ibid., 2, 15 (15 Jan. 1790), 57.
11. Griffiths, *Le Centre perdu*, 200–202; Piquet, *L'Émancipation*, 53–55.
12. Gouges, *Œuvres*, 83–87; Verdier, "From Reform," 190.
13. BL Pamphlet collection R-328/7, 1–2.
14. Brissot, *Le Patriote français* 115 (1 Dec. 1789), 4, and 117 (3 Dec. 1789), 2.
15. Destutt de Tracy, *Premiers écrits*, 32–33; Granié, *De l'Assemblée*, 120; Régent, *La France*, 215.
16. Piquet, *L'Émancipation*, 59.
17. Bertrand de Molleville, *Mémoires secrets*, 2:244.
18. *Découverte d'une conspiration* (BL R-328/10), 3–17.
19. *Il est encore des Aristocrates* (BL R-328/11), 5.
20. Ibid., 6–7.
21. Brissot, *Mémoires (1734–1793)*, 2:96–97; Garrigus, "Opportunist," 11; Hunt, *Inventing Human Rights*, 163.
22. Destutt de Tracy, *Premiers écrits*, 72.
23. Montesquieu, *De L'Esprit des Lois*, vol. 3, book 7, in *Œuvres complètes*, 620; Ghachem, "Montesquieu," 12–14; Ehrard, "Audace," 35–38; Piquet, *L'Émancipation*, 32–35; Israel, *Democratic Enlightenment*, 423–24.
24. Régent, *La France*, 219.
25. Brissot, *Mémoires (1734–1793)*, 2:96–99; Benot, *La révolution*, 67, 77–78; Garrigus, "Vincent Ogé," 37, 49, 52, 61.
26. Brissot, *Patriote français* 531 (21 Jan. 1791), 84.
27. See J. Garran de Coulon's essay in *La Chronique du mois* (Jan. 1792), 88–108; Griffiths, *Le Centre perdu*, 202–3; Chill, *Power*, 7–8.
28. Popkin, *You Are All Free*, 78.
29. Garrigus, "Opportunist," 7; Klooster, *Revolutions*, 98–99.
30. Hunt, *Inventing Human Rights*, 160, 163–64; Popkin, *You Are All Free*, 45–46.

31. Benot, *La révolution*, 126–27; Régent, *La France*, 242–43; Piquet, *L'Émancipation*, 206–7; Curran, *Anatomy*, 206.
32. Raimond, *Réflexions*, 35–36.
33. Malouet, *Mémoires*, 2:195.
34. Girey-Duré, *Patriote français* 1278 (10 Feb. 1793), 164–65.
35. Blackburn, *Overthrow*, 197–99, 228–29; Régent, *La France*, 243–45.
36. Popkin, *You Are All Free*, 210–11; 234–35, 248–49; Garrigus, "Opportunist," 11; Hunt, *Inventing Human Rights*, 165.
37. Popkin, *You Are All Free*, 250–51.
38. Raimond, *Réflexions*, 8, 10.
39. Popkin, *You Are All Free*, 338, 344.
40. BL R-328/12. [Momoro?], *Coup d'oeil sur la question*, 5.
41. Ibid., 4–5, 12.
42. Ibid., 8.
43. Benot, *La révolution*, 172, 174; Piquet, *L'Émancipation*, 391–98; McPhee, *Robespierre*, 173.
44. Crow, *Emulation*, 160–1.
45. Doyle, *Oxford History*, 412; Lawday, *Giant of the French Revolution*, 240; Popkin, *You Are All Free*, 356.
46. Toussaint Louverture, *Lettres*, 155–58; Klooster, *Revolutions*, 106.
47. Toussaint Louverture, *Lettres*, 165, 172; Régent, *La France*, 249–50.
48. Baggio, "Toussaint Louverture," 98–99.
49. Régent, *La France*, 252; Spieler, "Abolition and Reenslavement," 136–37, 145–46.
50. Spieler, "Abolition and Reenslavement," 137, 146–48.
51. Blackburn, *Overthrow*, 230–32.
52. Klooster, "Rising Expectations," 66–67.
53. Aizpurua, "Revolution," 99.
54. Toussaint Louverture, *Lettres*, 369–70; Blackburn, *Overthrow*, 238.
55. Israel, *Democratic Enlightenment*, 504–33.
56. Jordaan, "Patriots, privateers," 101–3; Fulgencio López, *Juan Bautista Picornell*, 75, 80–81, 85, 88, 135.
57. Fulgencio López, *Juan Bautista Picornell*, 91–92.
58. Ibid., 73, 75.
59. Ibid., 35, 80, 89.
60. Jordaan, "Patriots, privateers," 154–55.
61. Klooster, "Rising Expectations," 59–60.
62. Klooster, *Revolution*, 105, 107.

第 16 章　罗伯斯庇尔的政变

1. Dumouriez to the Convention, Louvain, 12 March 1793, in *Archives Parlementaires*, 61:40–41 (1 April 1793).
2. *Archives Parlementaires*, 61:44 (1 April 1793).
3. Ibid., 61:45 (1 April 1793).
4. Girey-Dupré, *Patriote français* 1334 (8 April 1793), 391.
5. *Archives Parlementaires*, 61:16 (31 March 1793).
6. *Journal de Perlet* 3, no. 186 (26 March), 426.
7. [Saint Martin], *Journal des décrets* 2 (1793), 7; *Journal de Perlet* 4, no. 194 (3 April 1793), 18–19.
8. *La Décade philosophique* 2 (20 Fructidor), 303–4.
9. *Archives Parlementaires*, 60:603 (27 March 1793); *Journal de Perlet* 3, no. 188 (28

March 1793), 443–45.

10.　*Journal de Perlet* 3, no. 187 (27 March), 435.

11.　Robespierre, *Œuvres complètes*, 9:421.

12.　Ibid., 9:359; Slavin, *Making*, 26–45.

13.　*Archives Parlementaires*, 60:606–8 (27 March 1793).

14.　Robespierre, *Œuvres complètes*, 9:378–79, 9:410–16.

15.　*Archives Parlementaires*, 60:608 (27 March 1793).

16.　Ibid.; Lawday, *Giant of the French Revolution*, 203.

17.　*Archives Parlementaires*, 60:668–69 (28 March 1793).

18.　Hébert, *Père Duchesne* 229 (8 April 1793), 1–4.

19.　Ibid., 232 (11 April 1793), 1–3, 6–7.

20.　Wahnich, *L'impossible citoyen* 17–18; Whaley, *Radicals*, 2–3.

21.　*Journal de Perlet* 4, no. 215 (24 April 1793), 188, and 216 (25 April), 199.

22.　Robespierre, *Œuvres complètes*, 9:415–16, 421.

23.　Ibid., 9:478, 9:526; Slavin, *Making*, 25.

24.　Robespierre, *Œuvres complètes*, 9:359, 9:406, 9:526; BHP pamph. 957082, *Anecdotes curieuses*, 19–20; Fréron, *L'Orateur du peuple* 7, no. 89 (21 Ventose Year II), 715–16; Michelet, *Histoire*, 7:218.

25.　Girey-Dupré, *Patriote français* 1356 (30 April 1793), 479–80.

26.　*Journal de Perlet* 4, no. 207 (16 April 1793), 125; Mercier, *Paris*, 1:158–59; Slavin, *Making*, 14–15.

27.　*Journal de Perlet* 4, no. 206 (15 April 1793), 113.

28.　Robespierre, *Œuvres complètes*, 9:418; *Journal de Perlet* 4 (13 April 1793); [Ferrand] *État actuel*, 4–7 (April), 98–102.

29.　Louvet, *Mémoires*, 1:60–61, 85; Slavin, "Robespierre," 145–46.

30.　Fauchet, *Journal des Amis*, 1:33.

31.　Robespierre, *Œuvres complètes*, 9:420.

32.　*Journal de Perlet* 4, no. 212 (21 April 1793) and no. 213 (22 April 1793), 163–66, 170–71; Patrick, *The Men*, 111.

33.　Palmer, *From Jacobin to Liberal*, 26.

34.　Lewis-Beck, "Was There a Girondist Faction?," 526; Cobb, *The French*, 238–44; Dupuy, *La république jacobine*, 38–39; Sonenscher, *Sans-Culottes*, 2, 7–8, 57.

35.　Gaulmier, *Un grand témoin*, 147–48.

36.　Ibid., 149.

37.　*Journal de Perlet* 4, no. 213 (22 April 1793), 173.

38.　Ibid., 175.

39.　*Journal de Perlet* 3, no. 188 (28 March 1793), 447.

40.　Bellanger, *Histoire générale*, 1:503–4.

41.　*Archives Parlementaires*, 60:700 (29 March 1793); *Journal de Perlet* 3, no. 190 (30 March 1793), 459–60.

42.　*Journal de Perlet* 3, no. 191 (31 March 1793), 470.

43.　Marat, *Œuvres politiques*, 10:1611; *Journal de Perlet* 3, no. 182 (22 March 1793), 393.

44.　*Journal de Perlet* 4, no. 221 (30 April 1793) and 222 (1 May 1793), 235, 246; M. L. Kennedy, *Jacobin Clubs*, 184.

45.　*Journal de Perlet* 4, no. 243 (22 May 1793), 413.

46.　Ibid., no. 192 (1 April 1793), 4 and 193 (2 April 1793), 15; Friedland, *Political Actors*, 189–96; Darlow, *Staging the French Revolution*, 95, 117.

47.　Kitromilides, "Itineraries," 9–10.

48.　Alger, "British Colony," 679–80; Foner, *Tom Paine*, 242.

49.　Nelson, *Thomas Paine*, 251–52.

50.　Ibid.

51.　*Journal de Perlet* 4, no. 230 (9 May 1793), 312.

52.　Ibid., no. 203 (12 April 1793); Gross, *Fair Shares*, 72–73.

53. Darrow, "Economic Terror," 513.
54. Robespierre, *Œuvres complètes*, 9:378.
55. Carra, *Annales patriotiques*, no. 144 (24 May 1793), 661.
56. Girey-Dupré, *Patriote français* 1326 (31 March 1793), 361; Gough, *Newpaper Press*, 93, 96.
57. Guilhaumou, *Marseille*, 182–89; Scott, *Terror and Repression*, 110–15.
58. Girey-Dupré, *Patriote français* 1357 (2 May 1793), 488; *Journal de Perlet* 4, no. 242 (21 May 1793), 407.
59. Carra, *Annales patriotiques* 139 (19 May 1793), 642; Guilhaumou, *Marseille*, 191–92; Johnson, *Midi in Revolution*, 234; Hanson, *Jacobin Republic*, 81–90.
60. Benoit, "Lyon rouge," 188–89.
61. Fauchet, *Journal des Amis* 2, 154; *Journal de Perlet* 4, no. 228 (7 May 1793), 290–91; Johnson, *Midi in Revolution*, 214–15; Slavin, *Making*, 154.
62. Fauchet, *Journal des Amis* 9, 464 (2 March 1793).
63. Sewell, *Work and Revolution*, 105–6.
64. *Journal de Perlet* 4, no. 222 (1 May 1793), no. 223 (2 May 1793), and no. 226 (5 May 1793), 253–55, 265, 274.
65. BHP pamph. 602672/5; Gorsas, *Précis rapide des evenemens*, 5–6; *Journal de Perlet* 4, nos. 245 (24 May 1793) and no. 246 (25 May), 429, 438–39; Dorigny, "Les Girondins," 572.
66. Sewell, *Work and Revolution*, 102–3; Slavin, "Robespierre," 143–44.
67. Sewell, *Work and Revolution*, 105–6.
68. Varlet, "Projet," 56–57; Slavin, "Robespierre," 146–47.
69. Marat, *L'Ami du peuple* 233 (4 July 1793), 1; Guillon, *Notre Patience*, 95.
70. *Journal de Perlet* 4, no. 230 (9 May 1793), 307.
71. Hébert, *Père Duchesne* 237, 1–2, 7.
72. Chabot, *Journal populaire* 12 (1793), 305–6.
73. BN pamph. Lb 41 2728, *Lettre de Jerôme Pétion*, 8, 15.
74. Ibid., 2–4.
75. Chabot, *Journal populaire* 7 (1793), 25.
76. Levasseur, *Mémoires*, 1:211–12, 220; Slavin, "Robespierre," 144–46.
77. *Journal de Perlet* 4, no. 230 (9 May 1793), 310.
78. Girey-Dupré, *Patriote français* 1365 (10 May 1793), 519–20.
79. Levasseur, *Mémoires*, 1:271.
80. Ibid., 1:257–58; *Journal de Perlet* 4, 235 (14 May 1793), 349.
81. Doyle, *Oxford History*, 233.
82. Slavin, *Making*, 19–21.
83. Fauchet, *Journal des Amis* 2 (25 May 1793), 103–5.
84. Audouin, *Journal universel*, no. 14115 (9 Oct. 1793), 5902; Levasseur, *Mémoires*, 1:216, 1:218, 1:220; Gershoy, *Betrand Barère*, 160–62; Slavin, *French Revolution*, 144–45.
85. Carra, *Annales patriotiques*, no. 148 (28 May 1793), 681.
86. Ibid.; Slavin, "Robespierre," 143.
87. *Journal de Perlet* 4, 249 (28 May 1793), 462; Slavin, *French Revolution*, 145–46; McPhee, *Robespierre*, 154.
88. *Archives Parlementaires*, 67:168 (24 June 1793); *Journal de Perlet* 4, no. 250 (29 May 1793), 470; Levasseur, *Mémoires*, 1:221–22.
89. Guillon, *Notre patience*, 157.
90. Slavin, *Making*, 76–80, 87–88; Fehér, *Frozen Revolution*, 73–76; Dingli, *Robespierre*, 337–39.
91. Mercier, *Paris*, 1:335; Slavin, *French Revolution*, 145; Slavin *Making*, 90–98, 112–13.
92. *Archives Parlementaires*, 65:653.
93. Ibid., 65:646.

94. Michelet, *Histoire*, 7:191–92.
95. *Archives Parlementaires*, 65:646–47.
96. Burstin, *Révolution*, 572–73; Slavin, *Making*, 99.
97. *Archives Parlementaires*, 65:654; Slavin, "Robespierre," 150; Burstin, *Révolution*, 425–26.
98. *Archives Parlementaires*, 65:655.
99. Ibid., 66:22; Martin, *Violence et révolution*, 168.
100. *Archives Parlementaires*, 66:7.
101. BHP pamph. 957082, *Anecdotes curieuses*, 31; Picqué, *Au peuple*, 374; Roland, *Memoirs*, 30–37.
102. *Archives Parlementaires*, 65:689.
103. Ibid., 65:699–700.
104. *Archives Parlementaires*, 65:688; Favreau, "Gensonné," 426; Walton, *Policing Public Opinion*, 219.
105. *Archives Parlementaires*, 65:706–7; Dard, *Hérault de Sechelles*, 218–21.
106. Trousson, *Diderot*, 615; Sonenscher, *Sans-Culottes*, 399–402.
107. *Archives Parlementaires*, 65:698, 65:706.
108. Ibid., 65:708.
109. Picqué, *Au peuple*, 374.
110. *Archives Parlementaires*, 67:170 (24 June 1793).
111. Ibid., 80:531 (1Jan. 1794).
112. Levasseur, *Mémoires*, 240–41; Friedland, *Political Actors*, 288.

第 17 章　颠覆大革命核心价值

1. Baczko, *Politiques*, 252.
2. "Declaration du citoyen Gensonné" (2 June 1793), in *Archives Parlementaires*, 82:680.
3. Audouin, *Journal universel*, no.1352 (6 Aug, 1793), 5397–98; *Journal de Perlet* 6, no. 317 (4 Aug. 1793), 29.
4. *Archives Parlementaires*, 66:530–31 (14 June 1793).
5. Ibid., 67:129–30 (24 June 1793).
6. Ibid., 67:521–23 (26 June 1793).
7. Forrest, "Federalism," 314; Hanson, *Jacobin Republic*, 64–65.
8. Salle, *Examen critique*, 391.
9. *Archives Parlementaires*, 67:535, 67:562 (27 June 1793).
10. Hermon-Belot, *L'Abbé Grégoire*, 281.
11. *Archives Parlementaires*, 66:60, 66:68.
12. Ibid., 66:96.
13. Ibid., 66:94–96.
14. Ibid., 67:523–24 (26 June 1793).
15. Ibid., 67:525 (27 June 1793).
16. Ibid., 67:528–29 (27 June 1793).
17. Ibid., 67:562 (27 June 1793).
18. Ibid., 67:513–17 (26 June 1793); Jaume, *Discours*, 121–22.
19. *Archives Parlementaires*, 67:130–31 (24 June 1793).
20. Ibid., 67:131 (24 June 1793); Hanson, *Provincial Politics*, 166,168.
21. *Archives Parlementaires*, 67:136 (24 June 1793).
22. Wallon, *Histoire*, 1:358–59.
23. *Archives Parlementaires*, 67:136–37 (24 June 1793).
24. Louvet, *Mémoires*, 1:103–4; Forrest, "Federalism," 315–16.

25. *Archives Parlementaires*, 67:433 (25 June 1793); *Journal de Perlet* 6, no. 368 (25 Sept. 1793), 439.
26. *Archives Parlementaires*, 67:160 (24 June 1793).
27. Ibid., 67:159 (24 June 1793).
28. Crook, *Toulon*, 126–27, 129–31.
29. Edict of the Montpellier *assemblées primaires*, 13 June 1793, *Archives Parlementaires*, 82:679.
30. *Archives Parlementaires*, 82:682.
31. Audouin, *Journal universel*, no. 1351 (5 Aug. 1793), 5389; Serna, *Antontelle, Aristocrate révolutionnaire*, 204–5.
32. *Archives Parlementaires*, 68:91.
33. Ibid., 68:89–91.
34. Audouin, *Journal universel*, no. 1351 (5 Aug. 1793), 5390–91.
35. Chabot, *Journal populaire* 7 (1793), 10–17 and 8 (1793), 308.
36. Levasseur, *Mémoires*, 1:314–15; Hampson, *Saint-Just*, 117–21.
37. *Archives Parlementaires*, 68:75–78.
38. Gough, *Newspaper Press*, 98–99; Walton, *Policing Public Opinion*, 109–12, 133–34.
39. Gough, *Newspaper Press*, 61, 89, 95; Zizek, "Plume de fer," 628; Andress, *The Terror*, 179.
40. Gough, *Newspaper Press*, 95; Bellanger, *Histoire générale*, 1:507–8.
41. Murray, *Right-Wing Press*, 207, 268n.
42. Audoin, *Journal universel*, no. 1350 (4 Aug. 1793), 5380; Darlow, *Staging the French Revolution*, 152.
43. Prudhomme, *Histoire générale*, 1:xxiii–iv; Baczko, "L'expérience thermidorienne," 347; Walton, *Policing Public Opinion*, 133–35.
44. Open letter of Barbaroux, Caen, 18 June 1793, in *Archives Parlementaires*, 67:468–70.
45. *Archives Parlementaires*, 82:681.
46. "Declaration du citoyen Gensonné" (2 June 1793), in *Archives Parlementaires*, 82:680.
47. BHP pamph. 602672/2, *La Patrie outragée nous appelle*, 1–2.
48. Forrest, "Federalism," 313.
49. *Archives Parlementaires*, 68:123; Forrest, *Revolution in Provincial France*, 202–5.
50. Ibid., 68:89.
51. Ibid., 82:685 (4 Jan. 1794); Johnson, *Midi in Revolution*, 235–36; Dupuy, *La république jacobine*, 121.
52. Decree of *comité central* of Hérault, 6 July 1793, in *Archives Parlementaires*, 82:677–78, 681–83; Forrest, "Federalism," 315.
53. "Instruction pour les commmissaires du departement de l'Hérault" (5 July 1793), in *Archives Parlmentaires*, 82:678–79, 681.
54. *Archives Parlementaires*, 67:554–58 (27 June 1793).
55. Buonarroti, *Conspiration pour l'égalité*, 32–33; Audouin, *Journal universel*, no. 1352 (6 Aug. 1793), 5397–98.
56. *Compte de la mission*, 43, 45–46, 68–69.
57. Ibid., 64, 66; Forrest, *Revolution in Provincial France*, 209–10.
58. Levasseur, *Mémoires*, 1:271–72, 286.
59. Chabot, *Journal populaire* 7 (1793), 21–26; *Journal de Perlet* 4, 276 (25 June 1793), 188.
60. BHP pamph. 957082, *Anecdotes curieuses*, 18–19.
61. Aulard, *La Société de Jacobins*, 5:327–28 (4 Aug. 1793).
62. Ibid., 5:343 (11 Aug. 1793) and 5:373 (23 Aug. 1793).
63. Ibid., 5:241; Buonarroti, *Conspiration pour l'égalité*, 34; Woloch, "Contraction," 311–12.
64. Lemny, *Jean-Louis Carra*, 334–35.

65. BL Pamphlets 1031 2/3 no. 8, *Réponse de J. L. Carra deputé*, 1–2; Lemny, *Jean-Louis Carra*, 325, 327.
66. Aulard, *La Société de Jacobins*, 5:35 (14 Aug. 1793); Gough, "Robespierre," 121.
67. Aulard, *La Société de Jacobins*, 5:378–80 (26 Aug. 1793).
68. Hampson, *Life and Opinions*, 15–16; Sewell, *Work and Revolution*, 106; Guillon, *Notre Patience*, 163.
69. *Archives Parlementaires*, 67:455 (25 June 1793).
70. Guillon, *Notre Patience*, 101.
71. *Archives Parlementaires*, 67:455–58 (25 June 1793); Sewell, "Sans-culotte Rhetoric," 255–56; Jaume, *Discours*, 142, 214, 435.
72. Darrow, "Economic Terror," 507, 513–14.
73. *Archives Parlementaires*, 67:544–45 (27 June 1793).
74. Ibid., 67:543–44 (27 June 1793); Hampson, *Saint-Just*, 126.
75. Guillon, *Notre Patience*, 97–98.
76. Marat, *L'Ami du peuple*, no. 233, 1–3 (4 July 1793); Cobb, *The French*, 222.
77. *Archives Parlementaires*, 67:459 (25 June 1793); Boroumand, *La Guerre*, 149.
78. Guillon, *Notre Patience*, 163.
79. Audouin, *Journal universel* 1350 (4 Aug. 1793), 5381; *Journal de Perlet* 6, no. 315 (2 Aug. 1793), 315; Hanson, *Provincal Politics*, 154–57.
80. *Archives Parlementaires*, 82:674 (4 Jan. 1794).
81. Levasseur, *Mémoires*, 1:262–63; Dupuy, *La république jacobine*, 120.
82. *Archives Parlementaires*, 74:7.
83. Chabot, *Journal populaire* 11 (1793), 312; Slavin, *French Revolution*, 345–46; Monnier, "L'Évolution," 51.
84. Godineau, *Women of Paris*, 143; Roessler, *Out of the Shadows*, 136–39.
85. Aulard, *La Société de Jacobins*, 5:314 (26 July 1793) and 5:356 (15 Aug. 1793).
86. Ibid., 5:313, 5:315–16 (26 July 1793).
87. *Journal de Perlet* 4, 298 (16 July 1793), 366, and 4, 299 (17 July), 369–70; Kennedy, *Cultural History*, 336.
88. Lüsebrink, "Georg Forster," 469; Cottebrune, *Mythe et réalité*, 210–14.
89. Trousson and Eigeldinger, *Dictionnaire de Jean-Jacques Rousseau*, 306.
90. Lüsebrink, "Georg Forster," 474; Cottebrune, *Mythe et réalité*, 242–44.
91. Lüsebrink, "Georg Forster," 476.
92. *Journal de Perlet* 7, no. 385 (12 Oct. 1793), 96.
93. BHP pamph. 957082, *Anecdotes curieuses*, 41–42, 45.
94. Brochon, *Mémoires*, 38–42; *Journal de Perlet* 6, 368 (25 Sept. 1793), 434.
95. *Archives Parlementaires*, 74:8–9; Hanson, *Jacobin Republic*, 125–29.
96. *Journal de Perlet* 6, no. 370 (27 Sept. 1793), 453 and no. 371 (28 Sept. 1793), 459–60.
97. Aulard, *La Société des Jacobins*, 5:418; Brochon, *Mémoires*, 42; Auerbach, "Politics, Protest," 160.
98. *Journal de Perlet* 7, no. 380 (7 Oct. 1793), 55, report from Bordeaux (28 Sept.).
99. Chabot, *Journal populaire* 8 (1793), 103–4, 306.
100. Aulard, *La Société des Jacobins*, 5:309 (21 July) and 5:325–26 (2 Aug.); Serna, *Antontelle, Aristocrate révolutionnaire*, 223; Doyle, *Aristocrats*, 288.
101. Crook, *Toulon*, 126–39.
102. *Journal de Perlet* 6, no. 369 (26 Sept. 1793), 442.
103. Ibid., no. 372 (29 Sept. 1793), 468; Bell, *Cult of the Nation*, 162–63.
104. *Archives Parlementaires*, 74:6–7.
105. See Foot, *Red Shelley*, 140.

第 18 章　去基督教化运动

1. Royou, *L'Ami du Roi*, 21 Dec. 1791, 3; Proly, *Le Cosmopolite*, no. 378 (22 March 1792).
2. Culoma, *Religion civile*, 100–101.
3. Ikni, "Jean-Marie Coupé," 343.
4. Royou, *L'Ami du Roi*, 26 Oct. 1791, 1–2.
5. *La Chronique du mois* 2 (May 1792), 31.
6. *Journal de Perlet*, no. 96 (26 Dec. 1792), 205.
7. Vovelle, *La Découverte*, 167.
8. Mercier, *Paris*, 2:92–98.
9. Lachapelle, *Considérations philosophiques*, 225–26; Dommanget, *Sylvain Maréchal*, 294.
10. Mortier, *Anacharsis Cloots*, 421.
11. Ibid., 421–22.
12. Andress, *The Terror*, 203; Bourdin, *Le noir et le rouge*, 316, 320, 386–87; Vovelle, *1793: La Révolution*, 25–26, 93.
13. Chopelin-Blanc, *De l'apologétique*, 505.
14. Ibid., 511–12.
15. Burstin, *Révolution*, 673–76.
16. Vovelle, *1793: La Révolution*, 78–79; Tallett, "Dechristianizing France," 10; Forrest, *Revolution in Provincial France*, 226.
17. Mercier, *Paris*, 2:102.
18. *La Décade philosophique* 2 (10 Fructidor), 247–48.
19. *Journal de Perlet* 8, no. 435 (1 Dec. 1793), 1; Bourdin, *Le noir et le rouge*, 319; Vovelle, *1793: La Révolution*, 88–92.
20. Rocques, *État de France*, 2:41–42; Spang, *Invention*, 133–36.
21. Hermon-Belot, *L'Abbé Grégoire*, 293–95; Burstin, *Révolution*, 670, 673, 677.
22. Forrest, *Revolution in Provincial France*, 227.
23. Aulard, *La Société des Jacobins*, 5:497–98.
24. Hermon-Belot, *L'Abbé Grégoire*, 294; Rocher, "Aspects de l'histoire religieuse," 312; Bourdin, *Le noir et le rouge*, 332.
25. Hermon-Belot, *L'Abbé Grégoire*, 293–95.
26. Ibid., 301.
27. *Journal de Perlet* 7, no. 432 (28 Nov. 1793), 466; Bourdin, *Le noir et le rouge*, 333.
28. Audouin, *Journal universel*, no. 1448 (21 Brumaire, II), 6164.
29. Forrest, *Revolution in Provincial France*, 223, 227; Vovelle, *1793: La Révolution*, 57, 120, 134.
30. Bourin, *Le noir et le rouge*, 332.
31. *Archives Parlementaires*, 82:443–44 (29 Dec. 1793).
32. Ibid., 82:530, 82:532 (1 Jan. 1794).
33. Tallett, "Dechristianizing France," 10.
34. Rocher, "Aspects de l'histoire religieuse," 307.
35. Ibid., 308–11.
36. Mortier, *Anacharsis Cloots*, 421–22.
37. *Archives Parlementaires*, 82:23 (20 Dec. 1793).
38. Ibid., 82:664 (4 Jan. 1794).
39. Hohl, "Les sociétés politiques," 211.
40. *Archives Parlementaires*, 82:646–47 (4 Jan. 1794).
41. Ibid., 82:477 (29 Dec. 1793); Hohl, "Les sociétés politiques," 213, 217, 221.
42. Vovelle, *1793: La Révolution*, 75; Tallett, "Dechristianizing France," 5.
43. *Archives Parlementaires*, 82:530 (1 Jan. 1794).
44. Aston, *Religion and Revolution*, 266.

45. *Archives Parlementaires*, 82:9 (20 Dec. 1793).
46. Ibid., 82:21–23 (20 Dec. 1793); Tulard, *Histoire et dictionnaire*, 870.
47. *Archives Parlementaires*, 82:21–23 (20 Dec. 1793).
48. Ibid., 82:529 (1 Jan. 1794).
49. Ibid.; Vovelle, *1793: La Révolution*, 91, 201; Biard, *Missionaires de le République*, 496.
50. Aston, *Religion and Revolution*, 193; Bourdin, *Le noir et le rouge*, 320.
51. Garrone, *Gilbert Romme*, 405–9, 430; Gross, *Fair Shares*, 19–20, 22.
52. *Journal de Perlet* 8, no. 438 (4 Dec. 1793), 28.
53. *Archives Parlementaires*, 82:532 (1 Jan. 1794); Hunt, *Politics, Culture*, 98–99.
54. Aulard, *La Société des Jacobins*, 5:500–1 (8 Nov. 1793); Gough, *Newspaper Press*, 97, 104.
55. Desmoulins, *Vieux Cordelier*, 113.
56. Rocher, "Aspects de l'histoire religieuse," 314–15.
57. Scurr, *Fatal Purity*, 111–13.
58. McPhee, *Robespierre*, 40–41, 65, 138.
59. Mercier, *Paris*, 2:105.
60. Robespierre, "Contre le philosophisme," 49; Aulard, *La Société des Jacobins*, 5:527–28 (21 Nov. 1793).
61. Robespierre, *Discours*, 45–52; Aulard, *La Société des Jacobins*, 5:529; Tarin, *Diderot*, 51–52.
62. Desmoulins, *Vieux Cordelier*, 54–55.
63. Mortier, *Anacharsis Cloots*, 426.
64. *Journal de Perlet* 8, no. 441 (7 Dec. 1793), 52.
65. Mortier, *Anacharsis Cloots*, 435.
66. Mercier, *Paris*, 2:105–6.
67. Vovelle, *1793: La Révolution*, 205.
68. Desan, *Reclaiming the Sacred*, 84.
69. *Archives Parlementaires*, 82:647–53 (4 Jan. 1794).

第 19 章 "恐怖统治"

1. Rocques, *État de France*, 1:2–8.
2. Aulard, *La Société de Jacobins*, 5:378–80 (26 Aug. 1793).
3. Guilhaumou, "Le Discours," 51–53; Doyle, *Aristocracy and Its Enemies*, 287.
4. Aulard, *La Société de Jacobins*, 5:373 (23 Aug. 1793).
5. Ibid., 5:386–87 (2 Sept.) and 394 (9 Sept. 1793).
6. *Archives Parlementaires*, 72:367–68 (3 Sept. 1793); Sewell, "Sans-culotte Rhetoric," 257.
7. *Archives Parlementaires*, 72:395, 72:408–9, 72:413–14, 72:5–17 (4 Sept. 1793).
8. *Journal de Perlet* 6, no. 368 (25 Sept. 1793), 439; Singham, "Betwixt Cattle," 147; Lapied, "Une absence de révolution," 309.
9. *Archives Parlementaires*, 72:429 (5 Sept. 1793); Higonnet, *Sister Republics*, 256; Burstin, *Révolution*, 619, 637.
10. *Archives Parlementaires*, 72:417 (5 Sept. 1793).
11. Audouin, *Journal universel*, no. 1415 (9 Oct. 1793), 5900.
12. Jaume, *Discours*, 140, 435; Guillon, *Notre Patience*, 53, 70, 166; Boroumand, *La Guerre*, 163–64.
13. Rocques, *État de France*, 22–24, 58.
14. *Journal de Perlet* 8, no. 429 (25 Nov. 1793), 447; Guicheteau, "La Terreur sociale," 314.

15. Palmer, *From Jacobin to Liberal*, 35; Manevy, *La Révolution et la liberté*, 68.
16. Brochon, *Un Bordelais*, 36; W. Scott, *Terror and Repression*, 131; Cobb, *The French*, 105; Hunt, *Family Romance*, 159.
17. *Journal de Perlet* 7, no. 382 (9 Oct. 1793), 71; Lachapelle, *Considérations philosophiques*, supplement, lxx; Higonnet, *Goodness beyond Virtue*, 200–201.
18. *Journal de Perlet* 7, no. 429 (25 Nov. 1793), 448.
19. Ibid., 8, no. 449 (15 Dec. 1793), 117.
20. Godineau, *Women of Paris*, 275.
21. Blanc, "Une humaniste au XVIIIe siècle," 30–31.
22. Gouges, *Œuvres*, 126; McPhee, *Robespierre*, 138.
23. *Journal de Perlet* 7, no. 408 (4 Nov. 1793), 276, and no. 409 (5 Nov. 1793), 284.
24. Aulard, *La Société des Jacobins*, 5:506 (11 Nov. 1793); Lapied, "Une absence de révolution," 309.
25. Aulard, *La Société des Jacobins*, 5:406–7 (16 Sept. 1793); Applewhite and Levy, *Women and Politics*, 92; Roessler, *Out of the Shadows*, 151–53, 163; Guillon, *Notre patience*, 154–55.
26. Roessler, *Out of the Shadows*, 156–61.
27. *Journal de Perlet* 7, no. 243 (31 Oct. 1793), 404; Godineau, *Women of Paris*, 165–70; Hunt, *Family Romance*, 153; Slavin, *French Revolution*, 326–27.
28. Slavin, *French Revolution*, 334–37.
29. BHP pamph. 957082, *Anecdotes curieuses*, 4; Baczko, "Tournant culturel," 27–28.
30. Garrone, *Gilbert Romme*, 342–43, 347.
31. *Journal de Perlet* 6, no. 368 (25 Sept. 1793), 437; Gross, *Fair Shares*, 56–57; Andress, *The Terror*, 211–13.
32. Rocques, *État de France*, 5.
33. Bindman, *Shadow of the Guillotine*, 160; Buel, *Joel Barlow*, 177.
34. *Archives Parlementaires*, 72:371 (4 Sept. 1793).
35. Ibid., 72:618 (10 Sept. 1793) and 75:489 (3 Oct. 1793).
36. Ibid., 77:105 (31 Oct. 1793), 82:442 (29 Dec. 1793), and 82:541 (1 Jan. 1794); *Journal de Perlet* 6, no. 368 (25 Sept. 1793), 439 and 7, no. 424 (20 Nov. 1793), 406.
37. *Archives Parlementaires*, 75:520–22 (3 Oct. 1793); Linton, *Conspiracies Real and Imagined*, 135.
38. *Archives Parlementaires*, 73:428 (5 Sept. 1793).
39. BHP pamph. 957082, *Anecdotes curieuses*, 3–4; Manevy, *La Révolution et la liberté*, 63–69; McPhee, *Robespierre*, 169–70.
40. *Journal de Perlet* 7, no. 381 (8 Oct. 1793), 60, and 382 (9 Oct. 1793), 70; Wallon, *Histoire*, 1:375.
41. *Journal de Perlet* 7, no. 382 (9 Oct. 1793), 70–71.
42. Ibid., no. 379 (6 Oct. 1793), 45.
43. Ibid., 46.
44. *Archives Parlementaires*, 75:520–21 (3 Oct. 1793), 523.
45. Ibid., 75:521 (3 Oct. 1793); *Journal de Perlet* 7, no. 377 (4 Oct. 1793), 27–29.
46. BN Lib 41/3447, *Jugement du Tribunal revolutionnaire,* 1.
47. Tulard, *Histoire et dictionnaire*, 603.
48. Levasseur, *Mémoires*, 2:189; Serna, *Antontelle, Aristocrate révolutionnaire*, 211.
49. Aulard, *La Société des Jacobins*, 5:481–82 (28 Oct. 1793) and 5:488 (30 Oct. 1793); Serna, *Antontelle, Aristocrate révolutionnaire*, 212.
50. BHP pamph. 602672/1, "Proces de J. P. Brissot et complices," 1; Wallon, *Histoire*, 1:367, 1:376–80, 1:383–84.
51. *Journal de Perlet* 7, no. 382 (9 Oct. 1793), 65.
52. Aulard, *La Société des Jacobins*, 5:473 (30 Oct. 1793).
53. Ibid., 5:481–83 (28 Oct. 1793).
54. Clemenceau-Jacquemaire, *Vie de Madame Roland*, 2:252; Lapied, "Une absence de révolution," 308.

55. Higonnet, *Goodness beyond Virtue*, 224.
56. Darlow, *Staging the French Revolution*, 142, 155, 165; Friedland, *Political Actors*, 254, 336.
57. *Journal de Perlet* 6, no. 370 (27 Sept. 1793), 453; Maslan, *Revolutionary Acts*, 248n29.
58. Forrest, *Revolution in Provincial France*, 231–32.
59. *Journal de Perlet* 6, no. 378 (5 Oct. 1793), 40.
60. Ibid., 7, no. 432 (28 Nov. 1793), 466–67.
61. Le Bozec, "Théâtre à Rouen," 184–85.
62. *Journal de Perlet* 7, no. 426 (22 Nov. 1793), 418–19.
63. *La Décade philosophique* 1 (30 Floreal), 143.
64. Ibid., 139–43.
65. *Journal de Perlet* 7, no. 429 (25 Nov. 1793), 443–44; E. Kennedy, *Cultural History*, 179.
66. *Journal de Perlet* 7, no. 429 (25 Nov. 1793), 445.
67. Aulard, *La Société des Jacobins*, 5:530 (21 Nov., 1793).
68. *La Décade philosophique* 2 (10 Thermidor), 64.
69. *Gazette nationale*, no. 178 (18 March 1794), 719; Friedland, *Political Actors*, 176–77.
70. *La Décade philosophique* 1 (30 Prairial), 353.
71. Walton, *Policing Public Opinion*, 218–20.
72. Darlow, *Staging the French Revolution*, 165.
73. *Journal de Perlet* 7, no. 388 (15 Oct. 1793), 114, and no. 397 (24 Oct. 1789), 190.
74. Ibid., 8, no. 455 (21 Dec. 1793), 163–64.
75. E. Kennedy, *Cultural History*, 221–25.
76. *La Décade philosophique* 1 (10 Floreal), 10–11; E. Kennedy, *Cultural History*, 190, 382.
77. *La Décade philosophique* 1 (20 Floreal), 76–77.
78. Biard, *Missionaires de la République*, 363, 537; McPhee, *Robespierre*, 105, 161.
79. McPhee, *Robespierre*, 195; Hampson, *Life and Opinions*, 282–83.
80. W. Scott, *Terror and Repression*, 147–49; Andress, *The Terror*, 288.
81. *Journal de Perlet* 7, no. 425 (21 Nov. 1793), 411.
82. Ibid., no. 382 (9 Oct. 1793), 66; Andress, *The Terror*, 250.
83. *Journal de Perlet* 7, no. 386 (13 Oct. 1793), 101; Prudhomme, *Histoire générale*, 1:18.
84. Aulard, *La Société des Jacobins*, 5:464–46 (17 Oct. 1793); Hanson, *Jacobin Republic*, 220, 243.
85. Mercier, *Paris*, 2:201.
86. *Journal de Perlet* 7, no. 427 (23 Nov. 1793), 427; Andress, *The Terror*, 210–11, 236–37.
87. Aulard, *La Société des Jacobins*, 5:467 (17 Oct. 1793); Biard, *Missionnaires de la République*, 334.
88. *Archives Parlementaires*, 82:34–35 (20 Dec. 1793).
89. Andress, *The Terror*, 210–11; Dupuy, *La république jacobine*, 131; Biard, *Missionnaires de la République*, 220–21.
90. *Gazette nationale* 94 (24 Dec. 1793), 26; Friedland, *Political Actors*, 291–94.
91. *Archives Parlementaires*, 73:389 (4 Sept. 1793).
92. Prudhomme, *Histoire générale*, 1:xlix; Crook, *Toulon*, 150–52; Dwyer, *Napoleon*, 143.
93. Andress, *The Terror*, 250.
94. Martin, *Violence et révolution*, 203–5; Baczko, *Ending the Terror*, 148–57; Guicheteau, "La Terreur sociale," 312–14, 318–19.
95. *Gazette nationale* 176 (16 March 1794), 702; Biard, *Missionnaires de la République*, 246.
96. *Archives Parlementaires*, 75:522 (3 Oct. 1793).
97. Audouin, *Journal universel* 1423 (26 First, Year II), 5967; *Journal de Perlet* 7, no.

390 (17 Oct. 1793), 133.

98. Aulard, *La Société des Jacobins*, 5:479 (27 Oct. 1793).
99. Ibid., 5:492 (1 Nov. 1793).
100. Margairaz, *François de Neufchâteau*, 369.
101. Prudhomme, *Histoire générale*, 1:lxi.
102. Louvet, *Mémoires*, 2:47–48; *Journal de Perlet* 7, no. 427 (23 Nov. 1793), 429.
103. *Journal de Perlet* 7, no. 429 (25 Nov. 1793), 445, 462.
104. Bensaude-Vincent, *Lavoisier*, 345–47.
105. Joly, introduction to Destutt de Tracy, *Premiers écrits*, 42–43; Harris, *Antoine d'Estutt de Tracy*, 21.
106. Gaulmier, *Un grand témoin*, 155.
107. Staum, *Cabanis: Enlightenment*, 50.
108. Volney, *La Loi naturelle,* in Volney, *Œuvres complètes*, 1:461–63; Gaulmier, *Un grand témoin*, 151–53.
109. Volney, *La Loi naturelle,* in Volney, *Œuvres complètes*, 1:466–67.
110. Ibid., 1:458–59; Gaulmier, *Un grand témoin*, 154–57.
111. Arnaud, *Chamfort*, 242–43, 248–49; Destain, "Chamfort et Rousseau," 88–89.
112. Condorcet, *Tableau historique*, 865; Staël, *Considérations*, 360; Condorcet, *Political Writings*, xii; Pagden, *The Enlightenment*, 3.
113. Hanson, *Provincial Politics*, 60–61.
114. Wollstonecraft, *Collected Letters*, 249.
115. Belissa, "Les Leçons de républicanisme," 64–66.
116. Wahnich, *L'impossible citoyen*, 160–61; Doyle, *Aristocracy and Its Enemies*, 290.
117. Mortier, *Anacharsis Cloots*, 453.
118. Wahnich, *L'impossible citoyen*, 185; Buel, *Joel Barlow*, 179.
119. Buel, *Joel Barlow*, 179–80.
120. *Journal de Perlet* 7, no. 434 (30 Nov. 1793), 485–86.
121. Sewell, "Sans-Culotte Rhetoric," 257–61.
122. *Journal de Perlet* 8, no. 461 (27 Dec. 1793), 214, no. 463 (29 Dec. 1793), 229–30, and no. 464 (30 Dec. 1793), 238.
123. Desmoulins, *Vieux Cordelier*, 46, 148–49,181–83; Robisco, *Jean-Jacques Rousseau*, 233.
124. Audouin, *Journal universel*, no. 1492 (5 Nivose, Year II), 6516; Guilhaumou and Monnier, "Cordeliers," 207.
125. Hampson, *Saint-Just*, 162–63.
126. *Gazette nationale*, no. 94 (24 Dec. 1793), 27; *Journal de Perlet* 8, no. 459 (25 Dec. 1793), 198–200 and no. 460 (26 Dec. 1793), 208; Hampson, *Life and Opinions*, 218–19.
127. Audouin, *Journal universel*, no. 1492 (5 Novise, Year II), 6517–18; *Journal de Perlet* 8, no. 456 (22 Dec. 1793), 171.
128. Desmoulins, *Vieux Cordelier*, 108–9.
129. *Gazette nationale*, no. 94 (24 Dec. 1793), 26–27; *Journal de Perlet* 8, no. 461 (27 Dec. 1793), 214–15.
130. *Journal de Perlet* 8, no. 465 (31 Dec. 1793), 241.
131. Ibid., no. 460 (26 Dec. 1793), 204–5; Dupuy, *La république jacobine*, 242–43.
132. *Archives Parlementaires*, 82:464 (29 Dec. 1793); Moore, *Moral Purity*, 69–76.
133. Desmoulins, *Vieux Cordelier*, 89, 115; Sa'adah, *Shaping*, 182.
134. *Journal de Perlet* 8, no. 45 (31 Dec. 1793), 241–43.
135. Aulard, *La Société des Jacobins*, 5:598–99 (7 Jan. 1794); Audouin, *Journal universel*, no. 1509 (22 Nivose, Year II), 6652–53; Gershoy, *Betrand Barère*, 206.
136. Aulard, *La Société des Jacobins*, 5:601 (8 Jan. 1794); Hampson, *Saint-Just*, 163–64, 179; Sonenscher, *Sans-Culottes*, 405.
137. Aulard, *La Société des Jacobins*, 5:610 (12 Jan. 1794); *Journal de Perlet* 8, no. 480 (15 Jan. 1794), 35.

138. Aulard, *La Société des Jacobins*, 5:605 (10 Jan. 1794); Moore, *Moral Purity*, 131.
139. Aulard, *La Société des Jacobins*, 5:605 (10 Jan. 1794).
140. *Journal de Perlet* 8, no. 477 (12 Jan. 1794), 340; Chopelin-Blanc, *De l'apologétique*, 520–21, 534–37.
141. *Journal de Perlet* 8, no. 478 (13 Jan. 1794), 348–49; Chopelin-Blanc, *De l'apologétique*, 510–11.
142. *Journal de Perlet* 8, no. 483 (18 Jan. 1794), 388.
143. Ibid., no. 481 (26 Jan. 1794); Hampson, *Life and Opinions*, 194–95.
144. Doyle, *Oxford History*, 258.

第 20 章　恐怖统治的最后岁月

1. Roederer, *Spirit of the Revolution*, 82.
2. Becamps, *Un Bordelais*, 74–75.
3. E. Kennedy, *Cultural History*, 405; Popkin, "Not Over After All," 814.
4. Tulard, *Histoire et dictionnaire*, 1114; Doyle, *Aristocracy and Its Enemies*, 293; Andress, *The Terror*, 212–13.
5. Tulard, *Histoire et dictionnaire*, 798; Doyle, *Aristocracy and Its Enemies*, 293.
6. D'Abrantès, *Salons révolutionnaires*, 105.
7. Aulard, *La Société des Jacobins*, 5:674 (6 March 1794); Jacob, *Hébert*, 317; Mortier, *Anacharsis Cloots*, 460.
8. Audouin, *Journal universel* no. 1556 (9 Ventose, Year II), 7052; Jacob, *Hébert*, 317, 319.
9. Audouin, *Journal universel*, no. 1573 (26 Ventose, Year II), 7161–62.
10. Hampson, *Saint-Just*, 176–80.
11. Aulard, *La Société des Jacobins*, 5:683–84 (14 March 1794); Mortier, *Anacharsis Cloots*, 462–63.
12. Aulard, *La Société des Jacobins*, 5:686–87 (14 March 1794).
13. Jacob, *Hébert*, 333; Antheunis, *Le conventionnel belge*, 64–65; Tulard, *Histoire et dictionnaire*, 1075.
14. Audouin, *Journal universel*, no. 1577 (30 Ventose, Year II), 7194; Dupuy, *La république jacobine*, 252–53; Scurr, *Fatal Purity*, 277; Jacob, *Hébert*, 336.
15. Saint-Just, *Œuvres complètes*, 713; Desmoulins, *Vieux Cordelier*, 90–91; *Gazette nationale* 176 (16 March 1794), 706.
16. Linton, *Conspiracies Real and Imagined*, 138.
17. Aulard, *La Société des Jacobins*, 6:11–12 (21 March 1794).
18. Hampson, *Life and Opinions*, 202, 211; McPhee, *Robespierre*, 189; Linton, *Conspiracies Real and Imagined*, 137–41.
19. Desmoulins, *Vieux Cordelier*, 110; Saint-Just, *Œuvres complètes*, 713; Wallon, *Histoire*, 1:37, 1:49, 1:53; Rosendaal, *Bataven!*, 413.
20. Andress, *The Terror*, 268; Rosendaal, *Bataven!*, 414–15; Klein, *Patriots republikanisme*, 249.
21. Jacob, *Hébert*, 350–51.
22. Ibid., 353; Gershoy, *Betrand Barère*, 213–14; Mortier, *Anacharsis Cloots*, 469, 481.
23. Desmoulins, *Vieux Cordelier*, 96.
24. Ibid., 113; Sa'adah, *Shaping*, 181–82.
25. Desmoulins, *Vieux Cordelier*, 96–97.
26. Ibid., 134–37.
27. Baudot, *Notes historiques*, 102, 130, 150, 156; Desmoulins, *Vieux Cordelier*, 61; Gueniffey, *La politique de la Terreur*, 30–31, 271–72.
28. Baudot, *Notes historiques*, 205.

29. Hampson, *Life and Opinions*, 221–23; McPhee, *Robespierre*, 190–91.
30. Baudot, *Notes historiques*, 215, 231; Antheunis, *Le conventionnel belge*, 67–68.
31. Staël, *Considerations*, 362; Guillois, *Salon de Madame Helvétius*, 83–84.
32. Robespierre, *Discours du 8 Thermidor*, 32.
33. Aulard, *La Société des Jacobins*, 6:36–37 (31 March 1794).
34. Ibid., 6:51 (5 April 1794).
35. Dard, *Hérault de Sechelles*, 357.
36. Vinot, *Saint-Just*, 277–79.
37. Saint-Just, *Œuvres complètes*, 718–25; Hampson, *Saint-Just*, 193, 195–96; Godineau, *Women of Paris*, 187–88.
38. Aulard, *La Société des Jacobins*, 6:43–52 (5 April 1794).
39. Wahnich, *L'Impossible citoyen*, 202.
40. Roederer, *Spirit of the Revolution*, 81–88.
41. Audouin, *Journal universel* 1576 (29 Ventose, Year II), 7186, 7190.
42. Roederer, *Spirit of the Revolution*, 84.
43. De Baecque, "Pamphlets," 166.
44. Zizek, "Plume de fer," 627–28.
45. Popkin, *Right-Wing Press*, 17, 19.
46. Saint-Just, *Œuvres complètes*, 748; *La Décade philosophique* 1 (10 Floreal), 35–37; Hampson, *Saint-Just*, 199.
47. Saint-Just, *Œuvres complètes*, 756–62; *La Décade philosophique* 1 (10 Floreal), 39–40, 42; Doyle, *Aristocracy and Its Enemies*, 291.
48. *La Décade philosophique* 1 (10 Floreal), 33.
49. Ibid., 76.
50. Ibid.
51. Ibid., 73–74.
52. Ibid., 77.
53. *Archives Parlementaires*, 90:137 (7 May 1794); Ozouf, *Festivals*, 108–9.
54. Robespierre, *Discours du 18 Floreal*, 16.
55. Ibid., 20.
56. Ibid., 21.
57. Ibid., 36; E. Badinter and R. Badinter, *Condorcet, 1743–1794*, 575.
58. Robespierre, *Discours du 8 Thermidor*, 30; Saint-Just, *Œuvres complètes*, 716; Roederer, *De la philosophie*, 36.
59. Robespierre, *Discours du 8 Thermidor*, 31–32; Crow, *Emulation*, 175–76, 178.
60. Robespierre, *Discours du 8 Thermidor*, 33; *La Décade philosophique* 1 (30 Floreal), 190.
61. Robespierre, *Discours du 8 Thermidor*, 43–44; Ozouf, *Festivals*, 108; Edelstein, *Terror*, 232–34.
62. Robespierre, *Discours du 8 Thermidor*, 20–21; Hampson, *Life and Opinions*, 273; Scurr, *Fatal Purity*, 289–92.
63. *Archives Parlementaires*, 90:567–68 (23 May).
64. Ibid., 93:8–9, 13, 39 (9 July 1794).
65. Ibid., 90:576 (13 June).
66. Ibid., 93:37 (10 July 1794).
67. Ibid., 93:122 (13 July 1794).
68. Ibid., 91:302 (4 June 1794).
69. Ibid., 91:228 (2 June 1794).
70. Ibid., 93:301, 310–11 (19 July 1794).
71. Mongrédien, *French Music*, 39–40, 266; Gueniffey, *La politique de la Terreur*, 275, 301, 315.
72. *La Décade philosophique* 1 (30 Prairial), 339–40; Baudot, *Notes historiques*, 4–5.
73. *La Décade philosophique* 1 (30 Prairial), 341–42; Kitchin, *Journal*, 6, 17, 30–31, 34.
74. *La Décade philosophique* 1 (30 Prairial), 342–46; Tallett, "Robespierre and

Religion," 102–6.

75. Baudot, *Notes historiques*, 4–5.

76. *Archives Parlementaires*, 90:569 (23 May 1794), 93:59 (10 July1794), and 93:284 (18 July 1794).

77. Dupuy, *La république jacobine*, 264; Andress, *The Terror*, 311, 325, 330.

78. Gueniffey, *La politique de la Terreur*, 277–84.

79. *Annales Patriotiques*, no. 552 (7 July 1794), 2420.

80. Wollstonecraft, *Collected Letters*, 255.

81. Roederer, *Spirit of the Revolution*, 82.

82. Hanson, *Jacobin Republic*, 243.

83. *Annales patriotiques,* no. 558 (13 July 1794), 2444–45; Girey-Dupré, *Patriote français* 1372 (17 May 1793), 548; Prudhomme, *Histoire générale*, 2:153; Gough, *Newspaper Press*, 102; Mathiez, *Fall of Robespierre*, 173–83.

84. *Annales patriotiques*, no. 571 (26 July 1794), 2496.

85. Ibid., no. 561 (16 July 1794), 2456; Mongrédien, *French Music*, 42–43; Gross, *Fair Shares*, 196–97.

86. Hampson, *Life and Opinions*, 290–92; Baczko, *Ending the Terror*, 36; Sa'adah, *Shaping*, 177,183–84; Dupuy, *La république jacobine*, 275–77.

87. Dupuy, *La république jacobine*, 262–24; Edelstein, *Terror*, 249–50, 254.

88. Cobb, *The French*, 233; Baczko, "L'expérience thermidorienne," 344–45.

第 21 章　热月政变

1. Mathiez, *Fall of Robespierre*, 116, 226–27; Tackett, *Becoming a Revolutionary*, 88.

2. Hampson, *Life and Opinions*, 204, 296; Hampson, *Saint-Just*, 217–18; Scurr, *Fatal Purity*, 303–4; McPhee, *Robespierre*, 205.

3. Baudot, *Notes historiques*, 152.

4. Robespierre, *Discours du 8 Thermidor*, in Žižek, *Robespierre*, 256.

5. Aulard, *Jacobins*, 6:257–69 (26 July 1794); Robespierre, *Discours du 8 Thermidor*, in Žižek, *Robespierre,* 266, 270.

6. Aulard, *La Société des Jacobins*, 6:246, 6:257–60, 6:269–81 (26 July 1794).

7. Roux, *Relation*, 9; Aulard, *La Société des Jacobins*, 6:282 (26 July 1784); Gershoy, *Betrand Barère*, 252–53.

8. Saint-Just, *Œuvres complètes*, 780–82.

9. *Archives Parlementaires*, 93:541, 93:551 (27 July 1794).

10. Saint-Just, *Œuvres complètes*, 773–74; *La Décade philosophique* 2 (20 Thermidor), 116–17.

11. *Annales patriotiques* 572 (27 July 1794), 573 (28 July), and 574 (29 July), 2503, 2508, 2510.

12. *Archives Parlementaires*, 93:553 (27 July 1794).

13. Ibid., 93:564–65, 93:575.

14. *Annales patriotiques* 575 (30 July 1794), 2511–12.

15. Ibid., 574 (29 July 1794), 2512; Roux, *Relation de l'Évènement*, 8.

16. *Archives Parlementaires*, 93:564 (27 July 1794).

17. Fréron, *L'Orateur du peuple* 7, no. 5 (1794), 34; Gershoy, *Betrand Barère*, 256–57; Miller, *Rousseau*, 158; Burstin, *Révolution*, 835–45.

18. *La Décade philosophique* 2 (20 Thermidor), 119.

19. *Annales patriotiques* 574 (29 July 1794), 2513–14; Mercier, *Paris*, 2:376; Baczko, *Politiques*, 134–35.

20. *Annales patriotiques,* no. 576 (13 July 1794), 2516.

21. Palmer, *From Jacobin to Liberal*, 60–61, 71.

22. Woloch, "Revival of Jacobinism," 15; Mastroberti, *Pierre Joseph Briot*, 38–39; Peyrard, *Jacobins de l'Ouest*, 264.

23. Dwyer, *Napoleon*, 154–55.

24. *La Décade philosophique* 2 (20 Thermidor), 121, and 2 (10 Fructidor), 242; Lefevre, *French Revolution*, 138.

25. Biard, *Missionaires de la République*, 364.

26. Baudot, *Notes historiques*, 3–4, 41, 244–46.

27. Babeuf, *Journal de la Liberté*, no. 16 (4 Vendémiaire, Year III), 5–6 and no. 17 (5 Vendémiaire, Year III), 1–3.

28. Gaulmier, *Un grand témoin*, 163–64.

29. Destutt de Tracy, *Premiers écrits*, 58–59; Joly, introduction to Destutt de Tracy, *Premiers écrits*, 47.

30. Garrigus, "Opportunist or Patriot?," 11.

31. Baczko, "L'expérience thermidorienne," 347.

32. Dauteribes, "Daunou et le modèle," 132–33; E. Kennedy, "Aux origines," 13.

33. Fréron, *L'Orateur du peuple* 7, no. 4 (30 Fructidor, Year II), 29–30.

34. Varlet, *L'Explosion*, 5–7, 14.

35. Fréron, *L'Orateur du peuple* 7, no. 4 (30 Fructidor, Year II), 27–28.

36. Necker, *De la Révolution*, 3:68–69; Woloch, "Revival of Jacobinism," 16; Baczko, *Ending the Terror*, 32–34.

37. Babeuf, *Journal de la Liberté*, no. 16 (4 Vendémiaire, Year III), 5.

38. Fréron, *L'Orateur du peuple* 7, no. 1 (23 Fructidor, Year II), 2.

39. Hampson, *Life and Opinions*, 163, 286; McPhee, *Robespierre*, 192, 218.

40. *La Décade philosophique* 2 (20 Thermidor), 112–13; Baudot, *Notes historiques*, 3, 215.

41. Baudot, *Notes historiques*, 41; *La Décade philosophique* 2 (20 Thermidor), 112–15; Kitchin, *Un journal "philosophique,"* 35–36.

42. Baczko, *Ending the Terror*, 53; Baczko, *Politiques*, 186.

43. *La Décade philosophique* 2 (20 Fructidor), 315–16; Gershoy, *Betrand Barère*, 266–67.

44. Baczko, *Ending the Terror*, 57.

45. *La Décade philosophique* 2 (20 Fructidor), 317–23.

46. Babeuf, *Journal de la Liberté* 1 (17 Fructidor, Year II), 3.

47. Ibid., 6 (27 Fructidor, Year II), 2.

48. Ibid., 10 (30 Fructidor, Year II), 2.

49. Gershoy, *Betrand Barère*, 270–71.

50. Babeuf, *Tribunal du Peuple* 23 (14 Vendémiaire, Year III), 4–6; Jullien, *L'Orateur plébéien*, prospectus, 4.

51. Babeuf, *Journal de la Liberté*, no. 13 (1 Vendémiaire, Year III), 1–4.

52. Andress, *The Terror*, 239–40; Baczko, "L'expérience thermidorienne," 345.

53. Fréron, *L'Orateur du peuple* 7, no. 11 (12 Vendémiaire, Year II), 83.

54. Ibid., 85 and 7, no. 13 (16 Vendémiaire, Year II), 101.

55. Ibid., 101; Dupuy, *La république jacobine*, 264.

56. Fréron, *L'Orateur du peuple* 7, no. 1 (23 Fructidor, Year II), 4–5.

57. Hampson, *Life and Opinions*, 286.

58. Audouin, *Journal universel*, no. 1725 (28 Thermidor, Year II), 8378–79.

59. Babeuf, *Journal de la Liberté*, no. 13 (1 Vendémiaire, Year III), 2.

60. *La Décade philosophique* 2 (10 Fructidor), 242–44; *Journal de Perlet* 14, no. 480; Baczko, *Ending the Terror*, 68–69.

61. Audouin, *Journal universel*, no. 1725 (28 Thermidor, Year II), 8382; Serna, *Antontelle, Aristocrate révolutionnaire*, 247–50.

62. Forsyth, introduction to Roederer, *The Spirit of the Revolution*, xxv.

63. Nelson, *Thomas Paine*, 286.

64. Gauchet, *La Révolution des droits*, 299–300.

65. Apt, *Louis-Philippe de Ségur*, 90–91.
66. Serna, *Antonelle, Aristocrate révolutionnaire*, 246–47.
67. Mathiez, *La Théophilanthropie*, 114–15.
68. BN pamph. LB41-1451, *Abjuration des petites filles jacobites*, 1–2.
69. Audouin, *Journal universel*, no. 1725 (28 Thermidor, Year II), 8381.

第 22 章　后热月政变时期

1. BL 643/6, *Lettre Du Citoyen Naigeon, habitant de Sedan*, 2, 4.
2. Ibid., 7.
3. Woloch, *Jacobin Legacy*, 53, 330, 338.
4. BL 843-4, 5/3, 17, *Les Douze Représentants du Peuple détenus à Port-Libre*, 2, 5–6, 27.
5. Babeuf, *Tribun du peuple*, no. 28 (28 Frimaire, Year III), 246.
6. Monseignat, *Un chapitre de la Révolution française*, 217; Baczko, *Ending the Terror*, 84, 87; Mason, "Never Was a Plot So Holy," 186–88.
7. Rose, *Gracchus Babeuf*, 214.
8. Woloch, *Jacobin Legacy*, 146–47.
9. Babeuf, *Tribun du peuple*, no. 28 (28 Frimaire, Year III), 244–45; Jullien, *L'Orateur plébéien* 2 (Frimaire Year IV), 3; Serna, *Antonelle*, 213.
10. Baudot, *Notes historiques*, 98, 113, 139, 155.
11. Buonarroti, *Conspiration pour l'égalité*, 1:21; Peyrard, *Jacobins de l'Ouest*, 291–92.
12. Buonarroti, *Conspiration pour l'égalité*, 1:22; Rose, *Gracchus Babeuf*, 214–15.
13. Mathiez, *La réaction thermidorienne*, 176–77; Burstin, *Révolution*, 870–71.
14. Mercier, *Paris*, 2:387–405.
15. Jourdan, "Le culte de Rousseau," 68–69.
16. Mercier, *Paris*, 2:21–22.
17. Wollstonecraft, *Collected letters*, 266.
18. BN pamph. LB41-1451, *Abjuration des petites filles jacobites*, 3–4.
19. Ibid., 8–11.
20. Peyrard, *Jacobins*, 265–66.
21. Lajer-Burcharth, *Necklines*, 24–55, 49, 52.
22. Louvet, *Mémoires*, 2:77–78.
23. Mathiez, *La réaction thermidorienne*, 217, 221–23.
24. Roederer, *De l'interet*, 8–10; Roederer, *Spirit of the Revolution*, xxv; Mathiez, *La réaction thermidorienne*, 186–87.
25. Jollivet, *Rappellez vos collègues*, 8–9, 17, 26–27; Mathiez, *La réaction thermidorienne*, 187.
26. Petit, *Procès des 31 Mai*, 9–12, 16, 30–31; Ozouf, "Terror after the Terror," 8–10.
27. Peyrard, *Jacobins de l'Ouest*, 292; Spang, *Invention of the Restaurant*, 138–39, 143–44; Lajer-Burcharth, *Necklines*, 191.
28. Apt, *Louis-Phillipe de Ségur*, 91; Lajer-Burcharth, *Necklines*, 259.
29. Baudot, *Notes historiques*, 139; Tulard, *Histoire et dictionnaire*, 1111.
30. *Journal de Perlet* 14, no. 857, 18 Pluviose (7 Feb. 1795), 479.
31. Ibid., 474–80.
32. Baudot, *Notes historiques*, 159.
33. Lalouette, *Séparation des églises*, 47–50.
34. *Journal de Perlet*, no. 33 (30 Nov. 1795, Year III), 262.
35. Woronoff, *Thermidorean Regime*, 15–16; W. Scott, *Terror and Repression*, 333; Slavin, *French Revolution*, 367–68; Peyrard, *Jacobins de l'Ouest*, 293–94.
36. *Journal de Perlet* 7 (22 Dec. 1796), 413; Gershoy, *Betrand Barère*, 285, 292.

37. Woronoff, *Thermidorean Regime*, 16; Crook, *Toulon*, 167.
38. Jullien, *L'Orateur plébéien* 1 (21 Brumaire Year IV), 3, 5; Fuoc, *La réaction thermidorienne*, 95–131.
39. Cobb, *The French*, 191–93; Doyle, *Oxford History*, 291–92, 327.
40. Crook, *Toulon*, 166–67; Scott, *Terror and Repression*, 333.
41. Conac, "La Convention thermidorienne," 221–22; Nicolle, "Lanjuinais," 94–95.
42. Woronoff, *Thermidorean Regime*, 17–19; Slavin, *French Revolution*, 369.
43. Baudot, *Notes historiques*, 108; Baczko, *Ending the Terror*, 236–40; Lebozec, "Les idées politiques," 150.
44. Lebozec, "Les idées politiques," 148–49.
45. Slavin, *French Revolution*, 376–77; Serna, *Antonelle*, 254–55.
46. Baudot, *Notes historiques*, 202–3; Gross, *Fair Shares*, 25, 163.
47. Conac, "La Convention thermidorienne," 224.
48. Woronoff, *Thermidorean Regime*, 29; Guachet, *Révolution des pouvoirs*, 159–71.
49. Luchaire, "Boissy d'Anglas," 45; Nicolle, "Lanjuinais," 109; Lebozec, "Boissy d'Anglas," 85.
50. Gainot, "Pierre Guyomar," 264–66; Conac, "La Convention thermidorienne," 227–30.
51. Luchaire, "Boissy d'Anglas," 44–46; Conac, "La Convention thermidorienne," 223–30.
52. *Archives Parlementaires*, 58:602 (15 Feb. 1793); Tulard, *Histoire et dictionnaire*, 696.
53. Tulard, *Histoire et dictionnaire*, 702; Jainchill, *Reimagining Politics*, 18–19.
54. Baczko, *Politiques*, 237; Jainchill, *Reimagining Politics*, 40; Lebozec, "Boissy d'Anglas," 89.
55. Tulard, *Histoire et dictionnaire*, 696–97.
56. Gauchet, *Revolution des droits*, 206.
57. Staël, *Considerations*, 386.
58. Babeuf, *Tribun du peuple*, no. 43, 299.
59. Maréchal, *Manifeste des égaux*, 89; Buonarroti, *Conspiration pour l'égalité*, 1:56–58.
60. Tulard, *Histoire et dictionnaire*, 722; Andries, "Les imprimeurs-libraires parisiens," 256; Woloch, *Jacobin Legacy*, 396–97.
61. Bellanger, *Histoire générale*, 1:521; Walton, *Policing Public Opinion*, 228.
62. De Baecque, "Pamphlets," 166.
63. Dwyer, *Napoleon*, 157.
64. Woloch, *Jacobin Legacy*, 150–54.
65. Hermon-Belot, *L'Abbé Grégoire*, 361–66; Baczko, "Tournant culturel," 22–23.
66. Buonarroti, *Conspiration pour l'égalité*, 1:24, 1:37–45.
67. Staum, "Individual Rights," 411–12.
68. Baczko, "Tournant culturel," 17.
69. Schandeler and Crepel, "Introduction génerale," 1, 9–10, 24, 45; E. Kennedy, "Aux origins," 13–14.
70. Condorcet, *Tableau historique*, 46–47; Whatmore, *Republicanism*, 111.
71. Baczko, "Tournant culturel," 33.
72. Livesey, *Making Democracy*, 172–73.
73. Gaulmier, *Un grand témoin*, 165–66; Staum, *Cabanis*, 129, 164–65.
74. Dauteribes, "Daunou," 118, 128–33; Jainchill, *Reimagining Politics*, 76–77.
75. Gaulmier, *Un grand témoin*, 168–69; Staum, "Individual Rights," 413–17; Chappey, "Les Écoles," 337.
76. Staum, *Minerva's Message*, 13; Wokler, *Rousseau*, 194; Whatmore, *Republicanism*, 111–12.
77. Dauteribes, "Daunou et le modèle," 117, 132–33; Jennings, *Revolution*, 310, 325.
78. Whatmore, *Republicanism*, 122; Schoorl, *Jean-Baptiste Say*, 18.
79. Ibid.

80. Welch, *Liberty and Utility*, 5, 10–11, 27–29; Staum, *Minerva's Message*, 46–47.
81. *La Décade philosophique*, no. 30, Year V, (4th trimestre), 18 July 1797, 129–33.
82. Gaulmier, *Un grand témoin*, 207–12.
83. Gainot, "Pierre Guyomar," 263; Staum, "Individual Rights," 418; Schoorl, *Jean-Baptiste Say*, 19–20.
84. Staum, *Cabanis*, 142–44, 205.
85. Ibid., 215.
86. Condorcet, *Tableau historique*, 374–75.
87. Goetz, "Destutt de Tracy," 70–71; Whatmore, *Republicanism*, 128.
88. Baczko, *Politiques*, 239–40.
89. Baudot, *Notes historiques*, 23.
90. Baczko, *Politiques*, 279–82, 287–89; Slavin, *French Revolution*, 387–89.
91. Palmer, *From Jacobin to Liberal*, 71; Baczko, *Politiques*, 293–96.
92. Baczko, *Politiques*, 296.
93. Ibid., 308–9; Woronoff, *Thermidorian Regime*, 31–33; Serna, *Antonelle*, 261; Mastroberti, *Pierre Joseph Briot*, 40.
94. Baczko, *Politiques*, 312–15.
95. Babeuf, *Defense*, 24; Jullien, *L'Orateur plébéien* 2 (1 Frimaire, Year IV), 5.
96. Babeuf, *Defense*, 46.
97. *Journal de Perlet*, Year IV, no. 46 (13 Dec. 1795), 361.
98. Beyssi, "Parti Jacobin," 31.
99. H. G. Brown, "Search for Stability," 23.
100. Palmer, *From Jacobin to Liberal*, 73; Woloch, *Jacobin Legacy*, 163–65.
101. Vovelle, *Révolution française*, 77.
102. Staël, *Considerations*, 379–80; Baczko, *Politiques*, 389, 391; Craiutu, *Virtue for Courageous Minds*, 175–78; Lajer-Burchardt, *Necklines*, 257, 275.
103. Palmer, *From Jacobin to Liberal*, 71; Serna, *Antonelle*, 300–301.
104. Buonarroti, *Conspiration pour l'égalité*, 1:101–2.
105. *Journal de Perlet*, Year VII, no. 406 (22 Dec. 1796), 412; Staël, *Considerations*, 384, 398; J. A. Scott, "François Noël Babeuf," 7.
106. Buonarroti, *Conspiration pour l'égalité*, 1:107.
107. Dommanget, *Babeuf*, 30; Scott, "François Noël Babeuf," 7; Rose, *Gracchus Babeuf*, 226–27.
108. Bellanger, *Histoire générale*, 1:523.
109. Rose, *Gracchus Babeuf*, 215–16; Mason, "Never Was a Plot So Holy," 179–81.
110. D'Holbach, *Système social*, 75–78; Jullien, *L'Orateur plébéien* 12 (23 Frimaire, Year IV), 3–4.
111. Jullien, *L'Orateur plébéien* 4 (5 Frimaire, Year IV), 4; Palmer, *From Jacobin to Liberal*, 72–75; Serna, *Antonelle*, 263–64.
112. *Journal des hommes libres*, no. 5 (20 Vendémiaire, Year V), 20 and no. 7 (22 Vendémiaire, Year V), 27.
113. Ibid., 19.
114. Ibid., no. 59 (14 Frimaire, Year V), 235.

第 23 章　"总革命"在荷兰、意大利与黎凡特

1. Altena, *Gerrit Paape*, 360–71.
2. Rosendaal, *Nederlandse Revolutie*, 92–93; Altena, *Gerrit Paape*, 347–64.
3. Israel, *Democratic Enlightenment*, 885.
4. Ibid., 890.
5. Rosendaal, *Bataven!*, 446.

6. Schama, *Patriots and Liberators*, 179–212; Jourdaan, "Politieke en culturele transfers," 561–64.
7. Rosendaal, *Bataven!*, 3.
8. Te Brake, *Regents and Rebels*, 170.
9. Rosendaal, *Bataven!*, 99.
10. Wells, *Insurrection*, 69, 110.
11. *Décade philosophique*, no. 33, Year V (4th Trimestre), 17 Aug. 1797, 373.
12. Cremona, *Catalogo*, 62–63, 274, 325–26.
13. Johns, *Antonio Canova*, 47.
14. Gioia, *Dissertazione*, 195.
15. Ibid., 28–29.
16. Ibid., preface, 3 and 156–61; Capra, *I progressi*, 571–72.
17. Gioia, *Dissertazione*, 162.
18. Ibid., 37–39.
19. Israel, *Democratic Enlightenment*, 46, 271, 274, 278, 350, 363.
20. Pancaldi, *Volta*, 8, 160, 175; Ferrone, *Società giusta*, 219; Symcox, "Of Princes, Poets," 515–16, 534–35.
21. Gioia, *Dissertazione*, preface, 4 and 195; Capra, *I progressi*, 588–92.
22. *Journal des hommes libres*, no. 5 (20 Vendémiaire, Year V), 17.
23. Ghibaudi, *La fortuna*, 230; Capra, *I progressi*, 590.
24. *Journal des hommes libres*, no. 11 (26 Vendémiare, Year V), 41.
25. Johns, *Antonio Canova*, 46–47, 56.
26. *La Décade philosophique*, no. 29, Year V (4th Trimestre), 118.
27. Ibid., 119–20.
28. Da Passsano, "Dalla democrazia," 288–91.
29. Ibid., 289.
30. Venturi, *Illuministi italiani* 3 (Milan-Naples, 1958), 220.
31. Dwyer, *Napoleon*, 306–7.
32. Broers, *Napoleonic Empire*, 32–34.
33. *Journal des hommes libres*, no. 3 (18 Vendémiaire, Year V), 11.
34. Gioia, *Dissertazione*, 153.
35. Ibid., 155–56.
36. Gorani, *Mémoires secrets*, 1:54–55; Palmieri, *Riflessioni*, 28; Israel, *Democratic Enlightenment*.
37. Rao, *Regno di Napoli*, 128–29.
38. Ferrone, *Società giusta*, 217, 230–36.
39. Jacobitti, *Revolutionary Humanism*, 24; Ferrone, *Società giusta*, 232–33; De Francesco, "How Not to Finish," 172.
40. De Francesco, "How Not to Finish," 175.
41. Jacobitti, *Revolutionary Humanism*, 25.
42. Broers, *Napoleonic Empire*, 41–44.
43. Ibid., 44–45.
44. Gioia, *Dissertazione,* 253, 262–63, 267; Jacobitti, *Revolutionary Humanism,* 26; De Francesco, "How Not to Finish," 170–71.
45. De Francesco, "How Not to Finish," 168.
46. Le Breton, "Considérations sur l'Egypte," in *La Décade philosophique*, no. 20 (20 Germinal, Year VII), 78.
47. Hitzel, "La France," 10–11.
48. [Feller], *Journal historique*, 1:433 (15 March 1793) and 1:601–2 (15 April 1793).
49. *Gazette Nationale,* no. 180 (20 March 1794), 742.
50. Raynal, *Histoire philosophique* 6:20 (1780).
51. Le Breton, "Considérations sur l'Egypte," in *La Décade philosophique,* no. 20 (20 Germinal, Year VII), 79–81.
52. Fromm, *Bibliographie*, 6:261.

53. Raynal, *Histoire philosophique*, 4:110, 4:112 (1770).
54. D'Argens, *The Jewish Spy,* 2:104, 2:155–56.
55. Ibid., 2:158.
56. Volney, *Voyage en Syrie*, 1:173.
57. Ibid., 1:379, 1:382–83.
58. Ibid., 1:342.
59. Ibid., 1:436.
60. Ibid., 2:405.
61. Ibid., 2:432.
62. Ibid.
63. Ibid., 2:410.
64. Ibid., 1:186, 1:381–82; Israel, *Revolution of the Mind*, 222–23.
65. Israel, *Revolution of the Mind*, 743.
66. Dwyer, *Napoleon*, 338–39; Lawday, *Napoleon's Master*, 92, 108.
67. Hitzel, "La France," 15.
68. GSAC GD (1797–98) 2, section 2, fols. 7, 8, and 21.
69. Bartolini to Commandant Gentili, Corfu, 22 March 1798, GSAC Allilografia diaphoros (1797–98) 1, fol. 87.
70. Report, "Isles de Levant" (8 Feb. 1798), in Anoyatis-Pele, *Six rapports*, 21–24.
71. GSAC GD (1797–98) 2, section 5, 17, fol. 47, edict Corfu, 26 Prairial, Year VI.
72. Ibid., 1, section 2, fol. 78.
73. Ibid., 1, section 2, fols. 132, 144.
74. Ibid., 1, fols. 444–46.
75. Lefebvre, *French Revolution*, 219.
76. Cherfils, *Napoleon and Islam*, 5.
77. Bourguet, "Des Savants," 21.
78. Bourguet, "Science and Memory," 96–97.
79. Al-Jabarti, *History*, 22; Cherfils, *Napoleon and Islam,* 5–8.
80. Cherfils, *Napoleon and Islam*, 6–7.
81. Al-Jabarti, *History*, 25–26; Bell, *First Total War*, 209.
82. Laissus, "Commission," 39–40; Dentz, *Napoleon Bonaparte*, 83; Raymond, "Les Egyptiens," 105–6, 108.
83. Coller, "Egypt," 127.
84. Cherfils, *Napoleon and Islam*, 11–12.
85. Al-Jabarti, *History*, 67, 71, 75, 81, 117; Dentz, *Napoleon Bonaparte*, 62, 64.
86. Al-Jabarti, *History*, 75–76.
87. Dwyer, *Napoleon*, 341, 343–47; Dentz, *Napoleon Bonaparte*, 35, 82–83.
88. *La Décade philosophique*, no. 30 (20 Germinal, Year VII), 119–20; Régent, "L'Égypte," 85.
89. Régent, "L'Égypte," 90–91.
90. Gaulmier, *Un grand témoin*, 235.
91. Ortega, "La régénération," 97, 99.
92. Laissus, "Commission," 39–40; Raymond, "Les Égyptiens," 108–9.
93. Al-Jabarti, *History*, 71; Dwyer, *Napoleon Bonaparte*, 390–91.
94. Le Breton, "Considérations sur l'Egypte," in *La Décade philosophique*, no. 20 (20 Germinal, Year VII); Régent, "L'Égypte," 84; Coller, "Egypt," 129.
95. Gaulmier, *Un grand témoin*, 232–33.
96. Kitchin, *Journal*, 14–15; Régent, "L'Égypte," 86–87.
97. Le Breton, "Considérations sur l'Egypte," in *La Décade philosophique,* no. 20 (20 Germinal, Year VII), 149.
98. Le Breton, "Considérations sur l'Egypte," in *La Décade philosophique,* no. 20 (20 Germinal, Year VII), 149–54.
99. Régent, "L'Égypte," 88.
100. Staum, *Minerva's Message*, 134; Sonenscher, *Before the Deluge*, 334–36, 338–46.

101. Régent, "L'Égypte," 87.
102. Régent, "L'Égypte," 89; Raymond, "Les Egyptiens," 104.

第 24 章　失败的大革命

1. Jullien, *L'Orateur plébéien* 1 (21 Brumaire, Year IV), 10; *Journal des hommes libres,* no. 119 (14 Pluviose, Year V), 482–83.
2. *Journal des hommes libres,* no. 5 (20 Vendémiaire, Year V), 20 and no. 7 (22 Vendémiaire, Year V), 27.
3. Buonarroti, *Conspiration pour l'égalité,* 1:53, 1:70–72, 1:81–82, 1:113–14; Scott, "François Noël Babeuf," 7.
4. Buonarroti, *Conspiration pour l'égalité,* 1:88–89; Mathiez, *Fall of Robespierre,* 224–26; Fajn, "Attitude of the *Journal des hommes libres,*" 233.
5. Rose, *Gracchus Babeuf,* 214–15; Fajn, "Attitude of the *Journal des hommes libres,*" 234.
6. Buonarroti, *Conspiration pour l'égalité,* 1:134–40, 1:154, 1:156, 1:198.
7. Ibid., 1:24; Vovelle, *Les Jacobins,* 32.
8. Maréchal, *Manifeste des égaux,* 86.
9. Ibid.
10. *Journal des hommes libres,* no. 119 (3 Feb. 1797), 482.
11. *Journal de Perlet,* no. 497 (23 March 1797), 177, 180.
12. Bonneville, *Vieux Tribun,* 115, 126–27.
13. *Journal de Perlet,* no. 500 (26 March 1797), 198.
14. Gueniffey, *Dix-huit Brumaire,* 113.
15. *La Décade philosophique,* no. 31 (4th trimeste, 20 Thermidor, Year V), 249–51 and no. 32 (4th Trimester, Year V, 7 Aug. 1797), 313.
16. *La Décade philosophique* no. 32 (4th Trimestre, Year V, 7 Aug. 1797), 311.
17. Babeuf, *Defense,* 23; Buonarroti, *Conspiration pour l'égalité,* 2:22–27.
18. Tarin, *Diderot et la Révolution,* 110–15.
19. Kouvelakis, *Philosophy and Revolution,* 79.
20. Ibid.
21. Maréchal, *Manifeste des égaux,* 92.
22. Ibid., 94.
23. Ibid., 86–87; Kouvelakis, *Philosophy and Revolution,* 81.
24. *Journal de Perlet,* no. 500 (26 March 1797), 200.
25. Buonarroti, *Conspiration pour l'égalité,* 2:59–61; Fajn, "Attitude of the *Journal des hommes libres,*" 238–39.
26. Dommanget, *Babeuf,* 80–81; Kouvelakis, *Philosophy and Revolution,* 52.
27. *La Décade philosophique,* no. 31 (4th trimestre, 20 Thermidor, Year V), 247–56; Staël, *Considerations,* 399–400.
28. *La Décade philosophique,* no. 36 (4th Trimestre, Year V, 16 Sept., 1797), 563.
29. Forsyth, *Reason and Revolution,* 8; Craiutu, *Virtue for Courageous Minds,* 184; Welch, *Liberty and Utility,* 36–37.
30. Staum, *Cabanis,* 282; Wood, "Benjamin Constant," 7–8.
31. *La Décade philosophique,* no. 36 (4th Trimestre, Year V, 16 Sept., 1797), 566.
32. Ibid., 567.
33. Chopelin-Blanc, *De l'apologétique,* 104–5.
34. Leuwers, *Un Juriste en politique,* 194–96.
35. H. G. Brown, "Search for Stability," 24–25.
36. Woloch, "La République directoriale," 312.
37. Desan, *Reclaiming the Sacred,* 12, 162; Leuwers, *Un Juriste en politique,* 197–98.

38. H. G. Brown, "Search for Stability," 25; Aston, *Religion and Revolution*, 281.
39. Mathiez, *La Théophilanthropie*, 132–33.
40. Woloch, "La République directoriale," 315–17.
41. *La Décade philosophique*, no. 36 (4th Trimstre, Year V, 16 Sept. 1797), 536.
42. Woloch, "La République directoriale," 317–18.
43. Ibid., 315–17; Staum, *Cabanis*, 274; Jainchill, *Reimagining Politics*, 80–81.
44. *La Décade philosophique*, no. 32 (4th Trimestre, Year V, 7 Aug. 1797), 317.
45. Bonneville, *Vieux Tribun*, 1:120.
46. Staum, *Cabanis*, 274.
47. *La Décade philosophique*, no. 36 (4th Trimestre, Year V, 16 Sept. 1797), 565; Bertaud, *Les Amis du roi*, 251.
48. Leuwers, *Un Juriste en politique*, 109–10, 193–96.
49. Jainchill, *Reimagining Politics*, 82–83.
50. Wickwar, *Baron d'Holbach*, 112.
51. *La Décade philosophique*, no. 32 (4th Trimestre, Year V, 7 Aug. 1797), 283–86; Helvétius, *Réflexions*, 32n; Smith, *Bibliography*, 292–93.
52. *La Décade philosophique*, no. 32 (4th Trimestre, Year V, 7 Aug. 1797), 284.
53. Rasmussen, "Burning Laws," 82.
54. *La Décade philosophique*, no. 35 (4th Trimestre, Year V, 6 Sept. 1791), 461–66.
55. Ibid., 498.
56. Spitz, "Républicanisme," 36–37, 41.
57. Martin, *Violence et révolution*, 253–54; Serna, *Antonelle*, 308–10.
58. Gainot, *1799, un nouveau Jacobinisme?*, 249.
59. Ibid., 30.
60. Ibid., 31–32.
61. Fajn, "Attitude of the *Journal des hommes libres*," 229–30.
62. Gainot, *1799, un nouveau Jacobinisme?*, 235–37, 455–56.
63. Welch, *Liberty and Utility*, 37–38 Bredin, *Sieyès*, 463–64.
64. Gaulmier, *Un grand témoin*, 234–6; Forsyth, *Reason and Revolution*, 8–9; Harris, *Antoine d'Estutt de Tracy*, 28; Jainchill, *Reimagining Politics*, 198–200; Wood, "Benjamin Constant," 8.
65. Bredin, *Sieyès*, 454, 459, 461, 466.

第 25 章　总结：作为激进启蒙运动产物的大革命

1. Welch, *Liberty and Utility*, 38–41.
2. Constant, *De la terreur*, 349–50; Spitz, "Républicanisme," 29–30, 44; Craiutu, *Virtue for Courageous Minds*, 216–17.
3. Rivarol, *De la philosophie*, 68–72, 75; Roederer, *De la philosophie*, 29; McMahon, *Enemies of the Enlightenment*, 95–99.
4. Muschik, "Die Ideen der Französischen Revolution," 173–74.
5. Roederer, *De la philosophie*, 29, 36.
6. Constant, *De la terreur*, 347; Baczko, *Ending the Terror*, 245–7; Wokler, *Rousseau*, 195–202.
7. De Luca, "Benjamin Constant," 97.
8. McMahon, *Enemies of the Enlightenment*, 98–108.
9. Popkin, "Not Over," 814.
10. Réal, *Journal de l'Opposition* 7, 33; Jullien, *L'Orateur plébéien* 1 (21 Brumaire, Year IV), 10–13; *La Décade philosophique*, no. 32 (4th Trimestre, Year V, 7 Aug. 1797), 312; Jullien, *L'Orateur plébéien* 1 (21 Brumaire, Year IV), 10–13.
11. Paine, *Rights of Man*, 58.

12. [D'Holbach], *Le Bon-Sens*, 31–32, 36–37; Dupré, *Enlightenment*, 265–67.
13. Rousseau, *Émile*, 46.
14. [D'Holbach], *Le Bon-Sens*, 79, 92, 159.
15. D'Holbach, *Politique naturelle*, 330.
16. Kors, *D'Holbach's coterie*, 309; Mortier, "Les héritiers," 456–58; De Dijn, "Politics of Enlightenment," 800.
17. Naville, *Paul Thiry d'Holbach*, 41–43, 97, 126–27; Staum, *Cabanis*, 24, 28; Israel, *Democratic Enlightenment*, 776–77, 900, 931.
18. Gray, *Enlightenment's Wake*, 163.
19. D'Holbach, *Système social*, 71; Diderot, *Supplément*, 178.

参考书目

期　刊

AHR: *American Historical Review*
AHRF: *Annales historiques de la Révolution française*
FHS: *French Historical Studies*
JMH: *The Journal of Modern History*

档案馆和图书馆馆藏

BHP pamph.: Bibiliothèque historique de la ville de Paris, collection of revolutionary pamphlets
BL: British Library, London, collection of revolutionary pamphlets
BN pamph.: Bibliothèque Nationale, Paris, collection of revolutionary pamphlets
GSAC: General State Archives, Corfu, Old Fort
PFL pamph.: Princeton, Firestone Library, revolutionary pamphlets

一手资料

Actes de la Commune de Paris pendant la Révolution. Ed. Sigismond Lacroix. Series 1 (7 vols., Paris, 1894–99) and series 2 (7 vols., Paris, 1900–1909).

Albouys, Barthélemy. *Principes constitutionnels, présentés à la Convention nationale*. Paris, 1793.

Al-Jabarti, Abd al-Rahman. *History of the French Occupation of Egypt, 1798*. Trans. Shmuel Moreh. Princeton, 1993.

Anecdotes curieuses et peu connues sur différentes personnages qui ont joué un rôle dans la Révolution. BHP pamph. 957082. Geneva, 1793.

Archives Parlementaires. Series 1 (1787–94). Ed. M. J. Mavidal et al. 102 vols. thus far. Paris, 1879–2005.

Argens, Jean-Baptiste de Boyer [Marquis d']. *The Jewish Spy: Being a Philosophical, Historical and Critical Correspondence, by Letters which lately pass'd between certain Jews in Turkey, Italy, France, etc.* 4 vols. Dublin, 1753.

Assemblée Nationale, Commune de Paris, et Corps Administratifs. Journal, Paris, 1790.

Assemblée Nationale, Corps administratifs et Nouvelles politiques et littéraires de l'Europe. Continuation of the above. Journal, Paris, 1791–92.

Audouin, Pierre-Jean (ed.). *Journal universel.* Journal, Paris, 1789–95.

Aulard, François Vicor Alphonse (ed.). *La Société des Jacobins: Recueil de documents sur l'histoire du Club de Jacobins de Paris.* 6 vols. Paris, 1889–97.

Babeuf, Gracchus. *Defense.* In Scott (ed.), *Defense of Gracchus Babeuf,* 19–90.

———. *Journal de la Liberté de la Presse.* Journal, Paris, 1794–95.

———. *Tribun du peuple, ou Le défenseur des droits de l'homme.* Journal, Paris, 1795–96.

Bailly, Jean-Sylvain. *Mémoires de Bailly, avec un notice sur sa vie.* 3 vols. Paris, 1821–22.

———. *Œuvres posthumes.* Paris, 1810.

Barlow, Joel. *Advice to the Privileged Orders in the Several States of Europe.* 2 vols. New York, 1792–94.

Barnave, Antoine-Pierre-Joseph-Marie. *De la Révolution et de la Constitution.* Ed. P. Gueniffey. Grenoble, 1988.

———. *Power, Property and History: Joseph Barnave's Introduction to the French Revolution.* Ed. E. Chill. New York, 1971.

Baudot, Marc-Antoine. *Notes historiques sur la Convention Nationale, Le Directoire, l'Empire et l'Exil des Votants.* Paris, 1893.

Bayle, Moise. *De l'inutilité et du danger d'un roi dans un gouvernement libre et représentatif.* Marseille, 1792.

Bécamps, Pierre. *Un Bordelais sous la Terreur: Mémoires de Jean-Baptiste Brochon.* Bordeaux, 1989.

[Bergasse, Nicolas]. *Considérations sur la liberté du commerce.* Londres, 1788.

———. *Lettre de M. Bergasse sur les États-Généraux.* Paris, 1789.

Bertrand de Molleville, Antoine-François. *Mémoires secrets pour servir à l'histoire de la dernière année du règne de Louis XVI.* 3 vols. Londres, 1797.

Bertrand, Dominique. *Lettre à Monsieur l'abbé Raynal.* Marseille, 1789.

Billaud-Varenne, Jacques-Nicolas. *Les Élémens du Républicanisme.* Paris, 1793.

———. *Principes régénérateurs du systême social.* Ed. F. Brunel. Paris, 1992.

Bohan, Alain. *Observations sur la Constitution du peuple français.* Paris, 1793.

Bonneville, Nicolas de. *La Bouche de fer.* Journal, Paris, 1790–91.

———. *Le Vieux tribun et sa Bouche de fer.* Journal, Paris, 1797.

Brissot de Warville, Jacques-Pierre. *À tous les républicains de France sur la Société des Jacobins de Paris.* Paris, 1792.

———. *Bibliothèque philosophique du législateur.* 10 vols. "Berlin," 1782.

———. *Correspondance universelle sur ce qui intéresse Le Bonheur de l'Homme et de la société.* "Londres" [Neuchâtel], 1783.

———. *De la vérité, ou Méditations sur les moyens de parvenir à la verité dans toutes les connaisances humaines.* Neuchâtel, 1782.

———. *Discours sur la question de savoir si le roi peut être jugé prononcé à l'Assemblée des Amis de la Constitution.* 10 July 1791.

———. *Examen critique des voyages dans l'Amérique septentrionale de M. le marquis de Chatellux.* "Londres" [Paris], 1786.

——— (ed.). *Le Patriote françois: Journal libre, impartial et national.* Journal, Paris, 1789–93.

———. *Le Philadelphien à Genève, ou Lettres d'un Américain sur la dernière Révolution de Genève.* "Dublin" [Amsterdam?], 1783.

———. *Lettres philosophiques sur Saint Paul, sur sa doctrine, politique, morale et religieuse, et sur plusieurs points de la religion chrétienne, considérés politiquement.* Neuchâtel, 1783.

———. *Mémoire aux Etats-généraux sur la nécessité de rendre, dès ce moment, la presse libre et surtout pour les journaux politiques.* Paris, 1789.

———. *Mémoires (1734–1793).* Ed. Claude Perroud. 2 vols. Paris, 1910.

———. *Opinion de J. P. Brissot député du département de Paris ... prononcée le 26 Juillet*

1792. Paris, 1792.

———. *Plan de conduite pour les députés du peuple aux Etats-Généraux de 1789*. Paris, 1789.

———. *Recherches philosophiques sur le droit de propriété considéré dans la nature*. N.p., 1780; repr., Paris, n.d.

———. *Tableau de la situation actuelle des Anglois dans les Indes Orientales*. Paris, 1784.

Buonarroti, Philippe. *Conspiration pour l'égalité dite de Babeuf*. Bruxelles, 1828.

———. *Giornale Patriottico di Corsica*. Journal, Bastia, 1790.

Burke, Edmund. *Reflections on the Revolution in France, and on the proceedings in certain societies in London relative to that event*. London, 1790.

Buzot, François. *Lettres de F.N.L. Buzot, député du département de l'Eure, à ses commétans*. Paris, 1793.

Camus, Armand-Gaston. *Observations sur deux brefs du pape*. Paris, 1791.

———. *Opinion de M. Camus, dans la séance du 31 Mai 1790, sur le plan de constitution de clergé*. Paris, 1790.

[Carra, Jean-Louis]. *Annales patriotiques et littéraires de France*. Journal, Paris, 1789–93.

———. *La Raison, ou le prophète philosophe*. "Londres," 1782.

———. *L'Orateur des États-Généraux sur 1789*. 2 parts. Paris, 1789.

Cérutti, Giuseppe. *Mémoire pour le peuple françois*. N.p., 1788.

Chabot, François. *Journal populaire, ou le Catéchisme des sans-culottes*. Journal, Paris, 1792–93.

Chaudon, L. M. *Dictionnaire anti-philosophique: Pour servir de commentaire & de correctif au Dictionnaire philosophique, & aux autres livres qui ont paru de nos jours contre le Christianisme*. Avignon, 1769.

Chaumette, Pierre-Gaspard. *Mémoires de Chaumette sur la Révolution de 10 août 1792*. Ed. F. A. Aulard. Paris, 1893.

Chénier, Marie-Joseph de. *De la Liberté du théâtre en France*. Paris, 1789.

———. *Dénonciation des Inquisiteurs de la pensée* (25 Aug. 1789). Paris, 1789.

———. "Discours préliminaire" in *Charles IX, ou l'École des rois, tragédie*. Paris, 1790.

———. *Discours prononcé à la Convention nationale, dans la séance du 10 Germinal, l'an III*. Paris, 1795.

———. *Pétition à l'assemblée National du 24 Août 1792 l'an de la liberté*. BL RF 790-1, 2 no. 21.

Cloots, Anacharsis. *De Algemeene Republiek of aanspraak aan de ombrengers der dwingelanden*. Dunkirk, 1792.

———. *La Certitude des preuves du mahométisme*. "Londres," 1780.

———. *Ni Marat, ni Roland*. Paris, 1792.

———. *Œuvres*. 3 vols. Repr., Munich, 1980.

Compte de la mission des représentants du peuple, Treilhard et Mathieu, délégués dans les départemens de la Gironde, Lot et Garonne. Paris, 1793.

Condorcet, Marquis de, Jean-Antoine-Nicolas de Caritat. *Ce que les citoyens ont droit d'attendre de leurs représentans*. Speech of 7 Aug. 1791. Paris, 1791.

———. *Nature et objet de l'instruction publique* (1790). Ed. B. Jolibert. Paris, 1989.

———. *Œuvres complètes*. Ed. L. S. Caritat et al. 21 vols. Brunswick and Paris, 1804.

Condorcet, Marquis de, Jean-Antoine-Nicolas de Caritat. *Political Writings*. Ed. Steven Lukes and N. Urbinati. Cambridge, 2012.

———. "Rapport sur l' organization générale de l'instruction publique" (April 1792). In Baczko, *Éducation pour la démocratie*, 177–261.

———. *Réflexions sur la Révolution de 1688, et celle du 10 août 1792*. N.p., n.d. Paris, 1792.

———. *Tableau historique des progrès de l'esprit humain: Projets, Esquisse, Fragments et Notes (1772–1794)*. Ed. J. P. Schandeler and P. Crépel. Paris, 2004.

Constant, Benjamin. *De la terreur* (1796). In B. Constant, *Œuvres politiques*, ed. Ch. Louandre, 337–60. Paris, 1874.

————. *Political Writings*. Ed. B. Fontana. Cambridge, 1988.

D'Abrantès, Laure. *Salons révolutionnaires*. Ed. L. Chotard. Paris, 1989.

Daunou, Pierre-Claude-François. *Essai sur l'Instruction Publique* (July 1793). In Baczko, *Éducation pour la démocratie*, 303–44.

Démeunier, Jean-Nicolas. *L'Esprit des usages et des coutumes des différents peuples*. 3 vols. Paris, 1776.

Desmoulins, Camille. *La France libre*. 4th ed. Paris, 1789.

————. *Le Vieux Cordelier*. Ed. P. Pachet. Journal, 1793–94. Paris, 2010.

————. *Œuvres*. Ed. Jules Clarette. 2 vols. Paris, 1874.

————. *Révolutions de France et de Brabant*. Journal, Paris, 1789–91.

D'Espinchal, Joseph Tomas. *Journal*. Ed. E. Hauterive, trans. R. Stawall. London, 1912.

Destutt de Tracy, Antoine. *Premiers écrits*. Ed. Claude Joly. Paris, 2011.

D'Holbach, Paul-Henri Thiry. *Le Bon-Sens du Curé Jean Meslier suivie de son Testament*. "Londres" [Amsterdam], 1772.

————. *La Politique naturelle, ou Discours sur les vrais principes du gouvernement*. 1773; repr., Paris, 1998.

————. *Système social, ou principes naturels de la morale et de la politique*. "Londres" [i.e., Amsterdam], 1773; repr., Paris, 1994.

Diderot, Denis. *Supplément au voyage de Bougainville*. Ed. A. Adam. Paris, 1972.

Dumont, Étienne. *Souvenirs sur Mirabeau*. Ed. J. Benetruy. Paris, 1951.

Dumouriez, Charles-François. *Mémoires écrits par lui-même*. 2nd ed. Frankfurt-Leipzig, 1794.

Durozoy, Barnabé. *La Gazette de Paris*. Journal, Paris, 1789–92.

Eberhard, J. A. *Philosophisches Magazin*. Journal, Halle, 1788–92.

Extrait des Registres de la Section Mauconseil à tous les citoyens du Département de Paris. 1792.

Fabre d'Églantine, Philippe-François. *Portrait de Marat*. Paris, 1793.

Fauchet, Claude. *Journal des Amis*. Journal, Paris, 1792–93.

————. *Lettre Pastorale de Claude Fauchet, Evêque du Calvados aux pasteurs et aux fidèles du Diocèse*. N.p., 1792.

————. *Sermon sur l'accord de la religion et de la liberté prononcé dans la métropole de Paris, le 4 Fevrier 1791*. Paris, 1791.

Feller, François-Xavier de. *Journal historique et littéraire*. Journal, Liège-Brussels-Maastricht, 1773–94.

[Ferrand, Antoine-François-Claude]. *État Actuel de La France*. Paris [Janvier], 1790.

Fichte, Johann Gottlieb. *Schriften zur Revolution*. Köln, 1967.

Fontana, A., et al. (eds.). *Venise et la Révolution française: Les 470 dépêches des ambassadeurs de Venise au Doge, 1786–1795*. Paris, 1997.

Forster, G. *Werke, Sämtliche Schriften, Tagebücher, Briefe*. Ed. K. G. Popp et al. 18 vols. Berlin, 1968–82.

Fréron, Louis-Stanislas. *L'Orateur du peuple*. Journal, Paris, 1790–92 and 1794–95.

Garat, Dominique-Joseph. *Jugement sur Mirabeau*. Paris, 1820.

————. *Mémoires historiques sur la vie de M. Suard, sur ses écrits et sur le XVIIIe siècle*. 2 vols. Paris, 1820.

Gazette nationale, ou le Moniteur universel. Ed. Charles Panckoucke et al. Journal, Paris, 1789–95.

Gibbon, Edward. *Memoirs of My Life and Writings*. Ed. A.O.J. Cockshut. Keele, England, 1994.

Ginguené, Pierre-Louis. *Lettres sur les Confessions de J. J. Rousseau*. Paris, 1791.

Gioia, Melchiorre. *Dissertazione sul problema Quale dei governi liberi meglio convenga alla felicità dell'Italia*. Milan, 1797.

Gorani, Giuseppe. *Mémoires secrets et critiques des cours, des gouvernemens, et des moeurs des principaux états de l'Italie*. 3 vols. Paris, 1793.

————. *Recherches sur la science du gouvernement*. Paris, 1792.

Gorsas, Antoine-Joseph. *Le Courrier de Paris dans les 83 départemens* (later entitled just *Le Courrier des LXXXIII départemens*). Journal, Paris, 1790–91.

———. *Précis rapide des évènemens qui ont eu lieu à Paris dans les journées de 30 et 31 mai, premier et 3 juin 1793*. Paris, 1793.

Gouges, Olympe de. *Œuvres*. Ed. Benoîte Groult. Paris, 1986.

Grande Pétition présentée ce matin à l'Assemblée Nationale, par quarante mille Citoyens de Paris, rassemblées au Champ de Mars. 15 July 1791. Paris, 1791.

Granié, Pierre. *Histoire de l'Assemblée constituante de France: Écrite pour un citoyen des États-Unis de l'Amérique septentrionale*. Paris, 1797.

Grouchy [Condorcet], Sophie de. *Lettres sur la sympathie, suivies des lettres d'amour*. Montréal, 1994.

Guyomar, Pierre. *Le Partisan de l'égalité politique entre les individus, ou problème très important de l'égalité en droits et de l'inégalité en fait*. April 1793. In *Archives Parlementaires*, 60:591–99.

Hansen, Joseph (ed.). *Quellen zur Geschichte des Rheinlandes im Zeitalter der französischen Revolution*. 4 vols. Bonn, 1931–33.

Harmand, Jean-Baptise. *Observations sur le nouveau projet de constitution*. In *Archives Parlementaires*, 67:320–24.

Hébert, Jacques-René. *Le Père Duchesne*. Journal, Paris, 1790–94.

Helvétius, Claude Adrien. *Réflexions sur l'homme et autres textes*. Paris, 2006.

Herder, Johann Gottfried. *Briefe: Gesamtausgabe*. Ed. G. Arnold et al. 14 vols. Weimar-Tübingen, 1977–2009.

Hölderlin, Friedrich. *Sämtliche Werke*. Ed. F. Beissner et al. 8 vols. Stutgart, 1946–85.

Jefferson, Thomas. *The Papers of Thomas Jefferson*. Vol. 15 (March–November 1789) and vol. 16 (November 1789–July 1790). Ed. Ch. Cullen and J. P. Boyd. Princeton, 1958, 1961.

Jollivet, Jean-Baptiste-Moise. *Rappellez vos collègues*. Paris, 1794.

Journal des hommes libres de tous les pays. Ed. R. Vatar and Ch. Duval. Journal, Paris, 1792–1800.

Journal du Club des Cordeliers. Ed. Antoine-François Momoro et al. Journal, Paris, 1791.

Journal de Paris. Journal, Paris, 1777–1811.

Journal de Perlet: Convention National, corps administratifs et Nouvelles politiques et littéraires de l'Europe. Journal, Paris, 1789–97.

Jullien, Marc-Antoine. *L'Orateur plébéien, ou le défenseur de la République*. Journal, Paris, 1795–96.

Kervélégan, Augustin le Goazre. *Réflexions d'un philosophe Breton sur les affaires présentes*. N.p., 1788.

Klopstock, Friedrich Gottlieb. *Werke und Briefe: Historisch-kritische Ausgabe*. Ed. H. Riege et al. 24 vols. Berlin, 1998–2013.

Knigge, Adolph Freiherr. *Ausgewählte Werke in zehn Bänden*. Ed. W. Fenner. 10 vols. Hanover, 1991–96.

Lachapelle, J. *Considérations philosophiques sur la révolution française*. Paris, 1797.

La Chronique de Paris. Ed. L. P. Manuel, Rabaut, Cloots, et al. Journal, Paris, 1789–93.

La Chronique du mois, ou les cahiers patriotiques. Ed. J. Oswald, L. S. Mercier, et al. Journal, Paris, 1791–93.

La Décade philosophique. Ed. Pierre-Louis Ginguené, Jean-Baptiste Say, et al. Journal, Paris, 1794–1807.

La Feuille villageoise. Ed. Joseph-Antoine Cérutti et al. Journal, Paris, 1790–94.

La Harpe, J. F. de. *Discours sur la liberté du théâtre*. 17 Dec. 1790. Paris, 1790.

———. *Philosophie du dix-huitième siècle*. 2 vols. Paris, 1818.

———. *Réfutation du livre "de l'Esprit."* Paris, 1797.

Lanthenas, François. *De la liberté indéfinie de la presse*. Paris, 1791.

———. *Motifs de faire du 10 août un jubilé fraternel*. Paris, 1793.

L'Anti-Carra-Co-Gorsas: Les Secrets révélés. BHP pamphlet 953463. Paris, 1790.

Léger, François. *L'Auteur d'un moment: Comédie*. Paris, 1792.

Les Douze Représentants du Peuple détenus à Port-Libre à leurs collegues. Paris, 1794.

Lettre à M. le Marquis de Luchet contenant la Quinzaine Mémorable, ou le précis des évènemens qui ont eu lieu à Paris, depuis le 12 de Juillet (1789). Leuven, n.d.

Lettres bougrement partiotiques de La Mère Duchêne. Ed. O. Elyada. Paris, 1989.

Levasseur, René. *Mémoires de R. Levasseur (de la Sarthe) ex-conventionnel*. 4 vols. Paris, 1829.

Lichtenberg, Georg Christoph. *Schriften und Briefe*. Ed. Wolfgang Promies. 4 vols. München, 1959.

Linguet, Simon Nicolas Henri. *Annales politiques, civiles, et littéraires du dix-huitième siècle*. Journal, Brussels, 1777–92.

Louvet, Jean-Baptiste. *La Sentinelle*. Journal affiche, Paris, 1792–93.

———. *Mémoires de Louvet de Couvrai sur la Révolution française*. Ed. F. A. Aulard. 2 vols. Paris, 1889.

Mably, Gabriel Bonnot de. *Collection complète des oeuvres de l'Abbé de Mably*. 15 vols. Paris, Year III (1794/95).

Mallet du Pan, Jacques. *Considérations sur la nature de la Révolution de France*. "Londres," 1793.

Malouet, Pierre-Victor. *Mémoires*. 2 vols. Paris, 1868.

Mandar, Théophile. *Des Insurrections: Ouvrage philosophique et politique*. Paris, 1793.

Manuel, Louis-Pierre. *Lettres sur la Révolution*. Paris, 1792.

Marat, Jean-Paul. *De l'Homme, ou, des principes des loix de l'influence de l'âme sur le corps, et du corps sur l'âme*. 3 vols. N.p., 1775.

———. *L'Ami du peuple*. Journal, Paris 1789–93.

Maréchal, Sylvain, and Jerome Lalande (eds.). *Dictionnaire des Athées* (1800). Ed. J. P. Jackson. Paris, 2008.

———. *Manifeste des égaux*. In Dommanget, *Babeuf*, 86–90.

Marmontel, Jean-François. *Mémoires*. Ed. M. Tourneaux. 3 vols. Paris, 1891.

Mercier, Louis-Sebastien. *De J. J. Rousseau considéré comme un des premiers auteurs de la Révolution*. 2 vols. Paris, 1791.

———. *Paris pendant la Révolution ou le Nouveau Paris*. 2 vols. 1862.

Michaud, Joseph-François. *La Quotidienne, ou Nouvelle Gazette Universelle, par une société de gens de lettres*. Journal, Paris, 1792–93.

Mirabeau, Honoré Gabriel Riquetti. *Collection complète des travaux de M. Mirabeau l'Ainé, à l'assemblée Nationale*. Ed. E. Mejan. 5 vols. Paris, 1791–92.

———. *De la réforme des Juifs et sur Moses Mendelssohn*. N.p., 1787.

———. *Essai sur le despotisme* (1775). 3rd ed. N.p. 1792.

———. *Le Courrier de Provence*. Journal, Paris, 1789–91.

———. *Mirabeau à la tribune, ou Choix des meilleurs discours de cet orateur*. 2 vols. Paris, 1796.

———. "Travail sur l'éducation publique." In Baczko, *Éducation pour la démocratie*, 9–105.

Montesquieu, [Baron de] Charles de Secondat. *Œuvres complètes*. Ed. D. Oster. Paris, 1964.

Montgilbert, François. *Avis au peuple sur la liberté et l'exercice de ses droits contenu dans un projet de constitution républicaine*. Paris, 1793.

Morellet, André. *Lettres*. Ed. D. Medlin. 3 vols. Oxford, 1991–94.

———. *Mémoires sur le dix-huitième siècle et sur la révolution française*. 2 vols. Paris, 1822.

Möser, Justus. "Ueber das Recht des Menschheit." In *Berlinische Monatschrift* 18 (July–Dec. 1790), 396–401 and 499–506.

Mounier, Jean-Joseph. *Considérations sur les gouvernements et principalement sur celui qui convient à la France*. Versailles, 1789.

———. *De l'influence attribuée aux philosophes, aux franc-maçons et aux Illuminés sur la Révolution de la France*. Tübingen, 1801.

Naigeon, Jacques-André. *Adresse à l'Assemblée Nationale sur la liberté des opinions.* Paris, 1790.

——. *Encyclopédie méthodique: Philosophie ancienne et moderne.* 3 vols. Paris, 1791.

——. *Lettre du Citoyen Naigeon habitant de Sedan, à ses concitoyens.* Sedan, 1797. BL Pamphl. R 6436.

Necker, Jacques. *De la Révolution françoise.* 4 vols. N.p., 1796.

——. *De l'importance des opinions religieuses.* "Londres" [Paris], 1788.

Paape, Gerrit. *De Hollandsche wijsgeer in Vrankrijk.* Dordrecht, 1790.

——. *De onverbloemde geschiedenis van het Bataafsch Patriottismus.* Delft, 1798.

Pagano, Francesco. *Saggi politici de' principi, progressi e decadenza della società.* Naples, 1791–92.

Paine, Thomas. *The Age of Reason, Part the First.* London, 1796.

——. *Rights of Man* (1790). Ed. E. Foner. New York, 1985.

[Palissot, Charles]. *Considérations importantes sur ce qui passe, depuis quelque tems, au prétendu Théâtre de la Nation.* Paris, 1790.

Palm d'Aelders, Etta. *Appel aux françoises et necessité de l'influence des femmes dans un gouvernement libre.* Paris, 1791.

Palmieri, Giuseppe. *Riflessioni sulla pubblica felicità relativamente al regno di Napoli.* Naples, 1787.

Paulus, Pieter. *In welken zin kunnen de menschen gezegd worden gelyk te zyn?* (1793). 4th ed. Haarlem, 1794.

Pétion, Jerôme. *Avis aux François sur le salut de la Patrie.* Paris, 1788.

——. *Discours prononcé dans l'Assemblée de la Société des Amis de la Constitution de Paris, séante aux Jacobins.* Paris, 1791.

——. *Les Voeux du véritable souverain exprimés à l'Assemblée Nationale.* 3 August 1792.

Petit, Michel-Edme. *Le Procès des 31 Mai, 1r et 2 Juin, ou, la défense des 71 représentants du peuple.* N.p., n.d. Paris, 1794.

——. *Opinion sur l'éducation publique prononcé le premier octobre 1793.* Paris, 1793.

Picqué, Jean-Pierre. *Au peuple, sur la Constitution qui va lui être présentée par la Convention nationale* (1793). In *Archives Parlementaires,* 67:369–76.

Portalis, J.E.M. *De l'usage et de l'abus de l'esprit philosophique durant le XVIIIe siècle.* 1798; repr., Paris, 2007.

Price, Richard. *Political Writings.* Ed. D. O. Thomas. Cambridge, 1991.

Proly, Pierre-Joseph-Berthold. *Le Cosmopolite.* Journal, Paris, 1791–93.

Prudhomme, Louis-Marie. *Histoire générale et impartiale des erreurs, des fautes et des crimes commis pendant la Révolution française.* 6 vols. Paris, 1797.

——. *Les Révolutions de Paris.* Journal, Paris, 1789–94.

Rabaut de Saint-Étienne, J. P. *Précis historique de la Révolution française.* Paris, 1807.

——. *Projet du Préliminaire de la Constitution françoise.* Paris, 1789.

Raymond, Julien. *Réflexions sur les véritables causes des troubles et des désastres de nos colonies, notamment sur ceux de Saint-Domingue.* Paris, 1793.

Raynal, Abbé Guillame-Thomas-François (ed.). *Adresse de Guillame Thomas Raynal remise par lui-même à M. le Président, le 31 mai 1791, et lue à l'Assemblée nationale le même jour.* Paris, 1791.

——. *Histoire philosophique et politique des établissemens et du commerce des Européens dans les Deux Indes.* 10 vols. Geneva, 1780.

Réal, Pierre-François. *Journal de l'Opposition par une société de républicains.* Journal, Paris, 1797.

Rehberg, Wilhelm August. *Untersuchungen über die französische Revolution.* 2 vols. Hanover, 1793.

Relation exacte de ce qui s'est passé à Bruxelles, dans la journée du 16 et 17 Mars 1790. Brussels, 1790.

Riffard de Saint Martin, François-Jerôme. *Journal des décrets de l'Assemblée Nationale.* 5

vols. Paris, 1789–91.

Rivarol, Antoine de. *De la philosophie moderne*. Hamburg, 1797. 2nd ed. N.p., 1799.

Robert, Pierre-François, and Louise-Félicité de Keralio (eds.). *Mercure national et étranger, ou Journal politique de l'Europe*. Journal, Paris, 1790–91.

Robespierre, Maximilien. *Discours du 8 Thermidor an II* (26 July 1794). In Žižek (ed.), *Robespierre*, 248–47.

———. *Le Défenseur de la Constitution*. Journal, Paris, 1792–93.

———. *Œuvres complètes*. Ed. E. Hamel. 10 vols. Paris, 1910–67.

———. *Réponse à l'accusation de J. B. Louvet* (5 Nov. 1792). In Žižek (ed.), *Robespierre*, 127–40.

———. *Sur les principes de morale politique* (5 Feb. 1794). In Žižek (ed.), *Robespierre*, 222–47.

Rocques, Jean Gabriel Maurice [Comte de Montguillard]. *État de France au mois de Mai 1794*. 2 vols. Londres, 1794.

Roederer, Pierre-Louis. *De la philosophie moderne, et de la part qu'elle a eue à la Révolution française*. Paris. 1799.

———. *The Spirit of the Revolution of 1789*. Ed. M. Forsyth. Aldershot, 1989.

Roland, Jean-Marie, and Mme. Roland. *Lettre écrite au Roi par le ministre de l'Intérieur*. Paris, 1792.

Roland, [Madame] Marie-Jeanne [Manon]. *Memoirs*. Ed. E. Shuckburgh. Wakefield, RI, 1986.

Rousseau, J. J. *The Discourses and Other Early Political Writings*. Ed. V. Gourevitch. Cambridge, 1997.

———. *Discours sur l'origine et les fondemens de l'inégalité parmi les hommes* (1755). Trans. and ed. Heinrich Meier. 5th ed. Paderborn, 2001.

———. *Émile*. Trans. W. H. Payne. New York, 2003.

———. *The Social Contract and Other Later Political Writings*. Ed. V. Gourevitch. Cambridge, 1997.

Roux, Louis. *Relation de l'Évènement des 8, 9, et 10 Thermidor sur la conspiration des triumvirs Robespierre, Couthon et St.-Just*. Paris, 1794.

Royou, Abbé Thomas-Marie. *L'Ami du Roi*. Journal, Paris, 1789–92.

Russo, Vincenzo. *Pensieri politici e altri scritti*. Naples, 1999.

Rutledge, James. *Le Creuset*. Journal, Paris, 1791.

Sabatier de Castres, M. *Journal politique national des États-Généraux et de la Révolution de 1789*. Journal, Paris, 1789.

Saint-Just, Antoine-Louis de. *Œuvres complètes*. Ed. A. Kupiec and M. Abensour. Paris, 2004.

Salle [Salles], Jean-Baptiste. *Examen critique de la Constitution*. Paris, 1793.

Sieyès, Abbé Emmanuel-Joseph. *Écrits politiques* (ed.). Roberto Zapperi. Paris, 2009.

———. *Essai sur les privilèges*. Paris, 1788.

———. *Manuscrits, 1773–1799*. Ed. Chr. Fauré. Paris, 1999.

———. *Préliminaire de la Constitution française*. Paris, 1789.

———. "Qu'est-ce que le Tiers État?" In Zapperi (ed.), *Écrits politiques*, 115–88.

Sinéty, André Louis Esprit de. *Réflexions importantes sur l'Adresse présentée à l'Assemblée nationale le 31 mai par Guillaume-Thomas Raynal*. Paris, 1791.

Staël, Germaine de. *Considerations on the Principal Events of the French Revolution*. Ed. A. Craiutu. Indianapolis, 2008.

T. G. Raynal démasqué, ou Lettres sur la vie et les ouvrages de cet écrivain. Paris, 1791.

Thierry, M. *Dissertation sur cette question: "Est-il des moyens de rendre les Juifs plus heureux et plus utiles en France?"* Paris, 1788.

Thouret, Jacques-Guillaume. *Discours Fait à l'Assemblée Nationales sur la Nouvelle Division territoriale du royaume*. Paris, 1789.

———. *Vérités philosophiques et patriotiques sur les affaires presents*. N.p., 1788.

Tocqueville, Alexis de. *L'Ancien régime et la Révolution*. Ed. F. Mélonio. Paris, 1988.

Tone, Theobald Wolfe. *An Address to the People of Ireland*. Belfast, 1796.

Toussaint-Louverture, François-Dominique. *Lettres à la France (1794–1798)*. Ed. M. Baggio and R. Augustin. Bruyères-le-Châtel, 2011.

Varlet, Jean. *L'Explosion* (1 Oct. 1794). BN: LB41-4090.

———. "Projet d'un mandat special et impératif " (1792). In Guillon, *Notre Patience*, 54–65.

Villette, Charles. *Lettres choisies sur les principaux évènemens de la Révolution*. Paris, 1792.

Volney, Constantin-François. *Discours prononcé dans la chambre du tiers état*. Paris, 1789.

———. *La Sentinelle du peuple*. Journal, Rennes, 1788.

———. *Œuvres complètes*. 2 vols. Paris, 1821.

———. *Ruins of Empires and the Laws of Nature*. New York, 1950.

———. *Voyage en Syrie et en Egypte, pendant les années 1783, 1784, et 1785*. 2 vols. Paris, 1787.

Walzer, Michael (ed.). *Regicide and Revolution: Speeches at the Trial of Louis XVI*. New York, 1992.

Wedekind, Georg Christian. "Einleitung und Kommentar zu den Rechten des Menschen und Bürgers" (1793). In J. Garber (ed.), *Revolutionäre Vernunft: Texte zur jakobinischen und liberalen Revolutions Rezeption in Deutschland, 1789–1810*. Kronberg Taunus, 1974.

———et al. (eds.). *Der Patriot eine Wochenschrift*. Journal, Mainz, 1792–93.

Williams, David. *Observations sur la dernière Constitution de la France avec des vues pour la formation de la nouvelle Constitution* (April 1793). In *Archives Parlementaires*, 60:583–91.

Williams, Helen Maria. *Letters from France*. Ed. J. M. Todd. Delmar, 1975.

Wollstonecraft, Mary. *The Collected Letters*. Ed. Janet Todd. London, 2003.

Žižek, Slavoj (ed.). *Robespierre: Entre vertu et terreur*. Paris, 2007.

二手资料

Aaslestad, Katherine. *Place and Politics: Local Identity, Civic Culture, and German Nationalism in North Germany during the Revolutionary Era*. Leiden, 2005.

Aberdam, Serge. "Délibérations en assemblées de citoyens et portions de souveraineté en 1793." In Michel Pertué (ed.), *Suffrage, citoyenneté et révolutions, 1789–1848: Journée d'études du 10 mars au lycée Henri IV*, 9–32. Paris, 2002.

Acomb, Frances. *Mallet du Pan (1749–1800): A Career in Political Journalism*. Durham, NC, 1973.

Åhlén, Bengt, Agneta Åhlén, and Lillemor Widgren. *Censur och tryckfrihet: Farliga skrifter i Sverige, 1522–1954*. Oslo, 2003.

Aizpurua, Ramón. "Revolution and Politics in Venezuela and Curaçao, 1795–1800." In Klooster and Oostindie (eds.), *Curaçao*, 97–122.

Alger, J. G. "The British Colony in Paris, 1792–93." *English Historical Review* 13 (1898), 672–94.

Altena, Peter. *Gerrit Paape (1752–1803): Levens en werken*. Nijmegen, 2011.

Andress, David. *The Terror: Civil War in the French Revolution*. London, 2005.

Andries, Lise. "Les imprimeurs-libraires parisiens et la liberté de la presse (1789–95)." *Dix-Huitieme Siecle* 21 (1989), 247–61.

Anoyatis-Pelc, Dimitris (ed.). *Six rapports français concernant les Îles Ioniennes et le continent voisin (1798–1809)*. Corfu, 1993.

Ansart-Dourlen, Michèle. *L'Action politique des personnalités et l'idéologie Jacobine: Rationalisme et passions révolutionnaires*. Paris, 1998.

Antheunis, L. *Le conventionnel belge François Robert (1763–1826) et sa femme Louise de Kéralio (1758–1822)*. Wetteren, 1955.

Applewhite, Harriet Branson. *Political Alignment in the French National Assembly, 1789–1791.* Baton Rouge, 1993.

Applewhite, Harriet Branson, and D. G. Levy (eds). *Women and Politics in the Age of Democratic Revolution,* 61–80. Ann Arbor, MI, 1993.

Apt, Leon. *Louis-Philippe de Ségur: An Intellectual in a Revolutionary Age.* The Hague, 1969.

Arnaud, Claude. *Chamfort: A Biography.* Chicago, 1992.

Aston, Nigel. *Religion and Revolution in France, 1780–1804.* Washington, DC, 2000.

Auerbach, Stephen. "Politics, Protest and Violence in Revolutionary Bordeaux, 1789–1794." *Proceedings of the Western Society for French History* 37 (2009), 149–61.

Baczko, Bronislaw. *Ending the Terror: The French Revolution after Robespierre.* Cambridge, 1994.

———. "Le tournant culturel de l'an III." In Dupuy and Morabito (eds.), *1795 Pour une République,* 17–37.

———. "L'expérience thermidorienne." In Lucas (ed.), *Political Culture,* 341–70.

———. *Politiques de la Révolution française.* Paris, 2008.

———. "The Terror before the Terror?" In Baker (ed.), vol. 4 of *The French Revolution and the Creation of Modern Political Culture,* 19–38. Oxford, 1994.

———. *Une Éducation pour la démocratie.* Geneva, 2000

Badinter, Elisabeth, and Robert Badinter. *Condorcet, 1743–1794: Un intellectuel en politique.* Paris, 1988.

Badinter, Robert. *Libres et égaux: L'Emancipation des Juifs (1789–1791).* Paris, 1989.

Baecque, Antoine de. "Pamphlets." In Darnton and Roche (eds.), *Revolution in Print,* 165–76.

Baggio, A. M. "Toussaint Louverture et l'existence politique du peuple noir." In Toussaint Louverture, *Lettres,* 9–141.

Baker, Keith Michael. *Condorcet: From Natural Philosophy to Social Mathematics.* Chicago, 1975.

———. "Enlightenment Idioms, Old Regime Discourses, and Revolutionary Improvisation." In Kaiser and Van Kley (eds.), *From Deficit to Deluge,* 165–69.

———. "The Idea of a Declaration of Rights." In Van Kley (ed.), *French Idea,* 154–96.

———. *Inventing the French Revolution.* Cambridge, 1990.

———. "Political Languages of the French Revolution." In Mark Goldie and Robert Wokler (eds.), *The Cambridge History of Eighteenth-Century Political Thought.* Cambridge, 2006.

———. "A Script for the French Revolution: The Political Consciousness of the Abbé Mably." *Eighteenth-Century Studies* 14 (1981), 235–63.

———. (ed.). *The Terror.* Vol. 4 of *The French Revolution and the Creation of Modern Political Culture.* 4 vols. Oxford, 1994.

Ballard, R. *A New Dictionary of the French Revolution.* London, 2012.

Barber, G. "The Financial History of the Kehl Voltaire." In W. H. Barber et al. (eds.), *The Age of Enlightenment: Studies Presented to Theodore Besterman,* 152–70. London, 1967.

Bates, David. *Enlightenment Aberrations: Error and Revolution in France.* Ithaca, NY, 2002.

———. "Political Pathologies: Barnave and the Question of National Identity in Revolutionary France." *Canadian Journal of History* 36 (2001), 427–52.

Belissa, M. "Les leçons de républicanisme de Thomas Paine (1802–1807)." *AHRF* 363 (2011), 59–84.

Bell, David. *The Cult of the Nation in France.* Cambridge, MA, 2001.

———. *The First Total War: Napoleon's Europe and the Birth of Warfare as We Know It.* Boston, 2007.

Bellanger, Claude, et al. *Histoire générale de la presse française.* 3 vols. Paris, 1969.

Benoit, Bruno. "Lyon rouge ou/et blanche, 1789–1799." In Peyrard (ed.), *Minorités politiques,* 181–94.

Benot, Yves. *La révolution française et la fin des colonies, 1789–1794.* 1987; new ed., Paris, 2004.

Bensaude-Vincent, B. *Lavoisier: Mémoires d'une révolution.* Paris, 1993.

Beretti, F. *Pascal Paoli et l'image de la Corse au dix-huitième siècle.* Oxford, 1988.

Bertaud, Jean-Paul. *Camille et Lucile Desmoulins: Un couple dans la tourmente.* Paris, 1986.

———. *Les Amis du roi: Journaux et journalistes royalistes en France de 1789 à 1792.* Paris, 1984.

Bessy, J. "Le parti jacobin à Toulouse sous le Directoire." *AHRF* 22 (1950), 28–54.

Bianchi, Serge. *Des révoltes aux révolutions (1770–1802).* Rennes, 2004.

———. "Les Curés rouges dans la Révolution française." *AHRF* 262 (1985), 447–79.

Biard, M. (ed.). *La Revolution française: Une histoire toujours vivante.* Paris, 2010.

———. *Les politiques de la terreur.* Rennes, 2008.

———. *Missionaires de la République: Les représentants du peuple en mission (1793–1795).* Paris, 2002.

Bindman, David. *The Shadow of the Guillotine.* London, 1989.

Birn, Raymond. "Religious Toleration and Freedom of Expression." In Van Kley (ed.), *French Idea*, 265–99.

Blackburn, R. *The Overthrow of Colonial Slavery (1776–1848).* New York, 1998.

Blamires, C. *The French Revolution and the Creation of Benthamism.* Basingstoke, 2008.

Blanc, Olivier. "Cercles politiques et 'salons' du début de la Révolution (1789–1793)." *AHRF* 344 (2006), 63–92.

———. *La corruption sous la Terreur (1792–1794).* Paris, 1992.

———. "Une humaniste au XVIIIe siècle: Olympe de Gouges." In E. Morin-Rotureau (ed.), *1789–1799: Combats des femmes,* 15–34. Paris, 2003.

Blanning, T.C.W. *Reform and Revolution in Mainz, 1743–1803.* Cambridge, 1974.

Bloch, Jean. "Émile et le débat révolutionnaire sur l'éducation publique." In Thiéry (ed.), *Rousseau, l'Émile et la Révolution,* 339–53.

Bluche, Frédéric. *Septembre 1792, logiques d'un massacre.* Paris, 1986.

Bonacina, G. *Eretici e riformatori d'Arabia: I wahhabiti in prospettiva europea, 1772–1830.* Naples, 2011.

Boroumand, L. *La Guerre des principes. Les assemblées révolutionnaires face aux droits de l'homme et à la souveraineté de la nation (1789–94).* Paris, 1999.

———. "Les Girondins et l'Idée de République." In Furet and Ozouf (eds.), *La Gironde,* 233–64.

Bosc, Y. "Thomas Paine et les constitutions de 1793 et 1795." In Vincent (ed.), *Thomas Paine,* 79–86.

Bosc, Y., and F. Gauthier. Introduction to Mathiez, *La réaction thermidorienne,* 7–52.

Bouissounouse, J. *Condorcet, Le philosophe dans la Révolution.* Paris, 1962.

Bourdin, Philippe. *Le noir et le rouge.* Maringues, 2000.

———. *Le Puy-de-Dôme sous le Directoire: Vie politique et esprit public.* Clermont-Ferrand, 1990.

Bourdin, Philippe, and G. Loubinoux (eds.). *Les Arts de la Scène et la Révolution française.* Vizille, 2004.

Bourguet, M. N. "Des savants à la conquête de l'Égypte." In Bret (ed.), *L'Expédition d'Égypte,* 21–36.

———. "Science and Memory: The Stakes of the Expedition to Egypt." In Brown and Miller (eds.), *Taking Liberties,* 92–109.

Boursier, A. M. "L'émeute parisienne du 10 mars 1793." *AHRF* 44 (1972), 204–30.

Bredin, Jean-Denis. *Sieyès: La clé de la Révolution française.* Paris, 1988.

Bret, Patrice (ed.). *L'Expédition d'Égypte, une entreprise des Lumières, 1798–1801.* Paris, 1999.

Broers, Michael. *The Napoleonic Empire in Italy, 1796–1814.* Basingstoke, 2005.

Brown, Gregory S. "Le Débat sur la liberté des théâtres en France, 1789–1790." In *Les*

Arts, ed. Bourdin and Loubinoux, 39–53.

Brown, Howard G. "The Search for Stability." In Brown and Miller (eds.), *Taking Liberties*, 20–50.

Brown, Howard G., and Judith A. Miller (eds.). *Taking Liberties: Problems of a New Order from the French Revolution to Napoleon*. Manchester, 2002.

Brunel, Françoise. *Thermidor: La chute de Robespierre*. Brussels, 1989.

Buel, Richard. *Joel Barlow: American Citizen in a Revolutionary World*. Baltimore, 2011.

Burney, J. M. "The Fear of the Executive and the Threat of Conspiracy: Billaud-Varenne's Terrorist Rhetoric in the French Revolution, 1788–1794." *French History* 5 (1991), 143–63.

Burstin, Haim. *Une Révolution à l'oeuvre: Le Faubourg Saint-Marcel (1789–1794)*. Paris, 2005.

Campbell, Peter. Introduction to *The Origins of the French Revolution*. In Peter Campbell (ed.), *The Origins of the French Revolution*. Basingstoke, 2006.

———. "Redefining the French Revolution, 1989–2009." *H-France Salon* 1 (2009), 7–23.

Campbell, Peter, Thomas E. Kaiser, and Marisa Linton (eds.). *Conspiracy in the French Revolution*. Manchester, 2007.

Capra, Carlo. *I progressi della ragione: Vita di Pietro Verri*. Bologna, 2002.

Casta, François J. "Le clergé corse et les serments constitutionels pendant la Révolution française." *Corse historique*, Year XI, no. 33 (1969), 5–35.

Casta, François J. "La réorganisation religieuse en Corse au lendemain de la Révolution française." In Paul Arrighi (ed.), *Mélanges d'Études corses*. Aix, 1971.

Castelot, André. *Talleyrand, ou le cynisme*. Paris, 1980.

Censer, Jack Richard. *Prelude to Power: The Parisian Radical Press, 1789–1791*. Baltimore, 1976.

Chappey, Jean-Luc. "Les Écoles de la Révolution: Pour en finir avec la thèse de la *table rase*." In Biard (ed.), *La Révolution française*, 331–44.

Cherfils, Christian. *Napoleon and Islam*. Kuala Lumpur, 1999.

Chisick, Harvey. "An Intellectual Profile of a Jacobin Activist: The Morality and Politics of Dufourny de Villiers (1789–1796)." In Christine Adams et al., *Visions and Revisions of Eighteenth-Century France*, 105–33. University Park, PA, 1997.

———. "Politics and Journalism in the French Revolution." *French History* 5 (1991), 345–72.

———. *The Production, Distribution and Readership of a Conservative Journal of the Early French Revolution: The "Ami du Roi" of the Abbé Royou*. Philadelphia, 1992.

Chopelin-Blanc, C. *De l'apologétique à l'Église constitutionelle: Adrien Lamourette (1742–1794)*. Paris, 2009.

Clemenceau-Jacquemaire, M. *Vie de Madame Roland*. 2 vols. Paris, 1929.

Cobb, Richard. *The French and Their Revolution*. London, 1998.

Coller, Ian. "Egypt in the French Revolution." In Desan, Hunt, and Nelson (eds.), *French Revolution*, 115–31.

Conac, Gérard. "La Convention thermidorienne." In Conac and Machelon (eds.), *La Constitution*, 201–86.

Conac, Gérard, and Jean-Pierre Machelon. *La Constitution de l'an III*. Paris, 1999.

Conchon, Anne. *Le Péage en France au XVIIIe siècle*. Paris, 2002.

Coquard, Olivier. *Jean-Paul Marat*. Paris, 1993.

Corno, Philippe. "La Loi révolutionnaire du divorce et ses représentations théâtrales." *Dix-Huitième Siècle* 41 (2009), 61–78.

Cottebrune, Anne. *Mythe et réalité du "jacobinisme allemande."* Lille, 2001

Cousin, Bernard. "Religion et Révolution dans le département du Var." In Jean-Clément Martin, *Religion et Révolution*, 141–48. Paris, 1994.

Craiutu, Aurelian. *Liberalism under Siege: The Political Thought of the French Doctrinaires*. Lanham, MD, 2003.

———. *A Virtue for Courageous Minds: Moderation in French Political Thought, 1748–1830*. Princeton, 2012.

Crépel P., and Chr. Gilain (eds.). *Condorcet, mathématicien, économiste, philosophe, homme politique*. Paris, 1989.

Crook, M. *Toulon in War and Revolution*. Manchester, 1991.

Crow, Thomas. *Emulation: Making Artists for Revolutionary France*. New Haven, CT, 1995.

Culoma, M. *La religion civile de Rousseau à Robespierre*. Paris, 2010.

Curran, Andrew S. *The Anatomy of Blackness: Science and Slavery in an Age of Enlightenment*.Baltimore, 2011.

Daline, V. "Robespierre et Danton vus par Babeuf." *AHRF* 32 (1960), 388–410.

Da Passano, Mario. "Dalla democrazia dirretoriale all'olgarchia senatoria: Le vicende costituzionali della Repubblica Ligurie (1797–1805)." *Studi Settecenteschi* 17 (1997), 287–334.

Dard, *Émile. Hérault de Sechelles (1759–1794): Un Épucurien sous La Terreur*. Paris, 1907.

Darlow, Mark. *Staging the French Revolution: Cultural Politics and the Paris Opéra, 1789–1794*. Oxford, 2012.

Darnton, Robert, and Daniel Roche (eds.). *The Revolution in Print: The Press in France, 1775–1800*. Berkeley, 1989.

Darrow, M. H. "Economic Terror in the City: The General Maximum in Montauban." *FHS* 17 (1991), 498–525.

———. *Revolution in the House*. Princeton, 1989.

Dauteribes, André. "Daunou et le modèle du régime représentatif." In G. Conac et al. (eds.), *La Constitution de l'An III*, 111–38. Paris, 1999.

Davidson, Neil. *How Revolutionary Were the Bourgeois Revolutions?* Chicago, 2012.

Dawson, Christopher. *The Gods of Revolution*. New York, 1972.

De Dijn, A. "The Politics of Enlightenment from Peter Gay to Jonathan Israel." *Historical Journal* 55 (2012), 785–805.

De Francesco, Antonino. "How Not to Finish a Revolution." In G. Imbruglia (ed.), *Naples in the Eighteenth Century*, 167–82. Cambridge, 2000.

De Luca, Stefano. "Benjamin Constant and the Terror." In Rosenblatt, *Cambridge Companion to Constant*, 92–114.

De Luna, Frederick A. "The Dean Street Style of Revolution: J.-P. Brissot, Jeune Philosophe." *FHS* 17.1 (Spring 1991), 159–90.

De Martino, G. "Metamorfosi dell'illuminismo." In Russo, *Pensieri Politici*, 11–44. Dentz, Paul. *Napoleon Bonaparte in Egypte*. Soesterberg, 2011.

Desan, Suzanne. "Foreigners, Cosmopolitanism, and French Revolutionary Universalism." In Desan, Hunt, and Nelson (eds.), *French Revolution*, 86–100.

———. *Reclaiming the Sacred*. Ithaca, NY, 1990.

———. "What's after Political Culture? Recent French Revolutionary Historiography." *FHS* 23.1 (2000), 163–96.

Desan, S., Lynn Hunt, and W. M. Nelson (eds.). *The French Revolution in Global Perspective*. Ithaca, NY, 2013.

Destain, Christian. "Chamfort et Rousseau: De l'individualité littéraire à la réflexion politique." In L'Aminot (ed.), *Politique et révolution*, 79–89.

Dhombres, Jean. "Enseignement moderne ou enseignement révolutionnaire des sciences." *Histoire de l'education* 42 (1989), 55–78.

Dhondt, Luc. "De conservatieve Brabantse ontwenteling van 1789 en het proces van revolutie en contrarevolutie in de Zuidelijke Nederlanden tussen 1780 en 1830." *Tijdschrift voor Geschiedenis* 102 (1989), 422–50.

Dingli, Laurent. *Robespierre*. Paris, 2004.

Dippel, Horst. *Germany and the American Revolution, 1770–1800: A Sociohistorical Investigation of Late Eighteenth-Century Political Thinking*. Chapel Hill, NC, 1977.

Dommanget, Maurice. *Babeuf et la conjuration des égaux*. 1922; repr., Paris, 2009.

———. *Sylvain Maréchal, l'égalitaire, "l'homme sans Dieu," sa vie, son oeuvre, 1750–1803*. Paris, 1950.

Dorigny, Marcel. "Condorcet, libéral et girondin." In Crépel (ed.), *Condorcet*, 333–40.

———. "L'émergence d'un 'parti républicain.' " In Vovelle (ed.), *Révolution*, 109–19.

———. "Les Girondins et Jean-Jacques Rousseau." *AHRF* 1 (1978), 569–83.

Doyle, William. *Aristocracy and Its Enemies in the Age of Revolution*. Oxford, 2009.

———. *Officers, Nobles and Revolutionaries: Essays on Eighteenth-Century France*. London, 1995.

———. *Origins of the French Revolution*. 1980; 2nd ed., 1988.

———. *The Oxford History of the French Revolution*. Oxford, 1989.

———. *The Parlement of Bordeaux and the End of the Old Regime, 1771–1790*. London, 1974.

Dupuy, Roger. *Aux origines idéologiques de la Révolution: Journaux et pamphlets à Rennes (1788–89)*. Rennes, 2000.

———. *La république jacobine: Terreur, guerre et gouvernement révolutionnaire, 1792–1794*. Paris, 2005.

———. "Le Roi de la Contre-Révolution." In Lucas (ed.), *Political Culture*, 193–211.

Dupuy, Roger, and Marcel Morabito (eds.). *1795: Pour une République sans Révolution*. Rennes, 1996.

Dwyer, Philip. *Napoleon: The Path to Power*. New Haven, CT, 2007.

Edelstein, D. *The Terror of Natural Right: Republicanism, the Cult of Nature, and the French Revolution*. Chicago, 2009.

Edelstein, M. "*La Feuille villageoise*, the Revolutionary Press and the Question of Rural Political Participation." *FHS* 7 (1971), 175–203.

Ehrard, Jean. "Audace théorique, prudence pratique: Montesquieu et l'esclavage colonial." In Olivier Petre-Grenouilleau, *Abolir l'esclavage: Un réformisme à l'épreuve (France, Portugal, Suisse, XVIIIe-XIXe siècles)*, 27–40. Rennes, 2008.

Eisenstein, E. L. "Le Publiciste comme démagogue: *La Sentinelle du Peuple* de Volney." In Pierre Rétat (ed.), *La Révolution du Journal, 1788–1794*, 189–95. Paris, 1989.

Elliott, Marianne. "Ireland and the French Revolution." In H. T. Dickinson (ed.), *Britain and the French Revolution, 1789–1815*, 83–101. Basingstoke, 1989.

Elyada, Ouzi. "La Mère Duchesne: Masques populaires et guerre pamphlétaire, 1789–1791." *AHRF* 1 (1988), 1–16.

———. "La mise au pilori de l'Abbé Maury: Imaginaire comique et mythe de l'antihéros pendant la révolution française." *AHRF* 3 (2005), 1–24.

———. "L'appel aux faubourgs: Pamphlets populaires et propagande à Paris, 1789–1791." In M. Vovelle (ed.), *Paris et la Révolution*, 185–200.

———. "La représentation populaire de l'image royale avant Varennes." *AHRF* 3 (1994), 527–46.

———. "Les récits de complot dans la presse populaire parisienne (1790–1791)." *Studies on Voltaire and the Eighteenth Century* 287 (1991), 281–92.

———. "L'usage des personnages imaginaires dans la presse et le pamphlet populaires pendant la Révolution française." *Revue de l'histoire moderne et contemporaine* 44–43 (July–Sept., 1997), 484–503.

———. Preface and notes to *Lettres bougrement patriotiques de "La Mère Duchêne"; suivi du "Journal des Femmes."* Paris, 1989.

Engels, Hans-Werner. "Freye Deutsche! Singt die Stunde..." In R. Schütt (ed.), "*Ein Mann von Feuer und Talenten*," in *Leben und Werk von Carl Friedrich Cramer*, 245–70. Gottingen, 2005.

Erdman, David V. *Commerce des Lumières: John Oswald and the British in Paris, 1790–93*. Columbia, MI, 1986.

Fajn, Max. "The Attitude of the *Journal des hommes libres* toward the *Babouvists*." *International Review of Social History* 19 (1974), 228–44.

Favreau, B. "Gensonné ou la fatalité de la Gironde." In Furet and Ozouf (eds.), *La Gironde*, 409–35.

Fehér, Ferenc. *The Frozen Revolution: An Essay on Jacobinism*. Cambridge, 1987.

Ferrone, Vincenzo. *La società giusta ed equa: Repubblicanesimo e diritti dell' uomo in Gaetano Filangieri.* Rome-Bari, 2003.

Fitzsimmons, M. P. *The Remaking of France: The National Assembly and the Constitution of 1791.* Cambridge, 1994.

Fletcher, Loraine. *Charlotte Smith: A Critical Biography.* New York, 1998.

Foner, Eric. *Tom Paine and Revolutionary America.* 1976; rev. ed., New York, 2005.

Foot, Paul. *Red Shelley.* London, 2004

Forrest, Alan. "Federalism." In Lucas (ed.), *Political Culture*, 309–25.

———. *The French Revolution and the Poor.* Oxford, 1981.

———. *The Revolution in Provincial France: Aquitaine, 1789–1799.* Oxford, 1996.

Forst, Rainer. *Toleranz im Konflikt.* Berlin, 2003.

Forsyth, Murray. *Reason and Revolution: The Political Thought of the Abbé Sieyès.* Leicester, 1987.

Friedland, Paul. *Political Actors: Representative Bodies and Theatricality in the Age of the French Revolution.* Ithaca, NY, 2002.

Frijhoff, W.Th.M. "De triomf van burger en burgerdeugd?" In S. W. Couwenberg (ed.), *Opstand der burgers: De Franse Revolutie na 200 jaar*, 67–82. Kampen, 1988.

Fromm, H. *Bibliographie deutscher Übersetzungen aus dem Französischen, 1700–1948.* 6 vols. Baden-Baden, 1950–53.

Fulgencio López, C. *Juan Bautista Picornell y la conspiración de Gual y España.* Caracas, 1955.

Fuoc, Renée. *La réaction thermidorienne à Lyon.* Lyon, 1957.

Furet, François. *Interpreting the French Revolution.* Cambridge, 1981.

———. "Les Girondins et la guerre." In Furet and Ozouf (eds.), *La Gironde*, 189–205.

———. *Revolutionary France, 1770–1880.* Oxford, 1992.

———. "Rousseau and the French Revolution." In C. Orwin and N. Tarcov (eds.), *The Legacy of Rousseau*, 168–82. Chicago, 1997.

Furet, François, and Mona Ozouf (eds.). *Dictionnaire critique de la Révolution française.* Paris, 1988.

———. *La Gironde et les Girondins.* Paris, 1991.

Gainot, Bernard. *1799, Un nouveau Jacobinisme? La démocratie représentative, une alternative à Brumaire.* Paris, 2001.

Garrigus, J. D. "Opportunist or Patriot? Julien Raimond (1744–1801) and the Haitian Revolution." *Slavery and Abolition* 28 (2007), 1–21.

———. "Vincent Ogé *jeune* (1757–91)." *Americas* 68 (2011), 33–62.

Garrioch, David. *The Making of Revolutionary Paris.* Berkeley and Los Angeles, 2002.

Garrone, Alessandro Galante. *Gilbert Romme, storia di un rivoluzionario.* Turin, 1959.

Gauchet, Marcel. *La Révolution des droits de l'homme.* Paris, 1989.

———. *La Révolution des pouvoirs.* Paris, 1995.

Gaulmier, Jean. *Un grand témoin de la Révolution et de l'empire, Volney.* Paris, 1959.

Gauthier, Florence. *Triomphe et mort du droit naturel en Révolution: 1789–1795–1892.* Paris, 1992.

Geffroy, A. "Louise de Kéralio-Robert, pionnère du républicanisme sexiste." *AHRF* 344 (2006), 107–24.

Ghachem, Malick W. "Montesquieu in the Caribbean: The Colonial Enlightenment between 'Code Noir' and 'Code Civil.' " *Historical Reflections/Reflexions Historiques* 25.2 (1999), 183–210.

Ghibaudi, S. R. *La fortuna di Rousseau in Italia (1750–1815).* Turin, 1961.

Gibbs, F. W. *Joseph Priestley, Adventurer in Science and Champion of Truth.* London, 1965.

Gillion, Anne. "La mémoire de Robespierre à Arras." *Revue du Nord* 71 (1989), 1037–50.

Girard, Patrick. *La révolution française et les Juifs.* Paris, 1989.

Godechot, Jacques. *The Counter-Revolution: Doctrine and Action, 1789–1804.* Princeton, 1981.

Godineau, Dominique. "Masculine and Feminine Political Practice during the French Revolution, 1793–Year III." In H. B. Applewhite and D. G. Levy (eds.), *Women and Politics in the Age of Democratic Revolution,* 61–80. Ann Arbor, MI, 1993.

———. *The Women of Paris and Their French Revolution.* Berkeley and Los Angeles, 1988.

Goetz, R. "Destutt de Tracy et le problème de la liberté." *Corpus, Revue de philosophie* 26, no. 17 (1994), 57–74.

Goldberg Moses, Claire. " 'Equality' and 'Difference' in Historical Perspective: A Comparative Examination of the Feminisms of French Revolutionaries and Utopian Socialists." In Melzer and Rabine (eds.), *Rebel Daughters,* 231–54.

Goldstone, Jack A. "The Social Origins of the French Revolution Revisited." In Kaiser and Van Kley (eds.), *From Deficit to Deluge,* 67–103.

Gough, Hugh. *The Newspaper Press in the French Revolution.* London, 1988.

———. "Robespierre and the Press." In Haydon and Doyle (eds.), *Robespierre,* 111–26.

Goyhenetche, M. *Histoire générale du Pays Basque.* Vol. 4, *La Révolution de 1789.* Bayonne, 2002.

Graczyk, Anette. "Le théâtre de la Révolution française: Média de masse entre 1789 et 1794." *Dix-Huitième Siècle* 21 (1989), 395–410.

Granderoute, Robert. "Rousseau et les plans et les projets d'éducation, 1789–1795." In Thiéry (ed.), *Rousseau, l'Émile et la Révolution,* 325–38.

Gray, John. *Enlightenment's Wake: Politics and Culture at the Close of the Modern Age.* New York, 1995.

Greenlaw, R. W. "Pamphlet Literature in France during the Period of the Aristocratic Revolt (1787–1788)." *JMH* 29 (1957), 349–54.

Grenby, M. O. *The Anti-Jacobin Novel: British Conservatism and the French Revolution.* Cambridge, 2001.

Grevet, René. *L'Avènement de l'école contemporaine en France (1789–1835).* Paris, 2001.

Griffiths, R. *Le Centre perdu: Malouet et les "monarchiens" dans la Révolution française.* Grenoble, 1988.

Gross, Jean-Pierre. *Fair Shares for All: Jacobin Egalitarianism in Practice.* Cambridge, 1997.

Gruder, Vivian R. *The Notables and the Nation.* Cambridge, MA, 2007.

Grüner, W. D. "Deutschland zwischen Revolution, Reform und Restauration, 1770–1830." *Tijdschrift voor Geschiedenis* 102 (1989), 368–400.

Gueniffey, Patrice. "Brissot." In Furet and Ozouf (eds.), *La Gironde,* 437–64.

———. *La politique de la Terreur.* Paris, 2000.

———. *Le Dix-huit Brumaire: L'Épilogue de la Révolution française.* Paris, 2008.

———. "L'élection des députés de l'Yonne a la Convention (1792)." In Hamon, *Révolution,* 61–92.

———. "Les Assemblées et la représentation." In Lucas (ed.), *Political Culture,* 233–57.

Guerci, Luciano. "Incredulità e rigenerazione nella Lombardia del triennio repubblicano." *Rivista storica italiana* 109 (1997), 49–120.

Guibert-Sledziewski, E. *Idéaux et conflits dans la Révolution française.* Paris, 1986.

Guicheteau, S. "La Terreur sociale à Nantes." In M. Biard (ed.), *Les Politiques de la Terreur, 1793–1794,* 307–19. Rennes, 2008.

Guilhaumou, Jacques. *L'Avènement des porte-parole de la République (1789–1792).* Paris, 1998.

———. "Le Discours de salut public d'Hébert au Club des Jacobins le 21 juillet 1793." In Chr. Peyrard (ed.), *Minorités politiques en Révolution,* 43–59. Aix-en-Provence, 2007.

———. *Marseille républicaine (1791–1793).* Paris, 1992.

Guilhaumou, Jacques, and R. Monnier. "Les Cordeliers et la République de 1793." In Vovelle (ed.), *Révolution et République: L'Exception française.* Paris, 1994.

Guillois, Antoine. *Le Salon de Madame Helvétius: Cabanis et les Idéologues.* New York, 1894.

Guillon, Claude. *Notre patience est à bout: Les écrits des Enragé(e)s 1792–93.* Paris, 2009.

Guitton, Edouard. *Ginguené: Idéolgue et médiateur.* Rennes, 1995.

Halévi, Ran. "La révolution constituante." In Lucas (ed.), *Political Culture,* 69–85.

———. "Les Girondins avant la Gironde." In Furet and Ozouf (eds.), *La Gironde,* 137–68.

Hammersley, Rachel. *French Revolutionaries and English Republicans: The Cordeliers Club, 1790–1794.* Rochester, NY, 2005.

Hamon, Léo (ed.). *La Révolution à travers un departement* (Yonne). Paris, 1990.

Hampson, Norman. *The Life and Opinions of Maximilien Robespierre.* London, 1974.

———. *Saint-Just.* Oxford, 1991.

———. *A Social History of the French Revolution.* London, 1963.

———. *Will and Circumstance: Montesquieu, Rousseau and the French Revolution.* Norman, OK, 1983.

Hanson, P. R. *The Jacobin Republic under Fire: The Federalist Revolt in the French Revolution.* University Park, PA, 2003.

———. *Provincial Politics in the French Revolution.* Baton Rouge, LA, 1989.

Hardman, John. *Louis XVI, the Silent King.* London, 2000.

Harris, Jean-Pierre. *Antoine d'Estutt de Tracy: L'éblouissement des Lumières.* Précysous-Thil, 2008.

Haydon, C., and William Doyle (eds.). *Robespierre.* Cambridge, 1999.

Herding, Klaus, and Rolf Reichardt. *Die Bildpublistik der Französischen Revolution.* Frankfurt, 1989.

Hermann, Ingo. *Knigge: Die Biografie.* Berlin, 2007.

Hermon-Belot, R. *L'Abbé Grégoire: La Politique et la vérité.* Paris, 2000.

Hesse, Carla. "Economic Upheavals in Publishing." In Darnton and Roche (eds.), *Revolution in Print,* 69–97.

Hesse, Carla. "La Logique culturelle de la loi révolutionnaire." *Annales: Histoire, Sciences Sociales* 57 (2002), 915–33.

Heuer, Jennifer. "Family Bonds and Female Citizenship: Émigré Women under the Directory." In *Taking Liberties: Problems of a New Order from the French Revolution to Napoleon,* ed. Howard Brown and Judith Miller, 51–69. Manchester, 2002.

Higonnet, P. *Class, Ideology and the Rights of the Nobles during the French Revolution.* Oxford, 1981.

———. *Goodness beyond Virtue: Jacobins during the French Revolution.* Cambridge, MA, 1998.

———. *Sister Republics: The Origins of French and American Republicanism.* Cambridge, MA, 1988.

Hitzel, F. "La France et la modernization de l'Égypte." In Bret (ed.), *L'Expédition d'Égypte,* 9–20.

Hohl, Claude. "Les sociétés politiques dans l'Yonne durant la Révolution." In Hamon (ed.), *La Révolution,* 203–24.

Hunt, Lynn. *The Family Romance of the French Revolution.* Berkeley, 1992.

———. "The Global Financial Origins of 1789." In Desan, Hunt, and Nelson (eds.), *French Revolution,* 32–43.

———. *Inventing Human Rights: A History.* New York, 2007.

———. *Politics, Culture and Class in the French Revolution.* Berkeley, 1984.

Ikni, G. R. "Jacques-Marie Coupé, curé Jacobin." *AHRF* 56 (1984), 339–65.

Isaac, Marie-Thérèse, and Claude Sorgeloos. *L'École centrale du département de Jemappes, 1797–1802: Enseignement, livres et Lumières à Mons.* Brussels, 2004.

Israel, Jonathan, I. *Democratic Enlightenment: Philosophy, Revolution and Human Rights, 1750–1790.* Oxford, 2011.

———. *Enlightenment Contested: Philosophy, Modernity and the Emancipation of Man, 1670–1752.* Oxford, 2006.

———. "Failed Enlightenment: Spinoza's Legacy and the Netherlands (1670–1800)." Netherlands Institute for Advanced Study, Wassenaar, Netherlands, June 21, 2007.

————. "Natural Virtue versus Book Learning: Rousseau and the Great Enlightenment Battle over Education." *European Journal of Developmental Psychology*, 2012. Special Supplement (Jean Jacques Rousseau 300th Birthday Anniversary Commemoration), 6–17.

————. *Radical Enlightenment: Philosophy and the Making of Modernity, 1650–1750.* Oxford, 2001.

————. *A Revolution of the Mind: Radical Enlightenment and the Intellectual Origins of Modern Democracy.* Princeton, 2010.

Jacob, Louis. *Hébert: Le Père Duchesne, Chef des sans-culottes.* Paris, 1960.

Jaher, F. C. *The Jews and the Nation: Revolution, Emancipation, State Formation and the Liberal Paradigm in America and France.* Princeton, 2002.

Jainchill, A. *Reimagining Politics after the Terror.* Ithaca, NY, 2008.

Jaume, Lucien. "Individu et souveraineté chez Condorcet." In P. Crépel and Chr. Gilain (eds.), *Condorcet, mathématicien, économiste, philosophe, homme politique*, 297–304. Paris, 1989.

————. *Le discours Jacobin et la démocratie.* Paris, 1989.

Jennings, Jeremy. "Reason's Revenge." In the *Times Literary Supplement*, no. 5695 (25 May 2012), 4.

————. *Revolution and the Republic.* Oxford, 2011.

Johns, Christopher. *Antonio Canova and the Politics of Patronage in Revolutionary and Napoleonic Europe.* Berkeley and Los Angeles, 1998.

Johnson, H. C. *The Midi in Revolution: A Study of Regional Political Diversity, 1789–1793.* Princeton, 1986.

Joly, Claude. Introduction to Destutt de Tracy, *Premiers écrits*, 9–49.

Jones, Colin. *The Great Nation: France from Louis XV to Napoleon, 1715–99.* New York, 2002.

Jones, Peter. *The Peasantry in the French Revolution.* Cambridge, 1988.

Jordaan, H. "Patriots, Privateers, and Inernational Politics." In Klooster and Oostindie (eds.), *Curaçao*, 141–69.

Jordan, D. P. *The Revolutionary Career of Maximilien Robespierre.* New York, 1985.

Jourdan, Annie. "Le culte de Rousseau sous la Révolution: La statue et la panthéonisation du Citoyen de Genève." In L'Aminot (ed.), *Politique et révolution*, 57–77.

————. "Politieke en culturele transfers in een tijd van revolutie: Nederland, 1795–1805." *Bijdragen en Mededelingen betreffende de Geschiedenis der Nederlanden*, no. 124 (2009), 559–79.

Kaiser, Thomas E. "From Fiscal Crisis to Revolution." In Kaiser and Van Kley (eds.), *From Deficit to Deluge*, 139–64.

Kaiser, Thomas E., and D. K. Van Kley (eds.). *From Deficit to Deluge: The Origins of the French Revolution.* Stanford, CA, 2011.

Kates, G. *The Cercle Social, the Girondins, and the French Revolution.* Princeton, 1985.

Kennedy, Emmet. "Aux origines de l'idéologie." *Corpus, Revue de philosophie* 26/27 (1994), 11–36.

————. *A Cultural History of the French Revolution.* New Haven, CT, 1989.

Kennedy, M. L. "The Development of a Political Radical, Jean-Louis Carra, 1742–1787." *Proceedings of the Western Society for French History* (1974), 142–50.

————. *The Jacobin Clubs in the French Revolution: The Middle Years.* Princeton, 1988.

Kitchin, Joanna. *Un journal "philosophique": La Décade (1794–1807).* Paris, 1965.

Kitromilides, P. M. "Itineraries in the World of the Enlightenment." In P. Kitromilides (ed.), *Adamantios Korais and the European Enlightenment*, 1–33. Oxford, 2010.

Klein, S.R.E. *Patriots republikanisme: Politieke cultuur in Nederland (1766–1787).* Amsterdam, 1995.

Klooster, Wim. *Revolutions in the Atlantic World: A Comparative History.* New York, 2009.

————. "The Rising Expectations of Free and Enslaved Blacks in the Greater Caribbean." In Klooster and Oostindie (eds.), *Curaçao*, 57–74.

Klooster, Wim, and G. Oostindie (eds.). *Curaçao in the Age of Revolutions, 1795–1800.*

Leiden, 2011.

Knudsen, J. B. *Justus Möser and the German Enlightenment*. Cambridge, 1986.

Kouvelakis, Stathis. *Philosophy and Revolution from Kant to Marx*. London, 2003.

Kramer, Lloyd S. *Lafayette in Two Worlds: Public Cultures and Personal Identities in an Age of Revolutions*. Chapel Hill, NC, 1996.

Labbé, François. *Anacharsis Cloots le prussien francophile*. Paris, 1999.

Labrosse, Claude, and Pierre Rétat. *Naissance du journal révolutionnaire, 1789*. Lyon, 1989.

Ladjouzi, Diane. "Les journées des 4 et 5 septembre 1793 à Paris: Un mouvement d'union entre le peuple, la commune de Paris et la convention pour un exécutif révolutionnaire." *AHRF* 321 (2000), 27–44.

La Gorce, Pierre de. *Histoire religieuse de la Révolution française*. Paris, 1909.

Lagrave, Jean-Paul de. *Fleury Mesplet: the Enlightenment Comes to Canada*. Montréal, 1992.

———. "Thomas Paine et les Condorcet." In Vincent (ed.), *Thomas Paine*, 57–64.

Laissus, Yves. "La Commission des sciences et des arts et l'Institut d'Égypte." In Bret (ed.), *L'Expédition d'Égypte*, 37–41.

Lajer-Burcharth, E. *Necklines: The Art of Jacques-Louis David after the Terror*. New Haven, CT, 1999.

Lalouette, J. *La Séparation des églises et de l'état: Genèse d'une idée (1789–1905)*. Paris, 2005.

L'Aminot, Tanguy (ed.). *Politique et révolution chez Jean-Jacques Rousseau*. Oxford, 1994.

Lapied, Martine. "Une absence de révolution pour les femmes?" In Michel Biard (ed.), *La Révolution française: Une histoire toujours vivante*, 303–16. Paris, 2010.

Lawday, David. *The Giant of the French Revolution: Danton*. New York, 2009.

———. *Napoleon's Master: A Life of Prince Talleyrand*. 2006; new ed., New York, 2007.

Lebozec, Chr. "Boissy d'Anglas et la constitution de l'an III." In Dupu and Morabito (eds.), *1795 Pour une République*, 81–90.

———. "Les idées politiques de Boissy d'Anglas." In Conac and Machelon (eds.), *Constitution*, 141–52.

———. "Le Théâtre à Rouen pendant la Révolution française." In Bourdin and Loubinou (eds.), *Les Arts*, 181–88.

Lefebvre, Georges. *The French Revolution from 1793 to 1799*. London, 1964.

Leith, James A. "The Terror: Adding the Cultural Dimension." *Canadian Journal of History* 32 (1997), 315–37.

Lemny, Stefan. *Jean-Louis Carra (1742–1793), parcours d'un révolutionnaire*. Paris-Montreal, 2000.

Leuwers, Herve. *Un Juriste en politique: Merlin de Douai (1754–1838)*. Arras, 1996.

Lewis-Beck, M. S., A. Hildreth, and A. Spitzer. "Was There a Girondist Faction in the National Convention, 1792–1793?" *FHS* 15 (1988), 519–36.

Linton, Marisa. " 'Do you believe that we're conspirators?': Conspiracies Real and Imagined in Jacobin Politics, 1793–94." In Campbell, Kaiser, and Linton (eds.), *Conspiracy*, 127–49.

———. *The Politics of Virtue in Enlightenment France*. New York, 2001.

Livesey, J. *Making Democracy in the French Revolution*. Cambridge, MA, 2001.

Loft, Leonore. *Passion, Politics, and Philosophie: Rediscovering J.-P. Brissot*. Westport, CT, 2002.

Lortholary, Albert. *Le mirage russe en France au XVIIIe siècle*. Paris, 1951.

Losfeld, Christophe. *Philanthropisme, Libéralisme et Révolution: Le "Braunsch-weigisches Journal" et le "Schleswigsches Journal" (1788–1793)*. Tübingen, 2002.

Lucas, Colin. "The Crowd and Politics." In Lucas (ed.), *Political Culture*, 259–85.

——— (ed.). *The Political Culture of the French Revolution*. Vol. 2 of *The French Revolution and Modern Political Culture*. Oxford, 1988.

Luchaire, François. "Boissy d'Anglas et la Constitution de l'an III." In Conac and Machelon (eds.), *Constitution*, 43–50.

Lüsebrink, Hans-Jürgen. "Georg Forster et Adam Lux dans la France révolutionnaire de 1793." *Revue de Littérature comparée,* no. 251 (1989), 463–78.

Lüsebrink, Hans-Jürgen, Rolf Reichardt, and Norbert Schürer (eds.). *The Bastille: A History of a Symbol of Despotism and Freedom.* Durham, NC, 1997.

Luttrell, Barbara. *Mirabeau.* New York, 1990.

Mackrell, J.Q.C. *The Attack on "Feudalism" in Eighteenth-Century France.* London, 1973.

Manevy, Raymond. *La Révolution et la liberté de la presse.* Paris, 1965.

Margairaz, Dominique. *François de Neufchâteau: Biographie intellectuelle.* Paris, 2005.

Martin, Jean-Clément. *Violence et révolution: Essai sur la naissance d'un mythe national.* Paris, 2006.

Maslan, Susan. "Resisting Representation: Theater and Democracy in Revolutionary France." *Representations* 52 (1995), 27–51.

———. *Revolutionary Acts: Theater, Democracy, and the French Revolution.* Baltimore, 2005.

Mason, Laura. "Never Was a Plot So Holy: Gracchus Babeuf and the End of the French Revolution." In Campbell, Kaiser, and Linton (eds.), *Conspiracy*, 172–88.

Mastroberti, Francesco. *Pierre Joseph Briot: Un giacobino tra amministrazione e politica (1771–1827).* Naples, 1998.

Mathiez, Albert. *The Fall of Robespierre and Other Essays.* New York, 1968.

———. *La réaction thermidorienne.* 1928; new ed., Paris, 2010.

———. *La Théophilanthropie et la culte décadaire (1796–1801).* Paris, 1904.

Mathy, Helmut. "Anton Joseph Dorsch (1758–1819): Leben und Werk eines rheinischen Jakobiners." *Mainzer Zeitschrift* 62 (1967), 1–55.

May, Gita. *Elisabeth Vigée Le Brun: The Odyssey of an Artist in an Age of Revolution.* New Haven, CT, 2005.

———. *Madame Roland and the Age of Revolution.* New York, 1970.

Mazzanti Pepe, Fernanda. *Il nuovo mondo di Brissot: Libertà e istituzioni tra antico regime e rivoluzione.* Turin, 1996.

McEachern, J.A.E. "Le Révolution française et les éditions de l'Émile en France et à l'étranger." In Thiéry (ed.), *Rousseau, l'Émile et la Révolution*, 301–8.

McMahon, Darrin M. *Enemies of the Enlightenment: The French Counter-Enlightenment and the Making of Modernity.* New York, 2001.

McManners, John. *Church and Society in Eighteenth-Century France.* 2 vols. Oxford, 1998.

McPhee, Peter. *Robespierre: A Revolutionary Life.* New Haven, CT, 2012.

Meier, Heinrich. " 'Einführender Essay" and Critical Notes to Rousseau." In *Essai sur l'inegalité,* xxi–xci.

Mellor, Anne. "English Women Writers and the French Revolution." In S. E. Melzer and W. Rabine (eds.), *Rebel Daughters: Women and the French Revolution*, 255–72. New York, 1992.

Melzer, S. E., and L. W. Rabine (eds.). *Rebel Daughters: Women and the French Revolution.* New York, 1992.

Michelet, J. *Histoire de la Revolution.* 9 vols. Paris, 1888.

Miller, James. *Rousseau: Dreamer of Democracy.* New Haven, CT, 1984.

Mitchell, C. J. *The French Legislative Assembly of 1791.* Leiden, 1988.

Mongrédien, Jean. *French Music from the Enlightement to Romanticism, 1789–1830.* Portland, OR, 1986.

Monnier, R. "Démocratie représentative" ou "république démocratique" : De la querelle des mots (république) à la querelle des anciens et des modernes." *AHRF* 325 (2001), 1–21.

———. "L'Evolution du personnel politique de la section Marat." *AHRF* 263 (1986), 50–73.

———. "Républicanisme et révolution française." *FHS* 26 (2003), 87–118.

Monseignat, Ch. de. *Un chapitre de la Révolution française ou histoire des journaux en*

France de 1789 à 1799. Paris, 1853.

Moore, Barrington. *Moral Purity and Persecution in History*. Princeton, 2000.

Moravia, Sergio. *Il tramonto dell'Illuminismo: Filosofia e politica nella società francese (1770–1810)*. Rome, 1986.

Mortier, Roland. *Anacharsis Cloots ou l'utopie foudroyée*. Paris, 1995.

———. *Le Coeur et la raison*, 454–66. Oxford-Paris, 1990.

———. *Les Combats des Lumières*. Ferney-Voltaire, 2000.

———. "Les héritiers des 'philosophes' devant l'expérience révolutionnaire." In R. Mortier, *Le Coeur et la Raison*, 454–66. Oxford-Paris, 1990.

Mortier, Roland, and Hervé Hasquin (eds.). *Idéologies de la noblesse*. Brussels, 1984.

Murray, W. J. *The Right-Wing Press in the French Revolution: 1789–92*. Woodbridge, Suffolk, 1986.

Muschik, Alexander. "Die Ideen der Französischen Revolution in Schwedisch-Vorpommern." *Baltische Studien N.F.* 93 (2007), 163–84.

Naville, Pierre. *Paul Thiry d'Holbach et la philosophie scientifique au XVIIIe siècle*. 5th ed. Paris, 1943.

Nelson, Craig. *Thomas Paine: His Life, His Time and the Birth of Modern Nations*. London, 2006.

Nesbitt, Nick. *Universal Emancipation: The Haitian Revolution and the Radical Enlightenment*. Charlottesville, VA, 2008.

Nicolle, Bruno. "Lanjuinais et la constitution de l'an III." In Dupuy and Morabito (eds.), *1795: Pour une République*, 91–113.

Norberg, K. " 'Love and Patriotism': Gender and Politics in the Life and Work of Louvet de Couvrai." In Melzer and Rabine (eds.), *Rebel Daughters*, 38–53.

O'Hagan, Timothy. *Rousseau*. London, 1999.

Olsen, Mark. "A Failure of Enlightened Politics in the French Revolution: The Société de 1789." *French History* 6, no. 3 (1992), 303–34.

Ortega, Maria Luisa. "La 'régéneration' de l'Égypte." In Bret (ed.), *L'Expédition d'Égypte*, 93–101.

Ozouf, Mona. *Festivals and the French Revolution*. Cambridge, MA, 1988.

———. "La Révolution française et l'idée de l'homme nouveau." In Lucas (ed.), *Political Culture of the French Revolution*. Vol. 2 of *The French Revolution and the Creation of Modern Political Culture*, 213–32. Oxford, 1988.

———. "L'Opinion publique." In Baker (ed.), *Political Culture*, 419–34.

———. "Madame Roland." In Furet and Ozouf (eds.), *La Gironde*, 307–28.

———. "Massacres de septembre, qui est responsable?" *Histoire* 342 (2009), 52–55.

———. "The Terror after the Terror." In Baker (ed.), *The Terror*, 3–38.

Paganella, M. *Alle origini dell'unità d'Italia*. Milan, 1999.

Pagden, Anthony. *The Enlightenment and Why It Still Matters*. Oxford, 2013.

Palmer, R. R. *From Jacobin to Liberal: Marc-Antoine Jullien, 1775–1848*. Princeton, 1993.

———. *Twelve Who Ruled: The Years of the Terror in the French Revolution*. 1941; repr., Princeton, 1989.

Pasquino, Pasquale. *Sieyès et l'invention de la constitution en France*. Paris, 1998.

Patrick, Alison. *The Men of the First French Republic: Political Alignments in the National Convention of 1792*. Baltimore, 1972.

Pellerin, Pascale. "Naigeon: Une certaine image de Diderot sous la Révolution." *Recherches sur Diderot et sur l'Encyclopédie* 29 (2000), 25–44.

Pertué, Michel. "Les projets constitutionnels de 1793." In Vovelle (ed.), *Révolution*, 174–99.

Peters, Martin. *Altes Reich und Europa: Der Historiker, Statistiker un Publizist August Ludwig Schlözer (1735–1809)*. Münster, 2005.

Peterson, Merrill D. *Thomas Jefferson and the New Nation: A Biography*. New York, 1970.

Petitfils, Jean-Christian. *Louis XVI*. Vol. 2 (1786–1793). Paris, 2005.

Peyrard, Christine. *Les Jacobins de l'Ouest: Sociabilité révolutionnaire et formes de politisation dans le Maine et la Basse-Normandie (1789–1799)*. Paris, 1996.

———— (ed.). *Minorités politiques en revolution, 1789–1799*. Aix-en-Provence, 2007.

Pineau-Defois, Laure. "Une élite d'*Ancien régime*: Les grands négociants nantais (1780–1793)." *AHRF* 359 (2010), 97–118.

Piquet, Jean-Daniel. *L'émancipation des Noirs dans la Révolution française (1789–1795)*. Paris, 2002.

Polasky, Janet. "Women in Revolutionary Brussels." In Applewhite and Levy, *Women and Politics*, 81–107.

Popkin, Jeremy. "Journals: The New Face of News." In Darnton and Roche (eds.), *Revolution in Print*, 141–64.

————. "Not Over After All: The French Revolution's Third Century." *JMH* 74 (2002), 801–21.

————. *The Right-Wing Press in France, 1792–1800*. Chapel Hill, NC, 1980.

————. *You Are All Free: The Haitian Revolution and the Abolition of Slavery*. Cambridge, 2010.

Quastana, François. *La pensée politique de Mirabeau (1771–1789)*. Aix-en-Provence, 2007.

Quiviger, Pierre-Yves. "Sieyès as a Reader of John Locke." In C. Miquieu and M. Chamie (eds.), *Locke's Political Liberty*, 127–42. Oxford, 2009.

Rao, A. M. *Il regno di Napoli nel Settecento*. Naples, 1983.

Rasmussen, D. C. "Burning Laws and Strangling Kings? Voltaire and Diderot on the Perils of Rationalism in Politics." *Review of Politics* 73 (2011), 77–104.

Ravitch, N. "The Abbé Fauchet: Romantic Religion during the French Revolution." *Journal of the American Academy of Religion* 42 (1974), 247–62.

Raymond, André. "Les Égyptiens pendant l'expédition française." In Bret (ed.), *L'Expédition d'Égypte*, 103–20.

Régent, Frédéric. *La France et ses esclaves*. Paris, 2007.

Régent, Frédéric. "L'Égypte des idéolgues: Le regard de la *Décade philosophique* sur l'expédition de Bonarparte." In Bret, *L'Expédition d'Égypte*, 81–102.

Rials, Stéphane. *La Déclaration des droits de l'homme et du citoyen*. Paris, 1988.

Robisco, Nathalie-Barbara. *Jean-Jacques Rousseau et la Révolution française*. Paris, 1998.

Rocher, J. P. "Aspects de l'histoire religieuse du département de l'Yonne pendant la Révolution." In Hamon (ed.), *La Révolution*, 299–339.

Roe, Nicholas. *Wordsworth and Coleridge: The Radical Years*. Oxford, 1988.

Roessler, S. E. *Out of the Shadows: Women and Politics in the French Revolution, 1789–95*. New York, 1996.

Rose, R. B. *Gracchus Babeuf: The First Revolutionary Communist*. Stanford, CA, 1978.

Rosenblatt, Helena (ed.). *The Cambridge Companion to Constant*. Cambridge, 2009.

Rosendaal, Joost. *Bataven! Nederlandse vluchtelingen in Frankrijk, 1787–1795*. Nijmegen, 2003.

Rothschild, Emma. *Economic Sentiments: Adam Smith, Condorcet, and the Enlightenment*. Cambridge, MA, 2001.

Sa'adah, Anne. *The Shaping of Liberal Politics in Revolutionary France*. Princeton, 1990.

Sauter, M. J. *Visions of the Enlightenment: The Edict of Religion of 1788 and the Politics of the Public Sphere in Eighteenth-Century Prussia*. Leiden, 2009.

Schama, Simon. *Citizens: A Chronicle of the French Revolution*. London, 1989.

————. *Patriots and Liberators: Revolution in the Netherlands, 1780–1813*. London. 1977.

Schechter, R. *Obstinate Hebrews: Representations of Jews in France, 1715–1815*. Berkeley, CA, 2003.

Schoorl, E. *Jean-Baptiste Say: Revolutionary, Entrepreneur, Economist*. London, 2013.

Schütt, R. (ed.). "Ein Mann von Feuer und Talenten." In *Leben und Werk von Carl Friedrich Cramer*, 245–70. Gottingen, 2005.

Scott, J. A. "François Noël Babeuf and the Conspiration des Égaux." In J. A. Scott (ed.), *The Defense of Gracchus Babeuf*. Boston, 1967.

Scott, Joan. "A Woman Who Has Only Paradoxes to Offer: Olympe de Gouges Claims

Rights for Women." In Melzer and Rabine (eds.), *Rebel Daughters*, 102–20.

Scott, William. *Terror and Repression in Revolutionary Marseilles*. London, 1973.

Scurr, Ruth. *Fatal Purity: Robespierre and the French Revolution*. London, 2006.

Serna, Pierre. *Antontelle, Aristocrate révolutionnaire (1747–1817)*. Paris, 1997.

Sewell, William H. "Ideologies and Social Revolutions: Reflections on the French Case." *Journal of Modern History* 57 (1985), 57–85.

———. *A Rhetoric of Bourgeois Revolution*. Durham, NC, 1994.

———. "The Sans-Culotte Rhetoric of Subsistence." In K. M. Baker (ed.), *The Terror*, vol. 4, 249–70. Oxford, 1994.

———. *Work and Revolution in France*. Cambridge, 1980.

Shovlin, John. *The Political Economy of Virtue*. Ithaca, NY, 2006.

Shulman, A. *The Secular Contract: The Politics of Enlightenment*. New York, 2011.

Singham, S. M. "Betwixt Cattle and Men: Jews, Blacks and Women, and the Declaration of the Rights of Man." In Van Kley, *French Idea*, 114–53.

Slavin, M. *The French Revolution in Miniature: Section Droits-de-l'Homme, 1789–1795*. Princeton, 1984.

———. *The Making of an Insurrection*. Cambridge, MA, 1986.

Smith, David. *Bibliography of the Writings of Helvétius*. Ferney-Voltaire, 2001.

Sonenscher, M. *Before the Deluge: Public Debt, Inequality, and the Intellectual Origins of the French Revolution*. Princeton, 2007.

———. *Sans-Culottes: An Eighteenth-Century Emblem in the French Revolution*. Princeton, 2008.

Sorkin, David. *The Religious Enlightenment*. Princeton, 2008.

Spurr, David. "Gibbon et la révolution génevoise de 1792." In V. Cossy et al. (eds.), *Genève, lieu d'Angleterre, 1725–1814*, 269–79. Geneva, 2009.

Spang, R. *The Invention of the Restaurant*. Cambridge, MA, 2000.

———. "Paradigms and Paranoia: How Modern Is the French Revolution?" *AHR* 108 (2003), 119–47.

Spitz, Jean-Fabian. "Républicanisme et libéralisme dans le moment révolutionnaire." *AHRF* 358 (2009), 19–45.

Staum, Martin S. *Cabanis: Enlightenment and Medical Philosophy in the French Revolution*. Princeton, 1980.

———. "Individual Rights and Social Control: Political Science in the French Institute." *Journal of the History of Ideas* 48, no. 3 (July–Sept., 1987), 411–30.

———. *Minerva's Message: Stabilizing the French Revolution*. Montreal, 1996.

———. "Robespierre and the Insurrection of 31 May–2 June 1793." In Haydon and Doyle, *Robespierre*, 141–54.

Stone, Bailey. *The Genesis of the French Revolution*. Cambridge, 1994.

Strugnell, A. *Diderot's Politics: A Study of the Evolution of Diderot's Political Thought after the Encyclopédie*. The Hague, 1973.

Swenson, James. *On Jean-Jacques Rousseau Considered as One of the First Authors of the Revolution*. Stanford, CA, 2000.

Symcox, G. "Of Princes, Poets and the People: Alfieri's Critique of Absolute Monarchy." In D. Balani et al. (eds.), *Dall'origine dei Lumi all Rivoluzione: Scritti in onore di Luciano Guerci e Giuseppe Ricuperati*, 513–35. Rome, 2008.

Tackett, Timothy. *Becoming a Revolutionary: The Deputies of the French National Assembly and the Emergence of a Revolutionary Culture (1789–1790)*. Princeton, 1996.

———. "Conspiracy Obsession in a Time of Revolution." *AHR* 105 (2000), 691–713.

———. *Religion, Revolution, and Regional Culture in Eighteenth-Century France: The Ecclesiastical Oath of 1791*. Princeton, 1986.

Tallett, Frank. "Dechristianizing France." In F. Tallett and N. Atkin (eds.), *Religion, Society and Politics in France since 1789*, 1–28. London, 1991.

———. "Robespierre and Religion." In Hayden and Doyle (eds.), *Robespierre*, 92–108.

Tarin, René. *Diderot et la Révolution française*. Paris, 2001.

Taylor, Charles. *A Secular Age*. Cambridge, MA, 2007.

Te Brake, W. Ph. *Regents and Rebels*. Cambridge, MA, 1989.

Thiery, Robert, ed. *Rousseau, l'Émile et la Révolution: Actes du colloque international du Montmorency, 27 Septembre–4 Octobre 1989*. Paris, 1992.

Thomann, M. "Origines et sources doctrinales de la Déclaration des Droits." *Droits* 8 (1988),55–70.

Thomas, Hugh. *The Slave Trade: The Story of the Atlantic Slave Trade, 1440–1870*. London,1997.

Thompson, J. M. *The French Revolution*. New York, 1945.

Tlili-Sellaouti, R. "Pouvoir local et révolution." In R. Dupuy (ed.), *Pouvoir local et Révolution: La frontière intérieure*, 117–33. Rennes, 1995.

Tønnesson, Kare D. "La démocratie directe sous la Révolution française: Le cas des districts et sections de Paris." In Colin Lucas, *The French Revolution and the Creation of Modern Political Culture*. Vol. 2. Oxford, 1988.

Tortarolo, Eduardo. *L'Invenzione della libertà di stampa*. Rome, 2011.

Trousson, Raymond. *Denis Diderot ou le vrai Prométhée*. Paris, 2005.

———. *Jean-Jacques Rousseau*. Paris, 2003.

Trousson, R., and S. Eigeldinger (eds.). *Dictionnaire de Jean-Jacques Rousseau*. Paris, 2006.

Tulard, Jean. *Histoire et dictionnaire de la Révolution française: 1789–1799*. Paris, 1987.

Uhlig, Ludwig. *Georg Forster*. Tübingen, 1965.

Urbinati, Nadia. *Representative Democracy: Principles and Genealogy*. 2006; new ed., Chicago, 2008.

Van den Bossche, G. *Enlightened Innovation and the Ancient Constitution (1787–1790)*. Brussels, 2001.

Van Horn Melton, James. "From Enlightenment to Revolution: Hertzberg, Schlözer, and the Problem of Despotism in the Late *Aufklärung*." *Central European History* 12 (1979), 103–23.

Van Kley, Dale. "Christianity as Casualty and Chrysalis of Modernity: The Problem of Dechristianization in the French Revolution." *American Historical Review* 108, no. 4 (October 2003): 1081–1104.

———. "From the Lessons of History to the Truths of All Time and All People." In Van Kley (ed.), *French Idea*, 72–113.

———. *The Religious Origins of the French Revolution*. New Haven, CT, 1996.

Van Kley, Dale (ed.). *The French Idea of Freedom: The Old Regime and the Declaration of Rights of 1789*. Stanford, CA, 1994.

Venturi, Franco. *Illuministi italiani*. Vol. 3. Milan, 1958.

Verdier, G. "From Reform to Revolution: The Social Theater of Olympe de Gouges." In C. R. Montfort, *Literate Women and the French Revolution*. Birmingham, AL, 1994.

Villaverde, Maria José. *La illusión republicana: Ideales y mitos*. Madrid, 2008.

———. "Spinoza, Rousseau: Dos concepciones de democracia." *Revista de estudios políticos*, 116 (2002), 85–106.

Vincent, Bernard. "Les Américains à Paris et leur image sous la Révolution." *Revue de Littérature Comparée*, no. 251 (1989), 479–95.

——— (ed.). *Thomas Paine ou La République sans frontières*. Nancy, 1993.

Vinot, Bernard. *Saint-Just*. Paris, 1985.

Voss, Jürgen. "Die Kurpfalz im Zeichen der Französischen Revolution." In V. Rödel (ed.), *Die Französische Revolution und die Oberrheinlande (1789–1798)*, 9–31. Sigmaringen, 1991.

Vovelle, Michel. *La découverte de la politique*. Paris, 1993.

———. *Les Jacobins de Robespierre à Chevènement*. Paris, 1999.

——— (ed.). *Révolution et république: L'Exception française*. Paris, 1994.

———. *1793: La Révolution contre l'Église*. Paris, 1998.

———. *Théodore Desorgues ou la désorganisation*. Paris, 1985.

———. "Une Troisième voie pour la lecture de la Conspiration des Égaux?" *AHRF* 312 (1998), 217–27.

Wahnich, S. *L'impossible citoyen: L'étranger dans le discours de la Révolution française.* Paris, 1997.

Wallon, H. *Histoire du Tribunal Révolutionnaire de Paris.* 5 vols. Paris, 1880.

Walton, Charles. *Policing Public Opinion in the French Revolution.* New York, 2009.

Wauters, Eric. "La naissance d'un 'quatrième pouvoir'?" In Michel Biard (ed.), *La Révolution française: Une histoire toujours vivante*, 109–22. Paris, 2010.

Weber, Martin. *Georg Christian Gottlieb Wedekind, 1761–1831.* Stuttgart, 1988.

Wegert, K. H. *German Radicals Confront the Common People: Revolutionary Politics and Popular Politics, 1789–1849.* Mainz, 1992.

Welch, Cheryl. *Liberty and Utility: The French Idéologues and the Transformation of Liberalism.* New York, 1984.

Wells, Roger. *Insurrection: The British Experience, 1795–1803.* Gloucester, 1983.

Welschinger, Henri. *Le Théâtre de la Révolution, 1789–1799.* Paris, 1880.

Whaley, Leigh. *Radicals: Politics and Republicanism in the French Revolution.* Stroud, 2000.

Whatmore, Richard. *Republicanism and the French Revolution: An Intellectual History of Jean-Baptiste Say's Political Economy.* Oxford, 2000.

Williams, David. *Condorcet and Modernity.* Cambridge, 2004.

———. "The Influence of Rousseau on Political Opinion, 1760–95." *English Historical Review* 17 (1993), 414–30.

Wokler, R. *Rousseau, the Age of Enlightenment and Their Legacies.* Princeton, 2012.

Woloch, Isser. "The Contraction and Expansion of Democratic Space during the Period of the Terror." In Baker, *The Terror*, 309–25.

———. *Jacobin Legacy: The Democratic Movement under the Directory.* Princeton, 1970.

———. "La République directoriale et l'enseignement primaire." In Vovelle (ed.), *Révolution*, 312–23.

———. "The Revival of Jacobinism in Metz during the Directory." *JMH* 39 (1966), 13–37.

Wood, Dennis. "Benjamin Constant: Life and Work." In Rosenblatt, *Cambridge Companion to Constant*, 3–19.

Woronoff, Denis. The Thermidorean Regime and the Directory, 1794–1799. Cambridge, 1984.

Wright, J. K. *A Classical Republican in Eighteenth-Century France.* Stanford, CA, 1997.

———. "National Sovereignty and the General Will." In Van Kley (ed.), *French Idea*, 199–233.

Zamoyski, Adam. *Holy Madness: Romantics, Patriots and Revolutionaries, 1776–1871.* London, 1999.

Zizek, Joseph. " 'Plume de fer': Louis-Marie Prudhomme writes the French Revolution." *FHS* 26 (2003), 619–60.

出版后记

　　一直以来，法国大革命都是国内学界和大众读者关注的热点话题之一。探讨法国大革命思想史的著作作为解释法国大革命起源、发展和衰落的基础与核心，在相关图书中尤为受人关注。本书探讨了法国大革命期间层出不穷、冲突不断的各种政治思想和派别，并在此基础上分析了其对法国社会各方面造成的影响。在聚焦思想史的同时，本书以时间为线索，讲述了法国大革命的全过程，对参与其中的各派革命者也有着详细的论述，内容扎实丰富，引人入胜，具有很强的可读性。本书作者乔纳森·伊斯雷尔常年深耕政治思想史，专长于启蒙运动和启蒙思想研究，著作等身，他还曾在欧美国家多所高校任教，为本书的学术性和权威性提供了保障。

　　我们在此要感谢译者米兰，她的辛勤付出为本书增色不少。本书编校过程中难免有疏漏，还请读者指正。

服务热线：133-6631-2326　　188-1142-1266

服务信箱：reader@hinabook.com

后浪出版公司

2020 年 8 月

© 民主与建设出版社，2023

图书在版编目（CIP）数据

法国大革命思想史：从《人的权利》到罗伯斯庇尔
的革命观念 / (英) 乔纳森·伊斯雷尔
(Jonathan Israel) 著；米兰译. -- 北京：民主与建
设出版社，2020.11（2023.7重印）
书名原文：Revolutionary Ideas: An Intellectual
History of the French Revolution from The Rights
of Man to Robespierre
ISBN 978-7-5139-3185-4

Ⅰ. ①法… Ⅱ. ①乔… ②米… Ⅲ. ①法国大革命—
研究 Ⅳ. ①K565.41

中国版本图书馆CIP数据核字(2020)第162764号

Revolutionary Ideas: An Intellectual History of the French Revolution from The Rights of
Man to Robespierre by Jonathan Israel
Copyright © 2014 by Princeton University Press
All rights reserved. No part of this book may be reproduced or transmitted in any form
or by any means, electronic or mechanical, including photocopying, recording or by any
information storage and retrieval system, without permission in writing from the Publisher.
Simplified Chinese translation copyright © 2020 by Ginkgo (Beijing) Book Co., Ltd.
Published by arrangement with Princeton University Press through Bardon-Chinese Media
Agency.
本书简体中文版版权归属于银杏树下（北京）图书有限责任公司。

版权登记号：01-2023-3164

法国大革命思想史：从《人的权利》到罗伯斯庇尔的革命观念
FAGUO DAGEMING SIXIANGSHI: CONG RENDEQUANLI DAO
LUOBOSIBIER DE GEMINGGUANNIAN

著　　者	［英］乔纳森·伊斯雷尔
译　　者	米　兰
出版统筹	吴兴元
责任编辑	王　颂
特约编辑	姚涵之　荆文翰
封面设计	徐睿绅 xuxgraphic@gmail.com
出版发行	民主与建设出版社有限责任公司
电　　话	（010）59417747　59419778
社　　址	北京市海淀区西三环中路 10 号望海楼 E 座 7 层
邮　　编	100142
印　　刷	北京盛通印刷股份有限公司
版　　次	2020 年 11 月第 1 版
印　　次	2023 年 7 月第 3 次印刷
开　　本	655 毫米 ×1000 毫米　1/16
印　　张	51
字　　数	758 千字
书　　号	ISBN 978-7-5139-3185-4
定　　价	132.00 元

注：如有印、装质量问题，请与出版社联系。